14판

논리학입문

저자 / Irving M. Copi, Carl Cohen, Kenneth McMahon

역자 / 박만준, 윤진각

經文社

INTRODUCTION TO LOGIC, 14th edition
ISBN; 0205820379 by COPI, IRVING M.; COHEN, CARL; MCMAHON, KENNETH

This Korean edition was published by Kyung Mun Sa Publishing Co. Ltd. in 2015 by arrangement with Pearson Education, Inc. through KCC(Korea Copyright Center Inc.), Seoul.

저자 서문

> 공화국의 시민들은 강제를 따르는 것이 아니라 이성과 설득을 따른다. 그러므로 공화국에서는 논증의 기술이 가장 중요한 기술이 된다. — Thomas Jefferson

때로는 논리학이 '사고의 법칙에 관한 학문'으로 정의되어 왔다. 이것은 정확하지 않다. 생각이란 심리학이 연구하는 과정들 중 하나이다. 만일 사고가 우리 마음에서 일어나는 어떤 과정을 가리킨다면, 그 모든 것을 논리학자가 다루는 것은 아니다. 그러므로 우리는 아무런 추리를 하지 않고도 하나에서 열 사이의 어떤 수를 생각할 수 있다. 또한 우리는 기억하고, 상상하고, 자유 연상하거나, 혹은 많은 정신적 과정들 중 어떤 것을 이행할 수도 있다. 모든 추론은 생각하는 것이다. 하지만 생각하는 것이 모두 추론은 아니다. 마음의 움직임을 기술하는 법칙들은 논리적 원리라기보다는 심리학적 법칙들이다. 이런 방식으로 논리학을 정의하는 것은 너무 많은 것을 포함한다.

논리학은 또한 '추론을 다루는 학문'으로 불리기도 했다. 이것은 좀 나은 편이지만, 추론은 추리가 이루어지고 전제에서 결론을 끌어내는, 이른바 생각의 일종이다. 이 과정은 아주 복합적이고, 시행착오가 특징이며, 이따금 예리한 통찰의 빛을 발하기도 한다. 논리학자의 관심은 추리 과정에서 마음이 그 결론에 도달하는 방식에 있는 것이 아니다. 그들의 관심은 오로지 그 완결된 과정의 정확성에 있을 뿐이다. 다시 말해서 논리학자는 이렇게 묻는다. 즉 그 결론이 전제로부터 필연적인 결과로 나온 것인가? 정확한 추론과 부정확한 추론을 구분하는 방법과 그 원리를 탐구하는 것이 논리학이 다루는 핵심적인 문제이다.

믿을 수 있는 판단이 필요할 때 어쩔 수 없이 우리가 신뢰하고 의지해야만 하는 도구가 바로 이성이다. 비이성적인 도구들 — 감정, 신념, 습관, 예감 등등 — 이 흔히 쓰이지만, 대체로 자신의 판단에 따라야 할 때 — 즉, 복잡한 상황에서 어떻게 행동해야 할지를 결정해야만 할 때, 혹은 아주 충격적인 일이 벌어지고 있는 상황에서 무엇이 참인지를 결정해야 할 때는 이성이 최상의 도구이며, 다른 무엇도 그것을 대신할 수 없다.

무엇이 참인지를 결정하는 합리적인 방법들, 검증되고 확고부동한 방법들이 있다. 이미 참이라고 알려진 것으로부터 새로운 추리를 끌어내기 위한 확실하고 합리적인 기술들이 있다. 우리가 모르는 것은 무척 많다. 그래서 사람들은 종종 판단을 내리기 위해 어떤 권위에 의존하지만, 이때 그들은 이성에 대한 요구를 벗어날 수가 없다. 왜냐하면 그 권위가 존경을 받을 만한 것인지를 결정해야만 하기 때문이다. 모든 지적 탐구는 궁극적으로 이성에 의존하지 않을 도리가 없다. 왜냐하면 이성을 대신할 수 있는 것이 없기 때문이다.

선천적으로 인간은 추론의 능력을 타고난다. 논리학은 바로 이 능력의 사용법을 배우는 것이다. 직감적으로, 우리는 오랫동안 믿을 만한 원칙들에 따라 행동해 왔지만, 그것들은 우리에게 파악된 극히 일부에 불과했다. 이러한 원칙들은 신중하게 표현되고 정확히 진술될 수 있으며, 또 이성에 의해 해결 가능한 문제에 자신있게 적용될 수 있다. 논리학을 공부함으로써 사람들은 먼저 자신의 타고난 능력을 확인하고, 나아가 연습을 통해 그 능력을 키우는 방법을 배운다. 논리학 공부는 올바른 추론의 원리를 밝힘으로써 추리를 잘 할 수 있도록 돕는다.

지식을 추구하는 모든 영역에서 — 과학이나 정치학의 영역이든, 아니면 개인적인 사생활의 영역이든 —, 논리는 타당한 결론에 도달하기 위해 사용되고 있다. 이 책의 관심사는 격식을 갖춘 논리학 공부이며, 이를 통해 학생들은 진리를 획득하는 방법, 그리고 진리를 놓고 경쟁을 벌이는 주장들을 평가하는 방법을 배우게 될 것이다. 학생들은 논증을 비판하고, 일관성이 없는 논증을 가려내고, 논리적 오류를 발견하기 위해, 또 입증 가능한 타당한 추리 양식에 맞추어 논증을 구성하기 위해 이런 방법들을 배운다. 요컨대, 논리학에 대한 공부를 통해 학생들은 보다 신중하게 추리할 뿐 아니라, 더욱 더 합리적으로 생각하고 행동하게 된다.

이상적으로 말한다면, 대학의 모든 학습 과정이 이러한 목표에 기여해야 하지만, 대체로 그렇지 못하다. 오늘날 대학에서 가르치고 있는 많은 것들이 머지않아 구식 유물이 될 것이다. 그러나 정확하게 생각하는 기술은 결코 사라지지 않을 것이며, 이러한 기술의 개발은 오로지 논리학의 공부를 통해서만 실현된다. 논리학에 대한 공부는 어떤 논증이 훌륭한 논증인지를 식별하고, 또 그것이 왜 훌륭한 논증인지를 알 수 있도록 도와준다. 논리학에 대한 공부는 어떤 논증이 잘못된 논증인지를 식별하고, 또 그것이 왜 잘못된 논증인지를 알 수 있도록 도와준다. 논리학 공부는 다른 어떤 공부보다도 이 진지한 관심사에 대해 더 쓸모가 있고, 또 이러한 관심사와 훨씬 더 밀접하게 관련되어 있다.

이 책의 독자들에게 우리는 이와 같은 아주 신중한 확신을 드리는 바이다. 즉, 이 책에 대한 공부를 통해 올바른 추리의 기본적인 원리에 대한 능력이 쌓이게 되면 그것은 여러분의 지적 삶에 끊임없이 아주 만족스럽고 유의미한 기여를 하게 될 것이다.

논리학의 **역사**

철학은 경이에서 시작된다. 세계는 무엇으로 되어 있는 것일까? 세계는 어디서 생겨난 것일까? 우리는 왜 여기 있는 것일까? 원시사회 사람들의 추측은 상상력이 풍부했으나 근거가 없고 비합리적이었다. 오늘날 우리가 생각하는 철학은 기원전 6세기 그리스 철학자들이 세계에 관한 어떤 중요한 이치를 찾아내려는 노력에서 생겨났다. 세계를 구성하고 있는 원소는 하나인가? 모든 것의 근거가 되는 하나의 원리는 있는가?

우리는 소크라테스(Sokrates, BC 470～BC 399)와 플라톤(Platon, BC 427～BC 347)을 서양철학의 탄생에서 위대한 인물로 생각하며, 오늘날에도 우리는 그들을 연구하고 있다. 그들의 위대함은 사물들을 지적 영역으로 끌어들인 데 있다. 다시 말해서 그들은 왜 사물들은 그것들이 존재하는 방식으로 존재하는가를 설명할 수 있는 어떤 일관된 체계를 제공하거나 아니면 최소한 그것을 찾아내려고 노력했던 것이다. 물론 소크라테스 이전에도 뛰어난 사상가들이 있었다. 세계의 근원적인 물질이나 만물을 움직이는 근본 원리에 대해 다양한 설명들을 내놓았던 탈레스(Thales, BC 624～BC 545), 파르메니데스(Parmenides, BC 515～BC 445), 헤라클레이토스(Heraclitus of Ephesus, BC 540～BC 480), 데모크리토스(Democritos, BC 460～BC 370) 등이 바로 그들이었다.

그들은 단지 상상만 한 것이 아니라 이론화했다. 그러나 이와 같은 초기의 사유에는 진정한 과학이 존재하지는 않았다. 언제나 독단적인 억측, 초자연적인 힘들, 신들, 고대의 신화들과 전설들의 도움을 빌어야만 했다. 철학이 점차 성숙함에 따라, 설명할 때 의존할 수 있는 원리를 인식하고 발견하는 내적 원동력도 성장해 갔다.

이리하여 논리학이 시작된다. 검증할 수 있고 확정할 수 있는 판단을 추구했다. 우리가 정말 알고 있는 것이 무엇이든, 그것을 발견하고 확정할 수 있는 방법들은 반드시 확인되고 개선될 필요가 있다. 우리는 어쩔 수 없이 사물들을 따져보고 추론해야 한다. 그러므로 올바른 추론의 원리는 우리에게 무엇보다 절실하다.

무질서한 카오스적 사유로부터 질서 정연한 이성적 사유 체계로 올라가는 첫 등정은 비상한 난관을 해쳐나가는 모험이었다. 이 등정을 시도한 최초의 전문가는 바로 아리스토텔레스(Aristoteles, BC 384~BC 322)였으며, 추론의 원리를 정확하게 설명할 수 있는 논리 체계를 개발한 그는 당시부터 지금까지 이성적 사고를 하는 사람들의 진정한 찬사와 존경을 받아왔다. 그는 최초의 위대한 논리학자였다.

아리스토텔레스에 따른다면, 추론은 우리가 처음으로 사물의 집합을 발견하고 알아보는 활동이다. 그로부터 우리는 집합들 사이의 관계를 확인하게 된다. 그리고 우리는 이와 같은 관계들이 명시되는 명제들을 능숙하게 다룰 수 있다. 그는 추론의 기본요소를 집단 그 자체, 즉 우리가 사물들을 분류해 넣을 수 있는 범주라고 생각했다. 따라서 그는 정언명제의 유형을 구분했다(예 "모든 X는 Y이다" — 전칭긍정명제, "어떤 Y는 X가 아니다" — 특칭부정명제 등등). 우리는 이와 같은 유형의 명제들로써 명제들 간의 관계에 관한 결론을 직접 추론할 수 있다(예 "만약 어떤 X가 Y이면, 어떤 Y도 X가 아니다는 말은 참일 수 없다"). 더 중요한 것은, 세 개의 개념들(말하자면, X, Y, Z)을 포함하는 정언명제들을 다양한 방법으로 결합시킴으로써, 우리는 정언적 삼단논법을 구성하여 정확한 추론을 할 수 있다(예 "만약 모든 X가 Y이고, 어떤 X는 Z이면, 어떤 Z는 Y임에 틀림없다). 이와 같은 방법을 이용하면, 이 책의 5장과 6장 그리고 7장에서 다루게 될 논리의 큰 체계가 하나 만들어질 수 있다.

아리스토텔레스보다 한 세기 후, 스토아 철학자 크리시푸스(Chrysippus, c. 405~c. 479)는 논리적 분석을 한 차원 끌어올렸다. 추론의 기본 요소는 아리스토텔레스가 말하는 범주가 아니라 명제이며, 이 명제가 어떤 사태를 긍정하거나 부정하는 단위라고 말한다(예 "X는 아테네에 있다" 또는 "X는 스파르타에 있다"). 그리고 우리는 명제들 사이에서 논리적 관계를 발견할 수 있다: "만약 X가 아테네에 있다면, X는 스파르타에는 있지 않다." 우리는 이와 같은 다양한 관계에 의존하는 기본논증들을 식별할 수 있다: "만약 X가 아테네에 있다면, X는 스파르타에는 없다. X는 아테네에 있다. 그러므로 X는 스파르타에는 없다." 이러한 단순 논증의 형식을 긍정법이라 하며, 일반적이고 쓸모가 있다; 이 책의 뒷부분에서 살펴보게 될 것이지만, 이 외 여러 가지 기본형식들도 확인할 수 있고, 또 이성적 담론에 적용할 수도 있다.

이와 같은 진보를 통해 연역논증의 타당성, 즉 전제들이 참일 때 결론이 도출될 수 있는 그 견고성은 논증의 형식, 즉 논증의 내용보다는 양식 — 논리학자들이 말하듯이, 논증의 의미론적 내용보다는 통사론적 특징에 의존한다는 것이 곧 명확하게 밝혀지게 된다. 긍정법과 그리고 이와 같은 모든 논증형식들에 대해서는 수없이 많은 구체적인 사례들이 있다. 타당성의 형식적 성질의 결과는 연구과제로 남겨졌다. 로마제국의 몰락과 더불어 그리스 논리학자들의 저술들은 이슬람 학자들에 의해 보존되었다. 이슬람 학자들 가운데서도 가장 유명한 인물은 바그다드에서 아리스토텔레스의 저작들에 대한 주석서를 쓴 알 파라비(Al-Farabi, c. 872~c. 950)였으며, 그는 "제2대 스승"으로 불리었다. 학문의 폭과 깊이에서 아리스토텔레스를 이어받은 오직 한 사람이라는 뜻이었다. 그의 뒤를 이은 사람은 이슬람의 위대한 석학 이븐 시나(Ibn Sina, c. 980~c. 1037)였다. 그는 주로 그의 라틴어 이름인 아비켄나(Avicenna)로 알려져 있다. 그들의 학문은 마침내 서양사상으로 침투되어 새로운 활력을 불어넣어 주었다. 수도사 피에르 아벨라르(Peter Abelard, 1079~1142)의 저작을 통해 12세기 프랑스에서는 통사론적 형식이 다시 논리학의 주요 관심사가 되었다.

영국에는 근대 초기의 위대한 논리학자 윌리엄 오브 오컴(William of Ockham, 1287~1348)이 있었다. 그는 많은 세월이 흐른 후에 수리논리학자인 오거스터스 드 모르간에 의해서 훨씬 정밀하게 공식화될 정리들 중 일부를 밝혀냈다. 드모르간의 정리(de Morgan's theorems)는 이 책 제2부에서 다루어지고 있다. 오컴의 주된 관심은 형이상학이었으며, 형이상학적 사유에서 쓸모없는 개념들을 제거하려고 노력했다. 어떤 말이나 개념이 쓸모없는 것으로 판명되면 그것은 무조건 제거되고 폐기되어야 한다고 그는 주장했다. '오컴의 면도날'로 불리는 이 명령적인 원칙은 공통 지침으로 남아 있다. 즉, 합리적인 사고가 이루어지려면 실체들이 필요 없이 늘어나서는 안 된다.

연역 논리는 대체로 아리스토텔레스의 편집된 논문집인 『오르가논(*The Organon*)』에서 시작되었다. 연역 논리는 이미 알고 있는 지식에 대한 효율적인 처리를 허용하고 권장했으며, 그것은 아주 유용하다. 그렇지만 오랜 세월에 걸쳐 연구되어 왔던 이러한 명제 분석과 그것들에 대한 관계 분석은 새로운 지식의 재료를 제공하지는 못했다. 새로운 지식의 재료를 절실히 요구하는 것은 근대 초기에 들어서였다. 따라서 근대는 '새로운 오르가논'을 필요로 하고 있었다. 그 새로운 오르가논, 즉 신기관(Novum Organon)은 프란시스 베이컨(Francis Bacon, 1561~1626)에 의해 1620년 영국에서 출간되었다. 베이컨의 방법론이 목표로 삼았던 것은 과학자들이 자연을 탐구할 때 사용할 수 있는 방법적 절차를 체계화하는 일이었다. "경험론의 아버지"로 불리는 베이컨은 천문학과 의학에서 과학혁명을 연 다른 개척자들과 마찬가지로 고전 논리학자들의 저작을 거부하지는 않았다. 오히려 그는 경험적 진리의 습득을 가능하게 하는 방법론을 공식화함으로써 고전적 논리학자들의 저작을 보완했다. 사실들 — 우리가 세계에 대해 알고 있는 것들 — 은 연역 논증이 세워질 수 있는 토대로서 전제를 구성한다. 이것들은 귀납논리의 원리를 공식화할 때 첫 번째로 중요한 단계들이었다.

논리적 분석(연역과 귀납)의 실들을 모아서 잘 짜인 옷감을 만들 시간이 되었다. 첫 번째 논리학 교과서(『논리학, 또는 생각의 기술(*Logic, or the Art of Thinking*)』)는 포르르와얄 논리학자들(Port-Royal logicians)로 알려진 한 무리의 논리학자들에 의해 1662년 익명으로 출간되었다. 주로 집필을 담당한 앙투안 아르노(Antoine Arnauld, 1612~1694: 데카르트와의 논쟁을 출간한 것으로 유명함)와 피에르 니콜(Pierre Nicole, 1625~1695)이 협력할 수 있었던 것은 10대의 나이에 기계식으로 작동하는 계산기를 발명했던 프랑스의 위대한 수학자 블레즈 파스칼(Blaise Pascal, 1623~1662) 때문이었다. 파스칼도 역시 확률 이론 개척자들 중의 한 사람이었다. 확률이론은 논리학의 한 분야로 이 책의 마지막 장에서 다루어질 것이다. 그 뒤를 이어 나온 다른 교과서들로는 아이삭 와츠(Isaac Watts)의 『논리학, 또는 이성의 올바른 사용(*Logik, or the Right Use of Reason*)』(1725), 리차드 왓트리(Richard Whately)의 『논리학(*Logic*)』(1826), 그리고 모든 논리학 교과서 가운데 최고로 꼽히는 존 스튜어트 밀(John Stuart Mill)의 『논리학 체계(*A System of Logic*)』(1843) 등이 있다. 밀의 이 책은 우리가 현실세계에서 인과적 관계를 발견하고 확인하는 기술을 처음으로 정밀하고 자세히 설명한 책이었다. 밀의 방법론은 지금도 귀납논리 연구에서 크게 기여하고 있으며, 이 책에서는 제3부에서 자세히 다룰 것이다.

연역논리학에는 여전히 창조적으로 이루어져야 할 연구 작업들이 많이 남아 있었다. 추론을 할 때는 일상 언어의 애매성과 모호성이 상당한 부담이 되었다. 근대 초기의 가장 위대한 사상가들 중의 한 사람이었던 고트프리트 빌헬름 라이프니츠(Gottfried Wilhelm Leibniz, 1646~1716)는 개념들을 정확하고 명확하게 표현할 수 있는 수학적인 기호언어를 개발함으로써 이런 부담을 극복하고자 했다. 라이프니츠(그는 무한소 미적분학을 독자적으로 발명한 사람들 중의 한 사람이다)는 일종의 논리적 기계를 상상했다. 이를테면 논리적 성질에 관한 연산이 그가 능통했던 대수학에서 행해지는 것처럼 효율적으로 그리고 정확하게 수행될 수 있는 기계를 상상했던 것이다. 그 대단한 논리 기계가 실제로 제작되지는 못했지만, 현대의 전자계산기(컴퓨터)를 미리 예견한 것으로 볼 수 있다.

라이프니츠의 목표를 향한 중요한 진보가 영국의 논리학자인 조지 부울(George Boole, 1815~1864)에 의해 이루어졌다. 그는 「사고의 법칙에 대한 탐구(Investigation into the laws of Thought)」(1854)에서 정확한 표현과 명제의 조작을 위한 하나의 일반적인 시스템을 고안했다. 명제는 아리스토텔레스와 크리시푸스의 시대 이래로 논리학에서 중심적인 역할을 해왔다. 그러나 전혀 모순이 없는 명제 논리 체계가 비로소 가능하게 된 것은 명제에 대한 부울의 심원한 분석이 있었기 때문이다. 부울의 해석은 이 책 5장에서 자세히 다룬다.

다른 수학자들과 논리학자들도 주목할 만한 성과를 내놓았으며, 이를 통해 연역논리의 정밀성과 효율성이 크게 높아졌다. 그들 중 한 사람이 곧 윌리엄 오브 오컴과 연관하여 위에서 언급된 바 있는 오거스터스 드 모르간(Augustus de Morgan, 1806~1871)이다. 모르간의 이름이 붙은 정리들은 연역 논증의 타당성을 입증하는 결정적인 논리적 도구로서 아직까지도 그 자리를 지키고 있다. 다른 한 사람은 영국의 논리학자 존 벤(John Venn, 1834~1923)이다. 그는 논리 체계를 도형화함으로써 연역적 타당성을 결정하는 과정에 대해 큰 기여를 했다. 그의 도형화는 정언명제들 속에 있는 명사들의 관계를 아이콘으로 나타내기 때문에, 간단하면서도 아름답다. 교차하는 원들로 구성되는 벤 다이어그램(Venn Diagram)은 오늘날 매우 널리 사용되고 있다. 벤 다이어그램은 누구나 쉽게 사용할 수 있는 도구이며, 명제의 의미에 시각적인 효력을 부여할 뿐만 아니라, 정언적 삼단논법의 타당성이나 부당성을 확증할 수 있게 해준다. 벤 다이어그램은 이 책의 2부에서 널리 사용되고 있다.

가장 위대한 미국 철학자들 중의 한 사람인 찰스 샌드스 퍼스(Charles Sanders Peirce, 1839~1914)는 프래그머티즘 운동의 창시자로서 훨씬 더 잘 알려져 있지만, 그는 자신을 다른 무엇보다도 논리학자로 생각했다. 그에게 있어 논리학은 모든 탐구 방법들을 포함하는 매우 광범위한 학문이었다. 퍼스가 집중했던 분야는 형식연역논리학이며, 이 분야에 대해 그는 주목할 만한 기여를 했다. 그는 다음과 같이 말했다. "우리는 기호로 생각한다. 그리고 논리학은 기호에 관한 형식적 이론이다." 그는 '산입', '논리적 합'과 같은 새로운 개념들을 도입했으며, 새로운 논리적 연산을 표현하기 위한 기호들을 고안했다. 그는 관계의 논리학을 탐구했다. 그리고 그는 전기스위치 회로의 특징을 이용한 부울식 연산의 표현에 대한 연구가 나중에라도 이루어지기를 기대했다. 그가 보기에 이것은 고트프리트 라이프니츠가 상상했던 기계, 즉 모든 것을 정복하는 논리 기계의 실제적인 개발을 향한 핵심 단계였다.

명제논리의 엄밀한 형식적 체계는 독일의 논리학자인 고틀로프 프레게(Gottlob Frege,

1848~1925)에 의해 만들어졌다. 이러한 형식적 체계와 그가 발명한 양화 개념은 그를 현대 논리학자들 중에서 가장 위대한 한 사람으로의 위치를 차지하게 했다. 현대 기호논리학이 가진 수단으로도 쉽게 파고들 수 없는 연역적 논증의 거대한 몸통을 우리가 정밀하게 다룰 수 있게 된 것은 그의 양화이론이 있기 때문이다. 이 양화이론에 대해서는 이 책 10장에서 자세히 설명하고 있다.

버트런드 러셀(Bertrand Russell, 1872~1970)과 알프레드 노스 화이트헤드(Alfred North Whitehead, 1861~1947)는 연역논리에 관한 이 현대적 성과를 모두 위대하고 주목할 만한 한 편의 저술, 즉 『수학 원리(*Principia Mathematica*)』(1910년부터 1913년까지 분할 출간됨)로 통합하고자 했다. 일찍이 프레게, 러셀, 화이트헤드 등이 개발한 논리적 체계뿐만 아니라 이탈리아의 논리학자 지우세페 페아노(Giuseppe Peano, 1858~1932)가 고안한 표기법(약간의 수정을 해서)까지 함께 사용한 것은 전체 수학이 몇 개의 기본적인 논리적 공리로부터 도출될 수 있다는 것을 보여주기 위한 시도였다. 이 책 8, 9, 10장에 나오는 것들은 대부분 그들의 연구에서 가져온 것이다.

연역논리학은 계속 발전했다. 20세기에는 공리 체계의 완전성이 최대의 관심사가 되었다. 쿠르트 괴델(Kurt Gödel, 1906~1978)은 형식적 공리 체계는 어떤 것이라도 일관성이 있으면 사실상 불완전할 수밖에 없다는 것을 논증했다. 그리고 괴델의 불완전성 정리로부터 다음과 같은 주장, 즉 어떤 형식적 체계에서도 미결정 상태로 남아 있어야 하는 공식들이 있게 마련이라는 주장이 도출된다. 연역 논리의 다른 측면들은 더 늦은 최근에야 탐구가 이루어졌다. 이를테면 퍼지 논리(fuzzy logic)와 크리스프 논리(crisp logic) 사이의 차이점이 탐구되었고, 가능성과 필요성의 개념들을 다루는 양상 논리학(modal logic)이 고도의 발전을 이루었다.

그러나 현대 논리학자들이 성취한 것 중 그 어느 것도 존 폰 노이만(John von Neumann, 1903~1957)을 중심으로 하는 일단의 학자들이 이룬 디지털 컴퓨터 회로에서의 지적 구조화의 발전보다 더 심원한 충격을 준 것은 없었다. 그 후 오래지 않은 20세기 중에 전자식 디지털 컴퓨터가 실제로 제작되고 점진적으로 완성되어감으로써 라이프니츠의 위대한 상상이 드디어 현실화되기에 이르렀다.

위에서 설명한 것은 유럽과 북미를 위주로 하는 서양 논리학의 역사에 대한 간단한 요약이다. 지구라는 행성 위의 다른 곳에서도 물론 논리학은 연구되었다. 그러나 중국과 인도에서 오래전에 이루어진 발견들에 대해서는 우리가 쉽게 전급하기 어려울 뿐 아니라 정확한 기록을 가지고 있지 않다. 우리는 인도에서 논리학의 원리들에 대한 많은 연구가 이루어졌다는 것을 알고 있다. 오거스터스 드 모르간은 그들의 연구에서 영향을 받았다. 모르간의 이름이 붙은 정리들(이 책 9장에서 설명하고 있다)은 인도에서 독립적으로 발전해 왔던 것이다. 조지 부울도 마찬가지로 인도의 사상가들로부터 영향을 받았다. 이 책 5장에서 다루고 있는 직접추론의 규칙들도 역시 인도에서 명확히 표명되었던 것으로 보인다. 그러나 인도의 논리학은 효과적인 철학적 추론을 강조했고, 따라서 형식적 체계라기보다는 연역적 요소와 귀납적 요소를 포괄하는 것이었다. 중국에서는 철학자 묵자(Mozi, 470~391 BCE)의 시대에 유비추론의 원리(이 책 11장에서 다루고 있다)가 개발되었다. 그러나 그것의 역사에 대해서는 우리가 확신할 수 없다. 왜냐하면 213~206 BCE 기간에 있었던 진 왕조는 이전 왕조의 모든 흔적들을 지우기 위해 많은 서적을 불태우고 또 많은 학자들을 죽였기 때문이다. 이로 말미암아 이전 시기에 행해졌던 많은 연구가 영원히 사라지고 말았다.

아리스토텔레스의 오르가논 시대부터 21세기에 이르기까지, 다른 어떤 책보다도 많은 사람들이 논리학을 공부한 한 권의 책이 있다. 가장 강력하고 예리한 20세기 사상가들 중의 한 사람인 고(故) 어빙 코피(Irving Copi, 1917~2002)가 독창적으로 착상하여 썼고, 지금 당신이 손 안에 쥐고 있는 『논리학 입문(*Introduction to Logic*)』이 바로 그 책이다.

역자 서문

인간은 이성적 동물이다. 인간은 누구나 선천적으로 판단하고 추론하는 능력을 타고난다는 말이다. 이성은 믿을 만한 판단과 추리에 도달하기 위해 우리가 반드시 의존해야 할 도구이다. 이성을 사용하지 않고서는 결코 올바른 판단이나 추리에 도달할 수가 없다. 그러므로 이성은 모든 학문의 지적 탐구에서 우리가 의존해야 하는 유일한 도구이다. 이성을 대신할 수 있는 다른 도구가 없기 때문이다. 그런데 우리는 선천적으로 타고난 이 소중한 도구를 얼마나 잘 사용하고 있는 것일까?

일상생활 속에서 우리는 종종 비이성적인 도구들을 사용하기도 한다. 또 임의적이든 본능적이든 간에 충동이 때로는 호소력을 지니기도 하며 경우에 따라서는 매우 매력적일 때도 있을 것이다. 하지만 비이성적 판단에 의존할 경우 매우 당황스럽거나 혼란에 빠질 경우가 허다하다. 복잡한 상황에서 어떤 결정을 해야 할지, 또 어떻게 행동해야 할지 정확한 판단이 서지 않기 때문이다. 특히 평소 경험하지 못한 아주 충격적인 일이 벌어지고 있는 상황에서는 더 그렇다. 이때 우리는 이성에 대한 요구를 벗어날 수가 없다. 무엇이 옳고 참인지를 결정하는 합리적인 방법들, 검증되고 확고부동한 방법들을 찾아야 하기 때문이다.

논리학은 우리에게 선천적으로 주어져 있는 이 이성의 능력을 어떻게 사용해야 하는지를 배우는 학문이다. 논리학을 공부함으로써 우리는 먼저 우리 자신의 타고난 능력을 확인하고, 나아가 여러 가지 훈련과 연습을 통해 그 능력을 키우는 방법을 배운다. 논리학을 공부하면 추리를 잘 할 수 있을 뿐 아니라 진리를 획득하는 방법, 그리고 진리를 놓고 경쟁을 벌이는 주장들을 평가하는 방법을 배우게 된다. 또 논증을 비판하고, 일관성이 없는 논증을 가려내고, 논리적 오류를 발견하는 방법들을 배운다. 요컨대, 논리학에 대한 공부를 통해 우리는 더 신중하게 추리할 뿐 아니라, 더욱 더 합리적으로 생각하고 행동하게 된다.

이 책은 하와이대학교 교수인 어빙 코피(Irving M. Copi)와 미시간대학교 교수인 칼 코헨(Carl Cohen), 그리고 하와이 퍼시픽 대학교 교수인 케니스 맥마흔(Kenneth Mc-

Mahon)이 함께 쓴 『논리학 입문(*Introduction to Logic*)』의 최근판인 제14판을 완역한 것이다. 이전에 어빙 코피의 『논리학 입문』 제7판(박만준 · 이준호 · 정상모 옮김, 경문사, 1994), 어빙 코피와 칼 코헨의 『논리학 입문』 제10판(박만준 · 박준건 · 류시열 옮김, 경문사, 2000) 등이 번역되어 소개되었으나, 그동안 내용이 많이 보완되고 수정되었다. 특히 『논리학 입문』의 알찬 내용을 독자에게 빠짐없이 충실히 전달하기 위해 처음부터 끝까지 완역한 것은 국내에서는 처음이다.

영어의 어법에 따른 논리 체계에 우리말의 어법이 맞지 않는 경우도 있으며, 원저의 설명이 우리 어법에 부적절한 경우도 있다. 이런 경우에는 일부 내용을 우리 어법에 맞게 바꾸고자 하였으나 그렇지 못한 부분도 많다. 독자 여러분의 따뜻한 배려와 이해를 구한다.

끝으로 이 책이 나오기까지 힘써준 경문사 한헌주 사장님과 편집부 직원 여러분께 감사드린다.

2016년 1월

옮긴이 씀

차 례

INTRODUCTION TO LOGIC

논리학입문

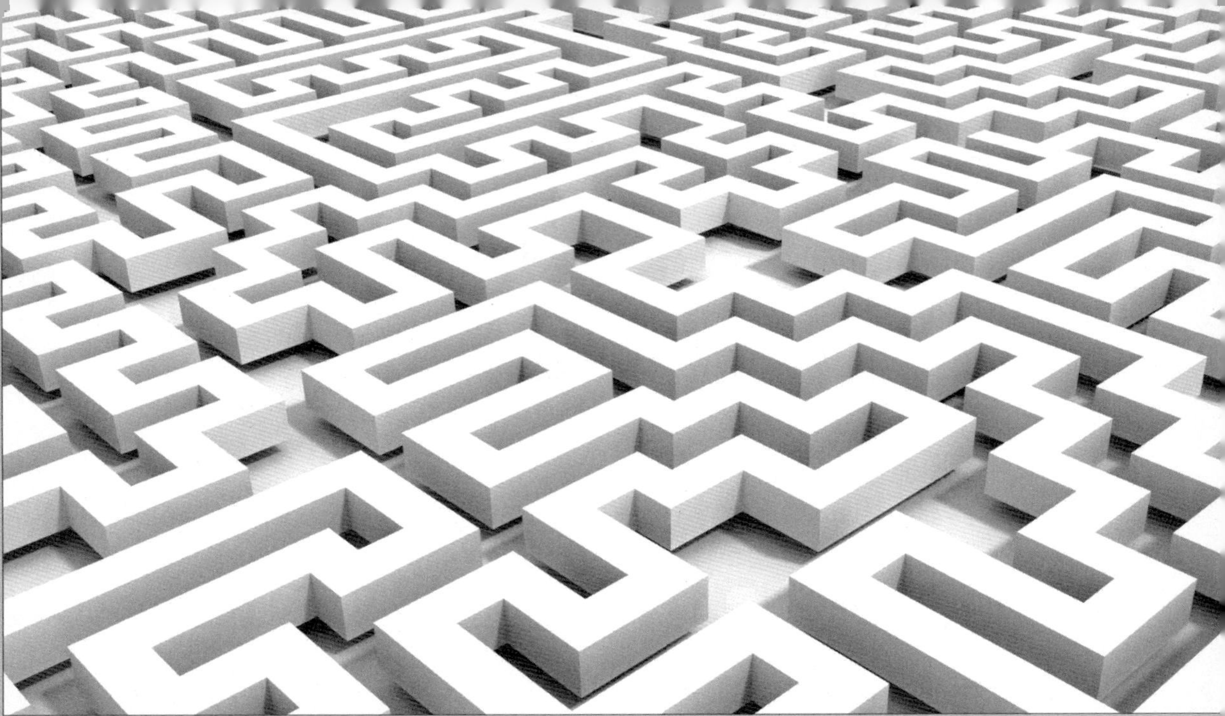

Introduction to

LOGIC

제 1 편 논리와 언어

제1부 추론

제1장 논리학의 기본 개념들

제2장 논증의 분석

제2부 비형식적 논리

제3장 언어와 정의

제4장 오류

> 자, 이리 와서 함께 추론해 봅시다.
>
> — Isaiah 1:18

> 우리의 삶이란 추론을 주고받는 것이 전부이다. 추론은 우리가 가지고 있는 확신을 위해 지불하는 화폐와도 같은 것이다.
>
> — Edith Watson Schipper

논리학의 기본 개념들

제 **1** 장

1.1 논리학이란 무엇인가?

논리학(logic)이란 정확한 추론과 부정확한 추론을 구분하기 위하여 사용되는 여러 원리와 방법들을 연구하는 학문이다.

어떤 문제에 대해 추론할 때, 우리는 우리의 결론을 뒷받침하기 위해 논증을 만들어낸다. 우리의 논증은 우리의 신념이 옳다고 생각하는 근거나 이유를 포함한다. 그렇지만 모든 근거나 이유가 다 옳은 것은 아니다. 그러므로 우리가 어떤 논증에 직면하면, 우리는 언제나 이렇게 묻는다. 즉, 그 결론은 전제로부터 나온 결과인가? 이 물음에 대답하기 위한 객관적인 기준이 있다. 이 기준을 찾아내어 활용하기 위해 우리는 논리학을 공부한다.

추론이 사람들이 언명하거나 받아들이는 주장을 뒷받침하는 유일한 방법은 아니다. 사람들은 권위나 감정에 호소하기도 하며, 이것이 매우 설득력을 지닐 수도 있다. 혹은 사람들은 아무런 생각 없이 그냥 습관에 의존할 수도 있다. 그러나 어떤 사람이 전적으로 의존할 수 있는 판단을 원한다면, 그의 유일하게 단단한 토대는 정확한 추론일 것이다. 논리학의 방법과 기법들을 사용한다면, 정상적인 추론과 잘못된 추론을 확실히 구분할 수 있을 것이다. 이것이 이 책의 주제이다.

1.2 명제와 논증

먼저 논리학 공부에 필요한 가장 기본적인 개념들을 좀 더 자세히 살펴보자. 이것들은 방금 위에서 나왔던 개념들이다. 추론할 때 우리는 논증을 구성하고 평가한다. 논증은

인물탐구

아리스토텔레스(Aristotle)

고대와 현대의 모든 위대한 철학자와 논리학자들 가운데 아리스토텔레스(Aristoteles, 384~322 BCE)보다 위대한 인물은 없다. 그의 저작과 영향은 2천 년 동안 우리의 지적 세계를 지배해 왔다. 그는 종종 "최고의 철학자"로 불리었으며, (심지어 그가 오류를 범했을 때도) 그의 권위를 의심하지 않았다.

아리스토텔레스는 마케도니아의 스타기라에서 태어났으며, 그의 아버지는 왕실의 시의였다. 그는 귀족 가문에서 태어났으며 왕의 아들 필립과 친구였다. 필립 왕자가 마케도니아의 왕이 되자, 왕은 아테네에 있는 플라톤의 "아카데미"에서 여러 해 동안 연구에 전념하고 있던 그를 마케도니아로 불러들여 알렉산더 왕자(훗날 알렉산더 대왕이 됨)의 스승으로 삼았다. 알렉산더 대왕은 그 후 아시아 정복을 위해 진군하면서도, 존경하는 스승과의 접촉을 유지하면서 스승이 요청한 표본들과 공예품들을 보내주었다. 그것들은 아리스토텔레스의 초기 학문 발전에 큰 도움이 되었다.

아리스토텔레스는 플라톤, 소크라테스와 더불어 서양철학의 기초를 세운 3인 중 한 사람이며, 참으로 백과사전과도 같은 박학다식한 정신의 소유자였다. 그는 당시에 약간의 지식들이 집적되어 있었던 사실상의 모든 주제에 대해 탐구하고, 기여했으며, 그 방대한 주제에 대해 글을 쓰고, 또 그것들을 가르쳤다. 그가 다룬 주제는 자연과학(생물학, 동물학, 발생학, 해부학, 천문학, 기상학, 물리학, 광학)과 예술(시, 음악, 연극, 수사학), 정부와 정치학, 심리학과 교육학, 경제학, 윤리학, 형이상학, 그리고 논리학 등이다. 그는 혼자 힘으로 논리학의 체계를 처음 정립했다. 논리학에 관한 그의 논문들은 훗날 『오르가논』이란 하나의 위대한 저술로 편집되었는데, 그 내용은 우리가 지금 공부하고 있는 제일 앞부분의 형식적 분야를 이루고 있다. 그가 지구를 우아한 곳으로 만드는 데 기여한 가장 뛰어난 사상가들 중의 한 사람이라는 것은 누구나 인정한다. 그의 논리적 분석의 통찰과 일관성, 포괄적인 학문 연구와 정확성을 보더라도 이러한 그의 위상은 정당하게 평가된 것임에 틀림이 없다.

그는 49세 때 다시 아테네로 돌아와 당시 아주 큰 영향력을 발휘한 "리케움"을 설립했다. 그리고 그는 거기서 12년 동안 가르쳤으며, 322 BCE에 세상을 떠났다. 그가 남긴 마지막 유언은 아내 피디아스 옆에 묻어달라는 것이었다.

아리스토텔레스는 논리학에서 최우선적으로 필요한 것이 올바른 추론 규칙을 확정하는 것이라고 했다. 그는 타당성을 명확히 밝혔으며, 정언명제의 기본적인 네 가지 유형과 그것들의 관계의 특성을 기술했다. 여섯 권으로 된 『오르가논』 중 한 권인 『분석론 전서』에서 그는 정언적 삼단논법에 대한 정교한 이론적 설명을 전개했다. 그 설명은 연역논리의 세계를 오랫동안 지배했으며, 오늘날에도 건전한 추론을 위한 효과적인 도구로 남아 있다.

아리스토텔레스에 대해서 사람들은 그가 살았던 그 시대에 알아야 할 모든 것을 알고 있는 마지막 사람이었을 것이라고 말한다.

전제들로 구성된다. 이 개념들은 단순해 보이지만, 세심한 분석이 필요하다.

A. 명제

명제는 추론의 구성 요소이다. **명제**(proposition)는 어떤 것이 사실이라고 주장하거나 또는 어떤 것은 사실이 아니라고 주장한다. 우리는 명제를 긍정하거나 부정할 수 있다. 그러나 모든 명제는 실제로 사실인 것을 주장하거나 또는 사실이 아닌 어떤 것을 주장한다. 그러므로 모든 명제는 참이거나 거짓이다.

우리가 참 또는 거짓을 모르는 수많은 명제들이 있다. 예를 들어, "은하계 안에 있는 다른 별에도 생명체가 존재한다"는 명제는 현재 우리가 알고 있기로는 참일 수도 있고 거짓일 수도 있다. 이 명제의 진리치는 알 수 없으나, 다른 모든 명제가 그렇듯이 이 명제는 참 아니면 거짓이다.

어떤 질문은 아무것도 주장하지 않으며, 따라서 그것은 명제가 아니다. "당신은 바둑을 둘 줄 아십니까?"라는 질문은 분명히 하나의 문장이지만, 이 문장은 세계에 관해 주장하지는 않는다. 명령("빨리 오너라!")이나 감탄("세상에!")도 명제가 아니다. 명제와는 달리, 질문이나 명령 그리고 감탄은 참도 아니고 거짓도 아니다.

우리가 어떤 명제를 주장할 때, 우리는 어떤 언어로 된 문장을 사용한다. 하지만 우리가 주장하는 명제가 문장과 동일한 것은 아니다. 이것은 분명한 사실이다. 왜냐하면 다른 단어들이 다르게 배열되어 있는 서로 다른 두 문장이 동일한 의미를 가질 수 있으며, 또 동일한 명제를 주장하기 위해 사용될 수도 있기 때문이다. 예를 들어, "레슬리가 선거에서 이겼다"와 "선거는 레슬리의 승리로 끝났다"는 서로 다른 두 문장이지만 주장하는 것은 같다.

문장은 언제나 어떤 언어로 구성된다. 그러나 명제가 영어나 또는 어떤 특정한 언어에 묶여 있는 것은 아니다.

비가 온다.	(한국어)
It is raining.	(영어)
Il pleut.	(프랑스어)
Es regnet.	(독일어)

이 네 문장은 다른 언어로 되어 있지만 하나의 의미를 가지고 있다. 서로 다른 단어들을 사용하고 있지만 네 문장은 모두 동일한 명제를 주장하기 위해 언명될 수 있다. 명제는 저러한 서술문이 전형적으로 무엇을 주장하기 위해 사용되는가를 가리키기 위해 사용되는 용어이다.

진술(statement)이라는 말은 명제와 정확한 동의어는 아니지만, 논리학에서 같은 의미로 쓰이는 경우가 많다. 어떤 논리학자는 명제보다 진술이라는 말을 선호하기도 하지만, 논리학의 긴 역사에서 보면 명제라는 말이 일반적으로 사용되어 왔다. 또 다른 논리학자는 둘 다 형이상학적이라고 사용하기를 꺼리며, 문장(sentence)이라는 말만 사용한다. 하지만 대다수는 명제라는 개념이 문장과 문장이 주장하는 것을 구분하는 데 유용하게 쓰이는 것으로 간주한다.

동일한 문장이 그것이 표현되는 문맥에 따라 전혀 다른 것을 진술하기 위해 (또는 전혀 다른 명제를 주장하기 위해) 사용될 수도 있다. 예를 들어, "미국에서 가장 큰 주는 한때 독립 국가였다"는 문장은 한때는 참된 진술 혹은 명제(텍사스주에 관한)를 표현하는 것이었다. 그러나 만일 오늘날 이렇게 주장하면, 거짓된 진술 또는 거짓된 명제(알래스카주에 관한)를 표현하는 것이다. 동일한 단어들이 서로 다른 시점에서 다른 명제를 주장하고 있다.

앞에서 예로 든 명제들은 대체로 간단한 것들이지만, 그 자체 속에 다른 명제를 포함하는 복잡한 명제도 있을 수 있다. 브라질에 있는 아마존 분지의 개발에 대한 최근의 설명에 나오는 다음 명제를 보라.

> 아마존 분지는 지구 산소의 거의 20퍼센트를 생산하고, 그 자체에 내린 비만큼 많은 비를 만들어내며, 알려지지 않는 수많은 종들의 은신처가 되고 있다.[1)]

이 문장은 세 가지 명제를 동시에 주장하고 있으며, 그것들은 아마존 분지가 생산하는 것, 그것이 만들어내는 것, 그것이 은신처가 되는 것 등에 관한 것이다. 그러므로 이 글은

---

1) Scott Wallace, "Last of the Amazon," *National Geographic*, January, 2007.

연언명제로 되어 있다. 연언명제를 주장하는 것은 그 요소명제들을 하나하나 따로 주장하는 것과 같다.

어떤 복합명제는 그 요소명제들의 참 또는 거짓을 주장하지 않는다. 선언적 명제에서는 요소명제들 중 그 어떤 것도 주장되지 않는다. 링컨 대통령은 (1861년 12월 의회에 보내는 성명에서) "순회 재판소는 쓸모가 있거나, 또는 쓸모가 없다"고 말했다. 이 선언명제는 분명히 참이지만, 그 요소명제들 중 하나는 거짓일 수 있다.

가언명제(조건명제)도 복합명제이지만, 그것을 구성하는 요소명제 가운데 어느 것도 주장하지 않는다. 18세기 자유사상가 볼테르는 이렇게 말했다. "만일 신이 존재하지 않는다면, 불가피하게 신을 창조할 수밖에 없었을 것이다." 이 가언명제도 두 개의 요소명제 중 어느 것도 주장하지 않는다. "신이 존재하지 않는다"는 요소명제를 주장하는 것도 아니고, 또 "불가피하게 신을 창조할 수밖에 없었을 것이다"라는 요소명제를 주장하는 것도 아니다. 다만 '만일 … 이라면'이라는 명제가 가언적(또는 조건적) 진술을 통해 주장되고 있을 뿐이다. 그리고 가언적 진술은 그것을 구성하는 요소명제들이 둘 다 거짓일지라도 참일 수 있다.

논리학에서 명제의 내적 구조는 중요하다. 논증을 평가하기 위해 그 논증에 나오는 명제들을 충분히 이해할 필요가 있다. 이 책에서 우리는 여러 가지 명제를 분석해 볼 것이다.

B. 논증

명제들이 모여 논증이 구성된다. 어떤 논증이든 우리는 어떤 다른 명제에 근거하여 하나의 명제를 주장한다. 이렇게 하는 것이 곧 추리이다. **추리**(inference)는 명제들을 한데 모으는 과정이다. 추리는 타당한 것도 있고 타당하지 않은 것도 있다. 논리학자는 명제로 시작해서 명제로 끝나는 그 과정과 이러한 명제들 사이의 관계를 검토하면서 모여 있는 그 명제들을 분석한다. 이처럼 명제들이 모여 논증을 구성한다. 논리학의 주된 관심사가 바로 이 논증이다.

논증은 논리학의 전문 용어이다. 그것은 불일치나 논쟁을 수반할 필요가 없다. 논리학에서, **논증**(argument)은 엄밀히 말하면 어떤 하나의 명제가 다른 명제들로부터 도출되기 위하여 요구되는 명제들의 집합을 가리키며, 그리고 저 다른 명제들은 어떤 하나의 명제가 진리임을 뒷받침해 주는 근거 내지 이유로 간주될 수 있다. 모든 추리에는 하나의 논증이 대응하고 있는 셈이다.

글을 쓰거나 담화를 할 때, 하나의 구절이 몇 개의 명제를 갖고 있지만 논증을 포함하지 않는 경우가 있다. 이런 의미에서, 논증은 명제를 그냥 모아놓은 것이 아니다. 논증은 어떤 추리의 구조를 담고 있는 명제의 집합이다. 이 구조를 우리는 전제와 결론이라는 말로 설명한다. 논증의 **결론**(conclusion)은 그 논증의 다른 명제들을 근거로 주장되고 있는 명제이다. 그리고 결론을 뒷받침하는 근거로 제시된 다른 명제들이 그 논증의 **전제**(premise)이다.

우리는 이 책에서 수많은 논증을 만나게 될 것이다. 그것들은 종류도 다르고 주제도 다르다. 우리는 정치, 윤리, 스포츠, 종교, 과학, 법 그리고 일상생활에서 만나는 수많은 논증을 분석하게 될 것이다. 이러한 논증들을 지지하거나 공격하는 사람은 대개 도출된 결론의 진리(또는 거짓)를 확고히 하는 것을 목표로 한다. 하지만 논리학을 공부하는 우리의 관심은 이와 같은 논증 자체이다. 행위자 또는 시민으로서 우리는 도출된 결론의 참 또는 거짓에 대해 깊은 관심을 가질 수 있다. 그러나 논리를 공부하는 우리의 관심은 다른 데 있다. 우리의 주된 관심은 두 가지다. 첫째, 우리는 고려중인 논증의 형식에 관심을 기울일 것이다. 이것은 그 논증이 근거 있는 결론을 도출한 그런 종류의 논증인지 아닌지를 결정하기 위해서이다. 둘째, 논증의 질에 대해 관심을 기울일 것이다. 이것은 실제로 그 논증이 근거 있는 결론을 도출한 것인지 아닌지를 결정하기 위해서이다.

논증은 그 복잡성의 정도에 따라 엄청나게 달라진다. 어떤 것은 아주 간단하다. 앞으로 우리가 살펴보게 될 논증들은 상당히 복잡하다. 때로는 그 논증에 포함된 명제들의 구조나 형식 때문이기도 하고, 또 때로는 전제들 사이의 관계 때문이며, 또 때로는 전제와 결론의 관계 때문이기도 하다.

가장 간단한 논증은 하나의 전제와 그 전제로부터 도출되는 하나의 결론으로 구성되어 있다. 앨라배마주의 생물학 교과서에 부착된 스티커에 새겨진 다음 논증과 같이, 각기 별개의 문장으로 서술되어 있는 논증도 있다.

> 지구에 처음으로 생명이 출현했을 때는 어느 누구도 존재하지 않았다. 그러므로 생명의 기원에 관한 진술은 모두 사실이 아니라 이론으로 간주되어야 한다.

인류유전학의 최근 발전에 관한 다음 논증과 같이, 어떤 논증은 전제와 결론이 하나의 문장으로 서술되어 있다.

> 모든 인간은 우리와 가까운 진화적 과거에 있었던 소수의 아프리카 조상들로부터 유래했다는 것이 밝혀졌기 때문에, 인종들 간에 엄청난 차이가 있다고 믿는 것은 지구가 평면이라고 믿는 것 못지않게 우스꽝스러운 일이다.[2)]

전제와 결론의 순서도 또한 여러 가지이지만, 그것이 논증의 질을 결정하는 데 결정적인 것은 아니다. 대체로 논증의 결론이 그 전제보다 먼저 나온다. 베이브 루스가 700 홈런을 기록했을 때(1934년 7월 13일), ≪뉴욕 타임즈≫에 다음과 같은 기사가 실렸다.

> 베이브 루스가 생애 700 홈런을 기록한 오늘, 나빈 경기장에는 영원히 깨지기 힘들 것 같은 기록이 수립되었다. 이 기록이 존속할 가능성이 있는 것은, 첫째로 경기장에서 야구를 즐기는 선수들은 극소수이기 때문이며, 둘째로 야구 역사상 300 홈런 이상을 기록한 선수는 베이브 루스 외에 단 두 명뿐이기 때문이다.

이것은 각각 번호가 붙은 두 개의 전제를 가진 논증에 대한 예이다. 두 전제는 결론 다음에 서술되어 있다. 1973년 7월 21일, 행크 아론이 39세에 700 홈런을 기록한 사실을 고려해 볼 때, 이것은 또한 논증의 결론이 거짓일 가능성이 매우 높은 논증이다.

전제와 결론이 한 문장으로 되어 있으면서 논증의 결론이 먼저 나오는 경우도 있다. 영국의 공리주의 철학자 제러미 밴담은 그의 저서『입법의 원리』에서 이에 대한 산뜻한 논증의 예를 보여준다.

> 모든 법은 악이라고 하는데, 그 까닭은 모든 법이 자유를 침해하기 때문이다.

이것은 단 하나의 짧은 문장이지만, 두 개의 명제를 포함하기 때문에 논증이다. 첫 번째 명제(모든 법은 악이다)는 결론이며, 두 번째 명제(모든 법은 자유를 침해한다)는 전제이다. 단 하나의 명제가 논증이 될 수는 없다. 왜냐하면 논증은 명제들의 집합으로 이루어지기 때문이다. 그러나 어떤 복합 명제는 마치 논증처럼 보이지만 논증이 아니며, 그런 명제를 논증과 혼동해서는 안 된다. 다음과 같은 가언적 명제를 보라.

> 만일 국가가 동등한 사람들로 구성된 사회를 목표로 한다면, 중산층에 기초한 국가가 가장 잘 짜인 국가일 것이다.

이 명제를 구성하고 있는 첫 번째와 두 번째 요소명제는 어느 것도 주장하지 않는다. 주장하는 것은 다만 첫 번째 요소명제가 두 번째 요소명제를 함축하고 있으며, 둘 다

---

2) David Hayden, "Thy Neighbor, Thy Self," *The New York Times*, 9 May 2000.

인물탐구

크리시푸스(Chrysippus)

아리스토텔레스와 크리시푸스는 고대의 모든 논리학자들 중에서 가장 위대한 두 사람으로 우뚝 서 있다. 논리학을 처음으로 체계화했고, 비할 데 없는 그 권위로 2천 년 동안 군림해 온 아리스토텔레스가 가진 무한한 영향력은 이미 확인되었다. 그보다 한 세기 후에 태어난 크리시푸스(c.279~c.206 BCE)는 개념의 틀을 발전시켰다. 그의 영향력은 훨씬 더 시간이 지난 후에야 인정받았다.

아리스토텔레스의 논리학은 분류의 논리학이었다. 아리스토텔레스의 논증, 즉 "모든 사람은 죽는다. 그리스인들은 사람이다. 그러므로 그리스인들은 죽는다"에서 기본 요소는 범주 또는 개념 ("사람," "죽는 것," "그리스인")이다. 이와는 대조적으로, 크리시푸스의 논리학은 명제들과 그 명제들 사이의 관계들(예를 들면, "만약 지금이 그날이면, 지금은 낮이다. 지금은 그날이다. 그러므로 지금은 낮이다.")로 구성된 것이었다. 크리시푸스는 이 단순한 논증형식(긍정법)과 다른 많은 기본 논증형식들을 분석하고 분류했다. 그의 논리적 성찰은 창조적이고 심원했다.

소아시아의 솔리에서 태어난 크리시푸스는 스토아학파의 철학 — 대표적인 인물이 제논과 클레안테스이다 — 을 공부했다. 그 후 그는 아테네에서 스토아학파의 지도자가 되었다. 그는 감정을 부조화 또는 질병으로 생각했으며, 스토아 학원에서 감정을 통제해야 할 필요성을 가르쳤다. 그는 통제할 수 없는 운명의 결과는 인내심을 갖고 받아들일 것과 유일신(전통적인 그리스 신들은 단지 유일신의 여러 측면이다)이 우주 자체임을 인식할 것을 역설했다.

그러나 그의 영향력이 가장 강력했던 것은 논리학자로서이다. 그는 명제의 중심적인 역할을 그 자체로서 부정되거나 긍정될 수 있는 것으로 파악했다. 이것이 그가 아리스토텔레스와 다른 점이다. 이를 기초로 그는 명제 논리학의 일관된 체계를 최초로 개발했다.

거짓일 수 있다는 것이 전부이다. 추론을 이끌어내는 것도 아니고, 또 참이라고 내세우는 결론도 없다. 2천 년 이전에 그리스가 당면한 현실과 헌법을 연구한 아리스토텔레스는 그의 저서 『정치학(*Politics*)』(4권 11장)에서 확신을 갖고 다음과 같이 서술하고 있다.

> 국가는 동등한 사람들로 구성된 사회를 지향하며, 따라서 중산층에 기초한 국가가 가장 잘 짜인 국가이다.

이것은 논증이다. 아리스토텔레스의 이 논증은 짧고 간단하다. 대부분의 논증은 더 길고 더 복잡하다. 그러나 짧든 길든, 그리고 간단하든 복잡하든, 모든 논증은 명제들의 집합으로 이루어지며, 그 중 하나는 결론이고 다른 것(또는 다른 것들)은 결론을 뒷받침하기 위해 제시된 전제이다.

모든 논증이 명제들의 집합으로 구성되지만, 명제들의 집합이 모두 논증은 아니다. 세계적인 불평들에 대한 최근의 이 설명을 보라.

> 동일한 세계 안에서, 10억이 넘는 사람들은 이전에는 상상조차 하지 못한 풍요로운 삶을 살고, 거의 10억에 가까운 또 다른 사람들은 하루에 1달러도 채 못 되는 돈을 벌기 위해 생존 투쟁을 벌이고 있다. 세계에서 가장 가난하게 살아가는 사람들은 대부분 영양결핍 상태이다. 그들에게는 안전하게 마실 물도 없고, 가장 기본적인 공공의료 서비스도 이루어지지 않으며, 또 자식들을 학교에 보낼 형편도 못 된다. UNICEF에 따르면, 매년 1천만 명(매일 약 3만 명) 이상의 아이들이 어쩔 수 없이 가난과 관련된 질병 때문에 죽어가고 있다.[3]

이 보고서는 심각한 문제이지만, 논증이 포함되어 있는 것은 아니다.

추론은 하나의 기술일 뿐 아니라 하나의 학문이다. 그것은 우리가 행동하는 것이고, 또 우리가 이해하는 것이다. 우리의 신념에 근거를 제시하는 것은 자연스럽지만, 논증을 구성하고 그것을 검사하는 기술은 실천을 요구한다. 이 기술을 단련하고 강화한 사람은 이와 관련된 원리를 생각해 본 적이 없는 사람보다 훨씬 올바르게 추론할 것이다. 따라서 우리는 이 책에서 논증을 분석하는 훈련의 기회를 아주 많이 제공하고자 한다.

논리연습

다음 글에서 전제와 결론을 찾아라. 어떤 전제는 결론을 뒷받침하고, 어떤 것은 그렇지 않다. 전제가 결론을 직접적으로 뒷받침하거나 또는 간접적으로 뒷받침할 수 있으며, 그리고 간단한 글일지라도 하나 이상의 논증을 포함할 수 있음에 주의하라.

▍보기문제

1. 자유 국가의 안전을 위해 정예 군대가 반드시 필요하며, 무기를 소지하는 국민의 권리는 침해당해서는 안 된다.

—미국 헌법

3) Peter Singer, "What Should a Billionaire Give—and What Should You?" *The New York Times Magazine*, 17 December 2006.

문제풀이

전제: 잘 훈련된 군대는 자유 국가의 안전을 위해 필수적이다.

결론: 무기를 소지하고 간수할 국민의 권리가 제한받아서는 안 된다.

2. 책을 복사하여 그것을 친구에게 전해주는 많은 사람들을 그만두게 한 것은 청렴성이 아니라 계획적인 것이었다. 친구에게 복사본을 사주는 것이 훨씬 쉽고 비용도 적게 들기 때문이다.

—랜디 코헨, *The New York Times Magazine*

3. 토마스 아퀴나스가 주장하기를, 인간의 지성은 하느님이 주신 선물이며, 따라서 "세계를 이해하기 위해 인간의 지성을 이용하는 것은 하느님을 모욕하는 것이 아니라, 오히려 하느님을 기쁘게 하는 것이다."

—찰스 머레이, 『인간의 업적』에서 재인용

4. 에드문트 힐러리 경이 영웅인 까닭은 그가 에베레스트 산을 등반한 사람이기 때문이 아니라, 불가능에 가까운 이러한 위업을 달성할 수 있도록 도와준 셰르파들을 망각하지 않았기 때문이다. 그는 그들을 위해 학교와 병원을 건립하는 데 헌신적으로 그의 생을 바쳤다.

—파트레 S. 라자쉬크하르, *National Geographic*

5. 표준화된 시험은 인종적 · 민족적 차이의 충격을 가져왔다. 백인과 아시아계 학생들의 점수는 평균적으로 흑인이나 라틴 아메리카계의 동료 학생들에 비해 상당히 높았다. 이것은 4학년 졸업시험이나 대학 입학시험, 그리고 다른 모든 교과목 평가 시험에서도 적용된다. 만일 민족 간의 격차가 차별을 입증하는 것이라면, 모든 시험은 차별적이다.

—애비게일 테른스텀, *The New York Times*

6. 이 세상에 있는 모든 것 가운데 훌륭한 분별력(양식)은 가장 공평하게 분배되어 있다. 누구나 그것을 아주 풍부하게 갖추고 있다고 생각하므로, 심지어 다른 모든 것에 대해서는 만족하지 못하는 사람들도 그들이 이미 가지고 있는 것보다 더 많은 양식을 욕심내지 않기 때문이다.

『방법서설』

7. 노아 웹스터가 미국어사전을 제안했을 때, 19세기 초 당시 비평가들은 다음과 같은 반대 논증을 내놓았다. 즉, "미국에 새로운 단어들은 어떤 것이든 우리와 맞지 않는 이질적인 것이거나 형편없는 것이기 때문에, 미국어 같은 것은 없다. 나쁜 영어가

있을 뿐이다."

—질 레포아, *The New Yorker*

8. 사형제도는 너무 비용이 많이 든다. 뉴욕주만 보더라도 납세자들은 한 사람도 처형하지 않으면서도, 우리 주가 시행하지 않는 사형제도에 2억 달러 이상의 돈을 낭비했다. 비용이 너무 많이 들 뿐 아니라, 사형은 그 적용에 있어서도 불공평하다. 가장 강력한 이유는, 지난 18개월 동안에 그들이 범하지 않은 살인이나 강간죄로 장기 복역 중이던 뉴욕주 10명의 수감자가 출감한 것을 포함하여, 사법부의 유죄판결 이후의 수사로 사형수들의 사면이 이루어질 여지가 많기 때문이다.

—L. 포터, *The New York Times*

9. 집은 바라보기 위해서가 아니라 살기 위해 짓는다. 그러므로 통일된 외양보다는 좋아하는 집에서 살자.

—프랜시스 베이컨, 『수필집』

10. 어떤 거래나 어떤 도시를 (항의의 표시로) 배척하는 것은 폭력 행위는 아니지만, 많은 사람들에게 경제적 손실을 입힐 수 있다. 그것으로 인한 경제적 영향이 클수록, 그것이 주장하는 성명은 더 인상적이다. 이와 동시에 그 경제적 결과는 아무런 범법 행위도 하지 않은 사람들이 분담할 가능성이 있으며, 그리고 호텔 종업원이나 택시 기사, 식당 경영자, 상인들과 같은 사람들에게 수입 감소는 감당하기 힘들 정도의 부담이 된다. 직접적인 당사자가 아닌 이런 사람들에게 해를 끼칠 심산이 아니라면, 불매운동이라는 무기의 사용은 최대한 절제해야 한다.

—앨런 월프, *The Chronicle of Higher Education*

11. 인종 청소가 외교정책의 합법적인 수단으로 간주된 것은 오래되지 않은 얼마 전의 일이었다. 20세기 초만 해도 강제적인 인구 이동은 흔하지 않았다. 다문화적 제국들은 무너지고, 민족주의는 인종적으로 동질적인 새로운 국가 형태로 되었다.

—B. 쿠퍼, *The New York Times Book Review*

12. 배심원단이 정부의 처신이나 행실에 아주 불만이라면, 배심원단은 단지 유죄판결을 거부할 수 있을 뿐이다. 이러한 가능성은 정부에 대해 제대로 하라는 강력한 압력이 된다. 바로 이러한 이유 때문에, 배심원단은 민주주의를 수호하는 아주 중요한 방어막이다.

—로버트 프레이트, *The New York Times*

13. 숲이 없으면 오랑우탄은 살 수 없다. 그들은 그들 생애의 95퍼센트를 나무에서 보낸다.

덩굴식물과 흰개미와 더불어 나무는 그들에게 95퍼센트 이상의 먹이를 제공한다. 그들의 유일한 서식지는 보르네오와 수마트라의 열대우림이다.

—비루테 갈디카스, *The New York Times*

14. 박식과 전능은 서로 양립할 수 없다. 만일 신이 박식하다면, 신은 어떻게 그의 전능을 사용하여 역사 과정의 변화에 개입할 것인지 이미 알고 있어야만 한다. 그러나 그것은 그가 그의 개입에 관한 그의 마음을 바꿀 수 없다는 것을 의미하며, 그리고 이것은 그가 박식하지 않다는 것을 의미한다.

—리처드 도킨스, 『만들어진 신』

15. 이성은 신앙이 가지는 최대의 적이다. 그것은 결코 영적인 것을 돕기 위해 찾아오는 것이 아니지만, 그러나 신으로부터 나오는 모든 것을 경멸적으로 다루면서 신의 말씀에 대항해서 싸우지 않는 것보다는 더 자주 찾아온다.

—마틴 루터, 『비텐베르크의 마지막 설교』

1.3 논증 알아내기

논증을 평가하려면 먼저 논증을 알아보는 능력이 있어야 한다. 우리는 글을 쓰거나 대화할 때 논증적인 구절을 구분할 수 있어야 한다. 물론 이렇게 하려면 그 구절을 이루고 있는 언어에 대한 이해가 전제되어야 한다. 그러나 언어를 빈틈없이 이해하고 있어도 그 형식이 특수하기 때문에 문제가 생길 수 있다. 우리가 어떤 문맥에 논증이 의도되고 있음을 확신하는 경우에도, 어느 명제가 그 논증의 전제이고, 어느 명제가 그 논증의 결론인지 확실하게 모를 수 있다. 우리가 보아왔듯이, 판단은 명제가 나타나는 순서에 근거하여 만들어지는 것이 아니다. 어떻게 해야 하는 것일까?

A. 결론 지시어와 전제 지시어

한 가지 유용한 방법은 논증의 전제와 결론을 따라다니는 어떤 공통된 지시어나 특수한 용어들의 도움을 받아 그것들을 찾아내는 것이다. "그러므로", "따라서", "결국", "결과적으로", "이런 이유로 말미암아", "결론적으로", "그러니까" 등은 **결론 지시어**(conclusion indicator)의 일부이다.

논증의 전제에 따라다니는 말이나 구절을 전제 지시어라고 한다. 항상 그런 것은 아니지만, 대체로 다음과 말이나 구절이 나오면 그 논증의 전제일 것이다. "왜냐하면", "…이므로", "…이기 때문에", "…하는 한에 있어서는", "…인 까닭에" 등이 **전제 지시어**(premise indicator)의 일부이다.

B. 문맥에 따라 논증 읽기

우리가 앞에서 열거한 말이나 구절들은 논증을 찾거나 논증의 전제와 결론을 찾는 데 도움을 준다. 그러나 이런 지시어들이 반드시 나오는 것은 아니다. 어떤 경우에는 명제의 의미나 문맥이 도움을 준다. 예를 들어, 2007년 미군 병력의 이라크 추가 배치에 대해 치열한 논쟁이 벌어지고 있을 때, 이에 대해 비판적인 한 평론가는 다음과 같이 말했다.

> 이라크의 질서를 위해 우리 젊은이들을 멀리 이국땅으로 보낼 때, 이라크의 지도자로 불리는 수많은 사람들이 그들의 위치와 직무를 버리고 떠났다. 우리는 이라크 사람들에게 그들의 갈등을 해결할 기회를 주었으며, 그들은 도리어 그것을 우리 코앞에 던져버렸다. 이라크는 우리의 도움을 받을 자격이 없다.[4)]

여기에는 전제 지시어도 없고 결론 지시어도 없다. 하지만 분명히 하나의 논증이다. 샘 해리스의 저서 『기독교 국가에 보내는 편지』에 나오는 다음 논증에도 전제 지시어나 결론 지시어가 없다. 하지만 논증의 전제와 결론은 아주 명확하다.

> 미국 사람들의 절반은 우주의 나이가 6천 년이라고 믿고 있다. 그들은 이에 대해 잘못 생각하고 있다. 그들에게 이처럼 단언하는 것은 "반종교적인 편견"이 아니다. 그것은 지적 정직성이다.[5)]

그러나 오직 논증의 문맥을 이해할 경우에만 논증의 효력을 평가할 수 있는 경우도 있다. 예를 들어, 특정한 소수 집단에 속한 모두에게 일정한 가산점을 부여하는 미시건대학의 입시제도는 2003년 미국연방 대법원의 판결에 의해 헌법에 위배되는 것이었다. 반대 의견을 낸 긴스버거 판사는 미시건대학을 옹호하는 다음과 같은 논증을 내놓았다.

> 대학들은 그들의 소수자 입학을 유지하려고 할 것이다 … 그들이 아주 노골적으로 그렇게 하든 않든 … (그들은) 위장하고 감출 수 있다. 만일 정직이 최선의 방책이라면, 정확하게 묘사되어 있고, 또 상세하게 밝혀진 미시건대학의 대학 차별철폐 조치는 분명히 눈 감고 아웅 하는 식으로 위장하는 것보다 훨씬 좋은 것이다.[6)]

---

4) Roger Woody, "Why Iraq's a Mess," *The New York Times*, 26 January 2007.

5) Harris, Sam, *Letter to a Christian Nation*(New York: Alfred A. Knopf, 2006).

6) *Gratz v. Bollinger*, 539 U. S. 244(2003).

이 논증의 효력은 다음과 같은 인식과 자각에서 나오고 있다. 즉, 미국 헌법 열네 번째 수정조항의 평등 원칙에 근거한 공격을 피하기 위해 대학들은 사실 오랫동안 그들의 특례 입시제도를 위장하고 숨겨왔다. 또한 이러한 긴스버거 판사의 논증에 대해 수석재판관 윌리엄 렌퀴스트 판사의 대응은 다만 그녀가 특례 입시제도를 옹호하고 있다는 맥락에서만 이해할 수 있다. 렌퀴스트 판사는 다음과 같이 말했다.

> 이러한 의견은 두 가지 이유 때문에 주목할 만하다. 첫째, 그것은 미국의 헌법을 침해하든 않든 대학들은 그들의 차별철폐 조처를 추진할 것이라는 것을 시사하고 있다. 둘째, 이러한 침해가 다루어지기를 권장하는 목적이 대학이 헌법에 복종하도록 하려는 데 있는 것이 아니라, 오히려 대학의 정책에 맞게 헌법을 개정하는 데 있다.[7]

렌퀴스트 판사가 "헌법 개정"을 언급한 것은 미시건대학의 입시제도는 헌법에 위배되는 것이었다는 사실에 비추어 이해될 수밖에 없다. 차별철폐 조처의 추진에 대해 언급하면서 "대학들이 미국의 헌법을 침해하든 않든"이라고 말한 것은 "눈 감고 아웅 하는 식으로 위장하는 것"이라는 표현을 활용한 긴스버거 판사의 언급에 비추어 이해하는 것이 최선이다.

논증과 반론의 효력을 파악하려면 대개의 경우 반드시 그 논증에 나타나는 문맥을 이해해야만 한다. 실생활에서 문맥은 대단히 중요하다. 예를 들어, 만일 당신이 "내가 저녁식사를 위해 집으로 바닷가재를 가져가고 있다"는 말을 들었다면, 당신은 내가 바닷가재를 먹으려고 하는 것이지 그것에게 먹이를 주려고 하는 것이 아니라는 것을 분명히 알아차릴 것이다.

C. 서술 형식이 아닌 전제나 결론

논증의 전제가 물음의 형식으로 되어 있는 경우도 흔하다. 그러나 만일 그 물음들이 아무것도 주장하지 않고, 또 명제를 나타내지도 않는다면, 어떻게 이것이 가능할까? 표면적으로 물음은 어떤 주장도 하지 않는다. 하지만 그 물음이 **수사적**일 때(수사를 위해 쓰일 때)는 질문하는 문장이 그 이면에서 전제 역할을 할 수 있다. 다시 말해서, 그것이 논증의 전제 역할을 할 수 있는 물음을 시사하고 있는 경우이다. 문장은 그 의미가 서술적이라도 의문문일 수 있다.

---

7) Ibid.

2007년 1월 7일자 ≪뉴욕 타임즈≫에 보낸 편지의 경우처럼, 때로는 이러한 물음의 용법이 아주 명확하다. 전임 대통령 영부인들을 찬미하는 새로운 주화 주조를 반대하던 래슐리는 이렇게 적었다.

> 문제가 되고 있는 새로운 주화 주조 때문에 나는 짜증스럽다. 어떤 영부인은 이 나라에 깊은 영향을 미쳤지만, 우리가 선출한 사람도 아니고, 자격이 있다면 단지 유명한 남편을 맞이한 것뿐인 그런 사람들에게 이런 영광을 바쳐야 할까?

의미상으로 분명히 이 비평가는 "우리는 저런 사람들에게 이런 영광을 바쳐서는 안 된다"는 명제를 주장하고 있다. 그는 다음과 같이 이어간다.

> 주지사, 대법원 판사, 국회의원 같은 여성들을 명예롭게 하는 것이 "일등 배우자"의 모습이 담긴 주화보다 이 나라의 여성에 대한 보다 적합한 헌사가 아닐까?

이 비평가가 볼 때, 저런 업적을 명예롭게 하는 것이 보다 적합한 헌사이지만, 그러나 그는 다시 그것을 물음이 담긴 명제로 표현하고 있다. 그의 편지는 또한 실제로 주장하고 있는 서술적 진술을 해석하기 위해서는 문맥에 의존할 필요가 있다는 것을 예증하고 있다. 새로운 주화 때문에 "짜증스럽다"는 필자의 말은 분명히 진실이지만, 이러한 진술은 단순히 그의 마음 상태를 나타내는 것은 아니다. 그가 표현하고 있는 참뜻은 이와 같은 주화 주조가 문제시되어서는 안 된다는 것이다.

그러나 때로는 물음을 전제로 사용하는 것이 역효과를 낳는다. 왜냐하면 그것이 그 논증이 의도하는 결론을 위협하는 물음을 초래할 수 있기 때문이다. 예를 들어, 나이지리아에 있는 앵글족 교회의 대주교는 동성애에 대한 열렬한 반대자이며, 동성애를 심각한 죄악으로 본다. 그는 이렇게 주장한다.

> 왜 하느님은 사자를 남자의 동반자로 만들지 않았는가? 왜 하느님은 나무를 남자의 동반자로 만들지 않았는가? 아니면 이렇게 묻는 게 더 좋겠다. 왜 하느님은 남자의 동반자로 또 다른 남자를 만들지 않았는가? 따라서 당신은 창세기에서 남자와 여자를 하나로 결합시키는 것이 하느님의 뜻이요 마음이라는 것을 알 수 있다.[8)]

---

8) Archbishop Peter Akinola, quoted in *The New York Times*, 25 December 2006.

아주 많은 다양한 반응을 초래할 수 있는 물음들을 사용하여 끌어낸 결론은 하느님의 의도에 관한 것이며, 이는 그것들이 끌어낸 해답들에 의해 무너질 수 있다.

물음들이 정말 명료하고 무시하기 힘든 경우에는 물음들이 가장 효과적으로 전제 역할을 할 수 있다. 이런 경우 독자(혹은 청자)에게 그 물음들에 대한 아주 분명한 해답들이 보일 것이며, 따라서 그 논증의 설득력은 높아진다. 예를 하나 보자. 안락사를 도덕적으로 받아들일 수 없다고 여기는 어떤 사람은 말기 환자의 자기 결정권에 근거한 안락사의 실행을 거부한다. 그는 다음과 같이 주장한다.

> 만일 안락하게 죽을 권리가 자기 결정권에 근거한다면, 말기 환자에게만 한정하지 않는 것이 사리에 맞다. 만약 사람에게 죽을 권리가 있다면, 왜 그들은 그런 권리 행사가 허용되기 전에, 그들의 수명이 실제로 끝날 때까지 기다려야만 하는가?[9)]

이 물음은 그 대답이 부정할 수 없어 보이기 때문에 효력이 있다. 사람에게 자기 결정권에 근거하여 죽을 권리가 있다면, 그가 그 권리를 행사하기 위해 죽을 지경에 이르기까지 기다려야 할 타당한 이유가 없다는 것이 분명해 보인다. 따라서 (이 비평가의 결론은) 안락하게 죽을 권리가 있다면, 그것은 말기 환자에게만 한정될 수 없다는 것이다. 이 논증은 많은 장점을 가지고 있지만, 그것의 종교적 지지자의 관점에서 보면 그것은 양날의 검일 수 있다.

수사적인 물음을 사용하는 논증은 언제나 모험적이다. 물음은 참도 아니고 거짓도 아니기 때문에, 그것은 어떤 명제의 진리를 제시하는 수단일 수 있지만, 또 한편 그 주장에 대한 책임을 회피하는 것일 수도 있다. 그러한 명제는 모호할 것이며, 실제로 그것이 거짓일 수도 있다. 예를 들어보자. 2007년 예루살렘에 있는 아랍 지도자들은 이스라엘 정부가 매우 성스러운 사원이 위치한 곳에 연단으로 이어지는 경사로를 건설하기 시작했을 때, 알 악사 사원(Al-Aqsa Mosque)의 안전에 대해 엄청난 염려를 표명했다. 그 위치를 재검토하면서 이스라엘 지지자인 데이비드 젤런터는 다음과 같이 물었다. "아랍 지도자들은 종교적이고 문화적인 기념물 보호보다는 이스라엘을 공격하는 데 더 관심이 있는 것이 아닐까요?"[10)] 물론 그럴 수 있다 — 그러나 그것은 진실이 아닐 수 있다. 그리고 이런

---

9) Ramsey Colloquium of the Institute on Religion and Public Life, "Always to Care, Never to Kill," *The Wall Street Journal*, 17 November 1991.

10) David Gelernter, "Ramping Up the Violence, *The Weekly Standard*, 26 February 2007.

식의 물음은 분명히 독자들로 하여금 아랍 지도자들은 그들의 관심사를 불성실하게 표명하고 있다는 것을 믿게 하려는 의도를 가지고 있다. 저자는 아랍 쪽의 반론 배후에 이런 불성실이 깔려 있다고 주장했을까? 아니다, 그는 그렇게 말하지 않았다.

가십 칼럼니스트들은 암시적인 물음을 즐겨 쓴다. 저명인사의 토막 소식이 보통 이런 식이다. 즉, "패리스 힐턴은 여배우로서 재능을 지니고 있는가?" 이와 마찬가지로, 사회적인 문제를 논할 때는 수사적인 질문이 직접적인 주장을 피하는 효과적인 방법일 수 있다. 파리 폭동이 주변의 이슬람 국가들로 확산되어 갈 때, 이 폭동의 원인이 무엇인지 궁금해 했다. 크리스토퍼 콜드웰 기자는 이렇게 썼다.

> 프랑스의 다수 문화와 대등한 조건으로 화합할 수 없는 것에 불만스러워했던 그들이 그 문화를 찬양하는 것인가? 아니면 그들은 단순히 그들이 경멸하는 그 사회가 잿더미가 되기를 열망하는 것인가?[11]

고발자가 비난이나 고발을 의문문의 형태로 만들어 스스로를 보호하는 것은 상대의 분노 섞인 불만과 불평으로부터 자신을 보호하는 방패일 수 있다. 그는 "내가 했던 말의 핵심은 저것이 아니다"라고 주장할 수 있다.

물음으로 주장하거나 논증하는 것을 삼가는 것이 현명하다.

어떤 논증에서는 결론이 명령이나 지시의 형식을 취하고 있다. 우리에게 먼저 일정한 행동을 하도록 하기 위해 설득하는 이유를 제시한 다음 이러저러한 행동을 하도록 지시한다.

> 지혜가 가장 중요하다. 그러므로 지혜를 갖도록 하라.

여기서 두 번째 절은 명령문이다. 명령은 물음과 마찬가지로 참도 아니고 거짓도 아니며, 하나의 명제를 표현할 수 없다. 그러므로 엄밀하게 말하면 그것은 논증의 결론일 수 없다. 그럼에도 불구하고 이 속담에서는 그것이 논증의 결론 구실을 하고 있다. 불을 보듯 분명한 이 모순을 우리는 어떻게 설명할 수 있을까? 대체로 문맥상으로 보면 명령문을 명령을 듣는 사람(또는 독자)에게 명령대로 행동해야만 한다는 것을 전달하는 명제로 간주하는 것이 유익하다. 그러므로 저 속담에서 논증의 결론은 다음과 같이 고쳐 쓸 수 있다. 즉,

11) Christopher Caldwell, *Reflections on the Revolution in Europe: Immigration, Islam, and the West*(Doubleday, 2009).

"지혜를 얻는 것이 바로 당신이 해야 할 일이다." 이와 같은 주장은 참이거나 거짓일 수 있으며, 이에 대해서는 대부분의 사람들이 동의할 것이다. 어떤 것을 행하라는 명령과 어떤 것은 반드시 행해져야 한다는 진술 사이에 어떤 차이가 있는가 하는 것은 매우 까다로운 문제이며, 여기서는 굳이 그것을 해명할 필요가 없다. 그 차이를 무시하고서도 우리는 두 논증을 일정한 구조로 짜인 명제의 집합으로 간주할 수 있다.

이처럼 명제를 다른 말로 바꾸면 논증을 이루고 있는 명제들의 역할을 설명하는 데 도움이 된다. 그 외면적인 형식이 어떤 것이든, 어떤 주장이 어떤 추리를 뒷받침하고 있는지를 이해하기 위해서는 무엇을 주장하고 있는지 그 핵심을 파악할 필요가 있다. 어떤 경우에는 단순히 문법적인 재구성에 그치는 것도 있다. 전제 역할을 하는 명제가 서술적 문장이 아니라 하나의 구일 수 있다. 다음 논증은 이에 대한 좋은 예이며, 이 논증의 결론은 미국에 대한 아주 예리한 비판을 담고 있다.

> 무엇이 실패한 국가인가? 주민의 안전을 지켜주지 못한 나라, 집 안이나 집 밖에서 권리를 보장해주지 못하거나 제대로 된 민주주의적 제도를 유지하지 못하는 나라가 실패한 국가이다. 정의상으로 미국은 세계에서 가장 큰 실패 국가이다.[12)]

이 논증의 두 번째 전제와 세 번째 전제는 구로 압축되어 있지만, 이러한 구로 단축되어 있는 그 명제가 표현하고 있는 것은 아주 명확하며, 필자의 추론에서 그 비판적 역할도 명확하다.

D. 표현되지 않은 명제들

독자나 말을 듣는 사람이 충분히 이해할 수 있을 것으로 가정하고 논증을 구성하고 있는 명제들 가운데 하나 또는 그 이상을 표현하지 않기 때문에 논증이 모호한 경우가 있다. 도움이 될 만한 예를 하나 들어보자. 뉴욕시립대학 사회학과 학과장이 사형제도의 당위성에 관한 아주 강력하지만 논란의 여지가 많은 두 가지 논증을 동시에 제시했다. 각 논증의 첫 번째 전제는 무엇이 실제로 살인을 그만두게 하는가에 대한 (사형제도에 대한 지지자나 또는 반대자의) 사실적인 믿음은 잘못된 판단이라는 가정이다. 각 논증의 두 번째 전제는 아주 타당해 보이지만 표현되지 않고 독자의 몫으로 남아 있다.

첫 번째 논증은 다음과 같다.

---

12) Noam Chomsky, *Failed States*(New York: Henry Holt, 2006).

만약 사형제도를 지지하는 사람이 사형제도가 살인을 그만두게 한다는 잘못된 믿음을 가지고 있다면, 그는 처형되어야 마땅한 살인범의 사형집형에 대해 책임이 있다.[13)]

이 논증은 다음과 같은 서술되지 않은 두 번째 전제에 의존하고 있다. 즉, "사형집형으로 촉진되지도 않는 목표를 증진시키기 위해서 어느 누구도 처형되어서는 안 된다." 따라서 (살인을 그만두게 하는) 목표가 살인범을 처형함으로써 달성된다는 잘못된 믿음을 가진 사람은 처형되어서는 안 될 살인범의 사형집형에 대해 책임이 있다.

두 번째 논증은 다음과 같다.

만약 사형제도를 반대하는 사람이 사형제도는 살인을 그만두게 하지 않는다는 잘못된 믿음을 가지고 있다면, 그는 사형제도가 실행되었다면 살인을 당하지 않았을 무고한 희생자들에 대해 책임이 있다.[14)]

이 논증은 다음과 같은 서술되지 않은 두 번째 전제에 의존하고 있다. 즉, "만약 다른 살인범들이 사형을 두려워해서 살인을 그만둔다면, 살인으로부터 무고한 개인의 생명을 보호하는 것은 살인범의 사형집형을 정당화할 수 있다." 따라서 사형제도는 살인 범죄를 막지 못한다는 잘못된 믿음을 가지고 있는 사람은 사후에 일어나는 살인의 무고한 희생자들에 대해 책임이 있다.

이 논증들은 둘 다 그럴듯한 두 번째 전제를 가정할 수는 있지만 표현되어 있지는 않다. 우리가 보기에 둘 다 설득력이 있다 — 경험적인 조사 연구를 위해 실제로 사형제도가 살인을 그만두게 하는지 아닌지의 문제는 미결의 문제로 남겨둔다. 그러나 각 논증의 효력은 그것이 의존하는 표현되지 않은 전제의 진실 여부에 달려 있다.

논자가 논제의 전제들 중 하나를 의심의 여지가 없는 상식이라고 가정하기 때문에 그것을 표현하지 않을 수 있다. 인간 복제에 관한 논쟁에서 한 분노한 비평가는 다음과 같이 말했다.

인간 복제는 — 낙태, 피임, 외설물, 안락사 등과 마찬가지로 — 본질적으로 죄악이므로, 결코 허용되어서는 안 된다.[15)]

13) Steven Goldberg, "The Death Penalty," *The New York Times*, 20 December 2004.

14) Ibid.

15) "The Vote to Ban Human Cloning," *The New York Times,* 2 August 2001.

이것은 분명히 하나의 논증이다. 그러나 전제가 없다. 이 논증은 "본질적으로 죄악인 것은 결코 허용되어서는 안 된다"라는 아주 그럴듯한 전제에 의존하지만, 그것이 생략되어 있다. 일상 대화에서 이루어지는 논증은 이해할 것으로 여겨 생략한 명제에 의존하는 경우가 많다. 이런 논증을 **생략추리법**(enthymemes)이라 한다. 우리는 이에 대해 이 책에서 상세하게 다룰 기회를 갖게 될 것이다.

생략추리법이 의존하는 생략된 전제가 보편적으로 받아들여지지 않는 경우도 있다. 그것이 불확실하거나 논란거리가 될 수 있는 것이다. 전제를 표현하지 않는 것이 오히려 그 전제에 대한 공격의 방패막이가 될 것으로 믿고, 논자가 고의적으로 전제 구성을 하지 않는 경우이다. 예를 들어, 배아 줄기세포(다른 유형의 세포나 조직으로 발전할 수 있는 인간 배아에서 발견되는 세포)를 이용하는 의학 연구는 아주 논란이 많다. 미국의 한 상원의원은 이러한 연구에 정부 재정지원을 허용하는 입법에 대해 공격하면서 다음과 같은 생략추리법을 사용했다.

> [배아 줄기세포의 이용을 포함한] 이러한 연구는 불법이다. 그 이유는 이렇다. 즉, 인간 배아를 고의적으로 살해하는 것은 심각하게 고려해야 할 이 연구의 본질적인 요소이다.[16]

생략된 명제는 "배아를 파괴하지 않고서는 이런 연구는 불가능하다"이며, 이는 참이다. 그러나 "이러한 연구는 불법이다"라는 논증의 결론은 "인간 배아를 살해하는 것은 불법이다"라는 생략된 전제에 의존하고 있는데, 저러한 주장은 논란의 여지가 아주 많다.

생략추리법의 효과는 어떤 명제는 거짓이라는 것을 알고 있는, 이른바 말을 듣는 사람의 지식에 의존하는 경우도 있다. 어떤 명제의 거짓을 강조하기 위해, 말하는 사람이 다음과 같은 논증을 구성할 수 있다. 즉, 이 논증의 첫 번째 전제는 가언명제이며, 이것은 그가 거짓임을 밝히고자 하는 명제 앞에 나오며, 논증의 결론은 누구나 거짓임을 알 수 있는 명제이다. 이 두 번째 요소의 생략된 거짓은 생략된 추리의 두 번째 전제이다. 첫 번째 요소의 생략된 거짓은 이 논증의 결론이다. 예를 들어보자. 유명한 정치철학자 존 롤스는 링컨을 인간의 윤리적 평등을 제대로 인식한 대통령이라고 높이 찬양했다. 그는 자주 다음과 같은 링컨의 생략추리 논증을 인용했다. "만약 노예제도가 잘못된 것이 아니라면, 그 어떤 것도 잘못된 것이 아니다."[17] 물론 그 어떤 것도 잘못된 것이 아니라고 말하는

---

16) Senator Sam Brownback, of Kansas, at a Senate hearing in April 2000.

17) Samuel Freeman, "John Rawls, Friend and Teacher," *Chronicle of Higher Education*, 13

것은 틀린 것이다. 따라서 노예제도가 잘못된 것이 아니라고 말하는 것도 마찬가지로 잘못이다. 나치의 강제수용소에서 살아남은 저명한 정신과 의사 브루노 베틀하임도 같은 추리를 한 적이 있었다. “만일 모든 사람이 선하다면, 아우슈비츠는 결코 존재하지 않았을 것이다.”

1.4 논증과 설명

논증인 것처럼 보이는 것이 때로는 논증이 아니라 설명이다. 흔히 쓰이는 지시어들, 즉 “… 때문에”, “… 이므로”, “그러므로”, “따라서”와 같은 말들은 흑백을 가리거나 문제를 해결할 수 없다. 왜냐하면 이런 말들은 설명에도 쓰이고 논증에도 쓰이기 때문이다. 그러므로 필자의 의도를 알 필요가 있다. 다음을 비교해 보라.

1. 너희들을 위하여 보물을 하늘에 쌓아두라. 거기에는 좀이 해치거나 녹이 슬지도 않으며, 또 도둑이 침입하여 훔쳐가지도 못한다. 왜냐하면 너희들의 보물이 있는 그곳에 너희들의 마음도 있기 때문이다.

—마태복음 7:19

2. 그러므로 그것의(그 탑의) 이름이 바벨이라 불린다. 왜냐하면 거기서 여호와가 온 땅의 언어를 혼란시켰기 때문이다.

—창세기 11:19

첫 번째 글은 분명히 하나의 논증이다. 이 논증의 결론은 “우리는 보물을 하늘에 쌓아두어야 한다”이며, 이 결론은 “보물이 있는 곳에는 우리의 마음이 있다”는 전제에 의해 뒷받침되고 있다. “그러므로”라는 말을 아주 적절하게 사용하고 있는 두 번째 글은 논증이 아니다. 이것은 그 탑의 이름을 왜 바벨이라 하는지에 대한 설명이다. 전해지는 바에 따르면, 그 탑에 이런 이름이 붙여진 까닭은, 이전에 하나의 언어를 사용한 그곳의 사람들이 수많은 언어들로 말미암아 혼란을 겪게 된 장소가 바로 그 탑이기 때문이다. “바벨”이라는 이름은 “혼란에 빠트린다”는 뜻을 가진 히브리어에서 유래했다. 이 글은 독자들이 그

December 2002.

탑의 이름을 이미 알고 있을 것으로 가정하고, 탑에 저 이름이 부여된 까닭을 설명하려는 의도를 가지고 있다. "그러므로 그것의(그 탑의) 이름이 바벨이라 불린다"라는 구절은 결론이 아니라 그 이름에 대한 설명을 보완하는 것이다. 게다가, "왜냐하면 거기서 여호와가 온 땅의 언어를 혼란시켰기 때문이다"라는 구절은 전제가 아니다. 바벨이 그 탑의 이름이었다는 것을 믿기 위한 어떤 근거도 제시하지 않기 때문이다. 탑의 이름은 말을 듣는 사람에게 이미 알려진 사실이었기 때문이다. 이 글의 문맥에서, "왜냐하면"이라는 지시어는 그 탑에 바벨이라는 이름이 붙여진 것에 대한 설명이 이어지고 있다는 것을 지시하고 있다.

이 두 글은 표면적으로는 동일한 글이 전혀 다른 기능을 할 수 있다는 사실을 보여주고 있다. 어떤 글이 논증인지 아니면 설명인지는 그것의 목적에 달려 있다. 만일 우리 목적이 어떤 명제 Q의 참 또는 거짓을 확정하는 데 있다면, 우리는 Q를 뒷받침하는 P를 그 증거로 제시한다. 그리고 우리는 "P이기 때문에 Q이다"라고 말한다. 이 경우 우리는 Q에 대한 하나의 논증을 제시하고 있으며, P는 우리의 전제이다. 그 대신에 Q가 참이라고 가정해 보자. 이 경우 우리는 그 참을 뒷받침하는 근거를 제시할 필요는 없지만, 그것이 참인 이유를 설명할 수는 있다. 이 경우에도 우리는 "P이기 때문에 Q이다"라고 말할 수 있다. 하지만 이 경우에는 우리가 Q에 대한 논증이 아니라 Q에 대한 설명을 제시하고 있다.

준항성(우리 은하계 훨씬 너머 있는 천체들)의 분명한 색깔을 묻는 질의에 대한 답장에서 어떤 과학자는 다음과 같이 썼다.

> 가장 멀리 있는 준항성들은 강열한 적외선을 방사하는 점들처럼 보인다. 그 이유는 공간에 푸른빛을 흡수하는 수소 원자(평균 1입방미터당 2개)가 산재해 있기 때문이며, 만일 당신이 가시적인 백색광에서 푸른빛을 걸러내면, 붉은빛이 남을 것이다. 수십 억 광년에 걸쳐 지구로 오는 과정에 준항성의 빛은 대부분 사라지고 적외선만 남게 된다.[18)]

이 글을 쓴 사람은 글을 읽는 사람에게 준항성들은 그것들이 가진 분명한 색깔을 가지고 있다는 것을 믿게 하려는 것이 아니라, 이러한 사실의 원인을 제시하고자 한다. 다시 말해서 그는 설명하고 있는 것이지, 주장하고 있는 것이 아니다.

그러나 때로는 필자의 의도가 어떤 사실을 설명하려고 하는 것인지, 아니면 그 설명에

---

18) Jeff Greenwald, "Brightness Visible," *The New York Times Magazine,* 14 May 2000.

나오는 중요한 어떤 결론에 대해 주장하려고 하는 것인지 결정하기 어려운 경우가 있다. 가령 다음 글은 어느 쪽이든 해석이 가능하다.

> 나는 지구상에 생명이 존재하기 위해 필수적이면서도 독특한 물의 또 다른 속성을 강조하고 싶다. 물이 빙점 가까이로 온도가 내려가면, 그 밀도가 갑자기 줄어들어 찬 것이 가라앉는 통상적인 "자연 대류" 양식을 뒤바꾸게 된다. 이러한 역전으로 말미암아 물의 가장 차가운 층이 대양이나 호수의 표면으로 떠오르게 된다. 물이라는 이 거대한 물체는 이제 위에서부터 아래로 언다. 만일 물의 이 독특한 성질이 아니라면, 대양과 호수는 오랫동안 완전히 밑바닥부터 얼어붙어서, 지구의 생명 유지수로서의 물에 심각한 결과를 야기했을 것이다.[19]

동일한 전제에서 하나 이상의 결론이 나올 수 있으며, 결과적으로 두 개의 논증이 나타날 수 있다. 마찬가지로, 동일한 사실을 가지고 하나 이상의 설명이 가능하며, 따라서 두 개의 설명이 나타날 수 있다. 예를 들면,

> 『옥스퍼드 영어사전』은 역사적인 사전이며, 알려진 최초의 용법을 비롯하여 모든 단어의 진화를 보여주기 위한 인용들을 제공한다. 그러므로 자발적인 수천 명의 말 전문가들(word aficionados)에게 핵심 과제이자 또한 인기 있는 스포츠이기도 한 것은 날짜를 앞당기는 것, 즉 이미 알려진 것보다 더 오래된 인용을 찾아내는 것이다.[20]

날짜를 앞당기는 것이 사전을 만드는 사람들에게 핵심적인 과제라는 것을 역사적인 사전인 옥스퍼드 영어사전을 통해 설명하고 있다. 사전에 관한 이 사실은 또한 왜 말 전문가들에게 날짜를 앞당기는 것이 인기 있는 스포츠인지를 설명하고 있다.

만일 필자가 "P이기 때문에 Q이다"라고 쓴다면, 그가 설명하려고 하는지 아니면 설득하려고 하는지 우리가 어떻게 알 수 있을까? 우리는 이렇게 물을 수 있다. 즉, 그 문맥에서 Q가 차지하는 지위가 무엇인가? Q는 진리치가 확정되거나 확인될 필요가 있는 명제인가? 저런 경우에, "P이기 때문에"는 필시 그것을 뒷받침하는 전제를 제시하고 있을 것이다. 그러므로 "P이기 때문에 Q이다"는 하나의 논증이다. 그렇지 않으면, Q는 진리치가 알려져 있거나 또는 최소한 문맥상으로는 의문의 여지가 없는 명제인가? 이런 경우 "P이기 때문에"는 필시 왜 Q가 참이 되는가에 대한 설명을 제공하고 있을 것이다. 이런 경우 "P이기 때문에 Q이다"는 하나의 설명이다.

---

19) Joseph Bamberger, "Water's Inimitable Qualities," *The New York Times,* 17 July 2007.

20) James Gleick, "Cyber-Neologism," *The New York Times Magazine*, 5 November 2006.

설명에서 우리는 반드시 무엇이 설명되고 있는가와 그 설명이 무엇에 근거하고 있는가를 구분해야 한다. 앞에서 예로 든 「창세기」에 나오는 설명에서 설명되고 있는 것은 바벨탑이 어떻게 그 이름을 갖게 되었는가에 관한 것이며, 그 설명의 근거는 여호와께서 온 땅의 언어를 혼잡케 하셨다는 데 있다. 그 뒤에 나온 천문학에 관한 예에서 설명되고 있는 것은 준항성들이 붉게 보인다는 사실이며, 그 설명의 근거는 아주 멀리 떨어진 준항성에서 빛이 지구로 오는 과정에 그 빛 속에 있는 푸른색이 모두 걸러졌다는 사실이다.

문맥을 제대로 이해한다면, 대체로 우리는 논증과 설명을 구분할 수 있다. 그러나 항상 그 목적이 불명확한 글이 있게 마련이며, 이런 글은 마땅히 선택적이면서 동시에 사리에 맞는 "독해"가 이루어져야 한다. 어느 쪽으로 해석하느냐에 따라 그것이 논증일 수도 있고 또 설명일 수도 있다.

논리연습

다음 글들 중 어떤 것은 설명을 포함하고 있고, 어떤 것은 논증을 포함하고 있으며, 또 어떤 것은 논증과 설명 중 어느 하나로 해석될 수 있다. 각 글의 주된 기능이 무엇이라고 생각하는가? 논증이 되기 위해서는 문제의 글에서 어떤 경우가 되어야만 하는가? 그리고 설명이 되기 위해서는 어떠한가? 논증을 찾아낸 곳에서는 전제와 결론을 말하라. 설명을 찾아낸 곳에서는 설명되는 것이 무엇이며, 그리고 무엇을 근거로 설명이 이루어지는지를 말하라.

보기문제

1. 인류는 다양한 피부색을 가지고 있으며, 그것은 우리 조상들이 적도로부터 멀리 떨어져 살았던 그 거리의 결과이다. 그것은 모두 태양과 관련되어 있다. 피부색은 태양과 태양광선에 대한 우리 몸의 반응에 달려 있다. 거무스름한 피부는 지나친 태양 광선으로부터 몸을 보호하기 위해 진화한 것이었다. 밝은색 피부는 사람들이 적도로부터 멀리 이주하여 그들의 피부에 비타민 D의 생성이 필요했을 때 진화했다. 비타민 D를 만들어내기 위해 그들은 색소를 상실할 수밖에 없었다. 이러한 내력이 되풀이되면서, 많은 사람들이 어두운 색에서 밝은색으로 또 밝은색에서 어두운 색으로 변했다. 이는 피부색은 영구적인 속성이 아니라는 것을 말해준다.

—니나 야브론스키, *The New York Times*

▌문제풀이

이것은 설명이다. 설명되고 있는 것은 인류는 다양한 피부색을 가지고 있다는 사실이다. 설명의 근거는 다음이다. 즉, 피부색이 다르게 진화한 것은 사람들이 적도로부터 멀리 떨어져 살았던 거리가 달랐으며, 따라서 태양 광선으로부터 피부를 보호해야 할 필요의 정도가 달랐기 때문이다. 우리는 이 글을 논증으로 해석할 수 있으며, 그 결론은 인류의 피부색은 영구적인 속성이 아니라는 것이다. 이렇게 해석한다면, 글의 마지막 문장 이전의 명제들은 모두 전제 역할을 하고 있다.

2. 데이비드 번스타인은 노동법의 위치를 오늘날 미국 흑인이 겪는 곤경의 중심에 둔다. 표면상으로는 중립적인 이 법들(예컨대 주류 판매법, 최저임금법, 단체교섭법 등)은 대부분 직접적으로 흑인의 경제적 및 사회적 증진을 방해하기 위한 것이었거나, 그렇지 않으면 재빨리 그 법의 용도가 바뀌게 되었거나 둘 중 하나였다. 미국 노동시장의 거대한 쇄파는 거의 예외 없이 흑인이 완전히 배제된 노동조합의 손아귀에 있었다. 이제 다년간 지속된 흑인과 백인 고용률의 격차는 정부가 노동자의 이익에 개입하는 순간부터 시작된다. (번스타인의 주장을) 한마디로 말하면, 미국 노동자의 승리는 미국 흑인을 실패하게 만든 원인이었다.

—컨 I. 키르쉬, *The Public Interest*

3. 동물들은 죽어서 자손을 남기게 하는 어떤 특성도 타고나지 않지만, 가장 많은 자손을 남기는 동물들은 그들의 유전자를 후손들에게 성공적으로 전달하게 된다. 노골적으로 말해서, 섹스가 즐거운 까닭은 진화의 시간이 흐르면서 섹스를 좋아하는 동물들이 섹스를 좋아하지 않는 동물들보다 더 많은 후손을 남겼기 때문이다.

—R. 손힐 & C. T. 팔머, *The Science*

4. 변화는 실재적이다. 변화는 오직 시간 속에서만 가능하다. 그러므로 시간은 실재적이다.

—칸트, 『순수이성비판』

5. 미국에서 간호사 부족은 전면적인 위기가 되어버렸다. 간호사가 되는 젊은 사람들의 수가 줄어들기 때문에, 현재 등록된 간호사의 3분의 1이 50대 이상이며, 향후 10년이 지나면 40퍼센트 이상이 될 것으로 예상된다. 현재 활동하고 있는 간호사들은 만족하지 못하는 직업 중에서도 높은 비율을 나타내고 있으며, 그들 중 5분의 1이 향후 5년 내에 그만두거나 떠나는 것을 심각하게 고려하고 있다 … 병원 측은 간호진이 부족하기 때문에 일상적으로 외과 수술을 취소하거나 지연시키고 있다.

—로날드 드보르킨, *The Public Interest*

6. 사태의 원인을 명명하는 것은 그에 대한 변명을 늘어놓는 것이 아니다. 어떤 사실이 정당화되거나 혹은 비난받는 것은 그 결과 때문이지 그것의 지나간 이력이나 내력 때문이 아니다.

—존 듀이, *The Independent*

7. 사람들은 다른 사람들에 의해 만들어진 법에 종속당할 수 있지만, 그러나 그 스스로가 자유의지를 행사하는 주체라면 그 자신을 속박하는 것은 불가능하다 … 그러므로 왕이 그 자신의 법에 복종하지 않는 것은 필연이다. 바로 이런 이유로 국왕의 칙령이나 법령은 "이것이 하나님이 우리에게 베푸신 사랑과 호의이다"라는 상투적인 문구로 끝난다.

—장 보댕, *Six Books of the Commonwealth*

8. 나는 어느 누구의 음악보다도 바그너의 음악을 더 좋아한다. 그의 음악은 너무 소리가 높아 어떤 사람이 그의 말을 듣는 사람이 없어도 내내 이야기할 수 있을 정도이다.

—오스카 와일드, 『도리언 그레이의 초상』

9. 최근 미국 사회가 부정을 저지를 공산이 더 커지는 세 가지 측면이 있다. 첫째, 다른 무엇보다 금전적인 성공이 제일로 찬양되는 시장 주도형 사회가 부상하고 있다. 둘째, 정직성을 장려하는 종교적, 공동체적, 가족적 유대가 퇴조를 보이고 있다. 마지막으로, 유명 인사나 공인들이 비도덕적이거나 부정한 활동에 연루되어 있으면서도 그에 대한 수치심이 없다. 많은 젊은이들이 절차를 무시하거나 혹은 그보다 더 나쁜 것에 대해서도 전혀 문제 삼지 않을 것임에 틀림없다.

—하워드 가드너, *The New York Times*

10. 사랑은 눈으로 보는 것이 아니라 마음으로 보는 것이다. 그래서 날개 달린 사랑의 신 큐피드가 장님으로 묘사된다.

—윌리엄 셰익스피어, 『한여름 밤의 꿈』

11. ≪뉴욕 타임지≫에 "인간과 인간의 털은 왜 다른 길을 걸었는가?"라는 제목의 기사는 다음과 같은 사실을 시사하고 있었다. 즉, 여성이 남성보다 몸의 털이 적은 것은 여성에 대한 보다 더 강력한 성 선택의 압력과 연관되어 있다. 한 독자가 이에 대해 다음과 같은 편지를 보냈다.

이 글은 내가 증거를 가지고 있지는 않지만, 우리가 알고 있다고 생각하는 것과 일치하는 것이다. 우리가 알고 있는 것은 다음이다. 즉, 성 선택은 암수 모두의 수많은 특성에 깊은 영향을 미쳐왔다는 것이다.

젊게 보이는 것은 배우자를 선택할 때 여성에게보다는 남성에게 더 중요하다. 여성이 더 오래 젊게 보일수록, 그녀는 더 오래 성적 매력을 지닐 것이며, 원하는 남성과 더불어 자식을 낳을 기회도 더 많을 것이다.

그러므로 여성에 대한 보다 더 강력한 성 선택의 압력이 몸의 털이 사라지게 만들었다.

—T. 도일, *The New York Times*

12. MAD(상호 확정 파괴 : 핵강대국 사이에서 적이 핵공격을 가할 경우 상대편도 공격한 적을 전멸시키는 보복 전략)는 냉전 상황에서 핵공격을 단념시키는 유효한 전략이다. 쌍방은 모두 핵무기를 가지고 있다. 양측 모두 상대방이 똑같이 보복할 것이라는 것을 알고 있었기 때문에, 어느 쪽도 그것을 사용하지 않았다. 이것은 종교적 광신자(이란의 대통령 마흐무드 아흐마디네자드와 같은)에게는 효과가 없을 것이다. 그에게는 MAD가 핵억지력이 아니라 유인책이다. 이란의 지도자들은 수많은 그들 국민을 살상하는 것에 대해 관심이 없다는 것을 우리는 이미 알고 있다. 우리는 그것을 누누이 보아왔다. 최종적인 시나리오에서, 그들이 그들의 국민을 대량 살상하더라도 이것은 한층 더 강하게 적용되고, 국민들은 그들에게 은혜를 베풀고 있다. 국민들은 천국으로 가는 무임승차권과 하늘의 영광을 그들에게 안겨주고 있다.

—버나드 루이스, *Commentary*

13. 약 한 세기 전에 우리는 행성 궤도가 4차원이나 혹은 그 이상의 차원에서는 안정적이지 않다는 것을 발견했다. 그러므로 3차원 이상의 공간이 존재한다면, 행성들은 생명이 탄생할 만큼 길게 태양의 궤도를 돌지 않을 것이다. 그리고 1차원이나 2차원 공간에서는 피의 흐름도 또 수많은 신경세포의 연결도 존재할 수 없다. 그러므로 흥미로운 생명은 오로지 3차원에서만 존재할 수 있다.

—고든 케인, *Phi Kappa Phi Journal*

14. 미국의 군대와 외교관들에게 도움을 주었던 번역가와 해설가들이 이제는 미국에 재정착하기를 원한다. 그들은 전략적으로 중요한 그들 지역의 수많은 언어들을 사용한다. 미국에는 이런 언어들을 유창하게 구사할 수 있는 충분한 수의 번역가와 해설가가 없다. 그러므로 우리는 그들이 있어야 한다.

—오스왈드 베르너, *The New York Times*

15. 재무부가 맹인과 시각장애인들도 충분히 식별가능한 지폐의 디자인과 발행에 실패한 것은 재활법 504항을 위반한 것이다. 그것은 장애인은 어느 누구도 책임집행기관이

실시하는 "어떤 프로그램이나 행사에서도 차별을 받아서는 안 된다"고 규정하고 있다.

—제임스 로버트슨, *American Council of the Blind v. Sec. of the Treasury*

16. 정의(즉, 자신의 의무를 이행하기 위한 행동)는 결코 도덕적 선을 보장하지 않는다. 왜냐하면 행동은 행위자가 자신의 의무라고 생각하는 것을 행하는 것이지만, 썩 좋지 않거나 나쁜 동기에서 이루어지는 것일 수 있으며, 따라서 도덕적으로 썩 좋지 않거나 나쁜 행위일 수 있기 때문이다.

—W. 데이비드 로스, 『윤리학 기초』

17. 인간은 원이나 사각형, 혹은 수학이나 물리학의 법칙을 발명하지 않았다. 인간은 그것들을 발견했을 따름이다. 그것들은 오직 최고의 정신인 하느님만이 창조할 수 있었던 만고불변의 영원한 법칙들이다. 그리고 인간은 이와 같은 발견의 능력을 가지고 있으므로, 인간의 정신은 반드시 하느님 정신의 작은 입자를 선천적으로 지닐 수밖에 없다. 하느님을 믿는 것은 "이성을 넘어서는 것"이 아니다.

—J. 렌지, *The New York Times Magazine*

18. (크리스마스를) 기념하는 의식들 중 대부분은 휴일의 시기 선택과 마찬가지로 그 기원이 기독교의 예수 탄생 기념과 무관하며, 시기적으로 앞서는 경우도 있다. 이런 전통들은 가장 좋은 상태에서 인간 상호간의 관계를 기념하고, 이런 삶이 제공하는 것들을 가장 좋은 상태에서 향유하려는 것과 관련이 있다. 나는 무신론자이지만 기꺼이 휴일을 즐기면서, 우리가 공유하고 있는 것을 기념하기 위해 신앙을 가진 사람이든 아니든 함께 어울린다.

—존 티한, *The New York Times*

19. 모든 민족운동은 양날의 칼이다. 유순하게 그리고 때로는 불가피하게 집단정신의 상처를 치유하기 위해 민족운동이 시작되지만, 그 운동이 특히 정치적으로 변하게 되면 독일의 역사가 실증적으로 보여주듯이 종종 비극적인 결말을 맞이한다.

—올랜도 패터슨, *The New York Times*

20. 모든 사람이 행복한 것은 똑같이 행복한 것이라고 하는 것은 참이 아니다. 무지한 사람과 철학자가 똑같이 만족할 수 있지만, 똑같이 행복한 것은 아니다. 행복이란 받아들일 수 있는 의식의 다양성에 있다. 무지한 사람은 철학자와 똑같은 행복을 누릴 능력이 없다.

—사무엘 존슨, 보스웰의 『존슨의 일생』

1.5 연역 논증과 귀납 논증

모든 논증은 전제가 결론의 진리성을 뒷받침하는 근거를 제공한다고 주장한다. 이 주장이 곧 논증의 특징이다. 그러나 전제가 결론을 뒷받침하는 매우 다른 두 가지 방식이 있으며, 따라서 두 가지 논증, 즉 연역 논증과 귀납 논증이 있게 된다. 이 차이를 이해하는 것은 논리학 공부에서 아주 중요하다.

연역 논증은 전제가 결론의 결정적인 근거를 제공한다고 주장한다. 이와 달리 귀납 논증은 이렇게 주장하지 않는다. 그러므로 만약 어떤 글에 결정적인 주장이 이루어지고 있다는 판단이 서면, 우리는 그 논증을 연역 논증으로 다룬다. 만약 이런 주장이 이루어지고 있지 않다는 판단이 서면, 우리는 그것을 귀납 논증으로 다룬다. 모든 논증은 (명시적으로나 묵시적으로) 결정적인 주장을 하거나 그렇지 않거나 하기 때문에 연역 논증이거나 귀납 논증이다.

논증의 전제들이 (참일 경우) 결론의 진리성을 논쟁의 여지가 없게 뒷받침하는 결정적인 근거를 제공한다고 주장할 경우에, 그 주장은 옳거나 아니면 옳지 않을 것이다. 만일 그 주장이 옳으면, 그 논증은 타당하다. 만일 옳지 않으면, 그 논증은 부당하다.

논리학에서 "타당성"이라는 개념은 연역 논증에만 적용될 수 있다. 어떤 연역 논증이 타당하다고 말하는 것은 그 논증의 전제가 참이면 결론은 거짓일 수 없다는 것을 의미한다. 그러므로 우리는 **타당성**(validity)을 다음과 같이 정의한다. 즉, 논증의 전제들이 참이면 그 결론도 반드시 참일 때, 그 연역 논증은 타당하다. 물론 일상적인 대화에서는 타당하다는 말이 매우 느슨하게 사용되고 있다.

연역 논증이 그 논증의 전제가 결론의 진리성을 뒷받침한다고 주장하지만, 모든 연역 논증이 저런 주장에 부응하는 것은 아니다. 그렇지 못한 연역 논증은 부당하다.

모든 연역 논증은 그 목적을 성공적으로 성취하거나 그렇지 못하거나 하기 때문에, 모든 연역 논증은 타당하거나 부당하다. 이 점은 매우 중요하다. 연역 논증이 타당하지 않으면 그것은 부당할 수밖에 없고, 또 연역 논증이 부당하지 않으면 그 논증은 타당할 수밖에 없다.

연역 논증에서 중요한 일은 타당한 논증과 부당한 논증을 가려내는 것이다. 오랜 세월에 걸쳐 논리학자들이 이 일을 하기 위한 매우 효과적인 방법들을 창안해 왔다. 하지만 타당성을 판별하는 전통적인 방법들은 현대 논리학자들이 주로 사용하는 것들과 차이가 있다.

포괄적으로 고전 논리학으로 알려진 예전의 논리학은 아리스토텔레스의 분석적 연구에 뿌리를 두는 것이었는데, 이에 대해서는 이 책의 5장, 6장, 7장에서 설명하고 있다. 현대 기호논리학의 방법들은 8장, 9장, 10장에서 상세하게 다룬다. 이 두 부류의 논리학자들은 어떤 논증에 대한 그들의 방법이나 해석에서 차이가 있지만, 연역 논증에서 핵심적인 일이 타당한 논증과 타당하지 않은 논증을 구별할 수 있는 도구를 개발하는 데 있다는 것에 대해서는 의견의 일치를 보이고 있다.

이와 달리, 귀납 논증에서 중요한 일은 행동을 직접적으로 지도하고 있는 사실이나 또는 다른 논증의 근거가 되는 사실을 확인하는 데 있다. 의학이나 사회과학, 천문학 등의 경우처럼, 주로 중요한 인과관계에 관해서 귀납적인 방법이 효과적으로 적용될 때, 사실적인 결론으로 이끄는 경험적 탐구가 이루어진다. 귀납적인 방법을 사용하는 의학적 탐구자들은 질병의 원인이나 감염 질환의 전염 경로를 알고자 한다. 에이즈(AIDS)와 같이 성적 접촉으로 감염되는 질환(STD)은 그 심각성과 전 세계적인 확산 때문에 특별한 관심사가 되고 있다. 우리는 성적 접촉으로 감염되는 질환을 줄일 수 있는 방법을 귀납적으로 알 수 있을까? 그렇다, 우리는 알 수 있다.

2006년 미국 국립보건원의 발표에 따르면, 케냐와 우간다(에이즈 발병 원인인 에이즈 바이러스에 감염될 위험이 매우 높은 아프리카 국가들이다) 내 STD의 확산에 대한 광범위한 연구는 에이즈 바이러스에 감염될 위험이 할례를 받지 않은 사람들보다 할례를 받은 사람들 사이에서 급격히 줄어들었다는 사실을 입증했다. 물론 질병 관리에 있어서 할례는 "마법의 해결책"이 아니다. 그러나 우리는 자발적으로 참여한 수많은 피험자들(할례를 받은 집단과 받지 않은 집단으로 양분된 피험자 수는 우간다에서 3천 명, 케냐에서 5천 명이었다)의 경험을 조사함으로써 다음의 사실을 알게 되었다. 즉, 이성애적 섹스에서 에이즈 바이러스에 감염될 위험은 할례의 결과로 절반으로 줄었다. 여성의 감염 위험도 약 30퍼센트 정도 줄었다.

이것들은 매우 중요한 발견들이며, (12장에서 상세하게 다룰) 공변법이라 불리는 귀납적 방법을 사용하여 발견한 사실들이다. 할례를 받지 않는 것과 에이즈 바이러스 확산 간의 인과관계는 연역 논증의 결론처럼 확실히 알 수는 없지만, 이제 우리는 그것을 알 수 있는 매우 높은 개연성을 가지게 되었다.

귀납 논증은 연역 논증에 비해 주장이 약하다. 왜냐하면 귀납 논증의 결론은 확실성이 없으며, 귀납 논증에는 타당성과 부당성이라는 말이 적용되지 않기 때문이다. 물론 우리는 귀납 논증을 평가할 수 있다. 모든 영역의 과학자들에게는 아주 중요한 일이 바로 귀납 논증을 평가하는 것이다. 귀납 논증의 전제가 결론에 부여하는 개연성의 정도가 높을수록 그 논증의 장점은 커진다. 우리는 그 정도에 따라 귀납 논증을 "더 좋은" 논증 또는 "더 나쁜" 논증, "더 강한" 논증 또는 "더 약한" 논증이라고 말한다. 할례 연구를 통해 구성된 위의 논증은 매우 강한 논증이며, 그 결론의 개연성도 매우 높다. 그러나 전제가 모두 참이고, 결론을 강하게 뒷받침할지라도, 그 결론이 확실히 확정되는 것은 아니다. 귀납 논증에 대한 전반적인 이론과 분석적 및 인과적 추리의 방법, 그리고 귀납 논증을 평가하는 방법, 개연성을 수량화하고 계산하는 방법은 11장, 12장, 13장, 14장에서 상세하게 다루게 될 것이다.

귀납 논증은 그 결론의 개연성의 정도에 굴복할 뿐이기 때문에, 언제나 추가적인 정보가 그 논증을 강화하거나 혹은 약화시킬 가능성이 있다. 새로 발견된 사실은 개연성에 대한 우리의 평가를 변화시킬 수 있으며, 따라서 우리로 하여금 그 논증이 이전에 우리가 생각했던 것보다 더 좋다(또는 더 나쁘다)는 판단을 할 수 있도록 해준다. 귀납 논증의 세계에는 — 심지어 그 결론이 개연성이 매우 높은 것으로 판단되는 경우에도 — 모든 증거를 포함하지는 않는다. 새로운 발견이 이전의 믿음이 부당하다는 것을 증명할 수 있으므로, 우리는 결코 귀납 논증의 결론이 절대적으로 확실하다고 주장하지 않는다.

한편, 연역 논증은 전제와 결론 사이의 강력한 관계를 드러내는 데 있어 성공적이거나 그렇지 못하거나 둘 중 하나이다. 만약 연역 논증이 타당하면, 부가적인 전제는 그 논증의 강도에 아무런 도움이 안 된다. 예를 들어, 모든 사람이 죽고, 소크라테스가 사람이라면, 우리는 주저하지 않고 "소크라테스는 죽는다"라는 결론을 내릴 수 있다. 그리고 이 결론은 이 세상에 다른 어떤 무엇이 진실일지라도, 그리고 다른 어떤 정보가 발견되거나 보태질지라도 저 전제에서 도출될 것이다. 우리가 소크라테스는 추남이라든가 또는 불멸성이 요점이라는 것을 알게 된다고 하더라도, 그리고 젖소는 우유를 제공한다는 것을 알게 된다고 하더라도, 이런 발견이나 또는 다른 어떤 발견도 원래 논증의 타당성과는 아무 관련이 없다. 타당한 연역 논증의 전제로부터 확실하게 도출되는 결론은 추가되는 전제의 성격과는 상관없이 늘어난 그 일련의 전제들로부터도 똑같이 확실하게 도출된다. 만일 어떤 논증이 타당하면, 이 세상의 다른 어떤 무엇도 그 논증을 더 타당하게 만들 수 없다. 만약 결론이 어떤 전제로부터 타당하게 추리된 것이라면, 다른 무엇을 추가하더라도 그 결론이 더 엄밀해지거나 더 타당해지는 것은 아니다.

그러나 이 모든 것이 귀납 논증에 대해서는 참이 아니다. 왜냐하면 주장되는 전제와 결론의 관계가 덜 엄밀할 뿐 아니라 그 관계의 성격도 전혀 다르기 때문이다. 다음 연역 논증을 보라.

회사 고문 변호사들은 대부분 보수적이다.
미리엄 그라프는 회사 고문 변호사이다.
그러므로 미리엄 그라프는 필시 보수적일 것이다.

이것은 매우 훌륭한 귀납 논증이다. 첫 번째 전제가 참이고, 그리고 두 번째 전제가 참이라면, 결론은 거짓이라기보다는 참에 더 가깝다. 그러나 ("소크라테스는 죽는다"라는 앞의 논증과 비교해 보면) 이 경우에는 원래의 전제에 새로운 전제를 보태는 것은 (새로운 전제의 내용에 따라서) 원래의 논증을 약화시키거나 강화시킬 수 있다. 우리가 또한 다음의 사실도 알고 있다고 가정해 보자. 즉,

미리엄 그라프는 ACLU 소속 직원이다.

그리고 우리가 다음 전제를 추가한다고 가정해 보자. 즉,

ACLU 소속 직원들은 대부분 보수적이지 않다.

이제 "미리엄 그라프는 보수적이다"라는 결론의 가능성은 더 이상 보이지 않는다. 이와 같이 미리엄 그라프에 대한 추가 정보가 제시됨으로써 오히려 본래의 귀납 논증이 심각하게 약화되어 버렸다.

ACLU 소속 직원들은 어느 누구도 보수적이지 않다.

마지막 전제를 이와 같이 전칭 명제로 바꾸면, 원래 결론의 정반대 결론이 일련의 전제들로부터 연역적으로 — 그리고 타당하게 — 도출된다.

반면에, 본래의 전제들에 다음 전제를 추가한다고 가정해 보자.

미리엄 그라프는 오랫동안 미국총기협회(NRA) 간부였다.

본래의 결론(미리엄 그라프는 보수적이다)이 본래의 전제들보다 훨씬 그럴 듯한 일련의 전제들에 의해 뒷받침되고 있다.

귀납 논증의 결론은 어느 정도 개연적으로만 뒷받침된다는 것을 귀납 논증이 항상 명확하게 인정하는 것은 아니다. 반면에, 논증에 "개연성"이라는 말이 있다고 해서 그 논증이

반드시 귀납적인 것은 아니다. 개연성에 관한 어떤 논증들은 엄밀하게 연역적이며, 이런 논증에서는 조합을 이루고 있는 특정한 사건의 개연성이 다른 사건의 개연성으로부터 연역되고 있다. 예를 들어, 동전을 세 번 던져 세 번 연속으로 같은 면이 나올 개연성이 8분의 1이라면, 동전을 세 번 던져 최소한 다른 면이 나올 개연성은 8분의 7이라는 것을 우리는 연역적으로 추리할 수 있다. 이 논증의 다른 예들은 14장에서 다룬다.

요약한다면, 연역과 귀납의 차이는 전제와 결론의 관계에 대한 두 가지 유형의 논증에 의해 이루어지는 주장의 성격에 달려 있다. 그러므로 두 가지 유형의 논증의 특징은 다음과 같다. 즉, 결론이 전제로부터 필연적으로 도출된다고 주장하는 것을 **연역 논증**(deductive argument)이라 하며, 그리고 그 필연성은 정도의 문제가 아니며 또 경우에 따라 변하는 것도 아니다. 이와는 대조적으로, 전제로부터 결론이 개연적으로 도출된다고 주장하는 것을 **귀납 논증**(inductive argument)이라 하며, 그리고 그 개연성은 정도의 문제이며 경우에 따라 변한다.

1.6 타당성과 진리

연역 논증은 그 전제와 결론이 필연적으로 연결되어 있을 때 타당하다. 그러므로 그 타당성은 논증의 전제 역할을 하는 일련의 명제와 결론 역할을 하는 명제의 관계를 가리킨다. 만약 그 결론이 전제로부터 필연적으로 도출되면, 우리는 그 논증은 타당하다고 말한다. 그러므로 타당성은 단 하나의 명제에는 결코 적용될 수 없다. 하나의 명제에는 그 필요한 관계가 발견될 여지가 없기 때문이다.

반면에 참과 거짓은 개별적인 명제의 속성이다. 논증에서 전제 역할을 하는 단일 명제는 참일 수 있다. 또 논증의 결론 역할을 하는 단일 명제도 참일 수 있고, 그것이 거짓일 수도 있다. 이러한 결론은 타당하게 추리될 수 있지만, 그러나 어떤 결론(또는 어떤 단일 전제) 그 자체가 타당하다거나 부당하다고 말하는 것은 이치에 맞지 않다.

진리는 참된 사실을 주장하는 명제의 속성이다. 슈피리어 호수는 오대호 가운데 제일 크다고 내가 주장할 때, 나는 무엇이 참된 사실인지, 무엇이 참인지를 주장하고 있다. 만약 내가 미시건 호수가 오대호 중 제일 크다고 주장했다면, 나의 주장은 사실과 일치하지 않았을 것이며, 따라서 그것은 거짓이었을 것이다. 타당성과 진리의 이러한 대조는 중요하다. 참과 거짓은 개별적인 명제나 진술의 속성이며, 타당성과 부당성은 논증의 속성이다.

타당성이라는 개념이 단일 명제에 적용될 수 없는 것과 마찬가지로, 진리 개념은 논증에 적용될 수 없다. 논증에 나오는 명제들 중 어떤 것(또는 모든 것)은 참이고 어떤 것(또는 모든 것)은 거짓일 수 있다. 하지만 그 논증 전체는 참도 아니고 거짓도 아니다. 이 세계에 대해 진술하는 명제들은 참이거나 거짓일 수 있다. 일련의 명제로부터 다른 명제를 추리하는 연역 논증은 타당하거나 부당할 수 있다.

참(또는 거짓)인 명제와 타당한(또는 부당한) 논증 사이의 관계는 까다롭고 복잡하다. 이 관계가 연역 논리의 핵심이다. 이 책의 2편에서 주로 이 복잡한 관계들을 다루지만, 여기서는 다만 타당성과 진리의 관계를 예비적으로 다룬다.

먼저 다음을 강조하고자 한다. 즉, 논증의 전제들 중 하나 또는 그 이상이 참이 아닐지라도, 그 논증은 타당할 수 있다. 모든 논증은 전제와 그 전제로부터 도출된 결론의 관계를 주장한다. 전제가 거짓으로 판명되거나 또는 전제의 진리치가 논란의 여지가 있을지라도, 저 관계는 유지된다. 이것은 1858년 에이브러햄 링컨의 스테판 더글러스와의 논쟁에서 아주 잘 나타나고 있다. 링컨은 북부로 도망간 노예들이 그들이 속했던 남부의 주인들에게 되돌아가야 한다는 "드레드 스코트(Dred Scott)" 판결을 다음과 같이 공격했다.

> 그것으로부터(드레드 스코트 판결로부터) 도출되는 간단한 연역 논증이 무엇인가? 나는 그것이 내가 서술하는 삼단논법의 형식처럼 논증의 결함 여부를 논할 수 있는 사람들의 사고 능력을 벗어날 수 없다고 생각한다. 그 논증은 곧 다음과 같은 것이다.
>
> > 어떤 주정부의 헌법이나 법률도 미국 연방정부의 헌법이 명시적으로 허용하고 있는 권리를 파괴할 수 없다.
> > 노예 소유권은 미국 연방정부의 헌법에 명시적으로 허용되어 있다.
> > 그러므로 어떤 주정부의 헌법이나 법률도 노예 소유권을 파괴할 수 없다.
>
> 저 논증에는 전혀 결함이 없다고 나는 생각한다. 적어도 내가 이해할 수 있는 능력에서 볼 때, 전제들의 참을 전제하면 결론은 필연적이다. 나는 저 논증에 결함이 있다고 생각하지만, 그것은 추리상의 결함이 아니다. 사실상 결함은 전제의 결함이다. 나는 노예 소유권이 헌법에 명시적으로 허용되어 있지 않다고 생각하는데, 더글러스 판사는 그것이 헌법에 명시적으로 허용되어 있다고 생각한다. 연방 최고법원과 저 판결(드레드 스코트 판결)을 변호하는 사람들은 노예 소유권이 명시적으로 허용되는 근거를 헌법에서 찾고 있으나 허사이다. 그러므로 나는 전제 가운데 하나는 참이 아니라고 생각한다.[21)]

링컨이 문제를 개괄하면서 반박하고 있는 이 논증에서 추리는 결함이 없다. 하지만 논증의 두 번째 전제(노예 소유권이 미국 연방정부의 헌법에 명시적으로 허용되어 있다)는 명백한 거짓이다. 그러므로 저 결론이 확정될 수 없었다. 링컨이 논리적으로 지적한 점은 옳을 뿐 아니라 중요하다. 즉, 논증의 결론과 그리고 그 전제들 중 하나 또는 그 이상이 거짓일 경우에도, 그 논증은 타당할 수 있다. 우리가 재차 강조하는 것은, 논증의 타당성은 오로지 전제와 결론의 관계에 달려 있다는 것이다.

타당한 논증과 타당하지 않은 논증 양쪽 모두에 참인 전제와 거짓인 전제, 그리고 참인 결론과 거짓인 결론의 아주 다양한 조합이 이루어질 수 있다. 다음은 참과 타당성의 조합으로 이루어진 논증을 시작으로, 일곱 가지 예들을 보여주고 있다. 이러한 예들을 통해 우리는 진리와 타당성에 관한 몇 가지 중요한 원리를 공식화할 수 있을 것이다.

I. 어떤 타당한 논증은 오직 참인 명제들 — 참인 전제들과 참인 결론 — 만을 포함한다.

모든 포유류는 폐를 가지고 있다.
모든 고래는 포유류이다.
그러므로 모든 고래는 폐를 가지고 있다.

II. 어떤 타당한 논증은 오직 거짓인 명제들 — 거짓인 전제들과 거짓인 결론 — 만을 포함한다.

네 개의 다리를 가진 모든 생물은 날개를 가지고 있다.
모든 거미는 정확하게 네 개의 다리를 가지고 있다.
그러므로 모든 거미는 날개를 가지고 있다.

III. 어떤 부당한 논증은 오직 참인 명제들만을 포함한다 — 모든 전제들이 참이고, 그것들의 결론도 참이다.

만약 내가 미국 연방 금괴 저장소의 금을 모두 가진다면, 나는 부자가 될 것이다.
나는 미국 연방 금괴 저장소의 금을 모두 갖지 않았다.
그러므로 나는 부자가 아니다.

---

21) From *The Collected Works of Abraham Lincoln*, vol. 3, Roy P. Basler, editor(New Brunswick, Nj: Rutgers University Press, 1953).

IV. 어떤 부당한 논증은 오직 참인 전제들과 거짓인 결론을 포함한다. 이것은 결론이 거짓이라는 것이 다를 뿐, 형식에 있어서는 정확히 세 번째 논증(III)과 같다.

빌 게이츠가 미국 연방 금괴 저장소의 금을 모두 가진다면, 그는 부자가 될 것이다.
빌 게이츠는 미국 연방 금괴 저장소의 금을 모두 갖지 않았다.
그러므로 빌 게이츠는 부자가 아니다.

이 논증의 전제는 참이지만 그 결론은 거짓이다. 이런 논증은 타당할 수 없다. 왜냐하면 타당한 논증에서는 전제들이 참이면서 그 결론은 거짓일 수 없기 때문이다.

V. 어떤 타당한 논증은 거짓인 전제들과 참인 결론을 가지고 있다.

모든 물고기는 포유류이다.
모든 고래는 물고기이다.
그러므로 모든 고래는 포유류이다.

이 논증의 결론은 참이다. 더욱이 그것은 둘 다 명백하게 거짓인 전제들로부터 타당하게 추론된 것이다.

VI. 어떤 부당한 논증도 역시 거짓인 전제들과 참인 결론을 가지고 있다.

모든 포유류는 날개를 가지고 있다.
모든 고래는 날개를 가지고 있다.
그러므로 모든 고래는 포유류이다.

네 번째(IV)와 다섯 번째(V) 예에서 두루 드러나고 있듯이, 어떤 논증이 거짓인 전제들과 참인 결론을 가지고 있다는 사실을 바탕으로 그것이 타당한지 부당한지 말할 수 없는 것은 분명하다.

VII. 물론 어떤 부당한 논증은 모두 거짓인 명제들 — 거짓인 전제들과 거짓인 결론 — 을 포함한다.

모든 포유류는 날개를 가지고 있다.
모든 고래는 날개를 가지고 있다.
그러므로 모든 포유류는 고래이다.

이 일곱 가지 예들은 거짓인 결론을 가진 타당한 논증(두 번째 예)이 있다는 것뿐만 아니라 참인 결론을 가진 부당한 논증(세 번째 예와 네 번째 예)도 있다는 것을 보여준다. 그러므로 분명한 사실은 결론의 참이나 거짓이 그 자체로서 논증의 타당성이나 부당성을 결정하는 것이 아니라는 사실이다. 더욱이 어떤 논증이 타당하다는 사실이 그 결론의 참을 보증하는 것도 아니다(두 번째 예).

(일곱 가지 예를 가리키는) 다음 두 도표는 이러한 다양한 조합을 명료하게 보여준다. 첫 번째 도표는 참인 전제와 거짓인 전제, 그리고 참인 결론과 거짓인 결론이 결합하는 모든 조합의 부당한 논증을 보여준다.

부당한 논증		
	참인 결론	**거짓인 결론**
참인 전제	예 [3]	예 [4]
거짓인 전제	예 [6]	예 [7]

두 번째 도표는 타당한 논증은 참인 전제와 거짓인 전제, 그리고 참인 결론과 거짓인 결론이 결합하는 세 가지뿐인 조합의 타당한 논증을 보여주고 있다.

타당한 논증		
	참인 결론	**거짓인 결론**
참인 전제	예 [1]	–
거짓인 전제	예 [5]	예 [2]

두 번째 도표의 공백은 곧 다음과 같은 핵심적인 사항을 말해주고 있다. 즉, 만일 어떤 논증이 타당하고 그 전제가 참이면, 우리는 그 결론도 참이라는 것을 확신할 수 있다. 달리 말하면 이렇다. 즉, 만일 어떤 논증이 타당하고 그 결론이 거짓이면, 그 논증의 모든 전제는 참일 수 없다. 완벽하게 타당한 어떤 논증이 거짓인 결론을 가질 수 있지만, 그러나 그런 논증은 최소한 하나의 거짓인 전제를 반드시 가지고 있다.

어떤 논증이 타당하고, 그 논증의 모든 전제가 참일 때, 우리는 그것을 "건전한" 논증이라고 말한다. 건전한 논증의 결론은 반드시 참이다. 그리고 오직 건전한 논증만이 결론의 참을 확정할 수 있다. 만일 어떤 연역 논증이 건전하지 않으면 — 다시 말해서 그 논증이 부당하거나 또는 전제가 모두 참이 아니라면 — 그 논증은 실제로 결론이 참이라고 할지라도 결론의 진리치를 확정하지는 못한다.

전제의 참과 거짓을 검사하는 것은 일반 과학의 과제이다. 왜냐하면 전제는 아무 주제나 모두 다룰 수 있기 때문이다. 논리학자는 명제의 참이나 거짓에 관심을 갖는 것이 아니라 명제들 사이의 논리적 관계에 관심을 가진다. 여기서 말하는 "명제들의 논리적 관계"란 명제들이 나타내는 그 논증의 옳고 그름을 결정하는 관계를 의미한다. 논증의 옳고 그름을 결정하는 것이 바로 논리학의 영역에 속한다. 전제가 거짓인 논증일지라도 논리학자는 그 논증이 옳은가에 대해 관심을 가진다.

왜 우리는 다른 것들은 무시하고 참인 전제들로 이루어진 논증만을 다루지 않는가? 아직 참이라고 밝혀지지 않은 전제를 가진 논증의 옳고 그름이 매우 중요할 수 있기 때문이다. 이를테면 과학에서는, 불확실한 이론적 전제로부터 검증 가능한 귀결을 연역해 냄으로써, 우리는 그 이론을 입증한다. 그러나 우리는 그 이론이 참이라는 것을 이전에는 알 수 없었다.

일상생활 속에서도 우리는 종종 양자택일적 행동 방향을 선택해야 할 때가 있다. 먼저 우리는 그 각각의 결과에 대해 추론을 시도한다. 잘못된 방향을 선택하지 않기 위해, 우리는 그 각각을 전제로 삼으면서 그 결과들에 대해 정확하게 따져보아야만 한다. 우리가 참인 전제를 가진 논증에만 관심을 갖는다면, 대안의 전제가 참이라는 것을 알기 전에는 우리가 찾아야 할 결과가 어떤 것인지 알 수가 없을 것이다. 그러나 만약 우리가 그 대안적 전제들이 참이라는 것을 알고 있다면, 그 논증을 따져보아야 할 필요가 전혀 없을 것이다. 왜냐하면 우리의 목적은 어떤 대안적 전제를 참이라고 해야 할 것인지를 결정하는 데 도움을 얻는 것이기 때문이다. 그러므로 오직 참인 전제만을 갖는 논증에 관심을 국한시키는 것은 문제를 오히려 키우는 꼴이다.

연역 논증의 타당성이나 부당성을 확정하는 효과적인 방법에 대해서는 이 책의 제2편에서 상세하게 설명되고 있다.

논리연습

아래에 제시되는 각각의 서술 내용에 따라, (여러분들이 스스로 주제를 선택하여) 두 개의 전제만을 갖는 연역적 논증을 구성해 보라.

1. 한 전제는 참이고 한 전제는 거짓이며, 결론은 거짓인 타당한 논증
2. 한 전제는 참이고 한 전제는 거짓이며, 결론은 참인 타당한 논증
3. 두 전제가 참이고 결론이 거짓인 부당한 논증
4. 두 전제가 참이고, 결론이 참인 부당한 논증
5. 두 전제가 거짓이고, 결론이 참인 타당한 논증
6. 두 전제가 거짓이고, 결론이 참인 부당한 논증
7. 한 전제는 참이고 한 전제는 거짓이며, 결론은 참인 부당한 논증
8. 두 전제가 참이고, 결론이 참인 타당한 논증

제1장 요약

이 장에서는 논리학에 관한 아주 기본적인 개념들을 소개하고 있다.

- 1장 1절에서는 논리학이란 무엇이며, 왜 논리학이 필요한가에 대해 설명했다. 그리고 논리학을 정확한 추론과 부정확한 추론을 구분하는 방법과 그 원리를 탐구하는 것이라고 정의했다.
- 1장 2절에서는 명제와 논증에 대해 설명했다. 명제는 주장하거나 부정될 수 있으며, 그것은 참 아니면 거짓이다. 그리고 논증은 명제들이 모여 있는 것이며, 그 중 하나는 결론이고 다른 것들은 전제이다. 논증은 논리학자의 중요한 관심사이다.
- 1장 3절에서는 논증을 확인할 때 다양하게 야기되는 어려운 문제들을 다루었다. 이것은 논증에 포함된 명제들의 표현 방식에서 비롯되며, 심지어 생략추리법에서는 종종 진술 내용이 생략되기도 한다.
- 1장 4절에서는 논증과 설명의 차이를 다루었으며, 왜 이런 차이가 문맥에 따라, 그리고 그 문맥에 나타나는 글의 의도에 따라 나타나는가를 보여주었다.
- 1장 5절에서는 연역 논증과 귀납 논증의 근본적인 차이를 설명했다. (전제가 참이고 추리가 타당하면) 결론이 확실한 것은 연역 논증이다. 사실을 밝히고 규명하는 것이 목표인 귀납 논증에서는 결론이 확실하지 않고 개연적이다.

- 1장 6절에서는 (연역 논증에 적용되는) 타당성과 부당성, 그리고 (명제에 적용되는) 참과 거짓을 대조적으로 살펴보았다. 그리고 타당성과 진리의 관계에 대해 핵심적인 몇 가지를 살펴보았다.

논증의 분석

제2장

2.1 논증의 패러프레이징(논증을 알기 쉽게 다시 쓰기)

일상생활에 나타나는 논증은 1장에서 예로 든 논증들에 비해 훨씬 복잡한 경우가 많다. 한마디로 훨씬 더 뒤엉켜 있고 정확성은 떨어진다. 전제들이 많아 온통 뒤죽박죽일 때도 있고, 그 표현이 어색한 경우도 있으며, 또 전제들이 단어만 바뀌어 되풀이되기도 한다. 심지어 전제들의 의미가 불명확한 때도 있다. 논증을 올바르게 평가하기 위해 전제와 결론의 관계를 정리하려면 몇 가지 분석 기법이 필요하다.

가장 일반적이면서, 또한 가장 유용한 분석 기법이 바로 패러프레이징(paraphrasing), 즉 다시 쓰기일 것이다. 우리는 논증을 이루고 있는 명제들을 쉽고 명확한 언어로 논리적으로 언명함으로써 논증을 다시 쓴다. 이를 위해서는 문장을 재구성할 때도 있으며, 따라서 분석 대상인 논증을 정확하게 그리고 완전하게 제시하려면 반드시 세심한 주의를 기울여야만 한다.

전제들이 복잡하게 얽혀 있는 다음 글은 동성인 사람들의 특정한 형태의 은밀한 성적 행위를 범죄로 규정한 텍사스주 법령을 2003년 미국 연방 대법원이 폐지시킨 다수결 판결문의 일부이다. 다수결에 찬성한 판결문을 쓴 앤서니 케네디 판사는 이렇게 말했다.

> 이 사건은 서로 완전한 동의하에 동성애적 생활양식에서는 일반적인 성행위를 영위한 두 사람의 성인과 연루되어 있다. 이 신청인들은 그들의 사생활을 존중받을 권리가 있다. 주 정부는 개인적인 성행위를 범죄로 규정함으로써 그들의 품위를 훼손하거나 그들의 운명을 통제할 수 없다. 수정헌법 제14조 "정당한 절차" 조항에 따른 신체 자유의 권리는 그들에게 정부의 간섭을 받지 않고 행동할 수 있는 전권을 부여하고 있다. 정부가 출입할 수 없는 개인적인 자유의 왕국이 존재한다는 것이 헌법의 전제이다. 텍사스주 법령은 개인의 사생활에 대한 침해를 정당화할 수 있는 적법한 주 정부의 이해관계를 진전시킬 수 없다.[1)]

이 판결문의 요지는 명확하지만, 논증의 구조는 명확하지 않으며 정말 복잡하다. 우리는 이 판결문을 전반적으로 알기 쉽게 다음과 같이 다시 쓸 수 있다.

1. 미국의 헌법은 성인들의 합의에 의한 사적인 성행위를 포함한 개인적인 자유의 왕국을 보장한다.
2. 이 신청인들의 행동은 자유의 왕국 내에서 이루어졌으며, 따라서 그들은 헌법에 따라 정부의 간섭을 받지 않고 문제의 성행위를 영위할 수 있는 전권을 가지고 있었다.
3. 텍사스주 법령은 이 신청인들의 사생활을 마음대로 침범하고 있으며, 또 보호받아야 하는 그들의 사적인 성행위를 범죄로 규정함으로써 그들의 품위를 훼손하고 있다.
4. 그러므로 이런 행위를 불법화하는 텍사스주 법령은 이 신청인들의 권리를 부당하게 부정하고 있으며, 헌법에 위배되는 것으로 반드시 폐지되어야 한다.

이 경우에 다시 쓰기는 전제들이 명백하게 주장하는 내용을 알기 쉽게 제시하는 것에 불과하다. 그러나 때로는 다시 쓰기가 논증에서 추정되기는 하나 완전히 또는 명확하게 진술되지 않은 내용을 표면화할 수 있다. 예를 들어, 영국의 위대한 수학자 G. H. 하디는 그의 저서『어느 수학자의 변명』(1940)에서 다음과 같이 말했다. 즉, "언어의 생명은 끝이 있고 수학적 개념은 영원하기 때문에, 비극 시인 아이스킬로스가 우리의 기억에서 사라질지라도 아르키메데스는 기억될 것이다." 우리는 이 논증의 주장을 간결하게 설명함으로써 논증을 다음과 같이 다시 쓸 수 있다.

1. 언어의 생명은 끝이 있다.
2. 아이스킬로스의 희곡들은 언어로 쓰여 있다.
3. 그러므로 아이스킬로스의 작품은 결국 사라질 것이다.
4. 수학적 개념은 영원하다.
5. 아르키메데스의 작품은 수학적 관념으로 되어 있다.
6. 그러므로 아르키메데스의 작품은 결코 사라지지 않을 것이다.
5. 따라서 아이스킬로스가 우리의 기억에서 사라질지라도 아르키메데스는 기억될 것이다.

이와 같은 다시 쓰기는 우리로 하여금 하디의 단 한 문장으로 압축된 전제와 추리를 구분해서 검토할 수 있도록 해준다.

---

1) *Lawrence v. Texas*, 539 Us558(2003).

인물탐구

피에르 아벨라르(Peter Abelard)

아벨라르는 1079년 프랑스 낭뜨 인근 브르타뉴 지방의 귀족 가문에서 태어났다. 그는 부유한 기사가 될 수 있었으나, 그런 삶을 거부하고 학문의 길을 택했다. 그는 파리로 가서 기욤(William of Champeaux) 문하에 들어가 공부했다. 그는 스승인 기욤과 격렬하게 논쟁을 벌였고, 결국 그는 자신의 학파를 열었으며, 노틀담 대학의 교수로 선임되었다. 노틀담 대학에서 그는 유명 교수가 되었으며, 유럽 전역에서 학생들이 모여들었다. 그의 주된 관심은 당시 변증론으로 불리던 논리학과 형이상학이었다. 그는 우주에 관한 심오한 형이상학적 문제(즉, 추상적 대상들)에 직면했다. 일반 개념들(예컨대 정의, 노란색, 부드러움)은 실제로 존재한다. 그러나 그 개념들 배후의 어떤 비-물질적 세계에 있는 추상적인 대상들은 실제로 존재하는가? 아벨라르의 주장에 따르면, 그런 추상적인 대상은 존재하지 않지만, 우리가 사용하는 말 때문에 종종 사물들의 공통된 특성으로 오도되고 있다. 그의 입장은 유명론이란 이름으로 알려졌다.

그가 풀뵈르의 열일곱 살 난 조카딸 엘로이즈의 가정교사로 있을 때, 엘로이즈와 사랑에 빠져 엘로이즈가 임신을 하게 되었다. 두 사람은 아벨라르의 고향인 브르타뉴로 돌아가, 거기서 출산을 했다. 그 후 아벨라르는 엘로이즈와 결혼했으나, 그녀는 나중에 수녀가 되었다. 추문에 분개한 풀뵈르는 아벨라르를 죽이려고 자객들을 고용했다. 아벨라르는 그 후 수도사와 강연자가 되었다. 지적 오만으로 인해 그는 동료들 사이에서 인기가 없었다. 그는 이 수도원에서 저 수도원으로 옮겨 다니지 않을 수 없었고, 신학적 논쟁에 연루되어 1142년 파리에서 사망했다.

논리학 분야에서 아벨라르는 연역 논증의 전제와 결론의 관계를 탐구했다. 그는 타당성의 구문론적 특성을 제일 먼저 강조한 사람들 중 한 사람이었다. 논증이 타당하게 되는 것은 전제들의 의미론적 내용 때문이 아니라 그 전제들 사이의 형식적인 관계 때문이라는 것을 그는 강조했다.

논리연습

하나 이상의 논증을 포함하고 있을 수도 있는 다음 각 글들을 다시 쓰기(패러프레이징) 해보라.

1. [디트로이트]는 능력이 부족해서 패배하지는 않았다. 그들은 전반적으로 더 나은 팀이다. [디트로이트]는 평균의 법칙 때문에 패배했다. [디트로이트]는 언제나 [샌안토니오]에게 세 번 중 두 번은 승리할 것이다. 2005년 NBA 결승전을 검토해 보면 [디트로이트]가 어떻게 그 마지막 경기에서 패배했는지를 정확하게 말해주고 있다. 그 경기는 세 번 중에서 세 번째 경기였기 때문이다. [샌안토니오]는 [디트로이트]에게 세 번 중 한 번은 승리할 것이다. 그래서 그런 일이 벌어졌던 것이다. [디트로이트]는 이미 연속으로 두 번 승리했기 때문에, 한 번 남은 경기가 바로 그 결승전이었다.
—모리스 윌리엄스, *The Ann Arbor News*

2. 오늘날 대학을 졸업한 수많은 졸업자들이 자기 자신을 글로 표현하지 못한다. 그 이유가 무엇인가? 대학이 이상한 문학이론들, 마르크스주의, 페미니즘, 해체이론, 그리고 글쓰기를 가장한 특이한 것들을 권하면서 학생들을 속여왔기 때문이다.
—스탠리 리즐리, *National Review Online*

3. 다양한 민족으로 구성된 나라는 단일 민족 국가에 비해 사회적 지지의 수준이 낮은 경향이 있다. 국민들이 민족적인 노선들을 둘러싸고 분열되어 있을 경우 그들은 결속력을 느끼지 않을 뿐 아니라, 상호 지지의 프로그램들을 수용할 가능성도 희박하다.
—데이비드 브룩스, *The New York Times*

4. 올랜도 패터슨은 "자유는 인간 조건의 천부적인 부분이다"라고 주장한다. 그것은 전혀 사실이 아니다. 만일 그것이 참이라면, 우리는 인류 역사를 통해 도처에서 자유로운 사회를 발견할 수 있을 것이다. 우리는 발견할 수 없다. 오히려 우리가 발견하는 것은 아득한 옛날부터 존재해 온 온갖 종류의 폭정이다.
—존 테일러, *The New York Times*

5. 2000년 5월 30일 ≪뉴욕 타임즈≫ 보도에 따르면, 몇몇 과학자들이 시간을 소급하여 표시하는 방법을 찾고 있었다고 한다. 비판적인 한 독자가 다음과 같은 답장을 보냈다.

   내가 보기에 미래의 과학자들은 결코 시간을 소급하여 표시하는 방법을 찾지 않을 것이 분명해 보인다. 만일 그들이 그렇게 했다면, 지금쯤 우리는 그들의 소식을 듣지 않았을까?

—켄 그룬스트라, *The New York Times*

6. 니콜라스 크리스토프는 에스키모인들의 고래사냥을 일본인들과 노르웨이인, 그리고 아이슬란드인들의 상습적인 고래잡이와 동일시한다. 에스키모인들의 혹독한 환경은 그들의 식생활을 크게 좌우하며, 따라서 과격한 포경금지 운동가들조차도 그들의 생존권을 부정할 수 없다. 일본이나 유럽의 포경 국가들은 그들이 먹을 식량을 선택할 수 있다. 그들은 꼭 고래를 먹지 않아도 된다. 에스키모와 같은 비교적 원시적인 사회에는 생존을 위해 엄격하게 제한된 수의 고래 사냥을 허용하는 반면에, 현대적인 사회들이 계속 이 거대한 포유동물을 마구잡이로 사냥하는 것에 대해 엄벌하는 것은 결코 위선이 아니다.

—조셉 터너, *The New York Times*

7. 공간이 포함하고 있는 원자의 공급량은 너무나 엄청나서, 영겁의 세월에도 그 수를 다 헤아릴 수 없을 정도이고, 또 그것들이 함께 이 세계로 주입되었던 것처럼 온갖 곳으로 파고드는 그 힘을 가늠하기 힘들 정도이다. 그러므로 우리는 우주의 다른 쪽에 다른 종의 인간과 동물들이 사는 또 다른 세계가 존재한다는 것을 깨달아야만 한다.

—루크레티우스, 『사물의 본성에 관하여』

8. 만약 당신이 사랑 없이 결혼한다면, 그것은 당신이 결혼하는 사람을 당신은 이후에도 사랑하지 않을 것임을 의미한다. 그리고 만약 당신이 사랑하는 사람과 결혼한다면, 그것은 당신이 그 사람을 항상 사랑하거나 또는 항상 성공적인 결혼을 영위할 것임을 의미하지 않는다. 미리 결혼 상대를 정해놓는 많은 나라에서는 이혼율이 매우 낮다. 사람들이 사랑을 바탕으로 그들의 결혼을 결정하는 나라들에서는 이혼율이 매우 높다.

—알렉스 해모우드, *The New York Times*

9. 우리의 전체적인 조세제도는 자신들에게 부과된 세금을 자진해서 납부하는 대다수 납세자에 의존하며, 그들은 그들이 공평하게 대우를 받고 있고 또 그들의 경쟁 상대나 이웃사람들도 또한 부과된 세금을 납부하고 있다고 믿는다. 만약 대중이 국세청이 이와 같은 기본적인 기대에 부응하지 못한다고 판단한다면, 조세제도는 매우 위태롭게 될 것이며 되돌리기 어려운 결과를 초래할 것이다.

—데이비드 케이 존스턴, *The New York Times*

10. 국민과 정부는 인종차별과 다른 편협한 형식들에 대해 이야기하고, 이야기하고, 이야기하기를 원한다. 우리는 인종과 소수민족의 문제에 사로잡혀 있다. 그러나 우리는

이 문제에 대해 귀를 막고 눈을 감고 있으며, 또 우리 자신이 이 혐오스러운 일에 어떤 형태로든 공범의 책임이 있다는 것을 부인하고 있다.

—롭 허버트, *The New York Times*

2.2 논증의 다이어그램

논증을 분석하는 두 번째 기법은 다이어그램이다. 다이어그램으로 우리는 논증의 구조를 알기 쉽게 나타낼 수 있다. 말하자면, 전제와 결론의 흐름을 화면에 이차원적인 도표나 그림으로 나타낼 수 있다. 다이어그램이 우리의 이해를 높이는 그림일지라도, 하나의 논증에 하나의 다이어그램이 필요한 것은 아니다. 논증이 복잡할 때, 즉 많은 전제들이 다양하게 얽혀 있는 경우에는 다이어그램이 대단히 유익하다.

논증을 다이어그램으로 표현하기 위하여 우리는 먼저 논증이 포함하고 있는 명제들을 글 속에서 나타나는 순서에 따라 번호를 붙여야 한다. 명제들을 고쳐 쓰지 않고서도 번호 사이에 화살표를 이용하여 전제와 결론의 관계를 보여주는 다이어그램으로 표현할 수 있다. 이차원의 화면에 추리의 과정을 전달하기 위하여 우리는 다음과 같은 관례를 받아들인다. 즉, 결론은 언제나 그것을 뒷받침하는 전제 아래에 두며, 대등한 전제들은 같은 수평 위치에 둔다. 이와 같은 방식으로 복잡한 글로 되어 있는 논증을 알기 쉽게 시각적 형태로 제시할 수 있다.[2)]

다음은 쉽게 다이어그램으로 표현할 수 있는 간단한 논증이다.

① 무정란이나 사용되지 않은 정자가 아니라는 의미에서 수정란은 생명이 있다는 데 대해 생물학자들은 의견의 일치를 보이지 못하고 있다. ② 과연 기본적인 신경계조차 없는 하나의 세포집단이 어떤 의미에서 인간인가에 대해서도 의견의 일치를 보이지 못하고 있다. ③ 따라서 "인간"의 생명이 언제 시작되는가에 관한 모호한 문제를 결정하기 위한 설득력 있는 경험적 자료는 없다.[3)]

---

2) 이러한 기법은 다음과 같은 탁월한 논리학자들에 의해 처음 개발되어 수십 년 전에 완성되었다. Monroe C. Beardsley, *Practical Logic*(Englewood Ciiffs, NJ: Prentice-Hall, 1950); Stephen N. Thomas, *Practical Reasoning in Natural Language*(Englewood Ciiffs, NJ: Prentice-Hall, 1973); and Michael Scriven, *Reasoning*(New York: McGraw-Hill, 1976).

3) John Blass, "Stem Cell Research: When Does Life Begin?" *The New York Times*, 25 January 2007.

원 안의 숫자는 명제들을 나타내고 있으므로, 우리는 이 논증을 다음과 같이 다이어그램으로 표현할 수 있다.

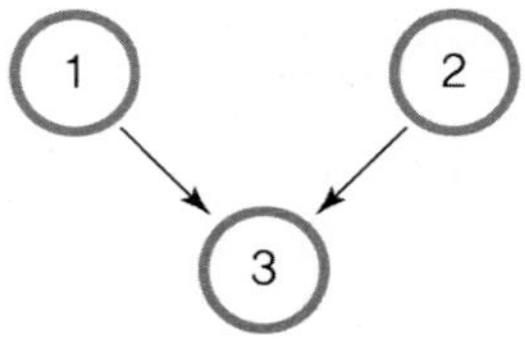

논증을 구성하고 있는 여러 전제들이 대등하지 않을 때 — 즉, 결론을 직접적으로 뒷받침하지 않는 전제들이 있는 반면에, 어떤 전제들은 결론을 직접적으로 뒷받침한다 — 다이어그램은 이를 아주 명확하게 나타낼 수 있다. 다음 논증은 이와 같은 다이어그램의 특징을 잘 보여주고 있다.

① 축구 분석은 야구보다 덜 까다롭다. 왜냐하면 ② 축구는 진정한 단체 운동이기 때문이다. ③ 야구와 달리, 경기장에 있는 열한 명이 모두 모든 경기 진행에 참여하고 있다. ④ 누구에게 상이나 또는 벌을 내려야 할지 보기보다 꽤 어렵다.[4]

이 논증의 다이어그램은 다음과 같다.

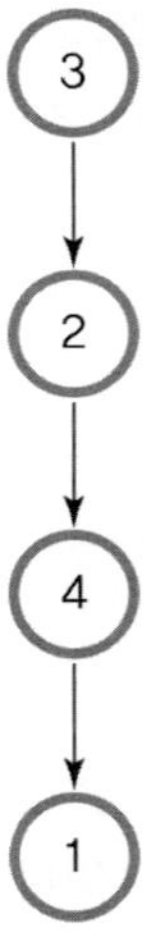

이 논증을 다르게 해석하면 다음과 같이 다른 다이어그램으로 표현된다.

4) Adam Gopnick, “The Unbeautiful Game,” *The New Yorker*, 8 January 2007.

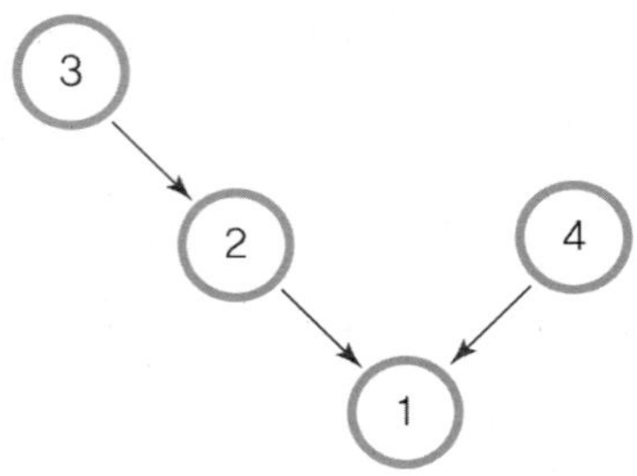

다이어그램의 또 다른 장점은 전제들 사이의 관계 — 논증에 있어서 대단히 중요한 관계 — 를 보여줄 수 있다는 점이다. 위 논증의 경우처럼 논증의 각 전제는 결론을 따로따로(독립적으로) 뒷받침할 수 있다. 그러나 어떤 논증에서는 전제들이 함께 협력할 때, 오직 그런 경우에만 결론을 뒷받침할 수 있다. 그리고 이것은 전제와 결론의 관계를 시각적으로 표현함으로써 다이어그램이 질서정연하게 정돈되는 추론의 특징이다. 다음 논증은 이를 잘 보여주고 있다.

> ① GM은 신차와 자금 대출로 돈을 번다. ② 그에 반하여, 자동차 영업소들은 대체로 오래된 차의 정비와 중고차 매매로 돈을 번다. ③ 따라서 비록 자동차 회사가 고전을 할지라도 자동차 영업소들은 번창할 수 있다.[5]

이 논증의 다이어그램에서 전제들을 괄호로 묶음으로써, 우리는 전제들이 서로 협력할 때만이 결론을 뒷받침한다는 것을 나타낼 수 있다.

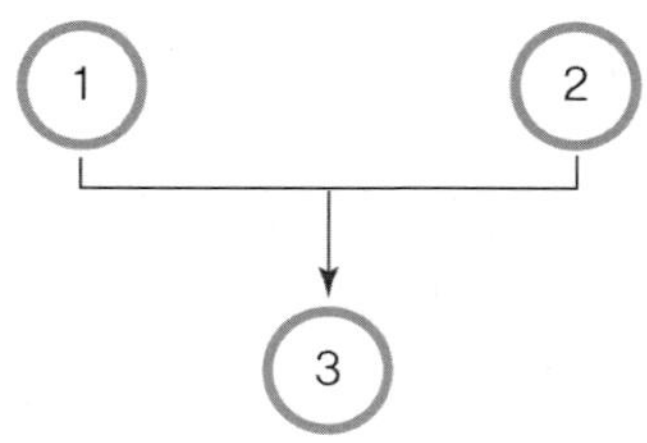

이 논증에서는 두 전제가 모두 독립적으로 결론을 뒷받침하지 않는다. 자동차 회사가 고전을 해도 자동차 영업소는 번창할 수 있다는 결론을 뒷받침하는 것은 GM은 이런 식으로 돈을 벌지만 자동차 영업소들은 또 다른 방식으로 돈을 번다는 두 사실의 조합이다.

종종 말로는 적절하게 표현하기 어려운 것을 보여주는 경우도 있다. 다이어그램은 논증

5) James Surowieki, "Dealer's Choice," *The New Yorker*, 4 September 2006.

이 복잡할 때 특히 쓸모가 있다. 다음 논증을 보라.

① 사막의 산 정상은 천문학자에게 좋은 관찰 지점이 된다. ② 위치가 높아서 그들은 대기권 중의 한 층 위에 앉아 있는 셈이므로, 별빛이 대기권을 모두 통과하지 않더라도 망원경에 포착될 수 있다. ③ 사막은 건조해서 구름의 방해도 거의 없다. ④ 지극히 엷은 안개나 구름층이 생겨도 수많은 천문학의 계측기구들은 하늘을 관찰하는 데 쓸모가 없어진다.6)

명제 ①은 분명히 이 논증의 결론이며, 나머지 셋은 이 결론을 뒷받침하고 있다. 그러나 그것들은 각기 다른 방식으로 뒷받침하고 있다. ②의 명제 단독으로는 산 정상의 위치가 망원경을 보기에 좋은 자리가 된다는 주장을 뒷받침할 수 없다. 사막이라는 위치가 망원경을 보기에 좋은 자리라는 주장을 뒷받침하기 위해서는 반드시 ③과 ④의 명제가 함께 협력해야 한다. 이 점을 깔끔하게 보여주는 것이 다음 다이어그램이다.

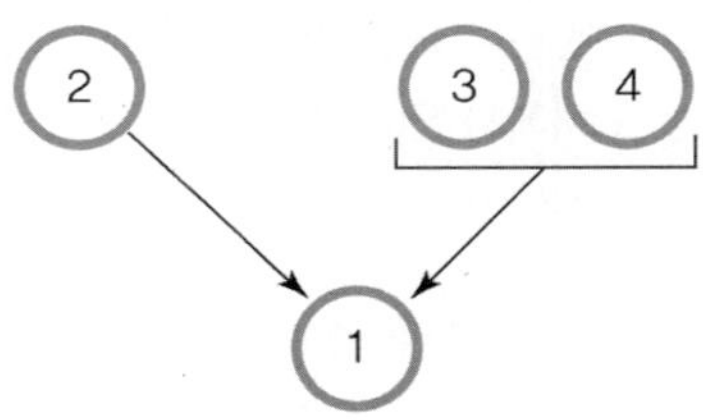

어떤 복잡한 논증은 다시 쓰기를 통해 좀 더 명확하게 나타낼 수 있다. 논증이 명확하게 서술되지 않은 전제를 포함하고 있을 때, 다시 쓰기는 이 암묵적인 전제를 구성하여 명확하게 논증에 포함시킨다. 다이어그램은 이 암묵적인 전제를 표현하되, 그것이 추가되었다는 사실을 시각적인 방식으로 나타낼 필요가 있다. 그렇지만 그 추가된 전제는 여전히 만들어진 것임에 틀림없다. 그러므로 다음 논증은 다시 쓰기를 통해 아주 명확하게 된다.

정치의 영역에는 확실한 것이 없기 때문에, 정치는 서로 다른 관점을 절충하는 무대일 수밖에 없다.7)

다시 쓰기로 암묵적인 전제와 내부적인 복잡성이 다음과 같이 명확하게 정리된다. 즉,

1. 정치의 영역에는 확실한 것이 없다.
2. 확실한 것이 없을 경우, 서로 다른 관점을 가진 사람들은 반드시 그 차이를 절충해야

6) Blanchard Hiatt, *University of Michigan Research News*, September 1979.

7) Robert Alter, "Neocon or Not?" *The New York Times Book Review*, 25 June 2006.

한다.

3. 이러한 절충으로 나올 만한 최상의 수단은 신중한 조정이다.
4. 그러므로 정치는 최상의 수단이라고 할 수 있는 신중한 조정으로써 서로 다른 관점을 절충하는 무대이다.

대부분의 논리학자들이 동의하듯이, 글 속에 담긴 논증의 수는 그것이 포함하는 결론의 수에 의해 결정된다. 만약 어떤 글이 둘 이상의 논증과 그리고 그 관계들이 불분명한 다수의 명제들을 포함하고 있을 경우, 다이어그램은 그것들을 정리하는 데 특히 쓸모가 있다는 것을 보여줄 수 있다. 마르크스가 엥겔스에게 보낸 편지에 나오는 다음 글은 이에 대한 좋은 예이다.

> ① 국제노동자연맹의 가장 중요한 목적은 영국 국내의 사회적 혁명을 촉진시키는 일이다. ② 사회적 혁명을 촉진시키는 유일한 방안은 아일랜드를 독립시키는 일이다. 따라서 ③ 국제노동자연맹이 해야 할 일차적 과제는 도처에서 영국과 아일랜드의 갈등을 조장하고 또 ④ 사사건건 아일랜드를 공공연하게 지지하는 일이다.[8]

이 글에는 결론이 두 개이며, 따라서 논증도 두 개다. 하지만 두 결론이 동일한 두 전제로부터 추론되고 있다. 다음 다이어그램은 이러한 구조를 잘 보여준다.

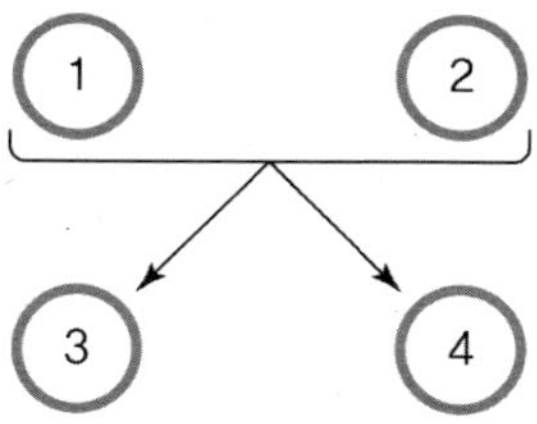

두 결론이 단 하나의 전제를 가질 수도 있다. 예를 들면,

> 나이 든 여자일수록 그들의 직장에서 당하는 성희롱에 저항하거나 또는 구타하는 남편과 헤어질 마음의 여유가 줄어든다. 왜냐하면 그들에게 나이가 들었다는 것은 스스로를 꾸려나갈 다른 방도를 찾기가 쉽지 않게 되었다는 것을 의미하기 때문이다.[9]

---

8) Karl Marx, Letter #141, 9 April 1870, *Karl Marx and Friedrich Engels Correspondence* 1846-1895(New York: International Publishers, 1936).

9) Boston Women's Health Book Collective, *Our Bodies, Ourselves*(New York: Simon & Shuster, 1984).

여기서 단 하나의 전제는 "나이 든 여성들은 스스로를 꾸려나갈 다른 방도를 찾기가 쉽지 않다"는 것이다. 이 전제에 의해 뒷받침되고 있는 두 결론은 (a) "나이 든 여성들은 그들의 직장에서 당하는 성희롱에 저항할 마음의 여유가 줄어든다"와 (b) "나이 든 기혼 여성들은 구타하는 남편과 헤어질 마음의 여유가 줄어든다"이다. 얼마나 많은 전제가 결론을 뒷받침하기 위해 제시되는가에 상관없이, 한 개의 논증이란 한 개의 결론을 가진 논증을 의미한다.

하나의 논증에 둘 이상의 전제가 있거나 또는 어떤 글에 둘 이상의 논증이 포함되어 있을 경우, 전제와 결론이 나타나는 순서를 명확히 해둘 필요가 있다. 결론은 마지막이나 처음에 나오며, 가끔 그것을 뒷받침하기 위해 제시되는 전제들 사이에 나오기도 한다. 다음 글이 그런 경우이다.

> 이슬람 학자들에게 있어서 영감의 본래적이고 진정한 원천은 코란과 성스러운 마호메트의 말씀이었다. 그러므로 이슬람 철학은 그리스 사상의 복사본이 아니었다는 것은 분명한 사실이다. 이는 이슬람 철학이 주로 이슬람교도들로부터 비롯된 문제들, 그들과 관련된 문제들에 특별한 관심을 기울였던 것으로도 알 수 있다.[10)]

여기서 결론은 "이슬람 철학은 그리스 사상의 복사본이 아니었다"이며, 이는 이 논증의 첫 번째 전제 다음에, 그리고 두 번째 전제 앞에 나와 있다.

하나의 명제가 어떤 논증의 결론이면서 또한 다른 논증의 전제인 경우가 있다. 이는 마치 동일한 인물이 어떤 맥락에서는 지휘관이면서 다른 맥락에서는 부하인 경우와 같다. 토마스 아퀴나스 저작에 나오는 다음 글을 보라.

> 인간의 법은 일반 대중에 맞추어 만들어진다.
> 다수의 사람이 도덕적으로 완전한 것은 아니다.
> 그러므로 인간의 법은 모든 악을 막지 못한다.[11)]

이 논증의 결론은 곧 이어 다음과 같은 전혀 다른 논증에서 전제로 쓰인다.

> 악행은 선행과 반대된다.
> 그러나 인간의 법은 모든 악을 막지 못한다.
> 그러므로 인간의 법은 모든 선행을 규정할 수 없다.[12)]

---

10) C. A. Quadir, *Philosophy and Science in the Islamic World*(London: Croom Helm, 1988).

11) Thomas Aquinas, *Summa Theologiae*, I, Question 96, Article 2, cira 1265.

이와 같은 토마스 아퀴나스의 논증을 파악하기 위해 특별한 기법이 필요한 것은 아니다. 하지만 논증이 폭포처럼 수직으로 압축되어 있을 경우, 다시 쓰기는 추론의 흐름을 나타내는 데 도움이 된다. 다음 글을 보라.

> 왜냐하면 ① 가장 큰 미토콘드리아의 변이가 아프리카 사람들 속에서 일어났기 때문에, 과학자들은 ② 그들이 가장 긴 진화의 역사를 가졌다는 결론을 내렸다. 이러한 결론은 곧 ③ 현대 인간의 기원이 아프리카인일 가능성이 높다는 것을 지시하고 있었다.[13)]

우리는 이 글을 다음과 같이 다이어그램으로 나타낼 수 있다.

다소 다루기 힘든 부분이 있긴 하지만, 이 글의 다시 쓰기는 그 자체 내에 압축되어 있는 수직적인 두 논증을 보다 완전하게 나타낼 수 있다.

1. 인간에게 미토콘드리아의 변이가 많을수록 그 진화의 역사는 더 길다.
2. 가장 큰 미토콘드리아의 변이가 아프리카 사람들 속에서 일어났다.
   그러므로 아프리카 사람들이 가장 긴 진화의 역사를 가졌다.

1. 아프리카 사람들이 가장 긴 진화의 역사를 가졌다.
2. 현대 인간의 기원은 가장 긴 진화의 역사를 가진 사람들일 가능성이 높다.
   그러므로 현대 인간의 기원이 아프리카인일 가능성이 높다.

이러한 예들을 보면 다음과 같은 사실이 분명해진다. 즉, 동일한 명제가 어떤 논증에서 상정된 명제로 존재할 경우에는 전제로서 역할을 하고, 혹은 논증에서 상정된 다른 명제들로부터 도출되는 것으로 주장될 경우에는 결론으로서 역할을 한다. "전제"와 "결론"은

---

12) Ibid, Article 3.

13) *Science*, 26 May 1995.

언제나 상대적 개념이다.

다수의 논증이 수직적인 형태보다 더 복잡하게 얽혀 있을 수 있으며, 이는 세심한 분석이 필요하다. 이런 경우 다이어그램은 매우 쓸모가 있다. 예를 들어, 존 로크의『정부론』에 나오는 다음 글에는 두 개의 논증이 결합되어 있다.

> 언제나 입법부가 존재해야 할 필요가 있는 것은 아니다 — 또 그만큼 쓸모가 있는 것도 아니다. 그러나 행정부의 존재는 언제나 절대적으로 필요하다. 왜냐하면 항상 새로운 법이 만들어져야 할 필요는 없지만, 만들어진 법의 집행은 언제나 필요하기 때문이다.

이 글을 구성하고 있는 요소명제에 번호를 붙이면 다음과 같다. 즉, ① 언제나 입법부가 존재해야 할 필요가 있거나 쓸모가 있는 것은 아니다. ② 행정부의 존재는 언제나 절대적으로 필요하다. ③ 항상 새로운 법이 만들어져야 할 필요는 없다. ④ 만들어진 법의 집행은 언제나 필요하다. 이 글을 다이어그램으로 나타내면 다음과 같다.

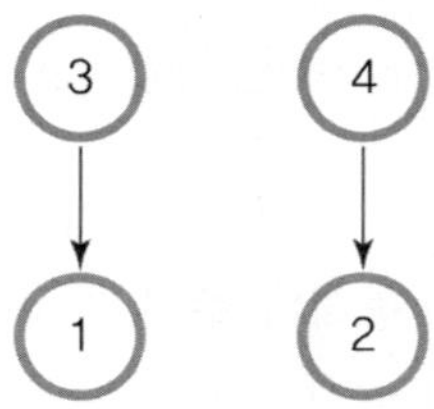

이 다이어그램은 두 번째 논증의 결론이 첫 번째 논증의 전제와 결론 사이에 나오고, 그리고 첫 번째 논증의 전제는 두 번째 논증의 전제와 결론 사이에 나온다는 것을 보여주고 있다.

다음은 형벌추방론을 지지하는 철학자 세네카의 글인데, 여기서는 똑같은 다이어그램이 독립적이지만 유관한 두 논증의 논리적 구조를 보여주고 있다.

> ① 범죄는 과실을 범한 것이었기 때문에 징벌할 수 없다. ② 오히려 징벌의 목적은 앞으로 일어날 범죄를 막는 데 있다. 왜냐하면 ③ 지나간 과거는 돌이킬 수 없지만, 그러나 ④ 미래의 일은 예방될 수 있기 때문이다.

이 글에서는 "범죄는 과실을 범한 것이었기 때문에 징벌할 수 없다"가 한 논증의 결론이고, 그 전제는 "지나간 과거는 돌이킬 수 없다"이다. 그리고 두 번째 논증의 결론은 "징벌의 목적은 앞으로 일어날 범죄를 막는 데 있다"이며, 그 전제는 "미래의 일은 예방될 수 있다"이다.

다이어그램과 다시 쓰기는 둘 다 전제와 결론의 관계를 충분히 이해하기 위하여 논증을 분석할 수 있는 매우 유용한 수단들이다.

논리연습

A. 하나 이상의 논증을 포함할 수도 있는 다음의 각 글을 다이어그램으로 표현해 보라.

▌보기문제

1. 최근 무질서하게 뻗어 나간 도시 외곽 지역의 폐해에 대해 공격하면서 작가들은 다음과 같이 주장한다.

> 도시 외곽으로 뻗어 나가는 무질서한 형태의 주된 특징은 지역사회의 각 요소 — 주택, 상가, 복합 상업지구, 공공기관 — 가 물리적으로 서로 격리되어 떨어져 있다는 점이며, 이는 교외 거주자들이 한 곳에서 다른 곳으로 이동하면서 지나친 시간적 및 금전적 낭비를 초래하고 있다. 그리고 거의 대부분의 사람들이 혼자 차를 타고 다니기 때문에, 인구 밀도가 매우 낮은 지역인데도 기존의 아주 큰 도시의 교통량을 보이고 있다.[14)]

▌문제풀이

① 도시 외곽으로 뻗어 나가는 무질서한 형태의 주된 특징은 지역사회의 각 요소 — 주택, 상가, 복합 상업지구, 공공기관 — 가 물리적으로 서로 격리되어 떨어져 있다는 점이며, 이는 ② 교외 거주자들이 한 곳에서 다른 곳으로 이동하면서 지나친 시간적 및 금전적 낭비를 초래하고 있다. 그리고 ③ 거의 대부분의 사람들이 혼자 차를 타고 다니기 때문에, ④ 인구 밀도가 매우 낮은 지역인데도 기존의 아주 큰 도시의 교통량을 보이고 있다.

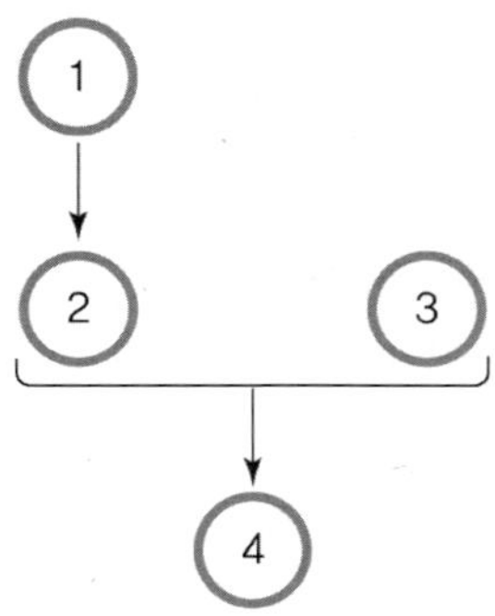

14) Andres Duany, Elizabeth Plater-Zyberk, Jeff Speck, *Suburban Nation: The Rise of Sprawl and the Decline of the American Dream*(New York: North Point Press, 2000). 이 책에 나오는 말을 일부 다른 말로 바꾸어 표현한 것이다.

2. 무슨 일이 있어도 우리는 반드시 공공도서관에 비치된 컴퓨터에 정보차단 장치를 설치해야 한다. 포르노물은 다각도로 사회를 오염시킨다. 우리의 공공도서관이 지역 사람들에게 이러한 오물을 유통시키는 수단으로 이용되어서는 안 된다.

—롭 J. 그리고 요안 D. 펠키, *The Ann Arbor News*

3. 전성기에 린든 존슨은 미국의 가장 위대한 대통령들 가운데 한 사람이었다. 그는 링컨 이후 어느 대통령보다 인종 차별을 없애기 위해 많은 일을 했다. 그는 루즈벨트 이후 어느 누구보다도 사회보호 시설을 많이 만들었다. 그는 아마 미국 역사상 가장 위대한 입법 정치인이었을 것이다. 또한 그는 가장 야심찬 이상주의자였다. 존슨은 위대한 일을 성취하는 데 사용하기 위해 권력을 추구했다.

—앨런 브린클리, *The New York Times Book Review*

4. 결혼한 사람들은 독신자보다 더 건강하고 경제적으로 더 안정되어 있으며, 결혼한 사람들의 자식들이 여러 가지 지표에서 더 잘 한다. 그러므로 결혼은 사회적으로 책임을 다하는 행위이다. 세법을 통해 결혼을 지원하는 원칙을 확산시킬 어떤 방안이 있어야 한다.

—안야 번스타인, *The New York Times*

5. 저명한 경제학자 갤브레이스는 오랫동안 "사적인 풍요와 공공의 불결"을 드러내고 있는 사회를 폭로하고 개선시키기 위해 싸웠다. 그는 그의 저서 『풍요한 사회』에서 다음과 같이 주장했다.

   집을 깨끗하게 해주는 진공청소기는 칭찬할 만하며 또 우리의 생활수준에서는 필수품이다. 거리를 깨끗하게 해주는 거리청소부는 유감스럽게도 돈이 많이 든다. 결과적으로, 우리의 집은 대체로 깨끗한데 우리의 거리는 대체로 불결하다.

6. 영국의 화폐 단위인 파운드 대신 유로화의 도입을 옹호하면서 토니 블레어 영국 수상은 이렇게 말했다. "논증은 간단하다. 우리는 유럽의 일부이다. 유럽은 우리에게 직접적으로 그리고 크게 영향을 미친다. 그러므로 우리는 우리가 바라는 방향으로 유럽을 변화시키기 위해 지도력을 발휘해야만 한다."

—앨런 카우엘, *The New York Times*

7. 캘리포니아의 "삼진 아웃제(범죄를 세 번 저지르면 자동적으로 수감된다는 법)"는 10년 전 3월에 제정되었다. 1994년과 2002년 사이 캘리포니아의 범죄자 수는 34,724명이 증가한 반면에, 삼진 아웃제를 실시하지 않은 뉴욕의 범죄자 수는 315명이

증가했다. 한편 그 기간에 뉴욕의 폭력범죄율은 캘리포니아에 비해 20퍼센트 더 떨어졌다. 범죄율 감소가 외우기 쉬운 이름을 가진 엄격한 법의 결과로 볼 수 없는 최상의 예이다.

—빈센트 쉬랄디, *The New York Times*

8. 어느 누구도 그가 말하는 모든 것을 의미할 수 없으며, 또한 극소수의 사람만이 그들이 의미하는 모든 것을 말할 수 있다. 왜냐하면 말은 미끈거리고 생각은 질척거리기 때문이다.

—헨리 아담스, *The Education of Henry Adams*(1907)

9. 첫 인상은 자기충족적인 예언이 된다. 즉, 우리는 기대하는 소리만 듣는다. 인터뷰는 절망적일 정도로 좋은 쪽으로 편향되어 있다.

—말콤 글래드웰, *The New Yorker*

10. 어느 정부도 소액 투자자가 돈을 벌 수 있는 동등한 기회를 갖게 해주지는 못한다. 마치 미래의 금융 스캔들을 방지하는 규칙들이 작성되어 있는 것처럼 구는 것을 부정직하다고 말할 수는 없다. 어떤 법규나 규정들도 시장에서의 공정성과 투명성을 보장할 수 없다.

—레스터 서로, *The New York Times*

B. 아래의 각 글에는 하나 또는 하나 이상의 논증이 포함되어 있다. 각 글에서 논증을 찾아 분석하기 위하여 전제와 결론을 다시 쓰기 하라(혹은 다이어그램이 도움이 된다면, 다이어그램을 이용하라).

▌보기문제

1. 화석에너지에 비해 핵에너지의 두드러진 이점은 발생하는 폐기물을 처리하기가 아주 쉽다는 것이다. 화석 연료를 태우면 해마다 270억 톤의 이산화탄소가 발생하며, 그것을 고체로 만들면 높이가 1.7킬로미터에 원주가 20킬로미터에 달하는 산이 된다. 핵분열 반응으로 같은 양의 에너지를 생산할 때는 폐기물이 200만 분의 1로 줄어들며, 모으면 한 변의 길이가 16미터에 불과한 정육면체가 된다. 한 해에 원자력발전소에서 생산되는 고준위 폐기물 전부를 받아내면 1세제곱미터쯤 되는 공간을 차지할 것이고 콘크리트 구덩이에 안전하게 담길 것이다.

—제임스 러브록, 『가이아의 복수』

▎문제풀이

① 화석에너지에 비해 핵에너지의 두드러진 이점은 발생하는 폐기물을 처리하기가 아주 쉽다는 것이다. ② 화석 연료를 태우면 해마다 270억 톤의 이산화탄소가 발생하며, 그것을 고체로 만들면 높이가 1.7킬로미터에 원주가 20킬로미터에 달하는 산이 된다. ③ 핵분열 반응으로 같은 양의 에너지를 생산할 때는 폐기물이 200만 분의 1로 줄어들며, 모으면 한 변의 길이가 16미터에 불과한 정육면체가 된다. ④ 한 해에 원자력발전소에서 생산되는 고준위 폐기물 전부를 받아내면 1세제곱미터쯤 되는 공간을 차지할 것이고 콘크리트 구덩이에 안전하게 담길 것이다.

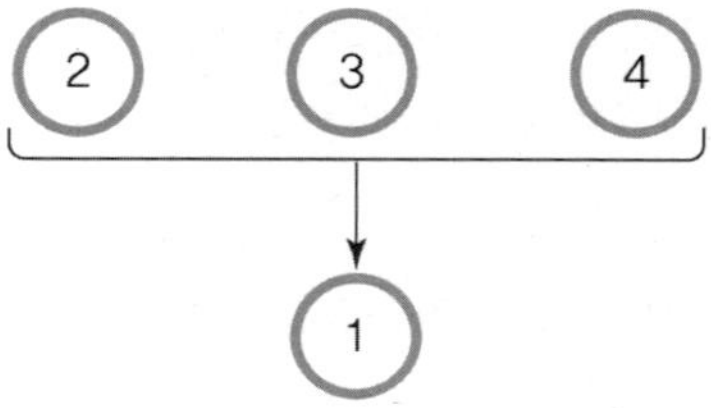

2. 빈부격차는 왜 매도되는가? 첫째, 불평등은 정치적 불안정과 연관이 있다. 둘째, 불평등은 폭력적인 범죄와 연관이 있다. 셋째, 경제적 불평등은 기대 수명의 감소와 연관이 있다. 넷째, 단순히 공평성과 연관이 있다. 최고경영자에게 일반 종업원보다 수백 배 많은 보수를 지불할 도덕적 정당성은 없다.

—리처드 허친슨, *The New York Times*

3. 유전자와 단백질은 발명된 것이 아니고 발견된 것이다. 발명은 특허를 받을 수 있으며, 발견은 특허를 받을 수 없다. 그러므로 단백질 특허권은 본질적으로 결함이 있다.

—다니엘 알로이, *The New York Times*

4. 궁극적으로, 일본의 포경업 종언은 고래의 위풍당당하고 멋진 모습이나 또는 그것이 멸종 위기에 처해 있는 것과는 거의 관련이 없다. 오히려 그것은 단순히 경제와 깊은 관련이 있다. 일본의 한 신문이 일본에서 이루어지고 있는 고래 고기 소비를 조사하여 보도한 바에 따른다면, 수천 명의 전체 응답자들 가운데 단지 4퍼센트만이 실제로 가끔 한 번씩 고래 고기를 먹었다고 말했다. 그 신문은 이 사실을 다음과 같이 적었다. 즉, "고래 고기를 먹고 싶어 하지 않는 일본인들이 점점 늘어나고 있다. 그리고 만약 일본인들이 고래 고기를 먹지 않는다면, 그들은 그것을 사지 않을 것이다. 그리고 그들이 그것을 사지 않는다면, 그것은 일본의 포경업에 대해 작별을 고하는 것이다."

—*Asahi Shimbun*

5. 2002년 6월 18일, 아르헨티나의 청년 시온주의자들이 정확하게 8년 전 부에노스아이레스 소재 유대인 시민문화회관에서 일어났던 끔찍한 폭파사건을 널리 상기시키기 위해 대규모 시위를 벌였다. 이 시위에서 청년 시온주의자들은 대형 플래카드를 들고 있었는데, 거기에는 다음과 같은 글이 적혀 있었다. 즉, "기억하지 않는다면, 정의는 존재하지 않는다. 정의가 없다면, 미래가 없다."

6. 1884년 후반, 민주당 대통령 후보 그로버 클리블랜드는 혼외 자식을 가졌다는 고발에 직면했다. 공화당이 "엄마, 엄마, 아빠는 어디 있어요"라는 구호를 외치는 한편, 클리블랜드는 그 자신이 그 아이를 양육해 오고 있었다는 사실을 인정했다. 변명하지도 않고, 회피하지도 않았다. 그의 지지자 중 한 사람 — 최초의 공보비서관들 중 한 사람 — 은 유권자들에게 이런 조언을 남겼다.

   그로버 클리블랜드는 훌륭한 공직 기록을 가지고 있지만 사생활에 흠이 있기 때문에, 그리고 제임스 블레인은 모범적인 사생활 기록을 가지고 있지만 공직 기록이 파란만장하기 때문에, 두 사람을 그들이 가장 잘할 수 있는 곳으로 보내지 않을 이유가 없다. 즉, 제임스 블레인은 사생활로 돌아가게 하고, 클리블랜드는 계속 공직 생활을 하도록 하는 것이 최선이다.

7. 10월 8일자 이라크에 관한 편지에 이렇게 적혀 있다. 즉, "전쟁은 문제를 해결하지 않는다. 전쟁은 문제를 만든다."

   제2차 세계대전은 나치 독일과 군국주의 일본의 호칭 문제를 해결했으며, 우리가 짓밟았던 국가들과 제휴하게 만들었다. 미국 독립전쟁은 대표자를 내세우지 않고서도 조세 문제를 해결했으며, 미합중국을 만들었다. 걸프 전쟁은 이라크의 쿠웨이트 침략 문제를 해결했다. 남북전쟁은 노예 문제를 해결했다.

   이러한 전쟁들은 보다 나은 세계를 만들었다. 전쟁은 논리적으로 설득할 수 없는 사악한 적을 물리치는 유일한 방법이다. 그것은 우리이거나 또는 그들이다. 진정한 평화를 만드는 것은 승리이다.

   —케이스 크라스카, *The New York Times*

8. 『크리톤(Crito)』에서 플라톤은 소크라테스에게 또는 고의로 국가에 불복종하려는 생각을 품고 있는 모든 시민들에게 아테네라는 공동체의 위치를 "법"의 의인화를 통해 다음과 같이 말한다.

   우리가 주장하는 바대로, 우리를 거역하는 사람은 세 가지 잘못을 범하고 있다. 첫 번째로 우리를 거역하는 사람은 그의 부모를 거역하는 것이기 때문이며, 두 번째로는 우리가 바로 그의 교육의 장본인이기 때문이며, 세 번째로 그는 적절한 절차에 따라 우리의 명을 따르기로 우리와 계약을 맺었기 때문이다.

9. 돈이 권력인 것이 현실이다. 법원 직원과 판사 그리고 배심원단은 개인 변호사 및 그들의 의뢰인과 대리인을 세울 능력이 없는 사람들을 차별 대우한다. 옷을 더 잘 차려 입은 손님이 식당에서도 최고의 좌석을 차지하는 것과 마찬가지로, 인간의 본성은 돈이 있어 보이는 사람을 위해 더 좋은 결과를 지시한다.

—데지레 부엔즐, *The New York Times*

10. 일리노이주 모턴 그로브시(市)에서 권총금지법이 통과된 것에 상응하여, 1982년 조지아주 케네소시가 총기소지법을 통과시켰는데, 케네소시의 범죄율이 급격히 줄어든 반면에 그로브시는 그렇지 않았다. 아니나 다를까, 범인들은 오히려 그들이 피격당할 위험이 없는 주택으로 몰래 잠입했다. … 범인들은 이와 같이 성문법이 있는 도시들은 대체로 범죄자들에게 매정할 것으로 판단할 가능성이 높으며, 또한 다른 도시에서 일을 도모하는 것이 더 낫다는 결론을 내릴 가능성이 높다. 그것이 어느 정도 사실이라면, 우리는 범죄자들이 자신들을 매력적인 대안으로 간주하지 않도록 유사한 법을 채택한 다른 사회들을 볼 수 있을 것이다.

—글렌 레이놀즈, *The New York Times*

인물탐구

윌리엄 오컴(William of Ockham)

때로는 Occam으로도 표기되는 윌리엄 오컴(c.1288~c.1348)은 영국의 서레이에서 태어났으며, 프란체스코회 수도사였다. 그의 이름은 고향 이름에서 따왔다. 그는 어린 시절을 수도원에서 보냈으며, 옥스퍼드와 파리 대학에서 신학과 철학을 공부했다. 그리고 나중에 그 대학에서 강의를 했다.

윌리엄의 일생에서 중요한 지적 주제는 단순화였다. 이것은 "오컴의 면도날(Ockham's Razor)"로 알려지게 된 논증 구성의 단순화에서 가장 잘 나타난다. 만약 이러저러한 가언적 실재를 가정하지 않고도 어떤 현상이 설명될 수 있으면, 우리는 그 실재를 가정해서는 안 된다. 필요 이상으로 실재를 늘여서는 안 된다는 말이다. 형이상학에서 이와 같은 단순화의 노력은 그를 유명론자로 알려지게 했다. 세계에 존재하는 것은 모두 개체들이다. 보편자나 또는 플라톤의 형상을 이야기하는 철학자들이 있지만, 그것은 인간 정신이 추상해낸 산물에 불과하다고 그는 생각했다.

윌리엄은 중세의 신학 논쟁에 깊이 연루되어 있었다. 그는 1324년 이단 혐의로 아비뇽 교황청의 법정에 소환되었다. 예수의 청빈에 관한 논쟁이 일어났을 때, 열의 있는 수많은 프란체스코 수도사들이 예수와 그의 사도들 누구도 개인적 재산을 갖지 않았음을 주장했으며, 윌리엄도 같은 입장에 있었다. 그는 교황인 존22세가 예수의 청빈을 받아들이지 않고 있으므로, 교황을 이단이라고 몰아붙였다. 그래서 윌리엄은 신성로마제국의 루드비히 황제의 궁전에 피신할 수밖에 없었다. 거기서 피신하고 있는 동안 그는 파문당했다. 1348년 그는 뮌니히에서 사망했다.

윌리엄 오컴은 창의적인 논리학자였다. 그의 주장에 따르면, 우리는 모든 명제를 참 아니면 거짓으로 보는, 이른바 2가 논리(二價論理)에 얽매이지 않는 논리 체계에 의존하는 것이 더 나으며, 3가 논리(三價論理)가 우리의 지식 상태를 훨씬 잘 반영하고 있다. 그가 말한 3가 논리가 충분히 개진되기까지는 여러 세기가 흘렀다. 이후에 드모르간의 정리로 알려지게 된 논리적 동치들 중 주요 핵심들을 그는 제대로 이해하고 있었으며, 그것을 상세하게 기록으로 남겼다. 그러나 지금 우리가 쓰고 있는 현대 표기법만큼은 그의 영향을 받지 않았다.

폭넓게 지대한 존경을 받은 윌리엄 오컴을 많은 사람들은 정복할 수 없는 불굴의 선생으로 여긴다.

2.3 복잡한 논증적인 글들

어떤 논증은 아주 복잡하다. 명제들 가운데 어떤 것은 전제이면서 동시에 중간 결론 역할을 하고, 어떤 것은 오로지 전제로서만 역할을 하며, 또한 어떤 것은 다른 말로 되풀이 되기도 하는 등 여러 개의 논증이 서로 얽혀 있는 글을 분석하는 일은 상당히 어렵다. 다이어그램으로 표현하는 것은 분명히 유익하지만, 실제로 저자의 의도를 정확하게 표현하고 있는지를 결정할 자동적인 방식은 없다. 한 가지 이상의 해석이 제시될 수도 있고, 또 그런 경우에는 그 글의 논리적 구조를 보여주기 위해 하나 이상의 다이어그램이 사용될 수도 있다.

제대로 분석하기 위해서는 추론의 흐름을 이해하고 그 흐름 속에서 글에 담긴 여러 요소들의 역할을 분명하게 밝히는 수밖에 없다. 다음의 예들은(분석을 위해 요소 명제들에 대해 번호를 붙였다) 전제와 결론의 관계를 제시할 수 있는 방법을 보여주고 있다. 저것만 제대로 이루어진다면, 우리가 글에 담긴 논증들과 그 논증들의 관계를 확인할 경우, 우리는 그 결론이 실제로 확인된 전제들로부터 도출되었는지를 판단할 수 있다.

흔히 볼 수 있듯이, 다음과 같은 일련의 논증에서는 글의 최종 결론이 첫 번째 명제이다. 네 가지 전제가 직접적으로 그것을 뒷받침하고 있고, 그 가운데 둘은 다른 전제들에 의해 다른 방식으로 뒷받침되고 있는 중간 결론이다.

> ① 동물을 이용하는 연구가 앞으로는 불필요하게 혹은 엉성하게 이루어질 것 같지 않다. ② 척추동물을 이용하는 실험이 행해지기 이전에, 그 실험에 대한 약정서는 수의사 한 사람과 한 사람의 공무원이 포함된 공식적인 위원회의 심사를 반드시 거쳐야 하며, 그리고 ③ 연구가 진행되는 동안 그 동물의 건강관리 및 보호 상태는 정기적으로 감시를 받는다. ④ 연구자는 과학 및 의학의 연구를 위해 건강한 동물들이 필요하다. 왜냐하면 ⑤ 건강하지 못한 동물들은 잘못된 결과를 초래하기 때문이다. 이것은 ⑥ 과학자들이 그들이 이용하고 있는 모든 동물들의 건강이나 영양 상태를 확인하는 강력한 유인이 된다. 더군다나 ⑦ 동물을 이용하는 연구는 비용이 많이 들며, 또 ⑧ 과학 분야의 연구 기금이 한정되어 있기 때문에, ⑨ 질이 높은 연구만이 지원 경쟁에 나설 수 있다.[15)]

아래 다이어그램은 이 글의 논리적 구조를 보여주고 있다. 다이어그램을 읽기 위해 우리는 표시된 명제 대신 맨 위에서부터 수직적 흐름에 따라 번호를 붙였다. 그러므로

15) *Science, Medicine, and Animals*(Washington, DC: National Academy of Sciences, 1991).

우리는 여러 가지 추리의 경로를 거쳐서 최종 결론에 도달하게 된다.

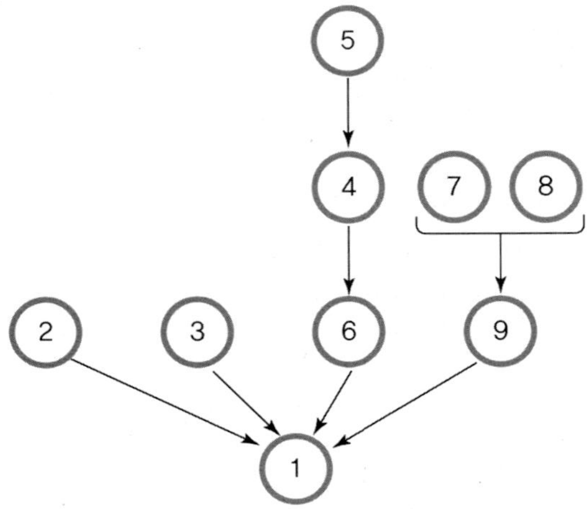

반복은 분석을 복잡하게 만든다. 개별적인 명제들이 경우에 따라서는 하나의 논증에서 다른 말로 반복되는 경우도 있고, 또 때로는 강조하거나 말의 중복을 피하기 위해 반복되기도 한다. 다이어그램으로 표현하면 이는 명확해진다. 왜냐하면 우리는 같은 명제의 다른 형식에도 동일한 숫자를 붙일 수 있기 때문이다. 세 가지 논증으로 구성되어 있는 다음 글은 이와 같은 복잡한 명제의 중복을 보여준다.

> ① 빅뱅 이론이 무너지고 있다…. ② 전통적인 지식에 따른다면, 우주는 빅뱅 — 200억 년 전에 일어난 완전 대칭의 대폭발 — 으로 시작되었다. 문제는 ③ 천문학자들이 거대한 덩어리로 뭉쳐져 있는 은하수들의 존재를 관찰함으로써 그것들이 단지 200억 년 동안에 형성되기에는 너무나 거대하다는 사실을 확증해 왔다는 점이다…. 인공위성이 수집한 새로운 자료들에 바탕을 두고 있는 여러 연구들이 ④ 은하수들은 수십 억 광년의 길이로 뻗어 있는 거대한 띠로 모여 있으며, 또 ⑤ 그것들은 수백 억 광년의 공간을 가로질러 흩어져 있다는 사실을 입증하고 있다. ⑥ 은하수들은 빛의 속도에 비하면 아주 느리게 이동하고 있다는 것이 관찰되고 있기 때문에, 수학적으로 계산하면 ⑦ 저러한 거대한 물질의 덩어리가 이루어지려면 최소한 1천억 년이 경과해야 한다 — 이것은 가설의 빅뱅 이후 시간의 다섯 배이다…. ③ 현재 관찰되고 있는 저러한 크기의 은하수는 결코 200억 년 안에 형성될 수 없다…. ② 빅뱅 이론은 물질은 균등하게 우주로 팽창했다는 이론을 세우고 있다. 이런 식으로 완성된다면, ③ 저러한 거대한 덩어리가 그토록 빨리 형성될 리가 없다.[16]

16) Eric J. Lerner, "For Whom the Bang Tolls," *The New York Times*, 2 June 1991.

이 글에서 전제는 실제로 관측된 증거를 보고하는 ④, ⑤, ⑥이며, 이것들은 빅뱅 이후 아주 긴 시간이 경과해야 된다는 ⑦의 근거들이다. 시간에 관한 이 글은 현재 관찰되고 있는 은하수들은 너무나 커서 그 기간에 형성될 수 없다는 중간 결론(글 속에서는 세 가지 약간 다른 방식으로 표현되고 있다) ③을 뒷받침하기 위한 것이다. 대칭적 팽창이라는 빅뱅 이론 고유의 주장을 간단하게 서술하고 있는(두 가지 약간 다른 방식으로 표현되고 있다) ②와 연결되는 저러한 중간 결론으로부터 글 첫머리에 나오는 최종 결론 ①(빅뱅 이론이 무너지고 있다)이 도출된다. 이러한 일련의 논리적 관계를 다이어그램으로 나타내면 다음과 같다.

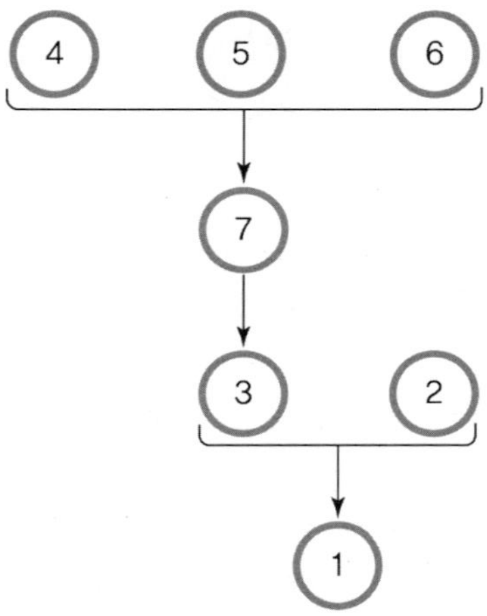

어떤 전제는 압축된 형태일 수도 있고 또 때로는 짧은 명사구로 되어 있다는 사실을 꼭 기억해 두어야 한다. 다음 논증에서 "공기 속으로의 분산"이라는 명사구는 전제 ④의 구실을 한다. 그리고 이것은 "태양 에너지는 공기 속으로 분산된다"로 표현될 수 있다. 이와 같은 압축과 반복은 논증의 분석을 한층 어렵게 만든다.

> ① 태양열 에너지를 이용하는 자동차는 다만 실험용 고안품일 뿐이다. ② 태양 에너지는 너무나 약해서 제아무리 출근용 소형차라도 동력을 공급하지 못한다. ③ 공기 속으로 흡수되는 태양 에너지는 1제곱야드에 약 1킬로와트이다. ④ 공기 속으로의 분산 때문에, 또 ⑤ 지구상 어디를 가든 태양은 평균 하루의 절반밖에 비치지 않기 때문에, ⑥ 태양 에너지를 받는 양은 하루 평균 6분의 1킬로와트, 혹은 4킬로와트시이다…. 표준 사이즈의 자동차에 대한 실험이 가리키고 있듯이, ⑦ 전기 자동차가 제대로 작동하기 위해 필요한 전기량은 3만 킬로와트시이다. 그러므로 ⑧ 자동차 배터리 충전을 위해 40제곱야드의 전지가 필요하며, 이것은 대충 트랙터 트레일러 뚜껑

크기이다. ① 태양 에너지를 거창하게 고안된 실험용 자동차 이외의 다른 용도로 활용할 가망이 없다는 것은 결코 기술이 개발되지 않아서가 아니다. 그것은 기술의 문제가 아니라 우주론이다.[17)]

"태양열 에너지를 이용하는 자동차는 다만 실험용일 뿐이다"라고 주장하는 첫 번째 명제가 최종 결론이다. 그것은 글 끝부분에서 더 정교하게 다듬어진 형태로 반복되고 있다. 이 글을 다이어그램으로 표현해 보자.

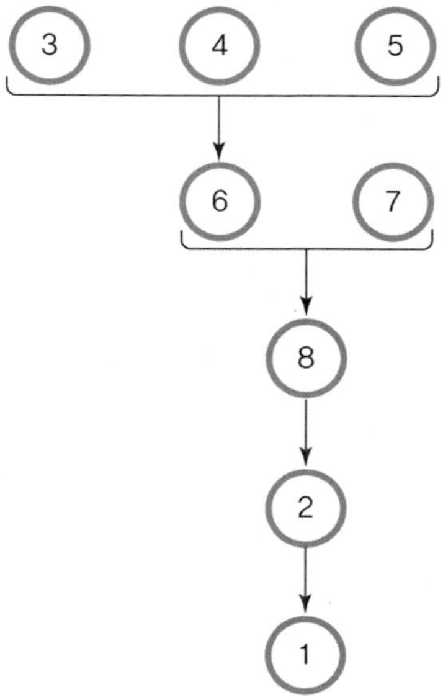

복잡한 논증적인 글은 아주 설득력이 있을 수 있다. 예를 들어, 아래의 복잡한 논증은 탁월한 편집자가 논란의 여지가 많은 그녀의 편집 정책을 변호하기 위해 제시한 글이다.

이 학회지(*New England Journal of Medicine*)는 … ① 비윤리적인 연구 논문들은 그것들이 지닌 과학적인 공로와는 상관없이 간행하지 않을 것이라는 입장을 취해 왔다. 우리의 입장에는 세 가지 이유가 있다. 첫째, ② 윤리적인 연구물만 출판하는 정책이 일반화된다면 비윤리적인 연구를 저지하게 될 것이다. ③ 의학 탐구의 영역에서 출판은 포상 체계의 중요한 부분을 차지하고 있으며, ④ 만일 탐구자들이 연구 성과물이 출판되지 않을 것이라는 것을 알았다면, 비윤리적인 연구에 도전하지 않을 것이다. 더군다나 ⑤ 다른 어떤 정책은 보다 더 비윤리적인 연구를 주도하려는 뜻을 가지고 있다. 왜냐하면 앞서 지적했듯이, ⑥ 이런 연구가 수행하기가 더 쉽고, 따라서 ⑦ 그 분야의 초심자에게 경쟁의 승리를 안겨줄 수 있기 때문이다. 둘째, ⑧ 비록 윤리적 손상이

17) Victor Wouk, "You Can't Drive Solar Cars to Work," *The New York Times*, 15 July 1991.

대수롭지 않을지라도, 출판을 거절함으로써 탐구 주제의 가장 중요한 원리를 지켜간다. ⑨ 만일 사소한 과오가 허용된다면, 우리는 그런 것들에 길들고 말 것이며, 나아가 ⑩ 이것은 엄청난 혼란을 초래할 것이다. 끝으로, ⑪ 비윤리적인 연구의 출판을 거절하는 것은 심지어 과학자들조차도 과학을 문명의 제1의 척도로 여기지 않고 있는 사회 전반의 상황에 관심을 기울이도록 한다. ⑫ 인간다운 사회에서는 지식을 획득하는 방법이 지식 — 비록 그것이 중요한 것일지라도 — 보다 더 소중하다.[18)]

이 글에서도 또한 최종 결론이 글의 첫머리에 나와 있으며, 세 전제 ②와 ⑧ 그리고 ⑪이 그것을 직접적으로 뒷받침하고 있다. 그리고 이 세 전제는 다른 배열에 속하는 여러 전제들에 의해 뒷받침되고 있다. 하지만 글 속의 많은 명제들은 이 글이 목표로 하는 결론, 즉 이 학회지는 비윤리적인 연구 논문들은 그것들이 지닌 과학적인 공로와는 상관없이 간행하지 않을 것이라는 결론을 도출하는 과정에서 각기 명확한 논리적 역할을 가지고 있다. 아래의 다이어그램은 복잡하지만 깐깐하게 추론된 이 글의 논리적 구조를 보여주고 있다.

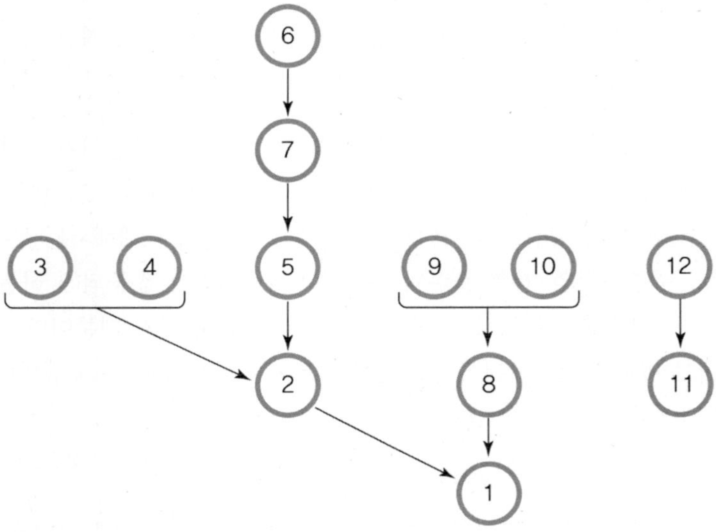

신문 사설이나 편집자에게 보낸 편지 난에 나오는 논증은 이 기준에 미치지 못하는 경우가 많다. 그것들은 역할이 불분명한 명제를 포함할 수도 있다. 논증에서 명제들 간의

18) Marcia Angell, "The Nazi Hypothermia Experiments and Unethical Research Today," *New England Journal of Medicine*, 17 May 1990.

관계가 헝클어져 있거나 잘못 진술되기도 하고, 논증의 흐름이 저자의 마음속에서조차 정리가 되지 않은 것들도 있다. 다이어그램에 의해 뒷받침되는 다시 쓰기와 논리적 분석은 이러한 결함들을 밝힐 수 있다. 추리 과정의 구조를 드러냄으로써, 우리는 그것의 장점과 약점이 무엇인지 보다 더 잘 알 수 있다. 논리학의 고유한 목적은 논증을 평가하는 것이지만, 성공적인 평가가 이루어지려면 논증의 구조에 대한 명확한 이해가 전제되어야 한다.

논리연습

다음은 고전이나 철학에서 발췌한 유명한 글들이며, 복잡한 상호 관계가 전체의 설득력에 중요한 영향을 미치는 일련의 논증들로 구성되어 있다. 글에 담긴 논증의 흐름을 분석하는 데 가장 도움이 될 만한 다이어그램을 만들어 보라. 한 가지 이상의 해석이 나올 수도 있다.

1. 다음의 물음이 제기된다. 군주는 공포의 대상이 되는 것보다 사랑받는 것이 더 나은가, 아니면 사랑받는 것보다 공포의 대상이 되는 것이 더 좋은가? 사람들은 양쪽 모두를 원한다. 그러나 한 사람이 양쪽 모두 겸비하기는 어렵기 때문에, 둘 가운데 반드시 하나를 버려야 한다면 사랑받는 것보다 공포의 대상이 되는 것이 훨씬 더 안전하다.

   —마키아벨리, 『군주론』

2. 일반적으로 민주주의적인 법은 가능한 최대 다수의 복지를 증진시키는 데 도움이 된다. 왜냐하면 법 자체가 다수의 시민들로부터 나왔기 때문이다. 그런데 시민들은 쉽게 실수를 범하지만, 자신들의 이익과 상반되는 관심거리에 대해서는 무관심하다. 이와 반대로, 귀족정치의 법은 소수의 수중에 부와 권력이 집중되게 하는 경향이 있다. 왜냐하면 귀족정치는 그 본성대로 소수로 이루어져 있기 때문이다. 그러므로 입법 취지에서 민주주의의 목적이 귀족정치의 목적보다 인류에게 더 유익하다는 것은 보편 명제로서 주장될 수 있다.

   —알렉시스 드 토크빌, 『미국의 민주주의』

3. "… 우리가 처음 만나 내가 당신에게 아프가니스탄에서 왔군이라고 말했을 때, 당신은 깜짝 놀라는 눈치였지."

   "분명히 당신이 그렇게 말했지."

   "대수롭지 않은 일이었어. 나는 당신이 아프가니스탄에서 왔다는 것을 알고 있었으니까. 오랜 습관으로 인해 생각의 흐름이 너무나 빨리 내 마음속을 관통해버렸기 때문에, 미처 중간 단계는 의식할 겨를도 없이 나는 결론에 도달하고 말았지. 그러나 분명히 중간 단계는 있었어. 추리의 과정은 이렇게 진행되었지. '의사 타입의 신사이지만 풍모를 보면 군인이다. 그렇다면 군의관임에 틀림없다. 손목의 하얀 피부를 보면, 까만 피부색은 그의 본래의 피부색이 아니다. 그런데도 얼굴이 새카맣게 탄 걸 보면 그는 방금 열대지방에서 온 게 분명하다. 그의 수척한 얼굴이 말해주고 있듯이, 그는 병약한 몸으로 심한 고생을 겪었다. 그의 왼팔은 상처를 입었다. 왼쪽 팔을 붙들고 있는 모습이 무척 부자연스럽다. 열대지방에서 영국군 군의관이 심한 고생을 겪고 또 팔에 상처를 입을 만한 곳이 도대체 어디인가? 분명히 아프가니스탄이다.' 이렇게 생각이 흘러가는 데 채 일분도 걸리지 않았어. 그토록 빨리 당신이 아프가니스탄에서 왔다는 것을 지적하자 당신이 깜짝 놀랐던 거지."

나는 미소를 머금고 이렇게 말했다. "당신도 설명할 수 있을 정도로 무척 간단한 것이야."

—코난 도일, 『주홍색 연구』

4. 반대가 모순을 함축하지 않는다면, 증명될 수 있는 것은 아무것도 없다. 명백히 있다고 생각되는 것은 그것이 무엇이든 모순을 함축하지 않는다. 우리가 실존하는 것으로 생각하는 것은 그 무엇이든 또한 비존재라고 생각할 수 있다. 그러므로 그것의 비존재가 모순을 함축하는 존재는 있을 수 없다. 결론적으로 그것의 실존이 증명될 수 있는 존재는 없다.

—데이비드 흄, 『자연종교에 관한 대화』

도전문제

모든 근대 철학자들 가운데 가장 영향력이 큰 철학자 중 한 사람인 스피노자는 그의 저서 『에티카』에서 주요 결론들— 신, 자연, 인간의 삶, 인간의 자유 등에 관한 판단들— 이 기하학적 방식으로 증명되는 연역적 철학 체계를 제시하고 있다. 다음은 이에 대한 하나의 예로서, 『에티카』 제1권 [정리 29]이다.

> 사물의 본성에는 어떤 것도 우연적으로 주어진 것이 없으며, 모든 것은 일정한 방식으로 존재하고 작용하게끔 신적 본성의 필연성에 의해 결정되어 있다.

『에티카』의 각 정리 다음에는 곧 바로 그에 대한 증명이 나온다. [정리 29]의 증명은 아래와 같다. 이 증명을 분석하여 논증의 구조를 보여주는 다이어그램을 구성하거나, 아니면 오늘날의 독자가 명확하게 납득할 수 있도록 다시 쓰기를 하라.

> 존재하는 모든 것은 신 안에 존재한다. 그러나 신은 우연한 것이라고 할 수 없다. 왜냐하면 우연적으로 존재하는 것이 아니라 필연적으로 존재하기 때문이다. 더욱이 신적 본성의 양태 또한 신적 본성에서 우연적으로가 아니라 필연적으로 생긴다. … 그러나 신은 양태가 단지 존재하는 한에서만이 아니라, 그것들이 어떤 작용을 하게끔 결정된 것으로 여겨질 수 있는 한에서도 역시 그것들의 원인이다. 만일 그것들이 신으로부터 규정되지 않는다면, 그것들이 자기 자신을 규정한다는 것은 우연히 되는 것도 아니고 불가능한 일이다. 그리고 반대로, 만일 그것들이 신으로부터 규정된다면, 그것들이 자기 자신들을 규정되지 않은 것처럼 만든다는 것은 불가능하며 우연히 그렇게 되지도 않는다. 그러므로 모든 것은 신적 본성의 필연성으로부터 규정되며, 그것들이 존재하는 것뿐만 아니라 그것들이 존재하고 행동하는 방식까지도 규정된다. 우연적인 것은 아무것도 없다.

2.4 추리에 있어서 문제들

추리할 때 우리는 전제에서 결론으로 진행한다. 행동 방식을 결정하거나 남의 행동을 판단하거나 또 우리 자신의 도덕적 신념이나 정치적 신념을 주장하는 등, 우리는 날마다 논증을 구성한다. 훌륭한 논증을 구성하는 능력(그리고 진술된 논증이 훌륭한지 아닌지를 결정할 수 있는 능력)은 대단한 가치가 있으며, 이런 능력은 연습을 통해 향상될 수 있다. 체스나 바둑 같은 아주 오래된 게임들은 이런 능력을 발휘하는 것이며, 그리고 다소 널리 알려진 상용 게임들[예를 들어, 클루(Clue)와 마스터마인드(Mastermind)]도 유사하다.

논리적인 기량을 검증하거나 단련시키기 위하여 만들어진 문제들이 있다. 이 절에서도 몇 가지 문제가 소개된다. 물론 이런 문제들은 실생활에서 발생하는 문제들보다 훨씬 정돈되어 있다. 그러나 문제풀이는 탐정이나 기자 또는 배심원들이 사용하는 것과 별로 다르지 않는 양식들로서 상당한 추리를 필요로 할 것이다. 중간 결론이 다음 논증에서는 전제로 사용되는 경우에는 추리의 연결고리가 필요할 것이다. 해결책을 찾아내려면 사전에 주어지거나 발견된 정보의 창조적인 재조합이 필요할 경우도 있다. 만들어진 문제들이 불만스러울지 모르지만, 문제풀이는 추리의 모든 성공적인 응용과 마찬가지로 상당한 만족감을 줄 것이다. 사고능력을 이용하는 모형들뿐만 아니라 논리적인 게임이나 퍼즐도 재미있다. 존 듀이가 말했듯이, "의문을 즐기는 것이야말로 교육받은 사람의 징표이다."

어떤 유형의 추리 문제는 제공된 단서만을 이용하는 평범한 문제이며, 우리는 특정한 인물의 이름이나 그에 관한 사실을 알아내야 한다. 간단한 예를 하나 보자.

> 태호와 성재 그리고 경민이는 어떤 비행기의 승무원이며, 꼭 저 순서는 아닐지라도 조종사, 부조종사, 비행기 기술자라는 직책을 맡고 있다. 유일한 어린이인 부조종사는 수입이 가장 적다. 성재의 여동생과 결혼한 태호는 조종사보다 수입이 많다. 태호와 성재 그리고 경민이는 각각 무슨 직책을 맡고 있는가?

이 문제를 풀기 위하여 먼저 우리는 어떤 결론에 도달하기 위해 전제에 제시된 정보 이상의 정보를 가지고 있는 영역을 먼저 찾아야 한다. 이 경우에 우리는 태호에 대해 가장 많은 것을 알고 있다. 태호는 조종사보다 수입이 많으므로, 그는 조종사는 아니다. 그리고 태호는 조종사보다 수입이 많고, 그리고 부조종사는 수입이 가장 적으므로, 태호는 부조종사도 아니다. 이렇게 배제해 나가다 보면, 결국 우리는 태호는 비행기 기술자일 수밖에 없다는 것을 추리할 수 있다. 저러한 중간 결론을 이용하여 우리는 성재의 직책을 알아낼 수 있다. 성재에게는 결혼한 여동생이 있으며, 그리고 부조종사는 유일한 어린이이기 때문에, 성재는 부조종사가 아니다. 그리고 태호가 비행기 기술자이기 때문에, 성재는 비행기 기술자도 아니다. 따라서 성재는 조종사일 수밖에 없다. 그러므로 경민이는 나머지 한 직책인 부조종사이다.

이와 같은 유형의 문제가 보다 더 복잡할 경우, 일명 매트릭스로 불리는 배열그림을 그리면 도움이 된다. 우리는 정보를 모아 그 안을 채워 간다. 다음 문제를 풀어보면 그것이 얼마나 쓸모가 있는지 알 수 있다.

> 철수, 종수, 민호 그리고 윤식이는 뛰어난 재능을 가진 네 사람의 창조적인 예술가이다. 꼭 저 순서대로는 아닐지라도, 한 사람은 무용가이고, 한 사람은 화가이고, 한 사람은 가수이며, 또 한 사람은 작가이다.
>
> (1) 철수와 민호는 그 가수가 무대에 처음 출연하던 날 밤 청중 속에 있었다.
> (2) 종수와 작가 두 사람은 그 화가가 실물 그대로 그린 자신들의 초상화를 가지고 있었다.
> (3) 그 작가가 쓴 윤식이의 일대기는 베스트셀러였는데, 그는 현재 철수의 일대기를 쓰기 위한 계획을 세우고 있다.
> (4) 철수는 민호를 본 적이 없다.
>
> 예술가들 각자가 속해 있는 영역은 무엇인가?

이처럼 많은 전제들과 또 그것들로 추리될 수 있는 여러 가지 중간 결론들을 기억한다는 것은 혼란스럽고 또 어렵다. 메모 형식으로 기억한다고 할지라도 혼란은 더욱 가중될 따름이다. 그러므로 추리의 수가 늘어나고 논증의 길이가 길어질 때, 그 모든 것을 사용할 수 있도록 간직하면서, 주어진 정보와 도출된 매개적 결론들을 저장하고 전시하는 어떤 방법이 필요하다. 우리가 그리는 배열그림은 모든 유관한 가능성들을 표현하고 또 도출된 각 추리를 기록할 수 있게 해준다.

이 문제를 위한 배열그림은 네 사람의 배열(네 줄)과 네 가지 예술 영역(네 개의 난)을 보여준다.

	무용가	화가	가수	작가
철수				
종수				
민호				
윤식				

이제 왼쪽에 있는 각 개인의 이름이 오른쪽의 각 영역에 해당하지 않는다는 결론이 내려지면 해당 난에 "N"이라는 글자를 적어 넣는다. 예컨대 민호가 가수가 아니라는 결정이 내려지면 가수 난의 아래 셋째 난에 "N"을 기록한다. 전제 (1)에서, 우리는 철수와 민호는 모두 가수가 아니라는 것을 추리할 수 있다. 따라서 가수라는 항목의 해당 난에 "N"을 기록한다. 전제 (2)에서, 우리는 종수가 가수도 아니고 작가도 아니라는 것을 추리할 수 있다. 따라서 종수라는 이름의 오른쪽 해당 난에 "N"을 기록한다. 전제 (3)에서, 우리는 작가는 철수나 윤식이가 아니라는 것을 알 수 있으며, 따라서 작가라는 항 아래의 해당 이름에 "N"을 기록한다. 이렇게 하면 그림은 다음과 같다.

	무용가	화가	가수	작가
철수			N	N
종수		N		N
민호			N	
윤식				N

이와 같은 명확한 정보로부터 이제 우리는 민호가 작가임에 틀림없다는 결론을 내릴 수 있다. 따라서 해당 난에 "Y"를 기록하고 나머지 난에는 "N"을 기록한다. 이제 화가는 철수이거나 윤식이인데, 위와 같은 방식으로 철수를 제외시킬 수 있다. (2)의 전제에서, 화가가 실물 그대로 그린 자기 초상화를 가지고 있지만, 한편 (4)의 전제에서 철수는 민호를 알지 못한다. 따라서 철수는 화가가 아니다. 그러므로 화가 난의 해당 이름에 "N"을 기록한다. 이리하여 철수는 무용가일 수밖에 없다는 결론이 나오며, 따라서 무용가 난의 해당 이름에 "Y"를 기록한다. 같은 난의 종수와 윤식은 무용가가 아니므로 해당 이름에 "N"을 기록한다. 이리하여 종수에게는 단 하나의 가능성, 즉 가수 난이 비어 있게 되며, 그 자리에 "Y"를 기록한다. 그리고 가수 난의 다른 이름에는 "N"을 기록한다. 이렇게 되면 윤식은 화가임이 틀림없으며, 마지막으로 남아 있는 난에 "Y"를 기록한다. 우리가 완성한 그림은 다음과 같다.

	무용가	화가	가수	작가
철수	Y	N	N	N
종수	N	N	Y	N
민호	N	N	N	Y
윤식	N	Y	N	N

그림을 보면 이제 빈 곳이 없으며, 모든 해답이 나왔다. 철수는 무용가이고, 종수는 가수이고, 민호는 작가이며, 그리고 윤식은 화가이다. 같은 종류이지만 해답을 찾기 위해 이보다 더 다각적인 차원에서 검토되어야 하는 문제가 있다면, 저런 모형이 없이는 도저히 문제 해결이 어렵다.

현실 세계에서 우리는 어떤 상황이나 현상을 보고 그 원인을 추리하거나 어떤 대상의 현재를 보고 그것의 과거를 추리해야 할 경우가 종종 있다. 과학자들 — 특히 고고학자, 지리학자, 천문학자, 물리학자 — 은 기원이 불확실한 사건이나 상태와 자주 부딪친다. 사물이 그 이전의 진행 상태에서 어떻게 발전될 수밖에 없었는가를 설명하고자 하는 추리를 **역행적 추리**(retrograde analysis)라고 한다. 예를 들어, 1996년 지구를 쏜살같이 지나가는 하쿠다케 혜성이 발견되었을 때 천문학자들은 영문을 몰라 깜짝 놀랐다. 혜성은 빛을 방사하는 것으로 예측되어 왔는데, 하쿠다케 혜성은 지금까지 예측되어 온 그 어떤 경우보다 백 배 이상의 강렬한 X선 광선을 방출하고 있었던 것이다. 독일 막스 프랭크 연구소의 한 혜성 전문가는 이렇게 말했다. “이 자료를 설명하려면 우리가 자진해서 애써 일거리를 만들어야 하지만, 저것은 정말 애착을 가져야 할 문제이다.”

우리는 이런 문제에 애착을 가지고 있으며, 그렇기 때문에 역행적 분석의 문제는 종종 재미를 위해 고안되기도 한다. 현실 세계에서는 논리적인 문제들이 과학적 지식이나 역사적 지식에 의해 제공되는 이론적 틀을 가지고 있지만, 인위적으로 만들어진 문제에서는 그 틀이 문제 그 자체에 의해 제공될 수밖에 없다. 논리적 분석이 진행되려면 몇 가지 규칙이나 법칙이 제시되어야만 한다. 체스판은 역행적 분석의 문제들 중에서도 가장 유명한 설정이라고 할 수 있다. 체스의 규칙들은 필요한 이론적 맥락을 제공한다. 체스에 대한 어떤 기술도 필요로 하지 않지만, 그러나 체스의 규칙을 잘 모르는 독자들은 다음 예는 뛰어넘어도 된다.

체스에서 역행의 문제는 일반적으로 다음과 같은 형식을 취한다. 즉, 체스판 위 말의 배열은 정해져 있다. 이 배열은 모든 규칙을 따라야 하는 한 게임에 맞춰져 있다. 어떤 행마나 또는 일련의 행마가 방금 완료된 상태일까? 이 문제를 예로 들어 보자. 이 다이어그램은 실제 게임에서 나타난 행마의 위치를 보여주고 있으며, 게임에서 모든 행마는 게임 규칙에 따라 이루어졌다. 흑의 킹이 방금 행마를 했다.

분석을 위해 아래에서 위까지의 줄에 1에서 8까지의 번호를 매기고, 왼쪽에서 오른쪽 각 난에 a에서 h까지의 문자를 쓴다. 체스판 위의 각 칸은 단 하나의 문자－숫자 조합으로 확인될 수 있다. a8에 있는 흑의 킹, h2에 있는 백의 폰 등등. 문제는 곧 다음이다. 즉, 흑이 마지막 행마를 했다. 그 행마는 무엇이었는가? 그리고 그 행마 이전의 백의 행마는 무엇이었는가? 당신은 다음 설명을 읽기 전에 해답을 추리해 낼 수 있는가?

해답 두 킹은 이웃 칸에 머물 수 없기 때문에, 흑의 킹은 b7 또는 b8에서 현재의 위치로 이동할 수 없었다. 따라서 우리는 흑의 킹은 체크 상황이었던 a7에서 이동했다고 확신할 수 있다.

이것은 아주 쉽게 추론될 수 있다. 그러나 백의 어떤 행마가 흑의 킹에게 체크를 부르게 했을까? g1에 있는 백의 비숍은 어떤 행마도 하지 않았다. 왜냐하면 그 비숍이 백의 행마로 흑의 킹에게 체크를 부르지 않았다면 g1로 이동할 수 있는 길이 없었을 것이기 때문이다. 따라서 체크를 부른 것은 비숍의 공격을 차단했던 백의 행마에 의해서였으며, 그리고 흑의 킹이 a8로 이동함으로써 체크 상황이 되었다. 백의 무슨 말이 저 흑의 대각선상에 있을 수 있었으며, 그리고 그곳에서 모서리에 있는 백 칸으로 이동했는가? b6에 있었던 나이트뿐이다. 따라서 우리는 흑의 마지막 행마(a7에서 a8로 이동한 흑의 킹) 이전에 이루어진 백의 마지막 행마는 b6에서 a8로 이동한 나이트의 행마였다는 것을 확신할 수 있다.[19)]

현실 세계에서 우리가 마주치는 추리의 문제들은 이처럼 깔끔하게 정돈된 것이 아니다. 대부분 정확하게 기술되어 있지도 않고, 그리고 그 미비한 기술이 너무나 잘못된 것으로 드러나 어떤 해결책에도 이르지 못하고 만다. 이럴 경우에는, 문제의 기술 중 일부나 또는 여러 부분을 버리거나 또는 대체할 필요가 있다. 그러나 여기 제시된 논리적 퍼즐을 풀기 위해서는 그렇게 하지 않아도 된다.

더욱이 현실 세계에서는, 심지어 문제가 정확하게 기술되어 있는 경우에도, 불완전한 문제들이 있을 수 있으며, 이런 경우에는 본래는 구할 수 없는 어떤 것이 해답을 위해 필수적일 수 있다. 그 해답은 어떤 추가적인 과학적 발견이나 이전에는 상상할 수 없었던 발명이나 설비, 또는 아직 탐험되지 않은 어떤 지역의 조사 등에 의존하고 있다. 훌륭한

19) 논리학자 레이먼드 스멀리언이 편집한 다음 책에는 이와 같은 문제들이 수록되어 있는데, 역행적 분석에 관심이 있는 독자들에게 즐거움을 안겨줄 것이다. Raymond Smullyan ed., *The Chess Mysteries of Sherlock Homes* (New York: Alfres A. Knopf, 1979).

추리소설의 경우처럼, 논리적 퍼즐의 명제에는 해답을 위한 충분한 정보가 모두 주어져 있어야만 한다. 그렇지 않으면, 우리는 그 추리작가나 문제를 만든 사람이 우리를 배려하지 않았다고 생각한다.

끝으로, 논리적 퍼즐은 아주 체계적인 문제(이를테면 네 사람의 예술가 중 누가 가수인가? 무엇이 흑과 백의 마지막 행마인가?)를 보여준다. 이런 물음의 답이 주어져 있거나 증명되면, 그것은 문제를 해결하는 열쇠가 된다. 그러나 현실 세계에서 일어나는 문제들은 대부분 이런 형식이 아니다. 현실의 문제들은 잘 꾸며진 문제, 즉 명확하게 규정되어 있는 답을 찾는 문제로 발견되는 것이 아니다. 그것들은 적어도 처음에는 모순적인 어떤 것 혹은 특이한 사건의 발생을 인지함으로써 발견되거나, 또는 어쩌면 뭔가 잘못되어 있음을 감지함으로써 발견되는 문제들이다. 이런 차이가 있긴 하지만, 만들어진 문제와 퍼즐은 우리의 추리 능력을 향상시키는 데 유익하다. 그리고 그것들은 재미가 있다.

논리연습

다음의 문제들을 푸는 데는 상당한 추리가 필요하다. 해답이 맞는다는 것을 증명하려면, 문제의 서술 속에 담긴 명제들을 전제로 하고 그 문제의 해답을 결론으로 하는 논증(경우에 따라서는 부수적인 논증을 포함하는 논증)을 제시해야만 한다. 만일 그 해답이 맞는다면, 그것을 입증하는 타당한 논증을 구성할 수 있을 것이다. 다음의 문제들을 풀면서, 여러분들은 단순히 해답을 찾는 일뿐만 아니라 해답이 정확하다는 것을 입증하는 논증을 만드는 데에도 관심을 기울이기 바란다.

1. 어떤 신비스러운 나라가 있는데, 거기서는 정치인들이 거짓말만 말하고 비정치인들은 진실만을 말한다. 어떤 외국인이 세 사람의 그 나라 출신을 만나서 그 중 첫 번째 사람에게 물었다. "당신은 정치인입니까?" 첫 번째 사람이 대답했다. 그때 두 번째 사람은 첫 번째 사람은 자신이 정치인임을 부정했다고 기록한다. 세 번째 사람은 첫 번째 사람은 정치인이라고 말한다.

   그러면 이 세 사람 중에 정치인은 몇 사람일까?

2. 어떤 감옥에 죄수가 세 사람 있었다. 그 중 한 사람은 눈이 정상이고, 한 사람은 애꾸눈이며, 또 한 사람은 장님이었다. 세 사람 모두 지능은 보통 이상의 수준이었다. 간수가 세 개의 흰 모자와 두 개의 붉은 모자 중에 세 개를 골라서 각각 세 죄수의 머리에 씌웠다. 죄수들은 자기가 쓴 모자의 색을 볼 수가 없었다. 이 세 사람을 모아

놓고 간수는 먼저 정상의 눈을 가진 죄수에게 쓰고 있는 모자의 색을 알아맞히면 석방하겠다고 말했다. 그 죄수는 모르겠다고 대답했다. 그 다음 간수는 애꾸눈 죄수에게 역시 동일한 말을 했다. 이 죄수 역시 모르겠다고 대답했다. 간수는 장님에게는 물어볼 필요가 없다고 생각했지만, 원한다면 동일한 기회를 주기로 했다. 그러자 장님 죄수는 환하게 웃으면서 말했다.

"나는 눈으로 볼 필요가 없어요. 눈을 가진 친구들의 말을 듣고서 나는 분명 내가 쓴 모자가 _____색이라는 것을 알게 되었습니다."

그는 어떻게 알았을까?

3. 어떤 기차에 세 사람의 승무원, 즉 제동수와 화부와 기관사가 타고 있었다. 그들의 이름을 알파벳순으로 적는다면 존스, 로빈슨, 그리고 스미스이다. 이 기차에는 또한 같은 이름을 가진 승객, 즉 존스, 로빈슨, 스미스가 타고 있었다. 다음의 사실들은 알려져 있다.
   a. 로빈슨은 디트로이트에 살고 있다.
   b. 제동수는 디트로이트와 시카고의 중간 지점에 살고 있다.
   c. 존스는 1년에 정확히 20,000달러를 번다.
   d. 스미스는 화부와 당구시합을 한 적이 한 번 있다.
   e. 제동수의 옆집에 세 승객 중의 한 사람이 살고 있는데, 그의 수입은 정확히 제동수의 세 배이다.
   f. 시카고에 살고 있는 승객의 이름은 제동수와 같다.

   기관사의 이름은 무엇인가?

4. 작은 금융회사에 블랙, 화이트, 커피 여사, 앰브로즈 양, 켈리, 어언쇼 양 등 여섯 명의 사원이 있다. 이들이 맡고 있는 직책은 꼭 앞의 이름 순서대로는 아닐지라도 사장, 부사장, 출납계, 속기사, 상담자, 서기 등이다. 부사장은 사장의 손자이다. 출납계는 속기사의 사위이다. 블랙은 독신이다. 화이트는 22세이다. 앰브로즈 양은 상담자와 이복 자매이다. 켈리는 사장의 이웃 사람이다.
   누가 어떤 직책을 맡고 있는가?

5. 마이애미에서 가장 유명한 나이트클럽의 마음씨 좋은 주인인 베노 토넬리가 강도의 총에 맞아 죽었다. 그는 계산대 뒤편에 쓰러져 있었다. 경찰은 백방으로 수사를 편 끝에 5명의 용의자를 체포했다. 경찰이 그들 각자에게 변호할 기회를 주자, 각각

세 가지 진술을 했다. 두 진술은 참이고 한 진술은 거짓이다. 그들의 진술은 다음과 같다.

레프티 : 나는 토넬리를 죽이지 않았다. 나는 평생 리볼버 권총을 가져본 적이 없다. 스파이크가 한 짓이다.

레드 : 나는 토넬리를 죽이지 않았다. 나는 리볼버 권총을 갖고 있지 않다. 다른 사람들은 모두 책임을 전가하고 있다.

도피 : 나는 결백하다. 나는 이전에 부치를 본 적이 없었다. 스파이크에게 죄가 있다.

스파이크 : 나는 결백하다. 부치가 범인이다. 레프티가 내가 했다고 말한 것은 거짓이다.

부치 : 나는 토넬리를 죽이지 않았다. 레드가 범인이다. 도피와 나는 오랜 친구이다.

누구의 범행인가?

6. 쇼트 씨와 그의 여동생, 그의 아들, 그리고 그의 딸은 골프를 좋아하며, 종종 함께 골프를 친다. 다음 진술들은 네 사람에 대해 참이다.

(1) 최고 선수의 쌍둥이와 최하위 선수는 성별이 정반대이다.
(2) 최고 선수와 최하위 선수는 나이가 동갑이다.

네 사람 가운데 누가 최고 선수인가?

7. 다니엘 킬레인은 지난 해 3월 17일 오전 3시 30분에 미시건주 폰티악에서 2마일 떨어진 외딴길에서 살해되었다. 오토, 컬리, 슬림, 미키, 키드가 1주일 후에 디트로이트에서 체포되어 심문을 받았다. 다섯 사람은 각각 네 가지씩 진술을 했는데, 그 중에서 세 가지는 참이고 하나는 거짓이다. 이들 중의 한 사람이 킬레인을 죽였다. 누가 죽였을까? 그들의 진술은 다음과 같다.

오토 : 킬레인이 살해되었을 때, 나는 시카고에 있었다. 나는 어느 누구도 죽이지 않았다. 키드가 범인이다. 미키와 나는 친구이다.

컬리 : 나는 킬레인을 죽이지 않았다. 나는 리볼버 권총을 가져 본 적이 없었다. 키드는 나를 알고 있다. 나는 3월 17일 밤에 디트로이트에 있었다.

슬림 : 컬리가 리볼버 권총을 가져본 적이 없었다고 말한 것은 거짓말이다. 살인은

성 패트릭 기념일에 저질러졌다. 오토는 그 시간에 시카고에 있었다. 우리들 중에 하나가 범인이다.

미키: 나는 킬레인을 죽이지 않았다. 키드는 폰티악에 있은 적이 없다. 나는 이전에 오토를 본 적이 없다. 컬리는 3월 17일 밤에 나와 함께 디트로이트에 있었다.

키드: 나는 킬레인을 죽이지 않았다. 나는 폰티악에 있은 적이 없다. 나는 컬리를 이전에 본 적이 없다. 오토가 내가 범인이라고 말한 것은 거짓말이다.

8. 여섯 개의 공이 있다. 둘은 붉은색이고 둘은 녹색이며 그리고 둘은 푸른색이다. 색이 같은 각 쌍에서 하나의 공은 다른 공에 비해 무겁다. 또한 무거운 세 개의 공은 무게가 같으며, 가벼운 세 개의 공도 무게가 같다. 여섯 개의 공(이들을 R1, R2, G1, G2, B1, B2라 부르자)은 달리 구분할 길은 없다. 당신이 사용할 수 있는 것은 천칭뿐이다. 저울 양편에 똑같은 무게를 올리면 평행이 될 것이고, 저울 양편에 다른 무게를 올리면 무거운 쪽은 내려갈 것이다. 천칭을 두 번 이상 사용할 수 없다면, 세 쌍의 볼 중에 어떻게 가벼운 것과 무거운 것을 가려낼 수 있을까?

9. 논리연습 1번에서 말했던 신비스러운 나라에서 어떤 외국인이 세 사람의 그 나라 출신을 만나서 그들에게 물었다. "당신들 가운데 몇 사람이 정치인입니까?" 첫 번째 사람이 대답하기를 "우리 모두 정치인이요"라고 말한다. 두 번째 사람은 "아니오, 우리들 가운데 두 사람만 정치인이요"라고 말한다. 그 다음 세 번째 사람은 "둘 가운데 하나는 사실이 아니요"라고 말한다.
   세 번째 사람은 정치인일까요?

10. 네 개의 벽이 있는 방이 있는데, 마루와 천정 그리고 각각의 벽 중간에는 못이 하나 박혀 있으며, 못은 모두 6개이다. 그 못들은 실로 연결되어 있으며, 하나하나의 못은 다른 모든 못과 별개의 실로 연결되어 있다. 실들은 빨강과 파랑, 두 가지 색이며 다른 색은 없다. 이 실들은 수많은 삼각형을 만든다. 왜냐하면 세 개의 못은 어느 것이든 삼각형의 꼭짓점이 될 수 있기 때문이다.
    삼각형의 세 변이 모두 같은 색깔이 되지 않도록 실의 색깔을 배당할 수 있을까? 만일 그럴 수 있다면 그 방법은 무엇인가? 그리고 만일 그럴 수 없다면, 그 이유는 무엇인가?

도전문제

이것은 뒷받침이 될 만한 일련의 논증을 구성해야 풀릴 수 있는 마지막 추론 문제이다. 이 문제는 쉽지 않다. 그러나 당신의 역량으로 충분히 풀 수 있으며, 아주 큰 즐거움을 안겨줄 것이다.

당신이 쇠로 만든 12개의 공을 선물로 받았다. 겉으로 보기는 색깔, 크기 등 모든 면에서 같아 보인다. 실제로는 11개가 같고, 그 중 하나가 "별종"이다. 그것은 무게만 다른 11개와 다를 뿐이다. 그것은 나머지 다른 것들보다 무겁거나 혹은 가볍다. 천칭이 있다고 하면, 하나씩 저울에 올리면서 무게를 비교해 볼 수 있다. 같은 수의 공을 저울 양쪽에 올려 보면, "별종"은 어느 한쪽에 있다는 것을 알 수 있다. 별종이 무거우면 별종이 있는 쪽이 내려갈 것이고, 가벼우면 올라갈 것이다. 그리고 균형을 이루면 그 속에는 별종이 없으며, 동일한 수의 공이 양쪽에 올려져 있다. 저울을 세 번만 사용할 수 있다고 하자. 공을 하나 빼거나 더하는 것은 각각 한 번의 기회로 간주한다.

당신이 도전할 문제는 다음과 같다. 즉, 어떻게 저울을 세 번 사용하여 12개 속에 섞여 있는 별종을 찾을 것이며, 또 그것이 나머지 다른 것들보다 무거운지 혹은 가벼운지를 알아낼 수 있을까?

제2장 요약

2장에서 우리는 논증을 분석하는 방법과 그리고 논증을 분석하는 과정에서 직면하게 되는 몇 가지 문제를 다루었다.

- 2장 1절에서는 논증적인 글의 다시 쓰기에 대해 설명했다. 논증적인 글의 중요한 명제들은 어구를 바꿔 쓸 수도 있으며, 그리고 전제와 결론을 가장 알기 쉬운 순서로 표현할 수도 있다.
- 2장 2절에서는 논증의 다이어그램에 대해 설명했다. 다이어그램에서 명제들은 번호로 표현되고, 번호가 매겨진 명제들의 관계를 보여줌으로써 전제와 결론의 관계가 2차원의 그림으로 표현된다.
- 2장 3절에서는 복잡한 논증적인 글들을 다루었다. 이런 글에서는 어떤 논증의 결론이 다른 논증의 전제 구실을 할 수도 있으며, 그리고 이러한 글을 제대로 분석하려면 대체로 복잡한 다이어그램이나 또는 광범위한 다시 쓰기가 필요하다.

- 2장 4절에서는 고안된 추리 문제들을 다루었다. 그것들은 실생활에서 이루어지는 아주 다양한 조사연구가 직면하는 복잡한 상황들을 반영하고 있으며, 문제를 해결하려면 확장된 일련의 논증 및 부수적인 논증의 구성이 필요하다.

언어와 정의

제3장

3.1 언어의 기능들

추론할 때 사람들은 일반적으로 언어를 사용하며, 논리적인 정신이나 또는 유용한 정보를 제공하는 마음에서 명제들을 다룬다. 그러나 언어는 아주 다양한 방식으로 사용되며, 정보적인 것은 극히 일부분에 불과하다. 정보를 알리려는 의도 없이 우리는 언어로 우리 자신을 표현한다. 이를테면, "정말 대단하구나!"라고 말하는 것이 그런 경우이다. 시인은 고대 도시의 아름다움에 압도되어 그의 감정을 다음과 같은 시구에 쓴고 있다.

> 저 경이로움과 조화롭게, 동쪽 나라 — "시간의 절반만큼 오래된"
> 붉은 장미의 도시 — 에 나를 머물게 하라.[1]

물론 어떤 표현은 정보적인 내용을 담기도 하며, 또 신념이나 태도를 나타낼 수도 있다.

> 나와 함께 늙어가는구나!
> 가장 좋은 시절은 아직 오직 않았네.
> 처음은 바로 인생의 마지막을 위한 준비였다네.[2]

더욱이 어떤 담화는 지시적이며, 그것은 표현적 또는 정보적 요소를 갖거나 갖지 않을 수도 있다. 이는 안내하거나 명령하려고 하는 것이며, 이를테면 "체중계에 올라서 주세요" 라는 말이 그런 경우이다. 누가 우리에게 충고를 할 수도 있고, 또는 우리가 그 충고를

1) John Burgon, "Petra"(1845), on the ruins of Petra, now in Jordan.

2) Robert Browning, "Rabbi Ben Ezra," 1864.

받아들일 수도 있다.

방어적으로 운전하라. 묘지는 통행의 권리를 갖고 교통질서를 지켰던 준법적인 시민들로 가득 차 있다.

우리의 언어 사용은 거의 대부분 여러 가지 기능이 혼합되어 있으며, 그것이 자연적인 특성이다. 우리는 이를 우리 자신의 말이나 글에서 찾아볼 수 있다. 감정을 표현하는 말은 타인에게 우리의 의도나 목적을 드러내기 위해 사용되기도 한다. "저런 행동은 아주 역겨워." 부모가 자식에게 이런 말을 하는 것은 행동을 바로 잡으려는 태도를 표명하는 것이다. 그리고 똑같은 말이 사실을 보고하는 것일 수도 있다. 언어는 세 가지 주요 기능을 가지고 있다.

1. 정보적 기능
2. 표현적 기능
3. 지시적 기능

여기에 흔하지 않은 기능을 첨가할 수 있다.

4. 의례적 언어(낯선 사람에게 소개할 때 "안녕하세요?"라고 말하는 것). 의례적 언어에는 표현적 기능과 다른 기능들이 포함될 수도 있다.
5. 수행적 언어("나의 어리석은 발언을 사과할게"라고 말할 때). 수행적 언어에서는 말하거나 글을 쓸 때 글로 나타낸 말 자체가 그 말이 단언하고 있는 기능을 원활히 수행하게 된다. 다른 예를 든다면, "… 을(를) 축하한다", "너의 제안을 받아들인다", "너에게 … 을(를) 약속한다" 등이다.

논리학자는 주로 정보적으로 사용된 언어 — 명제를 긍정하거나 부정하는 것, 논증을 구성하거나 평가하는 것 등등 — 에 관심을 갖는다. 추론할 때 주된 관심사는 바로 이와 같은 언어의 정보적 기능이다.

이와 같은 정보적 유형에서 우리는 문장이 표현하는 사실과 그 사실을 표현하는 화자(말하는 사람)에 관한 사실을 구분할 수 있다. 만약 어떤 사람이 "전쟁이란 언제나 국제적인 분쟁에 대한 잘못된 해결책이다"라고 말한다면, 저것은 실제로 참일 수 있지만 그것은 또한 저렇게 말하는 사람이 지닌 신념의 증거이기도 하다. 만약 어떤 사람이 "나는 도덕적인 이유로 이 전쟁에 우리가 개입하는 것을 강력하게 반대한다"라고 말한다면, 저것은 말하는 사람에 관한 명제(참일 가능성이 높다)이지만 그것은 또한 논의중인 전쟁의 도덕성에 관한 판단을 표명하는 것이기도 하다. 어떤 사람의 관점에 관한 명제를 가지고 논증을 개시하는 것은 결코 기만적인 것이 아니다. 그것은 판단과 전기적 보고가 적절하게 통합되는 일반적인 방식들 중 하나이다.

언어의 용법은 언어의 형식과 구별될 수밖에 없다. 몇 가지 언어의 용법들(정보적 용법, 표현적 용법 등등)은 여러 가지 형식으로 실현된다. 문장들(완전한 생각을 표현하는 우리 언어의 단위들)은 형식적으로 서술적이거나, 감탄을 나타내거나, 명령적이거나, 질문 형태이다. 우리가 추론하고 있을 때, 우리의 문장들은 보통 서술적이다. 우리가 감정을 표현할 때, 우리의 문장들(예컨대, "환상적이구나!")은 감탄일 경우가 많다. 우리가 어떤 행동을 목표로 할 때, 우리의 문장들(예컨대, "모자를 벗어라")은 명령일 경우가 많다. 그러나 기능과 형식 사이에 엄격한 상관관계는 없다.

예를 들어, 앞에서 우리가 지적했듯이 어떤 명제는 수사적 질문을 통해 주장될 수도 있다. 독실한 신자가 기도하면서, "주님, 누가 당신과 같으리요?"라고 묻지만, 그러나 그것은 분명히 종교적 신념을 의문의 형태로 표현하고 있는 것이다. 어떤 사람이 대화중에 "그 말 진심으로 하는 거니?"라고 할 때, 회의적인 태도가 아주 명확하게 표현되고 있다. 마찬가지로, 우리가 동행에게 좀 더 빨리 이동하기 위해 "서둘러, 시간이 없어."라고 말할 때와 같이, 명확하게 서술적 형태로 어떤 사실을 보고함으로써 지시적 기능으로 작용할 수도 있다. 그리고 꽃집을 지나면서 젊은 여성이 남자 친구에게 "정말 아름다워!"라고 외치는 감탄사는 표현적이기보다는 지시적 기능을 염두에 두었을 것이다.

이와 같은 언어의 복합적인 기능들은 불협화음을 일으켜 골치 아픈 논란을 초래할 수 있다. 유명한 예를 하나 들어보자. 즉, 베트남전쟁 기간 중에 병역 징집을 항의한 한 젊은이가 의도적으로 음란한 말을 새긴 상의를 입었다는 혐의로 로스앤젤레스 법원에 체포되었다. 그 청년은 캘리포니아 형법에 따라 "불쾌한 행동"에 대한 유죄 판결을 받았다. 그러나 그의 유죄 판결은 연방 대법원에서 뒤집어졌다. 대다수 판사들이 이 사건에서 그가 언어로 표현한 정신과 그의 항의에 담긴 정보적 기능 사이에는 이해의 차이로 인한 갈등이 존재하며, 후자는 연방헌법 수정 제1조에 의해 보장되는 것임을 인정했다. 존 할란 판사는 다음과 같이 기록했다.

> 대부분의 언어 표현은 의사소통에서 이중적 기능을 한다. 즉, 그것은 비교적 정확할 수 있는 사상을 전달할 뿐 아니라, 이와 달리 형언하기 힘든 감정을 전달하기도 한다. 사실상 말이라는 것

> 은 그것의 인지적 능력 못지않게 감정적 능력을 위해 선택되는 경우도 자주 있다. 실제로 의사소통을 위한 메시지에서 감정적 기능이 더 중요한 요소가 되는 경우가 자주 있을 수 있는데도, 그러한 감정적 기능에 대해서는 헌법이 거의 또는 전혀 고려하지 않고, 개인적 언어행위의 인식적 내용에만 관심을 갖는 사고방식을 우리는 지지할 수 없다…. 그리고 같은 맥락에서, 특별한 말의 사용을 금지하면서도 그 과정에서 생길 수 있는 사상 억압의 현실적 위험을 무시하는 경솔한 가정을 우리는 받아들일 수 없다.[3]

감정적으로 비위에 거슬리는 말들은 (어떤 맥락에서는) 그것들의 보다 중요한 정보적 기능에 의해 무시되는 경우가 있다. 언어의 탄력성에 대한 감수성을 풍부하게 하고, 그리고 문맥에 따라 언어가 드러내는 다른 여러 가지 기능들을 알아보는 것은 이 책의 주요 관심사인 논리적 분석의 응용을 위해서는 필수적이다.

만약 주어진 기능이 다양하게 수행되고 있다면, 언어를 특수한 문법적 형식으로 사용하는 것이 편리하겠지만, 그것이 그리 간단한 문제는 아니다. 이를 기대하기에는 언어는 너무나 느슨하고, 또 그 용법이 너무나 다양하다. 그러므로 문장의 실제 기능을 밝히려면 언제나 문맥이 중요하다.

요약하자면, 언어의 주요 용법은 세 가지, 즉 정보적 용법, 표현적 용법, 지식적 용법이다. 언어의 문법적 형식은 네 가지, 즉 서술적 형식, 의문의 형식, 명령의 형식, 감탄의 형식이다. 글의 문법적 형식과 작가가 의도하는 그 용법 사이에는 일정한 관계가 존재하는 것이 아니다. 언어는 세 가지 주된 기능들 중에 어느 역할도 할 수 있으며, 또 그것은 네 가지 문법적 형식들 중 어느 것이라도 취할 수 있다.

논리연습

A. 다음의 각 글들은 언어의 여러 가지 기능들 가운데 어떤 기능을 나타내고 있는가?

1. 만약 당신의 부모(또는 어떤 다른 사람)가 당신을 그 또는 그녀의 소득신고에서 부양가족으로 신청하지 않을 수 있다면, 그 도표의 여섯째 줄 첫째 칸을 확인하라.

   —U.S. Internal Revenue Service

2. 지글녁, 유끈한 토브들이

3) *Cohen v. California*, 403 U.S. 15, at p. 26(1971).

사이넘길 한쪽을 발로 빙돌고 윙뚫고 있었네
보로고브들은 너무나 밈지했네.
몸 레스들은 꽥꽥 울불었네.

—루이스 캐럴, 『거울나라의 앨리스』

3. 어떠한 나그네도 카르타고, 팔미라, 페르세폴리스 또는 로마의 폐허에 서서 그 왕국과 인간의 무상을 생각하고, 지난날의 호화로운 생활을 돌이켜 생각하여, 그것에 대해 애수의 정을 품지 아니하는 자가 있을까?

—헤겔, 『역사철학강의』

4. 디트로이트의 중심에서 정남향으로 이동하면 처음 나타나는 외국은 쿠바도 아니고 온두라스나 니콰라과도 아니고, 라틴 아메리카의 그 어떤 나라도 아니다. 그것은 바로 캐나다이다.

5. 바닷가 이 왕국에서,
나도 아이였고 그녀도 아이였지만,
나와 나의 애너벨 리는,
사랑보다 더한 사랑으로 사랑했노라.

—에드거 앨런 포우, 「애너벨 리」

6. 사랑이나 형제애는 아예 가르치지도 않으면서, 여러분들의 토지와 노동에서 착취한 자본을 통해 개인적인 이익을 추구하는 것을 미덕으로 주로 가르치는 나약한 전도사를 거부하라. 아프리카여 깨어나서 범아프리카 사회주의의 아름다운 도적들을 희롱하라!

—W. E. B. 뒤보이스, 「팬-아프리카」

7. 내가 사람의 방언과 천사의 말을 할지라도, 사랑이 없으면 나는 요란한 징소리나 쨍그랑거리는 꽹과리에 불과하다.

—고린도전서 13:1

8. 나는 내가 선출되었던 공화국의 대통령직을 오늘부로 사임한다는 것을 이 자리에서 이 문서를 통해 여러분에게 알립니다.

—페르난도 콜로르 데 멜루(브라질 대통령)

9. 미국인의 삶은 대단한 용해력이 있다. 마치 그것은 모든 지적 요소를 비록 그것이

탄탄하고 또 생소한 것일지라도 중화하여, 그것을 타고난 선의지와 자기만족, 경쾌함, 낙관주의 속으로 용해시켜 나갈 듯이 보인다.

—조지 산타야나

10. 미국의 동쪽 땅의 끝은—또 미국의 북쪽 땅의 끝이나 서쪽 땅의 끝과 마찬가지로—알래스카에 있다.

B. 다음 글들이 의도하고 있는 언어의 기능은 어떤 것인가?

1. 여기에는 계급 제도가 없다. 우리의 헌법은 색맹이다. 시민들 사이에 형성되어 있는 계급을 알지도 못하고 또 묵인하는 것도 아니다. 시민의 권리에 관한 한, 모든 시민은 법 앞에 평등하다. 가장 천한 것은 최고의 권력을 지닌 귀족이다.

—존 할란, 플레시 대 퍼거슨 판결

2. 판사들은 범죄를 어떻게 재현할 것인가를 모른다. 왜냐하면 누구도 아는 사람이 없기 때문이다.

—앤드류 폰 허쉬, 『정의의 실천』

3. 농경이 시작되면 다른 기술들도 뒤따라 등장하게 된다. 그러므로 농부들은 인류 문명의 창설자인 셈이다.

—다니엘 웹스터, 「농업에 대해」

4. 선한 사람들에게 있어서는 아무런 일을 하지 않는 것이 악을 이기기 위해 필요하고도 유일한 일이다.

—에드먼드 버크, 윌리엄 스미스에게 보낸 편지

5. 그들 중에는 변호사가 한 사람도 없다. 왜냐하면 그들은 변호사들을 기만을 직업적으로 하는 사람들이라고 생각하기 때문이다.

—토마스 모어, 『유토피아』

6. 백인 사회는 게토(ghetto)에 깊이 연루되어 있다. 백인 단체가 그것을 만들어내고, 백인 단체가 그것을 유지하며, 그리고 백인 사회는 그것을 묵과한다.

—커너 위원회

7. 여러 가지 산업 분야의 공장에서 대다수를 차지하고 있는 서투른 노동자들은 자기들도 숙련된 노동자들과 똑같은 임금을 받아야만 한다는 단호한 자세를 취하고 있다.

—존 스튜어트 밀, 『자유론』

8. 전쟁이란 인간성을 위협하는 가장 큰 전염병이다. 전쟁은 종교를 파괴하고, 국가를 파괴하며, 가정을 파괴한다. 다른 어떤 재난도 전쟁보다는 낫다.

—마틴 루터, 『탁상담화』

9. 인류의 역사는 더욱더 교육과 파국 간의 경주가 되어가고 있다.

—H. G. 웰즈, 『역사의 개요』

10. 어떤 사람이 결심을 하기 전에 완벽한 것을 고집한다면, 그는 아무런 결심도 하지 못할 것이다.

—헨리 프레드릭 아미엘, 『내면의 일기』

11. 적절한 군사력을 갖추지 못한 군주에게 닥칠 또 다른 재앙은 멸시를 받는 일이다.

—마키아벨리, 『군주론』

12. 영원한 평화란 꿈이며, 또 게다가 그리 아름다운 꿈도 아니다. 전쟁은 신이 지상에 내린 질서의 일부이다. 전쟁을 통하여 용기, 극기, 의무, 자기희생 등과 같은 인간의 가장 고상한 덕목들이 개발된다. 전쟁이 없다면 세상은 유물론에 빠져들었을 것이다.

—헬무트 폰 몰트케

13. 언어는 영혼의 피다. 우리의 생각은 그것과 만나, 그것에 의해 자란다.

—올리버 홈스, 『아침 식탁의 독재자』

14. 과거 133년 동안, 사회과학자들을 포함한 7천5백 명의 과학자들이 국립과학원 회원에 선출되었다. 분명한 것은 그들 중 단지 세 사람만이 흑인이었다는 사실이다.

—*The Journal of Blacks in Higher Education*

15. 몇몇 철학은 인간의 정신을 무신론으로 이끈다. 그러나 철학이 담고 있는 깊은 의미는 인간의 마음을 종교로 이끌어 준다.

—베이컨, 『수필집』

16. 당신이 인간에게서 애국심이라는 것을 깨부수기 전에는 당신은 조용한 세상을 보지 못할 것이다.

—조지 버나드 쇼, 『오플레어티 훈장』

17. 만일 [그가] 진정으로 미덕과 악덕 사이에는 아무런 차이도 없다고 생각한다면, 왜

선생께선 그가 우리 집을 떠날 때 우리에게 수저를 세어 보게 하십니까?

—사무엘 존슨

18. 사람들은 말이나 소나 개를 짝지어주기 전에 그 동물들의 성격이나 혈통에 대해 세심한 관심을 기울이면서 조사한다. 그러나 자기 자신이 결혼할 경우에 사람들은 거의 혹은 전혀 그런 관심을 기울이지 않는다.

—찰스 다윈, 『인간의 유래』

19. 비록 고래가 사람을 삼킬 정도로 크긴 하지만 요나를 삼킨 고래의 이야기는 정말 놀라운 이야기라고 할 수 있다. 그러나 만일 요나가 고래를 삼켰다면 그것은 기적에 가까운 일이었을 것이다.

—토마스 페인, 『이성의 시대』

20. 민족이라는 개념은 우리의 가장 아름다운 꿈들을 제대로 가져보기도 전에 그 꿈들을 질식시켜버리는 아주 골치 아픈 괴물이다. 그것은 정상적인 인간의 상호작용에 대한 도전을 벗어나 성공해본 적이 없는 환상을 위해 의심과 증오에 찬 불화와 충돌을 초래한다.

—에릭 링컨

C. 다음 글에서 주장하려는 의도를 나타내는 명제는 어느 것인가? 만일 그런 명제가 있다면, 그것은 어떤 행동을 유발하려고 하는가? 그리고 말하는 사람에 대한 증거로 제시되고 있는 명제가 있다면, 그것은 어느 것인가?

1. 나는 임명되더라도 받아들이지 않을 것이며, 또 선출되더라도 복무하지 않을 것이다.

—윌리엄 테쿰세 셔먼

2. 정부는 최선이라 생각하여 얼음을 "식료품"으로 간주한다. 이것은 남극대륙을 전 세계적으로 가장 유명한 식품 생산자 중 하나라고 말하는 것과 같다.

—조지 P. 윌

3. 인류는 끊임없는 전쟁을 거치면서 힘을 길러왔으며, 그리고 평화가 지속되면 단지 멸망만이 다가올 뿐이다.

—히틀러, 『나의 투쟁』

4. 음악이 없다면 지구는 사람이 살지 않는 황량한 미완성의 주택과 같다. 그러므로 초창

기 그리스 역사와 성서의 역사뿐만 아니라 모든 국가의 역사는 음악으로 시작한다.

—루트비히 티크

5. 탐구란 근본적으로 오늘날의 사유나 행동의 토대가 되는 이론이나 원리에 대해 끊임없이 재검토하는 마음의 상태를 말한다. 그러므로 탐구는 현재의 관행에 대한 비판이 되는 셈이다.

—테오발드 스미스, *American Journal of Medical Science*

6. 나는 사람들의 행동을 비웃지도 않고, 한탄하지도 않고, 또 싫어하지도 않고, 오히려 그 행동들을 이해하려고 줄기차게 노력해 왔다.

—스피노자, 『신학-정치론』

7. 한 조각의 빵도 없는 사람에게 정치적 자유라는 것이 무슨 의미가 있겠는가? 그것은 단지 야심에 찬 이론가나 정치인들에게나 소중한 것일 뿐이다.

—장 폴 마레, 『민중의 벗』

8. 내가 속해 있는 하층계급이라는 것이 존재하는 한, 내가 가지고 있는 범죄적 요소도 역시 존속할 것이다. 그리고 한 사람이라도 감옥에 갇혀 있는 한, 나는 자유롭지 않다.

—유진 뎁스

9. 만일 신들의 나라가 있다면 그 나라는 민주적으로 통치될 것이다. 그러나 그렇게 완전한 정부는 인간에게는 어울리지 않을 것이다.

—루소, 『사회계약론』

10. 시민에는 세 계급이 있다. 첫째는 부유층이며, 이들은 무례하며 또 언제나 더 가지려고 한다. 둘째는 가난한 사람들이며, 아무것도 가진 것이 없는 이들은 시샘에 가득 차 있고 부유한 사람들을 증오하며, 또 선동가들에게 쉽게 이끌려 간다. 이 양 극단 사이에 나라를 안전하게 지키고 법을 준수하는 사람들이 있다.

—에우리피데스, 『구원을 청하는 여인들』

11. 사악한 이 시대의 다른 모든 악들과 마찬가지로 혼란은 하층계급이 아니라 중산층에 속한다고 나는 확신하고 있다. 우리는 어리석게도 저런 중산층을 무척 자랑스럽게 여겨 왔다.

—로버트 세실 경, 『오스트레일리아에서의 일기』

12. 전쟁은 언제나 되풀이될 것이며, 그것은 병든 인간성에 대한 과감한 처방책이라는 것을 신은 알고 있다.

—하인리히 폰 트라이치케, 『정치학』

13. 나는 사람들이 현재 내가 왜 대통령인가보다는 과거에 내가 왜 대통령이 아니었는가를 궁금해 하기 바란다.

—샐먼 체이스

14. 그[벤저민 디즈레일리]는 자수성가한 사람이며, 자신의 창조주를 숭배한다.

—존 브라이트

15. 우리는 흔히 헌법적 권리와 언론의 자유, 그리고 출판의 자유에 대해 말하는 것을 듣는다. 나는 저런 말을 들을 때마다 언제나 "저 사람은 빨갱이야, 저 사람은 공산주의자야"라고 혼자 중얼거린다. 당신은 진정한 미국인이 저런 식으로 말하는 것을 들어보지 못했을 것이다.

—프랭크 헤이그

16. 비록 바보일지라도 조용히 있으면 현명한 사람으로 보이고, 입술을 닫고 있으면 지혜로운 사람으로 대접받는다.

—잠언 편, 17:28

17. 경우에 적절한 말은 아름다운 은 쟁반에 놓인 금 사과와 같다.

—잠언 편, 25:11

18. 신의 제단에 맹세하건대, 나는 인간의 정신에 반하는 모든 형태의 독재와 영원히 싸울 것이다.

—토마스 제퍼슨

19. 자유로운 사람은 죽음을 생각하지 않는다. 그의 지혜는 죽음보다는 삶에 대한 명상에서 이루어지고 있다.

—스피노자, 『윤리학』

20. 나는 런던사람들이 무례하다는 것을 이전부터 보고 또 들어 왔다. 그러나 겉치장밖에 할 줄 모르는 바보가 사람들의 얼굴에 물감 한 통을 칠해 놓고 200기니의 금화를 요구하리라고는 상상조차 하지 못했다.

—존 러스킨, 『흑색과 금빛의 야상곡』

3.2 감정적 언어, 중립적인 언어 그리고 논쟁

주어진 글이나 문장은 여러 가지 기능 — 그것은 감정을 표현할 수도 있고, 사실을 보고할 수도 있다 — 을 할 수 있기 때문에, 언어의 교묘한 용법은 기만적이거나 조작적일 수 있으며, 언어의 부주의한 사용은 불필요한 오해나 논쟁을 초래할 수 있다.

우리가 신념을 나타내기 위해 사용하는 말들은 중립적이고 정확하지만, 그것들도 역시 말을 듣는 사람의 태도에 (우연적이든 의도적이든) 영향을 미칠 수 있다. 셰익스피어가 말했듯이, 장미의 실제 향기는 그것에 다른 이름을 붙이더라도 변함이 없다. 그러나 장미를 "스컹크 풀"이라고 부른다면 꽃에 대한 우리의 태도는 상당히 달라질 것이다. 어떤 단어들은 대개 부정적인 태도를 불러일으키기 때문에 그 말들 대신 완곡한 표현을 만들어내게 된다. 다시 말해서 가혹한 현실을 부드러운 말로 표현하는 것이다. "수위"를 "건물 관리인"으로, "종업원"을 "서빙하는 사람"으로 표현하면 훨씬 부드럽다.

인간의 생식과 배설을 다루는 의학적 용어는 중립적이고 역겹지 않지만, 의학적 용어들의 저속한 동의어들인 육두문자들은 그것들이 환기시키는 태도 때문에 많은 사람들에게 충격을 주고 있다. 미국의 전파매체에서 사용될 수 없는 "일곱 가지 음란한 말들"이 있다. 왜냐하면 이 말들은 그것들의 문자 그대로의 의미와 전혀 다를 뿐 아니라 용납하기 힘든 감정적 의미를 지니기 때문이다.[4)]

어떤 문맥에서는 — 예를 들어, 시의 경우에는 — 감정적으로 채색된 언어가 적절하다. 그러나 그것은 다른 문맥에서는 — 예를 들어, 여론 조사에서는 — 적절하지 않다. 여론 조사에 대한 응답은 가능한 한 묻는 질문에 사용된 말에 충실해야 한다. 우리가 목적에 따라 감정적 언어를 회피하거나, 아니면 그것을 필요로 하거나 간에, 언어는 문맥에 따라 쓰이게 되어 있다. 우리가 사실에 대한 편견 없는 보고를 목표로 할 경우에, 우리가 감정적인 의미가 가득 찬 말을 사용한다면 그 보고의 객관성을 오히려 약화시키게 된다. 하지만 때로는 감정적 내용을 피하기가 거의 불가능한 경우가 있다. 이를테면, 낙태의 도덕성에 대해 논쟁을 벌이고 있는 사람들이 스스로를 "낙태 반대론자" 또는 "낙태 찬성론자"라고 부르는 경우이다. 일반적으로 논리학에서는 가능한 한 감정적인 의미의 왜곡으로부터 자유로운 언어를 사용하고자 한다.

---

4) 연방통신품위법(1996년 발표한 외설물 배포를 금지한 법률). 일곱 가지 음란한 말들을 여기서도 밝히기 어려우나 S, P, F, C, C, M, T로 시작되는 말들이다.

독자나 시청자의 감정을 이용하는 것은 광고 산업의 대표적인 수법이다. 최우선 목표가 설득하는 일이거나 물건을 파는 것일 경우, 상대방의 태도를 조종하는 것은 세련된 전문적인 기술이다. 수사적인 속임수는 또한 정치적 행위에서 흔히 나타나며, 언어의 선택이 매우 중요하다. 소비자와 마찬가지로 유권자에게 있어서 이러한 속임수에 대한 최상의 대비는 우리에게 표현되는 그 말의 진정한 용법을 아는 것이다. 우리는 겉과 속이 다른 말을 하는 사람들을 경계해야만 한다. 벤저민 디즈레일리가 말했듯이 "정치가는 말로써 사람을 통치한다."

두 사람이 논쟁을 벌이고 있을 때, 그 논쟁을 초래한 두 사람의 차이가 어떤 사실에 관한 신념의 불일치일 수도 있고, 또는 어떤 사실에 대해서는 의견이 일치하면서도 그 사실에 대한 태도는 불일치할 수도 있다. 이와 같은 불확실성과 또 그로 인한 혼란들은 논쟁에 사용되고 있는 말들이 매우 다른 감정적 의미를 가지고 있기 때문에 발생한다. 이에 대한 예를 들기 위해, 살인자에 대한 사형을 허용하는 법률제정을 놓고 벌이는 X와 Y의 논쟁을 생각해 보자. X와 Y는 과연 사형이 실제로 살인을 줄이는 데 효과가 있는지에 대해 의견이 일치하거나 또는 그렇지 않다. 또한 그들은 사형이 범죄를 줄이는 것이 사실이든 아니든 간에, 과연 국가가 사형을 집행할 권리가 있는가에 대해서도 의견이 일치하거나 또는 그렇지 않다. 그러므로 X와 Y는 신념에서는 일치하지만 태도에서는 불일치하는 경우, 또는 태도에서는 일치하지만 신념에서는 불일치하는 경우가 있을 수 있다. 물론 그들이 신념과 태도 모두에서 불일치할 경우도 있을 수 있다.

사실적인 측면과 감정적인 측면을 모두 가지고 있는 논쟁을 해결하려고 한다면, 논쟁 당사자 간의 진정한 문제가 무엇인지를 알아내는 것이 중요하다. 만약 진정한 불일치가 과연 사형이 실제로 범죄를 줄이느냐에 관한 것이라면, 논쟁을 해결하기 위해서는 먼저 그 사실을 객관적으로 확인할 수 있는 노력—비록 이것이 쉬운 일이 아닐지라도—이 필요할 것이다. 이와 달리, 만약 불일치가 국가에게 사형집행을 허용하는 것이 옳으냐에 관한 신념의 갈등에서 비롯된 것이라면, 사형이 범죄를 줄이느냐 아니냐, 즉 사실에 관한 의견이 일치되어도 그것은 논쟁을 해결하는 데 불충분할 것임에 틀림없을 것이다.

어떤 사건이나 가능한 결과에 대한 태도의 불일치는 사실에 관한 어떤 신념의 불일치에 뿌리를 두고 있는 경우가 많다. 물론 그렇지 않은 경우도 있다. 예를 들어, 유명한 스포츠 기자와 축구 코치가 승리의 중요성에 대해 큰 차이를 보이고 있다. 그란트랜드 라이스 기자는 이렇게 말한다.

> 당신의 이름을 기록하기 위해 한 사람의 위대한 기록자가 등장한다면, 그는 당신의 승패 여부를 기록하는 것이 아니라 당신이 어떻게 경기를 했는가를 기록한다.

빈스 롬바르트 코치는 이렇게 말한다.

> 승리가 전부이다. 오직 승리뿐이다.

여러분들은 이러한 태도의 불일치가 신념의 불일치에서 비롯되었다고 믿는가?

물론 논쟁의 성격을 확인하더라도 쉽게 불일치가 해소되는 것은 아니다. 그러나 논쟁의 진정한 핵심이 어디 있는지를 확인하지 않는다면, 또 논쟁 당사자들이 사용하는 언어의 기능이 서로 다르다는 것을 인정하지 않는다면, 차이나 불일치의 해소는 불가능할 것이다.

논리연습

다음 각 쌍의 명제들이 보여주는 일치 또는 불일치의 종류를 말하라.

1. a. 그가 그의 자만심으로 말미암아 현명하지 못할 경우에는, 그의 어리석음에 따라 대처하라.

—잠언 편, 26:5

b. 당신이 또한 그와 같지 않다면, 그처럼 우둔하게 대처하지 말라.

—잠언 편, 26:4

2. a. 우리나라는 외국과의 외교 관계에서 언제나 옳았다. 그러나 옳건 그르건 간에 우리나라는 우리의 나라이다.

—스티븐 디케이터

b. 옳건 그르건 간에 우리나라이다. 옳다면 그것을 계속 지켜나가고 그를 경우에는 바르게 만들어야 한다.

—카를 슈르츠

3. a. 불완전한 평화라도 전쟁보다는 낫다.

—타키투스, 『연대기』

b. 가장 불리한 평화라도 가장 정의로운 전쟁보다는 낫다.

—에라스무스, 『격언집』

4. a. 제때 하는 것이 9할은 절약이 된다.
   b. 늦게 하는 것이 아예 안 하는 것보다는 낫다.

5. a. 무소유가 마음을 더욱 풍요롭게 만든다.
   b. 몸이 멀어지면, 마음도 멀어진다.

6. a. 빠른 경주자라고 해서 먼저 도착하는 것은 아니며, 힘있는 자라고 해서 전쟁에 승리하는 것은 아니다.

   —전도서, 9:11

   b. 그러나 저것이 바로 내기를 하는 방식이다.

   —지미 더 그릭

7. a. 어떤 사람은 지배하고 어떤 사람은 지배당하는 것은 필연적인 사실일 뿐 아니라 또한 최선의 방책이다. 태어날 때부터 이미 지배자와 피지배자는 정해져 있다…. 그러므로 어떤 사람은 자유인으로 태어나고 어떤 사람은 노예로 태어난다는 것은 분명한 사실이며, 또 노예제도에 있어서는 둘 다 정당하고 또한 최선이다.

   —아리스토텔레스, 『정치학』

   b. 선천적으로 노예인 사람이 있다면, 그것은 자연의 이치에 거역하여 사람들을 노예로 만들었기 때문이다. 강제력이 첫 번째 노예들을 만들었고, 노예제도는 피해자들에 대한 지위 강등과 매수를 통해 예속 상태를 영속화했다.

   —루소, 『사회계약론』

8. a. 오직 전쟁만이 인간의 에너지를 최고조로 끌어올리고, 용기를 가진 사람의 고귀한 특징을 드러낸다.

   —무솔리니, *Encyclopedia Italiana*

   b. 전쟁은 잔인하게 모든 정의와 모든 행복을 짓밟고, 그리고 인간이 간직한 모든 고귀한 것들을 짓밟는다. 우리 시대에 고결하지 않은 평화는 있을 수 없으며, 또 불명예스럽지 않은 전쟁은 있을 수 없다.

   —찰스 섬너, 『전쟁에 관한 연설』

9. a. 자유와 정의 다음으로 중요한 것은 대중 교육이다. 대중 교육이 없다면 자유나 정의도 결코 존속될 수 없다.

   —제임스 A. 가필드

b. 약간의 예술적 감각을 지닌 사람에게 교육은 치명적이다. 교육은 사무원들에게 한정되어야 한다. 교육은 심지어 이들조차도 술에 취하게 만든다. 우리는 결코 이전에 몰랐던 것을 배울 수 없다는 것을 세상은 알게 될까?

—조지 무어, 『한 젊은이의 고백』

10. a. 신이 존재한다는 믿음은 근거도 없거니와 또한 쓸모없는 짓이다. 무신론이 보편화되기 전에는 이 세계는 결코 평온을 얻지 못할 것이다.

—라 메트리, 『인간 기계론』

b. 기록으로 남아 있는 거의 모든 무신론자들은 지극히 방탕하고 부도덕한 행실을 일삼은 사람들이었다.

—J. P. 스미스, 『기독교 신학의 설명』

11. a. 나는 농업을 발전시키고 유용한 가축을 기르며 그 밖의 다른 농사일에 정진하는 것보다 자기 나라에 더 참되고 중요한 공헌은 없다고 생각한다.

—조지 워싱턴, 싱클레어에게 보낸 편지

b. 농업이 도입되면서 인간은 비천함과 참담함과 광란의 긴 시대에 접어들었다. 그리고 기계의 유용한 활용을 통하여 이제야 비로소 인간은 저 시대로부터 벗어나고 있다.

—러셀, 『행복의 정복』

12. a. 어떤 나라에 개간되지 않은 땅이 있고 또 실업자가 있다는 것은 언제나 지금까지 재산권이 지나치게 확대되어 자연권마저도 침해당해 왔음을 분명히 말해주고 있다.

—토마스 제퍼슨

b. 모든 인간은 자신의 재산을 소유할 천부의 권리를 가지고 있다. 이것이 인간이 다른 하등동물과 다른 중요한 차이 중의 하나이다.

—교황 레오 13세, 『새로운 사태』

13. a. 혁명에 대한 권리는 인간의 고유한 권리이다. 사람들이 자기의 정부에 의해 억압당하고 있을 때, 만일 그들에게 충분한 힘이 있다면, 그 정부로부터 달아나거나 그것을 전복해서 좀 더 나은 정부로 대체함으로써 스스로 억압으로부터 벗어나는 것은 자연권에 속하는 일이다.

—율리시스 S. 그랜트, 『회고록』

b. 혁명을 선동하는 것은 인간에 대한 배신이자 또한 신에 대한 배신이다.

—교황 레오 13세, 『불멸의 신』

14. a. 언어는 인간 정신의 무기 창고이다. 그 속에는 과거의 여러 가지 전리품들과 미래의 정복을 위한 무기들이 들어 있다.

—사무엘 테일러 콜리지

b. 결국 언어—인간의 언어—란 개구리의 개골거리는 소리나 닭 울음소리나 야생 동물의 소리보다도 나을 것이 없어서 때때로 매우 적절하지 못할 경우가 더러 있다.

—나다니엘 호손

15. a. 오늘날 우리는 미국 정부에 대해 어떻게 처신해야 하는가? 내 대답은, 망신스럽지 않게 미국 정부와 어울릴 수 있는 길이 없다는 것이다.

—헨리 데이비드 소로, 『시민의 반항』

b. 현재 우리 정부가 여러 가지 결함을 갖고 있지만, 그것은 현존하거나, 또는 과거에 있었던 어떤 최상의 정부와도 비교할 바 아니다.

—토마스 제퍼슨

3.3 논쟁과 애매성

신념에 관한 것이든 또는 태도에 관한 것이든, 논쟁은 대체로 진정한 것이다. 그러나 어떤 논쟁은 진정한 불일치가 아니라 단지 언어의 잘못된 사용이나 오해에서 빚어진 것일 수 있다. 논쟁 당사자들이 사용하는 개념이 한 가지 이상의 의미를 가질 수 있다. 한마디로 애매할 수 있다. 하지만 논쟁 당사자들은 그 애매성을 의식하지 못할 수 있다. 언어적 불일치를 밝히고 해결하기 위해서는 반드시 그 애매성을 확인하고, 논쟁의 핵심이 되는 개념이 어떤 의미로 쓰이는지 명확히 해야만 한다.

논쟁의 범주는 세 가지다. 첫째는 진정한 논쟁이다. 만약 A는 양키즈 팀을 응원하고 B는 레드 삭스 팀을 응원한다면, 두 사람은 주로 태도에서 불일치하지만 진정한 불일치이다. 만약 C는 마이애미가 호놀룰루 남쪽에 있다고 생각하고 D는 그것을 부정한다면, 이 두 사람도 진정한 불일치이지만, 이와 같은 지리적 사실에 관한 논쟁에서는 정확한 지도가 문제를 해결할 수 있다.

두 번째 범주는 진정한 불일치는 없고 다만 겉으로 불일치가 있는 것처럼 보이는 논쟁이다. 이는 단순한 언어상의 논쟁이며, 단어나 어구의 이해 방식에 대한 합의를 통해 해결될 수 있다. F는 숲속의 나무가 넘어지더라도 그 소리를 듣는 사람이 없다면 소리가 나지 않은 것이라고 주장하고, G는 나무가 넘어짐으로써 실제로 소리가 발생했다고 주장한다. 만약 "소리"가 인간의 청각적 감각의 결과라면, F와 G는 소리가 나지 않았다는 사실에 동의할 것이다. 이와 달리, 만약 "소리"가 단순히 공기의 진동을 통해 생겨나는 것이라면, 그들은 실제로 소리가 발생했다는 사실에 동의할 것이다. "소리"라는 말의 의미를 명확히 한다면 불일치는 해소될 것이다. 그것은 단순한 언어상의 논쟁이었다.

세 번째 범주는 표면상으로는 언어적이지만 실제로는 진정한 논쟁이며, 보다 다루기 어려운 논쟁이다. 이는 주로 상대방이 사용하는 개념을 오해했을 경우에 일어나지만, 그 오해가 해결되어도 말의 의미와는 무관한 불일치가 여전히 남아 있을 수 있다. 예를 들어, 어떤 영화가 노골적인 성적 행위를 묘사하고 있다면 과연 그 영화는 "포르노(pornography)"로 간주되어야 할까? J는 그 노골적인 묘사를 보면 포르노가 아닐 수 없으며, 역겹다고 말한다. K는 그 감수성과 미학적 가치를 보면 포르노가 아니라 예술이라고 주장한다. "포르노"라는 말의 의미에 대해 두 사람은 분명히 불일치한다. 하지만 이러한 언어적 애매성이 말끔히 해소된다고 해도 당사자들은 여전히 저 영화에 대한 관점의 불일치를 보일 것이다. 과연 그 영화가 포르노인가에 대한 여부는 포르노라는 개념의 정의를 통해 해결될 수 있지만, 더 깊은 불일치가 드러날 수 있는 것이다. "포르노"라는 단어는 분명히 경멸적인 연상을 담고 있다. 그 영화를 불쾌한 것으로 여기는 J는 "포르노"라는 말을 이런 식으로 이해하는 반면에, 그 영화를 좋게 보는 K는 "포르노"라는 말을 다르게 이해하고 있다. 노골적인 성적 묘사 때문에 그 영화가 불쾌한 것이 되고, 따라서 "포르노"가 되는가? J와 K는 포르노라는 말을 다른 의미로 사용하지만, 양자 모두 그 말의 정서적 의미는 매우 부정적이다. 그리고 그들이 "포르노"의 부정적인 의미를 적용하는 기준도 다르다.

간단히 정리하자면, 대화중에 논쟁이 일어날 경우에 먼저 우리는 대안적인 의미를 정리함으로써 제거될 수 있는 어떤 애매성이 있는지를 먼저 물어보아야 한다. 만약 있다면, 우리는 그러한 언어적 문제를 정리하면 문제가 해결될 수 있는지를 물어보아야만 한다. 만약 문제가 해결된다면, 실제로 그것은 단순한 언어적 논쟁이다. 만약 문제가 해결되지 않는다면, 표면상으로는 단순히 언어적인 것처럼 보일지라도 그것은 진정한 논쟁이다.

논리연습

A. 최근의 정치적 논쟁이나 사회적 논쟁 가운데 이 절에서 설명한 세 가지 유형의 불일치, 즉 진정한 불일치, 단순한 언어상의 불일치, 표면상으로는 분명히 언어적이지만 실제로는 진정한 불일치 등을 찾아보라. 그리고 각각의 경우에 있어서 불일치의 내용을 설명하라.

B. 아래 각 논쟁에 대해 논하라. 만약 그것이 진정한 논쟁이라면, 쟁점이 되는 명제들에 대한 논쟁 당사자들의 입장을 지적하라. 만약 그것이 단순히 언어상의 논쟁이라면, 애매하게 사용된 중심말이나 어구에 논쟁 당사자들이 부여한 서로 다른 의미를 설명함으로써 논쟁을 해결하라. 만약 그것이 표면상으로는 언어적 논쟁이면서 실제로는 진정한 논쟁이라면, 그 애매성을 찾아내고 그 속에 포함된 참된 불일치를 설명하라.

1. **철수**: 피트 로즈는 야구 역사상 최고의 타자였다. 그는 메이저리그의 다른 어떤 선수보다 타율이 높다.
   영희: 아니야. 그 칭호에 걸맞은 선수는 배리 본즈이다. 그는 메이저리그의 다른 어떤 선수보다 홈런을 많이 쳤다.

2. **철수**: 소포클레스의 희곡들은 오랜 세월에도 불구하고, 오늘날과 아주 밀접한 연관을 맺고 있다. 그것은 사랑과 희생, 세대 간의 갈등 그리고 삶과 죽음 등과 같이 영원히 되풀이되는 문제와 그 가치를 다루고 있는데, 이런 것들은 2천여 년 전과 마찬가지로 오늘날에도 중요한 문제이다.
   영희: 나는 너의 말에 동의하지 않는다. 물가 앙등, 실업, 인구 폭발, 에너지 위기 등과 같이 우리 시대의 절박하고 직접적인 문제에 대해서 소포클레스는 아무것도 언급하지 않았다. 그의 희곡은 오늘날과 관련이 없다.

3. **철수**: 갑돌이가 그의 자식들에게 훌륭한 아버지인 것은 확실하다. 그는 좋은 주거지역에 아름다운 주택을 마련하고, 아이들이 요구하거나 원하면 모두 사주며, 그들의 교육을 위해 충분한 준비를 해두고 있다.
   영희: 나는 전혀 갑돌이가 좋은 아버지라고 생각하지 않는다. 그는 돈을 벌고 쓰기에 바빠서 자식들과 함께 보낼 시간이 없다. 아이들은 갑돌이를 돈이나 주는 사람으로 알고 있는 것이 고작이다.

4. **철수**: 갑수 회사의 연간 보고서를 보니, 지난해에도 회사 소득이 증가했다.

영희: 아니야. 회사 소득이 그 전해보다 실제로는 많이 감소했으며, 그리고 증권거래 위원회가 사실과 다른 거짓된 보고서를 발행하기 위해 그 회사를 인용했던 것이다.

5. **철수**: 갑수 회사의 사업이 계속 호황을 누리고 있다. 그 회사의 금년도 판매고는 작년 이맘때보다 25퍼센트 상승했다.

영희: 아니다. 그 회사의 사업이 지금 그렇게 호황을 누리고 있지 않다. 올해 그 회사의 수익은 작년 이맘때보다 30퍼센트 감소했다.

6. **철수**: 은주는 탁월한 학생이다. 그녀는 모든 것에 적극적인 관심을 가지고 있으며, 수업중에 매우 총명한 질문을 던지는 학생이다.

영희: 은주는 내가 본 가장 불량한 학생들 중 하나이다. 그녀는 자신의 과제를 제때에 한 적이 없다.

7. **철수**: 태호는 그 자신의 자유 의지에 따라 그것을 했다. 그는 어떤 압력도 받지 않았다. 그리고 어떤 위협이나 유혹도 받지 않았으며, 어떤 강요도 없었다. 그는 심사숙고하여 그 자신의 마음을 결정했다.

영희: 그것은 불가능하다. 아무도 자유 의지를 가질 수 없다. 왜냐하면 사람이 하는 일은 모두 냉혹한 자연법칙에 따라 유전과 환경에 의해서 필연적으로 결정되기 때문이다.

8. **철수**: 김 교수는 그 대학에서 가장 생산적인 학자이다. 그의 출판물 목록은 그의 동료들 가운데 어느 누구의 목록보다도 길다.

영희: 나는 그를 생산적인 학자라고 부르지 않는다. 그는 훌륭한 교사이지만, 평생 동안 한 번도 새로운 사상을 만들거나 새로운 것을 발견한 적이 없었다.

9. **철수**: 갑순이는 결국 낡은 새나라 승용차를 처분하고 새 차를 구입했다. 그녀가 지금 몰고 있는 차는 꿈나라이다.

영희: 아니다. 갑순이는 새 차를 구입하지 않았다. 그 꿈나라는 족히 3년은 된 차이다.

10. **철수**: 순희는 결국 그의 오래된 새나라 승용차를 처분하고 새 차를 구입했다. 그녀가 지금 몰고 있는 차는 꿈나라이다.

영희: 아니다. 순희는 새 차를 구입하지 않았다. 그녀가 운전하는 꿈나라는 그녀 친구

의 차이다.

11. **철수**: 은주는 학교에서 멀리 떨어져 산다. 나는 그녀를 만나러 걸어갔는데, 그곳에 도착하기까지 거의 두 시간이 걸렸다.

영희: 아니다. 은주는 학교에서 그렇게 멀리 떨어져 살지 않는다. 나는 어젯밤에 자동차를 타고 그녀의 집에 갔는데, 10분도 채 못 되어 도착했다.

12. **철수**: 국회의원 이상철은 훌륭한 사람이며 참된 자유주의자이다. 그는 국회에 상정된 진보적인 안건에는 모두 찬성표를 던진다.

영희: 내가 보기에 그는 자유주의자가 아니다. 가치 있는 일에 그 구두쇠가 내는 기부금 금액은 그의 소득 계층의 다른 어떤 사람의 기부금 금액보다도 적다.

13. **철수**: 한국대학은 체육을 지나치게 강조한다. 왜냐하면 한국대학은 세계 최대의 대학 경기장을 가지고 있고, 열악한 수업 공간 대신 체육관을 신축했기 때문이다.

영희: 아니다. 한국대학이 체육을 지나치게 강조하는 것은 아니다. 한국대학의 학문적 수준은 매우 높으며, 대학의 체육 프로그램 외에도 학생들의 과외 활동에 대해 폭넓은 후원을 하고 있다.

14. **철수**: 그 만찬에 불고기를 대접하는 것은 상스러운 일이었다. 그 자리에는 힌두교 신자들도 참석했는데, 힌두교에서는 고기 먹는 것을 금하고 있다.

영희: 전혀 상스럽지 않아! 그것은 내가 오랫동안 먹었던 가장 맛있는 음식이었다. 나는 아주 기분이 좋았다고 생각한다.

15. **철수**: 그것을 너의 남편에게 묻지 마라. 너 스스로 판단해야 해.

영희: 나는 내 스스로 판단할 것이다. 그리고 내 판단으로는 남편에게 물어야겠다.

3.4 정의와 그 용법

훌륭한 정의는 언어적 논쟁을 해결하는 데 아주 유용하지만, 논리학에서는 정의의 다른 중요한 용법들이 있다. 이러한 용법들을 살펴보기 전에, 모든 정의의 한 가지 특징으로서 꼭 명심해 두어야 할 것이 있다. 즉, 정의는 (대상에 대한 것이 아니라) 기호에 대한 정의이다. 왜냐하면 오직 기호만이 정의가 설명하는 의미를 갖기 때문이다. 이를테면, "의자"라는 단어가 의미를 갖기 때문에 우리는 그 단어를 정의할 수 있지만, 그러나 의자 자체를 정의할 수는 없다. 우리가 의자에 앉거나 색칠을 하거나 그것을 태우거나 묘사할 수는 있지만, 실제 의자는 우리가 설명할 수 있는 의미를 갖는 기호가 아니므로 정의할 수 있는 것이 아니다. 가끔 우리가 의자를 정의한다고 말하지만, 그것은 잘못이다. 사실상 우리가 정의하는 것은 언제나 기호이다.

정의를 논할 때 일반적으로 사용되는 전문 용어가 도움이 된다. 정의되는 기호를 **피정의항**(definiendum)이라고 하고, 피정의항의 의미를 설명하는 데 사용되는 기호(또는 기호의 집합)를 **정의항**(definiens)이라고 한다. 달리 말한다면, 피정의항은 정의되어야 할 개념이며, 정의항은 그것에 대한 정의이다. 그러나 정의항을 피정의항의 의미라고 말하는 것은 잘못이다. 정의항은 피정의항과 동일한 의미를 갖는 또 다른 기호(또는 기호의 집합)이다.

이를 바탕으로, 우리는 정의가 어떻게 사용되느냐에 따라 정의를 다섯 가지로 구분할 수 있다. 약정적 정의, 사전적 정의, 개량적 정의, 이론적 정의, 설득적 정의 등이 그것들이다.

A. 약정적 정의

어떤 기호에 적절한 의미를 지정함으로써 생겨나는 정의를 **약정적 정의**(stipulative definition)라고 한다. 새로운 기호를 도입하는 사람은 그 기호에 주어지는 의미를 완전히 자유롭게 약정한다. 오래된 개념일지라도 새로운 문맥에서 약정된 의미를 가질 수 있다. 이와 같은 정의를 때로는 맹목적 정의라고 한다.

왜 약정을 통해 새로운 개념을 도입하는 것일까? 여러 가지 이유가 있을 수 있다. 단지 편리하다는 것이 그 이유일 수도 있다. 이를테면 하나의 단어가 하나의 메시지에서 여러 말을 대신할 수 있다. 또 다른 이유는 비밀 유지이다. 약정은 통신을 주고받는 사람들만이 이해할 수 있다. 그리고 표현의 간결성 내지 경제성도 이유가 될 수 있다. 특히 과학에서는 친숙한 단어들을 길게 나열해야 표현할 수 있는 어떤 의미를 나타내기 위해 약정으로 새로운 기호들을 정의하는 경우가 자주 있다. 이렇게 하면 시간도 절약되고 의미도 더 명확해진다. 예를 들어, 기록하기 번거로운 많은 수들은 약정에 의해 이름이 부여되었다. 숫자 앞에 붙이는 접두어 "제타(zetta)"는 약정에 의해 10의 21승과 같은 수로, 그리고 접두어 "요타(yotta)"는 10의 24승과 같은 수로 정의되었다. 이것들은 1991년 과학적 단위를 통괄하는 국제기구인 국제도량형총회에서 약정에 의해 정의되었다. 다른 쪽 극단으로는, 접두어 "젭토(zepto)"가 10의 마이너스 21승으로, 그리고 접두어 "욕토(yocto)"는 10의 마이너스 24승으로 약정에 의해 정의되었다. 필시 모든 약정들 중 가장 유명한 것은 10의 100승(1에 0이 100개 붙은 수)의 수를 임의적으로 "구골(googol)"이라 작명한 것이었다. 이 이름은 수학자 에드워드 캐스너가 매우 큰 수를 적절하게 표현할 만한 단어를 찾고 있을 때 아홉 살 먹은 어린 조카가 제안한 것이었다. 오늘날 유명한 인터넷 검색 회사의 이름인 구글(Google)은 이 개념의 의도적인 철자 오기이다.

친숙한 개념들이지만 그것들이 지닌 정서적 암시나 연상 때문에 연구자들이 혼란을 겪기도 하는데, 과학에서 어떤 약정적 정의는 이런 혼란을 피하기 위해 도입된 것들이다. 예를 들어, 현대 심리학에서 스피어맨의 "g인자"는 "지능"이라는 단어 대신 널리 쓰이고 있다. 이것은 지능이라는 단어와 동일한 기술적 의미를 전달하기 위해 고안되었지만 정서적 앙금은 전혀 없다. 또한 기억하기 쉬운 새로운 개념을 도입하면 흥미와 재미를 더해 줄 수 있다. 예컨대, "블랙 홀"은 "중력이 완전히 사라진 별"이라는 말을 대신하기 위해 도입된 개념이다. 이 개념은 존 휠러 박사가 1967년 뉴욕시 소재 우주연구소의 강연회에서 처음 사용하였다. 그리고 오늘날 물리학에서 널리 사용되는 "쿼크"라는 단어는 물리학자 머리 겔만이 1963년 그가 이론을 세운 아원자 유형을 명명하기 위해 도입했다. 쿼크는 제임스 조이스의 소설『피네간스 웨이크』속의 한 구절 "Three quarks for Muster Mark"에 나오는 단어인데, 겔만은 우연히 저 소설에서 본 이 단어를 아원자의 이름으로 선택했다는 것이다. 철학에서, 찰스 샌더스 퍼스는 오랫동안 그 자신의 철학을 "프래그머티즘(pragmatism)"이라 불렀지만, 저 말이 무분별하게 사용되기에 이르자 그는 이후부터 그의 관점을 "프래그머티시즘(pragmaticism)"이라는 말로 약정했다. 이 말은 못생겨서 어느 누구도 도용하고 싶지 않을 것이라고 그는 말했다.

약정적 정의는 참도 아니고 거짓도 아니다. 또한 그것은 정확하지도 않고 부정확하지도 않다. 약정적 정의에 의해 정의된 기호는 정의를 통해 의미가 부여되기 전에 그 의미를 가지고 있었던 것은 아니다. 따라서 약정적 정의는 개념의 의미에 대한 보고일 수가 없다.

약정적 정의를 받아들이는 사람에게는 피정의항과 정의항은 동일한 의미를 갖는다. 그것은 어디까지나 정의의 귀결이지 정의를 통해 사실을 주장하는 것이 아니다. 약정적 정의는 정의항이 의미하는 바를 나타내기 위하여 피정의항을 사용하겠다는 제안(또는 결의, 또는 그렇게 하자는 요청이나 통고)으로 간주되어야 한다. 그러므로 이와 같은 정의는 정보적이기보다는 지시적이다. 제안이란 거절당할 수도 있고, 요청은 거부될 수도 있으며, 통고를 거역할 수도 있다. 그러나 그 어떤 것도 참이거나 거짓일 수는 없다.

약정적 정의들은 추구하는 목적에 따라 유용할 수도 있고, 또는 너무 복잡하고 불확실하기 때문에 쓸모가 없다는 평가를 받을 수도 있다. 그러나 그것들이 진정한 불일치를 해결할 수는 없다. 하지만 약정적 정의들은 언어의 감정적인 역할을 줄임으로써, 또 담론을 단순화함으로써 무모한 논쟁을 예방하는 데 도움을 줄 수 있다.

B. 사전적 정의

대체로 정의되는 개념은 어떤 확정된 용법을 가지고 있다. 저러한 용법을 설명하거나 또는 애매성을 제거하는 것이 정의의 목적이라면, 그 정의는 사전적이다. **사전적 정의**(lexical definition)는 피정의항이 이미 가지고 있는 의미를 보고하는 것이다. 그 보고는 정확하거나 또는 부정확하다. 그러므로 사전적 정의는 참이거나 거짓일 수 있다. "'새'라는 말은 날개를 가진 온혈 척추동물을 가리킨다"는 정의는 참이다. 저것은 '새'라는 말이 일반적으로 어떻게 사용되는가에 대한 정확한 보고이다. 반면에, "'새'는 두 발 달린 모든 포유동물을 가리킨다"는 정의는 명백하게 거짓이다.

단어 사용의 잘못은 대개 분명하지 않다. 우리가 말하려고 하는 의미가 "불어난" 것일 경우, 우리는 흙탕물을 "불어난 물"이라고 할 수 있다. 그런데 "불어난"의 사전적 정의는 "부어오른" 또는 "거만한"이다. 그리고 희극 배우가 의도적으로 발음을 틀리게 하거나 단어를 익살스럽게 발음하는 것은 재미있는 웃음거리다. 이와 같은 혼란이나 실수는 언제나 일어날 수 있다. 얼마 전 미국의 한 대학 학생들이 "보험계리인(actuary)"을 "새들의 보금자리"로, 그리고 "십이지장(duodenum)"을 "2진법"으로 정의했다.[5] 이 말들이 재미있든 재미없든, 이것들은 분명히 오류이며, 이 말들의 일반적인 용법에 대한 부정확한 보고이다.

---

5) *The Chronicle of Higher Education*, 30 May 1993.

여기에 사전적 정의와 약정적 정의의 중요한 차이가 드러난다. 참 또는 거짓이 사전적 정의에는 적용될 수 있지만 약정적 정의에는 적용될 수 없다. 약정적 정의의 피정의항은 그 의미를 도입하는 정의와 분리되어서는(또는 그 정의 이전에는) 아무런 의미도 갖지 않으며, 따라서 약정적 정의는 참 또는 거짓일 수 없다. 그러나 사전적 정의의 피정의항은 정의에 앞서 이미 독립적인 의미를 가지고 있으므로, 그 의미가 타당하게 보고되는지 부당하게 보고되는지에 따라 참이거나 거짓이 된다.

우리가 여기서 말하는 사전적 정의가 한때는 "실재적" 정의로 불린 적이 있었다. 이는 피정의항이 실제로 확인된 의미를 가지고 있다는 것을 가리키기 위한 명칭이었다. 그러나 어떤 정의가 사전적인지 아니면 약정적인지는 피정의항이 실재하느냐 아니냐, 또는 그것이 현실적으로 존재하는 어떤 것을 지칭하느냐 아니냐의 문제와 전혀 무관하다.

"유니콘"이라는 단어는 말과 비슷하지만 이마에서 돌출된 뿔을 단 한 개만 가진 동물을 의미한다.

이것은 분명히 사전적 정의이며, 그리고 정확한 정의이다. 여기서 피정의항은 정의항이 의미하는 바를 정확하게 나타내고 있기 때문이다. 하지만 유니콘이란 존재하지 않기 때문에, 피정의항은 현존하는 어떤 것을 가리키거나 지칭하지는 않는다.

이런 점에서 반드시 어떤 제한이 있어야만 한다. 어떤 정의들은 실로 단순한 잘못이지만, 일상적인 용법을 벗어난 다른 용법들은 예외적인 것으로 기술되거나 비정통적인 것으로 기술되어야 마땅하다. 단어의 용법은 통계적인 문제이며, 불가피하게 시간적인 변수에 영향을 받을 수밖에 없다. 그러므로 우리가 언제나 어떤 개념의 정확한 의미를 명확하게 말할 수는 없지만, 경우에 따라서는 실제로 말하거나 글을 쓸 때 쓰이는 용법을 통해서 결정되는 그 개념의 다양한 의미를 반드시 설명해 주어야 한다.

사전 편찬자들은 "최상의" 용법이나 "올바른" 용법을 언급함으로써 이와 같은 가변성을 극복하기 위해 노력한다. 그러나 이러한 노력이 성공적인 결실을 거두기는 어렵다. 왜냐하면 "최상의" 용법이라는 것도 역시 정도의 문제이며, 그 정도는 사전적 정의에 부합되는 개념을 사용하는 일류 저술가나 연설가들의 수에 따라 정해지기 때문이다. 더욱이 문학적이고 학문적인 어휘들은 사용되고 있는 일상 언어의 변화에 비해 뒤떨어지는 편이다. 그러므로 일부 지적 귀족들이 수용하는 의미를 보고하는 정의는 시대에 뒤떨어질 수밖에 없다. 한때는 비정통적인 것이 머지않아 일반화될 수 있다. 사전적 정의는 대다수 사람들이 사용하는 어떤 개념의 용법을 무시하지 않아야 한다. 사전적 정의가 실제 용법에 적합한 것이 아니라면 그것이 제공하는 보고는 정확한 것일 수 없기 때문이다. 훌륭한 사전들은 언어의 성장을 설명하기 위하여 단어들이 가지고 있는 의미들 가운데 어떤 것은 "낡은 것" 또는 "일반적으로 쓰지 않는 것"이라든가, "구어적" 또는 "속어적"이라는 표시를 해주고 있다.

이러한 제한을 충분히 이해한다면 — 다시 말해서, 사용되고 있는 일상 언어의 가변성을 염두에 둔다면 —, 사전적 정의는 본질적으로 그것이 실제 용법에 적합한지의 여부에 따라 참이거나 거짓일 수 있다.

C. 개량적 정의

어떤 개념은 애매하고, 어떤 개념은 모호하다. 어떤 개념이 하나 이상의 뚜렷한 의미를 지니고 있는데 그 문맥에서는 어떤 의미로 쓰였는지가 명확하지 않을 경우, 그 개념은 주어진 문맥에서 애매하다. 어떤 개념이 적용되고 있는지의 여부가 불명확할 때, 그 개념은 모호하다. 어떤 단어나 구절 —예컨대 "명예훼손"이나 "언론의 자유"— 은 애매하고 또 모호하다. **개량적 정의**(precising definition)는 이와 같은 애매성이나 모호성을 제거하기 위해 사용되는 정의이다.

모든 개념은 어느 정도는 모호하지만, 모호성이 지나치면 심각한 문제를 야기한다. 금지 행위가 명확하게 정의될 필요가 있는 법률의 경우는 특히 그렇다. 예를 들어, 미국 헌법 수정조항 4조의 핵심인 "부당한 수색"이라는 구절에 대해 정확한 의미가 기록되어 있지만, 그것은 공소법원에서 첨예한 논쟁의 초점이 되고 있다. 오늘날 경찰이 은밀하게 설치한 위치추적 장치는 범죄 혐의가 있는 사람의 모든 행적을 추적할 수 있다. 이와 같은 추적은 때로는 유죄 판결의 증거가 된다. 이런 방식으로 증거를 수집하는 것이 허용되는가? 단순히 용의자를 추적하는 것은 수정조항 4조를 위반하는 것이 아니다. 왜냐하면 사람들은 공중의 시야에 노출되는 행동에 대해서는 프라이버시를 기대하지 않기 때문이다. 그러나 GPS 기술은 감시의 연장을 가능하게 한다. 그것은 일상적 업무, 종교 활동, 취미 생활, 직장 동료들의 신분, 그리고 심지어 연애 행각까지도 노출시킨다. 이러한 수색은 영장이 있어야 하는가? 2010년에 컬럼비아 특별구 연방대심원은 이를 인정하여, 영장 없이 수집된 증거를 근거로 내렸던 유죄판결을 뒤집었다.[6] 매사추세츠, 뉴욕, 오리건, 워싱턴 최고법

---

6) *The Washington Post*, Washington D.C., 7 August 2010.

원은 이에 동의한다. 최근 이 고등법원들의 판결 요지는, 국가 헌법에 따르면 영장 없이 이와 같은 장치를 경찰이 이용할 수 없다는 것이다. 그러나 세 건의 유사한 GPS 관련 사건에 대한 판결(시카고, 세인트루이스, 샌프란시스코)은 연방최고법원의 비판을 받았다. 어떤 판사는 자동차의 행적을 추적하는 것은 전혀 수색이 아니라고 주장했다. "부당한 수색"이라는 말은 정확성을 절실히 필요로 하는 모호한 구절임에 틀림없다. 이에 대한 개량적 정의가 머지않아 연방대심원으로부터 나올 가능성이 매우 높다.

과학의 영역에서 측정 단위의 모호성도 심각한 문제이다. 예를 들어, "마력(Horsepower)"이라는 단위는 모터의 힘을 나타내기 위해 사용되지만, 그 모호성 때문에 소비자들을 기만하는 경우가 생겨나기도 했다. 이런 문제를 해결하기 위하여 정확한 정의가 필요했다. 오늘날 "1마력"은 정확히 "550파운드의 무게를 1분에 1피트 들어올리는 힘"(745.7와트)으로 정의되고 있다. (실제 말 한 마리의 힘은 약 18,000와트로 추정되고 있다. 그러므로 200마력의 자동차는 대략 10마리 말의 힘을 가지고 있는 셈이다.)

"미터"는 국제적으로 인정되는 길이의 단위이다. 본래 그것은 지구의 극지에서 적도까지 거리의 1,000만 분의 1로 정의되었다. 그리고 그 길이는 플래티넘과 이리듐의 합금으로 된 금속막대기에 아주 정교하게 표시되어 프랑스 파리 근교의 지하동굴에 보관되어 있다. 그러나 과학적 탐구에는 더 정확한 정의가 필요하다. 오늘날 "미터"는 정확히 "진공에서 빛이 299,792,458분의 1초에 이동하는 거리"로 정의되고 있다. 이를 바탕으로, "리터"는 정확히 0.1m 정육면체의 용량으로 정의된다.

"마력"이나 "미터"의 경우와 같은 개념의 모호성은 일상적 용법에 호소해서는 제거되지 않는다. 일상적 용법은 충분할 만큼 정확하지 않기 때문이다. 만약 일상적 용법이 충분할 만큼 정확했다면, 그 개념은 모호하지 않았을 것이다. 그러므로 모호성이 제거되기 위해서는 주어진 정의에 대한 일상적 용법의 보고를 넘어서는 길뿐이다. 이런 정의를 개량적 정의라고 부른다.

개량적 정의는 약정적 정의나 사전적 정의와 다르다. 개량적 정의의 피정의항은 새로운 개념이 아니며, 모호하긴 해도 확정된 용법이 있는 개념이다. 이런 점에서 개량적 정의는 약정적 정의와 다르다. 그러므로 개량적 정의를 할 때 우리는 우리가 선택한 의미를 마음대로 피정의항에 부여할 수 없다. 우리는 가능한 한 확정된 용법에 충실해야 하지만 또한 기존의 개념을 좀 더 개량해야 한다. 개량적 정의는 결코 단순한 보고가 아니다. 피정의항의 모호성이 감소될 여지가 있다면, 언제든지 그 확정된 용법을 넘어서야 하기 때문이다.

어떻게 확정된 용법을 넘어서는가 — 어떻게 일상적 언어와의 간격을 메우는가 — 하는 것은 명백한 약정의 문제이다.

공소법원의 판사들은 일반적인 어떤 개념을 보다 명료하게 규정해야 할 경우가 있다. 그들이 내놓는 정의는 단순한 약정이 아니다. 왜냐하면 판사들이 확정된 용법을 넘어설 때는 왜 개량된 용법이 도입되었는가에 대한 이유를 밝힐 것이기 때문이다. 예를 들어, 미국 헌법 수정조항 4조는 "부당한 수색과 압류"를 금지하고 있으며, 부당한 압류를 통해 획득된 증거물은 대체로 법원에서 인정받지 못한다. 그러나 도대체 "압류"란 무엇인가? 어떤 용의자가 경찰에 쫓기면서 약봉지를 던졌으며, 그 약봉지는 압수당했다고 가정해 보자. 약이 압류당한 것인가? 이 문제를 해결하기 위해 연방대심원은 개량적 정의를 내렸다. 연방대심원의 결론에 따르면, 압류란 반드시 어떤 물리적 힘을 이용하여 행동을 구속하거나 아니면 정지시키기 위해 명령이나 지시와 같은 월권을 행사하여 이에 용의자를 굴복시켰거나 둘 중의 하나이다. 만약 용의자가 계속 뛰고 있었다면, 압류는 없었다. 경찰에게 쫓기는 동안 용의자가 버리고 간 것은 결코 압류의 결과일 수 없으며, 나중에 증거로서 인정될 수 있다.[7)]

상업이나 무역에서도 개념의 정확한 정의는 매우 중요하다. 예를 들어, SUV(sport utility vehicle)는 승용차인가 아니면 소형 트럭인가? "소형 트럭"에 적용되는 연료 소비기준은 "승용차"에 적용되는 기준에 비해 훨씬 느슨하다. 따라서 자동차 생산업체는 이러한 구분을 정확하게 규정하기 위해 정부가 사용하는 기준을 반드시 알아야만 한다.[8)]

법이 모호하여 법을 위반하고도 시민들이 그것을 확실히 인지하지 못하고 있는 것으로 보인다면, 법원은 그 법을 스스로 폐기해야 할 것이다. 연방대심원 판사 서드굿 마샬은 오래 전에 이미 법에 있어서 개량적 정의의 필요성을 역설했다.

> 법의 금지규정이 명확하게 정의되어 있지 않을 경우에는 모호성 때문에 하나의 입법이 무효로 된다는 것이 정당한 법적 절차의 기본 원리이다. 모호한 법은 여러 가지 중요한 가치에 위배된다. 첫째, … 우리는 법은 평범한 지능을 가진 사람에게 금지사항이 무엇인지를 알 수 있는 정당한 기회를 부여하며, 따라서 그는 그에 맞춰 행동할 수 있다고 주장한다. 모호한 법은 무고한 사람을 적정한 경고를 제공하지 않음으로써 궁지에 빠트릴 수 있다. 둘째, 임의적이고 차별적인

---

7) *California v. Hoary D.*, 499 U.S. 621(1991).

8) D. Hakim, "Government May Alter Line Between a Car and Truck," *The New York Times*, 25 March 2009.

> 집행을 예방하려고 한다면, 법은 그 법이 적용되는 사람들을 위해 분명한 기준을 제시해야만 한다. 모호한 법은 임의적이고 차별적인 적용이 수반하는 위험이 있음에도 불구하고 용납하기 힘들 정도로 즉석에서 주관적으로 문제를 해결하도록 경찰, 판사, 배심원단 등에게 기본적인 정책을 위임하고 있다. 셋째, … 모호한 법규가 수정 제1조의 기본 자유권과 맞닿아 있을 경우, 그것은 이와 같은 자유를 저해하게 된다. 예상대로 불확실한 의미들은 금지되는 영역의 경계가 명확하게 표시되는 경우에 비해 시민들을 "훨씬 더 광범위하게 불법적인 영역으로 몰고 갈 것이다."[9]

이 원칙은 연방법이 "외설적"이거나 "혐오스러운" 내용을 인터넷을 통해 전파하는 것을 불법으로 규정하는 것은 지나치게 모호하다고 하여 폐지했던 1996년에 적용되었다.[10] 이와 같은 모호성을 피하기 위해 법률 제정자들은 "정의항"을 가지고 있는 법령의 효력을 먼저 간단히 기술하는 경우가 많으며, 이를 통해 그 법령에서 중심이 되는 개념들의 정확한 의미가 상세하게 설명된다. 이와 마찬가지로, 노동고용계약에 있어서 근무처에 대한 합의사항을 명시하기 위해 사용되는 개념들은 세심하게 정의되어야 할 것이다. 개량적 정의는 널리 유용하게 쓰이는 개념적 도구이다.

D. 이론적 정의

과학과 철학에서 정의는 종종 어떤 이론의 압축된 요약이나 개요 구실을 한다. 이와 같은 정의가 결함이 있을 경우, 그것이 비판받는 이유는 그 정의가 정확하지 않아서라기보다는 충분하지 않기 때문이다. 결함이 있는 정의는 문제의 이론을 정확하게 요약한 것이 아니다.

예를 들어, 우리는 "행성"이라는 단어를 어떻게 정의해야 할까? 다년간 별다른 논란 없이 행성이란 단순히 태양 주위의 궤도를 돌고 있는 천체들이고, 태양계에는 아홉 개의 행성 — 그 중 특이한 궤도를 가진 명왕성이 가장 작고 특이한 물질로 구성되어 있으며, 태양으로부터 가장 멀리 떨어져 있다 — 이 존재한다고 여겨져 왔으며, 또한 모든 아이들이 그렇게 배웠다. 그러나 최근에 명왕성보다 큰 기묘한 모양의 또 다른 천체들이 태양 주위의 궤도를 돌고 있다는 것이 발견되었다. 이 천체들도 행성인가? 왜 아닌가? 기존의 정의는 개념적으로 불충분한 것이 되어 버렸다. 국제천문학연합(IAU) 내부에서 치열한 논란이 계속되다가, 최근에 "행성"에 관한 새로운 정의가 나왔다. 이 정의에 따르면 우리의

---

9) *Greyned v. City of Rockford*, 408 U.S. 104(1972).

10) *American Civil Liberties Union v. Reno*, 929 Fed. Supp. 824(1996).

태양계에는 다만 여덟 개의 행성이 존재할 뿐이다. 그리고 오늘날에는 (명왕성, 케레스, 에리스와 같은 천체들을 위해) "왜소행성"이라는 하나의 새로운 범주가 정의되었다. 기존의 발견과 새로운 발견을 함께 수용하면서, 전체 체계에 대한 일관되면서도 충분히 이해 가능한 설명을 유지해 나가는 정의가 필요했던 것이다. 이 정의는 2006년에 IAU에 의해 채택되었다. 행성은 "태양계 내의 천체"이며, 그것은 (1) 태양 주위의 궤도를 돌고, (2) 강체 힘을 이겨내어 유체 정역학적(流體靜力學的)인 균형 상태(거의 원에 가까운)를 유지할 수 있을 정도의 자체 중력을 위한 충분한 질량을 가지고 있으며, 그리고 (3) 그것의 궤도 주위가 깨끗하게 정리되어 있다. 태양계 외의 체계에서 새로운 정의가 요구하는 것은 다음이다. 즉, 천체는 (1) 별이나 항성 잔유물의 주위를 도는 궤도에 존재하고, 그리고 (2) 중수소의 열핵 융합을 위한 한계 질량을 가지고 있으며, 그리고 (3) 태양계의 행성으로서 요구되는 최소치 이상의 질량/크기이다.

이와 같은 논쟁에서 쟁점이 되는 것은 "행성"과 같은 어떤 단어의 용법뿐만이 아니다. 필요한 것은 개념이 중심 요소로 되어 있는 그 이론에 대한 포괄적인 이해이다. 이와 같이 보다 쉽게 이해할 수 있도록 요약한 정의를 우리는 **이론적 정의**(theoretical definition)라고 한다.

철학에서도 또한 이론적 정의가 추구되었다. 플라톤의 저서 『국가(*Republic*)』에서 소크라테스가 "정의(justice)"에 대한 올바른 정의를 구하고자 할 때, 그는 "정의"의 동의어 구실을 할 수 있는 일련의 말들을 단순히 찾았던 것은 아니다. 스피노자가 『에티카(*Ethics*)』에서 "구속"과 "자유"를 정의하려고 할 때, 그는 사람들이 이 말들을 어떻게 사용하는가를 조사하려고 한 것도 아니고, 또한 단순히 모호성을 제거하려고만 한 것도 아니다. 철학의 목표는 사전적 정의도 아니고 계량적 정의도 아니며, 그리고 분명히 약정적 정의도 아니다. 좀 더 깊이 있게 말한다면, 철학자들은 대개 인간의 덕에 대해 설명함으로써 우리가 여러 가지 올바른 행동의 형식들을 이해할 수 있도록 돕고자 한다.

이론적 정의에 대한 탐구는 여전히 설득력이 있다. "권리"란 무엇인가? 건강관리는 일종의 "권리"인가? 인간이 아닌 동물들은 권리를 가지고 있는가? 지도자를 일반 투표로 선출한다는 사실은 민주적인 정부를 만들기에 충분한가? 만약 충분하지 않다면, 어떤 다른 정치적 제도나 또는 민주적인 사회의 특징이 되는가? 이론적 정의는 어떤 영역에서 우리가 가지고 있는 종합적인 이해 능력의 산물이다.

E. 설득적 정의

지금까지 살펴본 네 가지 정의는 주로 언어의 정보적 용법과 연관되어 있다. 그러나 또한 정의는 때로는 감정을 표현하기 위해 사용되기도 하고 또 다른 사람의 행동에 영향을 미치기 위해 사용되기도 한다. 태도에 영향을 미치거나 또는 감정을 움직여서 논쟁을 해소하기 위해 제시되는 정의를 **설득적 정의**(persuasive definition)라고 한다.

정치적 논증에서 설득적 정의는 흔히 나타난다. 좌파 사람들은 "사회주의"를 "경제영역으로 확장된 민주주의"라고 정의한다. 우파는 "자본주의"를 "경제영역 안에서의 자유"라고 정의한다. 이들의 정의에는 분명히 감정적 언어의 지시적인 의도가 담겨 있다. 그러나 정확한 사전적 정의로 알려져 있는 표현에도 감정적인 색채가 교묘하게 주입될 수 있으며, 또 그 표현이 표면상으로는 사전적 정의인 것처럼 보이기도 한다. 우리가 좋은 추론과 나쁜 추론을 구별하려고 하는 것과 마찬가지로, 설득적 정의에 대한 경계를 결코 게을리 해서는 안 된다.

요약하자면, 우리는 정의가 사용되는 다섯 가지 방식을 구분했다. 그러므로 모든 정의는 그것이 지닌 중요한 기능에 따라 분류된다.

약정적 기능	사전적 기능	개량적 기능
이론적 기능	설득적 기능	

물론 어떤 정의는 한 가지 이상의 기능을 할 수도 있다. 약정적 정의는 말을 듣는 사람에게 교묘하게 영향을 미치려는 의도를 가질 수 있다. 사전적 정의는 어떤 문제를 보다 정확하게 논의하기 위해 객관적으로 사용될 수 있다. 언어가 언제나 그렇듯이, 여기서도 문맥이 매우 중요하다.

논리연습

A. 앞에서 설명한 다섯 가지 기능 각각에 대한 정의의 예를 찾아라. 그리고 그 각 경우에 정의가 어떤 목적에 기여하고 있는지 설명하라.

B. 다음을 논하라.

연방법은 마약 범죄와 관련하여 "화기를 사용하거나 소지한" 사람은 누구나 5년의 법정

징역형을 부과한다. 1998년 연방대심원이 이 문제에 직면했다. 즉, 총을 잠금장치가 된 사물함이나 트렁크에 넣고 차로 여행하는 것 — 사람이 총을 소지하고 있는 것이 아니다 — 은 저 법에서 말하는 "소지"에 해당하는가? 스티븐 브레이어 판사는 의회가 의도한 것은 인위적인 제한 없이 직접적으로 이용 가능한 저 말의 평범한 일상적 의미였다고 주장했다. 『로빈슨 크루소(*Robinson Crusoe*)』와 『모비 딕(*Moby Dick*)』을 인용하여, 그는 "차에 실어 나른다"는 것을 의미하는 "소지"의 일반적인 용법을 지적했다. 따라서 법정 징역형은 적절하게 부과되었다는 것이 그의 결론이었다. 루스 베이더 긴즈버그 판사는 브레이어 판사의 문학적 증거는 선별적이고 설득력이 없다는 판결을 내렸다. 브레이어 판사의 문학적 증거에 대응하여, 그녀는 연방법에서 "소지"라는 말을 "총을 사용하기 위해 손에 쥐고 있거나, 무기를 사용할 태세"라는 의미로 해석하는 것은 적절하다는 것을 입증하기 위해 루디야드 키플링의 텔레비전 시리즈 매시(*M*A*S*H.*)와 "말은 부드럽게, 징계는 엄하게"라는 테오도어 루즈벨트 대통령의 말을 인용했다 [Muscarello v. U.S., U.S. 96-1654 (1998)]. 이 논쟁에서 어느 쪽이 더 훌륭한 개량적 정의를 제시하고 있는가?

3.5 정의의 구조: 외연과 내포

정의는 개념의 의미를 진술하는 것이다. 그러나 개념의 문자적(또는 기술적) 의미를 자세히 보면 개념이 가지고 있는 의미에는 여러 가지 다른 뜻이 있다는 것을 알 수 있다. 이와 같이 구별되는 여러 가지 다른 의미를 가지고 있는 정의는 그것의 기능에 근거하여 분류되고 이해될 수 있을 뿐 아니라 또한 정의가 만들어지는 방식, 즉 그 구조에 따라 분류되고 또 이해될 수 있다는 것도 알 수 있다.

우리는 일반 개념 — 하나 이상의 대상에 적용될 수 있는 개념 — 에 초점을 맞추고 있으며, 이것은 추론에서 매우 중요하다. "행성"이라는 단어는 전형적인 일반 개념이다. 그것은 여러 대상에 적용될 수 있으며 수성, 금성, 지구, 화성, 목성, 토성, 천왕성, 해왕성 등에 대해 각각 동일한 의미로 적용된다. (그러나 명왕성에는 적용되지 않는다. 앞에서 설명했듯이 오늘날 명왕성은 IAU에 의해 "왜소행성"으로 분류된다.) "행성"이라는 말이 의미하는 것은 (어떤 의미에서는) 대상들의 집합이다. 행성의 집합이 그 개념의 의미, 즉 그것의 외연적 의미를 구성한다. 만약 내가 모든 행성은 타원형의 궤도를 갖는다고 주장한다면, 이것은 내가 부분적으로는 화성이 타원형의 궤도를 갖는다고 주장하는 것이고, 또 부분적으로는 금성이 타원형의 궤도를 갖는다 등등을 주장하는 것이다. "행성"이라는 일반 개념의 외연은 그 개념이 타당하게 적용될 수 있는 대상들이다. 일반 개념의 외연적 의미(또는 지칭적 의미)는 그 개념의 **외연**[extension, 또는 지칭(denotation)]을 이루는 대상들의 집합이다.

일반 개념의 의미를 이해하기 위해서는 그것을 타당하게 적용하는 방법을 알아야 한다. 그러나 그 개념을 타당하게 적용하기 위하여 그 개념이 적용될 수 있는 대상들을 모두 알아야 할 필요는 없다. 어떤 개념의 외연에 속하는 대상들은 모두 어떤 공통된 속성 또는 특성을 가지며, 이 공통적 속성 때문에 우리는 동일한 개념을 사용하여 그것들을 지칭할 수 있다. 만약 우리가 이러한 속성들을 알고 있다면, 우리는 그것의 외연을 몰라도 다른 측면에서 그 개념의 의미를 알 수 있다. 이 다른 측면에서의 의미는 어떤 대상에 대해 그것이 그 개념의 외연에 속하는지의 여부를 결정하는 기준을 가정하고 있다. 이 다른 측면에서의 의미를 내포적 의미(또는 함의적 의미)라고 부른다. 일반 개념이 가리키는 모든 대상들이 공유하는, 그리고 오직 그런 대상들만이 공유하는 일련의 속성들을 그 개념의 **내포**[intension, 또는 함의(connotation)]라고 한다.

모든 일반 개념은 내포적(또는 함의적) 의미와 외연적(또는 지칭적) 의미를 모두 갖는다. "마천루"라는 일반 개념을 생각해 보자. 이 개념은 "일정한 높이 이상의 모든 빌딩들"에게 적용되며, 저 말이 이 개념의 내포이다. 그리고 "마천루"라는 개념의 외연은 이 개념이 적용될 수 있는 대상들의 집합, 즉 뉴욕의 엠파이어 스테이트 빌딩, 시카고의 윌리스 타워, 상하이의 세계 금융센터, 쿨라룸푸르의 페트로나스 트윈 타워 등을 포함하는 집합이다.

어떤 개념의 외연은 그것의 내포에 의해 결정된다. "등변 삼각형"이라는 개념의 내포는 "길이가 같은 세 직선으로 둘러싸인 평면 도형"이라는 속성이다. "등변 삼각형"의 외연은 이런 속성을 가진 모든 대상들, 오직 그런 대상들만의 집합이다. 이와 같은 속성을 가진 대상들은 모두 저 집합의 원소들이기 때문에, 우리는 개념의 내포가 그것의 외연을 결정한다고 말한다.

하지만 그 역은 성립하지 않는다. 다시 말해서, 어떤 개념의 외연은 그것의 내포를 결정하지 않는다. "등각 삼각형"을 생각해 보라. 이 개념의 외연은 서로 다른 내포를 가질 수 있다. "등각 삼각형"의 내포는 같은 각을 이루면서 서로 만나는 세 직선으로 둘러싸인 평면 도형이라는 속성이다. 물론 "등각 삼각형"이라는 개념의 내포는 "등각 삼각형"이라는 개념의 외연과 정확히 일치한다. 그러므로 이 개념들 가운데 하나의 외연을 확인한다고 해도 그 집합의 내포가 확실해지는 것은 아니다. 내포는 결코 외연에 의해 결정되는 것이 아니다. 외연이 같은 개념들이 서로 다른 내포를 가질 수는 있지만, 서로 다른 외연을 가진 개념들이 동일한 내포를 가질 수는 없다.

어떤 개념의 내포에 속성이 더해지면 우리는 내포가 증가한다고 말한다. "사람"이라는 일반 개념에서 출발해 보자. 여기에 "살아있다"는 속성을 더하자. 그리고 "스무 살이 넘는다"라는 속성을 더하자. 또 "멕시코에서 태어났다"라는 속성을 더하자. 이와 같이 속성을 하나씩 더해 가면 내포가 늘어난다. 이제 개념의 내포는 "멕시코에서 태어난 스무 살이 넘은 살아있는 사람"이다. 그러므로 여기서는 이 개념들이 내포가 증가하는 순서대로 주어지고 있다. 그러나 그것들의 내포가 증가하면 외연은 감소한다. "살아있는 사람"의 수는 "사람"의 수보다 훨씬 적고, "스무 살이 넘은 살아있는 사람"은 더 적다.

그렇다면 외연과 내포는 항상 반대로 변하는 것일까? 그렇게 말하고 싶을지도 모르지만 사실은 그렇지 않다. 그 이유는 어떤 개념의 내포가 증가해도 그것의 외연에 영향을 미치지 않는 경우가 있기 때문이다. 다음과 같은 개념의 계열을 생각해 보자. 즉, "살아있는 사람", "살아있고 척추가 있는 사람", "살아있고 척추가 있으며 천 살 미만의 사람", "살아있고 척추가 있으며 천 살 미만이면서 의회 도서관의 책을 모두 읽지 않은 사람" 등등. 이 개념들은 분명히 내포가 증가하는 방향으로 배열되어 있지만, 그것들 각각의 외연은 전혀 감소하지 않고 정확하게 같다. 그러므로 우리는 다음과 같이 말할 수 있다. 즉, 만약 개념들이 내포가 증가하는 방향으로 배열되어 있으면, 외연은 증가하지 않는 순서로 배열될 것이다. 다시 말해서, 외연이 변한다면, 그것들은 내포와 역으로 변할 것이다.

주의할 것은 어떤 개념은 비어 있다는 사실이다. 명시된 속성을 가진 대상이 존재하지 않는다는 말이다. 그리스 신화에서 벨레로폰은 사자의 머리에 염소 몸통에 뱀 꼬리를 가진 불을 뿜는 괴물, 키메라를 퇴치했다. 우리는 "키메라(Chimera)"라는 개념의 내포는 잘 알고 있지만 그것의 외연은 없다.

의미가 외연을 지시하거나 내포를 지시할 수 있는 반면에 외연은 비어 있을 수 있다는 사실을 이용하는 논증도 있지만, 그것은 올바른 논증이 아니다. 다음을 보라.

> "신(God)"이라는 단어는 무의미하지 않다. 그러므로 그것은 의미를 가지고 있다. 그런데 "신"이라는 단어는 전능하면서 최고의 선인 존재를 의미한다. 따라서 최고의 선이면서 전능한 존재인 신은 반드시 존재한다.

"신"이라는 단어는 무의미하지 않으며, 따라서 그것의 의미인 내포가 있다는 것은 확실하다. 그러나 어떤 개념이 내포를 갖는다고 해서, 그 사실로부터 반드시 그것이 존재하는 어떤 대상을 지칭한다는 결론이 나오는 것은 아니다. 외연과 내포의 유용한 대조는 "존재론적 증명"으로 널리 알려져 있는 캔터베리의 성(聖) 안셀무스가 도입하여 역설한 적이 있었다. 그의 존재론적 증명은 방금 소개한 오류 논증과 비슷하다.

현대의 한 평론가도 유사한 방식으로 주장했다. 즉,

> 졸작이란 인간의 조건을 나타내고 또 그 조건에 흠집을 내는 천박함, 누추함, 열정, 시시함, 기만 등이 남긴 흔적이다. 저것이 바로 개념이 가리키는 지시 대상이 더 이상 존재하지 않기 때문에 개념 자체가 없어져버리는 그런 사태로 유토피아가 정의될 수 있는 이유이다.[11)]

이 글에서는 글쓴이가 의미와 지시 대상을 구분하지 않고 있다. 매우 많은 가치 있는 개념들 — 예컨대, 그리스 신화에 등장하는 인물들을 지칭하는 개념들 — 은 현존하는 지시 대상이 없지만 우리들은 그 개념들이 사라지는 것을 원하지 않는다. 내포는 있지만 외연이 없는 개념들도 매우 유용하게 쓰인다. 언젠가 유토피아가 되면, "졸작"과 "누추함"이 사라진 행운을 나타내고 싶을지도 모르지만, 그러나 그렇게 하기 위해서는 이런 말들을 유의미하게 쓸 수 있는 능력을 우리 스스로 갖추고 있어야 할 것이다.

이제 우리는 몇 가지 정의하는 방법을 설명하기 위하여 내포와 외연의 차이를 이용한다. 어떤 정의는 그 개념이 지시하는 대상들의 집합에 초점을 맞춤으로써 일반 개념에 접근한다. 또 어떤 정의는 그 집합을 결정하는 속성에 초점을 맞춤으로써 일반 개념에 접근한다. 앞으로 우리가 살펴보게 되겠지만, 이러한 접근들은 제각기 장단점을 가지고 있다.

논리연습

A. 다음의 개념들을 내포가 증가하는 순서로 배열하라.

1. 동물, 고양이과, 스라소니, 포유동물, 척추동물, 들고양이.
2. 청량음료, 음료수, 삼페인, 최상품 백포도주, 백포도주, 포도주.
3. 체육인, 구기 선수, 야구 선수, 외야수, 내야수, 유격수.
4. 치즈, 일용품, 림버거 치즈, 우유 제품, 연질 치즈, 강한 연질 치즈.

11) John P. Sisk, "Art, Kitsch and Politics", *Commentary*, May 1988.

5. 정수, 수, 양의 정수, 소수, 유리수, 실수.

B. 아래 단어들을 각각 다섯 단어씩 다섯 묶음으로 나누고, 내포가 증가하는 순서에 따라 배열하라.

수생 동물, 노역 동물, 음료수, 막걸리, 소주, 가축, 암망아지, 어류, 당나귀, 관상어, 망아지, 도구, 액체, 청량음료, 악기, 식용 어류, 평형사변형, 창고기, 다각형, 사각형, 직사각형, 정사각형, 스트라디바리우스, 현악기, 바이올린.

A. 외연적 정의와 지칭적 정의

지칭적 정의(denotative definition)는 정의되는 개념의 외연을 확인하는 방법을 이용한다. 어떤 개념의 외연을 설명하는 가장 분명한 방법은 그 개념이 지칭하는 대상들을 확인하는 것이다. 이것은 매우 효과적인 방법이지만 심각한 제약이 있다.

앞 절에서("등변 삼각형"과 "등각 삼각형"의 예에서) 보았듯이, 서로 다른 내포를 가진 두 개념이 동일한 외연을 가질 수 있다. 그러므로 우리가 어떤 일반 개념이 지칭하는 대상들을 모두 열거한다고 할지라도, 그것은 동일한 대상을 지칭하는 두 개념을 구별할 수 없을 것이다.

물론 하나의 집합에 속하는 모든 대상들을 열거하는 것은 대체로 불가능하다. "별(star)"이라는 개념이 지칭하는 대상들은 말 그대로 천문학적 수이다. 그리고 "수(number)"라는 개념이 지칭하는 대상들도 무한히 많다. 대부분의 일반 개념에 있어서도 완전한 열거는 사실상 불가능하다. 그러므로 지칭적 정의는 지칭된 대상을 부분적으로 열거할 수밖에 없는 제약을 안고 있다. 그리고 이런 한계 때문에 심각한 문제를 불러일으키기도 한다. 문제의 핵심은 다음이다. 즉, 한 집합의 부분적인 열거로 말미암아 일반 개념의 의미가 매우 불확실하게 된다.

어떤 대상은 매우 많은 속성을 가지고 있으며, 따라서 서로 다른 많은 일반 개념의 외연에 속한다. 그러므로 어떤 일반 개념의 사례로 제시된 대상이 매우 다른 내포를 가진 수많은 일반 개념의 사례가 될 수도 있다. 내가 "마천루"라는 개념을 설명하기 위하여 엠파이어 스테이트 빌딩을 예로 들 경우, 내가 지시할 수 있는 수많은 대상들이 존재한다. 설사 내가 두 가지, 또는 세 가지나 네 가지 예를 든다고 해도 동일한 문제가 발생한다.

내가 엠파이어 스테이트 빌딩과 함께 크라이슬러 빌딩과 트럼프 타워를 목록에 포함시킨다고 가정해 보자. 무엇이 내가 생각하고 있는 집합인가? 그것은 분명 마천루이지만, 또한 이것들은 모두 "20세기 최대의 건축물"이기도 하고, "맨해튼에 있는 부동산 가운데 비싼 것들", "뉴욕시에 있는 주요 지형지물"이기도 하다. 더욱이 이 일반 개념들 각각은 다른 개념들이 지칭하지 않는 대상을 지칭한다. 따라서 부분적 열거로써는 외연이 다른 개념들을 구별할 수 없다.

우리는 이러한 문제를 집합 원소들의 집단의 이름을 열거함으로써 해결하고자 한다. 부분집합의 정의라고 할 수 있는 이러한 방법은 가끔 완전한 열거가 가능하다. 따라서 우리는 "척추동물"을 "양서류, 조류, 어류, 포유류, 파충류"를 의미한다고 정의할 수 있다. 완전한 열거는 심리적인 만족은 줄 수 있지만, "척추동물"이라는 개념의 의미가 이와 같은 정의를 통해 완전하게 밝혀지지는 않았다.

일상적인 지칭적 정의처럼 정의되는 개념이 지칭하는 대상의 이름을 열거하거나 묘사하지 않고, 그 대상을 직접 가리킬 수도 있다. 이런 정의를 **명시적 정의**(ostensive definition) 또는 실증적 정의라고 한다. 예컨대, "'책상'이란 단어는 바로 이것을 의미한다"고 하면서 책상 쪽으로 손가락을 가리키는 것이 바로 명시적 정의이다.

명시적 정의는 지금까지 언급한 제약을 모두 가지고 있을 뿐 아니라 그 자체의 고유한 제약도 가지고 있다. 몸짓은 지리적 제약을 가지고 있다. 우리는 보이는 것만 지시할 수 있다. 내륙지방의 산골에서는 "바다"를 명시적으로 정의할 수 없다. 보다 중요한 것은 몸짓이라는 것이 본래 애매하다는 점이다. 책상을 가리키는 것이 책상의 한 부분을 가리키는 것일 수도 있고, 책상의 색깔이나 형태, 크기, 재료 등을 가리킬 수도 있다. 또 실제로는 전등이나 책상 뒤의 벽을 포함한 책상 방향에 있는 모든 것을 가리킬 수도 있다.

이러한 애매성은 때로는 정의항에 설명하는 말을 덧붙임으로써 해결될 수 있는데, 따라서 이것은 **준-명시적 정의**(quasi-ostensive definition)의 결과이다. 예를 들어, "'책상'이란 단어는 이 가구를 의미한다"고 하면서 적절한 몸짓을 보이는 것이다. 그러나 이와 같이 덧붙이는 것은 "가구"라는 말을 사전에 알고 있다는 것을 전제하며, 이는 명시적 정의가 기여하고자 했던 목적에 어긋난다. 명시적 정의는 우리가 단어의 의미를 처음 배우는 "기본적인"(또는 원초적인) 정의라고 주장하는 사람도 있다. 사실 우리는 정의에 의존하는 것이 아니라 관찰과 모방을 통해 언어를 처음 배운다.

이런 문제들 외에도 모든 지칭적 정의는 여러 가지 문제를 안고 있다. 지칭적 정의는 의미상으로는 완전할지라도 지칭하는 대상이 전혀 없는 단어는 정의할 수 없다. 우리가 유니콘은 존재하지 않는다고 말할 때, 우리가 주장하는 바는 "유니콘(unicorn)"이라는 개념은 지칭되지 않는다는 것, 다시 말해서 그것의 외연은 비어 있다는 것이다. 외연이 없는 개념들은 매우 중요하다. 그리고 이것은 외연에 의존하는 정의의 방법으로는 문제의 핵심에 도달할 수 없다는 사실을 입증하고 있다. "유니콘"은 외연을 갖지 않지만 분명히 무의미한 것은 아니다. 만약 "유니콘"이라는 개념이 무의미하다면, "유니콘은 존재하지 않는다"는 말도 역시 무의미할 것이다. 우리는 이 진술이 참이라는 것을 충분히 이해하고 있다. 의미는 외연보다는 내포와 더 관련이 있으며, 내포가 정의의 진정한 열쇠이다.

논리연습

C. 아래의 개념들을 예를 들어 정의하되, 예는 세 개씩만 열거하라.

1. 배우
2. 권투선수
3. 작곡가
4. 극작가
5. 원소
6. 꽃
7. 장군
8. 항구
9. 발명가
10. 시인

D. [논리연습] A에 주어진 각 개념에 대하여 여러분들이 예를 든 세 가지 사례로써 그 개념과는 다른 개념을 예증할 수 있는가?

B. 내포와 내포적 정의

때때로 "내포"라는 말 대신에 사용되는 개념이 "함의"이다. 그러므로 내포적 정의는 곧 함의적 정의이다. 여기서는 가급적 "함의"라는 단어의 사용을 피한다. 왜냐하면 일상 언어에서 어떤 개념의 함의는 그것의 감정적 및 기술적 의미까지 포함하는 그 개념의 전체적인 의미를 말하기 때문이다. 여기서 우리가 관심을 기울이는 것은 다만 정보적 의미이기 때문에 "함의"라는 개념은 일단 제쳐둔다. 그러므로 이 절에서는 "내포"와 "내포적"이라는 개념을 사용한다.

앞에서 말했듯이, 어떤 개념의 내포는 그 개념이 지칭하는 모든 대상들이 공유하는, 그리고 오직 그런 대상들만이 공유하는 속성들이다. 만약 "의자"라는 개념을 정의하는 속성들이 "하나의 높다란 자리가 있다"와 "등받이가 있다"라고 한다면, 모든 의자는 등받이가 있는 높다란 자리이며, 그리고 오직 의자만이 등받이가 있는 높다란 자리이다.

이와 같이 제한했음에도 불구하고, 내포는 반드시 구별되어야 할 세 가지 의미를 가지고 있다. 그것들은 곧 주관적 내포, 객관적 내포, 협약적 내포이다. 말하는 사람에게 있어서 어떤 단어의 **주관적 내포**(subjective intension)는 그가 그 단어에 의해 지칭되는 대상들이 가지고 있다고 믿는 모든 속성들의 집합이다. 이 집합은 개인마다 다르고, 또 동일한 사람에게도 시시각각 변한다. 그러므로 주관적 내포는 정의의 목적에 기여하지 못한다. 논리학자가 관심을 기울이는 것은 단어에 대한 사적인 해석이 아니라 공적인 의미이다. 단어의 **객관적 내포**(objective intension)는 그 단어의 외연에 속하는 모든 대상들이 공유한 특성들의 전체 집합이다. 따라서 동일한 둘레를 가진 다른 어떤 평면 도형보다도 넓은 영역을 둘러싸고 있다는 원의 속성은 "원"이라는 개념의 객관적 내포에 속한다. 그러나 이러한 원의 속성은 원이라는 단어를 사용하는 많은 사람들이 완벽하게 잘 알고 있는 속성이다. 일반 개념이 지칭하는 대상들이 공유하는 모든 속성들을 알기 위해서는 전능한 능력이 요구되는데, 그런 능력을 가진 사람은 아무도 없다. 그러므로 객관적 내포도 우리가 설명하려고 하는 공적인 의미는 아니다.

사람들은 서로 의사소통을 하며, 따라서 그들이 사용하는 개념을 이해한다. 그러므로 방금 설명한 그런 의미에서 주관적이지도 않고 또 객관적이지도 않은, 그야말로 공적으로 쓰일 수 있는 내포가 반드시 있어야 한다. 개념들이 영속적인 의미를 갖는 것은 어떤 대상이 그 개념의 외연에 속하는지 여부를 결정하기 위해 동일한 기준을 사용하기로 무언의 동의가 있기 때문이다. 일반적으로 중앙의 한 점에서 대등한 거리에 있는 점들로 이루어진 평면 곡선의 속성을 가진 사물을 원이라고 한다. 이 기준은 협약에 의해 확정되며, 그리고 이러한 의미는 "원"이라는 개념의 **협약적 내포**(conventional intension)이다. 정의의 목적에 비추어보면 이것은 내포가 가지고 있는 중요한 의미이다. 협약적 내포는 공적이지만, 그것을 사용하기 위해 전능한 능력을 요구하지는 않는다. 보통 "내포"라는 단어는 협약적 내포를 의미하며, 여기서 우리가 사용하는 이 말의 용법도 마찬가지다.

개념을 정의하기 위해 내포를 사용하려면 어떤 방법이 있을까? 흔히 쓰이는 몇 가지 방법이 있다. 가장 단순하면서도 가장 자주 쓰이는 방법은 정의되는 단어와 동일한 의미를 가지고 있고 또 그 의미가 이미 알려져 있는 어떤 다른 단어를 제시하는 것이다. 동일한 의미를 갖는 두 단어를 동의어라고 한다. 따라서 이런 방식의 정의를 **동의어적 정의**(synonymous definition)라고 말한다. 사전들, 특히 소형 사전들은 주로 이런 방식으로 개념을 정의한다. 이를테면 "격언"은 "속담"을 의미하는 것으로, 또 "수줍음"은 "부끄러움"을 의미하는 것으로 정의한다. 특히, 동의어적 정의는 어떤 단어의 의미를 다른 말로 설명하려고 할 때 유용하게 쓰인다. "채팅하다(chat)"라는 단어는 프랑스어 "cat"를 의미하고, "친구(amigo)"는 스페인어 "friend"를 의미한다, 등등. 외국어의 어휘에 대한 학습도 이 정의를 통해 이루어진다.

이것은 개념을 정의하는 훌륭한 방법이다. 이 방법은 쉽고 또 효과적이지만, 매우 심각한 한계를 지니고 있다. 정확한 동의어가 없는 단어들이 많으며, 따라서 동의어적 정의는 다소 부정확할 수도 있고, 또 잘못될 수도 있다. 어떤 언어를 다른 언어로 번역하는 것은 결코 완벽하게 그 원전에 충실할 수 없으며, 때로는 그 언어에 담긴 정신을 놓치거나 그 깊이를 전달하지 못하는 경우도 종종 있다. "번역은 곧 반역"이라는 이탈리아 속담은 이런 깨우침에서 나온 말이다.

동의어적 정의가 가지고 있는 더 심각한 한계는 바로 다음과 같은 것이다. 즉, 그 단어로써 전달하려는 개념의 내용이 정말로 이해되지 않을 경우, 모든 동의어는 말을 듣는 사람이나 글을 읽는 사람에게 피정의항 못지않게 어리둥절할 것이다. 그러므로 그 목적이 개량적 정의나 또는 이론적 정의를 구성하는 데 있을 경우 동의어는 사실상 무용지물이다.

기술 가능한 일련의 행위나 작업을 피정의항에 묶어주는 방법으로 개념의 내포를 설명할 수도 있는데, 이런 방식으로 얻어진 정의를 **조작적 정의**(operational definition)라고 말한다.

조작적 정의라는 개념은 노벨상 수상자인 물리학자 P. W. 브릿지맨이 그의 유명한 저서 『근대 물리학의 논리』(1927)에서 처음 사용했다.

예를 들어, 아인슈타인의 상대성이론이 성공적이라는 것을 알고 있다면, 시간과 공간은 더 이상 뉴턴이 정의했던 추상적인 방식으로 정의될 수 없다. 따라서 공간과 시간을 "조작적으로" — 즉, 우리가 거리와 지속을 측정할 때 실제로 시도되는 조작이라는 수단을 통해

— 정의하는 방법이 제시된 것이다. 어떤 개념의 조작적 정의는 다음과 같은 사실을 명시하고 있다. 즉, 어떤 경우에 일정한 조작을 수행했을 때 일정한 결과가 나타난다면, 그리고 오직 그런 때에만, 그 개념은 그 경우에 타당하게 적용된다. 길이를 나타내는 여러 수치들은 일정하게 측정하는 절차의 결과들을 참조하는 등 조작적으로 정의될 수 있다. 오로지 공적이고 반복 가능한 조작들만이 조작적 정의의 정의항으로 받아들여진다. 사회과학자들도 역시 이 방법을 이용해 왔다. 예를 들어, 일부 심리학자들은 "정신"과 "감각"에 대한 추상적 정의를 전적으로 생리학적 관찰이나 행동을 가리키는 조작적 정의로 대체하려고 했다.

모든 종류의 정의들 가운데서도 가장 널리 이용되고 있는 것이 **류와 종차에 의한 정의**(definition by genus and difference)이다. 이것은 일반 개념의 내포를 사용하는 모든 용법들 가운데서도 가장 중요하다. 그리고 단연코 이것은 개념을 정의할 때 필요로 하는 가장 흔한 방법이기도 하다. 따라서 우리는 류와 종차에 의한 정의와 그리고 이 정의를 올바르게 사용할 수 있도록 하는 규칙들을 상세하게 살펴보기 위하여 이 장의 마지막 절을 할애한다.

다음은 기능(다섯 가지)에 따른 정의의 종류들과 외연과 내포에 의해 개념을 정의하는 여섯 가지 방법들을 요약 정리한 것이다.

정의의 다섯 가지 유형		
1. 약정적 정의	2. 사전적 정의	3. 개량적 정의
4. 이론적 정의	5. 설득적 정의	

개념을 정의하는 여섯 가지 방법들	
A. 외연적 방법들	**B. 내포적 방법들**
1. 사례를 통한 정의	4. 동의어적 정의
2. 명시적 정의	5. 조작적 정의
3. 준-명시적 정의	6. 류와 종차에 의한 정의

논리연습

E. 아래 개념들 각각에 대해 동의어적 정의를 제시하라.

1. 부조리	2. 어릿광대	3. 공동묘지
4. 독재자	5. 독아론	6. 잔치
7. 다락방	8. 성급함	9. 젖먹이
10. 위험	11. 암소	12. 미궁
13. 거지	14. 초보자	15. 징조
16. 만병통치약	17. 사기꾼	18. 연단
19. 악당	20. 오두막집	

3.6 류(類, Genus)와 종차(Difference)에 의한 정의

류와 종차에 의한 정의는 정의되는 개념의 내포에 직접적으로 의존하며, 이것이 가장 도움이 되는 방식이다. 이 정의는 아주 흔하게 쓰이기 때문에, 이러한 유형의 정의를 바라보는 우리의 시선도 아주 친밀하다. 또한 류와 종차에 의한 정의를 분석적 정의라고 부르기도 한다.

앞에서 우리는 집합을 정의하는 속성들에 대해 언급했다. 보통 이러한 속성들은 복합적이다. 다시 말하면, 그것들은 둘 이상의 다른 속성들로 분석될 수 있다. 이와 같은 복합성과 분해 가능성은 집합의 견지에서 이해될 수 있다. 원소를 갖는 사물의 모든 집합은 부분집합들로 구분될 수 있는 원소들을 가지고 있다. 예를 들어, 모든 삼각형들의 집합은 공집합이 아닌 세 개의 집합, 즉 부등변 삼각형, 이등변 삼각형, 등변 삼각형으로 구분될 수 있다. 따라서 집합의 원소가 부분 집합으로 나뉠 수 있는 집합을 "류"라 하고, 그 부분집합들을 그 류의 "종"이라 한다. 여기서 말하는 "류"와 "종"이라는 개념은 "부모"와 "자식"처럼 상대적인 개념들이다. 동일한 인물이 자신의 아이들과의 관계에서는 부모가 되고, 또 자신의 부모와의 관계에서는 자식이 된다. 이와 마찬가지로, 하나의 집합은 그것의 부분집합들과의 관계에서는 류가 되고, 또 그것이 부분집합으로 되는 더 큰 집합과의 관계에서는 종이 된다. 그러므로 모든 삼각형들의 집합은 부등변 삼각형이라는 종에 대해서는 류이고, 다각형이라는 류에 대해서는 종이다. 논리학자들이 "류"와 "종"이라는 단어를 상대적인 개념으로 사용하는 것은 그것들을 확정된, 절대적 개념으로 사용하는 생물학자들의 용법과는 다르며, 결코 이 둘을 혼동해서는 안 된다.

집합은 공통된 특성들을 갖는 실재들의 묶음이다. 따라서 어떤 류의 원소들은 모두 공통되는 어떤 특성을 갖는다. 예컨대, 다각형이라는 류의 모든 원소는 직선으로 둘러싸인 평면 도형이라는 특성을 공유한다. 이 류는 서로 다른 종이나 부분집합으로 구분될 수도 있으며, 각 부분집합의 모든 원소는 또 하나의 다른 공통된 속성을 갖지만 다른 어떤 부분집합의 원소와도 그 속성을 공유할 수 없다. 다각형이라는 류는 삼각형, 사각형, 오각형, 육각형 등으로 구분된다. 다각형이라는 류의 각 종들은 나머지 다른 모든 종들과 구별된다. 육각형이라는 부분집합의 원소들이 다른 부분집합의 원소들과 다른 차이는 "정확히 여섯 변을 갖는다"는 것이다. 어떤 류의 모든 종들의 모든 원소들은 그것들을 류의 원소가 되게끔 하는 공통된 어떤 속성들을 갖는다. 그리고 어떤 종의 원소들은 그 류의 다른 종의 원소들과 구별되는 그 종만의 공통된 어떤 속성들도 갖는다. 다른 종과 구별되는 그 종만의 특성을 "종차"라고 한다. 여섯 변을 갖는다는 것은 다각형이라는 류의 다른 종들과 육각형이라는 종 사이의 종차이다.

따라서 육각형이라는 속성은 (1) "다각형이다"와 그리고 (2) "여섯 변을 갖는다"라는 속성으로 분해될 수 있다고 하겠다. "육각형"이라는 단어의 의미를 모르거나 또는 그 동의어의 의미를 모르지만, 그러나 "다각형", "변", "여섯"이라는 개념들의 의미를 알고 있는 사람에게 "육각형"이라는 단어의 의미를 류와 종차에 의한 정의라는 방법으로 다음과 같이 설명할 수 있다. 즉, 육각형이라는 단어는 "여섯 변을 가진 다각형"을 의미한다.

같은 방법을 사용하여 우리는 "소수"를 정의할 수 있다. 즉, 소수는 1과 그 자신 이외에는 약수가 없는 1보다 큰 자연수이다.

어떤 개념을 류와 종차에 의해 정의하기 위해서는 두 단계가 필요하다. 첫째, 반드시 하나의 류가 지칭되어야 한다. 여기서 류는 피정의항을 통해 지시되는 종을 부분집합으로 갖는 류를 말한다. 둘째, 반드시 종차가 지칭되어야 한다. 종차는 그 종의 원소들을 그 류에 속하는 다른 모든 종의 원소들로부터 구별해 주는 속성이다. 방금 말한 소수의 정의에서, 류는 1보다 큰 자연수의 집합, 즉 2, 3, 4, 등이다. 종차는 1과 그 자신 이외에는 약수가 없다는 성질이다. 이를테면 2, 3, 5, 7, 11 등등이다. 류와 종차에 의한 정의는 매우 정확하다.

류와 종차에 의한 정의는 이처럼 정확하고 여전히 아주 쓸모가 있지만, 이 정의에도 두 가지 제약이 있다는 것을 간과해서는 안 된다. 첫째, 이 방법은 복합적인 속성들(위에서 지적한 그런 의미의 복합적인 속성들)을 가진 개념들에만 적용될 수 있다. 만일 절대로 분해될 수 없는 어떤 속성들이 있다면, 그런 내포를 가진 단어는 류와 종차에 의해 정의될 수 없다. 어떤 사람들은 개별적 색채의 음영이 갖는 감각적 성질들이 이와 같은 의미의 단순하고 분해될 수 없는 속성들이라고 생각해 왔다. 실제로 그런 속성들이 있는지 여부는 아직 문제로 남아 있지만, 만약 있다면 그것들은 류와 종차에 의한 정의의 적용 가능성을 제한한다. 둘째, 개념의 속성들이 보편적일 경우 이 방법은 적용될 수 없다. "존재", "실재", "존재하는", "대상" 등과 같은 단어들은 류와 종차의 방법으로 정의될 수 없다. "실재"를 예로 든다면, 모든 실재의 집합은 더 큰 어떤 류에 속하는 하나의 종이 아니기 때문이다. 보편적인 집합(만약 하나가 있다면)은 그야말로 최고의 집합이자 최상의 류이다. "실체" 또는 "속성"과 같은 궁극적인 형이상학적 범주에 속하는 단어들에 대해서도 동일한 제약이 적용된다. 그러나 이런 제약들은 정의가 요구되는 대부분의 문맥에서는 심각한 장애가 아니다.

류와 종차에 의한 정의를 훌륭하게 잘 해내는 것은 결코 쉬운 일이 아니다. 이를 위해서는 생각을 통해 문제가 되는 개념의 가장 적절한 류를 선택하고 또 가장 쓸모가 있는 종차를 가려내야 한다. 그것들이 특히 사전적 정의에 적용될 때, 제시된 류와 종차에 의한 정의를 평가하려면 전통적으로 지켜 온 다섯 가지 훌륭한 규칙들이 있다.

규칙 1: 정의는 반드시 종의 본질적 속성을 진술해야 한다.

앞에서 우리는 어떤 개념의 협약적 내포를 주관적 내포와 객관적 내포로부터 구별했다. 어떤 개념을 보통 그것의 속성으로 인식되지 않는 어떤 속성을 사용하여 정의하는 것은 비록 그 속성이 그 개념의 객관적 내포에 속하는 것일지라도 이 규칙의 정신에 위배되는 것이다. 이 규칙을 논리적인 용어로 표현하면 다음과 같다. 즉, 정의는 반드시 정의되는 개념의 협약적 내포를 진술해야 한다.

어떤 개념의 협약적 내포가 언제나 그 개념에 의해 지칭되는 대상의 본질적인 성질은 아니다. 그것은 그 대상의 기원과 관계할 수도 있고, 또는 정의된 그 집합의 원소들이 다른 대상들과 갖는 관계일 수도 있으며, 또는 그 집합의 원소들이 흔히 쓰이는 용도일 수도 있다. 그러므로 수많은 바이올린을 지칭하는 "스트라디바리우스 바이올린"이라는 개념은 실제로 그것이 지닌 물리적 특성을 협약적 내포로 갖는 것이 아니라, 오히려 안토니오 스트라디바리의 크레모나 공방에서 제작된 바이올린이라는 속성을 협약적 내포로 갖고 있다. "통치자들"이나 "국회의원들"의 본질적인 속성들은 다른 모든 사람들과 신체적으로나 정신적으로 전혀 다를 것이 없지만, 그러나 그들은 다른 시민들과 특수한 관계를 맺고 있다. 형태나 재료를 어떤 집합의 종차로 활용하는 것은 정의를 구하는 좋은 방법이 아니다. 예를 들어, 신발의 재료가 가죽이라는 것은 "신발"의 본질적인 속성이 아니다. 신발의 정의에서 중요한 것은 발의 외피를 보호하는 것이라는 그것의 용도이다.

규칙 2: 정의는 순환적이어서는 안 된다.

만일 피정의항 자체가 정의항에 나타난다면, 이 정의는 정의되는 개념의 의미를 이미 이해하고 있는 사람에게만 그 의미를 설명할 수 있다. 그러므로 만일 정의가 순환적이라면, 피정의항을 설명하려는 정의의 목적을 실현할 수 없다.

도박에 관한 어떤 책에 이 두 번째 규칙을 위반한 내용이 담겨 있다. 즉, "의무적인 도박자는 의무적으로 도박하는 사람이다."[12] 또 다른 예를 든다면, 해박한 과학자의 의학 논문집에 실린 논문에서도 순환적 정의의 실수를 범하고 있다. 다음 글을 보라.

> 이 논문은 스트레스를 특수한 형태학적, 생화학적, 생리학적 변화 또는 스트레스가 많은 사건이나 스트레스를 유발하는 행위에 대한 반응에서 유기체가 경험하는 행동의 변화로 정의한다.[13]

류와 종차에 의한 정의를 적용할 때, 피정의항의 동의어를 정의항에 사용하는 것을 배제하는 순환 규칙을 피해가는 경우도 있다. 예를 들어, "사전(lexicon)"을 "사전(dictionary)"의 형식으로 단어들을 모아 편집해 놓은 것"으로 정의하는 데는 별 문제가 없다. 만약 "사전(dictionary)"이라는 동의어를 이해하고 있는 것으로 가정하면, 보다 강력하긴 하나 훨씬 복잡한 류와 종차에 의한 정의의 방식에 의존할 필요도 없이, "사전(lexicon)"에 대한 동의어적 정의를 곧바로 제시할 수 있을 것이다. 이와 마찬가지로, 피정의항의 반의어도 또한 제외되어야 한다.

규칙 3: 정의는 지나치게 넓거나 지나치게 좁아서는 안 된다.

이 규칙은 이해하기는 쉬우나 지키기는 어렵다. 물론 우리는 정의항이 피정의항에 의해

12) Jay Livingston, *Compulsive Gamblers*(New York: Harper & Row, 1974), p. 2.

13) W. H. Voge, "Stress—The Neglected Variable in Experimental Pharmacology and Toxicology," *Trends in Pharmacological Science*, January 1987.

지칭되는 것 이상을 지칭하거나 또는 그 이하를 지칭하기를 바라지 않지만, 실수가 종종 일어난다.

아테네의 아카데미에서 플라톤의 후학들이 많은 정열과 시간을 낭비하고서야 마침내 "사람"이라는 단어를 "털 없는 두 발 짐승"으로 정의했을 때, 디오게네스가 털을 뽑은 닭을 아카데미의 담 너머로 던져 넣으면서 그들을 비판했다. 털 없는 두 발 짐승이었지만, 그것은 사람이 아니었다. 정의항이 지나치게 넓었던 것이다. 아카데미의 학도들은 "사람"에 대한 정의를 좁히기 위하여 정의항에 "넓은 손톱을 지니고 있다"는 속성을 덧붙였다고 한다.

정확하게 올바른 범위를 가진 정의항을 발견하거나 구성하는 것은 사전편찬자가 할 일이고 또 때로는 매우 도전적인 일이지만, 그러나 만약 피정의항의 본질이 정의항에 진술되어야 한다는 [규칙 1]이 제대로 지켜지면 자연히 [규칙 3]을 따른 것이 될 것이다. 왜냐하면 개념의 약정적 내포는 지나치게 넓을 수도 없고 지나치게 좁을 수도 없기 때문이다.

규칙 4: 정의에는 애매하거나, 모호하거나, 비유적인 언어가 사용되어서는 안 된다.

정의항이 애매하면 정의가 피정의항을 설명하려는 기능을 제대로 수행할 수 없다는 것은 분명하다. 모호한 개념들도 또한 정의의 목적에 벗어난다. 하지만 모호성은 상대적인 문제이다. 초보자에게는 모호하지만 그것이 전문가에게는 아주 익숙한 것일 수 있기 때문이다. "4극 진공관 오실레이터"의 정확한 의미는 "부저항의 전압 전류 곡선을 이용하여 교류 전류를 만들어내는 발전 회로"이다. 일반 사람들에게는 이 정의가 아주 모호할 수 있지만, 전기공학도들은 이 정의에 쓰인 말을 충분히 이해할 수 있다. 이 정의가 기술적인 성격을 띠는 것은 불가피하다. 그러나 비전문적인 정의에 모호한 언어를 사용하는 것은 모르는 말을 더 모르는 말로 설명하는 것이며 백해무익하다. 사무엘 존슨 박사는 그의 저서 『영어 사전』(1755)에서 "그물"을 "교선들 사이에 망상 모양이나 직각으로 교차된 형태로 조직된 구멍을 가지고 있는 것"이라는 의미로 정의했다. 이 또한 정의에 모호한 말을 사용한 대표적인 예이다.

또 다른 종류의 모호성은 정의항의 언어가 은유적일 때 발생한다. 비유적인 언어는 정의되는 개념에 대한 "감정"이나 "느낌"을 전달할 수는 있지만, 그 개념을 명확하게 설명할 수는 없다. 만약 우리가 빵은 "생명의 양식"이라는 말만 듣는다면, 우리는 "빵"이라는 단어의 의미를 배우지 못한다. 앰브로즈 비어스의 『악마의 사전』(1911)은 재치있는 정의를 수집한 책이지만, 그 정의들 중 대부분이 냉소적이다. 비어스는 "거짓말(fib)"을 "이빨을 날카롭게 세우지 않는 거짓말(a lie that has not cut its teeth)"로 정의했으며, 또 "웅변"을 "속임수로 이해 능력을 빼앗기 위해 벌이는 말과 행동 간의 공동 모의"라고 정의했다. 이러한 정의들은 통찰력 있고 재미있기는 하지만, 정의되는 개념에 대한 진지한 설명은 아니다.

규칙 5: 정의는 그것이 긍정적일 수 있을 경우 부정적이어서는 안 된다.

정의는 어떤 개념이 무엇을 의미하는가를 제시하려고 하는 것이지, 그것이 의미하지 않는 것이 무엇인가를 제시하는 것이 아니다. 대부분의 개념들은 그것들이 의미하지 않는 대상들이 너무 많아서 하나의 정의 안에 그 많은 것을 모두 담을 길이 없다. "침대도 아니고 의자도 아닌 가구의 일종"이라는 말은 침상을 정의하는 것이 아니다. 또한 저것은 옷장을 정의하는 것도 아니다. 우리는 피정의항이 갖지 않은 속성들보다는 피정의항이 가지고 있는 속성들을 확인할 필요가 있다.

물론 본질적으로 부정적인 개념들이 있으며, 따라서 그것들은 부정적인 정의를 요구한다. "대머리"라는 단어는 "사람의 머리에 머리카락이 없는 상태"를 의미하고, "고아"는 "부모가 없는 아이"를 의미한다. 때로는 긍정적인 정의와 부정적인 정의가 같이 쓰일 수도 있다. 우리는 "술고래"를 "술을 지나치게 많이 마시는 사람"으로 정의할 수 있을 뿐 아니라 또한 "술을 절제하지 않는 사람"으로 정의할 수도 있다. 이와 같이 부정적인 것이 본질적인 속성들을 명시하는 데 적절하게 사용되고 있는 경우에도, 먼저 류가 반드시 긍정적으로 언급되어야 한다. 때로는 그 류의 다른 종들을 모두 기각함으로써 그 종의 특성이 정확하게 묘사될 수도 있다. 하지만 이것이 가능하도록 류의 종이 극소수인 경우는 극히 드물다. 예를 들어, 만약 우리가 "부등변" 삼각형을 "이등변 삼각형도 아니고 등변 삼각형도 아닌 삼각형"이라고 정의한다면, [규칙 1]의 정신을 겨우 지킬 수 있다. 왜냐하면 그것은 그 집합이 가지고 있는 본질적인 속성이기 때문이다. 그 본질적인 속성은 "부등변을 가지고 있다"는 것이고, 이는 이등변 삼각형을 가장 잘 정의하는 것이다. 일반적으로 긍정적인 정의가 부정적인 정의보다 훨씬 더 선호된다.

요약하자면, 내포적 정의들, 그 중에서도 특히 류와 종차에 의한 정의는 정의가 추구하는 어떤 목적에도 기여할 수 있다. 정의는 애매성을 제거하고, 모호성을 줄이고, 이론적 설명을 제공하는 데 도움을 줄 뿐 아니라, 심지어 태도에 영향을 미치기 위해서도 쓰일 수 있다. 또한 정의는 어휘를 늘리고 풍부하게 하기 위해서도 자주 쓰인다. 대부분의 정의의 목적에서, 내포적 정의들은 외연적 정의에 비해 훨씬 뛰어나며, 그리고 모든 내포적 정의들 가운데서도 류와 종차에 의한 정의가 대체로 가장 효과적이고 유용하다.

논리연습

A. 적절한 류와 종차(오른쪽 칸)를 연결하여 피정의항의 개념들(왼쪽 칸)에 대한 정의를 만들어 보라.

피정의항		정의항	
		(류)	**(종차)**
1. 연회	11. 어린 양	1. 자식	1. 여성
2. 소년	12. 암말	2. 말	2. 남성
3. 형제	13. 난쟁이	3. 남자	3. 매우 큰
4. 아이	14. 어머니	4. 음식	4. 매우 작은
5. 망아지	15. 작은	5. 부모	5. 어린
6. 딸	16. 숫양	6. 양	
7. 암양	17. 자매	7. 동기	
8. 아버지	18. 간단한 식사	8. 여자	
9. 거인	19. 아들	9. 사람	
10. 소녀	20. 종마		

B. 류와 종차에 의한 정의의 규칙에 따라 다음을 비판적으로 검토하라. 그리고 문제점(또는 문제점들)을 밝혀냈다면, 위반한 규칙(또는 규칙들)을 말하라. 만약 그 정의가 지나치게 좁거나 넓다면 그 이유를 설명하라.

1. 천재는 타고난 재능을 가지고 다른 사람들의 삶에 좋은 영향이나 또는 나쁜 영향을 미치는 사람이다.

—자클린 뒤 프레, 『자클린 뒤 프레: 그녀의 삶, 그녀의 음악, 그녀의 전설』

2. 지식은 참된 의견이다.

—플라톤, 『테아이테투스』

3. 인생이란 충분한 전제로부터 충분한 결론을 이끌어내는 기술이다.

—새뮤얼 버틀러, 『노트북』

4. "토대"는 토대로서의 역할을 하고 있는 것을 의미한다.

—성유식론, 펑유란의 『중국철학사』

5. 변화는 자기 동일적으로 존재하는 것 안에서 모순적으로 대립하는 결정들의 조합이다.

—칸트, 『순수이성비판』

6. 정직은 속이려는 의도가 없는 마음의 상태이다.

7. 위선은 덕에 대한 악의 존경이다.

—프랑수와 라 로슈푸코, 『회상록』

8. 가장 일반적으로 이해하는 "물체"라는 단어는 일정한 공간을 가득 채우거나 점유한 것, 또는 마음속에 그려진 위치를 의미한다. 그리고 그것은 상상력의 소산이 아니라 우리가 우주라고 부르는 것의 실재적인 한 부분이다.

—홉스, 『리바이어던』

9. 고문은 "어떤 사람 또는 제3자로부터 정보나 자백을 얻어낼 목적으로 그 사람에게 극심한 고통이나 괴로움이 가해지는 행동"이다.

—United Nations Convention Against Torture

10. "원인"은 결과를 낳는 어떤 것을 의미한다.

11. 전쟁은 자기 욕구를 충족시키려고 상대방의 복종을 강요하는 폭력적 행위이다.

—카를 폰 클라우제비츠, 『전쟁론』

12. 비옷은 물을 막는 합성수지로 된 겉옷이다.

13. 모험은 위험한 것이다.

—*Safety with Beef Cattle*

14. 재채기는 코를 통해 바람을 소리가 나게 내뿜는 것이다.

—사무엘 존슨, 『영어사전』

15. 지겨운 사람은 내가 말하고 싶을 때 들어주지도 않고 이야기하는 사람이다.

—앰브로즈 비어스

16. 예술은 인간에게 일어나는 최고의 훌륭한 느낌을 다른 사람에게 전하는 것이 목적인 인간 행위이다.

—톨스토이, 『예술이란 무엇인가?』

17. 살인은 건전한 기억과 분별 있는 사람이, 겉으로든 속으로든 간에, 미리 악의를 가지고 태평성대에 불법적으로 이성적 존재를 살해하는 것이다.

—에드워드 코크, 『영국법 제요』

18. 구름은 양털 같은 조직의 거대한 반투명체로서 대기 중에 떠 있으며, 그 형태는 끊임없이 만화경처럼 변한다.

—U. T. 플레이스, *The British Journal of Psychology*

19. 선택의 자유, 그것은 둘 이상의 참된 대안이나 가능성에서 선택하는 인간의 능력이다. 그러나 과거와 현재의 여건 때문에 그 선택은 언제나 제한되어 있다.

—콜리스 라몬트, 『선택의 자유』

20. 건강이란 단순히 질병이 없거나 허약하지 않은 것만이 아니라, 완전한 육체적, 정신적, 사회적 웰빙 상태이다.

—세계보건기구헌장

21. 분석이라는 말은 사물 속에 내재하는 모순을 분석해 내는 것을 의미한다.

—마오쩌둥, 『모주석 어록』

22. 소음은 반갑지 않은 신호이다.

—빅터 E. 라고신, *Scientific American*

23. 설명하는 것은 벌거벗은 실체 그 자체를 보기 위하여 베일처럼 실체를 가리고 있는 현상을 벗기는 것이다.

—피에르 뒤엠, 『물리이론의 목적과 구조』

24. 주공, 나에게 지식이란 무엇이냐고 물으셨지요? 주공께서 어떤 것을 알고 있으면 알고 있다는 것을 스스로 인정하고, 또 어떤 것을 모르고 있으면 모르고 있다는 것을 스스로 인정하는 것, 이것이 바로 지식입니다.

—공자, 논어

25. 나는 정치적 정당성을 독단적인 상대주의의 한 형식이라고 정의한다. 이는 전통에

대한 신봉자들처럼, 객관적 진리에 대한 신념에 따르는 것으로 여겨지는 입장들을 용납하지 않는다.

—필립 디바인, *Procedings of the American Philosophical Association*

C. 아래의 정의들을 논하라.

1. 신앙은 소망하는 바의 실체이며, 보이지 않는 것에 대한 증거이다.

—히브리서, 11:1

2. 신앙이란 당신이 참이 아니라는 것을 알면서도 그것을 믿는 경우이다.

—윌리엄 제임스, 『신앙을 향한 의지』

3. 신앙을 간단히 정의하면 사실 같지 않은 일이 일어날 것이라는 터무니없는 믿음이다.

—H. L. 멩켄, 『편견』

4. 시는 사물을 표현하는 방식 중에 그야말로 가장 아름답고, 가장 감동적이고, 또 가장 널리 영향을 미치는 방식이다.

—매튜 아놀드

5. 시는 가장 행복하고 가장 좋은 정신의 가장 행복하고 가장 좋은 순간에 대한 가장 뛰어난 기록이다.

—퍼시 셸리, 『신의 변호』

6. 개(dog), 명사. 전 세계의 예배 행위의 범람과 과잉을 포착하기 위하여 고안된 일종의 추가적이거나 부수적인 신.

—앰브로즈 비어스, 『악마의 사전』

7. 양심은 누가 자신을 보고 있다고 경고하는 자기 마음의 목소리이다.

—H. L. 멩켄

8. 채권은 미래에 돈을 돌려준다는 합법적인 계약이다.

—알렉산드라 레벤탈

9. "참"을 아주 간단히 정의하면, "옳음"이 우리 행동 방식의 효용성일 뿐이듯이, 그것은 우리 사고방식의 효용성일 뿐이다.

—윌리엄 제임스

10. 자만심으로 가득하다는 것은 자신의 우월함을 자랑하고, 남의 결점을 동정하거나 비웃으며, 실없는 성취감으로 백일몽에 잠겨 한창 시절을 회고하고, 못마땅한 자신의 모습이 비치는 대화에 성급하게 싫증내며, 유명 인사와의 교제에는 발이 닳도록 좇아 다니지만, 무명 인사와의 접촉은 꺼리는 등의 경향이 있다는 것이다.

—길버트 라일, 『마음의 개념』

11. 경제학은 사회에서 인간의 경제 활동에서 발생하는 현상을 다루는 학문이다.

—케인스, 『정치경제학의 범위와 방법』

12. 정의란 자기 자신의 일을 하는 것이지, 쓸데없이 참견하는 것은 아니다.

—플라톤, 『국가』

13. 전설에 따르면, 유명한 경제학자 존 메이너드 케인스는 대학교육은 "이해할 수 없는 것에 대해 무관심하도록 무능을 통해 설득시키는 것"이라는 말을 즐겨 썼다고 한다.

14. 선에 대해서 우리가 확실히 알고 있는 것은 그것이 우리에게 유용하다는 것이다.

—스피노자, 『윤리학』

15. 내 생각에, 정치적 권력이란 소유를 규제하고 보장하기 위해 사형을 비롯한 모든 형벌을 법률로 제정하는 권리이며, 또 그 법을 집행하고 외국의 침략으로부터 국가를 방어하는 등 오직 공익을 위해 공동체의 힘을 사용하는 권리이다.

—존 로크, 『시민정부론』

16. 그렇다면 믿음은 무엇인가? 그것은 지성적 생활이라는 교향곡의 한 악절을 마무리하는 반 종지법이다.

—찰스 샌더스 퍼스

17. 엄밀히 말한다면, 정치적 권력은 다른 계급을 억압하기 위한 특정 계급의 힘이다.

—마르크스, 『공산당선언』

18. 다른 사람의 불행을 슬퍼하는 것이 연민이며, 그리고 같은 불행이 자신에게도 닥칠 수 있다고 상상하는 데서 연민이 발생한다.

—홉스, 『리바이어던』

19. 우리가 알기로 모든 사람들이 말하는 정의라는 것은 사람들을 정의로운 성품을 갖도록 하고, 정의롭게 행동하도록 하며, 정의로운 것을 갈망하도록 하는 품성이다.

—아리스토텔레스, 『니코마코스 윤리학』

20. 탐구는 어떤 불확정적인 상황을 마치 원래 상태의 요소들을 통일된 전체로 개조하듯이 그것의 구성 요소들과 여러 관계들 속에서 확정적 상황으로 변형하는 것이다.

—존 듀이, 『논리학: 탐구의 이론』

21. 광신자는 자신의 마음을 변화시킬 능력이 없는 것과 동시에 주제를 바꾸려고 하지 않는 사람이다.

—윈스턴 처칠

22. 애석함은 사람들이 현재를 과거와 비교할 때 느끼는 고통이다.

—리처드 고티, *Bottom Line Personal*

23. 우리는 소망이 다양하게 더 넓어지기를 바라고, 소망의 정도는 더 깊어지기를 바라며, 그리고 소망이 더 강하게 지속되기를 바라는바, 우리가 바라는 모든 소망이 충족되는 것을 행복이라 한다.

—칸트, 『순수이성비판』

24. 비극은 심각하고 완전하며 일정한 크기가 있는 하나의 행동의 모방이며, 그 여러 부분에 따라 아름답게 꾸민 언어로 되어 있고, 이야기가 아닌 극적 연기의 방식을 취하며, 연민과 두려움을 일으켜서 그런 감정들의 카타르시스를 행하는 것이다.

—아리스토텔레스, 『시학』

25. 선전은 당신을 신중한 결론보다는 오히려 지나치게 단순한 결론으로 이끌기 위해 고안된 조작이다.

—앤서니 프라트카니스, *The New York Times*

26. 종종 찬사를 자아내게 하는 여성의 직감은 결국 행동의 아주 사소한 측면을 주시하는 능력이자 또한 논리적으로 검증될 수 없는 경험적 결론을 만들어내는 능력일 뿐이다.

—저메인 그리어, 『거세된 여자』

27. 페티시는 대상인 체하는 이야기이다.

—로버트 스톨러

28. 종교는 어떻게 공동체가 "가능성에 대한 넘어설 수 없는 거부"에 직면할 때 그것이 어떻게 처신해야 하는가를 주로 "commissive"의, "behabitive"의, "exercitive"의 양식

으로 나타내는 인간의 완벽한 의사소통의 체계(또는 삶의 양식)이다.

—제럴드 제임스 라손, *Journal of the American Academy of Religion*

29. 영국의 유명한 시인인 로버트 프로스트는 자유주의자를 논쟁에서 자기 편에 대한 지지를 거부할 수 있는 사람으로 정의하곤 했다.

—*The Economist*

30. 말의 의미는 의미의 설명을 통해 설명되는 것이다.

—루드비히 비트겐슈타인, 『철학적 탐구』

제3장 요약

이 장에서 우리는 언어의 용법과 정의에 대해 살펴보았다.

- 3장 1절에서는 언어의 중요한 세 가지 용법—정보적 용법, 표현적 용법, 지시적 용법—과 다소 덜 쓰이는 두 가지 용법 — 의례적 용법, 수행적 용법 — 을 알아보았다.
- 3장 2절에서는 단어의 감정적 의미와 중립적 의미를 살펴보았다. 앞에서 설명했듯이, 논쟁은 사실에 관한 신념의 불일치로 말미암아 일어나거나 또는 사실에 대해 의견은 일치하면서(또는 불일치하면서) 그 사실에 대한 태도의 불일치로 말미암아 일어날 수 있다. 그리고 우리는 논리적 담론에서 언어의 중립적인 사용이 중요하다는 것을 강조했다.
- 3장 3절에서는 애매한 개념들은 어떤 문맥에서 한 가지 이상의 구별되는 의미를 갖는 개념들이라고 설명했다. 우리는 서로 다른 세 가지 논쟁을 구분했다. 즉, 태도나 신념의 불일치로 인해 일어나는 진정한 논쟁, 애매한 개념들의 용법을 확인하지 않은 데서 비롯되는 단순한 언어상의 논쟁, 그리고 표면상으로는 언어적이지만 실제로는 진정한 논쟁 등이다. 세 번째 논쟁의 경우 애매성이 제거된 다음에도 진정한 불일치는 여전히 남는다.
- 3장 4절에서는 피정의항(정의되는 기호)을 정의항(피정의항의 의미를 설명하기 위해 사용되는 기호 또는 기호들)으로부터 구별하면서 정의에 대한 논의를 시작했다. 우리는 정의를 그 기능에 따라 다섯 가지로 구분했다. 즉, (1) 약정적 정의, 이를 통해 어떤 개념에 의미가 부여된다. 따라서 약정적 정의는 참 또는 거짓일 수 없다. (2) 사전적 정의, 이것은 그 개념이 이미 가지고 있는 의미를 보고하는 것이다. 따라서 사전적 정의는 참 또는 거짓일 수 있다. (3) 개량적 정의, 개량적 정의의 목적은 모호성과 애매성을 제거하는 데 있다. (4) 이론적 정의, 이것의 목적은 어떤 지식에 대한 우리의 이해를 요약하는 데 있다. (5)

설득적 정의, 이 정의의 목적은 행동에 영향을 미치는 데 있다.

- 3장 5절에서는 처음으로 일반 개념의 외연, 즉 그 개념에 의해 지칭되는 대상들과 그 개념의 내포, 즉 그 개념이 가리키는 집합의 모든 원소들이, 그리고 오직 그것들만이 공유하는 속성을 구분하면서 정의의 구조를 설명했다. 우리는 세 가지 외연적 정의를 설명했다. 즉, 그 개념에 의해 지칭되는 대상들에 대한 사례를 열거하거나 제시하는 사례를 통한 정의, 정의되는 개념의 외연을 몸짓을 통해 가리키거나 지적하는 명시적 정의, 그리고 손을 가리키거나 몸짓이 이미 알고 있는 것으로 가정되는 의미의 설명과 함께 이루어지는 준-명시적 정의 등이다.

  우리는 또한 세 가지 내포적 정의에 대해서도 설명했다. 즉, 동의어적 정의, 이는 정의되는 단어와 동일한 의미를 가지고 있고 또 그 의미가 이미 알려져 있는 어떤 다른 단어를 제시하는 것이다. 조작적 정의, 이는 어떤 경우에 일정한 조작을 수행하면 일정한 결과가 나타날 때, 그리고 오직 그런 때에만 어떤 개념이 그 경우에 타당하게 적용된다는 것을 진술한다. 그리고 3장 6절에서 상세하게 설명하고 있는 류와 종차에 의한 정의이다.

- 3장 6절에서는 류와 종차에 의한 정의를 자세하게 살펴보았다. 우리는 먼저 피정의항이 가리키는 종들을 부분집합으로 갖는 류를 확인하고, 그 다음 그 종의 원소들을 그 류의 다른 모든 종들의 원소들로부터 구별짓는 속성(종차)을 확인한다. 우리는 류와 종차에 의한 정의를 구성하는 다섯 가지 규칙들을 설명했다. 즉, (1) 정의는 반드시 본질적 속성을 진술해야 한다. (2) 정의는 순환적이어서는 안 된다. (3) 정의는 지나치게 넓거나 지나치게 좁아서는 안 된다. (4) 정의에는 애매하거나, 모호하거나, 비유적인 언어가 사용되어서는 안 된다. (5) 긍정적인 정의가 가능한 경우, 부정적으로 정의해서는 안 된다.

오 류

제4장

4.1 오류란 무엇인가?

추론할 때 우리는 정확하게 추론하려고 애쓴다. 그러므로 논리학의 주요 관심사 중 하나가 바로 우리가 어떻게 부정확한 추론에 빠지게 되는가를 밝히는 일이다. 논증의 전제가 그 논증의 결론을 뒷받침하지 못할 때 우리는 부정확하게 추론하게 되며, 이와 같은 종류의 논증을 우리는 잘못된 논증이라고 말한다. 그러므로 아주 넓은 의미의 **오류**(fallacy)는 추리할 때 실수를 범하는 것이다. 그래서 틀린 생각이나 그릇된 신념도 종종 "오류"라는 딱지가 붙는다.

하지만 대체로 논리학에서는 "오류"라는 말을 보다 좁은 의미로 사용한다. 다시 말해서 그것은 추리할 때 범하는 모든 실수를 가리키는 것이 아니라, 확인 가능하고 명확한 양식으로 드러나는 추리상의 실수들을 말한다. 위대한 논리학자 고틀로프 프레게가 지적했듯이, 논리학자가 해야 할 일은 "생각에 방해가 되는 언어의 함정들을 지적하고 보여주는" 일이다. 이 책에서 우리는 오류라는 말을 이런 의미로 사용한다.

이와 같은 좁은 의미에서 볼 때, 하나하나의 오류는 부정확한 논증의 한 유형이다. 물론 서로 다른 여러 가지 논증이 같은 종류의 실수를 범할 수 있다. 그러한 실수를 범하는 논증은 어떤 것이든 오류를 범하고 있다고 말한다. 일반적으로 오류라고 말하는 것은 잘 알려진 어떤 유형의 오류를 범한 특수한 논증이다. 왜냐하면 그것은 저러한 유형의 실수에 대한 하나의 사례이기 때문이다.

가령, 어떤 사람이 모든 과학은 본질적으로 유물론적이라는 전제를 받아들인다면, 그리고 이어서 19세기의 위대한 철학자 칼 마르크스는 분명히 유물론자였으므로 그는 과학적이었다고 주장한다면, 그의 추론은 부당하다. (그의 주장대로) 마르크스가 과학적이었다는 것은 확실히 참일 수 있다. 그러나 마르크스가 유물론자였다(그는 분명히 유물론자였다)는 사실로부터 그가 과학적이었다는 사실이 도출되는 것은 아니다. 이 경우 부당한 추론은 실수이다. 모든 P가 Q일지라도 어떤 것이 Q라는 사실로부터 어떤 것이 P라는 사실이 도출되지는 않는다. 여기서 확인되는 것은 실수의 한 유형이다. 그것은 매우 흔한 실수이며, 우리는 8장에서 이에 대해 자세히 살펴보게 될 것이다. 이와 같은 유형의 실수나 오류는 여러 가지 맥락에서 자주 나타나기 때문에, 명확하게 "후건 긍정의 오류(fallacy of affirming the consequent)"라는 표식을 달아둔다. 마르크스에 관한 논증은 저러한 오류를 범하기 때문에 잘못된 것이며, 그것이 범하는 오류는 후건 긍정의 오류이다. 이것은 "유물론자"라는 개념의 모호한 용법과는 무관하다. 과학과 마르크스주의에서 유물론자는 서로 다른 것을 의미한다.

위의 예에서 범한 잘못을 형식적 오류라고 부른다. 그것은 특정한 형식의 연역 논증에 나타나는 잘못이다. 이와 다른 형식적 오류들도 있으며, 우리는 그것들을 8장에서 살펴볼 것이다. 그러나 대부분의 오류는 형식적인 것이 아니라, 일상적인 언어 사용에서 범하게 되는 비형식적 오류들이다. 우리가 이 장에서 상세하게 살펴볼 비형식적 오류들은 대부분 우리가 사용하는 언어의 내용에 대한 혼동이나 혼란에서 비롯된다. 이러한 내용들은 너무나 다양한 형식으로 나타나기 때문에 비형식적 오류는 형식적 오류보다 알아내기가 더 어려울 경우가 많다. 비형식적 오류의 경우 우리를 기만하는 것은 언어이다. 표면상으로는 그럴 듯해 보이지만 실제로는 타당하지 못한 추론에 우리가 속아 넘어가는 것이다. 이와 같은 유형의 실수를 제대로 이해한다면, 저러한 언어의 함정을 피해갈 수 있다. 이와 같은 비형식적 오류에 대해서는 상당한 주의가 필요하다. 비형식적 오류는 일상적인 대화나 글에서 뿐만 아니라 일간 신문의 "독자란"에서도 흔히 범하는 잘못들이다. 우리는 그것들을 하나하나 명명하고 설명해 나갈 것이다.

언어는 파악하기 힘들고 애매하기 때문에 세심한 주의가 필요하다. 물론 우리는 문제의 잘못을 범하지 않도록 주의를 기울여야 하지만, 또한 다른 사람들이 논리적 잘못을 범하더라도 실제로 그들이 그렇게 행동하지 않을 경우 그들에 대한 비난을 자제해야 한다. 만약 우리가 잘못인 것처럼 보이는 논증을 만난다면, 우리는 사용되고 있는 개념이 정말 무엇을 의미하는지 따져보아야 한다. 실수에 대한 비난이 때로는 평론가가 놓친 점을 — 설사 농담일지라도 — 강조하기 위해 부당하게 그 저자에 의해 작성된 한 문장을 겨냥하는 경우도 있다. 여러 가지 유형의 잘못들이 말이나 글로 표현된 언어에서 확인되기 때문에 사용되는 언어의 유형을 제대로 이해할 필요가 있다. 우리의 논리적 기준은 높다. 하지만 일상생활에서 이러한 기준을 논증에 적용할 때는 또한 관대하고 공평해야만 한다.

4.2 오류의 분류

비형식적 오류는 매우 다양하기 때문에 그 특징에 따라 범주화하면 훨씬 이해하기 쉽다. 이러한 오류의 분류는 논리학에서 논란이 많은 문제이다. 오류에 대한 하나의 올바른 분류체계란 존재하지 않는다. 논리학자들이 내놓은 오류의 목록들은 매우 다양하다. 분류된 묶음의 명칭이 다르고, 그 묶음이나 개별적인 오류의 이름이 모두 다른 경우도 있다. 그러므로 우리가 살펴볼 분류의 유형도 어느 정도는 임의적일 수밖에 없다. 우리의 목표는 일반적인 비형식적 오류들을 확인하여 피해갈 수 있도록 도움이 되는 종합적인 방안을 제시하는 데 있다.

이와 같은 분류를 개괄하면 아래와 같다. 일단 개요를 제시한 다음 우리는 그것들을 하나하나 상세하게 살펴볼 것이다.

■ **유관성의 오류들**

유관성의 오류가 가장 많으며, 또 가장 자주 나타난다. 이러한 오류에 있어서는 다만 전제들이 결론과 무관할 뿐이다. 그러나 그것들이 유관한 것처럼 되어 있기 때문에 기만적일 수 있다. 유관성의 오류는 다음과 같은 것들이 있다.

- R1: 군중에 의거한 논증
- R2: 감정에 의거한 논증
- R3: 레드 헤링
- R4: 허수아비 논증
- R5: 사람에 의거한 논증
- R6: 힘에 의거한 논증
- R7: 논점 일탈(무관한 결론)의 오류

■ **불충분한 귀납의 오류들**

불충분한 귀납의 오류도 흔한 오류이며, 이는 논증의 전제가 비록 결론과 유관하기는 하지만 그 정도가 너무 빈약하고 효과적이지 못하기 때문에 발생하는 잘못이다. 불충분한 귀납의 오류는 다음과 같은 것들이 있다.

- D1: 무지에 의거한 논증
- D2: 권위에 의거한 논증
- D3: 거짓 원인의 오류
- D4: 성급한 일반화의 오류

■ **가정의 오류들**

가정의 오류에서는 전제에 너무 많은 것들이 상정되어 있다. 결론에 대한 추론이 이와 같은 부당한 전제들에 잘못 의존하고 있다. 가정의 오류는 다음과 같은 것들이 있다.

- P1: 우연의 오류
- P2: 복합 질문의 오류
- P3: 선결문제 요구의 오류

■ **애매성의 오류들**

애매성의 오류에서 부당한 추론은 단어나 구절의 애매한 용법에서 비롯된다. 어떤 논증에 포함된 단어나 구절이 다른 논증에 포함된 동일한 단어나 구절과 의미가 다른 것이다. 애매성의 오류는 다음과 같은 것들이 있다.

- A1: 애매어의 오류
- A2: 애매한 문장 구조에 의한 오류
- A3: 강조의 오류
- A4: 결합의 오류
- A5: 분해의 오류

이 모든 오류들은 실제로 구체적인 문장에 의해 야기되는 것들인데, 그 중 어떤 것은 종종 반론의 여지가 있다. 어떤 논증에서 벌어지는 잘못은 다른 방식으로 구성될 수도 있으므로 그것은 마땅히 하나 이상의 많은 오류의 사례로 간주되어야 한다. 또한 자연언어의 영역에서는 맥락이 중요하며, 대체로 타당한 해석을 따른다.[1)]

---

1) 오류의 분류 방식에 관해서는 다음을 참조하라. 즉, Howard Kahane, "The Nature and Calsssification of Fallacies", in *Informal Logic*, ed. J. A. Blair and R. J. Johnson(Inverness, CA:

4.3 유관성의 오류

유관성의 오류(fallacies of relevance)는 노골적인 잘못이며, 무관성의 오류라고 하는 것이 더 나을지도 모른다. 왜냐하면 이런 잘못은 논증의 전제와 결론이 실질적인 연관이 없는 경우에 발생하기 때문이다. 전제와 결론이 실질적인 연관이 없기 때문에, 제시된 전제들이 도출된 결론의 진리치를 확정할 수가 없다. 물론 전제들이 심리적으로는 유관할 수 있으며, 이런 경우 저러한 오류는 오히려 결론을 받아들여도 좋을 것 같은 마음을 불러일으킬 수 있다. 이러한 잘못은 언어가 지닌 어떤 정서적 특성이 객관적인 근거가 제시될 수 없는 주장을 뒷받침하기 위해 사용될 경우에 발생한다. 여기서는 이러한 오류들의 현대적인 이름들이 사용되고 있지만, 대부분은 라틴어로 된 전통적인 이름을 갖고 있으며, 이 또한 함께 표기한다. 일곱 가지 유관성의 오류가 주요 관심사이다.

R1. 군중에 의거한 논증

군중에 의거한 논증은 종종 감정에 호소함으로써 범하게 되는 오류로 정의된다. 그러나 이 정의는 대부분의 유관성의 오류를 포함할 정도로 너무 넓다. 이를 보다 좁게 정의한다면, 일반 대중의 감정을 불러일으킴으로써 어떤 결론에 대한 대중의 승인을 얻으려는 시도라고 할 수 있다. **군중에 의거한 논증**(*Argumentum ad Populum*)은 모든 오류 중에서도 가장 노골적이면서 또한 가장 흔한 오류이다. 이것은 대중의 정서를 한데 모으려고 할 때 선전이나 선동을 위한 상용 수법이다. 이것은 말하는 사람(또는 글을 쓰는 사람)이 증거나 합리적인 논증에 의존하는 것이 아니라 언어 표현에 의존하거나, 감정을 자극하려는 계산된 방식에 의존하기 때문에 오류이다. 애국심은 감정을 자극하는 대표적인 사안 중 하나이며, 우리는 애국심이라는 이름으로 자행되었던 끔찍한 사건들을 기억하고 있다. 열광적인 애국심을 불러일으키기 위해 동포인 독일 국민을 자극한 아돌프 히틀러의 연설은 이에 대한 전형적인 사례라고 할 수 있다. 조국을 사랑하는 것은 명예로운 감정이다.

Edgepress, 1980). 오류에 대해 보다 상세하게 이론적으로 다루고 있는 문헌에 대해서는 다음을 참조하라. 즉, C. L. Hamblin, *Fallacies*(London: Methuen, 1970)와 J. E. Woods and D. Walton, *Argument: The Logic of Fallacies*(Scarborough, ONT.: McGraw-Hill Ryerson, 1982). 그리고 다양한 오류들에 대한 보다 상세한 목록에 대해서는 다음을 참조하라. 51가지 오류의 이름과 예를 들어 설명하고 있는 W. W. Fernside and W. B. Holther, *Fallacy: The Counterfeit of Argument* (Englewood Cliffs, NJ: Prentice Hall, 1959)나 또는 112가지 오류를 구분하고 있는 D. H. Fischer, *Historian' Fallacies*(New York: Harper & Row, 1979).

그러나 히틀러처럼 감정에 호소하여 청중을 조종하거나 호도하는 것은 지적으로 부당하다. 그래서 "애국주의는 악당들이 쏟아내는 최후의 배설물이다"라는 사무엘 존슨의 발언까지 나오게 만들었다.

나라를 위한 명분이 선량하고 논자가 악당이 아닐 경우에는 애국적인 논증이 사용될 수 있다. 신념에 대한 감정적인 옹호는 지적인 가치는 없지만, 그러나 저러한 나쁜 논증의 결론이 보다 합리적인 전제들에 의해 뒷받침될 수는 있다. 그렇지만 오로지 감정만을 내세워 논증의 전제로 제시된다면 그것은 잘못된 것이다. 1775년 3월 23일 식민지시대 버지니아주 하원은 버지니아 병력을 독립전쟁에 파견하는 결의안을 통과시켰다. 하원이 이 결의안을 통과시킨 데는 감정적인 내용이 지나치지 않은 한 연설이 자극제가 되었다. 패트릭 헨리는 이 유명한 연설을 다음과 같은 호소로 마무리했다.

> … 우리가 아주 오랫동안 싸워 온 이 숭고한 투쟁을, 우리가 쟁취하려는 영예로운 목적을 획득하기까지는 결코 그만두지 않을 것을 맹세했던 이 숭고한 투쟁을 비열하게 그만둘 뜻이 아니라면, 우리는 반드시 싸워야 합니다. 여러분, 거듭 말하거니와, 우리는 반드시 싸워야 합니다. 우리에게는 오직 무기에 호소하고 하느님께 호소하는 일만 남았습니다… . 후퇴란 곧 복종과 예속을 의미합니다. 우리를 묶을 쇠사슬은 이미 만들어져 있습니다. 그 사슬의 철커덕거리는 소리는 보스턴의 평원에 울려 퍼질 것입니다… . 사슬과 예속의 대가로 얻는 삶이 얼마나 소중하고, 또한 그렇게 얻은 평가가 얼마나 감미로울까요? 하느님, 막아주십시오. 다른 사람들이 어떤 길을 선택할지 모르겠습니다만, 저로서는 오직 한 길입니다. 자유가 아니면 죽음을 달라.

기록에 따른다면 이 연설을 듣고 있던 청중들은 모두 벌떡 일어나 이렇게 외쳤다고 한다. "전투 준비! 전투 준비!"

이런 경우 적절한 단서나 조건이 붙을 수 있다. 만약 말하는 사람의 열정이 말을 듣는 사람에게 어떤 신념이 옳다는 것을 납득시키기 위해 사용된다면 그 논증은 분명히 오류이다. 그러나 만약 말하는 사람과 말을 듣는 사람의 신념이 완전히 일치하고, 말하는 사람이 다만 말을 듣는 사람에게 그들의 신념에 따라 행동할 것을 종용하기만 하는 것이 목적이라면, 말하는 사람의 감정이 유용한 목적에 기여할 수 있다. 감정이 논증의 전제로서 부적절하게 사용되는 것과 감정이 적절한 행동을 유발하는 계기로서 합리적으로 사용되는 것 사이에는 결과적으로 큰 차이가 있다. 그러나 이러한 구분은 언제나 문제를 불러일으킨다. 왜냐하면 말하는 사림이 행동을 유발하는 데 성공할 경우에 그는 감정에 의존하여 말을 듣는 사람에게 어떤 주장 — 이를테면 지금이 행동할 시기라든가 또는 공동의 목적을 위해 행동하는 것이 그가 나아가는 길이라는 등의 주장 — 을 납득시키려고 했다는 말을 들을 수 있기 때문이다. 논쟁 중이거나 어떤 행동이 적절한가를 결정할 때 감정에 호소하는 것은 불가피하게 문제의 소지를 안게 된다.

군중에 의거한 논증에 의존하는 비중이 가장 큰 분야는 역시 상업 광고이며, 그 기법이 거의 예술의 경지에 버금갈 정도가 되었다. 광고가 노리는 것은 광고되는 상품과 우리가 갈망하거나 호감을 느낄 만한 것 사이의 연상을 노골적으로 또는 은밀하게 불러일으키는 것이다. 곡물로 된 아침식사는 균형 있는 젊음이나 청순함, 활기찬 건강 등을 연상시키며, 위스키는 고급스러움과 성취를, 그리고 자동차는 낭만과 부 그리고 성을 연상시킨다. 광고되는 상품을 사용하는 남성들은 대체로 미남들이거나 널리 알려진 인물들이다. 또 여인들은 교양있고 매력적이거나 아니면 거의 옷을 걸치지 않은 몸매를 자랑한다. 오늘날 상업광고 전문 기획자들은 무척 영리하고 지속적이어서 단단히 결심해도 정도의 차이는 있을지라도 우리 모두 영향을 받고 있다. 상상할 수 있는 거의 모든 수단들이 우리의 시선을 끌기 위해 사용되고 있으며, 심지어 우리의 잠재의식 수준까지 침투하고 있다. 그러므로 우리는 감정에 호소하는 온갖 종류의 수법에 의해 조종당하고 있는 셈이다.

물론 호감이나 만족감을 가질 수 있는 상품을 연상시킨다고 해서 그 자체만으로는 논쟁거리가 되는 것은 아니다. 그러나 그러한 연상이 조직적으로 우리에게 강한 영향을 미친다면, 거기에는 대개 군중에 의거한 논증이 깔려 있다. 그것은 다음을 암시한다. 즉, 그 상품은 섹시하거나, 부나 권력을 연상시키거나, 다른 어떤 감탄할 만한 특성을 연상시키므로, 그 상품을 구매하면 우리도 그와 같은 매력을 지니게 될 것이다.

이와 같은 오류는 매우 다양한 형태로 나타나는데, 그것이 특히 터무니없는 까닭은 단순히 대중이 호응한다는 이유만으로 그 상품을 사는 것이 현명한 행동임을 암시하기 때문이다. 어떤 사람은 이것을 "밴드왜건 오류(bandwagon fallacy)"라 부른다. 이는 다음과 같은 잘 알려진 현상, 즉 캠페인에 자극되어 많은 사람들이 "시류에 편승하는" 현상에서 나온 말이다. 이러한 오류의 뻔뻔스러운 사례들은 대중매체에서도 흔히 나온다. 예를 들어, 최근 ABC 텔레비전에 나온 광고 한 토막을 보자.

> 왜 저렇듯 수많은 사람들이 폰티악 그랑프리(Grand Prix)에 매력을 느끼는가? 저렇듯 수많은 사람들이 그랑프리에 매력을 느끼게 되는 까닭은 바로 수많은 사람들이 그랑프리에 매력을 느끼고 있기 때문이다.

이것은 군중에 의거한 논증의 진수이다.

일반 대중의 감정을 이용하는 것은 여론조사에서는 치명적이다. 조사하는 사람들이 양심적이지 않으면, 그들은 감정적인 영향을 미치는 것으로 알려진 단어나 구절을 이용하여 그들이 원하는 반응을 얻을 수 있도록 고안된 문항들을 구성할 수 있다. 그 대신, 계획적이지는 않지만 부주의로 사용되었더라도 그 말들이 영향을 미쳐 조사 결과를 망칠 수도 있다. 그러므로 중요한 조사를 할 경우에는 문항을 표현하는 언어선택에 아주 신중해야 하며, 진실한 조사 결과를 위하여 감정이 담긴 말은 피해야 한다. 감정이 물든 말을 모두 피하는 것이 어려울 경우도 있다. 대다수 미국인들은 "차별 철폐 조처"를 지지하는 편이며, 그것을 다수를 공평하게 처우하기 위해 고안된 정책으로 간주한다. 그러나 또한 대다수 미국인들은 입시나 취업에서 "인종 특혜"를 반대한다. 이와 같은 주제를 가지고 무작위로 투표를 실시한다면 그 결과는 묻는 질문에 사용된 말들—"차별 철폐"나 또는 "인종 특혜"— 에 크게 영향을 받을 것이다.

서로 다른 말을 사용하여 결과가 달라진다면 묻는 질문이 중요했다는 것을 의미한다. 그럴 가능성이 높다. 이것은 여론 조사에서 끊임없이 일어나는 문제이다. 그러나 논증에 있어서는 논리적인 요소가 매우 중요하다. 주로 감정에 호소하는 전제로써 결론을 뒷받침한다면 그것은 대중에 의거한 논증이다.

R2. 감정에 의거한 논증

감정에 의거한 논증도 다양한 형태로 나타나는데, 그 중에서 연민에 의거한 논증(*Argumentum ad Misericordiam*)이 가장 흔하다. 라틴어 "*misericordiam*"은 말 그대로 "자비로운 마음"을 의미하며, 따라서 이러한 오류를 연민의 **감정에 호소**(appeal to pity)하는 논증이라 한다.

연민은 가상할 만한 반응일 경우가 많다. 법의 심판은 자비로 완화되어야 한다고 흔히 말한다. 범죄자의 특수한 정황 때문에 너그러운 처벌이 정당화되는 경우가 허다하다. 이런 경우에—예컨대, 재판의 선고 단계에서— 저러한 정황에 대한 확인 결과와 이미 유죄 판결이 난 그 범죄에 적용된 법적 근거가 법정에 제출된다. 그것은 오류가 아니다. 그러나 이러한 고려사항이 고발된 행위가 범죄임이 확실한 범죄자를 배심원단에게 무죄를 선고하도록 하려는 노력으로 비춰졌다면 그것은 오류일 것이다. 논증의 전제가 결과적으로 자비로운 마음에 호소하는 것으로 되어버린다면 그 논증은 분명히 연민에 의거한 논증이며,

잘못된 것이다. 이와 같은 경우에 특별한 것이 있다면, 그것은 관용과 자비 같은 특수한 감정에 호소하고 있다는 것뿐이다.

민사소송에서, 변호인들은 그들의 의뢰인이 입은 손해배상을 청구하면서 노골적으로 연민의 호소에 의존하는 경우가 많다. 가해자가 무정하기 짝이 없는 정체불명의 세력이나 막강한 조직으로 묘사될 수도 있고, 또는 피해자가 매정한 관료체제나 무능한 전문가의 무력한 희생자로 표현될 수도 있다. 의뢰인이 겪을 영구적인 장애의 고통이 다소 비통하게 묘사될 수 있다. 상해를 입은 원고는 법정에 들어설 때 불편한 몸을 고통스럽게 강조할 수 있다. 하버드 공중보건대학이 연민에 의거한 논증이 실제로 미치는 영향을 실증적으로 보여준 적이 있었다. 이 연구에 따른다면, 의사들이 의료 과실로 고소를 당했을 때, 승소한 원고에게 지불할 금전적 보상의 크기는 원고인 의사의 실제 과실 여부보다는 피고가 겪는 장애의 성격에 더 크게 좌우된다.[2)]

형사사건 재판에서, 배심원의 동정심이 피고의 유죄 여부에 영향을 미치지 않는다고 할지라도 배심원의 동정심에 호소할 수 있다. 그 호소가 간접적인 성격을 띠는 경우도 있다. 아테네에서 소크라테스에 대한 공판이 있었던 날, 소크라테스는 동정심을 유발하여 무죄 방면되기 위해 자신들의 자식들은 물론 가족들까지 대동하고 배심원들 앞에 나섰던 다른 피고인들을 경멸적인 어조로 나무라고 나서, 다음과 같이 말을 이어나갔다.

> 비록 내 생명이 위태로울 수 있지만, 나는 결코 그런 짓은 하지 않겠습니다. 아마 어떤 사람은 이런 나 때문에 감정이 상할 수도 있을 것입니다. 정반대의 생각이 들 수도 있을 것이고, 또 이 심리에 참석하는 나의 태도가 못마땅한 사람은 심기가 뒤틀려 홧김에 투표할 수도 있겠지요. 만약 배심원들 가운데 그런 사람이 있다면—내가 그런 사람이 있다고 단언하는 것은 아니라는 점을 헤아려 주시기 바라며—나는 그 사람에게 다음과 같이 당당히 대답할 수 있을 것입니다. "여보게, 호머가 말했듯이, 나도 다른 사람과 똑같이 피가 흐르고 육신이 있는 사람이며, 나무나 돌은 아니란 말일세. 나에게도 가족이 있네. 물론 아들도 있지." 오, 아테네의 시민들이여, 아들이 셋이나 되지만, 한 녀석만 거의 다 자랐고 나머지 두 놈은 아직 어려요. 그러나 나는 그 녀석들을 여기에 데려와서 당신들에게 방면을 탄원하지는 않을 것입니다.[3)]

감정에 호소하는 방법은 수없이 많다. 그 방법이 종종 성공할 경우가 있긴 하지만, 연민에 의거한 논증은 명백한 오류이다. 심지어 연민에 의거한 논증이 터무니없는 경우도

---

2) *The New England Journal of Medicine*, 26 December 1996.
3) Plato, *Apology*, 34; Jowett의 번역본.

있다. 도끼로 자신의 부모를 살해한 혐의로 피소된 한 젊은이의 재판 이야기가 그런 경우이다. 그의 범죄에 대해 움직일 수 없는 증거에 직면하여, 그의 변호인은 이제 고아가 된 그의 처지를 내세워 선처를 호소한다.

논리학자들은 감정에 호소하는 오류들에 대한 특정한 이름을 붙인다. 그러므로 선망에 의거한 논증(Argumentum *ad invidiam*), 공포에 의거한 논증(Argumentum *ad metum*), 증오에 의거한 논증(Argumentum *ad odium*), 긍지에 의거한 논증(Argumentum *ad superbium*) 등은 감정에 소호하는 오류들이지만 구별될 수 있다. 이 모든 것들에 있어서 근본적인 잘못은 그 논증이 감정적인 전제에 의존하고 있다는 점이다.

R3. 레드 헤링

레드 헤링(red herring)은 관심을 딴 데로 돌리게 하는 주의 전환의 오류이다. 이것은 한마디로 관심을 분산시키는 것이다. 이를테면 글을 읽는 사람이나 말을 듣는 사람을 논의의 초점이 되어 왔던 문제로부터 토의 중인 주제의 다른 측면으로 관심을 돌리게 하는 것이다. 그들에게 주제와 관련된 어떤 의견이나 주장에 동참할 것을 촉구하지만, 그것은 본래 논의하던 사실과는 무관한 것이다. 관심을 딴 데로 돌리게 하는 것은 곧 진로를 바꾸는 것이다.

이 오류는 아주 흥미로운 역사를 가지고 있다. 레드 헤링은 사냥개 훈련에서 나온 말로 알려져 있는데, 냄새의 흔적을 따라 바짝 뒤쫓고 있는 개들에게 훈제 연어(red herring)의 냄새(훈제 연어는 냄새가 매우 강하며 점점 짙은 붉은 색으로 변한다)로 주의를 산만하게 함으로써 사냥감인 늑대를 보호하려는 것이었다. 여러 가지 정황을 볼 때, 의도적으로 쫓고 있는 대상의 흔적이나 자취를 오도한다면 그것은 "레드 헤링"이라고 할 수 있다. 문학에서, 특히 서스펜스가 넘치는 이야기나 탐정소설에서 의도적으로 수사관(그리고 독자)의 판단을 흐리게 하는 사건이나 인물이 자주 등장하며, 이로 인해 줄거리가 복잡해지고 흥미는 배가된다. 정치적 동기가 이면에 숨어 있을 수도 있고, 성적 스캔들이 암시되기도 한다. 독자를 따돌릴 수 있는 것이면 무엇이든 레드 헤링으로서 역할을 할 수 있다. 소설과 영화로 잘 알려진 『다빈치 코드』[4]의 등장인물 중 하나인 가톨릭 주교는 아주 교묘한 방식으로 음모를 모의한다. 주교의 이름은 저자의 기지이다. 그의 이름 아링가로사

4) Dan Brown, *The Da Vinci Code*(New York: Random House, 2003).

(Aringarosa)는 이탈리아어로 “레드 헤링”을 의미한다. 재무 분야에서, 상장 예정 회사에 투자자들을 끌어들이기 위해 발행된 투자 설명서에 회사에 관해서는 장황하게 늘어놓으면서 주가에 관해서는 아무런 언급이 없는 것도 역시 레드 헤링이다.

이런 기법을 사용하는 오류 논증들은 다양하다. 적절한 세금 정책에 불만을 품은 사람들은 국가가 공인하는 도박은 재정을 늘리는 새롭고 매력적인 방식이 될 것이라며 주의를 환기시킬 수 있다. 경제 시스템에 의해 이루어지는 번영을 옹호하는 사람이 그 시스템이 용인하는 경제적 불평등을 격렬하게 규탄하는 쪽으로 방향을 선회할 수도 있다. 당연히 경제적 불평등이 지나치거나 부당할 수 있다. 그러나 만약 사회 구성원들이 대부분 상당히 유복한 편이라면, 소수 부자와 대다수 보통 사람들의 재산상의 차이가 무척 클지라도 그러한 현실을 통해 저러한 사실이 틀렸다는 것이 입증되는 것은 아니다.

유명한 정치 칼럼니스트 데이비드 브로더가 지적했듯이, 중동에 대한 미국의 대외 정책에 관한 최근의 논의에서 일부 사람들이 주장하는 정책은 미국의 군사력 과시가 미국의 국제적인 위상에서 필수적인 요소라는 것이었다. 그러나 브로더의 말대로, 그것은 군사력 팽창에 대한 비판이 있을 때마다 “그러한 비판은 테러에 대해 나약한 태도”임을 나타내기 위한 “수사적 기법”이다.[5] 이것은 전형적인 레드 헤링이다.

또 다른 최근의 예는 국회에서 기업이 의무적으로 종업원들의 연금을 위해 따로 기금을 비축하도록 하는 법안을 논의하는 과정에서 나왔다. 한 국회의원은 그의 법인 기부자를 보호하려는 의도를 명백히 내비치면서, 퇴직자들이 그들의 연금을 투자하는 데 대해 보다 나은 조언을 해줄 수 있는 조항이 절실히 필요하다는 전혀 무관한 주장을 펼치면서 논의를 시작했다. 그런 조항이 필요할지도 모른다. 그러나 다른 해설자가 예리하게 지적했듯이, “이것이 고용주가 그들이 고용한 노동자들의 퇴직금을 탕진하는 것과 무슨 관련이 있습니까? 이것은 레드 헤링입니다…. 스미스 씨의 헤링은 멋진 수사적 포장으로 중요한 국가적 스캔들을 사소한 스캔들로 바꾸어버렸습니다.”[6]

또한 2006년 듀크대학에서 학생 운동선수 셋이 성폭행으로 기소되는 사건이 있었다. 기소장은 사실 무근으로 판명되어 각하되었다. 기소 검사가 직권남용으로 고발당했을 때, 대학의 감정은 무척 고조되었다. 듀크대학 당국의 한 사람은 지역 신문에 그 검사와 그리고

5) David Broder, “Deciding What to Do in Iraq Requires Thought, Not Gut Instinct,” *The Washington Post*, 12 January 2007.

6) www.Figarospeech.com, 19 March 2006.

그 검사를 지지한 동료 한 사람을 변호하는 글을 썼다. 이 글에서 그녀는 다음과 같이 주장했다. 즉, 듀크대학 성폭행 사건에서 진정한 "사회적 재난"은 "미국 주민의 18퍼센트가 빈곤층 이하의 생활을 하고 있으며" 또 국가에 "국가적 의료 서비스나 알맞은 탁아시설"이 없다는 사실이다. 저것은 더 명백한 레드 헤링이다.[7)]

R4. 허수아비 논증

정상적인 사람보다 허수아비와 싸워 이기는 것이 훨씬 쉽다. 만약 어떤 사람이 상대편의 입장은 허물어지기 쉽다는 것을 보여줌으로써 어떤 관점에 대해 반론을 편다면 그 논증은 당연히 잘못된 것이다. 이런 논증은 **허수아비**(straw man)의 오류를 범하고 있다.

어떤 사람은 이와 같은 오류를 레드 헤링의 일종이라고 말한다. 왜냐하면 이 또한 실제 논쟁으로부터 관심을 딴 데로 돌리게 하는 주의 전환의 기법을 도입하기 때문이다. 그러나 이 경우에 있어서 주의 전환은 특이하다. 즉, 그것은 본래의 문제가 안고 있는 갈등으로부터 분쟁 당사자 외의 사람들 사이에서 벌어지는 전혀 다른 갈등으로 갈등을 전환시키려는 시도이기 때문이다. 이와 같은 유형의 주의 전환은 흔히 나타나며, 이에 의존하는 논증의 형식은 오래 전부터 "허수아비 논증"이라는 그 고유의 이름을 달고 다녔다.

도덕적 또는 정치적 성격의 논쟁에서, 성공적인 논증은 거의 언제나 합당하고 섬세한 대조를 필요로 하며, 심지어 제한적으로 묘사되는 어떤 예외도 필요로 한다. 어떤 논쟁에서 극단적인 입장 — 특정한 행동은 언제나 틀렸거나 또는 언제나 옳다는 입장 — 은 불가능하지는 않을지라도 옹호하기 어려울 것이다. 그러므로 이기는 것을 목표로 삼는 것은 그것이 단정적이거나 절대적이기 때문에 변명의 여지가 없다고 주장하는 것은 종종 나타나는 잘못된 수법이다. 이와 같은 허구의 상대에게 승리를 거둘 수는 있지만, 우리가 무너뜨리는 것은 다만 허수아비일 뿐이다.

중앙 행정부의 권한을 늘려야 한다고 주장하는 사람은 국가를 시민들의 사생활을 샅샅이 간섭하는 "빅 브러더(big brother)"로 변형하려고 한다는 부적절한 비난을 받을 수 있다. 이러한 "빅 브러더"는 허수아비에 불과할 것이다. 중앙정부의 권력을 지방 정부로 이양하라고 촉구하는 사람은 동일한 오류로써 능률적이고 실질적인 정부에 대한 장애물 — 이 또한 허수아비일 공산이 크다 — 로 묘사될 수 있다. 종종 허수아비 논증은 공격당하

7) *The News & Observer*, Raleigh, NC, 5 January 2007.

는 쪽의 입장은 가능한 가장 극단적인 관점 — 특정한 행동이나 정책은 무조건 거부되어야 한다는 관점 — 을 채택하고 있다고 가정하는 형식을 취한다. 논증은 이기기 쉬우나, 그 전제는 본래 제안되었던 결론과는 아무런 연관이 없다. 허수아비 논증은 종종 진정한 이의나 비판을 제시하며, 그리고 그 이의는 타당할 수 있지만 그것은 새롭고 무관한 목표를 겨냥하고 있다.

허수아비 논증이 그것을 제안한 사람에게 크나큰 위험을 안겨줄 수도 있다. 만약 논쟁 중에 어떤 비평자가 상대방의 글이나 말보다 더 극단적이고 더 불합리하게 묘사한다면, 글을 읽는 사람이나 말을 듣는 사람들은 그 과장된 표현을 알아챌 것이며, 기대했던 것과는 정반대의 반응을 보일 가능성이 높다. 글을 읽는 사람(또는 말을 듣는 사람)은 그 묘사가 불합리하다는 것을 알고, 편파적인 처사를 불쾌하게 생각할 것이다. 심지어 이러한 왜곡을 알아챈 사람들은 그 편파성 때문에 오히려 잘못된 것으로 여겼던 쪽으로 옮겨가게 되며, 그들은 그것을 잘못된 공격에 대한 당연한 대응이라고 생각한다. 설득되었던 중립적인 사람들이 그 편파적 논증으로 말미암아 오히려 적대적인 세력으로 바뀐 것이다. 잘못된 논증은 모두 어느 정도는 이와 같은 위험을 안고 있다. 허수아비 논증은 특히 그 위험을 자초할 수 있다.

R5. 사람에 의거한 논증

모든 유관성의 오류 가운데서도 **사람에 의거한 논증**(*Argumentum ad Hominem*)은 가장 치명적인 것에 속한다. 다른 오류들과 마찬가지로 이 논증도 흔하다. 이 논증은 (허수아비의 논증처럼) 상대방에 대해 편파적일 뿐 아니라 마음을 다치게 하며, 때로는 그것이 오류임이 밝혀지거나 저자를 징벌할 겨를도 없이 인격적인 손상을 입힐 수도 있다.

사람에 의거한 논증은 그 핵심이 논의의 결론에 있는 것이 아니라 그 결론을 옹호하는 사람에게 있다. 사람을 공격하는 방식은 두 가지가 있다. 따라서 우리는 사람에 의거한 논증을 두 가지 형식, 즉 욕설적 논증과 정황적 논증으로 구분한다.

A. 욕설적 논증

열띤 논쟁을 벌이고 있는 사람들이 상대방의 성격에 대해 험담을 늘어놓기도 하고, 또 상대방의 지적 능력이나 판단력을 부정하기도 하며, 또 그들의 분별력이나 성실성, 심지어 그들의 진정성에 대한 문제를 들고 나오기도 한다. 그러나 상대방의 성격은 그가 말하는 것의 진위나 그의 추리의 타당성 여부와 논리적으로 아무런 연관이 없다. "급진주의자"나 "극단주의자"가 제안하거나 주장한다는 이유로 그 제안이 나쁘다고 공격한다면, 설사 그럴 여지가 있을지라도 그것은 제안 자체의 평가와는 아무런 관련이 없다.

그러나 욕설은 심리적인 면에서 설득력을 지닐 수 있다. 왜냐하면 그것은 어떤 지지자에 대한 강한 반감을 유발할 수도 있고, 또 감정의 폭이 터무니없이 커지면 말을 듣는 사람이 지금까지 지지해 왔던 것에 대해 반감을 갖는 결과를 초래할 수 있기 때문이다. 예를 들어, 오랫동안 시민평등권 운동에 활동해 온 콘스탄스 베이커 모틀리 판사는 차별철폐 조치에 대해 비판하는 사람들에 대해 사람에 의거한 공격을 펼침으로써 그것에 대해 변호하고 있다.

> 차별철폐 조치의 프로그램을 반대하는 사람들은 그들이 인종차별주의자들임을 부정하지만 그들의 진정한 동기가 인종차별, 즉 아프리카 태생의 미국인과 혼혈 민족의 사람들은 천부적으로 열등하다는 믿음에 있음은 엄연한 사실이다.[8]

그러나 반대하는 쪽 사람들의 성격을 폄하한다고 해서 차별철폐 조치에 관한 논증의 장점(또는 단점)이 드러나지는 않는다.

욕설적 논증은 매우 다양하다. 상대방이 특정한 종교적 신념이나 정치적 신조를 가졌다고 해서 욕설을 할 수도 있고, 또 그가 "가톨릭 신자"이거나 무신론자이기 때문에, 또는 "급진적인 우익"이거나 "열광적인 좌익"의 한 구성원이기 때문에 욕설을 할 수도 있다. 어떤 주장의 결론이 그것을 주장하는 사람의 성격 때문에 비난당하거나, 또는 그 결론의 지지자가 나쁜 성격의 소유자와 밀접한 연관이 있기 때문에 비난당하는 경우도 있다. 소크라테스는 신앙심이 없다는 이유로 유죄 판결을 받았는데, 부분적으로 그 이유는 아테네에 불충하고 평판이 좋지 못한 것으로 널리 알려진 사람들과 오랫동안 교제했다는 것이었다. 최근에 클라이드 콜린스 스노우는 법의학자로서 그가 내린 최종적인 판단 때문에 인종차별주의자로 불리었는데, 이에 대해 그는 다음과 같이 응답했다.

> 실종, 고문, 그리고 수많은 국가에서 이루어지고 있는 사법 절차를 거치지 않은 인권 침해 범죄 등에 대한 조사 연구에 전념하는 나의 직업 때문에 종종 나 자신이 여론의 역풍을 맞거나 공식적인 분노의 표적이 되어 왔다. 그러나 지금까지 나를 비판하는 사람들 가운데 어느 누구도 나를 인종차별주의자로 부르지는 않았다. 나를 비방하거나 욕하는 사람들 중에는 아르헨티나의 잔혹

---

8) Constance Baker Motley, *Equal Justice Under Law*(New York: Farrar, Straus & Giroux, 2001).

한 군사정권을 옹호하는 사람들도 있었고, 칠레의 피노체트 군사정부의 대의원들, 과테말라의 국방부 장관, 세르비아 정부 대변인도 있었다. 그러므로 굿맨 씨(스노우를 인종차별주의자라고 비난하는 사람)는 그 스스로 흥미로운 집단에 속한다는 것을 알게 되는 셈이다.[9]

연좌에 대한 혐의나 고발은 사람에 의거한 논증의 흔한 형식이다.

B. 정황적 논증

어떤 주장을 하는 사람의 성격이 그가 주장하는 것의 진리와 관련이 없는 것과 마찬가지로 그 사람의 정황들도 그 주장의 진리와 전혀 무관하다. 정황적 논증의 잘못은 어떤 사람의 정황들을 반대 논증의 전제로 삼기 때문이다.

그러므로 단순히 상대방의 직업이나 국적, 또는 정치적 입지 때문에, 혹은 그가 속한 여타 여러 정황들 때문에 무작정 그에게 어떤 주장을 받아들이도록 강요하는 것은 잘못일 것이다. 어떤 명제를 부정하는 것은 성서에 어긋나므로 목사는 반드시 그 명제를 인정해야 한다는 주장은 옳지 않다. 혹은 정치 후보자들에게 그가 속한 정당의 정강에 포함되어 있는 정책이므로 반드시 그 정책을 지지해야 한다고 주장하는 것도 마찬가지다. 이런 논증은 해당 명제의 참과는 전혀 무관하다. 다만 그 사람의 여러 정황들이 그것을 받아들이도록 요구한다고 주장하는 것일 뿐이다. 그저 즐기기 위해 무고한 동물들을 희생시키는 잔인성을 비난할 때, 이 비난에 대해 사냥꾼이 자신을 비판하는 사람에게 "당신은 왜 죄 없는 쇠고기를 먹는 거요?"라고 묻는다면, 이것은 분명히 사람에 의거한 논증의 오류이다. 비판자가 육식을 한다는 것이 즐기기 위해 동물의 생명을 희생시키는 것이 옳다는 것을 증명하기 위해 꺼낼 수 있는 말이 아니다.

말하는 사람들의 정황을 — 전혀 부합하지 않는 사항을 암시하며 — 공격의 근거로 사용할 뿐 아니라 또한 명백하게 부정적인 의향으로 사용할 경우, 이와 같은 사람에 의거한 논증에는 특별한 명칭이 부여된다. 그것은 곧 라틴어 "*tu quoque*(피장파장의 오류)"이다. 이 말을 정확히 번역하기는 어렵지만, 핵심적인 의미는 "당신도 그래", 또는 "누가 말하고 있는지를 보라"는 것이다. 이러한 오류의 요지는 당신(첫 번째 당사자)도 나에 못지않게 나쁜 사람이며, 당신이 불평하는 것이 무엇이든 당신도 그에 대해 책임이 있다고 주장하는 데 있다. 그러나 이런 대답은 당연히 본래의 불평에 대한 반박이 아니다. 첫 번째 당사자가

9) "'Kind' Racism," *The Science*, June 1977.

문제의 행동에 대해 책임이 있을 수는 있지만, 그 점을 환기시킨다고 해서 해당 논쟁의 쟁점이 되고 있는 두 번째 당사자의 결백을 뒷받침하는 것은 아니다.

도움이 되는 예를 하나 들어보자. 다음은 몇 년 전 아프가니스탄에서 CNN 기자가 알 카에다의 지도자 오사마 빈 라덴과 면담하면서 주고받았던 대화 내용이다.

크리프 아네트(CNN) : 미국 정부에 따르면, 당신은 무장 이슬람 전사들을 훈련시키기 위한 아프가니스탄 소재 군사훈련소에 재정지원을 하고 있고, 또 당신은 국제 테러 행위를 후원하고 있다고 하는데, 이러한 비난이 사실입니까?

오사마 빈 라덴 : 미국 정부가 자신의 권리를 요구하는 모든 이슬람 지도자들을 비난할 당시에 아일랜드 공화국군 고위 장교를 정치 지도자 자격으로 백악관에 초대했습니다. 우리가 도처에서 볼 수 있듯이, 미국이 세계적인 테러와 범죄의 지도자라는 것을 우리는 알고 있습니다. 미국은 수천 마일 밖에 있는 나라에 핵폭탄을 투하하는 것은 테러 행위가 아니라고 합니다. 미국은 수십만 명의 이라크 아들과 딸들이 식량과 약품이 없어 죽어가는 것은 테러가 아니라고 생각합니다. 그러므로 미국 정부가 하는 말에는 아무런 근거가 없습니다.[10)]

국제 관계에서 미국이 어떻게 처신하는가 하는 것은 당연히 비판의 여지가 있다. 그러나 그러한 행위가 진실일지라도 그것에 대한 공격은 알 카에다의 테러를 비난하는 것에 대한 응답이 될 수는 없다. 이것은 전형적인 피장파장의 오류이다.

상대방의 정황들은 중요한 논증에서 문제가 되지 않는다. 문제가 되는 것은 주장되거나 부정되고 있는 핵심적인 내용이며, 핵심적인 것을 다루어야 한다. 상대방의 정황을 강조하는 것이 다른 사람들을 설득하거나 동의를 얻는 데 수사학적인 면에서 효과적일 수는 있지만, 이러한 수법의 효과가 그 자체의 오류를 위장할 수는 없다. 이와 같은 유형의 논증은 잘못된 것이다.

때로는 정황적 논증이 다음과 같은 주장을 펼치기 위해 사용되기도 한다. 이를테면

---

10) Interview with Osama bin Laden, CNN, March 1997.

상대방의 주장은 그의 판단이 추리나 증거를 통해서가 아니라 그의 특수한 지위에 의해 왜곡되거나 지시된 것이기 때문에 그의 주장은 부인될 수밖에 없다는 것이다. 물론 어떤 집단에 대한 호의적인 논증이라도 그것이 지닌 장점에 관해서는 논의의 여지가 있다. 단순히 그 집단에 속한 사람이 제시한 것이라는 이유만으로, 그래서 이기적일 수밖에 없다고 공격하는 것은 잘못이다. 예컨대, 보호관세를 옹호하는 논증이 나쁠 수는 있지만, 보호관세로 이익이 되는 수공업자가 제안했기 때문에 나쁜 것은 아니다.

이와 같은 논증들 가운데 흔히 **우물에 독 넣기**(poisoning the well)로 불리는 논증은 특히 나쁘다. 유명한 사건을 하나 예로 들어보자. 영국의 소설가이자 목사인 찰스 킹슬리는 유명한 가톨릭 지성인인 카디날 뉴만을 공격하면서 이렇게 주장했다. 즉, 카디날 뉴만은 로마 가톨릭의 성직자로서 그의 일차적 충성의 대상은 진리가 아니기 때문에 그의 주장은 믿을 수 없다. 뉴만은 다음과 같이 반격했다. 즉, 이러한 인신공격은 나를 비롯해 모든 가톨릭 신자들에게 더 이상의 논증을 불가능하게 만들었다. 왜냐하면 자신을 방어하기 위해 주장하는 말들은 전부 결국 그들의 관심은 진리가 아니었다는 다른 사람의 주장에 의해 파괴될 것이기 때문이다. 이에 대해 킹슬리는 뉴만이 "우물에 독 넣기"를 했다고 말했다.

사람에 의거한 논증에서 욕설적 논증과 정황적 논증 사이에는 명백한 연관이 있다. 말하자면 정황적 논증은 욕설적 논증의 특수한 경우라고 할 수 있다. 이를테면 정황적 논증이 상대방의 일관성 없는 신념이나 행동을 비난한다면, 이것은 분명히 욕설적 논증이다. 또 정황적 논증이 어떤 집단의 구성원이기 때문에 그를 믿을 수 없다고 비난한다면, 이것은 그들의 이기적인 편견을 비난하는 것이며, 이것 역시 욕설적 논증이다.

이런 점에서 하나의 중요한 조건이 요구된다. 사람에 의거한 논증은 어떤 사람에 대한 공격이 그 사람이 제시하는 논증의 객관적인 장점과 무관하기 때문에 잘못된 것이다. 그러나 문제의 결론을 뒷받침하는 증거나 증언을 문제삼음으로써 그 결론에 대해 의구심을 불러일으킬 수 있는 참으로 합당한 어떤 정황들이 있다. 예를 들어, 법정 소송에서 증인의 신뢰성에 배심원의 주의를 환기시키는 일은 용인될 뿐 아니라 때로는 매우 효과적이며, 그렇게 함으로써 그 증인의 증언에 의해 확정된 주장을 무너뜨릴 수 있다. 이는 최소한 주장되는 내용 중에 일부는 거짓일 수밖에 없다는 사실을 밝히고, 제시된 증언이 사리에 맞지 않다는 것을 보여줌으로써 이루어진다. 그것은 증인이 거짓말을 했다는 사실을 (단순히 주장하는 것이 아니라) 실제로 보여줌으로써 이루어진다. 이는 욕설적이지만,

이런 경우에는 그것이 적절한 반론이 된다. 또한 증인의 증언을 받아들임으로써 그에게 생겨날 수 있는 막대한 이익을 폭로함으로써 — 정황을 통해 의혹을 제기하거나 고발함으로써 — 그 증언을 무너뜨릴 수도 있다. 엄밀히 말한다면 이것들은 사람에 의거한 논증들이지만, 이러한 주장들에 담긴 특수한 맥락이 제시되고 있기 때문에, 그리고 증언이 사리에 맞지 않다는 것을 일반적으로 동의하기 때문에 잘못된 것은 아니다.

이와 같은 특수한 상황에서도 증인에 대한 공격(사람에 의거한 논증)이 그가 주장했던 내용이 거짓임을 규명하는 것은 아니다. 과거의 불성실이나 표리부동한 행실을 폭로함으로써, 또는 이전에 제시되었던 증언이 일관성이 없었다는 점을 밝힘으로써 말하는 사람의 신뢰성에 대해 의문을 제기할 수 있지만, 사실에 기반한 주장의 진위 여부는 그것을 주장하는 사람보다는 그 주장과 직접적으로 관련된 증거를 통해서만 확정될 수 있다. 어느 경우이든 우리는 반드시 다음과 같이 물어야 한다. 즉, 사람에 대한 공격이 쟁점이 되고 있는 사실과 연관이 있는가? 흔히 일어나고 있듯이, 사람에 대한 공격이 그 주장의 장점이나 가치와 무관하다면, 사람에 의거한 논증은 분명히 오류이다.

R6. 힘에 의거한 논증

어떤 사람이 힘에 의존하여 어떤 명제를 참으로 확정되기를 바라거나 다른 사람에게 그것이 참임을 설득하려고 한다면 한눈에 보아도 이상한 노릇이다. 상대를 강압적으로 위협하거나 완력을 사용하는 것은 결코 논증으로 간주될 수 없다. 전통적으로 이와 같은 유형의 오류를 **힘에 의거한 논증**(*argumentum ad baculum*)이라 불렀다. ("*ad baculum*"은 말 그대로 "몽둥이에 호소한다"는 의미이다.) 힘이 방편일 수는 있겠지만, 그것이 논증의 합리적인 방법을 대신할 수는 없다. "권력이 정의를 만든다"는 것은 결코 영리한 원칙일 수 없으며, 우리는 누구나 그것을 거부한다.

힘으로 위협한다고 해서 꼭 물리적일 필요는 없다. 2000년에 보이시주립대학교 법학과 두 교수가 (덴버대학교 법학 저널에) 세계 최대의 종이 및 목재 생산업체 중 하나인 보이시 캐스케이드를 거칠게 비판하는 논문을 실었다. 나중에 이 대학은 "이 논문은 학문적 가치가 없고 잘못된 내용 때문에 철회되었다"는 "정오표"를 발행했다.

왜 대학은 그 논문을 철회했을까? 보이시 캐스케이드가 소송이나 고소로 대학을 위협했을까? 대학 측 법무 자문위원은 이렇게 말했다. "글쎄요, '위협한다'는 말이 참 재미있는 표현이네요. 보이시 캐스케이드의 이의 제기가 소송을 초래할 수 있는 수준에서 제기되었다는 것을 대학이 주목했다고 해둡시다." 밝혀진 바대로, 대학은 강조 표시가 된 문제의 논문 복사본을 다음과 같은 말이 적힌 편지 한 통과 함께 받았다. 즉, "나는 만약 덴버대학이 강조 표시가 된 부분을 어떤 형식으로든 재발행하지 않는다면 대학을 상대로 소송을 제기하라는 권고를 받았습니다."[11)]

실제로 이러한 위협이 매우 정교하게 활용되는 경우들이 있다. 그리고 이런 경우에 우리는 — 분명히 잘못된 논증임에 틀림이 없지만 — 논증과 흡사한 것이 제시되었다고 말한다. 직접적으로 위협하지 않고, 넌지시 내비치거나 위협을 가할 수도 있다는 암시를 주면서 문제의 제의를 받아들이게 하는 경우도 있다. 그것은 아마 의심하거나 또는 믿는 것이 무엇이든 간에 어떤 특정한 행동이 중요하다는 말일 것이다. 예를 들어, 레이건 행정부의 법무장관이 위법 행위에 대한 보도로 엄청난 곤경에 처해 있을 때, 당시 대통령 수석 참모였던 하워드 베이커는 참모회의를 시작하면서 이렇게 말했다.

> 대통령의 법무장관에 대한 신임은 변함이 없으며, 나 역시도 계속 법무장관을 믿고 있으며, 여러분들도 장관을 믿어야 합니다. 왜냐하면 우리 모두 대통령을 위해 일하고 있기 때문이며, 또 그렇게 하는 것이 현 사태를 수습하는 길이기 때문입니다. 만일 이 점에 대해 다른 의견이 있거나, 또는 다른 동기나 야심이나 의도가 있다면, 나에게 말해 주십시오. 왜냐하면 우리는 그의 지위에 대해 논의하지 않을 수 없을 것이기 때문입니다.[12)]

바보스럽게도 이런 종류의 논증에 의해 속아 넘어가는 사람은 아무도 없을 것이다. 위협을 받는 사람은 적절히 상황에 대처할지는 모르나 강요되는 그 결론의 참을 꼭 받아들여야 하는 것은 아니다. 이 점에 대해 20세기 이탈리아 파시즘의 후계자들은 이렇게 대답했을 것이다. 즉, 진정한 설득은 여러 가지 수단을 통해 이루어질 수 있다. 이를테면 이성도 하나의 수단이지만 협박이나 폭력도 또 다른 수단이다. 그러나 일단 설득당하고 나면 그 설득의 수단에 대해서는 망각하기 마련이라고 그들은 주장한다. 이와 같은 파시즘적 관점을 오늘날에도 지구상의 수많은 정부들이 지침으로 받아들이고 있는 듯하다. 그러나 힘에 의거한 논증은 이성을 통해 거부할 수 있다. 힘에 호소하는 것은 이성을 포기하는 것이다.

---

11) Peter Monaghan, "A Journal Article Is Expunged and Its Authors Cry Foul," *The Chronicle of Higher Education*, 8 December 2000.

12) "White House Orders Silence on Meese," *Washington Post*, 29 April 1988.

R7. 논점 일탈의 오류

유관성의 오류들 가운데 이 마지막 오류가 아마 정확하게 기술하기가 가장 힘들 것이다. 이 오류에는 무관한 결론, 잘못된 반박 등을 포함한 여러 가지 다른 이름들이 적용되어 왔다. 이 오류는 논증이 길을 잘못 들 때—자세히 살펴보면 전제와 결론이 "연결되지 않을" 때—발생한다. 이러한 왜곡이 때로는 고의적인 기만의 수단이 되기도 하지만, 그 오류가 치밀하지 못한 생각에서 비롯된 결과, 즉 논증을 제시하는 사람이 잘 알지 못하거나 완전히 파악하지 못한 추론상의 혼동일 경우가 더 많다.

최초로 비형식적 오류들을 체계적으로 분류한 아리스토텔레스의 설명에 따른다면, 우리가 **논점 일탈의 오류**(*ignoratio elenchi*)라고 부르는 이 오류는 다른 사람의 논증을 반박하거나 부인하려는 시도에서 빚어진 잘못이다. 라틴어 "*elenchi*"는 "반박" 또는 "논박"을 뜻하는 그리스 말에서 나왔다. 논점 일탈의 오류는 잘못된 반박이다. 그것이 잘못된 반박인 까닭은 반박하는 사람이 논쟁 중인 명제를 충분히 이해하지 못하고 있기 때문이다. 그는 본래 쟁점이 되었던 것과는 다른 주장을 반박하거나 반박하려고 애를 쓴다. 그는 핵심을 놓치고 있다.

예를 들어, 어떤 사람이 공립학교의 재정지원을 늘리는 것이 얼마나 중요한가를 강조한다고 가정해 보자. 그의 반대 측은 아이 교육은 학교교육 이상의 의미를 내포하고 있으며, 공식적인 학교교육이 시작되기 훨씬 전에 진행된다는 주장으로 대응한다. 물론 저러한 주장은 전적으로 타당하지만, 그것은 앞서 말했던 사람의 핵심을 놓치고 있다. 한쪽은 필요한 재정지원을 해결하기 위하여 논증 P를 제시하고, 다른 쪽은 이와 무관한, 취학하기 이전 교육의 중요성에 관한 논증 Q로써 반박하고 있다.

논란의 여지가 매우 많은 세법에 관한 어떤 수정 조항 — 상속세 삭제 — 이 제안되었다. 상속세는 공평하지 못하다는 것이다. 왜냐하면 고인의 재산에 속하는 돈은 이미 그 돈을 벌 때 세금을 냈으며, 따라서 다시 고인에게 세금을 물리는 것은 동일한 돈에 대한 이중과세가 되기 때문이다. 그러나 상속세를 지지하는 쪽의 대응은 세금을 내도 하등의 지장이 없는 큰 재산에 한해서만 상속세가 부과된다는 것이다. 그뿐만 아니라 (상속세를 지지하는 쪽은 이어서) 우리 정부에게는 그런 돈이 필요하다고 말한다. 이러한 대응은 논점 일탈의 오류이다. 상속세를 옹호하고 있는 것은 분명하지만, 과세되는 재산의 크기와 정부 재원의 산출이 필요하다는 것은 제시되었던 논증, 즉 이중과세는 부당하다는 주장의 핵심을 벗어나고 있다. 이와 마찬가지로, 매우 경제적인 새로운 무기 체계를 확립하는 문제를 놓고 논의하면서, 확신이 서지 않는 그 실현 가능성과 막대한 비용에 대해 비판하고 있는데, 새로운 무기를 지지하는 논증의 전제들이 강력한 국방의 필요성을 강조하는 것에 그치고 있다면 그것들은 핵심을 벗어나 있다. 국가 안보나 균형 예산 같은 일반 개념들로 서술하는 것이 지지를 얻기가 쉽다. 이러한 논쟁에서 해결해야 할 문제는 오히려 다음일 것이다. 즉, 제안된 특수한 방안(특수한 무기체계, 특수한 세금)이 실제로 추구하는 목적을 촉진할 것인가? 그리고 만일 그렇다면 그것은 그 대안들 못지않게 능률적이고 효과적일 것인가? 이런 문제들을 간과한 채, 일반적으로 우리는 더 큰 목적에 동의한다는 점을 강조한다면 논점 일탈의 오류를 범하는 것이다. 그것은 핵심을 벗어나 있다.

어떤 의미에서 보면 모든 유관성의 오류는 논점 일탈의 오류이다. 왜냐하면 어느 경우이든 전제와 결론 사이에 간격이 존재하기 때문이다. 결론과 무관한 전제들 — 레드 헤링, 허수아비, 사람에 대한 공격 — 은 모두 핵심을 벗어나 있다. 이것은 분명한 사실이다. 그러나 우리는 이 명칭을 다른 범주들에는 적합하지 않은 무관성의 오류들을 위하여 유보해 둔다. 한마디로 논점 일탈의 오류는 다양한 오류의 집합이라고 할 수 있다. 그것들은 합리적인 논증이 요구하는 일관성을 가지고 전제가 의도하는 결론과 연결되지 못하는 오류들이다.

여러 가지 면에서 이와 비슷하면서 널리 쓰이는 말이 곧 "불합리한 추론(*non sequitur*)"이다. 이 말은 "도출되지 않는다"는 것을 의미한다. 불합리한 추론이란 전제들로부터 결론이 도출되지 않는 논증이다. 그러므로 일반적인 의미에서 오류는 모두 불합리한 추론이기도 하다. 2000년 미국 대통령 후보자였던 조지 부시는 (텍사스 주지사로서 그의 권한으로) 살인으로 유죄판결을 받아 사형 집형이 예정되어 있는 사람에 대해 형 집형 유예를 계획하고 있음을 시사했다. 그에게 공식적인 결정을 발표하기 전에 왜 그런 의향을 내비치느냐고 물었다. 그는 이렇게 대답했다.

> 나는 내가 무엇을 할 수 있는가에 관하여 신호를 보내는 것이 나에게 중요한 경우가 바로 이런 경우라고 생각한다. 왜냐하면 그것은 우리가 한 사람의 유죄 여부를 다루고 있는 경우이기 때문이다.[13)]

불합리한 추론이라는 용어는 논증의 실패가 명확할 때, 전제와 결론의 간격이 너무 넓을 때 가장 일반적으로 쓰인다. 에이브러햄 링컨이 1854년 시카고 연설에서 지적했듯이,

13) "Bush Expected to Grant a Stay of Execution," *The New York Times*, 1 June 2000.

거창하고 거친 추론의 오류가 "때로는 세련된 오류에 비해 두 배로 위험하다."[14)]

그러나 때로는 제시된 논증이 불합리한 논증이라는 주장 자체가 논의의 출발점이 되기도 한다. 역사적인 "법정의 완패"로 기록되고 있는 다음 글을 보라.

> 그 피고는 범죄 사실을 시인했다. 그는 자신이 잘못을 했다고 말했으며, 그리고 판사는 그에게 그의 진술을 번복할 수 있도록 허용했다. 마침내 그런 일이 벌어졌다. 배심원은 무죄로 판정했다. "피고, 당신은 불과 몇 분 전에 당신이 강도라고 말했다. 이제 배심원은 당신을 거짓말쟁이라고 말한다. 결론적으로 당신은 석방이다"라고 호킨스 판사가 말했다.[15)]

개 요

유관성의 오류

R1: 군중에 의거한 논증
어떤 결론을 위해 제시된 증거가 군중에 대한 부적절한 호소일 때 범하게 되는 비형식적 오류이다.

R2: 감정에 의거한 논증
어떤 결론을 위해 제시된 증거가 말을 듣는 사람의 감정—두려움, 부러움, 연민 등등—일 때 범하게 되는 비형식적 오류이다.

R3: 레드 헤링
관심을 딴 데로 돌리는 주의 전환의 수법으로 사실을 호도하거나 혼란시키기 위해 사용될 때 범하게 되는 비형식적 오류이다.

R4: 허수아비 논증
상대의 위치나 입장이 와전되고 그 왜곡된 위치나 입장이 공격의 목표가 될 때 범하게 되는 비형식적 오류이다.

---

14) *The Collected Works of Abraham Lincoln*, R. P. Basler, editor(New Brunswick, NJ: Rutgers University Press, 1953), Vol. 2, p. 283.

15) Stephen Tumim, *Great Legal Fiascos*(London, Arthur Baker, 1985).

R5: 사람에 의거한 논증
어떤 입장의 핵심을 공격하는 것이 아니라, 그 입장을 지지하는 사람을 욕설적으로 또는 그 사람의 특수한 정황들의 결과로서 공격할 때 범하게 되는 비형식적 오류이다.

R6: 힘에 의거한 논증
동의를 얻기 위해 힘이나 권력의 위협에 의존할 때 범하게 되는 비형식적 오류이다.

R7: 논점 일탈(무관한 결론)의 오류
상대방이 제기하고 있는 주장의 논지를 반박하지 않고 오히려 전혀 다른 논지를 상대방에게 뒤집어 씌워 공격할 때 범하게 되는 비형식적 오류이다.

논리연습

A. 다음 글에서 유관성의 오류를 찾아내어 설명하라.

1. 당신이 영어를 탓할 수 없고 그리고 당신의 언어가 빈틈없이 정확하다면, 마이크를 탓하라. 저것은 핵무장한 이란에 대한 그의 핵 발언 이후 취한 자크 시라크의 노선이었다. 시라크는 대수롭지 않다는 투로 "하나의 핵폭탄을 가지고 있거나 또는 얼마 후에 두 번째 핵폭탄을 가진다고 해서 그것이 아주 위험한 것은 아니다"라고 말했다. 사진을 다시 찍으려고 언론을 불러들였다. 마치 말보다는 기록이 쟁점이었던 것처럼 시라크는 이렇게 말했다. 즉, "나는 내가 말하고 있는 것에 대해 어느 정도는 관심을 갖지 않을 수 없었고, 또 내가 기록되고 있다는 것을 알고 있었다."

   —스테이시 쉬프, *The New York Times*

2. 인간적인 면에서 니체는 그의 철학보다 더 철학적이다. 권력, 난폭성, 특출한 기행(superb immorality) 등에 관한 그의 말은 천진난만한 젊은 학자의 장기였으며 타고난 체질이었다.

   —조지 산타야나, 『독일 철학에서의 자기중심주의』

3. 무장한 전사처럼, 깃털 장식을 한 기사처럼, 제임스 블레인은 미국 의사당 복도를 행군하듯 걸어와 당당하게 그의 나라를 비방하고 헐뜯는 모든 이들의 뻔뻔한 이마를 향하여 빛나는 그의 창을 던졌다.

   공화당으로서는 용맹한 이 사람을 버리는 것이 군대가 전장에서 그들의 지휘자를 버리고 도망가는 것보다 더 나쁘다.

—로버트 그린 잉그솔

4. 그렇지만 이제 영국 왕이 무슨 말을 하고 무슨 행동을 하건 그다지 중요하지 않다. 그는 도덕적 의무와 인간적 의무를 모두 잔인하게 저버렸으며, 본성과 양심을 그의 발아래 짓밟아버렸고, 타고난 오만과 잔혹성 때문에 모든 사람의 증오를 샀다.

—토마스 페인, 『상식』

5. 이 당혹스러운 책은 비논리적인 논증들과 왜곡되고 선별적인 정보들, 그리고 터무니없는 일반화, 비정상적인 여담 등으로 이루어진 완전히 편파적인 글이다. 그것은 "토요일 밤 라이브 쇼(*Saturday Night Live*)"의 괴짜 패러디처럼 읽기 쉬운 무책임한 추측과 지적으로 용인하기 힘든 전제들로 들끓는 시끄러운 냄비와 같다.

—미치코 가쿠타니, *The New York Times*

6. 내가 기억하기로는 내가 사는 지역에서 최초의 선거운동이 벌어진 것은 내가 일곱 살 때였다. 당시 이 지역에는 정당이 하나도 없었기 때문에 이러한 선거운동에 대한 공고는 별 관심을 끌지 못했다. 그러나 대중의 지각이 높아져서 한 후보자가 "군주"였던 시절은 막을 내렸다. 어떤 군주를 뜻하느냐를 알기 위해 기독교 교인이라든가 또 다른 별명을 붙일 필요가 없었다. 그는 이미 지난 세기에 푸시노 호수에서부터 개간하여 멋대로 광활한 토지를 점령하여 소유하고 있는 거대한 사유지의 소유자였다. 지금도 약 8천여 가족들(대부분이 지역 주민들이다)이 4천 헥타르의 농지를 경작하기 위해 고용되어 있다. 군주는 못마땅하지만 "그의" 가족들에게 표를 찍어달라고 간청해야 할 처지이므로 의회에서 그들의 대리인 역할을 한다. 군주를 위해 일하고 있는 토지감독관들은 아무런 죄의식 없이 다음과 같이 자유주의자들의 상투적인 표현들을 늘어놓았다. "어느 누구도 군주를 위해 투표하도록 강요하지 않을 것이며, 이것은 당연하고도 당연한 일이다. 또한 마찬가지로 어느 누구도 군주에게 자기에게 투표하지 않은 사람을 자기 땅에서 일하게 하도록 강요할 수 없는 것도 당연한 일이다. 지금은 만인을 위한 진정한 자유의 시대이다. 여러분들도 자유이고 군주도 또한 자유이다." 이런 "자유"의 원리가 공포되자 전반적으로 소작인들 사이에 대경실색할 정도의 결과가 일어났다. 왜냐하면 쉽게 짐작할 수 있듯이, 이 지역에서 가장 증오하는 사람이 곧 군주이기 때문이다.

—이그나치오 실로네, 『실패한 신』

7. 영국에서 간행된 『제3제국의 사회사』의 저자인 그룬버거에 따르면, 나치들은 정기 구독이 끝나는 독일의 독자들에게 다음과 같은 통지서를 보냈다고 한다. “우리 신문이 모든 독일 사람의 지지를 받을 만한 가치가 있다는 것은 확실합니다. 우리는 계속해서 귀하에게 신문을 보낼 것이고, 또 귀하가 구독을 취소함으로써 불행한 결과를 자초하지 않기를 바랍니다.”

8. 『유럽이 잠든 사이』에서 브루스 바워는 “전체주의적인 (이슬람) 이데올로기에 관대함으로써 유럽은 그 자신의 자유를 위험에 빠트리고 있다”고 주장한다. “그것의 자멸적인 수동성, 독재에 대한 관대함, 그것의 유화적인 경향으로 인하여” 유럽인들이 그들 스스로를 방어하지 못하는 것은 정치적으로 당연한 일이라고 그는 말한다. 『이코노미스트』에는 이 책에 대한 다음과 같은 서평이 실려 있다. 바워는 “너무 넓게 두 개의 그물을 펼침으로써 그의 논증을 약화시키고 있다.” 또 다른 논평가 이맘 페이스 알레브는 바워의 관점에 대해 이렇게 말한다. 즉, “서양의 가치관과 이슬람의 가치관 사이에 이러한 매우 심각한 차이가 있다는 것은 지어낸 생각이다.”

—*The New York Times*

9. 신이 존재하지 않는다는 것을 틀림없이 알기 위해서는 반드시 우리는 무한한 지식을 가지고 있어야만 한다. 그러나 무한한 지식을 갖기 위해서는 우리는 신이 되어야 할 것이다. 동시에 신이 되고 무신론자가 되는 것은 불가능하다. 무신론자는 신이 존재하지 않는다는 것을 증명할 수 없다.

—http://aaron_mp.tripod.com/id2.html(2007)

10. 우리가 논의를 여기까지 하게 되어, 올바른 것의 정의가 정반대의 것으로 뒤바뀌어 버렸음이 모두에게 명백해졌을 때, 트라시마코스는 대답하는 대신 질문을 했네.
“대답해 주세요, 소크라테스 선생. 선생께는 보모가 있기나 합니까?”
“그건 왜요? 당신은 그런 걸 묻기보다는 대답을 해야 하지 않았소?”라고 내가 반문했네.
“실은 코를 흘리고 계신 선생을 보모가 무심히 볼 뿐, 급한 사람의 코를 닦아주지 않기 때문입니다. 선생께선 그런 보모 덕에 양도 목자도 못 알아보고 계시니까요.”

—플라톤, 『국가』

11. 역시 나도 외적 세계의 실재성이나 동일성조차도 심각한 문제라고 생각하는 사람들이 있다는 것을 인정한다. 내가 그들에게 대답하지는 않겠지만, 그러나 나의 독자들도 최소한의 이성은 있다고 생각한다.

—파울 파이어아벤트, *The Review of Metaphysics*

12. 유명한 형사재판 변호사 클라렌스 다로는 배심원에게 예리한 답변을 다음과 같은 말로 시작했다.

> 여러분들은 우리 시민들이 모두 부정직하다고 생각하지만, 우리 시민들은 농부 여러분들이 모두 부정직하다고 생각합니다. 말을 사고팔 때 나는 당신들 중 어느 누구도 믿을 수 없습니다. 왜냐하면 당신들은 나를 속일 것이 분명하기 때문입니다. 그러나 곤경에 빠진 사람을 동정하고 공감한다면 나는 시민들보다 차라리 여러분들을 믿을 것입니다. 왜냐하면 여러분들은 사람을 보다 더 잘 알게 되고 또 절친한 친구가 될 것이기 때문입니다.

—어빙 스톤, 『클라렌스 다로의 변론』

13. 국제동물보호단체인 IDA는 샌프란시스코의 중국인 시장에서 산 채로 매매되고 도살되는 동물 학대에 대해 항의 의사를 표명했다. 샌프란시스코시 동물보호위원회에 항의하면서 패트리샤 브리그스는 이렇게 말했다. 즉, "갑각류의 시대가 오고 있습니다. 여러분들은 사람들이 바닷가재를 좋아하지 않을 것으로 생각합니다. 왜냐하면 그것들은 징그럽고 흉하게 생겼으며, 표정이 멍청하고 소리도 내지 못하기 때문입니다. 그러나 놀랍게도 수많은 사람들이 바닷가재를 좋아합니다." 가금류를 산 채로 팔고 있는 기업체 "Ming Kee Game Birds"의 소유주 아스텔라 쿵은 이에 대해 다음과 같이 대응했다. 즉, "노숙자들은 어떻습니까? 동물을 보호하는 사람들은 왜 이런 사람들을 위해 그들의 에너지를 사용하지 않습니까? 노숙자들은 집이 없습니다. 그들은 배가 고픕니다."

—*The New York Times*

14. 미국 농무부는 담배 생산자들의 수익을 보장하기 위해 가격 유지정책을 운용하고 있다. 담배 재배 면적의 한도를 규제함으로써 담배 가격을 높게 유지한다. 동일한 생산자들이 소비자의 건강 규정에 맞서 싸웠다. 무엇을 근거로 하는가? 어떤 분석가가 다음과 같이 말했다.

> 가격 유지정책을 지지하는 사람들이 정부의 규정은 독재자의 부당한 간섭이며 경제에 악영향을 미친다는 이유를 내세우면서 소비자 건강 규정에 맞서 싸우는 것은 합리적인 사람들을 위축시키는 논증이다.

—A. L. 프리첼러, 『흡연과 정치』

15. 제1차 세계대전 동안 영국 정부는 의도적으로 만화를 통해 국민들의 반독 감정을 고조시켰다. 다음은 그 만화들 중 하나이다.

출처: David Wilson(20th century). The Bridgeman Art Library International. Art Collection/The Bridgeman Art Library.

B. 어떤 사람은 다음의 각 글에 오류가 포함되어 있다고 그럴듯하게 비판하고 있지만, 그러나 어떤 사람은 그 논증은 잘못된 것이 아니라고 각 글을 옹호할 것이다. 각 논증의 장점을 논하고, 여러분은 왜 그것이 유관성의 오류를 포함하거나 또는 포함하지 않는다고 판단하는지 그 이유를 설명하라.

1. 최근 주주총회에서 한 수녀가 제너럴 일렉트릭사 잭 웰치 회장에게 이의를 제기했다. 그 수녀의 주장에 따르면, 제너럴 일렉트릭사 공장에서 방출한 오염물질이 수년 동안 허드슨강에 모이는 것을 허용했으므로 허드슨강의 정화에 제너럴 일렉트릭사가 책임을 져야 한다는 것이었다. 웰치 회장은 회사의 책임을 단호하게 부인하면서 이렇게 말했다. "수녀님, 당신은 이 이야기를 당장 중지해야만 합니다. 당신이 이 자리에서 진리의 편에 서는 것은 신에 대한 의무입니다."

—엘리자베스 콜버트, *The New Yorker*

2. 젠더 페미니즘은 변조가 불가능한 것으로 악명이 높다. 다시 말해서 그것은 반대의 증언들을 모두 씹어서 소화하며, 그것을 확정적인 증거로 바꾸어놓는다. 대부분의 여성을 포함한 대부분의 사람들이 남성 권력의 서서히 스며드는 지속적인 시스템을 알아채지 못한다는 사실은 그것을 영속시키기 위해 사람들이 얼마나 사회화되어 왔는가를 보여줄 뿐이다. 여성들이 젠더 페미니즘적 관점을 거부하면 할수록 이것은 더욱더 그들이 남성 중심적 시스템에 속박되어 있다는 것을 드러낼 것이다. 이러한 사실을 "도처에서" 아주 또렷하게 볼 수 있는 사람에게 있어서는 그 무엇도 그리고 어느 누구도 성-젠더 시스템의 가설을 부인할 수 없다.

—크리스티나 소머스, *Proceedings of the American Philosophical Association*

3. 미국 독립혁명이 시작될 무렵 일부 미국인들은 영국과의 화해를 추구했다. 토마스 페인은 화해를 격렬하게 반대했다. 『상식』(1776)에서 그는 다음과 같이 주장했다.

> 나는 화해 정책을 지지하는 사람들은 모두 다음과 같은 무리에 속하리라는 생각이 자꾸 든다. 신뢰할 수 없고 사욕으로 가득한 사람, 주관 없이 나약한 사람, 유럽을 실제보다 더 좋게 생각하는 중도적인 사람 등의 무리인데, 그 중에서도 이 마지막 무리의 사람들의 오판 때문에 이 대륙에 더 큰 불행을 초래할 것이다.

4. 그리스 철학자 클레안테스는 이렇게 말한다. "그러나 나는 당신과 필론 그리고 모든 사변적 회의론자와 관련하여 다음과 같은 사실을 주목한다. 즉, 당신들의 이론과 행동은 평범한 삶의 행동 못지않게 이론의 가장 난해한 핵심에서 불일치한다."

—데이비드 흄, 『자연 종교에 대하여』

5. 미국교육협회(NEA)의 공식 발표는 다음과 같은 말로 시작된다. "미국의 교사들은 보다 작아진 학급을 협회가 시사하는 대로 조사하고 이를 제대로 된 교육을 수행하는 데 있어서 가장 비판적인 요소로 보고 있다." … 그러나 당연히 협회는 가능한 한 많은 선생님들이 학교에 재직하는 데 관심을 기울인다. 예를 들어, 학생 수가 3천명인 학교에서 한 학급에 30명씩 배정하면 교사진은 대략 100명이 될 것이다. 그러나 만약 학급의 크기를 25명으로 바꾸면 전체 교사의 수는 120명으로 늘어날 것이다. 그리고 입학하는 학생이 줄어들 경우에 저것은 공공 급여로 교사들을 지키는 한 방편이다 ….

   직업적으로 좋은 평을 받는 협회가 자기 잇속만 차리는 것은 유감스러운 일이다.

—신시아 파슨즈

6. 이 책에 쓰여 있는 사실들로부터 나는 이 책의 예언의 말씀을 듣는 모든 사람에게 증언한다. 이 말을 부풀리는 사람이 있다면 신은 그 사람에게 이 책에서 말하는 천벌을 내릴 것이다. 그리고 이 예언의 말씀을 축소하는 사람이 있다면 신은 생명의 책과 성스러운 도시에서 그의 몫을 없애버릴 것이다.

—계시록, 22: 18-9

7. 아니토스: 소크라테스님, 선생께서는 경솔하게 사람들을 나쁘게 말씀하시는 것으로 제겐 생각됩니다. 그래서 제가 조언을 해 드리고 싶군요. 선생께서 제 조언을 따르시겠다면, 조심하시라는 것입니다. 아마 다른 나라에서도 사람들을 좋게 해주기보다는 나쁘게 해주기가 더 쉽겠지만, 이 나라에서는 아주 쉬우니까요. 한데 저는 선생께서도 자신을 잘 아실 것이라 생각합니다.

—플라톤, 『메논』

8. 그리스의 역사가인 투키디데스는 그의 저서 『펠로폰네소스 전쟁사』에서 아테네 사람들이 그 전쟁에서 스파르타와 맞서 아테네와 연합하도록 작은 섬나라인 멜로스를 대표하는 사람들에게 다음과 같이 호소하고 있는 장면을 기록하고 있다.

   우리들 못지않게 당신들도 잘 알고 있듯이, 인간 본성의 논리에서 보면 힘이 균형을 이루고 있을 경우 정의만이 문제가 되지만, 한편 강자가 훈계하는 것은 무엇이며 약자가 양보해야 할 것은 무엇인지를 결정하는 것은 힘입니다…. 당신들의 가장 강력한 무기는 아직 실현되지 않은 희망에 불과하지만 당신들의 수중에 있는 무기는 당신들을 향해 만반의 준비 태세를 갖춘 힘에 대적하기에는 무언가 부적합합니다…. 당신들의 조국을 위한 결정권은 바로 당신들이 가지고 있으며, 한 나라의 운명은 옳고 그름에 대한 단 한 가지 판단에 달려 있음을 반성해 보시오.

9. 『환상의 미래』라는 참담한 책에서, 유럽 자본주의 계급에 대해 탁월한 이론가인 프로이트 박사는 교육받은 현대인이 종교적 신념을 가질 수 없다는 것을 간명하게 서술했다.

—존 스타라키, 『권력을 향한 투쟁』

10. 혁명에 있어서 고전적인 함정은 언제나 "당신의 대안은 무엇인가?"를 묻는 것이다. 그러나 비록 여러분들이 그 질문자에게 청사진을 제시할 수 있다고 할지라도, 이것은 그가 그것을 활용할 것이라는 것을 의미하지는 않는다. 대부분의 경우 질문자는 알려고 하는 진지한 태도를 보이지 않는다.

—슐라미스 파이어스톤, 『성의 변증법』

4.4 불충분한 귀납의 오류들

앞 절에서 말한 잘못된 논증의 전제들은 도출된 결론과 무관하다. 하지만 전제들이 결론과 유관하면서도 아주 불충분하거나 잘못된 논증들이 많다. 이런 논증들을 우리는 **불충분한 귀납의 오류**(fallacies of defective induction)라고 부른다. 전제로서 언명되는 것이 도출된 결론의 타당한 근거가 되지 못하고 있는 것이다.

D1. 무지에 의거한 논증

어떤 것이 거짓이라는 것이 증명되지 않았다는 이유로 그것을 참이라고 주장하거나, 어떤 것이 참이라는 것이 증명되지 않았다는 이유로 그것을 거짓이라고 주장할 때, 이것이 곧 무지에 의거한 논증이다. 단순히 어떤 명제가 아직 거짓임이 증명되지 않았다고 해서 그것을 참이라고 판단할 수는 없다. 그 역도 마찬가지이다. 즉, 어떤 명제가 아직 참이라는 것이 증명되지 않았다고 해서 그것을 거짓이라고 판단할 수는 없다. 물론 수많은 참인 명제들이 아직 참이라는 것이 증명되지 않았으며, 또 수많은 거짓인 명제들이 아직 거짓이라는 것이 증명되지 않았다. 우리가 지금 확신하지 못하는 사실이 거짓 또는 참에 대한 주장의 타당한 근거가 될 수는 없다. 이런 추론은 불충분하며, 그것을 우리는 **무지에 의거한 논증**(*argumentum ad ignorantiam*)이라 부른다. 때로는 무지로 인해 부득이 문제의 명제에 대한 참이나 거짓을 결정하지 못한 채 판단을 유예할 경우도 있다.

잘 알려진 사례를 하나 든다면, 현재 뉴욕의 센트럴 파크 북서쪽 모서리에 세워져 있는 위대한 노예해방론자 프레더릭 더글러스의 기념비가 세워질 무렵이었다. 8피트 크기의 더글러스 조각상 밑에 남부 노예 소유주들로부터 노예들의 탈출을 돕기 위해 조직된 지하철도조직의 암호를 상징하는 천 조각을 화강암으로 만들어 벽돌처럼 쌓기로 계획되었다. 그러나 오늘날 저명한 역사학자들은 전설로 전해져 내려오는 그러한 암호는 존재하지 않았다는 데에 의견이 일치한다. 남아있는 천 조각의 예증이 없을 뿐 아니라, 그 시기의 기록이나 메모에 천 조각으로 된 암호에 대한 언급이 하나도 없다는 것이다. 하지만 기념비를 설계한 알레르논 밀러는 여전히 기념비 제작 기획에 그것이 포함된다고 주장한다. "누가 무슨 말을 하더라도, 그들은 역사의 특수한 순간에 거기에 있지는 않았다"고 그는 주장한다. 그 전설이 거짓이라는 것을 알 수 없기 때문에 마땅히 우리는 그것을 참이라고 추정할 수밖에 없다는 것이 그의 결론이다.

이치에 맞는 주장인데도 그것의 진리에 대한 증거가 아직 입증되지 않았기 때문에 그것을 거짓이라고 주장한다면, 무지에 의거한 논증은 과학에서 자주 일어날 수밖에 없다. 증거가 없는 타당한 이유가 있을 수 있다. 예를 들어, 고고학이나 고생물학에서는 그 증거가 시간이 지날수록 파괴되어 왔다. 그리고 천문학이나 물리학에서는 원하는 증거가 물리적으로 입수하기 힘들 정도로 아주 멀리 시공간적으로 떨어져 있을 수 있다. 원하는 증거를 수집할 수 없다고 해서, 그것이 증거가 없는 것 외에는 아주 그럴듯한 주장을 거짓이라고 결론내리는 것이 정당화되는 것은 아니다.

무지에 의거한 논증은 확신이 없거나 설득력이 없는 명제를 옹호하는 사람에게는 특히 매력적이다. 입증할 수 없는 초자연적인 현상에 관하여(예컨대, 텔레파시에 관하여, 또는 죽은 자와의 접촉에 관하여) 주장하는 의사과학자들이 있다. 그들을 비판하는 사람들은 그들의 주장이 거짓임을 입증할 수 없으며, 바로 이러한 사실이 그들의 주장을 뒷받침해주고 있다고 주장한다.

16세기 초에 새로 발명한 망원경으로 달 표면에 여러 개의 산들과 골짜기들이 있다는 것을 보여준 갈릴레오는 무지에 의거한 논증에 직면했다. 그 당시에는 달이 수정같이 맑은 완전한 구형이라는 것이 의문의 여지가 없는 "진리"였다. 더욱이 그것은 아리스토텔레스가 말했기 때문에 완벽한 진리였다. 망원경이 보여준 증거에 직면하여, 아리스토텔레스의 옹호자들은 다음과 같은 논증으로 갈릴레오를 반박했다. 즉, 겉으로 보기에 달에 굴곡들이 있지만 그 모든 것들은 눈으로 볼 수 없는 투명한 실체로 가득 채워져 있으며, 이러한 가설은 달의 완전함을 보장할 뿐 아니라, 거짓임이 증명될 수 없는 아리스토텔레스의 가르침과도 일치한다는 것이었다. 이러한 오류는 웃음꺼리가 될 만했다. 갈릴레오는 그의 비판자들의 무지에 의거한 논증을 폭로하기 위하여 그 자신도 터무니없는 무지에 의거한 논증으로 대응했다. 즉, "분명히 수정으로 된 산들이 있고, 그 산들을 올라가면 더 높은 산이 있을지라도 수정으로 되어 있어 눈으로 볼 수 없기 때문에, 달은 완전한 하나의 구형이 아니다. 나를 비판하는 신학적 비판자들은 이러한 주장이 거짓이라는 것을 증명할 수 없기 때문에, 나는 저러한 산들이 달에 존재하지 않는다는 결론을 내릴 수 없다."

제도나 사회 전체에 어떤 큰 변혁이 제안될 때마다 그것에 위협을 느끼는 사람들은 무지에 의거한 논증으로 공격하려고 할 것이다. 그것이 효과가 있을지 우리가 어떻게 알 수 있는가? 그것이 안전할지 우리가 어떻게 알 수 있는가? 우리는 알 수 없다. 그리고 그것의 효과와 안전에 대해 알지 못하기 때문에 우리는 제안된 변혁을 받아들여서는 안

된다. 그러나 사전에 그 효과와 안전성을 입증할 수 있는 가능성은 열려 있다. 때로는 반론이 끔찍한 결과를 시사하는 의문의 형식을 취하기도 한다.

이러한 오류는 진보에 심각한 장애가 될 수 있다. 오늘날에는 DNA 재조합이 의학에서 매우 유용한 수단이지만, 1970년대에 그것이 최초로 가능하게 되었을 때 그 분야에서 제기된 추가적인 실험에 대한 반론들은 주로 무지에 근거를 두고 있었다. 한 저명한 과학자는 DNA에 관한 모든 실험은 즉각 중단되어야 한다고 말하면서 이렇게 질문을 던졌다. 즉, "만약 프랑켄슈타인 박사가 그의 작은 기형적인 생물체를 계속 생산해 낸다면 … 그 작은 짐승들이 실험실을 빠져나와 무슨 일을 벌일지 우리가 무슨 수로 확신할 수 있는가?"[16) 이와 같은 연구를 막으려고 했던 또 다른 과학자도 DNA 실험을 우려하면서 다음과 같이 말하지만, 이것은 무지에 의거한 논증이다.

> 우리는 그 결과를 예측할 수 있는가? 우리는 광범위한 진화의 원리를 모른다. … 우리는 정말 모른다. 우리는 우리가 현재 진화과정에 참여하는 것으로 여기는 다양한 인자들에 대해 모른다. 우리는 우리 자신의 환경적 적소의 안정성의 깊이에 대해 모른다. … 우리는 무지하다.[17)]

우리가 모르고 있다는 사실이 알려고 하는 노력에 대한 비난을 정당화시키는 것은 아니다. 다행히 이와 같은 무지에 의거한 오류가 과학의 실험을 멈추게 하지는 못했다. 생명을 구하고 삶을 향상시키는 과학적 실험의 가치는 최근 몇 년 사이에 무수히 입증되어 왔다.

정책을 변경할 경우에도 반대 측과 찬성 측이 모두 무지에 의거한 논증을 논거로 삼는다. 연방 정부가 위스콘신주가 한 아이 이상을 가진 어머니의 복지를 위해 지원해 온 추가 혜택을 줄이도록 하는 문서를 발급했을 때, 위스콘신주 지사는 미혼모가 단순히 수입을 늘리기 위해 하나 이상의 아이를 가지고 있다는 어떤 증거가 있는지에 대한 질문을 받았다. 지사의 대답은 무지에 의거한 논증이었다. 그의 대답은 이랬다. 즉, "아니오, 없습니다. 그에 대한 증거가 없는 것이 분명하지만, 그 정반대에 대한 증거도 없습니다."[18)]

물론 어떤 경우에는 진상을 밝히기 위해 갖가지 방식으로 노력을 해도 확실한 증거나 결과를 얻을 수 없었던 사실들이 실질적인 논증의 힘을 지닐 수도 있다. 예를 들면, 안전성을 검증하고 있는 새로운 약품은 보통 오랜 기간 동안 실험 대상자인 쥐나 혹은 다른

---

16) Erwin Chargaff, in a famous letter to the editor of Science, *Science*, vol. 192, p. 938, 1976.

17) Robert Sinsheimer, "Troubled Dawn for Genetic Engineering," *New Scientist*, vol. 168, p. 148, 1975.

18) "Winsconsin to Cut Welfare," *Ann Arbor News*, 11 April 1992.

동물에게 주입된다. 그 동물에게 유독성의 영향이 나타나지 않으면 그것은 인간에게도 그 약이 유독하지 않을 것이라는 것에 대한 증거(비록 결정적인 증거는 아닐지라도)로 채택된다. 또 소비자들을 보호하기 위해 이런 종류의 증거에 의존하는 경우도 많다. 이런 경우에는 우리는 무지에 의거하고 있는 것이 아니다. 오히려 우리가 의존하고 있는 것은 우리의 지식이나 확신, 즉 우리가 관심을 갖는 결과가 나타났다면 그것은 필시 몇 가지 검증을 거쳐 나타난 결과일 것이라는 확신과 지식이다. 어떤 것이 참이라는 것을 증명할 수 없다는 점을 이용하는 이런 경우는 탐구자들이 고도로 숙련된 사람들이므로 그들은 분명히 그 증거를 밝혔을 것이고 또 그들로서는 능히 그럴 수 있었을 것이라는 점을 전제하고 있다. 때로는 이런 영역에서 비극적인 실수가 생겨나기도 하지만, 그러나 기준이 너무 높게 설정되면 — 즉, 무해하다는 것에 대한 결정적 증거로서 입수 불가능한 것이 요구된다면 — 그 유효성이 입증되고 심지어 생명을 구하기도 하는 약물 요법이 소비자들에게는 허용되지 않을 것이다.

이와 마찬가지로, 안전성 조사가 피조사자들의 부적절한 처리를 증명하지 못할 경우에, 그 조사는 미지의 상태를 확인했다고 결론내리는 것은 잘못일 것이다. 철저한 조사는 그 사람들이 검증 절차를 통과했다는 것으로 당연히 귀결될 것이다. 어떤 경우에는 결론을 이끌어내지 못하는 것이 잘못된 결론을 이끌어내는 경우 못지않게 올바른 추론에 대한 위반이 된다.

무지에 의거한 논증은 흔히 법정에서 자주 일어난다. 법정에서는 피의자가 유죄로 증명되기 전까지는 무죄로 추정된다. 우리는 이 원칙을 받아들인다. 왜냐하면 무죄를 유죄로 판결하는 실수는 범죄자를 석방하는 실수보다 훨씬 중대하고 위험한 일이기 때문이다. 그러므로 형사 사건 변호사들은 합법적으로 이렇게 주장할 수 있다. 즉, 검찰이 정당한 혐의 이상의 유죄를 증명하지 못하면, 이것은 곧 무죄 평결을 보장하는 것이다. 연방 최고법원이 이에 대한 전형적인 예를 보여주고 있다.

> 정당한 혐의의 기준은 … 사실적인 오류에 의거한 유죄 판결의 위험성을 줄이기 위한 일차적 수단이다. 그 기준은 무죄를 추정하기 위한 구체적인 내용을 제공한다. 자명하고도 기본적인 이 원리가 강제적인 효력을 갖지 않고서는 우리 형법 운영의 토대가 바로 세워질 수 없다.[19]

---

19) Justice William Bernnan, Writing for the Court, *In re Winship*, 397 U.S. 358, 1970.

그러나 이러한 무지에의 호소는 상대편에 대한 증거가 없어서 무죄로 가정할 수밖에 없는 경우에 한해서만 성공할 수 있지만, 다른 문맥에서 보면 이러한 호소는 분명히 무지에 의거한 논증이다.

D2. 권위에 의거한 논증

어떤 분야의 전문가가 그 명제는 참이라고 말했기 때문에 그것은 참이라고 어떤 사람이 주장한다면 이는 권위에 의거한 논증이다. 이러한 오류는 유명 인사에 대한 존경심에서 비롯된다. 하지만 전문가의 판단이 결정적인 증거가 되는 것은 아니다. 전문가들도 서로 의견이 다를 수 있고, 심지어 그들의 의견이 일치할 경우에도 그들이 틀릴 수 있다. 전문 영역의 권위를 언급하는 것이 어느 정도 비중을 가질 수는 있지만 그 자체가 결론을 입증하는 것은 아니다. 궁극적으로는 전문가들도 경험적 증거와 합리적인 추론에 의지해야만 한다.

어떤 문제에 당면하여 당사자들이 합당한 권위를 요구할 만한 자격이 없는 사람의 권위에 호소할 때 그들은 권위에 의거한 논증의 오류를 범하게 된다. 그러므로 도덕성에 관한 논증에서 다윈의 견해에 호소하는 것은 그가 생물학의 영역에서 차지하는 그 막강한 권위에도 불구하고 그것은 오류이다. 경제 문제에 관한 논쟁을 해결하기 위해 위대한 예술가인 피카소의 견해에 호소하는 것도 마찬가지이다. 누구의 권위에 의존하는 것이 사리에 맞는가, 또 누구의 권위를 거부하는 것이 마땅한가를 결정할 때는 신중해야만 한다. 비록 피카소가 경제학자는 아닐지라도, 예술작품의 경제적 가치와 관련된 논의에서는 어느 정도 비중을 가질 수 있다. 또 도덕적 문제에서 생물학의 역할이 쟁점이었다면 다윈은 분명히 적절한 권위를 발휘했을 것이다. 이것은 어떤 영역의 권위가 그 전문 영역을 벗어나 언급하더라도 타당할 수 있다는 말이다. 이에 대해 이의를 제기한다면 그것은 일종의 사람에 의거한 논증(정황적 논증)이 될 것이다. 각 경우마다 논증은 그것의 장점에 따라 판단되어야만 한다.

권위에 호소하는 오류의 가장 흔한 사례들은 "추천" 광고들에서 잘 나타난다. 유명한 골프 선수나 테니스 선수가 어떤 자동차의 우수성을 인정하기 때문에 그 자동차를 몰도록 권장하거나, 어떤 영화배우나 축구 선수가 특정 음료수를 무척 좋아한다는 이유를 들어 그 음료수를 마시도록 설득하려는 것이 바로 이에 대한 사례들이다. 어떤 명제의 진리가 그 분야의 전문가가 아닌 사람의 권위를 바탕으로 주장될 때는 언제나 권위에 의거한 논증이 된다.

이것은 순진한 실수로 보일 뿐 아니라 또 그만큼 피하기도 쉽다. 그러나 그 그릇된 호소가 상당히 유혹적이어서 이성적 판단을 흐리게 만든다. 두 가지 예를 들어보자. 국제 관계에서 무기와 전쟁은 불행히도 중요한 역할을 담당하고 있는데, 이런 국제 관계에서 이런저런 의견이 지지를 받기 위해서는 기술적 설계나 무기의 구조에 능통한 사람들에게 호소하는 것이 일반적이다. 예컨대, 로버트 오펜하이머나 에드워드 텔러와 같은 물리학자들은 무기의 기능에 관한 한 권위 있는 판단을 해줄 수 있을 만큼 박식한 사람들임에 틀림없다. 그러나 이 분야에 관한 그들의 지식이 광범위한 정치적 목적을 결정하는 데 특별한 지혜를 제시해 주는 것은 아니다. 국제 관계를 다루면서 탁월한 물리학자의 판단에 호소하는 것은 분명히 **권위에 의거한 논증**(*argumentum ad verecundiam*)이다.

이와 마찬가지로, 우리는 위대한 작품 — 이를테면 솔제니친이나 솔 벨로의 소설 — 의 깊이와 통찰을 찬양하지만, 어떤 정치적 논의에서 진짜 범죄자를 결정할 때 그들의 판단에 의존하는 것은 권위에 의거한 논증일 것이다. 이 오류의 라틴어 이름은 존 로크가 만들어냈는데, 그의 비판은 주로 학술적인 권위자를 인용하는 것은 어떤 논증도 충분히 압도할 수 있다고 생각하는 사람들, "권위를 의심하고 무시하는 것은 타인에 대한 결례"라고 생각하는 사람들을 겨냥하고 있었다. 로크가 권위에 의거한 논증으로 명명한 저러한 논증은 말 그대로 감히 권위에 맞서는 사람들의 겸손한 태도에 호소하는 것이다.[20]

권위에 의거한 논증은 합당한 권위를 요구할 만한 자격이 없는 사람에게 호소하는 것이다. 물론 합당한 권위를 요구할 만한 자격이 있는 사람도 실수로 판명될 여지는 있으며, 늦게나마 우리는 우리가 행한 전문가 선택을 후회할 수도 있다. 그러나 우리가 선택한 그 전문가가 지식으로 명성을 얻은 사람이라면, 비록 그가 실수를 범했을지라도 우리가 그를 참조한 것은 결코 오류가 아니었다. 우리의 잘못이 오류가 되는 경우는 우리의 결론이 오로지 권위 자체에만 의존하는 경우이다.

D3. 거짓 원인의 오류

어떤 추론이 실제로는 어떤 사물이나 사건의 원인이 아닌 것을 그것들의 원인으로 받아들인다면 그것은 명백한 잘못임에 틀림이 없다. 실제로는 우리가 어떤 특수한 인과관계를

20) J. Locke, *An Essay Concerning on Human Understanding*, 1690.

이해하지 못하면서도 그것을 이해하는 것으로 추정하고 싶은 유혹을 자주 느낀다. 인과관계의 성격과 인과관계의 유무를 판정하는 방법은 귀납추리와 과학 방법론의 중심 문제이며, 이에 대해서는 이 책 3편(Part 3)에서 상세하게 다룰 것이다. 실제로는 존재하지 않는 인과관계를 추정하는 것은 흔히 있는 오류이다. 이것을 라틴어로 "원인이 아닌데도 원인으로 여김(*non causa pro causa*)"이라고 하는데, 우리는 그것을 간단히 **거짓 원인의 오류**(fallacy of false cause)라고 말한다.

주장하는 인과관계가 정말 오류인지 여부가 때로는 중요한 쟁점이 된다. 엄격한 성적 평가로 말미암아 학생들의 평점이 낮아져서 그들의 사회생활에 악영향을 미칠 것을 염려하여 일부 대학 교수들이 관대하게 평가하는 것이 논쟁거리가 되어 왔다. 흔히 점진적인 "학점 인플레이션"은 이와 같은 염려의 산물이라고 말한다. 한 대학교수는 이를 이렇게 말한다.

> 오늘날 많은 대학들이 (학생들에 의해 작성되는) 강의평가의 양식을 요구하고 있으며, 그리고 급료는 그 결과에 영향을 받는다. 30년 전 내가 미시간대학에 취직했을 때 내 급료는 오늘날까지 활동하고 있는 인류학과 어느 교수보다도 높았다. 나의 성적 평가 기준은 학점 인플레이션 추세에 따른 것이 아니었다. 성적 평가에 불평하는 학생들이 늘어났으며, 현재 내 급료는 교수들 중에서는 바닥권이다.[21]

당신은 이 글을 쓴 사람이 거짓 원인의 오류를 범하고 있다고 생각하는가?

때때로 우리는 시간적으로 밀접하게 어떤 사건이 다른 사건 다음에 일어났다는 이유로 두 사건을 인과적이라고 잘못 추정한다. 원시 문화에서는 이런 잘못이 흔한 일이었다. 일식 때 어둠 속에서 북을 치면 언제나 태양이 다시 모습을 드러냈다. 그러나 북을 치는 것이 태양이 다시 모습을 드러나게 하는 원인이었다고 하는 것은 불합리하다는 사실을 우리는 알고 있다. 단순히 시간적으로 이어져 있다고 해서 인과관계를 갖는 것은 아니다. 이런 것들이 이른바 "그것 다음이므로 그것이 앞이다(*post hoc ergo propter hoc*)"라고 하는 거짓 원인의 오류이다.

매우 지적 수준이 높은 사람도 가끔 이런 오류를 범하는 경우가 있다. 몇 년 전에 어떤 평론가가 하원의원의 추론을 다음과 같이 조롱한 적이 있었다.

21) C. Loring Brace, "Faculty Is Powerless," *The New York Times*, 24 February 1998.

> 나는 하원의원 어네스트 이스툭과 같은 주장 — 기도가 학교에서 떠나면, 권총과 칼, 마약, 불량배들이 들어온다 — 에 염증이 나 있다. 그의 주장은 이것들 사이에는 어떤 인과적 관계가 있다는 입증되지 않은 사실을 시사하고 있다… 우리도 역시 이렇게 말할 수 있다. 즉, "신을 학교에서 쫓아낸 다음에 비로소 우리는 인간을 달에 보낸다." 학생들은 더 깊은 믿음을 필요로 하거나 필요로 하지 않을 수 있지만, 국회는 분명히 더 많은 이성적 능력을 사용할 수 있다.[22]

어떤 사람은 1954년 국기에 대한 맹세에 "하느님 다음으로(under God)"라는 말을 삽입한 것은 뒤따른 사회적 병폐의 주된 원인이었다고 말했다.

이와 같은 잘못들은 광범위하게 일어난다. 특이한 기후 현상이 그것과는 전혀 무관한데도 먼저 발생한 천체 현상 때문이라고 투덜대기도 한다. 또 실제로는 바이러스 때문에 일어난 전염병을 쌀쌀한 바람이나 젖은 발 때문이라고 여기는 경우도 있다. 이와 같은 논증에 가장 취약한 영역이 바로 범죄와 처벌에 관한 논증이다.

> 미국의 사형제도는 산업화된 나라들 가운데 인구 10만 명당 최고의 범죄율과 가장 많은 죄수를 양산하는 결과를 초래했다.[23]

"그것 다음이므로 그것이 앞이다"라고 하는 거짓 원인의 오류는 그것이 노골적이면 발견하기 쉬운 오류이지만, 매우 훌륭한 과학자나 정치가들조차도 이런 오류를 범하는 경우가 더러 있다.[24]

또한 거짓 원인은 어떤 사람이 특정한 방향에서 어떤 변화가 일어났다면 분명히 똑같은 방향에서 계속 변화가 일어나게 되고, 결과적으로 심각한 결과를 초래하게 된다고 잘못 주장할 경우에 범하게 되는 오류이기도 하다. 일단 이 길로 빠지게 되면 중단하기 어렵고 파국으로 치닫게 되며, 따라서 이런 식의 추론을 위험한 **비탈길 논증**(slippery slope)의 오류라고 부른다. 두려워하는 결과가 정말 일어나게 될지 아닐지는 특정한 방향의 첫 단계에서는 결정되지 않는다. 비록 이러한 논증이 일반적으로 현재의 상황에 대한 지지를 언급하고 있을지라도, 저 방향에서의 변화가 파국적인 연쇄 반응을 촉발할 것이라는 주장은 타당하지 않다. 실제로 결정되기 위해 필요한 것은 무엇이 두려워하는 결과를 야기하게 될 것인가 하는 점이다.

---

22) Douglas E. McNeil, "School Prayer Fallacy," *The New York Times*, 10 June 1998.

23) Harvey Isaak, "Death Penalty Ethics", *The New York Times*, 13 February 1996.

24) I. Harvey, "Death Penalty Ethics," *The New York Times*, 13 February 1996.

다음 예를 보라. 자살 방조(의사의 도움을 받아 자살하는 것)의 합법화에 대한 일반적인 반론은 어떤 면에서 도덕성에 문제가 있는 의사에게 일단 이런 행위를 공식적으로 허용하고 나면 이와 동일하거나 또는 이와 동일한 유형의 더 심각하고 더 많은 도덕성의 문제를 초래하게 될 것이라는 점이다. 이러한 논증에 따르면, 이 문제는 처음부터 관대하게 처리되어서는 안 된다는 것이다. 그 이유는 비탈길은 무척 미끄러워서 처음 내디딘 발걸음이 마지막 발걸음과 같지 않으며, 따라서 우리의 안전을 보장할 수 없기 때문이다. 이와 같은 논증에 대해 날카로운 한 비평가는 다음과 같이 대응했다.

> 위험한 비탈길 논증은 비록 영향력이 있긴 하지만 합리성을 다룰 수는 없다. 이 논증은 일단 의사에게 자살을 요구하는 환자의 생명을 단축할 수 있도록 허용하면, 의사들이 죽기를 원하지 않는 힘든 환자들을 제멋대로 죽일 수 있다고 주장한다. 이러한 주장은 타당하지 않다….
>
> 때로는 의사들이 규정보다 많은 양을 복용할 경우 환자를 죽일 수도 있는 약을 처방할 경우가 있다. 규정된 실제의 투여량이 치사량이 될 수도 있다는 것을 아무도 두려워하지 않는다. "위험한 비탈길 논증"의 오류가 두려워 이러한 처방을 반대하는 사람은 아무도 없다. 의사들이 생명 단축을 요구하는 환자들을 도울 수 있도록 인가하는 것이 생명 연장을 바라는 환자의 생명을 단축시키는 권한을 의미하지 않는 것은 외과의사에게 주어진 담낭 제거의 권한이 환자의 심장을 제거하는 권한을 의미하지 않는 것과 같다.[25)]

그러나 특정한 방향의 진행을 보고 동일한 방향에서 생겨날 끔찍한 결과를 지나치게 확신하는 것도 위험한 비탈길 논증이라고 할 수 있다.

물론 새로운 방향의 첫걸음이 그 방향에서의 다음 진행을 보다 쉽게 이루어지도록 하는 선례가 되는 경우들이 있다. 이것은 좋거나 나쁠 수 있다. 근본적인 범행 동기가 증오심일 경우에는 보다 엄하게 처벌해야 한다는 취지의 새로운 입법을 반대하면서 한 비평가는 이렇게 주장한다.

> 증오에 의한 범죄를 구분할 수 있는 범주가 없다. 살인은 살인이고, 폭행은 폭행이다. 우리들은 사람들이 범죄를 저지른 이유보다는 범죄 자체를 고발해야만 한다. 만약 우리가 범죄를 그 동기에 따라 범주화하기 시작한다면, 우리는 매우 위험한 비탈길을 내려가기 시작할 것이다.[26)]

이와 같은 논증들 가운데 어떤 것은 장점을 가지고 있다. 왜냐하면 선례가 이후의 결정

---

25) Ernest van den Haag, "Make Mine Hemlock," *National Review*, 12 June 1995.

26) Zev Simpser, "A Murder Is a Murder," *The New York Times*, 3 May 2002.

에 영향을 미칠 수 있기 때문이다. 위험한 비탈길 논증은 분명히 오류이다. 그러나 저러한 오류를 범했다는 혐의만으로는 문제의 논증이 잘못되었다는 것을 보여주지 못한다.

D4. 성급한 일반화의 오류

일상생활에서 우리는 일반적인 사실이나 일반적인 행동 방식에 의존한다. 그러나 일반적인 주장들이 추론에서는 대단히 중요하지만 반드시 세심하게 검토되어야만 한다. 즉, 타당한 이유가 없다면 그것들이 적용되는 일반성은 결코 수용되거나 가정되어서는 안 된다. **성급한 일반화**(hasty generalization)는 우리가 단지 특정한 집합에 속하는 하나(또는 소수)의 요소에 대한 우리의 지식에 근거하여 그 집합에 속하는 모든 사람이나 모든 사물에 관한 결론을 이끌어낼 때 범하게 되는 오류이다. 우리는 모두 단 한 가지 경험 때문에 특정한 단체나 정부에 대해 잘못된 일반화를 해 온 사람들을 알고 있다. 특정한 나라나 문화에서 온 사람들에 대한 고정 관념은 광범위하게 확산되어 있을 뿐 아니라 흔히 있는 잘못이다. 외래문화에 대한 성급한 일반화는 아주 잘못된 버릇이며, 근거 없이 일반화하는 오류의 대표적인 사례이다.

어떤 일화나 단 하나의 사례가 일반적인 규칙이나 이론을 위한 유의미한 증거가 될 수도 있다. 하지만 그것이 저 이론의 증거로서 취급된다면 그 일반화는 근거가 충분한 것이 아니며, 귀납적 추리로서는 불충분하다. 예를 하나 들어보자. 많이 구운 음식은 콜레스트롤 수치를 높이는 경향이 있다. 그렇지 않은 단 한 가지 사례를 가지고 이런 음식이 건강에 좋다는 것을 충분히 증명할 수는 없다. 영국에서 '생선 구이 전문점'을 경영하는 사람이 많이 구운 요리가 건강에 좋다는 것을 옹호하는 다음과 같은 논증을 제시한 적이 있었다.

> 내 아들 마틴을 보라. 이 아이는 태어나서부터 지금까지 생선 구이를 먹고 있다. 방금 이 아이가 콜레스테롤 검사를 받았지만 그 수치는 표준 이하이다. 생선 구이 전문점 아들보다 더 훌륭한 증거가 어디 있는가?[27)]

음식이나 약물은 어떤 면에서는 이롭고 또 다른 면에서는 해롭다. 단 한 가지 사례나 극소수의 사례를 바탕으로 전부 또는 대부분의 경우로 일반화하는 것은 잘못된 추론이지

---

27) John Bedder, reported in "Fried and Salty, Yessir, Matey, but Truly English", *New York Times*, 9 March 1993.

만, 매우 흔하고 또 유혹적인 경우가 많다. 또한 이것은 역도 우연의 오류(fallacy of converse accident)로 불리기도 하는데, 그 이유는 이것이 또 다른 방식의 일반화 오류, 즉 우연의 오류와 정반대이기 때문이다.

개 요

불충분한 귀납의 오류들

D1. **무지에 의거한 논증**(*argumentum ad ignorantiam*)
결론이 무지에 대한 불합리한 호소에 의해 뒷받침되고 있는 비형식적 오류이며, 이를테면 그것이 거짓임을 증명할 수 없기 때문에 그것은 참이라고 주장하는 경우이다.

D2. **권위에 의거한 논증**(*argumentum ad verecundiam*)
권위에 호소하는 비형식적 오류가 불합리한 까닭은 호소하는 권위가 문제가 되고 있는 주제에 관한 전문지식과 특별한 관련이 없거나, 또는 보다 일반적으로 말한다면 그 권위가 믿을 만한 확신을 주지 못하기 때문이다.

D3. **거짓 원인의 오류**
실제로는 그 사건의 원인이 아닌 것을 그 사건의 원인으로 받아들이는 데서 비롯되는 비형식적 오류이다.

D4. **성급한 일반화의 오류**
특수한 경우에만 참인 원리를 부주의 또는 고의로 그 사건 일반에 적용하는 비형식적 오류이다.

4.5 가정의 오류

일상의 추리 가운데 몇 가지 오류는 부당한 가정의 귀결이다. 그리고 그런 오류가 논증의 형식을 빌려 주장되는 경우도 더러 있는데, 그러한 주장은 의도적일 수도 있고, 또는 그 추정이 단순한 실수일 수도 있다. 어느 경우이든 결과적으로는 독자와 청중 그리고 심지어 글을 쓴 저자까지도 입증되지 않은 부당한 명제의 참을 가정하게 된다는 것이다. 논증 속에 감춰진 이와 같은 불분명한 가정들이 결정적으로 결론을 뒷받침하고 있다면, 그 논증은 나쁜 것이고 기만적일 가능성이 많다. 이와 같은 부당한 비약에 의존하는 논증을 **가정의 오류**(fallacies of presumption)라고 말한다.

이와 같은 종류의 잘못된 논증에는 전제들이 도출된 결론과 유관할 수 있지만, 그러나 그 유관성은 근거가 제시되지 않았거나 심지어 근거가 제시될 수 없는 것을 묵시적으로 가정하거나 추측하는 데서 비롯된 것이다. 그러므로 이러한 오류를 밝히려면 보통 저 숨겨진 가정이나 추측, 그것의 불확실성이나 결함에 주의를 기울이는 것만으로도 충분하다. 세 가지 일반적인 오류가 이 범주에 속한다.

P1. 우연의 오류

상황에 따라 이야기가 달라진다. 특정한 경우(또는 그러한 경우들의 하위 범주)에 대해서는 대체로 참인 일반화가 적용되지 못할 수도 있으며, 여기에는 정당한 이유가 있다. 이런 경우에 일반화가 적용되지 못하는 이유는 특수한 상황과 관련이 있다. 이를 흔히 "우연한" 상황이라 부른다. 이와 같은 우연한 상황을 무시한 채 일반화를 보편적으로 적용할 경우 우리는 **우연의 오류**(fallacy of accident)를 범하게 된다.

앞 절에서 우리는 증거가 뒷받침되지 않는데도 성급하게 또는 너무 섣불리 일반화하는 잘못, 즉 역도 우연의 오류(성급한 일반화의 오류)에 대해 설명했다. 우연의 오류는 어떤 특수한 상황에서 부주의하게 또는 부당하게 일반화를 적용하는 데서 비롯되는 잘못이다.

일반화가 널리 쓰이고 또 유익하기도 하지만 예외가 있을 수 있다는 것을 우리는 경험을 통해 알고 있다. 그리고 이에 대해 우리는 경계하지 않을 수 없다. 예컨대, 소문—법정 밖에서 제3자에 의해 이루어지는 진술— 은 법정에서 증거로 채택될 수 없다는 것이 법의 일반적인 원칙이다. 이것이 곧 "전문(傳聞) 증거 배제 규칙"이며, 합당한 규칙이다. 그렇지만 소문을 구두로 전달한 것으로 보고된 사람이 사망했을 때, 또는 소문을 보고하는 당사자가 그 자신의 최상의 이익에 어긋나면서도 그렇게 할 때는 그 규칙이 적용될 수 없다.

거의 모든 규칙에는 예외가 있기 마련이다. 어떤 규칙을 보편적인 것으로 전제하고 추리한다면 우연의 오류를 범할 가능성이 높다.

P2. 복합 질문의 오류

가장 일반적인 가정의 오류들 가운데 하나가 복합 질문의 오류이다. 이것은 어떤 질문을 그 질문 속에 숨겨진 어떤 질문이 참이라는 것을 전제하고 질문을 던지는 것이다. 질문 자체는 수사적일 수도 있고 또 진지하게 찾아야 할 해답이 없을 수도 있다. 그러나 질문을 던지는 태도는 진지해야 한다. 그래야만 그 전제들을 은밀하게 도입할 수 있거니와 또한 질문자의 —그릇된— 의도나 목적을 실현할 수도 있다.

따라서 최근 한 평론가는 다음과 같이 물었다.

> 인간이 지구온난화를 자초했다는 것은 온갖 히스테리와 온갖 공포와 온갖 사이비 과학으로써 미국 국민을 상대로 자행된 가장 위대한 거짓말일 수 있지 않을까?[28)]

이러한 진술은 지구 온난화를 뒷받침하는 대부분의 증거는 믿을 수 없거나 "가짜"라는 것을 가정하고 있다. 또는 자기 집을 소유하고 있는 어떤 사람이 발의 중인 세금 부담이 공평하지 못하다는 것, 그리고 재산세 증가에 따라 영향을 받는 쪽은 세입자가 아니라 주택 소유자라는 두 가지 사항을 함께 가정하면서 다음과 같은 질문을 던질 수도 있다. "당신은 소유 재산이 없어 재산세도 내지 않고, 또 다른 사람들의 세금 부담이 불공평해도 전혀 신경쓸 필요가 없는 대다수 유권자인 세입자들을 어떻게 기대할 수 있는가?" 이와 같은 가정들은 공개적으로 주장되는 것이 아니므로, 질문자는 그것들을 옹호할 필요성에 대해서는 노골적으로 피해간다.

때로는 **복합 질문**(complex question)이 교묘한 속임수일 경우도 있다. 말하는 사람이 어떤 문제를 제기한 다음 그 물음에 대답하거나 또는 상정된 그 질문 속에 숨겨진 전제가 참이라는 대답을 강하게 시사한다. 편지를 쓰는 사람이 "만약 미국의 경기 호황이 분수에 넘치게 소비자 금융을 이용하는 국민에 의존해 있으며, 따라서 빈곤을 초래하고 있다면, 우리 경제가 정말 건강한 것인가?"라고 묻는다.[29)] 하지만 소비자 금융의 역할이나 성과는 언급되지 않고 있다.

---

28) Elizabeth Kolbert, "Talk of the Town," *The New Yorker*, 17 November 2003.

29) Babara Commins, "The Slide into Poverty," *The New York Times*, 10 September 2000.

유전학 연구를 비판하는 어떤 사람은 그의 가정을 다음과 같은 질문에 숨기고 있다. 즉, "전 세계의 유전자 풀이 소수 생명공학 회사에 의해 통제되는 전매특허의 지적 재산으로 되어 버리면 어떤 결과를 가져오게 될까?"[30] 묻고 있는 결과에 대해서는 전혀 논의되지 않고 있다. 그것은 물음의 전제—전 세계의 유전자 풀은 머지않아 전매특허의 지적 재산으로 될 가능성이 높으며, 그리고 소수의 회사들이 곧 저러한 유전자 풀을 통제할 것이라는 전제—를 통해 독자들을 겁먹게 만드는 수단일 뿐이다. 이러한 위협이 타당하다는 것을 밝히려면 그러한 결과를 예상하기 위해 고안된 질문을 던지는 것만으로는 부족하다.

"판사가 뇌물을 받았는가?"와 같이, 사설이나 신문기사에 나오는 질문은 그 질문의 기반이 되는 진술되지 않은 전제가 참이라는 것을 암시하려는 의도를 가질 경우가 더러 있다. 이러한 기법은 소위 "황색 저널리즘(yellow journalism: 흥미 본위로 사실을 왜곡하여 대중의 인기를 노리는 저널리즘)"의 상투적인 표시이다. 논의 중에 어떤 질문이 "예"나 "아니오"로 대답하라는 공격적인 요구를 동반한다면 그 어떤 경우이든, 질문 자체에 복합 질문이 실려 있다는 혐의를 두어야 한다. 복합 질문은 부당하다.

그 유명한 상원의원은 미국 국민들이 정말로 너무 순진해서 어떤 미봉책이라도 지지할 것으로 믿는가?

이 "질문"은 물론 "예"라는 답을 얻을 수 없다. 그것은 다음과 같은 의심의 여지가 없는 몇 가지 전제, 즉 제안된 것이 미봉책이라는 것, 그리고 그것은 부적절하다는 것, 미국 국민들은 그것을 거부할 것이라는 등의 전제를 숨기고 있다.

복합 질문의 오류의 기저를 이루고 있는 잘못은 의회 운영의 일반적인 문제에서도 기저가 되고 있다. 때로는 심의기관들이 의도적으로 기만하는 것은 아닐지라도 복합적인 성격의 동의에 직면할 경우가 있다. 이런 경우에는 논의에 들어가기 전에 불가피하게 당면한 문제를 단순화할 필요가 있다. 이를테면 회의법 일반 준칙(Robert's Rules of Order)이나 그에 준하는 원칙에 따라 이루어지는 국회의 의사 진행에서 "문제를 구분하자"는 동의는 우선 동의이다. 예를 들어, 어떤 심의기관이 논쟁 중인 사안에 관하여 "1년 연기하자"는 안에 동의할 경우, 그 동의는 연기하자는 안에 대한 결정과 그리고 연기할 경우 연기 기간을 정하는 결정으로 구분될 수 있다. 심의하는 사람들 가운데 어떤 사람들은 연기

30) Jeremy Rifkin, "Issues in Genetic Research," *The Chronicle of Higher Education*, 3 July 1998.

자체는 지지하지만, 1년은 너무 길다고 생각할 수 있다. 만약 문제를 구분하는 기회가 선행되지 않는다면, 그 기관은 그 문제의 복합적인 성격 때문에 그 기관의 참된 뜻을 파악하는 방법을 결정하지 못한 채 동의안을 받아들이는 것으로 처리할 수밖에 없을 것이다. 합리적인 논의를 진행해야 할 의무가 있는 사회자는 실질적인 논의를 시작하기 전에 문제를 구분하는 것에 대한 동의를 요청할 수 있다.

복합 질문의 오류에 대한 어처구니없는 사례들은 한쪽에서 복합적인 질문을 던지고, 다른 쪽이 그 질문에 대답하는 식의 대화나 반대 심문에서 흔히 발생한다. 이때 질문을 던지는 쪽은 그 대답이 근거가 되는 오류 추리를 이끌어낸다. 예를 들어보자.

수사관: 여러 가지 정황으로 보아 당신의 허위 광고 결과로 판매가 늘었지요. 맞지요?
증 인: 판매고가 늘지는 않았어요.
수사관: 그러면 당신은 당신의 광고가 허위였다는 사실은 인정하고 있군요. 당신은 얼마 동안 그런 짓을 해 왔지요?

질문이 복합적이고 그 전제들이 한꺼번에 부정될 경우, 반드시 전제들은 하나씩 부정되어야 한다. 전제들 가운데 하나만 부정하면 다른 전제들은 참이라고 가정하는 꼴이 된다. 법학에서는 이것을 "부정적인 함축"이라 한다. 다음은 악명높은 살인자의 재판의 한 장면이다.

질문: 리지, 당신은 도끼를 들고 당신 어머니를 40차례 후려치고, 또 아버지를 식은 양고기 스튜를 앞에 두고 41차례 후려치지 않았습니까?
대답: 사실이 아닙니다. 우리는 그날 양배추 퐁뒤 요리를 먹고 있었습니다.

P3. 선결문제 요구의 오류

선결문제 요구의 오류가 널리 오해되고 있는 까닭은 부분적으로는 그 이름 때문이다. 이것은 증명하려고 하는 것을 참이라고 가정하는 데서 비롯되는 잘못이다. 정식 토론에서 말하는 "문제"는 논쟁 중인 쟁점을 말한다. 선결문제를 요구한다는 것은 논쟁 중인 사안을 인정하라고 요구하는 것이다. 물론 이것은 아무런 가치가 없는 논증이며, 이와 같은 가정을 주장하는 사람은 큰 오류를 범하는 것이다.

선결문제 요구의 오류에 대한 라틴어 이름은 "*petitio principii*"이며, 따라서 이에 대한 각 사례를 "페티티오(petitio)"라 부른다. 흔히 이러한 오류는 너무나 분명하여 아무도 이런 오류를 범하지 않을 것으로 생각하지만, 사실은 그렇지 않다. 논리적인 잘못은 사용되는 언어가 불분명하기 때문에 일어난다. 논리학자인 훼이틀리의 다음과 같은 논증은 이에 대한 전형적인 사례이다.

> 모든 사람에게 무한한 언론의 자유를 허용하는 것은 언제나 반드시 국가 전체에 유익하다. 왜냐하면 사람들마다 자신의 소감을 무한히 표현하는 자유를 누리는 것이 공동체의 이익에 크게 기여하기 때문이다.[31)]

이 진술은 언론의 자유는 좋은 일이기 때문에 언론의 자유는 좋다는 것을 말하고 있을 뿐이다. 이것은 논증이 아니다.

저자는 바라던 결론을 수립하려는 노력을 하는 중에, 목적을 달성하게 될 전제들을 탐색하면서 갖가지 궁리를 할 것이다. 물론 그 결론 자체는 다른 말로 재구성된 것이며, 아주 멋지게 목적을 달성할 것이다. 또 다른 예는 16세기 중국 철학자의 주장에서 발견되며, 이 또한 오류이다.

> 실행에 옮길 수 없는 지식 같은 건 존재하지 않는다. 왜냐하면 그러한 지식은 사실상 지식이 아니기 때문이다.[32)]

핵심에서 벗어나는 오류와 마찬가지로, 이러한 오류는 글을 쓴 저자가 인지하지 못하는 잘못일 경우가 많다. 오류의 핵심이 되는 가정이 장황한 전제 속에 묻혀 있으며, 때로는 그것이 혼란스럽거나 알아볼 수 없는 동의어로 말미암아 불분명한 상태이다. 이러한 논증은 순환적이며, 이에 대한 모든 사례는 순환 논증이다. 그러나 구성된 그 순환이 크고 혼란스러울 수 있으며, 따라서 그 논리적 잘못이 묵인되거나 간과될 수 있다.

어리석은 사람들만이 이런 실수를 할 것으로 생각한다면 그것은 오산이다. 철학사에 나오는 상당히 논란이 많은 쟁점이 실증적으로 보여주듯이, 대단한 정신 능력을 가진 사람도 이런 오류의 덫에 걸리는 경우가 더러 있다. 논리학자들은 오랜 세월 동안 귀납추리의 확실성을 확보하기 위해 흔히 말하는 "귀납 원리"의 진리성을 확립하려고 애썼다. 그 원리란 곧 자연의 법칙은 예나 지금이나 똑같이 작용한다는 것이다. 다시 말해서 자연은 본질적으로 한결같다는 것이다. 그러므로 과거의 경험은 미래 행동의 지침이 될 수 있다.

---

31) In his treatise, "Logic," Which appeared in the *Encyclopaedia Metropolitana*(London, 1828).

32) Weng Shou-Jen, *Record of Instructions*(c. 1518).

이른바 "미래는 본질적으로 과거와 같을 것"이라는 주장이다. 그러나 일상생활에서는 의문의 여지가 없다고 할지라도 이 주장을 증명하기는 쉽지 않다. 어떤 사상가들은 과거에 귀납 원리에 의지했을 때 우리의 목적을 이루는 데 그 방법이 도움이 되더라는 사실들을 늘어놓으면서 그 원리를 입증할 수 있었다. 그들은 이렇게 묻는다. "미래는 과거와 같을 것이라고 단정하는 이유가 무엇인가?" 그들의 대답은 이렇다. "미래는 언제나 과거와 같았기 때문이다."

그러나 흄이 지적했듯이, 이런 논증은 선결문제 요구의 오류이다. 왜냐하면 논쟁의 핵심이 과연 자연은 계속 규칙적으로 움직일 것인가 하는 점이기 때문이다. 여기서 문제가 되고 있는 바로 저 원칙, 즉 미래는 과거와 같을 것이라는 원칙을 전제하지 않는다면, 결코 지나간 과거가 다가올 미래의 증거가 될 수 없다. 이런 이유로, 설사 과거에는 미래가 과거와 같았다는 점을 인정한다고 해도 흄은 철학자들에게 여전히 논쟁거리가 되고 있는 다음과 같은 물음을 던질 수 있었다. 과거의 미래가 미래의 미래와 같을 것이라는 것을 어떻게 알 수 있는가? 과거의 미래가 미래의 미래와 같을 수 있다. 그러나 그것들이 미래를 증명하기 위해 일어날 것이라는 사실을 가정할 수는 없다.[33]

이 오류의 이름이 널리 오해되고 있는 바람에 때로는 그 이름이 오류도 아니고 심지어 어떤 종류의 논증도 아닌, 단지 도발적인 의견에 지나지 않는 언어적 장치를 가리키기 위해 잘못 사용되는 경우가 있다. (이런 의미에서) 하나의 주장이 어떤 문제를 제기하거나 논쟁을 야기할 경우 그것은 선결문제를 요구하고 있다. 그러므로 다음과 같은 잡지의 표제는 오독될 수 있다. "이라크 침공에 대한 대통령의 결단은 선결문제를 요구하고 있다. 즉, 전쟁을 일으킬 수 있는 대통령의 권한의 한계는 어디까지인가?" 이러한 용법은 단순히 언어적 실수에 불과하다. 선결문제를 요구한다는 것은 논쟁을 야기하는 것이 아니라, 추구한 결론이 참이라는 것을 가정하는 것이다.

순환 논증은 확실히 잘못된 것이지만, 그 전제는 도출된 결론과 무관하지 않다. 그것들은 유관하며, 사실상 전제가 결론을 증명하고 있지만, 그것들은 그것들이 시작한 바로 거기서 끝을 맺고 있다. 선결문제 요구의 오류는 기술적으로는 언제나 타당하지만, 항상 쓸모가 없다.

---

33) David Hume, "Sceptical Doubts Concerning the Operations of the Understanding", in *An Enquiry Concerning Human Understanding*, sec. 4(1747).

개 요

가정의 오류

P1. **우연의 오류**
일반화가 적용될 수 없는 개별적인 경우들에 대해 적용시키는 비형식적 오류이다.

P2. **복합 질문의 오류**
질문 속에 숨겨진 어떤 명제가 참이라는 것을 전제하는 방식으로 질문을 던지는 비형식적 오류이다.

P3. **선결문제 요구의 오류**
논증의 결론이 전제들 중의 하나로 진술되거나 상정되는 비형식적 오류이다.

논리연습

다음 글에서 가정의 오류를 확인하고, 그것이 오류를 범하고 있는 이유를 설명하라.

1. 나의 세대는 성병이나 결핵 같은 사회적 질병의 위험성이나 어떻게 그런 병에 걸리게 되는지, 그리고 금욕의 소중함에 대해 교육을 받지 못했다. 우리의 학교들은 우리에게 피임에 대해 가르치지 않았다. 오늘날 대부분의 학교가 그렇듯이, 우리의 학교들은 콘돔에 대한 의식이 없었다. 내가 가르친 여학생들은 혼외 임신을 하지 않았다. 그것은 사람들이 아이들에게 임신 문제가 발단이 되었던 피임에 관하여 가르치기 시작할 때까지였다.

—프랭크 웹스터

2. 동물애호단체(PETA)에서 “예” 혹은 “아니오”로 대답해야 하는 두 가지 질문을 던졌다.
“고통스러운 동물 실험 가운데 대부분은 인간의 생존이나 질병 퇴치와는 전혀 무관하다는 것을 아십니까?”
“동물 실험을 거친 상품이 반드시 불안전한 상품이 시장에 나오는 것을 막는 것은 아니라는 사실을 아십니까?”

3. 성적 즐거움이 충만한 삶을 원한다면 대학을 가지 마라. 다음 달 ≪미국의 인구통계≫라는 잡지에 실리는 한 연구논문은 가장 많이 배운 사람들이 가장 적게 섹스한다는 것을 입증하고 있다.

—*The Chronicle of higher Education*

4. 침술이 고통이나 구토를 완화시켜준다는 사실을 발견한 것은 놀랄 일이 아니다. 불안, 불면증, 가려움 등에 대해 효능이 있다는 것도 또한 발견될 것이다. 왜냐하면 이것들은 모두 플라시보 효과가 나타나는 조건들이기 때문이다. 침술은 인간에 대한 영향이 아주 잘 알려진 메커니즘인 연상에 의해 작동한다.

이와 같은 플라시보 방법을 사용하는 데 있어서 위험성은 필수적인 예비 작업이 수행되지 않았고 또 올바른 진단이 이루어지지 않았을 경우에 의학적으로 적합한 훈련을 받지 못한 사람들이 침술을 사용하게 될 것이라는 사실에 있다.

—프레드 레빗, *The New York Times*

5. 프랑스의 유명한 코미디언 사샤 기트리가 나오는 영화에서, 세 도둑이 왕의 몸값으로 받은 7개의 보석을 나누면서 논쟁을 벌이고 있다. 그들 중 한 사람이 자기 오른편에 있는 도둑에게 2개를 건네주고 또 왼편에 있는 도둑에게 2개를 주었다. 그러면서 그는 "나는 3개를 가져야겠다"고 말한다. 그때 오른편에 있는 사람이 물었다. "왜 너는 3개를 가지느냐?" "내가 두목이니까." "아니, 어째서 당신이 두목이냐?" "내가 더 많은 보석을 가지고 있으니까."

6. 그란트 장군이 서부 전선에서 승리를 거두고 있을 때, 링컨 대통령은 그란트를 술고래라고 불평하는 소리를 자주 들었다. 어느 날 대의원 한 명이 대통령에게 그란트가 위스키 독에 빠져 있는 것은 이제 어쩔 수 없다고 말하자, 링컨은 이렇게 말했다고 전해진다. "그란트가 다른 장군들에게도 위스키 한 배럴씩만 나눠주면 좋겠다."

7. 전 상원의원 로버트 패크우드는 오리건주의 일류신문인 포틀랜드 오리고니언에 대해 대단히 화가 났다. 그 신문이 요청한 촌평에 대한 응답으로 그는 이렇게 말했다. "≪오리고니언(*Oregonian*)≫과 이야기하는 것을 그만둔 이래 내 사업은 매우 번창해 왔습니다. 나는 내가 ≪오리고니언≫과 이야기하지 않기 때문에 내 사업이 번창해 왔다고 추정합니다. 따라서 나는 저러한 정책을 계속 이어갈 것입니다. 감사합니다."

—*The New York Times*

8. 흑인 회교도 지도자인 파락칸은 이스라엘의 사례를 인용하면서 미국 흑인들은 또한 아프리카 대륙에 그들 자신의 나라를 만들 수 있는 능력이 있어야 한다고 말했으며, 그리고 그는 아프리카 지도자들에게 "디아스포라의 모든 사람들을 위한 영토를 개척하라"고 요청할 계획이라고 말했다. 그는 아프리카 모든 국가들은 미국 흑인들에게 이중 국적을 허용해야 한다고 말했다. "우리는 이중 국적을 원하며, 그리고 우리는 우리의 고향이 어딘지 모르기 때문에 우리는 어느 나라에서든 이중 국적을 원한다"고 그는 말했다.

—케네스 노블, *The New York Times*

9. 프랑스 국민은 저항자들의 국가이기를 요구한다. 사실 그들의 혁명의 전성기는 끝났다. 21세기 프랑스는 변화에 대항하며 변화를 원하지 않는다. 이를테면 고객을 폭행한 서비스 담당 직원들을 해고할 수 있는 권한을 회사에 부여하는 것과 같은 어떤 급진적인 일을 하려고 프랑스 정부가 결정하는 것은 흔히 있는 일이다. 노동조합은 이를 노동자의 노예화로 나아가는 첫 단계로 보고 전국적인 파업 지령을 내린다. 일주일이 지난 후 정부는 후퇴하고, 서비스 종업원들과 판매원들은 태곳적부터 해왔던 것처럼 다시 고객들을 불친절하게 대한다.

—S. 클라크, *The New York Times*

10. 히로유키 스즈키는 일본의 독립적인 범죄 집단인 사카우메 구미의 도박 담당 일원이었다. 스즈키의 부인 마리코가 무릎 뼈를 다쳐, 그 다음 주일날 교회에 갔을 때 목사는 그녀의 다친 무릎에 손을 얹더니 무릎이 나았다고 단언했다. 그녀는 그 날 걸어서 교회 밖으로 나왔다. 스즈키는 아내의 신앙생활은 부질없는 시간 낭비라고 간주했는데, 그녀의 무릎이 회복되는 걸 보고 얼을 빼앗기고 말았다. 그는 이렇게 말했다. "도박할 때 여러분들은 주사위를 사용합니다. 주사위는 뼈로 만들어집니다. 만약 하느님이 아내의 뼈를 치유할 수 있다면 나는 하느님이 나의 주사위 게임을 도와 나를 일본 최고의 도박사로 만들 수 있을 것이라 생각합니다." 스즈키의 도박 기술은 향상되어 그의 부채를 갚을 수 있게 해주었다. 현재는 오직 예수 그리스도에 충성하고 있다고 그는 말한다.

—스테파니 스톰, *The New York Times*

4.6 애매성의 오류들

어떤 단어나 구절의 의미가 부주의의 결과로 변경되거나 논증 과정에서 의도적으로 조종될 수도 있다. 하나의 개념이 전제와 결론에서 전혀 다른 의미로 쓰이기도 한다. 만일 추론이 이런 언어의 용법에 의거하고 있다면, 당연히 그것은 오류이다. 이런 종류의 잘못을 **애매성의 오류**(fallacies of ambiguity)라고 말하며, 때로는 "궤변"이라고도 한다. 이런 방법을 고의적으로 사용하는 것은 조잡하며 쉽게 알아볼 수 있다. 그러나 경우에 따라서는 그 애매성이 불분명하여 오류를 식별하기 어려울 때도 있다. 애매성이 발생하는 방식에 따라 다음과 같이 다섯 가지로 구분할 수 있다.

A1. 애매어의 오류

대부분의 단어들은 둘 이상의 의미를 갖는다. 대체로 문맥을 주의 깊게 관찰하거나 적합한 의미를 사용함으로써 서로 다른 그 의미들을 구분하면, 전혀 문제가 발생하지 않는다. 그러나 우연이든 고의든 단어나 구절의 여러 의미들을 혼동할 경우, 우리는 그 단어를 애매하게 사용하게 된다. 만일 논증의 문맥 속에서 그런 일이 벌어진다면, 우리는 **애매어의 오류**(fallacy of equivocation)를 범한다.

때로는 애매어가 불분명하고 터무니없지만, 농담조의 대사나 글에 쓰이기도 한다. 『거울나라의 앨리스』의 모험들에 대한 루이스 캐럴의 설명은 재치와 익살로 넘친다. 다음 글을 보라.

> 왕은 그 심부름꾼에게 얼마간의 돈을 내밀며 계속해서 다음과 같이 물었다.
> "길에서 너를 지나간 사람이 누구냐?"
> "아무도(Nobody) 지나가지 않았습니다"라고 그 심부름꾼이 대답했다.
> 그 말을 듣고 왕은 이렇게 말했다.
> "맞았어. 이 젊은 색시도 역시 그를 보았다. 그러니 그 Nobody라는 사람이 너보다 천천히 걷고 있는 것이지."

사실 이 글에서 애매어는 극히 미묘하다. 그러나 여기서 첫 번째 사용되는 "Nobody"라는 말은 단순히 "아무도 없다"는 뜻이다. 그런데 다음에 나오는 "Nobody"는 "him"이라는 대명사를 갖는 지시체이다. 같은 단어가 대명사와 명사로 쓰이면서 다른 의미를 갖게 된 것이다. 때로는 이런 애매어가 기지의 수단으로 쓰이기도 하며, 루이스 캐럴은 매우 재치있는 논리학자였다.[34)]

그러나 애매어에 의한 논증은 언제나 잘못된 것이지만, 그것이 언제나 익살스럽고 희극적인 것은 아니다. 다음은 곧 이에 대한 사례이다.

> 믿음을 돋보이게 하는 데 편리한 "~을 믿는다"라는 구절에는 애매성이 담겨 있다. 어떤 사람이 대통령을 믿는다고 말할 때, 그는 대통령이라는 직책이 있으며, 현재 대통령이 있다는 것을 모든 사람이 알고 있다고 가정하고 있으며, 이 대통령이 전체적으로 훌륭한 일을 할 것이라는 자신의 확신을 주장하고 있다. 그러나 어떤 사람이 텔레파시를 믿는다고 할 때, 그가 의미하는 것은 텔레파시가 전체적으로 훌륭한 일을 할 것이라는 데 대한 확신이 아니라, 때때로 텔레파시가 실제로 나타나며, 텔레파시가 존재한다는 데 대한 믿음이다. 따라서 "X를 믿는다"라는 구절은 존재하는 것으로 가정되거나 알려진 X가 훌륭한 일을 할 것이라는 것을 확신하는 의미이기도 하지만, 다른 경우에는 X가 존재한다는 것에 대한 믿음을 의미하기도 한다. "신을 믿는다"라는 구절은 어떤 의미일까? 이것은 애매하게도 두 경우를 모두 의미한다. 한 측면에서 그것이 의미하는 바의 자명성은 다른 측면에서 의미하는 바를 끌어들인다. 전능하고 선한 신이 존재한다면, 그가 선을 행할 것이라고 믿는 것이 합리적임은 자명하다. 이런 의미에서 "신을 믿는다"는 것은 정당한 교훈이다. 그러나 이것은 다른 의미를 넌지시 비치기도 하는데, 말하자면 "증거가 무엇이든간에 전능하고 선한 신이 존재한다는 것을 믿는다"는 의미를 비치기도 한다. 따라서 "신이 존재한다는 것을 믿는 것"이 정당한 것처럼 여기도록 쓰일 수 있다.[35]

특수한 종류의 애매어의 오류도 있다. 이것은 서로 다른 문맥에서 서로 다른 의미를 갖는 "상대적"인 말과 관련이 있다. 예를 들면 "크다"는 단어는 상대적인 단어이다. 즉, 큰 사람과 큰 건물은 그 범주가 전혀 다르다. 큰 사람은 대부분의 사람보다 키가 큰 사람이며, 큰 건물은 대부분의 건물보다 큰 건물이다. 비상대적인 말에 대해서는 타당한 형식의 논증이지만 그 말을 상대적인 말로 대체하면 부당하게 된다. "코끼리는 동물이다. 그러므로 회색 코끼리는 회색 동물이다"라는 논증은 타당하며, "회색"이라는 단어는 비상대적인 말이다. 그렇지만 "코끼리는 동물이다. 그러므로 작은 코끼리는 작은 동물이다"라는 논증은 실소를 자아낸다. 여기서 문제는 "작다"라는 상대적인 개념이다. 사실 작은 코끼리는 매우 큰 동물이다. 그러나 애매어의 오류가 모두 상대적인 말 때문인 것은 아니다. "좋은"

---

34) 필시 데이빗 파워즈(David Powers)는 『이상한 나라의 엘리스』에서 발췌한 이 글의 영향을 받았을 것이다. 그는 공식적으로 자기 이름을 'Absolutely Nobody'라고 바꾸고, 이 이름으로 오리건주 부지사 선거에 무소속 후보로 나섰다. 그의 선거운동 표어는 이렇다. "여러분, 저는 Absolutely Nobody입니다. 나에게 투표해 주십시오." 그는 1992년 총선거에서 7%의 득표율을 기록했다.

35) Richard Robinson, *An Atheist's Values*(Oxford University Press, Oxford, 1964), p. 121.

이라는 단어는 상대적인 말이며, 쓰이는 때에 따라 애매하게 될 때가 많다. 아무개는 좋은 장군이므로 좋은 대통령이 될 것이라든가, 아무개는 좋은 학자이므로 좋은 교사임에 틀림없다는 것 등을 예로 들 수 있다.

A2. 애매한 문장 구조에 의한 오류

애매한 문장 구조에 의한 오류(fallacy of amphiboly)는 문장의 문법 구조 때문에 언명하는 바가 애매해진 전제에 의거하여 논증할 때 발생한다. "amphiboly"라는 말은 그리스어에서 유래했으며, 본래의 의미는 "한꺼번에 둘을" 또는 "이중적"이라는 뜻이다. 문장을 구성하고 있는 단어들의 엉성하고 어색한 연결 방식 때문에 그 문장의 의미를 명확하게 규정할 수 없을 때, 그것은 애매한 문장이다. 구조적으로 애매한 문장은 어떤 경우에는 참으로 해석될 수 있지만, 다른 경우에는 거짓으로 해석될 수 있다. 어떤 문장을 참으로 해석하여 전제로 진술하고, 동시에 이 문장을 거짓으로 해석하여 어떤 결론을 바로 그 전제에서 끌어낼 때, 애매한 문장 구조에 의한 오류를 범하게 된다.

선거 정책을 설명할 때 애매한 문장 구조에 의한 오류는 호도되고 혼동을 불러일으킬 수 있다. 1990년대 미국 하원의원이었던 민주당 출신 토니 케일유는 다음과 같이 말했다는 보고가 있다. "여성들은 남성들보다 민주주의를 좋아한다." 애매한 구조의 문장들은 위험한 전제들을 형성한다. 그러나 진지한 논의에서는 이런 것들을 찾아보기 힘들다.

문법학자들이 "현수 분사" 또는 "현수 분사구문"이라 부르는 것이 애매한 문장 구조에 의거한 오류의 두드러진 형태일 경우가 있다. 이를테면 "그 농부는 그의 가족과 따뜻한 작별인사를 나눈 다음 엽총으로 자신의 머리를 쐈다(The farmer blew out his brains after taking affectionate farewell of his family with a shotgun)"는 문장이 그런 경우이다. 일간지에 나오는 토막뉴스들은 부주의로 인한 애매한 문장 구조에 의한 오류를 간과한 필자와 편집자를 신랄하게 우롱하고 있다.

> 샐릭 박사는 그의 부인 글로리아와 더불어 그 센터를 위해 퀸스대학에 450만 달러를 기부했다. 글로리아는 세금공제를 받을 수 있다.[36]

A3. 강조의 오류

논증 속의 어떤 개념의 의미를 바꾸면 애매성의 오류를 초래할 수 있다는 것을 우리는

---

36) *The New Yoker*, 3 March 2003.

살펴보았다. 앞에서 지적했듯이 그러한 변화는 대체로 애매어의 오류이다. 그러나 때로는 그 변화가 어떤 단어나 구절을 달리 강조한 결과인 경우가 있으며, 그것들의 의미는 변하지 않는다. 논증의 전제는 특정 상황에서 있을 수 있는 하나의 강조에 의존하지만 그 전제로부터 도출되는 결론은 달리 강조되는 동일한 단어의 의미에 의존할 경우 **강조의 오류**(fallacy of accent)를 범하게 된다.

이러한 오류는 매우 심각할 수 있으며, 논증에서는 아주 치명적일 수 있다. 오류의 이름은 악의가 없어 보인다. 부분적으로 이것은 그 이름의 기원이 아리스토텔레스가 처음 제시한 바로 그 오류 분류에 있기 때문이다.[37] 아리스토텔레스 시대의 그리스 언어에 있어서는 철자가 같은 일부 단어들은 그것들의 발음이나 강세에 따라 의미가 달랐다. 따라서 강조의 오류로 불리는 기만적인 논증을 야기하기도 했다. 오늘날 영어에는 단어의 강세가 달라짐으로써 그 단어의 의미가 달라지는 경우가 많지 않다. 가장 일반적인 세 가지 예를 든다면, "increase", "insult", "record" 등이다. 이 말들은 강세에 변화에 따라 의미가 다르다. 한쪽이 명사가 되면 다른 쪽은 동사가 된다. 그러므로 지금도 강세가 달라짐에 따라 잘못된 논증이 생겨날 수 있는 가능성은 충분히 있다.

그러나 몇 세기에 걸쳐서 아리스토텔레스가 부여한 명칭이 유지되어 오는 동안 그것은 더 넓은 범주에 적용되게 되었고, 강세에 대한 다양한 형태의 잘못된 용법과 그리고 고의로 문맥을 무시한 채 채택되는 의미들의 용법까지도 포함하고 있다. 우리는 아리스토텔레스가 사용했던 "강세"라는 이름을 대단히 왜곡하고 있다. 만약 우리가 전통의 힘을 극복할 수 있다면, 이처럼 "강조의 오류"로 호도되고 있는 논증에 대해 지혜롭게 명칭을 바꾸어야 할 것이다.

동일한 명제에 다른 의미가 부여될 수 있는 예를 하나 들어보자.

> 우리는 친구를 나쁘게 말해서는 안 된다.

단어들 중 어느 하나에 강세를 두지 않고 문장을 읽으면, 이 명령은 누구나 공감할 것임에 틀림없다. 그러나 만약 "친구"라는 단어에 강세를 두고 읽는다면, 우리는 친구가 아닌 사람들에 대해서는 나쁘게 말을 해도 무방하다는 것으로 이해할 수 있다. 이와 같은 명령은 도덕률로서 받아들일 수 없다. 이 문장에서 "말하다"라는 단어에 강세를 두면

37) Aristoteles, *On Sophistical Refutations*.

어떻게 될까? 그러면 이 문장은 무례한 말만 하지 않는다면 친구에게 나쁜 짓을 할 수도 있다는 난감한 결론을 암시할 수도 있다. 만약 "우리"라는 말을 강조한다면, 이 명령은 우리에게는 적용되지만 다른 사람들에게는 적용되지 않는다는 것을 시사한다. 이러한 다양한 논증들은 분명히 강세를 고의적으로 조종한 결과이다. 저 문장은 여러 가지 잘못된 애매성을 보여주기 위해 사용될 수 있다. 어떻게 저 문장이 올바르게 이해될 수 있을까? 물론 그것은 그 문맥에 달려 있다. 글은 그것의 문맥이 밝혀져야만 올바르게 이해될 수 있다. 왜냐하면 의도된 단어의 의미를 명확하게 밝히는 것은 문맥이기 때문이다.

그러므로 강조의 오류는 넓게는 문맥을 무시한 채 인용함으로써 빚어지는 왜곡을 포함한다고 할 수 있다. 이럴 경우의 그 결론은 결코 본래의 문맥에서는 도출될 수 없는 것이다. 문맥을 무시한 인용은 때로는 간교한 의도를 품고 있다. 1996년 대통령 선거운동 기간에 민주당 부통령 후보인 앨 고어가 다음과 같은 말을 한 적이 있었다고 일간지에 인용되었다. "흡연과 폐암의 연관을 입증할 만한 충분한 증거가 없다." 사실 이 말은 고어가 1992년 텔레비전 면담에서 한 말이며, 표현도 정확했다. 그러나 그것은 다만 문장의 일부였을 뿐이다. 그 면담에서 고어가 말한 전문은 이랬다. "어떤 담배회사 연구원들은 진지한 표정으로 흡연과 폐암의 연관을 입증할 만한 충분한 증거가 없다고 주장할 것이다 …. 그러나 압도적으로 많은 연구원들이 인정하는 비중 있는 연구에 따른다면 물론 흡연은 폐암의 원인이 된다."[38)]

말의 생략은 "시치미를 떼고 주장하는 것"이나 다름없다. 실제로 고어의 확신은 흡연이 폐암의 원인이 된다는 것이었다. 일부만 뽑은 인용은 부당하게도 글의 의미를 정반대로 뒤집어놓았다. 단축된 인용에 의해 주장되는 논증은 고어가 흡연과 폐암의 연관을 의문시한다는 결론을 내리고 있으며, 이것은 강조의 오류에 대한 터무니없는 사례이다.

이와 같은 의도적인 왜곡은 드물지 않다. 흔히 에이브러햄 링컨을 인간의 평등을 주장한 사람으로 생각하는데, 그는 인간의 평등을 주장한 사람이 아니었다는 사실을 보여주는 데 목적이 있는 토머스 딜로렌조의 전기는 "모든 인간은 평등하게 태어났다"는 원칙을 조롱하는 듯한 링컨의 말을 인용하고 있다. 인용된 링컨의 말은 이랬다. "내가 두 사람의 실물을 결코 본 적이 없다고 말하게 되어 유감입니다. 그러나 나는 샴쌍둥이(몸이 붙은 채 태어난 쌍둥이)를 보지 못했다는 것을 인정하지 않을 수 없습니다. 따라서 나는 이

38) *The New York Times*, 18 June 1996.

슬기로운 아포리즘의 증거를 본 사람이 없었다고 독단적으로 말하지는 않겠습니다." 딜로렌조는 이와 같은 조롱은 "11년 후 게티즈버그 연설의 매혹적인 말들"과는 아주 대조적이라고 말한다. "이 연설에서 그는 국가가 모든 사람은 평등하게 태어났다는 생각을 저버려서는 안 된다는 취지로 말했다"는 것이다.[39] 그러나 딜로렌조는 인용된 이 말은 사실은 이름을 밝히지 않은 버지니아주 한 목사의 관점, 즉 "공화국인 미국에서는 이상하게 들린다"고 말하면서 즉시 거부 의사를 밝힌 것에 대한 링컨의 설명이었다는 사실은 보고하지 않고 있다. 딜로렌조가 인용된 말의 문맥을 보고하지 않음으로써, 이것이 그의 논증을 잘못된 나쁜 논증으로 만들어 버린 것이다.

광고가 이런 방법에 의존하는 경우가 많다. 어떤 연극 평론가가 새로운 연극에 대해 그것은 올해 브로드웨이에서 선보인 가장 재미있는 연극은 아니라고 한 말이 그 연극의 광고에 다음과 같이 인용되었다. "올해 브로드웨이에서 선보인 가장 재미있는 연극." 이러한 왜곡과 그리고 이러한 왜곡에서 비롯되는 강조의 오류를 피하기 위해 책임 있는 필자는 반드시 세심하고 정확하게 인용해야 하며, 항상 원문에 이탤릭체가 있는지, 또 생략된 글이 있는지를 표시해야만 한다.

인쇄나 그림의 물리적인 조작은 강조를 통해 고의적으로 호도하기 위해 흔히 쓰인다. 신문의 머리기사에 나오는 큰 글자의 선정적인 말들은 그것을 얼핏 보고 지나가는 사람들에게 잘못된 판단을 하도록 고의적으로 유도하고 있다. 나중에 그 머리기사의 제목은 훨씬 작은 글씨의 다른 말로 단서가 붙을 수도 있다. 뉴스 기사나 또는 계약할 때 이런 속임수에 넘어가지 않으려면, "작은 글자 부분"에 세심하게 주의를 기울이는 것이 매우 현명한 방법이다. 정치적 선전에서 선정적인 제목을 잘못 선택하거나 또는 오려낸 사진을 사용하는 것은 그것을 선전하는 사람이 이미 거짓임을 잘 알고 있는 결론의 도출을 장려하기 위해 교묘하게 강조를 활용하는 것이 될 것이다. 완전한 거짓은 아니라는 설명은 고의로 조작하거나 정직하지 못한 방식으로 강조에 의해 왜곡하는 것일 수 있다.

이런 관행들은 광고에 자주 나타난다. 낮은 가격은 아주 큰 글씨로 되어 있고, 그 밑에 "이상(and up)"이라는 작은 글씨가 붙어 있는 경우가 많다. 비행기 요금을 아주 싸게 팔 경우는 판매 기간을 정하거나 또는 별도의 "적용 조건"이 있을 수 있다는 추가 설명과

39) Thomas DiLorenzo, *The Real Lincoln: A New Look at Abraham Lincoln, His Agenda, and an Unnecessary War*(Prima Publishing, 2002).

함께 별표가 붙어 있다. 유명한 상표가 붙은 고가 품목들을 아주 낮은 가격으로 광고할 때, 그 광고 어디인가에 "한정된 재고 물량"이라는 작은 표기가 붙어 있다. 글을 읽은 사람들을 가게로 끌어들이기는 하지만, 그 사람들이 광고된 가격에 상품을 구매할 수는 없다. 강조된 글 그 자체만 보면 엄밀히 말해서 오류가 아니다. 그것들이 오류가 되는 것은 다음과 같은 경우이다. 즉, 어떤 말을 그것의 강조에 따라 해석하고, 이러한 해석에 의존하여 잘못된 강조로 해석할 경우 매우 불확실한 결론(항공권과 유명 상표의 상품을 목록에 적힌 가격에 구매할 수 있다)을 암시하는 경우이다.

심지어 문자 그대로는 참인 것조차도 강세의 위치를 조종하면 기만하기 위해 사용될 수 있다. 근무시간인데도 끊임없이 술을 마시는 항해사의 술버릇 때문에 골머리를 앓던 선장은 거의 매일 같이 항해일지에 다음과 같이 기록했다. "항해사는 오늘 술을 마셨다." 항해일지를 본 항해사는 화가 났다. 그러던 중 앙갚음을 할 수 있는 기회가 왔다. 어느 날 선장이 앓아눕게 되어 항해사가 항해일지를 적게 되었다. 그날 그는 이렇게 적었다. "오늘은 선장이 술을 먹지 않았다."

A4. 결합의 오류

결합의 오류(fallacy of composition)라는 용어는 밀접한 관련이 있는 두 유형의 부당한 논증에 적용된다. 그 하나는 전체에 속하는 부분적 속성으로부터 전체 자체의 속성을 잘못 추리하는 것이다. 명백한 예를 하나 든다면, 어떤 기계의 각 부품은 가벼우므로 기계 전체도 가볍다고 주장하는 것이다. 이러한 오류는 우리가 매우 무거운 기계가 다수의 가벼운 부품들로 이루어져 있다는 것을 확인하면 명백하게 드러난다. 그러나 이런 오류를 범하는 모든 사례가 그처럼 명백한 것은 아니다. 어떤 경우는 현혹되기조차 한다. 어떤 연극의 각 장면은 모두 예술적이므로 연극 전체도 예술적으로 완벽하다는 말을 어떤 사람은 진지하게 경청할 수도 있다. 이것은 모든 배가 전투 준비가 되어 있으므로 함대도 전투 준비가 되어 있음이 틀림없다고 주장하는 것과 다를 바 없다.

다른 유형의 결합의 오류도 정확히 말하면 방금 설명한 유형과 비슷하다. 두 번째 유형은 어떤 집합에 속하는 개별적인 원소의 속성으로부터 그 원소들의 전체 혹은 그 집합의 속성을 잘못 추리하는 것이다. 예를 들면, 버스가 승용차보다 연료를 많이 소비하므로 버스 전체는 승용차 전체보다 연료를 많이 소비한다고 주장하는 것이다. 결합의 오류가 이와 같이 변형된 모습으로 나타나는 것은 일반 개념의 "분배적" 사용과 "집합적" 사용을 혼동하는 데서 기인한다. 이를테면 대학생들이 매 학기마다 여섯 강좌 이상을 수강할 수 없다고 할지라도, 대학생들은 매 학기마다 수백 강좌씩 수강한다는 것도 또한 사실이다. 이와 같은 언어적 혼란은 쉽게 해결될 수 있다. "대학생"이라는 개념을 분배적으로 사용하면, 각 대학생들은 매 학기마다 여섯 강좌 이상 수강할 수 없다는 말이 맞다. 한 사람 한 사람의 대학생을 말한다면, 이것은 대학생이라는 개념을 분배적으로 사용하는 것이다. 그러나 집합적인 경우라면, 대학생들은 매 학기마다 수백 강좌를 수강한다는 것이 사실이다. 이 경우에 우리는 대학생 전체 또는 그 집합을 말하고 있기 때문이다. 그러므로 분배적으로는 버스가 승용차보다 연료를 많이 소비하며, 집합적으로는 승용차가 버스보다 연료를 더 많이 소비한다. 승용차가 버스보다 수적으로 훨씬 많기 때문이다.

이 두 번째 결합의 오류는 분배적으로 타당하게 진술될 수 있는 개념은 집합적으로도 타당하게 진술될 수 있다고 하는 부당한 추리라고 정의할 수 있다. 그러므로 제2차 세계대전 때 투하된 원자폭탄은 오직 분배적으로만 일반 폭탄보다 더 큰 피해를 초래했다. 그러나 집합적으로 보면 상황은 완전히 반대이다. 재래식 폭탄이 원자폭탄보다 훨씬 많이 투하되었기 때문이다. 이런 차이를 무시하고 논증하면 결합의 오류를 범할 수 있다.

이와 같은 두 종류의 결합의 오류는 비슷하면서도 실제로는 구별된다. 원소들의 단순한 집합과 원소들로 구성된 전체 사이의 차이 때문이다. 부품들을 단순히 모아 놓는다고 해서 기계가 되는 것이 아니다. 또 벽돌의 단순한 집합이 집도 아니고 담도 아니다. 기계와 마찬가지로 집이나 담도 일정한 방식으로 짜이거나 배열된 부분들로 되어 있다. 체계적으로 짜인 전체와 단순한 집합은 구별되므로, 따라서 결합의 오류도 두 가지로 해석된다. 하나는 전체의 부분에서 전체를 부당하게 추리하는 것이고, 다른 것은 집합의 원소에서 집합을 부당하게 추리하는 것이다.

A5. 분해의 오류

분해의 오류(fallacy of division)는 결합의 오류를 뒤집어 놓은 것일 뿐이다. 분해의 오류에서도 결합의 오류와 같은 혼동이 나타나지만, 추리가 이루어지는 방향은 서로 반대된다. 결합의 오류와 마찬가지로 분해의 오류도 두 종류로 구별할 수 있다. 두 종류 중 첫 번째는 전체에서 참인 것은 부분에서도 참이어야 한다는 잘못된 주장이다. "어떤 회사는 아주 중요한 회사이고, 아무개는 그 회사의 직원이므로, 아무개는 아주 중요하다"고 주장하는 것은 분해의 오류이다. 그리고 어떤 기계가 무겁고 복잡하며 값비싸다는 전제로부터 그 기계의 부품 하나하나도 무겁고 복잡하며 값비싸다는 결론을 끌어내는 것도 이런 종류의 분해의 오류를 범한다고 할 수 있다. 어떤 학생의 방은 큰 기숙사에 있기 때문에 큰 방이 틀림없다고 주장하는 것도 바로 이런 오류의 또 다른 사례이다.

분해의 오류 가운데 두 번째 유형은 어떤 집합의 속성에서 원소 자체의 속성을 논증하는 것이다. 대학생들은 의학, 법학, 공학, 치의학 그리고 건축학을 연구하므로, 대학생마다 모두 의학, 법학, 공학, 치의학, 그리고 건축학을 연구한다고 주장하면 두 번째 종류의 분해의 오류를 범하는 것이다. 집합적인 경우에 대학생들이 이 다양한 주제들을 모두 연구한다는 것은 참이지만, 분배적인 경우에도 마찬가지라고 하는 것은 거짓이다. 그런데 이런 분해의 오류에 대한 사례가 타당한 논증으로 여겨질 때도 있다. 어떤 집합에서 참인 것은 각 원소들에 대해서도 참이라는 것은 확실하기 때문이다. 다음과 같은 논증을 살펴보자.

개들은 육식동물이다.
아프간 사냥개는 개다.
그러므로 아프간 사냥개는 육식동물이다.

이 논증은 완전히 타당하다. 그러나 이것과 아주 유사한 다음 논증을 살펴보자.

개들은 길에서 흔히 볼 수 있다.
아프간 사냥개는 개다.
그러므로 아프간 사냥개는 길에서 흔히 볼 수 있다.

이 논증은 부당하며, 분해의 오류를 범하고 있다.

인간은 죽는다.
소크라테스는 인간이다.
그러므로 소크라테스는 죽는다.

이 논증은 타당한 논증의 고전적 사례이지만, 이것을 풍자적으로 개조하면 다음과 같이 분해의 오류를 범하는 우스갯소리로 된다.

미국의 인디언들이 사라지고 있다.
저 사람은 미국의 인디언이다.
그러므로 저 사람은 사라지고 있다.

"흰 양이 검은 양보다 많이 먹는 이유는 무엇인가?"라는 옛날 수수께끼는 분해의 오류에 담긴 혼동에서 기인한다. "흰 양이 많기 때문이지"라는 대답은 분배적으로 언급되고 있는 양들을 집합적으로 다루고 있기 때문이다.

일종의 애매성에서 비롯되는 분해의 오류는 부당한 가정에서 비롯되는 우연의 오류(4장 5절에서 다룬)와 비슷하다. 이와 마찬가지로, 역시 애매성에서 비롯되는 결합의 오류는 "역도 우연의 오류"로 불리는 성급한 일반화의 오류와 비슷하다. 이와 같은 유사성은 피상적이다. 두 쌍의 오류들 간의 차이에 대한 설명은 네 가지 오류를 이해하는 데 도움이 될 것이다.

만약 우리가 큰 기계의 한두 가지 부품을 보고, 부품들이 훌륭하게 설계되어 있기 때문에 그 기계의 부품들은 모두 훌륭하게 설계되어 있다고 추론한다면, 우리는 역도 우연의 오류 또는 성급한 일반화의 오류를 범한다. 왜냐하면 한두 가지 부품에 대해 참인 것이 전체에 대한 참일 수 없기 때문이다. 우리가 그 기계의 모든 부품을 검사하여, 부품 하나하나가 정교하게 만들어져 있다는 것을 확인하고, 그리고 이러한 확인을 바탕으로 그 기계 전체는 정교하게 만들어져 있다고 추론하더라도, 우리는 역시 잘못 추론하고 있다. 부품들이 정교하게 만들어져 있다고 할지라도 그것들이 정교하게 조립되지 않을 수 있기 때문이다. 이러한 오류는 결합의 오류이다. 어떤 학급의 특별한 한 학생이 특수한 소질을 가지고 있으므로 분배적으로 그 학급의 모든 학생들은 특수한 소질을 가지고 있다고 주장하는 것은 역도 우연의 오류이다. 그리고 그 학급의 하나하나의 학생들이 모두 특수한 소질을 가지고 있으므로 (집합적으로) 그 학급 자체도 그러한 소질을 가지고 있다고 주장하는 것은 결합의 오류이다. 그 차이는 매우 크다. 역도 우연의 오류에서는 모든 술어가 분배적인 반면에, 결합의 오류에서는 분배적인 술어로부터 집합적인 술어를 잘못 추론하고 있다.

이와 마찬가지로, 분해의 오류와 우연의 오류 사이에도 뚜렷한 차이가 있다. 겉으로는 같아 보이지만 같은 유형의 근본적인 차이가 숨겨져 있다. 학급 자체가 특정한 속성을 가지고 있기 때문에 그 학급 학생들도 역시 그러한 속성을 갖는다고 (잘못) 주장하는 것은 분해의 오류이다. 그러므로 군대 전체가 천하무적이기 때문에 군인들 각자도 천하무적이라고 결론을 내리는 것은 분해의 오류이다. 그리고 어떤 규칙은 일반적으로 적용되기 때문에 그것이 적용되지 않는 특수한 경우란 존재하지 않는다고 (잘못) 주장하는 것은 우연의 오류이다. 그러므로 물에 빠진 사람을 구하기 위해 물에 뛰어든 사람에게 "수영 금지"라는 표지를 무시했다고 벌금을 부과해야 한다고 주장하는 것은 우연의 오류이다.

개 요

애매성의 오류

A1. 애매어의 오류
동일한 단어나 구가 지닌 둘 또는 그 이상의 의미가 혼란을 불러일으키는 비형식적 오류이다.

A2. 애매한 문장구조에 의한 오류
명제를 구성하고 있는 단어들의 엉성하고 어색한 연결 방식 때문에 그 명제의 의미를 명확하게 규정할 수 없을 때 발생하는 비형식적 오류이다.

A3. 강조의 오류
어떤 개념이나 구가 전제와 결론에서 다른 의미를 갖는 경우 범하게 되는 비형식적 오류이며, 이러한 차이는 주로 사용되는 단어들을 다르게 강조하는 데서 비롯된다.

A4. 결합의 오류
전체에 속하는 부분의 속성으로부터 전체 자체의 속성을 잘못 추리하는 비형식적 오류이다.

A5. 분해의 오류
전체의 속성으로부터 그 전체에 속하는 부분의 속성을 잘못 추리하는 비형식적 오류이다.

우연의 오류와 역도 우연의 오류와 달리, 결합의 오류와 분해의 오류는 개념의 복합적인 의미에서 빚어지는 애매성의 오류이다. 단어나 구는 어떤 논증에서는 이런 의미를 그리고 다른 논증에서는 저런 의미를 가질 수 있으며, 이러한 다른 의미들은 고의로 또는 실수로 혼동을 불러일으킬 수 있다. 그리고 우리는 그 논증이 오류일 것으로 예상할 수 있다.

논리연습

A. 다음 글에서 애매성의 오류를 확인하고 그것이 오류를 범하고 있는 이유를 설명하라.

1. 우주는 둥글다…. 왜냐하면 우주를 구성하고 있는 태양, 달, 행성들이 모두 둥글기 때문이다.

—코페르니쿠스, 『새로운 우주관』

2. 로버트 텀버스는 미국 남북전쟁 직전에 "우리들은 양키들을 수수대로도 몰아낼 수 있다"고 말했다. 그는 전쟁 후 무엇이 잘못되었는가를 묻는 질문에, 그는 "아주 간단한 문제지요, 양키 녀석들은 수수대로는 싸우려 하지 않았지요"라고 대답했다고 한다.

—E. J. 칸, *The New Yorker*

3. 각 산업에서 질서 정연한 임금체계를 밀고나가는 것은 경쟁적인 협상을 막을 수 있는 첫 번째 조건이다. 그러나 그 과정이 꼭 저기서 멈춰야 할 이유는 없다. 각 산업에 좋은 것은 전체 경제에 나쁘지 않기 때문이다.

—에드먼드 켈리, 『20세기 사회주의』

4. 충고를 받으려는 사람은 아무도 없으나, 모든 사람들이 돈은 받으려고 한다. 그러므로 돈은 충고보다 좋은 것이다.

—조너선 스위프트

5. 나는 콘서트나 연주법에 관한 지도서를 찾으려고 이 지역을 샅샅이 뒤져봤지만, 찾지 못했다.

   당신에겐 지도서가 필요 없다. 과감하게 밀고 나가라.

—*The New Yorker*

6. 각 개인의 행복은 그 사람에게 선이다. 그러므로 일반적인 행복은 모든 사람에게 선이다.

—밀, 『공리주의』

7. "순무야!" 하고 우는 사람이 그의 아버지가 세상을 떠날 때 울지 않는다면, 이것은 그가 아버지보다 순무를 소중히 한다는 증거이다.

—헤스터 L. 피오치, 『사무엘 존슨의 일화들』

8. 팰러시는 그녀에게 다음과 같은 글을 썼다. "당신은 나쁜 여자이기 때문에, 당신은

나쁜 언론인이다."

—엘리자베스 피어, *Newsweek*

9. 벌레를 먹는 명금류는 헤이즐 밀러가 콩코드에서 노래를 부르면서 나뭇가지 곁을 지날 때 멋진 풍경 속에서 발견했다.

저것이 우리가 알고 있는 헤이즐 — 실수하지 않고, 행복한, 그리고 약간은 과시욕의 기미가 있는 — 이다.

—*The New Yorker*

10. 대전제와 소전제 그리고 결론으로 되어 있는 삼단논법은 논리의 기본이다. 다음을 보라.

대전제 : 여섯 사람은 한 사람이 일하는 것보다 여섯 배로 빨리 일할 수 있다.
소전제 : 한 사람이 하나의 말뚝을 박는 시간은 60초가 걸린다.
결　론 : 따라서 여섯 사람이 하나의 말뚝을 박는 시간은 10초가 걸린다.

—앰브로즈, 『악마의 사전』

B. 다음 각 글들에 대해 어떤 사람은 오류가 포함되어 있다고 비판할 수도 있고, 또 어떤 사람은 그 논증은 잘못된 것이 아니라고 주장할 수도 있다. 각 글에 담긴 논증의 장점을 말하고, 오류가 포함되어 있다(또는 포함되어 있지 않다)고 판단되면 그 이유를 밝혀라.

1. 눈과 손 그리고 발등과 같은 우리 신체의 각 부분들이 뚜렷한 기능을 가지고 있다는 것을 보아도, 우리가 인간 존재는 이런 개별적 기능들을 능가하는 어떤 기능을 갖는다고 믿어야 하지 않겠는가?

—아리스토텔레스, 『니코마코스 윤리학』

2. 우주의 모든 현상들은 도덕적 가치로 충만해 있다. 그러므로 우리는 중국인에게 있어서 우주란 곧 도덕적 우주라고 주장할 수 있다.

—T. H. 팽, 『중국인의 인생관』

3. 어떤 사물이 가시적이라는 것을 입증해 주는 유일한 증거는 사람들이 실제로 그것을 보는 것이다. 소리가 들린다는 유일한 증거는 사람들이 그 소리를 듣는 것이다. 경험의 다른 원천들도 마찬가지이다. 이와 마찬가지로 바람직한 것이라고 할 수 있는 유일한 증거는 사람들이 실제로 그것을 바라는 것이다.

—밀, 『공리주의』

4. 토마스 칼라일은 월터 휘트먼에 대해 그가 큰 나라 출신이기 때문에 그는 큰 시인이라고 생각한다고 말했다.

—알프레드 카진, *The New Republic*

5. 레비 씨는 뉴욕시 공립학교 교장의 직책에 대해 대단한 긍지를 가지고 있다. 그러나 한 가지 불미스러운 점은 그의 두 자식은 맨해튼 어퍼 이스트사이드에 있는 엘리트 사립학교에 다닌다는 사실이다. 레비 씨는 그의 아들과 딸을 공립학교에 보내야 한다. 내가 아이들을 사립학교에 보내는 부모들의 권리를 시기하거나 못마땅해 하는 것은 아니다. 나의 아내와 나는 맨해튼에 있는 공립학교에 우리 아이들을 보내기 전에 여러 사립학교를 고려했다. 본질적으로 레비 씨는 그 자신의 자식들을 위해서는 공립학교가 부적합하다는 것을 밝히고 있는 것이다.

—사무엘 G. 프리드먼, *The New York Times*

C. 다음 글에서 오류를 확인하고 어떤 오류를 범하고 있는지 그 이유를 설명하라. 그리고 어떤 경우에는, 얼핏 보면 오류인 것처럼 보이는 것이 그 논증을 정확하게 해석하면 오류가 아닐 수도 있다. 왜 그런지 그 이유를 밝혀라.

1. 스미스는 비밀 요원을 만나서, 자신의 화기인 자동권총을 그가 이익을 남기려고 계획했던 코카인 2온스와 교환할 것을 제안했다. 경찰에 체포되어 스미스는 "화기 사용" 및 "마약 밀매 범죄 연루"라는 죄목으로 기소되었다. 이러한 법규에 의거한 일반적인 판결은 5년 징역형이었을 것이다. 그러나 이 사건의 경우처럼 화기가 "기관총이나 기타 자동 화기"일 경우에는 법정형이 30년이다. 스미스는 유죄판결을 받고 30년 징역형을 선고받았다. 이 사건은 연방 대법원에 항소되었다.

   안토닌 스칼리아 판사는 스미스가 그의 권총을 마약과 교환하려는 의도를 가지고 있었던 것은 분명할지라도 그것은 법규가 뜻하는 "총기 사용"의 의미는 아니었다고 주장했다. "법에 명시된 의미를 살펴보면, 우리는 비전문적인 용어에 그것의 일반적인 의미를 부하고 있습니다…. '화기를 사용한다'는 말은 무기처럼 그것을 그것의 특수한 목적을 위해 사용한다는 것을 말하는 것입니다." 그는 다음과 같이, 즉 우리가 당신은 지팡이를 사용하느냐고 물을 경우 그것은 당신은 지팡이로 보행을 하느냐고 묻는 것이지, 고급 손잡이가 있는 당신 할아버지의 보행용 지팡이를 전시장에 전시하느냐고 묻는 것은 아니라는 것을 강조했다.

   샌드라 데이 오코너 판사는 지팡이는 보행만을 위해 사용되는 것은 아니라고 반박했다. "미국 역사상 지팡이의 가장 악명 높은 사용은 보행과는 아무런 관련이 없었습니다. 1856년 미국 상원의 찰스 섬너 상원의원의 지팡이 사용이 바로 그런 경우입니다."

스칼리아 판사는 다음과 같이 답변했다. 즉, 이 법정의 대다수가 "한 단어가 어떻게 사용될 수 있는가와 그 말이 일상적으로 어떻게 사용되고 있는가를 구분하지 못하는 것처럼 보이지는 않습니다…. 예를 들어, 나는 증인이 이전에 '화기 사용'을 해본 적이 있었느냐는 검사의 질문에 대해 '아니오'라고 대답할 경우 비록 그가 그의 할아버지 소유의 엔필드 소총을 총기수집가에게 판 적이 있었을지라도 위증죄 유죄판결을 위한 허위 요건은 충족될 수 없을 것이라는 것은 너무나 분명하다고 생각합니다."

오코너 판사가 승리하여 스미스의 유죄판결이 확정되었다.

—*John Angus Smith v. United States*, 508 U.S. 223.

2. ≪타임 매거진≫ 서평 담당자 그로스만은 2006년 여름에 찰스 프레이저의 소설 『열세 개의 달』에 대한 신문의 전면광고를 보고 "깜짝 놀랐다." 그 광고에는 ≪타임≫지에서 인용한 것으로 여겨지는 한 마디 말이 포함되어 있었다. 그로스만이 서평으로 쓴 글은 다음과 같은 것이었다. "프레이저의 작품은 장엄하지만, 그의 천재성(genius)은 섬세한 데 있다." 여기서 인용된 한 마디 말은 바로 그를 놀라게 했던 "천재(Genius)"였다.

—헨리 알퍼드, *The New York Times Review of Books*

3. 1994년 미스 유니버스 경진대회에서 미스 앨라배마는 다음과 같은 질문을 받았다. "만약 당신이 영원히 살 수 있다면, 어떨 것 같습니까? 그리고 그 이유는?" 그녀는 이 물음에 다음과 같이 대답했다. 즉,

> 나는 영원히 살지 않을 것입니다. 왜냐하면 우리는 영원히 살지 않기 때문입니다. 설사 우리가 영원히 살 것으로 가정한다 할지라도 우리가 영원히 살지는 않을 것입니다. 그러나 우리는 영원히 살 수 없습니다. 이것이 바로 내가 왜 영원히 살지 않을지 그 이유입니다.

4. 질서란 정의와 떨어질 수 없다. 왜냐하면 정의는 모름지기 사회적, 법적 질서를 통해서만 실현될 수 있기 때문이다.

—어니스트 반 덴 헤이그, 「형벌」

5. 만일 전 인류가 종교 재판에 호소하고 또 그것을 옹호한다면, 그리고 가장 고귀한

영혼을 가진 사람들이 각각 공평하게 종교 재판을 열고 진행했다면, 그리고 그 반대자들도 화형에 대해 화형으로 대응하면서 자신들의 입장에 종교 재판을 활용했다면, 종교 재판은 반드시 정당화되어야 하고 또 유익한 것이다.

—베네데토 크로체, 『실천의 철학』

6. 대도시의 유명한 일간지에 대한 다음과 같은 광고가 펜실베이니아주 곳곳에 널리 눈에 띈다. 즉,

펜실베이니아 인근에 사는 모든 사람들이 이 공고를 읽는다.

7. 동물이나 식물이 무한히 크거나 작을 수 없으므로, 그것의 각 부분들이나 전체도 마찬가지일 것이다.

—아리스토텔레스, 『자연학』

8. 올해 이전에 이 자리에 없었던 대의원들을 위하여 총회 이전의 항목이 다년간 "소비에트 항목"으로 불린 항목이라는 사실을 설명할 필요가 있을 것입니다. 그것은 순전히 선전용입니다. 그것은 심각한 행동의 심각한 목적을 가지고 도입된 것이 아니라, 세계 언론을 탈 심산으로 온갖 말들을 매달아두는 한낱 말뚝에 불과한 것입니다. 어떤 사람은 이것을 매우 현명한 정치로 간주합니다. 그 외 사람들, 특히 여기에 포함되기를 바라는 현재의 연사는 그것을 시간의 도전에 대한 부절적한 대응이라 간주합니다.

—헨리 C. 로지

9. 미국 내에서 홍수처럼 쏟아지고 있는 이 모든 선전은 전쟁 도발적 성격을 지니고 있으며, 그것은 심지어 미국의 언론에 의해서조차도 인정되고 있다. 이와 같이 도발적이고 중상모략적인 목적들은 분명히 어떤 것이 우리의 위신과 체면에 어긋나는 것인지를 대답하기 위해 소련 연방에 대한 몰염치한 비방만을 담고 있는 오늘날 미국 대표의 연설에 영감을 주었다. 스탈린그라드의 영웅적 서사는 전혀 그 명예가 손상되지 않는다. 스탈린그라드 전투에 참여한 소련 사람들은 파시스트적 전염병으로부터 이 세계를 구했으며, 이 세계의 운명을 결정한 그 위대한 승리는 전 인류가 인정하고 감사하는 마음으로 기억하고 있다. 수치심을 전혀 느끼지 못하는 사람들만이 그 전투의 영웅들에 대한 빛나는 기억을 비난하고 중상할 따름이다.

—아나톨 M. 바라노스프스키

10. 레온 카스 교수는 그가 시카고대학교 학생들에게 출제했던 과제에 대한 놀라운 반응을 보고하고 있다. 그는 학생들에게 지금까지 먹어본 기억나는 식사에 대해 작문을 해보라고 했다. 한 학생은 다음과 같이 썼다. 즉,

    나는 나의 삼촌과 나의 삼촌의 친구와 함께 점심을 먹은 적이 있었다. 삼촌의 친구는 알베르트 아인슈타인과 점심을 먹은 적이 있었다. 알베르트 아인슈타인은 위대한 정신을 가진 사람이다. 그러므로 삼단논법의 법칙에 따라 나는 신과 함께 점심을 먹은 적이 있었다.

    —레온 카스, 『굶주린 영혼』

11. 유전학적으로 조작된 물고기를 생각해 보라. 과학자들은 새로운 성장 호르몬을 가진 물고기가 정상적인 물고기보다 훨씬 크고 더 빨리 성장할 것으로 희망한다. 다른 과학자들은 현재는 물고기가 생존할 수 없는 북부지방의 찬 물에서 견뎌낼 수 있는 물고기를 개발하고 있다. 그 목적은 식량을 위해 물고기 생산을 늘리는 데 있다. 경제적 이익은 분명할지 모르지만, 위험요소는 불투명하다. 경제적 이익이 이러한 위험을 합리화할 수 있을까?

    —에드워드 부르거만, *The New York Times*

12. 사실상 다중우주론은 그 논리적 구조의 거의 모든 분야에 초월적 창조자라는 개념을 도입하고 있다. 신과 세계, 창조자와 피조물은 무한한 공간 속에서 무한 후퇴하면서 서로 연결되어 있다.

    이와 같은 다중우주론의 귀류법은 위험한 비탈길이 실제로 존재한다는 것을 보여주고 있다. 코페르니쿠스 이후로 우리의 우주관은 10억 배로 확대되었다. 이제 우리는 이 광활한 영역이 전체의 아주 미세한 파편에 지나지 않는다는 사실을 받아들이도록 설득당하고 있다.

    —폴 데이비스, *The New York Times*

13. 코페르니쿠스가 프톨레마이오스의 천문학(그는 모든 천체들은 지구를 중심으로 돈다고 주장한다)은 지구는 (다른 모든 행성과 더불어) 태양을 중심으로 회전한다는 것을 주장하는 이론으로 대체되어야 한다고 주장했을 때, 그는 당대 가장 위대한 천문학자 중 한 사람인 클라비우스를 비롯해 당시의 수많은 과학자들에 의해 조롱을 받았다. 1581년 클라비우스는 다음과 같이 말했다. 즉,

    두 사람(코페르니쿠스와 프톨레마이오스)은 관찰된 현상에 대해서는 의견이 일치한다. 그러나 코페르니쿠스의 논증은 아주 많은 불합리한 원리를 포함하고 있다. 예를 들어, 그는 지구가 3중 운동으로 운동한다고 가정했지만 … 그러나 철학자들에 따르면 지구와 같은 단일

물체는 단순운동만을 할 수 있다…. 따라서 내가 보기에는 프톨레마이오스의 지구중심설이 코페르니쿠스의 학설보다 우수한 것임에 틀림없다.

14. 우리가 모두 유명할 수는 없다. 왜냐하면 우리가 모두 유명해질 수 없기 때문이다.

—제시 잭슨, *The New Yorker*

15. 당신을 지옥으로 보내겠다고 위협하는 신은 어떤 사람이 거미나 어떤 혐오스러운 벌레를 불에 태우겠다고 위협하는 것처럼 당신을 혐오하고 있으며, 아주 도발적이다. 당신을 향한 신의 분노는 불길처럼 타오르고 있다. 신은 당신을 불에 태워버려도 전혀 아까울 것이 없는 존재로 여기고 있다. 우리 눈에 뱀이 가장 혐오스럽고 지독한 존재로 보이듯이 그의 눈에는 당신이 헤아리기 힘들 정도로 가증스러운 존재이다. 고질적인 반역자가 그의 군주에게 했던 것 이상으로 당신은 한없이 그를 불쾌하게 만들었다. 이제 매순간 당신을 저 불길 속으로 떨어뜨리는 것은 오직 신의 손길뿐이다.

—조너던 에드워즈, 「지옥」

16. 신비주의는 세계사에 영향을 미친 강력한 힘들 가운데 하나이다. 왜냐하면 종교는 이 세계에서 가장 중요한 것이라고 할 수 있으며, 그리고 신비주의에 의해 훼손되지 않고 오랫동안 그대로 남아 있는 종교는 하나도 없기 때문이다.

—존 맥타가트, 엘리스 맥타가트, *Philosophical Studies*

17. 만약 과학이 우리는 빈티(고릴라 이름)가 과거에 그녀가 했던 것처럼 행동했을 때 빈티의 머리에서 어떤 일이 벌어지고 있는지를 알 수 없다는 사실을 주장하고자 한다면, 과학은 빈티의 머리에서는 아무런 일도 일어나지 않았다는 것을 입증할 수 없다는 사실을 또한 인정해야만 한다. 우리가 동물을 선의로 해석하고 또 우리가 우리 자신에게 하듯이 그들을 대하는 것은 우리의 동류의식과 마찬가지로 해결할 수 없는 우리의 무지 때문이다.

—마틴 로우, 미아 맥도널드, *The New York Times*

18. 어떤 국가가 용기 있는 나라인지 여부를 알고 싶으면, 우리는 그 국가의 군대를 보아야 한다. 그 이유는 병사들이 그 사회의 유일하게 용기 있는 사람들이라는 것 때문이 아니라, 그 사회의 용기와 비겁함이 오직 병사들의 행동을 통해서만 명백하게 드러나기 때문이다.

—리처드 네틀쉽, 『플라톤 국가론에 대한 강의』

19. 과연 우리가 미래에 살아 있을 것인가 하는 것은 우리가 던질 수 있는 가장 중요한

물음이다. 그러므로 그것은 언어로 표현될 수 있는 가장 지적인 물음이다.

—조셉 버틀러

20. 해와 달 가운데 어느 것이 더 소중한가? 달이 더 소중하다. 왜냐하면 달은 밤에 우리에게 밝은 빛을 주기 때문이다. 해는 다만 낮에만 빛나지만, 달은 어두운 밤에 밝게 빛난다.

—조지 가모브

제4장 요약

오류는 올바른 것처럼 보이지만 검사해보면 그렇지 않은 것으로 드러나는 논증이다. 이 장에서는 중요한 비형식적 오류를 네 가지 제목으로 나누었다. 즉, (1) 유관성의 오류, (2) 불충분한 귀납의 오류들, (3) 가정의 오류, (4) 애매성의 오류들이다.

1. 유관성의 오류

R1. **군중에 의거한 논증**(*argumentum ad populum*) : 감정에 호소하는 비합리적인 수법으로 결론을 뒷받침할 때 발생하는 오류이다.

R2. **감정에 의거한 논증**(*argumentum ad misericordiam*) : 연민, 부러움, 자부심과 같은 특수한 감정에 호소하는 논증이다.

R3. **레드 헤링**(red herring) : 의도적으로 말을 듣는 사람의 관심을 딴 데로 돌림으로써 합리적인 추론을 할 수 없도록 하는 주의 전환의 오류이다.

R4. **허수아비 논증**(the straw man) : 고의적으로 상대방의 입장을 잘못 표현하거나 전달하는 논증이다.

R5. **사람에 의거한 논증**(*argumentum ad hominem*) : 상대방의 특성이나 특수한 정황을 공격하는 논증이다.

R6. **힘에 의거한 논증**(*argumentum ad baculum*) : 지지나 동의를 얻기 위해 강압적으로 위협하거나 완력을 사용하는 논증이다.

R7. **논점 일탈의 오류**(*ignoratio elenchi*) : 실제로 쟁점이 되었던 것과는 다른 주장을 반박하는 논증이다.

2. 불충분한 귀납의 오류들

전제들이 결론과 유관할 수 있지만 결론을 제대로 뒷받침하지는 못하는 경우이다. 다음과 같은 네 가지 오류가 있다.

D1. **무지에 의거한 논증**(*argumentum ad ignorantiam*) : 어떤 것이 거짓이라는 것이 증명되지 않았다는 이유로 그것을 참이라고 주장하거나, 혹은 어떤 것이 참이라는 것이 증명되지 않았다는 이유로 그것을 거짓이라고 주장하는 논증이다.

D2. **권위에 의거한 논증**(*argumentum ad verecundiam*) : 합당한 권위를 요구할 만한 자격이 없는 사람(또는 사람들)의 판단에 호소하는 논증이다.

D3. **거짓 원인의 오류**(*non causa pro causa*) : 실제로는 그것의 원인이 아닌 것을 그것의 원인으로 받아들이는 논증이며, 그리고 "그것 다음이므로 그것이 앞이다(post hoc ergo propter hoc)"라고 하는 경우처럼 단순히 시간적으로 이어져 있다는 이유로 인과관계를 주장하는 경우도 자주 있다.

D4. **성급한 일반화의 오류**(hasty generalization) : 소수의 사례를 성급하게 일반화하는 논증이며 역도우연의 오류라고도 한다.

3. 가정의 오류

근거가 없거나 거짓인 명제를 참이라고 가정함으로써 비롯되는 오류이다. 다음과 같은 세 가지 종류가 있다.

P1. **우연의 오류**(accident) : 어떤 일반적인 사항을 그것이 올바로 적용될 수 없는 개별적인 사항에 적용하는 오류이다.

P2. **복합 질문의 오류**(*plurium interrogationum*) : 질문 속에 숨겨진 주장을 참이라고 가정하는 방식으로 질문을 던지는 것이다.

P3. **선결문제 요구의 오류**(*petitio principii*) : 어떤 논증의 결론에서 확정하려고 하는 사실을 동일한 논증의 전제에서 가정하는 오류이다.

4. 애매성의 오류

어떤 단어나 구절의 의미가 전제와 결론에서 전혀 다른 의미로 쓰임으로써 생겨나는 오류이며, 다음과 같은 다섯 가지 종류가 있다.

A1. **애매어의 오류**(equivocation) : 논증을 구성할 때 동일한 단어나 구절이 둘 혹은 그 이상의

의미로 사용됨으로써 발생하는 오류이다.

A2. **애매한 문장 구조에 의한 오류**(fallacy of amphiboly) : 명제 속의 말들이 결합되는 느슨하거나 서툰 방식 때문에 논증 속의 명제들 중 하나가 한 가지 이상의 의미를 갖게 되는 논증이다.

A3. **강조의 오류**(accent) : 어떤 단어나 구절에 대해 강조를 다르게 함으로써 논증에 의미 변화가 일어나는 경우이다.

A4. **결합의 오류**(composition) : 이 오류는 (a) 부분에 속하는 속성으로부터 전체의 속성을 잘못 추리하거나, 또는 (b) 어떤 집합에 속하는 개별적인 원소의 속성으로부터 그 집합의 전체의 속성을 잘못 추리할 때 범하게 되는 오류이다.

A5. **분해의 오류**(division) : 이 오류는 (a) 전체의 속성으로부터 그것에 속한 부분의 속성을 잘못 추리하거나, 또는 (b) 어떤 집합의 전체의 속성으로부터 그 집합에 속하는 개별적인 원소의 속성을 추리할 때 범하게 되는 오류이다.

실생활에서 만나는 논리

수퍼패셔널리티

다음은 패션과 명품 잡지 ≪수퍼패셔널리티(*Superfashionality*)≫에서 발췌한 것이다. 아주 흥미롭고 교양이 풍부한 이 잡지를 훑어보고 다음 물음에 답하라.

그가 당신을 좋아하는지 알아내는 방법

과연 저 특별한 남자가 당신을 좋아하는지 아닌지 궁금해 한 적이 있는가? 그것을 알아보는 몇 가지 방법이 있다.

1. 어떤 연구에 따르면, 남성의 90퍼센트가 사람들을 대부분 좋아한다고 말했다. 그러므로 필시 그는 당신을 좋아할 것이다.
2. 당신의 친구에게 물어보라. 만약 친구들이 그가 당신을 좋아한다고 생각한다면, 필시 그는 당신을 좋아할 것이다.
3. 통계상으로 볼 때, 믹싱 볼을 구입하는 여성들은 약혼할 가능성이 높다고 한다. 그러므로 당장 믹싱 볼을 구입하라.
4. 당신을 좋아하지 않는 남자는 누구나 바보임에 틀림없다.

트렌드 워치(최신 유행)

만약 당신이 가죽을 좋아하고 또 짧은 양말을 좋아한다면, 당신은 짧은 가죽 양말을 좋아할 것이다.

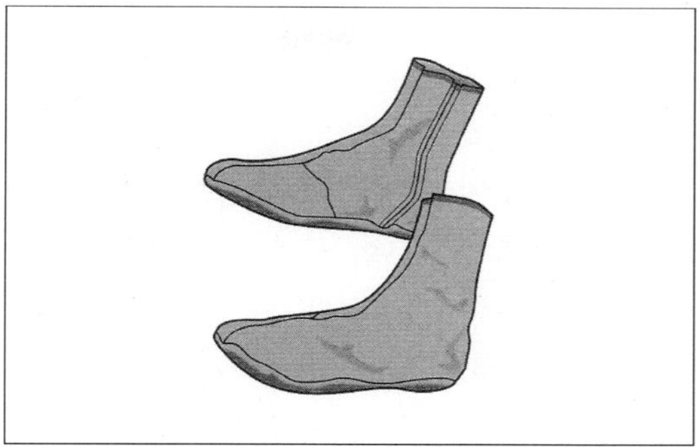

자부심 코너

당신은 자부심을 갖고 있는가? 만일 그렇다면, 사람들은 자연스럽게 당신을 좋아할 것이다. 다음과 같은 손쉬운 3단계로 자부심을 키워보라.

1. 밖으로 나가라. 그리고 사람들이 당신을 좋아하게 만들어 친구를 사귀라.
2. 스스로에게 이렇게 말하라. "이 사람들이 날 좋아해!"
3. 자부심을 느껴라!

카피바라 논쟁

아주 새로운 유행이 카피바라 모피이다. 카피바라 조끼와 코트는 최근 무상으로 모피 조끼를 나눠주는 여러 행사에서 수많은 명품 목록에 선을 보였다.

카피바라가 무엇인가? 노바 스코샤 대학교의 호펜스티븐 박사의 설명에 따른다면, "카피바라는 학명이 히드로코에러스 히드로케이리스(Hydrochoerus hydrochaeris)인 카피바라과에 속하는 까다로운 성질을 지닌 동물이다."

그러나 모든 사람이 카피바라를 잘 알고 있는 것은 아니다. 동물보호단체(포유동물의 도덕적인 대우를 바라는 사람들) 회원인 마르타 커펠드는 다음과 같은 견해를 밝혔다. 즉, "만약 우리가 카피바라를 원료로 조끼 제조를 허용한다면, 그것은 털 많은 사람으로 조끼 제조를 향해 나아가는 시발점이 될 것이다."

리얼리티 스타 휘트니 허드슨은 그의 견해를 이렇게 밝혔다. 즉, "모든 사람이 입고 있는 것이 카피바라 모피이다. 만약 여러분들의 옷이 일반 직물로 만들어진 것이라면 당신은 시대에 뒤처져 있다. 촌스럽다."

무엇이 카피바라인가?

이것이 바로 카피바라이다!

제니퍼가 아기를?

제니퍼가 아주 큰 셔츠를 입고 있는 것이 발견되었다. ≪수퍼패셔널리티≫ 기자가 그녀의 집 문 앞에 카메라를 들이대고 18시간을 대기했다. 드디어 그녀가 밖으로 나왔을 때, 기자가 큰 소리로 물었다. "제니퍼, 당신의 아기 이름을 당신 어머니의 이름을 따서 베럴이라 지을 건가요?"

전속 기사가 운전하는 검정색 자동차에 올라 문을 아주 세게 쾅 닫으면서 그녀는 이렇게 대답했다. "내 어머니 이름은 수잔이야, 바보들아."

사실이 드러났다. 아기가 있다는 것을 그녀가 부정하지 않았다면, 그녀의 임신은 틀림이 없다. 이 새로운 뉴스를 기대하며 계속 ≪수퍼패셔널리티≫

를 구독하시기를!

금주의 명언

"남을 비방만 하는 사람들은 내가 본 마지막 영화 '더 라스트 머신건 킥복서'는 무척 폭력적이지만, 당신들이 모든 폭력을 반대할 수는 없다고 말한다. 뭔가를 부수고 있는 작은 벌레도 폭력이다."

—벅

"나는 단순히 핸드백 디자이너가 아닙니다. 나는 책가방과 쇼핑백을 만듭니다. 나는 용기를 만드는 기술자입니다. 만약 그 용기에 안과 밖이 있다면 나는 그것을 만들고 그것에 장식을 붙입니다."

—도나텔라

"나는 미국 국기가 그려진 남성용 팬티 제작을 반대하는 미국헌법 수정조항에 찬성한다. 가장 중요한 것은 수백만 명의 미국인들이 국기를 살형편이 못 되기 때문이다."

—요한

문제

1. **그가 당신을 좋아하는지 알아내는 방법**

네 가지는 다음 네 가지 오류 중 어느 것에 해당하는가?

A. 권위에 의거한 논증
B. 애매어의 오류
C. 사람에 의거한 논증
D. 거짓 원인의 오류

2. **트렌드 워치(최신 유행)**

"만약 당신이 가죽을 좋아하고 또 짧은 양말을 좋아한다면, 당신은 짧은 가죽 양말을 좋아할 것이다"라는 명제는 어떤 오류의 예인가?

A. 분해의 오류
B. 강조의 오류
C. 결합의 오류
D. 선결문제 요구의 오류

3. **자부심 코너**

자부심은 사람들이 당신을 좋아하게 할 것이며, 그리고 당신을 좋아하는 사람들의 주의를 끌면 자존심을 키울 수 있다는 생각은 어떤 오류의 사례인가?

A. 레드 헤링
B. 우연의 오류
C. 선결문제 요구의 오류
D. 허수아비

4. **카피바라 논쟁**

카피바라에 대한 호펜스티븐 박사의 정의는 어떤 정의인가?

A. 약정적 정의
B. 개량적 정의
C. 사전적 정의
D. 순환적 정의

5. **카피바라 논쟁**

카피바라의 사진을 보여주고 있는 것은 어떤 정의인가?

A. 개량적 정의
B. 명시적 정의
C. 이론적 정의
D. 설득적 정의

6. **카피바라 논쟁**

우리에게 카피바라 모피를 입도록 촉구하는 휘트니 허드슨은 어떤 오류를 범하고 있는가?

A. 군중에 의거한 논증
B. 사람에 의거한 논증
C. 무지에 의거한 논증
D. 성급한 일반화의 오류

7. **제니퍼가 아기를**?

여배우 제니퍼는 복합적인 질문을 받았다. 즉, "당신의 아기 이름을 당신 어머니의 이름을 따서 베럴이라 지을 건가요?" 이 물음은 두 가지를 전제하고 있다. 즉, 제니퍼는 임신하고 있으며, 그리고 그녀의 어머니 이름은 베럴이다. 제니퍼가 두 번째 전제를 부정했지만 첫 번째 전제는 부정하지 않았을 경우, 첫 번째 전제는 참이라고 할 수 있다(그녀가 임신을 부정하지 않았기 때문에 ≪수퍼패셔널리티≫ 측은 그녀가 임신한 것으로 추정했다). 어떤 오류를 범하고 있는가?

A. 레드 헤링
B. 우연의 오류
C. 선결문제 요구의 오류
D. 애매어의 오류

8. **금주의 명언**

벅은 어떤 오류를 범하고 있는가?

A. 거짓 원인의 오류
B. 애매성의 오류
C. 허수아비
D. 분해의 오류

9. **금주의 명언**

도나텔라 말의 인용은 내포의 증가인가 감소인가?

A. 증가
B. 감소
C. 둘 다 아님

10. **금주의 명언**

요한은 어떤 오류를 범하고 있는가?

A. 레드 헤링
B. 군중에 의거한 논증
C. 강조의 오류
D. 애매어의 오류

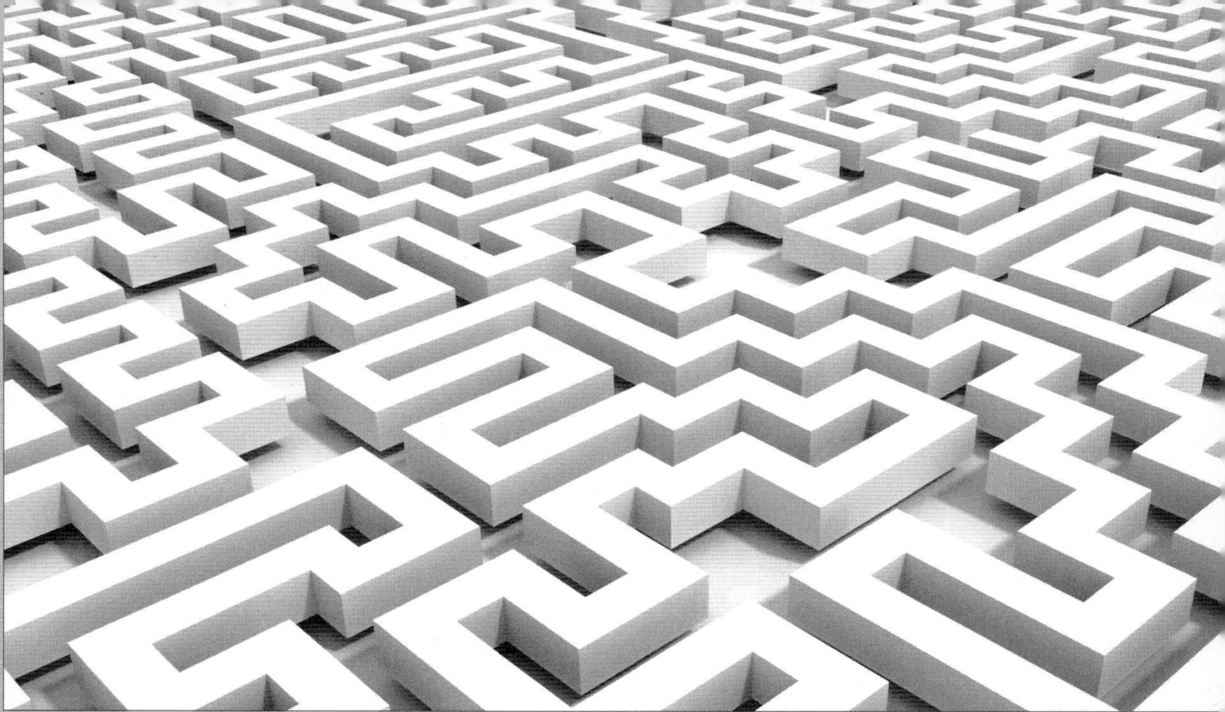

Introduction to

LOGIC

제 2 편 연 역

"쇠사슬을 이루는 각각의 고리가 좋은 재료로 되어 있고, 앞뒤로 이어진 이웃하는 두 고리가 단단히 채워져 있다는 확신이 들 때, 우리는 비로소 그 쇠사슬이 무게를 감당하기에 충분히 안전하다고 믿게 된다. 이와 마찬가지로 추론에 있어서도 의심스러운 점이 전혀 없을 정도로 그 상태가 양호할 때, 다시 말해서 그 형식이 언제나 빈틈없는 진리들로 연결되어 있을 때, 우리는 그 추론이 정확하다고 믿게 된다.

— 고트프리트 빌헬름 라이프니츠"

정언명제

제5장

5.1 연역이론

이제 우리는 논증의 구조에 대해 분석한다. 앞에서는 언어와 언어가 논증에 미치는 영향을 주로 다루었지만, 이제부터는 논증의 전제와 그 결론의 관계를 분석하고 설명한다.

이 책의 제2편은 모두 연역논증에 관한 것이다. **연역논증**(deductive argument)이란 논증의 전제가 그 결론이 참이라는 것을 나타내는 결정적인 근거를 제공하는 논증이다. 이 조건이 충족되면, 즉 결론의 참을 전제들이 필연적으로 보증하면 그 연역논증은 타당하다. 모든 연역논증은 이 조건을 충족하거나 충족하지 않거나 둘 중 하나이다. 따라서 모든 연역논증은 타당하거나 부당하거나 둘 중 하나이다. 타당한 연역논증에서는 전제가 참이면 결론도 반드시 참이다.

연역이론의 목적은 타당한 논증에서 그 전제와 결론의 관계를 설명하고, 연역논증을 평가하는 기술, 즉 타당한 연역논증과 부당한 연역논증을 구별하는 방법을 제시하는 데 있다. 이 일을 수행하기 위해 개발된 두 가지 큰 이론체계가 있다. 하나는 **고전 논리학**(classical logic), 즉 **아리스토텔레스 논리학**(Aristotelian logic)이고, 다른 하나는 **현대 논리학**(modern logic), 즉 **현대 기호논리학**(modern symbolic logic)이다. 고전 논리학은 제5, 6, 7장에서 다루고, 현대 기호논리학은 제8, 9, 10장에서 다룬다.

아리스토텔레스(384-322 B.C.)는 고대의 탁월한 사상가들 중의 한 사람이었다. 그는 "플라톤의 아카데미(Plato's Academy)"에서 20년 동안 공부했다. 그 후 알렉산더 대왕의 스승으로 있다가 스스로 "라이세움(Lyceum)"이라는 학교를 설립했다. 이 라이세움에서 이루어진 그의 수많은 연구는 인간 지식의 모든 영역에 두루 기여했다. 추론에 관한 그의 연구들도 그 중 하나이며, 그것들은 그의 사후에 『오르가논(*Organon*)』이라는 책으로 엮여졌다. 오르가논은 말 그대로 지식을 얻는 기본적인 도구로서의 기관이다.

논리학이라는 말이 오늘날의 의미로 사용된 것은 기원 후 2세기 이후이다. 오랫동안 사람들은 논리학이 다루는 내용은 아리스토텔레스가 『오르가논』에서 다루었던 내용과 같다고 생각했다. 아리스토텔레스 논리학은 2천여 년 동안 이성적 분석의 토대가 되어 왔다. 세월이 지나면서 아리스토텔레스 논리학은 대단히 정교한 이론으로 변모했다. 표기법도 많이 개선되고, 원리도 치밀하게 공식화되었으며, 복잡한 구조도 갖추게 되었다. 제5, 6, 7장에서 다룰 고전 논리학이라는 이 거대한 체계는 지금도 여전히 엄청난 위력을 갖고 있을 뿐만 아니라 감동을 불러일으킬 만큼 아름다운 지적 도구이다.

5.2 정언명제와 집합

고전 논리학이 다루는 논증은 대상의 집합들이 갖는 상호관계를 바탕으로 이루어진다. **집합**(class)이란 어떤 특정한 성질을 공통적으로 갖고 있는 대상 전체를 하나로 묶어서 부르는 말이다. (집합의 개념은 내포에 의한 정의를 설명한 제3장에서 간단히 소개되었다.) 두 개의 집합이 가질 수 있는 관계는 아래의 세 가지 경우이다. 이것은 누구나 직관적으로 알 수 있다.

1. 한 집합의 원소 전부가 다른 집합에 완전히 포함되는 경우

   예 : 개의 집합은 포유동물의 집합에 완전히 포함된다.

2. 한 집합의 원소 중 일부가 다른 집합에 포함되는 경우

   예 : 운동선수의 집합은 여성의 집합에 부분적으로 포함된다.

3. 두 집합이 공통 원소를 전혀 갖지 않는 경우

   예 : 삼각형의 집합과 원의 집합은 서로를 완전히 배척한다.

위의 세 가지 관계는 모든 종류의 집합과 범주에 적용될 수 있다. 연역논증에서는 한 범주와 어떤 다른 범주 사이의 관계를 기술하는 명제들이 제시된다. 연역논증의 명제들은 **정언명제**(categorical proposition)라 불린다. 연역 논리에 대한 고전적 설명에서 정언명제

는 논증을 구성하는 기본 요소이다. 아래 논증을 보라.

어떤 운동선수도 채식주의자가 아니다.
모든 축구선수는 운동선수이다.
그러므로 어떤 축구선수도 채식주의자가 아니다.

이 논증은 세 개의 정언명제로 구성되어 있다. 전제들이 참인지 아닌지를 따져보아야 하겠지만, 이 명제들이 표명하고 있는 집합들 사이의 관계를 볼 때, 이 논증은 분명히 타당하다. 따라서 전제들이 참이라면, 결론도 반드시 참이 될 수밖에 없다. 각각의 전제는 정언적이다. 정언적이라는 것은 집합 S와 집합 P의 완전한 포섭관계나 부분적인 포섭관계를 긍정하거나 부정하는 것이다. 앞에서 예로 든 논증에서 세 개의 정언명제는 모든 운동선수의 집합과 모든 채식주의자의 집합 그리고 모든 축구선수의 집합에 관한 것이다.

그러므로 집합을 토대로 하는 연역이론을 전개하는 데 있어서 중요한 첫 단계는 정언명제들의 종류를 확인하고 그 정언명제들 사이의 관계를 알아내는 일이다.

5.3 정언명제의 네 가지 형식

정언명제의 표준형식은 네 가지뿐이며, 그에 대한 예는 다음과 같다.

1. 모든 정치가는 거짓말쟁이다.
2. 어떤 정치가도 거짓말쟁이가 아니다.
3. 어떤 정치가는 거짓말쟁이다.
4. 어떤 정치가는 거짓말쟁이가 아니다.

네 가지 표준형식의 정언명제를 하나씩 살펴보자.

1. 전칭긍정명제

"모든 정치가는 거짓말쟁이다"라는 명제는 전칭긍정명제이며, 한 집합이 전부 다른 집합에 포함된다는 것을 말한다. 이것은 정치가라는 집합의 모든 원소가 거짓말쟁이라는 집합의 원소라는 것을 의미한다. 전칭긍정명제는 다음과 같이 도식화할 수 있다.

모든 S는 P이다.

여기서 *S*와 *P*는 주어개념과 술어개념을 나타낸다. 이 명제는 두 집합 사이의 집합적 포함관계를 긍정할 뿐 아니라 그 관계가 전체적이라는 것을 말한다. 집합 *S*의 모든 원소가 동시에 집합 *P*의 원소이기도 하기 때문에, 이런 표준형식의 명제를 전칭긍정명제 또는 **A명제**라고 한다.

명제에 포함된 두 집합을 두 개의 원으로 나타내면, 정언명제는 두 개의 원이 교차하는 다이어그램으로 표현될 수 있다. 이것이 **벤다이어그램**(Venn diagram)이다. 이 명칭은 이를 창안한 영국의 논리학자이자 수학자인 존 벤(John Venn, 1834-1923)의 이름에서 따왔다. 이 다이어그램에 대해서는 나중에 다시 상세하게 다룰 기회가 있을 것이며, 이 다이어그램이 연역논증의 타당성을 따져보고 평가하는 데 대단히 유용하다는 것을 알게 될 것이다. 하지만 지금은 다만 정언명제의 의미를 도표로 보여줄 따름이다.

한 원은 주어개념을 가리키기 위해 *S*라 표기하고, 다른 한 원은 술어개념을 가리키기 위해 *P*라 표기한다. 그러므로 모든 *S*가 *P*라는 것을 말하는 A명제의 벤다이어그램은 원 *S*에서 원 *P*를 벗어난 부분에 빗금을 그린다. 원 *P* 바깥 부분의 원 *S*에 빗금을 그리는 것은 *P*의 원소가 아닌 *S*의 원소는 없다는 것을 나타낸다. A명제의 다이어그램은 다음과 같다.

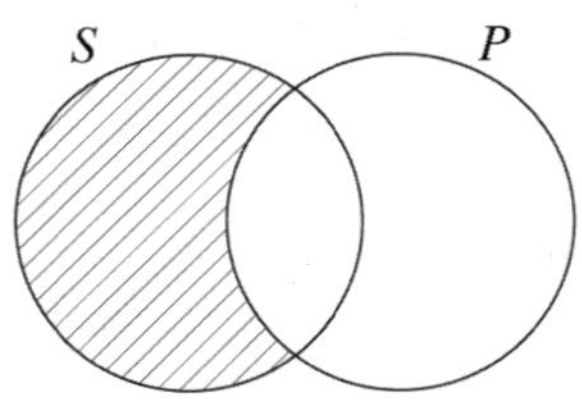

모든 *S*는 *P*이다.

2. **전칭부정명제**

"어떤 정치가도 거짓말쟁이가 아니다"라는 두 번째 명제는 정치가 집합의 어떤 원소도 거짓말쟁이 집합에 포함되지 않는다는 것, 다시 말해서 두 집합 사이의 포함관계를 전적으로 부정한다. 이 명제에서 주어개념 *S*의 집합은 술어개념 *P*의 집합을 완전히 배척한다. 이 형식의 정언명제는 다음과 같이 도식화할 수 있다.

어떤 *S*도 *P*가 아니다.

여기서도 *S*와 *P*는 주어개념과 술어개념을 나타낸다. 이 명제는 두 집합의 집합적 포함관계를 전적으로 부정한다. *S*집합의 어떤 원소도 집합 *P*에 포함되지 않는다는 것이다. 이런 표준형식의 명제를 전칭부정명제 또는 **E명제**라 한다.

E명제의 다이어그램은 집합 *S*와 집합 *P*를 나타내는 두 원의 교차부분에 빗금을 그려 이들이 서로 배척관계라는 것을 나타낸다. E명제의 다이어그램은 다음과 같다.

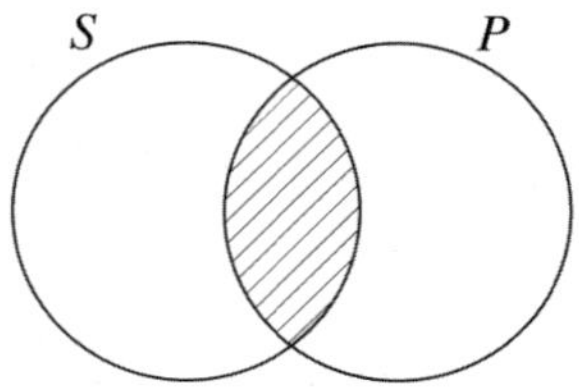

어떤 *S*도 *P*가 아니다.

3. **특칭긍정명제**

"어떤 정치가는 거짓말쟁이다"라는 세 번째 명제는 정치가 집합의 일부 원소가 거짓말쟁이 집합에 포함된다는 것을 의미한다. 다시 말해서 정치가가 거짓말쟁이라는 것을 전체적으로 긍정하지도 않고, 전체적으로 부정하지도 않는다. 다만 일부 정치가들이 거짓말쟁이라는 것을 말할 뿐이다. 이 명제는 정치가 집합 전체에 대해서는 어떤 것도 긍정하거나 부정하지 않는다. 정치가 집합 전체에 대해서는 어떤 언급도 없다. 그리고 문맥상으로는 일부 정치가는 거짓말쟁이가 아니라는 것을 암시하지만, 그들이 거짓말쟁이가 아니라는 것을 말하지는 않는다. 이 명제를 말 그대로 정확히 해석하면, 정치가 집합과 거짓말쟁이 집합은 어떤 원소 혹은 일부 원소들을 공유하고 있다는 것이다. 이것이 우리가 이해하는 이 표준형식의 명제가 갖는 의미이다.

"어떤"이라는 말은 불명확한 용어이다. "어떤"이라는 말은 "적어도 하나"를 의미하는가, 아니면 "적어도 둘" 또는 "적어도 셋 이상"을 의미하는가? 대체 얼마나 많은 것을 의미하는 것일까? 명확성을 위해 어떤 경우에는 일상적 용법을 벗어나겠지만, 논리학자들은 이 말을 "적어도 하나 이상"의 의미로 사용한다. 특칭긍정명제를 도식화하면 다음과 같다.

어떤 *S*는 *P*이다.

이 명제가 의미하는 것은 S라는 주어개념이 가리키는 집합에서 적어도 하나 이상의 원소가 술어개념 P가 가리키는 집합의 원소이기도 하다는 것이다. 다시 말해서 집합의 포함관계가 유지되고 있다는 것을 긍정하지만, 첫 번째 집합의 원소를 전체적으로 긍정하는 것이 아니라 다만 부분적으로만 긍정하고 있다. 첫 번째 집합의 원소 중에서 어떤 특정한 원소나 원소들이 두 번째 집합의 원소에 포함된다는 것이다. 이런 형식의 명제를 특칭긍정명제 또는 **I명제**라 한다.

I명제의 다이어그램은 집합 S의 원소이면서 동시에 집합 P의 원소인 것이 적어도 하나 이상 존재한다는 것을 말하며, 이를 나타내기 위해 두 원이 겹치는 영역에 x 표시를 한다. I명제의 다이어그램은 다음과 같다.

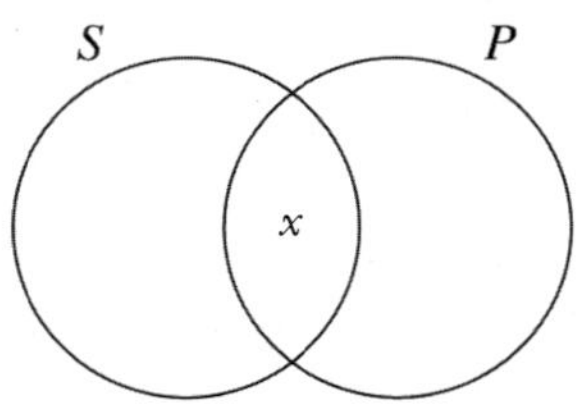

어떤 S는 P이다.

4. **특칭부정명제**

"어떤 정치가는 거짓말쟁이가 아니다"라는 네 번째 명제는 앞의 예와 마찬가지로 정치가 집합의 전체가 아니라 적어도 하나 이상을 가리키고 있다는 점에서 특칭이다. 그러나 세 번째 명제와 달리 이 명제는 정치가 집합의 일부 원소가 거짓말쟁이 집합에 포함된다는 것을 긍정하는 것이 아니라 오히려 부정한다. 이를 도식식화하면 아래와 같다.

어떤 S는 P가 아니다.

이 명제는 주어개념을 가리키는 S의 집합에서 적어도 하나 이상의 원소가 술어개념을 가리키는 P의 집합 전체에서 배척된다는 것을 말한다. 그러나 전체가 부정되는 것은 아니다. 이런 표준형식의 명제를 특칭부정명제 또는 **O명제**라고 한다.

O명제의 다이어그램은 집합 S의 원소이면서 동시에 집합 P의 원소가 아닌 것이 적어도 하나 이상 존재한다는 것을 표시하며, 이를 나타내기 위해 원 S의 내부이면서 원 P의 외부인 영역에 x 표시를 한다. O명제의 다이어그램은 다음과 같다.

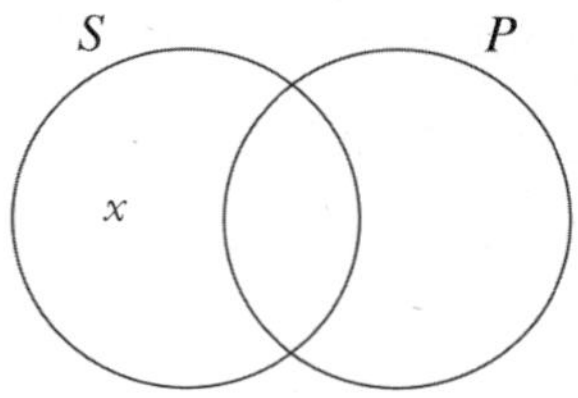

어떤 S는 P가 아니다.

위의 예들에서는 정치가, 거짓말쟁이, 채식주의자, 운동선수 등과 같이 간단한 이름의 집합이 사용되었다. 그러나 표준형식의 명제에서 주어개념과 술어개념은 훨씬 복잡할 수도 있다. 예를 들어, "그 직위에 지원한 모든 후보자들은 명예를 소중히 여기고 성실한 사람들이다"라는 명제에서는 주어개념이 "그 직위에 지원한 후보자들"이란 구절이고, 술어개념은 "명예를 소중히 여기고 성실한 사람들"이란 구절이다. 이와 같이 주어개념과 술어개념이 한층 더 복잡해질 수 있지만, 네 가지 표준형식은 어느 것이든 주어개념과 술어개념의 집합 관계를 나타내고 있다. 이 네 가지의 표준형식, 즉 A명제, E명제, I명제, O명제는 연역논증의 구성 요소들이다.

이처럼 정언명제의 분석이 쉽고 간단해 보이지만, 이러한 명제들의 기본적인 역할을 발견하고 명제들의 상호관계를 밝힌 것은 논리학의 체계적인 발전에서 보면 대단한 진보였다. 이것은 인류의 지식을 풍성하게 했으며, 아리스토텔레스가 기여한 영원한 업적들 중의 하나이다. 외관상 단순하고 쉬워 보이는 것은 함정이다. 논리학자들은 대상의 집합과 그 집합들 간의 관계를 바탕으로 연역논증의 분석을 위한 아주 정교한 시스템을 구축했다. 물론 그렇게 하는 데는 수 세기의 시간이 소요되었다. 이 시스템은 그것이 지닌 절묘함과 뛰어난 통찰력으로 말미암아 가장 위대한 지적 진보의 하나로 인정받고 있다. 이제 우리는 이 시스템을 다음과 같이 세 단계로 살펴보고자 한다.

A. 제5장의 나머지 부분에서는 표준형식의 정언명제들이 가진 특징과 그 명제들의 상호관계 등을 좀 더 상세하게 살펴보고, 정언명제에서 직접 도출될 수 있는 추론을 알아볼 것이다. A명제, E명제, I명제, O명제와 그것들의 상호관계를 제대로 파악하는 것만으로도 연역추론의 많은 부분이 숙달될 수 있다.

B. 제6장에서는 삼단논법, 즉 표준형식의 정언명제를 사용하는 일반적인 논증들을 살펴볼 것이다. 아울러 삼단논법의 본성을 파악하게 되고, 타당한 형식의 삼단논법

은 모두 독특한 특성을 갖고 있으며, 그래서 고유한 이름이 주어져 있다는 것을 알게 될 것이다. 그렇게 되면 우리는 삼단논법의 타당성(혹은 부당성)을 평가하는 강력한 기술을 얻게 될 것이다.

C. 제7장에서는 삼단논법과 일상적인 논증의 언어를 함께 다룰 것이다. 일상적인 논증의 언어로 표현되는 추론이 갖는 몇 가지 한계가 밝혀지기도 하겠지만, 다른 한편 이에 근거하여 광범위한 응용이 가능하게 된다는 것도 확인하게 될 것이다.

개 요

표준형식의 정언명제

명제 형식	이름과 유형	예문
모든 *S*는 *P*이다.	A 전칭긍정	모든 변호사는 부유한 사람이다.
어떤 *S*도 *P*가 아니다.	E 전칭부정	어떤 범죄자도 선량한 시민이 아니다.
어떤 *S*는 *P*이다.	I 특칭긍정	어떤 화학약품은 독약이다.
어떤 *S*는 *P*가 아니다.	O 특칭부정	어떤 곤충은 해충이 아니다.

논리연습

아래 명제에서 주어개념과 술어개념 및 그 형식을 알아보라.

*1. 자신의 저술이 일류 소설처럼 읽히는 어떤 역사가는 천부적으로 뛰어난 재능을 가진 작가이다.

2. 돈을 받고 운동경기에 참가하는 어떤 선수도 아마추어가 아니다.

3. 혈통 표시가 없는 어떤 개도 “아메리칸 캐널 클럽(American Kennel Club)”이 후원하는 공식적인 쇼에서 청색 리본에 도전할 자격이 없다.

4. 고도 1만 마일 미만의 궤도를 돌고 있는 모든 인공위성은 제작비가 수천 달러나 드는 매우 정교한 장치이다.

*5. 돈이 많고 명망 있는 가문의 어떤 사람은 부유하거나 기품 있는 사람이 아니다.

6. 거장들이 보편적으로 인정하는 화가의 그림 중 어떤 것들은 미술관에 보존되거나 일반인에게 관람시킬 만큼 진정한 가치를 지닌 작품이 아니다.
7. 신중하지 못한 자동차 운전사는 모두 동료의 생명을 위협하는 악한들이다.
8. 가장 낮은 지위에도 선출될 수 없는 정치가들 중 어떤 정치가들은 현재 우리 정부에 관리로 임용되어 있다.
9. 적절하게 조제하면 매우 효과적인 약품 중 어떤 것은 모든 약상자에 꼭 구비해 놓아야 할 안전한 약품이 아니다.

*10. 스스로 예술적 창작활동을 할 수 없는 사람은 어느 누구도 우리가 그의 판단을 따를 만큼 책임 있는 비평가가 아니다.

5.4 판단의 질과 양 그리고 주연

A. 판단의 질

표준형식의 정언명제는 모두 주어개념과 술어개념이 가리키는 두 집합의 포함관계를 긍정하거나 부정한다. 집합의 포함관계가 전체적이든 부분적이든 간에, 명제가 두 집합의 포함관계를 긍정하면 명제의 질(quality)은 긍정이고, 명제가 두 집합의 포함관계를 부정하면 명제의 질은 부정이다. 따라서 "모든 *S*는 *P*이다"라는 A명제와 "어떤 *S*는 *P*이다"라는 I명제는 모두 그 질이 긍정이고, "어떤 *S*도 *P*가 아니다"라는 E명제와 "어떤 *S*는 *P*가 아니다"라는 O명제는 모두 그 질이 부정이다. 긍정 명제의 이름으로 사용되는 A와 I는 "나는 긍정한다(I affirm)"를 의미하는 라틴어 "AffIrmo"에서 각각 첫째 모음과 둘째 모음을 따온 것이고, 부정 명제의 이름으로 사용되는 E와 O는 "나는 부정한다(I deny)"를 의미하는 라틴어 "nEgO"에서 각각 첫째 모음과 둘째 모음을 따온 것이다. 모든 정언명제는 하나의 질을 가지며, 그 질은 긍정이거나 부정이다.

B. 판단의 양

표준형식의 정언명제는 모두 주어개념이 가리키는 집합의 모든 원소 혹은 일부 원소에 대해 언명한다. 명제가 언명하는 범위가 주어개념이 가리키는 집합의 모든 원소이면 명제의 양(quantity)은 전칭이고, 주어개념이 가리키는 집합의 일부 원소이면 명제의 양은 특칭이다. 따라서 "모든 *S*는 *P*이다"라는 A명제와 "어떤 *S*도 *P*가 아니다"라는 E명제는 모두 그 양이 전칭이고, "어떤 *S*는 *P*이다"라는 I명제와 "어떤 *S*는 *P*가 아니다"라는 O명제는 모두 그 양이 특칭이다.

표준형식의 정언명제의 양은 그 명제가 시작되는 첫 단어로 알 수 있다. 이와 같이 명제의 양을 나타내는 단어를 양화사(量化詐)라고 한다. "모든", "어떤", "어떤 것도" 등이 양화사이다. "모든"은 그 명제가 전칭임을 가리키는 양화사이고, "어떤"은 그 명제가 특칭임을 가리키는 양화사이다. "어떤 것도"는 양은 전칭이고 질은 부정인 E명제에만 사용되는 양화사이다.

표준형식의 정언명제는 모두 긍정과 부정 중에서 하나의 질을 갖고, 전칭과 특칭 중에서 하나의 양을 가져야 한다. 따라서 명제를 구분하는 표준형식은 명제가 가리키는 양과 질에 따라 네 가지, 즉 전칭긍정(A), 전칭부정(E), 특칭긍정(I), 특칭부정(O)으로 나누어진다.

C. 표준형식의 정언명제의 일반 도식

모든 표준형식의 정언명제에서 주어개념과 술어개념은 "－이다"라는 말로 연결되어 있다. 주어개념과 술어개념을 연결하는 이 말을 **연결사**[혹은 연사(連辭), 계사(繫辭), copula]라 한다. 앞 절에서처럼 도식화된 경우에는, "모든 *S*는 *P*이다", "어떤 *S*도 *P*가 아니다", "어떤 *S*는 *P*이다", "어떤 *S*는 *P*가 아니다"와 같이 "－이다" 또는 "－아니다"만 사용된다. 그러나 문맥에 따라서는 다른 형태의 연결사가 사용될 수도 있고, 또 시제가 바뀔 수도 있고, 복수형이 사용될 수도 있다. (예를 들면, "어떤 로마황제들은 극악무도한 자들이었다." "어떤 병사들은 영웅이 아닐 것이다.") 이와 같이 연결사는 긍정형, 부정형, 현재형, 과거형, 미래형, 단수형, 복수형 등 다양한 모습으로 나타날 수 있다. 표준형식의 정언명제는 일반적으로 양화사, 주어개념, 술어개념, 연결사의 네 부분으로 되어 있으며, 다음과 같이 도식화할 수 있다.

양화사 － 주어개념 － 연결사 － 술어개념
(영어와 달리 우리말에는 연결사가 맨 뒤에 나온다.)

D. 주연

표준형식의 정언명제에서 주어개념과 술어개념은 대상의 집합을 나타내며, 명제는 이 집합에 관한 것이다. 앞에서 살펴보았듯이, 명제가 집합을 언명하는 방식은 두 가지이다. 명제는 집합의 모든 원소를 언명하기도 하고, 일부 원소만 언명하기도 한다. "모든 공무원은 시민이다"라는 명제는 공무원이라는 집합의 모든 원소를 언명하지만, 시민에 대해서는 집합 원소 전체가 아닌 일부만을 언명하고 있다. 이 명제는 모든 시민이 공무원이라는 것을 긍정하지도 부정하지도 않는다. 이와 같이 A명제는 주어개념 *S*에 대해서는 그 집합의 모든 원소를 언명하지만, 술어개념 *P*에 대해서는 그 집합의 일부 원소만을 언명한다.

주연(**周延**, distribution)이라는 말은 개념이 정언명제에 나타날 수 있는 방식을 기술하기 위해 도입되었다. 어떤 명제가 개념이 가리키는 집합의 모든 원소에 대해 언명하고 있다면, 그 명제는 그 개념을 주연시키고 있다. A, E, I, O 명제에서, 개념의 주연 여부는 아래와 같이 바뀐다.

A명제("모든 공무원은 시민이다.") : 이 명제에서 "공무원"은 주연되지만, "시민"은 주연되지 않는다. A(전칭긍정) 명제에서는 주어개념은 주연되고 술어개념은 부주연되어 있다.

E명제("어떤 운동선수도 채식주의자가 아니다.") : 이 명제에서 주어개념인 운동선수는 그 집합의 모든 원소가 채식주의자의 집합에서 배척되어 있기 때문에 주연되어 있다. 그리고 운동선수의 전체 집합이 채식주의자의 집합에서 배척된다는 주장 속에는 채식주의자의 집합 전체도 운동선수의 집합에서 배척된다는 주장이 포함되어 있다. 모든 채식주의자 한 사람 한 사람에 대해 그들이 운동선수가 아니라고 주장하는 것이다. 그러므로 A명제와는 달리, E명제는 술어개념이 가리키는 집합의 모든 원소에 대해 언명하고 있으며, 따라서 술어개념은 주연되어 있다. E(전칭부정)명제에서는 주어개념과 술어개념이 모두 주연되어 있다.

I명제("어떤 군인은 겁쟁이다.") : 이 명제는 모든 군인에 대해서 아무런 주장도 하지 않으며, 모든 겁쟁이에 대해서도 주장하지 않는다. 한 집합이 다른 집합에 완전히 포함되지도 않고, 완전히 배척되지도 않는다. 다만 일부 군인과 일부 겁쟁이에 대해서만 언명하고 있을 뿐이다. I(특칭긍정)명제에서는 주어개념과 술어개념이 모두 부주연되어 있다.

O명제("어떤 말은 순종이 아니다.") : 모든 말에 대해서는 아무런 언급이 없다. 이 명제는 주어개념이 가리키는 집합의 일부 원소만을 언명하고 있다. 말의 집합 중에서 일부가 순종의 집합에서 배척되어 있다는 것, 다시 말해서 두 번째 집합의 전체에서 배척되어 있다는 것을 말하고 있다. 우리가 어떤 것이 집합에서 배척된다고 할 때, 우리가 말하는 그 집합은 집합 전체이다. 어떤 사람이 한 국가에서 추방된다면, 그는 그 국가의 어디에도 출입이 금지되는 것과 같은 이치이다. O(특칭부정)명제에서는 주어개념은 부주연되고, 술어개념은 주연되어 있다.

전칭명제는 긍정이든 부정이든 간에 주어개념을 주연시키지만, 특칭명제는 긍정이든 부정이든 간에 주어개념을 부주연시킨다. 따라서 표준형식의 정언명제에서 주어개념의 주연 여부를 결정하는 것은 그 명제의 양이다. 한편, 긍정명제는 전칭이든 특칭이든 간에 술어개념을 부주연시키지만, 부정명제는 전칭이든 특칭이든 간에 술어개념을 주연시킨다. 따라서 표준형식의 정언명제에서 술어개념의 주연 여부를 결정하는 것은 그 명제의 질이다. 요약하면, A명제는 주어개념만을 주연시키고, E명제는 주어개념과 술어개념을 모두 주연시키며, I명제는 주어개념과 술어개념을 모두 부주연시키고, O명제는 술어개념만을 주연시킨다.

정언명제는 표준형식의 종류에 따라 주어개념과 술어개념의 주연 여부가 결정된다. 이 원리는 삼단논법을 평가할 때 아주 요긴하게 쓰인다. 아래 도표는 형식에 따라 달라지는 주어개념과 술어개념의 주연관계를 나타내고 있다. 정언명제에서 주어개념과 술어개념의 주연관계를 기억하는 데 도움이 될 것이다.

	술어개념 부주연	술어개념 주연
주어개념 주연	**A** : 모든 S는 P이다.	**E** : 어떤 S도 P가 아니다.
주어개념 부주연	**I** : 어떤 S는 P이다.	**O** : 어떤 S는 P가 아니다.

눈으로 익히는 논리학

A명제 : 모든 바나나는 과일이다.

이 명제는 바나나(주어개념) 집합의 모든 원소가 과일(술어개념)의 집합에 포함된다는 것을 주장한다. 어떤 명제가 한 개념이 가리키는 집합의 모든 원소를 언명할 때, 우리는 그 명제에서 그 개념이 주연되어 있다고 말한다. A명제에서 주어개념은 항상 주연된다. 그러나 A명제는 술어개념이 가리키는 집합의 원소에 대해서는 그 전부를 언명하지 않는다. 위 명제가 주장하는 것은 "모든 과일은 바나나이다"가 아니다. 모든 과일에 대해서는 아무 것도 말하지 않는다. 따라서 A명제에서 술어개념은 부주연되어 있다.

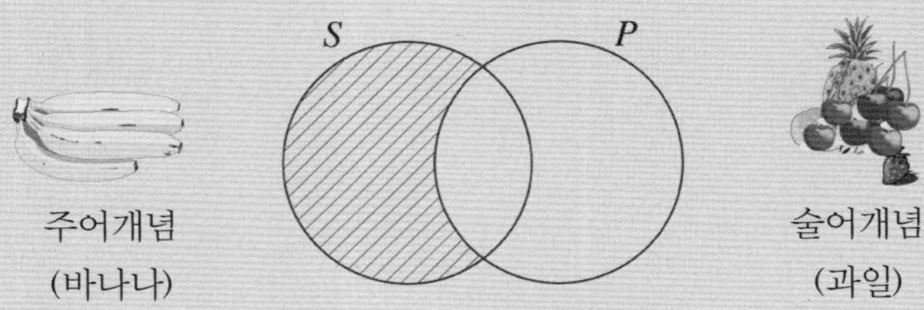

모든 *S*는 *P*이다.

E명제 : 어떤 바나나도 과일이 아니다.

이 명제는 바나나의 집합의 모든 원소가 과일의 집합에 포함되지 않고 배척된다는 것을 주장한다. 바나나(주어개념)는 분명히 주연된다. 왜냐하면 바나나의 집합의 모든 원소를 언명하면서, 그 원소 하나하나가 모두 과일의 집합에서 배척된다는 것을 말하고 있기 때문이다. 게다가 이 명제는 술어개념인 과일의 집합 원소에 대해서도 그 전체를 언명하고 있다. 이 명제의 주장은 "어떤 과일도 바나나가 아니다"라는 것을 의미하기도 한다. E명제에서는 주어개념과 술어개념이 모두 주연된다.

주연이란 개념은 참이나 거짓과는 아무런 관련이 없다는 것을 기억하라. 예로 든 위 명제는 분명히 거짓이다. 참이든 거짓이든, 모든 E명제에서 주어개념과 술어개념은 주연된다.

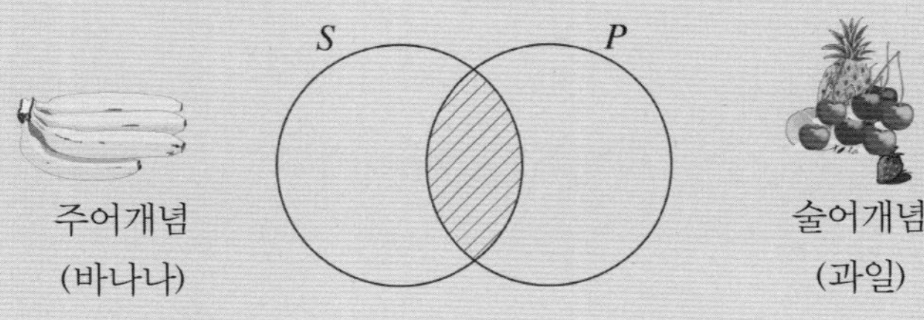

어떤 *S*도 *P*가 아니다.

I명제 : 어떤 바나나는 과일이다.

이 명제에서 "어떤"이란 단어는 "바나나"라는 주어개념이 가리키는 집합의 원소 중에서 적어도 하나 이상이 술어개념인 과일의 집합의 원소에 포함된다는 것을 의미한다. 하지만 이 명제는 주어개념의 집합 전체에 대해서는 아무런 주장도 하지 않는다. 모든 I명제가 그렇듯이 이 명제에서도 주어개념은 주연되지 않는다. 또한 이 명제는 과일의 집합의 모든 원소에 대해서는 아무런 언급이 없다. (다만 바나나 집합의 원소 중에서 적어도 하나 이상이 과일의 집합에 포함된다는 것을 말하고 있을 뿐이다.) 따라서 술어개념도 주연되지 않는다. I명제에서는 주어개념과 술어개념 모두 부주연된다.

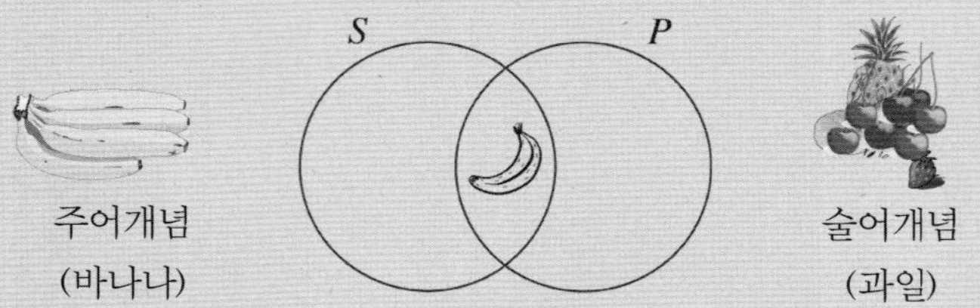

어떤 S는 P이다.

O명제 : 어떤 바나나는 과일이 아니다.

"어떤"이란 단어는 이 명제가 바나나의 집합에 속하는 모든 원소에 관한 것이 아니라는 것을 말해주고 있다. 그러므로 주어개념은 주연되지 않는다. 이 명제는 어떤 바나나는 과일이 아니라는 것을 말하고 있기 때문에, 술어 개념의 집합의 전체에 대해 말하고 있는 것이다. 다시 말해서 과일의 집합 전체는 주어개념인 바나나 집합의 원소를 하나도 포함하지 않는다는 것이다. 따라서 O명제에서는 주어개념은 부주연되고, 술어개념은 주연된다.

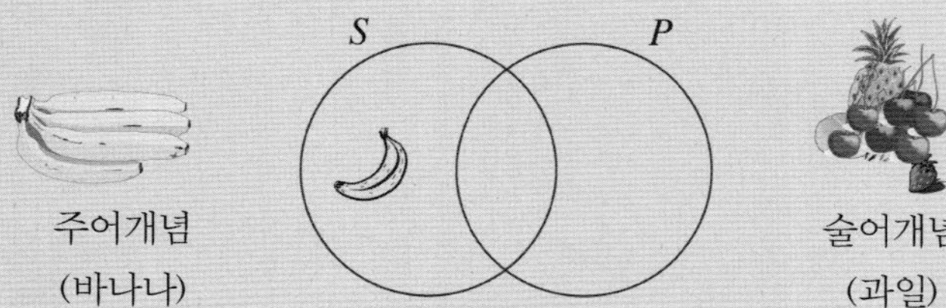

어떤 S는 P가 아니다.

마지막으로 네 가지 표준형식의 정언명제에 대한 중요 정보를 다음과 같이 간단한 <개요>로 정리할 수 있다.

개 요

명제의 양과 질, 그리고 주연

명제	명제이름	양	질	주연
모든 *S*는 *P*이다.	A	전칭	긍정	*S*만 주연
어떤 *S*도 *P*가 아니다.	E	전칭	부정	*S*와 *P* 모두 주연
어떤 *S*는 *P*이다.	I	특칭	긍정	*S*와 *P* 모두 부주연
어떤 *S*는 *P*가 아니다.	O	특칭	부정	*P*만 주연

논리연습

아래 명제에 대하여 양과 질을 말하고, 그 주어개념과 술어개념의 주연 여부를 밝혀라.

*1. 어떤 대통령 후보는 애석하게도 낙심할 것이다.

2. 나치 수용소에서 죽은 모든 사람은 잔혹하고 비이성적인 압제의 희생자들이었다.

3. 최근에 확인된 어떤 불안정한 요소는 전적으로 우연히 발견된 것이 아니었다.

4. 군수산업체의 어떤 사원은 폭력을 싫어하는 온화한 사람이다.

*5. 여성운동의 어떤 지도자도 대기업의 임원이 아니다.

6. 어떤 대가를 치르더라도 법과 질서를 옹호하겠다는 완고한 사람은 모두 21세기의 사회적 억압을 이해하지 못한 사람으로 기억될 것이다.

7. 최근 대법원의 어떤 판결은 정치적으로 영향을 받아 미국의 법률적 관습의 전 역사를 비웃게 만든다.

8. 해로운 살충제나 고엽제 중 어떤 것은 국가의 장기적인 농업 목표에 진정으로 기여한

것은 아니었다.

9. 중요한 정치적·사회적·경제적 지도자 가운데 어떤 사람은 현상유지에 급급한 무책임한 사람이다.

*10. 노동력을 절감하는 새로운 설비는 모두 노동운동을 심각하게 위협한다.

5.5 전통적 대당사각형

정언명제에 대한 지금까지의 분석으로 명제들 사이의 관계를 알 수 있다. 명제들 사이의 관계는 우리가 일상생활에서 행하는 수많은 추론에 견고한 기반을 제공한다. 이러한 명제들 사이의 관계를 확장하기 위해서는 대당이라는 보다 더 기술적인 개념이 필요하다. 동일한 주어개념과 동일한 술어개념을 갖는 표준형식의 정언명제들 사이에서 양이나 질 또는 이 두 가지 모두가 서로 다르게 나타날 때, 이것을 전통 논리학에서는 **대당**(對當, opposition)이라고 부른다. 이 개념은 명제들 사이에 명백한 불일치가 없을 때도 사용된다. 여러 가지 대당이 매우 중요한 진리관계와 얽혀 있다.

A. 모순대당

어떤 명제가 다른 명제를 거부하거나 부정하면, 다시 말해서 두 명제가 모두 참일 수 없고, 또 두 명제가 모두 거짓일 수 없다면, 이 두 명제는 **모순대당**(contradictories)이다. 주어개념과 술어개념은 동일하지만 양과 질이 모두 다른 두 명제가 있다면, 두 명제는 모순대당 관계에 있다.

그러므로 "모든 판사는 법률가이다"라는 A명제와 "어떤 판사는 법률가가 아니다"라는 O명제는 명백한 모순대당이다. 두 명제는 양과 질이 모두 반대이다. (하나는 전칭이고 다른 하나는 특칭이다. 그리고 하나는 긍정이고 다른 하나는 부정이다.) 두 명제 중 하나가 참이면 다른 하나는 거짓이다. 두 명제가 모두 참이 될 수도 없고, 거짓이 될 수도 없다. 이와 마찬가지로, "어떤 정치가도 이상주의자가 아니다"라는 E명제와 "어떤 정치가는 이상주의자이다"라는 I명제도 양과 질이 서로 반대이므로, 역시 모순대당이다.

간단히 정리하면, A명제(모든 *S*는 *P*이다)와 O명제(어떤 *S*는 *P*가 아니다)는 모순대당이고, E명제(어떤 *S*도 *P*가 아니다)와 I명제(어떤 *S*는 *P*이다)도 모순대당이다.

B. 반대대당

두 명제가 모두 참일 수 없지만 두 명제가 모두 거짓일 수 있다면, 두 명제는 **반대대당**(contraries)이다. 즉, 어느 한 명제가 참이라는 것은 다른 명제가 거짓이라는 것을 함의한다. "다음 경기에서는 텍사스 팀이 오클라호마 팀을 이길 것이다"라는 명제와 "다음 경기에서는 오클라호마 팀이 텍사스 팀을 이길 것이다"라는 명제는 반대대당이다. 다음 경기가 동일한 경기일 경우, 한 명제가 참이면, 다른 명제는 거짓이 된다. 그러나 시합이 비길 경우에는 두 명제가 모두 거짓이 된다. 따라서 이 두 명제는 모순대당이 아니고 반대대당이다. 반대대당은 두 명제가 모두 거짓일 수는 있지만, 모두 참일 수는 없다. 이것이 모순대당과 다른 점이다.

정언명제에 대한 전통적인 설명은 동일한 주어개념과 술어개념을 갖지만 질이 다른(하나는 긍정이고 다른 하나는 부정일 때) 전칭명제(A명제와 E명제)를 반대대당이라고 한다. "모든 시인은 몽상가이다"라는 A명제와 "어떤 시인도 몽상가가 아니다"라는 E명제는 둘 다 거짓일 수는 있지만, 둘 다 참일 수는 없다. 따라서 이 두 명제는 반대대당이라고 할 수 있다. 이러한 전통적 해석은 다소 난처한 문제를 야기한다. 이에 대해서는 5장 7절에서 다룰 것이다.

그런데 A와 E명제 중 하나가 필연적으로 참일 때, 다시 말해서 "모든 정사각형은 사각형이다", "어떤 정사각형도 원이 아니다"라는 명제처럼 논리적 진리나 수학적 진리일 때, 전통적인 아리스토텔레스 식의 설명은 난관에 봉착한다. 이런 경우에 A와 E명제가 반대대당이라는 주장은 타당하지 않다. 왜냐하면 반대대당이 되기 위해서는 두 명제가 모두 거짓이 될 수 있어야 하는데, 필연적으로 참인 명제는 어떤 경우에도 거짓이 될 수 없고, 따라서 필연적으로 참인 명제는 반대대당을 가질 수 없기 때문이다. 필연적으로 참도 아니고 거짓도 아닌 명제를 우연적 명제라고 한다. 동일한 주어개념과 술어개념을 갖는 A와 E명제가 반대대당이라는 주장은 두 명제가 모두 우연적 명제라면 타당할 수 있다. 그러므로 다음부터 반대대당에 나오는 명제들은 우연적인 것으로 가정한다.

C. 소반대대당

두 명제가 모두 거짓일 수 없지만 모두 참일 수 있다면, 이 두 명제를 **소반대대당**(subcontraries)이라고 한다. 전통적인 설명도 마찬가지다. 동일한 주어개념과 술어개념을 갖지만 질이 다른(하나는 긍정이고 다른 하나는 부정일 때) 두 특칭명제(I와 O명제)를 소반대대당이라고 한다. "어떤 다이아몬드는 보석이다"라는 I명제와 "어떤 다이아몬드는 보석이 아니다"라는 O명제는 둘 다 거짓일 수는 없지만, 둘 다 참일 수는 있다. 따라서 이 두 명제는 소반대대당이다.

그런데 앞에서 말한 반대대당의 문제점이 여기서도 나타난다. "어떤 정사각형은 원이다"라는 I명제와 "어떤 정사각형은 사각형이 아니다"라는 O명제는 둘 다 필연적으로 거짓이다. 필연적으로 거짓인 명제는 소반대대당을 가질 수 없다. 왜냐하면 소반대대당의 두 명제는 모두 참일 수 있어야 하는데, 필연적으로 거짓인 명제는 참이 될 수 없기 때문이다. 하지만 I명제와 O명제를 우연적 명제로 가정하면, 두 명제는 모두 참이 될 수 있다. 반대대당의 경우처럼, 앞으로 소반대대당의 명제들은 우연적인 것으로 가정한다.

D. 대소대당

주어개념과 술어개념이 같고, 질이 같고(둘 다 긍정이거나 둘 다 부정), 다만 양이 다를 때(하나는 전칭이고 다른 하나는 특칭인 경우), 이 두 명제를 대응명제라 한다. 이것도 역시 대당의 한 형태이며, 전통적으로 사용되어 온 개념이다. "모든 거미는 다리가 8개인 동물이다"라는 A명제와 "어떤 거미는 다리가 8개인 동물이다"라는 I명제는 대응명제이다. 마찬가지로 "어떤 고래도 물고기가 아니다"라는 E명제와 "어떤 고래는 물고기가 아니다"라는 O명제도 대응명제이다. 전칭명제와 그것에 대응하는 특칭명제 사이의 대당을 **대소대당**(subalternation)이라고 한다. 대소대당의 한 쌍의 대응명제에서 전칭명제를 대명제(superaltern)라 하고 특칭명제를 소명제(subaltern)라 한다.

(고전적 분석에 따르면) 대소대당에서 대명제는 소명제의 진리를 함축한다. 그러므로 "모든 새는 깃털이 있다"라는 전칭긍정 명제로부터 이에 대응하는 "어떤 새는 깃털이 있다"라는 특칭긍정 명제를 끌어낼 수 있다. 마찬가지로 "어떤 고래도 물고기가 아니다"라는 전칭부정 명제로부터 이에 대응하는 "어떤 고래는 물고기가 아니다"라는 특칭부정 명제를 끌어낼 수 있다. 그러나 진리의 함축은 특칭에서 전칭으로, 소명제에서 대명제로 나아갈 때는 성립하지 않는다. "어떤 동물은 고양이다"라는 명제로부터 "모든 동물은 고양이다"라는 명제를 끌어낼 수 없다는 것은 명백하다. 그리고 "어떤 동물은 고양이가 아니다"라는 명제에서 "어떤 동물도 고양이가 아니다"라는 명제를 끌어낸다는 것은 불합리하다.

E. 대당사각형

명제가 대립하는 대당 관계는 네 가지이다. 이 네 가지 대당 관계를 아래와 같이 그림으로 나타낸 것을 **대당사각형**(square of opposition)이라 한다.

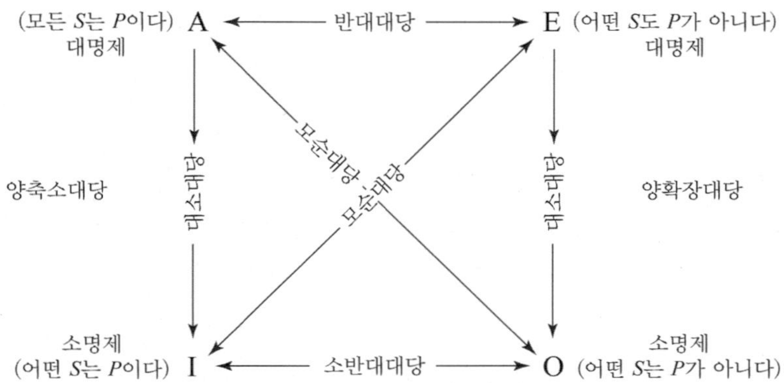

[그림 5-1] 대당사각형

이 대당사각형에 그려진 관계는 논증의 기본적 형식을 정당화하는 논리적 근거로 여겨졌다. 이것을 설명하기 위해서는 먼저 **직접추리**(immediate inference)와 **간접추리**(mediate inference)를 구별해야만 한다. 추리는 한 개 또는 그 이상의 전제에서 하나의 결론을 끌어내는 것이다. 두 개의 전제가 있는 삼단논법에서처럼 전제가 두 개 이상일 때의 추리를 간접추리라 한다. 두 번째 전제를 매개로(간접적으로) 첫 번째 전제에서 결론이 나오기 때문이다. 결론이 하나의 전제에서 나오고, 그런 매개가 없으면, 그것을 직접추리라고 한다.

전통적 대당사각형의 정보를 이용하면, 아주 유용한 직접추리를 쉽게 그리고 무수히 끌어낼 수 있다. 몇 가지 예를 들면 아래와 같다.

- 전제가 A명제이고 참이면, (대당사각형에 따라) 대응하는 O명제(동일한 주어개념과 술어개념을 가진 O명제)는 거짓이라는 것을 추리할 수 있다.
- 전제가 A명제이고 참이면, 대응하는 I명제는 참이 된다.
- 전제가 I명제이고 참이면, 대응하는 E명제는 반드시 거짓이다.

네 가지 표준형식의 정언명제 중 하나에 참이나 거짓의 값이 주어지면, 다른 표준형식의 정언명제들에 대해서도 그 전부 혹은 일부의 참 혹은 거짓을 직접적으로 추리할 수 있다.

수많은 직접추리가 전통적 대당사각형을 근거로 이루어진다. 이를 요약하면 아래와 같다.

A가 참이면	:	E는 거짓, I는 참, O는 거짓
E가 참이면	:	A는 거짓, I는 거짓, O는 참
I가 참이면	:	E는 거짓, A와 O는 미결정
O가 참이면	:	A는 거짓, E와 I는 미결정
A가 거짓이면	:	O는 참, E와 I는 미결정
E가 거짓이면	:	I는 참, A와 O는 미결정
I가 거짓이면	:	A는 거짓, E는 참, O는 참
O가 거짓이면	:	E는 거짓, A는 참, I는 참[1]

논리연습

다음 문제에서 첫 번째 명제가 참이라면, 나머지 명제의 참·거짓은 어떻게 되는가? 그리고 첫 번째 명제가 거짓이라면, 나머지 명제의 참·거짓은 어떻게 되는가?

*1. a. 출세한 관리는 모두 총명한 사람이다.
b. 출세한 어떤 관리도 총명한 사람이 아니다.
c. 어떤 출세한 관리는 총명한 사람이다.
d. 어떤 출세한 관리는 총명한 사람이 아니다.

2. a. 뿔 달린 어떤 동물도 육식동물이 아니다.
b. 뿔 달린 어떤 동물은 육식동물이다.
c. 뿔 달린 어떤 동물은 육식동물이 아니다.
d. 뿔 달린 모든 동물은 육식동물이다.

1) 명제의 진리치가 미결정이라는 것은 그 명제의 진리치(참 혹은 거짓)가 어떤 다른 명제의 진리치(참 혹은 거짓)만으로는 확실하게 결정될 수 없다는 뜻이다. 달리 말한다면, 그 명제가 참인지도 알 수 없고, 거짓인지도 알 수 없다는 뜻이다. A명제가 미결정이라면 모순대당인 O명제도 미결정이라고 추리할 수 있다. O명제가 참이면 모순대당인 A명제는 거짓이 되어야 하고, O명제가 거짓이면 모순대당인 A명제는 참이 되어야 하기 때문이다. 다른 표준형식의 명제에도 같은 방식의 추리가 적용된다. 네 가지 정언명제 중 어떤 명제의 진리치가 미결정이면, 어떤 경우이든 모순대당인 명제의 진리치도 미결정일 수밖에 없다.

3. a. 어떤 우라늄 동위원소는 매우 불안정하다.
   b. 어떤 우라늄 동위원소는 매우 불안정하지 않다.
   c. 모든 우라늄 동위원소는 매우 불안정하다.
   d. 어떤 우라늄 동위원소도 매우 불안정하지 않다.

4. a. 어떤 대학교수는 재미있게 강의를 하지 않는다.
   b. 모든 대학교수는 재미있게 강의를 한다.
   c. 어떤 대학교수도 재미있게 강의를 하지 않는다.
   d. 어떤 대학교수는 재미있게 강의를 한다.

5.6 대당관계 이외의 직접추리

전통적 대당사각형 외에도 다른 직접추리가 있다. 환위, 환질, 이환 등 세 가지가 그것이다. 이것들은 대당사각형과 직접적인 연관이 없다.

A. 환위

환위(conversion)는 명제의 주어개념과 술어개념의 위치를 바꾸어 결론에 이르는 추리이다. "어떤 인간도 천사가 아니다"를 환위하면 "어떤 천사도 인간이 아니다"가 된다. 두 명제는 서로에게 환위명제가 되고, 두 명제 모두 타당하다. "어떤 여자는 작가이다"와 "어떤 작가는 여자이다"는 논리적으로 동치이고, 따라서 환위를 통해 둘 중 어느 하나를 다른 것에서 추리할 수 있다. E명제와 I명제의 환위는 전적으로 타당하다. 표준형식의 어떤 정언명제에서 단지 주어개념과 술어개념의 위치만 바꾸어 표준형식의 다른 정언명제를 만들었다면, 그것을 다른 명제의 환위명제(converse)라 하고, 이 환위명제를 도출한 명제를 원래명제(convertend)라 한다. 따라서 "어떤 정치가도 이상주의자가 아니다"는 이것의 원래명제인 "어떤 이상주의자도 정치가가 아니다"의 환위명제이다.

O명제의 환위는 타당하지 않다. "어떤 동물은 개가 아니다"라는 O명제는 분명히 참이다. 그러나 그것의 환위명제인 "어떤 개는 동물이 아니다"는 분명히 거짓이다. O명제와 그것의 환위명제는 논리적으로 동치가 아니다.

A명제는 특히 문제가 된다. 일반적으로 A명제의 환위명제는 A명제에서 타당하게 도출

되지 않는다. “모든 개는 짐승이다”라는 본래명제에서 “모든 짐승은 개다”라는 환위명제가 나올 수 없다. 물론 전통 논리학은 이런 사실을 알고 있었지만, 환위와 아주 흡사한 것이 A명제에 대해서도 타당하다고 주장했다. 전통적 대당사각형에서는 “모든 개는 짐승이다”라는 A명제로부터 “어떤 개는 짐승이다”라는 I명제를 타당하게 추리해 낼 수 있다. A명제는 주어개념(개)이 가리키는 집합의 모든 원소에 대해 말하고, I명제는 그 집합의 일부 원소에 대해서만 제한적으로 주장한다. “모든 *S*는 *P*이다”로부터 “어떤 *S*는 *P*이다”를 추리할 수 있다는 것이다. 그리고 앞에서 살펴보았듯이, I명제는 타당하게 환위될 수 있다. 어떤 개가 짐승이면, 어떤 짐승은 개다.

그러므로 “모든 개는 짐승이다”라는 A명제가 주어지면, 먼저 대소대당에 의해 “어떤 개는 짐승이다”라는 I명제를 추리해 내고, 그 다음 저 소명제로부터 환위를 통해 “어떤 짐승은 개다”를 타당하게 추리해 낼 수 있다. 이러한 대소대당과 환위를 한꺼번에 적용하면, “모든 *S*는 *P*이다”로부터 바로 “어떤 *P*는 *S*이다”를 타당하게 추리해 낼 수 있다. 이것을 제한환위라 한다. 주어개념과 술어개념의 위치를 바꾸고, 명제의 양을 전칭에서 특칭으로 바꾸면 제한환위가 된다. 이에 대해서는 다음 절에서 보다 자세히 다룰 것이다.

모든 환위에서, 주어진 명제의 환위명제는 다만 원래명제의 주어개념과 술어개념의 위치만 바꾸어 놓은 것이며, 명제의 질(긍정 또는 부정)은 항상 같다. 아래 표는 전통적으로 이해해 온 환위에 대해 완전히 설명해 준다.

개 요

타당한 환위

원래명제	환위명제
A : 모든 *S*는 *P*이다.	I : 어떤 *P*는 *S*이다. (제한환위)
E : 어떤 *S*도 *P*가 아니다.	E : 어떤 *P*도 *S*가 아니다.
I : 어떤 *S*는 *P*이다.	I : 어떤 *P*는 *S*이다.
O : 어떤 *S*는 *P*가 아니다.	(부당)

B. 집합과 여집합

대당사각형과 환위 외의 직접추리에는 환질과 이환이 있다. 환질과 이환을 설명하기 위해서는 집합의 개념을 보다 정확히 따져보고, 그 집합의 여집합이 무슨 뜻인지도 알아야 한다. 집합은 공통의 속성을 갖는 대상들의 묶음이며, 그 공통의 속성을 "집합 정의적 특성(class-defining characteristic)"이라고 한다. 모든 인간의 집합은 인간의 특성을 갖는 모든 것들의 묶음이다. 그리고 그 집합의 집합 정의적 특성은 인간의 속성이다. 집합 정의적 특성이 단일 속성일 필요는 없다. 어떤 속성으로도 집합을 규정할 수 있다. 예를 들어, 왼손잡이이고 머리칼이 붉은 대학생이라는 복합 속성으로도 하나의 집합을 규정할 수 있다. 다시 말해서 그 복합 속성이 "왼손잡이이고 붉은 머리칼의 대학생"이라는 집합을 결정하고 있다.

집합에는 그것의 **여집합**(complementary class)이 있다. 여집합은 원래집합에 속하지 않는 모든 것들이다. 그러므로 모든 사람이라는 집합의 여집합은 사람이 아닌 모든 것의 집합이다. 이 여집합의 집합 정의적 특성은 "사람이 아닌"이라는 (부정적) 속성이다. 모든 사람이라는 집합의 여집합은 어떤 사람도 포함하지 않는다. 다시 말해서 신, 배, 실링 왁스, 양배추와 같이 사람 이외의 것은 무엇이든 모두 포함하지만 왕은 포함하지 않는다. 왕은 사람이기 때문이다. 사람이라는 집합의 여집합을 "모든 비사람의 집합"이라고 하는 것이 편리할 때가 많다. 개념 *S*가 가리키는 집합의 여집합은 개념 비*S*(non-*S*)가 가리키는 집합이다. 그리고 개념 비*S*는 개념 *S*의 여집합이라고 할 수 있다. 추리할 때 종종 한 집합의 상대적 여집합이란 말이 사용되는데, 이는 어떤 집합의 범위 안에 있는 여집합을 가리킨다. 예를 들면, "나의 자식들"이라는 집합에서 "나의 딸"의 집합은 부분집합이고, "나의 딸"이란 부분집합의 상대적 여집합은 "나의 아이"란 상위 집합의 다른 한 부분집합인 "딸이 아닌 나의 아이", 즉 "나의 아들"의 집합이다. "나의 딸"이란 집합의 절대적 여집합은 모든 인간에서 나의 딸을 제외한 나머지 전부, 즉 나의 아들, 다른 사람의 딸과 아들을 모두 포함한다. 환질이나 그 외의 직접추리는 절대적 여집합에 의존하고 있다.

그러므로 여(complement)라는 말은 두 가지 의미로 쓰인다. 그 하나는 여집합이란 뜻이고, 다른 하나는 한 개념의 모순개념(배척개념)이라는 뜻이다. 이것들은 의미가 다르지만 아주 밀접하게 연관되어 있다. 어떤 개념이 가리키는 집합의 여집합을 다른 어떤 개념이 가리킨다면, 그 여집합을 가리키는 다른 어떤 개념은 원래의 집합을 가리키는 어떤 개념의 모순개념이 될 수밖에 없다.

우리가 주목해야 할 점은 하나의 집합은 그 집합의 여집합의 여집합이며, 하나의 개념은 그 개념의 모순개념의 모순개념이라는 것이다. 여기에는 일종의 "이중 부정"의 규칙이 담겨 있기 때문에 어떤 개념 앞에 "비"를 여러 개 늘어놓을 필요가 없다. 따라서 "유권자"라는 개념의 모순개념을 "비유권자"라고 써야 하지만, 비유권자라는 개념의 모순개념은 "비비유권자"라기보다는 오히려 "유권자"라고 간단히 써야 한다.

주의해야 할 것이 또 있다. 반대개념을 모순개념으로 오해하지 않아야 한다. "겁쟁이"와 "영웅"은 모순개념이 아니라 반대개념이다. 어떤 사람도 "겁쟁이"이면서 동시에 "영웅"일 수 없기 때문이다. 겁쟁이를 비영웅과 동일시해서는 안 된다. 모든 사람이, 그리고 모든 것이 반드시 이 둘 가운데 하나인 것은 아니기 때문이다. 마찬가지로 "승자"라는 개념의 모순개념은 "패자"가 아니라 "비승자"이다. 왜냐하면 모든 것이, 그리고 심지어 모든 사람이 승자이거나 패자인 것은 아닐지라도, 모든 것은 반드시 승자와 비승자 둘 중 하나일 수밖에 없기 때문이다.

C. 환질

환질(obversion)은 모순개념을 이해한다면 쉽게 설명할 수 있는 직접추리이다. 명제의 환질은 그 명제의 술어개념을 그것의 모순개념으로 바꾸고, 질을 바꾸면(긍정은 부정으로 부정은 긍정으로) 된다. 환질해도 주어개념과 명제의 양은 변하지 않는다. 예를 들어, "모든 주민은 유권자이다"라는 A명제의 환질명제는 "어떤 주민도 비유권자가 아니다"라는 E명제이다. 이들 두 명제는 논리적으로 동치이며, 둘 중 하나의 명제를 다른 명제로부터 타당하게 추리해낼 수 있다.

환질은 어떤 표준 형식의 정언명제에 적용하더라도 타당한 직접추리이다. 다음을 보라.

- "어떤 심판도 편파적인 사람이 아니다"라는 E명제의 환질명제는 "모든 심판은 비편파적인 사람이다"라는 A명제이며, 두 명제는 논리적으로 동치이다.
- "어떤 금속은 전도체이다"라는 I명제의 환질명제는 "어떤 금속은 비전도체가 아니다"라는 O명제이며, 두 명제는 논리적으로 동치이다.
- "어떤 국가는 교전국이 아니다"라는 O명제의 환질명제는 "어떤 국가는 비교전국이다"라는 I명제이며, 두 명제는 논리적으로 동치이다.

환질이라는 직접추리에서 그 전제를 원래명제라 하고, 그 결론을 환질명제라 한다. 모든 표준형식의 정언명제는 그 환질명제와 논리적으로 동치이다. 따라서 환질은 어떤 표준형식의 정언명제에 대해서도 타당한 직접추리이다. 환질을 위해서는 원래명제의 주어개념과 양(전칭 혹은 특칭)은 그대로 두고, 술어개념을 그 모순개념으로 바꾸고, 질을 바꾸면 된다. 아래의 표는 모든 타당한 환질을 나타내고 있다.

개 요

환질

원래명제	환질명제
A : 모든 *S*는 *P*이다.	E : 어떤 *S*도 비*P*가 아니다.
E : 어떤 *S*도 *P*가 아니다.	A : 모든 *S*는 비*P*이다.
I : 어떤 *S*는 *P*이다.	O : 어떤 *S*는 비*P*가 아니다.
O : 어떤 *S*는 *P*가 아니다.	I : 어떤 *S*는 비*P*이다.

D. 이환

세 번째 직접추리는 **이환**(contraposition)이다. 이환은 앞에서 살펴본 환질과 환위로 환원될 수 있다. 어떤 명제를 이환하려면, 그 명제의 주어개념을 그 술어개념의 모순개념으로 대체하고, 그 술어개념을 주어개념의 모순개념으로 대체하면 된다. 본래명제의 질과 양이 변하지 않기 때문에, A명제의 이환명제는 A명제가 되고, O명제의 이환명제는 O명제가 된다.

예를 들어, "모든 주민은 유권자이다"라는 A명제의 이환명제는 "모든 비유권자는 비주민이다"라는 A명제가 된다. 두 명제가 논리적으로 동치라는 것은 조금만 생각해 보면 분명해진다. 이환이 A명제에 적용되면 타당한 직접추리의 형식이 되는 것이 분명하다. 우리가 먼저 환질을 한 다음 환위를 하고, 다시 환질을 함으로써 A명제를 이환했으므로, 이환은 새로운 규칙을 끌어들일 필요가 전혀 없다. 따라서 우리는 "모든 *S*는 *P*이다"에서 시작하여 "어떤 *S*도 비*P*가 아니다"를 얻기 위해 원래명제를 환질한다. 이 환질명제는 "어떤 비*P*도 *S*가 아니다"로 타당하게 환위되며, 이 환위명제의 환질명제는 "모든 비*P*는 비*S*이다"이다. 따라서 A명제의 이환은 원래명제를 환질한 것을 환위한 다음 다시 환질한 것이다.

결론의 표현이 좀 어색하긴 하지만, 이환은 O명제에 적용해도 타당한 형식의 직접추리가 된다. "어떤 학생은 이상주의자가 아니다"라는 O명제를 이환하면, 다소 어색한 "어떤 비이상주의자는 비학생이 아니다"로 되며, 이 이환명제는 원래명제와 논리적으로 동치이다. 이 이환명제도 역시 원래명제를 환질한 것을 환위한 다음 다시 환질한 것이다. "어떤 *S*는 *P*가 아니다"의 환질명제는 "어떤 *S*는 비*P*이다"이며, 이것을 환위하면 "어떤 비*P*는 *S*이다"가 되고, 다시 이것을 환질하면 "어떤 비*P*는 비*S*가 아니다"가 된다.

그러나 I명제에 대해서는 이환이 타당한 형식의 추리가 되지 못한다. "어떤 시민은 비입법가이다"라는 참인 I명제의 이환명제인 "어떤 입법가는 비시민이다"는 거짓 명제가 되기 때문이다. 이처럼 I명제의 이환 추리가 부당하게 되는 까닭은 I명제의 이환명제를 끌어내는 환질－환위－환질의 과정을 살펴보면 분명히 알 수 있다. "어떤 *S*는 *P*이다"라는 I명제의 환질명제는 "어떤 *S*는 비*P*가 아니다"라는 O명제이지만, 우리가 앞에서 보았듯이 O명제의 환위명제는 타당하게 도출되지 않는다.

E명제의 경우에도 이환명제는 본래명제로부터 타당하게 도출되지 않는다. "어떤 레슬링 선수도 약골이 아니다"는 E명제이고 참이지만, 이 명제를 이환한 "어떤 비약골도 비레슬링 선수가 아니다"는 거짓 명제가 된다. 이처럼 부당한 추리가 되는 까닭도 환질－환위－환질을 통해 이환명제를 끌어내려고 시도해 보면 알게 된다. "어떤 *S*도 *P*가 아니다"라는 E명제를 환질하면 "모든 *S*는 비*P*이다"라는 A명제가 된다. 제한환위 외는 일반적으로 A명제가 타당하게 환위될 수가 없다. A명제를 제한적으로 환위하면 "어떤 비*P*는 *S*이다"가 되고, 이 명제를 환질하면 "어떤 비*P*는 비*S*가 아니다"가 된다. 이것을 제한이환이라 하며, 이에 대해서는 다음 절에서 자세히 다룰 것이다.

E명제로부터 O명제를 끌어내는 것은 제한이환이다. (예를 들어, "어떤 *S*도 *P*가 아니다"에서 "어떤 비*P*는 비*S*가 아니다"를 이끌어낼 수 있다.) 제한이환은 제한환위에 의존하며, 따라서 제한환위와 같은 특성을 갖는다. 전칭명제에서 특칭명제를 끌어내는 것이므로, 제한적으로 이환된 명제는 원래명제와 같은 의미를 가질 수도 없고, 또 논리적으로 동치가 될 수도 없다. 다른 한편, A명제의 이환명제는 A명제이고, O명제의 이환명제는 O명제이다. 이 두 경우에는 원래명제와 이환명제가 동치이다.

그러므로 이환은 A명제와 O명제에 적용될 경우에만 타당하다고 할 수 있다. I명제에 대해서는 이환이 전혀 타당하지 않으며, E명제에 대해서는 제한적으로 타당하다. 아래

표는 이환에 대한 전반적인 개요이다.

개 요

이환

원래명제	이환명제
A : 모든 *S*는 *P*이다.	A : 모든 비*P*는 비*S*이다.
E : 어떤 *S*도 *P*가 아니다.	O : 어떤 비*P*는 비*S*가 아니다. (제한이환)
I : 어떤 *S*는 *P*이다.	(부당)
O : 어떤 *S*는 *P*가 아니다.	O : 어떤 비*P*는 비*S*가 아니다.

명제들의 관계에 관한 몇 가지 문제에 대해서는 주어진 명제에서 도출될 수 있는 다양한 직접추리를 밝혀봄으로써 해답을 얻을 수 있는 경우가 많다. 예를 들어, 주어진 명제인 “모든 외과의사는 의사이다”라는 명제가 참이라면, “어떤 비외과의사도 비의사가 아니다”라는 명제의 참 · 거짓에 관해 어떻게 말할 수 있는가? 여기서 만약 문제의 명제 — 혹은 그것의 모순이나 반대 — 가 주어진 참 명제로부터 타당하게 도출될 수 있는가? 이 물음의 답을 알려고 한다면, 다음과 같이 진행해 봐야 한다. 즉, “모든 외과의사는 의사이다”라는 주어진 명제로부터 “모든 비의사는 비외과의사이다”라는 그것의 이환명제를 타당하게 추리할 수 있다. (전통적 이론에 따르면 A명제의 제한환위는 타당하므로) 이 이환명제에 제한환위를 적용하면, “어떤 비외과의사는 비의사이다”라는 I명제 또한 타당하게 끌어낼 수 있다. 그러나 이 명제는 문제의 명제(“어떤 비외과의사도 비의사가 아니다”)의 모순이므로, 이것은 이제 더 이상 문제로 남는 것이 아니라 거짓으로 드러난다.

이 책의 제1장에서 지적했듯이, 전제가 참인 타당한 논증은 반드시 참인 결론을 가져야 하지만, 전제가 거짓인 타당한 논증도 참인 결론을 가질 수 있다. 예를 들어, “모든 동물은 고양이다”라는 거짓 명제로부터 “어떤 동물은 고양이다”라는 참인 명제가 양축소대당을 통해 나올 수 있다. 또 다른 예를 보자. “모든 부모는 학생이다”라는 거짓 명제로부터 제한환위를 통해 “어떤 학생은 부모이다”라는 참인 명제를 끌어낼 수 있다. 따라서 어떤 명제가 거짓으로 주어져 있고, 어떤 방식으로든 이 명제와 관련된 다른 명제의 참 · 거짓이 문제가 된다면, 거짓으로 주어진 명제의 모순대당에서, 또는 문제가 되는 명제 자체에서 직접추리를 해보는 것이 권장할 만한 절차이다. 거짓인 명제의 모순대당은 반드시 참이어야 하고, 거짓인 명제의 모순대당에서 타당하게 추리하는 것은 반드시 참인 명제일 것이기 때문이다. 그리고 문제의 명제가 주어진 거짓 명제를 포함하고 있다는 것이 밝혀질 수 있다면, 그 명제 자체는 틀림없이 거짓이다.

아래 표는 직접추리의 형식들 — 환위, 환질, 이환 — 을 일목요연하게 정리하고 있다.

개 요

직접추리: 환위, 환질, 이환

환 위

원래명제	환위명제
A : 모든 *S*는 *P*이다.	I : 어떤 *P*는 *S*이다. (제한환위)
E : 어떤 *S*도 *P*가 아니다.	E : 어떤 *P*도 *S*가 아니다.
I : 어떤 *S*는 *P*이다.	I : 어떤 *P*는 *S*이다.
O : 어떤 *S*는 *P*가 아니다.	(부당)

환 질

원래명제	환질명제
A : 모든 *S*는 *P*이다.	E : 어떤 *S*도 비*P*가 아니다.
E : 어떤 *S*도 *P*가 아니다.	A : 모든 *S*는 비*P*이다.
I : 어떤 *S*는 *P*이다.	O : 어떤 *S*는 비*P*가 아니다.
O : 어떤 *S*는 *P*가 아니다.	I : 어떤 *S*는 비*P*이다.

이 환

원래명제	이환명제
A : 모든 *S*는 *P*이다.	A : 모든 비*P*는 비*S*이다.
E : 어떤 *S*도 *P*가 아니다.	O : 어떤 비*P*는 비*S*가 아니다. (제한이환)
I : 어떤 *S*는 *P*이다.	(부당)
O : 어떤 *S*는 *P*가 아니다.	O : 어떤 비*P*는 비*S*가 아니다.

논리연습

A. 아래 명제의 환위명제를 말하고, 원래명제와 환위명제가 동치인 것을 지적하라.

*1. 남을 배려할 줄 아는 사람은 누구도 교통법규를 준수하지 않는 무모한 운전자가 아니다.
2. 육군사관학교 졸업생은 모두 육군 장교로 임관된다.
3. 어떤 유럽산 자동차는 가격이 비싸고 힘이 약하다.
4. 어떤 파충류도 온혈동물이 아니다.
*5. 어떤 직업 레슬링선수는 정상적인 일을 할 수 없는 노인이다.

B. 다음 명제의 환질명제를 말하라.

*1. 어떤 대학 운동선수는 직업선수이다.
2. 어떤 유기화합물도 금속이 아니다.
3. 어떤 성직자는 금주가가 아니다.
4. 어떤 천재도 순응주의자가 아니다.
*5. 배의 닻으로 적합한 것은 모두 무게가 적어도 15파운드는 된다.

C. 다음 명제의 이환명제를 말하고, 원래명제와 이환명제가 동치인 것을 지적하라.

*1. 모든 언론인은 비관주의자이다.
2. 어떤 군인은 장교가 아니다.
3. 모든 학자는 비타락자이다.
4. 무게가 50파운드 미만인 물건은 모두 높이가 4피트 이하이다.
*5. 어떤 비시민은 비거주자가 아니다.

D. "모든 사회주의자는 평화주의자이다"가 참이라고 할 때, 다음 명제의 참·거짓을 추리하라. 다시 말해서 어느 것은 참이고, 어느 것은 거짓이며, 또 어느 것은 미결정인가?

*1. 어떤 비평화주의자들은 비사회주의자가 아니다.
2. 어떤 사회주의자도 비평화주의자가 아니다.
3. 모든 비사회주의자는 비평화주의자이다.

4. 어떤 비평화주의자도 사회주의자가 아니다.
*5. 어떤 비사회주의자도 비평화주의자가 아니다.
6. 모든 비평화주의자는 비사회주의자이다.
7. 어떤 평화주의자도 비사회주의자가 아니다.
8. 어떤 사회주의자는 평화주의자가 아니다.
9. 모든 평화주의자는 사회주의자이다.
*10. 어떤 비평화주의자는 사회주의자이다.

E. "어떤 과학자도 철학자가 아니다"가 참이라고 할 때, 다음 명제의 참·거짓을 추리하라. 다시 말해서 어느 것은 참이고, 어느 것은 거짓이며, 또 어느 것은 미결정인가?

*1. 어떤 비철학자도 과학자가 아니다.
2. 어떤 비철학자는 비과학자가 아니다.
3. 모든 비과학자는 비철학자이다.
4. 어떤 과학자도 비철학자가 아니다.
*5. 어떤 비과학자도 비철학자가 아니다.
6. 모든 철학자는 과학자이다.
7. 어떤 비철학자는 과학자이다.
8. 모든 비철학자는 비과학자이다.
9. 어떤 과학자는 철학자가 아니다.
*10. 어떤 철학자도 비과학자가 아니다.

F. "어떤 성인은 순교자였다"가 참이라고 할 때, 다음 명제의 참·거짓을 추리하라. 다시 말해서 어느 것은 참이고, 어느 것은 거짓이며, 또 어느 것은 미결정인가?

*1. 모든 성인은 순교자였다.
2. 모든 성인은 비순교자였다.
3. 어떤 순교자는 성인이었다.
4. 어떤 성인도 순교자가 아니었다.
*5. 모든 순교자는 비성인이었다.
6. 어떤 비순교자는 성인이었다.
7. 어떤 성인은 비순교자가 아니었다.

8. 어떤 순교자도 성인이 아니었다.
9. 어떤 비성인은 순교자였다.
*10. 어떤 순교자는 비성인이었다.
11. 어떤 성인은 순교자가 아니었다.
12. 어떤 순교자는 성인이 아니었다.
13. 어떤 성인도 비순교자가 아니었다.
14. 어떤 비성인도 순교자가 아니었다.
*15. 어떤 순교자는 비성인이 아니었다.

G. "어떤 상인은 해적이 아니다"가 참이라고 할 때, 다음 명제의 참·거짓을 추리하라. 다시 말해서 어느 것은 참이고, 어느 것은 거짓이며, 또 어느 것은 미결정인가?

*1. 어떤 해적도 상인이 아니다.
2. 어떤 상인도 비해적이 아니다.
3. 어떤 상인은 비해적이다.
4. 모든 비상인은 해적이다.
*5. 어떤 비상인은 비해적이다.
6. 모든 상인은 해적이다.
7. 어떤 비상인도 해적이 아니다.
8. 어떤 해적도 비상인이 아니다.
9. 모든 비해적은 비상인이다.
*10. 어떤 비해적은 비상인이 아니다.
11. 어떤 비해적은 상인이다.
12. 어떤 비해적도 상인이 아니다.
13. 어떤 해적은 상인이다.
14. 어떤 상인도 비해적이 아니다.
*15. 어떤 상인도 해적이 아니다.

5.7 존재함축과 정언명제의 해석

정언명제는 논증을 구성하는 기본 요소이다. 그리고 우리의 일관된 목표는 논증을 분석하고 평가하는 것이다. 이를 위해서는 A, E, I, O의 명제들을 다이어그램과 기호로 나타낼 수 있어야 한다. 그러나 이 일을 하기 전에 우리는 한 가지 심각한 논리적 문제를 먼저 해결해야만 한다. 그것은 실로 수천 년 동안 논쟁의 불씨가 되어왔다. 이 절에서 우리는 이 문제를 설명하고, 삼단논법에 대한 일관된 분석이 이루어질 수 있는 해결책을 제시한다.

인물탐구

조지 부울(George Boole)

조지 부울(1815~1864)은 1815년 영국의 링컨셔에서 태어났으며, 19세기 중반 당대의 가장 위대한 수학자의 한 사람이 되었다. 그는 집안이 매우 가난해서, 고전어와 수학을 독학으로 공부했다. 제화공이었던 그의 아버지가 가족을 부양할 수 없게 되자, 그는 16세의 어린 나이로 보조교사가 되었으며, 마침내는 기숙학교의 책임자가 되었다. 그는 수학에서 이룬 연구성과로 왕립협회가 수여하는 금메달을 수상했으며, 1849년에는 「논리의 수학적 해석(The Mathematical Analysis of Logic)」이란 논문으로 아일랜드의 코르크에 있는 퀸스대학교(Queen's College) 수학 교수로 임용되었다.

조지 부울은 종합력이 대단하고 통찰력이 있는 사색가였다. 그의 후기의 연구성과를 사람들은 "부울 대수"라고 불렀다. 부울 대수는 전기 스위치의 특성을 처리 가능한 논리와 결합시킨 것으로서, 현대의 컴퓨터가 발전하는 데 결정적인 역할을 했다. 그는 위대한 저작인 『논리와 확률의 수학적 기초를 이루는 사고의 법칙 연구(*An Investigation into the Laws of Thought, on Which are Founded the Mathematical Theories of Logic and probabilities*)』(1854)에서, 명제의 기호적 표현과 논리적 추론방법 일반에 적용될 수 있는 발전된 시스템을 제시했다. 그는 전제들이 아무리 많은 개념들을 포함하고 있더라도 그 전제들을 정확하게 표현하면 기호 조작만으로도 전제들에 내재되어 있는 어떤 결론을 도출해내는 것이 가능하다는 것을 입증했다. 그는 허식이 없고 독창적인 학자였으며, 그의 분석은 현대 기호논리학의 발전에 엄청난 영향을 미쳤다. 그는 1864년 49세의 나이로 세상을 떠났지만, 우리는 여전히 그의 분석에 의존하고 있다.

앞으로 알게 되겠지만, 문제가 그리 간단한 것은 아니다. 하지만 이 문제가 해결되지 않고서는 삼단논법의 분석을 더 이상 진전시키기 어렵다. 문제의 해결에서 밝혀지는 정언명제에 대한 해석을 이해해야만 한다. 이것이 일반적으로 말하는 정언명제에 대한 **부울의 해석**(Boolean interpretation)이다. 부울의 해석은 영국의 수학자인 조지 부울의 이름에서 따왔다. 논리의 이론에 관한 그의 공헌은 현대 컴퓨터의 발달에 주요한 역할을 했다. 앞으로 전개될 논의의 결과는 이 절의 마지막 문단에 요약되어 있는데, 이것만 제대로 이해한다면 이 절의 나머지 부분은 그냥 넘겨도 좋을 것이다.

부울의 해석을 이해하기 위해서는, 어떤 명제는 존재함축을 갖고 어떤 명제는 그렇지 않다는 것을 알아야 한다. 어떤 명제가 어떤 것이 존재한다는 것을 언명하거나 주장한다면, 그 명제는 **존재함축**(existential import)을 갖는다고 한다. 겉보기에도 난해한 이 문제가 왜 논리학을 공부하는 사람들의 관심사가 되었을까? 그 이유는 대체로 논증을 구성한 명제들이 존재함축을 갖고 있는지 아닌지가 추론의 정확성에 직접적인 영향을 미치기 때문이다. 정언명제들로부터 올바르게 추리가 되었는지를 확실히 결정하기 위해서는, 또 정언명제들로부터 가끔씩 도출되는 잘못된 추리를 방지하기 위해서는, 정언명제들에 대한 분명하고도 일관된 해석이 이루어져야만 한다.

먼저 I명제와 O명제를 보면, 이 명제들은 분명히 존재함축을 갖는다. “어떤 병사는 영웅이다”라는 I명제는 영웅인 병사가 적어도 한 사람 이상 존재한다는 것을 주장한다. “어떤 개는 애완동물이 아니다”라는 O명제는 애완동물이 아닌 개가 적어도 한 마리 이상 존재한다는 것을 주장한다. 특칭명제인 I명제와 O명제는 그것의 주어개념(예를 든 병사와 개)이 가리키는 집합이 공집합이 아니라는 것, 즉 그 집합은 하나 이상의 원소를 갖는다는 것을 주장한다.[2)]

---

2) 일부 명제에서 예외가 나타난다. “어떤 유령들은 셰익스피어의 희곡에 나타난다”라는 I명제와 “어떤 그리스 신들은 『일리아드』에서 묘사되어 있다”라는 I명제는 비록 유령과 그리스 신이 (필시) 존재하지 않는다고 하더라도 확실히 참인 특칭명제들이다. 그렇지만 명제의 진술 때문에 이런 오류가 나온다. 이 명제들 자체만 보면 유령이나 그리스 신의 존재를 긍정하는 것이 아니며, 다만 셰익스피어의 희곡과 『일리아드』에는 유령이나 그리스 신에 대해 이야기하는 어떤 명제들이 있다는 것을 말할 뿐이다. 이 명제들이 의도하는 의미는 “셰익스피어의 희곡에 나오는 어떤 문장들은 유령에 관한 것이다”, 그리고 “『일리아드』에 있는 어떤 묘사는 그리스 신들에 관한 것이다”라는 것이다. 셰익스피어와 호머의 명제들은 참이 아닐지도 모른다. 그러나 그들의 글에 그러한 명제들이 담겨 있거나 포함되어 있다는 것은 분명한 사실이다. 이 명백한 예외가 말해주는 것은 저것이 전부이며, 이런 경우는 문학이나 신화의 문맥에 주로 나타난다. I명제와 O명제는 존재함축을 갖는다.

눈으로 익히는 논리학

정언명제의 해석에 대한 아리스토텔레스와 부울의 대립

정언명제의 해석에는 두 경쟁자가 있다. 전통적으로 해석한 아리스토텔레스와 현대적으로 해석한 부울이 그들이다.

고대 그리스 철학자인 아리스토텔레스의 해석에 따르면, 전칭명제("모든 레프러콘 요정은 작은 녹색 모자를 쓴다" 또는 "어떤 개구리도 독이 없다")가 참이면, 그것에 대응하는 특칭명제("어떤 레프러콘 요정은 작은 녹색 모자를 쓴다" 또는 "어떤 개구리는 독이 없다")도 참을 나타낸다.

그러나 19세기 영국의 수학자인 조지 부울은 이에 대해 반론을 제기했다. 특칭명제에 대응하는 전칭명제가 참이라 하더라도, 그것으로부터 특칭명제의 참이 추론될 수 없다는 것이다. 그가 이렇게 주장하는 근거는, (두 사람이 모두 동의하듯이) 모든 특칭명제는 주어개념의 집합이 공집합이 아니라는 것, 즉 주어개념이 가리키는 집합에는 적어도 원소가 하나 이상 존재한다는 것을 주장하기 때문이다. 어떤 개구리가 독이 없다고 말하는 것은 적어도 한 마리 이상의 개구리가 반드시 존재한다는 말이다. 만약 우리가 전칭명제로써 그것에 대응하는 특칭명제를 추론할 수 있다면, "모든 레프러콘 요정은 작은 녹색 모자를 쓴다"라는 전칭명제에서 "어떤 레프러콘 요정은 작은 녹색 모자를 쓴다"라는 특칭명제를 추론할 수 있고, 이 명제는 레프러콘 요정이 진짜로 존재한다는 것을 함축한다.

그러므로 부울의 해석이나 현대적 해석에 따르면, 전칭명제(A명제나 혹은 E명제)는 다만 다음을 주장할 따름이다. 즉, "만일 레프러콘 요정과 같은 사물이 존재하고 있다면, 그것은 작은 녹색 모자를 쓴다", 그리고 "만일 개구리와 같은 사물이 존재하고 있다면, 그것은 독이 없다."

이처럼 I명제와 O명제가 존재함축을 가지고 있다면(어느 누구도 이를 부정할 수 없을 터인데), 무엇이 문제일까? 바로 이 사실에서 난처한 문제가 생긴다. 앞에서 살펴본 전통적 대당관계에 따르면, I명제는 그것에 대응하는 A명제로부터 양축소대당에 따라 타당하게 추리된다. 우리는 "모든 거미는 다리가 여덟 개인 동물이다"에서 "어떤 거미는 다리가 여덟 개인 동물이다"를 타당하게 추론한다. 마찬가지로, O명제도 그것에 대응하는 E명제로부터 타당하게 추론된다. 그러나 만일 I명제와 O명제가 존재함축을 갖고, 그리고 그것들이 대응하는 A명제와 E명제로부터 타당하게 추론된다면, A명제와 E명제도 역시 존재함축을 갖는다. 왜냐하면 존재함축을 갖는 명제가 존재함축을 갖지 않은 명제로부터 타당하게 도출될 수는 없기 때문이다.3)

여기서 매우 어려운 문제가 생긴다. 전통적인 대당사각형에 따르면, A명제와 O명제는 모순대당이다. "모든 덴마크 사람은 영어를 할 줄 안다"라는 명제와 "어떤 덴마크인은 영어를 할 줄 모른다"라는 명제는 모순대당이다. 모순대당은 둘 중 하나는 거짓이어야 하기 때문에, 두 명제가 모두 참일 수는 없다. 그리고 둘 중 하나는 참이어야 하기 때문에, 모순대당관계에 있는 두 명제 모두 거짓일 수는 없다. 그러나 만약 대응하는 A명제와 O명제가 존재함축을 갖는다면, (앞에서 보았듯이) 둘 다 거짓이다. 예를 들어, "모든 화성인은 금발이다"라는 A명제와 "어떤 화성인은 금발이 아니다"라는 O명제는 모순대당이다. 만일 두 명제가 존재함축을 갖는다면 —다시 말해서, 만약 우리가 두 명제를 화성인이 존재한다는 주장으로 해석한다면—, 두 명제는 모두 거짓이다. 물론 우리는 화성인이 존재하지 않는다는 것을 알고 있다. 화성인의 집합은 공집합이다. 그래서 예로 든 두 명제는 모두 거짓이다. 그러나 두 명제 모두 거짓이라면, 두 명제가 어찌 모순대당일 수 있는가!

이렇게 되면 전통적인 대당사각형에 어떤 결함이 있는 것처럼 보인다. 전통적인 대당사각형이 주장하는 두 가지 결론이 상충한다. A명제와 E명제가 대응하는 I명제와 O명제를 포함한다는 것이 타당하다면, 대응하는 A명제와 O명제가 모순대당이라고 하는 대당사각형은 옳지 않다. 마찬가지로 I명제와 O명제가 소반대대당이라고 하는 대당사각형도 옳지 않다.

어떻게 해야 하는가? 전통적 대당사각형을 구원할 방법은 없는가? 물론 방법은 있다. 그러나 많은 비용이 든다. 전통적 대당사각형을 구원하려면 가정(假定, presupposition)이라는 개념을 새로 도입해야 한다. 이미 앞에서(4장 5절) 복합질문을 다루면서 이 개념에 대해 살펴보았다. 어떤 복합질문이 그 질문에 앞서 이미 주어져 있다면, 오직 이런 경우에

---

3) A명제와 E명제의 존재함축이 I명제와 O명제의 존재함축에서 틀림없이 도출된다는 것을 보여주는 다른 한 가지 방법이 전통적인 대당사각형에 있다. A명제의 경우에는 (전통적으로 타당하다고 추정되어 온) 제한환위를 통해서, 그리고 E명제의 경우에는 (전통적으로 타당하다고 추정되어 온) 제한이환을 통해서 우리는 그것을 보여줄 수 있다. 그 결과는 위에서 도달했던 것과 항상 같다. 전통적인 대당사각형에서, I명제와 O명제가 존재함축을 갖는다면, A명제와 E명제도 역시 존재함축을 갖는다.

만 "예" 또는 "아니오"로 적절하게 대답할 수 있다. 당신이 돈을 훔쳤다는 가정을 인정하는 경우에만, "당신은 당신이 훔친 돈을 써버렸느냐?"라는 질문에 "예"나 "아니오"로 대답할 수 있다. 이제 우리는 대당사각형을 구하기 위해 다음과 같이 주장해야만 한다. 즉, 모든 명제 — 네 가지 표준형식의 정언명제(A, E, I, O) — 는 그것들이 지시하는 집합들이 공집합이 아니라 원소를 가지고 있다는 것을 언표한다. 다시 말해서 명제의 참 · 거짓에 관한 물음과 그들 사이의 논리적 관계에 대한 물음은 오로지 우리가 집합들이 절대로 공집합이 아니라는 것을 가정할 때에만 합리적으로 답할 수 있다. 이렇게 하면 전통적 대당사각형의 모든 대당관계를 구할 수 있다. A와 E는 여전히 반대대당일 것이고, I와 O는 소반대대당을 유지할 것이며, 특칭명제는 전칭명제에서 타당하게 도출되고, A와 O는 I와 E와 마찬가지로 모순대당을 유지할 것이다. 그렇지만 이런 결과를 얻기 위해 우리는 불가피하게 다음과 같은 비용을 부담해야만 한다. 즉, 우리가 사용하는 개념들이 지시하는 모든 집합이 공집합이 아니라 원소를 갖는다는 전면적인 존재가정을 받아들여야 한다.[4)]

그런데 왜 저렇게 하지 않는가? 이러한 존재가정은 아리스토텔레스 논리학을 구원하기 위한 필요 · 충분조건이다. 더욱이 그것은 영어와 같은 현대 언어의 일상 용법과 정확히 일치한다. 만일 당신이 "상자에 있는 사과는 모두 맛있다"는 말을 듣고 그 상자 속을 들여다보았는데, 그 상자가 비어 있었다고 한다면, 당신은 무슨 말을 할 수 있을까? 필시 당신은 그 주장이 거짓이라고 말하지도 않겠지만 또한 참이라고 말하지도 않을 것이다. 그러므로 당신은 말한 사람이 실수를 했다거나, 이런 경우에는 (상자에 사과가 있다는) 존재가정이 거짓이었다는 등의 설명을 늘어놓을 것이다. 이처럼 우리가 뭔가 바르게 고쳐 보려는 태도를 보이는 것은 우리가 일상적으로 언표되는 명제들의 존재가정을 이해하고 있고, 또 그것을 대체로 용인하고 있다는 것을 말해준다.

유감스럽게도, 전통적인 대당사각형을 구원하기 위해 도입된 이 전면적인 존재가정은 견디기 어려울 만큼 무거운 지적 부담을 안겨준다. 전면적으로 존재를 가정해서는 안 되는 매우 합당한 이유들이 있지만 여기서는 세 가지만 소개한다.

---

4) Phillip H. Wiebe는 아리스토텔레스의 논리학은 주어개념의 보어가 지시하는 집합이 공집합이 아니라는 가정을 요구하지 않는다고 주장한다. (*Journal of Philosophical Research* 16 (1990-1991): 321-328의 『아리스토텔레스 논리학에서의 존재가정』을 참조하라.) 그러나 분명히 아리스토텔레스의 논리학은 적어도 세 개념(주어개념, 술어개념, 술어개념의 보어)이 지시하는 집합들이 공집합이 아니라는 가정을 요구하고 있다. 그리고 이 존재가정은 앞으로 다룰 모든 문제의 원인이 된다.

첫째, 전면적인 존재가정이 A, E, I, O명제들 사이의 전통적인 관계를 유지시킬 수는 있지만, 정언명제로 어떤 주장을 할 때 그 설득력을 감소시키는 대가를 치러야만 한다는 것이다. 만일 우리가 지시된 집합의 원소가 존재한다는 것을 일정불변으로 가정한다면, 그 집합이 원소를 갖는다는 것을 부정하는 명제는 성립할 수가 없을 것이다. 때로는 이러한 반대나 부인이 매우 중요하며, 이에 대해서는 확실한 이해가 있어야만 한다. "어떤 유니콘도 실존하는 생물이 아니다"라는 명제는 성립하지 않는다.

둘째, 전면적인 존재가정은 일상 어법과 완전히 일치하지는 않는다. "모든"이라는 말이 공집합을 가리킬 수도 있다. 어떤 지주가 "모든 침입자는 고발조치할 것이다"라고 했다면, 결코 침입자 집합이 원소를 갖는다고 전제하는 것은 아니다. 그의 의도는 오히려 침입자 집합이 공집합으로 남아 있도록 예방하는 것이다. 비록 어느 누구도 고발조치를 당하지 않았고, 또 저 명제 속의 "모든"이라는 단어가 공집합을 지시할지라도, 저 명제는 참일 수 있다. 한 가지 예를 더 들어보자. 국세청의 회신용 대조표에는 "필요한 자료를 모두 첨부하시오"라는 항목이 있다. 첨부할 자료가 없는 납세자는 머뭇거리지 않고 다음 조사 항목으로 넘어갈 것이 분명하다. 필요한 자료의 집합이 공집합일지라도 그에게는 그것이 본질적으로 참이라고 말할 것이다. 다른 한편, I명제("어떤 *S*는 *P*이다")를 생각해 보라. 지주의 경우로 돌아가서, "어떤 침입자는 고발조치할 것이다"라고 했다고 하자. 만일 침입자가 없다면, 그의 말은 거짓이 된다. 왜냐하면 "모든"이란 단어와는 달리 I명제에서 "어떤"이란 단어는 주어개념의 공집합과 양립할 수 없다는 것을 확실히 하고 있기 때문이다. "어떤"이란 단어는 "적어도 하나 이상" — 결코 "영(zero)"이 아닌 — 을 의미하는 것으로 해석되며, 또 구체적으로는 특칭명제들이 참일 경우 그것들은 주어개념의 집합이 공집합이 아닌 사태에 해당한다.

셋째, 과학이나 다른 여러 학문영역에서 전혀 존재를 가정하지 않고 추리하고자 하는 경우가 많다. 예를 들어, 뉴턴의 제1운동법칙은 외부의 힘을 받지 않은 모든 물체는 정지 상태를 유지하거나 직선운동을 유지한다는 것을 주장한다. 이 법칙은 참일 것이다. 물리학자는 이 법칙을 옹호하고 설명하지만, 외부의 힘을 받지 않은 물체가 실제로 존재한다는 것을 가정하지는 않는다.

이런 반론들을 기초로 현대 논리학자들은 전면적인 존재가정을 거부한다. 따라서 오랜 세월 동안 옳은 것으로 간주되었던 정언명제에 대한 아리스토텔레스의 해석을 포기하고, 보다 현대적인 해석을 채용할 수밖에 없다.

현대 논리학에서는 정언명제가 지시하는 집합은 항상 원소를 갖는다는 것을 가정하지 않는다. 이러한 가정을 노골적으로 거부하는 현대적 해석이 바로 우리가 앞에서 살펴본 부울의 해석이다.[5)]

앞으로 이 책에서는 전적으로 부울의 해석을 따른다. 부울은 정언명제를 다음과 같이 해석한다.

1. 전통적 해석이 바뀌지 않는 부분도 있다. 부울의 해석에서도 I명제와 O명제가 여전히 존재함축을 갖는다. 그러므로 집합 *S*가 공집합이면, "어떤 *S*는 *P*이다"라는 명제는 거짓이다. 그리고 집합 *S*가 공집합이면, "어떤 *S*는 *P*가 아니다"라는 명제도 마찬가지로 거짓이다.
2. 부울의 해석에서도 전칭명제 A와 E는 특칭명제 O명제와 I명제의 모순대당이다. "모든 사람은 죽는다"라는 명제는 "어떤 인간은 죽지 않는다"라는 명제와 모순되고, "어떤 신도 죽지 않는다"라는 명제는 "어떤 신은 죽는다"라는 명제와 모순된다.
3. 부울의 해석에서는 전칭명제가 존재함축을 갖지 않는 것으로 해석된다. 그 결과 이 모든 것은 전적으로 일관성을 갖는다. *S*의 집합이 공집합일 경우에도, "모든 *S*는 *P*이다"라는 명제가 참일 수 있고, 또 "어떤 *S*도 *P*가 아니다"라는 명제도 참일 수 있다. 예를 들어, "모든 유니콘은 뿔을 갖고 있다"와 "어떤 유니콘도 날개를 갖고 있지 않다"는 명제는 설사 유니콘이 존재하지 않는다고 할지도 모두 참일 수 있다. 그러나 유니콘이 존재하지 않는다면, "어떤 유니콘은 뿔을 갖고 있다"는 I명제는 거짓이며, "어떤 유니콘은 날개를 갖고 있지 않다"라는 O명제도 거짓이다.
4. 일상 대화에서 우리는 존재를 주장하려는 의도로 전칭명제를 사용하는 경우가 종종 있다. 부울의 해석도 이런 표현을 용납하지만, 그것은 두 명제에 한해서이다. 하나는 존재적 특칭명제이고, 다른 하나는 비존재적 전칭명제이다. "태양계의 모든 행성은 태양을 중심으로 공전한다"는 명제를 예로 들어보자. 이것은 존재함축을 갖지 않은 전칭명제이다 — 다만 태양계에 어떤 행성이 있다면, 그 행성은 태양을 중심으로 공전한다는 것을 말하고 있을 뿐이다. 하지만 태양을 중심으로 공전하

5) 현대 기호논리학의 창시자들 중의 한 사람인 버트런드 러셀도 널리 알려진 그의 논문, "명제의 존재함축(1905)"(in *Mind*, July, 1905)에서 이러한 접근 방식을 취했으며, 논문에서 저 개념을 20세기 초의 이탈리아 수학자인 주세페 페아노(Giuseppe Peano)의 이름을 따서 명제에 대한 "페아노의 해석"이라 불렀다.

는 행성이 태양계에 존재하고 있다는 것을 주장하려는 의도를 가지고 있다면, 이 명제에 다음과 같은 말을 덧붙일 필요가 있다. 즉, "화성은 태양계의 한 행성이다."라는 말을 덧붙일 필요가 있다. 실제로 존재하는 행성을 언급함으로써 이 명제는 그 의도를 만족시킬 수 있는 것이다.

5. 부울의 해석을 받아들이면 몇 가지 아주 중요한 변화를 가져오게 된다. 대응하는 A와 E명제는 둘 다 참일 수 있으며, 따라서 반대대당이 아니다. 이 말이 역설처럼 들릴지 모른다. 그러나 "모든 유니콘은 날개를 갖고 있다"와 "어떤 유니콘도 날개를 갖고 있지 않다"는 두 명제에 대한 부울의 해석을 신중히 생각해보면, 이러한 주장이 설득력을 갖는다는 것을 이해하게 될 것이다. 첫 번째 명제는 만일 유니콘이 존재하면, 그것은 날개를 갖고 있다는 것을 주장할 뿐이고, 두 번째 명제는 만일 유니콘이 존재하면, 그것은 날개를 갖고 있지 않다는 것을 말하고 있을 뿐이다 — "만일 … 하면"이라는 이들 명제는 A · E명제와 대응하고 있으며, 만일 유니콘이 존재하지 않는다면 두 명제는 모두 참일 수 있다.
6. 부울의 해석에 따르면, I명제와 O명제는 존재함축을 갖기 때문에 주어개념의 집합이 공집합일 경우에는 대응하는 I명제와 O명제는 둘 다 거짓일 수 있다. 그러므로 대응하는 I명제와 O명제는 소반대대당이 아니다. 만일 유니콘이 존재하지 않는다면(다시 말해서 주어개념의 집합이 공집합이라면), 어떤 유니콘은 뿔을 갖고 있다는 주장과 어떤 유니콘은 뿔을 갖고 있지 않다는 주장은 모두 두말할 필요도 없이 거짓이다. 대응하는 I명제와 O명제는 존재함축을 가지고 있으며, 따라서 유니콘이 존재하지 않으면 명백히 거짓이다. 이 경우 두 명제는 모두 거짓일 수 있기 때문에, I명제와 O명제는 소반대대당이 아니다.
7. 부울의 해석에 따르면, 양축소대당 — I명제를 그것의 대응명제인 A명제로부터 추리하고, O명제를 그것의 대응명제인 E명제로부터 추리하는 것 — 은 타당하지 않다. 왜냐하면 존재함축을 갖지 않은 명제로부터 존재함축을 갖는 명제를 타당하게 끌어낼 수 없기 때문이다.
8. 대부분의 직접추리는 부울의 해석에서도 타당하다. 즉, E명제와 I명제의 환위, A명제와 O명제의 이환은 타당한 것으로 남아 있다. 그리고 환질은 어떤 명제에 적용되어도 타당하다. 하지만 제한환위와 제한이환은 타당하지 않다.
9. 부울의 해석에서는 전통적 대당사각형의 대각선인 모순대당만 유효한 것으로

남는다.

한마디로 현대 논리학은 전면적인 존재가정을 거부한다. 어떤 집합이 원소를 갖고 있는 것으로 분명하게 주장되지 않는데도 그 집합이 원소를 갖고 있는 것으로 가정하는 것은 잘못이다. 이런 잘못을 범하고 있는 논증을 존재가정의 오류 또는 간단히 **존재적 오류** (existential fallacy)[6]를 범하고 있다고 말한다. 이러한 부울의 해석을 명심한다면, 정언삼단 논법의 기호화와 다이어그램의 강력한 시스템을 공부할 준비는 끝났다.

논리연습

이 책에서 채택되고 있는 부울의 명제 해석에 따른다면, 전통적으로 타당하다고 간주되었던 직접 추리들이 대부분 타당하지 않다. 그 이유는 존재함축에 관한 이전의 논의에서 밝힌 바 있다. 그 추리들은 어떤 집합이 원소를 갖고 있다는 잘못된 가정을 함으로써 존재적 오류를 범한다. 아래의 논증들도 이러한 존재적 오류를 범하고 있다. 아래 논증이 어느 단계(혹은 단계들)에서 존재 가정의 오류를 범하는지 설명하라.

보기문제

A. (1) 어떤 수학자도 원을 사각형으로 그리는 사람이 아니다.
그러므로 (2) 원을 사각형으로 그리는 사람은 어느 누구도 수학자가 아니다.
그러므로 (3) 원을 사각형으로 그리는 사람은 모두 비수학자이다.
그러므로 (4) 어떤 비수학자는 원을 사각형으로 그리는 사람이다.

---

6) 『이상한 나라의 엘리스』에 나오는 다음의 대화는 존재적 오류에 대한 하나의 예가 될 것이다. 혼란이 일어난 이유는 '마치 헤어'나 '매드 해터' 때문이 아니고 '앨리스'가 "더(more)"라는 단어에 존재함축을 부여했기 때문이다.

> "차를 좀 더 드세요(Take some more tea)." '마치 헤어'가 '엘리스'에게 매우 정중하게 말했다.
> "나는 아직 아무 것도 못 마셨어요, 그래서 더 마실 수가 없네요(so I can't take more)." 엘리스는 불쾌한 어조로 대답했다.
> 이때 '매드 해터'가 끼어들면서 이렇게 말했다.
> "당신은 덜(less) 마실 수가 없다고 하는 것 같은데, 전혀 안 마시는 것보다는 더 마시는 것이 훨씬 쉬워요."

이 모든 것이 처음에는 이상하게 느껴질 것이다. 그렇지만 논리적인 형식은 자연 언어보다 훨씬 더 정확성을 요구하고, 또 때로는 단어와 상징에 일상 용법과 일치하지 않은 의미가 부여되기도 한다.

▌문제풀이

(3)에서 (4)의 단계는 타당하지 않다. 이 단계의 추리는 "모든 *S*는 *P*이다"로부터 "어떤 *P*는 *S*이다"를 끌어낸 제한환위이다. 제한환위는 전통적 해석에서는 수용되지만, 부울의 해석에서는 부당하다. 이 단계는 전칭명제로부터 특칭명제를 끌어내는 추리에 의존하지만, 앞선 논의에서 밝혀졌듯이 전칭명제의 집합들은 원소를 갖고 있는 것으로 가정될 수 없고, 오히려 특칭명제의 집합들이 원소를 갖는다. 그러므로 (3)에서 (4)로 나아가는 부당한 추리로 말미암아, (4)의 술어개념의 집합이 공집합이 아닌 것으로 되고, 그 결과 원을 정사각형으로 그리는 어떤 사람이 존재하는 것이 된다. (3)에서 (4)를 추리하는 단계는 존재적 오류를 범하고 있다.

B. (1) 어떤 시민도 불가능한 것을 성공시킨 사람은 아니다.
그러므로 (2) 불가능한 것을 성공시킨 사람은 어느 누구도 시민이 아니다.
그러므로 (3) 불가능한 것을 성공시킨 사람은 모두 비시민이다.
그러므로 (4) 불가능한 것을 성공시킨 어떤 사람은 비시민이다.
그러므로 (5) 어떤 비시민은 불가능한 것을 성공시킨 사람이다.

C. (1) 어떤 곡예사도 혼자 힘으로 줄을 탈 수 있는 사람은 아니다.
그러므로 (2) 혼자 힘으로 줄을 탈 수 있는 사람은 어느 누구도 곡예사가 아니다.
그러므로 (3) 혼자 힘으로 줄을 탈 수 있는 어떤 사람은 곡예사가 아니다. (이 명제에서는 혼자 힘으로 줄을 탈 수 있는 곡예사가 적어도 한 사람 이상 있다는 결론이 나온다.)

D. (1) 어떤 유니콘도 동물원에서 발견되지 않는다는 것은 참이다.
그러므로 (2) 모든 유니콘은 동물원에서 발견된다는 것은 거짓이다.
그러므로 (3) 어떤 유니콘은 동물원에서 발견되지 않는다는 것은 참이다. (이 명제에서는 적어도 하나 이상의 유니콘이 존재한다는 결론이 나온다.)

*E. (1) "어떤 인어는 여대생 클럽의 회원이다"라는 말은 거짓이다.
그러므로 (2) "어떤 인어는 여대생 클럽의 회원이 아니다"라는 말은 참이다. (이 명제에서는 적어도 하나 이상의 인어가 존재한다는 결론이 나온다.)

5.8 정언명제의 기호화와 다이어그램

정언명제에 대한 부울의 해석은 주로 공집합 개념에 의존하고 있기 때문에, 공집합을 나타내는 특수 기호를 사용하면 편리하다. 이를 위해 0이라는 기호를 사용한다. 개념 S의 집합이 전혀 원소를 갖지 않는다는 것을 말할 때, 우리는 S와 0 사이에 등호를 쓴다. 따라서 $S=0$이라는 등식은 S의 원소가 없다거나 S는 어떤 원소도 갖지 않는다는 것을 말한다.

S가 가리키는 집합이 원소를 가지고 있다는 것은 S가 공집합이라는 것을 부정하는 것이다. S의 원소가 있다고 주장하는 것은 $S=0$으로 표시되는 명제를 부정하는 것이다. 부정은 등호에 빗금을 그어서 표시한다. 따라서 $S \neq 0$는 S가 공집합이라는 것을 부정함으로써 S의 원소가 있다는 것을 말한다.

표준형식의 정언명제는 두 개의 집합을 언명한다. 따라서 두 집합을 나타내는 등식은 다소 복잡하다. 두 집합이 이미 어떤 기호로 지시되어 있을 때, 두 집합 모두에 속하는 것 전체의 집합은 두 집합의 기호를 나란히 놓음으로써 나타낼 수 있다. 예를 들어, S라는 글자는 풍자문 전체의 집합을 가리키고 P라는 글자는 시 전체의 집합을 가리킬 때, 풍자문이면서 시인 것 전체의 집합은 SP라는 기호로 나타낼 수 있으며, 따라서 SP는 풍자시 전체의 집합을 가리킨다. 두 집합의 공통 원소 또는 그 공통 부분을 두 집합의 곱 또는 교집합이라 한다. 두 집합의 곱은 두 집합 모두에 속하는 것들 전체의 집합이다. 미국인 집합과 작곡가 집합의 곱은 미국인 작곡가 전체의 집합이다. (여기서 일상 언어가 갖는 애매성에 대해 주의해야 한다. 예를 들어, 중국 사람 전체 집합과 철학자 전체 집합의 곱은 중국 철학자 전체의 집합은 아니다. 중국 철학자라는 것은 중국 사람인 철학자가 아니라 중국 철학을 연구하는 철학자이다. 추상화 화가, 영국 소령, 골동품 딜러 등등, 이와 유사한 표현들이 많다.)

이와 같은 새로운 표기법으로 E와 I명제를 등식이나 부등식으로 기호화할 수 있다. "어떤 S도 P가 아니다"라는 E명제는 집합 S의 어떤 원소도 집합 P의 원소가 아니라는 것을 말한다. 다시 말해서 두 집합 모두에 속하는 것은 없다. 이것을 바꾸어 말하면, 두 집합의 곱은 공집합이며, $SP=0$이라는 등식으로 기호화된다. "어떤 S는 P이다"라는 I명제는 S의 원소 중 적어도 하나 이상이 P의 원소이기도 하다는 것을 말한다. 이것은 집합 S와 P의 곱이 공집합이 아니라는 것을 의미하며, $SP \neq 0$라는 부등식으로 기호화된다.

A와 O명제를 기호화하기 위해서는 여집합으로 나타내는 새로운 방법을 도입하는 것이 편리하다. 5장 6절에서 설명했듯이, 한 집합의 여집합은 원래 집합에 포함되지 않는 것 전체의 집합이다. 군인 전체 집합의 여집합은 군인이 아닌 것 전체의 집합, 즉 비군인의 집합이다. *S*라는 글자가 군인 전체의 집합을 나타내는 기호라면, 비군인 전체의 집합은 원래 집합의 기호 위에 막대 표시를 그려 $\bar{S}$ ('S bar'로 읽는다)로 기호화한다. "모든 *S*는 *P*이다"라는 A명제가 말하는 것은 집합 *S*의 모든 원소는 동시에 집합 *P*의 원소라는 것, 즉 집합 *P*의 원소가 아닌 집합 *S*의 원소는 없다는 것, 또는 (환질하여) "어떤 *S*도 비*P*가 아니다"라는 것이다. 이것은 E명제와 마찬가지로, 주어개념과 술어개념을 가리키는 집합의 곱이 공집합이라는 것을 말한다. 이것을 $S\bar{P}=0$라는 등식으로 기호화한다. "어떤 *S*는 *P*가 아니다"라는 O명제는 이것과 논리적으로 동치인 "어떤 *S*는 비*P*이다"라는 I명제로 환질되는데, 이것을 기호화하면 $S\bar{P}\neq 0$라는 부등식이 된다.

정언명제를 이렇게 기호화하면, 네 가지 표준형식의 정언명제 상호간의 관계가 분명해진다. A와 O명제를 $S\bar{P}=0$와 $S\bar{P}\neq 0$로 기호화하면, 두 명제가 모순이라는 것이 금방 드러난다. 마찬가지로, E와 I명제를 $SP=0$와 $SP\neq 0$로 기호화하면, 두 명제가 모순이라는 것을 금방 알아볼 수 있다. 부울의 대당사각형은 아래와 같이 그림으로 표시할 수 있다.

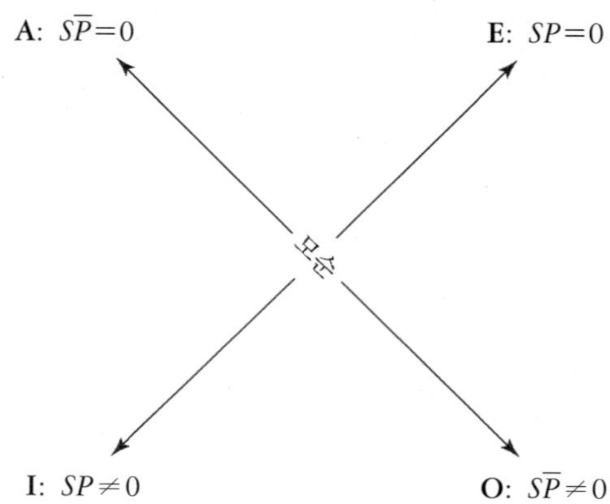

[그림 5-2] 부울의 대당사각형

이 표의 표기는 유용하다. 가령 부울의 대당사각형에서 모순 관계를 나타낼 때 유용하게 쓰일 수 있다.

개 요

정언명제의 기호표시

형식	명제	기호표시	설명
A	모든 S는 P이다.	$S\bar{P}=0$	S와 비P 모두에 속하는 원소의 집합은 공집합이다.
E	어떤 S도 P가 아니다.	$SP=0$	S와 P 모두에 속하는 원소의 집합은 공집합이다.
I	어떤 S는 P이다.	$SP\neq 0$	S와 P 모두에 속하는 원소의 집합은 공집합이 아니다.
O	어떤 S는 P가 아니다.	$S\bar{P}\neq 0$	S와 비P 모두에 속하는 원소의 집합은 공집합 아니다.

5장 3절에서 네 가지 표준형식의 정언명제를 처음 설명할 때, 명제에 나오는 집합들의 관계를 S와 P로 표시한 교차하는 두 원을 사용하여 도식적으로 표현했다. 이제부터는 분석을 보다 더 용이하게 할 수 있는 방향으로 표기법을 보완하여, 정언명제들을 다이어그램으로 그려서 표현하고자 한다. 아무런 표시가 없고 이름만 있는 원은 어떤 집합을 나타낸다. 그리고 원에 붙여진 이름은 그 집합을 지시하는 개념을 표시한다. 집합 S를 나타내는 다이어그램은 [그림 5-3]과 같다.

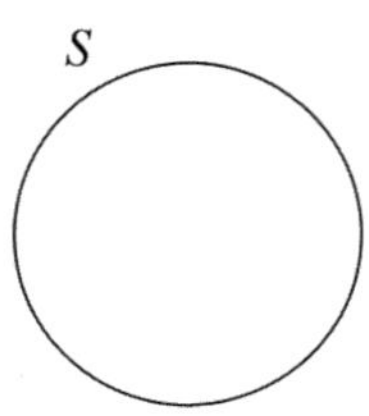

[그림 5-3]

[그림 5-3]의 다이어그램은 집합에 관한 것이지 명제에 관한 것은 아니다. 이 다이어그램은 집합 S를 나타내는 것이지만, 그 집합에 대해 말하는 것은 아무 것도 없다. S는 어떤 원소도 갖지 않는다거나 혹은 S의 원소가 전혀 없다는 것을 다이어그램으로 나타내기 위해서는 S를 나타내는 원 안에 빗금을 그려넣는다. 이것은 S가 아무 것도 포함하지 않으

며, 공집합이라는 것을 가리킨다. S가 공집합이 아니고 그 안에 어떤 것이 들어 있다는 것을 나타내기 위해 S의 집합을 가리키는 원 안에 x라는 표시를 한다. 이것은 S의 내부에 어떤 것이 있으며, 공집합이 아니라는 것을 가리킨다. 따라서 "S의 원소가 전혀 없다"와 "S의 원소가 있다"를 다이어그램으로 나타내면 [그림 5-4]와 같다.

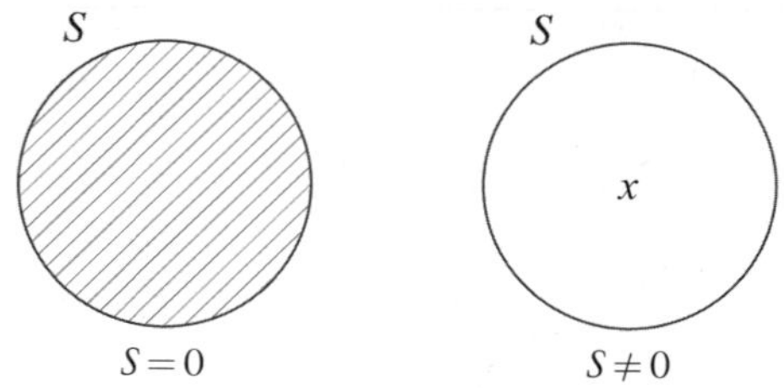

[그림 5-4]

집합 S를 그린 원은 결과적으로 집합 $\bar{S}$의 그림도 된다는 것을 주목하라. 왜냐하면 원의 내부는 S의 원소 전체를 나타내고, 원의 외부는 집합 $\bar{S}$의 원소 전체를 나타내기 때문이다.

5장 3절에서 설명했듯이, 표준형식의 정언명제를 다이어그램으로 나타내려면 두 개의 원이 필요하다. [그림 5-5]처럼 두 원을 겹치게 그려서, 주어개념과 술어개념을 각각 S와 P로 표기한 표준형식의 정언명제를 다이어그램으로 나타내는 기본 틀로 사용할 수 있다.

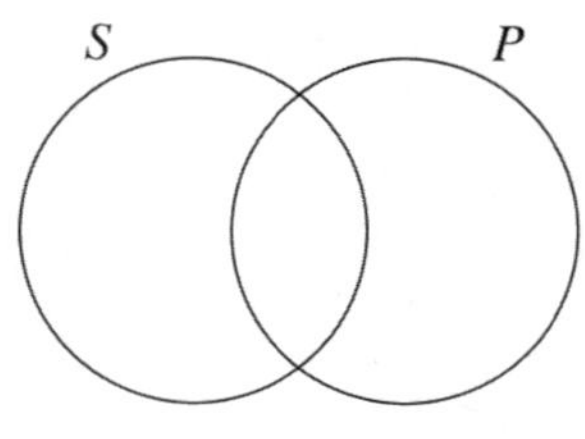

[그림 5-5]

[그림 5-5]는 S와 P 두 집합을 다이어그램으로 나타내고 있지만, 그 집합들에 관한 어떤 명제를 그린 것은 아니다. 이 그림은 어떤 집합이 원소를 갖는다는 것을 긍정하는 것도 아니며, 부정하는 것도 아니다. 사실 교차하는 두 개의 원은 두 집합만을 나타내는 것이 아니다. 원 S의 내부에서 원 P 밖에 있는 부분은 S이면서 P가 아닌 모든 것을 나타낸다. 따라서 이 부분은 집합 S와 $\bar{P}$의 곱을 나타낸다고 할 수 있다. 이 부분을 $S\bar{P}$로 표시한다. 두 원이 겹치는 부분도 S와 P 두 집합의 곱을 나타내며, 두 원에 동시에 속하는 것 전체를 다이어그램으로 나타내고 있다. 이 부분은 SP로 표시한다. P라는 표시가 붙은 원에서

S라는 표시가 붙은 원과 겹치지 않는 부분은 S의 원소가 아닌 P의 원소 전체, 즉 집합 $\bar{S}$와 P의 곱을 다이어그램으로 나타낸 것이다. 이 부분은 $\bar{S}P$로 표시한다. 끝으로 두 원의 바깥 부분은 S와 P 어디에도 속하지 않는 모든 것을 나타낸다. 이 부분은 $\bar{S}\bar{P}$로 표시한다.

앞의 그림에 이 표시들을 집어넣으면, [그림 5-5]는 [그림 5-6]으로 된다.

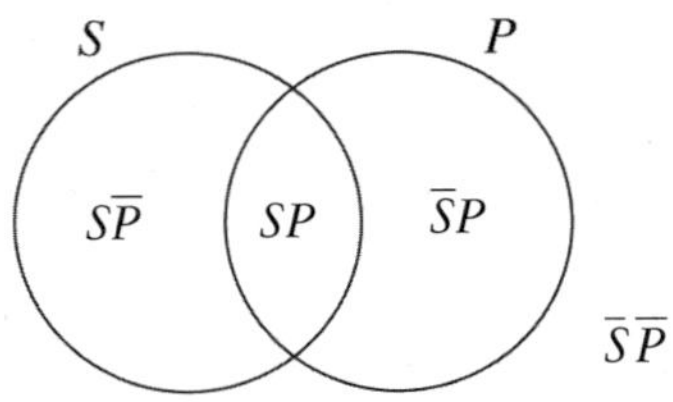

[그림 5-6]

[그림 5-6]의 다이어그램을 스페인 사람(S) 전체의 집합과 화가(P) 전체의 집합에 의해 결정되는 다양한 집합으로 해석할 수 있다. SP는 이 두 집합의 곱이며, 두 집합에 동시에 속하는 것 전체를 포함한다. SP의 원소 전체는 S와 P 양쪽의 원소일 수밖에 없다. 다시 말해서 모든 원소는 반드시 스페인 사람이면서 동시에 화가이다. S와 P 집합의 곱은 벨라스케스와 고야 등을 포함한 스페인 화가들 전체의 집합이다. $S\bar{P}$는 집합 S와 집합 P의 여집합의 곱이며, 집합 S에는 속하지만 집합 P에는 속하지 않는 것 전체만을 포함한다. 이것은 화가가 아닌 스페인 사람 전체의 집합, 즉 비화가인 스페인 사람 전체의 집합이며, 소설가인 세르반테스와 프랑코 총통 등을 모두 포함한다. $\bar{S}P$는 집합 S의 여집합과 집합 P의 곱이며, 스페인 사람이 아닌 화가 전체의 집합을 포함한다. 스페인 사람이 아닌 화가 전체의 집합 $\bar{S}P$는 네덜란드인 화가 램브란트와 미국인 화가 조지아 오키페 등을 포함한다. 끝으로 $\bar{S}\bar{P}$는 원래 두 집합의 여집합의 곱이다. 이것은 스페인 사람도 아니고 화가도 아닌 것 전체, 오직 그것만을 포함한다. 사실 이 집합은 영국의 해군제독과 스위스의 등산가뿐만 아니라 미시시피강과 에베레스트 산과 같은 사물들까지도 포함하는 아주 큰 집합이다. S와 P 두 글자가 이 단락에서처럼 해석될 경우, 이 집합들은 모두 [그림 5-6]에 다이어그램으로 나타나 있다.

앞서 지적했듯이, 이와 같은 다이어그램을 벤다이어그램이라 하는데, 그 명칭은 이러한 방법을 도입한 영국의 논리학자 존 벤(John Venn)의 이름에서 따왔다. 아직은 각 영역의 이름만 붙여 놓았을 뿐 아무런 표식이 없기 때문에, 단지 집합들을 표현하고 있을 뿐이다.

[그림 5-6]이 그 예이다. 이 다이어그램은 어떤 명제도 표현하지 않는다. 이 다이어그램에서 어떤 원이나 원의 일부가 공백으로 있으면, 원의 그 공간이 나타내는 집합의 원소가 있는지 아니면 없는지 어떤 것도 나타내지 않는다.

하지만 조금만 첨가하면, 이 벤다이어그램은 집합뿐만 아니라 명제를 표현하기 위해 유용하게 쓰일 수 있다. 그림의 여러 부분에 빗금을 그리거나 *x* 표시를 하면, 네 가지 표준형식의 정언명제 중 그 어느 것도 정확하게 다이어그램으로 나타낼 수 있다. (적절한 표식을 갖춘) 벤다이어그램은 정언명제를 아주 완벽하게, 그리고 아주 자세하게 나타내기 때문에, 삼단논법의 논증을 평가하기 위해 가장 널리 쓰이는 가장 강력한 도구 중 하나가 되었다. 벤다이어그램을 사용하면 네 가지 기본적인 정언명제가 어떻게 표현되는지 알아보자.

$S\overline{P}=0$으로 기호화되는, "모든 *S*는 *P*이다"라는 A명제를 다이어그램으로 나타내기 위해, 집합 $S\overline{P}$를 표시하는 부분에 빗금만 그리면 된다. 이것은 그 부분에 원소가 없다거나, 그것이 공집합이라는 것을 가리킨다. $SP=0$로 기호화되는, "어떤 *S*도 *P*가 아니다"라는 E명제를 다이어그램으로 나타내기 위해서는, 다이어그램에서 집합 *SP*가 나타내는 부분에 빗금을 그리면 된다. 이것은 그 부분이 공집합이라는 것을 가리킨다. $SP\neq 0$로 기호화되는, "어떤 *S*는 *P*이다"라는 I명제를 다이어그램으로 나타내기 위해서는, 다이어그램에서 집합 *SP*를 나타내는 부분에 *x* 표시를 하면 된다. 이 *x*는 그 집합의 곱이 공집합이 아니라 적어도 하나 이상의 원소를 갖는다는 것을 가리킨다. 끝으로 $S\overline{P}\neq 0$로 기호화되는, "어떤 *S*는 *P*가 아니다"라는 O명제를 다이어그램으로 나타내기 위해서는, 다이어그램에서 집합 $S\overline{P}$를 나타내는 부분에 *x* 표시를 하면 된다. 이것은 그 부분의 집합이 공집합이 아니라 적어도 하나 이상의 원소를 갖는다는 것을 가리킨다. [그림 5-7]에 나타나 있듯이, 네 가지 표준형식의 정언명제에 대한 다이어그램을 나란히 놓고 보면, 그 차이들이 뚜렷하게 드러난다.

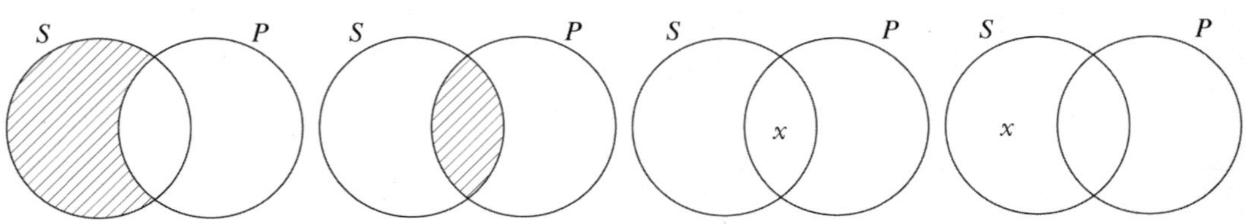

A: 모든 *S*는 *P*이다.	**E**: 어떤 *S*도 *P*가 아니다.	**I**: 어떤 *S*는 *P*이다.	**O**: 어떤 *S*는 *P*가 아니다.
$S\overline{P}=0$	$SP=0$	$SP\neq 0$	$S\overline{P}\neq 0$

[그림 5-7]

우리는 "어떤 S도 P가 아니다"와 "어떤 S는 P이다"를 다이어그램으로 나타내 보았다. 이것들은 그것들의 환위명제인 "어떤 P도 S가 아니다" 및 "어떤 S는 P이다"와 논리적으로 동치이므로, 이 환위명제의 다이어그램은 이미 원래 명제에서 나타나고 있다. ($P\bar{S}=0$로 기호화되는) "모든 P는 S이다"라는 A명제를 이런 틀 속에서 다이어그램으로 나타내기 위해, 집합 $P\bar{S}$를 나타내는 부분에 빗금을 그린다. 집합 $P\bar{S}$가 집합 $\bar{S}P$와 동일하다는 것은 명백하다. 만약 직접적으로 알아보기 힘들다면, 화가 전체의 집합과 비스페인 사람 전체의 집합에 동시에 속하는 모든 대상들의 집합은 비스페인 사람 전체의 집합과 화가 전체의 집합에 동시에 속한다는 것을 생각해 보라. 화가이면서 스페인 사람이 아닌 것 전체는 스페인 사람이 아니면서 화가인 것 전체이고, 그 반대도 마찬가지이다. $P\bar{S}\neq 0$로 기호화되는, "어떤 P는 S가 아니다"라는 O명제를 다이어그램으로 나타내기 위해, 다이어그램에서 집합 $P\bar{S}(\bar{S}P)$를 나타내는 부분에 x 표시를 한다. 이 명제들의 다이어그램은 [그림 5-8]과 같다.

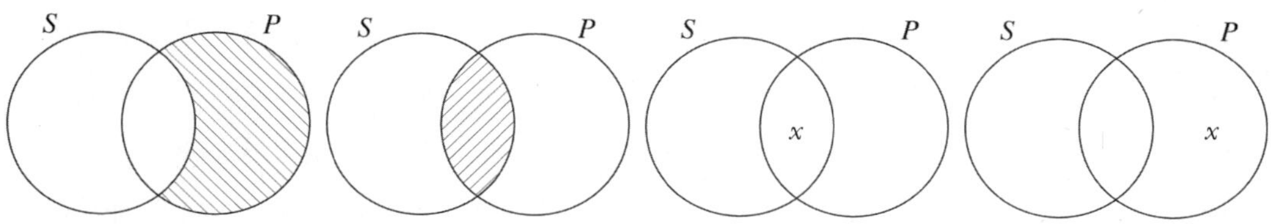

A: 모든 P는 S이다. $P\bar{S}=0$ **E**: 어떤 P도 S가 아니다. $PS=0$ **I**: 어떤 P는 S이다. $PS\neq 0$ **O**: 어떤 P는 S가 아니다. $P\bar{S}\neq 0$

[그림 5-8]

이처럼 두 개의 원으로 된 다이어그램을 한층 더 심도 있게 설명하고 있는 까닭이 무엇일까? 일어나는 순서는 상관없이 S와 M을 그것의 개념으로 포함하는 표준형식의 정언명제를 다이어그램으로 나타내기 위해, 이름(S와 M을 말한다)이 붙은, 겹쳐진 한 쌍의 원을 활용할 수 있는 능력이 다음 장에서는 중요하기 때문이다.

벤다이어그램은 표준형식의 정언명제를 시각적으로 나타내고 있으며, 여기서 공간적인 포함과 배척은 집합들의 비공간적인 포함과 배척에 대응한다. 벤다이어그램은 아주 명료한 표기법을 제공할 뿐 아니라, 정언적 삼단논법의 타당성을 검사하는 가장 간단하면서도 가장 직접적인 방법의 기초가 된다. 이에 관해서는 제6장에서 설명할 것이다.

논리연습

아래의 각 명제를 S(주어개념의 집합)와 P(술어개념의 집합)의 집합기호를 사용하여 등식이나 부등식으로 표시하고, 벤다이어그램으로 나타내라.

▌보기문제

1. 어떤 조각가는 화가이다.

▌문제풀이

$SP \neq 0$

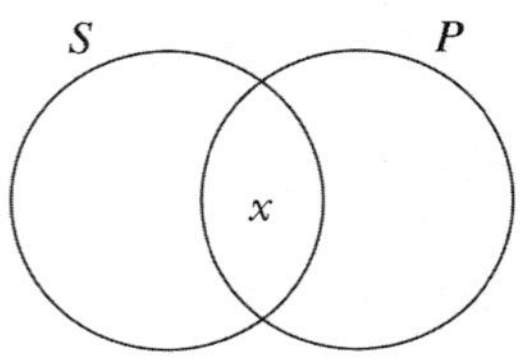

2. 어떤 상인도 백만장자는 아니다.
3. 모든 상인은 투기꾼이다.
4. 어떤 음악가는 피아니스트가 아니다.

*5. 어떤 점원도 회원이 아니다.

6. 명성이 높은 어떤 정치 지도자는 불량배이다.
7. 이 나라에서 면허를 받는 모든 의사는 일정한 자격시험에 합격한 의과대학 졸업생들이다.
8. 자신의 고객에게 투자상담을 하는 어떤 증권중개인은 그들이 추천하는 회사의 사원이 아니다.
9. 실용성 없는 쾌락을 거부하는 모든 청교도는 삶을 가치있게 만드는 것이 많다는 것을 모른다.

*10. 어떤 현대 회화도 대상을 사진처럼 그리는 것은 아니다.

11. 학생운동을 하는 사람 중 어떤 사람은 자신의 잃어버린 젊음을 되찾기 위해 애쓰는

중년의 남녀이다.

12. 중세의 학자는 모두 수도원에서 생활하는 경건한 수사이다.

13. 어떤 공무원은 공공심을 가진 시민이 아니다.

14. 선거에 의해 진퇴가 결정되는 어떤 자치단체장도 가혹한 독재자가 아니다.

*15. 정신분열증 증세를 보이는 어떤 환자는 조울증 환자이다.

16. 최신 대형 제트기에 탑승한 어떤 승객은 만족하지 못하는 고객이다.

17. 어떤 성직자는 사회의 근본적인 변화를 진심으로 제창하는 사람들이다.

18. 기존 질서를 완고하게 옹호하는 어떤 사람은 정당원이 아니다.

19. 외국 영토를 가로질러 매설된 어떤 송유관도 안전한 투자가 아니다.

*20. 모든 포르노영화는 문명과 미풍양속을 위협한다.

제5장 요약

- 제5장에서는 현대 기호논리학과 구별되는 고전 논리, 즉 아리스토텔레스의 연역논리학의 기본요소들을 소개하고 설명했다. (이러한 구별에 대해 복습하려면 5장 1절을 참조하라.)
- 5장 2절에서는 전통 논리학의 토대가 되는 집합 개념과, 그리고 집합들 사이의 관계를 표현하는 정언명제를 소개했다.
- 5장 3절에서는 네 가지 표준형식의 정언명제를 설명했다.

  A: 전칭긍정　　E: 전칭부정　　I: 특칭긍정　　O: 특칭부정
- 5장 4절에서는 네 가지 표준형식의 정언명제가 가진 다양한 특성들, 즉 명제의 양(전칭이거나 특칭)과 질(긍정이거나 부정)을 살펴보았다. 또한 네 가지 기본 명제의 개념들이 왜 주연하거나 부주연하는지를 설명했다.
- 5장 5절에서는 표준형식의 정언명제들 사이의 대당관계의 종류와, 그리고 어떤 명제가 모순대당, 반대대당, 소반대대당, 대명제나 소명제 등을 가진다는 것은 무슨 뜻인지를 알아보았다. 그리고 전통적 대당사각형에서 이런 관계들이 드러나는 방식과, 그리고 그것들로부터 도출될 수 있는 직접추리를 보여주었다.

- 5장 6절에서는 정언명제에 기초한 또 다른 형태의 직접추리, 즉 환위, 환질, 이환 등에 대해 살펴보았다.
- 5장 7절에서는 존재함축에 관한 중요한 쟁점들을 살펴보았다. 여기서 우리는 명제가 언표하는 집합이 항상 원소를 갖는다는 전면적인 존재가정을 할 때에만 전통적인 대당사각형이 유지될 수 있다는 것을 알게 되었다. 물론 현대 논리학자들은 이에 대해 선뜻 동의하지 않는다. 그리고 이 책이 전반적으로 채택하고 있는 부울의 명제 해석에 대해서도 설명했다. 부울의 해석은 전부는 아니라도 전통적인 대당사각형의 많은 부분을 수용한다. 하지만 전적으로 공집합이 아님을 가정하는 것은 거부한다. 부울의 해석에 따른다면, 특칭명제(I, O)는 존재함축을 갖지만 전칭명제(A, E)는 존재함축을 갖지 않는다. 우리는 부울의 명제 해석을 받아들인 결과에 대해 상세하게 살펴보았다.
- 5장 8절에서는 교차하는 원을 사용하여 집합을 표현하는 벤다이어그램의 사용법으로 되돌아갔다. 우리는 어떻게 벤다이어그램에 표시를 하고, 정언명제를 표현하는가를 살펴보았다.

표준형식의 정언명제들이 필수적인 구성단위가 되는 정언적 삼단논법을 분석하려면 분석도구가 있어야 하는데, 그 도구를 제공한 것이 바로 이 장이었다.

정언적 삼단논법

제6장

6.1 표준형식의 정언적 삼단논법

이제 정언명제가 보다 확장된 추론에 활용될 수 있다. A, E, I, O 네 명제에 의해 이루어지는 논증은 대체로 전제로서 두 정언명제와 결론으로서 하나의 정언명제를 갖는다. 이런 논증을 삼단논법이라 한다. **삼단논법**(syllogism)은 두 전제에서 결론이 추론되는 연역논증이다.

이 장에서 우리가 공부하려고 하는 것이 바로 이 삼단논법이다. 그것이 정언적 삼단논법이라 불리는 까닭은 논증이 집합이나 범주들의 관계에 기초하고 있으며, 그 관계는 우리가 익히 알고 있는 정언명제에 의해 표현되기 때문이다. **정언적 삼단논법**(catagorical syllogism)을 좀 더 형식적으로 정의한다면 다음과 같다. 즉, 정언적 삼단논법은 정확하게 세 개의 개념을 포함한 세 개의 정언명제로 이루어진 연역논증이며, 각 개념들은 반드시 두 명제에 나타나야 한다.

삼단논법은 매우 일반적이고 명료하며, 검증도 용이하다. 우리가 살펴볼 정언적 삼단논법의 체계는 매우 효과적이고 깊이가 있다. 17세기의 철학자이자 수학자인 라이프니츠는 삼단논법의 형식을 발견한 것이야말로 인간이 창조한 가장 멋지고 가장 중요한 것 중의 하나라고 말했다. 삼단논법은 힘센 일말(workhorse)과도 같으며, 전통적으로 글쓰기나 논쟁에서 연역논리가 효과적으로 쓰였던 것도 바로 이 힘센 일말 덕택이었다.

삼단논법의 특징과 역할을 보려면, 예문을 이용하는 것이 편리하다. 아래의 예문은 표준형식의 정언적 삼단논법의 타당한 한 예이다.

어떤 영웅도 겁쟁이가 아니다.

어떤 군인은 겁쟁이다.
그러므로 어떤 군인은 영웅이 아니다.

논증을 정확하게 분석하기 위해서는 그것이 **표준형식**(standard form)을 갖추고 있어야 한다. 위의 예처럼 정언적 삼단논법이 표준형식을 갖추고 있다고 말할 수 있는 것은 다음과 같은 경우이다. 즉, (1) 전제와 결론이 모두 표준형식의 정언명제(A, E, I, O)로 되어 있고, (2) 그 명제들이 표준 규칙에 맞게 배열되어 있을 때이다. 이러한 표준형식의 중요성은 삼단논법의 타당성을 검증할 때 분명하게 드러날 것이다.

어떤 삼단논법을 표준형식으로 바꿀 때 필요한 전제들의 순서를 설명하기 위해서는, 삼단논법의 전제들에 대한 논리적 명칭 — 이 명칭은 매우 중요하고 쓸모가 있다 —이 있어야 하고, 또 왜 그런 명칭이 주어졌는지를 알아야만 한다. 이것은 정언적 삼단논법을 분석하려면 반드시 거쳐야 할 다음 단계이다. 편의상 우리는 이 장에서 정언적 삼단논법을 간단히 삼단논법이라 하며, 다른 종류의 삼단논법들은 다음 장에서 따로 다루고자 한다.

A. 삼단논법의 개념들: 대개념, 소개념, 매개념

위의 예에서 알 수 있듯이, 논증을 구성하는 세 개의 정언명제는 정확하게 세 개의 개념을 포함하고 있으며, 그것은 "영웅", "군인", "겁쟁이"이다. 각 개념의 명칭을 구별하기 위해서는 삼단논법의 결론을 보아야 한다. 결론은 정확하게 두 개념을 포함하고 있다. 위의 논증에서 결론은 "어떤 군인은 영웅이 아니다"라는 O명제이다. 결론의 술어개념("영웅")으로 나타나는 개념을 삼단논법의 **대개념**(major term)이라 하고, 결론의 주어개념("군인")으로 나타나는 개념을 삼단논법의 **소개념**(minor term)이라 한다. 삼단논법의 세 번째 개념("겁쟁이")은 결론에는 나타나지 않고 항상 두 전제에만 나타나는데, 이것을 **매개념**(middle term)이라 한다.

삼단논법의 두 전제도 역시 명칭이 있다. 전제의 명칭은 전제와 결론 양쪽 모두에 나타나는 개념의 이름을 따서 붙인다. 대개념과 소개념은 나타나는 전제가 다르다. 대개념이 포함된 전제를 **대전제**(major premise)라 한다. 위의 예에서는 "영웅"이 대개념이고, 따라서 "영웅"이 포함된 전제, 즉 "어떤 영웅도 겁쟁이가 아니다"가 대전제이다. 먼저 나온다고 해서 대전제인 것은 아니다. 대개념을 포함하기 때문에 대전제이다. 대전제는 그것이 놓인 순서와는 무관하다.

소개념이 포함된 전제를 **소전제**(minor premise)라 한다. 위의 예에서 "군인"이 소개념이다. 따라서 "군인"이 포함된 전제, 즉 "어떤 군인은 겁쟁이다"가 소전제이다. 소전제는 그 위치 때문이 아니라 소개념을 포함하기 때문에 소전제이다.

두 전제가 표준 규칙에 맞게 배열되어 있을 때, 표준형식을 갖춘 삼단논법이라고 말한다. **표준형식의 삼단논법이 갖추어야 하는 표준순서는 대전제, 소전제, 결론의 순이다.** 이러한 순서는 매우 중요하며, 그 이유는 곧 밝혀질 것이다.

개 요

표준형식의 정언적 삼단논법의 구성요소

대개념 : 결론의 술어개념
소개념 : 결론의 주어개념
매개념 : 결론에는 나타나지 않고, 두 전제에만 나타나는 개념
대전제 : 대개념이 포함된 전제
소전제 : 소개념이 포함된 전제

B. 삼단논법의 식

모든 삼단논법은 하나의 식을 갖는다. 삼단논법의 식은 그것이 포함하고 있는 표준형식의 정언명제(A, E, I, O)의 형식을 나타낸다. 그러므로 삼단논법의 식은 세 문자로 표현되는데, 그것들은 언제나 표준형식의 순서에 따른다. 첫 문자는 그 삼단논법의 대전제의 형식을 나타내고, 두 번째 문자는 소전제의 형식을, 그리고 세 번째 문자는 결론의 형식을 나타낸다. 위의 예를 보면, 대전제("어떤 영웅도 겁쟁이가 아니다")는 E명제이고, 소전제("어떤 군인은 겁쟁이다")는 I명제이며, 결론("어떤 군인은 영웅이 아니다")은 O명제이다. 그러므로 이 삼단논법의 식은 EIO이다.

C. 삼단논법의 격

표준형식의 삼단논법의 식이 그 삼단논법의 형식을 완전히 결정하는 것은 아니다. 아래의 두 논증을 비교해 보면 알 수 있듯이, A와 B는 식이 같지만 논리적으로는 아주 다르다.

(대개념) (매개념)

A. 모든 위대한 과학자는 대학 졸업자이다.

(소개념) (매개념)

어떤 직업 운동선수는 대학 졸업자이다.

(소개념) (대개념)

그러므로 어떤 직업 운동선수는 위대한 과학자이다.

(매개념) (대개념)

B. 모든 예술가는 이기주의자이다.

(매개념) (소개념)

어떤 예술가는 가난한 사람이다.

(소개념) (대개념)

그러므로 어떤 가난한 사람은 이기주의자이다.

이 두 삼단논법은 모두 AII식이다. 그러나 하나는 타당하고 다른 하나는 부당하다. 두 삼단논법의 형식이 서로 다르다. 소개념 S(결론의 주어), 대개념 P(결론의 술어), 매개념 M 등의 약호를 사용하여, 삼단논법의 논리적 틀을 보여줌으로써 우리는 그 차이를 명료하게 밝힐 수 있다. "∴"를 "그러므로"의 약호로 삼는다면, 위 두 삼단논법의 논리적 틀은 다음과 같다.

A. 모든 P는 M이다.	B. 모든 M은 P이다.
<u>어떤 S는 M이다.</u>	<u>어떤 M은 S이다.</u>
∴ 어떤 S는 P이다.	∴ 어떤 S는 P이다.

두 삼단논법은 아주 다르다. 삼단논법 A에서는 매개념 M이 두 전제의 술어개념이지만, 삼단논법 B에서는 매개념 M이 두 전제의 주어개념이다. 삼단논법 B는 타당하지만, 삼단논법 A는 부당하다.

이러한 예가 보여주듯이 (두 삼단논법이 모두 AII식이다), 삼단논법의 형식은 그 식을 통해서 부분적으로만 드러난다. 같은 식의 삼단논법이라도 매개념의 위치에 따라 형식상 중요한 차이가 날 수 있다. 그러므로 삼단논법의 형식을 완전하게 나타내기 위해서는 반드시 식(세 명제의 형식을 표시하는 세 문자)과 격을 표시해야 한다. 격은 두 전제에서 매개념의 위치를 가리킨다.

삼단논법이 가질 수 있는 격은 네 가지뿐이다.

1. 매개념이 대전제의 주어개념과 소전제의 술어개념일 수 있다.
2. 매개념이 두 전제 모두의 술어개념일 수 있다.
3. 매개념이 두 전제 모두의 주어개념일 수 있다.
4. 매개념이 대전제의 술어개념과 소전제의 주어개념일 수 있다.

매개념의 이 가능한 네 가지 위치들이 각각 1격, 2격, 3격, 4격을 이룬다. 모든 삼단논법은 이 네 가지 중 하나의 격을 갖는다. 이것을 아래와 같이 배열해 놓고 보면, 그 외형적 특징이 시각적으로 잘 드러난다. 여기서는 양화사와 계사를 나타내지 않음으로써 식은 언급하지 않고 단지 삼단논법을 구성하는 개념들의 상대적 위치만 나타내고 있다.

1격	2격	3격	4격
$M - P$	$P - M$	$M - P$	$P - M$
$S - M$	$S - M$	$M - S$	$M - S$
$\therefore S - P$	$\therefore S - P$	$\therefore S - P$	$\therefore S - P$

우리는 표준형식의 삼단논법의 식과 격을 명시함으로써 그 형식을 완전하게 나타낼 수 있다. 앞에서 예로 든 삼단논법은 2격이다. 매개념인 "겁쟁이"가 두 전제 모두의 술어개념이기 때문이다. 그리고 식은 이미 지적한 바와 같이 EIO이다. 따라서 예로 든 삼단논법의 형식을 완전하게 나타낸다면 EIO-2가 된다. 이미 지적했듯이, 이 삼단논법은 타당하다. 앞으로 보게 되겠지만, 타당한 삼단논법의 형식은 모두 고유한 이름이 있다. EIO-2의 이름은 **Festino**이다. 이 삼단논법을 말할 때는 "Festino"라고 하면 된다.

다른 예를 보자.

어떤 *M*도 *P*가 아니다.
모든 *S*는 *M*이다.
∴ 어떤 *S*도 *P*가 아니다.

이 삼단논법은 1격이고(매개념이 대전제의 주어이고 소전제의 술어이다), 식은 EAE이다. 따라서 이 삼단논법을 완전하게 나타낸다면 EAE-1이 된다. EAE-1의 고유 명칭은 **Celarent**이다. 앞에서 다른 삼단논법을 Festino라고 했던 것처럼, 이 형식의 삼단논법은 모두 Celarent로 불린다. Celarent(EAE-1)와 Festino(EIO-2)는 타당하다는 것이 확인되었으므로, 우리가 이런 형식의 논증을 만나면 그 논증도 역시 타당하다는 판단을 내릴 수 있다.

이런 분석도구를 사용하면, 모든 정언적 삼단논법을 식과 격으로 식별할 수 있다. 가능한 식을 모두 나열하면, AAA, AAE, AAI, AAO, AEA, AEE … 등에서 OOO에 이르기까지 총 64가지이다. 그리고 각 식은 네 가지 서로 다른 격으로 나타날 수 있으므로, 식과 격이 나타내는 수는 64 × 4 = 256가지이다. 그러므로 표준형식의 삼단논법이 나타낼 수 있는 형식은 정확하게 256가지에 이른다.

앞으로 보게 되겠지만, 256가지의 가능한 형식 중에서 타당한 형식은 소수에 불과하다. 타당한 형식은 모두 고유한 이름이 있다.

논리연습

아래의 삼단논법을 표준형식으로 고쳐 쓰고, 삼단논법의 식과 격을 말하라. (다음 순서대로 하라: 첫째, 결론을 확인하라. 둘째, 결론의 술어개념을 확인하라. 이것이 삼단논법의 대개념이다. 셋째, 대전제를 확인하라. 이것은 대개념이 포함된 전제이다. 넷째, 소개념은 결론의 주어개념이다. 소전제는 소개념을 포함한다는 사실을 통하여 어느 전제가 소전제인지를 확인하라. 다섯째, 대전제와 소전제 그리고 결론의 순서로 주어진 논증을 표준형식으로 다시 쓴다. 여섯째, 삼단논법의 식과 격을 말하라.)

보기문제

1. 핵무기를 장착한 어떤 잠수함도 상선이 아니다. 그러므로 어떤 전함도 상선이 아니다. 왜냐하면 핵무기를 장착한 모든 잠수함은 전함이기 때문이다.

문제풀이

1단계 "어떤 전함도 상선이 아니다"가 결론이다.

2단계 "상선"이 결론의 술어개념이고, 따라서 이 삼단논법의 대개념이다.

3단계 대개념 "상선"이 포함된 전제, 즉 "핵무기를 장착한 어떤 잠수함도 상선이 아니다"가 대전제이다.

4단계 나머지 전제인 "핵무기를 장착한 모든 잠수함은 전함이다"가 소전제이다. 결론의 주어개념인 "전함"을 이 전제가 포함하고 있기 때문이다.

5단계 이 삼단논법을 표준형식으로 다시 쓰면, 아래와 같다.

핵무기를 장착한 어떤 잠수함도 상선이 아니다.
핵무기를 장착한 모든 잠수함은 전함이다.
그러므로 어떤 전함도 상선이 아니다.

6단계 이 삼단논법은 차례대로 E, A, E 세 명제로 되어 있다. 매개념인 "핵무기를 장착한 잠수함"은 두 전제의 주어이다. 따라서 이 삼단논법은 3격이다. 그러므로 이 삼단논법의 식과 격은 EAE-3이다.

2. 어떤 상록수는 숭배의 대상이다. 왜냐하면 모든 전나무는 상록수이고, 숭배의 대상 가운데 어떤 것은 전나무이기 때문이다.

3. 모든 인공위성은 중요한 과학적 업적이다. 그리고 어떤 인공위성은 미국인의 발명품이 아니다. 그러므로 중요한 과학적 업적 가운데 어떤 것은 미국인의 발명품이 아니다.

4. 어떤 텔레비전 연기자도 공인회계사가 아니지만, 모든 공인회계사는 탁월한 사업 감각을 가진 사람이다. 그러므로 어떤 텔레비전 연기자도 탁월한 사업 감각을 가진 사람이 아니다.

*5. 어떤 보수주의자는 고율관세 지지자가 아니다. 왜냐하면 모든 고율관세 지지자는 공화당원이고, 어떤 공화당원은 보수주의자가 아니기 때문이다.

6. 모든 CD 플레이어는 정교한 기계이다. 그러나 어떤 정교한 기계도 어린이들에게 어울리는 장난감이 아니다. 그러므로 어떤 CD 플레이어도 어린이들에게 어울리는 장난감이 아니다.

7. 모든 비행청소년은 사회에 적응하지 못한 아이이며, 어떤 비행청소년은 결손가정의 산물이다. 그러므로 사회에 적응하지 못한 어떤 아이는 결손가정의 산물이다.

8. 결코 실수를 인정하지 않는 완고한 사람은 어느 누구도 훌륭한 교사가 아니다. 그런데 사리에 밝은 어떤 사람은 실수를 결코 인정하지 않는 완고한 사람이기 때문에, 어떤 훌륭한 교사는 사리에 밝은 사람이 아니다.

9. 모든 단백질은 유기화합물이다. 왜냐하면 모든 효소는 유기화합물이고, 모든 효소는 단백질이기 때문이다.

*10. 어떤 경주용 자동차도 안전속도로 운행하려고 제작된 자동차가 아니다. 그러나 가정용으로 제작된 모든 자동차는 안전속도로 운행하려고 만든 자동차이다. 그러므로 어떤 경주용 자동차도 가정용으로 제작된 자동차가 아니다.

6.2 삼단논법의 형식적 성격

모든 연역 논리에서 우리의 목적은 타당한 논증과 부당한 논증을 가려내는 데 있다. 고전 논리학에서 이것은 타당한 삼단논법과 부당한 삼단논법을 식별하는 일이다. 삼단논법을 구성하는 명제들은 모두 우연적이라고 보는 것이 합당하다. 다시 말해서, 삼단논법을 구성하는 명제들 중 어느 것도 필연적으로 참도 아니고, 필연적으로 거짓도 아니다. 이렇게 본다면, 삼단논법의 타당성과 부당성은 전적으로 그 형식에 달려있다. 타당성과 부당성은 그것의 특수한 내용이나 주제와 전혀 무관하다. 그러므로 AAA-1의 삼단논법은 주제와 관계없이 타당하다.

모든 *M*은 *P*이다.
모든 *S*는 *M*이다.
그러므로 모든 *S*는 *P*이다.

이러한 형식의 삼단논법은 그 명칭이 Barbara이다. *S* · *P* · *M*의 문자에 어떤 개념이 들어가더라도, Barbara 형식의 논증은 항상 타당하다. 만약 우리가 그 문자를 "아테네인", "인간", "그리스인"으로 대체하더라도, 아래와 같은 타당한 논증을 얻는다.

모든 그리스인은 인간이다.
모든 아테네인은 그리스인이다.
그러므로 모든 아테네인은 인간이다.

만약 *S* · *P* · *M*이라는 문자 대신 "비누", "수용성 물질", "나트륨염"이라는 개념이 들어가도 마찬가지다.

모든 나트륨염은 수용성 물질이다.
모든 비누는 나트륨염이다.
그러므로 모든 비누는 수용성 물질이다.

이것도 역시 타당하다.

타당한 삼단논법은 오로지 그 형식 때문에 타당하다. 그래서 그것을 형식적으로 타당하다고 말한다. 우리는 시종일관 삼단논법을 구성하는 명제들을 우연적인 것으로 본다. 다시 말해서, 그것들은 논리적으로 참(예를 들어, "모든 편안한 의자는 의자이다")도 아니고, 논리적으로 거짓(예를 들어, "어떤 편안한 의자는 의자가 아니다")도 아니다. 삼단논법을 구성한 명제들을 우연적인 것으로 보는 까닭은 다음과 같다. 즉, 어떤 논증에 논리적으로 거짓인 전제나 논리적으로 참인 결론이 포함되어 있으면, 거짓인 전제가 참으로 바뀌거나 참인 결론이 거짓으로 바뀌는 것은 논리적으로 불가능하므로 그 논증은 삼단논법의 형식과 무관하게 타당한 것이 된다. (우리는 또한 삼단논법의 전제들에 의해 주장되는 것은 오직 그 삼단논법의 개념들 간의 관계들뿐이라고 가정한다. 이러한 제한사항 때문에, 우리는 이 장과 다음 장에서 삼단논법의 논증만 다루고, 삼단논법이 아닌 다른 논증은 제외한다. 다른 논증의 타당성은 한층 더 복잡한 논리적 사유가 요구되기 때문에 이 자리에서 소개하기가 부적절하다.)

만약 어떤 삼단논법이 오로지 그 형식 때문에 타당하다면, 같은 형식의 다른 삼단논법도 역시 타당할 것이다. 만약 어떤 삼단논법이 그 형식 때문에 부당하다면, 같은 형식의 다른 삼단논법도 역시 부당할 것이다. 이 사실을 공통적으로 인정하고 있다는 것은 우리가 논증에서 논리적 유비를 자주 사용한다는 데서 입증된다. 다음 논증을 보자.

> 모든 자유주의자는 국민의료보험을 지지한다.
> <u>어떤 정부각료는 국민의료보험을 지지한다.</u>
> 그러므로 어떤 정부각료는 자유주의자이다.

그리고 이 논증을 구성한 명제들의 참·거짓과 무관하게 이 논증이 부당하다고 느낀다(이 느낌은 정당하다)고 가정해 보자. 이 논증이 틀렸다는 것을 보여주는 가장 좋은 방법은 다른 논증, 즉 이것과 같은 형식이지만 그 부당성이 직접 드러나는 논증을 구성해보는 것이다. 주어진 논증의 오류를 밝히기 위해, 아마 당신은 다음과 같은 주장을 할 수도 있을 것이다.

> 모든 토끼는 아주 빠르게 달린다.
> <u>어떤 말은 아주 빠르게 달린다.</u>
> 그러므로 어떤 말은 토끼이다.

다음과 같이 계속해 보자. 당신은 진심으로 이 논증을 옹호할 수 없다. 전제들은 참이고 결론은 거짓이라는 것이 의문의 여지가 없다. 당신의 논증은 말과 토끼에 관한 이 유사 논증과 같은 양식이다. 이 유사 논증은 부당하다. 따라서 당신의 논증도 부당하다.

이것은 탁월한 논증 방법이다. 논리적 유비(유추)는 논쟁에 사용할 수 있는 아주 강력한 무기이다.

논리적 유비의 방법은 정언적 삼단논법과 같은 논증의 타당성이나 부당성은 순전히 형식적인 문제라는 사실에 근거하고 있다. 어떤 논증이 부당하다는 것을 증명할 수 있는 것은 그것과 정확하게 동일한 형식이면서, 전제들은 모두 참인데 결론이 거짓인 것으로 알려진 다른 논증을 찾아내는 것이다. (부당한 논증도 당연히 참인 결론을 가질 수 있다는 것을 기억해야 한다. 논증이 부당하다는 것은 다만 두 전제가 결론을 함축하거나 포함하지 않는다는 것을 의미할 뿐이다.)

그러나 논증의 타당성을 검증하는 이 방법에는 치명적인 한계가 있다. 논리적 유비를 순간적으로 생각해내기 어려울 때가 많다. 그리고 부당한 형식의 논증들이 너무 많기 때문에(200개가 훨씬 넘는다), 우리가 미리 반박할 유비를 준비하고 기억할 수는 없다. 더욱이 참인 전제와 거짓인 결론의 논리적 유비를 생각해 내면 그 형식의 부당함은 증명하겠지만, 그러한 논리적 유비를 생각해 내지 못한다고 해서 그 형식이 타당한 것으로 입증되는 것은 아니다. 왜냐하면 그것은 다만 우리 사고의 한계를 반영할 뿐이기 때문이다. 비록 우리가 그 유비를 생각해 낼 수는 없다고 하더라도, 그 형식을 부당한 것으로 만드는 유비는 있을 수 있다. 삼단논법의 형식적인 타당성 여부를 확정하기 위한 더욱 효과적인 방법이 필요하다. 이 장의 다음 절에서 삼단논법을 검증하는 효과적인 방법을 설명할 것이다.

논리연습

논리적 유비를 구성하는 방법으로 논박하여 아래 논증의 부당함을 밝혀라.

▎보기문제

1. 모든 사업가는 법인세율 인상에 대해 적극적으로 반대한다. 왜냐하면 법인세율 인상에 대한 적극적인 반대자는 모두 상공회의소 회원이며, 상공회의소 회원은 모두 사업

가이기 때문이다.

▌문제풀이

하나의 가능한 논박 유비는 다음과 같다. 즉, 두 발 달린 동물은 모두 우주비행사이다. 왜냐하면 모든 우주비행사는 인간이며, 인간은 모두 두 발 달린 동물이기 때문이다.

2. 의사의 처방 없이 구입할 수 있는 약품은 어떤 것도 습관성 약이 아니다. 그리고 어떤 마취성 약품은 의사의 처방 없이 구입할 수 있는 약품이다. 그러므로 어떤 마취성 약품은 습관성 약이 아니다.

3. 어떤 공화당원도 민주당원이 아니다. 그리고 어떤 부유한 주식중개인은 공화당원이 아니다. 그러므로 어떤 주식중개인은 민주당원이다.

4. 어떤 대학 졸업자도 지능이 70 미만인 사람이 아니다. 그런데 지능이 70 미만인 사람은 모두 정신박약자이다. 그러므로 어떤 대학 졸업자도 정신박약자가 아니다.

*5. 방화설비를 갖춘 모든 건물은 특별한 보험요율을 적용받을 수 있는 구조물이다. 그리고 어떤 목조건물도 방화설비를 갖춘 건물이 아니다. 그러므로 특별한 보험요율을 적용받을 수 있는 구조물은 목조건물이 아니다.

6. 모든 우량주는 안전한 투자 대상이다. 그리고 어떤 우량주는 이익 배당이 후한 주식이다. 그러므로 이익 배당이 후한 주식은 안전한 투자 대상이다.

7. 어떤 소아과 의사는 외과 의사가 아니다. 그리고 어떤 일반 의사는 외과 의사가 아니다. 그러므로 어떤 일반 의사는 소아과 의사가 아니다.

8. 어떤 지식인도 출세한 정치가가 아니다. 왜냐하면 수줍음을 타고 내성적인 사람은 어떤 사람도 출세한 정치가가 아니며, 어떤 지식인은 수줍음을 타고 내성적인 사람이기 때문이다.

9. 노동조합 간부는 모두 노동자의 지도자이다. 그리고 정치적으로 보수주의자들 중 어떤 사람은 노동조합 간부이다. 그러므로 어떤 노동자의 지도자는 정치적으로 보수주의자이다.

*10. 모든 신형 자동차는 경제적인 운송수단이다. 그리고 모든 신형 자동차는 신분의 상징이다. 그러므로 어떤 경제적인 운송수단은 신분의 상징이다.

6.3 벤다이어그램을 이용한 삼단논법의 검증

5장에서 표준형식의 정언명제를 나타내기 위해 두 개의 원으로 된 벤다이어그램을 사용하는 것을 설명하였다. 벤다이어그램을 사용하여 정언적 삼단논법을 검증하려면, 두 전제를 반드시 하나의 다이어그램에 나타내야 한다. 표준형식의 정언적 삼단논법을 구성한 두 전제에는 서로 다른 세 개념 — 소개념, 대개념, 매개념 — 이 포함되어 있기 때문에, 반드시 겹치는 세 개의 원을 그려야 한다. 세 개념은 $S \cdot P \cdot M$이라는 약호로 표시한다. 두 전제를 하나의 다이어그램에 표현하는 순서는 먼저 단일 명제를 다이어그램으로 나타낼 때와 똑같이 두 개의 원을 그린 다음, 세 번째 원을 이 두 원 모두와 겹치게 두 원 아래에 그린다. 이 세 원에다 순서대로 $S \cdot P \cdot M$이라는 표식을 붙인다. 원 S는 두 집합(S와 $\bar{S}$)을 모두 다이어그램으로 나타내고, S와 P라는 표식이 붙은 겹친 두 원은 네 집합(SP, $S\bar{P}$, $\bar{S}P$, $\bar{S}\bar{P}$)을 다이어그램으로 나타내며, 따라서 S와 P 그리고 M이라는 표식이 붙은 겹친 세 원은 여덟 개의 집합(SPM, $SP\bar{M}$, $S\bar{P}M$, $\bar{S}PM$, $S\bar{P}\bar{M}$, $\bar{S}P\bar{M}$, $\bar{S}\bar{P}M$, $\bar{S}\bar{P}\bar{M}$)을 다이어그램으로 나타내게 된다. [그림 6-1]과 같이, 세 원이 평면을 여덟 부분으로 분할하며, 이는 여덟 개의 집합을 나타낸다.

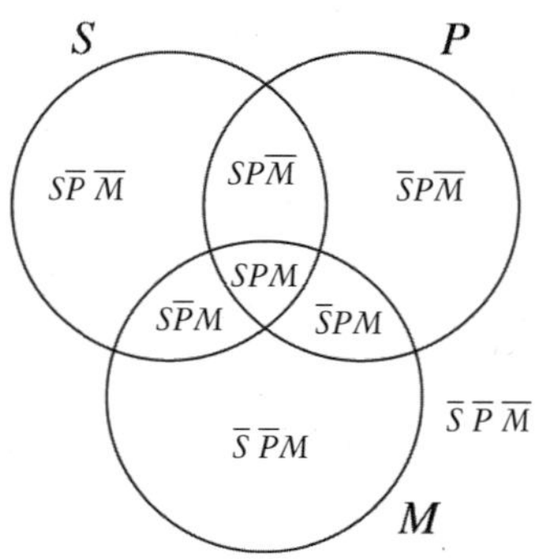

[그림 6-1]

예를 들어, [그림 6-1]은 스웨덴 사람 전체의 집합(S)과 농부 전체의 집합(P), 그리고 음악가 전체의 집합(M)에 의해 결정되는 다양한 집합으로 해석될 수 있다. SPM은 세 집합의 곱이며, 이것은 스웨덴 사람이고 농부이자 음악가 전체의 집합이다. $SP\bar{M}$는 세 번째 집합의 여집합과 처음 두 집합의 곱이며, 이것은 음악가가 아닌 스웨덴 사람인 농부 전체의 집합이다. $S\bar{P}M$은 두 번째 집합의 여집합과 첫째, 셋째 집합의 곱이다. 즉, 농부가 아니면서 스웨덴 사람인 음악가 전체의 집합이다. $S\overline{P}\,\overline{M}$은 첫째 집합과 다른 것의 여집합의 곱이다. 즉, 음악가도 농부도 아닌 스웨덴 사람 전체의 집합이다. 그리고 $\overline{S}PM$은 첫째 집합의 여집합과 둘째, 셋째 집합의 곱이다. 즉, 스웨덴 사람이 아니면서 농부인 음악가 전체의 집합이다. $\overline{S}P\overline{M}$은 둘째 집합과 다른 두 집합의 여집합의 곱이다. 즉, 스웨덴 사람도 아니고 음악가도 아닌 농부 전체의 집합이다. $\overline{S}\,\overline{P}M$은 셋째 집합과 처음 두 집합의 여집합의 곱이다. 즉, 스웨덴 사람도 아니고 농부도 아닌 음악가 전체의 집합이다. 끝으로, $\overline{S}\,\overline{P}\,\overline{M}$은 세 집합의 여집합의 곱이다. 즉, 스웨덴 사람도 아니고 농부도 아니고 음악가도 아닌 것 모두의 집합이다.

우리가 P · M의 표식이 붙은 두 원에만 주의하면, 어떤 표준형식의 정언명제가 갖는 주어개념과 술어개념이 무엇이든 간에, 빗금을 긋거나 x를 그려 넣음으로써 두 개념이 P와 M인 명제를 다이어그램으로 나타낼 수 있다. 따라서 "모든 M은 P이다"($M\overline{P}=0$)라는 명제를 다이어그램으로 나타내기 위해, P에 포함되지 않는(또는 P와 겹치지 않는) M 전체에 빗금을 긋는다. 이 영역은 $S\overline{P}M$과 $\overline{S}\,\overline{P}M$으로 표기된 두 부분을 포함하고 있다. 이 다이어그램은 [그림 6-2]와 같다.

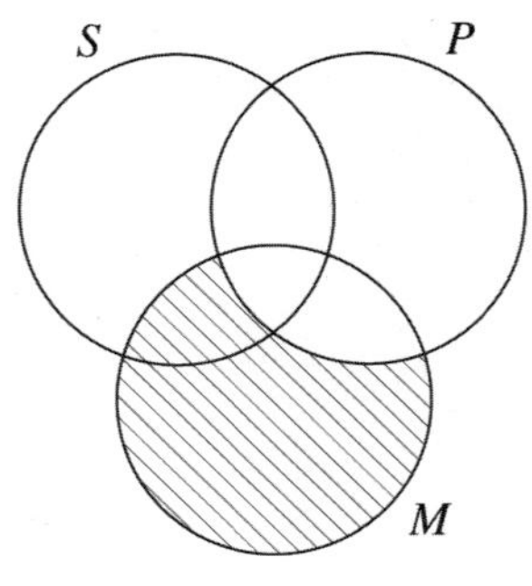

[그림 6-2]

S와 M 두 원에만 주의하면, 표준형식의 정언명제가 갖는 주어개념과 술어개념이 무엇이든 간에, 빗금을 긋거나 x를 그려 넣음으로써 두 개념이 S와 M인 명제를 다이어그램으로 나타낼 수 있다. "모든 S는 M이다"($S\overline{M}=0$)라는 명제를 다이어그램으로 나타내기 위해, M에 포함되지 않는(M과 겹치지 않는) S 전체에 빗금을 긋는다. 이 영역은 $SP\overline{M}$과 $S\overline{P}\,\overline{M}$으로 표기된 두 영역을 포함하고 있다. 이 명제에 대한 다이어그램은 [그림 6-3]과 같다.

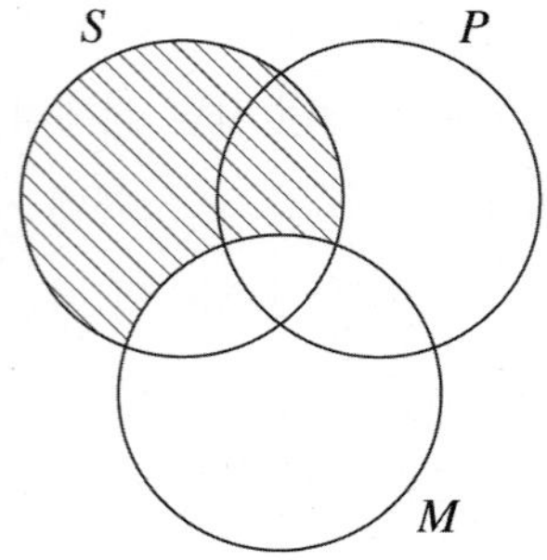

[그림 6-3]

세 개의 원이 겹치는 다이어그램의 장점은 두 명제를 함께 다이어그램으로 나타낼 수 있다는 데 있다. 물론 이것은 오직 세 개의 서로 다른 개념들이 두 명제 안에 있다는 조건에서만 가능하다. 따라서 "모든 *M*은 *P*이다"와 "모든 *S*는 *M*이다"를 하나의 다이어그램으로 나타내면 [그림 6-4]가 된다.

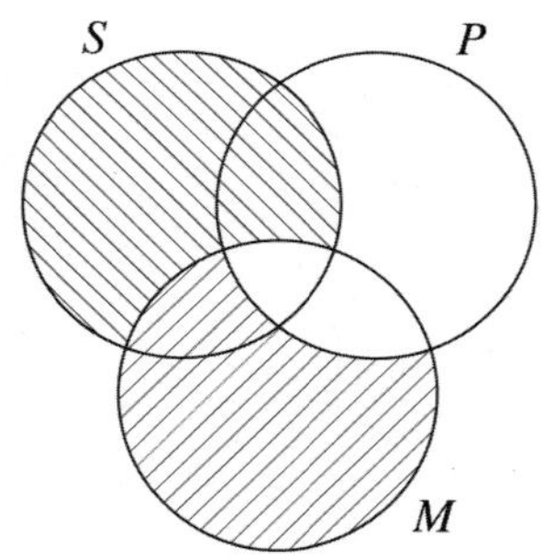

[그림 6-4]

이 다이어그램은 AAA-1식 삼단논법의 두 전제를 나타내고 있다.

모든 *M*은 *P*이다.
<u>모든 *S*는 *M*이다.</u>
그러므로 모든 *S*는 *P*이다.

두 전제가 결론을 함축하거나 포함할 때, 그리고 오직 그러한 경우에만, 즉 결론이 주장하는 바를 두 전제가 말하고 있을 때, 이 삼단논법은 타당하다. 결국 타당한 논증의 전제를 다이어그램으로 나타내면, 그것에 더 이상 표식을 하지 않고도 원래의 다이어그램에 결론의 주장이 들어 있어야 한다. "모든 *S*는 *P*이다"라는 결론을 다이어그램으로 나타내는 것은 곧 $S\bar{P}\bar{M}$와 $S\bar{P}M$으로 표시된 두 부분 모두에 빗금을 긋는 것이다. 두 전제를 나타내는 다이어그램을 자세히 보면, 그것이 결론의 다이어그램도 나타내고 있음을 볼 수 있다. ($SP\bar{M}$ 영역이 빗금으로 그어져 있어도 이것은 참이다. 왜냐하면 집합 *S*의 원소를 가진 영역만이 집합 *P*에 속해 있기 때문이다. 그래서 "모든 *S*는 *P*이다"라고 한 것이다.) 이러한 사실로부터 우리는 AAA-1식은 타당한 삼단논법이라고 결론내릴 수 있다.

이제 벤다이어그램을 적용해서 부당한 삼단논법을 검증해 보자.

모든 개는 포유동물이다.
<u>모든 고양이는 포유동물이다.</u>
그러므로 모든 고양이는 개다.

두 전제를 다이어그램으로 나타내면 [그림 6-5]와 같다.

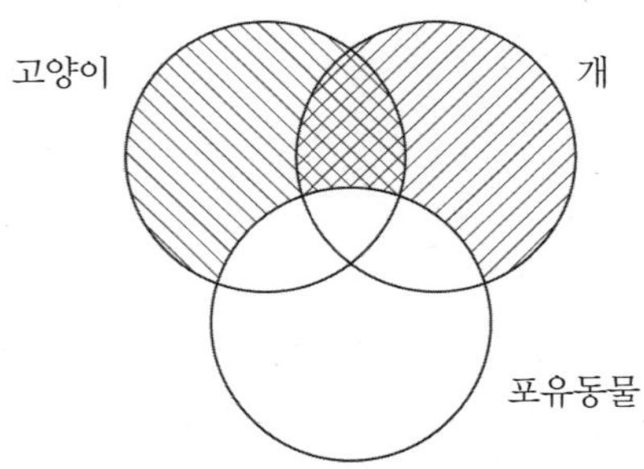

[그림 6-5]

이 다이어그램에서 *S*는 모든 고양이의 집합을 가리키고, *P*는 모든 개의 집합, 그리고 *M*은 모든 포유류의 집합인데, $S\bar{P}\bar{M}$, $SP\bar{M}$, $\bar{S}P\bar{M}$에 빗금이 그어져 있다. 그러나 결론의 다이어그램이 나타나지는 않는다. $S\bar{P}M$ 부분이 비어 있는데, 결론을 다이어그램으로 나타내기 위해서는 $S\bar{P}\bar{M}$과 $S\bar{P}M$에 모두 빗금이 그어져 있어야 한다. 따라서 AAA-2식의 삼단논법에서는 두 전제의 다이어그램이 결론의 다이어그램을 나타내지 않는다는 것을 알 수 있다. 이것은 결론이 두 전제가 말하는 것 이상을 주장하고 있다는 것, 즉 두 전제가 결론을 함축하지 않는다는 것을 보여준다. 전제가 결론을 함축하지 않는 논증은 부당하며, 따라서 우리가 그린 다이어그램은 주어진 삼단논법이 부당하다는 것을 증명한다. (그리고 이것은 AAA-2식의 모든 삼단논법은 부당하다는 것을 증명한다.)

하나의 전칭전제와 하나의 특칭전제를 갖는 삼단논법을 검증하기 위해 벤다이어그램을 사용한다면, 전칭전제를 먼저 다이어그램으로 나타내는 것이 좋다.

> 모든 예술가는 이기주의자이다.
> <u>어떤 예술가는 영세민이다.</u>
> 그러므로 어떤 영세민은 이기주의자이다.

그러므로 이와 같은 AII-3식의 삼단논법을 검사할 때, “어떤 예술가는 영세민이다”라는 특칭명제를 다이어그램으로 나타내기 위해 x를 그려 넣기 전에, “모든 예술가는 이기주의자이다”라는 전칭전제를 다이어그램으로 나타내야 한다. 순서대로 다이어그램을 그렸다면, 이 삼단논법은 [그림 6-6]과 같은 다이어그램이 될 것이다.

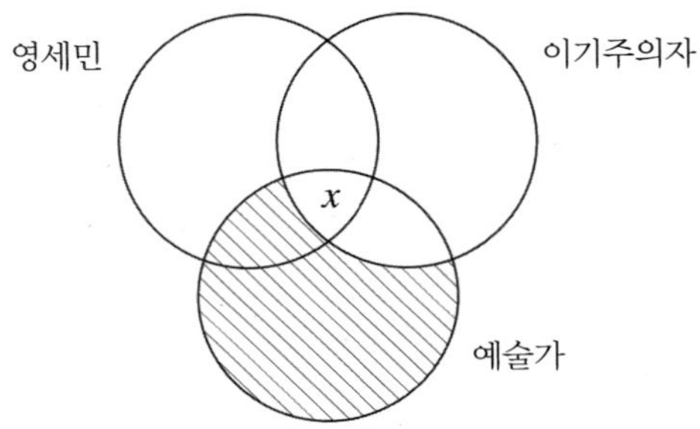

[그림 6-6]

전칭전제를 다이어그램으로 나타내면서 $S\bar{P}M$과 $\bar{S}\bar{P}M$의 영역에 빗금을 긋기 전에, 특칭전제를 먼저 다이어그램으로 나타내려고 했다면, 우리는 x를 SPM 영역에 그려 넣어야 하는지, 아니면 $S\bar{P}M$ 영역에 그려 넣어야 하는지, 아니면 두 영역 모두에 그려 넣어야 하는지 몰랐을 것이다. 그리고 x를 $S\bar{P}M$ 영역에 그려 넣거나, 아니면 SPM과 $S\bar{P}M$을 구분하는 선 위에 그려 넣고, 이어서 $S\bar{P}M$ 영역에 빗금을 긋는 것은 이 다이어그램이 나타내고자 했던 정보를 모호하게 만든다. 전제에 담긴 정보를 다이어그램으로 나타냈다면, 결론이 다이어그램으로 이미 나타나 있는지의 여부를 알기 위해 다이어그램을 검사할 수 있다. “어떤 영세민은 이기주의자이다”라는 결론이 다이어그램으로 표시되려면, “영세민”과 “이기주의자”로 표시된 두 원이 겹치는 부분 어디엔가 x가 나타나야 하기 때문이다. 이 겹치는 부분은 $SP\bar{M}$과 SPM 둘로 되어 있으며, 이 두 부분이 집합 SP를 구성한다. 그런데 SPM 영역에 x가 있다. 따라서 겹치는 영역 SP에 x가 있다. 삼단논법의 결론의 주장이 전제의 다이어그램 속에 이미 나타나 있다. 그러므로 이 삼단논법은 타당하다.

다른 예를 하나 더 살펴보자. 이 예에서 벤다이어그램의 중요한 점 하나를 보게 될 것이다. 다음 논증을 검사하면서 알아보자.

> 모든 위대한 과학자는 대학 졸업자이다.
> 어떤 직업 운동선수는 대학 졸업자이다.
> 그러므로 어떤 직업 운동선수는 위대한 과학자이다.

이 논증을 검증할 때, $SP\overline{M}$와 $\overline{S}P\overline{M}$ 두 영역을 모두 빗금을 그어 표시하고 있는 [그림 6-7]에서처럼, 먼저 전칭명제를 다이어그램으로 나타낸 다음에도, 여전히 특칭명제를 나타내기 위해 필요한 x를 어디에 그려 넣어야 할지 몰라 당황하게 될 것이다.

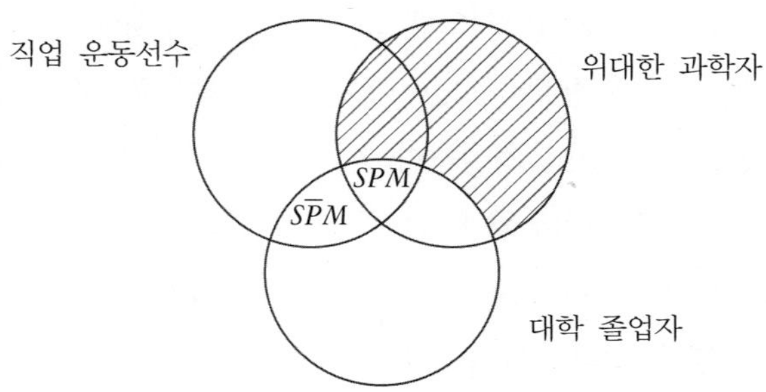

[그림 6-7]

특칭전제는 "어떤 직업 운동선수는 대학 졸업자이다"이므로 "직업 운동선수"와 "대학 졸업자"로 표기된 두 원이 겹치는 부분 어디엔가 x를 그려 넣어야 한다. 그렇지만 겹치는 부분은 SPM과 $S\overline{P}M$ 두 곳이다. 두 곳 중 어디에 x가 있어야 할까? 전제는 아무것도 말해주지 않으며, 그리고 우리가 x의 자리를 임의로 결정한다면, 우리는 전제가 보증하는 것 이상의 정보를 다이어그램에 집어넣게 된다. 이것은 다이어그램을 사용하여 타당성을 검증할 수 없도록 할 수도 있을 것이다. 그 두 영역 가운데 한쪽에 x 표시를 하는 것도 또한 전제가 주장하는 바를 넘어설 수 있다. 겹치는 SM 영역을 SPM과 $S\overline{P}M$ 두 부분으로 나누는 선 위에다 x를 그려 넣음으로써, 우리는 두 번째 전제가 주장하는 바를 아무것도 더하지 않고 정확하게 다이어그램으로 나타낼 수 있다. x를 두 영역 사이의 선 위에 그리는 것은 그 영역 중 어느 한쪽에 속하는 무엇이 있다는 것을 지시하지만, 어느 쪽에 속하는지를 가리키지는 않는다. 두 전제의 완성된 다이어그램은 [그림 6-8]과 같다.

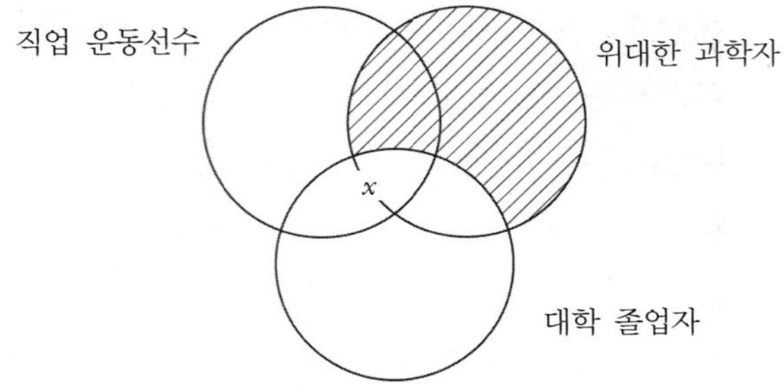

[그림 6–8]

이 삼단논법의 결론이 그 전제의 다이어그램에 이미 나타나 있는지 알아보기 위해 전제의 다이어그램을 살펴보면, 우리는 그렇지 않다는 것을 발견한다. "어떤 직업 운동선수는 위대한 과학자이다"라는 결론을 다이어그램으로 나타내기 위해서는, 위의 두 원이 겹치는 부분인 $SP\overline{M}$이나 SPM 어느 한쪽에 x가 있어야 한다. 그런데 $SP\overline{M}$은 빗금이 그어져 있으므로 어떤 x도 포함하지 않는 것이 확실하다. 이 다이어그램은 SPM에 x가 있다는 것도 보여주지 않는다. 사실은 SPM이나 $\overline{S}PM$ 둘 중 어디에 x가 있어야 하지만, 다이어그램은 그것이 어디에 있는지 말해주지 않는다. 그러므로 전제가 우리에게 말하고 있는 것과 상관없이 결론은 거짓일 수 있다. 우리는 결론이 거짓이라는 것을 알지 못한다. 다만 전제가 결론을 주장하거나 포함하지 않을 뿐이다. 하지만 이것만으로도 이 논증이 부당하다는 것을 알 수 있다. 이 다이어그램은 주어진 삼단논법이 부당하다는 것뿐만 아니라 AII-2식의 삼단논법은 모두 부당하다는 것을 보여준다.

표준형식의 삼단논법의 타당성을 검증하기 위해 벤다이어그램을 사용하는 일반적인 방법은 아래와 같이 요약될 수 있다. 첫째, 벤다이어그램의 세 원에 삼단논법의 세 개념을 표식한다. 그 다음, 두 전제를 다이어그램으로 나타낸다. 만일 하나의 전칭명제와 하나의 특칭명제가 있으면, 전칭명제를 먼저 다이어그램으로 나타낸다. 그리고 특칭명제를 다이어그램으로 나타낼 때, 전제가 x의 자리를 결정하지 않는다면, 선 위에 x를 그려 넣는다. 마지막으로, 전제의 다이어그램이 결론의 다이어그램을 포함하는지 여부를 알기 위해, 이 다이어그램을 검사한다. 전제의 다이어그램이 결론의 다이어그램을 포함한다면, 이 삼단논법은 타당하지만, 그렇지 않으면 부당하다.

벤다이어그램으로 타당한 삼단논법과 부당한 삼단논법을 식별하는 이론적 기초는 무엇인가? 이 물음에 대한 대답은 두 부분으로 되어 있다. 첫 번째 부분은 6장 2절에서 살펴본 바 있는 삼단논법의 형식적 성격과 관련이 있다. 거기서 이미 밝혔듯이, 어떤 삼단논법의 타당성 여부에 대한 적법한 검증은 정확하게 동일한 형식을 갖는 다른 삼단논법의 타당성 여부를 확정한다. 이 기법은 벤다이어그램 사용의 기초이다.

벤다이어그램이 이런 목적에 어떻게 기여하는가를 설명하는 것은 두 번째 부분의 대답이다. 보통 삼단논법은 그 대상의 집합에 관한 것이지만, 모든 음악가나 위대한 과학자, 나트륨염 등의 집합과 같이 그 대상들이 모두 눈앞에 존재하는 것은 아니다. 우리는 이러한 집합들 사이의 포함 관계나 배척 관계를 추리할 수도 있고, 과학적 탐구 과정을 통해 경험적으로 발견할 수도 있다. 그러나 삼단논법에 포함된 집합의 원소 자체가 한꺼번에 살펴볼 수 있도록 존재하는 것은 아니므로, 우리가 그것들은 직접 살펴볼 수 없다는 것은 틀림없다. 그렇지만 우리는 스스로 만든 상황을 검토할 수 있는데, 이럴 경우 고려되는 집합은 바로 우리 자신의 정의에 의해 직접 살펴볼 수 있는 대상들만 포함할 것이다. 그리고 우리는 우리가 만든 상황들에 관해 삼단논법을 통해 논증할 수 있다. 벤다이어그램은 표준형식의 정언명제를 표시하는 도구지만 그것도 역시 우리가 고안한 것이고, 우리가 종이 위에 연필이나 잉크로 그린 무늬이거나 칠판 위에 분필로 그린 형태이며, 결국 우리 스스로 만든 상황들이다. 그리고 벤다이어그램이 표현하는 명제는 다이어그램 자체를 언명하는 것으로 해석될 수 있다. 예를 들어 보면 이것이 분명해질 것이다. 아래와 같은 특이한 삼단논법을 가정해 보자. 이 삼단논법의 개념들은 성공한 사람, 자신의 일에 흥미를 느끼는 사람, 집중할 수 있는 사람을 지칭하지만, 이런 사람은 이 세계 어디에나 있을 수 있다.

> 모든 성공한 사람은 자신의 일에 아주 흥미를 느끼는 사람이다.
> 자신의 일에 아주 흥미를 느끼는 사람은 어떤 사람도 <u>일을 할 때 주의력이 쉽게 산만해지는 사람이 아니다.</u>
> 그러므로 일을 할 때 주의력이 쉽게 산만해지는 사람은 어떤 사람도 성공한 사람이 아니다.

이 삼단논법의 형식은 **AEE-4**식이며, 다음과 같이 도식화할 수 있다.

> 모든 *P*는 *M*이다.
> <u>어떤 *M*도 *S*가 아니다.</u>
> 그러므로 어떤 *S*도 *P*가 아니다.

눈으로 익히는 논리학

벤다이어그램에서 어디에 x를 그려 넣어야 할까?

정언적 삼단논법을 표현하는 벤다이어그램에는 삼단논법의 세 개념(소개념, 대개념, 매개념)이 겹쳐진 세 원으로 표현되고, 세 원에는 각각 S, P, M으로 표식한다. (원에 S와 P로 표식한 것은 삼단논법의 소개념과 대개념이 결론의 주어개념과 술어개념에 대응한다는 사실을 반영한다.)

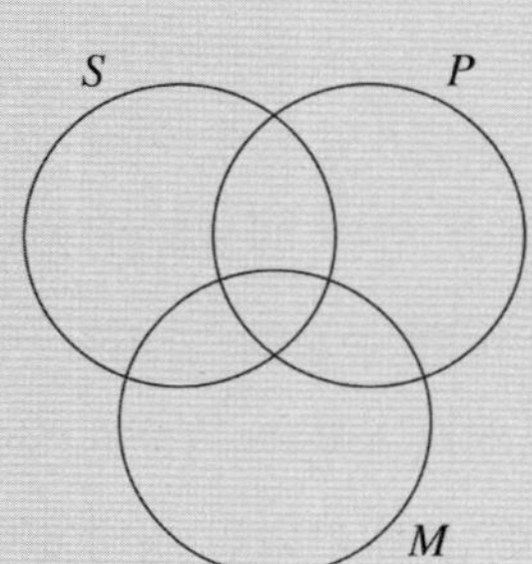

아무런 표시가 없는
S, P, M 세 원의 다이어그램

삼단논법의 한 전제가 벤다이어그램의 선 위에 x를 표시하도록 요구할 때, 이런 의문이 들 때가 있다. 즉, 어느 선에 그려 넣어야 할까? 그리고 그 이유는 무엇일까? 이 물음들에 대한 대답은 이렇다. 즉, "언제나 x는 그 전제에서 언명되지 않은 집합을 가리키는 원의 선 위에 그려 넣어야 한다."

보기 : "어떤 S는 M이다"라는 전제가 주어졌다고 가정해 보자. 이 전제에서 "어떤"을 나타내는 x가 P의 원소인지 P의 원소가 아닌지 결정할 수 없다. 따라서 x는 원 P의 선 위에 그려 넣어야 하며, 벤다이어그램은 다음과 같다.

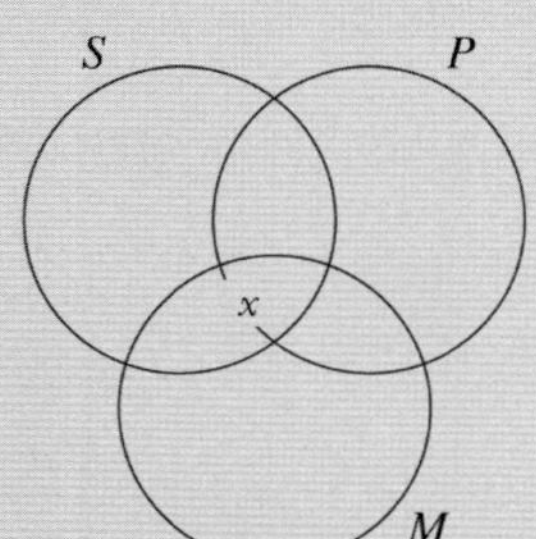

원 P의 선 위에 x가 있는
세 원의 다이어그램

다른 보기 : "어떤 M은 P가 아니다"라는 전제가 주어졌다고 가정해 보자. 이 전제에서 P 아닌 M이 S의 원소인지 S의 원소가 아닌지 결정할 수 없다. 따라서 x는 원 S의 선 위에 그려 넣어야 하며, 다이어그램은 다음과 같다.

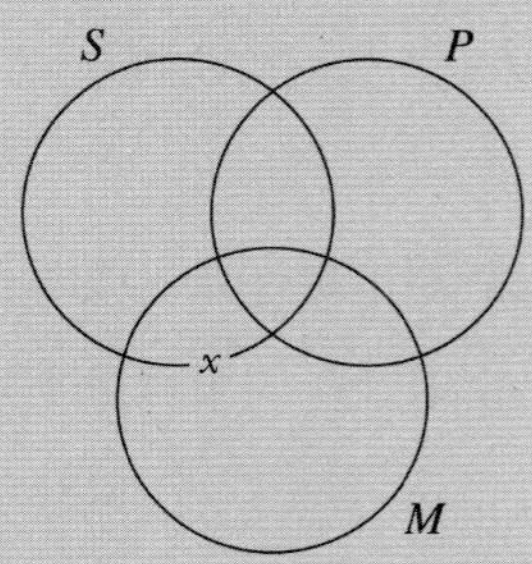

원 S의 선 위에 x가 있는
세 원의 다이어그램

우리는 [그림 6-9]와 같이 벤다이어그램을 구성해 봄으로써 이 논증을 검증할 수 있다. 이 벤다이어그램은 $SP\overline{M}$과 $\overline{S}P\overline{M}$에 첫 번째 전제를 나타내는 빗금이 그어져 있으며, $\overline{S}PM$과 SPM 두 영역에는 두 번째 전제를 나타내는 빗금이 그어져 있다.

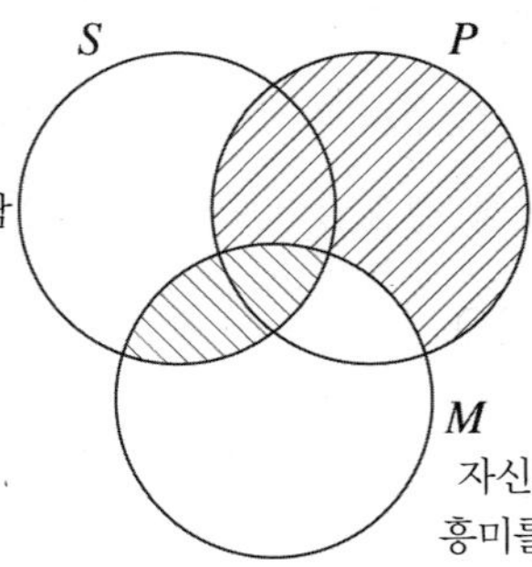

[그림 6-9]

이 다이어그램을 검사해 보면, SP(SPM과 $SP\overline{M}$ 영역을 이루는)에 빗금이 그어져 있으므로, 삼단논법의 결론이 이미 다이어그램으로 표현되어 있다는 것을 알 수 있다. 이것은 주어진 삼단논법이 타당하다는 것을 어떻게 우리에게 말해주는가? 이 삼단논법은 우리와 거의 관계없는 광범위한 집합에 관한 것이다. 일을 할 때 주의력이 쉽게 산만해지는 사람들이 많으며, 이런 사람들이 광범위하게 분포하고 있다. 그러나 우리는 우리가 직접 살펴보기에 용이한 대상을 다루는 삼단논법을 동일한 형식으로 구성할 수 있다. 이 대상은 *S*, *P*, *M*의 표식이 붙은 벤다이어그램의 원에서 빗금이 없는 부분 안에 있는 점들이다.

이것은 새로운 삼단논법이다.

원 *P*의 빗금이 없는 부분 안에 있는 모든 점은 원 *M*의 안 지워진 부분 안에 있다.
원 *M*의 빗금 없는 부분 안에 있는 어떤 점도 원 *S*의 빗금 없는 부분 안에 있지 않다.
그러므로 원 *S*의 빗금 없는 부분 안에 있는 어떤 점도 원 *P*의 빗금 없는 부분 안에 있지 않다.

이 새로운 삼단논법이 언급하는 것은 우리와 무관한 것이 아니다. 그것은 우리가 만든 상황, 즉 우리가 그린 벤다이어그램에 관한 것이다. 이 집합들 사이의 포함과 배척 등의 모든 가능성은 우리에게 직접 드러나 있으며, 우리가 직접 살펴볼 수 있다. 여기서 우리는 모든 가능성을 정확하게 볼 수 있으며, 그리고 *P*의 모든 점은 또한 *M*의 점이므로, 또 *M*과 *S*는 어떠한 점도 공유하지 않으므로, *S*와 *P*는 어떠한 점도 공유할 수 없다는 것을 알 수 있다. 이 새로운 삼단논법은 오직 벤다이어그램에 있는 점의 집합만 언명할 뿐이므로, 이 삼단논법이 말하는 것을 봄으로써 그 논증이 타당하다는 것을 알 수 있다. 사람의 집합에 관한 원래의 삼단논법과 이 새로운 삼단논법의 형식은 정확하게 동일하므로, 삼단논법의 형식적 성격에 따라 원래의 삼단논법도 역시 타당하다는 것을 알 수 있다. 부당한 삼단논법의 부당함에 대한 벤다이어그램의 증명에 대해서도 같은 설명을 할 수 있다. 이 경우에도 역시 원래의 삼단논법과 정확하게 동일한 형식이지만, 그 형식을 나타내는 벤다이어그램을 우리가 직접 검증함으로써 원래의 삼단논법을 간접적으로 검증할 수 있다.

인물탐구

존 벤(John Venn)

존 벤(1834~1923)은 영국 요크셔 지방의 헐에서 영국교회 복음주의자의 아들이자 손자로 태어났으며, 1857년 캠브리지대학에서 수학박사 학위를 받았다. 그 뒤 그는 모교의 교수가 되었으며, 모교와 일생동안 밀접한 관계를 유지했다. 그는 1859년에 성직자의 서품을 받았으나, 자신의 신앙심에 회의가 생겨 곧바로 캠브리지로 돌아가 논리학과 확률론을 가르쳤다.

그가 논리학의 역사에서 특별한 위치를 차지하게 된 것은 그의 이름을 딴 다이어그램 때문이다. 다이어그램을 사용하면 논리적 관계를 시각적으로 나타낼 수 있다는 생각은 17세기 독일 철학자 라이프니츠(Gottfried Leibniz)도 어느 정도 가지고 있었으며, 그 후 18세기에는 상상력이 풍부한 스위스 수학자 오일러(Leonhard Euler)에 의해 다시 이어졌다. 그러나 논리학에서 쉽고 효과적으로 사용될 수 있도록 시각적 표현 시스템을 개발한 사람은 존 벤이었다. 그의 다이어그램은 명제들 사이의 관계에 대한 우리의 이해를 높여주고, 삼단논법의 타당성 여부를 판단할 수 있는 간편하면서도 신뢰할 수 있는 방법을 제공한다.

하나의 원이 하나의 집합을 시각적으로 나타낸다면, 겹치는 두 원은 두 집합의 관계를 나타낼 수 있고, 겹치는 세 원은 정언적 삼단논법의 세 범주(개념)를 나타낼 수 있다. 벤은 부울(George Boole)의 연구 성과를 분석하여 이를 한층 더 발전시켰다. 식과 격의 조합으로 된 정언적 삼단논법의 가능한 형식 256가지 전부가 부울의 명제 해석에 따라 간단히 세 원의 벤다이어그램으로 나타낼 수 있다. 벤다이어그램은 논리정연하고 매우 효과적인 도구이다. 삼단논법의 타당성 여부를 규명하는 "벤다이어그램 기법"은 이 책 2편에서 자세히 다룰 것이다.

벤은 통계학과 확률이론의 발전에도 영향을 미쳤다. 그는 한 사건이 일어날 확률을 그 사건의 발생에 대한 합리적인 믿음의 정도로 이해하는 낡은 관념을 거부했다. 오히려 그는 사건이 일어날 확률은 경험적으로 결정된다는 확률의 빈도이론을 정립하고 그 객관성을 역설했다. 이에 대해서는 이 책의 마지막 장에서 설명할 것이다. 그는 1923년 사망할 때까지 캠브리지대학에서 교수이자 발명가이자 역사학자로 봉직했다. 그의 대표적인 저작은 『기호논리학(*Symbolic Logic*)』(1881)이다. 이 책은 정언명제의 해석을 세련되게 개량했으며, 정언적 논증을 실감나게 가시화했다. 존 벤이 논리학을 공부하는 사람들에게 위대하고 영원한 친구로 남은 것은 간단하면서도 명료한 것을 추구한 그의 노력 때문이다.

논리연습

A. 결론의 주어개념과 술어개념으로서 S와 P, 그리고 매개념으로서 M을 사용하여, 아래 삼단논법의 형식을 다시 쓰라. (필요하면 304쪽 삼단논법의 네 가지 식에 대한 도표를 참조하라.) 그리고 나서 벤다이어그램을 사용하여 삼단논법의 타당성 여부를 검사하라.

보기문제

1. AEE-1

문제풀이

이 삼단논법은 1격이다. 그러므로 매개념 M은 대전제에서는 주어개념이 되고 소전제에서는 술어개념이 된다(304쪽의 도표를 참조하라.). 이 삼단논법의 결론은 E명제이므로, "어떤 S도 P가 아니다"이다. 첫 번째 전제(결론의 술어개념을 포함하는 대전제)는 A명제이고, 따라서 "모든 M은 P이다"로 된다. 두 번째 전제(결론의 주어개념을 포함하는 소전제)는 E명제이고, 따라서 "어떤 S도 M이 아니다"로 된다. 그러므로 이 삼단논법은 아래와 같다.

모든 M은 P이다.
<u>어떤 S도 M이 아니다.</u>
그러므로 어떤 S도 P가 아니다.

이 삼단논법의 벤다이어그램은 [그림 6-10]과 같다. 벤다이어그램으로 검사해 보면 이 삼단논법은 부당한 것으로 밝혀진다.

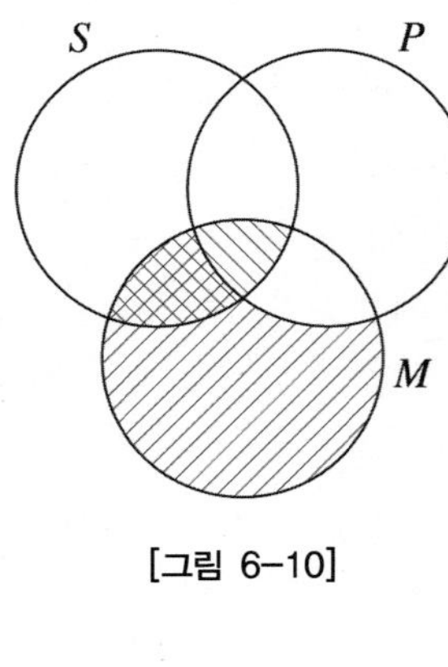

[그림 6-10]

2. EIO-2	* 5. EIO-4	8. EAE-1	11. AOO-3	14. OAO-4
3. OAO-3	6. OAO-2	9. EIO-3	12. EAE-1	* 15. EIO-1
4. AOO-4	7. AOO-1	* 10. IAI-4	13. IAI-1	

B. 아래 삼단논법을 표준형식으로 바꾸고, 그 식과 격의 이름을 밝힌 다음, 벤다이어그램으로 타당성을 검사하라.

*1. 어떤 개혁가는 광신자이다. 그래서 어떤 이상주의자는 광신자이다. 왜냐하면 모든 개혁가는 이상주의자이기 때문이다.

2. 어떤 철학자는 수학자이다. 따라서 어떤 과학자는 철학자이다. 왜냐하면 모든 과학자는 수학자이기 때문이다.

3. 어떤 포유동물은 말이 아니다. 왜냐하면 어떤 말도 켄타우로스가 아니고, 모든 켄타우로스는 포유동물이기 때문이다.

4. 어떤 노이로제 환자는 기생충과 같은 사람이 아니다. 그러나 모든 범죄자는 기생충과 같은 사람이다. 따라서 어떤 노이로제 환자는 범죄자가 아니다.

*5. 물속에 있는 배는 모두 잠수함이다. 그러므로 어떤 잠수함도 유람선이 아니다. 왜냐하면 어떤 유람선도 물속에 있는 배가 아니기 때문이다.

6. 어떤 범죄자도 개척자가 아니다. 왜냐하면 모든 범죄자는 불명예스러운 사람이고, 어떤 개척자도 불명예스러운 사람이 아니기 때문이다.

7. 어떤 음악가도 천문학자가 아니다. 모든 음악가는 야구 애호가이다. 따라서 어떤 천문학자도 야구 애호가가 아니다.

8. 어떤 기독교 신자는 감리교 신자가 아니다. 왜냐하면 어떤 기독교 신자는 프로테스탄트가 아니고, 어떤 프로테스탄트는 감리교 신자가 아니기 때문이다.

9. 선거에서 이기는 데만 몰두하는 어떤 사람도 진정한 자유주의자가 아니다. 그리고 모든 적극적인 정치가는 선거에서 이기는 데만 몰두하는 사람이다. 따라서 어떤 진정한 자유주의자도 적극적인 정치가가 아니다.

*10. 어떤 유약한 사람도 노동운동 지도자가 아니다. 왜냐하면 어떤 유약한 사람도 진정한 자유주의자가 아니며, 모든 노동운동 지도자는 진정한 자유주의자이기 때문이다.

6.4 삼단논법의 규칙과 오류

삼단논법은 여러 가지 방법으로도 그 결론을 확정할 수 없는 경우가 있다. 일반적인 오류를 피해갈 수 있도록 돕기 위해 추론자의 길을 안내하는 여섯 가지 규칙이 있다. 어떤 주어진 표준형식의 정언적 삼단논법이 이 여섯 가지 규칙을 위배하고 있는지 여부를 살펴봄으로써, 그 삼단논법을 평가할 수 있다. 삼단논법을 평가하는 이 규칙들을 잘 익혀 두면 삼단논법 자체에 대한 우리의 이해도 한층 풍부해진다. 다시 말해서, 삼단논법이 어떤 방식으로 작동하는지, 그리고 규칙을 위반하면 왜 그 기능을 수행하지 못하는지를 알게 해준다.

이 규칙들 중 어느 하나라도 위반하면 오류이며, 오류는 삼단논법을 부당한 것으로 만든다. 그것은 특별한 종류의 잘못을 범하는 것이기 때문에, 우리는 그것을 오류라고 말한다. 이것은 논리적 형식에서의 잘못이기 때문에, (4장에서 설명한 비형식적 오류와 대비하여) 형식적 오류라고 한다. 삼단논법으로 추론을 할 때는 규칙 위반이 있으면 어김없이 나타나는 형식적 오류를 용의주도하게 피해 가야만 한다. 이러한 형식적 오류들 하나하나에는 아래와 같이 전통적인 이름이 붙어 있다.

규칙 1. 네 개의 개념을 피하라.

타당한 표준형식의 정언적 삼단논법은 반드시 세 개의 개념을 가져야 하며, 그 개념들은 그 논증 전체에서 동일한 의미로 사용되어야 한다.

정언적 삼단논법의 결론은 두 개념, 즉 주어개념(소개념)과 술어개념(대개념) 사이에 있는 관계를 주장한다. 이러한 결론이 정당화될 수 있는 것은 두 개념 각각이 동일한 제3의 개념(매개념)에 대해 관계하고 있다는 것을 전제가 주장하는 경우에만 가능하다. 전제가 이런 주장을 하지 않는다면, 결론의 두 개념 사이에 어떤 연관도 확정될 수 없으며, 논증은 성립하지 않는다. 따라서 모든 타당한 정언적 삼단논법은 반드시 세 개의 개념을 포함하고 있어야 한다. 만약 개념이 세 개보다 많거나 적으면, 그 삼단논법은 부당하다. 이 규칙을 위반한 오류를 **네 개념의 오류**(fallacy of four terms)라 한다.

이 오류의 밑바탕에 공통적으로 깔려 있는 잘못은 애매성이다. 즉, 하나의 단어나 구절이 서로 다른 의미로 사용되고 있는 것이다. 소개념과는 이런 방향에서 연관을 맺고, 대개념과는 저런 방향에서 연관을 맺음으로써 의미 변동이 일어나는 것이 매개념의 경우 아주 흔하다. 이렇게 되면, 결론의 두 개념은 (동일한 매개념과 연관되지 않고) 두 개의 다른 개념과 연관을 맺게 되고, 따라서 결론이 주장하는 관계는 확정되지 못한다. 가장 빈번하게 사용되는 것이 매개념이기 때문에, 흔히 이 오류를 "애매한 매개념의 오류"라고도 한다. 하지만 이 명칭이 일반적으로 사용될 수는 없다. 매개념 대신 다른 개념들이 변화된 의미를 가질 수도 있기 때문이다. 개념의 애매성은 삼단논법의 개념을 다섯 개 또는 여섯 개까지 늘리기도 하지만, 그 오류의 이름은 전통적인 명칭 그대로 "네 개념의 오류"라 한다.

이 장의 서두에서 정언적 삼단논법이라는 용어를 정의할 때 밝혔듯이, 모든 삼단논법은 그 본성대로 세 개의 개념을 가져야 한다. (삼단논법이란 개념은 이 책에서 정의하는 것보다 훨씬 더 넓은 의미로 정의되는 경우가 더러 있다. 4장에서 지적한 비형식적인 애매성의 오류는 다른 여러 가지 논증의 문맥에서 나타날 수도 있다.) 그러므로 "네 개념을 피하라" 라는 이 규칙은 우리가 살펴보는 논증이 실제로 정언적 삼단논법인지를 확인하기 위한 규칙으로 볼 수도 있다.

규칙 2. 매개념은 적어도 한 전제에서는 주연되어야 한다.

(5장 4절에서 설명했듯이) 명제가 개념이 가리키는 집합의 원소 **전부**를 언명하고 있을 때, 그 개념은 그 명제에서 주연되어 있다. 만약 매개념이 한 전제에서도 주연되지 않는다면, 결론이 요구하는 연결은 이루어질 수 없다.

역사학자 바바라 터크먼(Barbara Tuchman)은 무정부주의에 대한 이전의 많은 비판들이 아래와 같은 "무의식적인 삼단논법(unconscious syllogism)"에 의지한다고 주장했다.

모든 러시아인은 혁명가이다.
모든 무정부주의자는 혁명가이다.
그러므로 모든 무정부주의자는 러시아인이다.[1)]

이 삼단논법은 명백히 부당하다. 이 삼단논법은 무정부주의자의 집합과 러시아인의 집합의 각각이 혁명가의 집합과 맺고 있는 관계에 의거하여, 무정부주의자와 러시아인의 관계를 주장하지만, 혁명가는 두 전제에서 한 번도 주연되지 않으며, 따라서 이 삼단논법은 오류이다. 첫 번째 전제도 혁명가의 전부에 대해 언명하지 않으며, 두 번째 전제도 마찬가지이다. 혁명가는 이 논증에서 매개념인데, 매개념이 삼단논법의 두 전제에서 적어도 한

1) Barbara Tuchman, *The Proud Tower*, New York: Macmillan, 1966.

번 이상 주연되지 않으면, 그 삼단논법은 타당할 수 없다. 이런 오류를 **매개념 부주연의 오류**(fallacy of the undistributed middle)라 한다.

이 규칙의 바탕은 반드시 소개념과 대개념이 연결되어야 한다는 것이다. 만약 소개념과 대개념이 매개념과 연결되어 있다면, 결론의 주어개념과 술어개념 중 어느 하나는 반드시 매개념이 가리키는 집합 전체와 연관되어야 한다. 만약 그렇지 않으면, 결론의 두 개념은 제각기 매개념의 다른 부분들과 연관될 수도 있고, 또 서로 필연적인 연관이 전혀 없을 수도 있다.

앞에서 예로 제시된 삼단논법에서 일어난 오류가 바로 이것이다. (첫 번째 전제를 보면) 러시아인은 혁명가라는 집합의 한 부분에 포함된다. 그리고 (두 번째 전제를 보면) 무정부주의자는 혁명가라는 집합의 한 부분에 포함된다. 그러나 러시아인과 무정부주의자는 혁명가라는 집합(삼단논법의 매개념)의 서로 다른 부분에 포함되므로, 매개념이 소개념과 대개념을 성공적으로 연결하지 못한다. 타당한 삼단논법에서는 매개념이 적어도 한 전제에서는 주연되어야 한다.

규칙 3. 결론에서 주연된 개념은 전제에서도 주연되어야 한다.

한 집합의 **모든** 원소에 대해 언명하는 것은 **일부** 원소만 언명하는 것보다 그 집합에 대해 더 많은 것을 주장하는 것이다. 따라서 삼단논법의 전제에서 부주연되어 있는 개념을 결론에서 주연시키면, 그 결론은 전제가 말하는 것보다 더 많은 것을 그 개념에 대해 주장하는 것이다. 그러나 타당한 논증은 그 전제가 그 결론을 논리적으로 함축하거나 수반하는 논증이다. 그러므로 타당한 논증의 결론은 전제가 주장하는 것보다 더 많을 것을 주장해서는 안 된다. 전제에 부주연되어 있는 개념이 결론에 주연되어 있다는 것은 결론이 전제를 넘어서 지나치게 멀리까지 갔다는 확실한 표식이 된다. 이것을 **부당 주연의 오류**(fallacy of illicit process)라고 한다.

결론은 소개념(주어)이나 대개념(술어) 그 어느 것에 대해서도 범위를 벗어날 수 있다. 따라서 부당 주연에는 두 가지가 있으며, 그 두 가지 형식적 오류의 명칭은 아래와 같다.

대개념 부당 주연의 오류
소개념 부당 주연의 오류

대개념 부당 주연의 예는 다음과 같은 것이다.

모든 개는 포유동물이다.

어떤 고양이도 개가 아니다.
그러므로 어떤 고양이도 포유동물이 아니다.

이 추론은 분명히 잘못된 추론이지만, 그 잘못은 어디에 있는가? 이 추론의 결론은 고양이의 집합에서 포유동물 전체가 배척된다고 말함으로써, 포유동물 전체에 대해 주장하고 있다. 잘못은 바로 여기에 있다. A명제에서 주어개념은 주연되고 술어개념은 부주연된다는 것을 명심하라. 따라서 전제는 모든 포유동물에 대해서는 어떤 주장도 하지 않으므로, 결론은 전제의 주장을 부당하게 넘어서고 있다. 이 삼단논법에서 포유동물은 대개념이므로, 이 오류는 **대개념 부당 주연의 오류**이다.

아래 삼단논법은 소개념 부당 주연에 대한 예이다.

전통적으로 믿음이 깊은 사람은 모두 원리주의자이다.
전통적으로 믿음이 깊은 사람은 모두 낙태 반대론자이다.
그러므로 낙태 반대론자는 모두 원리주의자이다.

이 논증이 잘못된 논증이라는 것도 금방 알아차릴 수 있다. 무엇이 잘못일까? 결론은 낙태 반대론자 전체에 대해 주장하고 있지만, 전제는 그와 같은 주장을 하지 않는다. 전제는 낙태 반대론자 전체에 대해서는 어떤 주장도 하지 않는다. 따라서 결론은 전제가 주장하는 바를 부당하게 넘어선다. 여기서 낙태 반대론자는 소개념이므로, 이 오류는 **소개념 부당 주연의 오류**이다.

규칙 4. 두 부정 전제를 피하라.

부정명제(E, O)는 모두 집합의 포함을 부정한다. 부정명제는 어떤 집합의 전부 또는 일부가 다른 집합에서 배제되어 있다는 것을 주장한다. 배척을 주장하는 두 전제에서는 결론이 주장하는 연결이 도출될 수 없으며, 따라서 타당한 논증도 나올 수 없다. 이것을 **양 전제 부정의 오류**(fallacy of exclusive premises)라고 한다.

이 오류를 이해하기 위해서는 약간의 복습이 필요하다. 삼단논법의 소개념, 대개념, 매개념을 각각 S, P, M이라고 하자. 두 부정 전제는 우리에게 세 개념 사이의 관계에 대해 무엇을 말해줄 수 있을까? 두 부정 전제는 S(결론의 주어)가 M(매개념)의 전체 또는 부분으로부터 전체적으로 또는 부분적으로 배제되어 있으며, P(결론의 술어)는 M의 전체 또는 부분으로부터 전체적으로 또는 부분적으로 배제되어 있다는 것을 말해준다. 그러나

*S*와 *P*가 부분적으로나 전체적으로 포함 관계를 갖든 배척 관계를 갖든 관계없이 이런 주장을 할 수 있다. 두 부정 전제는 *S*와 *P*가 부분적으로나 전체적으로 포함 관계인지 아니면 배척 관계인지에 대해서는 말해주지 않는다. 두 부정 전제는 *S*와 *P* 사이의 어떤 관계에 대해서도 타당하게 추론할 수 없다. 따라서 삼단논법의 두 전제가 모두 부정이면, 그 논증은 부당할 수밖에 없다.

규칙 5. 한 전제가 부정이면, 결론도 반드시 부정이어야 한다.

결론이 긍정이라는 것은, 다시 말해서 결론이 *S*와 *P* 둘 중 하나가 다른 집합에 전체적으로 또는 부분적으로 포함된다는 것을 주장하는 것이다. 이러한 추리가 가능한 경우는, 첫 번째 집합을 포함하면서 동시에 두 번째 집합에 포함되는 제3의 집합이 존재한다는 것을 전제가 주장할 때뿐이다. 하지만 집합 간의 포함은 오직 긍정명제에 의해서만 진술될 수 있다. 그러므로 긍정적 결론은 오직 두 긍정 전제로부터 타당하게 도출될 수 있다. 이런 오류를 **부당 긍정의 오류**(fallacy of drawing an affirmative conclusion from a negative premise)라고 한다.

방금 위에서 보았듯이, 긍정적 결론은 긍정인 두 전제를 요구한다. 그렇다면, 한 전제가 부정이면 결론도 역시 부정이 되어야 하며, 그렇지 않으면 부당한 논증이라는 것을 확실히 알 수 있다.

다른 오류와 달리, 이 오류는 흔하지 않다. 왜냐하면 부정 전제에서 긍정의 결론을 끌어내는 모든 논증은 그럴듯하게 꾸며놓은 것이라는 것이 금방 드러나기 때문이다. 심지어 그 잘못을 설명하는 것조차도 불편하고 어색해 보인다.

어떤 시인도 회계사가 아니다.
<u>어떤 예술가는 시인이다.</u>
그러므로 어떤 예술가는 회계사이다.

이 삼단논법의 첫 번째 전제가 주장하는 시인과 회계사의 배척관계는 예술가와 회계사의 포함관계에 대한 어떤 타당한 추론도 정당하게 이끌어낼 수 없다는 것을 우리는 금방 알 수 있다.

규칙 6. 두 전제가 전칭이면, 결론도 전칭이어야 한다.

정언명제에 대한 부울의 해석(5장 7절에서 설명한)에 따르면, 전칭명제(A와 E)는 존재함축을 갖지 않고 특칭명제(I, O)는 존재함축을 갖는다. 이 책에서처럼, 부울의 해석을 따른다면 어떤 경우이든 존재함축을 갖지 않는 전제로부터 존재함축을 갖는 결론을 이끌어내는 것을 방지하는 규칙이 있어야 한다.

마지막 이 규칙은 정언적 삼단논법에 관한 전통적인 혹은 아리스토텔레스의 설명에서는 불필요한 규칙이다. 왜냐하면 전통적인 설명은 존재함축의 문제에 관심을 갖지 않기 때문이다. 그러나 존재함축을 세심하게 살펴보면, 다음과 같은 사실이 분명해질 것이다. 즉, 어떤 것의 존재가 결론으로부터 도출될 수 있을 때, 논증의 전제가 어떤 것의 존재를 전혀 주장하지 않는다면, 그 결론은 부당할 것이다. 이런 오류를 **존재적 오류**(existential fallacy)라고 한다.

아래의 논증은 존재적 오류에 대한 예이다.

모든 애완동물은 가축이다.
어떤 유니콘도 가축이 아니다.
그러므로 어떤 유니콘은 애완동물이 아니다.

만약 이 논증의 결론이 "어떤 유니콘도 애완동물이 아니다"라는 전칭명제라면, 삼단논법은 완벽하게 타당할 것이다. 특칭명제와 마찬가지로 전칭명제에도 존재함축이 있다고 보는 전통적 해석에 따르면, 주어진 예의 결론은 우리 모두가 동의하는 타탕하게 도출된 결론의 조금 약화된 형태일 뿐이라고 말한다고 해서 별 문제가 되지 않는다.

그러나 부울의 관점에서 보면, 주어진 예의 결론("어떤 유니콘은 애완동물이 아니다")은 특칭명제이기 때문에 조금 약한 것이 아니라 아주 다른 것이다. 결론은 특칭인 O명제이며, 따라서 E명제("어떤 유니콘도 가축이 아니다")에는 있을 수 없는 존재함축이 있다. 전통적 해석에서는 문제될 게 없지만, 부울의 관점에서 보면 이 추론은 존재적 오류를 범하고 있기 때문에, 전통적 입장에서 타당한 것으로 인정될 수 있는 추론이 부울의 입장에서는 인정할 수 없다.

정언명제에 대한 전통적 해석과 부울의 해석 사이의 차이가 야기하는 또 다른 흥미로운 결과는 다음과 같은 것이다. 전통적 입장에서는 규칙 5("한 전제가 부정이면, 결론도 반드시 부정이어야 한다.")의 역을 진술하는 규칙도 필요하다. 그 역을 간단히 말하면 이렇다. 즉, "타당한 삼단논법의 결론이 부정이면, 적어도 한 전제는 부정이어야 한다." 이것은 의문의 여지가 없다. 왜냐하면 부정명제인 결론은 포함을 부정하지만, 긍정명제인 전제는 포함을 주장하므로, 긍정 전제는 부정 결론을 수반할 수 없기 때문이다. 그런데 부울의 해석에서는 이런 추론이 불필요하다. 왜냐하면 존재적 오류를 방지하는 규칙(규칙 6), 즉 삼단논법은 긍정 전제와 부정 결론을 가질 수 없다는 것을 단언하는 것만으로도 충분하기 때문이다.

여기서 제시된 여섯 가지 규칙은 표준형식의 정언적 삼단논법에만 적용된다. 표준형식의 정언적 삼단논법의 영역에서 이 규칙들은 어떤 논증의 타당성을 충분히 검증할 수 있다. 표준형식의 정언적 삼단논법이 이 규칙들 중 어떤 것을 위배하면, 그것은 부당한 논증이 되지만, 이 모든 규칙들을 지키면 타당한 논증이다.

개 요

삼단논법의 규칙과 오류

규칙	관련 오류
1. 네 개의 개념을 피하라.	네 개념의 오류
2. 매개념은 적어도 한 전제에서 주연되어야 한다.	매개념 부주연의 오류
3. 결론에서 주연된 개념은 전제에서도 주연되어야 한다.	대개념 부당 주연의 오류; 소개념 부당 주연의 오류
4. 두 전제가 부정이어서는 안 된다.	양 전제 부정의 오류
5. 한 전제가 부정이면, 결론도 부정이어야 한다.	부당 긍정의 오류
6. 두 전제가 전칭이면, 결론도 전칭이어야 한다.	존재적 오류

여섯 가지 규칙을 적용하는 순서

다음은 여섯 가지 규칙으로 삼단논법의 타당성을 검사하는 과정을 도표로 나타낸 것이다.

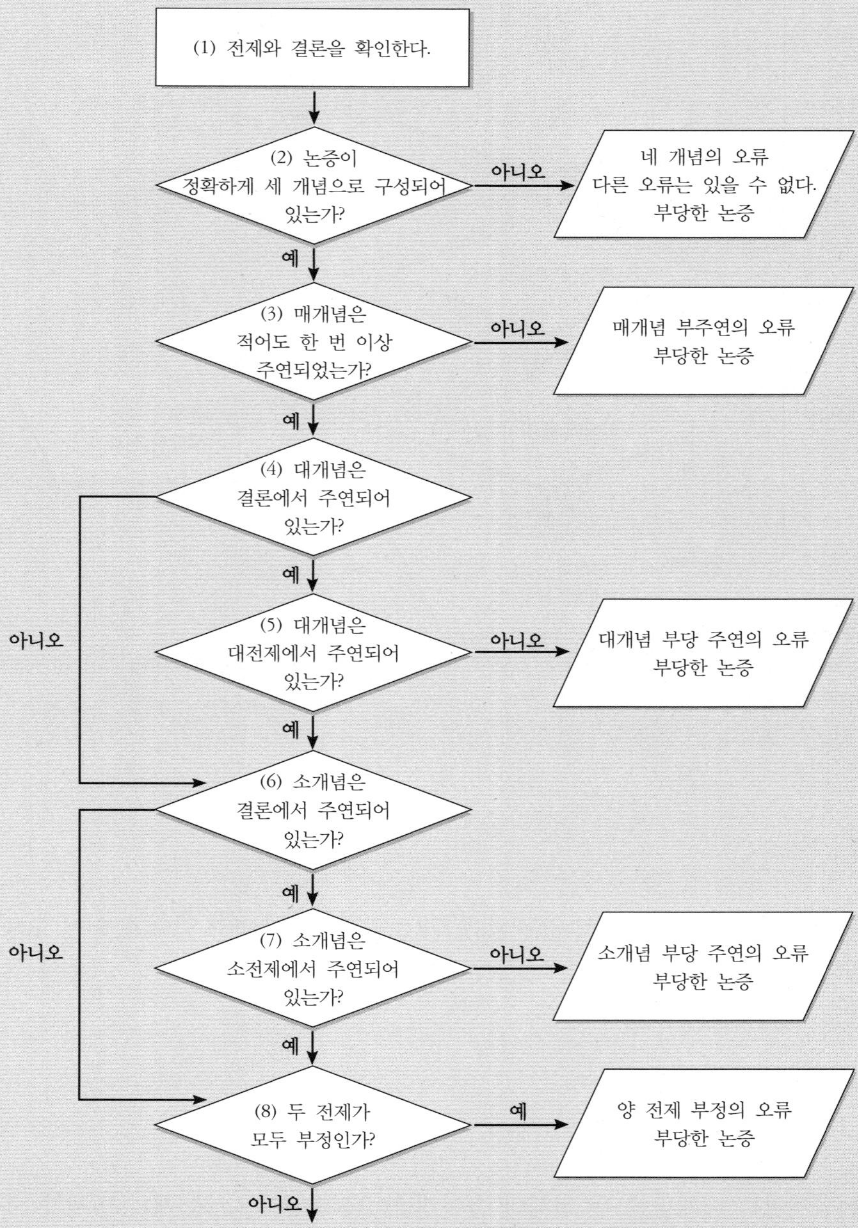

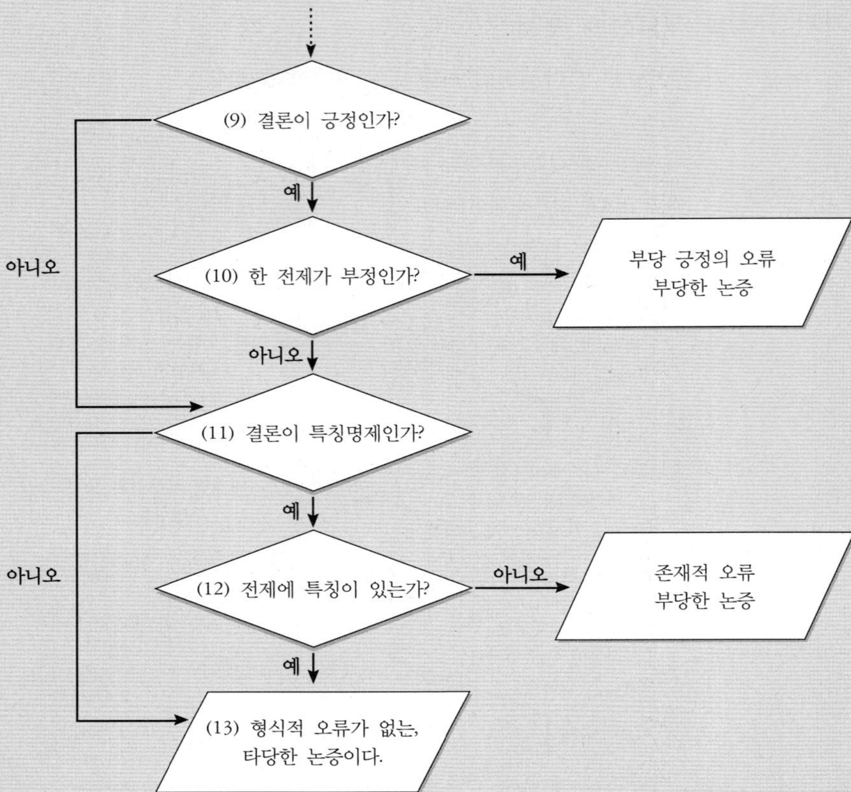

* 이 도표는 다음 책에 있는 자료를 응용한 것이다. Daniel E. Plage, *Essentials of Logic*, 2e(Englewood Cliffs, NJ: Pretice Hall, 1995).

논리연습

A. 다음 형식의 삼단논법 중 타당하지 않은 것은 어떤 규칙을 위반하고 있으며, 어떤 오류를 범하고 있는가?

❙ 보기문제

1. AAA-2

❙ 문제풀이

2격의 삼단논법에서는 매개념이 두 전제의 술어개념이다. 2격이고, 세 개의 명제가 모두 A인 삼단논법은 다음과 같다. 모든 *P*는 *M*이다. 모든 *S*는 *M*이다. 그러므로 모든 *S*는 *P*이다.

이 형식에서는 M이 어느 한 전제에서도 주연되지 않는다. 따라서 이 전제들로부터 "모든 S는 P이다"라는 결론이 타당하게 도출될 수 없다. 그러므로 AAA-2식의 모든 삼단논법은 "매개념은 적어도 한 번은 주연되어야 한다"는 규칙을 위반할 수밖에 없으며, 따라서 매개념 부주연의 오류를 범하고 있다.

2. EAA-1
3. IAO-3
4. OEO-4
*5. AAA-3
6. IAI-2
7. OAA-3
8. EAO-4
9. OAI-3
*10. IEO-1
11. EAO-3
12. AII-2
13. EEE-1
14. OAO-2
*15. IAA-3

B. 다음 삼단논법 중 타당하지 않은 것은 어떤 규칙을 위반하고 있으며, 어떤 오류를 범하고 있는가?

▌보기문제

1. 모든 교과서는 진지하게 탐구해야 할 책이다.
   <u>어떤 참고서는 진지하게 탐구해야 할 책이다.</u>
   그러므로 어떤 참고서는 교과서이다.

▌문제풀이

이 삼단논법에서 "교과서"가 대개념(결론의 술어)이고, "참고서"가 소개념(결론의 주어)이다. 따라서 "진지하게 탐구해야 할 책"은 매개념이고, 두 전제의 술어이다. 매개념은 두 전제 모두에서 부주연되어 있다. 따라서 이 삼단논법은 매개념은 적어도 한 전제에서는 주연되어야 한다는 규칙을 위반하고 있으며, 매개념 부주연의 오류를 범하고 있다.

2. 모든 범죄행위는 사악한 행동이다.
   <u>살인죄로 기소하는 것은 모두 범죄행위이다.</u>
   그러므로 살인죄로 기소하는 것은 모두 사악한 행동이다.

3. 어떤 비극배우는 바보가 아니다.
   <u>어떤 희극배우는 바보가 아니다.</u>
   그러므로 어떤 희극배우는 비극배우가 아니다.

4. 어떤 앵무새는 해로운 동물이 아니다.
   모든 앵무새는 애완동물이다.
   그러므로 어떤 애완동물도 해로운 동물이 아니다.

*5. 모든 영구운동장치는 100%의 효율을 내는 기계이다.
   100%의 효율을 내는 기계는 모두 고장이 나지 않는 기계이다.
   그러므로 어떤 고장이 나지 않는 기계는 영구운동장치이다.

6. 어떤 훌륭한 배우는 힘센 운동선수가 아니다.
   모든 직업 레슬링 선수는 힘센 운동선수이다.
   그러므로 모든 직업 레슬링 선수는 훌륭한 배우이다.

7. 어떤 다이아몬드는 보석이다.
   어떤 탄소화합물은 다이아몬드가 아니다.
   그러므로 어떤 탄소화합물은 보석이 아니다.

8. 어떤 다이아몬드는 보석이 아니다.
   어떤 탄소화합물은 다이아몬드이다.
   그러므로 어떤 탄소화합물은 보석이 아니다.

9. 배가 매우 고픈 사람은 모두 대식가이다.
   모든 소식가는 배가 매우 고픈 사람이다.
   그러므로 모든 소식가는 대식가이다.

*10. 어떤 스패니엘은 좋은 사냥개가 아니다.
   모든 스패니얼은 온순한 개다.
   그러므로 어떤 온순한 개도 좋은 사냥개가 아니다.

C. 다음 삼단논법 중 타당하지 않은 것은 어떤 규칙을 위반하고 있으며, 어떤 오류를 범하고 있는가?

▎보기문제

1. 모든 초콜릿은 살찌는 음식이다. 왜냐하면 모든 초콜릿은 영양이 풍부한 디저트이고, 어떤 살찌는 음식은 영양이 풍부한 디저트가 아니기 때문이다.

▌문제풀이

이 삼단논법에서, 결론은 긍정("모든 초콜릿은 살찌는 음식이다")이지만, 한 전제는 부정("어떤 살찌는 음식은 영양이 풍부한 디저트가 아니다")이다. 따라서 이 삼단논법은 한 전제가 부정이면 결론도 반드시 부정이어야 한다는 규칙을 위반하고 있으며, 부당 긍정의 오류를 범하고 있다. 따라서 부당하다.

2. 모든 발명가는 일상적인 것에서 새로운 패턴을 찾아내는 사람이다. 따라서 모든 발명가는 괴짜이다. 왜냐하면 모든 괴짜는 일상적인 것에서 새로운 패턴을 찾아내는 사람이기 때문이다.

3. 어떤 뱀은 위험한 동물이 아니다. 그러나 모든 뱀은 파충류이다. 그러므로 어떤 위험한 동물은 파충류가 아니다.

4. 철을 함유한 어떤 식품은 유독 물질이다. 왜냐하면 수은을 함유한 모든 생선은 철분을 함유한 식품이고, 수은을 함유한 모든 생선은 유독 물질이기 때문이다.

*5. 경제와 정치의 근본적 변화에 반대하는 사람은 모두 의회의 진보적인 지도자를 공공연히 비판하는 사람이고, 극우주의자는 모두 경제와 정치의 근본적 변화에 반대하는 사람이다. 따라서 의회의 진보적인 지도자를 공공연히 비판하는 사람은 모두 극우주의자이다.

6. 외설적이고 선정적인 작품의 작가는 그 누구도 정직하고 예절바른 시민이 아니다. 그러나 어떤 언론인은 외설적이고 선정적인 작품의 작가가 아니다. 따라서 어떤 언론인은 정직하고 예절바른 시민이다.

7. 민중정부의 지지자는 모두 민주주의자이다. 따라서 민중정부의 지지자는 모두 공화당의 적이다. 왜냐하면 모든 민주주의자는 공화당의 적이기 때문이다.

8. 어떤 콜타르의 부산물도 영양이 풍부한 식품이 아니다. 왜냐하면 모든 인공염료는 콜타르 부산물이고, 어떤 인공염료도 영양이 풍부한 식품이 아니기 때문이다.

9. 어떤 콜타르 부산물도 영양이 풍부한 식품이 아니다. 왜냐하면 어떤 콜타르 부산물도 자연 곡물이 아니고, 모든 자연 곡물은 영양이 풍부한 식품이기 때문이다.

*10. 런던에 사는 모든 사람은 차를 마시는 사람이다. 그리고 차를 마시는 모든 사람은 차를 좋아하는 사람이다. 따라서 런던에 사는 모든 사람은 차를 좋아하는 사람이다.

6.5 정언적 삼단논법의 타당한 형식 15가지에 대한 해설

삼단논법의 식은 삼단논법을 구성하는 세 명제의 형식(A, E, I, O)에 의해 결정되는 삼단논법의 특성이다. 정언적 삼단논법의 가능한 식은 64개이다. 즉, 세 명제로 가능한 조합은 AAA, AAE, AAI, AAO, AEA, AEE, AEI, AEO, … OOI, OOO 등의 64가지이다.

삼단논법의 격은 두 전제에서 매개념이 차지하는 위치에 의해 결정되는 삼단논법의 논리적 형태이다. 따라서 가능한 격은 4가지이다. 이것들은 아래에 표시된 도표나 아이콘 표상을 기억하면 쉽게 구분할 수 있다.

개 요

네 가지의 격

	1격	2격	3격	4격
도식	M – P S – M ∴ S – P	P – M S – M ∴ S – P	M – P M – S ∴ S – P	P – M M – S ∴ S – P
설명	매개념이 대전제의 주어, 소전제의 술어이다.	매개념이 두 전제의 술어이다.	매개념이 두 전제의 주어이다.	매개념이 대전제의 술어, 소전제의 주어이다.

이 개요가 나타내고 있는 것은 아래와 같다.

- 1격에서 매개념은 대전제의 주어이며, 소전제의 술어이다.
- 2격에서 매개념은 두 전제의 술어이다.
- 3격에서 매개념은 두 전제의 주어이다.
- 4격에서 매개념은 대전제의 술어이며, 소전제의 주어이다.

64가지의 식은 각각 4가지의 격으로 나타날 수 있다. 주어진 삼단논법에 대하여 그 식과 격이 함께 명시되면, 간단히 그 삼단논법의 논리적 형식이 결정된다. 그러므로 가능한 표준형식의 정언적 삼단논법의 형식은 정확하게 256가지(64×4)이다.

이 형식들 중 거의 대다수는 타당하지 않다. 앞 절에서 설명된 삼단논법의 규칙을 하나라도 위반하면 부당한 형식이다. 부당한 형식을 버리고 나면, 타당한 정언적 삼단논법의 형식들만 남는다. 256가지의 가능한 형식들 가운데 타당한 형식으로 남는 것은 정확히 15가지뿐이다. 우리는 정언명제에 대한 부울의 해석을 채택하고 있으며, 따라서 전칭명제(A, E)는 존재함축을 갖지 않는다는 것을 명심해야 한다. 정언명제에 대한 고전적 해석에 따르면, 명제들이 언급하는 모든 집합이 원소를 갖기 때문에, 우리가 존재함축의 문제를 제기하여 부당한 것으로 간주하는 추론도 타당한 것으로 받아들인다. 예를 들어, 고전적 해석에서는 특칭명제를 그것에 대응하는 전칭명제에서 추론해내는 것, 즉 I명제를 그것에 대응하는 A명제로부터 추론해내거나 O명제를 그것에 대응하는 E명제로부터 추론해내는 것이 가능하다. 이 책에서는 타당한 것으로 간주되지 않는, 다른 형태의 타당한 삼단논법(소위 "약화된 삼단논법")이 있다는 그들의 주장이 그럴듯하게 들리는 것은 바로 이것 때문이다. 고전적 해석을 거부하는 것(그리고 타당한 삼단논법에 대한 기준을 보다 더 엄격하게 정하는 것은 정당하다는 것)에 대한 논거들은 5장 7절에서 다소 자세하게 다룬 바 있다.

삼단논법의 형식을 숙달시키기 위해 고전 논리학자들은 모든 타당한 삼단논법에 식과 격의 특징이 완벽하게 드러나는 고유한 이름을 붙였다. 15가지밖에 안 되는 이 타당한 형식들을 이해하고 각각의 이름을 아는 것은 삼단논법을 추론을 할 때 매우 유용하다. 공들여 만들어진 각각의 이름은 식을 나타내는 세 개의 모음(표준 순서에 따라 대전제, 소전제, 결론)을 포함하고 있다. 식은 같고 격이 다른 타당한 삼단논법이 있으면 그것들에 각각 고유한 이름을 붙였다. 예를 들어, EAE식의 1격은 Ceralent, 2격은 Cesare이다. 모음과 자음을 선택하고 배치하는 전통적인 작명 원리는 매우 교묘하다. 이런 작명 규칙들 중에서 어떤 것은 앞에서 설명된 약화된 삼단논법과 관련되어 있으므로, 부울의 해석을 채택하고 있는 우리는 이를 수용하지 않고, 다른 규칙들만 수용한다. 가령, 모음 e 다음에 나오는 s는 그 E명제가 단순 환위되면 (모든 E명제는 환위 가능하므로), 그 삼단논법이 동일한 식의 1격인 다른 삼단논법으로 바뀌거나 변형된다는 것을 가리킨다. 1격은 가장 기본적인 격이다. 예를 들어, 2격인 Festino는 대전제를 단순 환위하면 Ferio로 바뀐다. 그리고 2격인 Cesare는 Celarent로 바뀐다. 이것은 삼단논법의 명칭이 왜 그룹별로 같은 자음으로 시작되는지에 대한 이유를 말해주고 있다. 여기서는 고전적인 작명 시스템의 복잡한 세목들을 자세히 설명하지는 않는다.

이 명칭들은 매우 실용적인 목적을 갖고 있었다(그리고 지금도 그렇다). 만약 식과 격의 어떤 조합만이 타당하다는 것을 알고 있다면, 그리고 그 논증들이 타당한지 여부를 그 명칭만으로도 알아볼 있다면, 격이나 식이 주어진 삼단논법의 가치는 금방 결정될 수 있다. 예를 들어, AOO 형식은 2격에서만 타당하며, 명칭은 Baroko이다. Baroko의 예는 아래와 같다.

> 훌륭한 수학자는 누구나 창조적 재능을 갖고 있다.
> <u>어떤 학자들은 창조적 재능을 갖고 있지 않다.</u>
> 그러므로 어떤 학자들은 훌륭한 수학자가 아니다.

연습을 하면 다른 타당한 형식들의 흐름도 알아볼 수 있다. Baroko에 익숙해지면 이 형식의 다른 격들은 부당한 논증이라고 거부할 것이다.

정언적 삼단논법의 표준형식은 시스템으로 나아가는 열쇠이다. 많은 가능한 삼단논법 중에서 몇 안 되는 타당한 삼단논법을 식별해내는 깔끔하고 효율적인 방법이 준비되어 있다. 그러나 그것은 문제의 삼단논법이 표준순서, 즉 대전제, 소전제, 결론 순으로 배열되어 있는 경우이다. 삼단논법의 타당성 여부에 대한 확인은 독특하게도 명시된 그 삼단논법의 식에 달려 있으며, 그 식은 표준순서에 따라 배열된 세 명제의 특성을 표시하는 세 문자에 의해 정해진다. 물론 타당한 삼단논법의 전제들이 정해진 순서에 따라 배열되어 있지 않아도 그 삼단논법은 타당하다. 이것은 벤다이어그램으로 판명될 수 있다. 하지만 많은 것을 놓칠 수 있다. 삼단논법을 확인하고, 그 형식을 완전히 이해하고, 타당성 여부를 명쾌하게 검증하는 우리의 능력이 발휘되기 위해서는 그 삼단논법이 표준형식을 갖추고 있어야 한다.[2)]

고전 논리학자는 이 형식들을 면밀히 연구했다. 그래서 그 형식들의 구조와 논리적인 "감(feel)"에 완전히 정통해 있었다. 정교하게 다듬어진 이 멋진 시스템이 있기 때문에, 우리는 말이나 문장 속에서 삼단논법을 만나면 그 삼단논법의 타당성 여부를 자신있게 판별할 수 있다. 타당한 삼단논법에 명칭을 부여하는 것이 곧 문제의 추론이 확실하다는 것을 정당화하는 방편이라고 본 것이 오랜 관행이었다. 과열된 말싸움 도중에 자기가

---

2) 표준형식을 무시한 결과에 대해서는 다음을 참조하라. Keith Burgess-Jackson, "Why Standard Form Matters," Octobrer 2003.

말하고 있는 것이 타당한 삼단논법의 어떤 형식과 같다는 것을 확인시키는 이러한 능력은 곧 학식과 예리한 감각의 표식으로 간주되었다. 그리고 그것은 신뢰할 수 있는 일련의 연역추론이 파손되지 않고 제대로 지켜지고 있다는 증거이기도 했다. 일단 삼단논법의 이론을 완전히 숙달하면, 이 실천적인 기술은 이득과 즐거움을 주면서 발전해 간다.

삼단논법은 매우 광범위하게 활용되어 왔으며, 학문적인 논증의 가장 필수적인 도구로서 높이 평가되었다. 그 결과 이 추론의 원형이 되는 논리학 논문들과 위대한 스승 아리스토텔레스가 천 년 이상 숭상되어 왔다. 삼단논법에 관한 아리스토텔레스의 분석적 설명은 『오르가논(*Organon*)』이라는 한 권의 책으로 묶여 있으며, 그 이름은 소박하지만 존경과 외경심을 갖지 않을 수 없다.

타당한 삼단논법은 논쟁에서 강력한 무기가 된다. 그러나 그 무기의 효력은 물론 전제들의 참에 달려 있다. 가톨릭교회 개혁에 저항하는 학자들과 싸운 위대한 신학자는 "그들이 600개의 삼단논법을 군대로 삼아 나를 공격해도 괜찮다"라고 말했다.[3)]

이 놀라운 논리 체계를 공부하는 우리의 삼단논법에 대한 숙련도는 단지 중간 정도일 것이다. 하지만 우리는 타당한 삼단논법 전체에 대한 개괄적인 이해가 유용하다는 것을 알게 될 것이다. 부울의 해석에 따르면, 타당한 삼단논법은 15가지이다. 전통적 입장에서는 전칭전제에서 특칭결론이 추론되는 것도 잘못이 아니라고 생각하기 때문에 타당한 삼단논법이 15개보다 조금 더 많다. 예를 들어, I명제가 그것의 대응 명제인 A명제로부터 추론될 수 있다면(우리는 잘못된 것으로 보지만), Barbara(AAA-1)로 불리는 타당한 삼단논법은 추정적으로 Barbari(AAI-1)라는 "약화된" 자매의 논증을 갖게 된다. 그리고 또 O명제가 그것의 대응 명제인 E명제로부터 추론될 수 있다면(우리는 잘못된 것으로 보지만), Camestres(AEE-2)로 불리는 타당한 삼단논법은 추정적으로 Camestrop(AEO-2)라는 "약화된" 자매 논증을 갖게 된다.

15가지의 타당한 삼단논법은 격을 기준으로 네 그룹으로 나누어진다.

---

3) Erasmus, *The Praise of Folly*, 1511.

개 요

타당한 표준형식의 정언적 삼단논법 15가지 형식

1격(매개념이 대전제의 주어, 소전제의 술어이다)에서는 다음 네 형식이 타당하다.

1. AAA-1	Barbara
2. EAE-1	Celarent
3. AII-1	Darii
4. EIO-1	Ferio

2격(매개념이 두전제의 술어이다)에서는 다음 네 형식이 타당하다.

5. AEE-2	Camestres
6. EAE-2	Cesare
7. AOO-2	Baroko
8. EIO-2	Festino

3격(매개념이 두전제의 주어이다)에서는 다음 네 형식이 타당하다.

9. AII-3	Datisi
10. IAI-3	Disamis
11. EIO-3	Ferison
12. OAO-3	Bokardo

4격(매개념이 대전제의 술어, 소전제의 주어이다)에서는 다음 세 형식이 타당하다.

13. AEE-4	Camenes
14. IAI-4	Dimaris
15. EIO-4	Fresison

논리연습

6장 3절 [논리연습] B(291쪽)에서, 삼단논법 10개는 벤다이어그램을 사용하여 검증되어야 한다. 이 10개의 삼단논법에서 1, 4, 6, 9, 10번은 타당하다. 이 다섯 가지 삼단논법의 명칭을 말하라.

보기문제

1번은 IAI-3(Disamis)이다.

부록: 정언적 삼단논법의 타당한 형식 15가지의 연역

6장 5절에서 정언적 삼단논법의 타당한 형식 15가지를 확인하고, 그 특성을 정확하게 밝혔다. 그리고 각 형식에는 고유한 명칭이 있다. 명칭은 그것의 식과 격의 조합을 고려해서 부여했다. 그리고 앞의 [개요]를 보면 이 15가지 정언적 삼단논법에 대해 개괄적으로 설명되어 있다.

이 15가지가, 그리고 이 15가지만이 정언적 삼단논법의 타당한 형식이라는 것은 증명이 가능하다. 이 증명 — 정언적 삼단논법의 타당한 형식에 관한 연역추리 — 을 본문이 아닌 부록으로 여기에 실었다. 왜냐하면 이에 대한 숙달이 논리학을 공부하는 학생들에게 필수적인 것은 아니기 때문이다. 그러나 이것을 이해하면 삼단논법의 시스템에 대해 더욱 깊은 공감을 느낄 것이다. 복잡한 삼단논법의 분석을 만족스럽게 받아들이는 사람은 다소 힘든 도전일 경우도 있겠지만 이런 연역을 통해 생각하는 즐거움을 향유하게 될 것이다.

6장 5절에서 밝힌 바와 같이, 논리학을 공부하는 주된 목적이 삼단논법의 타당한 형식들을 확인하고, 이해하고, 응용하는 데 있다면, 이 부록은 건너뛰어도 좋을 것이다.

15가지 타당한 삼단논법에 관한 연역추리를 이해하기는 쉽지 않다. 이를 이해하려면 다음 두 가지를 명심해야 한다. 첫째, 정언적 삼단논법의 규칙들, 즉 6장 4절에서 설명한 기본규칙 6개는 연역추리의 필수 도구이다. 둘째, 규칙을 적용할 때 6장 5절의 [개요]에서 설명한 삼단논법의 네 가지 격도 재삼재사 참조해야 한다.

삼단논법의 가능한 형식은 256가지, 즉 각각 네 가지 격을 갖는 64가지 식(또는 네 가지 정언명제의 조합)이 있다는 것은 이미 살펴보았다. 15가지 타당한 삼단논법에 대한 연역추리는 기본규칙을 위반한 부당한 삼단논법을 제거하면서 진행된다.

모든 삼단논법의 결론은 정언명제이며, A, E, I, O 중의 하나이다. 연역추리 작업은 삼단논법의 가능한 형식 모두를 그 결론의 명제형식(A, E, I, O)에 따라 네 개의 그룹으로 나누는 것에서 시작된다. 모든 삼단논법은 이 네 개 그룹 중 하나에 속하게 된다. 네 개의 그룹을 하나하나 불러내어, 그러한 결론을 가질 수밖에 없는 타당한 삼단논법의 특성이 무엇인지 따져보자. 다시 말해, 결론이 A명제일 경우에 삼단논법 규칙에 의해 어떤 형식이 배척되는가를 물어보자. 그리고 결론이 E명제, I명제, O명제인 경우에도 이 과정을 반복해 보자.

이런 방식으로 부당한 삼단논법을 모두 제거하면, 타당한 삼단논법만 남는다. 작업을 용이하게 하기 위해 타당한 정언적 삼단논법 15가지의 식과 격 그리고 이름을 난외에 메모해 두고 이 과정을 진행하는 것이 좋을 것이다.

사례 1. 삼단논법의 결론이 A명제인 경우

이 경우 어떤 전제도 E명제나 O명제일 수 없다. 왜냐하면 한 전제라도 부정이면 결론도 부정이어야 하기 때문이다(규칙5). 따라서 두 전제는 I명제나 A명제가 되어야 한다. 그런데 소전제가 I명제일 수 없다. 그 이유는 소개념(A명제인 결론의 주어)이 결론에서 주연되어 있으므로, 소전제가 I명제이면 결론에서 주연된 개념이 전제에서는 부주연되어, 규칙3을 위반하기 때문이다. 그리고 대전제와 소전제가 각각 I명제와 A명제일 수도 없다. 왜냐하면 만약 그럴 경우, 삼단논법의 매개념이 어느 전제에서도 주연되지 않아 규칙2를 위반하기 때문이다. 따라서 (결론이 A명제이면) 모두 A명제가 되어야 한다. 타당한 식으로 가능한 것은 오직 AAA뿐이다. 그러나 2격의 AAA에서는 매개념이 어느 전제에서도 주연되지 않는다. 그리고 3격과 4격의 AAA에서는 결론에서 주연된 개념이 전제에서는 부주연되어 있다. 그러므로 삼단논법의 결론이 A명제이면, 타당한 형식은 오직 1격의 AAA뿐이다. 타당한 삼단논법 AAA-1의 전통적인 명칭은 Barbara이다.

사례 1의 요약 : 결론이 A명제인 삼단논법의 타당한 형식은 AAA-1(Barbara) 한 가지뿐이다.

사례 2. 삼단논법의 결론이 E명제인 경우

E명제의 주어와 술어는 모두 주연된다. 따라서 이런 결론의 삼단논법에서는 전제의 세 개념이 모두 주연되어야 한다. 이것은 두 전제 중 하나가 E명제일 경우에만 가능하다. 두 전제가 모두 E명제일 수는 없다. 왜냐하면 두 부정 전제는 허용되지 않기 때문이다(규칙 4). 그리고 다른 한 전제는 O명제일 수 없다. 왜냐하면 두 전제가 부정일 수 없기 때문이다. 다른 한 전제는 I명제일 수도 없다. 왜냐하면 그럴 경우, 결론에서 주연된 개념이 전제에서는 부주연되어, 규칙3을 위반하기 때문이다. 따라서 다른 한 전제는 A명제가 되어야 하며, 두 전제는 결국 AE이거나 EA가 되어야 한다. 삼단논법의 결론이 E명제이면, 가능한 형식은 AEE와 EAE 둘뿐이다.

만약 식이 AEE라면, 1격이나 3격은 될 수 없다. 왜냐하면 이 두 경우는 결론에서 주연된 개념이 전제에서 부주연되기 때문이다. 따라서 AEE식은 2격인 AEE-2(전통적 명칭은 Camenes이다)와 AEE-4(전통적 명칭은 Camestres이다) 둘만 타당하다. 만일 식이 EAE라면, 3격이나 제4격은 될 수 없다. 왜냐하면 이 두 경우는 결론에서 주연된 개념이 전제에서 부주연되기 때문이다. 따라서 1격인 EAE-1(전통적 명칭은 Celarent이다)과 2격인 EAE-2 (전통적 명칭은 Cesare이다) 둘만 타당할 수 있다.

사례 2의 요약: 결론이 E형식인 삼단논법의 타당한 형식은 AEE-2(Camestres), AEE-4(Camenes), EAE-1(Celarent), EAE-2(Cesare) 4가지이다.

사례 3. 삼단논법의 결론이 I명제인 경우

이 경우는 어느 전제도 E나 O명제일 수 없다. 왜냐하면 한 전제가 부정이면, 결론도 부정이어야 하기 때문이다(규칙5). 두 전제가 모두 A명제일 수 없다. 왜냐하면 특칭 결론의 삼단논법에서는 두 전제가 모두 전칭일 수 없기 때문이다(규칙6). 두 전제가 모두 I명제일 수도 없다. 왜냐하면 매개념이 적어도 한 전제에서 주연되어야 하기 때문이다(규칙2). 따라서 전제는 AI 또는 IA이어야 하고, 가능한 형식은 AII와 IAI 둘뿐이다.

AII식은 2격이나 4격에서는 타당할 수 없다. 왜냐하면 매개념은 적어도 한 전제에서 주연되어야 하기 때문이다. 그러므로 AII식의 타당한 형식은 AII-1(전통적 명칭은 Darii이다)와 AII-3(전통적 명칭은 Datisi이다) 둘뿐이다. 만약 식이 IAI이면, 1격과 2격은 타당할 수 없다. 왜냐하면 둘 다 매개념은 적어도 한 전제에서 주연되어야 한다는 규칙을 위반하기 때문이다. 따라서 IAI식의 타당한 형식은 IAI-3(전통적 명칭은 Disamis이다), IAI-4(전통적 명칭은 Dimaris이다) 둘뿐이다.

사례 3의 요약: 결론이 I명제인 삼단논법의 타당한 형식은 AII-1(Darii), AII-3(Datisi), IAI-3(Disamis), IAI-4(Dimaris) 4가지이다.

사례 4. 삼단논법의 결론이 O명제인 경우

이 경우는 대전제가 I명제일 수 없다. 왜냐하면 결론에서 주연된 개념은 전제에서도 주연되어야 하기 때문이다. 따라서 대전제는 A, E, O 중 하나이어야 한다.

대전제가 A명제일 경우, 소전제는 A나 E명제일 수 없다. 왜냐하면 결론(O명제)이 특칭이면, 두 전칭 전제는 허용되지 않기 때문이다. 또 소전제가 I명제일 수도 없다. 만약 그럴 경우, 매개념이 한 번도 주연되지 않거나(규칙2 위반), 아니면 결론에서 주연된 개념이 전제에서 부주연되기 때문이다. 따라서 대전제가 A명제이면, 소전제는 O명제이어야 하고, 식은 AOO이다. 이 식은 4격에서는 타당할 수 없다. 왜냐하면 매개념이 주연되지 않기 때문이다. 그리고 이 식은 1격과 3격에서도 타당할 수 없다. 왜냐하면 결론에서 주연된 개념이 전제에서는 부주연되기 때문이다. 따라서 대전제가 A명제일 경우, 타당한 형식은 AOO의 2격, 즉 AOO-2(전통적 명칭은 Baroko이다) 하나뿐이다.

그리고 대전제가 E명제일 경우, 소전제는 E나 O명제일 수 없다. 왜냐하면 두 부정 전제는 허용되지 않기 때문이다. 소전제는 A명제일 수도 없다. 왜냐하면 결론이 특칭이면, 두 전제가 전칭일 수 없기 때문이다(규칙6). 결국 남는 식은 EIO 하나뿐이다. 이 식은 네 가지 격 모두에서 타당하다. 전통적 명칭은 Ferio(EIO-1), Festino(EIO-2), Ferison (EIO-3) 그리고 Fresison(EIO-4)이다.

마지막으로 대전제가 O명제일 경우, 소전제는 E나 O명제일 수 없다. 왜냐하면 전제가 모두 부정일 수 없기 때문이다. 소전제는 I명제일 수도 없다. 왜냐하면 매개념이 한 번도 주연되지 않거나, 아니면 결론에서 주연된 개념이 전제에서 부주연되기 때문이다. 따라서 대전제가 O명제이면, 소전제는 A명제이어야 하고, 식은 OAO이다. 그러나 이 식은 1격에서는 타당하지 않다. 왜냐하면 매개념이 부주연되기 때문이다. 2격과 4격도 역시 타당하지 않다. 왜냐하면 결론에서 주연된 개념이 전제에서 부주연되기 때문이다. 결국 타당한 형식은 OAO-3(전통적 명칭은 Bokardo이다)만 남는다.

사례 4의 요약: 결론이 O명제인 삼단논의 타당한 형식은 AOO-2, EIO-1, EIO-2, EIO-3, EIO-4, OAO-3 6가지이며, 전통적 명칭은 Baroko, Ferio,

Festino, Ferison, Fresison 그리고 Bokardo이다.

이상으로 정언적 삼단논법의 타당한 형식이 정확하게 15가지 있다는 것이 소거법으로 논증되었다. 결론이 A명제인 경우 1가지, 결론이 E명제인 경우 4가지, 결론이 I명제인 경우 4가지, 결론이 O명제인 경우 6가지이다. 이 15가지 타당한 형식을 격에 따라 분류하면, 1, 2, 3격은 각각 4가지씩, 그리고 4격은 3가지이다. 이로써 표준형식의 정언적 삼단논법의 타당한 형식 15가지에 대한 연역을 마친다.

논리연습

다음은 삼단논법의 복잡한 추리와 분석을 즐기는 학생을 위해 몇 가지 이론적 문제를 제시하고 있다. 6장 4절에서 설명된 정언적 삼단논법의 규칙 6개를 체계적으로 응용하면 답을 찾을 수 있다. 부록에 실린 타당한 삼단논법 15가지의 연역추리를 완전하게 파악했다면, 아주 쉽게 답을 제시할 수 있는 문제들이다.

▌보기문제

1. 어떤 표준형식의 정언적 삼단논법이 정확하게 3개의 개념을 포함하고 있고 또 각 개념이 두 명제에서 한 번씩 나타나면, 이 정언적 삼단논법은 타당할 수 있는가?

▌문제풀이

아니다. 이 정언적 삼단논법은 타당할 수 없다. 세 개념이 각각 두 명제에 나누어져서 나타나더라고, 삼단논법의 세 명제 모두가 E명제이면, 결국 EEE 형식의 삼단논법이 될 것이고, 이는 양 전제가 부정이므로 규칙4를 위반한 부당한 논증이다.

2. 표준형식의 정언적 삼단논법에서 결론이 특칭이면, 1격이 타당할 수 있는 것은 어떤 형식인가?

3. 표준형식의 정언적 삼단논법에서 전제들의 대개념과 소개념이 주연될 수 있는 것은 어느 격인가?

4. 표준형식의 정언적 삼단논법에서 두 전제들이 모두 특칭일 수 있는 것은 어느 격인가?

*5. 타당한 표준형식의 정언적 삼단논법이 한 번만 주연된 개념을 한 개만 가질 수 있는 것은 어느 격인가?

6. 타당한 표준형식의 정언적 삼단논법이 두 번 주연된 개념을 두 개 가질 수 있는 것은 어떤 형식인가?

7. 타당한 표준형식의 정언적 삼단논법에서 두 전제가 긍정이고 결론이 부정일 수 있는 것은 어떤 형식인가?

8. 타당한 표준형식의 정언적 삼단논법에서 한 전제가 특칭이고 결론이 전칭일 수 있는 것은 어느 격인가?

9. 격이 2격이고 결론이 전칭인 표준형식의 정언적 삼단논법이 타당할 수 있는 것은 어떤 형식인가?

*10. 타당한 표준형식의 정언적 삼단논법에서 매개념이 두 전제에서 주연될 수 있는 것은 어느 격인가?

11. 타당한 표준형식의 정언적 삼단논법에서 결론에서 부주연된 개념이 전제에서 주연될 수 있는가?

제6장 요약

이 장에서는 표준형식의 정언적 삼단논법에 대해, 즉 그것의 구성 요소, 형식, 타당성 여부, 올바른 사용 규칙 등을 살펴보았다.

- 6장 1절에서는 삼단논법의 대개념, 소개념, 매개념에 대해 알아보았다.
  - 대개념 : 결론의 술어
  - 소개념 : 결론의 주어
  - 매개념 : 두 전제에는 나타나지만 결론에는 나타나지 않는 제3의 개념

  대전제와 소전제는 그것이 가진 개념이 대개념인지 소개념인지에 따라 구분된다. 그리고 정언적 삼단논법이 대전제, 소전제, 결론 순으로 배열되었을 때, 이를 표준형식의 정언적 삼단논법이라 한다.

  삼단논법의 식과 격이 어떻게 결정되는지를 살펴보았다. 삼단논법의 식은 세 명제의 형식을 나타내는 문자 세 개로 결정된다. 삼단논법의 격은 두 전제에서 매개념의 위치에 따라 정해진다. 격은 4가지로 구분되고 아래와 같다.

  - 제1격 : 매개념이 대전제에서 주어, 소전제에서 술어인 경우

도식으로 나타내면, *M-P*, *S-M*, 그러므로 *S-P*

- 제2격 : 매개념이 두 전제의 술어인 경우
  도식으로 나타내면, *P-M*, *S-M*, 그러므로 *S-P*
- 제3격 : 매개념이 두 전제의 주어인 경우
  도식으로 나타내면, *M-P*, *M-S*, 그러므로 *S-P*
- 제4격 : 매개념이 대전제에서 술어, 소전제에서 주어인 경우
  도식으로 나타내면, *P-M*, *M-S*, 그러므로 *S-P*

- 6장 2절에서는 표준형식의 정언적 삼단논법의 식과 격이 결합되어 어떻게 그 논리적 형식을 결정하는가를 설명했다. 64가지의 식은 각각 4가지의 격으로 나타날 수 있기 때문에, 표준형식의 정언적 삼단논법은 정확히 256가지이다. 그 중 소수만이 타당한 형식이다.
- 6장 3절에서는 삼단논법의 타당성을 검증하는 벤다이어그램 기법을 설명했다. 벤다이어그램은 겹치는 원에 *x*를 그려 넣거나 빗금으로 삭제 표시를 하여 전제의 의미를 표현한다.
- 6장 4절에서는 표준형식의 정언적 삼단논법을 위한 기본규칙 6개를 설명했다. 그리고 이 규칙들 하나하나를 위반했을 때의 오류와 그 명칭을 알아보았다.
  - 규칙 1 : 정확히 3개의 개념만을 포함해야 하고, 각 개념은 논증 전체에서 동일한 의미로 사용되어야 한다.
    이를 위반하면, 네 개념의 오류이다.
  - 규칙 2 : 매개념은 적어도 한 전제에서 주연되어야 한다.
    이를 위반하면, 매개념 부주연의 오류이다.
  - 규칙 3 : 결론에서 주연된 개념은 전제에서도 주연되어야 한다.
    이를 위반하면, 부당 주연의 오류이다.
  - 규칙 4 : 적어도 한 전제는 긍정명제이어야 한다.
    이를 위반하면, 양 전제 부정의 오류이다.
  - 규칙 5 : 한 전제가 부정이면 결론도 부정이어야 한다.
    이를 위반하면, 부당 긍정의 오류이다.
  - 규칙 6 : 두 전제가 모두 전칭이면 결론도 전칭이어야 한다.
    이를 위반하면, 존재적 오류이다.
- 6장 5절에서는 정언적 삼단논법의 타당한 형식 15가지를 결론의 형식에 따라 순서대로 설명하고, 식과 격을 알아보았다. 그리고 그 하나하나의 전통적 명칭을 확인했다.
  AAA-1(Barbara), AEE-2(Camestres), AEE-4(Camenes), EAE-1(Celarent), EAE-2(Cesare), AII-1(Darii), AII-3(Datisi), IAI-3(Disamis), IAI-4(Dimaris), AOO-2(Baroko), EIO-1(Ferio),

EIO-2(Festino), EIO-3(Ferison), EIO-4(Fresison), OAO-3(Bokardo).

- 6장의 부록에서는 정언적 삼단논법의 타당한 형식 15가지에 대한 연역추론을 보여주었다. 이 연역추론은 256가지의 형식 중에서 정언적 삼단논법의 기본규칙 6개를 위반하지 않고 피해갈 수 있는 것이 고작 15가지뿐임을 소거과정을 통해 논증하는 것이었다.

제 7 장

일상 언어로 된 삼단논법

- 7.1 일상 담론에서 삼단논법
- 7.2 개념의 수를 세 개로 줄이기
- 7.3 정언명제의 표준화
- 7.4 삼단논법의 표준화
- 7.5 생략 삼단논법
- 7.6 연쇄 삼단논법
- 7.7 선언적 삼단논법과 가언적 삼단논법
- 7.8 딜레마

7.1 일상 담론에서 삼단논법

일상 담론에서 우리가 마주치는 논증들을 보면, 깔끔하게 다듬어진 표준형식의 정언적 삼단논법은 거의 없다. 그러므로 일상 담론에서 이루어지는 삼단논법의 논증들은 언제나 검증이 쉽지 않다. 하지만 그 논증들을 표준형식으로 바꾸면, 검증이 가능해진다. 그것들을 표준형식으로 바꾸는 가장 일반적인 방식은 논증을 이루고 있는 명제들을 재구성하는 것이다. "**삼단논법**(syllogistic argument)"이라는 용어는 표준형식의 정언적 삼단논법뿐만 아니라, 의미의 변화나 상실 없이 표준형식의 정언적 삼단논법으로 재구성될 수 있는 논증들까지 포함하고 있다.

우리는 삼단논법의 타당성 여부를 검증할 수 있기를 바란다. 칸트가 지적했듯이, 어떤 논증이 불합리하거나 오류일 때 그것을 아주 쉽게 알아보려면, 그 논증이 정언적 삼단논법의 표준형식을 갖추고 있어야 한다. 6장에서 다루었던 벤다이어그램과 정언적 삼단논법의 규칙과 같은 효과적인 검증 방법들도 오직 표준형식의 정언적 삼단논법에만 적용될 수 있다. 그러므로 논증을 재구성하는 과정은 아주 중요하다. 이와 같이 정언적 삼단논법을 표준형식으로 바꾸는 것을 "**표준형식으로의 환원**" 혹은 "**표준형식으로의 변형**"이라 부른다. 그리고 일상 언어로 된 느슨한 논증을 고전적 삼단논법으로 재구성할 때, 표준형식으로 변형한 결과인 표준형식의 정언적 삼단논법을 주어진 삼단논법의 "표준형식 변형"이라고 한다. 물론 이처럼 재구성하는 데는 다소 어려움이 따를 수 있다.

우리는 이미 논증의 타당성 여부를 검증하는 방법(벤다이어그램과 삼단논법 규칙)을 알고 있다. 그러나 이 방법들을 사용하여 삼단논법의 타당성을 평가하기 위해서는 느슨한 형태의 삼단논법을 표준형식으로 바꾸는 기술이 필요하다. 이 기술이 있어야 삼단논법을 표준형식으로 바꿀 수 있고, 표준형식으로 바뀌어야 벤다이어그램이나 삼단논법의 규칙을 적용하여 논증을 검증할 수 있다.

표준형식으로 바꾸는 여러 가지 기술을 설명하기 위해서는, 이러한 기술을 사용할 필요가 있는 문제들, 즉 일상 언어 속의 삼단논법이 표준형식의 정언적 삼단논법으로부터 나올 수 있는 다양한 형태를 구별하는 것이 가장 먼저 해야 할 일이다. 어떻게 이탈하고 있는가를 알아야 그에 대한 대응이 가능하기 때문이다.

첫째, 일상 언어로 된 논증의 전제와 결론이 표준형식의 삼단논법의 순서와 다른 경우이다. 이것은 사소한 문제이며, 쉽게 고쳐질 수 있다. 대전제를 제일 앞에 놓고, 소전제를 두 번째에, 그리고 결론을 마지막에 놓는다. (대전제는 결론의 술어 개념을 포함하는 전제이고, 소전제는 결론의 주어 개념을 포함하는 전제라는 것을 상기하라.)

둘째, 표준형식의 정언적 삼단논법은 항상 세 개의 개념을 갖는다. 그런데 일상 언어로 된 논증의 전제들은 비록 그 모습이 기만적인 것으로 판명된다 하더라도, 세 개의 개념보다 더 많은 것을 포함하고 있는 것처럼 보인다. 의미의 손실 없이 개념의 수를 3개로 줄이면, 표준형식으로의 변형이 성공적으로 이루어진다.

셋째, 일상 언어로 된 삼단논법을 구성하고 있는 명제들이 모두 표준형식의 명제가 아닐 수 있다. 이런 경우는 매우 일반적이다. 하지만 의미의 손실 없이 그 명제들을 표준형식의 명제로 바꿀 수 있다면, 표준형식으로의 변형이 성공적으로 이루어진다.

두 번째와 세 번째 경우에 대처하는 기술은 이미 잘 알려져 있으며, 지금부터 그 기술에 대해 설명하고자 한다.

7.2 개념의 수를 세 개로 줄이기

타당한 삼단논법은 정확하게 세 개의 개념을 포함해야 한다. 어떤 논증이 명백하게 세 개 이상의 개념을 포함하고 있는 것처럼 보이는 삼단논법의 형식을 갖추고 있다면, 그 논증은 그것과 동등한 논증이면서, 세 개의 개념만 포함하는 완전히 타당한 표준형식의 정언적 삼단논법으로 변형될 수 있다. 그러한 변형은 어떻게 이루어질 수 있을까?

(1) 동의어 제거

개념의 수를 세 개로 줄이는 첫 번째 방법은 동의어 제거이다. 삼단논법에 포함된 한 개념의 동의어는 실제로 네 번째 개념이 아니라 세 개념 중의 한 개념이 달리 표현된 것에 불과하다. 그러므로 동의어가 나타나면, 먼저 그것부터 제거해야 한다. 예컨대, 아래 삼단논법은 여섯 개의 개념을 포함하고 있는 것처럼 보인다.

어떤 부자도 방랑자가 아니다.
모든 법률가는 재산이 많은 사람이다.
그러므로 어떤 변호사도 뜨내기가 아니다.

하지만 "부자"와 "재산이 많은 사람", "법률가"와 "변호사", "방랑자"와 "뜨내기"는 동의어이다. 이 동의어들을 제거하면, 아래와 같은 논증이 된다.

어떤 부자도 방랑자가 아니다.
모든 변호사는 부자이다.
그러므로 어떤 변호사도 방랑자가 아니다.

이것은 표준형식의 정언적 삼단논법, EAE-1(Celarent)식이며, 명백하게 타당하다.

(2) 여집합 제거

개념의 수를 3개로 줄이는 두 번째 방법은 여집합 제거이다. 여집합 개념은 5장 6절에서 설명한 바 있다. 표준형식의 정언명제들로 구성된 아래의 삼단논법으로 이 방법을 설명해 보자.

모든 포유동물은 온혈동물이다.
어떤 도마뱀도 온혈동물이 아니다.
그러므로 모든 도마뱀은 비포유동물이다.

이 논증은 겉보기에 부당한 것처럼 보인다. 왜냐하면 이 논증은 네 개의 개념을 가지고 있는 것처럼 보이며, 또한 전제가 부정인데 결론은 긍정으로 되어 있어, 삼단논법의 규칙을 위반하기 때문이다.

그러나 이 논증을 표준형식으로 바꾸면, 나무랄 데 없이 타당한 논증이 된다. 이 논증에 포함된 두 개념("포유동물"과 "비포유동물")이 서로 여집합의 관계이기 때문에, 우리는 개념의 수를 세 개로 줄일 수 있다. 따라서 결론을 환질하면(환질은 원래 명제의 질을 바꾸고 술어개념을 여집합으로 대체하는 것이다), "어떤 도마뱀도 포유동물이 아니다"가 된다. 환질이라는 타당한 직접추리를 사용함으로써, 원래의 논증은 아래와 같은 표준형식으로 바뀐다.

모든 포유동물은 온혈동물이다.
어떤 도마뱀도 온혈동물이 아니다.
그러므로 어떤 도마뱀도 포유동물이 아니다.

변형된 논증의 전제들은 원래 논증의 전제들과 같고 또 결론은 원래의 결론과 논리적으로 동치이기 때문에, 표준형식으로 변환된 논증 AEE-2(Camestres)식은 원래의 논증과 논리적으로 동치이다. 이 형식은 삼단논법의 모든 규칙에 부합하며, 따라서 타당하다.

삼단논법을 표준형식으로 변형하는 방법은 한 가지만 있는 것은 아니다. 어떤 한 가지 방법으로 타당한 삼단논법이 도출되었다면, 틀림없이 다른 방법으로도 타당한 삼단논법이 도출될 수 있다. 예를 들어, 위의 논증은 다른(그러나 논리적으로 동치인) 표준형식으로 변형될 수 있다. 이번에는 결론은 그대로 두고 전제를 바꾸어 보자. 첫 번째 전제를 이환하고 두 번째 전제를 환질하면, 아래와 같은 논증이 된다.

모든 비온혈동물은 비포유동물이다.
모든 도마뱀은 비온혈동물이다.
그러므로 모든 도마뱀은 비포유동물이다.

이 또한 타당한 변형이다. 그 형식은 AAA-1(Barbara)식이며, 삼단논법의 모든 규칙에 부합한다.

네 개의 개념을 가진 것처럼 보이는 삼단논법이 표준형식으로 환원될 수 있으려면 (다시 말해서 논리적으로 동치인 표준형식의 정언적 삼단논법으로 변형될 수 있으려면), 그 네 개념들 중 하나가 다른 세 개념 중 하나의 모순 개념이어야 한다. 이와 마찬가지로, 다섯 개념을 가진 것처럼 보이는 삼단논법이 표준형식으로 환원될 수 있으려면, 그 개념들 가운데 두 개가 다른 두 개념의 모순 개념이어야 한다. 심지어 여섯 개념을 가진 것처럼 보이는 논증도, 그 중 세 개념이 나머지 세 개념의 모순개념이면, 표준형식으로 변형될 수 있다. 이러한 변형은 모두 5장에서 공부한 환위, 환질, 이환과 같은 타당한 직접추리의 결과이다.

표준형식의 논증으로 환원하기 위해 둘 이상의 직접추리가 필요한 경우도 있다. 다음 예를 보라.

어떤 비주민도 시민이 아니다.
모든 비시민은 비유권자이다.
그러므로 모든 유권자는 주민이다.

이 논증은 여섯 개의 개념을 가지고 있지만, 이 논증을 표준형식으로 바꾸어 보면 타당하다는 것을 알 수 있다. 표준형식으로 환원하는 방법은 여러 가지가 있고 상황에 따라 달라질 수 있지만, 가장 자연스런 방법은 먼저 첫 번째 전제를 환위, 환질한 다음 두 번째 전제를 이환하면, 첫 번째 전제는 "모든 시민은 주민이다"로 되고, 두 번째 전제는 "모든 유권자는 시민이다"로 된다. 결국 이 논증은 아래와 같은 표준형식으로 환원된다.

모든 시민은 주민이다.
모든 유권자는 시민이다.
그러므로 모든 유권자는 주민이다.

여기서 매개념("시민") 은 대전제의 주어 개념이고, 소전제의 술어 개념이다. 따라서 이 삼단논법은 1격이다. 그리고 세 명제는 모두 전칭긍정이다. 이 논증은 Barbara로 불리는 AAA-1식의 삼단논법이며, 명백하게 타당하다.

논리연습

아래 삼단논법적 논증을 표준형식으로 변형하고, 6장에서 설명한 벤다이어그램이나 삼단논법의 규칙을 이용하여 그 타당성을 검증하라.

보기문제

1. 어떤 전도사는 활기가 넘치는 사람이다. 어떤 전도사도 비지성인이 아니다. 그러므로 어떤 지성인은 활기가 넘치는 사람이다.

문제풀이

이 논증은 아래와 같이 변형될 수 있다. 어떤 전도사는 활기가 넘치는 사람이다. (어떤 *P*는 *V*이다.) 모든 전도사는 지성인이다. (환질에 의해 : 모든 *P*는 *I*이다.) 그러므로 어떤 지성인은 활기가 넘치는 사람이다. (어떤 I는 V이다.) 이 삼단논법은 아래와 같이 벤다이어그램으로 나타낼 수 있으며, 타당하다.

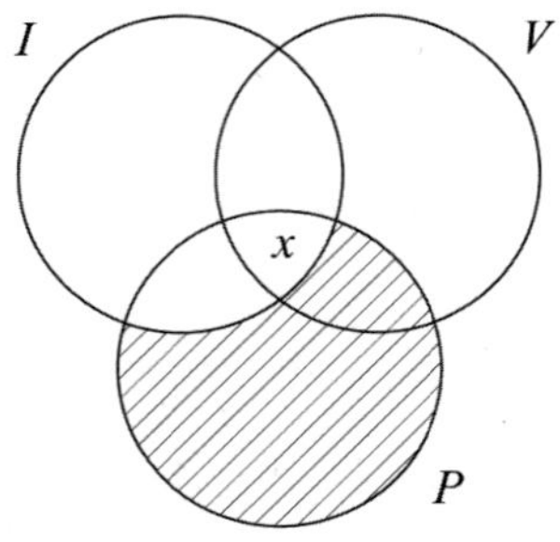

2. 어떤 금속은 희귀하고 값비싼 물질이다. 어떤 용접 재료도 비금속이 아니다. 그러므로 어떤 용접 재료는 희귀하고 값비싼 물질이다.

3. 어떤 아시아 국가는 비호전적이다. 왜냐하면 모든 호전적인 국가는 독일이나 영국의 동맹국이지만, 어떤 아시아 국가는 독일이나 영국의 동맹국이 아니기 때문이다.

4. 어떤 비애주가는 운동선수이다. 왜냐하면 어떤 애주가도 완전한 신체적 조건을 갖춘 사람이 아니고, 완전한 신체적 조건을 갖춘 어떤 사람은 비운동선수가 아니기 때문이다.

*5. 모든 인화성 물질은 불안전한 물질이다. 따라서 모든 안전한 물질은 비폭발물이다. 왜냐하면 모든 폭발물은 인화성 물질이기 때문이다.

6. 모든 세속적인 선(goods)은 변할 수 있다. 왜냐하면 어떤 세속적인 선도 비물질적인 것이 아니며, 물질적인 것은 그 어떤 것도 변할 수 없는 것이 아니기 때문이다.

7. 회원도 아니고 회원의 손님도 아닌 사람은 참석할 수 없다. 그러므로 어떤 비순응주의자도 회원 및 회원의 손님이 아니다. 왜냐하면 참석한 모든 사람은 순응주의자이기 때문이다.

8. 모든 인간은 불완전한 존재이다. 어떤 인간도 불멸의 존재가 아니다. 그러므로 모든 완전한 존재는 비인간이다.

9. 존재하는 것은 모두 비자극성이다. 그러므로 어떤 자극성도 볼 수 없는 대상이 아니다. 왜냐하면 볼 수 있는 것은 모두 존재하는 것이기 때문이다.

*10. 유용한 것은 모두 길이가 2미터 미만이다. 왜냐하면 보관하기 어려운 것은 모두 유용하지 않고, 길이가 2미터 이상인 것은 모두 보관하기 쉬운 물건이 아니기 때문이다.

7.3 정언명제의 표준화

7장 1절에서 지적했듯이, 일상 언어로 된 삼단논법적 논증은 표준형식의 정언적 삼단논법에서 나온다. 그것은 그 논증들이 (7장 2절에서 다루었듯이) 세 개 이상의 개념을 포함하는 것처럼 보일 뿐 아니라, 일상 언어로 된 삼단논법적 논증을 구성하는 명제가 모두 표준형식의 명제일 수는 없기 때문이다. A, E, I, O의 명제는 다소 딱딱하다. 그리고 일상생활에 나타나는 대다수의 삼단논법은 비표준형식의 명제들을 포함한다. 이런 논증을 표준형식으로 환원하려면, 논증을 구성하고 있는 명제를 표준형식으로 변형시킬 필요가 있다.

명제를 표준형식으로 변형시키기 위해 효과적으로 사용할 수 있는 규칙들이 일목요연하게 정리되어 있으면 매우 편리할 것이다. 하지만 유감스럽게도 그와 같은 변형 규칙을 완전히 체계화하기에는 일상 언어가 너무 많고 다양하다. 변형 형태가 달라지면 그 체계도 달라져야 한다. 어떤 변형이 필요한지 알려면, 어느 경우이든 결정적인 요소는 주어진 비표준형식의 명제를 제대로 이해하는 능력이다. 비표준형식의 명제를 이해하고 있다면, 의미의 손실이나 변화 없이 그 명제를 재구성할 수 있다.

비록 완벽한 일련의 변형 규칙들이 주어질 수 없다 하더라도, 우리는 어떤 종류의 명제를 다루는 데 유용한 것으로 판명된 몇 가지 관례적인 기법들을 알고 있으며, 그것들 중 아홉 가지를 여기서 소개하고자 한다. 이 기법들은 규칙이라기보다는 지침이며, 다양한 비표준형식의 명제를 표준형식의 명제로 재구성하는 데 쓰이는 "기법"이다.

I. 단칭명제

어떤 명제는 특정 개인이나 대상이 어떤 집합에 포함된다는 것을 긍정하거나 부인한다. "소크라테스는 철학자이다"와 "이 테이블은 골동품이 아니다"라는 명제가 그 예이다. 이런 명제를 **단칭명제**(singular proposition)라 한다. 단칭명제는 (표준형식의 명제와 달리) 한 집합이 다른 집합에 포함된다는 것을 긍정하거나 부인하는 것이 아니다. 그럼에도 불구하고 우리는 단칭명제를 집합 및 그 집합의 관계를 다루는 명제로 해석할 수 있다.

단칭명제를 해석하는 방법은 아래와 같다.

모든 개별적인 대상에 대해서는 단일 원소의 단위집합(단 하나의 원소를 갖는 집합)이 대응한다. 이 집합의 유일한 원소는 바로 그 대상뿐이다. 그러므로 어떤 대상 *s*가 집합 *P*에 속한다고 주장하는 것은 바로 그 대상 *s*를 포함하는 단위집합 *S*는 전적으로 집합 *P*에 속한다고 주장하는 것과 논리적으로 동치이다. 그리고 어떤 대상 *s*가 집합 *P*에 속하지 않는다고 주장하는 것은 바로 그 대상 *s*를 포함하는 단위집합 *S*가 집합 *P*에서 완전히 배제된다고 주장하는 것과 논리적으로 동치이다.

기호를 따로 쓰지 않고 단칭명제를 이렇게 해석하는 것이 관례이다. 따라서 "*s*는 *P*이다"라는 형식의 단칭긍정명제는 "모든 *S*는 *P*이다"라는 A명제와 논리적 동치로 보는 것이 관례이다. 이와 마찬가지로, "*s*는 *P*가 아니다"라는 형식의 단칭부정명제는 "어떤 *S*도 *P*가 아니다"라는 E명제와 논리적 동치이다. 이와 같은 경우에, *S*는 대상 *s*가 유일한 원소인 단위집합을 가리키는 것으로 생각한다. 그러므로 단칭명제를 위한 특별한 변형 지침은 없다. 전통적으로 단칭명제를 A명제나 E명제로 분류해 왔다. 칸트가 말했듯이, "삼단논법에 사용된 판단에서, 단칭판단은 전칭판단과 같은 것으로 다루어질 수 있다고 하는 논리학자는 정당하다."[1)]

그러나 문제가 그리 간단하지는 않다. 특칭명제는 존재함축을 가지지만, 전칭명제는 그렇지 않다는 점을 명심하라. (5장 7절에서 다룬) 부울의 해석을 적용하여 단칭명제를 기계적으로 A, E의 명제로 다룬다면, 그리고 그 논증의 벤다이어그램이나 6장에 나오는 규칙들을 가지고 그 논증의 타당성을 검증한다면 심각한 문제가 발생한다.

어떤 경우에는 단칭명제가 포함된, 명백하게 타당한 두 전제를 가진 논증이 타당한 정언적 삼단논법으로 변형된다. 다음이 곧 그런 경우이다.

---

1) Immanuel Kant, *Critique of Pure Reason*(1787), chap. 1, sec. 2. 한 세기 훨씬 뒤에 버트런드 러셀은 단칭명제와 전칭명제를 매우 다르게 해석했다. 그는 나중에 그의 저서 『나는 이렇게 철학을 하였다(*My Philosophical Development*)』(1959)에서 다음과 같이 주장했다. 즉, 두 가지 형식의 명제가 "완전히 다르다"는 것을 이해하기까지 논리학은 "더 이상 발전할 수 없다." 왜냐하면 단칭판단은 지정된 주어에 하나의 술어를 부여하는 반면에, 전칭판단은 두 술어의 관계를 서술하기 때문이다. 러셀의 해석은 그때까지 현대 기호논리의 양화이론에 중요한 문제였으며, 이 책 10장에서 상세하게 다루고 있다. 칸트의 견해는 전통적 삼단논법에 있어서 단칭명제의 용법과 관련되어 있었으며, 그는 전통적 삼단논법을 매우 효과적인 논리적 도구로 알고 있었다.

모든 *H*는 *M*이다.
*s*는 하나의 *H*이다.
그러므로 *s*는 하나의 *M*이다.

이것은 다음과 같이 명백하게 타당한 AAA-1식의 정언적 삼단논법으로 변형된다.

모든 *H*는 *M*이다.
모든 *S*는 *H*이다.
그러므로 모든 *S*는 *M*이다.

그러나 다른 경우에는 단칭명제가 포함된, 명백하게 타당한 두 전제를 가진 삼단논법이 부당한 정언적 삼단논법으로 변형된다. 다음이 그런 경우이다.

*s*는 *M*이다.
*s*는 *H*이다.
그러므로 어떤 *H*는 *M*이다.

이것은 다음과 같이 AAI-3식의 부당한 정언적 삼단논법으로서 변형된다.

모든 *S*는 *M*이다.
모든 *S*는 *H*이다.
그러므로 어떤 *H*는 *M*이다.

변형된 이 삼단논법은 [규칙6]을 위반하고 존재적 오류를 범하고 있다.

다른 한편, 단칭명제를 특칭명제로 변형한다고 해도 마찬가지 문제가 발생한다. 어떤 경우에는 단칭명제가 포함된, 명백하게 타당한 두 전제를 가진 논증이 타당한 정언적 삼단논법으로 변형된다. 다음이 그런 경우이다.

모든 *H*는 *M*이다.
*s*는 하나의 *H*이다.
그러므로 *s*는 하나의 *M*이다.

이것은 AII-1식의 정언적 삼단논법으로서 명백하게 타당하다.

모든 *H*는 *M*이다.
어떤 *S*는 *H*이다.
그러므로 어떤 *S*는 *M*이다.

그러나 다음과 같은 경우에는 단칭명제가 포함된, 명백하게 타당한 두 전제를 가진 논증이 부당한 정언적 삼단논법으로 변형된다.

> *s*는 *M*이다.
> *s*는 *H*이다.
> 그러므로 어떤 *H*는 *M*이다.

이것은 III-3식의 정언적 삼단논법으로서 부당하다.

> 어떤 *S*는 *M*이다.
> 어떤 *S*는 *H*이다.
> 그러므로 어떤 *H*는 *M*이다.

변형된 이 삼단논법은 [규칙2]를 위반하고 매개념 부주연의 오류를 범하고 있다.

이런 문제가 발생하는 까닭은 네 가지 표준형식의 정언명제 중 어떤 명제에 포함된 것보다도 더 많은 정보를 단칭명제가 가지고 있기 때문이다. "*s*는 *P*이다"를 "모든 *S*는 *P*이다"로 해석하면, 단칭명제의 존재함축, 즉 *S*가 공집합이 아니라는 정보를 상실하게 된다. "*s*는 *P*이다"를 "어떤 *S*는 *P*이다"로 해석하면, 주어 개념이 주연하는 단칭명제의 전칭 양상, 즉 "모든 *S*는 *P*이다"라는 정보를 상실하게 된다.

이 문제를 해결하기 위해서는 단칭명제를 표준형식의 정언명제의 연언명제로 해석해야 한다. 단칭긍정명제는 동종인 A, I 두 정언명제의 연언과 동치이다. 따라서 "*s*는 *P*이다"는 "모든 *S*는 *P*이다" 그리고 "어떤 *S*는 *P*이다"와 동치이다. 마찬가지로 단칭부정명제는 동종인 E, O 두 정언명제의 연언과 동치이다. 따라서 "*s*는 *P*가 아니다"는 "어떤 *S*도 *P*가 아니다" 그리고 "어떤 *S*는 *P*가 아니다"와 동치이다. 단칭긍정명제와 단칭부정명제를 벤다이어그램으로 나타내면 [그림 7-1]과 같다.

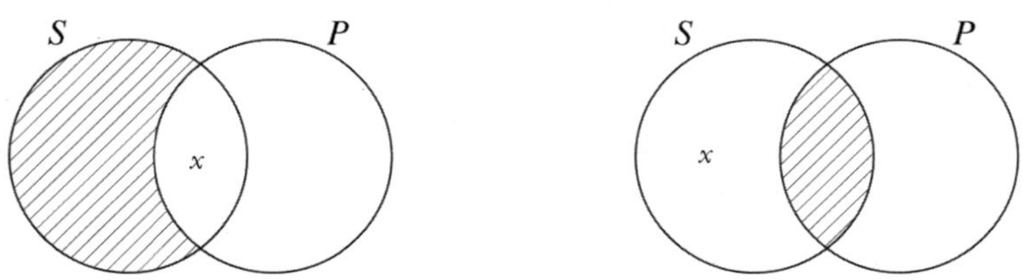

*s*는 *P*이다. *s*는 *P*가 아니다.

[그림 7-1]

단칭명제를 포함하는 삼단논법적 논증을 평가하기 위하여 삼단논법의 규칙을 적용할 때에는 그 단칭명제가 갖고 있는 모든 정보, 즉 주연과 존재함축을 모두 고려해야 한다.

삼단논법의 타당성을 검증하기 위해 벤다이어그램이나 규칙을 적용할 때, 단칭명제의 존재 함축을 염두에 둔다면, 단칭명제를 전칭명제(A 또는 E)로 간주하는 관례를 받아들일 수 있다.

II. 형용구나 형용사를 실체적인 것이나 집합 개념으로서가 아니라 술어로서 가지고 있는 정언명제

예를 들어, "어떤 꽃은 아름답다"와 "어떤 군함도 작전에 투입될 수 없다"는 명제는 정언명제이다. 하지만 이 명제들은 표준형식의 정언명제로 변형되어야 한다. 이 명제들이 표준형식을 벗어나 있는 것은 "아름답다"와 "작전에 투입될 수 없다"와 같은 술어 개념이 집합이 아닌 속성을 가리키기 때문이다. 그러나 모든 속성은 각각 그 속성을 갖는 대상의 집합을 결정하므로, 속성을 가리키는 형용사를 술어로 갖는 명제에 대해서는 그것과 논리적으로 동치인 표준형식의 명제가 대응한다. 앞의 두 예에 대해서는 "어떤 꽃은 아름다운 꽃이다"와 "어떤 군함도 작전에 투입될 수 있는 군함이 아니다"의 I, E 두 명제가 대응한다. 정언명제가 술어 개념 대신 형용사적 서술어를 갖는다는 점만 제외하고는 표준형식인 경우에, 형용사적 서술어를 그것이 실제로 서술할 수 있는 대상 전체의 집합을 가리키는 개념으로 대체함으로써 그 명제를 표준형식으로 변형할 수 있다.

III. 주동사가 표준형식의 계사("…이다")가 아닌 정언명제

이러한 형태는 매우 흔하며, "모든 사람은 인정받고 싶어 한다"와 "어떤 사람은 그리스 포도주를 마신다" 등이 그 예이다. 이런 명제를 표준형식으로 변형하는 일반적인 방법은 주어 개념의 양화사를 제외한 모든 것을 집합 정의적 특성을 말하는 것으로 간주하고, 그것을 집합 정의적 특성에 의해 결정되는 집합을 지칭하는 개념과 표준적 계사로 대체한다. 따라서 앞의 두 예는 "모든 사람은 인정받고 싶어 하는 사람이다"와 "어떤 사람은 그리스 포도주를 마시는 사람이다"로 변형될 수 있다.

IV. 표준형식의 요소가 모두 들어 있지만, 표준형식으로 배열되어 있지 않은 명제

"경주마는 모두 혈통이 순수하다"와 "끝이 좋은 것은 모두 좋다"는 이에 대한 예이다.

이런 경우에 우리는 먼저 어느 것이 주어 개념인지를 결정하고, 표준형식의 정언명제가 되도록 단어들을 다시 배열한다. 대체로 이런 형태의 변환은 아주 간단하다. 앞의 두 예는 "모든 경주마는 혈통이 순수하다"와 "끝이 좋은 모든 것은 좋은 것이다"라는 A명제로 변형될 수 있다.

V. '모든', '어떤 …도', '어떤 …는' 등과 같은 표준형식의 양화사가 아닌 다른 말로 그 양을 지시하는 정언명제

"…는 어느 것이든지", "어떤"과 같은 말로 시작되는 명제는 쉽게 번역될 수 있다. "개는 어느 개든지 전성기가 있다"와 "어떤 공적도 인정된다"와 같은 명제는 "모든 개는 전성기가 있는 동물이다"와 "모든 공적은 인정되는 것이다"로 환원될 수 있다. "모든 것(everything)"과 "무엇이든(anything)"도 이와 유사하다. "모든 사람마다", "누구든지", "누구나" 등과 같이 사람을 나타내는 것은 분명히 사람의 집합이라는 제한이 있지만, 이런 것은 전혀 문제가 없다.

영어의 "a"나 "an"과 같은 문법적 관사도 양을 가리키는 데 도움을 줄 수 있지만, 문맥에 따라서는 "모든"이나 "어떤"이라는 의미로 사용되기도 한다. 따라서 "박쥐는 포유류이다"와 "코끼리는 후피동물이다"와 같은 명제는 "모든 박쥐는 포유류이다"와 "모든 코끼리는 후피동물이다"를 의미하는 것으로 해석하는 것이 합리적이다. 그러나 "박쥐가 창문으로 날아들었다"와 "코끼리가 달아났다"는 분명히 모든 박쥐와 모든 코끼리를 말하는 것이 아니다. 따라서 "어떤 박쥐는 창문으로 날아든 박쥐이다"와 "어떤 코끼리는 달아난 코끼리이다"로 환원하는 것이 합당하다.

"그(the)"라는 관사도 특정한 개체나 어떤 집합의 원소 전체를 가리킬 수도 있다. 이런 경우에는 염려할 필요가 거의 없다. "그 고래는 포유류이다"라는 명제는 대부분의 문맥에서 "모든 고래는 포유류이다"로 변형되지만, 그러나 "그 초대 대통령은 군대의 영웅이었다"와 같은 단칭명제는 이미 살펴보았듯이 존재 함축을 갖는 A명제의 표준형식이다.

정관사 "그(the)"가 의도적인 모호성을 남기기 위해 고의적으로 생략되는 경우도 있다. 1967년의 "6일 전쟁"에서 이스라엘이 점령한 영토의 반환을 촉구하는 UN의 결의 242호가 채택되었을 때, 영어판 결의문을 권위 있는 기준으로 삼기로 공식적인 합의가 있었다. 그 이유는 결의문이 프랑스어로 표현될 때에는 정관사가 꼭 필요하지만 영어로 표현될 때에는 생략 가능하기 때문이다. 정관사가 붙으면 점령된 영토 전체를 의미하게 된다.

이것은 영어판 결의문이 조심스럽게 말을 삼가는 바로 그 부분이다. 영어판에서 정관사의 생략은 논리적인 함축이다.

"모든"과 "어떤"이 긍정문에서 갖는 의미는 우리가 익히 알고 있는 표준 양화사와 다를 바 없다. 그러나 그 앞에 부정어가 붙으면 의미는 전혀 달라진다. 그러므로 해석상 많은 주의가 필요하다. 예를 들어, "모든 *S*는 *P*이다"라는 A명제 앞에 부정어가 붙으면, "어떤 *S*는 *P*가 아니다"라는 O명제가 된다. 그리고 "어떤 *S*는 *P*이다"라는 I명제 앞에 부정어가 붙으면, "어떤 *S*도 *P*가 아니다"라는 E명제가 된다.

Ⅵ. 배타적 명제

"오직 …만", "… 제외한 어떤 것도"와 같은 단어를 포함하는 정언명제를 **배타적 명제**(exclusive proposition)라고 한다. 왜냐하면 대체로 이런 명제는 주어 개념에 대해 술어 개념이 배타적으로 적용되기 때문이다. 그와 같은 용법의 예로 "오직 시민만이 투표할 수 있다"와 "용기 있는 자를 제외하면 누구도 미인을 얻을 수 없다"를 들 수 있다. 이것들은 각각 "투표를 할 수 있는 사람은 모두 시민이다"와 "미인을 얻은 사람은 모두 용감한 사람이다"의 표준형식의 정언명제로 변형된다. "오직 …만"이나 "…를 제외한 어떤 것도"로 시작되는 배타적 명제는 흔히 쓰이는 이런 방식으로 주어 개념과 술어 개념의 위치를 바꾸고, "오직 …만"이나 "…를 제외한 어떤 것도"를 "모든"으로 바꾸면 표준형식의 A명제로 변형된다. 그러므로 "오직 *S*만이 *P*이다"와 "*S*를 제외한 어떤 것도 *P*가 아니다"는 일반적으로 "모든 *P*는 *S*이다"로 표현한다.

"오직 …만"이나 "…를 제외한 어떤 것도"가 이와 다른 의미로 쓰이는 경우가 있다. 예를 들면, "오직 *S*만이 *P*이다"와 "*S*를 제외한 어떤 것도 *P*가 아니다"는 "모든 *S*는 *P*이다"를 의미할 수도 있고, "어떤 *S*는 *P*이다"를 의미할 수도 있다. 그러나 항상 이런 것은 아니므로, 문맥으로 의미를 결정해야 할 때에는 주의해야 한다. 그러나 별다른 사항이 없으면, 앞에서 제시한 방식으로 변형하는 것이 좋다.

Ⅶ. 양을 지시하는 단어를 전혀 포함하지 않은 정언명제

"개는 육식성이다"와 "아이들이 참석하고 있다"는 이에 대한 예이다. 양화사가 없으면 그 문장이 무엇을 표현하고자 하는지 명확하지 않다. 문제가 되는 문맥을 잘 살펴봄으로써 비로소 우리는 그 의미를 결정할 수 있다. 문맥을 잘 살펴보면 대개의 경우는 의문이

해소된다. 첫 번째 예에서, "개는 육식성이다"는 모든 개를 가리킬 가능성이 매우 높으므로, "모든 개는 육식성이다"로 변형된다. 한편 두 번째에서는, 일부 아이만을 가리키는 것이 분명하다. 따라서 "아이들이 참석하고 있다"는 "어떤 아이들은 참석한 아이들이다"라는 표준형식으로 변형된다.

Ⅷ. 표준형식의 정언명제와 전혀 다르지만, 표준형식으로 변형될 수 있는 명제

"모든 아이가 산타클로스를 믿지는 않는다", "흰 코끼리가 있다", "분홍색 코끼리는 없다", "둥글면서 네모난 것은 없다"와 같은 명제들이 이에 대한 예이다. 조금만 생각해 보면, 이 명제들은 표준형식의 정언명제와 논리적으로 동치이며, 따라서 다음과 같이 표준형식의 명제로 변형될 수 있다는 것을 알 수 있을 것이다. 즉, "어떤 아이들은 산타클로스를 믿는 아이들이 아니다", "어떤 코끼리는 흰 코끼리이다", "어떤 코끼리도 분홍색 코끼리가 아니다", "어떤 둥근 것도 네모난 것이 아니다."

Ⅸ. 예외적 명제

"고용인을 제외한 사람은 모두 피선거권이 있다", "고용인 이외의 모든 사람은 피선거권이 있다", "고용인들만 피선거권이 없다"는 **예외적 명제**(exceptive proposition)의 예이다. 예외적 명제를 표준형식으로 바꾸는 것은 다소 복잡하다. 왜냐하면 이런 종류의 명제는 (단칭명제와 같이) 한 가지가 아닌 두 가지를 주장하기 때문이다. 논리적으로 동치인 이러한 예들은 "모든 피고용인은 피선거권을 가진다"는 것을 주장할 뿐만 아니라, (통상적인 문맥에서는) "어떤 고용인도 피선거권이 없다"는 것을 주장한다. 고용인을 *S*, 피선거권을 가진 사람을 *P*로 표시하면, 두 명제는 "모든 비*S*는 *P*이다"와 "어떤 *S*도 *P*가 아니다"로 나타낼 수 있다. 둘은 분명히 독립된 명제이지만, *S*와 *P*가 여집합이라는 것을 두 명제가 함께 주장한다.

이 예외적 명제들은 모두 복합적이기 때문에 단일한 표준형식의 정언명제로 변형될 수 없다. 오히려 각각은 두 개의 표준형식의 정언명제의 연언으로 변형되어야만 한다. 따라서 피선거권에 관한 위의 세 명제는 모두 동일하게 "모든 비피고용인은 선거권이 있으며, 동시에 어떤 고용인도 피선거권이 없다"는 문장으로 변형된다.

표준형식으로 변형될 수 없는 수량 정보나 유사 수량 정보에 의해 그 타당성이 좌우되는 논증이 몇몇 있다는 점에 주목해야 한다. 그런 논증을 구성하는 명제는 "하나", "둘",

"셋", "많이", "조금", "대부분"과 같은 양화사를 사용함으로써 표준형식의 명제가 나타내는 것보다 더 구체적인 양을 언급한다. 그런 특수한 수량 정보가 그것이 언급된 논증의 타당성에 대단히 중요하다면, 그 논증 자체는 삼단논법이 아니며, 따라서 정언적 삼단논법에 포함시키는 것보다 훨씬 복잡한 분석이 필요하다. 하지만 삼단논법으로 분석될 수 있는 논증에도 유사 양화사가 들어 있다. "거의 모두", "모두는 아니지만", "몇몇을 제외한 전부", "거의 모든 사람"과 같은 것이 여기에 해당한다. 이런 구절이 양화사로 나타나는 명제는 "예외적 명제"이다. 그러므로 "거의 모든 학생이 그 무도회에 참석했다", "모두는 아니지만 학생들이 그 무도회에 참석했다", "몇몇을 제외한 모든 학생들이 그 무도회에 참석했다", "단지 몇몇 학생들만이 그 무도회에 참석했다" 등과 같은 명제들은 유사 수량적 양화사가 들어 있는 "예외적 명제"이며, 따라서 복합적이다. 이 명제들은 모두 일부 학생들이 그 무도회에 참석했다는 것을 긍정하고, 모든 학생들이 그 무도회에 참석했다는 것을 부정한다. 이 명제들이 나타내는 유사 수량 정보는 삼단논법의 관점에서 보면 부적절하다. 따라서 이 명제들은 모두 "어떤 학생들은 그 무도회에 참석했다, 그리고 어떤 학생들은 그 무도회에 참석하지 않았다"로 변형되어야 한다.

예외적 명제는 정언명제가 아니라 연언명제이기 때문에, 예외적 명제를 포함하는 논증은 우리가 여기서 의미하는 삼단논법이 아니다. 그럼에도 불구하고 우리는 이런 논증을 삼단논법의 방식으로 분석하고 평가할 수 있다. 예외적 명제가 들어있는 논증을 검증하는 방법은 그 논증에서 그 명제가 차지하는 위치에 달려 있다. 만약 예외적 명제가 전제라면, 그 논증은 두 개의 검증을 따로 받아야 한다. 다음의 논증을 그 예로 살펴보자.

그 경기를 관람한 사람은 모두 무도회에 참석했다.
<u>모든 학생이 무도회에 참석한 것은 아니다.</u>
따라서 어떤 학생은 그 경기를 관람하지 않았다.

첫 번째 전제와 결론은 정언명제이며, 쉽게 표준형식으로 변형될 수 있다. 하지만 두 번째 전제는 예외적 명제이며, 단순한 것이 아니라 복합적이다. 이 전제들이 결론을 함축하는지를 알기 위해 먼저 주어진 논증의 첫 번째 전제와 두 번째 전제의 절반 그리고 결론으로 구성되는 삼단논법을 검증한다. 우리는 다음과 같은 삼단논법을 얻게 된다.

그 경기를 관람한 사람은 모두 무도회에 참석했던 사람이다.
<u>어떤 학생은 무도회에 참석했던 사람이다.</u>
그러므로 어떤 학생은 그 경기를 관람한 사람이 아니다.

이 표준형식의 정언적 삼단논법은 AIO-2식이며, [규칙2]를 위반하고 매개념 부주연의 오류를 범한다. 그러나 우리가 원래의 논증을 부당한 것으로 증명한 것은 아니다. 왜냐하면 지금 검증한 삼단논법은 원래 논증이 갖는 연언에서 단 한 부분만 포함하고 있기 때문이다. 그렇다면 이제 우리는 첫 번째 전제와 두 번째 전제의 나머지 절반 그리고 결론으로 구성된 정언적 삼단논법을 검증해 보자. 우리는 아래와 같은 전혀 다른 표준형식의 삼단논법을 얻게 된다.

> 그 경기를 관람한 사람은 모두 무도회에 참석했던 사람이다.
> 어떤 학생은 무도회에 참석했던 사람이 아니다.
> 그러므로 어떤 학생은 그 경기를 관람한 사람이 아니다.

이 표준형식의 정언적 삼단논법은 AOO-2(Baroko)식이며, 타당하다는 것을 쉽게 알 수 있다. 따라서 원래의 논증은 타당하다. 왜냐하면 결론이 동일하고, 그리고 원래의 전제는 이 타당한 표준형식의 삼단논법의 전제들을 포함하고 있기 때문이다. 그러므로 논증의 타당성을 검증하기 위해서는 예외적 명제를 서로 다른 두 가지 표준형식의 정언적 삼단논법으로 검증할 필요가 있다.

만약 어떤 논증의 전제가 모두 정언명제이고 결론이 예외적 명제라면, 우리는 이 논증이 부당하다는 것을 알 수 있다. 두 정언적 전제가 복합적인 결론의 어느 한쪽을 함축한다고 하더라도 그 복합적 결론의 양쪽을 모두 함축할 수는 없기 때문이다. 끝으로, 어떤 논증의 두 전제와 결론이 모두 예외적 명제라면, 원래 명제에서 구성될 수 있는 삼단논법을 모두 검증할 수 있어야 그 논증의 타당성 여부를 결정할 수 있다. 지금까지 설명한 것으로도 학생들은 그런 상황에 충분히 대처할 수 있다.

비표준형식의 명제를 표준형식으로 쉽게 변형하는 능력을 갖추는 것이 중요하다. 지금까지 살펴본 타당성에 대한 검증 — 벤다이어그램과 삼단논법의 규칙 — 은 단지 표준형식의 정언적 삼단논법에만 직접적으로 적용될 수 있기 때문이다.

논리연습

아래 명제를 표준형식의 정언명제로 변형하라.

보기문제

1. 장미는 향기롭다.

문제풀이

변형된 표준형식 : 모든 장미는 향기로운 꽃이다.

2. 난초는 향기롭지 않다.
3. 많은 사람이 잘못 보낸 젊은 시절을 후회한다.
4. 만날 가치가 있는 모든 사람이 친구로 사귈 가치가 있는 것은 아니다.
*5. 만일 그것이 진품이면, 돈으로 살 수 있는 최상품이다.
6. 만일 그것이 진짜 맥주가 아니라면, 버드 맥주가 아니다.
7. 안전하면서 짜릿한 것은 아무것도 없다.
8. 오직 용감한 사람만이 의회의 명예훈장을 받았다.
9. 좋은 카운슬러는 대체로 인정받지 못한다.
*10. 태양을 마주선 사람은 자신의 그림자를 보지 못한다.
11. 그녀의 노래를 들으면 감동한다.
12. 칼로 흥한 사람은 칼로 망한다.
13. 회원만 정문으로 출입할 수 있다.
14. 어떤 사람도 김씨를 좋아하지 않는다.
*15. 젊은 터키인들은 극렬 보수당의 어떤 후보도 지지하지 않는다.
16. 그 영화는 지루한 것을 제외하면 모든 것이 훌륭하다.
17. 그들은 서서 기다리는 사람만 받아들인다.
18. 자신의 한계를 아는 것이 진정한 행복이다.
19. 아름다운 일은 영원한 기쁨이다.
*20. 진심으로 사랑하는 사람이 간절하게 기도한다.
21. 빤짝이는 것이 모두 금은 아니다.

22. 위대한 사람만이 위대한 사람의 불행을 이해한다.
23. 아픔을 느껴보지 못한 자만이 남의 상처를 건드린다.
24. 사람은 뿌린 대로 거둔다.
*25. 부드러운 대답은 분노를 삭인다.

7.4 삼단논법의 표준화

삼단논법은 정확히 세 개의 개념을 포함하는 명제로 표현되어 있어야 그것을 검증할 수 있다. 삼단논법을 검증할 수 없을 때도 있고 또 검증을 위해 앞 절에서 제시된 것보다 더욱 세밀한 접근이 필요할 때도 있다. "가난한 사람들이 언제나 그대와 함께 할 것이다"라는 명제를 생각해 보자. 이 명제가 주장하는 바는 "모든 가난한 사람들이 언제나 그대와 함께 할 것이다"라는 것은 분명히 아니며, "어떤(특정한) 가난한 사람들이 언제나 그대와 함께 할 것이다"라는 것도 아니다. 이 명제를 표준형식으로 환원하는 여러 가지 대안이 있지만, "언제나"라는 핵심어를 통해 환원하는 것이 가장 자연스럽다. 이 말은 "모든 시간"을 의미하며, "모든 시간은 그대가 가난한 사람들과 함께 하는 시간이다"라는 표준형식의 정언명제를 시사한다. 주어개념과 술어개념 모두에 나타나는 "시간"이라는 낱말이 **지표**(parameter)로 간주될 수 있으며, 이는 원래의 주장을 표준형식으로 나타내는 데 도움이 되는 보조기호이다.

아무 생각 없이 기계적 형태로 지표를 도입해서 사용하지 않도록 주의해야 한다. 우리는 언제나 변형되는 명제를 이해한 바에 따라 그 명제를 변형해야 하기 때문이다. "철수는 당구를 늘 이긴다"라는 명제가 정확하게 주장하는 바는 "철수는 항상 당구를 치고 있으며, 또 이기고 있다"는 것은 아니다. 이 명제는 "철수는 당구를 칠 때마다 이긴다"는 의미로 해석하는 것이 합리적이다. 그리고 이렇게 이해한다면, 이 명제를 "철수가 당구를 치는 모든 때는 당구 경기에서 이기는 때이다"로 변형할 수 있다.

모든 지표가 "시간"일 필요는 없다. 어떤 명제를 표준형식으로 변형하기 위해 우리는 "장소"나 "경우"를 지표로 도입할 수 있다. 따라서 "미래가 없는 곳에서 사람들은 타락한다"라는 명제는 "미래가 없는 모든 곳은 사람들이 타락하는 곳이다"로 변형되고, "철수는 지각할 때는 언제나 판매에 실패한다"라는 명제는 "철수가 지각하는 모든 경우는 철수가 판매에 실패하는 경우이다"로 변형된다.

삼단논법을 구성하고 있는 세 명제를 모두 **표준형식**으로 변형하기 위해 반드시 지표를 도입해야 할 경우가 있다. 정언적 삼단논법은 정확하게 세 개의 개념을 포함하고 있으므로, 삼단논법을 검증하기 위해 우리는 그 논증을 구성하는 명제들을 모두 정확하게 세 개의 개념을 포함하는 표준형식의 정언명제로 변형해야 한다. 동의어 소거와 환위, 환질, 이환 등의 응용은 이미 7장 2절에서 검토했다. 동의어를 소거하고, 환위, 환질, 이환을 적용해도, 개념의 수를 세 개로 줄일 수 없는 삼단논법이 많이 있다. 이런 경우 표준화하려면, 그 논증을 구성하는 세 명제 모두에 적용되는 동일한 지표를 도입할 필요가 있다. 다음 논증을 살펴보자.

> 일회용 접시는 분별없는 사람이 소풍을 다녀간 곳에만 흩어져 있다.
> <u>이 주변에는 일회용 접시가 흩어져 있다.</u>
> 그러므로 분별없는 사람이 여기로 소풍을 다녀갔음이 틀림없다.

이 논증은 완벽하게 타당하다. 그러나 다이어그램이나 규칙으로 그 타당성을 증명하기 전에, 먼저 세 개의 개념을 갖는 표준형식의 정언명제로 두 전제와 결론을 변형해야 한다. 두 번째 전제와 결론은 다음과 같이 아주 자연스럽게, 즉 "어떤 일회용 접시는 이 주변에 흩어져 있다"와 "어떤 분별없는 사람은 여기로 소풍을 다녀간 사람이다"로 변형될 수 있다. 그러나 이 두 명제는 네 개의 개념을 가지고 있다. 이 논증을 표준형식으로 환원하기 위해 우리는 첫 번째 전제부터 환원한다. 첫 번째 전제를 표준형식으로 나타내기 위해서는 지표가 필요하다. 그 다음 동일한 지표로 두 번째 전제와 결론을 표준형식으로 변형한다. 첫 번째 전제에서 "곳"이란 낱말이 "장소"라는 지표를 사용할 수 있음을 암시하고 있다. 이 지표가 세 명제를 모두 표준형식으로 변형할 수 있는 기준을 얻기 위해 사용된다면, 이 논증은 아래와 같이 변형된다.

> 일회용 접시가 흩어져 있는 곳은 분별없는 사람이 소풍을 다녀간 곳이다.
> <u>이곳은 일회용 접시가 흩어져 있는 곳이다.</u>
> 그러므로 이곳은 분별없는 사람이 소풍을 다녀간 곳이다.

이것은 표준형식의 정언적 삼단논법 AAA-1(Barbara)식이며, 이미 타당한 것으로 입증된 바 있다.

지표를 이용하여 어떤 문장들을 표준화한다는 발상은 우리가 쉽게 포착할 수 있는 것은 아니지만, 그렇게 하지 않으면 어떤 삼단논법은 표준형식의 정언적 삼단논법으로 변형될 수 없다. 예를 하나 더 살펴보는 것이 이 방법을 이해하는 데 도움이 된다. 아래 논증을 보자.

> 여우가 지나간 곳은 어디서나 그 개는 짖는다. 그 개가 조용하기 때문에, 그 여우는 다른 길로 갔다.

먼저 이 논증이 주장하고 있는 것이 무엇인지부터 이해해야 한다. 우리는 "그 개가 조용하다"라는 진술은 "그 개는 지금 여기서는 짖고 있지 않다"라는 것을 주장하는 것으로 받아들일 수 있다. 이 단계는 동의어를 소거하는 데 필연적인 과정이다. 왜냐하면 첫 번째 주장은 개가 짖는다는 것을 분명히 가리키고 있기 때문이다. 그리고 같은 방식으로, "여우는 다른 길로 갔다"라는 결론은 "여우는 여기를 지나가지 않았다"라는 것을 주장하는 것으로 이해할 수 있다. 첫 번째 명제에 들어있는 "어디서나"라는 낱말은 "장소"라는 지표를 이 변형 과정에 사용할 수 있음을 암시한다. 따라서 다음과 같은 표준형식으로 변형된다.

> 여우가 지나간 곳은 모두 그 개가 짖는 곳이다.
> <u>이곳은 그 개가 짖는 곳이 아니다.</u>
> 그러므로 이곳은 여우가 지나간 곳이 아니다.

이것은 표준형식의 정언적 삼단논법 AEE-2(Camestres)식이며, 타당하다.

논리연습

A. 지표를 사용하여 아래 명제를 표준형식으로 변형하라.

❙ 보기문제

1. 그는 손해본 것이 생각날 때마다 신음한다.

❙ 문제풀이

그가 손해본 것이 생각나는 모든 때는 그가 신음하는 때이다.

2. 그녀는 결코 자기 차로 출근하지 않는다.
3. 그는 자신이 선택한 곳에서 산책한다.

4. 그는 항상 차림표에서 가장 비싼 것을 주문한다.
*5. 우리가 묻지 않으면, 그녀는 자신의 의견을 제시하지 않는다.
6. 그녀는 기회만 있으면 생명보험에 가입시키려고 한다.
7. 그는 화가 나면 얼굴이 붉어진다.
8. 그에게 몇 마디 이야기를 부탁하면, 그는 몇 시간을 떠든다.
9. 이성적으로 자유롭게 논쟁할 수 있는 곳에서는 잘못된 의견을 용서받을 수 있다.
*10. 자유롭게 토론할 때처럼 문제를 바르게 해결하는 경우는 결코 없다.

B. 다음 각 논증을 (a) 표준형식으로 변형하고, (b) 표준화된 논증의 식과 격을 말하라. 그리고 (c) 벤다이어그램으로 그 논증의 타당성을 검증하고, 만약 논증이 타당하면, 그것의 전통적인 이름을 말하라. (d) 만약 논증이 부당하면, 그 논증이 범한 오류를 지적하라.

▌보기문제

1. 모든 지식은 감각적 인상에서 유래하고, 또 실체에 대한 감각적 인상이 없기 때문에, 논리적으로 볼 때 실체에 대한 지식은 없다.

—로버트 M. 퍼식, 『선(禪)과 모터사이클 관리술』

▌문제풀이

a. 변형된 표준형식

감각적 인상에서 유래한 어떤 지식도 실체에 대한 지식이 아니다.
<u>모든 지식은 감각적 인상에서 유래한다.</u>
그러므로 어떤 지식도 실체에 대한 지식이 아니다.

b. 표준화된 논증의 식과 격 : EAE-1식

c. 타당하다. Celarent

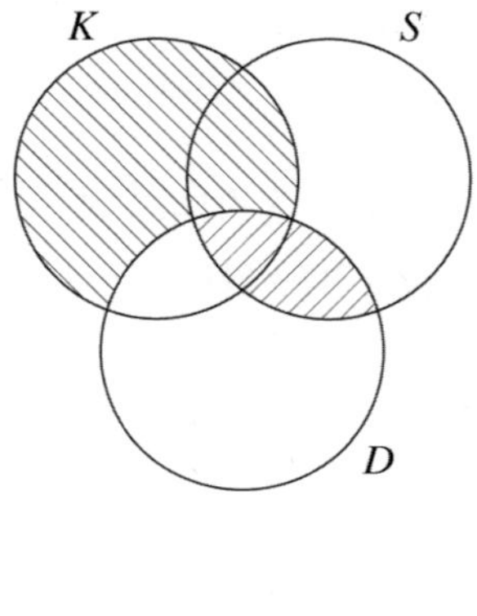

2. 어떤 이름도 모순된 짝을 이룰 수는 없다. 그러나 서술할 수 있는 것은 모두 모순된 짝이 있다. 그러므로 어떤 이름도 서술할 수 없다.

—피터 토마스 기치, 『참조와 일반성』

3. 바르셀로나 운송회사는 차입금의 이자를 지불할 수 없었다. 파산상태의 회사는 차입금의 이자를 지불할 수 없다. 그러므로 바르셀로나 운송회사는 파산상태임이 분명하다.

—존 브룩스, *The New Yorker*

4. 자유나 미덕, 또는 다른 무엇이든 그것을 지키려는 극단주의는 항상 악이다. 왜냐하면 극단주의는 악이라고 정의되는 광신주의의 또 다른 이름일 뿐이기 때문이다.

—어빙 크리스톨, *The Wall Street Journal*

*5. 두 개의 부정 전제를 가지고 있는 삼단논법은 모두 부당하다. 어떤 타당한 삼단논법은 믿을 만하다. 그러므로 믿을 수 없는 어떤 논증은 두 개의 부정 전제를 가진 삼단논법이다.

6. 반짝이는 것이 모두 금은 아니다. 어떤 값싼 금속은 반짝이며, 금은 값싼 금속이 아니기 때문이다.

7. 연기가 나는 곳에 불이 났다. 지하실에서 연기가 나지 않았기 때문에, 지하실에는 불이 나지 않았다.

8. 자비는 신의 속성이라 할 수 없다. 다마스쿠스 사람들이 말하듯이, 자비는 슬픔이기 때문이다. 그러나 신에게는 슬픔이 없고, 따라서 신에게는 자비가 없다.

—토마스 아퀴나스, 『신학대전 I』

9. 뜨거움은 고통스런 감각일 뿐이고, 고통은 그것을 지각하는 것에만 존재한다. 따라서 어떤 뜨거움도 실제로 지각할 수 없는 물질적 실체에 존재할 수 없다.

—조지 버클리, 『하일라스와 필로누스의 세 대화』

*10. 사실을 무시하는 사람만이 실수를 저지르는 것 같다. 참으로 객관적인 사람은 어느 누구도 실수를 저지르는 것 같지는 않다. 그러므로 사실을 무시하는 사람은 어느 누구도 참으로 객관적이지는 않다.

11. 모든 도박꾼은 사람이다. 모든 사람은 생각한다. 그러므로 모든 도박꾼은 생각한다.

—오스왈드 & 제임스 야코비

12. 괴로울 때마다 나는 기도한다. 그리고 나는 항상 괴롭기 때문에 기도하지 않는 날이 없다.

—아이삭 B. 싱거, *The New York Times*

13. 잔상은 물리적 공간에 없다. 두뇌의 과정은 물리적 공간에 있다. 따라서 잔상은 두뇌의 과정이 아니다.

—J. J. C. 스마트, *Philosophical Review*

14. 조금 전까지 비가 내린 것이 틀림없다. 왜냐하면 물고기가 입질을 하지 않고, 비가 온 뒤에는 물고기가 입질을 하지 않기 때문이다.

*15. 기술자는 비합리적인 것에 관심이 없다. 기술자는 적합한 것에만 관심이 있다. 따라서 적합한 것은 모두 합리적인 것이다.

—G. H. 하디, 『수학자의 변명』

16. 이웃과 싸우는 것은 죄악이며, 테베인들과 싸우는 것은 이웃과 싸우는 것이다. 따라서 테베인들과 싸우는 것은 죄악이다.

—아리스토텔레스, 『분석론 전서』

17. 아리스토텔레스에 따르면, 자연의 산물은 어느 것도 우연에 기인하지 않는다. 그의 증명은 이렇다. 즉, 우연에 기인하는 것은 늘 재현되지 않으며 자주 재현되지도 않는다. 그러나 자연의 산물은 늘 재현되든지 자주 재현된다.

—마이모니데스, 『복잡한 안내서』

18. 직장인이 모두 음주를 절제하는 것은 아니다. 빚쟁이들만 과음한다. 따라서 실업자가 모두 빚을 지고 있는 것은 아니다.

19. 내일 멋진 경기가 있을 것이다. 우승기가 걸려 있으며, 우승기가 걸린 경기는 어떤 것도 지루하지 않기 때문이다.

*20. 영희는 오늘 아침에 일하러 가지 않았다. 왜냐하면 그녀는 스웨터를 입고 있으며, 그녀는 스웨터를 입고는 일을 하지 않기 때문이다.

21. 철수는 영희를 칭찬했다. 영희는 철수가 칭찬할 때마다 기분이 좋으며, 영희는 지금 기분이 좋다.

22. 그 공장에는 틀림없이 파업이 일어났다. 왜냐하면 거기에는 구호를 외치는 행렬이 있었고, 그런 구호는 파업 현장에만 있기 때문이다.

23. 역학은 전염성 질병만을 연구하는 것은 아니다. 역학은 지역사회의 질병의 비율과 유형에 대한 광범한 조사를 한다. 표준을 벗어난 의약품의 남용은 일종의 질병으로 간주될 수 있다. 그러므로 의약품 남용도 역학적 방법으로 조사할 수 있다.

24. 도덕은 행동과 감정에 영향을 미치기 때문에, 다음과 같은 추론이 가능하다. 도덕은 이성에서 나올 수 없다. 이미 증명된 바와 같이, 이성만으로는 그러한 영향을 미칠 수 없기 때문이다.

—데이비드 흄, 『인성론』

*25. 모든 타당한 삼단논법은 적어도 한 전제에서 매개념을 주연시킨다. 이 삼단논법은 타당하다. 왜냐하면 이 삼단논법은 적어도 한 전제에서 매개념을 주연시키고 있기 때문이다.

26. 어떤 타당한 삼단논법도 두 전제가 모두 부정 명제는 아니다. 이 페이지에 있는 어떤 삼단논법도 부당하지 않다. 그러므로 이 페이지에 있는 어떤 삼단논법도 두 전제가 모두 부정 명제는 아니다.

27. 인기가 높으면 수입이 늘어난다. 좋은 평가는 인기를 높인다. 좋은 평가는 수입을 늘린다.

28. 이곳에 성장하는 식물이 있다. 식물은 물을 필요로 하기 때문에, 반드시 물이 존재한다.

29. 어떤 참석자도 실직자가 아니다. 어떤 회원도 결석하지 않았다. 그러므로 모든 회원은 재직자이다.

*30. 시합이 치열하다. 엄청난 돈이 걸려 있으며, 많은 돈이 걸려 있는 시시한 시합은 결코 없기 때문이다.

31. 멋진 남자들이지만, 단 한 남자는 야비하다. 그러므로 야비하면서 멋진 경우는 없다는 말은 틀렸다.

32. 단일한 것은 더 이상 분할될 수 없다. 정신은 단일하다. 그러므로 정신은 더 이상 분할될 수 없다.

—둔스 스코투스

33. 그는 아플 때마다 불평을 하지만, 그의 건강이 양호하므로 그는 불평하지 않는다.

34. 우리는 … 형이상학적 문장을 참된 명제를 표현하려는 취지의 문장으로 규정한다. 그러나 사실 형이상학적 문장은 동일률도 또 경험적 가설도 표현하지 않는다. 동일률과 경험적 가설은 유의미한 명제의 전체 집합을 이루고 있기 때문에, 우리가 모든 형이상학적 주장은 터무니없다고 결론짓는 것은 정당하다.

—알프레드 J. 에이어, 『언어, 진리 그리고 논리』

*35. 이 삼단논법은 타당하다. 왜냐하면 모든 부당한 삼단논법은 비합법적인 절차를 범하지만, 이 삼단논법은 비합법적인 절차를 범하지 않기 때문이다.

7.5 생략 삼단논법

삼단논법은 자주 나타나지만, 그 전제와 결론이 언제나 명료하게 진술되는 것은 아니다. 때로는 그 논증의 일부만 표현되고, 나머지는 "이해된" 것으로 간주하여 생략되어 있다. 따라서 "존은 미국 본토박이이다"라는 전제만으로도 "존은 시민이다"라는 결론을 정당화할 수 있다. 이 논증은 불완전하지만, 생략된 전제는 미국 헌법을 알고 있으면 쉽게 보완될 수 있다. 생략된 전제를 보완한 완전한 논증은 아래와 같다.

미국 본토박이는 모두 시민이다.
존은 미국 본토박이이다.
그러므로 존은 시민이다.

생략된 전제가 보완된 이 논증은 AAA-1(Barbara)식의 정언적 삼단논법이며, 타당하다. 이와 같이 진술되지 않은 부분을 우리가 이해하거나 생각해 낼 수 있을 때, 불완전하게 진술된 논증을 **생략 삼단논법**(enthymeme)이라 한다. 불완전한 진술이 생략 삼단논법의 특징이다.

일상적 담화는 물론이고 심지어는 과학에서조차도 많은 추론이 생략 삼단논법으로 표현된다. 그 이유는 쉽게 알 수 있다. 대부분의 명제는 상식으로 전제될 수 있다. 그리고 말을 하거나 글을 쓰는 사람들은 명백하게 참이라고 널리 알려진 명제들을 되풀이하는 고생을 하지 않으려 하며, 그 말을 듣거나 글을 읽는 사람들이 스스로 그 명제들을 보충할 수 있다고 생각한다. 더구나 상세히 말할 때보다 일부가 생략되었을 때 논증이 수사적으로 더 강력하고 설득력이 있다는 것도 전혀 낯선 말이 아니다. 아리스토텔레스가 그의 저서 『수사학』에서 말하고 있듯이, 생략 삼단논법에 의존하는 연설이 청중의 갈채를 받는다.

생략 삼단논법은 불완전하므로 그 타당성을 검증할 때는 생략된 부분이 반드시 고려되어야 한다. 전제가 빠져 있으면 그 추리는 부당하다. 그러나 표현되지 않은 전제가 쉽게 보충될 수 있으면, 그 논증을 평가할 때는 아주 공정한 입장에서 빠진 부분도 당연히 그 논증의 일부로 포함되어야 한다. 이와 같은 경우에 우리는 그 논증을 구성하는 사람이 겉으로 표현된 것보다 많은 것을 생각하고 있다고 가정한다. 대부분의 경우에 말하는 사람(혹은 글을 쓰는 사람)이 의도했지만 표현하지 않은 묵시적 전제를 보충하는 것은 어렵지는 않다. 가령, 셜록 홈스는 『실버 블레이즈(*The Adventure of Silver Blaze*)』에서 사건 해결에 대해 설명하면서, 아직 언급되지 않았지만 아주 간단히 추정될 수 있는 하나의 결정적인 전제를 보충하여 아래와 같이 논증을 구성한다.

> 개 한 마리가 마구간에 있었고, 지금도 있다.
> 어떤 사람이 마구간에 들어가 말 한 마리를 끌고 나갔지만, 그 개는 짖지 않았다 …
> 분명히 마구간을 방문한 자는 그 개가 잘 알고 있는 사람이었다.

여기에 무엇이 생략되어 있는지 누구나 알 수 있다. "그 방문자가 낯선 사람이었으면, 그 개가 짖었을 것이다"라는 것이 생략되어 있다. 작가인 코난 도일에게는 생략된 그 전제가 홈스의 논증에서는 없어서는 안 될 한 부분으로 간주된다.

압축된 전제를 보충하는 기본 원리는 어떤 말을 압축하기 위해서는 그 말을 듣는 사람이 그 말을 참으로 받아들일 것이 확실하게 추정되어야 한다는 것이다. 따라서 결론 자체를 압축된 전제로 간주한다고 생각하는 것은 어리석다. 논증을 구성하는 사람은 듣는 사람이 그 명제를 전제로서 받아들일 것이라고 기대할 수는 있겠지만 증명되지도 않은 그 명제를 논증의 결론으로 제시하는 것은 헛된 일일 것이기 때문이다.

어떤 유형의 논증은 생략적으로 표현될 수도 있다. 그러나 생략 삼단논법 중에서 가장 널리 연구된 종류는 불완전하게 표현된 삼단논법적 논증이다. 이제 우리는 이 생략 삼단논법에 대해 집중적으로 살펴보고자 한다. 삼단논법에서 어느 부분이 표현되지 않고 숨겨져 있는가에 따라 생략 삼단논법은 전통적으로 서로 다른 종류로 분류된다. **1차 생략 삼단논법**은 삼단논법의 대전제가 표현되지 않은 것이다. 조금 전의 예는 1차 생략 삼단논법이다. **2차 생략 삼단논법**은 대전제와 결론만 서술되어 있는 것이다. 이에 대한 예는 "모든 학생은 새 학칙에 반대하므로, 2학년은 모두 새 학칙에 반대한다"이다. 이 경우 소전제를 보충하는 것은 쉽다. 다음과 같이 명백히 참인 명제가 소전제로 보충될 수 있다. 즉, "2학년은 모두 학생이다." **3차 생략 삼단논법**은 두 전제가 진술되어 있지만 결론이 표현되지 않은 것이다. 다음은 3차 생략 삼단논법에 대한 예이다.

> 우리의 생각은 우리의 경험보다 더 멀리 나아가지 못한다 : 우리는 신의 속성과 작용에 대한 경험이 없다 : 나는 이 삼단논법의 결론을 내릴 필요가 없다. 당신 스스로 추론할 수 있다.[2)]

생략 삼단논법의 타당성 검증에는 두 단계가 있다. 첫 번째는 논증에서 빠진 부분을 보충하는 것이고, 두 번째는 보충한 삼단논법을 검증하는 것이다. 표현되지 않은 명제를 보충하려면 문맥에 대한 감수성과 말하는 사람의 의도에 대한 이해가 필요하다. 다음 논증을 살펴보자. "참된 기독교인은 누구도 허영심이 강하지 않다. 그러나 교회에 다니는 어떤 사람은 허영심이 강하다." 표현되지 않은 것은 결론이다. 따라서 이 논증은 3차 생략 삼단논법이다. 의도한 결론은 무엇일까? 말하는 사람이 의도하는 것이 "교회에 다니는 어떤 사람은 참된 기독교인이 아니다"라는 것만을 의미한다면, 이 생략 삼단논법은 EIO-2(Fesino)식이며, 타당하다. 그러나 말하는 사람의 의도가 "어떤 참된 기독교인은 교회에 다니는 사람이 아니다"라는 것을 주장하는 것이라면, 이 생략 삼단논법은 IEO-2식이며, 부당하다. 그 이유는 대개념 부당주연의 오류를 범하고 있기 때문이다.

생략된 명제가 무엇인지는 애매하지 않아서 대개 문맥으로 알아낼 수 있다. 예를 들면, 성에 의해 유발된 주 내의 폭력을 규율하는 연방법(여성폭력법)을 헌법불합치로 보는 미국 최고법원의 입장에 대해, 대다수의 국민이 가진 비판적인 논증이 아래와 같이 표현되었다.

> 성적 동기로 유발되는 폭력 범죄는 그 말의 어떤 의미에서 보더라도 경제적 활동은 아니다. … 그러므로 우리나라의 역사가 시작된 이래 최고법원의 판례들은 사실상의 경제적 활동에 한해서만 주(州) 내의 활동에 대한 통상조항의 규제를 유지해 왔다.[3)]

이 논증에서 표현되지 않았지만 이해할 수 있는 결론은 다음과 같은 것이다. 즉, "오랫동안 유지되어 온 최고법원의 판례에 따른다면, 성적 동기로 유발되는 폭력 범죄는 연방의회가 규제할 수 없다."

이 3차 생략 삼단논법을 검증하기 위해서는 전제와 (표현되지 않은) 결론을 표준형식이

---

2) David Hume, *Dialogues Concerning Natural Religion*, part 2(1779).

3) *U.S. v. Morrison*, 529 U.S. 598(2000).

되도록 논증을 재구성해야 한다. 대전제(결론의 술어를 포함한 전제)를 먼저 서술하고, 그 다음 식과 격을 확인한다.

> *대전제* : 최고법원의 판례에 따른다면, 연방의회가 규제할 수 있는 모든 활동은 경제적 활동이다.
>
> *소전제* : 성적 동기로 유발되는 어떤 폭력 범죄도 경제적 활동이 아니다.
>
> *결론*(표현되지 않았지만, 문맥상 명백하다) : 오랫동안 유지되어 온 최고법원의 판례에 따른다면, 성적 동기로 유발되는 어떤 폭력 범죄도 연방의회가 규제할 수 있는 활동이 아니다.

이 삼단논법의 식은 AEE이다. 그리고 매개념이 두 전제의 술어이므로 2격이다. 따라서 이 삼단논법은 AEE-2(Camestres)식이며, 타당하다.

3차 생략 삼단논법은 문맥에 상관없이 부당한 것처럼 보일 때가 있다. 가령, 두 전제가 모두 부정일 때나 또는 두 전제의 공통 개념이 부주연되어 있을 때이다. 그런 경우에는 삼단논법의 결론이 타당하게 도출될 수 없다. 따라서 그런 생략 삼단논법은 문맥에 상관없이 부당하다.

생략된 것이 논증의 전제들 중 하나이면, 아주 형편없이 엉터리 같은 전제를 하나 덧붙이는 것만으로도 그 논증을 타당하게 만들 수 있을 것 같아 보일지도 모른다. 그리고 이 점을 지적하는 것도 생략 삼단논법에 대한 정당한 비판에 해당한다. 물론 한층 더 공격적인 비평이라면 당연히 그런 전제를 추가해도 타당한 정언적 삼단논법으로는 변형되지 않는다는 것을 보여줄 것이다.

생략 삼단논법과 정상적인 삼단논법의 차이는 본질적으로 논리적이라기보다는 수사적이다. 생략 삼단논법을 다루는 데는 어떤 새로운 논리적 원리도 도입될 필요가 없다. 생략 삼단논법도 궁극적으로 표준형식의 정언적 삼단논법에 적용되는 것과 동일한 방식으로 검증된다.

논리연습

다음 생략 삼단논법을 보고,

a. 생략되어 있지만 타당하다고 생각되는 전제나 결론이 있다면, 그 전제나 결론을 구성하라.

b. 생략된 전제나 결론을 보충하고, 필요하면 지표를 사용하여 이 논증을 표준형식으로 만들어 보라.

c. 몇 차의 생략 삼단논법인가를 말하라.

d. 타당하다고 생각되는 전제를 보충해도 타당한 논증이 되지 않으면, 그 논증이 범하고 있는 오류를 지적하라.

보기문제

1. 이식 유전자를 가진 동물은 인공물이며, 이런 인공물은 특허를 받을 수 있다.

—앨런 E. 스미스, 『유전공학』

문제풀이

a. 이 경우 표현되어 있지 않지만 이해할 수 있는 전제는 "모든 인공물은 특허를 받을 수 있다"라는 것이다.

b. 표준형식

모든 인공물은 특허를 받을 수 있다.
<u>이식 유전자를 가진 동물은 모두 인공물이다.</u>
그러므로 이식 유전자를 가진 동물은 모두 특허를 받을 수 있다.

c. 1차 생략 삼단논법이다. 왜냐하면 보충된 전제가 완성된 논증의 대전제이기 때문이다.

d. AAA-1(Barbara)식의 삼단논법이며, 타당하다.

2. 에이브라함 빔은 최근 수주일 간 그가 생각했던 것보다 더 자주 그리고 더 모순되게도 다음과 같은 슬로건으로 시장을 홍보했다. "만일 당신이 돈을 모르면, 당신은 직업을 모른다. 그리고 시장은 돈을 안다."

—*The New Yorker*

3. 이 교과서는 중요한 가치와 의미를 학습하는 보편적 지침을 담고 있지만, 여기에는 또 다른 방향도 가리키는 한 가지 표지도 담겨 있다. 나는 6년 동안 국공립학교에서 교사 생활을 했지만, 교과서를 잃어버린 사람은 아무도 없었다.

—W. 론 존스, 『변모해 가는 교육』

4. 사실 여성과 마찬가지로 남성도 정욕적이며, 따라서 수동적이다. 남성은 남성 호르몬과 종족의 노리개감이고, 쉴새 없는 욕정의 희생물이다.

—시몬 드 보부아르, 『제2의 성』

*5. 당신은 결코 비열한 경쟁자를 존경하지 않는다. 그리고 당신은 당신이 존경하는 사람을 미워하지 않는다.

—판쵸 곤잘레스

6. 나는 관념론자이다. 왜냐하면 나는 존재하는 모든 것은 정신적이라고 믿기 때문이다.

—존 맥타가트와 엘리스 맥타가트, *Philosophical Studies*

7. 왜 완벽한 신인동형론자가 되지 않는가? 왜 신들이 형체를 가지고 있고, 또 신들에게도 눈, 코, 입, 귀가 있다고 주장하지 않는가? 에피쿠로스는 이렇게 주장했다. 즉, 인간 형상의 내부가 아닌 다른 곳에서 이성을 본 사람은 아무도 없다. 그러므로 신은 인간의 형상을 하고 있다. 키케로는 이 논증을 엄청나게 조롱하지만, 당신이 볼 때는 확실하고 철학적이다.

—데이비드 흄, 『자연 종교에 관한 대화』

8. 작은 나라는 역사를 특별히 좋게 기억하는 경향이 있다. 왜냐하면 그들에게는 역사가 종종 나쁘게 둔갑하기 때문이다.

—마르크 팔코프, *The New Republic*

9. 조금 전까지 비가 왔음에 틀림없다. 왜냐하면 물고기가 지금 입질을 하지 않기 때문이다.

*10. 카터 대통령의 책에 나오는 거짓말과 허위 진술 그리고 탈루는 모르고 한 것이 아닌 것 같다. 그러므로 그것들은 고의로 한 짓임에 틀림없다.

—www.factsandlogic.org

11. 어떠한 생략 삼단논법도 완전하지 않다. 그러므로 이 논증은 불완전하다.

12. 스탠포드대학 당국은 자유발언권은 피해를 입은 소수자들에게만 주어져야 한다고 주장했다. 왜냐하면 백인 다수자들에게는 그런 보호가 필요하지 않기 때문이다.

—낫 헨토프, *The Washington Post*

13. 결정적인 증거가 있어야만, 당신이 창조론을 포기할 수 있다. 그러나 그러한 증거는 자연에 존재하지 않는다.

—모제스 마이모니데스, 『복잡한 안내서』

14. 파괴력이 가장 약한 핵무기가 가장 위험하다는 것은 참일 것이다. 왜냐하면 파괴력이 가장 약한 핵무기가 가장 쉽게 핵전쟁을 유발하기 때문이다.

—프리먼 다이슨, *The New Yorker*

*15. 인간은 생존수단보다 더 빨리 증가하는 경향이 있다. 그래서 인간은 때때로 치열한

생존경쟁을 겪게 된다.

—찰스 다윈, 『인간의 유래』

16. 어떤 내연기관도 공해로부터 자유롭지 않다. 어떤 내연기관도 효율이 완벽하지 않다. 당신 나름대로 이 논증의 결론을 내릴 수 있다.

17. 의식이 없는 국가는 혼이 없는 국가이다. 혼이 없는 국가는 살아남을 수 없다.

—윈스턴 처칠

18. 자유는 책임이 따른다. 이것이 많은 사람들이 자유를 두려워하는 이유이다.

—조지 버나드 쇼, 『혁명가들을 위한 금언들』

19. 과거를 다스릴 수 있는 사람이 미래를 다스릴 수 있다. 현재를 다스릴 수 있는 사람은 과거를 다스릴 수 있다.

—조지 오웰

*20. 생산성은 바람직한 것이다. 왜냐하면 생산성이 대다수 국민의 생활조건을 향상시키기 때문이다.

—스테픈 밀러, *The Public Interest*

21. 광고는 대부분의 사회에서 활력을 불어넣는 기능을 수행한다. 왜냐하면 광고는 구매자와 판매자를 화합하도록 돕기 때문이다.

—버튼 M. 레이서, 『자유, 정의, 도덕』

22. 정확히 말해서, 논리는 인간에게 아주 중요한 문제이다. 왜냐하면 논리는 경험적으로 발견되고 실험적으로 응용되기 때문이다.

—존 듀이, 『철학의 재건』

23. 『아우리스의 이피게니아(*Iphigeneia at Aulis*)』는 비극이다. 왜냐하면 그것은 나태함 때문에 찬양받는 인간성이 어떻게 하늘의 악의와 결합하여, 올바른 정신을 가진 사람이라면 어느 누구도 원하지 않고, 또 모든 사람에게 오로지 재앙만을 안겨주는 전쟁을 일으키게 되는가를 냉철하게 보여주기 때문이다.

—조지 E. 디목, 유리피데스의 『아우리스의 이피게니아』 서문

24. 법은 자살을 명시적으로 허용하지 않는다. 그리고 법이 명시적으로 허용하지 않는다는 것은 법이 금한다는 것이다.

—아리스토텔레스, 『니코마코스 윤리학』

*25. 모든 것은 필요에 의해서 일어난다고 주장하는 사람은 모든 것이 필요에 의해서 일어난다는 것을 부정하는 사람을 비판할 수 없다. 왜냐하면 그는 그의 주장을 부정하는 것 역시 필요에 의해서 일어난 것임을 받아들여야 하기 때문이다.

—에피쿠로스, 단편 XI

7.6 연쇄 삼단논법

단 하나의 정언적 삼단논법만으로는 여러 전제에서 원하는 결론을 끌어낼 수 없는 경우가 있다. 그러므로

모든 외교관은 재치 있다.
어떤 정부 관리는 외교관이다.
모든 정부 관리는 공무원이다.

이 전제에서 다음과 같은 결론을 하나의 삼단논법에 의해 끌어낼 수 없다.

어떤 공무원은 재치 있다.

그러나 이 결론은 진술된 전제들을 함축하고 있다. 결론을 끌어내기 위해서는 두 개의 삼단논법이 필요하다. 단계적인 논증 과정을 따라야 하며, 각 단계는 별개의 정언적 삼단논법이다. 필요한 논증은 다음과 같다.

모든 외교관은 재치 있는 사람이다.
어떤 정부 관리는 외교관이다.
그러므로 어떤 정부 관리는 재치 있는 사람이다.
모든 정부 관리는 공무원이다.
그러므로 어떤 공무원은 재치 있는 사람이다.

이 논증은 삼단논법이 아니라 정언적 삼단논법의 연쇄이다. 첫 번째 삼단논법의 결론이 두 번째 삼단논법의 전제로 연결되어 있다. 이 연쇄에는 다만 두 개의 고리가 있지만, 더 확장된 논증에서는 연결 고리가 더 많다. 연쇄의 강도는 그 연결 고리가 가장 약한 부분보다 강할 수 없으므로, 연쇄적인 형태의 논증을 구성하는 모든 삼단논법이 타당하다면, 오직 이런 경우에만 그 논증도 타당하다.

이런 논증이 생략적으로 표현되어 있고, 오직 전제와 마지막 결론만 진술되어 있을

때, 이를 **연쇄 삼단논법**(sorites)이라고 한다. 연쇄 삼단논법은 세 개 혹은 네 개 또는 그 이상의 전제를 가질 수 있다. 실제로 어떤 것은 아주 길다. 다음 예는 철학자 라이프니츠의 『단자론』에서 인용한 것이다.

> 인간 영혼의 활동은 사고이다. 사고가 그 활동인 것은 직접적으로 파악될 수 있으며, 그것의 어떤 부분도 표상할 필요가 없다. 어떤 부분도 표상할 필요 없이 그 작용을 직접적으로 파악할 수 있는 것은 그 활동이 부분을 포함하지 않는다. 그 활동이 부분을 포함하지 않는 것은 그 활동이 운동을 포함하지 않는다. 그 활동이 운동이 아닌 것은 물체가 아니며, 물체가 아닌 것은 공간에 있지 않다. 공간에 있지 않는 것은 운동의 영향을 받지 않는다. 운동의 영향을 받지 않는 것은 분해할 수 없다. (분해는 부분들의 운동이기 때문이다.) 분해할 수 없는 것은 부패할 수 없다. 부패하지 않는 것은 영원불멸이다. 그러므로 인간의 영혼은 영원불멸이다.

이 연쇄 삼단논법은 열 개의 전제를 포함하고 있다. 어떤 연쇄 삼단논법은 매개적 결론을 만듦으로써 검증될 수 있거나, 단계를 분명히 밝혀 얻어진 다양한 삼단논법을 따로따로 검증함으로써 전체 연쇄적 삼단논법이 검증될 수 있다. 애매한 말이 나타날 가능성을 무시해 버린다면, 라이프니츠의 연쇄 삼단논법에 대한 타당성은 쉽게 검증된다.

이 절의 연습문제와 연관해서, 연쇄 삼단논법의 표준형식에 대해 언급해 두는 것이 좋을 것 같다. 각 개념이 정확히 두 개씩만 있고, (마지막 명제를 제외한) 각 명제들은 모두 바로 다음에 나오는 명제와 하나의 개념을 공유할 때, 우리는 이런 연쇄 삼단논법을 표준형식이라 한다. 루이스 캐롤의 연쇄 삼단논법을 예로 들어보자.

(1) 정신이 온전한 사람은 논리학을 할 수 있다.
(2) 정신이 온전하지 않은 사람은 어느 누구도 배심원 역할을 할 수 없다.
(3) 당신의 아들들은 어느 누구도 논리학을 할 수 없다.
그러므로 당신의 아들은 어느 누구도 배심원 역할을 할 수 없다.

이 연쇄 삼단논법을 표준형식으로 변형해 보자.

(2) 배심원 역할을 할 수 있는 사람은 모두 정신이 온전한 사람이다.
(1) 정신이 온전한 사람은 모두 논리학을 할 수 있는 사람이다.
(3) 당신의 아들들은 어느 누구도 논리학을 할 수 있는 사람이 아니다.
그러므로 당신의 아들들은 어느 누구도 배심원 역할을 할 수 없다.

이 표준형식의 연쇄 삼단논법은 압축된 잠정적인 결론을 분명히 진술한 다음 주어진 정언적 삼단논법을 검증함으로써 전체적으로 검증될 수 있다.

논리연습

A. 다음 연쇄 삼단논법을 표준형식으로 변형하고, 그 타당성을 검증하라.[4)]

보기문제

1. (1) 아기들은 비논리적이다.
(2) 악어를 다룰 줄 아는 사람은 어느 누구도 경멸받지 않는다.
(3) 비논리적인 사람들은 경멸받는다.
그러므로 아기들은 악어를 다룰 줄 모른다.

문제풀이

표준형식 :
(1) 모든 아기는 비논리적이다.
(3) 모든 비논리적인 사람은 경멸받는 사람이다.
(2) 악어를 다룰 줄 아는 사람은 어느 누구도 경멸받지 않는다.
그러므로 어떤 아기도 악어를 다룰 줄 아는 사람이 아니다.

이 연쇄 삼단논법은 아래와 같은 두 개의 삼단논법으로 구성되어 있다.

모든 *I*는 *D*이다.	어떤 *M*도 *D*가 아니다.
모든 *B*는 *I*이다.	모든 *B*는 *D*이다.
그러므로 모든 *B*는 *D*이다.	그러므로 어떤 *B*도 *M*이 아니다.

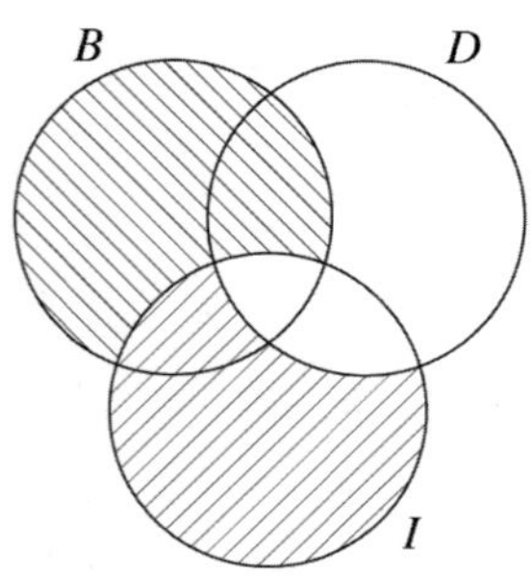

Barbara, 타당함

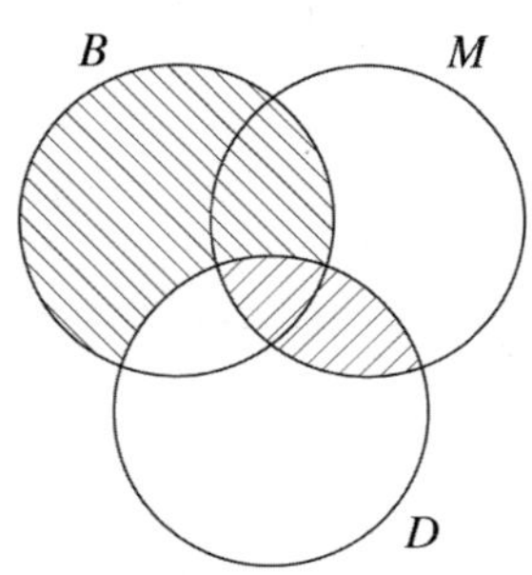

Cesare, 타당함

4) 7장 6절의 논리연습에서 A의 4번과 6번을 제외한 모든 문제들은 다음 책에서 그대로 인용하거나 약간 변형한 것들이다. Lewis Carroll, *Symbolic Logic*(New York: C. N. Potter, 1977).

2. (1) 경험 있는 사람은 어떤 사람도 무능하지 않다.
(2) 철수는 항상 허둥거린다.
(3) 어떤 유능한 사람도 항상 허둥거리지 않는다.
그러므로 철수는 경험이 없다.

3. (1) 이 도서관에서 내가 추천하지 않는 책은 모두 건전하지 않다.
(2) 제본된 책들은 모두 훌륭한 저작이다.
(3) 모든 연애 소설은 건전하다.
(4) 나는 제본되지 않은 책 중에서 어떤 것을 추천하지 않는다.
그러므로 이 도서관의 모든 연애 소설은 훌륭한 저작이다.

4. (1) 심오한 학자만이 대학교수가 될 수 있다.
(2) 정신이 무딘 사람은 어느 누구도 음악을 매우 사랑하지 않는다.
(3) 정신이 무딘 사람은 어느 누구도 '돈 후안'과 같은 난봉꾼이 될 수 없다.
(4) 음악을 매우 사랑하지 않는 심오한 학자는 없다.
그러므로 모든 대학교수는 '돈 후안'과 같은 난봉꾼이다.

*5. (1) 어떤 재미있는 시도 진정한 심미안을 가진 사람들 사이에서 유행되지 않는다.
(2) 어떤 현대시도 허식을 벗어나지 못한다.
(3) 당신의 모든 시는 비누거품을 주제로 삼는다.
(4) 허식이 있는 시는 모두 진정한 심미안을 가진 사람들 사이에서 유행되지 않는다.
(5) 오직 현대시만이 비누거품을 주제로 삼는다.
그러므로 당신의 모든 시는 재미없다.

6. (1) 작가를 제외한 어느 누구도 시인이 아니다.
(2) 오직 군장교만이 우주비행사이다.
(3) 신간 잡지에 기고하는 사람은 누구나 시인이다.
(4) 장교이면서 작가인 사람은 아무도 없다.
그러므로 어떤 우주비행사도 신간 잡지에 기고하는 사람이 아니다.

B. 다음 명제들은 타당한 연쇄 삼단논법의 전제로 쓰일 수 있다. 결론을 찾아내고, 타당한 논증을 구성하라.

*1. (1) 사람은 교육을 받지 않으면, 어느 누구도 신문을 읽을 수 없다.

(2) 어떤 고슴도치도 글을 읽을 수 없다.
(3) 읽을 수 없는 사람은 교육을 잘 받은 사람이 아니다.

2. (1) 모든 푸딩은 맛있다.
(2) 이 접시에 담긴 음식은 푸딩이다.
(3) 맛있는 것은 어느 것도 건강에 해롭다.

3. (1) 주치의가 나에게 허락한 음식은 영양가가 풍부한 음식이 아니다.
(2) 내 입맛에 맞는 어느 것도 저녁식사로 부적절한 것이 아니다.
(3) 웨딩 케이크는 항상 영양가가 풍부하다.
(4) 주치의는 저녁식사로 알맞은 모든 음식을 먹도록 허락한다.

4. (1) 내 딸들은 모두 날씬하다.
(2) 내 아이들 중에서 운동을 하지 않는 아이는 어느 누구도 건강하지 않다.
(3) 대식가인 내 자식은 모두 비만이다.
(4) 내 아들들은 아무도 운동을 하지 않는다.

*5. (1) 내가 불평 없이 논리학 연습문제를 풀고 있을 때, 그것은 내가 이해할 수 있는 문제라고 당신은 확신할 것이다.
(2) 이 연쇄 삼단논법은 나에게 익숙한 연습문제처럼 규칙적인 순서로 배열되어 있지 않다.
(3) 쉬운 연습문제 때문에 골치 아팠던 적은 한 번도 없다.
(4) 나에게 익숙한 연습문제처럼 규칙적인 순서로 배열되어 있지 않은 문제를 나는 이해할 수 없다.
(5) 내가 골치 아프지 않다면, 나는 결코 연습문제에 대해 불평하지 않는다.

7.7 선언적 삼단논법과 가언적 삼단논법

명제가 범주나 집합의 포함 혹은 배척 관계를 긍정하거나 부정할 때, 그 명제는 정언명제이다. 삼단논법이 정언명제인 두 전제와 결론을 포함하고 있을 때, 그것은 정언적 삼단논법이다. 지금까지 우리가 살펴본 것은 정언적 삼단논법뿐이었다. 그러나 삼단논법은 정언명제가 아닌 명제도 포함할 수 있다. 그런 경우에는 정언적 삼단논법이라고 하지 않고,

포함된 명제의 종류에 따라 삼단논법의 이름을 붙인다. 이제 정언명제가 아닌 다른 종류의 명제와 그 명제가 포함된 삼단논법을 간단히 살펴보고자 한다.

우리에게 친숙한 정언명제는 어떤 집합 관계를 긍정하거나 부정하는 단 하나의 구성요소를 갖고 있기 때문에 단순하고 쉽다. 이와 달리, 어떤 명제는 복합적이다. 복합명제는 다른 명제들을 구성요소로 포함하고 있다.

먼저 선언명제를 살펴보자. "그녀는 우둔함 때문에 내몰리거나 아니면 오만 때문에 내몰렸다"는 명제가 그 예이다. 이 선언명제를 구성하는 두 명제는 "그녀는 우둔함 때문에 내몰렸다"와 "그녀는 오만 때문에 내몰렸다"이다. 이와 같이 선언명제는 두 개의 요소명제를 포함하고 있으며, 이 요소명제는 선언지이다. 선언명제는 그 선언지 가운데 어떤 것이 참이라는 것을 직접적으로 긍정하는 것이 아니라, 적어도 그 선언지 가운데 어느 하나는 참이라는 것을 말하는 것이며, 두 선언지가 모두 참일 수 있는 가능성도 열어놓고 있다.

선언이 하나의 전제로 주어져 있고, 이 전제의 두 선언지 가운데 어떤 것의 부정이거나 모순인 또 하나의 전제가 있을 때, 그 선언의 다른 선언지가 참이라는 것을 타당하게 추리할 수 있다. 이런 형식의 논증이 곧 타당한 **선언적 삼단논법**(disjunctive syllogism)이다. 부시 대통령이 고위 관리로 임명한 여성에 대해 비판적인 어떤 필자가 아래와 같은 편지를 썼다.

> 자신이 저지른 불법적인 행위나 약점을 은폐하려고 애쓸 때, 그녀는 우둔함 때문에 내몰렸거나 아니면 오만 때문에 내몰렸다. 그녀는 분명히 우둔하지 않다. 그러므로 그녀가 곤경에 처한 것은 분명히 오만 때문이다.[5)]

이 절에서 선언적 삼단논법이라는 말을 사용할 때, 모든 선언적 삼단논법이 타당한 것은 아니다. 다음 논증을 보자.

> 그녀는 오만하거나 어리석었다.
> 그녀는 오만했다.
> 그러므로 그녀는 어리석지 않았다.

이 논증은 부당한 선언적 삼단논법이라고 할 수 있다. 전제가 모두 참이라고 하더라도, 그녀가 오만하면서 동시에 어리석을 수도 있었다는 것은 쉽게 알 수 있다. 선언에서 한 선언지가 참이라는 것이 다른 선언지가 거짓이라는 것을 함축하지 않는다. 왜냐하면 선언

---

5) Peter Bertocci, "Plight Must Come from Arrogance," *Ann Arbor*(MI) *News*, 19 January 2001.

의 두 선언지가 모두 참일 수도 있기 때문이다. 그러므로 정언적 전제가 선언적 전제의 한 선언지와 모순이 되고, 결론이 다른 선언지를 긍정하는 경우에만 타당한 선언적 삼단논법이 된다.

여기에 대해서 다음과 같은 논증에 기초를 둔 반박이 있을 수 있다.

철수는 지금 뉴욕에 있거나 파리에 있다.
철수는 지금 파리에 있다.
그러므로 철수는 지금 뉴욕에 있지 않다.

여기서 정언적 전제는 진술된 선언의 한 선언지를 긍정하며, 결론은 선언전제의 다른 선언지의 모순이다. 그럼에도 불구하고 결론이 타당한 것처럼 보인다. 하지만 좀 더 세밀하게 분석해 보면, 진술된 선언이 이 논증에서 아무 역할도 하지 않고 있다는 것을 알 수 있다. 결론은 정언적 전제에서 생략적으로 도출된다. 표현되지 않은 추가 전제는 "철수는 동시에 뉴욕과 파리에 있을 수 없다"라는 명백하게 참인 전제이며, 이것은 다음과 같은 선언적 형식으로 진술될 수 있다.

철수는 지금 뉴욕에 있지 않거나, 파리에 있지 않다.

이 암묵적인 전제를 보충하고 쓸데없는 원래 선언을 버리면, 그 결과로 나타난 논증이 타당한 선언적 삼단논법이라는 것을 쉽게 알 수 있다. 겉보기에 예외인 것은 실제로 예외가 아니며, 제기된 반박 또한 근거가 없다.

우리가 살펴볼 두 번째 복합명제는 조건명제 또는 가언명제이며, "만약 첫 번째 원주민이 정치가이면, 그 원주민은 거짓말을 한다"라는 명제를 예로 들 수 있다. 조건명제는 두 개의 요소명제를 가지고 있다. "… 이면" 앞에 나오는 명제는 전건이고, 다음에 나오는 명제는 후건이다. 전제가 오직 조건명제만으로 되어 있는 삼단논법을 **진가언적 삼단논법**(pure hypothetical syllogism)이라 한다. 다음과 같은 논증이 그 예이다.

만약 첫 번째 원주민이 정치가라면, 그는 거짓말을 한다.
만약 그가 거짓말을 한다면, 그는 정치가임을 부인한다.
그러므로 만약 첫 번째 원주민이 정치가라면, 그는 정치가임을 부인한다.

이 논증에서 주목할 수 있는 것은 첫 번째 전제와 결론은 동일한 전건을 가지며, 첫 번째 전제의 후건은 두 번째 전제의 전건과 같다는 것이다. 전제와 결론이 이런 관계인 진가언적 삼단논법은 타당한 논증이다.

하나의 정언적 전제와 하나의 가언적 전제를 갖는 삼단논법은 **반가언적 삼단논법**(mixed hypothetical syllogism)이라 한다. 반가언적 삼단논법은 타당한 형식이 두 가지이며, 각각 고유한 이름이 붙어 있다. 그 중 한 형식의 예는 다음과 같다.

만약 두 번째 원주민이 진실을 말한다면, 단 한 사람의 원주민만 정치가이다.
두 번째 원주민은 진실을 말했다.
그러므로 단 한 사람의 원주민만 정치가이다.

여기서 정언적 전제는 가언적 전제의 전건을 긍정하며, 결론은 가언적 전제의 후건을 긍정한다. 이 형식의 논증은 타당하며, **긍정식**(modus ponens)이라 한다. 아래 논증에서와 같이 명백하게 부당한 형식으로 드러나는 것을 타당한 긍정식과 혼동하지 말아야 한다.

만약 베이컨이 햄릿을 썼다면, 그는 훌륭한 소설가이다.
베이컨은 훌륭한 소설가이다.
그러므로 베이컨은 햄릿을 썼다.

이 논증은 정언적 전제가 가언적 전제의 전건을 긍정하는 것이 아니라 후건을 긍정하고 있다는 점에서, 긍정식과는 다르다. 이런 형식의 논증을 "**후건 긍정의 오류**(fallacy of affirming the consequent)"를 범한다고 한다.

반가언적 삼단논법의 다른 타당한 형식의 예는 아래와 같은 것이다.

만약 애꾸눈 죄수가 붉은 모자 두 개를 보았다면, 그는 자기 모자의 색을 말할 수 있다.
애꾸눈 죄수가 자기 모자의 색을 말하지 못했다.
그러므로 애꾸눈 죄수는 붉은 모자 두 개를 보지 못했다.

이 경우 정언적 전제는 가언적 전제의 후건을 부정하며, 결론은 가언적 전제의 전건을 부정하고 있다. 이런 형식의 논증은 타당하며, **부정식**(modus tollens)이라고 한다. 다음과 같이 명백하게 부당한 형식으로 드러난 것과 부정식의 타당한 형식을 혼동해서는 안 된다.

만약 총장이 대학의 기금을 횡령했다면, 그는 중죄인이다.
총장은 대학의 기금을 횡령하지 않았다.
그러므로 총장은 중죄인이 아니다.

이 논증은 부정식이 아니다. 왜냐하면 이 논증의 정언적 전제가 부정하는 것은 가언적 전제의 후건이 아니라 전건이기 때문이다. 이런 형식의 논증은 "**전건 부정의 오류**(fallacy of denying the antecedent)"를 범하고 있다.

개 요

삼단논법의 종류

1. 정언적 삼단논법

범주나 집합의 포함 혹은 배척 관계를 긍정하거나 부정하는 정언명제만으로 구성된 삼단논법이며, 다음이 그 예이다.

모든 M은 P이다.
모든 S는 M이다.
그러므로 모든 S는 P이다.

2. 선언적 삼단논법

한 전제는 두 선언지 중 적어도 하나는 참이라는 것을 주장하는 복합적인 선언명제이고, 다른 한 전제는 그 선언지 중 하나가 거짓이라는 것을 주장하는 삼단논법이며, 다음이 그 예이다.

P가 참이거나, Q가 참이다.
P는 참이 아니다.
그러므로 Q는 참이다.

3. 가언적 삼단논법

논증을 구성하는 요소들 중 하나가 참이면, 다른 구성 요소도 참이라는 것을 긍정하는 복합적인 가언적 전제를 한 개 이상 갖는 삼단논법이며, 두 가지 종류가 있다.

A. **진가언적 삼단논법**은 전제와 결론이 모두 가언명제이며, 다음은 그 예이다.

만약 P가 참이면, Q는 참이다.
만약 Q가 참이면, R은 참이다.
그러므로 만약 P가 참이면, R는 참이다.

B. **반가언적 삼단논법**은 한 전제만 가언명제이고, 나머지는 정언명제인 삼단논법이다. 만약 정언적 전제가 가언적 전제의 전건이 참이라는 것을 긍정하고, 가언적 전제의 후건이 결론으로 되면, 이 형식은 타당하다. 이를 긍정식이라고 하며, 다음은 그 예이다.

> 만약 P가 참이면, Q는 참이다.
> P는 참이다.
> 그러므로 Q는 참이다.
>
> 만약 정언적 전제가 가언적 전제의 후건을 부정하고, 전건의 부정이 결론으로 되면, 이 형식은 타당하다. 이를 부정식이라고 하며, 다음은 그 예이다.
>
> 만약 P가 참이면, Q는 참이다.
> Q는 거짓이다.
> 그러므로 P는 거짓이다.

논리연습

아래 논증의 형식을 말하고, 그 타당성 여부를 말하라.

보기문제

1. 만약 어떤 사람이 실제로 그가 행동했던 것과 달리 행동할 수 없었다면, 그는 자신의 행동에 책임을 지지 않아도 된다. 그러나 만약 결정론이 맞다면, 어떤 사람이 그 외의 행동을 할 수 없다는 것도 맞다. 그러므로 만약 결정론이 맞다면, 어떤 사람도 자신의 행동에 아무런 책임이 없다.

   —윈스턴 네스비트 & 스튜어트 칸들리쉬, *Mind*

문제풀이

이것은 진가언적 삼단논법이며, 타당하다.

2. 추측컨대, 인간은 금전적 보상이나 또는 권력에 상응하여 경제적 행동을 한다. 현대사회에서 권력이 완전히 진부한 것은 아니지만, 대체로 진부하다. 따라서 오직 금전적 보상만이 중요한 것으로 남아 있다.

   —존 케네스 갈브레이스, 『새로운 산업국가』

3. 만일 각자가 자신의 삶을 지배하는 일정한 행동 규칙을 가지고 있다면, 그는 기계보다 나은 것이 없을 것이다. 그러나 그런 규칙은 없으며, 따라서 인간은 기계일 수 없다.

   —앨런 M. 튜링, *Mind*

4. 만약 두 번째 원주민이 진실을 말했다면, 첫 번째 원주민은 정치가임을 부인했다. 만약 세 번째 원주민이 진실을 말했다면, 첫 번째 원주민은 정치가임을 부인했다. 그러므로 만약 두 번째 원주민이 진실을 말했다면, 세 번째 원주민은 진실을 말했다.

*5. 만약 애꾸눈 죄수가 자기 모자의 색을 모른다면, 장님 죄수는 빨간 모자를 쓰고 있을 리가 없다. 애꾸눈 죄수는 자기 모자의 색을 모른다. 그러므로 장님 죄수는 빨간 모자를 쓰고 있을 리가 없다.

6. 만약 세 명의 죄수가 모두 흰 모자를 쓰고 있다면, 애꾸눈 죄수는 자기 모자의 색을 알 수 없을 것이다. 애꾸눈 죄수는 자기 모자의 색을 모른다. 그러므로 세 명의 죄수는 모두 흰 모자를 쓰고 있다.

7. 그 낯선 인물은 불량배이거나 바보이다. 그 낯선 인물은 불량배이다. 그러므로 그 낯선 인물은 바보가 아니다.

8. 만약 첫 번째 원주민이 정치가라면, 세 번째 원주민은 진실을 말하고 있다. 만약 세 번째 원주민이 진실을 말하고 있다면, 세 번째 원주민은 정치가가 아니다. 그러므로 만약 첫 번째 원주민이 정치가라면, 세 번째 원주민은 정치가가 아니다.

9. 그가 이야기하기를, 인류가 자신을 무시하는 것으로 미루어 판단하건대, 인류는 결코 사랑의 힘을 이해하지 못한다. 만일 인류가 자신을 이해했다면, 그들은 틀림없이 고상한 사원과 제단을 세웠을 것이며, 엄숙한 제물을 바쳤을 것이기 때문이다. 그러나 이런 일은 이루어지지 않았다.

—플라톤, 『향연』

*10. 내가 이미 말했듯이, 그는 왕의 마구간이나 농장으로 가버렸음에 틀림없다. 그는 왕의 마구간에 없다. 그러므로 그는 농장에 있다.

—코난 도일, 『실버 블레이즈』

11. 만약 그렇다면, 사물들은 우연적 일치의 결과이거나 목적을 위한 결과이며, 이 사물들은 우연적 일치나 자연발생적 결과일 수는 없다. 따라서 사물들은 반드시 어떤 목적을 위해 존재한다.

—아리스토텔레스, 『자연학』

12. 사물이 그 자체의 작용인으로 알려진 경우는 없다(사실 그것은 있을 수 없다). 그럴

경우 사물이 그 자체보다 먼저 존재해야 하는데, 그것은 불가능하기 때문이다.

—토마스 아퀴나스, 『신학대전 I』

13. 부는 악이거나 선이다. 그런데 부는 악이 아니다. 그러므로 부는 선이다.

—엠피리쿠스, 『논리학자들에 대하여』

14. 나는 이 연필이 존재한다는 것을 알고 있다. 그러나 만약 흄의 원리들이 맞다면, 나는 이 연필이 존재한다는 것을 알 수 없다. 그러므로 흄의 원리들은 그 중 하나 또는 둘 다 거짓이다.

—G. E. 무어, 『철학의 중요한 문제들』

*15. 우리는 실체, 원인, 변화와 같은 개념을 다양하게 사용한다. 만약 우리가 이 개념들을 다양하게 사용하지 않는다면, 그것들을 일관성 있게 사용할 수 없을 것이다. 그리고 분명한 것은 우리가 그것들을 대체로 일관성 있게 사용하고 있다는 사실이다.

—C. D. 브로드, 『과학 사상』

16. 만약 숫자가 개념이라면, 수학은 심리학일 것이다. 그러나 천문학이 심리학이 아닌 것처럼, 수학도 심리학이 아니다. 천문학은 행성에 관한 개념을 다루는 것이 아니라 행성 자체를 다룬다. 마찬가지로, 수학이 다루는 대상도 수학에 관한 개념이 아니다.

—G. 프레게, 『산수의 기초』

17. 만약 정신적 상태가 물질적 상태와 동일하다면, 둘은 모든 속성을 공유해야 한다. 그러나 공간을 차지하는 한 가지 속성은 공유하지 못한다. 다시 말해서 물질적인 상태나 사건은 공간을 차지하지만 정신적인 상태나 사건들은 공간을 차지하지 않는다. 그러므로 정신적인 사건이나 상태는 물질적인 사건이나 상태와 다르다.

—김재권, *American Philosophical Quarterly*

18. 우리가 인간을 행위에 대해 도덕적으로 책임을 지는 존재로 간주할 때, 우리는 인간을 그 행위에 따라 도덕적으로 칭찬하거나 비난하는 합법적인 대상으로 간주하고 있다. 그러나 그 행위를 하려고 할 때 인간이 어떤 중요한 대목에서 자유행위자가 아니라면, 그는 그 행위에 대해 도덕적으로 칭찬을 받거나 비난받는 합법적인 대상이 될 수 없음에 틀림없다. 그러므로 어떤 의미에서, 자유의지는 분명히 도덕적 책임의 전제조건이다.

—C. A. 캠벨, 『자유의지의 역설』

19. 유한 세계의 그림이 인기가 있음에도 불구하고, 그것은 심각한 반론에 노출되어 있다. 유한 세계에는 아리스토텔레스가 말하는 가장 바깥쪽의 천구처럼 한정하는 경계가 있어야 한다. 저것은 불가능하다. 왜냐하면 경계는 다만 공간의 한 부분과 다른 부분을 갈라놓을 수 있을 뿐이기 때문이다. 유한 세계에 대한 반론은 그리스인들에 의해 제기되었고, 르네상스 초기 과학적 회의주의에서 다시 나타났으며, 오늘날 어린 학생들에게도 나타난다. 유한 세계에 대한 반론을 받아들인다면, 우주는 무한하다는 결론이 나올 수밖에 없다.

—J. J. 캘러핸, *Scientific American*

*20. 모든 사람들이 그것을 따르기만 한다면, 전체 평화주의는 훌륭한 원칙이 될 수 있다. 그러나 모든 사람들이 그것을 따르지는 않는다. 따라서 그것은 훌륭한 원칙이 아니다.

—길버트 하만, 『도덕의 본성』

7.8 딜레마

딜레마(dilemma)는 일상 언어로 된 논증의 공통적 형식이다. 본질적으로 딜레마는 동일한 논제에 관한 삼단논법들이 연결된 논쟁 도구이며, 때로는 통쾌한 효과를 발휘하기도 한다. 딜레마를 구성하고 있는 삼단논법들은 무척 평범하며, 따라서 엄밀하게 논리적인 관점에서 각별한 관심을 끌거나 중요시되는 것은 아니다. 이와 같이 연결된 삼단논법의 전제들은 선언적으로 구성되어 있으며, 그 선언지 중에 하나를 받아들이도록 강요함으로써 상대방을 함정에 빠뜨릴 의도로 고안된 것들이다. 따라서 상대는 연결된 삼단논법들 중에서 어떤 한 삼단논법의 결론을 참으로 받아들일 수밖에 없다. 이것이 성공적으로 이루어지면, 딜레마는 강력한 설득 도구임이 입증될 수 있다.

어떤 사람이 받아들이기가 거북하거나 나쁜 두 선언지 중에서 하나를 반드시 선택해야 할 처지에 있을 때, 우리는 그 사람이 "딜레마에 빠졌다"고 하는데, 이것은 다소 느슨한 표현이다. 딜레마는 상대를 바로 이런 상황에 빠트리려는 논증의 한 형식이다. 논쟁에서 딜레마의 용도는 상대에게 어떤 하나를 선택해야 하는 선택적인 상황을 제시하고, 어떤 선택을 하더라도 결과는 같다는 것을 입증하여, 상대가 수용할 수 없는 결론에 빠지게 하는 것이다.

탁월한 물리학자인 리처드 페인만은 유인우주왕복선 챌린저(Challenger)호 폭발 참사를 조사한 1986년의 경험을 서술하면서, NASA 관리자들의 관리상의 실책을 아래와 같이 신랄하게 비판했다.

> 대화 상대가 고위급 관리자로 올라갈 때마다, 그들은 그들이 안고 있는 문제에 대해 아무것도 모른다는 말만 되풀이했다. … 최상위 집단은 그들이 마땅히 알아야 하는 것을 모르고 있었거나, 그들이 우리에게 거짓말을 하고 있다는 것을 알고 있었다.[6)]

이와 같은 논증은 상대(이 경우에는 NASA의 관리자들)를 궁지에 몰아넣고 완전히 항복을 받아내겠다는 의도가 담겨 있다. 이 논증에서 명확하게 표현되는 유일한 전제가 선언이지만, 그 선언지 가운데 하나는 분명히 참이어야 한다. 다시 말해서 그들은 그들이 안고 있는 문제에 대해 알고 있었거나 모르고 있었거나 둘 가운데 하나는 반드시 참이다. 그리고 어느 쪽의 선언지를 선택하더라도 그 결과는 상대방에게 매우 나쁘다. 딜레마의 결론은 그 자체가 하나의 선언일 수 있다. (예를 들어, NASA 관리자들은 그들이 마땅히 알고 있어야 하는 것을 모르고 있었거나, 거짓말을 하고 있었다.) 이런 경우의 딜레마를 **복합 딜레마**(conplex dilemma)라고 한다. 그러나 딜레마의 결론이 하나의 정언명제일 수도 있으며, 이런 경우의 딜레마를 **단순 딜레마**(simple dilemma)라고 한다.

딜레마가 반드시 불쾌한 결론만 갖는 것은 아니다. 다음과 같은 단순 딜레마는 다행스러운 결론을 갖는 딜레마이다.

> 하늘의 축복을 받은 자들이 욕망이 없다면, 그들은 만족할 것이다. 그리고 그들의 욕망이 충족된다면, 그들은 만족할 것이다. 그러나 그들은 욕망이 없든가 아니면 욕망이 충족되든가 할 것이다. 그러므로 그들은 만족할 것이다.

딜레마의 전제가 일정한 순서로 진술될 필요는 없다. 선언지를 제시하는 선언적 전제는 다른 것보다 앞설 수도 있고 뒤에 올 수도 있다. 그리고 선언지의 귀결이 연언명제로 진술될 수도 있고, 각각의 명제로 진술될 수도 있다. 딜레마 형태의 논증이 생략적으로 진술되는 경우도 종종 있다. 일반적으로 그 결론이 아주 명백해서 말할 필요가 거의 없는 경우도 흔하다. 링컨 대통령의 편지에서 뽑은 다음 구절은 이에 대한 예이다. 내용은 노예해방령에 관한 것이다.

---

6) James Gleick, *Genius: The Life and Science of Richard Feynman*(New York: Pantheon Books, 1992).

> 그러나 법률과 마찬가지로 포고령도 또한 타당할 수도 있고 타당하지 않을 수도 있다. 만약 포고령이 타당하지 않다면, 그것은 철회할 필요가 없다. 만약 그것이 타당하다면, 죽은 이가 되살아날 수 없는 것처럼 그것은 철회될 수도 없다.[7)]

딜레마의 결론을 피하거나 반박하는 세 가지 방식은 고유한 이름을 가지고 있다. 그 명칭은 아주 기발하며, 딜레마가 두 개의(또는 그 이상의) 뿔을 가지고 있다는 사실과 관계가 있다. 딜레마를 물리치든가 반박하는 세 가지 방법은 "뿔 사이로 피하기", "뿔로 잡기", 그리고 "반대 딜레마로 되받기" 등으로 알려져 있다. 이것들은 딜레마가 부당하다는 것을 증명하는 방법이 아니라, 오히려 논증의 형식적 타당성에 도전하지 않고 그 결론을 피해가는 방법이라는 것을 유념하라.

우리는 선언전제를 기각함으로써 딜레마의 뿔 사이로 피한다. 이것이 딜레마의 결론을 피해가는 가장 손쉬운 방법이다. 왜냐하면 선언의 어느 한쪽이 다른 쪽의 명백한 모순이 아니라면, 그 선언은 아마 거짓일 것이기 때문이다. 예를 들어, 학생들의 평가를 정당화하기 위해 이따금 제시되는 것은 좋은 성적으로 포상하는 것이 학생들을 더 열심히 공부하도록 자극한다는 것이다. 학생들은 다음과 같은 딜레마로 이런 의견을 비판할 수 있다.

> 만약 학생들이 공부하기를 좋아한다면, 그들은 자극이 필요 없다. 그리고 만일 학생들이 공부하기를 싫어한다면, 자극이 전혀 쓸데없다. 그런데 어떤 학생은 공부하기를 좋아하거나 싫어한다. 그러므로 자극은 필요 없든가 쓸데없다.

이 논증은 형식적으로 타당하다. 그러나 뿔 사이로 피하기로써 우리는 이 결론을 피할 수 있다. 선언적 전제가 거짓이다. 왜냐하면 학생들은 공부하기에 대해 다양한 태도를 가지기 때문이다. 어떤 학생은 공부하기를 좋아할 수도 있고, 어떤 학생은 싫어할 수도 있으며, 그리고 대다수 학생들은 중립적이다. 이 세 번째 집단의 학생에게는 자극이 필요하고 또 어느 정도 쓸데가 있다. 이와 같이 뿔 사이로 피하는 것은 그 결론이 거짓임을 증명하는 것이 아니라, 그 논증이 결론을 받아들일 만한 근거를 제공하지 않고 있음을 보여줄 뿐이다.

선언적 전제를 공격할 수 없는 경우에는, 선언지가 모든 가능성을 망라했을 때처럼 뿔 사이로 피하기가 불가능하다. 결론을 회피할 수 있는 다른 방법을 찾아야 한다. 그

---

7) Letter to James C. Conkling, 26 August 1863.

다른 한 가지 방법이 뿔로 딜레마를 잡는 것인데, 이것은 연언전제에 대한 기각도 포함한다. 연언을 부정하기 위해서는 연언의 한 부분만 부정하면 된다. 뿔로 딜레마를 잡는다는 것은 조건들 중에서 적어도 하나가 거짓임을 보여주는 것이다. 위에서 예로 든 딜레마를 보자. 학교의 평가 방식을 공격할 때, 딜레마는 "만약 학생들이 공부하기를 좋아한다면, 그들은 자극이 필요 없다"라는 가언적 명제에 의존한다. 평가를 선호하는 사람들은 뿔로 이 딜레마를 잡을 것이며, 공부하기를 좋아하는 학생도 가끔은 격려가 필요하며, 좋은 성적으로 포상하는 자극이 있기 때문에 부지런한 대다수 학생들이 더욱 열심히 공부하게 된다는 것을 주장할 것이다. 물론 이에 대해 좋은 반응이 있을 것이다. 그러나 본래의 딜레마는 뿔로 단단히 잡혔다.

반대 딜레마로 어떤 딜레마를 되받는 것은 기교가 가장 뛰어난 방법이지만, 설득력이 거의 없다. 그 이유는 곧 드러날 것이다. 주어진 딜레마를 이런 식으로 되받기 위해서는 그 결론이 원래 딜레마의 결론과 반대인 다른 딜레마를 만들어야 한다. 이때는 어떤 딜레마도 반대 딜레마로 사용될 수 있을 것이다. 그러나 반대 딜레마도 원래 딜레마가 가진 것과 동일한 요소(정언명제)로 만드는 것이 이상적이다.

격조 높은 되받기의 고전적 사례를 들어보자. 다음은 정치에 참여하려는 아들을 만류하는 아테네 여인의 논증이다.

> 만약 네가 옳게 말한다면, 사람들이 너를 미워할 것이고, 만약 네가 옳지 않게 말한다면, 신이 너를 미워할 것이다. 그런데 너는 옳게 말하든가, 옳지 않게 말할 것이다. 그러므로 너는 미움을 받을 것이다.

여인의 아들은 다음과 같은 논증으로 이 딜레마를 되받았다.

> 만약 내가 옳게 말한다면, 신이 나를 사랑할 것이고, 만일 내가 옳지 않게 말한다면, 사람들이 나를 사랑할 것이다. 그런데 나는 옳게 말하든가 옳지 않게 말할 것이다. 그러므로 나는 사랑받을 것이다.

공개적인 토론에서 딜레마가 가장 강력한 무기인 경우에, 거의 동일한 전제에서 반대의 결론이 유도되는 이와 같은 되받기는 수사적 기교의 절정을 보이고 있다. 그러나 우리가 만약 그 딜레마를 검토하여 더욱더 철저히 반대 딜레마로 되받는다면, 우리는 그 결론들이 서로 반대되지 않는다는 것을 알 수 있다.

첫 번째 딜레마의 결론은 아들이 신이나 사람들로부터 미움을 받는다는 것이고, 반면에 되받는 딜레마의 결론은 아들이 신이나 사람들로부터 사랑받는다는 것이다. 그러나 이 두 결론은 완전히 양립할 수 있다. 반대 딜레마로 되받는 것은 원래 딜레마의 결론과 다른 결론을 확정할 뿐이다. 반대 딜레마와 원래 딜레마의 두 결론은 모두 함께 참일 수 있으므로, 어떤 반박도 성공할 수 없다. 그러나 열띤 논쟁에서는 분석이 용납되지 않는다. 그리고 공개적인 논쟁에서 그와 같은 되받기가 나타난다면, 되받기가 원래 딜레마를 완전히 번복했다는 데 압도적으로 동의하는 것이 일반 청중이다.

이런 종류의 되받기는 반박하는 것이 아니라, 동일한 상황의 서로 다른 양상에 주의를 돌리도록 한다는 것을 다음과 같은 어떤 "낙천주의자"의 평범한 딜레마에서 아주 명료하게 알 수 있다.

> 만약 내가 일을 한다면, 나는 돈을 벌며, 내가 게으름을 피운다면, 나는 삶을 즐긴다. 나는 일을 하든가 게으름을 피운다. 그러므로 나는 돈을 벌든가 삶을 즐긴다.

어떤 "비관주의자"는 아래와 같은 반대 딜레마를 제시할 것이다.

> 만약 내가 일을 한다면, 나는 삶을 즐기지 못하며, 내가 게으름을 피운다면, 나는 돈을 벌지 못한다. 나는 일을 하든가 게으름을 피운다. 그러므로 나는 돈을 벌지 못하거나 삶을 즐기지 못한다.

이 결론들은 동일한 사실을 바라보는 관점의 차이일 뿐이다. 이 결론들은 그 사실들이 무엇인가에 대하여 불일치를 보이는 것은 아니다.

딜레마에 대한 논의를 끝내기 위해 프로타고라스와 유아트루스 사이의 유명한 송사를 언급하지 않을 수 없다. 기원전 5세기경 프로타고라스는 그리스에 사는 교사였다. 그는 여러 과목을 가르쳤지만 변론술이 전문이었다. 유아트루스는 변호사가 되고 싶었지만, 수업료가 없어 필요한 수업을 받을 수 없었다. 그래서 프로타고라스가 그를 가르치되 그가 첫 사건에서 이길 때 수업료를 받기로 합의했다. 유아트루스가 수업 과정을 마쳤을 때, 그는 개업을 지연하고 있었다. 돈 받기를 기다리다 지친 프로타고라스가 과거의 제자를 상대로 채권 소송을 제기했다. 변호사가 자신의 사건을 심리하는 것은 그의 고객들에게 웃음거리가 된다는 격언을 잊어버리고, 유아트루스는 법정에서 자기 사건을 변론하기로 결심했다. 심리가 시작되었을 때, 프로타고라스는 그 사건에서 자기 입장을 파괴적 딜레마로 제시했다.

> 만약 유아트루스가 이 소송에서 지면, 그는 (법정의 판결에 따라) 수업료를 내야 하며, 만일 그가 이 소송에서 이긴다면, 그는 (계약에 의해) 수업료를 내야 한다. 그는 이 소송에서 이기거나 질

것이다. 그러므로 그는 수업료를 내야 한다.

상황이 유아트루스에게 불리해 보였지만, 그는 수사법을 잘 배웠다. 그는 다음과 같은 되받기 딜레마를 법정에 제출했다.

> 만약 내가 이 소송에서 이긴다면, 나는 (법정의 판결에 따라) 프로타고라스에게 수업료를 내지 않아도 된다. 만약 내가 이 소송에서 진다면, (첫 번째 송사에서 이기지 않았으므로, 계약에 의해) 나는 프로타고라스에게 수업료를 내지 않아도 된다. 나는 이 소송에서 이기거나 진다. 그러므로 나는 프로타고라스에게 수업료를 내지 않아야 한다.[8)]

당신이 만약 재판관이면, 당신은 어떻게 판결하겠는가?

유아트루스의 되받기 딜레마의 결론이 프로타고라스의 원래 딜레마의 결론과 양립할 수 없다는 점을 주목하라. 하나의 결론은 다른 것의 결론을 명백하게 부인한다. 그러나 되받기 딜레마가 그것이 공격하려는 딜레마와 이와 같이 모순의 관계로 성립되는 것은 드물다. 반대 딜레마와 원래 딜레마의 관계가 이러한 경우에, 포함된 전제들 자체가 모순되며 이 두 딜레마는 이렇게 함축된 모순을 충분히 드러내고 있다.

논리연습

다음 논증을 반박하기 위해 제시될 수 있는 다양한 논증을 논의해 보라.

보기문제

1. 만약 우리가 거짓되고 유해한 학설의 출판을 저지한다면, 우리는 다른 사람들의 자유를 억압하는 죄를 범하게 될 것이고, 반면에 만약 그러한 학설의 출판을 저지하지 않는다면, 우리는 우리 자신의 자유를 상실할 위험을 감수해야 한다. 우리는 거짓되고 유해한 학설의 출판을 저지하거나 저지하지 말아야 한다. 따라서 우리는 다른 사람들의 자유를 억압하는 죄를 범하거나, 아니면 우리 자신의 자유를 상실할 위험을 감수해야 한다.

문제풀이

뿔 사이로 피하기는 불가능하다. 뿔 중의 하나로 이 딜레마를 잡을 수 있다. (a) 거짓되고

---

8) E. P. Northrop, *Riddles in Mathematics: A Book of Paradoxes*(Melbourne, FL: Krieger Publishing, 1975).

유해한 학설을 출판하는 권리는 정당한 자유에 포함되지 않는다고 주장하거나, 아니면 (b) 거짓되고 해로운 학설을 참되고 유익한 학설과 대립시키면, 우리의 자유를 잃을 위험을 감수하지 않아도 된다고 주장할 수 있다. "우리는 다른 사람의 자유를 억압하는 죄를 범하지도 말아야 하며, 또 우리 자신의 자유를 상실할 위험도 감수하지 않아야 한다"는 것을 증명하기 위해, 요소명제를 사용함으로써 그럴듯하게 반박할 수 있다.

2. 만약 당신이 나에게 이미 내가 이해한 것을 말한다면, 당신은 나의 이해를 증대시키지 못할 것이다. 그러나 만약 당신이 나에게 내가 이해하지 못한 어떤 것을 말한다면, 나는 당신의 말을 알아들을 수 없을 것이다. 당신이 말하는 것은 무엇이든 내가 이미 이해한 것이거나 내가 이해하지 못하는 것일 것이다. 따라서 내가 무슨 말을 하든지 당신은 나의 이해를 증대시키지 못하거나, 내가 당신의 말을 알아들을 수 없을 것이다.

3. 만약 연역논증의 결론이 전제를 넘어선다면, 그 논증은 부당하다. 만약 연역논증의 결론이 전제를 넘어서지 않는다면, 그 논증은 어떠한 새로운 것도 밝혀주지 않는다. 연역논증의 결론은 전제를 넘어서거나 넘어서지 않는다. 따라서 연역논증은 부당하거나 새로운 것을 밝혀주지 않는다.

4. 만약 연역논증이 부당하다면, 그것은 가치가 없으며, 반면에 연역논증이 새로운 것을 밝혀주지 않는다면, 또한 가치가 없다. 연역논증은 부당하거나 새로운 것을 밝혀주지 않는다. 따라서 연역논증은 가치가 없다.

*5. 만약 그 장군이 충성스럽다면, 그는 그의 명령에 복종했을 것이다. 그리고 만약에 그가 총명했다면, 그는 그것들을 이해했을 것이다. 그 장군은 그 명령에 복종하지 않았거나, 아니면 그는 그것들을 이해하지 못했다. 그러므로 그 장군은 틀림없이 충성스럽지 않았거나 총명하지 않았다.

6. 만약 그가 충성스럽지 않았다면, 그의 해임은 정당했다. 그리고 그가 총명하지 않았다면, 그의 해임은 정당했다. 그는 충성스럽지 않았거나 총명하지 않았다. 그러므로 그의 해임은 정당했다.

7. 만약 여러 국가가 평화를 유지하면, UN은 필요 없다. 반면에 여러 국가가 전쟁 중이라면, UN은 전쟁 억제라는 그 목적에 효과적이지 못하다. 현재 여러 국가가 평화를 유지하거나 전쟁 중이다. 그러므로 UN은 필요 없거나 효과적이지 못하다.

8. 만약 사람들이 선하다면, 범죄를 예방하는 데 법이 필요 없다. 반면에 만약 사람들이 악하다면, 범죄를 예방하는 데 법은 효과가 없다. 사람들은 선하거나 악하다. 그러므로 범죄를 예방하는 데 법은 필요 없거나 효과가 없다.

9. 헨리 7세 때의 수상인 머튼 주교는 국왕의 지갑을 채우기 위해 기부금 짜내는 방법으로 유명했다. 호화롭게 살고 있는 사람은 거액의 기부금을 마련하도록 강요당했다. 그는 분명히 거액의 기부금을 낼 수 있었기 때문이다. 검소하게 사는 사람도 거액의 기부금을 마련하도록 강요당했다. 그는 틀림없이 생활비에서 많은 돈을 저축했을 것이기 때문이다. 사람들은 어느 쪽이든 "머튼의 덫에 걸리게 되어 있었다"고 한다.

—도로시 헤이든, 『디클레어러 플레이의 승리』

*10. 모든 정치적 활동은 보존이나 변화를 목적으로 한다. 보존을 원한다는 것은 더욱 나쁘게 되는 변화를 방지하기를 바라는 것이고 변화를 원한다는 것은 어떤 것이 더 좋아지기를 바라는 것이다. 모든 정치적 활동은 더 좋아진다거나 더 나빠진다는 생각으로 귀착된다.

—레오 스트라우스, 『정치철학이란 무엇인가?』

11. 만약 물체가 운동한다면, 그 운동은 그 물체가 있는 장소에서 일어나거나 없는 장소에서 일어난다. 그러나 그 물체는 (있는 장소에 그대로 남아 있는 것은 운동이 아니므로) 있는 장소에서도 운동하지 않고, (없는 장소에서는 존재하지 않아 운동이 불가능하므로) 없는 장소에서도 운동하지 않는다. 그러므로 운동하는 것은 없다.

—섹스투스 엠피리쿠스, 『자연철학자에 대하여』

12. 이 나이에 언제나 쫓겨다니며 이 도시 저 도시를 방황하면서, 유랑지를 바꾸는 내가 어떤 삶을 영위하겠습니까! 나는 내가 어디를 가더라도 여기서처럼 젊은이들이 나에게로 몰려들 것이라는 것을 알고 있습니다. 그리고 만일 내가 그들을 내쫓는다면, 그들의 연장자들도 그들의 요구 때문에 나를 내쫓을 것이고, 그리고 만일 그들이 나에게 오도록 놔두면, 그들의 아버지와 친구들이 그들을 위해 나를 내쫓을 것입니다.

—플라톤, 『변명』

13. 만약 소크라테스가 죽었다면, 그는 살아 있을 때 죽었거나 또는 죽었을 때 죽었다. 그러나 그는 살아 있는 동안에 죽지 않았다. 그는 확실히 살아 있었으며, 살아 있었으므로 그는 죽지 않았다. 그는 죽었을 때, 죽지도 않았다. 그렇다면 그는 두 번 죽는

것이 되기 때문이다. 그러므로 소크라테스는 죽지 않았다.

—섹스투스 엠피리쿠스, 『자연철학자에 대하여』

14. 환자를 안심시키기 위한 것에 불과한 처방은 어쩔 수 없이 모순에 빠진다. 치료 과정에서는 환자와 의사 사이의 좋은 관계가 본질적이다. 그러나 환자와 의사 중 어느 한 쪽이 다른 쪽에게 중요한 정보를 숨길 때, 그 관계에 어떤 일이 일어날 수 있는가? 만약 의사가 진실을 말한다면, 의사는 환자를 안심시키기 위한 것에 불과한 처방의 근본을 부인한다. 만약 의사가 진실을 말하지 않는다면, 그는 신뢰를 바탕으로 한 관계를 위태롭게 한다.

—노먼 코진, 『질병의 해부학』

*15. 사법위원회의 최종심 첫날에 전해진 닉슨에 대한 대법원의 결정은 비관적이었다. 만약 대통령이 그 명령을 거부하면, 그는 탄핵당할 것이다. 만약 그가 그 명령에 복종하면, 사실이 점점 더 명백해지면서 그는 탄핵당할 것이다.

—빅토리아 서커, *The Key Reporter*

16. 만약 우리가 평화를 유지하려면, 우리는 경쟁심을 고취시키지 않아야 한다. 반면에 만약 우리가 진보하려면, 우리는 경쟁심을 고취시켜야 한다. 우리는 경쟁심을 고취시키거나 고취시키지 않는다. 그러므로 우리는 평화를 유지할 수 없든가, 진보할 수 없다.

17. 현재의 최고 책임자에 따르면 논증은 모든 것이 결정된 듯이 보이는 매우 간결한 형식으로 바뀔 수 있다. 연방정부가 구성되는 방식은 그것이 완전히 국민에 의존하여 만들어지거나 만들어지지 않을 것이다. 첫 번째 추정에 따르면, 연방정부는 몹시 불쾌한 제도를 만들 때 주민들에 대한 저러한 의존성 때문에 제약을 받을 것이다. 두 번째 추정에 따르면, 연방정부는 국민의 신임을 얻지 못할 것이며, 권리를 침해하는 연방정부의 제도들은 국민이 지지하는 주정부에 의해 쉽게 폐기될 것이다.

—제임스 메디슨, *The Federalist Papers*

18. 사람은 그가 알고 있는 것에 대해서도 의문을 제기할 수 없고, 그가 모르고 있는 것에 대해서도 의문을 제기할 수 없다. 왜냐하면 그가 알고 있다면 그는 의문을 제기할 필요가 없기 때문이며, 그가 모르고 있다면, 그는 의문을 제기해야 할 주제를 모르고, 따라서 의문을 제기할 능력이 없기 때문이다.

—플라톤, 『메논』

19. 우리는 고객들에게 급여 문제는 언급하지 않고 첫 면접을 끝내라고 조언한다. 만약 당신이 너무 많은 급여를 요구하면, 고용주는 당신을 감당할 수 없다고 판단할 것이다. 만약 당신이 너무 적은 급여를 요구한다면, "나는 당신이 요구하는 직무를 감당할 만한 충분한 능력을 갖추고 있지 않다"는 것을 고백하는 꼴이 된다.

—제임스 챌린저, *U.S. News & World Report*

*20. "파스칼의 도박"은 종교의 역사에서 유명하며, 또한 도박의 역사에서도 그렇다. 파스칼의 주장은 이랬다. 즉, 신의 존재를 확신하지 못하는 불가지론이 취할 수 있는 가장 유리한 도박은 신이 존재한다는 쪽을 선택하는 것이다. 만약 신이 존재하는데 당신이 무신론자로 생을 마감한다면, 당신은 지옥의 불구덩이 속에서 영원히 고통받을 것이다. 이와 달리, 만약 신이 존재하지 않는데 당신이 유신론자로 생을 마감한다면, 당신은 그 잘못된 믿음에 따른 어떤 형벌도 받지 않을 것이다. 따라서 신을 선택하는 사람이 유리한 입장에서 출발하는 셈이다.

—다니엘 셀리그만, *Fortune*

제7장 요약

이 장에서 우리는 일상 언어로 된 삼단논법을 살펴보았다. 다시 말해서 겉으로 여러 가지 다른 모습으로 나타나는 삼단논법들을 보았으며, 그리고 삼단논법을 가장 잘 이해하고, 사용하고, 평가할 수 있는 방법도 알아보았다.

- 7장 1절에서는 삼단논법을 표준형식으로 변형하는 기술이 왜 필요한가를 설명했으며, 그리고 삼단논법이 표준형식의 정언적 삼단논법에서 벗어나는 양식들을 확인했다.
- 7장 2절에서는 일상 언어로 된 삼단논법이 세 개 이상의 개념을 포함하고 있을 때, 동의어 소거와 여집합 소거에 의해 개념의 수를 세 개로 줄이는 방법을 설명했다.
- 7장 3절에서는 삼단논법을 벤다이어그램이나 삼단논법의 규칙으로 검증할 수 있도록, 표준형식이 아닌 삼단논법의 명제들을 표준형식으로 변형하는 방법을 설명했다. 표준형식이 아닌 아래 아홉 가지 명제를 검토하고, 하나하나 표준형식으로 변형하는 방법을 예를 들어 설명했다.
    1. 단칭명제
    2. 술어가 형용사인 명제

3. 주동사가 표준형식의 연결사("…이다")가 아닌 명제
4. 표준형식의 요소가 모두 들어 있지만, 표준형식으로 배열되어 있지 않는 명제
5. "모든", "어떤 …도", "어떤 …는" 등과 같은 표준형식의 양화사가 아닌 다른 말로 그 양을 지시하는 명제
6. "오직 …만", "… 제외한 어떤 것도"와 같은 단어를 사용하는 배타적 명제
7. 양을 지시하는 단어가 없는 명제
8. 표준형식의 명제와 전혀 다른 명제
9. "…을 제외한 모든" 또는 이와 유사한 표현을 사용하는 예외적 명제

- 7장 4절에서는 검증을 위해 반드시 필요한 명제의 표준화를 할 때 지표가 어떤 도움을 줄 수 있는지 설명했다.
- 7장 5절과 7장 6절에서는 생략 삼단논법과 연쇄 삼단논법을 설명했다.
- 7장 7절에서는 선언적 전제를 포함한 선언적 삼단논법과 가언적 전제를 포함한 가언적 삼단논법을 설명했다.
- 7장 8절에서는 모든 선택지가 나쁘거나 받아들이기 어려운데도 그 중 하나를 선택할 수밖에 없도록 하는 선언적 논증, 즉 딜레마의 수사적 용법을 살펴보았다. 그리고 이에 대해 수사적으로 대응하는 세 가지 방법, 즉 뿔 사이로 피하기, 뿔로 잡기, 반대 딜레마로 되받기에 대해 예를 들어 설명했다.

기호논리

제8장

8.1 현대 논리학의 기호언어

연역논증을 완전히 이해하기 위해서는 보편적인 연역이론이 필요하다. 보편적인 연역이론은 두 가지 목표를 갖는다. 하나는 연역논증에서 전제와 결론의 관계를 설명하는 것이고, 다른 하나는 타당한 연역과 부당한 연역을 구분하는 방법을 제공하는 것이다. 두 개의 큰 이론체계가 이런 목적을 위해 개발되었다. 첫 번째는 5장부터 7장까지에서 검토한 바 있는 고전 논리학 내지는 아리스토텔레스 논리학이다. 그리고 두 번째는 앞으로 8장부터 10장까지에서 다루게 될 현대의 기호논리학 내지는 수학적 논리학이다.

이러한 두 개의 큰 이론체계는 목적은 같지만 전개 방식은 판이하게 다르다. 현대 논리학은 앞에서 다룬 삼단논법의 체계를 기반으로 하지 않는다. 그러므로 그것은 정언명제의 분석에서 출발하지 않는다. 현대 논리학은 전통 논리학과는 아주 다른 개념과 방법을 사용하여 타당한 논증과 부당한 논증을 가려내고자 한다. 따라서 이제 우리는 완전히 새롭게 출발해야 하며, 전통 논리학이 다루었던 똑같은 문제를 보다 더 효과적으로 다룰 수 있는 현대적인 논리 체계를 개발해야 한다.

현대 논리학은 우선 연역논증이 의존하는 기본적인 논리적 결합사(logical connective)를 확인하는 것에서부터 시작한다. 이 결합사를 이용하면, 연역논증에 대한 일반적인 설명이 가능하고, 논증의 타당성을 검정하는 방법이 개발될 수 있다.

연역논증에 대한 이러한 분석은 인공적인 기호 언어를 필요로 한다. 영어와 같은 자연언어는 정확한 논리분석을 어렵게 만드는 특성을 갖고 있다. 다시 말해서 단어가 모호하거나 불분명할 수 있으며, 논증의 구조가 애매할 수도 있다. 그리고 은유나 표현양식이 혼란을 야기할 수도 있으며, 감정적 효과로 인해 산만해질 수도 있다. 이런 문제들은 제1편에서 다룬 바 있다. 이런 문제들은 논리적 관계를 명확하게 형식화할 수 있는 인공적인 언어를 사용하면 대부분 극복될 수 있다. 이 장에서는 현대 기호언어의 가장 기본적인 요소들을 소개하고자 한다.

기호는 논증을 아주 쉽게 파악할 수 있게 해준다. 기호는 논증의 본질적인 특성을 드러내고 비본질적인 것은 제거함으로써 우리로 하여금 논증의 핵심을 파악할 수 있게 해준다. 더욱이 기호를 사용하면, 다른 방법으로는 무척 힘든 논리적 작업도 눈으로 봄과 동시에 거의 자동적으로 그 작업을 수행할 수 있다. 역설적으로 들릴지 모르지만, 기호언어는 많은 생각을 하지 않고서도 지적 작업을 성취할 수 있게 해준다. 오늘날 우리가 사용하고 있는 아라비아 숫자(1, 2, 3 …)는 개선된 기호언어의 이점을 실증하고 있다. 아라비아 숫자는 연산조작이 어렵고 다루기 힘든 로마 숫자(Ⅰ, Ⅱ, Ⅲ …)를 대신했다. 아라비아 숫자의 113 × 9를 계산하는 것은 쉽지만, 로마 숫자의 CXⅢ × Ⅸ를 계산하는 것은 쉽지 않다. 그래서 로마 사람들도 보다 효율적으로 숫자를 기호화할 수 있는 방법을 찾으려 노력했다고 한다.

고전 논리학자들도 논증의 분석에서 기호가 지닌 엄청난 가치를 알고 있었다. 아리스토텔레스는 분석을 용이하게 해줄 변항들을 사용했으며, 앞에서 살펴보았듯이 아리스토텔레스 삼단논법의 세련된 체계에서는 기호가 아주 정교한 방식으로 사용되고 있다. 하지만 논리적 기호를 만들어 보다 효율적으로 사용하기 위한 실질적인 진보가 이루어진 것은 20세기 이후이다.

현대의 기호법으로 연역논증을 분석하는 것은 고전 논리학과 판이하게 다르다. 아리스토텔레스 논리학에서는 사물의 집합 관계가 중요했지만 현대 논리학에서는 그렇지 않다. 그 대신에 논리학자는 이제 명제와 논증의 내적 구조와 논리적 결합사에 주목한다. 논리적 결합사의 수는 몇 개에 불과하지만, 그것들은 모든 연역논증에서 중요하다. 그러므로 현대 기호논리학은 아리스토텔레스 논리학이 했던 것처럼 연역논증을 삼단논법으로 변형시켜야 하는 성가신 일에 시달리지 않아도 된다. 앞 장에서 설명했듯이, 그것은 때로는 무척 힘든 일이었다.

우리가 이제부터 공부할 현대 논리학 체계는 분석적인 삼단논법에 비해 품격이 떨어지는 면이 다소 있지만, 그러나 보다 더 강력하다. 연역논증의 형식에는 삼단논법이 제대로 다룰 수 없는 것들이 있다. 한층 더 효율적인 현대 논리학의 기호언어와 접근방식을 사용하면, 우리는 연역 분석의 목적을 직접 도모할 수 있고, 더욱더 심층적인 분석도 가능해진다. 지금부터 우리가 살펴볼 논리적 기호는 연역논리의 중심 과제, 즉 타당한 논증을 부당한 논증으로부터 식별해 내는 일을 더 완전하게 그리고 더 효과적으로 해낼 수 있게 해준다.

8.2 연언, 부정, 선언 기호

이 장에서는 아래와 같이 비교적 단순한 논증들을 다루게 될 것이다.

맹인 죄수는 붉은 모자를 쓰고 있거나 흰 모자를 쓰고 있다.
맹인 죄수는 빨간 모자를 쓰고 있지 않다.
그러므로 맹인 죄수는 흰 모자를 쓰고 있다.

만약 로빈슨이 제동수의 옆집 사람이라면, 로빈슨은 디트로이트와 시카고의 중간 지점에 산다.
로빈슨은 디트로이트와 시카고의 중간 지점에 살고 있지 않다.
그러므로 로빈슨은 제동수의 옆집 사람이 아니다.

이와 같은 일반 유형의 모든 논증들은 적어도 하나의 복합명제를 포함하고 있다. 그와 같은 논증을 검토하기 위해 우리는 모든 명제를 두 개의 일반적인 범주, 즉 단순명제와 복합명제로 나눈다. **단순명제**(simple statement)는 다른 어떤 명제도 구성요소로 포함하고 있지 않은 명제이다. 예를 들어, "찰리는 단정하다"는 단순명제이다. **복합명제**(compound statement)는 또 다른 명제를 구성요소로 포함하고 있는 명제이다. 예를 들어, "찰리는 단정하다 그리고 찰리는 상냥하다"는 복합명제이다. 왜냐하면 이 명제는 두 개의 단순명제를 구성요소로 포함하고 있기 때문이다. 물론 복합명제의 구성요소 자체도 복합적일 수 있다. 논리학에서 정의와 원리를 진술하거나 표현할 때는 매우 정확해야만 한다. 단순해 보이는 것이 예상보다 복잡한 것으로 드러나는 경우가 자주 있다. "명제의 구성요소"라는 개념은 이와 같이 주의가 필요한 좋은 예이다.

명제의 구성요소를 단순히 그 자체가 하나의 명제이면서 다른 명제의 한 부분이라고 생각하기 쉽다. 그러나 이러한 설명은 이 개념을 정확하게 규정하고 있는 것은 아니다. 왜냐하면 어떤 명제가 더 큰 명제의 일부이면서도 엄밀한 의미에서 그 명제의 구성요소가 아닐 수 있기 때문이다. 예를 들어, "링컨을 저격한 남자는 배우였다(The man who shot Lincoln was an actor)"라는 명제를 생각해 보자. 분명히 명제의 마지막 네 단어들(Lincoln was an actor)은 명제의 일부이고, 또 실제로 하나의 명제로 간주될 수 있다. "Lincoln was an actor"라는 명제는 참이거나 아니면 거짓이다. 그러나 "Lincoln was an actor"라는 명제는 분명히 큰 명제의 일부이지만, 큰 명제의 구성요소는 아니다.

이것은 다음과 같은 사실을 지적함으로써 설명될 수 있다. 즉, 명제의 한 부분이 그 명제의 요소명제가 될 수 있기 위해서는 두 가지 조건이 충족되어야 한다. 첫째, 그 부분은 그 자체로 하나의 명제이어야 한다. 그리고 둘째, 그 부분이 보다 큰 명제 속에서 다른 명제로 대체되었을 때, 그 대체의 결과가 의미 있는 명제여야 한다.

위의 예를 보면, 첫 번째 조건은 충족되고 있지만, 두 번째 조건은 충족되지 않고 있다. "링컨은 배우였다"는 부분을 "아프리카에는 사자들이 있다"는 말로 대체한다고 가정해 보자. 그 대체의 결과인 "저격한 남자는 아프리카에는 사자들이 있다(The man who shot there are lions in Africa)"라는 명제는 무의미하다. 구성요소라는 개념은 이해하기에 어려운 것은 아니지만, 모든 논리적 개념들이 그렇듯이, 정확하게 정의하고 조심스럽게 적용해야 한다.

A. 연언

여러 가지 유형의 복합명제가 있으며, 그 각각을 위해 요구되는 고유한 논리적 기호법이 있다. 우리가 첫 번째로 살펴볼 복합명제는 **연언**(conjunction)이다. 우리는 두 명제 사이에 "그리고(and)"를 넣음으로써 연언을 만들 수 있다. 이렇게 결합된 두 명제를 **연언지**(conjunct)라 부른다. "찰리는 단정하다 그리고 찰리는 상냥하다"라는 복합명제는 연언이며, 그것의 첫 번째 연언지는 "찰리는 단정하다"이고, 두 번째 연언지는 "찰리는 상냥하다"이다.

"그리고"라는 단어는 짧고 편리한 단어이지만, 명제를 결합시키는 것 외에 다른 용법을 가지고 있다. 예를 들어, "링컨과(and) 그랜트는 동시대인들이었다"라는 명제는 연언이 아니라, 관계를 표현하는 단순명제이다. 그것의 유일한 기능이 단지 두 명제를 연언으로 결합하기만 하는 기호를 갖기 위하여 우리는 연언 기호로서 "·(dot)"을 도입한다. 따라서 앞에서 예를 들었던 연언명제는 "찰리는 단정하다 • 찰리는 상냥하다"로 표기할 수 있다. 보다 일반적으로 말하자면, p와 q가 둘 다 명제인 경우에는 언제나 그것들의 연언은 $p \cdot q$로 나타낸다. 다른 책에서는 연언을 표현하기 위해 "∧" 또는 "&"와 같은 기호를 사용하기도 한다.

모든 명제는 참 아니면 거짓이라는 것을 우리는 알고 있다. 그러므로 모든 명제는 하나의 **진리치**(truth value)를 가지며, 참인 명제의 진리치는 참이고 거짓인 명제의 진리치는 거짓이다. 이와 같은 진리치의 개념을 사용하여 우리는 복합명제의 진리치가 전적으로 그것의 요소명제의 진리치에 의해 결정되는지 혹은 요소명제의 진리치 외의 다른 어떤 것에 의해 결정되는지의 여부에 따라 복합명제를 두 개의 다른 범주로 구분할 수 있다.

이러한 구분을 연언에 적용해 보자. 두 명제의 연언의 진리치는 전적으로 그 두 연언지의 진리치에 의해 결정된다. 만약 두 연언지가 모두 참이라면, 그 연언은 참이다. 그리고 그렇지 않은 경우에는 그 연언은 거짓이다. 이런 이유로, 연언은 진리함수적 복합명제라 불리고, 그것의 연언지들은 **진리함수적 요소**(truth-functional components)라고 불린다.

모든 복합명제가 진리함수적인 것은 아니다. 예를 들어, "오셀로는 데스데모나가 카시오를 사랑한다고 믿는다"라는 복합명제의 진리치는 결코 그것의 구성요소인 "데스데모나가 카시오를 사랑한다"라는 단순명제의 진리치에 의해 결정되지 않는다. 왜냐하면 오셀로는 데스데모나가 카시오를 사랑한다고 믿는다는 사실은 실제로 그녀가 카시오를 사랑하는가와 상관없이 참일 수 있기 때문이다. 따라서 "데스데모나는 카시오를 사랑한다"는 "오셀로는 데스데모나가 카시오를 사랑한다고 믿는다"라는 명제의 진리함수적 요소가 아니며, 이 명제 자체도 진리함수적 복합명제가 아니다.

우리는 현재의 우리 목적을 위하여 복합명제의 구성요소가 동일한 진리치를 갖는 다른 명제로 대체되었을 때, 대체된 그 복합명제 역시 동일한 진리치를 갖는다면, 그 구성요소를 그 복합명제의 진리함수적 요소로 정의하기로 한다. 그리고 이제 우리는 복합명제의 모든 구성요소가 진리함수적 요소명제일 때, 그 복합명제를 **진리함수적 복합명제**(truth-functional compound statement)라고 정의한다.[1)]

우리는 앞으로 진리함수적 복합명제들만 다루게 될 것이다. 그러므로 앞으로 이 책

1) 조금 더 복잡한 정의는 David H. Sanford, "What Is a Truth Functional Component," *Logique et Analyse* 14(1970): 483-486에서 제안되었다.

에서는 단순명제라는 개념을 진리함수적 복합명제가 아닌 명제를 가리키기 위해 사용할 것이다.

연언은 진리함수적 복합명제이며, 따라서 기호 "•"는 **진리함수적 결합사**(truth-functional connective)이다. 두 명제 p와 q가 주어졌을 때, 두 명제가 가질 수 있는 가능한 진리치의 쌍들은 오직 네 가지뿐이다. 이 가능한 네 가지 경우와 그 각각의 연언의 진리치는 아래와 같이 나타낼 수 있다.

p가 참이고 q도 참일 때, $p \bullet q$는 참이다.
p가 참이고 q는 거짓일 때, $p \bullet q$는 거짓이다.
p가 거짓이고 q는 참일 때, $p \bullet q$는 거짓이다.
p가 거짓이고 q도 거짓일 때, $p \bullet q$는 거짓이다.

진리치 "참"과 "거짓"을 영어 대문자 T와 F로 나타낸다면, 연언지의 진리치에 의한 연언의 진리치 결정은 진리표에 의해서 보다 간단명료하게 나타낼 수 있다.

p	q	$p \cdot q$
T	T	T
T	F	F
F	T	F
F	F	F

이 진리표는 연언 기호 "·"를 정의하는 것으로 간주될 수 있다. 왜냐하면 이 진리표는 모든 가능한 경우에 있어서 $p \bullet q$가 어떤 진리치를 갖게 되는가를 설명하기 때문이다.

우리는 단순명제를 한 글자의 영어 대문자로 된 약어로 표시한다. 이때 그 문자가 어떤 명제의 약어인지를 상기시켜 줄 수 있도록 문자를 선택하는 것이 일반적이다. 따라서 우리는 "찰리는 단정하다(neat) 그리고 찰리는 상냥하다(sweet)"를 $N \bullet S$로 줄여서 표현할 수 있다. "바이런은 위대한 시인이었다 그리고 바이런은 위대한 모험가였다(Byron was a great poet and Byron was a great adventurer)"와 같이, 두 연언지의 주어가 동일한 연언은 주어를 되풀이하는 대신 술어들 사이에 "그리고 (and)"를 넣어 다음과 같이 간단하고 자연스럽게 표현할 수 있다. 즉, "바이런은 위대한 시인이었고 그리고 위대한 모험가였다(Byron was a great poet and a great adventurer)" 우리의 목적을 위하여, 우리는 후자를 전자와 동일한 명제로 간주하고 양자 모두 $P \cdot A$로 기호화한다. "루이스는 유명한 탐험가였다 그리고 클라크는 유명한 탐험가였다(Lewis was a famous explorer and Clark was a famous explorer)"와 같이, 연언의 연언지가 동일한 술어를 갖는 경우, 술어를 반복하는 대신에 주어 개념들 사이에 "그리고(and)"를 넣어 다음과 같이 나타내는 것이 일반적이다. 즉, "루이스와 클라크는 유명한 탐험가였다(Lewis and Clark were famous explorers)." 두 명제는 모두 $L \cdot C$로 기호화된다.

연언 기호 "•"를 정의하는 진리표에서도 나타났듯이, 연언은 그것의 두 연언지가 모두 참인 경우에, 그리고 오직 그런 경우에만 참이다. "그리고(and)"라는 단어는 단지 (진리함수적) 연언을 의미하는 용법만이 아니라, "그리고 그 이후에"라는 시간적 계기를 의미하기도 한다. 그러므로 "존은 뉴욕을 통해 미국에 입국했고 그리고 곧바로 시카고로 갔다"라는 명제는 유의미하며, 참일 수도 있겠지만, "존은 곧바로 시카고로 갔고 그리고 뉴욕을 통해 미국에 입국했다"는 것은 도저히 이해할 수 없는 말이다. "그는 신발을 벗고 잠자리에 들었다"와 "그는 잠자리에 들어서 신발을 벗었다"는 말 사이에는 분명한 차이가 있다. 이러한 예들은, 왜 우리가 진리함수적 연언의 용법만을 갖는 특수한 기호를 원하게 되는가를 말해준다.

"그러나", "그런데도", "그럼에도 불구하고", "비록 … 일지라도", "그렇지만, 게다가, 더구나" 등의 낱말뿐만 아니라 쉼표와 세미콜론까지도 두 개의 명제를 연결하여 복합명제를 만드는 데 사용될 수 있으며, 그것들은 모두 "•"라는 연언 기호로 표현될 수 있다.

B. 부정(negation)

한 명제의 **부정**(또는 모순, 부인)은 흔히 원래 명제에 "아니다(not)"를 넣어서 만들어진다. 한 명제의 부정을 표현할 수 있는 다른 방법은 원래 명제에 "…는 거짓이다" 혹은 "…는 사실이 아니다"는 말을 붙이는 것이다. 한 명제의 부정을 표현하기 위해서는 통상적으로 기호 "~"을 사용한다. (어떤 책에서는 부정을 표현하는 기호로 "—"을 사용하기도 한다.) 따라서 M이 "모든 인간은 죽는다"를 기호화한 것이라면, "모든 인간이 죽는 것은 아니다", "어떤 인간은 죽지 않는다", "모든 인간이 죽는다는 것은 거짓이다", "모든 인간이 죽는다는 것은 사실이 아니다" 등과 같은 다양한 표현들은 모두 동일하게 $\sim M$으로 기호화된다. 보다 일반화시키자면, p가 어떤 명제이건 간에 그것의 부정은 $\sim p$로 나타낸다. 어떤 논리학자는 이 기호를 일종의 접속사로 취급하지만, 실제로 그것은 둘 혹은 그 이상의 단위를 연결하는 것이 아니라 단 하나의 단위에 대해 진리치를 따지는 계산 기능을 수행하고 있으며, 따라서 하나의 연산자로 취급될 수 있다는 것을 지적하는 것으로 충분하다. 그것은 물론 진리함수적 연산 기호이다. 모든 참인 명제의 부정은 거짓이며, 모든 거짓 명제의 부정은 참이다. 이와 같은 사실은 진리표에 의해 매우 간단 명료하게 표현될 수 있다.

p	$\sim p$
T	F
F	T

이 진리표는 부정기호 "～"에 대한 정의로 간주될 수 있다.

C. 선언(disjunction)

두 명제의 **선언**(혹은 선택)은 두 명제 사이에 "또는(or)"이라는 단어를 넣어서 만들어진다. 그렇게 결합된 두 요소명제는 선언지(혹은 선택지)라고 불린다.

"또는"이라는 단어는 서로 관련은 있지만, 구별될 수 있는 두 가지 의미를 지닌 애매한 표현이다. 그 중 한 가지는 다음 명제에 잘 나타나 있다. 즉, "질병 또는 실업의 경우 상여금을 받을 권리는 포기된다." 이 명제가 의미하는 것은, 병자와 실업자뿐만 아니라 병자이면서 동시에 실업자인 사람까지도 상여금을 받을 권리가 포기된다는 것이다. 이런 의미의 "또는"을 약한 의미의 선언 또는 포괄적 의미의 선언이라고 부른다. **포괄적 선언**(inclusive disjunction)은 선언지 중의 하나 또는 두 선언지 모두가 참일 때 참이다. 두 선언지가 모두 거짓인 경우에만 포괄적 선언은 거짓이 된다. 포괄적 의미의 "'또는"은 "둘 중 하나, 그러나 둘 다일 수도 있는"의 의미를 지닌다. 계약서나 법적 문서와 같이, 특별히 정확성이 요구되는 경우에는 포괄적 선언의 의미를 명백히 하기 위해서 "그리고/또는(and/or)"이라는 구절을 사용한다.

"또는"이라는 단어는 또한 강한 의미나 배타적 의미로 사용되기도 하는데, 이 경우의 의미는 "적어도 하나"라는 뜻이 아니라 "적어도 하나 그리고 많아도 하나"라는 뜻이다. 어느 식당의 정식메뉴에 "샐러드 또는 디저트가 제공됨"이라고 되어 있는 경우, 정식을 먹는 사람은 추가로 돈을 더 지불하지 않는 한 샐러드나 디저트 중 하나만 선택할 수 있지 둘 다를 선택할 수 없다는 것은 분명하다. 특별히 정확성이 요구되고 배타적 의미의

"또는"임을 분명히 드러내고자 한다면 통상적으로 "그러나 둘 다는 아님"이라는 구절을 덧붙이면 된다.

우리는 두 명제의 포괄적 선언을 두 명제 중 적어도 하나는 참이라는 언명으로 해석하고, 그리고 **배타적 선언**(exclusive disjunction)을 두 명제 중 적어도 하나는 참이지만 둘 다 참인 것은 아니라는 언명으로 해석한다. 두 종류의 선언이 부분적으로 공통된 의미를 지닌다는 사실을 주목하라. 이 부분적인 공통 의미란 선언지 중 적어도 하나가 참이라는 것이며, 이는 포괄적 "또는"의 전체적 의미이며 배타적 "또는"의 부분적 의미이다.

영어의 경우 선언의 의미는 다의적이지만, 라틴어의 경우는 그렇지 않다. 라틴어에는 영어 "또는"의 두 가지 상이한 의미에 상응하는 두 개의 다른 단어가 있다. 라틴어 *vel*은 약한 선언이나 포괄적 선언을 의미하며, 라틴어 *aut*는 강한 의미의 또는 배타적 의미의 "또는"이라는 단어에 상응한다. 통상적으로 약한 의미의 또는 포괄적인 의미의 선언을 나타내기 위하여 *vel*이라는 단어의 첫글자를 사용한다. p와 q가 명제일 때, 두 명제의 포괄적 선언은 언제나 $p \vee q$로 나타낸다. 쐐기 모양의 포괄적 선언 기호도 역시 진리함수적 결합사이다. 약한 선언은 선언지가 둘 다 거짓인 경우에만 거짓이 된다. 우리는 포괄적 선언 기호 "∨"는 아래의 진리표에 의해서 정의된다고 간주한다.

p	q	$p \vee q$
T	T	T
T	F	T
F	T	T
F	F	F

이 절에서 예를 들었던 첫 번째 논증은 선언적 삼단논법이었다. (삼단논법은 두 개의 전제와 하나의 결론으로 구성되는 연역논증이다. 여기서 선언적 삼단논법이라는 개념은 7장에서보다는 좀 더 좁은 의미로 사용되고 있다.)

맹인 죄수는 붉은 모자를 쓰고 있거나 흰 모자를 쓰고 있다.
맹인 죄수는 붉은 모자를 쓰고 있지 않다.
그러므로 맹인 죄수는 흰 모자를 쓰고 있다.

이 논증의 형식적 특징은 첫 번째 전제가 선언이며, 두 번째 전제는 첫 번째 전제의 첫 번째 선언지의 부정이고, 결론은 첫 번째 전제의 두 번째 선언지와 동일하다는 것이다.

이와 같이 정의된 선언적 삼단논법은 "또는"이라는 말을 어떻게 해석하든, 즉 포괄적 의미의 선언으로 해석하든 배타적 의미의 선언으로 해석하든 상관없이 타당한 것임에 분명하다. 선언적 삼단논법과 같이, 전제에 선언을 포함하고 있는 전형적으로 타당한 논증은 "또는"이라는 말을 어떻게 해석하든 타당하기 때문에, 그 말의 의미와는 상관없이 "또는"이라는 말을 일괄적으로 우리의 논리적 기호인 "∨"로 번역하는 것이 효과적일 것이다. 일반적으로는 문맥을 면밀하게 검토하거나 말하는 사람이나 글을 쓴 사람의 의도를 분명히 밝혀야만 "또는"이 어떤 의미로 사용되었는지 밝힐 수 있다. 종종 해결이 불가능하기도 한 이 문제를 우리는 "또는"이라는 말이 나타날 때마다 그것을 포괄적으로 해석하기로 함으로써 피할 수 있다. 반면에 "그러나 둘 다는 아님"이라는 구절을 덧붙여서 배타적 선언임을 분명히 한 경우에는 그와 같은 부가적 의미를 형식화하기 위한 기호 장치가 마련되어 있다. 이는 곧 보게 될 것이다.

두 선언지가 모두 동일한 주어나 술어를 가지고 있는 경우에는 공통된 부분을 되풀이할 필요가 없도록 하는 방식으로 "또는"을 넣어 간단하게 표현하는 것이 자연스럽다. 따라서 "스미스는 소유주이거나 스미스는 지배인이다"는 "스미스는 소유주이거나 지배인이다"로 나타낼 수 있으며, 양자 모두 $O \vee M$으로 기호화된다. 그리고 "레드가 범인이거나 버취가 범인이다"는 "레드나 버취가 범인이다"로 표현될 수 있으며, 양자 모두 $R \vee B$로 기호화된다.

"…가 아니면"이라는 말도 때로는 두 명제의 선언을 만드는 데 사용된다. 따라서 "공부를 하지 않으면, 너는 시험을 망칠 것이다"라는 명제는 정확히 $S \vee P$로 기호화된다. 왜냐하면 저 선언은 선언지 중 하나는 참이며, 따라서 선언지 중 하나가 거짓이면 다른 하나는 반드시 참이라는 것을 언명하기 때문이다. 물론 공부를 하고서도 시험을 망칠 수도 있다.

"…가 아니면"이라는 말이 가끔은 위에서 언급했던 것 이상의 정보를 전달하는 데 사용되기도 한다. 그것이 (문맥에 따라서는) 두 명제 중 하나는 참이지만 둘 다 참인 것은 아니라는 것을 의미할 수도 있다. 다시 말해서 "…가 아니면"이 배타적 선언의 의미로 사용되기도 한다는 것이다. 테드 터너의 다음 말은 이를 말해주고 있다. 즉, 지구온난화는 뉴욕을 백년 이내에 수면 아래로 가라앉게 할 것이며, 그리고 "만약 우리가 핵전쟁을 하지 않는다면, 지구온난화는 이 세계가 여태껏 겪었던 재앙 중에서 가장 큰 재앙이 될 것이다." 이 경우 말하는 사람의 의중은 두 선언지 중 적어도 하나는 참이지만 둘 다 참일 수는 없다는 것이다. 그런데 "…가 아니면"이란 이 말의 두 번째 용법은 다소 애매하다. "비가 오지 않으면, 소풍을 갈 것이다"라고 말하는 경우, 우리는 분명히 만약 비가 오지 않으면 소풍을 갈 것이라는 것을 의미한다. 그러나 이 말은 만약 비가 온다면 소풍을 가지 않을 것이라는 것을 의미하는가? 그것은 분명치 않다. 만약 배타적 선언을 의미하는 것이 확실하지 않으면, 모든 선언을 포괄적 의미의 선언으로 취급하는 것이 현명한 방법이다. 그러므로 "…가 아니면"이란 말도 일괄적으로 "∨"로 기호화하는 것이 최선이다.

D. 구두 기호

일상 언어에서 복잡한 명제의 의미를 명료하게 하기 위해서는 **구두 기호**(punctuation)가 절대적으로 필요하다. 여러 종류의 구두 기호들이 사용되고 있는데, 만약 그것들이 없다면 많은 문장들의 의미가 매우 애매해질 것이다. "The teacher says John is a fool"이란 문장은 구두점이 달라짐에 따라 그 의미가 완전히 달라진다. 이를테면 "The teacher," says John, "is a fool"은 선생님이 바보라고 존이 말하는 것이고, "The teacher says 'John is a fool.'"은 존이 바보라고 선생님이 말하는 것이다. 구두 기호는 수학에서도 마찬가지로 필요하다. 특별한 규약이 없다면, 2×3+5라는 표현은 하나의 수를 의미할 수는 없다. 설사 그 구성요소들을 무리지을 수 있는 방법이 분명한 경우라고 하더라도 그 표현은 11이나 16 중에 한 수를 의미한다. 즉, (2×3)+5라는 식으로 구두 기호가 표시된 경우는 11이 되고, 2×(3+5)의 경우에는 16이 된다. 애매성을 피하고 의미를 명료하게 하기 위하여 수학에서 사용하는 기호는 괄호이다. 소괄호 ( )는 개별 기호들을 무리짓는 데 사용되고, 중괄호 [ ]는 소괄호를 포함하고 있는 표현들을 무리짓는 데 사용되며, 대괄호 { }는 중괄호를 포함하고 있는 표현들을 무리짓는 데 사용된다.

기호논리학의 언어에서도 수학과 동일한 구두기호 — 소괄호, 중괄호, 대괄호 — 가 필수적이다. 왜냐하면 논리학에서는 복합명제 자신이 서로 결합하여 더욱 복잡한 명제로 되는 경우가 흔하기 때문이다. 그러므로 $p \cdot q \vee r$은 애매한 표현이다. 이 표현은 첫 번째 연언지가 p이고 두 번째 연언지가 q와 r의 선언인 연언을 의미할 수도 있고, 또는 첫 번째 선언지가 p와 q의 연언이고, 두 번째 선언지가 r인 선언을 의미할 수도 있다. 우리는 이 표현에 대해 $p \cdot (q \vee r)$ 또는 $(p \cdot q) \vee r$과 같이 무리짓기를 해줌으로써 서로 다른 두 가지 의미를 구별할 수 있게 된다. 원래의 표현에 무리짓기를 달리해줌으로써 의미가 달라진다는 사실은 p가 거짓이고 q와 r은 모두 참인 경우를 살펴보면 알 수 있게 된다. 이 경우 두 번째 방식으로 무리짓기한 표현은 (그것의 두 번째 선언지가 참이기 때문에)

참이 되지만, 첫 번째 방식으로 무리짓기한 표현은 (그것의 첫 번째 연언지가 거짓이기 때문에) 거짓이 된다. 이제 우리는 무리짓는 방식의 차이가 진리치의 차이를 가져온다는 것을 알 수 있다. 왜냐하면 서로 다른 무리짓기 방식은 애매한 표현 $p \cdot q \vee r$에 서로 다른 진리치를 할당할 수 있기 때문이다.

"어느 하나(either)"라는 말은 다양한 의미로 쓰인다. "어느 쪽이든 위험은 있다"라는 문장에서 이 말은 연언적이다. 그러나 더 자주 사용되는 선언에서는 첫 번째 선언지를 도입하기 위해 사용된다. 이를테면, "맹인 죄수는 붉은 모자를 쓰고 있거나 흰 모자를 쓰고 있다"가 그런 경우이다. 이 경우에 저 말은 문장의 수사적 균형에 기여하지만 그 의미에 대해서는 아무런 영향을 미치지 않는다. "어느 하나"라는 단어의 가장 중요한 용도는 필시 복합명제의 무리짓기일 것이다. 다음 문장을 보라.

> 그 단체의 회합은 목요일에 있을 것이며, 아난드가 선출되거나 또는 선거가 연기될 것이다. (The organization will meet on Thursday and Anand will be elected or the election will be postponed.)

이 문장은 애매하다. 그 애매성은 한 편으로 "어느 하나(either)"라는 말을 문두에 두거나, 또는 다른 한 편으로 "어느 하나(either)"라는 말을 "아난드"라는 이름 앞에 놓음으로써 해소될 수 있다. 이러한 무리짓기는 기호언어에서 괄호의 영향을 받는다. 앞에서 살펴본 애매한 표현 $p \cdot q \vee r$은 이와 같은 애매한 명제에 해당한다. 표현의 무리짓기를 달리하는 것은 "어느 하나"라는 단어의 위치에 따라 문장의 무리짓기가 달라지는 것과 같다.

선언의 부정은 종종 "…도 아니고 …도 아니다(neither－nor)"라는 구절을 사용해서 만들어진다. 따라서 "필모어나 하딩은 미국의 가장 위대한 미국 대통령이었다"라는 명제의 부정은 "필모어도 하딩도 가장 위대한 미국 대통령이 아니었다"가 된다. 선언 명제는 $F \vee H$로 기호화되고, 그것의 부정은 $\sim(F \vee H)$ 또는 $(\sim F) \cdot (\sim H)$로 기호화된다. (이 두 기호 표현은 논리적 동치라는 사실은 8장 9절에서 다루게 될 것이다.) 두 명제 중 어느 하나는 참이라는 것을 주장하는 선언을 부정하기 위해서는 두 명제 모두 거짓이라고 말해야 한다는 것은 분명하다.

일상 언어의 "둘 다(both)"라는 말은 논리적 구두 기호 표시에 있어서 매우 중요한 역할을 하므로 세심한 주의를 기울일 필요가 있다. "자말과 데렉은 둘 다 …가 아니다"라고 말할 때, 우리는 "자말도 …가 아니고 데렉도 …가 아니다"라는 것을 의미한다. 이

때 우리는 두 사람 각각에게 부정을 적용하고 있는 것이다. 그러나 우리가 "자말과 데렉은 둘 다 …는 아니다"라고 말할 때는 전혀 다른 어떤 것을 말하고 있는 것이다. 이때 우리는 두 사람을 모두 합쳐서 부정을 적용하고 있으며, 이것은 "그들 모두가 …는 아니다"라는 것을 의미한다. 이와 같은 차이는 매우 중요하다. 일상 언어로 된 문장에서 "둘 다"라는 말의 위치가 달라지면 전혀 다른 의미가 생겨난다. 아래 두 문장의 매우 큰 의미 차이를 살펴보자.

> 자말과 데렉이 둘 다 선출되지는 않을 것이다.
> (Jamal and Derek will not both be elected.)
>
> 자말과 데릭은 둘 다 선출되지 않을 것이다.
> (Jamal and Derek will both not be elected.)

첫 번째 명제는 연언 $J \cdot D$를 부정하고 있으며, $\sim(J \cdot D)$로 기호화될 수 있다. 두 번째 명제는 두 사람 모두 선출되지 않을 것이라는 것을 의미하며, $\sim(J) \cdot \sim(D)$로 기호화될 수 있다. 단지 "둘 다(both)"와 "아니다(not)"라는 말의 위치만 바꾸기만 해도 주장되는 바의 논리적 효력이 달라진다.

물론 "둘 다"라는 말이 언제나 이런 역할만 하는 것은 아니다. 가끔 우리는 그것을 단지 강조하기 위한 목적으로 사용하기도 한다. "루이스와 클라크는 둘 다 위대한 탐험가였다"고 말할 때, 우리는 "루이스와 클라크는 위대한 탐험가였다"는 말을 보다 강조하기 위한 목적으로 "둘 다"라는 말을 사용하고 있을 뿐이다. 논리적 분석을 수행할 때, "둘 다"라는 말의 구두 기호 표시는 세심하게 결정되어야만 한다.

간결하게 하기 위해—다시 말해, 필요한 괄호의 수를 줄이기 위해—, 어느 표현에서든 부정 기호는 구두 기호 표시가 허용하는 가장 작은 명제에 붙여진다는 규약을 확립해 두는 것이 편리하다. 만약 이런 규약이 없다면, $\sim p \vee q$라는 표현은 $(\sim p) \vee q$를 의미하는 것인지 아니면 $\sim(p \vee q)$를 의미하는 것인지가 애매하게 될 것이다. 그러나 우리는 우리의 규약에 따라 $\sim p \vee q$는 $(\sim p) \vee q$를 의미하는 것으로 간주할 수 있다. 왜냐하면 부정기호 "$\sim$"는 (우리의 규약에 따라) 더 큰 표현 $p \vee q$에 적용되는 것이 아니라 첫 번째 요소 명제인 p에 적용될 수 있기 때문이다.

기호언어를 위한 일련의 구두 기호가 주어지게 되면, 우리는 연언이나 부정, 그리고 포괄적 선언뿐만 아니라 배타적 선언까지도 표현할 수 있게 된다. p와 q의 배타적 선언은 둘 중 적어도 하나는 참이지만 둘 다 참인 것은 아니라는 것을 의미하기 때문에, $(p \vee q) \bullet \sim(p \bullet q)$로 기호화할 수 있다. 배타적 선언을 표시하는 또 다른 방법은 "$\veebar$"이다.

부정 기호 "~"와 진리함수적 결합사("•", "∨")만을 사용하여 단순명제들로부터 구성된 복합명제의 진리치는 완전히 그것을 구성하는 단순명제들의 진리치에 의하여 결정된다. 만약 우리가 단순명제의 진리치를 알고 있다면, 어떤 진리함수적 복합명제의 진리치도 쉽게 계산할 수 있다. 복합명제의 진리치를 계산할 때 우리는 언제나 복합명제의 가장 안쪽에서 시작하여 바깥쪽으로 나아가야 한다. 예를 들어, A와 B는 참인 명제이고 X와 Y는 거짓 명제일 때, 복합명제 $\sim[\sim(A \bullet X) \bullet (Y \vee \sim B)]$의 진리치는 다음과 같은 방식으로 계산할 수 있다. X가 거짓이므로 연언 $A \bullet X$는 거짓이며, 따라서 그것의 부정인 $\sim(A \bullet X)$는 참이 된다. B가 참이므로 그것의 부정인 $\sim B$는 거짓이며, Y 또한 거짓이므로 Y와 $\sim B$의 선언인 $Y \vee \sim B$는 거짓이 된다. 중괄호 안의 복합명제 $[\sim(A \bullet X) \bullet (Y \vee \sim B)]$는 참인 명제와 거짓인 명제의 연언이므로 그 진리치는 거짓이 된다. 따라서 전체 복합명제는 이 중괄호 안의 명제의 부정이므로 그 진리치는 참이 된다. 이와 같이 단계적 진행을 통해 우리는 요소명제의 진리치로부터 복합명제의 진리치를 결정할 수 있게 된다.

경우에 따라서는 하나 또는 그 이상의 단순명제의 진리치를 결정할 수 없을 때조차도 우리는 진리함수적 복합명제의 진리치를 결정할 수 있다. 진리치가 알려져 있지 않은 각각의 요소명제를 우선 그것이 참이라는 가정하에 복합명제의 진리치를 계산해 보고, 그 다음에 그 각각이 거짓이라는 가정하에 복합명제의 진리치를 계산해 보면 된다. 만약 이 두 가지 계산의 결과 복합명제의 진리치가 동일하게 나왔다면, 우리는 요소명제의 진리치를 결정하지 않고서도 복합명제의 진리치를 결정할 수 있다. 왜냐하면 우리가 알고 있듯이, 진리치는 참이거나 거짓 외는 있을 수 없기 때문이다. 진리표는 진리치가 결정되지 않은 요소명제가 하나 또는 그 이상인 경우에 이 방법을 확대 적용할 수 있도록 해준다.

개 요

기호 표기법에 있어서 구두 기호

I will study hard and pass the exam or fail.

이 명제는 애매하다. 이 명제는 "나는 열심히 공부해서 그 시험에 합격하거나, 나는 그 시험에 떨어질 것이다"라는 것을 의미할 수도 있고, 또는 "나는 열심히 공부할 것이며, 나는 그 시험에 합격하거나 떨어질 것이다"라는 것을 의미할 수도 있다. 이 명제를 아래와 같이 기호로 표기해도 마찬가지로 애매하다.

$$S \bullet P \vee F$$

괄호를 치면 이 애매성이 해소된다. "나는 열심히 공부해서 그 시험에 합격하거나, 나는 그 시험에 떨어질 것이다"라는 명제의 기호 표기는 다음과 같은 것이 된다.

$$(S \bullet P) \vee F$$

그리고 "나는 열심히 공부할 것이며, 나는 그 시험에 합격하거나 떨어질 것이다"라는 명제의 기호표기는 아래와 같다.

$$S \bullet (P \vee F)$$

논리연습

A. 연언과 선언 그리고 부정 기호에 대한 진리표의 정의를 이용하여 아래 명제들 중 어느 것이 참인지를 결정하라.

*1. 로마는 이탈리아의 수도이다 ∨ 로마는 스페인의 수도이다.

2. ~(런던은 영국의 수도이다 • 스톡홀름은 노르웨이의 수도이다).

3. ~런던은 영국의 수도이다 • ~스톡홀름은 노르웨이의 수도이다.

4. ~(로마는 스페인의 수도이다 ∨ 파리는 프랑스의 수도이다).

*5. ~로마는 스페인의 수도이다 ∨ ~파리는 프랑스의 수도이다.

6. 런던은 영국의 수도이다 ∨ ~런던은 영국의 수도이다.

7. 스톡홀름은 노르웨이의 수도이다 ∨ ~스톡홀름은 노르웨이의 수도이다.

8. (파리는 프랑스의 수도이다 • 로마는 스페인의 수도이다) ∨ (파리는 프랑스의 수도이다 • ~로마는 스페인의 수도이다).

9. (런던은 영국의 수도이다 ∨ 스톡홀름은 노르웨이의 수도이다) • (~로마는 이탈리아의 수도이다 • ~스톡홀름은 노르웨이의 수도이다).

*10. 로마는 스페인의 수도이다 ∨ ~(파리는 프랑스의 수도이다 • 로마는 스페인의 수도이다).

11. 로마는 이탈리아의 수도이다 • ~(파리는 프랑스의 수도이다 ∨ 로마는 스페인의 수도이다).

12. ~(~파리는 프랑스의 수도이다 • ~스톡홀름은 노르웨이의 수도이다).

13. ~[~(~로마는 스페인의 수도이다 ∨ ~파리는 프랑스의 수도이다) ∨ ~(~파리는 프랑스의 수도이다 ∨ 스톡홀름은 노르웨이의 수도이다)].

14. ~[~(~런던은 영국의 수도이다 • 로마는 스페인의 수도이다) • ~(로마는 스페인의 수도이다 • ~로마는 스페인의 수도이다)].

*15. ~[~(스톡홀름은 노르웨이의 수도이다 ∨ 파리는 프랑스의 수도이다) ∨ ~(~런던은 영국의 수도이다 • 로마는 스페인의 수도이다)].

16. 로마는 스페인의 수도이다 ∨ (~런던은 영국의 수도이다 ∨ 런던은 영국의 수도이다).

17. 파리는 프랑스의 수도이다 • ~(파리는 프랑스의 수도이다 • 로마는 스페인의 수도이다).

18. 런던은 영국의 수도이다 • ~(로마는 이탈리아의 수도이다 • 로마는 이탈리아의 수도이다).

19. (스톡홀름은 노르웨이의 수도이다 ∨ ~파리는 프랑스의 수도이다) ∨ ~(~스톡홀름은 노르웨이의 수도이다 • ~런던은 영국의 수도이다).

*20. (파리는 프랑스의 수도이다 ∨ ~로마는 스페인의 수도이다) ∨ ~(~파리는 프랑스의 수도이다 • ~로마는 스페인의 수도이다).

21. ~[~(로마는 스페인의 수도이다 • 스톡홀름은 노르웨이의 수도이다) ∨ ~(~파리는 프랑스의 수도이다 ∨ ~로마는 스페인의 수도이다)].

22. ~[~(런던은 영국의 수도이다 • 파리는 프랑스의 수도이다) ∨ ~(~스톡홀름은 노르웨이의 수도이다 ∨ ~파리는 프랑스의 수도이다)].

23. ~[(~파리는 프랑스의 수도이다 ∨ 로마는 이탈리아의 수도이다) • ~(~로마는 이탈리아의 수도이다 ∨ 스톡홀름은 노르웨이의 수도이다)].

24. ~[(~로마는 스페인의 수도이다 ∨ 스톡홀름은 노르웨이의 수도이다) • ~(~스톡홀름은 노르웨이의 수도이다 ∨ 파리는 프랑스의 수도이다)].

*25. ~[(~런던은 영국의 수도이다 • 파리는 프랑스의 수도이다) ∨ ~(~파리는 프랑스의 수도이다 • 로마는 스페인의 수도이다)].

B. 만약 A와 B 그리고 C가 참인 명제이고 X와 Y 그리고 Z가 거짓 명제라면, 다음 중 어느 것이 참인가?

*1. ~A ∨ B
2. ~B ∨ X
3. ~Y ∨ C
4. ~Z ∨ X
*5. (A • X) ∨ (B • Y)
6. (B • C) ∨ (Y • Z)
7. ~(C • Y) ∨ (A • Z)
8. ~(A • B) ∨ (X • Y)
9. ~(X • Z) ∨ (B • C)
*10. ~(X • ~Y) ∨ (B • ~C)
11. (A ∨ X) • (Y ∨ B)
12. (B ∨ C) • (Y ∨ Z)
13. (X ∨ Y) • (X ∨ Z)
14. ~(A ∨ Y) • (B ∨ X)
*15. ~(X ∨ Z) • (~X ∨ Z)
16. ~(A ∨ C) ∨ ~(X • ~Y)
17. ~(B ∨ Z) • ~(X ∨ ~Y)
18. ~[(A ∨ ~C) ∨ (C ∨ ~A)]
19. ~[(B • C) • ~(C • B)]
*20. ~[(A • B) ∨ ~(B • A)]
21. [A ∨ (B ∨ C)] • ~[(A ∨ B) ∨ C]

22. $[X \vee (Y \cdot Z)] \vee \sim[(X \vee Y) \cdot (X \vee Z)]$
23. $[A \cdot (B \vee C)] \cdot \sim[(A \cdot B) \vee (A \cdot C)]$
24. $\sim\{[(\sim A \cdot B) \cdot (\sim X \cdot Z)] \cdot \sim[(A \cdot \sim B) \vee \sim(\sim Y \cdot \sim Z)]\}$
*25. $\sim\{\sim[(B \cdot \sim C) \vee (Y \cdot \sim Z)] \cdot [(\sim B \vee X) \vee (B \vee \sim Y)]\}$

C. 단순명제들인 "이집트의 식량부족이 악화된다"를 *E*로, "이란은 석유가격을 인상한다"를 *I*로, "요르단은 더 많은 미국의 원조를 요구한다"를 *J*로, "리비아는 석유가격을 인상한다"를 *L*로, "사우디아라비아는 500대 이상의 군용기를 구입한다"를 *S*로 하여, 아래의 명제를 기호화하라.

*1. 이란은 석유가격을 인상하지만, 리비아는 석유가격을 인상하지 않는다.
2. 이란 또는 리비아가 석유가격을 인상한다.
3. 이란과 리비아 두 나라는 모두 석유가격을 인상한다.
4. 이란과 리비아 두 나라 모두 석유가격을 인상하지는 않는다.
*5. 이란과 리비아 두 나라 모두 석유가격을 인상하는 것은 아니다.
6. 이란 또는 리비아가 석유가격을 인상하지만, 두 나라 모두 인상하지는 않는다.
7. 사우디아라비아가 500대 이상의 군용기를 구입하고, 그리고 이란이 석유가격을 인상하거나 요르단이 더 많은 미국의 원조를 요구한다.
8. 사우디아라비아가 500대 이상의 군용기를 구입하고, 이란이 석유가격을 인상하거나, 요르단이 더 많은 미국의 원조를 요구한다.
9. 이집트의 식량부족이 악화되고, 그리고 요르단이 더 많은 미국의 원조를 요구한다는 것은 사실이 아니다.
*10. 이집트의 식량부족이 악화되거나 요르단이 더 많은 미국의 원조를 요구한다는 것은 사실이 아니다.
11. 이집트의 식량부족이 악화된다는 것이 사실이 아니거나 요르단이 더 많은 미국의 원조를 요구한다는 것이 사실이 아니다.
12. 이집트의 식량부족이 악화된다는 것과 요르단이 더 많은 미국의 원조를 요구한다는

것은 둘 다 사실이 아니다.

13. 사우디아라비아가 500대 이상의 군용기를 구입하지 않으면, 요르단은 더 많은 미국의 원조를 요구한다.

14. 이집트의 식량부족이 악화되지 않으면, 리비아는 석유가격을 인상한다.

*15. 리비아가 석유가격을 인상하지 않으면, 이란은 석유가격을 인상하지 않을 것이다.

16. 이란과 리비아가 모두 석유가격을 인상하지 않으면, 그들 중 어느 국가도 석유가격을 인상하지 않는다.

17. 리비아는 석유가격을 인상하고, 그리고 이집트의 식량부족은 악화된다.

18. 이란과 리비아 두 나라 모두 석유가격을 인상하지 않는다는 것은 사실이 아니다.

19. 이란과 리비아 두 나라 모두 석유가격을 인상하지 않으면, 이집트의 식량부족은 악화되고 요르단은 더 많은 미국의 원조를 요구한다.

*20. 이란이 석유가격을 인상하고 이집트의 식량부족이 악화되거나, 또는 요르단이 더 많은 미국의 원조를 요구하는 것과 사우디아라비아가 500대 이상의 군용기를 구입한다는 것이 사실이 아니다.

21. 이집트의 식량부족이 악화되고 사우디아라비아가 500대 이상의 군용기를 구입하거나, 또는 요르단이 더 많은 미국의 원조를 요구하거나 리비아가 석유가격을 인상한다.

22. 사우디아라비아가 500대 이상의 군용기를 구입하고 요르단이 더 많은 미국의 원조를 요구하거나, 또는 리비아와 이란 두 나라 모두 석유가격을 인상한다.

23. 이집트의 식량부족이 악화되거나 요르단이 더 많은 미국의 원조를 요구하지만, 리비아와 이란 두 나라는 모두 석유가격을 인상하지 않는다.

24. 이집트의 식량부족이 악화되지만, 사우디아라비아는 500대 이상의 군용기를 구입하고 리비아는 석유가격을 인상한다.

*25. 리비아는 석유가격을 인상하고 이집트의 식량부족은 악화된다. 그러나 사우디아라비아는 500대 이상의 군용기를 구입하고 요르단은 더 많은 미국의 원조를 요구한다.

8.3 조건명제와 단순함언

두 명제가 "만약 …라면(if)"이라는 말로 결합되어 만들어진 복합명제를 **조건명제**(conditional statement; 또는 가언명제, 함축, 함언명제)라고 한다. 조건명제에서 "만약 …라면"이라는 말 사이에 나오는 요소명제를 **전건**(antecedent)이라고 하고 그 뒤에 나오는 요소명제를 **후건**(consequent)이라고 부른다. 전자는 함축절(implicans), 또 드물게는 조건절(protasis)이라 불리기도 하고, 후자는 피함축절(implicate), 또 드물게는 귀결절(apodosis)이라 불리기도 한다. 예를 들어, "만약 존스가 제동수의 옆집 사람이라면, 존스의 수입은 정확히 제동수의 세 배이다"는 조건명제이며, "존스가 제동수의 옆집 사람이다"는 전건이고 "존스의 수입은 정확히 제동수의 세 배이다"는 후건이 된다.

조건명제는 전건이 참인 경우에는 언제나 후건도 참이라는 것을 주장한다. 조건명제는 전건이 참이라는 것을 주장하는 것이 아니라, 다만 전건이 참인 경우에 후건도 역시 참이 된다는 것을 주장할 뿐이다. 조건명제는 후건이 참이라는 것을 주장하는 것이 아니라, 다만 전건이 참인 경우에 후건도 역시 참이 된다는 것을 주장할 뿐이다. 조건명제의 핵심적인 의미는 전건과 후건 사이에 성립된다고 주장되는 관계에 있다. 그러므로 조건명제의 의미를 이해하기 위해서는 함축관계가 무엇인지를 이해해야만 한다.

함축(implication)이라는 말은 한 가지 이상의 의미를 지니고 있는 것처럼 보인다. "또는(or)"이라는 일상 언어에 정확하게 대응하는 특수한 논리적 기호를 도입하기에 앞서 우리는 그 말의 상이한 의미들을 구분하는 것이 유용하다는 사실을 살펴본 바 있다. 그렇게 하지 않았다면, 일상 언어의 애매성으로 말미암아 우리가 목표했던 명료성과 정확성을 성취하지 못했을 것이다. 이와 마찬가지로, 특수한 논리적 기호를 도입하기에 앞서 "함축하다" 또는 "만약 …라면 …이다"라는 말의 상이한 의미들을 구분하는 것이 유용할 것이다.

아래의 네 가지 조건명제는 제각기 다른 유형의 함축을 언명하는 것으로 보이며, "만약 …라면 …이다"라는 말의 의미도 달라 보인다.

A. 만약 모든 인간이 죽고 소크라테스가 인간이라면, 소크라테스는 죽는다.
B. 만약 레슬리가 총각이라면, 레슬리는 미혼이다.
C. 만약 푸른색 리트머스 종이를 산성 용액에 넣으면, 리트머스 종이는 붉게 변할 것이다.

D. 만약 우리나라가 홈경기에서 진다면, 나는 손에 장을 지지겠다.

얼핏 보기만 해도, 이 네 가지 조건명제들은 매우 다른 유형임이 드러난다. A의 후건은 전건으로부터 논리적으로 도출되는 반면에, B의 후건은 전건으로부터 미혼 남자를 의미하는 총각이라는 말의 정의에 의해 도출된다. C의 후건은 전건으로부터 논리적으로 도출되는 것도 아니고 용어의 정의에 의해서 도출되는 것도 아니다. 여기서 이 함언명제가 진술하는 것은 인과적인 것이기 때문에 그 관계는 경험적으로 발견되어야 한다. 마지막으로 D의 후건은 논리나 정의에 의해 도출되는 것도 아니고, 관련된 인과법칙이 있는 것도 아니다. D명제는 특정된 상황에서 특정한 방식으로 행동하겠다는 말하는 사람의 결심을 보고하고 있다.

이 네 가지 조건명제들은 각각 전건과 후건 사이에 성립되는 상이한 유형의 함축 관계를 주장한다는 점에서 상이한 명제들이다. 그러나 이들 모두가 함축 관계를 주장하고 있기 때문에 전적으로 다른 것이라고 할 수는 없다. 그렇다면 이와 같이 분명히 상이한 함축에 전체적으로 완전한 의미는 아니라 하더라도 부분적으로나마 공통된 의미가 있는가?

일상 언어 "또는"을 기호화했던 과정을 상기해 보면, 부분적으로 공통된 의미를 찾는 일의 의의는 더 커진다. 첫째, "또는"의 경우 우리는 포괄적 선언과 배타적 선언을 대비시킴으로써 그 말의 두 가지 의미 간의 차이를 강조했다. 두 명제의 포괄적 선언은 명제들 중에 적어도 하나는 참임을 의미하는 것이었고, 두 명제의 배타적 선언은 명제들 중에 적어도 하나는 참이지만 둘 다 참일 수 없음을 의미하는 것이었다. 둘째, 우리는 이 두 유형의 선언이 부분적으로 공통된 의미를 갖는다는 사실에 주목하였다. 이 부분적으로 공통된 의미란 선언지 중에 적어도 하나는 참이라는 것이며, 이는 "또는"의 약한 선언, 즉 포괄적 선언의 전체 의미이며 동시에 "또는"의 강한 선언, 즉 배타적 선언의 부분적 의미였다. 그 다음 우리는 이 부분적으로 공통된 의미(이것은 포괄적 선언의 의미에서는 전체 의미이다)를 표현하기 위해 특수기호인 "∨"를 도입했다. 셋째, 우리는 부분적으로 공통된 의미를 표현하는 그 기호가 선언적 삼단논법을 타당한 논증형식으로 유지하기 위한 목적에 적합한 번역임을 확인하였다. 배타적인 의미의 "또는"을 기호 "∨"로 번역하는 것은 비록 그 말의 의미가 무시되고 의미의 일부가 상실된다 하더라도 인정될 수 있었다. 그러나 이와 같은 번역에 의해 보존되는 그 말의 부분적 의미만으로도 선언적 삼단논법을 타당한 논증형식으로 유지하기에 충분하다. 선언적 삼단논법이란 선언을 포함하는 전형적인 논증이고 또한 우리가 관심을 갖는 것은 논증이기 때문에, "또는"이라는 말의 부분적인 번역은 현재 우리의 목적에 완전히 들어맞는다.

이제 우리는 일상 언어 "만약 …라면 …이다(if－then)"의 경우도 같은 방식으로 진행하고자 한다. 첫 번째 단계는 이미 완료되었다. 우리는 네 가지 상이한 유형의 함축에 상응하는 "만약 …라면 …이다"라는 말의 의미상의 차이를 이미 지적한 바 있다. 두 번째 단계에서 해야 할 일은 네 가지 다른 유형의 함축이 갖는 의미의 공통부분을 발견하는 것이다.

우리는 다음과 같은 물음으로 이 문제에 접근하고자 한다. 즉, 주어진 조건명제가 거짓이 되는 것은 어떤 경우인가?

> 만약 푸른 리트머스 종이를 이 용액에 넣으면, 리트머스 종이는 붉게 변할 것이다.

이 조건명제는 어떤 경우에 거짓이 되는가? 이 조건명제는 어떤 푸른 리트머스 종이를 실제로 그 용액에 넣었다거나 또는 어떤 리트머스 종이가 실제로 붉게 변한다는 사실을 주장하고 있는 것이 아님을 인식하는 것이 중요하다. 이 명제는 다만 이 푸른 리트머스 종이를 저 용액에 넣으면, 리트머스 종이는 붉게 변할 것이라는 것을 주장하고 있을 뿐이다. 이 푸른 리트머스 종이를 실제로 저 용액에 넣었는데도 붉게 변하지 않으면, 그것은 거짓으로 판명된다. 말하자면 조건명제의 거짓을 입증하는 산성 용액 검사는 전건이 참일 때 유효하다. 만약 전건이 참인데도 후건이 거짓이면, 이로써 조건명제 자체가 거짓임이 판명되기 때문이다.

"만약 p라면 q이다"라는 조건명제가 거짓이 되는 경우는 연언 $p \cdot \sim q$가 참일 때, 즉 그것의 전건이 참이고 후건이 거짓일 때이다. 조건명제가 참이 되기 위해서는 앞의 연언이 거짓이어야만 한다. 즉, 그 연언의 부정인 $\sim(p \cdot \sim q)$가 참이어야 한다. 다시 말해서, "만약 p라면 q이다"라는 조건명제가 참이 되기 위해서는 전건과 후건의 부정을 결합한 연언의 부정, 즉 $\sim(p \cdot \sim q)$도 또한 참이어야 한다. 따라서 우리는 $\sim(p \cdot \sim q)$를 "만약 p라면 q이다"라는 말의 부분적인 의미로 간주할 수 있다.

모든 조건명제는 그것의 전건이 참이고 후건이 거짓임을 부정한다는 것을 의미한다. 그러나 이것이 모든 조건명제의 전체 의미일 필요는 없다. 앞에서 살펴보았듯이, 조건명제 A는 전건과 후건 사이의 논리적 관계를, B는 정의적 관계를, C는 인과적 관계를, D는 의사결정적 관계를 주장하고 있다. 조건명제가 어떤 유형의 함축을 주장하든지 간에 그 의미의 일부는 전건과 후건의 부정을 결합한 연언의 부정이다.

이제 우리는 "만약 …라면 …이다"라는 말이 갖는 의미의 공통부분을 표현하기 위해 특수 기호 "⊃"를 도입한다. $p \supset q$를 $\sim(p \bullet \sim q)$의 축약된 표현으로 간주함으로써 **편자**(horseshoe) 모양의 새로운 기호 "⊃"를 정의할 수 있다. (어떤 책에서는 이 관계를 표현하기 위해 "→"라는 기호를 사용하기도 한다) 기호 "⊃"의 정확한 의미는 아래의 진리표를 통해 나타낼 수 있다.

p	q	$\sim q$	$p \bullet \sim q$	$\sim(p \bullet \sim q)$	$p \supset q$
T	T	F	F	T	T
T	F	T	T	F	F
F	T	F	F	T	T
F	F	T	F	T	T

이 표의 처음 두 난은 이 표의 지침이 되는 길잡이 난(guide column)으로서, p와 q의 진리치의 모든 가능한 조합을 나타낸다. 세 번째 난은 두 번째 난에 의거해서 진리치가 채워지고, 네 번째 난은 첫 번째 난과 세 번째 난에 의거해서, 다섯 번째 난은 네 번째 난에 의거해서 진리치가 채워지며, 여섯 번째 난은 정의상 다섯 번째 난과 동일하다.

기호 "⊃"가 "만약 …라면 …이다"라는 말의 유일한 의미를 지칭한다거나 유일한 함축관계를 나타내는 것으로 간주되어서는 안 된다. 그렇게 간주하는 것은 불가능하다. 왜냐하면 "만약 …라면 …이다"라는 말의 유일한 의미는 존재하지 않기 때문이다. 그 말에는 여러 가지 의미가 있다. 그러므로 이런 말로 표현되는 함축관계는 유일한 것이 아니라 여러 가지가 있다. 또 기호 "⊃"가 "만약 …라면 …이다"라는 말의 의미 전체를 나타내는 것으로 간주되어서도 안 된다. 이 말의 전체 의미는 제각기 다 다르다. 그런데도 이 모든 의미를 단 하나의 논리적 기호로 표현하려고 한다면, 그 기호는 일상 언어의 "만약 …라면 …이다"라는 말이나 "함축"이라는 말과 같이 의미가 애매해질 것이다. 기호 "⊃"의 의미는 전혀 애매하지 않다. $p \supset q$가 의미하는 것은 $\sim(p \bullet \sim q)$이며, 이 의미는 모든 종류의 함축에 공통된 것이긴 하지만 전체 의미를 이루고 있는 것은 아니라는 것이다.

기호 "⊃"가 다른 한 종류의 함축을 나타내는 것으로 간주할 수도 있는데, $p \supset q$를 "만약 p라면 q이다"로 읽는 것이 편리한 방법이기 때문에 그렇게 간주하는 것이 적절할 것이다. 그러나 이 함축은 앞에서 언급했던 것과는 다른 종류의 함축이다. 논리학자들은 이를

단순함언(material implication)이라고 부른다. 보다 일상적인 다른 유형의 함축과 혼동을 피하기 위하여 특별한 이름을 부여한 것이다.

일상 언어로 된 모든 조건명제가 앞에서 살펴본 네 가지 유형의 함축들 중 한 가지를 주장할 필요는 없다. 단순함언은 일상적인 대화에서 주장될 수 있는 다섯 번째 유형의 함축이다. "만약 히틀러가 군사적 천재였다면, 나는 원숭이 삼촌이다"라는 진술을 생각해 보자. 이 명제가 논리적 함축이나 정의적 함축, 그리고 인과적 함축 중 그 어느 것도 아니라는 사실은 명백하다. 또한 이것은 의사결정적 함축도 아니다. 왜냐하면 후건을 참이 되게 만드는 것은 화자의 능력 밖의 일이기 때문이다. 이 조건명제에서는 전건과 후건 사이에 논리적이든 정의적이든 아니면 인과적이든 간에, 그 어떤 "실제적 연관"도 존재하지 않는다. 이런 종류의 함축은 그 전건이 거짓임을 강조하거나 유머러스하게 표현하기 위한 수단으로 종종 쓰인다. 이와 같은 조건명제의 후건은 대체로 명백한 거짓이거나 얼토당토 않은 명제가 된다. 그리고 그 어떤 조건명제도 그 전건이 참이면서 후건이 거짓일 수는 없기 때문에, 그와 같은 조건명제를 긍정하는 것은 결과적으로 전건이 참임을 부정하는 것이 된다. 이 조건명제의 전체 의미는 "나는 원숭이의 삼촌이다"가 거짓일 때, "히틀러는 군사적 천재였다"가 참이라는 사실을 부정하는 것이다. 후건이 명백한 거짓이기 때문에, 이 조건명제는 전건을 부정하는 것으로 이해되어야만 한다.

여기서 핵심은 단순함언은 전건과 후건 사이에 아무런 "실제적 연관"이 없다는 것을 암시한다는 것이다. 단순함언이 주장하는 바는 전건이 참이고 후건이 거짓인 경우를 부정하는 것이 전부이다. 연언이나 선언 기호와 마찬가지로 단순함언 역시 진리함수적 결합사임을 유념하라. 단순함언의 기호는 진리표에 의해서 아래와 같이 정의된다.

p	q	$p \supset q$
T	T	T
T	F	F
F	T	T
F	F	T

진리표에 의해 이와 같이 정의된 "⊃"는 언뜻 보기에 다소 이상한 점이 있는 것 같다. 즉, 거짓인 전건이 참인 후건을 실질적으로 함축한다는 주장도 참이고, 거짓인 전건이 거짓인 후건을 실질적으로 함축한다는 주장 역시 참이다. 이것은 분명히 이상하지만, 아래

와 같이 생각해보면 그 이상한 느낌이 사라질 수 있을 것이다. 2는 4보다 작은 수이기 때문에($2<4$로 기호화된다), 2보다 작은 모든 수는 4보다 작다.

만약 $x<2$이면, $x<4$이다.

이 조건명제는 변항 x가 어떤 수이든 상관없이 참이다. 만약 이 조건명제의 변항 x에 1, 3, 4를 차례로 대입해 본다면, 아래와 같은 사실을 알 수 있다.

만약 $1<2$이면, $1<4$이다.

여기서는 전건과 후건이 모두 참이고, 당연히 이 조건명제 또한 참이다.

만약 $3<2$이면, $3<4$이다.

여기서는 전건은 거짓이고 후건은 참이며, 당연히 이 조건명제 역시 참이다.

만약 $4<2$이면, $4<4$이다.

여기서는 전건과 후건이 모두 거짓이지만, 이 조건명제는 참이다. 마지막 두 경우는 "⊃"를 정의하는 진리표의 셋째 줄과 넷째 줄에 상응한다. 따라서 전건이 거짓이고 후건이 참일 때, 또는 전건과 후건이 모두 거짓일 때, 조건명제가 참이 된다는 것은 특별히 이상하거나 놀랄 일이 아니다. 물론 2보다는 작지만 4보다는 작지 않은 수란 없다. 즉, 참인 전건과 거짓인 후건을 갖는 참인 조건명제는 있을 수 없다는 뜻이다. 이것은 "⊃"를 정의하는 진리표와 정확히 일치한다.

이제부터 우리는 "만약 …라면 …이다"라는 표현을 언제나 우리의 논리기호 "⊃"로 번역하기로 하자. 이 제안이 의미하는 바는 조건명제를 우리의 기호로 번역할 때 모든 조건명제를 단순함언으로만 취급하자는 것이다. 물론 대부분의 조건명제는 전건과 후건 사이에 성립하는 단순함언 관계 이상의 것을 주장한다. 그러므로 우리의 제안대로라면, 조건명제를 기호화할 때 우리는 결과적으로 조건명제가 가진 의미의 일부를 무시하거나 사상시키게 될 것이다. 이와 같은 제안은 어떻게 정당화될 수 있을까?

앞서 포괄적 선언과 배타적 선언을 모두 "∨"라는 기호로 번역하자고 했던 제안은 배타적 의미의 "또는"에 부가되는 추가적인 의미를 무시하더라도 선언적 삼단논법의 타당성이 유지된다는 근거에서 정당화되었다. 이제 모든 조건명제를 "⊃"로 기호화되는 단순함언으로만 번역하자는 제안 역시 똑같은 방식으로 정당화될 수 있다. 많은 논증들이 다양한 종류의 조건명제를 포함하고 있는 것은 사실이다. 그러나 우리가 다루게 될 일반적인 형태의 모든 타당한 논증들은 설사 조건명제의 부가적 의미가 무시된다 하더라도 그 타당성이 유지될 수 있다. 물론 이것은 증명되어야 하며, 이에 대해서는 다음 절에서 살펴보게 될 것이다.

조건명제는 다양한 방식으로 표현될 수 있다.

> 만약 그에게 좋은 변호사가 있다면, 그는 무죄 판결을 받을 것이다.

이 명제는 "만약"이라는 말을 빼고 다음과 같이 표현할 수도 있다.

> 그에게 좋은 변호사가 있다면, 그는 무죄 판결을 받을 것이다.

전건과 후건의 순서가 바뀔 수도 있다. 그리고 어떤 경우이든 "만약 …라면"이라는 말은 "…인 경우에", "…라고 가정하면", "…라는 조건으로" 등과 같은 표현으로 의미상의 변화 없이 대체될 수 있다는 것은 분명하다. 전건과 후건의 몇몇 구절을 조금 고치면 다음과 같은 조건명제를 만들 수 있다.

> 그에게 좋은 변호사가 있다는 사실은 그가 무죄 판결을 받을 것임을 함축한다.

또는

> 그에게 좋은 변호사가 있음은 그의 무죄 판결을 수반한다.

능동태를 수동태로 바꾸게 되면 전건과 후건의 순서가 바뀌게 되는데, 그래도 그것은 여전히 논리적으로 동치이다.

> 그의 무죄 판결은 그에게 좋은 변호가 있다는 사실에 의해 함축된다.

다른 변형도 가능하다. 즉,

> 그에게 좋은 변호사가 있다면, 그는 무죄 판결을 받지 않을 수 없다.

이 모든 명제들은 $L \supset A$로 기호화된다.

필요조건과 충분조건이라는 개념은 조건명제를 표현하는 또 다른 방식을 제공한다. 어떤 사건이 발생하기 위해서는 필요한 조건들이 많이 있다. 예컨대, 차가 달릴 수 있기 위해서는 연료탱크에 연료가 있어야 하고, 점화플러그가 제대로 끼워져 있어야 하며, 연료 펌프가 정상적으로 작동하고 있어야 하는 등 필요한 조건들이 많다. 따라서 차가 달리려면, 필요한 모든 조건들이 충족되어 있어야만 한다. 그러므로,

> 연료탱크에 연료가 있다는 것은 차가 달리기 위한 하나의 필요조건이다.

라고 말하는 것은

> 연료탱크에 연료가 있는 경우에만 차는 달릴 수 있다.

와 같은 표현이며, 이를 또 다른 방식으로 말하자면,

> 차가 달릴 수 있다면, 연료탱크에 연료가 있다.

와 같은 말이다. 이 명제들은 모두 $R \supset F$로 기호화된다. 일반적으로 "q는 p의 필요조건이다"는 $p \supset q$로 기호화된다. 마찬가지로, "q인 경우에만 p"도 $p \supset q$로 기호화된다.

특정 상황에 대해서는 그 조건들 각각이 그 상황을 성립시키기에 충분한 그와 같은 대안적 조건들이 있다. 예컨대, 지갑에 100원 이상이 들어 있기 위해서는 100원짜리 동전 하나와 10원짜리 동전 하나가 있든지, 50원짜리 동전이 세 개 있든지, 혹은 10원짜리 동전이 열한 개 있든지 하면 충분하다는 말이다. 만약 이런 상황들 중의 어느 하나가 있게 되면, 그 특정 상황은 실현될 것이다. 따라서 "지갑에 50원짜리 동전이 세 개 있다는 것은 지갑에 100원 이상이 있기 위한 충분조건이다"라고 말하는 것은 "지갑에 50원짜리 동전이 세 개 있다면 지갑에는 100원 이상이 있다"고 말하는 것과 동일하다. 일반적으로, "p는 q의 충분조건이다"는 $p \supset q$로 기호화된다.

예를 들어 보자. 월가의 투자회사인 골드만 삭스는 연간 보너스가 보통 수백만 달러에 달하는 회사이다. 골드만 삭스의 인사 담당자는 채용 대상자에 대해 철저한 검증을 몇 번이고 되풀이한다. 검증에서 살아남은 대상자는 회사 사무실에서 하루 종일 면접이 이루어지고, 고위 임원들과의 저녁식사를 끝으로 마무리된다. 최근 발표했듯이, "기민한 두뇌와 우수한 성적은 채용되기 위한 필요조건이지 충분조건은 아니다. 정말 중요한 것은 어울림이다."[2)]

p가 q의 충분조건일 경우, 우리는 이를 $p \supset q$로 나타낼 수 있으며, 이때 q는 p의 필요조건

2) "The Firm," *The New Yorker*, 8 March 1999.

눈으로 익히는 논리학

단순함언

"만약 달이 녹색 치즈로 만들어져 있다고 한다면, 지구는 평평하다."

$G \supset F$ 형식인 이 명제는 단순함언이다. 전건(만약 …라면)이 거짓일 경우 단순함언은 참이 된다. 그러므로 예로 제시된 이 명제와 같이, 전건과 후건이 모두 거짓인 경우에 단순함언은 참이 된다.

"만약 달이 녹색 치즈로 만들어져 있다고 한다면, 지구는 둥글다."

똑같이 $G \supset R$ 형식인 이 명제도 역시 단순함언이다. 전건(만약 …라면)이 거짓일 경우 단순함언은 참이 된다. 그러므로 예로 제시된 이 명제와 같이, 전건이 거짓이고 후건이 참일 경우 단순함언은 참이 된다.

단순함언이 거짓이 되는 경우는 전건이 참이고 후건이 거짓일 경우뿐이다. 그러므로 전건이 거짓이면, 후건이 참이든 거짓이든 상관없이 단순함언은 언제나 참이 된다.

이다. p가 q의 필요조건인 경우에는 이를 $q \supset p$로 나타낼 수 있으며, 이때 q는 p의 충분조건이 된다. 따라서 p가 q에 대해 필요하고 충분한 조건이라면, q는 p에 대해 충분하고도 필요한 조건이 된다.

"'만약 …라면"이라는 말을 포함하고 있는 모든 명제가 반드시 조건명제인 것은 아니다. "냉장고에 음식이 있으니, 만약 네가 원한다면 꺼내 먹어라", "만약 네가 원한다면, 식사를 해도 좋아", "만약 관심이 있다면, 이 메시지를 읽어 보아라", "비록 허가가 나지는 않았지만(even if …), 집회는 열릴 것이다" 등은 조건명제가 아니다. 특정한 단어가 들어 있고 아니고가 결정적인 것이 아니다. 어느 경우에나 우리는 주어진 문장의 의미를 먼저 이해해야 하며, 그 다음에 그 의미를 기호적 표현으로 다시 나타내야 한다.

논리연습

A. A와 B 그리고 C는 참이고 X와 Y 그리고 Z는 거짓인 명제일 때, "⊃"와 "•" 그리고 "∨"에 대한 정의표를 사용하여 다음 중 어느 것이 참인가를 밝혀라.

*1. A⊃B
2. A⊃X
3. B⊃Y
4. Y⊃Z
*5. (A⊃B)⊃Z
6. (X⊃Y)⊃Z
7. (A⊃B)⊃C
8. (X⊃Y)⊃C
9. A⊃(B⊃Z)
*10. X⊃(Y⊃Z)
11. [(A⊃B)⊃C]⊃Z
12. [(A⊃X)⊃Y]⊃Z
13. [A⊃(X⊃Y)]⊃C
14. [A⊃(B⊃Y)]⊃X
*15. [(X⊃Y)⊃C]⊃Y
16. [(Y⊃B)⊃Y]⊃Y
17. [(A⊃Y)⊃B]⊃Z
18. [(A • X)⊃C]⊃[(A⊃C)⊃X]
19. [(A • X)⊃C]⊃[(A⊃X)⊃C]
*20. [(A • X)⊃Y]⊃[(X⊃A)⊃(A⊃Y)]
21. [(A • X)∨(~A • ~X)]⊃[(A⊃X) • (X⊃A)]
22. {[A⊃(B⊃C)]⊃[(A • B)⊃C]}⊃[(Y⊃B)⊃(C⊃Z)]
23. {[(X⊃Y)⊃Z]⊃[Z⊃(X⊃Y)]}⊃[(X⊃Z)⊃Y]
24. [(A • X)⊃Y]⊃[(A⊃X) • (A⊃Y)]
*25. [A⊃(X • Y)]⊃[(A⊃X)∨(A⊃Y)]

B. 단순명제를 대문자로 약칭하여, 다음을 기호화하라.

*1. 만약 아르헨티나가 전시체제에 들어가고, 브라질이 UN에 이의를 제기한다면, 칠레는 라틴아메리카 국가들의 전체 회의를 요청할 것이다.

2. 만약 아르헨티나가 전시체제에 들어간다면, 브라질이 UN에 이의를 제기하거나 칠레가 라틴아메리카 국가들의 전체 회의를 요청할 것이다.

3. 만약 아르헨티나가 전시체제에 들어간다면, 브라질은 UN에 이의를 제기하고 칠레는 라틴아메리카 국가들의 전체 회의를 요청할 것이다.

4. 만약 아르헨티나가 전시체제에 들어간다면, 브라질은 UN에 이의를 제기할 것이며, 그리고 칠레는 라틴아메리카 국가들의 전체 회의를 요청할 것이다.

*5. 만약 아르헨티나가 전시체제에 들어가고 브라질이 UN에 이의를 제기한다면, 칠레는 라틴아메리카 국가들의 전체 회의를 요청할 것이다.

6. 만약 아르헨티나가 전시체제에 들어가거나 브라질이 UN에 이의를 제기한다면, 칠레는 라틴아메리카 국가들의 전체 회의를 요청할 것이다.

7. 아르헨티나가 전시체제에 들어가거나 또는 브라질이 UN에 이의를 제기한다면, 칠레는 라틴아메리카 국가들의 전체 회의를 요청할 것이다.

8. 만약 아르헨티나가 전시체제에 들어가지 않는다면, 브라질이 UN에 이의를 제기하지 않거나 칠레가 라틴아메리카 국가들의 전체 회의를 요청하지 않을 것이다.

9. 만약 아르헨티나가 전시체제에 들어가지 않는다면, 브라질은 UN에 이의를 제기하지도 않을 것이고 칠레도 라틴아메리카 국가들의 전체 회의를 요청하지 않을 것이다.

*10. "만약 아르헨티나가 전시체제에 들어간다면, 브라질은 UN에 이의를 제기할 것이며 칠레는 라틴아메리카 국가들의 전체 회의를 요청할 것이다"라는 것은 사실이 아니다.

11. 만약 아르헨티나가 전시체제에 들어간다는 것이 사실이 아니라면, 브라질은 UN에 이의를 제기하지 않을 것이며, 그리고 칠레는 라틴아메리카 국가들의 전체 회의를 요청할 것이다.

12. 만약 아르헨티나가 전시체제에 들어간다면, 브라질은 UN에 이의를 제기할 것이다.

13. 아르헨티나가 전시체제에 들어가는 경우에만 브라질은 UN에 이의를 제기할 것이다.

14. 아르헨티나가 전시체제에 들어가고 브라질이 UN에 이의를 제기하는 경우에만 칠레는 라틴아메리카 국가들의 전체 회의를 요청할 것이다.

*15. 아르헨티나가 전시체제에 들어가거나 칠레가 라틴아메리카 국가들의 전체 회의를 요청할 경우에만 브라질은 UN에 이의를 제기할 것이다.

16. 브라질이 UN에 이의를 제기하거나 칠레가 라틴아메리카 국가들의 전체 회의를 요청할 경우에 아르헨티나는 전시체제에 들어갈 것이다.

17. 칠레가 라틴아메리카 국가들의 전체 회의를 요청하지 않는 한 브라질은 UN에 이의를 제기할 것이다.

18. 만약 아르헨티나가 전시체제에 들어간다면, 그리고 칠레가 라틴아메리카 국가들의 전체 회의를 요청하지 않는다면 브라질은 UN에 이의를 제기할 것이다.

19. 아르헨티나가 전시체제에 들어가지 않는 한 브라질은 UN에 이의를 제기하지 않을 것이다.

*20. 만약 칠레가 라틴아메리카 국가들의 전체 회의를 요청하지 않는다면, 브라질은 UN에 이의를 제기할 것이다.

21. 아르헨티나가 전시체제에 들어가는 것은 브라질이 UN에 이의를 제기하기 위한 충분조건이다.

22. 아르헨티나가 전시체제에 들어가는 것은 칠레가 라틴아메리카 국가들의 전체 회의를 요청하기 위한 필요조건이다.

23. 만약 아르헨티나가 전시체제에 들어가고 브라질이 UN에 이의를 제기한다면, 칠레와 도미니카공화국은 모두 라틴아메리카 국가들의 전체 회의를 요청할 것이다.

24. 만약 아르헨티나가 전시체제에 들어가고 브라질이 UN에 이의를 제기한다면, 칠레나 또는 도미니카공화국이 라틴아메리카 국가들의 전체 회의를 요청할 것이다.

*25. 만약 칠레와 도미니카공화국 중 어느 나라도 라틴아메리카 국가들의 전체 회의를 요청하지 않는다면, 그리고 아르헨티나가 전시체제에 들어가지 않는다면, 브라질은 UN에 이의를 제기하지 않을 것이다.

8.4 논증형식과 논리적 유비에 의한 논박

앞에서 살펴보았듯이, 연역논리의 주된 과제는 타당한 논증과 부당한 논증을 구별하는 것이다. (8장 1절에서 설명했듯이) 타당한 논증의 전제들이 참이면 결론은 반드시 참이다. 만약 타당한 논증의 결론이 거짓이라면, 그 전제들 중 적어도 하나는 반드시 거짓이다. 간단히 말해서, 타당한 논증의 전제들은 도출된 결론에 대해 명백한 증거를 제시하고 있는 것이다.

이제 타당성에 대한 이러한 비공식적인 설명은 한층 더 엄밀해져야 한다. 이를 위해 우리는 논증형식이라는 개념을 도입한다. 분명히 동일한 형식을 가지고 있는 아래의 두 논증을 검토해 보자. 두 논증 중 첫 번째 논증이 아래와 같다고 가정해 보자. 즉,

> 베이컨이 셰익스피어의 작품으로 알려진 희곡들을 썼다면, 베이컨은 위대한 작가였다.
> 베이컨은 위대한 작가였다.
> 그러므로 베이컨은 셰익스피어의 작품으로 알려진 희곡들을 썼다.

우리는 이 논증의 전제들에 대해서는 동의하지만, 결론에 대해서는 동의하지 않을 것이며, 따라서 이 논증이 부당하다고 판정할 것이다. 부당성을 증명하는 방법 중 한 가지가 곧 논리적 유비에 의해 증명하는 것이다. 위의 논증에 대해 우리는 다음과 같이 응수할 수 있을 것이다. “만약 당신이 옳다면, 당신은 이런 주장도 할 수 있을 것이다.” 즉,

> 만약 워싱턴이 암살되었다면, 워싱턴은 죽었다.
> 워싱턴은 죽었다.
> 그러므로 워싱턴은 암살되었다.

“여기서 전제들은 참으로 알려져 있고 결론은 거짓으로 알려져 있기 때문에, 당신은 이 논증을 진정으로 옹호할 수 없을 것이다. 이 논증은 명백히 부당하다. 당신이 제시한 논증은 이 논증과 동일한 형식이며, 따라서 당신의 논증 또한 부당하다.“ 이런 유형의 논박은 매우 효과적이다.

이와 같은 방법이 곧 **논리적 유비에 의한 논박**(refutation by logical analogy)이며, 이는 논증을 검사하는 탁월한 일반적 기법에 도달할 수 있는 길을 가르쳐준다. 어떤 논증의 부당성을 증명하기 위해서는 (1) 그 논증과 정확히 동일한 형식을 가지고 있고, (2) 참인 전제와 거짓인 결론을 갖는 또 다른 논증을 구성해내는 것으로 충분하다. 이 방법은 타당성과 부당성이 순전히 논증의 형식적 특징이라는 사실, 즉 정확히 동일한 형식을 갖고 있는

두 논증은 그것이 어떤 주제를 다루든 상관없이 둘 다 동시에 타당하거나 둘 다 동시에 부당하다는 사실에 근거하고 있다. 이런 경우에 우리는 논증에 포함된 단순명제들은 논리적으로 참(예를 들면, "모든 의자는 의자이다")도 아니고, 논리적으로 거짓(예를 들면, "어떤 의자는 비의자이다")도 아니라고 가정한다. 또한 우리는 전제가 함축하거나 주장하는 것은 오직 논증에 포함된 단순명제들 사이의 논리적 관계뿐이라고 가정한다. 이와 같이 제한하는 까닭은 이 장과 다음 장에서 우리의 고려 사항을 오로지 진리함수적 논증에만 한정시키고, 아직 이 점에 대해 제대로 소개되지 못한 보다 복잡한 논리적 사고로 타당성이 판명되는 다른 종류의 논증을 배제하기 위한 것이다.

논증에 포함된 단순명제를 영어의 대문자로 나타내게 되면 논증의 형식이 매우 분명하게 드러난다. 따라서 "베이컨은 셰익스피어의 작품으로 알려진 희곡들을 썼다", "베이컨은 위대한 작가였다", "워싱턴은 암살되었다", "워싱턴은 죽었다" 등을 각각 B, G, A, D로 나타내고, '그러므로'라는 말을 기호 "∴"로 나타내면, 위에서 예를 든 두 논증은 아래와 같이 기호화된다.

$B \supset G$		$A \supset D$
G	그리고	D
$\therefore B$		$\therefore A$

이렇게 기호화하고 나면, 두 논증의 공통적인 형식이 쉽게 드러난다.

이와 같은 형식들을 가진 개별적인 논증보다는 논증의 형식 자체를 논의하기 위해서는 논증의 형식을 기호화할 수 있는 어떤 수단이 필요하다. 그와 같은 수단을 얻기 위해 **변항**(variable)이라는 개념을 도입한다. 앞 절에서 우리는 개별적인 단순명제를 기호화하기 위해 영어의 대문자를 사용한 바 있다. 그것과의 혼동을 피하기 위하여 우리는 명제변항의 기호로 알파벳 소문자 p, q, r, s 등을 사용할 것이다. **명제변항**(statement variable)이란 단순히 명제가 대입될 문자 또는 자리를 의미한다. 단순명제뿐만 아니라 복합명제도 명제변항 자리에 대입될 수 있다.

논증형식은 명제가 아니다. 우리는 명제변항 자리에 명제가 대입되면 — 동일한 명제변항 자리에는 일관되게 동일한 명제가 대입되어야 한다 —, 그 결과가 하나의 논증이 되는 그와 같은 명제변형들만을 포함하고 있는 기호들의 배열을 **논증형식**(argument form)이라고 정의한다. 명확성을 기하기 위해 논증형식에서 처음 나타나는 명제변항을 p, 두 번째

변항을 q, 그리고 세 번째 변항을 r이라는 식으로 나타내기로 하자. 그러므로

$p \supset q$
q
$\therefore p$

이 표현은 하나의 논증형식이다. 왜냐하면 명제변항 p와 q의 자리에 각각 명제 B와 G가 대입되면 그 결과는 이 절에서 예로 든 첫 번째 논증이 되고, 명제변항 p와 q의 자리에 각각 명제 A와 D가 대입되면 그 결과는 두 번째 논증이 되기 때문이다. 어떤 논증형식의 명제변항에 명제를 대입해서 얻은 논증을 그 논증형식의 **대입례**(substitution instance)라고 한다. 어떤 논증형식의 대입례는 모두 그것과 동일한 형식을 가지고 있으며, 그것과 동일한 형식을 가지고 있는 논증은 모두 그 논증형식의 대입례라는 것은 명백한 사실이다.

어떤 논증에 대해서건 주어진 논증을 대입례로 갖는 여러 가지 논증형식들이 있다. 예를 들어, 이 절의 첫 번째 논증은 아래와 같은데,

$B \supset G$
G
$\therefore B$

이것은 다음 네 개의 논증형식들 각각에 대한 대입례이다.

$p \supset q$	$p \supset q$	$p \supset q$	p
q	r	r	q
$\therefore p$	$\therefore p$	$\therefore s$	$\therefore r$

그러므로 우리는 첫 번째 논증형식의 p에 B를 대입하고 q에 G를 대입하면 원래의 논증을 얻게 된다. 두 번째 논증형식에서는 p에 B를, q와 r 모두에 G를 대입하면 원래의 논증을 얻게 된다. 세 번째 논증형식에서는 p와 s에 B를, q와 r 모두에 G를, 그리고 네 번째 논증형식에서는 p에 $B \supset G$를, q에 G, r에 B를 대입하면 원래의 논증을 얻게 된다. 그런데 네 개의 논증형식 중 첫 번째 논증형식이 다른 논증형식들에 비해 원래의 논증구조에 더 가깝다. 왜냐하면 첫 번째 논증형식의 경우는 제각기 다른 명제변항에 대해 다른 명제를 대입함으로써 원래의 논증을 얻을 수 있기 때문이다. 우리는 첫 번째 논증형식을 원래 논증의 **고유형식**(specific form)이라고 부른다. 우리는 논증의 고유형식을 다음과 같이 정의할 수 있다. 즉, 어떤 논증형식에 포함된 제각기 다른 명제변항에 대해 일관되게 다른

명제를 대입해서 하나의 논증을 얻을 수 있다면, 그 논증형식은 그와 같이 도출된 논증의 고유형식이다. 어느 논증에 대해서건 그 논증의 고유형식은 하나밖에 없다.

논리연습

알파벳 a에서 o까지(A그룹)는 논증이고, 숫자 1에서 24까지(B그룹)는 논증형식이다. 그룹 A의 각 논증에 대해, 그 논증을 대입례로 갖는 논증형식이 그룹 B에 있으면 그 번호를 표시하라. 그리고 그 논증의 고유형식이 그룹 B에 있으면 그 번호도 표시하라.

보기문제

그룹 A의 논증 a : 그룹 B의 논증형식을 모두 검토해 보면, 논증 a를 대입례로 갖는 논증형식은 유일하게 3번뿐이다. 3번은 또한 논증 a의 고유형식이기도 하다.

그룹 A의 논증 j : 그룹 B의 논증형식을 모두 검토해 보면, 논증 j는 논증형식 6번과 23번의 대입례임을 알 수 있다. 그러나 23번만이 논증 j의 고유형식이다.

그룹 A의 논증 m : B그룹의 논증형식을 모두 검토해 보면, 논증 m은 논증형식 3번과 24번의 대입례임을 알 수 있다. 그러나 그룹 B에는 논증 m의 고유형식이 하나도 없다.

A그룹 – 논증

a. $A \cdot B$
$\therefore A$

b. $C \supset D$
$\therefore C \supset (C \cdot D)$

c. E
$\therefore E \vee F$

d. $G \supset H$
$\sim H$
$\therefore \sim G$

* **e.** I
J
$\therefore I \cdot J$

f. $(K \supset L) \cdot (M \supset N)$
$K \vee M$
$\therefore L \vee N$

g. $O \supset P$
$\sim O$
$\therefore \sim P$

h. $Q \supset R$
$Q \supset S$
$\therefore R \vee S$

i. $T \supset U$
$U \supset V$
$\therefore V \supset T$

j. $(W \cdot X) \supset (Y \cdot Z)$
$\therefore (W \cdot X) \supset [(W \cdot X) \cdot (Y \cdot Z)]$

k. $A \supset B$
$\therefore (A \supset B) \vee C$

l. $(D \vee E) \cdot \sim F$
$\therefore D \vee E$

m. $[G \supset (G \cdot H)] \cdot [H \supset (H \cdot G)]$
$\therefore G \supset (G \cdot H)$

n. $(I \vee J) \vee (I \cdot J)$
$\sim(I \vee J)$
$\therefore \sim(I \cdot J)$

* **o.** $(K \supset L) \cdot (M \supset N)$
$\therefore K \supset L$

B그룹 — 논증형식

* **1.** $p \supset q$
$\therefore \sim q \supset \sim p$

2. $p \supset q$
$\therefore \sim p \supset \sim q$

3. $p \cdot q$
$\therefore p$

4. p
$\therefore p \vee q$

* **5.** p
$\therefore p \supset q$

6. $p \supset q$
$\therefore p \supset (p \cdot q)$

7. $(p \vee q) \supset (p \cdot q)$
$\therefore (p \supset q) \cdot (q \supset p)$

8. $p \supset q$
$\sim p$
$\therefore \sim q$

9. $p \supset q$
$\sim q$
$\therefore \sim p$

* **10.** p
q
$\therefore p \cdot q$

11. $p \supset q$
$p \supset r$
$\therefore q \vee r$

12. $p \supset q$
$q \supset r$
$\therefore r \supset p$

13. $p \supset (q \supset r)$
$p \supset q$
$\therefore p \supset r$

14. $p \supset (q \cdot r)$
$(q \vee r) \supset \sim p$
$\therefore \sim p$

* **15.** $p \supset (q \supset r)$
$q \supset (p \supset r)$
$\therefore (p \vee q) \supset r$

16. $(p \supset q) \cdot (r \supset s)$
$p \vee r$
$\therefore q \vee s$

17. $(p \supset q) \cdot (r \supset s)$
$\sim q \vee \sim s$
$\therefore \sim p \vee \sim s$

18. $p \supset (q \supset r)$
$q \supset (r \supset s)$
$\therefore p \supset s$

19. $p \supset (q \supset r)$
$(q \supset r) \supset s$
$\therefore p \supset s$

* **20.** $(p \supset q) \cdot [(p \cdot q) \supset r]$
$p \supset (\mathrm{r} \supset s)$
$\therefore p \supset s$

21. $(p \supset q) \supset (p \cdot q)$
$\sim(p \vee q)$
$\therefore \sim(p \cdot q)$

22. $(p \vee q) \supset (p \cdot q)$
$(p \cdot q)$
$\therefore p \vee q$

23. $(p \cdot q) \supset (r \cdot s)$
$\therefore (p \cdot q) \supset [(p \cdot q) \cdot (r \cdot s)]$

24. $(p \supset q) \cdot (r \supset s)$
$\therefore p \supset q$

8.5 "부당"과 "타당"의 정확한 의미

이제 우리는 아래와 같은 연역논리의 중심적인 문제를 정확하게 따질 수 있다.

1. 논증형식이 부당하다거나 타당하다고 말하는 것은 정확하게 무슨 의미인가?
2. 우리는 연역적인 논증형식이 부당한지 또는 타당한지를 어떻게 결정하는가?

첫 번째 질문에 대해서는 이 절에서, 그리고 두 번째는 다음 절에서 해답을 얻게 될 것이다.

우리는 논리적 유비에 의한 논박(이에 대해서는 6장 2절에서 다루었다)의 기법에 의거해서 이 문제를 풀어갈 수 있다. 논증형식에 적용되는 **"부당**(invalid)"이라는 용어를 다음과 같이 정의할 수 있다. 즉, 어떤 논증형식이 전제가 참이고 결론이 거짓인 대입례를 적어도 하나 이상 갖는 경우, 그리고 오직 그러한 경우에만 그 논증형식은 부당하다. 논리적 유비에 의한 논박은 논증의 고유형식이 부당한 논증은 어느 것이건 부당한 논증이라는 사실에 근거하고 있다. 원래의 논증에 대해 그것을 반박하는 유비가 발견될 수 있다면 그 논증은 부당한 것으로 판명된다.

반박하는 유비를 생각해내는 일이 늘 쉽지는 않다. 다행히도 동일한 원리에 기초한 보다 단순하고 순전히 기계적은 논증검사 방법이 있기 때문에 유비를 생각해낼 필요가 없다. 어떤 논증이 주어지건 우리는 그 논증의 고유형식만을 검사하면 된다. 왜냐하면 고유형식의 타당성 여부가 그 논증의 타당성 여부를 결정하기 때문이다.

이러한 검사는 타당성을 입증하는 데도 쓰일 수 있다. 부당하지 않은 논증형식은 모두 타당하다. 따라서 전제가 참이고 결론이 거짓인 대입례를 하나도 갖지 않는 경우에, 그리고 오직 그런 경우에만, 그 논증형식은 타당하다. 타당성이란 형식적인 개념이기 때문에, 논증은 그것의 고유형식이 타당한 경우에, 그리고 오직 그러한 경우에만 타당하다.

8.6 진리표를 이용하는 논증의 타당성 검사

이제 우리는 논증이 타당하다거나 부당하다는 말이 무슨 의미인지 정확히 알고 있으므로, 모든 진리함수적 논증의 타당성을 검사하는 방법을 생각해낼 수 있다. 우리의 방법은 진리표를 사용하는 것으로서, 매우 간단하면서도 매우 강력하다. 그것은 방금 했던 논증형식의 분석을 단순히 응용하는 것이다.

논증형식을 검사하려면 우리는 그 논증형식의 대입례들 중에 전제가 참이고 결론이 거짓인 대입례가 있는지를 보기 위해 가능한 모든 대입례를 검토해야 한다. 물론 모든 논증형식에는 무한히 많은 대입례들이 있지만, 그 많은 것들을 따로따로 검토해야 하는 것에 대해 염려하지 않아도 된다. 우리는 오직 논증의 전제와 결론이 참인가 거짓인가에만 관심을 갖기 때문에, 논증에 포함된 명제들의 진리치를 고려하는 것만으로도 충분하다. 우리가 여기서 다루는 논증은 단순명제와 단순명제들을 "~"과 "•", "∨", "⊃"와 같은 진리함수적 결합사로 결합해서 만들어진 복합명제들만을 포함하는 논증이다. 따라서 검토하고자 하는 논증형식의 명제변항에 대입될 수 있는 명제들에 대한 모든 진리치들의 배열을 검토함으로써, 우리는 전제와 결론의 진리치가 다른 모든 가능한 대입례들을 얻을 수 있다.

어떤 논증형식이 단 두 개의 명제변항 p와 q만을 포함하고 있을 경우, 그것의 모든 대입례는 p와 q 모두에 참인 명제를 대입한 경우와 p에는 참, q에는 거짓인 명제를 대입한 경우, p에는 거짓, q에는 참인 명제를 대입한 경우, p와 q 모두에 거짓인 명제를 대입한 경우이다. 이와 같은 네 가지 경우들의 조합은 진리표의 형식으로 간편하게 나타낼 수 있다. 정리하면 아주 편리하다.

$p \supset q$
q
$\therefore p$

이 논증의 타당성 여부를 결정하기 위해 우리는 다음과 같은 진리표를 만들 수 있다.

p	q	$p \supset q$
T	T	T
T	F	F
F	T	T
F	F	T

이 진리표의 각 줄은 대입례들의 전체 집합을 나타낸다. 처음 두 난에 있는 T와 F들은 변항 p와 q에 대입된 명제들의 진리값을 나타낸다. 세 번째 난은 처음 두 난과 함언 기호의 정의에 의해서 채워진다. 세 번째 난의 맨 윗줄에 이 논증형식의 첫 번째 전제가 있고, 두 번째 난의 맨 윗줄에는 두 번째 전제가, 그리고 첫 번째 난의 맨 윗줄에는 결론이

있다. 이 진리표를 검토해 보면, 우리는 세 번째 줄에서 전제들은 T인데 결론은 F라는 사실을 발견하게 된다. 이는 이 논증형식이 전제는 참인데 결론은 거짓인 대입례를 적어도 하나는 가지고 있다는 것을 나타내고 있다. 이 세 번째 줄은 이 논증형식이 부당함을 입증하기에 충분한 것이다. 이와 같은 고유형식을 가지는 논증(즉, 원래의 논증형식이 그것의 고유한 논증형식이 되는 논증)은 어느 것이나 두 번째 전제가 첫 번째 전제인 조건명제의 후건을 긍정하고 있으므로, 후건 긍정의 오류를 범하게 된다.

개념상으로는 단순하지만 진리표는 강력한 도구이다. 논증형식의 타당성 여부를 결정하기 위해 진리표를 사용할 경우에는 무엇보다도 우선 진리표가 정확하게 작성되어야 한다는 점이 매우 중요하다. 진리표를 정확하게 작성하기 위해서는 반드시 명제변항 p, q, r 등을 나타내기 위한 길잡이 난(guide column)이 있어야 한다. 그리고 명제변항들의 모든 가능한 진리치의 조합 수만큼 수평줄이 있어야 한다. 따라서 만약 명제변항이 두 개라면 네 줄이, 그리고 명제변항이 세 개라면 여덟 줄이 있어야 한다. 그리고 전제와 결론 각각에 대한 수직란과 전제와 결론을 구성하고 있는 기호적 표현들 각각에 대한 수직란도 있어야 한다. 이와 같은 방식으로 진리표를 만드는 것은 본질적으로 기계적인 작업이다. 이 작업이 요구하는 것은 단지 세심한 계산과 적합한 난에 T와 F를 세심하게 배치하는 일뿐이다. 그리고 이 일은 진리함수적 결합사들 각각에 대한 우리의 이해, 즉 진리함수적 복합명제가 어떤 조건에서 참 또는 거짓이 되는지에 대한 우리의 이해에 달려 있다.

일단 진리표가 완성되고 나면, 그것을 정확하게 읽는 것이 필수적이다. 즉, 논증형식을 평가하기 위해서는 진리표를 정확하게 사용할 수 있어야 한다는 것이다. 우리는 어느 난이 논증의 전제를 나타내는 난이고, 어느 난이 결론을 나타내는 난인지를 주의 깊게 살펴야 한다. 위에서 예를 든 논증의 경우에, 우리는 그것이 부당하다는 것을 발견했는데, 이 논증의 전제를 나타내는 난은 두 번째와 세 번째 난이고, 결론을 나타내는 난은 첫 번째 난임을 알 수 있었다. 그러나 우리가 검토하고 있는 논증이 어떤 논증인지에 따라서, 그리고 우리가 난들을 배열한 순서에 따라서 전제와 결론이 나타나는 순서가 달라질 수 있다. 전제와 결론이 나타나는 위치는 중요하지 않다. 단지 우리는 어떤 난이 무엇을 나타내는지, 우리가 조사하고 있는 것이 무엇인지를 이해하기만 하면 된다. 전제가 모두 참이고 결론이 거짓인 줄이 단 한 줄이라도 있는가를 조사해야 한다. 만약 그런 줄이 있다면 그 논증형식은 부당하고, 그렇지 않다면 타당하다. 진리표를 완전하고 정확하게 작성한 다음에는 진리표를 정확하게 읽는 것이 가장 중요하다.

8.7 흔히 볼 수 있는 몇 가지 논증형식들

A. 흔히 볼 수 있는 타당한 형식들

몇 가지 타당한 논증형식들은 아주 흔하게 나타나고 또 직관적으로 이해될 수 있는 것들이다. 이제는 이런 형식들을 정확하게 식별이 가능하다. 그것들이 어디에 나타나건, 우리는 그것들을 알아볼 수 있으며, 그 이름들도 (1) 선언적 삼단논법, (2) 긍정논법, (3) 부정논법, (4) 가언적 삼단논법 등 널리 알려진 이름들이다.

선언적 삼단논법

가장 단순한 논증형식 중 하나는 참인 선언명제의 선언지 중 적어도 하나는 반드시 참이라는 사실에 근거하고 있다. 그러므로 만약 선언지 중 하나가 거짓이라면 나머지 하나는 반드시 참이다. 이런 형식의 논증은 아주 흔하다. 자신이 고용한 직원들 중의 한 사람이 세금 포탈에 연루되었다는 이유로 고위임명직에 출마한 여성 후보자가 후보에서 사퇴할 것을 강요당했을 때, 어떤 비평가는 다음과 같은 글을 썼다. "자신이 저지른 불법적인 행위나 약점을 은폐하려고 애쓸 때, 그녀는 우둔함 때문에 내몰리거나 아니면 오만 때문에 내몰렸다. 그녀는 분명히 우둔하지 않다. 그러므로 그녀가 곤경에 처한 것은 분명히 오만 때문이다."[3)]

이 선언적 삼단논법은 아래와 같이 기호화된다.

$p \vee q$
$\sim p$
$\therefore q$

그리고 이 선언적 삼단논법의 타당성을 증명하기 위해서, 아래와 같은 진리표를 만든다.

p	q	$p \vee q$	$\sim p$
T	T	T	F
T	F	T	F
F	T	T	T
F	F	F	T

3) Peter J. Bertocci, "Chavez' Plight Must Come from Arrogance," *The New York Times*, 19 January 2001.

여기서도 역시 변항 p와 q에 대입될 수 있는 명제들의 모든 가능한 진리치를 첫 번째 난이나 길잡이 난이 나타내고 있다. 세 번째 난의 진리치는 처음 두 난을 참조해서 채워지고, 네 번째 난의 진리치는 첫 번째 난만 참조해서 채워진다. 두 전제(세 번째와 네 번째 난)가 모두 참인 줄은 오직 세 번째 줄뿐이고, 이때 결론(두 번째 난) 또한 참이다. 따라서 이 진리표에 의하면, 이 논증형식은 전제가 참이고 결론이 거짓인 대입례를 하나도 갖고 있지 않다는 사실이 드러난다. 그러므로 우리가 검증하고 있는 논증이 타당하다는 것을 증명하고 있다.

이 장에서 사용되는 **선언적 삼단논법**(disjunctive syllogism)이란 개념은 이 장에서 타당한 것으로 증명된 기본적인 논증형식의 이름이다. 물론 이 형식은 항상 타당하다. 따라서 현대 논리학에서 선언적 삼단논법은 언제나 타당한 기본적인 논증형식을 가리킨다. 그러나 전통 논리학에서는 선언적 삼단논법이라는 개념이 선언적 전제가 포함된 모든 삼단논법을 지칭하기 위해 보다 넓은 의미로 쓰인다. 그러므로 선언적 삼단논법 중 어떤 것은 부당할 수도 있다. 그 표현이 넓은 의미로 사용되었는지 아니면 좁은 의미로 사용되었는지를 반드시 밝혀야만 한다. 여기서는 좁은 의미로 사용되고 있다.

언제나 그렇듯이 여기서도 진리표를 정확하게 읽는 것이 중요하다. 어느 난이 결론(왼쪽에서 두 번째 난)을 나타내고 어느 난이 전제(왼쪽에서 세 번째와 네 번째 난)를 나타내는지를 주의깊게 확인해야 한다. 이 세 난만 정확하게 사용하면 우리는 이 논증형식의 타당성 여부를 올바르게 결정할 수 있다. 그런데 이와 똑같은 진리표가 전혀 다른 논증형식의 타당성 여부를 검토하는 데도 사용될 수 있다는 사실에 주의하라. 다시 말해서 이 진리표의 두 번째와 세 번째 난이 전제이고 네 번째 난이 결론인 논증형식의 타당성 여부를 검토하는 데도 사용될 수 있다는 것이다. 이 진리표의 첫 번째 줄에서 알 수 있듯이, 저러한 논증형식은 부당하다. 진리표를 이용하는 방법은 일반적인 유형의 모든 논증형식들에 대해 그 타당성 여부를 검증할 수 있는 완전히 기계적인 수단을 제공한다.

이제 우리는 "만약 …라면 …이다"라는 표현을 일괄적으로 단순함언 기호인 "⊃"로 번역하자고 했던 우리의 제안을 정당화할 수 있다. 8장 3절에서 우리는 "만약 …라면 …이다"라는 명제를 포함하는 모든 타당한 논증들은 "만약 …라면 …이다"라는 명제를 단순함언을 긍정하는 것으로 해석해도 타당성이 유지된다는 주장을 한 바 있다. 진리표는 이러한 주장을 증명하는 데도 사용될 수 있으며, "만약 …라면 …이다"라는 표현을 단순함언 기호로 번역하는 것을 정당화해 줄 것이다.

긍정논법

조건명제를 포함하고 있는 논증 중에 직관적으로 타당한 논증으로서 가장 간단한 예는 다음과 같은 것이다. 즉,

> 만약 두 번째 원주민이 진실을 말했다면, 오직 한 명의 원주민만이 정치가이다.
> 두 번째 원주민은 진실을 말했다.
> 그러므로 오직 한 명의 원주민만이 정치가이다.

이 논증의 고유형식은 **긍정논법**(Modus Ponens)으로 불리며, 아래와 같이 나타낸다.

$p \supset q$
p
$\therefore q$

그리고 이 논증의 타당성은 아래의 진리표에 의해 증명된다.

p	q	$p \supset q$
T	T	T
T	F	F
F	T	T
F	F	T

여기서 두 전제는 세 번째와 첫 번째 난에, 그리고 결론은 두 번째 난에 나타나 있다. 두 전제가 모두 참인 대입례는 첫 번째 줄뿐이고, 이 경우 결론도 또한 참인 것으로 나타나 있다. 두 전제가 참이고 결론이 거짓인 대입례는 없다. 따라서 이 진리표는 긍정논법의 모든 논증이 타당함을 증명하고 있다.

부정논법

조건명제가 참인 경우, 만약 그 후건이 거짓이라면 전건은 반드시 거짓이어야 한다. 이런 형식의 논증은 어떤 의심스러운 명제가 거짓임을 증명하고자 할 때 흔히 쓰인다. 예를 들어, 어느 저명한 랍비가 창세기는 한 편의 과학논문으로서 의미를 갖는 것이 결코 아님을 주장하면서, 아래와 같은 간결하면서도 재치 넘치는 논증을 제시했다. 즉,

> 창세기를 문자 그대로 해석하면 세계가 생겨난 것은 6,000년도 채 안 되었고, 그랜드캐니언은 4,500년 전의 대규모 홍수에 의한 침식으로 만들어졌다는 결론에 이르게 된다. 이것은 불가능하

다. 따라서 창세기를 문자 그대로 해석하는 것은 잘못임이 분명하다.[4)]

이 논증은 아래와 같이 기호화된다.

$p \supset q$
$\sim q$
$\therefore \sim p$

이 논증형식은 **부정논법**(Modus Tollens)으로 불리며, 아래의 진리표에 의해 그 타당성이 증명될 수 있다.

p	q	$p \supset q$	$\sim q$	$\sim p$
T	T	T	F	F
T	F	F	T	F
F	T	T	F	T
F	F	T	T	T

여기서도 역시 전제 $p \supset q$와 $\sim q$가 모두 참이고, 결론인 $\sim p$가 거짓인 대입례는 단 한 줄도 없다.

가언적 삼단논법

오직 조건명제들만을 포함하고 있는 논증으로서 직관적으로 타당한 논증의 또 다른 일반적인 유형을 보자.

만약 첫 번째 원주민이 정치가라면, 첫 번째 원주민은 거짓말을 하고 있다.
만약 첫 번째 원주민이 거짓말을 하고 있다면, 첫 번째 원주민은 자신이 정치가임을 부인할 것이다.
그러므로 만약 첫 번째 원주민이 정치가라면, 첫 번째 원주민은 자신이 정치가임을 부인할 것이다.

이 논증의 고유형식은 아래와 같다.

$p \supset q$
$q \supset r$
$\therefore p \supset r$

4) Rabbi Ammiel Hirsch, "Grand Canyon," *The New York Times*, 10 October 2005.

이 논증은 **가언적 삼단논법**(hypothetical syllogism; 또는 제7장에 나오는 순수 가언적 삼단논법)이라 불리는데, 구별되는 세 개의 명제변항을 가지고 있으므로, 그 진리표는 세 개의 시작하는 길잡이 난이 필요하고 또 모든 가능한 대입례를 열거하기 위해서는 여덟 개의 줄이 필요하다. 그리고 시작하는 길잡이 난 외에 세 개의 난이 추가로 필요하며, 그 중 둘은 전제를 나타내기 위한 난이고 나머지 하나는 결론을 위한 난이다. 진리표는 아래와 같다.

p	q	r	$p \supset q$	$q \supset r$	$p \supset r$
T	T	T	T	T	T
T	T	F	T	F	F
T	F	T	F	T	T
T	F	F	F	T	F
F	T	T	T	T	T
F	T	F	T	F	T
F	F	T	T	T	T
F	F	F	T	T	T

이 진리표를 만들 때 우리는 네 번째 난은 처음과 두 번째 난을 참조해서 진리치를 채워 넣고, 다섯 번째 난은 두 번째와 세 번째 난을 참조해서, 그리고 여섯 번째 난은 처음과 세 번째 난을 참조해서 진리치를 채워 넣는다. 완성된 진리표를 검토해 보면, 두 전제가 모두 참인 경우는 첫째, 다섯째, 일곱째, 여덟째 줄뿐이며, 그 모든 경우에서 결론이 참임을 알 수 있다. 이 진리표는 이 논증형식이 타당함을 증명한다. 그리고 이 진리표는 조건명제들을 단순함언 기호로 번역해도 가언적 삼단논법은 여전히 타당하다는 것을 증명하고 있다.

논증을 검사하는 진리표의 방법을 올바르게 사용할 수 있도록 하기 위한 예들은 이 정도로 충분할 것이다. 그리고 조건명제를 단순함언 기호로 번역해도 조건명제를 포함하고 있는 논증의 타당성이 유지된다는 사실 또한 충분히 입증되었을 것이다. 아직도 의심스럽다면 독자들이 스스로 유사한 예를 만들어 번역하고 검사해보면 될 것이다.

여기서 우리와 관련되는 논증은 단순명제들만을 포함하거나, 단순명제들을 부정기호나 진리함수적 결합사를 사용하여 결합한 복합명제들을 포함하는 논증이다. 보다 복잡한 논증형식일수록 그것을 검사하기 위한 진리표는 더 커진다. 왜냐하면 논증형식에 포함된 상이한 명제변항들 각각을 나타내기 위한 길잡이 난이 요구되기 때문이다. 변항이 두 개인 논증형식의 경우, 진리표에는 두 개의 길잡이 난과 네 개의 줄이 필요하다. 그러나 가언적 삼단논법처럼 세 개의 명제변항을 갖는 논증형식의 경우라면, 그 진리표에는 세 개의 길잡이 난과 여덟 개의 줄이 필요하다. 다음과 같은 구성적 양도논법을 보라.

$(p \supset q) \cdot (r \supset s)$
$p \vee r$
$\therefore q \vee s$

네 개의 명제변항을 가지고 있는 이 논증형식의 타당성을 검사하기 위해서는 네 개의 길잡이 난과 열여섯 개의 줄이 필요하다. 일반적으로 말하자면, n개의 명제변항을 포함하고 있는 논증형식을 검사하기 위해서는 n개의 길잡이 난과 2^n개의 줄을 가진 진리표가 필요하다.

B. 흔히 볼 수 있는 부당한 형식들

두 개의 부당한 논증형식은 특별히 주목할 가치가 있다. 왜냐하면 그 논증형식들이 타당한 논증형식과 외관상 유사하여 주의를 기울이지 않으면 현혹당하기 쉽기 때문이다. 7장 7절에서 다루었던 **후건 긍정의 오류**는 아래와 같이 기호화된다.

$p \supset q$
q
$\therefore p$

비록 이 논증형식의 형태가 긍정논법과 어느 정도 유사하긴 하지만, 실제로는 두 논증이 전혀 다르며 또한 이 논증형식은 부당하다. 이 형식이 부당하다는 것은 이라크의 독재자 사담 후세인에 관한 "가짜 삼단논법"이 잘 보여주고 있다. 올란도 패터슨이 말한 그 삼단논법을 여기 소개하고자 한다. (패터슨의 표현은 그것과 약간 차이가 있지만 논리적 의미는 완전히 똑같다.) 부당한 삼단논법은 그것에 담긴 내용도 가짜로 만든다. "만약 어떤 사람이 테러범이라면, 그는 자유를 혐오하는 폭군이다. 사담 후세인은 자유를 혐오하는 폭군이다. 그러므로 사담 후세인은 테러범이다."[5] 가언명제인 첫 번째 전제가 참이고, 사담 후세인을 묘사하는 두 번째 전제도 역시 참이라고 가정해 보자. 그러나 두 번째 전제는 (사담 후세인

5) Orlando Patterson, "The Speech Misheard Round the World," *The New York Times*, 22 January 2005.

은 폭군이라는 것에 대해) 가언적 전제의 후건만을 긍정한다. 이 논증은 명백히 후건긍정의 오류를 범하고 있다.

전건부정의 오류라고 불리는 또 하나의 부당한 논증형식은 그 형태가 부정논법과 비슷하며, 아래와 같이 기호화된다.

$p \supset q$
$\sim p$
$\therefore \sim q$

몇 년 전 어느 뉴욕시장 후보가 사용한 아래와 같은 선거운동 구호는 이 오류에 대한 예이다. 즉, "만일 당신이 돈을 모르면, 당신은 일을 모른다. 그런데 에이브는 돈을 안다." 투표권자들을 교묘하게 현혹하는 숨겨진 결론은 "에이브는 일을 안다"는 것이다. 그러나 이 명제는 진술된 전제로부터 도출되지 않는다.

흔히 볼 수 있는 이들 두 오류가 부당하다는 것은 진리표에 의해 쉽게 증명된다. 이와 같은 오류 논증들은 그 진리표에 전제는 모두 참이고 결론은 거짓인 줄을 가지고 있다.

C. 대입례와 고유형식

앞에서 논증형식을 정의할 때 언급했듯이, 하나의 논증은 상이한 다른 논증형식들의 대입례가 될 수 있다. 따라서 8장 2절에서 살펴본 타당한 선언적 삼단논법은 다음과 같이 기호화될 수 있다.

$R \vee W$
$\sim R$
$\therefore W$

이 논증은 아래와 같은 타당한 논증형식의 대입례이다.

$p \vee q$
$\sim p$
$\therefore q$

또한 저 논증은 아래와 같은 부당한 논증형식의 대입례이기도 하다.

p
q
$\therefore r$

마지막 논증형식의 경우, 두 전제 p와 q로부터 r을 타당하게 끌어낼 수 없음은 명백하다. 그러므로 부당한 논증형식은 타당한 논증과 부당한 논증 모두를 그 대입례로 가질 수 있다는 사실이 분명해진다. 따라서 어떤 논증의 타당성 여부를 결정할 때 우리는 반드시 그 논증의 고유형식을 검토해야만 한다. 오직 논증의 고유형식만이 그 논증의 전체적인 논리 구조를 드러낼 수 있으며, 그렇기 때문에 우리는 어떤 논증의 고유형식이 타당하다면 그 논증 자체도 타당하다는 사실을 알 수 있다.

앞에서 우리는 한 논증($R \vee W$, $\sim R$, $\therefore W$)과 그 논증을 대입례로 가질 수 있는 두 논증형식들을 살펴보았다. 둘 중 첫 번째 논증형식($p \vee q$, $\sim p$, $\therefore q$)은 타당하다. 그리고 이 논증형식이 주어진 논증의 고유형식이기 때문에, 이 논증이 타당하다는 것은 주어진 논증 또한 타당함을 입증한다. 두 번째 논증형식은 부당하지만, 그것이 주어진 논증의 고유형식이 아니기 때문에 그 논증의 부당성을 증명하는 데 사용될 수는 없다.

타당한 논증형식은 오직 타당한 논증만을 대입례로 갖는다는 사실을 강조해둘 필요가 있다. 다시 말해서 타당한 논증형식의 모든 대입례는 분명히 타당하다는 것이다. 이와 같은 사실은 진리표의 방법에 의해 증명되며, 타당한 논증형식의 진리표는 전제가 참이고 결론이 거짓인 대입례가 존재하지 않음을 보여준다.

논리연습

A. 8장 4절의 [논리연습]에서 B그룹의 각 논증형식에 대해 타당성 여부를 진리표를 사용하여 증명하라.

B. 진리표를 사용하여 아래 각 논증의 타당성 여부를 결정하라.

*1. $(A \vee B) \supset (A \cdot B)$
$A \vee B$
$\therefore A \cdot B$

2. $(C \vee D) \supset (C \cdot D)$
$C \cdot D$
$\therefore C \vee D$

3. $E \supset F$
$F \supset E$
$\therefore E \vee F$

4. $(G \vee H) \supset (G \cdot H)$
$\sim(G \cdot H)$
$\therefore \sim(G \vee H)$

*5. $(I \vee J) \supset (I \cdot J)$
$\sim(I \vee J)$

6. $K \vee L$
K

$\therefore \sim(I \bullet J)$

$\therefore \sim L$

7. $M \vee (N \bullet \sim N)$

   M

   $\therefore \sim(N \bullet \sim N)$

8. $(O \vee P) \supset Q$

   $Q \supset (O \bullet P)$

   $\therefore (O \vee P) \supset (O \bullet P)$

9. $(R \vee S) \supset T$

   $T \supset (R \bullet S)$

   $\therefore (R \bullet S) \supset (R \vee S)$

*10. $U \supset (V \vee W)$

   $(V \bullet W) \supset \sim U$

   $\therefore \sim U$

C. 진리표를 사용하여 아래 각 논증의 타당성 여부를 결정하라.

*1. 만약 앙골라 공화국이 안정을 얻게 된다면, 보츠와나 공화국과 차드 공화국은 모두 보다 자유주의적인 정책을 채택할 것이다. 그러나 보츠와나 공화국은 보다 자유로운 정책을 채택하지 않을 것이다. 그러므로 앙골라 공화국은 안정을 얻지 못할 것이다.

2. 만약 덴마크가 유럽공동체 가입을 거부한다면, 그 결과 에스토니아가 여전히 러시아의 영향권 안에 있게 된다면, 핀란드는 자유무역 정책을 거부할 것이다. 에스토니아는 여전히 러시아의 영향권 안에 있을 것이다. 따라서 만약 덴마크가 유럽공동체 가입을 거부한다면, 핀란드는 자유무역 정책을 거부할 것이다.

3. 만약 그리스가 민주적인 제도를 강화한다면, 헝가리는 보다 독립적인 정책을 추진할 것이다. 만약 그리스가 민주적인 제도를 강화한다면, 이탈리아 정부는 위협을 덜 느낄 것이다. 따라서 만약 헝가리가 보다 독립적인 정책을 추진한다면, 이탈리아 정부는 위협을 덜 느낄 것이다.

4. 만약 일본이 계속해서 자동차 수출을 증가시킨다면, 한국이나 라오스는 경기침체를 겪을 것이다. 한국은 경기침체를 겪지 않을 것이다. 따라서 만약 일본이 계속해서 자동차 수출을 증가시킨다면, 라오스는 경기침체를 겪을 것이다.

*5. 만약 몬태나주가 심각한 가뭄에 시달린다면, 그 이후 만약 네바다주가 예년과 같은 소량의 강우량을 보인다면, 오리건주의 물 공급량은 크게 감소될 것이다. 네바다주는 예년과 같은 소량의 강우량을 보인다. 따라서 만약 오리건주의 물 공급량이 크게 감소된다면, 몬태나주는 극심한 가뭄에 시달릴 것이다.

6. 만약 기회균등이 실현될 수 있으려면, 이전에 불리한 조건에 놓여 있던 사람들에게 이제는 특별한 기회가 주어져야만 한다. 만약 이전에 불리한 조건에 놓여 있던 사람들

에게 이제는 특별한 기회가 주어진다면, 어떤 사람들은 특혜를 받는 셈이 된다. 만약 어떤 사람들이 특혜를 받는다면, 기회균등은 실현될 수 없다. 그러므로 기회균등은 실현될 수 없다.

7. 만약 테러리스트들의 요구가 받아들여지면, 위법이 보상받는 셈이 된다. 만약 테러리스트들의 요구가 받아들여지지 않는다면, 죄 없는 인질들이 살해당할 것이다. 따라서 위법이 보상받거나 죄 없는 인질들이 살해될 것이다.

8. 만약 사람들이 전적으로 합리적이라면, 사람들의 모든 행위는 예측될 수 있거나 우주는 본질적으로 결정론적이다. 사람들의 모든 행동이 예측될 수는 없다. 따라서 만약 우주가 본질적으로 결정론적이지 않으면, 사람들은 전적으로 합리적이지 않다.

9. 만약 석유 소비가 지속적으로 증가한다면, 석유 수입이 증가하거나 국내에 비축된 석유가 고갈될 것이다. 만약 석유 수입이 증가하고 국내에 비축된 석유가 고갈된다면, 그 나라는 결국 망할 것이다. 그러므로 만약 석유 소비가 지속적으로 증가한다면, 그 나라는 결국 망할 것이다.

*10. 만약 석유 소비가 지속적으로 증가한다면, 석유 수입이 증가하고 또 국내에 비축된 석유가 고갈될 것이다. 만약 석유 수입이 증가하거나 국내에 비축된 석유가 고갈된다면, 그 나라는 곧 망할 것이다. 그러므로 만약 석유 소비가 지속적으로 증가한다면, 그 나라는 곧 망할 것이다.

8.8 명제형식과 단순동치

A. 명제형식과 명제

우리가 앞 절에서 암묵리에 가정했던 “명제형식”이라는 개념을 분명하게 밝혀보자. 논증과 논증형식 사이의 관계와 명제와 명제형식 사이의 관계에는 정확히 일치하는 점이 있다. 이러한 사실은 명제형식에 대한 정의를 통해 분명하게 드러난다. **명제형식**(statement form)이란 명제를 제외한 명제변항들을 포함하고 있는 기호의 나열로서, 명제변항 각각에 명제가 대입되면(이때 서로 다른 명제변항에는 일관되게 다른 명제가 대입되어야 한다), 그 결과는 하나의 명제가 된다. 따라서 $p \vee q$는 명제형식이다. 변항 p와 q에 명제들을

인물탐구

찰스 샌더스 퍼스(Charles Sanders Peirce)

많은 사람들이 찰스 샌더스 퍼스(1839~1914)를 미국에서 가장 심원하고 독창적인 논리학자로 꼽는다. 버트랜드 러셀도 그를 일러 "의심할 여지없이 가장 위대한 미국 사상가"라고 했다. 그는 논리학과 수학의 영역에서 복잡성과 다양성으로 공헌했으며, 그것들은 요약하기조차 쉽지 않을 정도이다. 우리가 논리학이라고 부르는 것을 그는 기호이론의 한 분과로 보았다. 그는 기호론의 창시자였다.

그의 아버지는 하버드대학의 수학 및 천문학 교수였다. 그는 12살 때 와틀레이의 『논리학 요강(*Elements of Logic*)』을 읽고 논리학에 매료되었다. 그는 하버드대학에서 학사학위와 석사학위를 받았지만, 그의 지도교수들 중 한 사람인 찰스 윌리엄 엘리엇은 그를 경멸했다. 그를 경멸했던 엘리엇은 40년 동안 하버드대학 총장으로 있으면서, 퍼스가 하버드대학의 교수가 되는 것을 사실상 불가능하게 했다.

그는 졸업 후 대부분의 기간을 미연방 연안조사국에서 근무했다. 그가 신설 대학인 홉킨스대학의 논리학 강사가 된 것은 40세가 되어서였다. 그러나 어렵게 얻은 논리학 강사 자리도 겨우 5년간 근무했을 뿐 복잡한 가정사와 성 스캔들로 인해 사직했다. 그 이후 그는 학문적인 일터에서 일할 기회를 갖지 못했다. 그는 상식을 뛰어넘는 기묘한 태도를 가진 사람이었다. 그는 호감이 가는 사람도 아니고, 사교적인 사람도 아니고, 협동적인 사람도 아니었다. 그의 행동은 무책임하기 일쑤였다. 아마도 그는 심각한 정신적 장애를 앓았던 것 같다.

그렇지만 사상가로서 그는 논리학은 물론이고 과학과 수학 그리고 철학에서도 생산적인 성과를 낸 사람이었다. 그는 많은 글을 썼으며, 그 중에는 아직도 출판되지 않은 것도 있다. 그는 과학은 통계적이고 확률적인 값만 얻을 수 있을 뿐 결코 확실성을 얻을 수 없다고 주장하면서, 확률의 빈도이론을 변호했다. 그는 무한소와 수학적 연속체 이론을 연구했으며, "만약 X가 Y보다 더 크고 Y가 Z보다 더 크다면, X는 Z보다 더 크다"와 같은 관계의 논리를 발전시켰다. 그는 양화이론을 개량했다. 그는 미결정이 세 번째 선택지가 되는 삼가(三價)논리학을 창안했다. 그는 진리표를 개선했다. 그는 새로운 논리 연산자 기호들을 창안했다. 그는 부울의 계산법을 전기스위치에 적용하면 물질세계에서 활용될 수 있다는 것을 최초로 인식한 사람들 중 한 사람이다. 한참 후에 초기형의 전자계산기의 설계와 개발에 참여했던 어떤 학자들은 그들이 통찰력을 가지게 된 까닭을 퍼스의 글 속에 담겨 있는 암시 때문이라고 하여 그의 공적을 기렸다. 미국의 논리학자 루이스(C. I. Lewis)는 "기호논리학에 대한 퍼스의 기여는 다른 어떤 사람보다도 많고 다양하다"고 말했다.

철학에서 그는 우리가 실용주의(프래그머티즘)라고 부르는 미국식 철학 분파의 창시자로서, 존 듀이(John Dewey)와 더불어 그 이름을 남겼다. 그에게 있어 이 실용주의는 본질적으로 진리 이론이다. 즉, 어떤 명제가 만족스럽게 작용하면 그 명제는 참이 되고, 명제의 의미는 그것의 수용이 가져다주는 실용적인 결과에서 찾아야 한다는 것이다. 그의 기록에 따르면, 대학 시절에 그는 칸트의 순수이성비판을 매일 몇 페이지씩 읽으면서 철학 공부를 했으며, 규칙적인 읽기를 10년 동안 계속했다.

퍼스는 아주 유별난 습성을 가진 사람이었다. 그는 동부 펜실베이니아에 관리할 수도 없는 땅과 대저택을 마련하기 위해 상속재산을 다 써버렸다. 그는 분수에 맞지 않는 생활을 했다. 빚을 갚고 세금을 내는 것도 친구에게 의지했다. 말년에는 겨울에 실내 난방도 할 수 없었고, 식사는 주로 동네 빵가게에서 공짜로 주는 묵은 빵으로 해결했다. 펜실베이니아의 밀포드에 있는 그 큰 저택에서, 그는 1914년 74세의 나이로 세상을 떠났다.

대입하면, 그 결과는 하나의 명제가 되기 때문이다. 그렇게 얻어진 명제는 선언명제이므로, $p \vee q$를 **선언명제형식**(disjunctive statement form)이라 부른다. 이와 유사하게 $p \cdot q$와 $p \supset q$를 연언명제형식과 조건명제형식이라 부르고, $\sim p$는 **부정명제형식** 또는 **부정형식**이라 부른다. 어떤 형식의 논증을 그 논증형식의 대입례라고 할 수 있는 것처럼 어떤 형식의 명제를 그 명제형식의 대입례라고 할 수 있다. 또 우리가 논증의 고유형식을 규정한 것처럼 명제의 고유형식을 규정할 수 있다. 다시 말해서 한 명제의 고유형식이란 서로 다른 명제변항에 서로 다른 단순명제들을 일관되게 대입함으로써 그 명제를 얻을 수 있게 해주는 명제형식이다. 그러므로 $p \vee q$는 "장님 죄수는 붉은 모자를 쓰고 있거나 흰 모자를 쓰고 있다"는 명제의 고유형식이다.

B. 항진, 모순, 우연 명제형식

"링컨은 암살당했다"(L로 기호화하자)와 "링컨은 암살당했거나 암살당하지 않았다"($L \vee \sim L$로 기호화하자)는 명제는 둘 다 참이긴 하지만, 두 명제가 "서로 다른 방식으로" 참되다거나 "서로 다른 종류의" 진리를 갖는다고 느끼는 것은 지극히 당연한 일이다. 마찬가지로 "워싱턴은 암살당했다"(W로 기호화하자)는 명제와 "워싱턴은 암살당했으면서 동시에 암살당하지 않았다"($W \cdot \sim W$로 기호화하자)는 명제는 둘 다 거짓이긴 하지만,

두 명제가 “서로 다른 방식으로” 거짓이다거나 “서로 다른 종류의” 허위를 갖는다고 느끼는 것 또한 지극히 당연한 일이다. 참 또는 거짓에 대한 이와 같은 “종류”의 차이는 중요하며, 그 차이는 매우 크다.

명제 *L*은 참이고 명제 *W*는 거짓이다. 왜냐하면 그것은 실제로 있었던 역사적인 사실이기 때문이다. 그런데 이 명제들에 대해서는 어떠한 논리적 필연성도 없다. 사건이란 다른 방식으로 발생할 수도 있는 것이므로, *L*이나 *W*와 같은 명제의 진리치는 역사에 대한 경험적 탐구를 통해서 발견되어야만 하는 것이다. 그러나 $L \vee \sim L$이라는 명제는 그것이 참이긴 하지만 역사적인 진리는 아니다. 이 명제에는 논리적 필연성이 있다. 우연적 사건에 의해서 이 명제가 거짓이 될 수는 없으며, 이 명제가 참이라는 것은 특정한 경험적 탐구와 무관하게 알려질 수 있다. $L \vee \sim L$이라는 명제는 논리적 참이며, 순전히 그 명제의 형식 때문에 참인 형식적 참이다. 논리적 참이고 형식적 참이며, 그 형식만으로 참이다. L∨~L은 모든 대입례가 참된 명제가 되는 명제형식의 한 대입례이다.

오직 참인 대입례만을 갖는 명제형식을 **항진명제형식**(tautologous statement form) 또는 **항진**(tautology)이라고 부른다. 명제형식 $p \vee \sim p$가 항진임을 증명하기 위해 아래와 같은 진리표를 만들 수 있다.

p	$\sim p$	$p \vee \sim p$
T	F	T
F	T	T

이 명제형식은 단 하나의 명제변항을 갖고 있기 때문에, 진리표에는 시작하는 길잡이 난이 하나밖에 없다. 따라서 모든 가능한 대입례들을 나타내기 위한 줄도 단 두 줄밖에 없다. 문제의 명제형식 아래에 있는 난에는 진리치가 T만 있으며, 이는 이 명제형식의 모든 대입례가 참이라는 것을 보여준다. 항진명제형식의 대입례가 되는 모든 명제들은 그 형식 때문에 참이며, 그것들 자체도 항진적 또는 항진이라고 한다.

거짓인 대입례만을 갖는 명제형식은 논리적으로 거짓이며 **자기모순**(self-contradictory) 또는 **모순**(contradiction)이라고 불린다. 명제형식 $p \bullet \sim p$는 자기모순이다. 진리표를 그려보면, 이 명제형식 아래에 있는 난에는 진리치가 F만 있으며, 이는 이 명제형식의 모든 대입례가 거짓임을 의미하기 때문이다. $W \bullet \sim W$처럼 모순명제형식의 대입례가 되는 모든 명제들은 그 형식 때문에 거짓이며, 그것들 자체도 자기모순 또는 모순이라고 한다.

참인 대입례와 거짓인 대입례를 다 가지고 있는 명제형식을 **우연명제형식**(contingent statement form)이라고 한다. 고유형식이 우연명제형식인 모든 명제를 우연명제라고 한다. (여기서 우리가 가정하고 있는 것은 어떤 단순명제도 논리적으로 참이거나 논리적으로 거짓이 아니라는 사실임을 상기하게 될 것이다. 여기서는 우연적인 단순명제들만 허용된다. 6장 2절을 보라.) 따라서 p, $\sim p$, $p \cdot q$, $p \vee q$, $p \supset q$ 등은 모두 우연명제형식이다. 그리고 L, $\sim L$, $L \cdot W$, $L \vee W$, $L \supset W$ 등과 같은 명제들도 그 진리치가 형식에 의해 좌우되는 것이 아니라 내용에 의해 좌우되는 것이기 때문에 모두 우연명제들이다.

모든 명제형식들이 항진인지, 자기모순인지, 우연명제인지가 위에서 예를 든 것들처럼 그렇게 분명한 것은 아니다. 예를 들어, $[(p \supset q) \supset p] \supset p$라는 명제형식은 진리표를 그려보기 전에는 항진임을 알아보기 어렵다. 이 명제형식은 특별히 "퍼스의 법칙"이라는 이름도 가지고 있다.

C. 단순동치

선언과 단순함언이 진리함수적 결합사인 것과 마찬가지로, 단순동치도 진리함수적 결합사이다. 앞에서 설명했듯이, 두 명제가 진리함수적 결합사로 결합된 명제의 진리치는 결합사가 결합하고 있는 두 명제의 진리치에 의존한다. 따라서 우리는 A와 B의 선언은 A와 B 둘 중 하나가 참이거나 둘 다 참일 때 참이 된다고 말할 수 있다. **단순동치**(material equivalence)는 결합된 명제들이 동일한 진리치를 갖는다는 것을 표시하는 진리함수적 결합사이다. 그러므로 진리치가 동치인 두 명제는 단순동치이다. 간단히 정의하면, 두 명제가 동시에 참이거나 동시에 거짓일 때 이 두 명제는 단순동치이다.

선언을 표시하는 기호가 쐐기모양이고, 단순함언을 표시하는 기호가 편자이듯이, 단순동치를 표시하는 특별한 기호도 있다. 단순동치는 세 개의 막대 모양(tribar)인 "≡"로 표현된다. (어떤 책에서는 "↔"라는 기호를 사용한다.) "∨"와 "⊃"를 진리표에 의해 정의했던 것처럼, 단순동치의 기호 "≡"도 그렇게 할 수 있다. "≡"의 진리표는 아래와 같다.

p	q	$p \equiv q$
T	T	T
T	F	F
F	T	F
F	F	T

두 명제가 참일 때, 그것들은 언제나 서로를 단순함언한다. 이것은 단순함언이 지닌 그 의미의 결과이다. 그리고 거짓인 두 명제도 또한 서로를 단순함언한다. 그러므로 두 명제가 단순동치일 때, 그것들은 언제나 서로를 단순함언한다. 왜냐하면 두 명제는 동시에 참이거나 동시에 거짓이기 때문이다.

단순동치인 두 명제 A와 B는 서로를 단순함언하기 때문에 우리는 단순동치로부터 다음과 같은 사실을 추론할 수 있다. 즉, A가 참이라면 B는 참이며, 그리고 오직 B가 참인 경우에만 A는 참이다. 그 역도 역시 성립한다. 즉, B가 참이라면 A는 참이며, 그리고 오직 A가 참인 경우에만 B는 참이다. 이러한 관계들은 둘 다 단순동치에 의해 수반되는 것이므로, 단순동치의 기호인 "≡"는 " … 인 경우에 그리고 오직 그러한 경우에만"이라고 읽을 수 있다.

일상 대화에서는 이러한 논리적 관계를 우리는 아주 가끔씩 사용한다. 어떤 사람이 "내가 입장권을 구입할 수 있다면 그리고 오직 그러한 경우에만 나는 선수권대회 결승전을 보러 갈 것이다"라고 말할 수 있다. 내가 입장권을 구입한다면 나는 그 경기를 보러 가겠지만, 오직 내가 입장권을 구입할 수 있을 경우에만 나는 갈 수 있다. 그러므로 내가 그 경기를 보러 가는 것과 내가 그 경기의 입장권을 구입하는 것은 단순동치이다.

우리가 앞에서 지적했듯이, 모든 함언은 조건명제이다. 단순동치인 두 명제 A와 B는 조건명제인 $A \supset B$의 진리치를 함언하고, 또 조건명제인 $B \supset A$의 진리치를 함언한다. 단순동치가 성립하면 함언이 양방향으로 통하기 때문에, $A \equiv B$라는 형식을 가지고 있는 명제를 흔히 **양조건언**(biconditional statement)이라고 부른다.

일반적으로 연역논증의 진리함수적 결합사는 연언, 선언, 단순함언, 단순동치 등 네 가지이다. 이 네 가지에 대한 논의는 여기서 마무리한다.

개 요

네 가지 진리함수적 결합사

진리함수적 결합사	기호	명제형식	요소명제의 이름	예문
그리고	• (dot)	연언	연언지	철수는 인색하며, 영희는 노래를 부른다. $C \cdot B$
또는	∨(wedge)	선언	선언지	철수가 인색하거나 또는 태호는 음악 애호가이다. $C \vee T$
만약 …라면	⊃(horseshoe)	조건	전건, 후건	영희가 노래를 부르면, 철수는 침울해진다. $B \supset M$
…인 경우에 그리고 오직 그러한 경우에만	≡(tribar)	양조건	요소명제	영희가 노래를 부를 경우에 그리고 오직 그러한 경우에만 철수는 침울해진다. $B \equiv M$

주: ~(Not)는 진리함수적 연산자이지만 결합사가 아니므로 이 표에서는 제외했다.

D. 논증, 조건명제 그리고 항진

모든 논증에는 그 논증의 전제들의 연언이 전건이고 결론이 후건인 하나의 조건명제가 대응한다. 따라서,

$$p \supset q$$
$$p$$
$$\therefore q$$

이와 같은 긍정논법 형식의 논증은 $[(p \supset q) \cdot p] \supset q$라는 형식의 조건명제로 표현될 수 있다. 만약 조건명제로 표현된 논증이 타당한 형식이라면, 그 논증의 결론은 어떤 경우에나 전제로부터 끌어낼 수 있다. 그러므로 이 논증을 표현하고 있는 조건명제는 진리표에서 항진임이 입증될 수 있다. 즉, 전제들의 연언이 결론을 함언하는 명제는 (만약 그 논증이 타당하다면) 언제나 참인 사례들만을 가질 것이다.

진리표는 논증을 평가하기 위한 강력한 수단이다. 논증형식은 그것의 진리표상에서 그 전제들이 모두 T인 모든 줄에서 결론 역시 T라면 그리고 오직 그런 경우에만 타당하다.

이 점은 "타당성"이라는 말의 정확한 의미로부터 도출된다. 그런데 논증형식을 표현하는 조건명제가 진리표상에서 F일 수 있는 것은 전제들이 모두 T인 줄에서 결론이 F인 경우뿐이다. 그러나 만약 그 논증이 타당하다면 그와 같은 줄은 하나도 없을 것이다. 따라서 타당한 논증에 대응하는 조건명제는 T인 진리치만을 가지므로 그 조건명제는 반드시 항진이다. 그러므로 우리는 논증형식을 표현하는 조건명제 (즉, 그 논증형식의 전제들의 연언을 전건으로 하고 결론을 후건으로 하는 조건명제)가 항진일 때 그리고 오직 그러한 경우에만 타당하다고 말한다.

그러나 진리함수가 일치하지 않는 모든 부당한 논증에 대응하는 조건명제는 항진이 아니다. (부당한 논증의 경우) 전제들의 연언이 결론을 함축하는 명제는 우연명제이거나 모순이다.

논리연습

A. 왼쪽에 있는 각 명제들이 오른쪽에 있는 어떤 명제형식들의 대입례인지를 지적하라. 그리고 왼쪽에 있는 각 명제들의 고유형식은 어느 것인가를 지적하라.

*1. $A \vee B$	a. $p \cdot q$
2. $C \cdot \sim D$	b. $p \supset q$
3. $\sim E \supset (F \cdot G)$	c. $p \vee q$
4. $H \supset (I \cdot J)$	d. $p \cdot \sim q$
*5. $(K \cdot L) \vee (M \cdot N)$	e. $p \equiv q$
6. $(O \vee P) \supset (P \cdot Q)$	f. $(p \supset q) \vee (r \cdot s)$
7. $(R \supset S) \vee (T \cdot \sim U)$	g. $[(p \supset q) \supset r] \supset s$
8. $V \supset (W \vee \sim W)$	h. $[(p \supset q) \supset p] \supset p$
9. $[(X \supset Y) \supset X] \supset X$	I. $(p \cdot q) \vee (r \cdot s)$
*10. $Z \equiv \sim\sim Z$	j. $p \supset (q \vee \sim r)$

B. 진리표를 사용하여 아래의 명제형식들이 항진인지, 자기모순인지, 혹은 우연명제인지를 밝혀라.

*1. $[p \supset (p \supset q)] \supset q$	2. $p \supset [(p \supset q) \supset q]$
3. $(p \cdot q) \cdot (p \supset \sim q)$	4. $p \supset [\sim p \supset (q \vee \sim q)]$
*5. $p \supset [p \supset (q \cdot \sim q)]$	6. $(p \supset p) \supset (q \cdot \sim q)$

7. $[p \supset (q \supset r)] \supset [(p \supset q) \supset (q \supset r)]$
8. $[p \supset (q \supset p)] \supset [(q \supset q) \supset \sim(r \supset r)]$
9. $\{[(p \supset q) \cdot (r \supset s)] \cdot (p \vee r)\} \supset (q \vee s)$
*10. $\{[(p \supset q) \cdot (r \supset s)] \cdot (q \vee s)\} \supset (p \vee r)$

C. 진리표를 사용하여 아래의 양조건언 중 어느 것이 항진인지를 밝혀라.

*1. $(p \supset q) \equiv (\sim q \supset \sim p)$
2. $(p \supset q) \equiv (\sim p \supset \sim q)$
3. $[(p \supset q) \supset r] \equiv [(q \supset p) \supset r]$
4. $[p \supset (q \supset r)] \equiv [q \supset (p \supset r)]$
*5. $p \equiv [p \cdot (p \vee q)]$
6. $p \equiv [p \vee (p \cdot q)]$
7. $p \equiv [p \cdot (p \supset q)]$
8. $p \equiv [p \cdot (q \supset p)]$
9. $p \equiv [p \vee (p \supset q)]$
*10. $(p \supset q) \equiv [(p \vee q) \equiv q]$
11. $p \equiv [p \vee (q \cdot \sim q)]$
12. $p \equiv [p \cdot (q \cdot \sim q)]$
13. $p \equiv [p \cdot (q \vee \sim q)]$
14. $p \equiv [p \vee (q \vee \sim q)]$
*15. $[p \cdot (q \vee r)] \equiv [(p \cdot q) \cdot (p \cdot r)]$
16. $[p \cdot (q \vee r)] \equiv [(p \vee q) \cdot (p \vee r)]$
17. $[p \vee (q \cdot r)] \equiv [(p \cdot q) \vee (p \cdot r)]$
18. $[p \vee (q \cdot r)] \equiv [(p \vee q) \cdot (p \vee r)]$
19. $[(p \cdot q) \supset r] \equiv [p \supset (q \supset r)]$
*20. $[(p \supset q) \cdot (q \supset p)] \equiv [(p \cdot q) \vee (\sim p \cdot \sim q)]$

8.9 논리적 동치

이 시점에서 우리는 하나의 새로운 관계를 도입하고자 한다. 이는 중요하고 매우 유용하지만 결합사는 아니며, 방금 다루었던 어떤 진리함수적 결합사보다도 복잡하다.

명제들이 같은 진리치를 가질 때 그 명제들은 단순동치이다. 단순동치인 두 명제는 둘 다 참이거나 둘 다 거짓이기 때문에 우리는 다음을 쉽게 알 수 있다. 즉, 거짓인 전건은 다른 어떤 명제도 (단순)함언하고 그리고 참인 후건은 다른 어떤 명제에 의해서도 (단순)함언되기 때문에 단순동치인 두 명제는 반드시 서로 (단순)함언할 수밖에 없다. 그러므로 우리는 단순동치의 기호 "≡"를 " …인 경우에 그리고 오직 그러한 경우에만"으로 해석한다.

그러나 단지 단순동치이기만 하는 명제들은 대부분 서로 대치될 수 없다. 명제들이 단순동치임을 알고 있다면, 우리는 다만 그 명제들의 진리치가 같다는 것을 알 뿐이다. "목성은 지구보다 크다"라는 명제와 "도쿄는 일본의 수도이다"라는 명제는 둘 다 참이기 때문에 단순동치이다. 그러나 두 명제는 분명히 서로 대치될 수 없다. 마찬가지로, "모든 거미는 독이 있다"라는 명제와 "어떤 거미도 독이 없다"라는 명제는 단지 둘 다 거짓이라는 이유 때문에 단순동치이지만, 두 명제는 분명히 상호 대치될 수 없다.

하지만 상호 대치가 허용되는 관계를 표현해야만 할 경우가 많이 있다. 이런 관계의 두 명제는 어떤 의미에서는 단순동치보다 훨씬 더 강한 동치일 수 있다. 두 명제 중 하나를 포함하는 어떤 명제가 나머지 명제도 마찬가지로 포함할 수 있다는 의미에서, 두 명제는 동치이다. 두 명제 중 한 명제가 참이고 다른 명제가 거짓일 가능성이 전혀 없다면, 이 두 명제는 논리적 동치이다.

물론 논리적 동치인 두 명제는 모두 단순동치이다. 왜냐하면 두 명제는 분명히 동일한 진리치를 갖기 때문이다. 사실 두 명제가 논리적 동치라면 그것들은 어떤 조건에서도 단순동치이다. 이것은 **논리적 동치**(logical equivalence)에 대한 짧지만 강력한 정의를 설명해주고 있다. 다시 말해서 두 명제의 단순동치가 항진일 경우, 그 두 명제는 논리적 동치이다. 그것들이 동일한 진리치를 갖는다는 말은 필연적으로 참이다. 이것이 바로 이와 같은 매우 강한 논리적 관계를 표현하기 위해, 즉 두 명제의 단순동치가 항진임이 그 관계의 특성임을 나타내기 위해, 우리가 세 개의 막대 기호(≡)와 그 바로 위에 작은 글씨 T를 올려놓은 기호 "$\overset{T}{\equiv}$"를 사용하는 이유이다. 단순동치는 (두 명제가 서로를 함언하는) 양조건언이기 때문에, 우리는 논리적 동치를 표시하는 이 기호 "$\overset{T}{\equiv}$"를 항진적 양조건언을 표현하는 기호로 보아도 된다.

매우 흔하게 사용되는 어떤 단순한 논리적 동치들이 이런 관계를 만들어내며, 그 효력은 막강하고 또 명쾌하다. 다 알다시피 p와 $\sim\sim p$는 의미가 동일하다. "그는 그 문제를 알고 있다"와 "그는 그 문제를 모르고 있지 않다"는 같은 내용의 두 명제이다. 두 명제는 동일한 것을 말하고 있으므로 두 명제는 서로 대치될 수 있다. 이 **이중부정**(double negation)의 원리는 모든 것에 대해 명백한 진리이며, 그것을 진리표로 나타내면 두 명제형식의 단순동치는 항진임이 드러난다.

p	$\sim p$	$\sim\sim p$	$p \overset{T}{\equiv} \sim\sim p$
T	F	T	T
F	T	F	T

이 진리표는 p와 $\sim\sim p$가 논리적 동치임을 증명하고 있다. 이러한 이중부정은 매우 유용한 논리적 동치이며 아래와 같이 기호화된다.

$$p \overset{T}{\equiv} \sim\sim p$$

단순동치와 논리적 동치 사이의 차이는 매우 크고 또한 매우 중요하다. 단순동치는 그 진리함수적 결합사가 "≡"이며, 그것을 이루고 있는 요소명제의 진리치에 따라 참 또는 거짓일 수 있다. 그러나 논리적 동치의 기호 "$\overset{T}{\equiv}$"는 단순한 결합사가 아니며, 진리함수적이지 않은 두 명제의 관계를 표현한다. 두 명제가 서로 다른 진리치를 갖는 것이 절대적으로 불가능한 경우에만, 그 두 명제는 논리적 동치이다. 그러나 두 명제가 항상 동일한 진리치를 갖는다면, 논리적으로 동치인 명제들은 동일한 의미를 지니며 진리함수적 문맥에서 서로서로를 대치하더라도 진리치는 변하지 않는다. 이와 달리, 두 명제가 단지 우연적으로 동일한 진리치를 가진다면, 두 명제 사이에 실제로는 아무런 관련이 없다 하더라도, 이 두 명제는 단순동치이다. 단지 단순동치일 뿐인 명제들은 절대로 상호 대치될 수 없다.

널리 알려진 매우 중요한 논리적 동치(즉, 논리적으로 참인 양조건언)가 두 가지 있다. 이것들이 중요한 까닭은 연언과 선언의 상호관계와 그 부정들 사이의 상호관계를 나타내기 때문이다. 이 두 가지의 논리적 동치에 대해 좀 더 자세히 살펴보자.

첫째, 한 선언명제가 참이라는 것을 부정하기 위해서는 무엇이 필요할까? 선언명제 $p \vee q$가 주장하는 것은 다만 두 선언지 중 적어도 하나는 참이라는 것뿐이다. 우리는 적어도 한 선언지는 거짓이라고 주장함으로써 선언명제를 반박하거나 부정할 수 없다. (선언명제를 부정하기 위해) 우리는 반드시 두 선언지가 모두 거짓임을 주장해야만 한다. 그러므로 선언명제 $p \vee q$의 부정을 주장하는 것은 p와 q 각각의 부정의 연언을 주장하는 것과 논리적 동치이다. 이 점을 기호로 나타내면 $\sim(p \vee q) \equiv (\sim p \cdot \sim q)$라는 양조건언이 되는데, 이것이 논리적 참이라는 사실은 아래의 진리표에 의해 증명된다.

p	q	$p \vee q$	$\sim(p \vee q)$	$\sim p$	$\sim q$	$\sim p \cdot \sim q$	$\sim(p \vee q) \overset{T}{\equiv} (\sim p \cdot \sim q)$
T	T	T	F	F	F	F	T
T	F	T	F	F	T	F	T
F	T	T	F	T	F	F	T
F	F	F	T	T	T	T	T

물론 우리는 p와 q의 진리치가 무엇이건 이 양조건언은 항상 참이 된다는 것을 알고 있다. 이 양조건언은 항진이다. 단순동치인 명제는 항진이므로, 우리는 그것의 두 요소명제를 논리적 동치라고 판단한다. 이로써 우리는 아래의 식을 증명했다.

$$\sim(p \vee q) \overset{T}{\equiv} (\sim p \cdot \sim q)$$

마찬가지로 p와 q의 연언을 주장하는 것은 둘 다 참임을 주장하는 것이기 때문에, 이 주장과 모순되는 주장을 하려면 둘 중 적어도 하나가 거짓이라고 주장하기만 하면 된다. 따라서 연언명제 $p \cdot q$의 부정을 주장하는 것은 p와 q 각각의 부정의 선언을 주장하는 것과 논리적 동치이다. 이를 기호로 나타내면 $\sim(p \cdot q) \equiv (\sim p \vee \sim q)$라는 양조건언이 되는데, 이것이 항진이라는 사실은 진리표를 통해 쉽게 드러난다. 그 진리표는 다음을 입증한다.

$$\sim(p \cdot q) \overset{T}{\equiv} (\sim p \vee \sim q)$$

논리적 동치인 이 두 개의 항진적 양조건언은 드모르간(1806-1871)에 의해 주장되었기 때문에, 그의 이름을 따서 **드모르간의 정리**(De Morgan's Theorems)라고 불리며, 다음과 같이 요약될 수 있다.

a. 두 명제의 선언의 부정은 그 두 명제의 부정의 연언과 논리적 동치이다.
b. 두 명제의 연언의 부정은 그 두 명제의 부정의 선언과 논리적 동치이다.

드모르간의 이 정리는 아주 유용하다.

또 다른 중요한 논리적 동치는 진리함수적 결합사들을 다룰 때 매우 유용하다. 단순함언 기호 "'⊃"은 $\sim(p \cdot \sim q)$로 압축하여 표현하는 것임을 8장 3절에서 정의한 바 있다. 다시 말해서 "p가 q를 단순함언한다"는 말은 정의에 따르면 p가 참인데 q가 거짓인 경우는 없다는 사실을 의미할 뿐이다. 이 정의에서, 우리는 피정의항인 $\sim(p \cdot \sim q)$는 연언에 대한 부정임을 알 수 있다. 그리고 더모르간의 정리에 의해 우리는 이 연언의 부정이 연언지들의 부정의 선언과 논리적 동치라는 사실을 알 수 있다. 즉, $\sim(p \bullet \sim q)$는 $(\sim p \vee \sim\sim q)$와 논리적 동치임을 알 수 있다. 그리고 $\sim(p \bullet \sim q)$는 이중부정의 원리에 의해서 $(\sim p \vee q)$와 논리적 동치이다. 논리적으로 동치인 표현은 동일한 것을 의미하므로 원래의 피정의항인 $\sim(p \bullet \sim q)$는 보다 단순한 표현인 $\sim p \vee q$로 바꾸어 써도 의미가 변하지 않는다. 이로써 우리는 매우 유용한 단순함언에 대한 정의, 즉 $p \supset q$는 $\sim p \vee q$와 논리적 동치라는 정의를 얻게 된다. 이를 기호화하면 다음과 같다.

$$(p \supset q) \stackrel{T}{\equiv} (\sim p \vee q)$$

논리적 명제를 형식화하고 논증을 분석할 때 우리는 단순함언의 이 정의에 광범위하게 의존한다. 가끔은 조작이 필수적이기도 하고, 또 우리가 다루는 명제들이 동일한 주요 결합사들을 가지고 있을 때는 그것이 더 효과적이다. 우리가 방금 규명한 조건기호에 대한 간단한 정의, 즉 $(p \supset q) \stackrel{T}{\equiv} (\sim p \vee q)$를 이용하면 조건기호가 결합사로 쓰인 명제들은 선언기호가 결합사로 쓰인 명제들로 손쉽게 대치될 수 있고, 마찬가지로 선언명제들은 함언명제들로 간단히 대치될 수 있다. 연역논증의 타당성 여부를 형식적으로 증명하려고 할 때, 이런 종류의 대치가 참으로 유용하다.

다음 절에서 타당성과 부당성의 검사 방법을 다루게 되겠지만, 그 전에 단순함언의 의미를 좀 더 세밀하게 살펴보기 위해 잠시 틈을 내는 것은 충분한 의미가 있다. 앞에서 지적했듯이, 함언은 논증에서 중요하지만 "함축하다"라는 말은 매우 애매하다. 물론 단순함언이 매우 중요하긴 하지만, 우리가 이 분석에서 의존하는 단순함언은 이 말이 지닌 유일한 단 하나의 의미이다. 방금 위에서 설명한 단순함언의 정의는 다음과 같은 사실을 명확하게 밝히고 있다. 즉, 이와 같은 의미에서 우리가 "p는 q를 함언한다"고 말하는 것은 다만 "q가 참이거나 p가 거짓이다"라고 말하는 것일 뿐이다.

"만약 …라면 …이다"의 관계를 이런 의미로 주장하는 것은 역설적으로 보일 수도 있다. 왜냐하면 이런 의미에서 우리는 정확히 "만약 한 명제가 참이라면, 그 명제는 어떤 명제에 의해서도 함축된다"라고 말할 수 있기 때문이다. 지구가 둥글다는 것은 참이기 때문에, 그로부터 "달이 녹색 치즈로 만들어져 있다는 사실은 지구가 둥글다는 사실을 함축한다"는 명제가 도출된다. 이것은 매우 이상한 주장이다. 왜냐하면 지구가 둥글다는 사실로부터 "달이 녹색 치즈로 만들어져 있지 않다는 사실은 지구가 둥글다는 사실을 함축한다"는 명제 또한 도출될 수 있기 때문이다. 단순함언을 정확히 이해하고 있다면 우리는 다음과 같이 말할 수도 있다. 즉, "만약 한 명제가 거짓이라면, 그 명제는 어떤 명제든 함축한다." 달이 녹색 치즈로 만들어져 있다는 것은 거짓이기 때문에, 그로부터 "달이 녹색 치즈로 만들어져 있다는 사실은 지구가 둥글다는 사실을 함축한다"는 명제가 도출된다. 이것은 더 이상한 주장이다. 왜냐하면 달이 녹색 치즈로 만들어져 있다는 것이 거짓이라는 사실로부터 "달이 녹색 치즈로 만들어져 있다는 사실은 지구가 둥글지 않다는 사실을 함축한다"는 명제도 역시 도출될 수 있기 때문이다.

참인 명제들이 왜 이처럼 이상하게 느껴지는 것일까? 그 이유는 우리가 지구의 형태와 달의 치즈는 전혀 관계가 없다는 것을 알고 있기 때문이다. 우리는 보통 "함축하다"라는 말을 사용할 경우, 한 명제는 참이든 거짓이든 그것과 전혀 관련이 없는 어떤 다른 명제를 함축할 수 없다. 저것은 "함축하다"라는 말이 가장 일상적인 의미로 사용된 경우이다. 그렇지만 앞에 나온 역설적인 명제들은 정말로 참이고, 전혀 문제될 것이 없다. 왜냐하면 그 명제들은 "함축하다"라는 말을 "단순함언"의 논리적인 의미로 사용하기 때문이다. 우리는 단순함언의 정확한 의미를 명확하게 규정한 바 있다. 우리가 이해하고 있는 바에 따르면, p가 q를 단순함언한다고 말하는 것은 다만 p가 거짓이거나 q가 참이라고 말하는 것일 뿐이다.

마음에 꼭 새겨두어야 할 것은 명제의 주제나 의미는 단순함언과 전혀 무관하다는 것이다. 단순함언은 하나의 진리함수이다. 명제의 내용이 아니라 전건과 후건의 참과 거짓만이 단순함언과 관련된다. 적어도 하나의 참인 선언지를 가지고 있는 선언명제가 참이라고 말하는 것은 전혀 역설적이지 않다. 우리가 "달이 녹색 치즈로 만들어져 있다는 사실은 지구가 둥글다는 사실을 (단순)함언한다"고 말할 때, 우리는 이 말이 "달이 녹색 치즈로 만들어져 있지 않거나 지구는 둥글다"는 확실하게 참인 선언명제와 논리적 동치임을 알고 있다. "달은 녹색 치즈로 만들어져 있지 않다"를 첫 번째 선언지로 갖는 선언명제는 두 번째 선언지가 주장하는 것이 어떤 것이건 확실하게 참이 될 것이다. 그러므로 "달이 녹색 치즈로 만들어져 있다는 사실은 지구는 네모나다는 사실을 (단순)함언한다"는 명제도 또한 옳다. 왜냐하면 이 말은 "달이 녹색 치즈로 만들어져 있지 않거나 지구가 네모나다"는 명제와 논리적으로 동치이기 때문이다. 거짓인 명제는 어떤 명제라도 단순함언한다. 참인 명제는 어떤 명제에 의해서도 단순함언된다.

"만약 …라면 …이다"라는 표현은 단순함언으로 취급되고 "⊃"라는 기호로 번역된다는 것은 이미 설명한 바 있다. 그것이 편리하고 정당한 이유는 "만약 …라면 …이다"라는 표현을 "⊃"라는 기호로 번역해도 여기서 우리가 다루는 모든 형태의 타당한 논증의 타당성이 보존되기 때문이다. 서로 다른 함언에 적합한 기호법이 제안된 바 있지만, 그런 것들에 대한 논의는 보다 고급 논리학에 속하는 것으로 이 책의 범위를 넘어서는 것이다.

8.10 세 가지 "사고의 법칙"

일찍이 철학자들은 논리학을 "사고의 법칙에 관한 학문"으로 정의했으며, 나아가서 우리가 올바르게 사고하기 위해서는 반드시 따라야 할 필요하고도 충분한 세 가지 근본법칙이 있다고 주장했다. 전통적으로 이 세 가지 법칙은 다음과 같이 불리었다.

- **동일률**: 동일률(principle of identity)은 "어떤 명제가 참이면 그 명제는 참이다"라고 주장한다. 우리는 기호를 사용하여 이 원리를 다음과 같은 말로 고쳐 쓸 수 있다. 즉, 동일률은 $p \supset p$라는 형식을 갖는 모든 명제는 참임을, 즉 항진임을 주장한다.
- **모순율**: 모순율(principle of noncontradiction)은 "어떤 명제도 참이면서 동시에 거짓일 수 없다"고 주장한다. 우리는 기호를 사용하여 이 원리를 다음과 같은 말로 고쳐 쓸 수 있다. 즉, 모순률은 $p \cdot \sim p$라는 형식을 갖는 모든 명제는 거짓임을, 즉 자기모순임을 주장한다.
- **배중률**: 배중률(principle of excluded middle)은 "모든 명제는 참이거나 거짓이다"라고 주장한다. 우리는 기호를 사용하여 이 원리를 다음과 같은 말로 고쳐 쓸 수 있다. 즉, 배중률은 $p \vee \sim p$라는 형식을 갖는 모든 명제는 참임을, 즉 항진임을 주장한다.

이 세 원리가 참—논리적으로 참—이라는 것은 명백한 사실이다. 그러나 이 원리들이 가장 근본적인 사고의 법칙이라는 특권적 지위를 누릴 자격이 있다는 주장은 의문의 여지가 있다. 동일률과 배중률이 항진이지만, 이들 못지않게 진리치가 확실한 다른 많은 항진 형식들이 있다. 모순율은 결코 유일한 자기모순의 명제가 아니다.

우리는 진리표를 작성할 때 이 원리들을 사용한다. 진리표의 처음 시작하는 난에 T

아니면 F를 배치하는데, 이것은 배중률의 원리에 따른 것이다. 그리고 하나의 난에 T와 F를 동시에 배치하지 않는 것은 모순율의 원리에 따른 것이다. 어떤 줄에서 어떤 기호에 T가 배치되었다면 다른 난에서도 그 기호에 대해서는 T가 배치되어야 한다. 이것은 동일률의 원리에 따른 것이다. 그러므로 이 세 가지 원리는 진리표 작성을 위한 근본적인 원리로 간주될 수 있다.

그렇지만 연역논리의 전 체계에서 보면 이 세 가지 원리가 다른 많은 원리들보다 더 중요하거나 더 유익한 것은 결코 아니다. 연역이라는 목적을 위해서는 사실상 이것들보다 더 유익한 것이 바로 항진이다. 그리고 이런 의미에서 드모르간의 정리와 같은 원리는 이것들보다 더 중요하다. 자연 연역법(natural deduction) 체계에서는 드모르간의 정리가 더 쓸모가 있다. 그럼에도 불구하고 자명한 연역 체계가 존재하지 않는 비형식적인 논증을 설명할 때는 저 세 가지 원리가 유용하게 쓰인다. 이에 대한 보다 상세한 논의는 이 책의 범위를 벗어나는 것이다.[6)]

자신들이 새롭고 더 나은 논리를 개발했다고 믿는 일부 학자들은 이 세 가지의 원리는 사실 참이 아니며, 이 원리들을 따르는 것은 쓸데없이 틀에 얽매이는 것이라고 주장했다. 그러나 이러한 비판들은 오해에서 비롯된 것들이다.

동일률은 만물은 변화한다는 근거에서 비판받아 왔다. 예컨대, 본래 13개 주로 이루어져 있을 때 미국에 대해서 참이었던 명제들이 현재 50개 주로 이루어진 미국에 대해서는 더 이상 참일 수 없다는 것이다. 그러나 이것으로 동일률의 기반이 약화되는 것은 아니다. "미국에는 오직 13개 주만 있다"는 문장은 완전한 문장이 아니다. 그것은 "1790년에 미국에는 오직 13개 주만 있었다"라는 문장의 생략 형태이며, 이것은 1790년에 참이었던 것과 마찬가지로 지금도 참이다. 우리의 관심을 생략되지 않고 완전하게 표현된 명제에 한정한다면, 우리는 시간에 따라 명제의 진리치가 변화하지 않는다는 사실을 알 수 있다. 동일률은 진리이며, 그것은 지속적인 변화에 대한 우리의 인식과 상충하지 않는다.

모순율에 대한 비판은 헤겔주의자와 마르크스주의자에 의해 제기되어 왔는데, 그 근거는 진정한 의미의 모순은 만물에 편재해 있으며, 이 세계는 불가피하게 상충하는 모순적인

---

6) 이 문제에 대한 자세한 내용에 대해 관심있는 독자는 다음을 참조하라. I. M. Copi and J. A. Gould, editors, *Readings on Logic*, 2nd edition(New York: Macmillan, 1972), part 2; I. M. Copi and J. A. Gould, editors, *Contemporary Philosophical Logic*(New York: St. Martin's Press, 1978), part 8.

힘들로 가득 차 있다는 것이다. 물론 현실 세계에 상충하는 힘들이 존재한다는 것은 참이다. 그러나 이 상충하는 힘들을 "모순"이라고 부르는 것은 엄밀하지 못할 뿐 아니라 모순이라는 개념을 잘못 사용하고 있는 것이다. 노동자와 사용자가 실제로 상충할 수는 있지만, 그 어느 쪽도 상대방의 "부정"이나 "부인", "모순"은 아니다. 논리학자들이 의미하는 모순율은 한마디로 반박할 수 없는 완전한 진리이다.

배중률은 두 원리보다 더 많은 공격을 받아왔다. 그 이유는 이것이 "2값 원리(two-valued orientation)", 즉 흑백논리를 초래하며, 이는 이 세계의 모든 것은 희지 않으면 검다는 것을 함축하므로 중간이나 절대적이지 않은 단계적 변화를 인정하지 않는다는 것이다. 이러한 비판도 역시 오해에서 비롯된 것이다. 물론 "이것은 검다"와 "이것은 희다"(이 두 명제에서 "이것"이란 말은 정확하게 동일한 대상을 가리킨다)라는 명제가 둘 다 참일 수는 없다. 그러나 이 두 명제가 둘 다 참일 수 없을지라도 둘 다 거짓일 수는 있다. "이것"은 검지도 희지도 않을 수 있다. 이 두 명제는 모순이 아니라 반대이다. "이것은 희다"라는 명제의 모순명제는 "이것은 희다라고 하는 것은 사실이 아니다"이다. 그리고 (만약 "희다"라는 말이 이 두 명제에서 정확하게 같은 의미로 사용되고 있다면) 이 두 명제 중 하나는 반드시 참이고 다른 하나는 반드시 거짓이다. 배중률은 피할 도리가 없다.

이 세 가지 "사고의 법칙"이 애매하거나 생략되지 않은 정확한 개념들을 포함하는 명제에 적용되기만 하면 나무랄 데가 없다. 플라톤은 그의 저서 『국가』 제4권(436-439)에서 모순율에 노골적으로 호소했다. 아리스토텔레스는 그의 저서 『형이상학』 제4권과 제11권에서 이 세 원리를 모두 다루었다. 모순율에 대해 그는 다음과 같이 썼다. 즉, "동일한 속성이 동일한 주어에 속하면서 동시에 속하지 않을 수는 없다"는 사실과 그리고 "같은 맥락에서 존재하는 것을 이해하려는 사람이라면 누구나 반드시 가지고 있어야 하며, 또 그것을 전문적으로 연구할 사람이라면 반드시 이미 가지고 있어야 할" 원리이다. 그리고 "다른 무엇보다도 가장 확실한 원리가 모순율이다"라는 것이 아리스토텔레스의 결론이었다. 이 "사고의 법칙들"은 일부 철학자들이 부여한 그 명예로운 지위를 누릴 자격이 없을지 모르지만, 그것들은 틀림없이 확실한 진리이다.

제8장 요약

이 장에서는 현대 기호논리학의 기본 개념들을 다루었다.

- 8장 1절에서는 현대 기호논리학에 대한 일반적인 접근방식과 인공적인 기호언어의 필요성에 대해 설명했다.
- 8장 2절에서는 부정기호 "~"와 진리함수적 결합사 "•"와 "∨"를 소개하고 정의했다.
- 8장 3절에서는 함언의 여러 가지 의미를 검토하고, 진리함수적 결합사 "⊃"를 정의했다.
- 8장 4절에서는 논증의 형식적 구조를 설명하고, 논증형식을 정의했으며, 연역논증의 분석에 필요한 기타 개념들을 설명했다.
- 8장 5절에서는 타당한 논증형식과 부당한 논증형식에 대해 정확하게 설명했다.
- 8장 6절에서는 논증형식의 타당성을 검사하는 진리표 방식을 설명했다.
- 8장 7절에서는 흔히 볼 수 있는 몇 가지 타당한 논증형식과 부당한 논증형식을 확인하고 설명했다.
- 8장 8절에서는 명제의 형식적 구조를 설명하고, 명제형식을 다루기 위한 필수 개념들을 정의했다. 항진명제, 모순명제, 우연명제 등의 형식을 소개하고, 네 번째 진리함수적 결합사인 단순동치 기호 "≡"를 정의했다.
- 8장 9절에서는 강력하고 새로운 관계로서 논리적 동치(≡)를 소개하고 정의했다. 논리적 동치인 명제들은 단순동치인 명제와는 달리 상호 대치될 수 있는데, 그 이유가 무엇인지를 설명했다. 논리적 동치 중에서 특별히 중요한 드모르간의 정리, 이중부정의 원리, 단순함언의 정의 등을 소개했다.
- 8장 10절에서는 논리적 동치 중 많은 사람들이 모든 추리의 기초가 된다고 생각해 왔던 동일률, 모순율, 배중률 등을 살펴보았다.

연역의 방법

제9장

9.1 타당성의 형식적 증명

이론상으로는 진리표는 우리가 이 장에서 살펴볼 일반적인 형태의 모든 논증의 타당성을 검증하는 데 충분하다. 그러나 실제로는 요소명제의 수가 늘어날수록 진리표 작성이 점점 더 힘들어진다. 복잡한 논증의 타당성 여부를 결정하는 보다 효과적인 방법은 타당한 것으로 알려져 있는 일련의 기본적인 논증들을 통해 논증의 전제들로부터 결론을 연역하는 것이다. 이러한 기법은 일상적인 논증 방법과도 매우 잘 들어맞는다.

예를 들어, 아래의 논증을 살펴보자.

> 만약 앤더슨이 후보로 지명되었다면, 그녀는 보스턴으로 갔을 것이다.
> 만약 그녀가 보스턴으로 갔다면, 그녀는 거기서 선거운동을 했을 것이다.
> 만약 그녀가 거기서 선거운동을 했다면, 그녀는 더글러스를 만났을 것이다.
> 앤더슨은 더글러스를 만나지 않았다.
> 앤더슨이 후보로 지명되었거나 보다 적합한 누군가가 당선되었다.
> 그러므로 보다 적합한 누군가가 당선되었다.

이 논증이 타당하다는 것은 직관적으로 명백하지만, 이 사실을 증명하는 문제를 검토해 보자. 이 논증을 아래와 같이 기호로 번역해 보면, 논의가 더 쉬워질 것이다.

$A \supset B$
$B \supset C$
$C \supset D$
$\sim D$
$A \vee E$
$\therefore E$

이 논증의 타당성을 진리표를 사용하여 확정하려면, 이 논증이 다섯 개의 단순명제를 포함하고 있기 때문에 32줄로 된 진리표가 필요하다. 그러나 우리는 단 4개의 타당한 기본논증을 이용하여 전제로부터 결론을 연역해냄으로써 이 논증의 타당성을 증명할 수 있다. 처음 두 전제 $A \supset B$와 $B \supset C$로부터 가언적 삼단논법에 의해 $A \supset C$를 타당하게 추론한다. 또 $A \supset C$와 세 번째 전제 $C \supset D$로부터 역시 가언적 삼단논법에 의해 $A \supset D$를 타당하게 추론한다. 그런 다음 $A \supset D$와 네 번째 전제인 $\sim D$로부터 부정논법에 의해 $\sim A$를 타당하게 추론한다. 마지막으로 $\sim A$와 다섯 번째 전제 $A \vee E$로부터 선언적 삼단논법에 의해 이 논증의 결론인 E를 타당하게 추론한다. 네 개의 타당한 기본논증을 이용하여 다섯 개의 전제들로부터 결론을 연역해 낼 수 있다는 사실은 이 논증이 타당하다는 것을 입증한다. 여기서는 타당한 기본논증들, 즉 가언적 삼단논법(H.S.), 부정논법(M.T.), 선언적 삼단논법(D.S.)이 **추론규칙**(rules of inference)으로 사용되어 전제들로부터 결론이 타당하게 추론 내지 연역된 것이다.

연역논증의 결론을 끌어내는 이 방법 — 논증의 타당성을 증명하기 위해 추론규칙을 연속적으로 사용하는 방법 — 은 추론규칙의 사용에 세심한 주의를 기울이기만 하면, 8장에서 다룬 진리표 방식 못지않게 신뢰할 수 있다. 더욱이 이 방법은 두 가지 점에서 진리표 방식보다 낫다. 방금 보았듯이 이 방법은 훨씬 더 효율적이다. 그리고 전제로부터 결론으로 나아가는 추론과정의 진행을 추적할 수 있게 한다는 점에서 이 방법은 훨씬 더 직감적이고 또 훨씬 더 명확하다. 이 방법을 흔히 **자연연역법**(natural deduction)이라고 부른다. 자연연역법을 사용하면, 어떤 타당한 논증에 대해서도 그 타당성의 형식적 증명을 제시할 수 있다.

타당성의 형식적 증명은 전제들과 이들로부터 연역해낸 명제들을 하나의 난에 쓴 다음 그 오른쪽 난에 그 명제들 각각에 대한 "정당화", 즉 증명에 그 명제들을 포함시키는 이유를 제시하는 방법이다. 먼저 모든 전제들을 열거하고 마지막 전제 옆에 빗금을 긋고 결론을 적는 것이 편리하다. 빗금을 긋게 되면 자동적으로 그 앞에 있는 모든 명제들은 전제가 된다. 만약 모든 명제들에 번호를 매겨두면 각 명제들에 대한 정당화는 그 명제를 추론하는 데 사용된 선행하는 명제의 번호와 추론 규칙의 약칭으로 간단명료하게 표시될 수 있다. 앞에서 예로 들었던 논증에 대한 형식적 증명은 다음과 같다.

1. $A \supset B$	
2. $B \supset C$	
3. $C \supset D$	
4. $\sim D$	
5. $A \vee E$	
$\therefore E$	
6. $A \supset C$	1, 2, H.S
7. $A \supset D$	6, 3, H.S
8. $\sim A$	7, 4, M.T.
9. E	5, 8, D.S.

어떤 논증에 대한 **타당성의 형식적 증명**이란 일련의 명제들 각각이 논증의 전제들이거나 선행하는 명제들로부터 타당한 기본논증이나 논리적 동치를 통해 도출된 명제들이며, 그 마지막 명제는 타당성이 증명되어야 할 논증의 결론이다.

우리는 **타당한 기본논증**을 타당한 기본논증의 형식에 대한 대입례인 모든 논증으로 정의한다. 여기서 한 가지 강조해 두어야 할 것은 타당한 기본논증의 형식에 대한 모든 대입례는 타당한 기본논증이라는 것이다. 따라서,

$(A \bullet B) \supset [C \equiv (D \vee E)]$
$A \bullet B$
$\therefore C \equiv (D \vee E)$

이와 같은 논증은 타당한 기본논증의 형식인 긍정논법(M.P.)의 한 대입례이기 때문에 타당한 기본논증이다. 이 논증은

$p \supset q$
p
$\therefore q$

라는 논증에서 p 대신 $A \bullet B$를 대입하고, q 대신 $C \equiv (D \vee E)$를 대입하여 얻어진 결과이므

로, 비록 그 논증의 고유형식은 아니지만 긍정논법의 형식을 가지고 있다.

사실 긍정논법이 매우 기본적인 타당한 논증형식이긴 하지만, 그 밖에 또 어떤 타당한 논증형식들이 추론규칙에 포함될 수 있을까? 타당성에 대한 형식적 증명을 구성할 때 사용될 수 있는 아홉 개 추론규칙의 목록에서 시작해 보자. 이 규칙들의 도움으로 타당성의 형식적 증명은 더욱 복잡한 논증들에 대해 다양하게 구성될 수 있다. 열거된 규칙들의 이름은 대부분 표준 명칭이며, 약칭을 사용하면 최소한의 문자로써 형식적 증명이 구성될 수 있다.

인물탐구

쿠르트 괴델(Kurt Gödel)

고등연구소(The Institute for Advanced Study)는 1930년에 뉴저지주의 프린스턴에서 설립되었다. 최초의 구성원은 알버트 아인슈타인과 존 폰 노이만 두 사람이었으며, 세 번째가 오스트리아 출신의 활동적인 논리학자 쿠르트 괴델(Kurt Gödel, 1906~1978)이었다. 그는 25세가 되는 1931년까지 두 편의 논문으로 된 「불완전성 정리들」을 발표했다. 그는 형식논리학의 영역에서 무서운 아이로 주목을 받았다.

괴델이 논리학계에 던진 충격을 이해하기 위해서는, 수십 년 동안 현대 논리학자들의 강령이 되어 왔던 거대한 기획에 주목할 필요가 있다. 그 기획은 모든 수학은 논리학에 토대를 두고 있으며, 소수의 기본적인 논리적 공리에서 도출될 수 있다는 것을 입증하는 일이다. 러셀과 화이트헤드 두 사람은 이 기획을 『수학원리(*Principia Mathematica*)』(1910-13)로 종결시키고자 했다. 기획이 성공적으로 종결되기 위해서는 고안된 논리체계가 모순이 없고 완전해야 한다. 그러나 괴델은 「수학원리 및 관련 체계들을 통해 형식적으로 결정될 수 없는 명제들에 관하여」라는 제목의 짧은 논문에서, 만약 어떤 공리 시스템에 내적인 모순이 없다면, 그 공리 시스템은 자연수의 연산을 충분히 기술할 수 있는 힘을 갖고 있지만, 완전하게 될 수는 없다는 것을 논증했다. 더욱이 (폰 노이만도 역시 알았듯이), 공리들의 무모순은 체계 자체 내에서는 확정될 수 없다.

어떤 공리화된 체계에는 참이지만 입증할 수 없는 명제가 적어도 하나는 항상 있어야 한다면, 수학 전체의 토대가 되기에 충분한 논리적 공리들의 어떤 집합을 찾아내는 것이 운명적인 것으로 생각되었다. 쿠르트 괴델은 이것을 입증함으로써 20세기의 가장 훌륭한 논리학자들 중 한 사람이 되었다.

괴델은 브르노시에서 태어났으며, 당시에는 그곳이 오스트리아-헝가리의 영토였다. 소년 시절 호기심이 무척 많아 그에게 'Herr Warum'이란 별명이 붙었는데, 이 말은 '왜요 씨(Mr. Why)'란 의미이다. 학창 시절 초기에는 어학과 수학 양쪽에서 두각을 나타내었기 때문에, 더 나은 공부를 위해 18세 때 비엔나로 옮겼다. 비엔나에서 그는 유태계의 많은 철학자들과 수학자들을 가까이 할 수 있었다. 그는 불완전성에 관한 논문을 출간한 후인 1933년에 처음으로 미국을 방문하여 고등연구소에서 강의를 했으며, 거기서 아인슈타인과 친구가 되었다. 그 해에 독일에서는 히틀러가 권력을 잡았다. 1938년 오스트리아가 나치 독일에 합병되었을 때, 괴델에게 닥친 비엔나의 환경은 위험으로 가득 차 있었다. 그래서 그는 시베리아 횡단열차를 타고 극동으로 가서, 일본을 경유하여 미국으로 탈출할 계획을 세웠다. 1939년 9월 제2차 세계대전이 발발하자, 괴델은 급히 도망쳤다. 그 해가 다 가기 전에 그는 미국의 프린스턴에 안착했다. 거기서 그는 고등연구소의 저명한 교수진의 일원으로서 연구 활동을 계속해 나갔다. 그의 절친한 친구였던 아인슈타인은 친구들에게 이렇게 털어놓은 적이 있다. 즉, "내가 연구소를 계속 방문한 것은 괴델과 함께 걸어서 집으로 가기 위해서였다"고.

유럽의 모든 유태인들을 죽이거나 추방하겠다는 히틀러의 망상적 결심은 결과적으로 미국인들의 지적 생활을 한층 풍요롭게 만들었다. 괴델도 히틀러의 망상에 쫓겨서 미국으로 이주하여 미국인들의 지적 생활을 풍요롭게 만든 아주 뛰어난 학자들 중 한 사람이었다. 나치의 압제에 대한 공포가 역설적이지만 미국에게는 하나의 축복과 은총이 되었다. 1947년 괴델은 미국의 시민이 되었고, 미국 헌법을 자세히 연구했다. 그는 1939년 히틀러의 손아귀를 벗어나 미국으로 온 이래 1978년 이 세상을 떠날 때까지 프린스턴에 머물렀다.

9.2 타당한 기본논증의 형식들

우리의 목적은 만약 연역논증이 타당하다면 그 타당성을 증명할 수 있는 일련의 논리적 규칙들 — 추론규칙들 — 을 구성하는 데 있다. 우리는 이미 소개한 적이 있는 타당한 기본논증의 형식들 — 긍정논법, 선언적 삼단논법 등등 — 로 시작했다. 이것들은 정말로 단순하고 일반적이다. 그러나 우리에게는 더 강력한 규칙들이 필요하다. 추론규칙들은 일종의 논리적 도구상자라고 할 수 있는데, 그 도구상자에는 타당성을 증명하기 위해 필요하면 꺼내어 쓸 수 있는 도구들이 들어있다. 이 밖에 그 도구상자에 꼭 있어야 할 것은 무엇일까? 어떻게 우리는 추론규칙의 목록을 늘려나갈 수 있을까?

필요한 추론규칙들은 두 집단이며, 각 집단은 서로 다른 종류의 규칙들을 포함한다.

첫 번째는 타당한 기본논증의 형식들이고, 두 번째는 기본적인 논리적 동치들의 작은 집단이다. 이 절에서는 타당한 기본논증의 형식들만 살펴보고자 한다.

우리가 이미 알고 있는 타당한 기본논증의 형식은 다음 네 가지이다.

1. 긍정논법(M.P. =Modus Ponens)

$p \supset q$

p

$\therefore q$

2. 부정논법(M.T. =Modus Tollens)

$p \supset q$

$\sim q$

$\therefore \sim p$

3. 가언적 삼단논법(H.S. =Hypothetical Syllogism)

$p \supset q$

$q \supset r$

$\therefore p \supset r$

4. 선언적 삼단논법(D.S. =Disjunctive Syllogism)

$p \vee q$

$\sim p$

$\therefore q$

효과적인 논리적 도구상자가 되려면, 우리는 다섯 개의 도구를 더 추가해야 한다. 추가할 논증형식들을 살펴보자. 이들 각각은 타당하며, 진리표를 이용하면 쉽게 검증된다.

5. 구성적 양도논법(C.D. =Constructive Dilemma)

$(p \supset q) \cdot (r \supset s)$

$p \vee r$

$\therefore q \vee s$

양도논법은 두 선택지 중 하나를 선택해야 하는 논증이다. 이 논증형식에서 선택지는 두 조건명제 $p \supset q$와 $r \supset s$의 전건들이다. 긍정논법으로 알 수 있듯이, $p \supset q$와 p가 주어지면

q를 추론할 수 있고, $r \supset s$와 r이 주어지면 s를 추론할 수 있다. 그러므로 $p \supset q$와 $r \supset s$ 둘 다 주어지고, 그리고 p와 r 중 하나(즉, 전건들 중 하나)가 주어지면, q와 s 중에서 하나(즉, 후건들 중에서 하나)를 타당하게 추론할 수 있다. 구성적 양도논법은 사실상 두 논증을 긍정논법의 형식으로 결합시킨 것이고, 진리표로 증명할 수 있듯이 확실히 타당하다. 우리는 구성적 양도논법(C.D.)을 도구상자에 추가한다.

> 6. 흡수논법 (Abs. =Absorption)
>
> $p \supset q$
>
> $\therefore p \supset (p \cdot q)$

물론 어떤 명제 p는 언제나 그 자신을 함축한다. 그러므로 만약 우리가 $p \supset q$를 알고 있다면, p는 그 자신과 q 둘 다 함축한다는 것을 타당하게 추론할 수 있다. 이것이 흡수논법이 말하는 전부이다. 왜 우리는 이토록 기본적인 규칙을 필요로 하는가? 그 필요성은 앞으로 차차 밝혀질 것이다. 간단히 말해두자면, 우리가 그것을 필요로 하는 까닭은 p를 조건기호($\supset$) 너머로 보내면 매우 편리할 뿐 아니라 때로는 그것이 필수적이기 때문이다. 사실상 흡수논법은 8장 10절에서 다룬 기본적인 논리적 원리들 중 하나인 동일률의 원리를 나타내고 있다. 우리는 흡수논법(Abs.)을 논리적 도구상자에 추가한다.

만약 우리가 앞에서 설명된 논리적 결합사들을 이해하고 있다면, 다음 두 가지의 타당한 기본논증의 형식은 직관적으로 매우 쉽게 파악할 수 있다.

> 7. 분리논법 (Simp. =Simplification)
>
> $p \cdot q$
>
> $\therefore p$

만약 두 명제 p와 q가 참이고, 두 명제가 연언($p \cdot q$)이면, 두 명제 중 하나인 p는 그 자체로서 참이라는 것을 우리는 타당하게 추론할 수 있다. 분리논법이 의미하는 것은 이것이 전부이다. 우리는 우리 앞에 놓인 표현을 단순화한다. 즉, 연언에서 p를 "분리하여" 그것을 단독으로 세운다. 우리에게 $p \cdot q$가 주어져 있기 때문에, 우리는 p와 q는 둘 다 반드시 참이라는 것을 알고 있다. 따라서 우리는 p가 참이라는 것을 확실히 알 수 있다.

q는 어떤가? 정확히 같은 이유로 q도 참이 아닌가? 물론 그렇다. 그렇다면 왜 기본논증의 형식으로서 분리논법은 p가 참이라는 것만을 결론으로 삼는가? 그 이유는 도구상자는

언제나 말끔하게 정돈되어 있기를 우리가 원하기 때문이다. 언제나 추론규칙들은 그 모습 그대로 정확하게 적용되어야 한다. 연언을 분리시킬 수 있는 규칙이 우리에게 분명히 필요하지만 그런 규칙이 두 개일 필요는 없다. 하나로 충분하다. 연언에서 q를 "분리할" 필요가 있을 때는, 현재 p가 놓인 위치에 q를 놓을 수 있고, 그런 다음 단 하나의 규칙인 분리논법을 사용할 수 있다. 따라서 분리논법을 논리적 도구상자에 추가한다.

8. 연접논법 (Conj. =Conjunction)

p

q

$\therefore p \cdot q$

연접논법은 만약 두 명제 p와 q가 참으로 알려져 있으면, 두 명제는 하나의 연언인 $p \cdot q$로 묶일 수 있다는 것만을 말한다. 우리는 두 명제를 연결할 수 있다. 만약 두 명제가 각각 참이면, 두 명제가 연결되어도 역시 참이 된다. 이 경우에 순서는 아무런 문제가 되지 않는다. 왜냐하면 우리는 항상 왼쪽에 놓고자 하는 것을 p로, 다른 것을 q로 취급할 수 있기 때문이다. 그 연결의 진리치는 연언이 주장하는 그대로이다. 우리는 연접논법을 논리적 도구상자에 추가한다.

아홉 개의 타당한 기본논증의 형식들 중 마지막도 역시 논리적 결합사—이 경우에는 선언—가 갖는 의미의 직접적인 결과이다.

9. 선접논법 (Add. =Addition)

p

$\therefore p \vee q$

만약 선언지들 중에서 어느 하나가 참이면, 선언은 반드시 참이 된다. 즉, p가 참이거나, 또는 q가 참이거나, 또는 둘 다 참이면, $p \vee q$는 참이다. 선언이 의미하는 것이 바로 저것이다. 따라서 다음과 같은 사실이 분명해진다. 즉, 만약 우리가 어떤 명제 p가 참임을 알고 있다면, 또한 우리는 그것이 참이거나 또는 어떤 다른 명제—그것이 어떤 것이든—가 참이라는 것도 알 수 있다. 그러므로 우리는 참인 것으로 알려진 한 명제를 p로 사용하고, 그것에 (논리적인 선언의 의미에서) 우리의 관심사인 어떤 명제를 추가하여 선언인 $p \vee q$를 만들 수 있다. 이것을 우리는 논리적 선접이라고 한다. 추가하는 명제 q는 p와 연결되지 않는다. q는 단지 선언지들 중 하나인 p가 참임이 알려져 있기 때문에 참임을 확실히 알 수 있는 선언명제를 만들기 위하여 p와 함께 사용되었을 뿐이다. 그렇게 만들어지는 선언명제는 추가되는 명제가 어떤 터무니없는 거짓을 주장하더라도 무조건 참이 된다. 우리는 미시간주가 플로리다주의 북쪽에 있다는 것을 알고 있다. 따라서 우리는 미시간주가 플로리다주의 북쪽에 있거나 또는 달이 녹색 치즈로 만들어졌다는 것을 안다. 또한 우리는 미시간주가 플로리다주의 북쪽에 있거나 또는 2+2는 5임을 안다. 추가되는 명제의 참 또는 거짓은 우리가 만든 선언의 진리치에 영향을 미치지 않는다. 왜냐하면 그 선언은 우리가 출발한 선언의 진리치에 의해 결정되기 때문이다. 따라서 참이라는 진리치를 갖는 p가 주어지면, q가 어떤 진리치를 갖더라도 $p \vee q$는 타당하게 추론될 수 있다. 이 원리, 즉 선접논법을 논리적 도구상자에 추가한다.

이상으로 아홉 개의 타당한 기본논증의 형식들로 구성된 하나의 도구상자가 완성되었다.

이 아홉 개의 기본논증의 형식들이 모두 타당하다는 것은 아주 분명하다. 그것들 중 어느 하나의 타당성에 대해 우리가 의문을 가질 수는 있지만, 진리표를 사용하면 그것의 타당성은 쉽게 증명될 수 있다. 그것들 각각은 단순하고 직관적으로 명백하다. 보다 확장된 논증들에 대해 타당성의 형식적 증명을 계속 구성해갈수록 도구상자의 논증형식들이 매우 효과적이라는 것을 알게 될 것이다.

개 요

추론규칙들: 타당한 기본논증의 형식들

명칭	약어	형식
1. 긍정논법	M.P.(modus ponens)	$p \supset q$ p $\therefore q$
2. 부정논법	M.T.(modus tollens)	$p \supset q$ $\sim q$ $\therefore \sim p$

명칭	약어	형식
3. 가언적 삼단논법	H.S.(hypothetical syllogism)	$p \supset q$ $q \supset r$ $\therefore p \supset r$
4. 선언적 삼단논법	D.S.(disjunctive syllogism)	$p \vee q$ $\sim p$ $\therefore q$
5. 구성적 양도논법	C.D.(constructive dilemma)	$(p \supset q) \cdot (r \supset s)$ $p \vee r$ $\therefore q \vee s$
6. 흡수논법	Abs.(absorption)	$p \supset q$ $\therefore p \supset (p \cdot q)$
7. 분리논법	Simp.(simplification)	$p \cdot q$ $\therefore p$
8. 연접논법	Conj.(conjunction)	p q $\therefore p \cdot q$
9. 선접논법	Add.(addition)	p $\therefore p \vee q$

이 기본논증의 형식들이 지닌 두 가지 특징을 간과해서는 안 된다. 첫째, 이 형식들은 반드시 정확하게 적용되어야 한다. 긍정논법을 사용하여 타당성을 증명하는 논증은 정확한 형식(즉, $p \supset q$, p, $\therefore q$)을 갖추고 있어야 한다. 각 명제 변항은 반드시 어떤 명제(단순명제 또는 복합명제)가 일관되고, 또 정확하게 대입되어야 한다. 그러므로 가령 $(C \vee D) \supset (J \vee K)$와 $(C \vee D)$가 주어져 있으면, 우리는 긍정논법으로 $(J \vee K)$를 추론할 수 있다. 그러나 $(K \vee J)$는 비록 그것이 참일지라도 긍정논법에 의해 추론될 수 없다. 기본논증의 형식이 우리가 다루는 논증에 꼭 맞아야 한다. 어떤 지름길—어떤 임시방편—도 허용되지 않는다. 왜냐하면 우리는 우리의 추론 결과가 타당하다는 것을 확실히 알아보려고 하며, 그리고 우리가 추론하는 일련의 과정에서 모든 연결이 절대적으로 타당하다는 것을 우리가 입증할 수 있을 경우에만 저것을 알 수 있기 때문이다.

둘째, 이 타당한 기본논증의 형식들은 우리가 다루는 더 큰 논증의 전체 단계(행)에 적용되어야만 한다. 그러므로 $[(X \cdot Y) \supset Z] \cdot T$가 주어지면, 분리논법으로 X를 타당하게 추론할 수 없다. X는 연언의 연언지들 중 하나이지만, 그 연언은 보다 더 복잡한 식의 일부이다. 그 복잡한 식이 참이라고 하더라도, X는 참이 아닐 수 있다. 우리가 추론할 수 있는 것은 만약 X와 Y가 모두 참이면, Z가 참이 된다는 것뿐이다. 분리논법은 전체 단계에만 적용되며, 그리고 그것은 연언일 수밖에 없다. 연언의 좌측(좌측만이)이 그것의 결론이 된다. 그러므로 동일한 단계(행), 즉 $[(X \bullet Y) \supset Z] \bullet T$에서 우리는 분리논법에 의해 $(X \bullet Y) \supset Z$를 타당하게 추론할 수 있다. 그러나 설사 T가 참이라고 하더라도, 우리는 분리논법에 의해 그것을 추론할 수는 없다.

연역 논리에서 형식적 증명은 결정적인 힘을 갖고 있다. 그러나 형식적 증명이 이런 힘을 갖는 유일한 이유는 형식적 증명이 옳을 경우 도출된 추론의 타당성에 대해 추호의 의문도 있을 수 없기 때문이다. 미세한 균열이 전체의 힘을 파괴한다.

우리는 아홉 개의 타당한 기본논증의 형식들을 확실히 기억해야 한다. 형식적 증명을 구성해 나갈 때 우리는 항상 이것들을 염두에 두어야만 한다. 이 기본논증의 형식들을 완전히 이해하고 또 그것들을 직접 정확하게 적용할 수 있어야만, 보다 확장된 논증의 타당성에 대해서도 형식적 증명이 제대로 이루어질 수 있다.

논리연습

다음은 20개의 타당한 기본논증들이다. 이 논증들이 타당한 이유는 그것들이 각각 아홉 개의 타당한 기본논증의 형식들 중 하나의 형식으로 되어 있기 때문이다. 각 논증에 대해, 그 전제(들)로부터 결론을 도출해 낼 수 있는 추론규칙을 진술하라.

▌보기문제

1. $(A \bullet B) \supset C$

$\therefore (A \bullet B) \supset [(A \bullet B) \bullet C]$

▌문제풀이

흡수논법. 만약 $(A \bullet B)$와 C를 각각 p와 q로 바꾸면, 이 논증은 정확하게 다음과 같은 형식이 된다. 즉,

$p \supset q$

$\therefore p \supset (p \bullet q)$

*1. $(A \bullet B) \supset C$

$\therefore (A \bullet B) \supset [(A \bullet B) \bullet C]$

2. $(D \vee E) \bullet (F \vee G)$

$\therefore D \vee E$

3. $H \supset I$
$\therefore (H \supset I) \vee (H \supset \sim I)$

4. $\sim(J \cdot K) \cdot (L \supset \sim M)$
$\therefore \sim(J \cdot K)$

*5. $[N \supset (O \cdot P)] \cdot [Q \supset (O \cdot R)]$
$N \vee Q$
$\therefore (O \cdot P) \vee (O \cdot R)$

6. $(X \vee Y) \supset \sim(Z \cdot \sim A)$
$\sim\sim(Z \cdot \sim A)$
$\therefore \sim(X \vee Y)$

7. $(S \equiv T) \vee [(U \cdot V) \vee (U \cdot W)]$
$\sim(S \equiv T)$
$\therefore (U \cdot V) \vee (U \cdot W)$

8. $\sim(B \cdot C) \supset (D \vee E)$
$\sim(B \cdot C)$
$\therefore D \vee E$

9. $(F \equiv G) \supset \sim(G \cdot \sim F)$
$\sim(G \cdot \sim F) \supset (G \supset F)$
$\therefore (F \equiv G) \supset (G \supset F)$

*10. $(I \equiv H) \supset \sim(H \cdot \sim I)$
$\sim(H \cdot \sim I) \supset (H \supset I)$
$\therefore (I \equiv H) \supset (H \supset I)$

11. $(A \supset B) \supset (C \vee D)$
$A \supset B$
$\therefore C \vee D$

12. $[\mathrm{E} \supset (\mathrm{F} \equiv \sim \mathrm{G})] \vee (C \vee D)$
$\sim[\mathrm{E} \supset (\mathrm{F} \equiv \sim \mathrm{G})]$
$\therefore C \vee D$

13. $(C \vee D) \supset [(J \vee K)) \supset (J \cdot K)]$
$\sim[(J \vee K)) \supset (J \cdot K)]$
$\therefore \sim(C \vee D)$

14. $\sim[L \supset (M \supset N)] \supset \sim(C \vee D)$
$\sim[L \supset (M \supset N)]$
$\therefore \sim(C \vee D)$

*15. $(J \supset K) \cdot (K \supset L)$
$L \supset M$
$\therefore [(J \supset K) \cdot (K \supset L)] \cdot (L \supset M)$

16. $Q \supset (O \vee R)$
$N \supset (O \vee P)$
$\therefore [Q \supset (O \vee R)] \cdot [N \supset (O \vee P)]$

17. $(S \supset T) \supset (U \supset V)$
$\therefore (S \supset T) \supset [(S \supset T) \cdot (U \supset V)]$

18. $(W \cdot \sim X) \equiv (Y \supset Z)$
$\therefore [(W \cdot \sim X) \equiv (Y \supset Z)] \vee (X \equiv \sim Z)$

19. $[(H \cdot \sim I) \supset C] \cdot [(I \cdot \sim H) \supset D]$
$(H \cdot \sim I) \vee (I \cdot \sim H)$
$\therefore C \vee D$

*20. $(C \vee D) \supset [(O \supset P) \supset Q]$
$[(O \supset P) \supset Q] \supset \sim(C \vee D)$
$\therefore (C \vee D) \supset \sim(C \vee D)$

9.3 타당성의 형식적 증명의 배열

우리는 어떤 논증에 대한 타당성의 형식적 증명을 배열된 일련의 명제들로 정의했으며, 그 명제들은 각각 그 논증의 전제이거나 또는 타당한 기본논증이나 논리적 동치에 의해 선행 명제로부터 도출된 것이며, 그 마지막 명제는 타당성이 증명되고 있는 그 논증의 결론이다. 우리가 해야 할 일은 주어진 논증의 타당성을 증명하기 위하여 이 일련의 명제들을 순서에 맞게 만들어내는 것이다.

이 일은 쉬운 일이 아니다. 이와 같은 일련의 순서를 만들어내려고 시도하기에 앞서, 형식적 증명의 외형과 그 성격을 제대로 알아두면 도움이 될 것이다. 이 절에서 우리는 형식적 증명들이 어떤 기능을 하는지 알아보기 위하여, 또 형식적 증명을 구성하기 위한 “느낌”을 체득하기 위하여, 여러 가지 완전한 형식적 증명들을 살펴볼 것이다.

우리의 첫 단계는 그러한 증명들을 고안해 내는 것이 아니라, 그것들을 이해하고 그 가치를 제대로 인식하는 것이다. 명제들의 배열순서는 각 경우마다 우리 앞에 제시되어 있다. 배열되어 있는 모든 명제는 논증의 전제이거나 또는 — 9장 1절에서 제시된 예의 경우처럼 — 타당한 기본논증의 형식들 중 하나를 사용하여 순서상 선행 명제로부터 도출된 것이다. 정당화하는 추론규칙이 제시되지 않은 증명을 만나더라도 우리는 그것이 완성된 증명이며, 전제가 아닌 증명 속의 모든 단계들은 선행하는 단계들로부터 연역될 수 있다는 것을 알고 있다. 이러한 연역을 이해하기 위해서는 아홉 개의 타당한 기본논증의 형식들을 반드시 기억하고 있어야 한다.

아주 견고하게 배열되어 있는 몇 가지 증명을 살펴보자. 첫 번째 예는 다음에 나올 [논리연습]의 1번이다.

보기 문제 1

1. $A \cdot B$
2. $(A \vee C) \supset D$

   $\therefore A \cdot D$
3. A
4. $A \vee C$
5. D
6. $A \cdot D$

이 증명의 처음 두 단계는 전제로 보인다. 왜냐하면 둘은 "그러므로"를 나타내는 기호 (∴)보다 앞에 놓여있고, 이 기호의 바로 우측에 있는 것이 논증의 결론인 $A \bullet D$이기 때문이다. 증명의 마지막 단계는 논증의 결론과 같은 결론인 $A \bullet D$이다(만약 형식적 증명이 올바르다면 이렇게 될 수밖에 없다). 전제들과 결론 사이의 단계들은 어떠한가? 단계 3의 A는 단계 1의 $A \bullet B$로부터 분리논법에 의해 연역될 수 있다. 따라서 단계 3의 우측에 그 단계가 연역된 근거가 되는 단계의 번호와 연역을 위해 그 단계에 적용된 추론규칙의 이름, 즉 "1, Simp."를 명기한다. 단계 4는 $A \vee C$이다. 어떻게 이 단계가 그 위의 단계들로부터 추론될 수 있을까? 우리는 분리논법에 의해 단계 2로부터 그것을 추론할 수 없다. 그러나 우리는 단계 3인 A로부터 선접논법에 의해 그것을 추론할 수 있다. 선접논법이 우리에게 말해주고 있는 것은 만약 p가 참이면 q가 무엇이든 $p \vee q$는 참이 된다는 것이다. 저 논리 형식을 정확하게 적용하면, 우리는 A로부터 $A \vee C$가 참임을 추론할 수 있다. 따라서 단계 4의 우측에 "3, Add."라고 명기한다. 단계 5는 D이다. D는 단계 2에서 조건명제, 즉 $(A \vee C) \supset D$의 후건으로 나온다. 우리는 단계 4에서 $A \vee C$가 참임을 증명했다. 이제 긍정논법을 사용하면 D를 증명하기 위해 우리는 이것을 단계 2의 조건명제와 연결시킬 수 있다. 따라서 단계 5의 우측에 "2, 4, M.P."라고 명기한다. A는 참임이 증명되었고 (단계 3에서), D도 (단계 5에서) 참임이 증명되었다. 따라서 이 둘은 타당하게 연접될 수 있다. 이것이 단계 6이 언명하는 $A \bullet D$이다. 따라서 단계 6의 우측에 "3, 5, Conj."라고 명기한다. 이 단계의 $A \bullet D$는 논증의 결론과 같다. 따라서 이 단계는 증명을 구성하는 명제들의 배열 순서에서 마지막 명제가 된다. 이 증명은 완전한 것으로 우리에게 제시되었으며, 증명의 각 단계마다 정당성이 명시됨으로써 그 내용이 충실하게 구체화되었다.

이 예에서 그리고 다음 [논리연습]에서, 각 증명의 모든 단계는 논리적 도구상자에 들어 있는 타당한 기본논증의 형식들 중 하나를 사용함으로써 정당화될 수 있다. 어떤 종류이든 다른 추론은 그것이 아무리 그럴듯할지라도 허용되지 않는다. 두 개의 전제를 가진 논증형식(이를테면 긍정논법이나 선언적 삼단논법)을 가리키는 경우가 있을 때, 우선 우리는 그것들이 타당한 기본논증의 형식에 나타나는 순서에 따라 사용된 그 단계의 번호를 지적했다. 그러므로 보기 문제 1의 단계 5는 "2, 4, M.P."로 정당화된다.

형식적 증명의 구성에 능숙해지려면 아홉 개의 타당한 기본논증의 형식들 — 우리가 앞으로 널리 사용하게 될 추론규칙들 중 앞에 있는 아홉 개 — 의 형태와 변화에 충분히 숙달되어야 한다.

논리연습

다음 문제들 각각은 지적된 논증에 대해 완전한 타당성의 형식적 증명을 나타내고 있다. 번호가 붙은 단계들 중에서 전제가 아닌 각 단계에 대한 정당성을 진술하라.

***1.** 1. $A \cdot B$
2. $(A \vee C) \supset D$
$\therefore A \cdot D$
3. A
4. $A \vee C$
5. D
6. $A \cdot D$

2. 1. $(E \vee F) \cdot (G \vee H)$
2. $(E \supset G) \cdot (F \supset H)$
3. $\sim G$
$\therefore H$
4. $E \vee F$
5. $G \vee H$
6. H

3. 1. $I \supset J$
2. $J \supset K$
3. $L \supset M$
4. $I \vee L$
$\therefore K \vee M$
5. $I \supset K$
6. $(I \supset K) \cdot (L \supset M)$
7. $K \vee M$

4. 1. $N \supset O$
2. $(N \cdot O) \supset P$
3. $\sim(N \cdot P)$
$\therefore \sim N$
4. $N \supset (N \cdot O)$
5. $N \supset P$
6. $N \supset (N \cdot P)$
7. $\sim N$

***5.** 1. $Q \supset R$
2. $\sim S \supset (T \supset U)$
3. $S \vee (Q \vee T)$
4. $\sim S$
$\therefore R \vee U$
5. $T \supset U$
6. $(Q \supset R) \cdot (T \supset U)$
7. $Q \vee T$
8. $R \vee U$

6. 1. $W \supset X$
2. $(W \supset Y) \supset (Z \vee X)$
3. $(W \cdot X) \supset Y$
4. $\sim Z$
$\therefore X$
5. $W \supset (W \cdot X)$
6. $W \supset Y$
7. $Z \vee X$
8. X

7. 1. $(A \vee B) \supset C$

8. 1. $F \supset \sim G$

2. $(C \vee B) \supset [A \supset (D \equiv E)]$
3. $A \bullet D$
$\therefore D \equiv E$
4. A
5. $A \vee B$
6. C
7. $C \vee B$
8. $A \supset (D \equiv E)$
9. $D \equiv E$

9. 1. $I \supset J$
2. $I \vee (\sim\sim K \bullet \sim\sim J)$
3. $L \supset \sim K$
4. $\sim(I \bullet J)$
$\therefore \sim L \vee \sim J$
5. $I \supset (I \bullet J)$
6. $\sim I$
7. $\sim\sim K \bullet \sim\sim J$
8. $\sim\sim K$
9. $\sim L$
10. $\sim L \vee \sim J$

2. $\sim F \supset (H \supset \sim G)$
3. $(\sim I \vee \sim H) \supset \sim\sim G$
4. $\sim I$
$\therefore \sim H$
5. $\sim I \vee \sim H$
6. $\sim\sim G$
7. $\sim F$
8. $H \supset \sim G$
9. $\sim H$

***10.** 1. $(L \supset M) \supset (N \equiv O)$
2. $(P \supset \sim Q) \supset (M \equiv \sim Q)$
3. $\{[(P \supset \sim Q) \vee (R \equiv S)] \bullet (N \vee O)\} \supset [(R \equiv S) \supset (L \supset M)]$
4. $(P \supset \sim Q) \vee (R \equiv S)$
5. $N \vee O$
$\therefore (M \equiv \sim Q) \vee (N \equiv O)$
6. $[(P \supset \sim Q) \vee (R \equiv S)] \bullet (N \vee O)$
7. $(R \equiv S) \supset (L \supset M)$
8. $(R \equiv S) \supset (N \equiv O)$
9. $[(P \supset \sim Q) \supset (M \equiv \sim Q)] \bullet [(R \equiv S) \supset (N \equiv O)]$
10. $(M \equiv \sim Q) \vee (\mathrm{N} \equiv O)$

9.4 타당성의 형식적 증명의 구성

이제 우리는 연역 논리의 중심 과제들 중의 하나로 돌아간다. 그것은 곧 타당한 논증은 실제로 타당하다는 것을 형식적으로 증명하는 것이다. 앞의 몇 절에서 우리가 검토했던 형식적 증명들은 각 단계에 대해 타당한 근거를 보충하는 것만으로도 충분했다. 그렇지만 이제부터 우리가 만나게 될 논증들은 우리가 그 형식적 증명을 구성해야 한다. 이것은 대부분의 논증에 있어서는 쉬운 일이지만, 일부 논증에 있어서는 매우 힘든 일이다. 필요한 증명이 짧고 간단한 것이든 길고 복잡한 것이든, 그 모든 경우에 도구가 되는 것은 추론규칙들이다. 증명에 성공하려면 추론규칙에 정통해야 한다. 규칙의 목록을 미리 갖고 있는 것으로는 충분하지 않다. 증명이 구상되고 있을 때 필요한 규칙들을 기억 속에서 불러낼 수 있어야 한다. 이렇게 할 수 있는 능력은 연습을 통해서 급속히 신장될 것이며, 큰 만족을 안겨 줄 것이다.

간단한 논증에 대한 증명부터 시작해보자. 필요한 (또는 우리의 용도를 위해 쓰일 수 있는) 규칙들은 지금까지 우리가 사용해 왔던 아홉 개의 타당한 기본논증의 형식들뿐이다. 이 한계가 나중에는 극복될 것이다. 그러나 논리적 도구상자에 들어있는 이 아홉 개의 규칙만으로도, 아주 많은 논증들의 타당성이 형식적으로 증명될 수 있다. 전제 외에 둘 이상의 명제를 추가할 필요가 없는 논증을 살펴보자.

우리가 먼저 살펴볼 두 가지 예는 다음 [논리연습]에 나오는 문제이다.

첫 번째 예는 다음과 같은 논증이다.

1. A
2. B

$\therefore (A \vee C) \bullet B$

이 논증의 결론인 $(A \vee C) \bullet B$는 연언이다. 우리는 두 번째 연언지 B가 단계 2에서 전제로 주어져 있음을 금방 알 수 있다. 이제 필요한 것은 선언명제 $(A \vee C)$뿐이며, 증명을 완성하기 위해 이 명제를 B와 연접시킬 수 있다. $(A \vee C)$는 단계 1의 전제 A로부터 쉽게 얻어진다. 선접논법의 규칙을 이용하여 우리는 쉽게 C를 추가할 수 있다. 선접논법이란 주어진 p의 진리치가 참이면 어떤 q라도 p에 (선언적으로) 추가할 수 있다는 것이다. 이 예에서 우리는 A가 참임을 이미 알고 있다. 따라서 우리는 선접논법에 의해 $A \vee C$는 반드시 참일 수밖에 없다는 것을 추론할 수 있다. 이 증명의 단계 3은 "3. A∨C 1,Add."이다.

단계 4에서 우리는 이 선언명제(단계 3)를 전제 *B*(단계 2)와 연언으로 결합시킬 수 있다. 따라서 단계 4는 "4. $(A \vee C) \bullet B$ 3, 2, Conj."으로 된다. 배열 순서의 마지막인 단계 4는 증명되고 있는 논증의 결론과 같다. 형식적 증명이 마무리되었다.

형식적 증명에 두 단계만 추가되는 논증의 두 번째 예는 아래와 같다.

1. $D \supset E$
2. $D \bullet E$

$\therefore E$

이 논증의 결론인 *E*는 첫 번째 전제로 주어진 조건명제 $D \supset E$의 후건이다. 만약 우리가 *D*의 진리치를 확정할 수 있다면, 우리는 긍정논법에 의해 *E*의 진리치를 추론할 수 있다. 물론 우리는 두 번째 전제인 $D \bullet F$로부터 분리논법에 의해 *D*의 진리치를 확정할 수 있다. 따라서 완전한 형식적 증명은 아래의 네 단계로 이루어진다.

1. $D \supset E$	
2. $D \bullet E$	/ $\therefore E$
3. D	2, Simp.
4. E	1, 3, M.P.

두 예와 이어서 나올 [논리연습]에서는 정확히 두 명제만 추가하면 각 논증에 대한 형식적 증명이 완성된다. 만약 아홉 개의 타당한 기본논증의 형식들만 확실히 기억한다면, 이것은 쉬울 것이다. 각 증명의 배열 순서에서 마지막 단계는 언제나 증명되고 있는 논증의 결론임을 명심하라.

논리연습

1. A

   B

   $\therefore (A \vee C) \bullet B$

2. $D \supset E$

   $D \bullet F$

   $\therefore E$

3. G

   H

4. $J \supset K$

   J

$\therefore (G \cdot H) \vee I$

$\therefore K \vee L$

*5. $M \vee N$
$\sim M \cdot \sim O$
$\therefore N$

6. $P \cdot Q$
R
$\therefore P \cdot R$

7. $S \supset T$
$\sim T \cdot \sim U$
$\therefore \sim S$

8. $V \vee W$
$\sim V$
$\therefore W \vee X$

9. $Y \supset Z$
Y
$\therefore Y \cdot Z$

*10. $A \supset B$
$(A \cdot B) \supset C$
$\therefore A \supset C$

11. $D \supset E$
$(E \supset F) \cdot (F \supset D)$
$\therefore D \supset F$

12. $(G \supset H) \cdot (I \supset J)$
G
$\therefore H \vee J$

13. $\sim (K \cdot L)$
$K \supset L$
$\therefore \sim K$

14. $(M \supset N) \cdot (M \supset O)$
$N \supset O$
$\therefore M \supset O$

*15. $(P \supset Q) \cdot (R \supset S)$
$(P \vee R) \cdot (Q \vee R)$
$\therefore Q \vee S$

16. $(T \supset U) \cdot (T \supset V)$
T
$\therefore U \vee V$

17. $(W \vee X) \supset Y$
W
$\therefore Y$

18. $(Z \cdot A) \supset (B \cdot C)$
$Z \supset A$
$\therefore Z \supset (B \cdot C)$

19. $D \supset E$
$[D \supset (D \cdot E)] \supset (F \supset \sim G)$
$\therefore F \supset \sim G$

*20. $(\sim H \vee I) \vee J$
$\sim (\sim H \vee I)$
$\therefore J \vee \sim H$

21. $(K \supset L) \supset M$
$\sim M \cdot \sim (L \supset K)$
$\therefore \sim (K \supset L)$

22. $(N \supset O) \supset (P \supset Q)$
$[P \supset (N \supset O)] \cdot [N \supset (P \supset Q)]$
$\therefore P \supset (P \supset Q)$

23. $R \supset S$
$S \supset (S \cdot R)$
$\therefore [R \supset (R \cdot S)] \cdot [S \supset (S \cdot R)]$

24. $[T \supset (U \vee V)] \cdot [U \supset (T \vee V)]$
$(T \vee U) \cdot (U \vee V)$
$\therefore (U \vee V) \vee (T \vee V)$

*25. $(W \cdot X) \supset (Y \cdot Z)$
$\sim[(W \cdot X) \cdot (Y \cdot Z)]$
$\therefore \sim(W \cdot X)$

26. $A \supset B$
$A \vee C$
$C \supset D$
$\therefore B \vee D$

27. $(E \cdot F) \vee (G \supset H)$
$I \supset G$
$\sim(E \cdot F)$
$\therefore I \supset H$

28. $J \vee \sim K$
$K \vee (L \supset J)$
$\sim J$
$\therefore L \supset J$

29. $(M \supset N) \cdot (O \supset P)$
$N \supset P$
$(N \supset P) \supset (M \vee O)$
$\therefore N \vee P$

*30. $Q \supset (R \vee S)$
$(T \cdot U) \supset R$
$(R \vee S) \supset (T \cdot U)$
$\therefore Q \supset R$

9.5 확장된 형식적 증명의 구성

두 개의 명제만 추가해도 형식적 증명이 완성될 수 있는 논증들은 간단하고 쉽다. 이제 우리는 한걸음 더 나아가 보다 복잡한 논증의 타당성을 형식적으로 증명해 보고자 한다. 그러나 증명의 과정은 동일하다. 즉, 순서가 마지막인 명제의 목표는 언제나 논증의 결론이며, 추론규칙들은 항상 우리의 유일한 논리적 도구가 될 것이다.

다음 예는 [논리연습] A 그룹의 첫 번째 문제이며, 증명을 위해 세 개의 명제가 추가되어야 하는 논증이다.

1. $A \vee (B \supset A)$
2. $\sim A \cdot C$

$\therefore \sim B$

(대부분의 경우와 마찬가지로) 이 논증의 증명을 구상할 때는 우리에게 어떤 행동계획이 필요하다. 즉, 우리가 우리의 규칙들을 사용하여 찾고 있는 결론을 향해 나아갈 수 있는 어떤 전략이 필요하다. 여기서는 그 결론이 $\sim B$이다. 우리 스스로에게 자문해 본다. 즉, 전제들의 어디에서 B가 나타나는가? B는 첫 번째 전제의 한 요소인 가언명제 $(B \supset A)$의 전건에만 나타난다. 그렇다면 $\sim B$는 어떻게 도출될 수 있을까? 만약 우리가 가언명제의 진리치를 따로 확정할 수 있고, 더욱이 $\sim A$의 진리치까지 확정할 수 있다면, 우리는 $B \supset A$로부터 부정논법을 적용하여 $\sim B$를 추론할 수 있다. 여기서 요구되는 두 단계 모두 쉽게 이루어질 수 있다. $\sim A$는 단계 2로부터 분리논법에 의해 추론될 수 있다.

3. $\sim A$ 2, Simp.

그 다음 우리는 $(B \supset A)$를 추론하기 위해 선언적 삼단논법을 사용하여 $\sim A$를 단계 1에 적용할 수 있다.

4. $(B \supset A)$ 1, 3, D.S.

그 다음 단계 4와 단계 3에 부정논법을 사용하여 증명을 완성시킬 수 있다.

5. $\sim B$ 4, 3, M.T.

이 논증에 사용된 전략은 쉽게 구상될 수 있는 것이다. 그러나 경우에 따라서는 필요한 전략을 구상해내는 것이 그렇게 간단하지 않을 수도 있다. 그럴 때는 다음과 같이 스스로에게 질문을 던져보는 것이 도움이 된다. 즉, 어떤 명제가(명제들이) 결론을 추론할 수 있게 해주는가? 또는 어떤 명제가(명제들이) 결론을 추론할 수 있게 해주는가? 결론에서 전제 쪽으로 거꾸로 나아가면 길이 열린다.

논리연습

A. 아래의 각 논증은 정확히 세 개의 명제를 전제에 추가하면 타당성의 형식적 증명이 가능하다. 세심하게 그리고 정확하게 증명을 구성하다 보면, 추론규칙의 구사능력은 물론이고 더 확장되고 더 복잡한 증명을 구성하기 위해 필요한 예비적 능력도 강화될 것이다.

1. $A \vee (B \supset A)$
   $\sim A \bullet C$
   $\therefore \sim B$

2. $(D \vee E) \supset (F \bullet G)$
   D
   $\therefore F$

3. $(H \supset I) \bullet (H \supset J)$
   $H \bullet (I \vee J)$
   $\therefore I \vee J$

4. $(K \bullet L) \supset M$
   $K \supset L$
   $\therefore K \supset [(K \bullet L) \bullet M]$

*5. $N \supset [(N \bullet O) \supset P]$
   $N \bullet O$
   $\therefore P$

6. $Q \supset R$
   $R \supset S$
   $\sim S$
   $\therefore Q \bullet \sim R$

7. $T \supset U$
   $V \vee \sim U$
   $\sim V \bullet \sim W$
   $\therefore \sim T$

8. $\sim X \supset Y$
   $Z \supset X$
   $\sim X$
   $\therefore Y \cdot \sim Z$

9. $(A \vee B) \supset \sim C$
   $C \vee D$
   A
   $\therefore D$

*10. $E \vee \sim F$
   $F \vee (E \vee G)$
   $\sim E$
   $\therefore G$

11. $(H \supset I) \bullet (J \supset K)$
   $K \vee H$
   $\sim K$
   $\therefore I$

12. $L \vee (M \supset N)$
   $\sim L \supset (N \supset O)$
   $\sim L$
   $\therefore M \supset O$

13. $(P \supset Q) \bullet (Q \supset P)$
   $R \supset S$

14. $(T \supset U) \bullet (V \supset W)$
   $(U \supset X) \bullet (W \supset Y)$

$P \vee R$ T

$\therefore Q \vee S$ $\therefore X \vee Y$

*15. $(Z \bullet A) \supset B$

$B \supset A$

$(B \bullet A) \supset (A \bullet B)$

$\therefore (Z \bullet A) \supset (A \bullet B)$

거의 대부분의 형식적 증명은 전제에 추가되는 둘 또는 셋 이상의 명제를 필요로 한다. 어떤 경우에는 매우 많은 명제들이 추가되기도 한다. 그러나 얼마나 많은 명제가 추가되든, 필요한 증명을 구상하는 데는 동일한 과정과 동일한 전략적 방법이 필요하다. 이 절에서 우리는 우리의 추론규칙으로서 역할을 하는 아홉 개의 타당한 기본논증의 형식에 전적으로 의존한다.

더 길고 더 복잡한 증명을 처음 구성해 보는 것이므로 이에 대한 예를 눈여겨보도록 하자. 이 예는 다음 [논리연습] B 그룹의 첫 번째 문제이다. 어려운 문제는 아니지만, 지금까지 우리가 다루었던 것들보다는 길다.

1. $A \supset B$
2. $A \vee (C \bullet D)$
3. $\sim B \bullet \sim E$

$\therefore C$

이 논증을 증명하기 위해 필요한 전략을 찾아내는 것은 어렵지 않다. C를 얻기 위해서는 단계 2의 전제를 분리시켜야만 한다. 그렇게 하기 위해서는 $\sim A$가 필요하다. $\sim A$를 확정하기 위해서는 $\sim B$를 사용하여 단계 1에 부정논법을 적용해야 한다. 따라서 우리는 단계 3에 분리논법을 적용함으로써 이 증명의 단계 4로 이어갈 수 있다.

1. $A \supset B$
2. $A \vee (C \bullet D)$
3. $\sim B \bullet \sim E$ $/ \therefore C$
4. $\sim B$ 3, Simp.

단계 4를 이용하면, 단계 1에서 $\sim A$를 얻을 수 있다.

5. $\sim A$　　　　　　1, 4, M.T.

확정된 $\sim A$를 가지고 선언적 삼단논법을 사용하면 우리는 우리가 계획했던 바대로 단계 2를 분리시킬 수 있다.

6. $C \cdot D$　　　　　　2, 5, D.S.

결론은 단계 6으로부터 분리논법에 의해 도출될 수 있다.

7. C　　　　　　6, Simp.

이 경우의 형식적 증명을 위해서는 (전제들을 포함하여) 일곱 단계가 필요하다. 어떤 증명은 이것보다 훨씬 더 많은 단계를 필요로 하지만, 그 목적과 방법은 항상 동일하다.

형식적 증명을 구상할 때, 어떤 명제가 올바르게 추론되어 번호가 붙은 배열 순서에 추가되지만 그것이 불필요한 것으로 판명되는 경우가 종종 있다. 견고한 증명은 그런 명제를 사용하지 않고서도 이루어질 수 있다. 그런 경우에는 보통 불필요한 명제를 지우고, 증명을 고쳐 쓰는 것이 최선이다. 그러나 만약 불필요한 명제를 그대로 남겨둔 채, 올바르게 추론된 다른 명제들로써 증명이 정확하게 구성된다면, 불필요한 명제를 포함하고 있다고 해서 (썩 좋은 모양은 아니지만) 그 증명이 틀린 것으로 되는 것은 아니다. 논리학자들은 짧은 증명, 즉 추론규칙이 허용하는 한 직접적으로 결론을 향해 나아가는 증명을 선호한다. 그러나 복잡한 증명을 구성하고 있을 때, 훨씬 이전의 어떤 명제(들)가 필요없이 추론되었다는 것이 분명할지라도 단계의 번호를 더 늘려서 그런 명제(들)를 그대로 남겨두는 것이 더 효과적일 수 있다. 물론 불필요한 명제들을 남겨놓음으로써 단계의 번호는 더 늘어날 것이다. 논리적 견고성이 가장 중요한 목적이다. 견고한 형식적 증명이 되려면, 추론규칙을 올바르게 적용함으로써 각 단계가 올바르게 도출되고, 또 끊어지지 않는 일련의 논증을 통해 전제들과 결론이 올바르게 연결되어야 한다. 비록 그것이 구상 가능한 다른 어떤 증명만큼 명쾌하고 우아하지는 않다고 하더라도 말이다.

논리연습

B. 비록 어떤 것들은 그 완성에 (전제를 포함하여) 8 내지 9단계가 필요하지만, 다음의 각 논증들은 큰 어려움 없이 타당성의 형식적 증명이 가능하다.

1. $A \supset B$
   $A \vee (C \cdot D)$
   $\sim B \cdot \sim E$
   $\therefore C$

2. $(F \supset G) \cdot (H \supset I)$
   $J \supset K$
   $(F \vee J) \cdot (H \vee L)$
   $\therefore G \vee K$

3. $(\sim M \cdot \sim N) \supset (O \supset N)$
   $N \supset M$
   $\sim M$
   $\therefore \sim O$

4. $(K \vee L) \supset (M \vee N)$
   $(M \vee N) \supset (O \cdot P)$
   K
   $\therefore O$

*5. $(Q \supset R) \cdot (S \supset T)$
   $(U \supset V) \cdot (W \supset X)$
   $Q \vee U$
   $\therefore R \vee V$

6. $W \supset X$
   $(W \cdot X) \supset Y$
   $(W \cdot Y) \supset Z$
   $\therefore W \supset Z$

7. $A \supset B$
   $C \supset D$
   $A \vee C$
   $\therefore (A \cdot B) \vee (C \cdot D)$

8. $(E \vee F) \supset (G \cdot H)$
   $(G \vee H) \supset I$
   E
   $\therefore I$

9. $J \supset K$
   $K \vee L$
   $(L \cdot \sim J) \supset (M \cdot \sim J)$
   $\sim K$
   $\therefore M$

*10. $(N \vee O) \supset P$
   $(P \vee Q) \supset R$
   $Q \vee N$
   $\sim Q$
   $\therefore R$

우리가 논리학을 공부하는 목적은 일상 언어로 된 논증을 평가하는 데 있다. 일상적인 담론 중에 어떤 논증을 만나면, 우리는 먼저 (일상 언어로 된) 그 명제를 논리적인 기호 언어로 번역한 다음, 번역된 그 명제에 대해 형식적 증명을 구성함으로써, (만약 그 논증이 실제로 타당하다면) 그 논증이 타당하다는 것을 증명할 수 있다. 논증을 기호화해 보면,

우리가 그 논증을 처음 듣거나 읽었을 때 생각했던 것보다 실제로는 그 논증이 훨씬 더 간단하다(또는 어쩌면 더 복잡하다)는 것을 알게 된다. 다음 예를 보라. (이것은 바로 다음에 나올 [논리연습] 1번 문제이다.)

1. 만약 게르투드나 허버트가 이긴다면 젠스와 케네스는 모두 진다. 게르투드가 이긴다. 따라서 젠스는 진다. (*G*-게르투드가 이긴다; *H*-허버트가 이긴다; *J*-젠스가 진다; *K*-케네스가 진다.)

각 명제에 대한 약어는 위와 같이 정한다. 약어를 정하지 않으면, 다양한 약어를 사용함으로써 의사소통이 어렵게 되지만, 정해된 약어를 사용하면 토론이 훨씬 쉬워진다.

일상 언어로 된 논증을 기호화하면, 아래와 같다.

1. $(G \vee H) \supset (J \cdot K)$
2. G $\quad\quad\quad\quad$ $/ \therefore J$

이 논증에 대한 형식적 증명의 나머지 부분은 아래와 같이 짧고 간단하다.

3. $G \vee H$	2, Add.
4. $J \cdot K$	1, 3, M.P.
5. J	4, Simp.

논리연습

C. 일상 언어로 된 다음의 각 논증들은 위와 마찬가지로 번역될 수 있으며, 각각에 대해 (아홉 개의 타당한 기본논증의 형식만을 추론규칙으로 사용해도) 타당성의 형식적 증명이 구성될 수 있다. 이 증명들은 길이가 다양하다. 어떤 경우는 형식적 증명을 완성하기 위해 (전제들을 포함하여) 열세 명제의 배열을 필요로 하는 것도 있다. 명료성을 위하여 제시된 약어를 사용해야 한다. 자연 언어로 된 논증에 대해 형식적 증명을 전개하려면, 산만한 명제들을 기호화하는 것이 완벽한 정도로 정확해야 하며, 그리고 이것은 매우 중요하다는 것을 명심하라. 이것이 제대로 되지 않으면, 원래의 논증과는 전혀 다른 논증을 다루는 꼴이 될 것이다. 또 그렇게 되면, 어떤 증명이 고안되더라도, 그것은 원래의 논증에 적용될 수 없는 무용지물이 되고 말 것이다.

1. 만약 게르투드나 허버트가 이긴다면 젠스와 케네스는 모두 질 것이다. 게르투드가 이긴다. 따라서 젠스는 진다. (*G*-게르투드가 이긴다; *H*-허버트가 이긴다; *J*-젠스가 진다; *K*-케네스가 진다.)

2. 만약 아드리아나가 참가한다면, 그 모임의 사회적 명성은 높아질 것이며, 그리고 보리스가 참가한다면, 모임의 재정은 더욱 든든해질 것이다. 아드리아나가 참가하거나 보리스가 참가할 것이다. 만약 모임의 사회적 명성이 높아진다면, 보리스가 참가할 것이고, 만약 모임의 재정이 더욱 든든해진다면, 윌슨이 참가할 것이다. 그러므로 보리스가 참가하거나 윌슨이 참가할 것이다. (*A*-아드리아나가 참가한다; *S*-모임의 사회적 명성이 높아진다; *B*-보리스가 참가한다; *F*-모임의 재정이 더욱 든든해진다; *W*-윌슨이 참가한다.)

3. 만약 브라운이 그 전보를 받았다면, 그녀는 비행기를 탔을 것이다. 그리고 만약 그녀가 비행기를 탔다면, 그녀는 그 회의에 늦지 않을 것이다. 만약 그 전보에 주소가 잘못 기재되었다면, 그녀는 회의에 늦을 것이다. 그녀는 그 전보를 받았거나 전보에 주소가 잘못 기재되었다. 그러므로 그녀는 비행기를 탔거나 회의에 늦을 것이다. (*R*-브라운이 전보를 받았다; *P*-브라운이 비행기를 탔다; *L*-브라운은 회의에 늦을 것이다; *T*-전보에 주소가 잘못 기재되었다.)

4. 만약 니하르가 그 땅을 산다면 공공건물이 세워질 것이지만, 만약 페이튼이 그 땅을 산다면 그 땅은 곧 되팔릴 것이다. 만약 리버스가 그 땅을 산다면, 상가가 세워질 것이다. 그리고 만약 상가가 세워진다면, 톰슨은 그것을 임차할 것이다. 니하르나 리버스가 그 땅을 살 것이다. 그러므로 공공건물이 세워지거나 상가가 세워질 것이다. (*N*-니하르가 그 땅을 산다; *O*-공공건물이 세워질 것이다; *P*-페이튼이 그 땅을 산다; *Q*-그 땅은 곧 되팔릴 것이다; *R*-리버스가 그 땅을 산다; *S*-상가가 세워질 것이다; *T*-톰슨은 상가를 임대할 것이다.)

*5. 만약 비가 계속 내리면 강물이 범람할 것이다. 만약 비가 계속 내리고 강물이 범람하면 다리가 유실될 것이다. 만약 비가 계속 내려 다리가 유실된다면 그 도시의 단 하나뿐인 도로로는 충분하지 않을 것이다. 그 도시의 단 하나뿐인 도로로 충분하거나 교통 전문가가 실수를 범했다. 그러므로 교통 전문가가 실수를 범했다. (*C*-비가 계속 내린다; *R*-강물이 범람한다; *B*-다리가 유실된다; *S*-그 도시의 단 하나뿐인 도로로 충분하다; *M*-교통 전문가가 실수를 범했다.)

6. 만약 요나스가 그 모임에 참석한다면 완전한 보고가 이루어질 것이지만, 만약 요나스가 그 모임에 참석하지 않는다면 보궐선거를 해야 할 것이다. 만약 완전한 보고가 이루어진다면 조사가 시작될 것이다. 만약 요나스가 그 모임에 참석하는 것이 완전한 보고가 이루어질 것임을 함언한다면, 그리고 완전한 보고가 이루어질 것이라는 것이 조사가 시작될 것임을 함언한다면, 요나스가 그 모임에 참석하고 조사가 시작되거나, 요나스가 그 모임에 참석하지 않고 어떤 조사도 시작되지 않는다. 만약 요나스가 그 모임에 참석하고 조사가 시작된다면 몇 명의 회원들은 재판을 받아야 할 것이다. 그러나 만약 요나스가 그 모임에 참석하지 않고 어떤 조사도 시작되지 않는다면 조직은 급격히 붕괴될 것이다. 그러므로 몇 명의 회원이 재판을 받아야 하거나 조직은 급격히 붕괴될 것이다. (*J*-요나스가 그 모임에 참석한다; *R*-완전한 보고가 이루어진다; *E*-보궐선거를 해야 한다; *I*-조사가 시작된다; *T*-몇 명의 회원이 재판을 받아야 한다; *D*-조직이 급격히 붕괴된다.)

7. 만약 앤이 출석하면 빌도 출석한다. 만약 앤과 빌이 모두 출석하면, 찰스나 도리스가 선출될 것이다. 만약 찰스나 도리스가 선출되면, 엘머는 실질적으로 그 모임을 장악하지 못한다. 만약 앤의 출석이 엘머가 실질적으로 그 모임을 장악하지 못함을 함언한다면 플로렌스가 신임 회장이 될 것이다. 따라서 플로렌스가 신임 회장이 될 것이다. (*A*-앤이 출석한다; *B*-빌이 출석한다; *C*-찰스가 선출될 것이다; *D*-도리스가 선출될 것이다; *E*-엘머가 실질적으로 그 모임을 장악한다; *F*-플로렌스가 신임 회장이 될 것이다.)

8. 만약 존스가 제동수의 옆집 사람이라면, 존스의 연봉은 정확히 3으로 나누어 떨어진다. 만약 존스의 연봉이 정확히 3으로 나누어 떨어진다면 4만 달러는 정확히 3으로 나누어 떨어진다. 그러나 4만 달러는 정확히 3으로 나누어 떨어지지 않는다. 만약 로빈슨이 제동수의 옆집 사람이라면, 로빈슨은 디트로이트와 시카고의 중간지점에 산다. 만약 로빈슨이 디트로이트에 산다면, 그는 디트로이트와 시카고의 중간지점에 살지 않는다. 로빈슨은 디트로이트에 산다. 만약 존스가 제동수의 옆집 사람이 아니라면, 로빈슨이나 스미스가 제동수의 옆집 사람이다. 따라서 스미스는 제동수의 옆집 사람이다. (*J*-존스는 제동수의 옆집 사람이다; *E*-존스의 연봉은 정확히 3으로 나누어 떨어진다; *T*-4만 달러는 정확히 3으로 나누어 떨어진다; *R*-로빈슨은 제동수의 옆집 사람이다; *H*-로빈슨은 디트로이트와 시카고의 중간지점에 산다; *D*-로빈슨은 디트로이트에 산다; *S*-스미스는 제동수의 옆집 사람이다.)

9. 만약 스미스가 제동수의 옆집 사람이라면, 스미스는 디트로이트와 시카고의 중간지점에 산다. 만약 스미스가 디트로이트와 시카고의 중간지점에 산다면, 그는 시카고에 살지 않는다. 스미스는 제동수의 옆집 사람이다. 만약 로빈슨이 디트로이트에 산다면, 그는 시카고에 살지 않는다. 로빈슨은 디트로이트에 산다. 스미스가 시카고에 살거나, 아니면 로빈슨이나 존스가 시카고에 산다. 만약 존스가 시카고에 산다면, 제동수는 존스이다. 그러므로 제동수는 존스이다. (*S*-스미스는 제동수의 옆집 사람이다; *W*-스미스는 디트로이트와 시카고의 중간지점에 산다; *L*-스미스는 시카고에 산다; *D*-로빈슨은 디트로이트에 산다; *I*-로빈슨은 시카고에 산다; *C*-존스는 시카고에 산다; *B*-제동수는 존스이다.)

*10. 만약 스미스가 당구에서 편집장을 이긴 적이 있다면, 스미스는 편집장이 아니다. 스미스는 당구에서 편집장을 한 번 이겼다. 만약 사장이 존스이면, 존스는 편집장이 아니다. 사장은 존스이다. 만약 스미스가 편집장이 아니고 또 존스도 편집장이 아니라면, 로빈슨이 편집장이다. 만약 사장이 존스이고 로빈슨이 편집장이라면, 스미스는 발행인이다. 그러므로 스미스는 발행인이다. (*O*-스미스는 당구에서 편집장을 한 번 이겼다; *M*-스미스는 편집장이다; *B*-사장은 존스이다; *N*-존스는 편집장이다; *F*-로빈슨은 편집장이다; *G*-스미스는 발행인이다.)

9.6 추론규칙의 확장: 대치규칙

우리가 도구로 사용해 온 아홉 개의 타당한 기본논증의 형식은 강력한 추론 도구이지만, 그것만으로는 충분하지 않다. 지금까지 개발된 아홉 개의 규칙만으로는 그 타당성이 증명될 수 없는 타당한 진리함수적 논증들이 매우 많이 있다. 우리가 가진 논리적 도구상자의 힘을 강화시키기 위해서는 추론규칙을 늘릴 필요가 있다.

무엇이 문제인지 분명하게 보여주기 위해서 다음과 같은 간단한 논증을 살펴보자. 이 논증은 분명히 타당하다.

만약 당신이 시카고에서 로스앤젤레스로 직행한다면, 당신은 반드시 미시시피강을 건너야 한다. 만약 당신이 오로지 대서양 연안을 따라 간다면, 당신은 미시시피강을 건너지 않을 것이다. 그러므로 만약 당신이 로스앤젤레스로 직행한다면, 당신은 오로지 대서양 연안을 따라 가지는 않을 것이다.

이 논증을 기호화하면 아래와 같다.

$D \supset C$

$A \supset \sim C$

$\therefore D \supset \sim A$

이 결론은 분명히 주어진 전제들로부터 나온 것이다. 그러나 우리가 아무리 노력해도, 타당한 기본논증의 형식만으로는 이 결론이 타당하다는 것을 증명할 방법이 없다. 우리가 가진 논리적 도구상자가 충분하지 못한 것이다.

무엇이 부족한가? 무엇보다도 어떤 명제를 그것과 논리적 동치인 다른 명제로 대치하는 능력이 부족하다. 우리는 주어진 어떤 명제의 자리에 그것과 완전히 똑같은 의미의 다른 명제를 대치시킬 수 있는 능력이 필요하다. 우리는 그것이 타당한 대치임을 정확하게 확인해 주는 규칙들이 필요한 것이다.

우리가 쓸 수 있는 그런 규칙들이 있다. 여기서 우리가 다루는 복합명제는 (8장 2절에서 강조했듯이) 진리함수적 복합명제뿐이다. 진리함수적 복합명제의 경우, 그 요소명제를 동일한 진리치를 갖는 다른 요소명제로 대치해도 그 복합명제의 진리치는 변하지 않는다는 사실을 상기해 보라. 따라서 우리는 일반 **대치규칙**(rule of replacement)이라고 불리는 것을 하나의 추가적인 추론원리로 받아들일 수 있다. 이 규칙에 의해서 우리는 어떤 명제로부터 그 명제와 논리적 동치인 다른 명제를 대치해서 얻는 결과를 추론할 수 있다.

이런 대치들이 옳다는 것은 직관적으로 명백하다. 예컨대, 이중부정의 원리(D.N.)는 p는 $\sim\sim p$와 논리적으로 동치임을 주장한다. 우리는 대치규칙을 사용하여 $A \supset \sim\sim B$라는 명제로부터 다음 명제들 중 어느 것이든 타당하게 추론할 수 있다.

$A \supset B$,

$\sim\sim A \supset \sim\sim B$

$\sim\sim(A \supset \sim\sim B)$

$A \supset \sim\sim\sim\sim B$

$A \supset \sim\sim B$라는 명제가 차지한 자리를 위의 어떤 명제로 대치하더라도, 그것은 한 명제를 논리적 동치인 다른 한 명제로 바꾸어 놓은 것에 지나지 않는다.

이러한 대치규칙은 우리가 가진 추론규칙들을 아주 강력한 것으로 만든다. 그러나 그것의 일반적인 형식의 경우, 그 내용이 명확하게 한정된 것이 아니기 때문에 적용상 문제가 있다. 우리는 어떤 명제가 다른 어떤 명제와 확실히 논리적 동치인지를 항상 알 수 있는 것은 아니다. 따라서 (우리가 일반적인 형식의 대치규칙만을 갖고 있다면) 우리는 그 규칙이 주어진 경우에 적용될 수 있는지를 확신하지 못할 수도 있다. 이 문제점을 극복하기 위한 방법으로서 우리는 대치규칙을 의심할 나위 없이 정확하게 적용될 수 있도록 만들어야 하며, 이를 위해서는 이 규칙이 확실히 적용될 수 있는 열 가지의 고유한 논리적 동치를 열거함으로써 이 규칙을 한정해야 한다. 이 동치들은 모두 논리적으로 참인 양조건언들이고, 그 각각은 독립된 추론규칙으로서 역할을 한다. 우리는 열 가지의 논리적 동치를 열 개의 규칙으로 간주하여 아래에 열거한다. 그리고 우리는 이들 각각에 이 장의 앞 절에서 제시했던 아홉 개의 추론규칙들에 이어서 번호를 붙인다.

인물탐구

오거스터스 드 모르간(Augustus De Morgan)

오거스터스 드 모르간(1806~1871)은 탁월한 연역 논리학자였으며, 영향력이 큰 귀납 논리학자인 존 스튜어트 밀과 정확하게 동시대 사람이다. 그들은 같은 해에 태어났고, 2년의 시차를 두고 세상을 떠났다. 기이하게도 두 사람의 아버지는 모두 동인도회사에서 근무했다. 드 모르간은 인도에서 태어났다. 가족들과 함께 영국으로 돌아왔을 때, 그는 언어와 수학의 학습 성취도가 매우 빠른 것으로 인정받았다. 그 후에 캠브리지대학에서 문학사 학위를 받았다.

그 당시에는 영국 국교회의 교리를 받아들인다는 서약서에 서명만 하면, 캠브리지대학의 문학석사 학위에 지원도 할 수 있었고, 또 특별연구원으로 장학금도 신청할 수 있었다. 학위를 위한 그런 신학적 검증은 19세기 후반에 캠브리지와 옥스퍼드에서 폐지되었다. 그러나 그 폐지도 드 모르간에게는 너무 늦은 것이었다. 그의 종교관과 도덕적 고결함 때문에 그는 그 서약에 서명하는 것을 거부했다. 그 때문에 그는 캠브리지를 떠나야만 했다. 그는 런던에서 연구를 계속했다. 종교적 중립을 지킨다는 공약하에 설립된 런던대학의 수학 교수로 그가 임용된 것은 그의 나이 22세 때였다. 거기서 그는 "수학 연구의 특성—그 어려움과 가능성"

이라는 유명한 강의로 교수생활을 시작했다. 런던에서 오랜 기간을 대학교수로 지내면서 썼던 논리학과 수학에 관한 그의 논문들은 그가 초대 회장을 역임했던 런던수학협회(London Mathematical Society) 학자들 사이에서 자주 토론의 중심이 되곤 했다.

그는 자신이 저술한 『형식논리학』(1847)에서 고전논리학의 엄청난 결함을 지적했다. 아리스토텔레스주의자들은 두 개의 특칭명제, 즉 "어떤 P는 A이다"와 "어떤 P는 B이다"로부터는 A와 B 사이의 관계에 관해서 아무 것도 타당하게 연역될 수 없다고 말한다. (우리가 이 책 6장의 아리스토텔레스의 삼단논법에 대한 해설에서 보았듯이) 그들은 타당한 삼단논법에서는 연역을 가능하게 해주는 연결이 유효하게 되기 위해서 매개념이 두 전제에서 적어도 한 번은 주연되어야 한다고 주장한다. 이에 대해 드 모르간은 만약 우리가 "대다수의 P는 A이다"와 "대다수의 P는 B이다"를 알고 있는 상황에서는 매개념 주연의 원칙이 옳지 않다는 것을 지적했다. 어떤 양화된 전제들에서는 A와 B 사이의 관계가 연역될 수 있다는 것이다. 예컨대, 승객 1,000명 중에 700명이 익사한 어떤 선박침몰 사고를 생각해보자. 만약 비극적인 그 순간에 500명의 승객이 그들의 선실에 있었다는 것을 우리가 안다면, 적어도 200명 이상의 승객이 그들의 선실에서 익사했다는 사실은 필연적인 귀결이다. 이것을 그는 "수적으로 한정적인 삼단논법"이라고 불렀다.

드 모르간은 "동류의 논리학"이라고 불리는 영역도 발전시켰다. 그가 보여준 바에 따르면, 동일성과 차별성은 논리학자들이 엄청난 관심을 쏟았던 관계들이다. 그러나 이것들과는 다른 상동과 상사, 특히 동치 등과 같은 관계들이 있으며, 논리학자들은 이들에 대해서도 역시 큰 관심을 기울인다.

광범하게 사용되고 직관적으로 분명한 두 논리적 동치에 대한 유서 깊은 공식화가 드 모르간에서 유래되었고, 그래서 그의 이름이 전해지고 있다. 드 모르간의 정리는 영원하고 특출한 연역추론의 도구이다.

개 요

대치규칙: 논리적으로 동치인 표현들

논리적으로 동치인 아래의 표현들은 그것들이 나타나는 곳에서는 언제나 서로 대치할 수 있다.

명칭	약어	형식
10. 드 모르간의 정리 (De Morgan's theorems)	De M.	$\sim(p \cdot q) \stackrel{T}{\equiv} (\sim p \vee \sim q)$ $\sim(p \vee q) \stackrel{T}{\equiv} (\sim p \cdot \sim q)$
11. 교환법칙(commutation)	Com.	$(p \vee q) \stackrel{T}{\equiv} (q \vee p)$ $(p \cdot q) \stackrel{T}{\equiv} (q \cdot p)$
12. 결합법칙(association)	Assoc.	$[p \vee (q \vee r)] \stackrel{T}{\equiv} [(p \vee q) \vee r]$ $[p \cdot (q \cdot r)] \stackrel{T}{\equiv} [(p \cdot q) \cdot r]$
13. 분배법칙(distribution)	Dist.	$[p \cdot (q \vee r)] \stackrel{T}{\equiv} [(p \cdot q) \vee (p \cdot r)]$ $[p \vee (q \cdot r)] \stackrel{T}{\equiv} [(p \vee q) \cdot (p \vee r)]$
14. 이중부정(double negation)	D.N.	$p \stackrel{T}{\equiv} \sim\sim p$
15. 대우법칙(transposition)	Trans.	$(p \supset q) \stackrel{T}{\equiv} (\sim q \supset \sim p)$
16. 단순함언(material implication)	Impl.	$(p \supset q) \stackrel{T}{\equiv} (\sim p \vee q)$
17. 단순동치(material equivalence)	Equiv.	$(p \equiv q) \stackrel{T}{\equiv} [(p \supset q) \cdot (q \supset p)]$ $(p \equiv q) \stackrel{T}{\equiv} [(p \cdot q) \vee (\sim p \cdot \sim q)]$
18. 수출법칙(exportation)	Exp.	$[(p \cdot q) \supset r] \stackrel{T}{\equiv} [p \supset (q \supset r)]$
19. 항진법칙(tautology)	Taut.	$p \stackrel{T}{\equiv} (p \vee p)$ $p \stackrel{T}{\equiv} (p \cdot p)$

이제 이 열 개의 논리적 동치에 대해 하나씩 살펴보자. 우리는 이 동치들을 자주 사용하게 될 것이며, 이 동치들에 의존해서 타당성의 형식적 증명을 구성할 것이다. 따라서 우리는 이 동치들의 효력을 완전히 파악하여 아홉 개의 타당한 기본논증의 형식들을 사용할 때처럼 자유자재로 사용할 수 있어야 한다. 우리는 이 열 개의 동치 각각에 이름과 일반적으로 사용되는 약어 및 그것의 정확한 논리적 형식을 부여하고, 순서대로 살펴보고자 한다.

10. 드 모르간의 정리(De M.)	$\sim(p \cdot q) \overset{T}{\equiv} (\sim p \vee \sim q)$
	$\sim(p \vee q) \overset{T}{\equiv} (\sim p \cdot \sim q)$

이 논리적 동치는 8장 9절에서 자세히 설명되었다. 드 모르간의 정리에는 두 가지의 변형이 있다. 첫 번째 변형은 다음과 같이 언명한다. 즉, 우리가 두 명제가 동시에 참임을 부정할 경우, 이는 두 명제 중 어느 하나가 거짓이거나 둘 다 거짓임을 주장하는 것과 논리적으로 동치이다. (즉, 연언의 부정은 연언지들에 대한 부정의 선언과 논리적으로 동치이다.) 두 번째 변형은 다음과 같이 언명한다. 즉, 우리가 두 명제 중 하나가 참임을 부정할 경우, 이는 두 명제가 동시에 거짓임을 주장하는 것과 논리적으로 동치이다. (즉, 선언의 부정은 선언지들에 대한 부정의 연언과 논리적으로 동치이다.)

물론 이들 두 양조건언은 항진이다. 다시 말해서, 각 변형에서 양변의 단순동치의 표현은 언제나 참이다. 따라서 여기서는 거짓인 대입례는 있을 수 없다. 현재 추론규칙으로 확인되고 있는 열 개의 논리적 동치는 모두 정확하게 이런 의미에서 항진적 양조건언들이다.

11. 교환법칙(Com.)	$(p \vee q) \overset{T}{\equiv} (q \vee p)$
	$(p \cdot q) \overset{T}{\equiv} (q \cdot p)$

이들 두 동치는 단지 연언이나 선언의 요소명제의 순서는 문제가 되지 않는다는 것을 언명할 따름이다. 우리는 요소명제들의 순서를 서로 바꾸는 교환을 항상 허용해 왔다. 왜냐하면 순서가 어떻게 바뀌든 간에 그 의미는 항상 정확하게 동일하기 때문이다.

연언 $p \cdot q$에서 q가 아닌 p를 분리하는 것을 허용한 규칙7의 분리논법을 상기하라. 그리고 지금의 교환법칙에서는 $p \cdot q$를 언제든지 $q \cdot p$로 대치할 수 있다. 따라서 분리논법과 교환법칙을 함께 사용하면, 우리가 참이라고 알고 있는 어떤 연언에서 그 연언지들 각각의 진리치를 손쉽게 확정할 수 있다.

12. 결합법칙(Assoc.)	$[p \vee (q \vee r)] \overset{T}{\equiv} [(p \vee q) \vee r]$
	$[p \cdot (q \cdot r)] \overset{T}{\equiv} [(p \cdot q) \cdot r]$

이들 두 동치는 명제들을 다르게 묶는 것을 허용하는 것에 불과하다. 만약 우리가 서로 다른 세 개의 명제들이 참임을 알고 있다면, p는 q와 r의 묶음과 마찬가지로 참이라고 주장하는 것은 p와 q의 묶음은 r과 마찬가지로 참이라고 주장하는 것과 논리적으로 동치이다. 세 명제가 선언으로 묶일 때도 동치관계는 성립한다. 즉, p 또는 선언 $q \vee r$을 묶는 것은 선언 $p \vee q$ 또는 r을 묶는 것과 논리적으로 동치이다.

13. 분배법칙(Dist.)	$[p \cdot (q \vee r)] \overset{\mathrm{T}}{\equiv} [(p \cdot q) \vee (p \cdot r)]$
	$[p \vee (q \cdot r)] \overset{\mathrm{T}}{\equiv} [(p \vee q) \cdot (p \vee r)]$

대치를 허용하는 모든 규칙들 가운데 이 하나가 가장 불분명할 것이다. 그러나 이 또한 항진이다. 분배법칙에도 두 가지 변형이 있다. 첫 번째 변형은 단지 다음을 언명할 뿐이다. 즉, 서로 다른 두 명제의 선언과 어떤 명제의 연언은, 첫 번째 명제와 두 번째 명제의 연언이 첫 번째 선언지이고 그리고 첫 번째 명제와 세 번째 명제의 연언이 두 번째 선언지로 되어 있는 선언과 논리적으로 동치이다. 두 번째 변형은 단지 다음을 언명할 뿐이다. 즉, 서로 다른 두 명제의 연언과 어떤 명제의 선언은, 첫 번째 명제와 두 번째 명제의 선언이 첫 번째 연언지이고 그리고 첫 번째 명제와 세 번째 명제의 선언이 두 번째 연언지로 되어 있는 연언과 논리적으로 동치이다. 이 규칙은 세 개의 요소명제들 중 첫 번째 요소명제를 분배하기 때문에 분배법칙으로 불린다. 말하자면, 첫 번째 명제가 나머지 두 명제들과 각각 독립적으로 맺고 있는 논리적 연관성을 나타내고 있는 것이다.

14. 이중법칙(D.N.)	$p \overset{\mathrm{T}}{\equiv} \sim\sim p$

이 규칙은 모든 명제는 그 명제의 부정의 부정과 논리적으로 동치임을 언명하는 것이며, 이는 누구에게나 직관적으로 분명하다.

15. 대우법칙(Trans.)	$(p \supset q) \overset{\mathrm{T}}{\equiv} (\sim q \supset \sim p)$

이 논리적 동치는 조건명제에서 전건과 후건을 바꾸어 놓을 수 있게 해준다. 어떤 조건명제가 참일 경우, 그 후건이 거짓이면 전건도 반드시 거짓일 수밖에 없다는 것을 우리는 알고 있다. 그러므로 조건명제는 그 후건의 부정이 전건의 부정을 함축한다고 주장하는

조건명제와 논리적으로 동치이다. 대우법칙은 논리적 동치의 형식으로서 기본논증의 형식인 부정논법의 효력을 나타내고 있다.

16. 단순함언(Impl.)	$(p \supset q) \stackrel{T}{\equiv} (\sim p \vee q)$

이 논리적 동치는 8장 3절에서 설명했던 단순함언의 정의를 하나의 추론규칙으로서 역할을 할 수 있는 대치규칙으로 형식화한 것에 불과하다. 앞에서 우리가 보았듯이, $p \supset q$는 단순히 전건인 p가 거짓이거나 후건인 q가 참이라는 것을 의미한다.

우리가 형식적 증명을 구성하고 있을 때, 단순함언에 관한 이 정의가 매우 요긴할 것이다. 왜냐하면 두 명제가 동일한 기본적인 형식을 가지고 있을 경우 — 즉, 두 명제가 모두 선언형식이거나 두 명제가 모두 함언형식일 경우 —, 대개 두 명제의 조작이나 결합이 더 쉬워지기 때문이다. 만약 한 명제는 선언형식이고 다른 한 명제는 함언형식이라면, 우리는 이 규칙을 사용하여 두 명제가 하나의 형식이 되도록 변형할 수 있다. 이 규칙은 매우 용이하게 쓰일 것이다.

17. 단순동치(Equiv.)	$(p \equiv q) \stackrel{T}{\equiv} [(p \cdot q) \vee (\sim p \cdot \sim q)]$
	$(p \equiv q) \stackrel{T}{\equiv} [(p \supset q) \cdot (q \supset p)]$

이 규칙의 두 가지 변형은 8장 8절에서 상세하게 설명한 단순동치의 두 가지 기본적인 의미를 언명하고 있다. 앞에서 설명했듯이, 두 명제가 동일한 진리치를 가지면 그 두 명제는 단순동치이다. 따라서 (첫 번째 변형은) 두 명제의 단순동치("≡"로 명기)는 두 명제가 동시에 참이거나 두 명제가 동시에 거짓이라는 주장과 논리적으로 동치임을 언명하는 것이다. 또한 우리는 다음에 대해서도 설명했다. 즉, 두 명제가 동시에 참일 경우, 두 명제는 반드시 서로를 함축하며, 두 명제가 동시에 거짓일 때도 두 명제는 반드시 서로를 함축한다. 따라서 (두 번째 변형은) 두 명제가 단순동치라는 말은 그 두 명제가 서로를 함축한다는 말과 논리적으로 동치라는 것이다.

18. 수출법칙(Exp.)	$[(p \cdot q) \supset r] \stackrel{T}{\equiv} [p \supset (q \supset r)]$

조금만 생각해 보면 직관적으로 드러나듯이, 이 대치규칙은 논리적 양조건언을 언명하

고 있다. 즉, 연언으로 결합된 두 명제가 제3의 명제를 함축한다는 주장은 두 명제 중 하나가 참이면 나머지 한 명제의 진리치는 제3의 명제의 진리치를 반드시 함축한다는 주장과 논리적으로 동치이다. 다른 것들과 마찬가지로, 이 논리적 동치도 진리표를 사용하면 쉽게 확인될 수 있다.

19. 항진법칙(Taut.)	$p \stackrel{\text{T}}{\equiv} (p \vee p)$
	$p \stackrel{\text{T}}{\equiv} (p \cdot p)$

이 마지막 규칙의 두 변형은 아주 분명하면서도 매우 쓸모가 있다. 두 변형이 언명하는 것은 다음이다. 즉, 모든 명제는 두 선언지가 그 자신인 선언과 논리적 동치이고, 또 두 연언지가 그 자신인 연언과도 논리적 동치이다. 우리는 일련의 추론으로 얻은 결과로써 우리가 확정하고자 하는 명제가 참이거나 또는 그것이 참이라는 사실을 알게 되는 경우가 종종 있다. 이 선언으로부터 우리는 문제의 명제가 참임을 (이 규칙을 사용하여) 쉽게 추론할 수 있다. 어떤 명제와 그 자신의 연언에 대해서도 같은 것이 적용된다.

"항진"이라는 단어는 세 가지 서로 다른 의미로 사용된다는 것을 유념해야 한다. (1) 항진은 모든 대입례가 참인 하나의 명제형식을 의미할 수 있다. 명제형식 $(p \supset q) \supset [p \supset (p \supset q)]$는 이런 의미에서 항진이다. (2) 항진은 하나의 명제를 의미할 수 있다. 예를 들어, 그것의 특정한 형식이 (1)의 의미에서 항진인 $(A \supset B) \supset [A \supset (A \supset B)]$는 항진이다. 또한 (3) 항진은 우리가 방금 추론규칙 19번으로 소개한 특정한 논리적 동치를 의미할 수도 있다.

이 열 개의 규칙들을 되돌아보면서 우리는 그 규칙들로써 가능하게 되는 것이 무엇인지를 명확히 알아야 한다. 정확한 개념으로 보면 이 규칙들은 "대입"의 규칙이 아니다. 이를테면 우리가 $A \supset B$는 $p \supset q$라는 표현의 대입례라고 말할 때처럼, 대입은 명제변항에 명제를 대입하는 것이다. 대입의 경우, 동일한 명제변항에 대해 동일한 명제가 대입되기만 한다면 우리는 모든 명제변항에 대해 어떤 명제라도 대입할 수 있다. 그러나 위에서 열거된 대치규칙들을 적용해서 어떤 명제의 한 요소를 대치할 경우에는 (위의 열 가지 규칙 중 하나에 의해) 그 요소와 논리적 동치임이 확인된 명제로만 교환되거나 대치할 수 있다. 예를 들어, 대우법칙에 의해 우리는 $A \supset B$를 $\sim B \supset \sim A$로 대치할 수 있다. 이 규칙들은 요소명제가 여러 번 나타날 때 다른 것은 대치하기 않고 그 중 하나를 대치하도록 허용한다.

논리연습

다음과 같은 일련의 논증들은 각각 한 단계만을 포함하고 있으며, 거기에는 이 절에서 설명된 열 가지 논리적 동치 가운데 한 가지가 적용되었다. [논리연습] 중 처음 두 문제는 아래에서 보기문제로 다룬다.

보기문제 1

$(A \supset B) \bullet (C \supset D)$

$\therefore (A \supset B) \bullet (\sim D \supset \sim C)$

문제풀이

전제의 두 번째 연언지 $(C \supset D)$가 논리적 동치인 $(\sim D \supset \sim C)$로 대치되었다는 사실을 제외하면, 이 간단한 논증의 결론은 그것의 전제와 정확하게 같다. 이 대치는 대우법칙(Trans.)에 의해 간단히 정당화된다.

$$(p \supset q) \overset{T}{\equiv} (\sim q \supset \sim p)$$

보기문제 2

$(E \supset F) \bullet (G \supset \sim H)$

$\therefore (\sim E \vee F) \bullet (G \supset \sim H)$

문제풀이

이 경우에 결론이 전제와 다른 점은 첫 번째 연언지인 조건명제 $(E \supset F)$가 선언명제 $(\sim E \vee F)$로 대치되었다는 것뿐이다. 이런 대치를 허용하는 규칙은 단순함언이며, 그 형식은 다음과 같다.

$$(p \supset q) \overset{T}{\equiv} (\sim p \vee q)$$

한 단계로 된 다음 각 논증에 대해서 전제로부터 결론을 도출하는 데 적용된 추론규칙을 말하라.

1. $(A \supset B) \bullet (C \supset D)$
   $\therefore (A \supset B) \bullet (\sim D \supset \sim C)$

2. $(E \supset F) \bullet (G \supset \sim H)$
   $\therefore (\sim E \vee F) \bullet (G \supset \sim H)$

3. $[I \supset (J \supset K)] \cdot (J \supset \sim I)$
   $\therefore [(I \cdot J) \supset K] \cdot (J \supset \sim I)$

4. $[L \supset (M \vee N)] \vee [L \supset (M \vee N)]$
   $\therefore L \supset (M \vee N)$

*5. $O \supset [(P \supset Q) \cdot (Q \supset P)]$
   $\therefore O \supset (P \equiv Q)$

6. $\sim(R \vee S) \supset (\sim R \vee \sim S)$
   $\therefore (\sim R \cdot \sim S) \supset (\sim R \vee \sim S)$

7. $(T \vee \sim U) \cdot [(W \cdot \sim V) \supset \sim T]$
   $\therefore (T \vee \sim U) \cdot [W \supset (\sim V \supset \sim T)]$

8. $(X \vee Y) \cdot (\sim X \vee \sim Y)$
   $\therefore [(X \vee Y) \cdot \sim X] \vee [(X \vee Y) \cdot \sim Y]$

9. $Z \supset (A \supset B)$
   $\therefore Z \supset (\sim\sim A \supset B)$

*10. $[C \cdot (D \cdot \sim E)] \cdot [(C \cdot D) \cdot \sim E]$
   $\therefore [(C \cdot D) \cdot \sim E] \cdot [(C \cdot D) \cdot \sim E]$

11. $(\sim F \vee G) \cdot (F \supset G)$
   $\therefore (F \supset G) \cdot (F \supset G)$

12. $(H \supset \sim I) \supset (\sim I \supset \sim J)$
   $\therefore (H \supset \sim I) \supset (J \supset I)$

13. $(\sim K \supset L) \supset (\sim M \vee \sim N)$
   $\therefore (\sim K \supset L) \supset \sim(M \cdot N)$

14. $[(\sim O \vee P) \vee \sim Q] \cdot [\sim O \vee (P \vee \sim Q)]$
   $\therefore [\sim O \vee (P \vee \sim Q)] \cdot [\sim O \vee (P \vee \sim Q)]$

*15. $[(R \vee \sim S) \cdot \sim T] \vee [(R \vee \sim S) \cdot U]$
   $\therefore (R \vee \sim S) \cdot (\sim T \vee U)$

16. $[V \supset \sim(W \vee X)] \supset (Y \vee Z)$
   $\therefore \{[V \supset \sim(W \vee X)] \cdot [V \supset \sim(W \vee X)]\} \supset (Y \vee Z)$

17. $[(\sim A \cdot B) \cdot (C \vee D)] \vee [\sim(\sim A \cdot B) \cdot \sim(C \vee D)]$
   $\therefore (\sim A \cdot B) \equiv (C \vee D)$

18. $[\sim E \vee (\sim\sim F \supset G)] \cdot [\sim E \vee (F \supset G)]$
   $\therefore [\sim E \vee (F \supset G)] \cdot [\sim E \vee (F \supset G)]$

19. $[H \cdot (I \vee J)] \vee [H \cdot (K \supset \sim L)]$
   $\therefore H \cdot [(I \vee J) \vee (K \supset \sim L)]$

*20. $(\sim M \vee \sim N) \supset (O \supset \sim\sim P)$
   $\therefore \sim(M \cdot N) \supset (O \supset \sim\sim P)$

9.7 자연연역의 체계

지금까지 설명한 열아홉 개의 추론규칙(아홉 개의 기본논증의 형식과 열 개의 논리적 동치)이 진리함수적 논리에서 필요한 규칙의 전부이다. 이 규칙들이 모여서 간결하고 숙달하기 쉽고 그러면서도 완전한 자연연역의 체계를 구성한다.[1)] 이 말은 이 일련의 규칙들을 사용하면 어떤 타당한 진리함수적 논증에 대해서도 타당성의 형식적 증명이 가능하다는 것을 의미한다.[2)]

그런데 이 열아홉 개 규칙들의 목록을 보면 두 가지 흠이 있어 보인다. 첫째, 이 열아홉 개의 규칙들은 복잡한 논증의 타당성에 대한 형식적 증명을 구성하기에 충분하기는 하지만 최소한의 것은 아니라는 의미에서 다소 잉여적이다. 예를 들어, 부정논법이 규칙의 목록에서 제외되더라도 실제로 증명의 수단이 약화되지는 않는다. 왜냐하면 부정논법에 의존하는 단계는 어느 것이나 다른 규칙에 호소함으로써 정당화될 수 있기 때문이다. 가령 $A \supset D$가 참이고 $\sim D$가 참이라는 것을 우리가 알고 있다고 가정하자. 그리고 우리가 원하는 것은 $\sim A$가 참임을 추론하는 것이라고 가정해 보자. 우리에게 이 추론을 직접적으로 가능하게 하는 것이 곧 부정논법이다. 만약 부정논법이 추론규칙의 목록에 포함되어 있지 않을지라도 우리가 $A \supset D$와 $\sim D$로부터 $\sim A$를 추론하는 데는 아무런 문제가 없을 것이다. 우리는 $A \supset D$에 대우법칙(Trans.)을 적용하여 얻어진 $\sim D \supset \sim A$를 중간 단계로 삽입하기만 하면 된다. 그런 다음 긍정논법(*M.P.*)에 의해 $\sim D \supset \sim A$로부터 $\sim A$를 얻을 수 있다. 그러나 부정논법은 흔히 사용될 뿐만 아니라 직관적으로 명백한 추론규칙이기 때문에 우리는 그것을 지금까지 계속 추론규칙의 목록에 포함시켜 왔다. 열아홉 개의 규칙들 중 나머지 규칙들 또한 이와 동일한 의미에서 잉여적이긴 마찬가지다.

둘째, 열아홉 개의 규칙 목록은 또한 어떤 의미에서 결핍되어 있다고도 말할 수 있다. 왜냐하면 이 일련의 규칙들은 부족한 면이 있기 때문에, 간단하고 직관적으로 타당한 논증을 증명하는 데도 몇 단계를 거쳐야 하는 경우가 더러 있다. 이에 대한 예로서 다음 논증을 보라.

---

1) 이 규칙들의 완전성은 증명될 수 있다. 이러한 완전성을 증명하는 한 방식은 다음에서 찾아볼 수 있다. M. Copi, *Symbolic Logic*, 5th edition(New York: Macmillan, 1979), Chapter 8.

2) 다음도 보라. John A. Winnie, "The Completeness of Copi's System of Natural Deduction," *Notre Dame Journal of Formal Logic* 11(July 1970), p. 379-382.

$A \vee B$
$\sim B$
$/ \therefore A$

이 논증은 분명히 타당하다. 그것의 형식 또한 타당하다. 즉,

$p \vee q$

$\sim q$

$/ \therefore p$

그러나 이 기본논증의 형식은 추론규칙에 포함되어 있지 않았다. 이 경우에 기여할 수 있는 추론규칙은 단 하나가 아니다. 그러므로 우리는 두 개의 추론규칙을 사용하여 증명을 구성할 수밖에 없다. 즉, 먼저 전제를 교환하고, 그 다음 삼단논법을 적용하면 다음과 같이 된다.

1. $A \vee B$	
2. $\sim B$	$/ \therefore$ A
3. $B \vee A$	1, Com.
4. A	3, 2, D.S.

시스템이 이 모양으로 서툴러서 쉬운 지름길이 있는 논증도 느리게 둘러가도록 강요하는 경우가 종종 있다고 사람들이 불평할지도 모른다. 이렇게 서툰 모양새가 된 데는 충분한 이유가 있다. 추론규칙의 경우를 보아도 알 수 있듯이, 우리가 완전한 추론규칙의 목록을 원하고 있는 것은 확실하다. 그러나 또한 우리는 간단하고 쉽게 익힐 수 있는 규칙들을 원한다. 우리는 규칙 목록에 다른 규칙들 — 추가적인 동치규칙이나 또는 추가적인 타당한 논증형식 — 을 추가할 수 있다. 그러나 그렇게 추가하다 보면 규칙이 너무 많아져서 오히려 사용하기가 더 힘들어질 것이다. 우리는 어떤 규칙들(예컨대, 위에서 지적한 부정논법)은 삭제할 수 있다. 그러나 그렇게 삭제하다 보면 규칙 목록은 단출해질지 모르지만 더 서툴게 되어 매우 간단한 논증에 대해서도 확장된 증명들을 필요로 할 것이다. 오랜 경험에서 우리가 배운 것은 우리가 가진 열아홉 규칙의 이 목록이 이상적인 절충안으로서 역할을 한다는 사실이다. 다시 말해서 이것은 완전히 숙달할 수 있을 만큼 적당히 짧고, 또 합리적인 능률을 보장할 수 있을 만큼 적당히 긴 추론규칙들의 목록인 셈이다.

앞부분의 아홉 개의 추론규칙과 뒷부분의 열 개의 추론규칙 사이에는 중요한 차이가

있다. 앞부분의 아홉 개의 규칙들은 증명의 한 단계 전체(즉, 한 행 전체)에 대해서만 적용될 수 있다. 따라서 타당성의 형식적 증명에서, $A \cdot B$가 한 단계 전체일 경우에만 이 명제에 분리논법을 적용하여 명제 A가 추론될 수 있다. $(A \cdot B) \supset C$ 또는 $C \supset (A \cdot B)$로부터 A가 타당하게 추론될 수 없다는 것은 명백하다. 왜냐하면 이 두 명제는 A가 거짓일 경우에도 참이 될 수 있기 때문이다. 그리고 분리논법이나 다른 어떤 추론규칙을 적용해도 명제 $(A \cdot B) \supset C$로부터 명제 $A \supset C$가 추론되지 않는다. 왜냐하면 A가 참이고 B와 C는 둘 다 거짓일 경우에, $(A \cdot B) \supset C$는 참이지만 $A \supset C$는 거짓이기 때문이다. 또한 A에 선접논법을 적용하면 $A \vee B$가 추론될 수 있지만, 선접논법이나 기타 어떤 추론규칙을 적용해도 $A \supset C$로부터 $(A \vee B) \supset C$가 추론되지는 않는다. 이는 A와 C가 둘 다 거짓이고 B가 참일 경우에, $A \supset C$는 참이지만 $(A \vee B) \supset C$는 거짓이기 때문이다. 한편, 뒷부분의 열 개의 규칙은 한 단계의 전체나 일부에 대해서도 적용될 수 있다. $(A \cdot B) \supset C$의 전체 단계에 수출법칙을 적용하면 명제 $A \supset (B \supset C)$가 추론될 수 있을 뿐만 아니라 $[(A \cdot B) \supset C] \vee D$에 수출법칙을 적용하면 $[A \supset (B \supset C)] \vee D$가 추론될 수 있다. 논리적 동치의 표현들은 그것이 어디에 나타나든, 심지어는 증명을 구성하는 한 단계 전체가 아닌 경우에도 서로 대치할 수 있다. 그러나 앞부분의 추론규칙 아홉 개는 전제 역할을 하는 증명의 한 단계 전체에 대해서만 사용될 수 있다.

"형식적 증명"이라는 개념은 효과적인 개념이다. 이 말은 곧 주어진 일련의 명제들이 형식적 증명을 구성하는지의 여부가 (주어진 추론규칙의 목록에 의거해서) 한정된 단계 내에서 완전히 기계적으로 결정될 수 있다는 뜻이다. 증명 과정에서 각 명제들이 무엇을 의미하는가를 생각한다는 의미에서든, 또는 각 단계의 타당성을 검토하기 위해 논리적 직관을 사용한다는 의미에서든, 전혀 생각을 필요로 하지 않는다. 단지 두 가지가 요구될 뿐이다. 첫 번째는 한 곳에서 나타난 명제가 다른 곳에서 나타난 명제와 정확히 동일한 명제인지를 알아보는 능력이다. 왜냐하면 증명에 포함된 어떤 명제들은 타당성을 입증해야 할 논증의 전제들이고 증명 과정의 마지막 명제는 그 논증의 결론이라는 사실을 우리가 확인할 수 있어야만 하기 때문이다. 두 번째로 요구되는 것은 주어진 명제가 어떤 형식을 갖고 있는지의 여부를 알아볼 수 있는 능력, 즉 그 명제가 그 명제형식의 대입례인지의 여부를 알아볼 수 있는 능력이다.

그러므로 앞서 예를 든 일련의 명제들이 타당성의 형식적 증명인지의 여부에 대한 문제는 완전히 기계적인 방식으로 쉽게 해결될 수 있다. 단계 1과 단계 2는 주어진 논증의 전제들이고, 단계 4가 결론이라는 사실은 보기에도 분명하다. 단계 3이 추론규칙들 중 하나에 의해 선행하는 단계들로부터 도출된다는 사실은 설사 옆에다 "1, Com."이라고 명기하지 않았다 하더라도 한정된 단계 내에서 결정될 수 있다. 증명 과정에서 각 단계의 오른쪽 난에 그 명제의 도출 근거를 밝히는 것은 증명 과정에 대한 이해를 돕기 위한 것이며 언제나 포함되어야 하는 것이긴 하지만 엄격히 말하자면 그것이 증명 그 자체에 필수적인 부분은 아니다. 증명의 각 단계마다 선행하는 단계들의 수와 추론규칙이나 참조 형식의 수는 한정되어 있다. 비록 시간은 걸리겠지만 주어진 명제의 형태를 비교・검토함으로써 단계 3이 긍정논법이나 부정논법 또는 가언적 삼단논법 등에 의해서 단계 1과 단계 2로부터 도출되지 않는다는 사실을 확인할 수 있다. 그리고 이러한 과정에서 우리는 단계 3이 교환법칙에 의해서 단계 1로부터 도출되는지의 여부에 대해 의문을 품게 되며, 간단히 명제의 형식을 보기만 해도 단계 3이 교환법칙에 의해 도출된다는 사실을 알게 된다. 같은 방식으로, 모든 형식적 증명에 포함된 각 명제들의 합법성 여부는 한정된 단계 내에서 검토될 수 있으며, 형태 내지 형식을 비교하는 일 외의 어떤 것도 필요하지 않다.

형식적 증명의 이러한 효율성이 보존되기 위해서는 증명 과정에서 한 번에 한 단계씩만 진행해 나가야 한다. 여러 단계를 묶어서 한 단계로 만듦으로써 증명 과정을 단축시키고 싶은 마음이 생길 수도 있다. 그러나 그렇게 해서 절약된 지면과 시간은 대수로운 것이 못 된다. 그보다 더 중요한 것은 각 단계마다 한 번에 하나의 규칙만을 사용함으로써 우리가 얻게 될 증명의 효율성이다.

타당성의 형식적 증명은 일련의 명제들에 대해 그것이 증명인지 아닌지가 기계적으로 결정될 수 있다는 의미에서 효율적이긴 하지만, 형식적 증명을 구성하는 일은 효율적인 과정이 아니다. 이런 점에서 형식적 증명은 진리표와는 다르다. 진리표를 작성하는 일은 완전히 기계적으로 이루어진다. 즉, 우리가 지금 관심을 갖고 있는 어떤 논증에 대해서도 8장에서 언급했던 간단한 규칙들을 따르기만 하면 우리는 언제나 그 논증의 타당성 여부를 검사하기 위한 진리표를 작성할 수 있을 것이다. 그러나 우리는 형식적 증명을 구성하기 위한 효율적이거나 기계적인 규칙을 갖고 있지 않다. 이럴 경우 우리는 형식적 증명을 구성할 때 어디서부터 시작해야 할 것인지, 그리고 어떤 방식으로 증명을 진행해야 할 것인지에 대해 생각하고 계산해야만 한다. 그렇지만 타당성에 대한 형식적 증명을 구성하여 한 논증의 타당성을 증명하는 일이 수백, 수천 개의 줄을 가진 진리표를 순전히 기계적으로 작성하는 것보다는 훨씬 쉽다.

비록 형식적 증명을 구성하는 순전히 기계적인 규칙은 없지만, 증명 절차에 대한 몇 가지 방편이나 요령은 제시될 수 있다. 첫째는 주어진 전제들로부터 추론규칙에 의해 도출될 수 있는 결론들을 단순히 연역하는 일부터 시작하는 것이다. 이렇게 연역된 하위 결론들 중 앞으로의 연역을 위한 전제로 이용될 수 있는 결론의 수가 많으면 많을수록 논증의 최종 결론을 연역해낼 방법을 알 수 있는 가능성은 커진다. 또 한 가지 요령은 전제들에는 나타나지만 결론에는 나타나지 않는 명제들을 제거해 보는 것이다. 물론 그러한 제거는 오직 추론규칙들에 의해서만 이루어질 수 있다. 그런데 추론규칙에는 명제를 제거할 수 있는 기법들이 많이 있다. 분리논법은 그런 규칙 중 하나이며, 이를 적용하여 연언명제의 오른쪽 연언지를 제거할 수 있다. 그리고 교환법칙에 의해 연언지의 왼쪽 연언지와 오른쪽 연언지의 위치를 바꾼 다음 분리논법에 의해 왼쪽 연언지를 제거할 수도 있다. $p \supset q$와 $q \supset r$라는 형식의 두 명제가 있을 경우 선언적 삼단논법에 의해서 중간명제인 q를 제거할 수 있다. 분배법칙은 $p \vee (q \cdot r)$과 같은 선언명제를 $(p \vee q) \cdot (p \vee r)$와 같은 형식의 연언명제로 바꾸는 데 유용한 규칙이다. 이렇게 바뀐 연언명제의 오른쪽 연언지는 분리논법에 의해 제거될 수 있다. 또 한 가지 다른 요령은 결론에는 있지만 전제들에는 없는 명제를 선접논법에 의해 도입하는 것이다. 또 한 가지 제시할 수 있는 방법은 결론으로부터 전제를 향해 역으로 추리해 보는 것인데, 경우에 따라서는 매우 생산적인 방법이기도 하다. 즉, 결론이 연역될 수 있는 명제나 명제들을 찾은 다음, 전제들로부터 그러한 중간 명제들을 연역해 보는 것이다. 그러나 형식적 증명을 구성하기 위한 능력을 획득하기 위한 방법으로는 연습보다 나은 것은 없다.

9.8 열아홉 개의 추론규칙을 사용하는 형식적 증명의 구성

이제 우리가 마음대로 사용할 수 있는 일련의 규칙들이 아홉 개가 아닌 열아홉 개로 늘어났으므로, 형식적 증명을 구성하는 일이 좀 더 복잡해졌다. 물론 목적은 그대로이지만, 증명을 궁리하는 과정은 더 큰 지적 도구상자에 대한 검토를 포함하고 있다. 우리가 구상하는 일련의 논리적 과정은 궁극적으로 결론으로 이어질 것이며, 그 과정에는 타당한 기본논증의 형식이나 논리적 동치에 의해 정당화되는 단계들이 포함될 것이다. 어떤 증명은 두 종류의 규칙들을 모두 사용할 수도 있다. 규칙 사용의 균형이나 순서는 증명을 완성시키는 전략을 시행할 때 요구되는 논리적 필요에 의해서만 결정된다.

아래는 나무랄 데 없는 일련의 형식적 증명들이며 각각 두 종류의 규칙들에 의존하고 있다. 추론규칙의 전체 목록을 사용하는 데 익숙해지기 위하여 우리는 이러한 증명들을 하나하나 검토해 가면서, 증명의 각 단계를 정당화하기 위해 무슨 규칙이 사용되었는지를 알아보고 그 정당화의 근거를 그 단계 오른쪽에 명기한다. 두 개의 보기 문제부터 살펴보자.

보기문제 1

1. $A \supset B$
2. $C \supset \sim B$
   $\therefore A \supset \sim C$
3. $\sim\sim B \supset \sim C$
4. $B \supset \sim C$
5. $A \supset \sim C$

문제풀이

단계 3은 단순히 단계 2의 대우일 뿐이다. 따라서 우측에 "2, Trans."을 명기한다.

단계 4는 단계 3의 $\sim\sim B$를 B로 대치한 것이다. 따라서 우측에 "3, D.N."을 명기한다.

단계 5는 단계 1과 단계 4에 가언적 삼단논법을 적용한 결과이다. 우측에 "1, 4, H.S."을 명기한다.

보기문제 2

1. $(D \cdot E) \supset F$
2. $(D \supset F) \supset G \quad \therefore E \supset G$
3. $(E \cdot D) \supset F$
4. $E \supset (D \supset F)$
5. $E \supset G$

문제풀이

단계 3은 단계 1에서 $(D \cdot E)$를 교환한 것이다. "1, Com."을 명기한다.

단계 4는 단계 3에 수출법칙을 적용한 것이다. "3, Exp."을 명기한다.

단계 5는 단계 4와 단계 2에 가언적 삼단논법을 적용한 것이다. "4, 2, H.S."을 명기한다.

개 요

추론규칙들

열아홉 개의 추론규칙들은 타당성의 형식적 증명을 구성할 때 그 용도가 정해져 있다. 그 규칙들은 다음과 같다.

타당한 기본논증의 형식들

1. 긍정논법(M.P.=modus ponens)
   $p \supset q,\ p,\ \therefore q$

2. 부정논법(M.T.=modus tollens)
   $p \supset q,\ \sim q,\ \therefore \sim p$

3. 가언적 삼단논법
   (H.S.=hypothetical syllogism)
   $p \supset q,\ q \supset r,\ \therefore p \supset r$

4. 선언적 삼단논법
   (D.S.=disjunctive syllogism)
   $p \vee q,\ \sim p,\ \therefore q$

5. 구성적 딜레마(C.D.=constructive dilemma)
   $(p \supset q) \cdot (r \supset s),\ p \vee r,\ \therefore q \vee s$

6. 흡수논법(Abs.=absorption)
   $p \supset q,\ \therefore p \supset (p \cdot q)$

7. 분리논법(Simp.=simplification)
   $p \cdot q,\ \therefore p$

8. 연접논법(Conj.=conjunction)
   $p,\ q,\ \therefore p \cdot q$

9. 선접논법(Add.=addition)
   $p,\ \therefore p \vee q$

논리적 동치의 표현들

10. '드 모르간'의 정리(De M.)
   $\sim(p \cdot q) \overset{T}{\equiv} (\sim p \vee \sim q)$
   $\sim(p \vee q) \overset{T}{\equiv} (\sim p \cdot \sim q)$

11. 교환법칙(Com.=commutation)
   $(p \vee q) \overset{T}{\equiv} (q \vee p)$
   $(p \cdot q) \overset{T}{\equiv} (q \cdot p)$

12. 결합법칙(Assoc.=association)
   $[p \vee (q \vee r)] \overset{T}{\equiv} [(p \vee q) \vee r]$
   $[p \cdot (q \cdot r)] \overset{T}{\equiv} [(p \cdot q) \cdot r]$

13. 분배법칙(Dist.=distribution)
   $[p \cdot (q \vee r)] \overset{T}{\equiv} [(p \cdot q) \vee (p \cdot r)]$
   $[p \vee (q \cdot r)] \overset{T}{\equiv} [(p \vee q) \cdot (p \vee r)]$

14. 이중부정(D.N.=double negation)
   $p \overset{T}{\equiv} \sim\sim p$

15. 대우법칙(Trans.=transposition)
   $(p \supset q) \overset{T}{\equiv} (\sim q \supset \sim p)$

16. 단순함언(Impl.=material implication)
   $(p \supset q) \overset{T}{\equiv} (\sim p \vee q)$

17. 단순동치(Equiv.=material equivalence)
   $(p \equiv q) \overset{T}{\equiv} [(p \supset q) \cdot (q \supset p)]$
   $(p \equiv q) \overset{T}{\equiv} [(p \cdot q) \vee (\sim p \cdot \sim q)]$

18. 수출법칙(Exp.=exportation)
   $[(p \cdot q) \supset r] \overset{T}{\equiv} [p \supset (q \supset r)]$

19. 항진법칙(Taut.=tautology)
   $p \overset{T}{\equiv} (p \vee p)$
   $p \overset{T}{\equiv} (p \cdot p)$

논리연습

A. 아래의 각 형식적 증명에서, 전제가 아니면서 번호가 붙은 각 행에 대해 그 행이 정당화되는 추론규칙을 밝혀라.

1. 1. $A \supset B$
   2. $C \supset \sim B$
   $\therefore A \supset \sim C$
   3. $\sim\sim B \supset C$
   4. $B \supset \sim C$
   5. $A \supset \sim C$

2. 1. $(D \bullet E) \supset F$
   2. $(D \supset F) \supset G$
   $\therefore E \supset G$
   3. $(E \bullet D) \supset F$
   4. $E \supset (D \supset F)$
   5. $E \supset G$

3. 1. $(H \vee I) \supset [J \bullet (K \bullet L)]$
   2. I
   $\therefore J \bullet K$
   3. $I \vee H$
   4. $H \vee I$
   5. $J \bullet (K \bullet L)$
   6. $(J \bullet K) \bullet L$
   7. $J \bullet K$

4. 1. $(M \vee N) \supset (O \bullet P)$
   2. $\sim O$
   $\therefore \sim M$
   3. $\sim O \vee \sim P$
   4. $\sim(O \bullet P)$
   5. $\sim(M \vee N)$
   6. $\sim M \bullet \sim N$
   7. $\sim M$

*5. 1. $(Q \vee \sim R) \vee S$
   2. $\sim Q \vee (R \bullet \sim Q)$
   $\therefore R \supset S$
   3. $(\sim Q \vee R) \bullet (\sim Q \vee \sim Q)$
   4. $(\sim Q \vee \sim Q) \bullet (\sim Q \vee R)$
   5. $\sim Q \vee \sim Q$
   6. $\sim Q$
   7. $Q \vee (\sim R \vee S)$
   8. $\sim R \vee S$
   9. $R \supset S$

6. 1. $T \bullet (U \vee V)$
   2. $T \supset [U \supset (W \bullet X)]$
   3. $(T \bullet V) \supset \sim(W \vee X)$
   $\therefore W \equiv X$
   4. $(T \bullet U) \supset (W \bullet X)$
   5. $(T \bullet V) \supset (\sim W \bullet \sim X)$
   6. $[(T \bullet U) \supset (W \bullet X)] \bullet$
   $[(T \bullet V) \supset (\sim W \bullet \sim X)]$
   7. $(T \bullet U) \vee (T \bullet V)$
   8. $(W \bullet X) \vee (\sim W \bullet \sim X)$
   9. $W \equiv X$

7. 1. $Y \supset Z$
2. $Z \supset [Y \supset (R \vee S)]$
3. $R \equiv S$
4. $\sim(R \cdot S)$
$\therefore \sim Y$
5. $(R \cdot S) \vee (\sim R \cdot \sim S)$
6. $\sim R \cdot \sim S$
7. $\sim(R \vee S)$
8. $Y \supset [Y \supset (R \vee S)]$
9. $(Y \cdot Y) \supset (R \vee S)$
10. $Y \supset (R \vee S)$
11. $\sim Y$

8. 1. $A \supset B$
2. $B \supset C$
3. $C \supset A$
4. $A \supset \sim C$
$\therefore \sim A \cdot \sim C$
5. $A \supset C$
6. $(A \supset C) \cdot (C \supset A)$
7. $A \equiv C$
8. $(A \cdot C) \vee (\sim A \cdot \sim C)$
9. $\sim A \vee \sim C$
10. $\sim(A \cdot C)$
11. $\sim A \cdot \sim C$

9. 1. $(D \cdot E) \supset \sim F$
2. $F \vee (G \cdot H)$
3. $D \equiv E$
$\therefore D \supset G$
4. $(D \supset E) \cdot (E \supset D)$
5. $D \supset E$
6. $D \supset (D \cdot E)$
7. $D \supset \sim F$
8. $(F \vee G) \cdot (F \vee H)$
9. $F \vee G$
10. $\sim\sim F \vee G$
11. $\sim F \supset G$
12. $D \supset G$

*10. 1. $(I \vee \sim\sim J) \cdot K$
2. $[\sim L \supset \sim(K \cdot J)] \cdot [K \supset (I \supset \sim M)]$
$\therefore \sim(M \cdot \sim L)$
3. $[(K \cdot J) \supset L] \cdot [K \supset (I \supset \sim M)]$
4. $[(K \cdot J) \supset L] \cdot [(K \cdot I) \supset \sim M]$
5. $(I \vee J) \cdot K$
6. $K \cdot (I \vee J)$
7. $(K \cdot I) \vee (K \cdot J)$
8. $(K \cdot J) \vee (K \cdot I)$
9. $L \vee \sim M$
10. $\sim M \vee L$
11. $\sim M \vee \sim\sim L$
12. $\sim(M \cdot \sim L)$

이제 우리는 추론규칙의 전체 목록을 사용하여 형식적 증명을 구성하는 데까지 발전해 왔다. 전제에 두 개의 명제만 추가해도 증명이 이루어지는 간단한 논증부터 시작해 보자. 물론 그 명제들은 타당한 기본논증의 형식이나 대치규칙에 의해 정당화될 것이다. 우리는 두 개의 예제로부터 시작한다. 이것들은 이어서 나오는 [논리연습] B의 처음 두 문제이다.

▌보기문제 1

1. $A \supset \sim A$

$\therefore \sim A$

▌문제풀이

이 증명에서 첫 단계는 분명히 하나뿐인 전제를 조작한 것이다. 어떻게 하면 도움이 될까? 전제에 단순함언을 적용하면 명제 $\sim A \vee \sim A$를 얻을 수 있다. 그리고 이 명제에 타당한 논증형식인 항진법칙을 적용하면 우리가 구하는 결론이 나오게 된다. 따라서 증명은 아래와 같다.

1. $A \supset \sim A$	
$\therefore \sim A$	
2. $\sim A \vee \sim A$	1, Impl.
3. $\sim A$	2, Taut.

▌보기문제 2

1. $B \bullet (C \bullet D)$

$\therefore C \bullet (D \bullet B)$

▌문제풀이

이 증명에서는 명제들을 재배열하기만 하면 된다. 그리고 명제들의 연언은 주어진 진리치가 참이다. 첫 번째 단계에서 우리는 첫 번째 전제의 연언을 교환할 수 있으며, 그 결과 $(C \bullet D) \bullet B$가 도출된다. 그 다음 결합법칙으로 이 세 명제들의 무리 짓기를 다시 하는 것만 필요하다. 따라서 증명은 아래와 같다.

1. $B \bullet (C \bullet D)$	
$\therefore C \bullet (D \bullet B)$	
2. $(C \bullet D) \bullet B$	1, Com.
3. $C \bullet (D \bullet B)$	2, Assoc.

모든 형식적 증명에서와 마찬가지로 이 증명에서도 우리가 구성한 배열 순서의 마지막 단계는 우리가 연역해 내려고 한 그 논증의 결론이다.

논리연습

B. 아래의 각 논증은 전제에 두 명제만 추가하면 타당성의 형식적 증명이 이루어진다. 각 논증에 대한 타당성의 형식적 증명을 구성하라.
이 형식적 증명에서는 그리고 앞으로 나올 모든 증명에서는 각 단계의 정당화 근거를 오른편에 명기하라. 정당화 근거는 사용된 단계(들)의 번호를 먼저 명기한 다음 그 번호의 단계에 적용된 추론규칙의 이름(약어)을 명기하는 것이 가장 편리하다.

1. $A \supset \sim A$
$\therefore \sim A$

2. $B \cdot (C \cdot D)$
$\therefore C \cdot (D \cdot B)$

3. E
$\therefore (E \vee F) \cdot (E \vee G)$

4. $H \vee (I \cdot J)$
$\therefore H \vee I$

*5. $\sim K \vee (L \supset M)$
$\therefore (K \cdot L) \supset M$

6. $(N \cdot O) \supset P$
$\therefore (N \cdot O) \supset [N \cdot (O \cdot P)]$

7. $Q \supset [R \supset (S \supset T)]$
$Q \supset (Q \cdot R)$
$\therefore Q \supset (S \supset T)$

8. $U \supset \sim V$
V
$\therefore \sim U$

9. $W \supset X$
$\sim Y \supset \sim X$
$\therefore W \supset Y$

*10. $Z \supset A$
$\sim A \vee B$
$\therefore Z \supset B$

11. $C \supset \sim D$
$\sim E \supset D$
$\therefore C \supset \sim\sim E$

12. $F \equiv G$
$\sim (F \cdot G)$
$\therefore \sim F \cdot \sim G$

13. $H \supset (I \cdot J)$
$I \supset (J \supset K)$
$\therefore H \supset K$

14. $(L \supset M) \cdot (N \supset M)$
$L \vee N$
$\therefore M$

*15. $(O \vee P) \supset (Q \vee R)$
$P \vee O$
$\therefore Q \vee R$

16. $(S \cdot T) \vee (U \cdot V)$
$\sim S \vee \sim T$
$\therefore U \cdot V$

17. $(W \cdot X) \supset Y$
$(X \supset Y) \supset Z$
$\therefore W \supset Z$

18. $(A \vee B) \supset (C \vee D)$
$\sim C \cdot \sim D$
$\therefore \sim(A \vee B)$

19. $(E \cdot F) \supset (G \cdot H)$
$F \cdot E$
$\therefore G \cdot H$

*20. $I \supset [J \vee (K \vee L)]$
$\sim[(J \vee K) \vee L]$
$\therefore \sim I$

21. $(M \supset N) \cdot (\sim O \vee P)$
$M \vee O$
$\therefore N \vee P$

22. $(\sim Q \supset \sim R) \cdot (\sim S \supset \sim T)$
$\sim\sim(\sim Q \vee \sim S)$
$\therefore \sim R \vee \sim T$

23. $\sim[(U \supset V) \cdot (V \supset U)]$
$(W \equiv X) \supset (U \equiv V)$
$\therefore \sim(W \equiv X)$

24. $(Y \supset Z) \cdot (Z \supset Y)$
$\therefore (Y \cdot Z) \vee (\sim Y \cdot \sim Z)$

*25. $A \vee B$
$C \vee D$
$\therefore [(A \vee B) \cdot C] \vee [(A \vee B) \cdot D]$

26. $[(E \vee F) \cdot (G \vee H)] \supset (F \cdot I)$
$(G \vee H) \cdot (E \vee F)$
$\therefore F \cdot I$

27. $(J \cdot K) \supset [(L \cdot M) \vee (N \cdot O)]$
$\sim(L \cdot M) \cdot \sim(N \cdot O)$
$\therefore \sim(J \cdot K)$

28. $(P \supset Q) \supset [(R \vee S) \cdot (T \equiv U)]$
$(R \vee S) \supset [(T \equiv U) \supset Q]$
$\therefore (P \supset Q) \supset Q$

29. $[V \cdot (W \vee X)] \supset (Y \supset Z)$
$\sim(Y \supset Z) \vee (\sim W \equiv A)$
$\therefore [V \cdot (W \vee X)] \supset (\sim W \equiv A)$

*30. $\sim[(B \supset \sim C) \cdot (\sim C \supset B)]$
$(D \cdot E) \supset (B \equiv \sim C)$
$\therefore \sim(D \cdot E)$

우리가 전제에 세 단계가 추가되어야 형식적 증명이 가능한 논증으로 한걸음 더 나아갈 때, 필요한 순서를 결정하기 위하여 전략을 구상하는 것이 중요하게 된다. 대체로 그러한 논증들은 꽤 단순하지만, 때로는 증명의 경로가 분명하지 않을 수 있다. 우리는 다시 두 개의 예제에서 시작한다. 이것들은 이어서 나오는 [논리연습] C의 처음 두 문제이다.

▌보기문제 1

1. $\sim A \supset A$

$\therefore A$

❙ 문제풀이

우리가 다룰 수 있는 전제는 하나뿐이다. 조건명제를 선언명제로 바꾸면 유리한 경우가 종종 있다. 단계 1을 이런 식으로 바꾸면(단순함언을 적용하여) 첫 번째 선언지로 $\sim\sim A$가 생겨나는데, 이것은 A로 대치할 수 있다. 그 다음 논증형식 항진(Taut.)을 적용하면 우리가 목표로 하는 것을 얻을 수 있다. 증명은 아래와 같다.

1. $\sim A \supset A$	
$\therefore A$	
2. $\sim\sim A \vee A$	1, Impl.
3. $A \vee A$	2, D.N.
4. A	3, Taut.

❙ 보기문제 2

1. $\sim B \vee (C \cdot D)$

$\therefore B \supset C$

❙ 문제풀이

이 논증에서는 하나뿐인 전제가 명제 D를 포함하고 있다. 우리는 결론이 $B \supset C$인 증명을 필요로 한다. 그러므로 어떻게 하든 전제의 D를 제거해야 한다. 어떻게 D를 제거할 수 있을까? 명제 $\sim B$를 분배하면 명제 $(C \cdot D)$가 분리될 수 있다. 분배법칙의 변형들 중 하나가 언명하는 것이 곧 $[p \vee (q \cdot r)] \equiv [(p \vee q) \cdot (p \vee r)]$이다. 이 법칙을 단계 1에 적용하면 대치 결과는 $(\sim B \vee C) \cdot (\sim B \vee D)$로 된다. 이 두 표현은 연언으로 결합되어 있으므로 분리논법을 적용하여 우리는 $(\sim B \vee C)$만 분리해 낼 수 있다. 이 명제는 단순함언에 의해서 $B \supset C$로 대치할 수 있으며, 이것이 곧 우리가 구하는 결론이다. 증명은 아래와 같다.

1. $\sim B \vee (C \cdot D)$	
$\therefore B \supset C$	
2. $(\sim B \vee C) \cdot (\sim B \vee D)$	1, Dist.
3. $\sim B \vee C$	2, Simp.
4. $B \supset C$	3, Impl.

논리연습

C. 아래의 각 논증은 전제에 세 개의 명제만 추가하면 형식적 증명이 구성될 수 있다. 각 논증에 대해 타당성의 형식적 증명을 구성하라.

1. $\sim A \supset A$
   $\therefore A$

2. $\sim B \vee (C \cdot D)$
   $\therefore B \supset C$

3. $E \vee (F \cdot G)$
   $\therefore E \vee G$

4. $H \cdot (I \cdot J)$
   $\therefore J \cdot (I \cdot H)$

*5. $[(K \vee L) \vee M] \vee N$
   $\therefore (N \vee K) \vee (L \vee M)$

6. $O \supset P$
   $P \supset \sim P$
   $\therefore \sim O$

7. $Q \supset (R \supset S)$
   $Q \supset R$
   $\therefore Q \supset S$

8. $T \supset U$
   $\sim(U \vee V)$
   $\therefore \sim T$

9. $W \cdot (X \vee Y)$
   $\sim W \vee \sim X$
   $\therefore W \cdot Y$

*10. $(Z \vee A) \vee B$
   $\sim A$
   $\therefore Z \vee B$

11. $(C \vee D) \supset (E \cdot F)$
   $D \vee C$
   $\therefore E$

12. $G \supset H$
   $H \supset G$
   $\therefore (G \cdot H) \vee (\sim G \cdot \sim H)$

13. $(I \supset J) \cdot (K \supset L)$
   $I \vee (K \cdot M)$
   $\therefore J \vee L$

14. $(N \cdot O) \supset P$
   $(\sim P \supset \sim Q) \supset Q$
   $\therefore N \supset Q$

*15. $[R \supset (S \supset T)] \cdot [(R \cdot T) \supset U]$
   $R \cdot (S \vee T)$
   $\therefore T \vee U$

타당성의 형식적 증명에서 때로는 필요한 배열 순서에 여러 단계나 많은 행들이 요구되는 경우가 있다. 보다 긴 증명에서는 추론의 어떤 유형이 반복적으로 나타난다는 것을 발견하게 될 것이다. 이와 같이 되풀이되는 유형들에 익숙해지는 것이 현명하다.

이것은 다음 [논리연습] D의 처음 두 문제를 예로 들어보면 쉽게 알 수 있다. 우선 주어진 명제 A는 거짓임이 밝혀져 있다고 가정해 보자. 증명의 다음 단계가 요구하는 것은, 어떤 다른 명제를 B라고 할 때 이것이 우리가 알고 있는 명제의 진리치가 거짓임을 함축한다는 사실을 증명하는 일이다. 이것은 쉽게 증명될 수 있다. 그리고 그 형식은 유별난 것이 아니다. 형식상 $\sim A$로부터 $A \supset B$가 어떻게 추론될 수 있을까? 이 논증을 검토해 보자.

▍보기문제 1

1. $\sim A$

 $\therefore A \supset B$

▍문제풀이

이 경우처럼 만약 $\sim A$가 참임이 알려져 있다면, A는 반드시 거짓이어야 한다. 거짓인 명제는 어떤 다른 명제를 단순함언한다. 그러므로 만약 $\sim A$가 참임을 우리가 알고 있다면, B가 언명하는 것이 무엇이든 $A \supset B$는 반드시 참이다. 이 경우에는 $\sim A$가 전제로 주어져 있다. 우리는 다만 필요한 B를 추가한 다음 단순함언을 적용하기만 하면 된다. 논증의 증명(또는 그것이 긴 증명의 일부일 경우 그것에 대한 증명)은 아래와 같다.

1. $\sim A$	
$\therefore A \supset B$	
2. $\sim A \vee B$	1, Add.
3. $A \supset B$	2, Impl.

▍보기문제 2

1. C

 $\therefore D \supset C$

이런 유형은 매우 자주 나타난다. 어떤 명제 C의 진리치는 알려져 있다. 이 경우에는 그것이 전제로 주어져 있다. 보다 긴 증명에서는 그 배열의 다른 위치에서 우리가 그것의 진리치를 확정했을 수도 있다는 말이다. 참인 명제는 어떤 명제에 의해서도 단순함언된다는 것을 우리는 알고 있다. 그러므로 우리가 선택하는 어떤 명제 D는 C를 함언한다. 형식상 C로부터 $D \supset C$가 어떻게 추론될 수 있을까?

▌문제풀이

D는 전제에는 없고 결론에만 있다. 그러므로 우리는 어떤 방식으로든 D를 단계들의 배열 속으로 들어오게 해야 한다. D는 간단히 추가될 수 있지만, 성공하기는 쉽지 않다. 왜냐하면 그 선언을 교환한 다음 단순함언을 사용하여 선언명제를 조건명제로 대치하면, $\sim D \supset C$를 얻게 되는데, 이것은 우리가 얻으려고 하는 결론이 분명히 아니기 때문이다. 우리는 $D \supset C$를 원한다. 필요한 이 결과를 얻기 위하여 우리는 첫 단계에 D가 아닌 $\sim D$를 추가해야만 한다. 우리는 확실히 그렇게 할 수 있다. 왜냐하면 선접논법은 진리치가 참임이 알려져 있는 명제에는 어떤 명제라도 선언적으로 추가할 수 있게 해주기 때문이다. 그런 다음 교환법칙과 단순함언을 차례로 적용하면, 우리가 구하는 것을 얻을 수 있다. 이 경우에 논증의 증명(또는 그것이 긴 증명의 일부일 경우 그것에 대한 증명)은 아래와 같다.

1. C	
$\therefore D \supset C$	
2. $C \vee \sim D$	1, Add.
3. $\sim D \vee C$	2, Com.
4. $D \supset C$	3, Impl.

논리연습

D. 아래의 각 논증은 자주 나타나는 유형들이다. 어느 경우이건 형식적 증명을 구성하는 데는 다소의 재능이 필요하다. 그리고 몇몇 증명은 여덟 내지 아홉 단계를 필요로 할 것이다. 그러나 나머지 대부분의 증명들은 어려움이 없을 것이다. 그리고 증명을 위해 전략을 구상하는 것은 멋진 훈련이다. 아래의 각 논증에 대해 형식적 증명을 구성하라.

1. $\sim A$
   $\therefore A \supset B$

2. C
   $\therefore D \supset C$

3. $E \supset (F \supset G)$

4. $H \supset (I \cdot J)$

$\therefore F \supset (E \supset G)$	$\therefore H \supset I$
*5. $K \supset L$	6. $N \supset O$
$\therefore K \supset (L \vee M)$	$\therefore (N \cdot P) \supset O$
7. $(Q \vee R) \supset S$	8. $T \supset U$
$\therefore Q \supset S$	$T \supset V$
	$\therefore T \supset (U \cdot V)$
9. $W \supset X$	*10. $Z \supset A$
$Y \supset X$	$Z \vee A$
$\therefore (W \vee Y) \supset X$	$\therefore A$

어느 정도의 연습을 통해 열아홉 개의 추론규칙에 아주 익숙해지고 또 그 규칙들을 수월하게 적용할 수 있게 되었다면, 이제 더 길고 더 난해하고 복잡한 형식적 증명에 부딪혀 볼 시기이다. 다음에 나올 세 가지(E~G) [논리연습]들은 다소 어려울 수 있지만, 이와 같은 증명을 구상해 보면 진정한 만족감을 얻게 될 것이다. 위대한 수학자 G. H. 하디가 오래 전에 말했듯이, 지적 "쾌감"을 맛보고 싶은 것은 자연적이고 또 광범위한 욕구이다. 그 중에서도 논리 문제를 풀고서 느끼는 "그 쾌감은 다른 무엇과도 비교할 수 없을 것이다."

마지막 두 가지(F와 G) 문제들처럼 자연언어로 된 논증들은 추가적인 설명이 필요 없다. 일단 제시된 약어를 사용하여 논증을 기호로 번역하고 나면, 증명을 구성하는 절차는 기호화된 논증에 대한 증명을 시작할 때 사용했던 절차와 다르지 않다. 논리적 증명의 왕국으로 먼 모험의 여행을 떠나기 전에, 앞으로 우리가 다룰 형식적 증명들에 대한 예제로서 [논리연습] E에서 뽑은 두 문제를 검토해보는 것이 도움이 될 것이다.

문제에서 제시된 논증들은 모두 타당하다. 그리고 우리가 고안한 열아홉 개 추론규칙의 체계가 완전한 것으로 알려져 있기 때문에, 이들 각 논증에 대한 형식적 증명이 구성될 수 있다는 것은 분명하다. 그렇지만 전제에서 결론에 이르는 경로는 명확하지 않을 수 있다. 경우에 따라서는 진행 과정에 어떤 행동계획을 구상해야만 하는 경우도 있다.

아래의 두 예제에 대한 자세한 검토를 통해 우리는 공략 계획과 그리고 그 계획을 고안할 수 있는 방법이 필요하다는 것을 보여주고자 한다. 이 예제는 다음 [논리연습] E의 첫 번째 문제와 마지막 문제이다.

▌보기문제 1

1. $A \supset \sim B$
2. $\sim(C \cdot \sim A)$

$\therefore C \supset \sim B$

▌문제풀이

이 논증에서 결론은 두 번째 전제에 있는 명제 C와 첫 번째 전제에 있는 명제 $\sim B$를 결합한 것이다. 저렇게 결합시킬 방법은 무엇인가? 첫 번째 전제는 후건인 $\sim B$가 또한 결론의 후건이기도 한 조건명제이다. 두 번째 전제는 첫 번째 전제의 전건에 대한 부정인 $\sim A$를 포함하고 있다. 만약 $C \supset A$를 얻기 위해 두 번째 전제를 조작할 수 있다면, 우리는 가언적 삼단논법으로써 저러한 결합을 성취할 수 있다. 우리는 그것을 해낼 수 있다. 두 번째 전제에 드 모르간의 정리를 적용하면, 나중에 단순함언을 적용하여 조건명제로 대치할 때 필요한 조건명제로부터 약간 벗어난 그런 선언명제를 얻을 수 있다. 형식적 증명은 다음과 같다.

1. $A \supset \sim B$	
2. $\sim(C \cdot \sim A)$	
$\therefore C \supset \sim B$	
3. $\sim C \vee \sim\sim A$	2, De M.
4. $C \supset \sim\sim A$	3, Impl.
5. $C \supset A$	4, D.N.
6. $C \supset \sim B$	5, 1, H.S.

대부분의 증명이 그렇듯이, 이 증명에서도 약간 다른 배열 순서가 고안될 수 있지만 똑같이 성공적인 결과에 도달하게 된다는 점을 유의하라. 단계 3은 필요한 첫 단계이다. 그러나 단계 4에는 선언명제를 그대로 두고, 다만 $\sim\sim A$를 A로 대치할 수도 있다.

4. $\sim C \vee A$	3, D.N.
5. $C \supset A$	4, Impl.
6. $C \supset \sim B$	5, 1, H.S.

이 경우에 두 배열 사이의 차이는 주로 순서의 차이이다. 때로는 판이한 전략을 사용하는 대안적 증명들도 있다.

형식적 증명의 세부사항에 관한 최종 설명으로서, [논리연습] E에 나오는 더욱 긴 논증들 중 하나인 20번 문제를 검토해보자. 필요한 전략의 구상은 더 어려워질 것이다.

▌보기문제 2

1. $(R \vee S) \supset (T \cdot U)$
2. $\sim R \supset (V \supset \sim V)$
3. $\sim T$

$\therefore \sim V$

▌문제풀이

우리가 구하는 결론 $\sim V$는 세 전제 중 오직 두 번째 전제에만 있고, 게다가 긴 복합명제 속에 묻혀 있다. 우리는 그것을 어떻게 증명할 수 있을까? 두 번째 전제의 후건 $(V \supset \sim V)$는 조건명제이며, 만약 이를 선언명제 $\sim V \vee \sim V$로 대치할 수 있다면, 이 선언명제는 항진법칙에 의해 독립적인 $\sim V$가 될 수 있다. $(V \supset \sim V)$가 긍정논법으로 얻어질 수 있을까? 그러기 위해서는 $\sim R$이 필요하다. R은 첫 번째 전제에서 선언의 한 요소이다. 만약 우리가 저 선언의 부정을 얻을 수 있다면, 우리는 $\sim R$을 끌어낼 수 있다. 저 선언의 부정을 얻기 위해서는 첫 번째 전제의 후건의 부정이 필요하므로, 부정논법이 적용되어야 할 것이다. 후건인 $(T \cdot U)$의 부정이 이용 가능하다는 것은 세 번째 전제가 $\sim T$를 언명하고 있고, 그리고 만약 $\sim T$가 참이라면 $(T \cdot U)$는 확실히 거짓이 되기 때문에 알 수 있다. 이것을 어떻게 증명할 수 있을까? 우리는 우리가 찾는 부정 명제 $\sim(T \cdot U)$를 주목한다. 이것은 $\sim T \vee \sim U$와 논리적 동치이다. 우리는 $\sim T$에 $\sim U$를 추가하여 $\sim T \vee \sim U$를 확정할 수 있다. 이 계획의 모든 요소들이 우리 앞에 놓여 있다. 우리는 그것들을 빈틈없는 논리적인 배열로 짜 맞추기만 하면 된다. 이것은 전략이 구상되어 있다면 전혀 어려운 일이 아니다. 우리는 첫 번째 전제의 후건에 대한 부정을 만들어내는 것에서부터 시작한다. 그 다음 그 전제의 전건의 부정을 끌어내고, 그 다음 $\sim R$을 얻는다. $\sim R$에 긍정논법을 적용하여 $(V \supset \sim V)$를 확정한다. 그러면 우리가 입증하려고 한 결론을 손에 넣을 수 있다. 형식적 증명의 실제 단계들은 아래와 같다.

1. $(R \vee S) \supset (T \cdot U)$	
2. $\sim R \supset (V \supset \sim V)$	
3. $\sim T$	
$\therefore \sim V$	
4. $\sim T \vee \sim U$	3, Add.
5. $\sim (T \cdot U)$	4, De M.
6. $\sim (R \vee S)$	1, 5, M.T.
7. $\sim R \cdot \sim S$	6, De M.
8. $\sim R$	7, Simp.
9. $V \supset \sim V$	2, 8, M.P.
10. $\sim V \vee \sim V$	9, Impl.
11. $\sim V$	10, Taut. Q.E.D.

증명의 결론에서 Q.E.D.를 써넣는 것은 전통적인 관습이다. 이것은 "논증되어야 했던 것"이라는 의미의 라틴어 "*Quod erat demonstrandum*"의 머리글자로서 자긍심의 조그마한 표현이다.

논리연습

E. 아래의 각 논증에 대해 타당성의 형식적 증명을 구성하라.

*1. $A \supset \sim B$
$\sim (C \cdot \sim A)$
$\therefore C \supset \sim B$

2. $(D \cdot \sim E) \supset F$
$\sim (E \vee F)$
$\therefore \sim D$

3. $(G \supset \sim H) \supset I$
$\sim (G \cdot H)$
$\therefore I \vee \sim H$

4. $(J \vee K) \supset \sim L$
L
$\therefore \sim J$

*5. $[(M \cdot N) \cdot O] \supset P$
$Q \supset [(O \cdot M) \cdot N]$

6. $R \vee (S \cdot \sim T)$
$(R \vee S) \supset (U \vee \sim T)$

$\therefore \sim Q \vee P$

$\therefore T \supset U$

7. $(\sim V \supset W) \cdot (X \supset W)$
   $\sim(\sim X \cdot V)$
   $\therefore W$

8. $[(Y \cdot Z) \supset A] \cdot [(Y \cdot B) \supset C]$
   $(B \vee Z) \cdot Y$
   $\therefore A \vee C$

9. $\sim D \supset (\sim E \supset \sim F)$
   $\sim(F \cdot \sim D) \supset \sim G$
   $\therefore G \supset E$

*10. $[H \vee (I \vee J)] \supset (K \supset J)$
   $L \supset [I \vee (J \vee H)]$
   $\therefore (L \cdot K) \supset J$

11. $M \supset N$
   $M \supset (N \supset O)$
   $\therefore M \supset O$

12. $(P \supset Q) \cdot (P \vee R)$
   $(R \supset S) \cdot (R \vee P)$
   $\therefore Q \vee S$

13. $T \supset (U \cdot V)$
   $(U \vee V) \supset W$
   $\therefore T \supset W$

14. $(X \vee Y) \supset (X \cdot Y)$
   $\sim(X \vee Y)$
   $\therefore \sim(X \cdot Y)$

*15. $(Z \supset Z) \supset (A \supset A)$
   $(A \supset A) \supset (Z \supset Z)$
   $\therefore A \supset A$

16. $\sim B \vee [(C \supset D) \cdot (E \supset D)]$
   $B \cdot (C \vee E)$
   $\therefore D$

17. $\sim F \vee \sim[\sim(G \cdot H) \cdot (G \vee H)]$
   $(G \supset H) \supset [(H \supset G) \supset I]$
   $\therefore F \supset (F \cdot I)$

18. $J \vee (\sim J \cdot K)$
   $J \supset L$
   $\therefore (L \cdot J) \equiv J$

19. $(M \supset N) \cdot (O \supset P)$
   $\sim N \vee \sim P$
   $\sim(M \cdot O) \supset Q$
   $\therefore Q$

*20. $(R \vee S) \supset (T \cdot U)$
   $\sim R \supset (V \supset \sim V)$
   $\sim T$
   $\therefore \sim V$

F. 제시된 문자를 사용하여 다음 각 논증에 대한 타당성의 형식적 증명을 구성하라.

*1. 지배인은 변화를 알아채지 못했거나 변화를 승인한다. 그는 틀림없이 변화를 알아챘다. 그러므로 그는 변화를 승인해야만 한다. (N, A)

2. 관 속의 산소는 필라멘트와 결합하여 산화물을 형성하였거나 완전히 사라졌다. 관

속의 산소는 완전히 사라졌을 리가 없다. 그러므로 관 속의 산소는 필라멘트와 결합하여 산화물을 형성하였다. (C, V)

3. 만약 예전에 가졌던 견해가 틀렸다는 것을 안 정치지도자가 자신의 방침을 바꾸지 않는다면, 그녀는 국민을 기만하는 죄를 범하는 것이고, 만약 그녀가 자신의 방침을 바꾼다면, 그녀는 일관성이 없다는 비난을 받을 것이다. 그녀는 자신의 방침을 바꾸거나 바꾸지 않는다. 그러므로 그녀는 국민을 기만하는 죄를 범하거나 일관성이 없다는 비난을 받는다. (A, D, I)

4. 그녀가 끝내는 것을 잊었거나 끝낼 수 없었던 것은 아니다. 그러므로 그녀는 끝낼 수 있었다. (F, A)

*5. 만약 리트머스 종이가 붉게 변하면 용액은 산성이다. 그러므로 리트머스 종이가 붉게 변하면 용액은 산성이거나 어딘가 잘못된 게 있다. (R, A, W)

6. 그녀가 친구들을 독립된 개인으로 존중할 때에만 그녀는 많은 친구들을 가질 수 있다. 그녀가 친구들을 독립된 개인으로 존중한다면 그녀는 그들이 모두 똑같이 행동하기를 기대할 수 없다. 그녀는 많은 친구들을 가지고 있다. 그러므로 그녀는 친구들이 모두 똑같이 행동하기를 기대하지 않는다. (R, F, E)

7. 만약 피해자의 주머니에 돈이 남아 있었다면 약탈은 범행의 동기가 아니었다. 그런데 약탈이나 복수가 범행의 동기였다. 피해자의 주머니에는 돈이 있었다. 그러므로 복수가 범행의 동기였음이 틀림없다. (M, R, V)

8. 만약 나폴레옹이 법적으로 자신의 것이 아닌 권력을 빼앗았다면 그는 비난받아 마땅하다. 나폴레옹은 합법적인 군주이거나 법적으로 자신의 것이 아닌 권력을 빼앗았다. 나폴레옹은 합법적인 군주가 아니었다. 따라서 나폴레옹은 비난받아 마땅하다. (U, C, L)

9. 만약 우리가 윌킨스 씨에 대한 대출을 연장해 준다면 그들은 그들의 다음 계획에 대한 우리의 권유를 받아들일 도덕적 의무를 가질 것이다. 그들이 그들의 다음 계획에 대한 우리의 권유를 받아들일 도덕적 의무를 가진다면 우리는 견적에 더 많은 이윤을 계상할 수 있다. 견적에 더 많은 이윤을 계상하게 되면 우리의 전반적인 재정 상태는 상당히 개선될 것이다. 그리고 우리의 전반적인 재정 상태의 상당한 개선은 우리가 행하는 윌킨스 씨에 대한 대출 연장에서 나올 것이다. (C, M, P, I)

*10. 만약 법률이 훌륭하고 그 집행이 엄격하다면 범죄는 감소할 것이다. 만약 법률의 엄격한 집행이 범죄를 감소시킨다면 우리의 문제는 실천적인 것이다. 법률은 훌륭하다. 그러므로 우리의 문제는 실천적인 것이다. (G, S, D, P)

11. 로마 시민권이 시민들의 자유를 보장했더라면, 로마 시민들은 종교적 자유를 누렸을 것이다. 로마 시민들이 종교적 자유를 누렸다면, 초기 기독교도들에 대한 박해는 없었을 것이다. 그러나 초기 기독교도들은 박해를 받았다. 따라서 로마 시민권은 시민들의 자유를 보장했을 리가 없다. (G, F, P)

12. 선언명제의 첫 번째 선언지가 참이면 전체 선언명제는 참이다. 그러므로 선언명제의 첫 번째 선언지와 두 번째 선언지가 모두 참이면 전체 선언명제는 참이다. (F, W, S)

13. 만약 새 법원이 편리한 곳에 세워져야 한다면 시의 한가운데에 위치해야 할 것이고, 그 기능에 적합하려면 시의 모든 관청을 충분히 수용할 수 있을 만큼 크게 지어져야 할 것이다. 만약 새 법원이 시의 한가운데에 위치하게 되고 시의 모든 관청을 충분히 수용할 수 있을 만큼 크게 지어진다면, 그 비용은 천만 달러를 초과할 것이다. 건축비는 천만 달러를 초과할 수 없다. 그러므로 새 법원은 불편한 곳에 세워지거나 그 기능이 부적합할 것이다. (C, H, A, L, O)

14. 자라나가 여전히 관심을 가지고 있다면, 연락을 받으면 올 것이다. 비록 그녀가 오지는 않았지만, 그녀는 여전히 관심을 가지고 있다. 그러므로 그녀는 연락을 받지 않았다. (I, M, C)

*15. 만약 천지창조에 대한 모세의 설명이 정확하다면 태양은 넷째 날까지 창조되지 않았다. 만약 태양이 넷째 날까지 창조되지 않았다면, 태양은 처음 사흘 동안의 낮과 밤의 변화의 원인이었을 리가 없다. 그러나 성서에서의 "날(day)"이라는 말이 오늘날 일반적으로 받아들여지고 있는 것과는 다른 의미로 사용되었거나 태양은 처음 사흘 동안의 낮과 밤의 변화의 원인이었어야 한다. 따라서 천지창조에 관한 모세의 설명이 정확하지 않거나 "날"이라는 말이 오늘날 일반적으로 받아들여지고 있는 것과는 다른 의미로 사용되었다는 결론이 나온다. (M, C, A, D)

16. 만약 출납계 직원이 비상 버튼을 눌렀다면, 금고는 자동으로 폐쇄되고 경찰이 3분 이내에 도착했을 것이다. 만약 경찰이 3분 이내에 도착했다면, 강도들이 탄 차는 잡혔

을 것이다. 그러나 강도들이 탄 차는 잡히지 않았다. 따라서 출납계 직원은 비상 버튼을 누르지 않았다. (T, C, V, P, O)

17. 만약 사람들이 항상 의무감에 따라 행동한다면, 사람들은 많은 쾌락의 향유를 삼갈 것이 틀림없다. 그리고 만약 사람들이 항상 쾌락 욕구에 따라 행동한다면, 사람들은 종종 의무를 소홀히 할 것이 틀림없다. 사람들은 항상 의무감에 따라 행동하거나 항상 쾌락 욕구에 따라 행동한다. 만약 사람들이 항상 의무감에 따라 행동한다면, 그들은 종종 의무를 소홀히 하지 않는다. 그리고 만약 사람들이 항상 쾌락 욕구에 따라 행동한다면, 그들은 많은 쾌락의 향유를 삼가지 않는다. 그러므로 사람들이 종종 의무를 소홀히 하지 않는다면, 오직 그런 경우에만, 사람들은 많은 쾌락의 향유를 삼갈 것이 틀림없다. (D, F, P, N)

18. 비록 세계 인구는 증가하고 있지만, 농업 생산성은 감소하고 제조활동은 정체상태에 있다. 만약 농업 생산성이 감소하고 세계 인구가 증가한다면, 인체의 영양 요구량이 감소하지 않는 한, 새로운 식량자원이 생겨나거나 세계의 식량자원에 대한 근본적인 재분배가 이루어져야 할 것이다. 새로운 식량자원은 생겨나지 않을 것이다. 그럼에도 불구하고 가족계획은 장려되지 않을 것이고 또 인체의 영양 요구량은 감소하지 않을 것이다. 따라서 세계의 식량자원에 대한 근본적인 재분배가 이루어질 것이다. (W, A, M, H, N, R, P)

19. 강도가 현관문으로 들어왔거나 또는 그 범죄는 내부 범죄였고 하인들 중 한 사람이 연루되어 있다. 강도는 빗장이 안쪽에서 올라가 있었을 경우에만 현관문으로 들어올 수 있었다. 만약 빗장이 안쪽에서 올라가 있었다면, 하인들 중 한 사람이 분명히 연루되어 있다. 따라서 하인들 중 한 사람이 연루되어 있다. (D, I, S, L)

*20. 만약 내가 수강료를 낸다면, 나는 남은 돈이 한 푼도 없을 것이다. 나는 내가 돈을 갖고 있어야만 컴퓨터를 살 것이다. 내가 컴퓨터를 사지 않으면, 나는 컴퓨터 프로그램을 배우지 못할 것이다. 그러나 만약 내가 수강료를 내지 않으면, 나는 수강등록을 할 수 없다. 그리고 만약 내가 수강등록을 하지 않으면, 나는 분명히 컴퓨터를 사지 않을 작정이다. 나는 수강료를 내거나 내지 않는다. 따라서 나는 분명히 컴퓨터 프로그램을 배우지 못할 것이다. (P, M, C, L, E)

G. 아래의 다섯 개의 논증도 역시 타당하다. 이 논증들 각각에 대한 타당성 증명이 요구된다. 그러나 이 증명들은 앞의 연습문제들보다 증명을 구성하기가 다소 어려울 것이다. 그리고 학생들은 종종 힘든 상황을 맞이하겠지만 용기를 잃어서는 안 된다. 처음 볼 때는 어려워 보이는 것도 계속 노력하면 훨씬 나아질 것이다. 열아홉 개의 추론규칙에 익숙해지고 이 규칙들의 적용을 반복적으로 연습하는 것이 이 증명들을 구성하는 열쇠이다.

1. 만약 당신이 인문학을 공부한다면, 사람들에 대한 이해가 향상될 것이다. 그리고 만약 당신이 자연과학을 공부한다면, 주변 세계에 대한 이해가 향상될 것이다. 그러므로 만약 당신이 인문학을 공부하거나 자연과학을 공부한다면, 사람들에 대한 이해가 향상되거나 주변 세계에 대한 이해가 향상될 것이다. (H, P, S, W)

2. 만약 당신이 인문학을 공부한다면, 사람들에 대한 이해가 향상될 것이다. 그리고 만약 당신이 자연과학을 공부한다면, 주변 세계에 대한 이해가 향상될 것이다. 따라서 만약 당신이 인문학과 자연과학을 모두 공부한다면, 사람들과 주변 세계에 대한 이해가 모두 향상될 것이다. (H, P, S, W)

3. 만약 당신이 자유의지를 갖고 있다면, 당신의 행동은 어떤 선행 사건들에 의해서 결정되지 않는다. 만약 당신이 자유의지를 갖고 있고 그리고 당신의 행동이 어떤 선행 사건들에 의해서 결정되지 않는다면, 당신의 행동은 예측될 수 없다. 만약 당신의 행동이 어떤 선행 사건들에 의해서 결정되지 않고, 그리고 만약 당신의 행동이 예측될 수 없다면, 당신의 행동 결과는 예측될 수 없다. 그러므로 만약 당신이 자유의지를 갖고 있다면, 당신의 행동 결과는 예측될 수 없다. (F, A, P, C)

4. 소크라테스는 위대한 철학자였다. 그러므로 소크라테스는 행복한 결혼생활을 했거나 그렇지 못했다. (G, H)

*5. 만약 소크라테스가 행복한 결혼생활을 했거나 그렇지 못했다면, 소크라테스는 위대한 철학자였다. 그러므로 소크라테스는 위대한 철학자였다. (H, G)

9.9 부당성 증명

당연한 말이지만 부당한 논증에 대한 타당성의 형식적 증명이란 없다. 그렇지만 우리가 어떤 논증에 대한 타당성의 형식적 증명을 발견하지 못했다고 해서 그 논증이 부당하다거나 그와 같은 증명이 구성될 수 없다는 사실이 입증되었다고 할 수는 없다. 그것은 우리가 충분한 노력을 하지 않았다는 것을 의미할 뿐이다. 우리가 타당성의 증명을 발견하지 못하는 이유가 그 논증이 부당하기 때문일 수도 있지만, 증명을 구성하는 과정이 비효율적인 특성을 갖는다는 점을 고려해 보면 우리의 재능이 부족한 때문일 수도 있다. 어떤 논증에 대한 타당성의 형식적 증명을 구성할 수 없다는 사실이 곧 그 논증이 부당하다는 것을 입증하지는 않는다. 그렇다면 어떤 논증의 부당성은 어떻게 증명될 수 있는가?

앞으로 설명하게 될 부당성의 증명 방법은 진리표의 방법에 비해 훨씬 간략하긴 하지만 진리표의 방법과 밀접한 연관을 갖는다. 부당한 논증 형식이 진리표에 의해 증명되는 방식을 상기해 보면 도움이 될 것이다. 진리표상에서 전제들은 참이면서 결론은 거짓이 되도록 명제변항에 진리치를 할당할 수 있는 줄을 단 한 줄이라도 발견할 수 있다면 그 논증형식은 부당하다. 어떻게 해서든지 논증의 전제는 참이면서 결론은 거짓이 되도록 논증을 구성하는 단순명제들에 진리치를 할당할 수 있다면, 그와 같은 진리치의 할당은 그 논증이 부당함을 증명하기에 충분할 것이다. 사실 그와 같이 진리치를 할당하는 일이 곧 진리표가 하는 일이다. 만약 우리가 실제로 완전한 진리표를 작성하지 않고도 그와 같은 진리치를 할당할 수 있다면 많은 수고를 덜 수 있을 것이다.

아래의 논증을 살펴보자.

> 만약 통치자가 공공 주택사업을 선호한다면, 그녀는 민간 사업의 범위를 제한하는 데 찬성할 것이다.
> 만약 통치자가 사회주의자라면, 그녀는 민간 사업의 범위를 제한하는 데 찬성할 것이다.
> 그러므로 통치자가 공공 주택사업을 선호한다면, 그녀는 사회주의자이다.

이 논증은 아래와 같이 기호화된다.

$F \supset R$

$S \supset R$

$\therefore F \supset S$

우리는 완전한 진리표를 작성하지 않고서도 이 논증이 부당함을 증명할 수 있다. 먼저 “진리치를 어떻게 할당하면 결론을 거짓으로 만들 수 있을까?”를 물어보자. 조건명제는 전건이 참이고 후건이 거짓인 경우에만 거짓이 된다. 따라서 *F*에 진리치 참을 할당하고 *S*에 진리치 거짓을 할당하면 결론인 $F \supset S$는 거짓이 된다. 이제 *R*에 진리치 참을 할당하면 두 전제는 모두 참이 된다. 왜냐하면 조건명제는 후건이 참이면 언제나 참이기 때문이다. 그리하여 *F*와 *R*에 진리치 참을 할당하고 *S*에 진리치 거짓을 할당하면, 이 논증은 참인 전제들과 거짓인 결론을 가지므로 부당성이 증명되었다고 말할 수 있다.

부당성을 증명하는 이와 같은 방법은 진리표의 방법에 대한 하나의 대안이다. 그러나 두 방법은 밀접한 연관을 가지고 있으며 두 방법 사이의 본질적인 관계는 반드시 이해하고 있어야만 한다. 우리가 앞에서 진리치를 할당할 때 수행한 것은 사실 주어진 논증에 대한 진리표의 한 줄을 작성한 것이었다. 그 관계는 아마도 진리치 할당을 아래와 같이 수평선상에 나타내면 더욱 명확해질 것이다.

F	R	S	$F \supset R$	$S \supset R$	$F \supset S$
참	참	거짓	참	참	거짓

이것은 주어진 논증에 대한 진리표의 한 줄을 구성하는 것이다. 그런데 어떤 논증의 진리표상에 전제가 모두 참이고 결론이 거짓인 줄이 한 줄이라도 있음을 보여줄 수 있다면 그 논증은 부당함이 증명된다. 결과적으로 논증의 부당성을 발견하기 위해 진리표의 모든 줄을 검사할 필요없이 전제가 모두 참이고 결론이 거짓인 줄을 하나만 발견하면 충분하다는 것이다. 부당성을 증명하는 이와 같은 방법은 완전한 진리표를 작성할 필요 없이 그와 같은 줄 하나만 작성하는 방법이다.[3)]

현재의 이 방법은 완전한 진리표를 작성하는 것보다 간단하며, 논증에 포함된 단순명제의 수가 많은 논증일수록 시간과 노력을 더 많이 절약할 수 있게 해준다. 전제의 수가 많거나 전제가 상당히 복잡한 논증의 경우에는 필요한 진리치를 할당하는 일이 그렇게

---

3) 완전한 진리표는 (우리가 그것을 작성한다면) 물론 문제의 논증의 고유형식에 대한 타당성을 검증해줄 것이다. 어떤 논증의 고유형식이 부당하다는 것이 밝혀지면, 우리는 그런 고유형식을 갖는 논증을 부당한 논증으로 추론할 수 있다. 여기서 제시된 방법은 진리치를 전제와 결론에 직접 할당했다는 것만 다르다. 그럼에도 이 방법과 8장에서 사용한 진리표 방법 사이의 관계는 매우 밀접하다.

쉽지는 않다. 증명을 수행하는 기계적인 방법이 있는 것은 아니지만, 몇 가지 요령은 증명에 도움이 될 것이다.

눈으로 보아 직접적으로 부당성을 증명하는 데 필수적인 것으로 보이는 진리치를 할당함으로써 진행하는 것이 가장 효과적이다. 그러므로 모든 전제를 참으로 만들어야만 하기 때문에, 단순히 어떤 명제 S가 참임을 언명하는 전제는 직접 S에 T의(또는 전제가 S가 거짓임을 언명했다면 F의) 할당을 암시하고 있다. 똑같은 원리가 결론의 명제들에도 적용된다. 다만 진리치를 할당하여 결론을 거짓으로 만들어야만 한다는 것이 다를 뿐이다. 따라서 $A \supset B$ 형식의 결론은 직접 A에 T의 할당을, 그리고 B에 F의 할당을 암시하고 있다. 그리고 $A \vee B$ 형식의 결론은 직접 A에 F의 할당을, B에도 F의 할당을 암시하고 있다. 왜냐하면 이렇게 할당해야만 부당성이 입증될 수 있기 때문이다.

전제를 참으로 만드는 것을 먼저 찾느냐 아니면 결론을 거짓으로 만드는 것을 먼저 찾느냐 하는 것은 그 명제들의 구조에 달려 있다. 보통은 가장 자신 있게 할당할 수 있는 것부터 시작하는 것이 최선이다. 물론 첫 번째 할당이 자의적이고 잠정적일 수밖에 없는 경우도 많이 있을 것이다. 어느 정도의 시행착오는 감수할 수밖에 없을 것이다. 그러나 이와 같은 부당성의 증명 방법이 완전한 진리표를 작성하는 것에 비하면 거의 언제나 보다 간편하고 쉬운 방법이다.

논리연습

진리치를 할당하는 방법으로 다음 각 논증의 부당성을 증명하라.

*1. $A \supset B$
$C \supset D$
$A \vee D$
$\therefore B \vee C$

2. $\sim(E \bullet F)$
$(\sim E \bullet \sim F) \supset (G \bullet H)$
$H \supset G$
$\therefore G$

3. $I \vee \sim J$
$\sim(\sim K \bullet L)$
$\sim(\sim I \bullet \sim L)$
$\therefore \sim J \supset K$

4. $M \supset (N \vee O)$
$N \supset (P \vee Q)$
$Q \supset R$
$\sim(R \vee P)$
$\therefore \sim M$

*5. $S \supset (T \supset U)$
$V \supset (W \supset X)$
$T \supset (V \cdot W)$
$\sim(T \cdot X)$
$\therefore S \equiv U$

6. $A \equiv (B \vee C)$
$B \equiv (C \vee A)$
$C \equiv (A \vee B)$
$\sim A$
$\therefore B \vee C$

7. $D \supset (E \vee F)$
$G \supset (H \vee I)$
$\sim E \supset (I \vee J)$
$(I \supset G) \cdot (\sim H \supset \sim G)$
$\sim J$
$\therefore D \supset (G \vee I)$

8. $K \supset (L \cdot M)$
$(L \supset N) \vee \sim K$
$O \supset (P \vee \sim N)$
$(\sim P \vee Q) \cdot \sim Q$
$(R \vee \sim P) \vee \sim M$
$\therefore K \supset R$

9. $(S \supset T) \cdot (T \supset S)$
$(U \cdot T) \vee (\sim T \cdot \sim U)$
$(U \vee V) \vee (S \vee T)$
$\sim U \supset (W \cdot X)$
$(V \supset \sim S) \cdot (\sim V \supset \sim Y)$
$X \supset (\sim Y \supset \sim X)$
$(U \vee S) \cdot (V \vee Z)$
$\therefore X \cdot Z$

*10. $A \supset (B \supset \sim C)$
$(D \supset B) \cdot (E \supset A)$
$F \vee C$
$G \supset \sim H$
$(I \supset G) \cdot (H \supset J)$
$I \equiv \sim D$
$(B \supset H) \cdot (\sim H \supset D)$
$\therefore E \equiv F$

9.10 비정합성

논증의 모든 전제는 참이면서 결론은 거짓이 되도록 진리치가 할당될 수 있다면, 그 논증은 부당한 것으로 증명된다. 만약 연역논증이 부당하지 않으면, 그 논증은 타당할 수밖에 없다. 그러므로 전제는 참이면서 결론은 거짓이 되도록 진리치를 할당할 수 없다면, 그 논증은 틀림없이 타당하다. 이것은 타당성의 정의로부터 도출되는 것이긴 하지만 이 정의로부터 기묘한 귀결이 나온다. 전제들이 비정합적인 논증은 타당할 수밖에 없다는 것이다.

전제들이 결론과 전혀 상관없어 보이는 아래의 논증을 살펴보자.

만약 그 비행기가 엔진 고장을 일으켰다면, 그 비행기는 벤드에 착륙했을 것이다.
만약 그 비행기가 엔진 고장을 일으키지 않았다면, 그 비행기는 크로스웰에 착륙했을 것이다.
그 비행기는 벤드에도 크로스웰에도 착륙하지 않았다.
그러므로 그 비행기는 덴버에 착륙해야만 했다.

이 논증을 기호화하면 아래와 같다.

$A \supset B$
$\sim A \supset C$
$\sim(B \vee C)$
$\therefore D$

이 논증을 구성하는 단순명제들에 결론을 거짓이게 하면서 전제를 모두 참이게 하는 진리치를 할당하려는 어떤 시도도 실패할 수밖에 없다. 결론은 무시한 채 전제에만 주목하여 전제들을 구성하는 단순명제들에 모든 전제가 참이 되도록 진리치를 할당하려고 해도 마찬가지로 실패할 수밖에 없다. 전제들이 서로 비정합적이기 때문에, 진리치 할당으로 모든 전제들을 참이 되게 할 수는 없다. 전제들의 연언은 자기모순이다. 그것은 자기모순적인 명제형식의 한 대입례이다. 만약 우리가 이 논증에 대한 진리표를 작성한다면, 우리는 모든 줄에 있어서 전제들 중 적어도 하나는 거짓임을 알게 될 것이다. 전제가 모두 참이 되는 줄이 하나도 없기 때문에, 전제들이 모두 참이고 결론이 거짓인 줄은 없을 수밖에 없다. 따라서 이 논증에 대한 진리표는 이 논증의 타당성을 입증한다. 그리고 이 논증의 타당성은 다음의 형식적 증명을 통해 입증된다.

1. $A \supset B$	
2. $\sim A \supset C$	
3. $\sim(B \vee C) / \therefore D$	
4. $\sim B \cdot \sim C$	3, De M.
5. $\sim B$	4, Simp.
6. $\sim A$	1, 5, M.T.
7. C	2, 6, M.P.
8. $\sim C \cdot \sim B$	4, Com.
9. $\sim C$	8, Simp.
10. $C \vee D$	7, Add.
11. D	10, 9, D.S.

이 증명에서 단계 1부터 단계 9까지는 전제들에 암시적으로 포함되어 있는 비정합성을 명시적으로 드러내는 데 바쳐지고 있다. 비정합성은 각각 (C를 언명하는) 단계 7과 ($\sim C$를 언명하는) 단계 9에서 드러난다. 이와 같은 명백한 모순이 일단 드러나기만 하면 결론은 선접논법과 선언적 삼단논법을 이용해 곧바로 도출된다.

그러므로 우리는 일련의 전제가 비정합적이라면 그 전제들은 어떠한 결론이든 타당하게 산출될 수 있다는 사실을 알 수 있다. 문제의 본질은 다음 논증의 경우에 더욱 간명하게 나타나는데, 명백히 비정합적인 전제들은 전혀 무관할 뿐만 아니라 기이하기까지 한 결론을 타당하게 도출할 수 있게 해준다.

오늘은 일요일이다.
오늘은 일요일이 아니다.
그러므로 달은 녹색의 치즈로 만들어졌다.

이 논증을 기호화하면 아래와 같다.

1. S
2. $\sim S$/ ∴ M

이 논증의 타당성에 대한 형식적 증명은 거의 직접적으로 타당하다.

3. $S \vee M$	1, Add.
4. M	3, 2, D.S.

어떤 논증은 그 전제들이 비정합적이기 때문에 타당한 논증이 되는데, 물론 이런 논증이 견실한 논증일 수는 없다. 전제들이 서로 비정합적이면 그것들이 모두 참일 가능성은 없기 때문이다. 전제들 중에 적어도 하나는 거짓이 될 수밖에 없기 때문에 그런 논증은 결론이라는 것을 확정할 수가 없다.

어떻게 이처럼 불충분한 전제들이 자신들을 포함하고 있는 논증을 타당하게 만들 수 있는가? 타당한 논증의 전제들은 "단순" 함언의 의미에서 뿐만 아니라 논리적으로 또는 엄밀한 의미에서 그 논증의 결론을 함축한다. 타당한 논증의 경우에는 결론이 거짓일 때 전제들이 참이 되는 것은 논리적으로 불가능하다. 이것이 바로 전제들이 참이 되는 것이 논리적으로 불가능할 때 일단 결론을 제쳐두는 그런 상황이다. 우리가 이미 입증했듯이, 전제들이 비정합적인 논증은 그 결론이 어떤 것이든 상관없이 타당하다. 우리가 앞에서 살펴보았듯이, 그 타당성은 진리표에 의해서나 또는 형식적인 증명에 의해서 확정될 수 있다. 형식적 증명에서는 먼저 모순을 형식적으로 표현한 다음(예컨대, S와 $\sim S$), 그 모순의 어느 한쪽에 구하는 결론을 선언지로 첨가하고(예컨대, $S \vee M$), 그리고 그 모순의 다른 한쪽(예컨대, $\sim S$)을 사용하여 선언적 삼단논법을 적용하면 구하는 결론(예컨대, M)을 추론할 수 있다.

이러한 논의는 정합성이 왜 중요하게 평가되는지를 설명하는 데에 도움이 된다. 한 가지 이유는 비정합적인 두 명제는 동시에 참일 수는 없다는 것이다. 그러므로 법정에서는 반대 측 증인을 모순에 빠뜨려 그 증인이 스스로를 부정하게 만들려는 목적으로 반대심문이 종종 이루어진다. 만약 어떤 증인이 비정합적인 주장을 한다면, 그의 말이 모두 참이 될 수는 없으며 그에 대한 신뢰는 심각하게 약화된다. 증인이 선서를 하고도 거짓말을 했다는 것이 인정되기만 하면, 그 증인의 어떤 증언도 전적으로 믿을 수 없는 것이 되어 버린다. "하나를 보면 열을 알 수 있다"는 말은 변호사들이 자주 하는 말이다.

비정합성이 우리에게 반감을 갖게 하는 보다 심오한 이유는 — 우리가 앞에서 살펴보았듯이 — 비정합적인 전제로부터는 어떤 결론이든 논리적으로 도출되기 때문이다. 비정합적인 명제들이 "무의미"하다는 것이 아니라 문제는 오히려 정반대이다. 다시 말해서, 비정합적인 명제들의 문제는 그것들이 너무 많은 것을 의미한다는 데 있다. 비정합적인 명제들은 모든 것을 함축한다는 의미에서 모든 것을 의미한다. 그리고 만약 모든 것이 주장된다면 주장된 것의 절반은 분명히 거짓이다. 왜냐하면 모든 명제는 그것의 부정명제를 가지기 때문이다.

이상의 논의는 다음과 같은 오래된 수수께끼에 대한 답을 우리에게 제공해 준다. 모든 것을 움직일 수 있는 힘이 결코 움직일 수 없는 대상을 만나면 어떤 일이 벌어지겠는가? 수수께끼로 묘사되고 있는 이 상황은 모순을 내포하고 있다. 모든 것을 움직일 수 있는 힘이 결코 움직일 수 없는 대상을 만나기 위해서는 양자가 모두 존재해야만 한다. 즉, 모든 것을 움직일 수 있는 힘도 존재해야만 하고 아울러 결코 움직일 수 없는 대상 또한 존재해야만 하는 것이다. 그러나 모든 것을 움직일 수 있는 힘이 존재한다면 결코 움직일 수 없는 대상이란 존재할 수 없다. 여기서 모순이 명백하게 드러난다. 즉, 결코 움직일 수 없는 대상이 존재하며 동시에 결코 움직일 수 없는 대상은 존재하지 않는다는 것이다. 이처럼 비정합적인 전제가 주어지면 어떠한 결론이라도 타당하게 추론될 수 있다. 따라서

"모든 것을 움직일 수 있는 힘이 결코 움직일 수 없는 대상을 만나면 어떤 일이 벌어지겠는가?"라는 물음에 대한 올바른 답은 "모든 일"이다.

논증의 전제들이 비정합적임을 발견했을 때 그 논증을 궁지에 빠트림으로써 통쾌한 기분을 맛볼 수 있다. 한때 미국 상원의 공화당 원내총무를 지낸 에버렛 더크슨(Everett Dirksen)은 스스로를 "언제나 유연성을 첫째로 삼는, 확고하고 굽히지 않는 원칙주의자"로 즐겨 묘사했다.[4] 말하는 사람은 인식하지 못하고 있지만, 그 말에 담긴 모순이 보이지 않는 부조리를 초래할 때, 우리는 그 말을 "아이리쉬 불(Irish bull)"이라고 한다. "그럴듯하나 모순된 말"이라는 뜻이다. 예를 들어, "오스트레일리아 내륙의 기후는 매우 나빠서, 주민들이 요즘에는 그곳에 살지 않는다"는 학생들의 작문이 그런 것이다. 이런 표현으로 유명했던 요기 베라는 한때는 인기가 있었던 어떤 식당이 "너무 북적거리면 아무도 그 식당에 가지 않는다"고 말했다. 그는 또한 "길을 가다 갈림길이 나오면 그 길로 가라"고 했다.

논리의 문제가 비정합적인 요소를 내포하고 있으면 그 명제들이 모두 참일 수는 없다. 그러나 인간이 항상 논리적이지는 않기 때문에, 서로 모순되는 두 명제를 표현하기도 하고 때로는 그런 것을 믿기까지 한다. 이런 일이 벌어지기 어려울 듯하지만, 이 방면의 전문가 루이스 캐럴이 말했듯이 『이상한 나라의 엘리스』에 나오는 화이트 퀸은 아침을 먹기 전에 불가능한 것 여섯 가지를 믿는 연습을 규칙적으로 했다.

논리연습

A. 아래의 각 논증에 대하여 타당성의 형식적 증명을 구성하거나 논증에 포함된 단순명제에 진리치를 할당하는 방법을 이용하여 부당성을 증명하라.

*1. $(A \supset B) \cdot (C \supset D)$
$\therefore (A \cdot C) \supset (B \vee D)$

2. $(E \supset F) \cdot (G \supset H)$
$\therefore (E \vee G) \supset (F \cdot H)$

3. $I \supset (J \vee K)$
$(J \cdot K) \supset L$
$\therefore I \supset L$

4. $M \supset (N \cdot O)$
$(N \vee O) \supset P$
$\therefore M \supset P$

4) George Will, *Newsweek*, 27 October 2003.

*5. $[(X \cdot Y) \cdot Z] \supset A$
$(Z \supset A) \supset (B \supset C)$
B
$\therefore X \supset C$

6. $[(D \vee E) \cdot F] \supset G$
$(F \supset G) \supset (H \supset I)$
H
$\therefore D \supset I$

7. $(J \cdot K) \supset (L \supset M)$
$N \supset \sim M$
$\sim(K \supset \sim N)$
$\sim(J \supset \sim L)$
$\therefore \sim J$

8. $(O \cdot P) \supset (Q \supset R)$
$S \supset \sim R$
$\sim(P \supset \sim S)$
$\sim(O \supset Q)$
$\therefore \sim O$

9. $T \supset (U \cdot V)$
$U \supset (W \cdot X)$
$(T \supset W) \supset (Y \equiv Z)$
$(T \supset U) \supset \sim Y$
$\sim Y \supset (\sim Z \supset X)$
$\therefore X$

*10. $A \supset (B \cdot C)$
$B \supset (D \cdot E)$
$(A \supset D) \supset (F \equiv G)$
$A \supset (B \supset \sim F)$
$\sim F \supset (\sim G \supset E)$
$\therefore E$

B. 아래의 각 논증에 대하여 타당성의 형식적 증명을 구성하거나 논증에 포함된 단순명제에 진리치를 할당하는 방법을 이용하여 부당성을 증명하라. 각 논증마다 괄호 속의 기호를 사용하라.

*1. 만약 언어학자들의 말이 맞으면, 그리고 만약 고대 그리스에 하나 이상의 방언이 있었다면, 각기 다른 종족들이 서로 다른 시기에 북으로부터 왔을 것이다. 만약 각기 다른 종족들이 서로 다른 시기에 북으로부터 왔다면, 그들은 틀림없이 다뉴브강 계곡으로부터 왔을 것이다. 그러나 만약 각기 다른 종족들이 서로 다른 시기에 북으로부터 왔다면, 고고학적 유물들이 거기서 다른 종족들의 발자취를 드러냈을 것이다. 그러나 고고학적 유물들은 거기서 그와 같은 발자취를 드러내지 않았다. 따라서 고대 그리스에 하나 이상의 방언이 있었다면, 언어학자들의 말은 맞지 않다. (C, M, D, V, A)

2. 만약 감기의 통상적인 징후가 있고 환자의 체온이 높으면, 그리고 만약 환자의 피부에 작은 반점이 있으면 그 환자는 홍역에 걸린 것이다. 물론 그가 예전에 홍역을 앓았다는 기록이 있으면 그는 결코 홍역에 걸린 것이 아니다. 그 환자는 체온이 높고 예전에

홍역을 앓았다는 기록이 있다. 게다가 감기의 통상적인 징후뿐만 아니라 그의 피부에는 작은 반점이 있다. 나는 환자가 바이러스에 감염되었다고 결론짓는다. (O, T, S, M, R, V)

3. 신이 악을 예방하려 하면서도 그럴 수 없다면 그는 무능할 것이고, 악을 예방할 수 있으면서도 기꺼이 그렇게 하지 않으려 한다면 그는 악의적일 것이다. 신이 기꺼이 악을 예방하려 하지 않거나 악을 예방할 수 없는 경우에만 악이 존재할 수 있다. 악은 존재한다. 신이 존재한다면, 그는 무능하지도 않고 악의적이지도 않다. 그러므로 신은 존재하지 않는다. (W, A, I, M, E, G)

4. 만약 내가 올 봄에 새 차를 사거나 낡은 차를 수리한다면, 나는 올 여름에 캐나다에 가서 덜루스에 들를 것이다. 만약 내가 덜루스에 들른다면 부모님을 방문할 것이다. 만약 내가 부모님을 방문한다면, 부모님은 여름을 함께 보내자고 하실 것이다. 만약 부모님이 나에게 여름을 함께 보내자고 하신다면, 나는 거기서 가을까지 머물게 될 것이다. 그러나 내가 거기서 가을까지 머물게 된다면, 나는 결코 캐나다에 가지 않을 것이다. 그러므로 나는 낡은 차를 수리하지 않을 것이다. (N, F, C, D, V, I, A)

*5. 만약 살로메가 총명하고 열심히 공부한다면 그녀는 좋은 성적으로 과정을 이수할 것이다. 만약 살로메가 열심히 공부는 하지만 총명하지 않다면 그녀의 노력은 높이 평가될 것이고, 그녀의 노력이 높이 평가된다면 그녀는 과정을 이수할 것이다. 만약 살로메가 총명하다면 그녀는 열심히 공부한다. 그러므로 살로메는 과정을 이수할 것이다. (I, S, G, P, A)

6. 만약 시의 위대성에 대한 단 하나의 모범만 존재한다면 밀튼과 에드거 게스트가 동시에 위대한 시인일 수는 없다. 만약 포프나 드라이든이 위대한 시인으로 간주된다면 워즈워드는 분명히 위대한 시인이 아니며, 워즈워드가 위대한 시인이 아니라면 키츠와 셸리도 모두 위대한 시인이 아니다. 그러나 설사 에드거 게스트가 위대한 시인이 아닐지라도 드라이든과 키츠는 모두 위대한 시인이다. 따라서 시의 위대성에 대한 단 하나의 모범만 존재하는 것은 아니다. (N, M, G, P, D, W, K, S)

7. 만약 집사가 참석했다면 그는 눈에 띄었을 것이고, 그가 눈에 띄었다면 그는 질문을 받았을 것이다. 만약 그가 질문을 받았다면 그는 대답했을 것이고, 그가 대답을 했다면 그의 대답은 들렸을 것이다. 그러나 집사의 대답은 들리지 않았다. 만약 집사가 눈에 띄지도 않았고 그의 대답이 들리지도 않았다면, 그는 근무 중이었음에 틀림없고,

그가 근무 중이었다면 그는 참석했음에 틀림없다. 그러므로 집사는 질문을 받았다. (P, S, Q, R, H, D)

8. 만약 집사가 진실을 말했다면 그가 방으로 들어왔을 때 창문은 닫혀 있었다. 만약 정원사가 진실을 말했다면 살인이 일어났던 그날 저녁에 자동 살수장치는 작동하지 않고 있었다. 만약 집사와 정원사가 모두 거짓말을 하고 있다면, 집 안의 누군가를 보호하려는 음모가 있음에 틀림없고, 창문 바로 안쪽의 마루에는 물이 조금 고여 있었을 것이다. 집사가 방으로 들어왔을 때 창문이 닫혀있었을 리가 없다는 사실을 우리는 안다. 창문의 바로 안쪽의 마루에는 물이 조금 고여 있었다. 그러므로 집 안의 누군가를 보호하려는 음모가 있다면, 정원사는 진실을 말하지 않았다. (B, W, G, S, C, P)

9. 만약 그들의 우두머리가 체포를 두려워했다면 그 나라를 떠났을 것이고, 만약 그녀가 체포를 두려워하지 않았다면 그 나라를 떠나지 않았을 것이다. 만약 그녀가 체포를 두려워하여 그 나라를 떠났다면 적의 첩보망은 혼란을 일으키고 우리를 해치기에 무력해질 것이다. 만약 그녀가 체포를 두려워하지 않아서 그 나라에 계속 머문다면, 이는 그녀가 우리 첩보원들의 활동에 무지하다는 것을 의미할 것이다. 만약 그녀가 실제로 우리 첩보원들의 활동에 무지하다면 우리 첩보원들은 적의 조직 내에서 그들의 위치를 강화할 수 있을 것이고, 우리 첩보원들이 적의 조직 내에서 그들의 위치를 강화할 수 있다면, 그들은 적의 첩보망이 우리를 해치기에 무력하게 만들 것이다. 따라서 적의 첩보망은 우리를 해치기에 무력할 것이다. (L, E, D, P, I, C)

*10. 만약 초감각적 지각을 연구하는 사람들이 정직한 것으로 여겨진다면, 초감각적 지각에 대한 상당한 증거들이 인정되어야만 하고, 초감각적 지각이 잠정적으로 사실로서 인정된다면 투시력에 관한 학설은 진지하게 고려되어야 한다. 만약 초감각적 지각에 대한 상당한 증거들이 인정된다면, 그것은 잠정적으로 사실로서 인정되어야만 하고 그것을 설명하는 노력이 이루어져야만 한다. 소위 불가사의하다고 하는 현상들을 진지하게 받아들일 준비가 되어 있다면 투시력에 관한 학설은 진지하게 고려되어야 하고, 영매에 대한 새로운 관점이 제시되어야 한다. 이 문제를 계속 추적할 경우, 영매에 대한 새로운 관점이 제시되어야 한다면, 우리는 죽은 사람과 대화한다는 영매의 주장을 진지하게 받아들여야 한다. 우리는 이 문제를 계속 추적하겠지만, 죽은 사람과 대화한다는 영매의 주장을 진지하게 받아들인다면 실제로 우리는 귀신의 존재를 믿게 된다. 따라서 초감각적 지각을 연구하는 사람들이 정직한 것으로 여겨진다면

우리는 실제로 귀신의 존재를 믿게 된다. (H, A, C, F, E, O, M, P, D, G)

11. 만약 우리가 부지를 사면 집을 한 채 지을 것이다. 만약 우리가 부지를 사서 집을 한 채 지으면, 우리는 가구를 살 것이다. 만약 우리가 집을 한 채 짓고 가구를 사면, 우리는 접시를 살 것이다. 그러므로 만약 우리가 부지를 사면 접시를 살 것이다. (L, H, F, D)

12. 만약 당신이 부르는 가격이 싸다면 당신의 매출은 증가할 것이다. 그리고 만약 당신이 양질의 상품을 판다면 당신의 고객들은 만족할 것이다. 그러므로 당신이 부르는 가격이 싸고 양질의 상품을 판다면, 당신의 매출은 증가하고 고객들은 만족할 것이다. (L, H, Q, S)

13. 만약 당신이 부르는 가격이 싸다면 당신의 매출은 증가할 것이다. 그리고 당신이 양질의 상품을 판다면 당신의 고객들이 만족할 것이다. 그러므로 당신이 부르는 가격이 싸거나 양질의 상품을 판다면, 당신의 매출이 증가하거나 당신의 고객들이 만족할 것이다. (L, H, Q, S)

14. 요르단이 동맹에 참여할 경우, 알제리나 시리아는 동맹을 거부한다. 쿠웨이트가 동맹에 참여할 경우, 시리아나 이라크가 동맹을 거부한다. 시리아는 동맹을 거부하지 않는다. 따라서 알제리와 이라크가 모두 동맹을 거부하지 않는다면, 요르단과 쿠웨이트는 모두 동맹에 참여하지 않는다. (J, A, S, K, I)

*15. 요르단이나 알제리가 동맹에 참여한다면, 그리고 시리아나 쿠웨이트가 동맹을 거부한다면, 이라크는 동맹을 거부하지 않지만, 예멘이 동맹을 거부한다. 이라크나 모로코가 동맹을 거부하지 않는다면, 이집트가 동맹에 참여할 것이다. 따라서 요르단이 동맹에 참여할 경우, 시리아가 동맹을 거부하면, 이집트가 동맹에 참여할 것이다. (J, A, S, K, I, Y, M, E)

C. 만약 어떤 진리함수적 논증이 타당하다면, 우리는 그 타당성을 증명할 도구를 갖고 있다. 그리고 만약 그것이 부당하다면, 우리는 그 부당함을 증명할 도구를 갖고 있다. 아래의 각 논증이 타당한지 또는 부당한지를 증명하라. 이 증명들은 앞에 나온 논리연습들보다는 구성하기가 더 어려울 것이지만, 만족감은 더 클 것이다.

1. 만약 대통령이 사회보장연금의 지급금액을 삭감한다면 노년층 시민들의 지지를 잃게

될 것이다. 그리고 만약 그가 방위비를 삭감한다면 보수주의자들의 지지를 잃게 될 것이다. 만약 대통령이 노년층 시민들이나 보수주의자들의 지지를 잃게 되면 상원에서 그의 영향력은 감소할 것이다. 그러나 상원에서 그의 영향력은 감소하지 않을 것이다. 그러므로 대통령은 사회보장연금의 지급금액이나 국방비를 삭감하지 않을 것이다. (B, S, D, C, I)

2. 만약 인플레이션이 계속된다면 이자율은 높은 수준을 유지할 것이다. 만약 인플레이션이 계속되고, 이자율이 높은 수준을 유지한다면 경영활동은 위축될 것이다. 만약 이자율이 높은 수준을 유지하고 경영활동이 위축된다면 실업이 증가할 것이다. 그러므로 실업이 증가한다면 인플레이션은 계속될 것이다. (I, H, D, U)

3. 만약 세금 부담이 낮아진다면 인플레이션은 높아지겠지만, 예산이 균형을 유지한다면 실업은 증가할 것이다. 만약 대통령이 그의 선거공약을 지킨다면 세금 부담이 낮아지거나 예산이 균형을 유지할 것이다. 그러므로 대통령이 그의 선거공약을 지킨다면 인플레이션이 높아지거나 실업이 증가할 것이다. (T, I, B, U, K)

4. 일기예보는 정밀과학이다. 따라서 내일은 비가 오거나 오지 않을 것이다. (W, R)

*5. 만약 내일 비가 오거나 비가 오지 않는다면 일기예보는 정밀과학이다. 따라서 일기예보는 정밀과학이다. (R, W)

9.11 간접적인 타당성 증명

모순되는 명제들은 동시에 참일 수 없다. 그러므로 어떤 명제가 전제에 추가되어 그 전제를 모순으로 만들 수 있다면 그것은 거짓을 수반할 수밖에 없다. 이로 말미암아 타당성을 증명하는 또 다른 한 가지 방법이 생겨나게 된다. 우리가 증명되어야 할 것의 부정을 (오직 증명의 목적을 위해서만) 상정하고 있다고 가정해 보라. 그리고 그것을 이용해서 모순을 끌어낼 수 있다고 가정해 보라. 그 모순은 증명되어야 할 것을 부정하면 부조리를 초래하게 된다는 것을 보여줄 것이다. 우리는 귀류법에 의한 증명으로 바라던 결론을 간접적으로 규명하게 될 것이다.

간접적인 타당성 증명은 결론의 부정을 추가로 상정된 전제로서 진술함으로써 이루어진다. 우리가 이와 같이 추가되어 늘어난 일련의 전제들로부터 명백한 모순을 끌어낼 수 있다면, 우리가 시작했던 원래의 논증은 타당할 수밖에 없다. 이러한 방법은 아래의 논증으로 실증될 수 있다.

1. $A \supset (B \cdot C)$
2. $(B \vee D) \supset E$
3. $D \vee A$

$\therefore E$

바로 다음 단계에서 우리는 (이 논증을 간접적으로 증명하기 위하여) 결론의 부정을 상정한다는 것을 명시한다.

4. $\sim E$	I.P. (Indirect Proof)

이제 늘어난 일련의 전제들로써 우리는 확립된 추론규칙들을 이용하여 아래와 같이 명백한 모순을 끌어낼 수 있다.

5. $\sim(B \vee D)$	2, 4, M.T.
6. $\sim B \cdot \sim D$	5, De M.
7. $\sim D \cdot \sim B$	6, Com.
8. $\sim D$	7, Simp.
9. A	3, 8, D.S.
10. $B \cdot C$	1, 9, M.P.
11. B	10, Simp.
12. $\sim B$	6, Simp.
13. $B \cdot \sim B$	11, 12, Conj.

증명의 마지막 단계는 명백한 모순이며, 이는 단계 4에서 $\sim E$를 상정함으로써 부조리가 야기되었다는 사실을 보여준다. 마지막 단계에서 형식적으로 명백하게 표현된 이 모순은 부조리를 드러내 보임으로써 증명을 마무리한다.

상황에 따라서는 이 방법이 없는 것보다는 이 방법을 사용함으로써 훨씬 더 신속하게 타당성을 증명할 수 있으므로, 이 간접증명의 방법은 논증을 검사하는 우리의 시스템을 더 강하게 만든다. 우리는 이 사실을 실증적으로 보여줄 수 있다. 즉, 먼저 어떤 논증의 타당성에 대한 직접적인 형식적 증명을 구성한 다음, 간접적인 증명 방법을 통해 동일한 논증이 타당하는 것을 보여주는 방식이다. 아래의 예를 보면, 귀류법을 사용하지 않은 증명은 좌측이며 15단계를 필요로 하며, 귀류법을 사용한 증명은 우측이며 단지 8단계만 필요로 할 뿐이다. 느낌표(!)는 완료된 간접 증명을 진행하면서 상정 이후 도출된 단계임을 표시하기 위해서이다.

1. $(H \supset I \ \cdot (J \supset K)$
2. $(I \vee K) \supset L$
3. $\sim L$

$\therefore \sim(H \vee J)$

4. $\sim(I \vee K)$	2, 3, M.T.	!4. $\sim\sim(H \vee J)$	I.P.
5. $\sim I \cdot \sim K$	4, De M.	!5. $H \vee J$	4, D.N.
6. $\sim I$	5, Simp.	!6. $I \vee K$	1, 5, C.D.
7. $H \supset I$	1, Simp.	!7. L	2, 6, M.P.
8. $\sim H$	7, 6, M.T.	!8. $L \cdot \sim L$	7, 3, Conj.
9. $(J \supset K) \cdot (H \supset I)$	1, Com.		
10. $J \supset K$	9, Simp.		
11. $\sim K \cdot \sim I$	5, Com.		
12. $\sim K$	11, Simp.		
13. $\sim J$	10, 12, M.T.		
14. $\sim H \cdot \sim J$	8, 13, Conj.		
15. $\sim(H \vee J)$	1, De M.		

논리연습

A. 아래의 각 논증에 대해 간접적인 타당성 증명을 구성하라.

1. 1. $A \vee (B \cdot C)$
   2. $A \supset C$
   $\therefore C$

2. 1. $(G \vee H) \supset \sim G$
   $\therefore \sim G$

3. 1. $(D \vee E) \supset (F \supset G)$
   2. $(\sim G \vee H) \supset (D \cdot F)$
   $\therefore G$

4. 1. $(M \vee N) \supset (O \cdot P)$
   2. $(O \vee Q) \supset (\sim R \cdot S)$
   3. $(R \vee T) \supset (M \cdot U)$
   $\therefore \sim R$

*5. 1. $D \supset (Z \supset Y)$
2. $Z \supset (Y \supset \sim Z)$
$\therefore \sim D \vee \sim Z$

6. 1. $(O \vee P) \supset (D \cdot E)$
2. $(E \vee L) \supset (Q \vee \sim D)$
3. $(Q \vee Z) \supset \sim (O \cdot E)$
$\therefore \sim O$

7. 1. $(F \vee G) \supset (D \cdot E)$
2. $(E \vee H) \supset Q$
3. $(F \vee H)$
$\therefore Q$

8. 1. $B \supset [(O \vee \sim O) \supset (T \vee U)]$
2. $U \supset \sim (G \vee \sim G)$
$\therefore B \supset T$

B. 아래 두 논증의 각각에 대해 간접적인 타당성 증명을 구성하라.

1. 만약 우대금리의 급격한 하락이 주식시장의 반등을 초래한다면, 조만간 인플레이션이 일어날 것이 확실하다. 그러나 만약 통화량의 공급 감소가 우대금리의 급격한 하락을 가져온다면, 인플레이션이 더 빨리 일어나리라는 것도 똑같이 확실하다. 따라서 인플레이션은 조만간 일어날 것이다. (F, R, I, D)

2. 만약 강수량은 변함이 없고 지구온난화가 더 심해진다면, 해수면은 상승하고 어떤 항구는 물에 잠길 것이다. 그러나 지구온난화가 더 심해진다고 하더라도 항구가 물에 잠기지는 않을 것이다. 따라서 강수량이 변함이 없거나 지구온난화가 더 심해지지 않을 것이다. (L, G, O, P)

C. 아래의 논증에 대해, 직접적인 타당성의 형식적 증명(a)과 간접적인 타당성 증명(b)을 모두 구성하라. 그리고 두 증명의 길이를 비교해 보라.

1. $(V \supset \sim W) \cdot (X \supset Y)$
2. $(\sim W \supset Z) \cdot (Y \supset \sim A)$
3. $(Z \supset \sim B) \cdot (\sim A \supset C)$
4. $V \cdot X$
$\therefore \sim B \cdot C$

9.12 단축된 진리표 방법

논증의 타당성을 검사하는 한 가지 방법이 더 있다. 우리는 앞에서 전제는 모두 참이 되고 결론은 거짓이 되도록 논증을 구성한 단순명제들에 진리치를 할당함으로써 어떻게 그 논증의 부당성이 증명될 수 있는가를 살펴보았다. 물론 그 논증이 타당하다면, 그런 할당을 하는 것이 불가능하다. 그러므로 우리는 그와 같은 일련의 진리치가 할당될 수 없다는 것을 보여줌으로써 논증의 타당성을 증명할 수 있다. 이것은 오로지 진리치를 모순되게 할당함으로써만이 — 즉, 어떤 요소명제에 참과 거짓이 동시에 할당되는 그런 진리치 할당 방식을 통해서만이 — 전제들은 참이 되고 결론은 거짓이 될 수 있다는 사실을 보여주는 방식이다. 달리 말해서, 타당한 논증의 각 전제에 진리치 참이 할당되고 결론에 진리치 거짓이 할당되려면, 불가피하게 어떤 요소명제에는 참과 거짓이 동시에 할당되어야 한다. 물론 이것은 모순이다. 여기서 다시 우리는 귀류법이라는 일반적인 방법을 사용한다.

예를 들어, 다음 논증을 보라.

$(A \vee B) \supset (C \cdot D)$

$(D \vee E) \supset G$

$\therefore\ A \supset G$

먼저 각 전제에 참을 그리고 결론에 거짓을 할당함으로써 우리는 이 논증의 타당성을 아주 신속하게 증명할 수 있다. 그러나 결론에 거짓을 할당하기 위해서는 A에 참이 할당되고 G에 거짓이 할당되어야 한다. A에 참이 할당되기 때문에 첫 번째 전제의 전건은 참이 된다. 그리고 첫 번째 전제 전체에 참이 할당되기 때문에 그 후건도 역시 참일 수밖에 없다. 그러므로 C와 D에는 동시에 참이 할당된다. D에 참이 할당되면 두 번째 전제의 전건은 참이 된다. 그리고 두 번째 전제 전체에 참이 할당되었기 때문에 그 후건도 역시 참이 될 수밖에 없다. 그러므로 G에는 참이 할당된다. 그러나 결론을 거짓으로 만들기 위해 이미 G에는 거짓이 할당되었다. 따라서 명제 G가 거짓이면서 동시에 참인 경우에만 이 논증은 부당한 논증이 되는데, 이것은 명백히 불가능하다. 이처럼 "단축된 진리표 방법"을 사용하여 논증의 타당성을 입증하는 것은 추론규칙 대신에 진리치 할당을 이용하여 부조리로 환원시키는 귀류법 적용의 한 형태이다.

진리치를 할당하는 이 귀류법의 방식이 논증을 검사하는 가장 신속한 방법인 경우가 종종 있다. 그러나 논증에 포함된 명제들의 종류에 따라 다르지만, 이 귀류법 방식이 다른 논증에 비해 훨씬 순조롭게 적용될 수 있는 경우도 있다. 이 방법이 가장 순조롭게 적용되는 경우는 선언에 거짓이 할당되거나(이런 경우 선언지 모두가 거짓이 될 수박에 없다) 또는 연언에 참이 할당될(이런 경우 연언지 모두가 참이 될 수밖에 없다) 때이다. 단순명제에 억지로 이런 할당이 강제되면, (만일 부조리가 있다면) 그것은 즉각 드러난다. 그러나 이 방법이 선언에 참의 할당을 요구할 경우, 우리는 어느 쪽 선언지가 참인지 확신할 수 없다. 그리고 연언에 거짓의 할당을 요구할 경우, 우리는 어느 쪽 연언지가 거짓인지 확신할 수 없다. 그런 경우에는 다양한 할당을 시도해 보아야 하는데, 이는 진행속도를 떨어뜨려서 이 방법의 이점이 사라져 버린다. 그러나 귀류법이라는 증명 방법이 종종 연역논증의 타당성을 검사하는 가장 효과적인 수단이 된다는 것은 엄연한 사실이다.

논리연습

A. 8장 7절의 [논리연습] B에 있는 논증들에 대해 진리치를 할당하는 귀류법의 방식(즉, 단축된 진리표 방법)을 사용하여 논증의 타당성이나 부당성을 밝혀라.
B. 8장 7절의 [논리연습] C에 있는 논증들에 대해 진리치를 할당하는 귀류법의 방식(즉, 단축된 진리표 방법)을 사용하여 논증의 타당성이나 부당성을 밝혀라.

제9장 요약

9장에서는 연역논증의 타당성 또는 부당성을 증명하는 여러 가지 방법들을 설명했다.

- 9장 1절에서는 타당성의 형식적 증명이라는 개념을 소개하고 설명했다. 그리고 형식적 증명을 구성할 수 있는 아홉 개의 추론규칙을 열거했다.
- 9장 2절에서는 아홉 개의 추론규칙을 이루고 있는 타당한 기본논증의 형식들을 자세히 살펴보았으며, 그리고 간단한 논증에서 사용되는 추론규칙의 용법을 설명했다.
- 9장 3절에서는 타당성의 형식적 증명을 위하여 타당한 기본논증의 형식들을 사용하는 방법들을 예를 통해 설명했다.
- 9장 4절에서는 아홉 개의 추론규칙만 사용하여 타당성의 형식적 증명을 구성하는 과정을 시작했다.
- 9장 5절에서는 확장된 타당성의 형식적 증명을 구성하기 위하여 아홉 개의 추론규칙을

사용하는 방법들을 예를 통해 설명했다.

- 9장 6절에서는 대치의 일반규칙을 소개하고, 하나의 논리적 표현을 정확히 같은 의미를 갖는 다른 논리적 표현으로 대치할 수 있도록 해주는 열 개의 논리적 동치를 추가하여 추론규칙을 열아홉 개로 확장했다.
- 9장 7절에서는 열아홉 개의 추론규칙을 포함한 자연연역 체계의 특징을 살펴보았다.
- 9장 8절에서는 열아홉 개의 추론규칙을 사용하여, 타당성의 형식적 증명을 구성하는 일을 시작했다.
- 9장 9절에서는 연역논증이 부당할 경우 그 부당성을 증명하는 방법을 설명했다.
- 9장 10절에서는 비정합성에 대해 논의하고, 비정합적인 전제들을 가진 논증은 타당하지만 건실하지 못한 이유를 설명했다.
- 9장 11절에서는 간접적인 타당성 증명을 설명하고 이를 예시했다.
- 9장 12절에서는 타당성을 증명하는 단축된 진리표 방법을 설명하고 이를 예시했다.

양화이론

제 10 장

10.1 양화의 필요성

타당한 연역논증이지만 앞의 두 장에서 다룬 논리적 기법으로는 검증될 수 없는 것들이 많이 있다. 그러므로 이제 우리는 우리의 분석 도구의 수준을 높이지 않을 수 없다. 그 방법이 바로 양화이다. 양화는 20세기에 개발된 이론이며, 이 이론을 개발한 으뜸 공로자는 독일의 위대한 논리학자요, 현대 논리학의 창시자인 고틀로프 프레게(1848~1925)이다. 그의 양화의 발견은 지금까지 논리학에 있었던 단일 기술의 진보 중에서 가장 중요한 진보로 평가되어 왔다.

인물탐구

고틀로프 프레게(Gottlob Frege)

현대 기호논리학의 창시자들 중의 한 사람이자 분석철학자인 고틀로프 프레게는 수학자로서 출발했다. 그는 수학이 논리학에서 생겨났다고 믿었으며, 이것을 보여주기 위한 수단으로 기호언어를 고안했다.

프레게는 함부르크의 동쪽에 있는 독일의 해항이자 한자동맹 도시의 하나인 비스마르에서 창의력이 풍부한 교장선생님의 아들로 태어났다. 그의 아버지는 독일 청소년들에게 독일어의 심층구조를 가르치기 위해 한 권의 교과서를 기획했는데, 프레게가 언어논리에 흥미를 갖게 된 것은 아버지가 만든 이 교과서로부터 받은 자극 때문이었다. 프레게는 예나대학에서 수학과 물리학을 공부했다. 거기서 그는 교수님들과 절친한 사이가 되었다. 그 당시 수학 연구의 중심지로 유명한 곳이 괴팅겐대학이었다. 그는 1873년 괴팅겐대학에서 기하학으로 박사학위를 취득했다.

그렇지만 그가 몰입한 관심 영역은 바로 논리학이었다. 『개념 표기법: 순수 사고의 산술적 형식언어의 모형(*Begriffsschrift, eine der arithmetischen nachgebildete Formelsprache des reinen Denkens*)』(1879)은 그의 위대한 대표작으로 꼽힌다. 그가 직면했던 문제들은 아래와 같이 압축될 수 있다. 즉, 논리학자들은 명제들을 결합시키는 기본적인 결합사들—이 책의 8장과 9장에서 설명한 "그리고(and)", "또는(or)", "만약 … 이면(if … then)" 등등—을 오랫동안 다루어왔다. 그러나 그들은 "어떤"과 "모든"이라는 개념을 포함하는 표현을 제대로 나타내고 조작할 수 있는 언어를 고안해내지는 못했다. "어떤 여자들은 모든 장애를 극복했다"와 "어떤 장애는 모든 여자들에 의해 극복되었다"라는 형식의 명제들이 논증에서 나올 법도 하다. 그렇지만 이런 형식의 명제는 논리적 언어로 구성된 것이 아니다. 이 개념들을 정확하게 표현하기 위한 새로운 방법, 즉 새로운 개념 표기법이 고안되어야만 했다.

프레게는 바로 이것을 고안했다. 이 새로운 형식적 언어 속에서 그가 개발한 양화이론은 현대 논리학에서 하나의 전환점이 되었다. 우리는 이 장에서 그의 양화이론을 설명하고 적용할 것이다. 20세기의 모든 논리학자들은 사실상 프레게의 영향을 받았다. 그가 세웠던 더 큰 목표는 논리학이 많은 기본원리들을 어떻게 규정해서 추론을 산출하는가를 보여주는 것이었다. 이 기획은 훗날 그와 서신을 주고받았던 버트란드 러셀에 의해서 진전을 보았다. 프레게는 그의 저서 『산술의 기초』(1884)에서 이 결합사들을 비기호적 용어로 설명하려고 노력했다. 그후 그는 『산술의 기본법칙』(1893 & 1903)에서 그 위대한 기획을 초기의 개념 표기법에서 유래한 기호공리를 기반으로 발전시켰다.

논리학자의 질적 연구 성과는 그의 성격과 정치적 관점까지 고려하여 판단되어야 하는가? 냉소적이고 내성적인 프레게는 가톨릭 신자들, 프랑스 사람들, 사회주의자들을 미워했으며, 특히 유대인들을 증오했다. 그는 유대인을 독일에서 완전히 축출하는 계획에 실제로 관여했다. 그는 일기에 아돌프 히틀러가 자신의 영웅임을 분명히 밝혔다. 프레게는 1925년에 한 사람의 충성스러운 나치당원으로서 사망했다.

양화가 어떻게 논리적 분석 능력을 향상시키는가를 이해하기 위해서는, 우리가 지금까지 개발했던 방법들의 한계를 알아야 한다. 앞의 몇 장에서 살펴보았듯이, 우리는 연역

논증들을 효과적으로 검사할 수 있다. 그러나 그것들은 어떤 한 유형의 논증들, 즉 논증 속의 단순명제들이 진리함수적으로 결합하여 복합명제를 만드는 방식에 그 논증의 타당성이 전적으로 의존하는 그런 논증들뿐이었다. 우리는 그런 유형의 논증에서 타당한 논증과 부당한 논증을 구분하기 위한 추론을 기본논증형식과 대치규칙을 적용하여 끌어낸다. 이를 우리는 광범하게 수행해 왔다.

그렇지만, 복합명제가 아닌 명제들로 구성된 논증에 대해서는 그런 방법들이 적절하지 않다. 그런 방법들로는 추론 과정상 결정적인 요소에 접근하지 못한다. 아주 오래된 예를 하나 들어보자.

모든 인간은 죽는다.
소크라테스는 인간이다.
그러므로 소크라테스는 죽는다.[1)]

이 논증은 분명히 타당하다. 그렇지만, 앞에서 소개했던 방법을 적용한다면 이 논증은 아래와 같이 기호화될 것이다.

A
H
$\therefore M$

그런데 이렇게 기호화하고 보면 이 논증은 부당한 것처럼 보인다. 도대체 무엇이 잘못되었는가? 그것은 바로 다음과 같은 사실, 즉 직관적으로 명백한 이 논증의 타당성이 전제들의 논리적 내부 구조에 의존하고 있다는 사실, 그리고 그 내부 구조를 지금까지 명제를 기호화하기 위해 개발된 체계를 통해서는 드러낼 수 없다는 사실에 연유한다. 이와 같은 기호화가 너무나 신통찮아 보이지만 양화사를 사용하지 않고 우리가 할 수 있는 최선이다. 그 이유는 이 타당한 논증 속에 들어있는 명제들은 복합명제가 아니며, 복합명제를 처리하기 위해 고안된 지금까지의 기법들은 복합명제가 아닌 명제를 다루기에 적합하지 않기 때문이다. 그러므로 비복합적인 명제의 논리적 내부구조를 밝혀 그것들을 기술하고 기호

1) 5장과 6장에서 설명한 바와 같이, 고전 논리학 또는 아리스토텔레스 논리학이 가장 심혈을 기울인 것이 바로 이 형식의 논증이었다. 그러나 전통적인 방식은 새로운 기호논리학이 가진 일반성이나 힘을 갖지도 못하거니와, 또한 우리가 마주칠 모든 종류의 연역논증을 감당할 수 있을 만큼 확장될 수도 없다.

화할 수 있는 방법이 필요하다. **양화이론**(theory of quantification)이 그 방법을 제공한다.

양화를 통해 우리는 비복합적인 전제들을 의미 손실 없이 복합명제처럼 번역할 수 있다. 그리고 이와 같이 번역한 다음, 모든 기본논증형식과 대치규칙을 (복합명제에 대해서 했던 것처럼) 적용하여 추론을 도출하고 타당성 여부를 증명할 수 있다. 이런 식으로 도달한 복합명제의 결론은 (양화를 다시 적용하면) 처음의 비복합적인 명제의 형식으로 다시 변형될 수 있다. 이 기술은 우리가 가진 분석 장치의 능력을 한층 증가시킨다.

이전에 개발된 연역 방법들은 여전히 기본이 된다. 양화사는 추론규칙을 변화시키는 것이 아니다. 지금까지의 논리학은 명제의 논리학이라고 할 수 있다. 지금부터는 술어의 논리학으로 불리는 이론체계 내에서도 이 추론규칙들이 어떤 추가적인 기호화를 통해 더 광범하게 적용될 수 있도록 해야 한다. 명제의 내부구조, 즉 주어와 술어의 관계는 양화사에 의해서 표면에 드러나고 접근이 용이해진다. 이 기호화를 소개하는 것이 필수적인 다음 단계이다.

10.2 단칭명제

가장 단순한 종류의 비복합적인 명제는 앞서 예를 든 논증의 두 번째 전제에 나타나 있는 "소크라테스는 인간이다"라는 명제이다. 이런 종류의 명제는 전통적으로 **단칭명제**(Singular Propositions)라고 불려져 왔다. 긍정단칭명제는 특정한 개체가 특정한 속성을 가지고 있음을 주장한다. 이 예의 경우, "소크라테스"는 주어 개념이고 "인간"은 술어 개념이다(이에 대해서는 일상적인 문법과 전통 논리학이 일치한다). 주어 개념은 특정한 개체를 가리키고, 술어 개념은 그 개체가 가지고 있다고 말해지는 어떤 속성을 가리킨다.

동일한 주어 개념이 상이한 단칭명제들에서 나타날 수 있다는 것은 분명하다. 우리는 "소크라테스는 죽는다", "소크라테스는 뚱뚱하다", "소크라테스는 지혜롭다", "소크라테스는 아름답다" 등을 주장할 수 있다. 이런 주장들 중에서 어떤 것(첫째와 셋째)은 참이고, 어떤 것(둘째와 넷째)은 거짓이다. 마찬가지로 동일한 술어 개념이 상이한 단칭명제들에서 나타날 수 있다. "인간"이라는 개념은 "아리스토텔레스는 인간이다", "브라질은 인간이다", "시카고는 인간이다", "오키페는 인간이다" 등에서 술어 개념이다. 이 중에서 어떤 명제(첫째와 넷째)는 참이고, 어떤 명제(둘째와 셋째)는 거짓이다.

이 기호체계에서 "개체"는 사람뿐만 아니라 국가, 책, 도시 또는 ("인간적인"이나 "무겁다"와 같은) 속성이 술어로 부여될 수 있는 개별적인 사물을 가리키기도 한다. 지금까지 들었던 모든 예에서 "속성"은 형용사(지혜로운 등)였다. 하지만 명사(인간 등)도 속성이 될 수 있다. 문법에서는 형용사와 명사의 구별이 중요하다. 그러나 논리적 문맥에서는 그렇지 않다. "소크라테스는 영원히 살 수 없다"와 "소크라테스는 영원히 살 수 없는 존재이다"를 구별할 필요는 없다. 동사도 역시 술어가 될 수 있다. "아리스토텔레스는 글을 쓴다"가 그 예이다. 그러나 이 문장을 "아리스토텔레스는 글을 쓰는 사람이다"로 바꾸어 표현할 수도 있다. 첫 번째로 중요한 것은 주어 개념과 술어 개념, 즉 개체와 그 개체가 가진 것으로 말해지는 속성을 구별하는 일이다. 그 다음 우리는 개체와 속성을 표현하는 서로 다른 두 종류의 기호를 도입해야 한다.

개체를 표시하기 위해 (널리 쓰이는 관례에 따라) 우리는 *a*부터 *w*까지의 영어 알파벳 소문자를 사용한다. 이 기호를 **개체상항**(individual constant)이라고 한다. 이 기호들이 나타나는 모든 개별 문맥에서 이 기호들은 문맥 전체를 일관하여 하나의 특정 개체를 지칭할 것이다. 개체의(혹은 그의, 그녀의) 영문 이름의 첫 글자를 사용하여 개체를 지시하는 것이 편리할 것이다. 따라서 소크라테스, 아리스토텔레스, 브라질, 시카고라는 개체들 각각을 지시하기 위해 *s*, *a*, *b*, *c*라는 문자를 사용하면 된다.

개체의 속성을 기호화하기 위해서는 알파벳 대문자를 사용하며, 이때에도 동일한 방식을 사용하면 편리하다. 예를 들어 인간이다, 죽는다, 뚱뚱하다, 지혜롭다는 속성들 각각은 그것을 뜻하는 영문 첫 글자를 사용하여 *H*, *M*, *F*, *W*로 기호화할 수 있다.

이제 우리는 단칭명제를 기호화할 수 있다. 먼저 개체 기호를 쓰고 그 왼쪽에 속성 기호를 쓰면, 이것이 곧 지시된 그 개체가 특정 속성을 갖고 있다는 것을 긍정하는 단칭명제를 기호로 표현한 것이 된다. 따라서 "소크라테스는 인간이다"라는 단칭명제는 간단히 *Hs*로 기호화된다. 또 "아리스토텔레스는 인간이다"는 *Ha*, "브라질은 인간이다"는 *Hb*, "시카고는 인간이다"는 *Hc*로 기호화된다.

이 표현들의 공통된 양식을 파악하는 것이 중요하다. 각각의 기호식은 동일한 속성 기호인 *H*로 시작되고, 어떤 개체를 표시하는 *s*, *a*, *b*, *c* 등의 기호가 그 뒤에 놓인다. 우리는 이러한 양식을 "*H*–"로 나타낼 수 있다. 여기서 술어 기호의 오른쪽에 있는 대시(–)는 어떤 개체기호를 위한 장소 표시이다. 우리는 이 양식을 *Hx*로 기호화한다. 우리는 어떤 개체에게 "인간이다"라는 속성을 부여하는 모든 단칭명제의 공통 양식을 *Hx* [때로는 *H*(*x*)]로 기호화한다. 문자 *x*는 **개체변항**(individual variable)으로 불리는데, 그것은 단순히

*a*부터 *w*까지의 다양한 개체 기호(개체상항)가 놓일 장소 표시이다. 여러 개체상항들 중 하나를 *x*의 위치에 놓으면 하나의 단칭명제가 된다. 관례에 따라, *a*부터 *w* 사이의 문자는 개체상항으로, 그리고 문자 *x*는 개체변항으로 사용된다.

기호 *Hx*를 좀 더 자세히 살펴보자. *Hx*는 **명제함수**(propositional function)로 불리며, 명제함수는 (1) 하나의 개체변항을 포함하고 (2) 개체변항에 개체상항을 대입하면 하나의 명제가 되는 표현으로 정의될 수 있다.[2] 따라서 하나의 명제함수는 비록 대입에 의해 명제로 전환될 수는 있지만, 그 자체는 명제가 아니다. 개체상항은 개체의 고유한 이름으로 간주될 수 있다. 모든 단칭명제는 명제함수의 대입례이다. 단칭명제는 그 명제함수의 개체변항에 개체상항을 대입한 결과이다.

일반적으로 하나의 명제함수는 참인 대입례들과 거짓인 대입례들을 가진다. 만약 *H*가 "인간이다"의 기호 표시이고, *s*가 소크라테스, *c*가 시카고의 기호 표시라면, *Hs*는 참이고 *Hc*는 거짓이다. 대입을 하여 만들어지는 것이 명제이다. 대입하기 전에는 단지 명제함수만 존재한다. 물론 그런 명제함수는 무한히 많다. *Hx*, *Mx*, *Bx*, *Fx*, *Wx* 등이 모두 명제함수이다. 우리는 이 명제함수들을 **단순술어**(simple predicate)라고 부르는데, 이는 다음 절에서 소개될 더 복잡한 명제함수들과 구별하기 위해서이다. 단순술어는 몇 개의 참인 대입례와 몇 개의 거짓인 대입례를 가지며, 그 대입례들 각각은 단칭긍정명제인 명제함수이다.

10.3 보편양화사와 존재양화사

단칭명제는 어떤 개별적인 사물이 특정한 속성을 가지고 있다는 것을 긍정한다. 그래서 단칭명제는 어떤 명제함수의 대입례이다. 만일 술어가 "죽는다"를 의미하는 *M*이거나 "아름다운"을 의미하는 *B*라면, 우리는 *Mx* 또는 *Bx*라는 단순술어를 갖는데, 이것은 특정한 어떤 것의 인간다움이나 아름다움을 언명하는 것이 아니다. 만약 개체변항 *x*에 소크라테스를 대입하면, "소크라테스는 죽는다"거나 "소크라테스는 아름답다"라는 단칭명제가 된다. 그러나 문제의 그 속성을 하나 이상의 개체들이 갖고 있다는 것을 주장해야 할 경우도 있다. 즉, "모든 것은 죽는다"거나 "어떤 것은 아름답다"고 말할 수 있다. 이 표현들은

2) 일부 학자들은 "명제함수"를 이와 같은 표현의 의미로 간주하지만, 여기서 우리는 명제함수를 표현 그 자체라고 정의한다.

술어 개념을 포함하고 있지만, 이것들이 어떤 특정 개체를 구체적으로 언급하는 것은 아니기 때문에 단칭명제가 아니다. 이것들은 일반명제(general proposition)이다.

첫 번째 일반명제 "모든 것은 죽는다"를 살펴보자. 이 명제는 논리적으로 동치인 다른 표현들로 다양하게 나타낼 수 있다. 그것은 "어느 것이든 다 죽는다"는 말로도 표현될 수 있다. 우리는 그것을 아래와 같은 말로도 표현할 수 있다.

임의의 개체에 대해서 그것이 무엇이건 간에, 그것은 죽는다.

여기서 "그것"이란 단어는 그 앞에 나오는 임의의 개체를 지시하는 대명사이다. 대명사 "그것"과 "개체" 대신에 개체변항 기호인 x를 사용하여 원래의 일반명제를 다음과 같이 고쳐 쓸 수 있다.

임의의 x에 대해서, x는 죽는다.

또한 앞 절에서 소개했던 술어의 기호법을 사용하면 다음과 같이 표현할 수도 있을 것이다.

임의의 x에 대해서, Mx.

우리는 Mx가 명제가 아닌 명제함수임을 알고 있다. 그러나 마지막 표현은 Mx를 포함하고 있지만 분명히 하나의 명제이다. "임의의 x에 대해서"라는 구는 관례적으로 "(x)"로 기호화되는데, 이것을 **보편양화사**(universal quantifier)라고 한다. 첫 번째 일반명제는 이제 다음과 같이 완전히 기호화될 수 있다.

$(x)Mx$

이것은 "모든 것은 죽는다"를 말하고 있다.

이 분석은 대입에 의해서 뿐만 아니라 일반화 또는 양화에 의해서도 명제함수가 명제로 전환될 수 있다는 것을 보여준다.

이제 두 번째 일반명제 "어떤 것은 아름답다"를 살펴보자. 이것은 아래와 같이 표현될 수 있다.

어떤 사물이 적어도 하나는 있는데, 그것은 아름답다.

여기서 "그것"이라는 단어는 사물을 지시하는 대명사이다. 대명사와 "사물"이라는 단어 대신에 개체변항 기호인 x를 사용하여 두 번째 일반명제를 아래와 같이 고쳐 쓸 수 있다.

적어도 하나의 x가 있는데, 그 x는 아름답다.

이를 술어에 대한 기호법을 사용하여 고쳐 쓰면 아래와 같다.

Bx인 x가 적어도 하나는 있다.

앞에서와 마찬가지로 Bx는 명제가 아니라 명제함수이다. 그렇지만 여기서 우리는 명제함수인 Bx를 포함하는 하나의 표현을 얻게 된다. "…인 x가 적어도 하나는 있다"는 구절은 관례적으로 **존재양화사**(existential quantifier)로 불리는 "∃"에 의해 기호화된다. 따라서 두 번째 일반명제는 다음과 같이 완전히 기호화될 수 있다.

$(\exists x)Bx$

이것이 말하는 것은 "어떤 것은 아름답다"이다.

그러므로 우리는 개체변항에 개체상항을 대입하는 **예화**(instantiation)를 통해서, 또는 명제함수 앞에 보편양화사나 존재양화사를 두는 **일반화**(generalization)를 통해서 명제함수로부터 하나의 명제를 얻을 수 있다는 사실을 알 수 있다.

이제 다음을 염두에 두라. 즉, 한 명제함수의 보편양화는 그것의 모든 대입례가 참일 때 그리고 오직 그러한 경우에만 참이다. 여기서 보편성이라는 말이 의미하는 것이 바로 저것이다. 한 명제함수의 존재양화, $(\exists x)Mx$는 그것이 적어도 하나의 참인 대입례를 가질 때 그리고 오직 그러한 경우에만 참이라는 사실 또한 명백하다. 양화된 명제와 그리고 양화된 명제들이 어떻게 서로 관계를 맺는가를 이해하기 위해 우리는 양화된 명제들에서 전통적 대당사각형이 어떻게 표현되는가를 보여줄 것이다. 이를 위해 이 절의 나머지 부분에서는 적어도 하나의 개체가 존재한다는 것을 가정할 것이다(이는 어느 누구도 부인하지 못할 것이다). 아주 약한 가정이지만, 이런 가정하에 모든 명제함수는 참이건 거짓이건 적어도 하나의 대입례를 반드시 가지게 된다. 그러나 이런 가정하에 한 명제함수의 보편양화가 참이라면 그 명제함수의 존재양화도 역시 참이 될 수밖에 없다는 것이 확실하다. 다시 말해서 모든 x가 M이라면, 그리고 적어도 하나의 사물이 존재한다면, 그 사물은 M이다.

지금까지 언급했던 모든 명제함수들은 오직 단칭긍정명제만을 대입례로 갖는 것들이었다. Mx(x는 죽는다)는 명제함수이다. Ms는 그 명제함수의 한 대입례이며, "소크라테스는 죽는다"라는 것을 말하는 단칭긍정명제이다. 그러나 모든 명제가 긍정명제인 것은 아니다.

~*Ms*, 즉 "소크라테스는 죽지 않는다"라고 말함으로써, 소크라테스가 죽는다는 것을 부정할 수 있다. 만약 *Ms*가 *Mx*의 한 대입례라면, ~*Ms*는 명제함수 ~*Mx*의 한 대입례로 간주될 수 있다. 그러므로 우리는 명제함수라는 개념을 앞 절에서 소개했던 단순술어를 넘어서 부정기호 "~"를 포함하는 데까지 확장할 수 있다.

부정기호를 자유롭게 사용한다면, 양화에 대한 우리의 이해는 아래와 같이 풍부해질 것이다. 일반명제로 시작해보자.

> 어떤 것도 완전하지 않다.

이것은 아래와 같이 고쳐 쓸 수 있다.

> 모든 것은 불완전하다.

또 아래와 같이 고쳐 쓸 수도 있다.

> 임의의 개체에 대해서 그것이 무엇이건 간에, 그것은 완전하지 않다.

다시 이것은 아래와 같이 고쳐 쓸 수 있다.

> 임의의 *x*에 대해서, *x*는 완전하지 않다.

만약 *P*가 완전하다는 속성을 나타내는 기호라면, 우리는 방금 개발한 기호법(양화사와 부정기호)을 사용하여, "어떤 것도 완전하지 않다"라는 이 명제를 $(x){\sim}Px$로 표현할 수 있다.

이제 우리는 보편양화와 존재양화 사이의 중요한 관계들을 목록화하고 예를 들어 설명할 수 있다.

첫째, "모든 것은 죽는다"라는 (보편적) 일반명제는 "어떤 것은 죽지 않는다"라는 (존재적) 일반명제에 의해 부정된다. 이 두 명제는 각각 $(x)Mx$와 $(\exists x){\sim}Mx$로 기호화된다. 여기서 한 명제는 다른 명제의 부정이므로, (어느 한쪽에 부정기호를 붙인) 아래의 양조건명제는 논리적으로 반드시 참이라고 확실히 말할 수 있다.

$$\sim(x)Mx \overset{T}{\equiv} (\exists x){\sim}Mx$$

둘째, "모든 것은 죽는다"라는 표현은 정확히 "죽지 않는 것은 아무 것도 없다"는 말이 표현하는 것과 같다. 이것은 아래와 같이 또 다른 양조건언명제로 나타낼 수 있으며, 이 또한 논리적으로 참이다.

$$(x)Mx \overset{T}{\equiv} \sim(\exists x){\sim}Mx$$

셋째, "어떤 것도 죽지 않는다"는 (보편적) 일반명제는 "어떤 것은 죽는다"는 (존재적) 일반명제에 의해 부정된다. 기호를 사용하면, $(x){\sim}Mx$는 $(\exists x)Mx$에 의해 부정된다. 여기서 한 명제는 다른 명제의 부정이므로, (다시 어느 한쪽에 부정기호를 붙인) 아래의 양조건명제는 논리적으로 반드시 참이라고 확실히 말할 수 있다.

$${\sim}(x){\sim}Mx \overset{T}{\equiv} (\exists x)Mx$$

넷째, "모든 것은 죽지 않는다"라는 표현은 "죽는 것은 아무 것도 없다"라는 말이 표현하는 것과 같다. 이것은 아래와 같이 양조건명제로 나타낼 수 있으며 논리적으로 참이다.

$$(x){\sim}Mx \overset{T}{\equiv} {\sim}(\exists x)Mx$$

논리적으로 참인 위 네 가지 양조건명제들은 보편양화사와 존재양화사의 내적 관계를 말해준다. 양화사 앞에 부정기호가 붙는 모든 명제는 (논리적으로 참인 양조건명제를 사용하면) 양화사 앞에 부정기호가 없는 논리적으로 동치인 다른 명제로 대치될 수 있다. 이 네 가지의 양조건명제를 다시 정리해 보자. 단순술어를 나타내기 위해 그리스 문자 파이("Φ")를 사용하면 보편양화와 존재양화 간의 관계를 다음과 같이 나타낼 수 있다.

$$[(\exists x){\sim}\Phi x] \overset{T}{\equiv} [{\sim}(x)\Phi x]$$

$$[(x)\Phi x] \overset{T}{\equiv} [{\sim}(\exists x){\sim}\Phi x]$$

$$[(\exists x)\Phi x] \overset{T}{\equiv} [{\sim}(x){\sim}\Phi x]$$

$$[(x){\sim}\Phi x] \overset{T}{\equiv} [{\sim}(\exists x)\Phi x]$$

그림으로 나타내면, 보편양화와 존재양화의 일반적인 관계들은 [그림 10-1]과 같다.

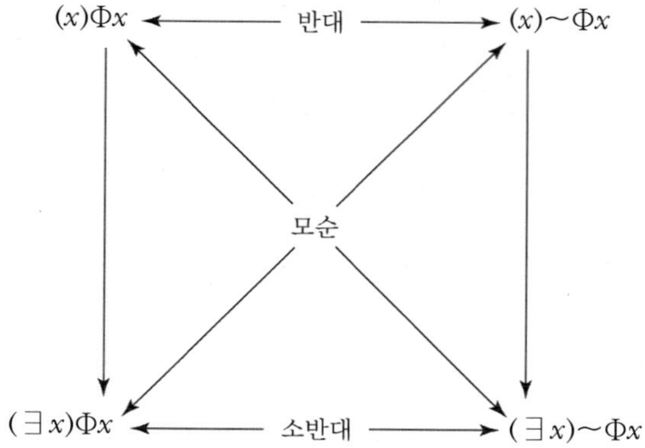

[그림 10-1]

인물탐구

알프레드 노스 화이트헤드(Alfred North Whitehead)

알프레드 노스 화이트헤드는 1861년 영국 켄트주 램스게이트에서 성공회 목사의 아들로 태어났다. 그는 명문 사립학교를 졸업하고, 케임브리지의 트리니티 칼리지에서 수학을 공부했으며, 나중에는 그 대학의 평의원이 되었다. 그는 대학에서 수학을 가르쳤는데, 제자들 중에는 유명한 경제학자인 존 메이널드 케인즈와 나중에 그와 공동연구자 겸 공동저자로 활동한 철학자 버트런드 러셀도 있다.

화이트헤드와 러셀은 10년간 함께 연구하고 그 결과를 3편의 논문으로 발표했다. 1910년, 1912년, 1913년에 각각 출간된 『수학 원리(*Principia Mathematica*)』란 이름의 이 논문들은 매우 영향력 있는 논문이며, 이전에 독일의 고틀로프 프레게가 시도했던 과제, 즉 수학의 유래를 논리의 기본적인 원리에서 찾아보려고 한 시도가 이 논문에서 비로소 결실을 맺었다. 이 공동논문은 20세기 논리학이 이룬 가장 뛰어난 성과들 중의 하나였다.

화이트헤드와 러셀의 우정은 정치적 입장 차이로 인해 갈라졌다. 화이트헤드는 세 아들을 두고 있었는데, 그중 한 아들이 제1차 세계대전에서 전사했다. 러셀은 영국의 참전을 실제적으로 반대한 평화주의자였다. 이 두 사람은 철저하게 그리고 영구히 갈라섰다. 1927년 『수학 원리』의 신판이 출간되었을 때도 화이트헤드는 기고를 거부했다.

케임브리지대학에서 오랫동안 수학과 논리학을 가르친 것을 끝으로, 화이트헤드는 형이상학적이고 역사적인 주제로 연구 방향을 선회했다. 그는 1924년 하버드대학의 철학교수로 초빙되었으며, 이에 응하여 여생을 미국에서 보냈다. 『과학과 근대세계』(1925)는 서구문명의 발흥에 과학과 수학이 기여한 역할에 관한 그의 탁월한 설명이었다. 『과정과 실재』(1929)는 고대 철학자 헤라클레이토스의 "모든 것은 변화한다"라는 말을 빌려, 변화하지 않는 것은 없다는 그의 형이상학적 관점을 피력한 것이었다. 그러므로 그는 진리가 반쪽짜리 진리에 불과할 수도 있다고 생각했다. 그러나 그는 창의적인 논리학자로서, 그리고 러셀과 함께 쓴 논문 『수학 원리』의 공동저자로서 가장 잘 알려져 있다. 그는 1947년 매사추세츠의 케임브리지에서 세상을 떠났다.

적어도 하나의 개체가 존재한다는 것을 계속 가정한다면 우리는 [그림 10-1]에 대해 다음과 같이 말할 수 있다.

1. 사각형의 상단에 있는 두 명제는 반대이다. 즉, 그들은 둘 다 거짓일 수는 있지만 둘 다 참일 수는 없다.
2. 사각형의 하단에 있는 두 명제는 소반대이다. 즉, 그들은 둘 다 참일 수는 있지만 둘 다 거짓일 수는 없다.
3. 대각선의 양쪽 끝에 있는 명제들은 모순이다. 즉, 둘 중 하나가 참이면 나머지 한 명제는 반드시 거짓이다.
4. 사각형의 하단에 있는 명제들은 각각 그 위에 있는 명제들에 의해 함축된다. 즉, 위에 있는 명제가 참이면 아래 있는 명제도 참이 된다.

10.4 전통적인 주어-술어 명제

존재양화사와 보편양화사를 사용할 수 있고 [그림 10-1]의 대당사각형을 이해한다면, 이제 우리는 논리학에서 전통적으로 강조되어 왔던 네 가지 유형의 일반명제를 분석할 수 있고, 또 추론에 정확하게 적용할 수 있다. 네 가지 유형에 대한 일반적인 예는 아래와 같다.

모든 인간은 죽는다.	(전칭긍정: A)
어떤 인간도 죽지 않는다.	(전칭부정: E)
어떤 인간은 죽는다.	(특칭긍정: I)
어떤 인간은 죽지 않는다.	(특칭부정: O)

네 가지 유형의 명제를 보통 문자로 나타내는데, A와 I는 두 긍정명제를 가리키고 E와 O는 두 부정명제를 가리킨다.

양화사를 사용하여 이 명제들을 기호화하려면 명제함수라는 개념을 더욱 확장해야 한다. 먼저 "모든 인간은 죽는다"는 A명제의 경우, 우리는 일련의 명제 변형을 통해 이 명제를 기호화할 수 있다. 우선 아래와 같이 고쳐 써 보자.

어떤 개체에 대해서건, 만약 그것이 인간이라면 그것은 죽는다.

여기서 두 번에 걸쳐 나오는 "그것"이라는 말은 명백히 "개체"라는 말을 가리킨다. 앞 절의 서두에서처럼, 이 세 단어들은 동일한(한정되지 않은) 지시체를 가지기 때문에 모두 문자 "x"로 대체될 수 있다. 따라서 이 명제는 다음과 같이 고쳐 쓸 수 있다.

임의의 x에 대해서, 만약 x가 인간이라면 x는 죽는다.

이전에 소개했던 "만약 …라면 …이다"를 나타내는 기호를 사용하면 이 명제를 아래와 같이 고쳐 쓸 수 있다.

임의의 x에 대해서, x는 인간이다 ⊃ x는 죽는다.

마지막으로, 지금은 친숙해진 명제함수와 양화사의 기호법을 사용하여 원래의 A명제를 아래와 같이 표현할 수 있다.

$(x)(Hx \supset Mx)$

기호화라는 측면에서 보면, A명제는 새로운 종류의 명제함수의 보편양화로 나타난다. $Hx \supset Mx$라는 표현은 그 대입례가 단칭긍정명제도 아니고 단칭부정명제도 아니며, 전건과 후건의 주어 개념이 동일한 단칭의 조건명제이다. 명제함수 $Hx \supset Mx$의 대입례들 중에는 $Ha \supset Ma$, $Hb \supset Mb$, $Hc \supset Mc$, $Hd \supset Md$ 등의 조건명제들이 있다.

또한 동일한 주어 개념을 가지는 단칭명제들의 연언을 대입례로 갖는 명제함수들도 있다. 그러므로 $Ha \cdot Ma$, $Hb \cdot Mb$, $Hc \cdot Mc$, $Hd \cdot Md$ 등의 연언은 명제함수 $Hx \cdot Mx$의 대입례들이다. 그리고 $Wa \vee Ba$, $Wb \vee Bb$와 같은 선언을 대입례로 갖는 $Wx \vee Bx$와 같은 명제함수들도 있다. 결국, 주어 개념이 동일한 단칭명제들을 단순요소명제들로 갖는 어떤 진리함수적 복합명제는 Ax, Bx, Cx, Dx 등과 같은 단순술어들뿐만 아니라 각종 진리함수적 결합사들과 연산자들의 일부 또는 전부를 포함하는 어떤 명제함수의 한 대입례로 간주될 수 있다. A명제를 $(x)(Hx \supset Mx)$로 번역할 때, 괄호들은 구두점의 역할을 한다. 이들은 보편양화사 (x)가 (복합)명제함수 $Hx \supset Mx$ 전체에 "적용된다"는 것 또는 $Hx \supset Mx$ 전체를 "범위로 한다"는 것을 가리킨다.

전통적인 정언명제의 다른 형식들을 논의하기 전에, $(x)(Hx \supset Mx)$라는 기호가 "모든 H는 M이다"와 같은 표준형식의 명제뿐만 아니라 동일한 의미를 지니는 다른 문장으로도 번역된다는 점을 유의해야 한다. 예를 들어, 헨리크 입센의 희곡 『사랑의 희극』에 "결혼한 친구는 잃어버린 친구다"라는 말이 나오는데, 이 말은 "결혼한 친구들은 모두 쓸모없게 된 친구들이다"라는 말의 또 다른 표현일 뿐이다. 일상 언어에는 동일한 의미를 표현하는 수많은 방식이 있다.

다음은 전칭긍정명제를 일상 언어로 표현한 것들이며, 모두 동일한 의미를 갖는다.

H들은 M들이다.
H는 M이다.
모든 H는 M이다.
각각의 H는 M이다.
어떤 H도 M이다.
H들은 M 아닌 것이 없다.
H인 모든 것은 M이다.
H인 어떤 것도 M이다.
H인 것은 어느 것이나 M이다.
H들은 모두 M들이다.
만약 어떤 것이 M이 아니라면 그것은 H가 아니다.
만약 어떤 것이 H이면, 그것은 M이다.

논증을 평가하기 위해서는 그 논증의 명제들이 표현되는 언어를 이해해야 한다. 영어의 관용어구 중에서 어떤 것은 다소의 오해를 불러일으킨다. 시간을 나타내는 용어를 시간과 상관없는 경우에 사용하기 때문이다. 그러므로 "H는 언제나 M이다"라는 명제는 보통 "모든 H는 M이다"를 의미하는 것으로 이해된다. 또한 추상명사를 사용하여 동일한 의미를 표현할 수도 있다. 즉, "인간성은 가사성(可死性)을 함축한다"와 같은 명제는 A명제로 기호화하는 것이 옳다. 기호논리학의 언어가 동일한 의미의 수많은 일상어 문장들을 하나의 표현으로 나타낼 수 있다는 사실은 인식적 목적이나 정보적 목적을 위해서는 일상어보다 유리한 점이다. 물론 이것은 수사학적 힘이나 시적 표현성이란 측면에서 보면 불리한 점이기도 하다.

A명제의 양화

"모든 인간은 죽는다"라는 A명제는 "만약 어떤 것이 인간이라면, 그것은 죽는다"는 것을 언명한다. 달리 말하면, "임의의 x에 대해서, 만약 x가 인간이라면, x는 죽는다"는 것을 언명한다. "만약 …이라면 …이다"를 기호(⊃)로 대체하면, 아래 명제를 얻는다.

임의의 x에 대해서, x는 한 인간이다 ⊃ x는 죽는다.

양화사와 명제함수의 기호법을 사용하면 아래와 같이 된다.

$$(x)[Hx \supset Mx]$$

E명제의 양화

"어떤 인간도 죽지 않는다"는 E명제는 "만약 어떤 것이 인간이라면, 그것은 죽지 않는다"는 것을 언명한다. 달리 말하면, "임의의 x에 대해서, 만약 x가 인간이라면 x는 죽지 않는다"는 것을 언명한다. "만약 …이라면 …이다"를 기호(⊃)로 대체하면, 아래 명제를 얻는다.

임의의 x에 대해서, x는 인간이다 ⊃ x는 죽지 않는다.

양화사와 명제함수의 기호법을 사용하면 아래와 같이 된다.

$$(x)[Hx \supset \sim Mx]$$

이 기호는 일상 언어로 된 전통적인 E명제를 나타낼 뿐만 아니라 "M인 H는 없다," "어느 것도 H이면서 동시에 M일 수 없다," "H는 결코 M이 아니다" 등과 같은 다양한 표현들을 나타내기도 한다.

I명제의 양화

"어떤 인간은 죽는다"라는 I명제는 "인간이면서 죽는 것이 적어도 하나는 있다"는 것을 언명한다. 달리 말하면, "적어도 하나의 x가 있는데, x는 인간이고 x는 죽는다"는 것을 언명한다. 연언을 기호(•)로 대체하면, 아래와 같이 된다.

적어도 하나의 x가 있는데, x는 인간이다 • x는 죽는다.

양화사와 명제함수의 기호법을 사용하면 아래와 같이 된다.

$$(\exists x)[Hx \cdot Mx]$$

O명제의 양화

"어떤 인간은 죽지 않는다"라는 O명제는 "인간이면서 죽지 않는 것이 적어도 하나는 있다"는 것을 언명한다. 달리 말하면, "적어도 하나의 x가 있는데, x는 인간이고 x는 죽지 않는다"는 것을 언명한다. 연언을 기호(•)로 대체하면 아래와 같이 된다.

적어도 하나의 x가 있는데, x는 인간이다 • x는 죽지 않는다.

양화사와 명제함수의 기호법을 사용하면 아래와 같이 된다.

$$(\exists x)[Hx \cdot \sim Mx]$$

술어를 나타내기 위해 그리스 문자 Φ와 Ψ를 사용하면 전통적 논리학의 네 가지 일반적인 주어-술어 명제들은 [그림 10-2]와 같은 대당사각형으로 나타낼 수 있다.

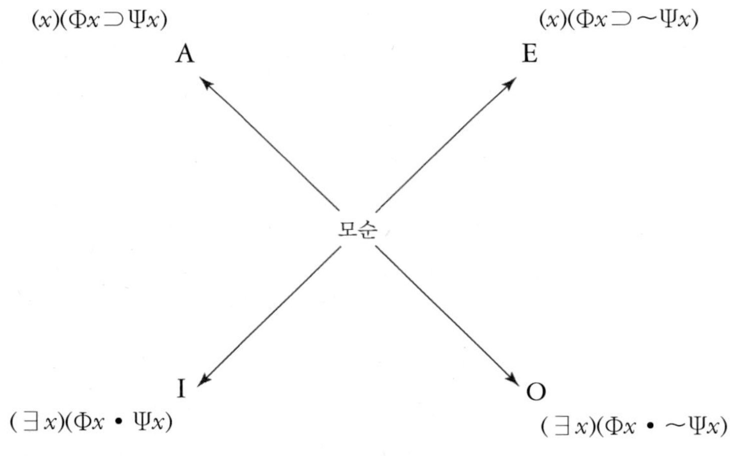

[그림 10-2]

[그림 10-2]에 표시된 관계들은 [그림 5-2]에 표시된 관계들과 부합한다. 예를 들어, A와 O는 모순이며 하나는 다른 하나의 부정이다. 그리고 E와 I 역시 모순이다.

지금까지는 "적어도 하나 이상의 개체가 존재한다"는 약한 가정하에서 추론을 전개해 왔다. 이런 가정하에서는 I명제가 그에 대응하는 A명제로부터 도출되고 O명제가 그에 대응하는 E명제로부터 도출된다고 생각할지 모른다. 그러나 사실상 전칭정언명제를 조건명제로 나타내는 새로운 형식은 부울의 해석과 부합한다. 그래서 우리는 A명제는 그에 대응하는 I명제가 거짓일 때에도 참일 수 있다는 것을 당연시한다. 이제 이 점을 설명하고자 한다.

Φx가 참인 대입례를 전혀 갖지 않는 명제함수인 경우, 명제함수 Ψx가 어떠한 대입례를 갖더라도 (복합)명제함수 $\Phi x \supset \Psi x$의 보편양화는 참이 된다. 가령 "x는 캔타우로스이다"라는 명제함수 Cx를 생각해 보자. 캔타우로스가 존재하지 않기 때문에, Cx에 대한 어떤 대입례도 거짓이다. 즉, Ca, Cb, Cc 등은 모두 거짓이다. 따라서 복합명제함수 $Cx \supset Bx$의 모든 대입례는 전건이 거짓인 조건명제가 된다. 그러므로 $Ca \supset Ba$, $Cb \supset Bb$, $Cc \supset Bc$ 등의 대입례는 모두 참이다. 왜냐하면 단순함언을 주장하는 조건명제는 그것의 전건이 거짓일 경우 반드시 참이기 때문이다. 그리고 모든 대입례가 참이기 때문에 명제함수 $Cx \supset Bx$의 보편양화, 즉 A명제 $(x)(Cx \supset Bx)$는 참이다. 그러나 그것에 대응하는 I명제 $(\exists x)(Cx \cdot Bx)$는 거짓이다. 왜냐하면 명제함수 $Cx \cdot Bx$가 어떤 참인 대입례도 갖지 못하기 때문이다. $Cx \cdot Bx$가 참인 대입례를 갖지 못한다는 사실은 Cx가 어떤 참인 대입례도 갖지 못한다는 사실로부터 도출된다. $Ca \cdot Ba$, $Cb \cdot Bb$, $Cc \cdot Bc$ 등과 같은 $Cx \cdot Bx$의 대입례들 각각은 Ca, Cb, Cc 등이 모두 거짓이기 때문에 첫 번째 연언지가 거짓인 연언들이다. 모든 대입례가 가짓이기 때문에 명제함수 $Cx \cdot Bx$의 존재양화, 즉 I명제 $(\exists x)(Cx \cdot Bx)$는 거짓이 된다. 그러므로 A명제는 그에 대응하는 I명제가 거짓일 때라도 참이 될 수 있다.

이 분석은 또한 왜 E명제가 그에 대응하는 O명제가 거짓일 때라도 참이 될 수 있는가를 보여주기도 한다. 앞의 논의에서 명제함수 Bx를 명제함수 $\sim Bx$로 대체하게 되면, $(\exists x)(Cx \cdot \sim Bx)$가 거짓일 때라도 $(x)(Cx \supset \sim Bx)$는 참이 된다. 그 이유는 물론 캔타우로스가 존재하지 않기 때문이다.

문제의 핵심은 이렇다. 즉, A명제와 E명제는 어떤 것이 존재한다는 것을 주장하거나 가정하지 않는다. 그러나 I명제와 O명제는 어떤 것이 존재한다는 것을 가정한다. I명제나 O명제에 들어있는 존재양화사는 결정적인 차이를 만들어낸다. 어떤 것의 존재를 주장하지 않거나 가정하지 않는 명제로부터 어떤 것의 존재를 추론하는 것은 명백한 잘못이다.

적어도 하나의 개체가 존재한다는 일반적인 가정을 우리가 받아들인다면, $(x)(Cx \supset Bx)$는 $(\exists x)(Cx \supset Bx)$를 함축한다. 그러나 $(\exists x)(Cx \supset Bx)$는 I명제가 아니다. "어떤 캔타우로스는 아름답다"와 같은 I명제는 $(\exists x)(Cx \cdot Bx)$로 기호화되며, 이는 아름다운 캔타우로스가 적어도 하나는 존재한다는 것을 의미한다. 그러나 $(\exists x)(Cx \supset Bx)$로 기호화되는 것을 일상언어로 표현하자면 "만약 그것이 캔타우로스라면, 그것은 아름답다"라고 할 수 있는 그런 것이 적어도 하나 이상 존재한다는 것이다. 이것은 캔타우로스가 존재한다는 것을 말하는 것이 아니라, 단지 캔타우로스가 아니거나 아름다운 하나의 개체가 존재한다는 것을 말할 뿐이다. 이 명제가 거짓이 될 수 있는 것은 두 가지 경우뿐이다. 첫째는 어떤 개체도 존재하지 않는 경우이고, 둘째는 모든 개체가 캔타우로스이면서 그것들 중 어떤 것도 아름답지 않은 경우이다. 우리는 우주 속에 적어도 하나의 개체가 존재한다는 명시적인(그리고 명백히 참인) 가정을 함으로써 첫 번째 경우를 배제한다. 그러나 두 번째 경우는 I명제 형식인 $(\exists x)(\Phi x \bullet \Psi x)$의 함축적 의미와는 대조적으로, $(\exists x)(\Phi x \supset \Psi x)$ 형식의 모든 명제가 자명한 것이 될 수밖에 없으므로 지극히 받아들이기 어려운 가정이다.

일상 언어로 된 A명제 "모든 인간은 죽는다"와 I명제 "어떤 인간은 죽는다"는 첫 단어 "모든"과 "어떤"의 차이밖에 없지만, 그 의미상의 차이는 보편양화 대 존재양화의 문제에만 한정되지 않고 그보다 더 깊다는 사실이 분명해졌다. 양화되면 A명제나 I명제가 되는 명제함수는 단지 서로 달리 양화되는 것에 그치는 것이 아니라 하나는 ⊃를, 다른 하나는 •를 포함하는 서로 다른 명제함수인 것이다. 달리 말하면, A명제와 I명제는 일상 언어에서 나타나는 것처럼 그렇게 유사한 것이 아니라는 것이다. 그들의 차이점은 명제함수와 양화사로 기호화하면 매우 분명하게 드러난다.

논리적 조작이나 처리가 목적이라면, 부정기호가 단순술어에만 적용되는 형식들을 사용하면 가장 잘 할 수 있다. 그래서 우리는 형식들을 이런 식으로 바꾸기를 바란다. 이것은 아주 쉽게 할 수 있다. 9장의 대치규칙에 있는 다양한 논리적 동치들은 주어진 명제를 그와 동치인 보다 단순한 명제들로 대치할 수 있는 수단을 제공해 준다. 그리고 우리는 부정된 양화사를 가진 명제들 각각이 부정기호가 술어에 직접 적용되는 다른 명제들과 동치임을 보여주는, (10장 3절에서 목록에 올린) 네 개의 논리적 동치 규칙을 사용할 수 있다. 오랫동안 익숙해진 추론규칙들을 사용하면, 부정기호가 복합명제에 적용되지 않고 단순술어에만 적용되도록 부정기호를 옮길 수 있다. 예를 들어, 아래의 형식은 다음과 같이 단계적으로 고쳐 쓸 수 있다.

$$\sim(\exists x)(Fx \bullet \sim Gx)$$

먼저 10장 3절에 있는 네 번째 논리적 동치를 적용하면, 이것은 아래와 같이 변형된다.

$$(x)\sim(Fx \bullet \sim Gx)$$

여기서 드 모르간의 정리를 적용하면 아래와 같이 된다.

$$(x)(\sim Fx \vee \sim\sim Gx)$$

다음으로 이중부정의 법칙을 적용하면 아래와 같이 된다.

$$(x)(\sim Fx \vee Gx)$$

마지막으로 단순함언의 정의를 떠올리면 원래의 문장은 아래와 같은 A명제가 된다.

$$(x)(Fx \supset Gx)$$

부정기호들이 오직 단순술어에만 적용되는 명제를 우리는 **정상-형식의 명제**(normal-form formula)라고 한다.

비복합적인 명제를 포함하고 있는 추론에 대한 논의로 넘어가기 전에 일상 언어로 된 비복합적인 명제들을 논리적 기호로 옮기는 훈련이 어느 정도 필요하다. 일상 언어에는 불규칙적이고 관용적인 구조가 많기 때문에 일상 언어로 된 문장을 논리적 기호로 옮기기 위한 단순한 규칙이란 있을 수 없다. 매 경우마다 요구되는 것은 문장의 의미를 이해하고 그것을 명제함수와 양화사를 사용하여 다시 표현해 보는 일이다.

논리연습

A. 아래 문장들을 명제함수와 양화사를 사용하여 기호화하라. 단, 주어진 약어를 사용하고 부정기호가 아닌 양화사로 각 문장을 시작하라.

▌보기문제

1. 아무리 짐승이라 하더라도 약간의 동정심은 있게 마련이다. (Bx: x는 짐승이다; Px: x는 약간의 동정심은 가지고 있다.)

▌문제풀이

$$(x)(Bx \supset Px)$$

2. 참새는 포유동물이 아니다. (Sx: x는 참새이다; Mx: x는 포유동물이다.)
3. 기자들이 참석했다. (Rx: x는 기자이다; Px: x는 참석했다.)
4. 간호사들은 언제나 사려깊다. (Nx: x는 간호사이다; Cx: x는 사려깊다.)

*5. 외교관이라고 해서 항상 부자는 아니다. (*Dx*: *x*는 외교관이다; *Rx*: *x*는 부자이다.)
6. 헤엄치는 것은 펭귄이다. (*Sx*: *x*는 헤엄친다; *Px*: *x*는 펭귄이다.)
7. 어떤 소년단원도 속임수를 쓰지 않는다. (*Bx*: *x*는 소년단원이다; *Cx*: *x*는 속임수를 쓴다.)
8. 오직 면허를 가진 의사만이 의료행위를 할 수 있다. (*Lx*: *x*는 면허를 가진 의사이다; *Cx*: *x*는 의료행위를 할 수 있다.)
9. 뱀에게 물리는 것은 때로는 치명적이다. (*Sx*: *x*는 뱀에게 물리는 것이다; *Fx*: *x*는 치명적이다.)
*10. 일상적인 감기는 결코 치명적이지 않다. (*Cx*: *x*는 일상적인 감기이다; *Fx*: *x*는 치명적이다.)
11. 한 아이가 손가락으로 나비를 가리켰다. (*Cx*: *x*는 아이이다; *Px*: *x*는 손가락으로 나비를 가리켰다.)
12. 모든 아이가 손가락으로 나비를 가리키지 않았다. (*Cx*: *x*는 아이이다; *Px*: *x*는 손가락으로 나비를 가리켰다.)
13. 반짝이는 것이 모두 금은 아니다. (*Gx*: *x*는 반짝인다; *Ax*: *x*는 금이다.)
14. 용감한 자만이 미인을 차지한다. (*Bx*: *x*는 용감하다; *Dx*: *x*는 미인을 차지한다.)
*15. 미국 시민들만 미국의 선거에서 투표할 수 있다. (*Cx*: *x*는 미국 시민이다; *Vx*: *x*는 미국의 선거에서 투표할 수 있다.)
16. 미국 시민들은 미국의 선거에서만 투표할 수 있다. (*Ex*: *x*는 미국 시민들이 투표할 수 있는 선거이다; *Ux*: *x*는 미국의 선거이다.)
17. 모든 지원자들이 고용되지는 않았다. (*Ax*: *x*는 지원자이다; *Hx*: *x*는 고용되었다.)
18. 어떤 지원자도 고용되지 않았다. (*Ax*: *x*는 지원자이다; *Hx*: *x*는 고용되었다.)
19. 중요한 것은 하나도 언급되지 않았다. (*Lx*: *x*는 중요한 것이다; *Sx*: *x*는 언급되었다.)
*20. 그들은 누가 남을 돕는 심성을 갖고 있는지를 비판할 권한을 갖고 있다. (*Cx*: *x*는 비판할 권한을 갖고 있다; *Hx*: *x*는 남을 돕는 심성을 갖고 있다.)

B. 아래의 명제를 명제함수와 양화사를 사용하여 논리적 기호로 옮겨라. 단, 부정기호가 아닌 양화사로 각 문장을 시작하라.

1. 치밀하게 계산하지 않는다면 전쟁에서 얻는 것은 아무 것도 없다.

—나폴레옹

2. 자연법칙을 믿지 않는 사람은 아무도 없다.

—도나 해러웨이, *The Chronicle of Higher Education*

3. 매일매일 자유로운 삶을 다시 쟁취하는 자만이 자유로운 삶을 누린다.

—괴테, 『파우스트』

4. 운명적으로 아일랜드에서 살아야 하는 사람이 아니라면, 어느 누구도 지극히 비참한 것은 아니다.

—조나단 스위프트

*5. 좋은 것이라고 해서 모두 안전한 것은 아니다. 또 위험한 것이라고 해서 모두 나쁜 것은 아니다.

—데이비드 브룩스, *The Weekly Standard*

6. 개선될 수 없는 사업은 없다.

—광고 슬로건

7. 잘 서술된 문제는 절반이 해결된 문제이다.

—찰스 케터링

8. 슬리데린에 살지 않은 사악한 마녀나 마법사는 없다.

—J. K. 롤링

9. 누구나 어떤 것을 좋아하는 것은 아니다. 그러나 윌리 넬슨을 좋아하지 않는 사람은 아무도 없다.

—스티브 달러

*10. 여태껏 돈 아닌 것을 위해 글을 쓴 사람은 한 사람의 바보 외는 아무도 없었다.

—사무엘 존슨

C. 아래의 각 명제에 대해 그것과 논리적으로 동치인 정상-형식의 명제를 찾아라.

*1. $\sim(x)(Ax \supset Bx)$

2. $\sim(x)(Cx \supset \sim Dx)$

3. $\sim(\exists x)(Ex \cdot Fx)$

4. $\sim(\exists x)(Gx \cdot \sim Hx)$

*5. $\sim(x)(\sim Ix \lor Jx)$

6. $\sim(x)(\sim Kx \lor \sim Lx)$

7. $\sim(\exists x)[\sim(Mx \lor Nx)]$

8. $\sim(\exists x)[\sim(Ox \lor \sim Px)]$

9. $\sim(\exists x)[\sim(\sim Qx \lor Rx)]$

*10. $\sim(x)[\sim(Sx \bullet \sim Tx)]$
11. $\sim(x)[\sim(\sim Ux \bullet \sim Vx)]$
12. $\sim(\exists x)[\sim(\sim Wx \vee Xx)]$

인물탐구

존 폰 노이만(John von Neumann)

논리는 컴퓨터 설계에서 아주 중요하다. 헝가리계 미국인으로 수학자요 논리학자인 존 폰 노이만(1903~1957)은 컴퓨터의 인지적 구조에 대한 연구를 통해 논리를 생활 속으로 끌어들이는 데 일조했다.

폰 노이만의 지성은 아주 비범했다. 그는 그의 동료들 사이에서 놀라운 영감을 불러일으켰고, 동료들은 그를 현대사에서 가장 위대한 수학자들 중의 한 사람으로 간주했다. 헝가리에서 살았던 아주 어린 소년시절에 그는 가정교사의 지도로 수학일반, 대수학, 해석기하학, 삼각함수 등을 완전히 습득했다. 그는 미적분학을 독학했다. 그리스어와 라틴어 등의 언어를 배우는 데에도 또 대형의 소재 논거를 기억하는 데에서도 그는 놀라운 능력을 발휘했다. 젊은 나이에도 불구하고, 그의 정신적 발달 속도와 깊이는 놀라울 정도였다.

그는 22살에 헝가리에서 수학박사 학위를 받았다. 그리고 같은 해에 스위스에서 화학공학 졸업장을 받았다. 그는 베를린대학에서 강의를 했고, 그 후 하노버에서도 강의를 했다. 그의 부친이 세상을 떠난 1929년에 전 가족이 미국으로 이민을 왔다. 여기서 폰 노이만은 그의 이름을 존으로 바꾸었다. 그는 프린스턴대학의 초청을 받았으며, 1933년에 고등연구소의 최우수 교수 네 명 중 한 사람으로 선출되었다. (나머지 세 사람 중 두 사람은 알베르트 아인슈타인과 쿠르트 괴델이다.) 폰 노이만은 암으로 일찍 사망한 1957년까지 그 연구소에서 수학 교수직을 수행했다. 그는 프린스턴에서 활발한 사회활동을 했다. 그는 옷을 잘 차려입었으며, 좋은 차도 몰았다. 식도락과 음주, 농담도 즐겼다. 대규모 파티도 개최하고, 유복한 생활을 즐겼다. 그는 친구들과 동료들로부터 따뜻한 사랑과 엄청난 존경을 받았다.

폰 노이만의 논리학에 대한 공헌은 집합이론의 공리화에 대한 그의 연구에서 시작되었다. 자신의 언어로 표현된 모든 진리는 공리 체계로써는 증명될 수 없다는 의미에서 괴델이 공리 체계의 필연적인 불완전성을 입증했을 때부터 집합이론의 진보가 광풍처럼 일어났다. 폰 노이만은 공리 체계 자체의 무모순성을 밖으로 드러내는 것이 보통의 공리 체계에서는 불가능하다는 것도 역시 증명 가능하다는 편지를 보내 괴델의 주의를 환기시켰다. 이 편지로 인해 괴델의 두 번째 불완전성 이론이 생겨났다.

이론수학자로서 폰 노이만은 제2차 세계대전 동안 원자폭탄의 개발에 중요한 기여를 했다. 첫 번째의 범용 전자계산기 에니악(ENIAC)이 전쟁 중에 펜실베이니아대학에서 설계되었다. 논리학자들이 (미시간대학의 저명한 논리학자인 아더 버크스를 포함하여) 그 계산기의 창조자들이었다. 전쟁이 끝나자 더 발전된 컴퓨터 프로젝트가 두 번째로 펜실베이니아대학에서 추진되었다. 그것이 에드박(EDVAC)이다. 존 폰 노이만은 에드박 개발을 돕도록 초빙되었다. 그는 모든 논리적 컴퓨터 설계를 정리하고 발전시켰으며, 1945년에 『EDVAC에 관한 제1차 밑그림 보고서』를 발표함으로써 그 일을 해냈다. 오늘날 누구나 휴대하고 있는 전자계산기와 비교하면 성능은 대단히 빈약했지만, 거대한 몸집의 컴퓨터가 실제로 만들어졌다. 그것은 1949년 메릴랜드에 있는 미육군의 탄도학 연구 실험실에서 완성되었으며, 1951년부터 1961년까지 10년 동안 밤낮을 가리지 않고 성공적으로 가동되었다. 존 폰 노이만은 논리학자로서 컴퓨터 시대가 열리는 데에 중추적인 역할을 했다. 그의 마지막 저작은 그가 병원에 입원해 있었던 1956년에 집필되어, 그가 세상을 떠난 후 『컴퓨터와 두뇌』란 이름으로 출판되었다.

10.5 타당성 증명

타당성 여부가 논증에 포함된 비복합적인 명제들의 내적 구조에 달려 있는 논증들에 대한 타당성의 형식적 증명을 구성하기 위해서는 추론규칙의 목록을 확장해야만 한다. 다만 네 개의 규칙만을 추가할 것이며, 그 규칙들은 그것을 필요로 하는 논증들과 연관해서 다루어질 것이다.

이 장에서 다루었던 첫 번째 논증, 즉 "모든 인간은 죽는다. 소크라테스는 인간이다. 그러므로 소크라테스는 죽는다."라는 논증을 살펴보자. 이 논증은 아래와 같이 기호화된다.

$(x)(Hx \supset Mx)$

Hs

$\therefore Ms$

첫 번째 전제는 명제함수 $Hx \supset Mx$의 보편양화가 참임을 긍정하고 있다. 모든 대입례들이 참일 때 그리고 오직 그러한 경우에만 한 명제함수의 보편양화는 참이기 때문에, 우리는 첫 번째 전제로부터 명제함수 $Hx \supset Mx$의 어떤 대입례라도 추론할 수 있다. 그 중에서도 특히 $Hs \supset Ms$라는 대입례를 추론할 수 있다.

이 대입례와 두 번째 전제 Hs로부터 긍정논법에 의해 결론 Ms가 직접적으로 도출된다.

한 명제함수의 어떤 대입례라도 그것의 보편양화로부터 타당하게 추론될 수 있다는 원리를 추론규칙에 추가한다면, 우리는 그렇게 확장된 타당한 기본 논증형식들을 사용하여 주어진 논증의 타당성에 대한 형식적 증명을 구성할 수 있게 된다. 이 새로운 추론규칙을 **보편사례화**(Universal Instantiation)[3] 규칙이라고 부르며, "U.I."로 약칭한다. 임의의 개체 기호를 나타내기 위해 그리스 문자 "ν"를 사용하면, 새로운 규칙은 다음과 같이 나타낼 수 있다.

U.I. :	$(x)(\Phi x)$	
	$\therefore \Phi \nu$	(여기서 ν(nu)는 임의의 개체 기호임)

이제 앞의 논증에 대한 타당성의 형식적 증명은 다음과 같이 나타낼 수 있다.

1. $(x)(Hx \supset Mx)$	
2. Hs	
$\therefore Ms$	
3. $Hs \supset Ms$	1, U.I.
4. Ms	3, 2, M.P.

보편사례화 규칙(U.I.)을 추가함으로써 우리의 증명장치가 현저하게 강화되긴 했지만, 아직도 더 필요한 규칙들이 있다. "모든 인간은 죽는다. 모든 그리스인은 인간이다. 그러므로 모든 그리스인은 죽는다."는 논증과 관련해서 양화에 대한 규칙들이 추가될 필요성이 생긴다. 이 논증을 기호로 나타내면 다음과 같다.

$(x)(Hx \supset Mx)$

---

3) 이 규칙과 다음에 나올 세 개의 규칙들은 1934년에 게르하르트 겐첸(Gerhard Gentzen)과 스타니슬라프 야스코프스키(Stanislaw Jaskowski)에 의해 독자적으로 고안된 자연연역의 규칙을 변형한 것이다.

$(x)(Gx \supset Hx)$

$\therefore (x)(Gx \supset Mx)$

여기서 전제들과 결론은 모두 단칭명제들이 아니라 일반명제들이다. 즉, 명제함수의 대입례들이 아니라 명제함수의 보편양화인 것이다. 보편사례화 규칙에 의해 두 전제로부터 우리는 다음과 같은 조건명제의 쌍들을 타당하게 추론할 수 있다.

$$\begin{Bmatrix} Ga \supset Ha \\ Ha \supset Ma \end{Bmatrix} \begin{Bmatrix} Gb \supset Hb \\ Hb \supset Mb \end{Bmatrix} \begin{Bmatrix} Gc \supset Hc \\ Hc \supset Mc \end{Bmatrix} \begin{Bmatrix} Gd \supset Hd \\ Hd \supset Md \end{Bmatrix} \cdots$$

그리고 여기에 가언적 삼단논증을 계속 적용하면 다음과 같은 결론들을 타당하게 추론할 수 있다.

$$Ga \supset Ma \quad Gb \supset Mb \quad Gc \supset Mc \quad Gd \supset Md \ \cdots$$

만약 $a, b, c, d, \cdots$가 존재하는 개체 전부라면, 전제들이 참이라는 사실로부터 명제함수 $Gx \supset Mx$의 모든 대입례들이 참이라는 것을 타당하게 추론할 수 있다. 모든 대입례들이 참일 때 그리고 오직 그러한 경우에만 한 명제함수의 보편양화는 참이기 때문에, 우리는 이 논증의 결론인 $(x)(Gx \supset Mx)$가 참이라는 사실을 추론할 수 있다.

이런 식의 증명은 주어진 논증의 타당성에 대한 비형식적 증명을 포함하고 있는 것으로 간주될 수 있으며, 여기서는 가언적 삼단논법뿐만 아니라 양화에 관한 두 가지 규칙이 사용되었다. 그러나 이 비형식적 증명은 무한히 많은 명제들을 기술하고 있다. 즉, 전제에서 보편양화된 두 명제함수의 모든 대입례들을 열거하고 있을 뿐 아니라, 결론에서도 보편양화된 명제함수의 모든 대입례들을 열거하고 있다. 형식적 증명은 그와 같이 무한히 많은 명제들을 포함할 수 없으므로, 무한히 많은 명제들을 유한하고 명확한 방식으로 표현할 수 있는 방법을 모색해야만 한다.

그 방법은 초급수학에서 흔히 쓰이는 기법을 통해 얻어질 수 있다. 모든 삼각형이 어떤 속성을 가지고 있다는 사실을 증명하고자 할 때, 기하학자는 "ABC를 임의의 삼각형이라고 하자"는 말로 시작할 것이다. 그런 다음 기하학자는 삼각형 ABC에 대하여 추리를 하고 그 삼각형이 문제의 속성을 가지고 있음을 증명한다. 그리고 이로부터 기하학자는 모든 삼각형이 문제의 그 속성을 가지고 있다고 결론짓는다. 그의 최종 결론은 어떻게 정당화될 수 있는가? 특정한 삼각형 ABC가 그 속성을 가지고 있다고 해서 어떻게 모든 삼각형이 그와 같은 속성을 가진다는 사실이 도출될 수 있는가? 이 물음에 대한 답은 간단하다. 삼각형 ABC에 대해 그것이 삼각형이라는 사실 외에 어떤 가정도 하지 않는다면, 기호 "ABC"는 우리가 원하는 어떤 삼각형이라도 지시할 수 있다. 따라서 기하학자의 논증은 어떤 삼각형이든지 문제의 속성을 가지고 있다는 사실과 어떤 삼각형이든지 그 속성을 가지고 있다면 모든 삼각형도 그 속성을 가진다는 사실을 증명하고 있다. 이제 기하학자가 "임의의 삼각형 ABC"라고 말한 것과 유사한 표기법을 도입하기로 하자. 이 표기법을 사용하면 한 명제함수의 모든 대입례를 열거할 필요가 없다. 그 대신에 명제함수의 임의의 대입례에 대해 말하면 될 것이기 때문이다.

임의의 개체를 지시하기 위해 (지금까지 사용되지 않았던) 영어 소문자 y를 사용하기로 하자. 우리는 y라는 문자를 기하학자가 ABC라는 문자를 사용했던 것과 유사한 방식으로 사용할 것이다. 한 명제함수의 임의의 대입례가 참이라는 사실이 그것의 보편양화로부터 도출될 수 있기 때문에, 우리는 x를 "임의의" 개체를 지시하는 y로 대체함으로써 보편양화로부터 대입례를 추론할 수 있다. 따라서 우리는 주어진 논증에 대한 타당성의 형식적 증명을 다음과 같이 시작할 수 있다.

1. $(x)(Hx \supset Mx)$	
2. $(x)(Gx \supset Hx)$	
$\therefore (x)(Gx \supset Mx)$	
3. $Hy \supset My$	1, U.I.
4. $Gy \supset Hy$	2, U.I.
5. $Gy \supset My$	4, 3, H.S.

전제들로부터 우리는 $Gy \supset My$라는 명제를 연역했는데, y가 "임의의 개체"를 지시하기 때문에 이 명제는 결국 명제함수 $Gx \supset Mx$의 어떤 대입례도 참이라는 사실을 주장하는 것이다. 어떤 대입례도 참이기 때문에 모든 대입례 역시 당연히 참이며, 따라서 그 명제함수의 보편양화 또한 참이 된다. 이 규칙을 우리가 가지고 있는 추론규칙의 목록에 추가하기로 하자. 이 규칙은 다음과 같이 나타낼 수 있다. 즉, 임의의 개체의 이름을 대입하여 얻은 한 명제함수의 대입례로부터 우리는 그 명제함수의 보편양화를 타당하게 추론할 수 있다. 이 새로운 규칙은 일반화, 즉 특정 대입례로부터 일반화된 또는 보편양화된 표현을 얻을 수 있게 해주므로, 우리는 이를 **보편일반화**(Universal Generalization) 규칙이라

하고, "U.G."로 약칭한다. 이 규칙은 다음과 같이 기호화된다.

U.G. : Φy
$\therefore (x)(\Phi x)$ (여기서 y는 "임의의 개체"를 지시함)

앞에서 시작했던 형식적 증명의 여섯 번째이자 마지막 단계는 다음과 같다.

6. $(x)(Gx \supset Mx)$ 5, U.G.

이상의 논의들을 개관해 보자. 기하학자의 증명에서 ABC에 대한 가정은 그것이 삼각형이라는 것뿐이었다. 따라서 ABC에 대해 참임이 증명된 것은 임의의 삼각형에 대해서도 참임이 증명된다. 우리의 증명에서도 y에 대한 가정은 그것이 개체라는 사실뿐이었다. 따라서 y에 대해서 참임이 증명된 것은 임의의 개체에 대해서도 참임이 증명된다. y는 개체 기호이긴 하지만 매우 특별한 기호이기도 하다. y는 보편사례화 규칙에 의해서만 증명에 도입되며, 그리고 y가 있어야만 보편일반화 규칙의 사용이 가능해진다.

보편사례화 규칙뿐만 아니라 보편일반화 규칙도 사용해야만 타당성을 증명할 수 있는 또 다른 논증, 즉 "어느 인간도 완전하지 않다. 모든 그리스인은 인간이다. 그러므로 어느 그리스인도 완전하지 않다."를 살펴보자.[4] 이 논증의 타당성에 대한 형식적 증명은 다음과 같다.

1. $(x)(Hx \supset \sim Px)$
2. $(x)(Gx \supset Hx)$
   $\therefore (x)(Gx \supset \sim Px)$
3. $Hy \supset \sim Py$ 1, U.I.
4. $Gy \supset Hy$ 2, U.I.
5. $Gy \supset \sim Py$ 4, 3, H.S.
6. $(x)(Gx \supset \sim Px)$ 5, U.G.

4) 이것은 어떤 종류의 논증들에 대해서는 전통적인 삼단논법의 분석이 현대의 양화논리만큼 효율적으로 타당성을 확증할 수 있다는 것을 관찰하기에 적절한 대목이다. 고전논리학자는 이 삼단논법을 곧바로 EAE 1격의 Celarent 형식임을 알아볼 것이며, 곧바로 이것이 타당한 논증임을 알 수 있을 것이다. 타당한 표준형식의 정언적 삼단논법들에 대한 요약 정리는 6장 5절을 참조하라.

지금까지의 설명에 다소 부자연스러운 점이 있는 것처럼 여겨질지도 모르겠다. $(x)(\Phi x)$와 Φy를 세심하게 구분하라고 하면서, 이 둘이 동일한 것은 아니지만 보편사례화와 보편일반화에 의해 서로 상대방으로부터 추론될 수 있다고 말하는 것은 차이가 없는 것을 구별하라는 말처럼 들릴 수도 있다. 그러나 이들 사이에는 명백한 형식상의 차이가 있다. 명제 $(x)(Hx \supset Mx)$는 비복합적인 명제인 반면에 $Hy \supset My$는 복합명제로서 조건명제이다. $(x)(Gx \supset Hx)$와 $(x)(Hx \supset Mx)$라는 두 개의 비복합적 명제로부터는 기존의 19개의 추론규칙에 의해 어떤 것도 추론해 낼 수가 없다. 그러나 $Gy \supset Hy$와 $Hy \supset My$라는 복합명제로부터는 가언적 삼단논법에 의해 $Gy \supset My$라는 결론이 도출된다. 원하는 결론을 도출하기 위해 지금까지 사용했던 추론규칙들은 복합명제에는 적용될 수 있지만, 비복합적인 명제에는 유용하게 쓰이지 않는다. 보편사례화 규칙은 기존의 추론규칙이 적용되지 않는 비복합적인 명제들로부터 원하는 결론을 이끌어내기 위해 기존의 추론규칙이 적용될 수 있는 복합명제를 얻는 데 사용된다. 그러므로 양화규칙들은 우리의 논리적 장치를 강화시켜 앞 장들에서 논의했던 (보다 단순한) 종류의 논증들뿐만 아니라 비복합적인 (일반)명제를 포함하는 논증들에 대한 타당성 증명까지 가능하게 해준다. 한편 이와 같은 형식적 차이에도 불구하고 $(x)(\Phi x)$와 Φy는 서로 논리적 동치일 수밖에 없다. 그렇지 않다면, 보편사례화 규칙과 보편일반화 규칙은 타당하지 않을 것이다. 양자의 차이점뿐만 아니라 양자가 논리적으로 동치라는 점도 추론규칙에 의거해 논증의 타당성을 증명하고자 하는 우리의 목적에 매우 중요하다. 보편사례화 규칙과 보편일반화 규칙을 추론규칙에 추가함으로써 우리의 증명 장치는 상당히 강화된다.

존재명제를 포함하고 있는 논증을 다룰 수 있기 위해서는 우리의 추론규칙 목록은 더욱 확장되어야만 한다. "모든 범죄자는 사악하다. 어떤 인간은 범죄자이다. 그러므로 어떤 인간은 사악하다."와 같은 간단한 논증을 예로 들어 논의를 시작해 보자. 이 논증은 다음과 같이 기호화된다.

$(x)(Cx \supset Vx)$

$(\exists x)(Hx \cdot Cx)$

$\therefore\ (\exists x)(Hx \cdot Vx)$

한 명제함수의 존재양화는 그 명제함수가 참인 대입례를 적어도 하나는 가질 때 그리고 오직 그러한 경우에만 참이다. 따라서 Φ가 어떠한 속성을 지시하든 $(\exists x)(\Phi x)$는 속성

Φ를 갖는 개체가 적어도 하나는 존재함을 말한다. (특정 기호 y 이외의) 어떤 개체상항이 이전의 문맥 어디서도 사용된 바 없다면, 우리는 그것을 속성 Φ를 갖는 개체들 중 어떤 하나를 지시하는 데 사용할 수 있다. 예컨대, a라는 개체가 있다는 사실을 우리가 안다면 우리는 Φa가 명제함수 Φx의 참인 대입례라는 사실을 알 수 있다. 그러므로 우리는 추론규칙의 목록에 이 규칙을 추가할 수 있다. 즉, 한 명제함수의 존재양화로부터 우리는 이전의 문맥 어디서도 나타난 적이 없는 (y 이외의) 임의의 개체상항을 대입해서 그것의 참인 대입례를 추론할 수 있다. 이 새로운 규칙을 **존재사례화**(Existential Instantiation) 규칙이라 부르며, "E.I."로 약칭한다. 이 규칙은 다음과 같이 나타낼 수 있다.

E.I.:	$(\exists x)(\Phi x)$	(여기서 ν는 이전의 문맥에 사용된 적이 없는
	$\therefore \Phi \nu$	y 이외의 임의의 개체상항임)

존재사례화(E.I.) 규칙을 받아들인다면 우리는 앞에서 언급한 논증의 타당성에 대한 증명을 다음과 같이 시작할 수 있다.

1. $(x)(Cx \supset Vx)$	
2. $(\exists x)(Hx \cdot Cx)$	
$\therefore (\exists x)(Hx \cdot Vx)$	
3. $Ha \cdot Ca$	2, E.I.
4. $Ca \supset Va$	1, U.I.
5. $Ca \cdot Ha$	3, Com.
6. Ca	5, Simp.
7. Va	4, 6, M.P.
8. Ha	3, Simp.
9. $Ha \cdot Va$	8, 7, Conj.

여기까지 연역해 낸 $Ha \cdot Va$는 명제함수의 한 대입례로서 그 명제함수의 존재양화가 곧 이 논증의 결론이 주장하는 것이다. 한 명제함수의 존재양화는 그것이 적어도 하나의 참인 대입례를 가질 때 그리고 오직 그러한 경우에만 참이기 때문에, 우리는 한 명제함수의 어떠한 참인 대입례로부터도 그 명제함수의 존재양화를 타당하게 추론할 수 있다는 새로운 규칙을 추론규칙에 추가할 수 있다. 이 마지막 추론규칙을 **존재일반화**(Existential Generalization) 규칙이라 부르고, "E.G."로 약칭한다. 이 규칙은 다음과 같이 나타낼 수

있다.

E.G.:	$\Phi\nu$	(여기서 ν는 임의의 개체 기호임)
	$\therefore (\exists x)(\Phi x)$	

앞의 증명의 마지막 단계는 다음과 같다.

10. $(\exists x)(Hx \cdot Vx)$	9, E.G.

앞에서 지적했던 존재사례화 규칙의 사용을 제한할 필요가 있다는 것은 "어떤 악어는 잡힌다. 어떤 새는 잡힌다. 그러므로 어떤 악어는 새이다."와 같이 명백히 부당한 논증을 고려해 보면 분명해진다. 한 명제함수의 존재양화로부터 존재사례화 규칙을 사용하여 그 명제함수의 대입례를 얻는 경우 그 대입례는 이전의 문맥에서 한 번도 사용한 적이 없는 (y 이외의) 개체 기호여야 한다는 제한을 지키지 않는다면, 우리는 이 부당한 논증에 대한 타당성의 증명을 구성할 수도 없을 것이다. 그와 같은 잘못된 증명은 다음과 같다.

1. $(\exists x)(Ax \cdot Cx)$	
2. $(\exists x)(Bx \cdot Cx)$	
$\therefore (\exists x)(Ax \cdot Bx)$	
3. $Aa \cdot Ca$	1, E.I.
4. $Ba \cdot Ca$	2, E.I. (오류!)
5. Aa	3, Simp.
6. Ba	4, Simp.
7. $Aa \cdot Ba$	5, 6, Conj.
8. $(\exists x)(Ax \cdot Bx)$	7, E.G.

이 증명에서 잘못은 네 번째 단계에서 나타난다. 두 번째 전제 $(\exists x)(Bx \cdot Cx)$로부터 우리는 새이면서 잡히는 것이 적어도 하나는 있어야 한다는 사실을 안다. 우리가 네 번째 줄에서 마음대로 개체 상항의 이름을 "a"로 부여할 수 있다면 물론 우리는 $Ba \cdot Ca$라고 주장할 수 있을 것이다. 그러나 "a"라는 이름은 이미 세 번째 단계에서 잡혀 있는 악어의 이름으로 사용되었기 때문에, 우리는 네 번째 단계에서 "a"라는 이름을 마음대로 부여할 수 없다. 이런 종류의 잘못을 피하기 위해 존재사례화 규칙을 사용할 때는 언제나 앞에서

인물탐구

버트란드 러셀(Bertrand Russell)

러셀 경, 버트란드 아더 윌리엄, 라이트 아너러블 얼 러셀 등으로 불리는 버트란드 러셀(1872~1970)은 20세기의 가장 뛰어난 사상가들 중 한 사람이었다. 그의 조부는 영국의 수상을 역임했으며, 빅토리아 여왕의 친구였다. 자유연애를 지지하고 종교적 회의주의자였던 그의 부모는 그가 네 살 때 세상을 떠났다. 그때부터 조부모 슬하에서 성장했기 때문에, 그는 어릴 때부터 당대의 가장 유명한 사상가와 작가들을 만날 수 있었다.

직업을 갖지 않아도 살아갈 만큼 재산이 있었기 때문에, 러셀은 케임브리지의 트리니티 칼리지에서 수학을 공부했고, 나중에는 그 대학의 평의원이 되었다. 그는 집안 내력인 성적 모험을 빈번하고 대담하게 즐겼다. 나중에 그는 학교 안에서는 누구나 나체로 있어야 한다는 규칙을 가진 진보적인 학교를 경영한 적도 있었다. 그는 네 번 결혼했다. 1894년, 1921년, 1936년에 결혼을 했고, 80세의 고령인 1952년에는 마지막 행복한 결혼을 했다. 그는 흔들림 없이 그리고 부끄러움 없이 급진적인 성적 자유를 실천했다고 고백한 바 있다.

20세기 초 러셀은 프레게의 영향으로 그 자신의 논리체계를 개발했는데, 그는 수학이 논리학에서 생겨난다는 관점을 가지고 있었다. 그는 이러한 관점을 1903년 『수학 원리』에서 처음으로 공식화했다. 그는 수학자 알프레드 노스 화이트헤드와 긴밀하게 공동연구를 하면서, 논리학에서 수학에로의 전개가 정말로 성취될 수 있다는 것을 입증하는 연구과제를 집요하게 추구했고, 마침내 프레게가 해결하지 못했던 문제들을 극복했다. 10년간의 각고의 노력은 현대 논리학의 탁월한 성과들 중 하나인 『수학 원론』(전 3권: 1910, 1912, 1913)을 출간하는 결과를 낳았다.

러셀은 반전주의자였다. 제1차 세계대전에서 영국의 참전에 반대하는 행동주의로 인해, 그는 트리니티 칼리지에서 해고되고 감옥에 갇히기도 했다. 그러나 그는 제2차 세계대전에서는 히틀러에 대항하는 적극적인 캠페인을 벌였으며, 전쟁은 언제나 참으로 대단한 악이지만 그래도 훨씬 덜한 악으로 우리에게 다가올 때도 있다는 것을 확신하게 되었다. 제2차 세계대전 이후 몇 년 동안 그는 소비에트 연방에서 자행된 스탈린 정권의 야만성에 대항하는 캠페인을 벌였다. 그 후에는 베트남 전쟁에 미국이 관여하는 것을 반대하는 준법투쟁 형태의 시민불복종운동을 전개했다.

그는 뉴욕의 시티대학과 시카고대학, 로스앤젤레스의 캘리포니아대학 등에서 강의를 했다. 그러나 그는 성 문제에 대한 급진적인 주장을 매우 공개적으로 표현함으로써, 미국 내에서 자주 곤욕을 당했다. 그는 산문을 명료하고 아름답게 쓰는 것으로도 유명하다. 이에 대해서는 그가 1945년에 저술하고 세계적인 베스트셀러가 되었던 『서양철학사』보다 더 확실한 증거는 없다. 그는 1950년에 노벨 문학상을 수상했다. 그는 매우 뛰어난 학생들이라는 평가를 아끼지 않았던 많은 제자들을 두었는데, 그 제자들이 그의 연구를 계속 이어갔다. 그들 중에는 케임브리지의 트리니티 칼리지의 철학자 루드비히 비트겐슈타인과 시카고대학의 논리학자 어빙 코피 등도 있었다.

눈부시게 상상력이 풍부하고, 창조적이며, 열정과 용기를 가졌던 버트란드 러셀은 위대한 현대 논리학자들 중 한 사람이었을 뿐만 아니라, 그의 시대에서 가장 비범한 지성인들 중 한 사람이었다.

지적한 제한을 지켜야만 한다. 지금까지의 논의를 통해 존재사례화 규칙과 보편사례화 규칙을 모두 사용해야만 하는 증명에서는 존재사례화 규칙을 언제나 먼저 사용해야 한다는 사실이 분명해진다.

보다 복잡한 형태의 논증, 특히 관계를 포함하는 논증을 위해서는 네 개의 양화 규칙에 몇 가지 제한이 추가되어야만 한다. 그러나 지금 우리가 다루고 있는 논증, 즉 전통적으로 정언삼단논법이라 불리는 논증에 대해서는 현재의 제한만으로도 오류를 방지하기에 충분하다.

개 요

추론규칙: 양화

규칙 이름	약칭	형식	성과
보편사례화	U.I.	$(x)(\Phi x)$ $\therefore \Phi \nu$ (ν: 임의의 개체 기호)	한 명제함수의 보편양화로부터 그 명제함수의 모든 대입례를 타당하게 추론할 수 있다.
보편일반화	U.G.	Φy $\therefore (x)(\Phi x)$ (y: 임의의 개체)	한 명제함수의 임의의 개체에 관한 대입례로부터 그 명제함수의 보편양화를 타당하게 추론할 수 있다.

존재사례화	E.I.	$(\exists x)(\Phi x)$ $\therefore\ \Phi\nu$ (ν: 이전의 문맥에 사용된 적이 없는 y 이외의 임의의 개체 상항)	한 명제함수의 존재양화로부터 어떤 개체 상항에 관한 대입례가 참임을 타당하게 추론할 수 있다. (단, 개체 상항은 문맥에 처음 나타나고 y가 아님)
존재일반화	E.G.	$\Phi\nu$ $\therefore\ (\exists x)(\Phi x)$ (ν: 임의의 개체 기호)	한 명제함수의 참인 대입례로부터 그 명제함수의 존재양화를 타당하게 추론할 수 있다.

논리연습

A. 아래의 각 논증에 대해 타당성의 형식적 증명을 구성하라.

보기문제

1. $(x)(Ax \supset \sim Bx)$
   $(\exists x)(Cx \cdot Ax)$
   $\therefore (\exists x)(Cx \cdot \sim Bx)$

문제풀이

이 논증의 결론은 존재양화 명제이다. 따라서 마지막 단계에서는 분명히 존재일반화 규칙을 적용해야 할 것이다. 그 단계를 도출하기 위해서 우리는 먼저 전제들을 사례화해야 하는데, 두 번째 전제에는 존재사례화 규칙을 적용하고, 첫 번째 전제에 보편사례화 규칙을 적용하면 된다. 보편사례화 규칙을 적용하기 전에 존재사례화 규칙을 적용해야 한다는 것이 존재사례화 규칙의 사용에 가해지는 제한의 핵심이기 때문에, 우리는 두 전제 모두에 동일한 개체 상항, 예컨대 a를 사용할 수 있다. 그러면 증명은 다음과 같이 구성될 수 있을 것이다.

1. $(x)(Ax \supset \sim Bx)$	
2. $(\exists x)(Cx \cdot Ax)$	
$\therefore (\exists x)(Cx \cdot \sim Bx)$	
3. $Ca \cdot Aa$	2, E.I.
4. $Aa \supset \sim Ba$	1, U.I.

5. $Aa \bullet Ca$	3, Com.
6. Aa	5, Simp.
7. $\sim Ba$	4, 6, M.P.
8. Ca	3, Simp.
9. $Ca \bullet \sim Ba$	8, 7, Conj.
10. $(\exists x)(Cx \bullet \sim Bx)$	9, E.G.

1. $(x)(Ax \supset \sim Bx)$
   $(\exists x)(Cx \bullet Ax)$
   $\therefore (\exists x)(Cx \bullet \sim Bx)$

2. $(x)(Dx \supset \sim Ex)$
   $(x)(Fx \supset Ex)$
   $\therefore (x)(Fx \supset \sim Dx)$

3. $(x)(Gx \supset Hx)$
   $(x)(Ix \supset \sim Hx)$
   $\therefore (x)(Ix \supset \sim Gx)$

4. $(\exists x)(Jx \bullet Kx)$
   $(x)(Jx \supset Lx)$
   $\therefore (\exists x)(Lx \bullet Kx)$

*5. $(x)(Mx \supset Nx)$
   $(\exists x)(Mx \bullet Ox)$
   $\therefore (\exists x)(Ox \bullet Nx)$

6. $(\exists x)(Px \bullet \sim Qx)$
   $(x)(Px \supset Rx)$
   $\therefore (\exists x)(Rx \bullet \sim Qx)$

7. $(x)(Sx \supset \sim Tx)$
   $(\exists x)(Sx \bullet Ux)$
   $\therefore (\exists x)(Ux \bullet \sim Tx)$

8. $(x)(Vx \supset Wx)$
   $(x)(Wx \supset \sim Xx)$
   $\therefore (x)(Xx \supset \sim Vx)$

9. $(\exists x)(Yx \bullet Zx)$
   $(x)(Zx \supset Ax)$
   $\therefore (\exists x)(Ax \bullet Yx)$

*10. $(x)(Bx \supset \sim Cx)$
   $(\exists x)(Cx \bullet Dx)$
   $\therefore (\exists x)(Dx \bullet \sim Bx)$

11. $(x)(Fx \supset Gx)$
   $(\exists x)(Fx \bullet \sim Gx)$
   $\therefore (\exists x)(Gx \bullet \sim Fx)$

B. 제시된 기호를 사용하여 다음 각 논증들에 대한 타당성의 형식적 증명을 구성하라.

*1. 어느 운동선수도 책벌레가 아니다. 캐롤은 책벌레이다. 그러므로 캐롤은 운동선수가 아니다. (Ax, Bx, c)

2. 모든 무용가는 생기가 넘친다. 어떤 펜싱선수는 생기가 넘치지 않는다. 그러므로 어떤 펜싱선수는 무용가가 아니다. (Dx, Ex, Fx)

3. 어느 도박사도 행복하지 않다. 어떤 이상주의자는 행복하다. 그러므로 어떤 이상주의자는 도박사가 아니다. (*Gx*, *Hx*, *Ix*)

4. 모든 익살꾼은 악당이다. 어느 악당도 운이 좋지 않다. 그러므로 어느 익살꾼도 운이 좋지 않다. (*Jx*, *Kx*, *Lx*)

*5. 모든 산악인은 친절하다. 어떤 무법자는 산악인이다. 그러므로 어떤 무법자는 친절하다. (*Mx*, *Nx*, *Ox*)

6. 평화주의자들만이 퀘이크 교도이다. 신앙심이 깊은 퀘이크 교도들이 있다. 그러므로 평화주의자들은 때때로 신앙심이 깊다. (*Px*, *Qx*, *Rx*)

7. 사기꾼이 되는 것은 도둑이 되는 것이다. 사회적 하층민 외에 어느 누구도 도둑이 아니다. 그러므로 사기꾼은 언제나 사회적 하층민이다. (*Sx*, *Tx*, *Ux*)

8. 어느 바이올린 연주자도 부유하지 않다. 부유한 실로폰 연주자는 없다. 그러므로 바이올린 연주자는 결코 실로폰 연주자가 아니다. (*Vx*, *Wx*, *Xx*)

9. 용감한 사람 이외의 어느 누구도 미인을 차지할 자격이 없다. 오직 군인만이 용감하다. 그러므로 미인을 차지할 자격이 있는 자는 오직 군인뿐이다. (*Dx*: *x*는 미인을 차지할 자격이 있다; *Bx*: *x*는 용감하다; *Sx*: *x*는 군인이다.)

*10. 구하는 자는 누구나 얻을 것이다. 사이몬은 얻지 않았다. 그러므로 사이몬은 구하지 않았다. (*Ax*, *Rx*, *s*)

10.6 부당성 증명

양화사를 포함하고 있는 논증의 부당성을 증명하기 위해 우리는 논리적 유비에 의한 논박법을 사용할 수도 있다. 예를 들어, “모든 보수주의들은 행정부에 대한 반대자들이다. 어떤 의원들은 행정부에 대한 반대자들이다. 그러므로 어떤 의원들은 보수주의자들이다.”라는 논증은 “모든 고양이는 동물이다. 어떤 개는 동물이다. 그러므로 어떤 개는 고양이다.”와 같은 명백히 부당한 유비논증에 의해 부당성이 증명될 수 있다. 이 유비논증이 명백히 부당한 이유는 그 전제들이 모두 참인 것으로 알려져 있는데 반해 결론은 거짓으로 알려져 있기 때문이다. 그러나 이처럼 유비논증을 생각해 내는 일이 언제나 쉬운 것은 아니다. 따라서 부당성을 증명하는 보다 효율적인 방법이 필요하다.

앞 장에서 우리는 진리함수적 복합명제를 포함하는 논증들에 대한 부당성 증명 방법을 공부한 바 있다. 그 방법이란 전제들을 모두 참이 되게 하고 결론을 거짓이 되게 하는 방식으로 논증에 포함된 단순명제들에 진리치를 할당하는 것이었다. 이 방법은 양화사를 포함하는 논증에도 적용될 수 있다. 그런데 그렇게 하기 위해서는 적어도 하나의 개체가 존재한다는 우리의 일반적인 가정이 유지되어야 한다. 양화사를 포함하는 어떤 논증이 타당할 수 있기 위해서는 적어도 하나의 개체가 존재하는 한, 그 논증의 전제들은 참인데 결론은 거짓일 수는 없어야만 한다.

적어도 하나의 개체가 존재한다는 일반적인 가정은 정확히 하나의 개체가 있을 때도 만족되고, 두 개의 개체가 있어도 만족되고, 세 개의 개체가 있어도 만족되며, 혹은 그 이상이어도 만족된다.

만약 이러한 가정이 만족되면, 일반명제들과 단칭명제들로 구성된 진리함수적 복합명제들 사이에는 동치 관계가 성립된다. 정확히 하나의 개체, 예컨대 a가 존재한다면 다음과 같이 되고,

$$(x)(\Phi x) \stackrel{T}{\equiv} \Phi a \stackrel{T}{\equiv} (\exists x)(\Phi x)$$

정확히 두 개의 개체, a와 b가 존재한다면 다음과 같이 되고,

$$(x)(\Phi x) \stackrel{T}{\equiv} [\Phi a \cdot \Phi b] \quad \text{그리고} \quad (\exists x)(\Phi x) \stackrel{T}{\equiv} [\Phi a \vee \Phi b]$$

정확히 세 개의 개체 a, b, c가 존재한다면 다음과 되고,

$$(x)(\Phi x) \stackrel{T}{\equiv} [\Phi a \cdot \Phi b \cdot \Phi c] \quad \text{그리고} \quad (\exists x)(\Phi x) \stackrel{T}{\equiv} [\Phi a \vee \Phi b \vee \Phi c]$$

일반화해서, 개체가 정확히 n개 존재하고 그 각각을 a, b, c, $\cdots n$이라고 하면 다음과 같이 된다.

$$(x)(\Phi x) \stackrel{T}{\equiv} [\Phi a \cdot \Phi b \cdot \cdots \cdot \Phi n],\ (\exists x)(\Phi x) \stackrel{T}{\equiv} [\Phi a \vee \Phi b \vee \ \cdots \ \vee \Phi n]$$

이 양조건언들은 보편양화사와 존재양화사에 대한 우리의 정의에 의해서 참이다. 여기서는 앞 절에서 설명했던 네 개의 양화규칙들이 단 한 번도 사용되지 않았다.

양화사를 포함하는 논증은 적어도 하나의 개체가 존재한다면 개체가 몇 개이든 상관없

이 타당할 때, 그리고 오직 그러한 경우에만 타당하다. 따라서 양화사를 포함하는 논증은 적어도 하나의 개체를 포함하는 모델(또는 가능 세계)이 있어서 그 모델에서 논증의 전제들이 모두 참이면서 결론이 거짓인 경우에 부당한 것으로 증명된다. "모든 용병은 믿을 수 없는 사람이다. 어느 게릴라도 용병이 아니다. 그러므로 어느 게릴라도 믿을 수 없는 사람이 아니다."라는 논증을 살펴보자. 이 논증은 다음과 같이 기호화될 수 있다.

$(x)(Mx \supset Ux)$

$(x)(Gx \supset \sim Mx)$

$\therefore (x)(Gx \supset \sim Ux)$

정확히 하나의 개체, 예컨대 a가 존재한다면 이 논증은 다음과 논리적으로 동치이다.

$Ma \supset Ua$

$Ga \supset \sim Ma$

$\therefore Ga \supset \sim Ua$

여기서 Ga와 Ua에는 참인 진리치를, 그리고 Ma에는 거짓인 진리치를 할당하게 되면 이 논증의 부당성이 증명될 수 있다. (이와 같은 진리치 할당은 문제의 모델이 오직 하나의 개체, 즉 a만을 포함하고 있는데, 그것은 게릴라이면서 동시에 믿을 수 없는 사람이지만 용병은 아니라는 것을 간략히 기술하고 있다.) 따라서 원래의 논증은 정확히 하나의 개체를 포함하는 모델에서 타당하지 않으며, 결국은 부당한 논증인 것이다. 마찬가지로 이 절에서 언급했던 첫 번째 논증에 대해서도 Aa와 Da는 참이고 Ca는 거짓인 a만을 포함하는 모델을 제시함으로써 그 부당성을 증명할 수 있다.[5] 어떤 논증들, 예컨대

$(\exists x)Fx$

$\therefore (x)Fx$

---

5) 여기서 우리는 명제에 나타나는 단순술어 Ax, Bx, Cx, Dx, …가 모든 개별자들에 대해 논리적으로 참(예컨대, x는 그 자신과 동일하다)이지도 않고, 즉 필연적이지도 않고, 모든 개별자들에 대해 논리적으로 거짓(예컨대, x는 그 자신과 다르다)이지도 않다는 것, 즉 불가능하지도 않다는 것을 가정한다. 또한 우리는 포함된 단순술어들 사이의 논리적 관계만이 전제에 의해 주장되거나 논리적으로 함축된 것이라고 가정한다. 이러한 제한을 두는 핵심 취지는 아무런 모순 없이 단순술어들의 대입례에 진리치를 임의로 할당할 수 있게 하자는 데 있다. 이는 어떤 모델에 대한 기술도 당연히 무모순적이어야 하기 때문이다.

와 같은 논증들은 정확히 하나의 개체만을 갖는 모든 모델에서는 타당하지만 두 개나 그 이상의 개체를 갖는 모델에서는 부당하다. 이와 같은 논증 또한 부당한 것으로 간주되어야만 한다. 왜냐하면 타당한 논증이라면 적어도 하나의 개체가 존재하는 한 개체 수가 몇 개이든 상관없이 타당해야만 하기 때문이다. 이와 같은 종류의 또 다른 예로 "모든 콜리는 사랑스럽다. 어떤 콜리는 집 지키는 개다. 그러므로 모든 집 지키는 개는 사랑스럽다."라는 논증을 살펴보자. 이 논증을 기호화하면 다음과 같다.

$(x)(Cx \supset Ax)$

$(\exists x)(Cx \cdot Wx)$

$\therefore (x)(Wx \supset Ax)$

*a*라는 정확히 하나의 개체를 포함하는 모델에서라면 이 논증은 다음의 논증과 논리적으로 동치이며 타당하다.

$Ca \supset Aa$

$Ca \cdot Wa$

$\therefore Wa \supset Aa$

그러나 *a*와 *b*라는 두 개의 개체를 포함하는 모델에서라면 원래의 논증은 다음의 논증과 논리적으로 동치이다.

$(Ca \supset Aa) \cdot (Cb \supset Ab)$

$(Ca \cdot Wa) \vee (Cb \cdot Wb)$

$\therefore (Wa \supset Aa) \cdot (Wb \supset Ab)$

그런데 여기서 *Ca*, *Aa*, *Wa*, *Wb*에는 참인 진리치를, 그리고 *Cb*, *Ab*에는 거짓인 진리치를 할당하게 되면 이 논증은 부당함이 증명된다. 따라서 원래의 논증은 정확히 두 개의 개체를 포함하는 모델에서 타당하지 않으며, 결국 부당한 논증이 된다. 이와 같은 일반적 형태의 부당한 논증에 대해서는 그것과 논리적 동치인 진리함수적 논증이 부당하다는 것을 진리치 할당법에 의해 증명할 수 있는, 한정된 수의 개체를 포함하는 모델을 제시할 수 있다.

여기서 다시 강조해 두어야 할 것은 일반명제를 포함하는 어떤 논증으로부터 (특정한 모델에서 그것과 논리적으로 동치인) 진리함수적 논증을 얻을 때, 네 개의 양화규칙은 사용되지 않는다는 점이다. 진리함수적 논증의 각 명제가 주어진 논증의 일반명제와 논리적으로 동치라는 사실은 이 절의 서두에서 언급했던 양조건언에 나타나 있으며, 또한 그 양조건언이 문제의 모델에서 논리적으로 참이라는 사실은 보편양화사와 존재양화사의 정의로부터 도출된다.

일반명제를 포함하는 논증의 부당성을 증명하는 절차는 다음과 같다. 먼저 개체 *a*만을 포함하는 모델을 생각하라. 그러고 그 모델에서 주어진 논증과 논리적으로 동치인 진리함수적 논증을 구성하라. 이것은 원래 논증의 각 일반명제(즉, 양화된 명제함수)로부터 그 명제함수에 *a*를 대입한 대입례를 얻음으로써 가능하다. 만약 진리치 할당법에 의해 그 진리함수적 논증의 부당성이 증명될 수 있다면, 그것으로써 원래의 논증이 부당하다는 것은 충분히 증명된다. 만약 이와 같은 방법으로 부당성을 증명할 수 없는 경우라면, *a*와 *b*라는 두 개의 개체를 갖는 모델을 고려해 보라. 이 모델에서 주어진 논증과 논리적으로 동치인 진리함수적 논증을 얻기 위해서는 *a*를 대입해서 얻었던 원래의 대입례와 동일한 명제함수에 *b*를 대입해서 얻은 새로운 대입례를 결합하면 된다. 이들을 결합할 때는 앞에서 언급했던 논리적 동치와 일치하도록 해야만 한다. 즉, 원래의 논증이 보편양화된 명제함수 $(x)(\Phi x)$를 포함하고 있다면 새로운 대입례인 Φb는 첫 번째 대입례인 Φa와 연언("•")으로 결합되지만, 원래의 논증이 존재양화된 명제함수 $(\exists x)(\Phi x)$를 포함하고 있는 경우에는 새로운 대입례인 Φb는 첫 번째 대입례인 Φa와 선언("∨")으로 결합된다는 것이다. 위에서 든 예가 이러한 과정을 잘 설명해 준다. 만약 진리치 할당법에 의해 새로운 진리함수적 논증의 부당성이 증명된다면 그것으로써 원래의 논증이 부당하는 것은 충분히 증명된다. 이 방법으로도 부당성을 증명할 수 없는 경우라면 *a*, *b*, *c* 세 개의 개체를 갖는 모델을 고려해 보라. 이것으로도 안 된다면 네 개, 다섯 개 하는 식으로 계속하면 될 것이다. 이 책의 [논리연습] 중에는 세 개 이상의 개체를 포함하는 모델이 필요한 문제는 없다.

논리연습

아래의 문제들에서는 두 개 이상의 개체를 포함하는 모델은 필요하지 않다.

A. 각 논증의 부당성을 증명하라.

▌보기문제

1. $(\exists x)(Ax \cdot Bx)$

   $(\exists x)(Cx \cdot Bx)$

   $\therefore (x)(Cx \supset \sim Ax)$

▌문제풀이

먼저 정확히 하나의 개체만을 포함하는 모델(내지는 가능 세계) ⓐ를 구성한다. 그런 다음 그 모델에서 논리적으로 동치인 명제들을 다음과 같이 나타낸다.

$(\exists x)(Ax \cdot Bx)$ $(\exists x)(Cx \cdot Bx)$ $\therefore (x)(Cx \supset \sim Ax)$	와 ⓐ에서 논리적으로 동치인 논증	$Aa \cdot Ba$ $Ca \cdot Ba$ $\therefore Ca \supset \sim Aa$

우리는 다음과 같이 진리치를 할당함으로써 이 논증이 이 모델에서 부당함을 증명할 수 있다.

Aa	*Ba*	*Ca*
T	*T*	*T*

이 모델에서 이 논증의 부당성이 증명되었으므로 원래 논증의 부당성이 증명되었다고 할 수 있다.

1. $(\exists x)(Ax \cdot Bx)$

   $(\exists x)(Cx \cdot Bx)$

   $\therefore (x)(Cx \supset \sim Ax)$

2. $(x)(Dx \supset \sim Ex)$

   $(x)(Ex \supset Fx)$

   $\therefore (x)(Fx \supset \sim Dx)$

3. $(x)(Gx \supset Hx)$

   $(x)(Gx \supset Ix)$

   $\therefore (x)(Ix \supset Hx)$

4. $(\exists x)(Jx \cdot Kx)$

   $(\exists x)(Kx \cdot Lx)$

   $\therefore (\exists x)(Lx \cdot Jx)$

* 5. $(\exists x)(Mx \cdot Nx)$

   $(\exists x)(Mx \cdot Ox)$

   $\therefore (x)(Ox \supset Nx)$

6. $(x)(Px \supset \sim Qx)$

   $(x)(Px \supset \sim Rx)$

   $\therefore (x)(Rx \supset \sim Qx)$

7. $(x)(Sx \supset \sim Tx)$
   $(x)(Tx \supset Ux)$
   $\therefore (\exists x)(Ux \cdot \sim Sx)$

8. $(\exists x)(Vx \cdot \sim Wx)$
   $(\exists x)(Wx \cdot \sim Xx)$
   $\therefore (\exists x)(Xx \cdot \sim Vx)$

9. $(\exists x)(Yx \cdot Zx)$
   $(\exists x)(Ax \cdot Zx)$
   $\therefore (\exists x)(Ax \cdot \sim Yx)$

*10. $(\exists x)(Bx \cdot \sim Cx)$
   $(x)(Dx \supset \sim Cx)$
   $\therefore (x)(Dx \supset Bx)$

B. 제시된 기호를 사용하여 다음 각 논증의 부당성을 증명하라.

*1. 모든 무정부주의자는 턱수염이 있다. 모든 공산주의자는 턱수염이 있다. 그러므로 모든 무정부주의자는 공산주의자이다. (*Ax*, *Bx*, *Cx*)

2. 어느 외교관도 극단주의자가 아니다. 어떤 광신자는 극단주의자이다. 그러므로 어떤 외교관은 광신자가 아니다. (*Dx*, *Ex*, *Fx*)

3. 모든 장군은 잘 생겼다. 어떤 지식인은 잘 생겼다. 그러므로 어떤 장군은 지식인이다. (*Gx*, *Hx*, *Ix*)

4. 어떤 언론인은 참견꾼이 아니다. 어떤 참견꾼은 운이 좋지 않다. 그러므로 어떤 언론인은 운이 좋지 않다. (*Jx*, *Kx*, *Lx*)

*5. 어떤 불평가는 시끄럽다. 어떤 공무원은 시끄럽지 않다. 그러므로 어느 공무원도 불평가가 아니다. (*Mx*, *Nx*, *Ox*)

6. 어떤 의사는 돌팔이이다. 어떤 돌팔이는 책임감이 없다. 그러므로 어떤 의사는 책임감이 없다. (*Px*, *Qx*, *Rx*)

7. 어떤 정치가는 지도자이다. 어떤 지도자는 웅변가가 아니다. 그러므로 어떤 웅변가는 정치가가 아니다. (*Px*, *Lx*, *Ox*)

8. 용감한 자 외에는 어느 누구도 미인을 얻을 자격이 없다. 모든 군인은 용감하다. 그러므로 군인 외에는 어느 누구도 미인을 얻을 자격이 없다. (*Dx*: *x*는 미인을 얻을 자격이 있다; *Bx*: *x*는 용감하다; *Sx*: *x*는 군인이다.)

9. 어떤 것이 금속이라면 그것은 깨어질 수 있다. 깨어질 수 있는 장식품이 있다. 그러므로 금속성의 장식품이 있다. (*Mx*, *Bx*, *Ox*)

*10. 오직 학생만이 회원이다. 오직 회원만이 환영받는다. 그러므로 모든 학생은 환영받는다. (*Sx*, *Mx*, *Wx*)

10.7 비삼단논법적 추론

앞의 두 절에서 살펴보았던 논증들은 모두 전통적으로 정언적 삼단논법이라 불려 온 형식의 논증들이다. 이 논증들은 두 개의 전제와 하나의 결론으로 구성되어 있으며, 이들 각자는 하나의 단칭명제 또는 A, E, I, O 중 한 명제로 분석될 수 있다. 이제 좀 더 복잡한 논증들을 평가하는 문제를 다루어 보기로 하자. 그렇게 하기 위해 지금까지 소개했던 것보다 더 큰 논리적 장치들이 필요한 것은 아니다. 그런데 이 논증들은 **비삼단논법적 논증들**(asyllogistic arguments)이다. 즉, 그것들은 표준형식의 정언적 삼단논법으로 환원될 수 없는 논증들이며, 따라서 그 논증들을 평가하기 위해서는 전통적으로 정언적 삼단논법을 평가하는 데 사용되어 왔던 것보다 더 강력한 논리가 요구된다.

이 절에서도 우리는 오직 하나의 개체변항만을 포함하는 명제함수를 양화함으로써 얻을 수 있는 일반명제들을 다룰 것이다. 정언적 삼단논법에서 양화되는 명제함수는 $\Phi x \supset \Psi x$, $\Phi x \supset \sim\Psi x$, $\Phi x \bullet \Psi x$, $\Phi x \bullet \sim\Psi x$의 네 가지뿐이다. 그러나 이제 우리는 보다 복잡한 내적 구조를 지니는 명제함수들을 양화할 것이다. 다음과 같은 예를 살펴보면 이 점이 더욱 분명해질 것이다.

호텔은 비싸고 위압적이다.
어떤 호텔은 낡아빠졌다.
그러므로 어떤 비싼 것은 낡아빠졌다.

이 논증은 분명히 타당함에도 불구하고 전통적인 방식으로는 분석할 수 없다. "*x*는 호텔이다", "*x*는 비싸고 위압적이다", "*x*는 낡아빠졌다", "*x*는 비싸다"를 각기 *Hx*, *Bx*, *Sx*, *Ex*로 기호화하여 이 논증을 A명제와 I명제로 나타낼 수도 있을 것이다.[6] 그렇게 하면 이 논증은 다음과 같이 기호화될 수 있다.

6) 그러나 이것은 앞 절의 [주5]에서 설명했던 제한을 위반하는 것이다.

$(x)(Hx \supset Bx)$

$(\exists x)(Hx \bullet Sx)$

$\therefore (\exists x)(Ex \bullet Sx)$

그러나 이 논증을 단순히 전통적인 A명제와 I명제 형식에 억지로 끼워 맞추게 되면 이 논증의 타당성이 불분명해진다. 원래의 논증이 완전히 타당함에도 불구하고 이런 식으로 기호화하게 되면 이 논증은 부당해진다. 정언명제에만 제한되어 있는 이런 식의 기호화는 Bx와 Ex 사이의 논리적 관계를 불분명하게 만든다. 보다 적절한 분석을 위해서는 Hx, Sx, Ex를 이미 설명했던 대로 사용하고 더불어서 "x는 위압적이다"를 Dx로 기호화해야 한다. 이 기호들을 사용해서 원래의 논증을 기호화하면 다음과 같이 된다.

1. $(x)[Hx \supset (Ex \bullet Dx)]$
2. $(\exists x)(Hx \bullet Sx)$

 $\therefore (\exists x)(Ex \bullet Sx)$

이와 같이 기호화해 놓고 보면 이 논증에 대한 타당성 증명은 쉽게 구성될 수 있다. 다음은 그러한 증명의 한 예이다.

3. $Hw \bullet Sw$	2, E.I.
4. $Hw \supset (Ew \bullet Dw)$	1, U.I.
5. Hw	3, Simp.
6. $Ew \bullet Dw$	4, 5, M.P.
7. Ew	6, Simp.
8. $Sw \bullet Hw$	3, Com.
9. Sw	8, Simp.
10. $Ew \bullet Sw$	7, 9, Conj.
11. $(\exists x)(Ex \bullet Sx)$	10, E.G.

보다 복잡한 명제함수들을 양화함으로써 얻게 되는 일반명제들을 기호화할 때에는 일상 언어의 현혹적인 성격에 의해 오도되지 않도록 주의해야만 한다. 일상 언어를 논리적 기호로 번역하는 형식적이거나 기계적인 규칙은 어떤 것도 없다. 그러므로 언제나 우리는 일상 언어로 된 문장의 의미를 우선 이해해야 하고, 그런 다음에 그 의미를 명제함수와 양화사를 이용하여 기호화해야 한다.

기호화하기에 다소 까다로운 일상 언어의 표현들 중에서 다음의 세 가지만 살펴보기로 하자. 첫째, "모든 운동선수들은 매우 강하거나 매우 빠르다"와 같은 명제의 경우, "거나" 라는 결합사가 있긴 하지만 이 명제는 선언명제가 아니라는 점을 유의해야 한다. 이 명제는 "모든 운동선수들은 매우 강하거나 혹은 모든 운동선수들은 매우 빠르다"라는 명제와는 분명히 그 의미가 다르다. 첫째 명제를 기호화하면 다음과 같다.

$$(x)[Ax \supset (Sx \vee Qx)]$$

이에 반해 두 번째 명제는 다음과 같이 기호화된다.

$$(x)(Ax \supset Sx) \vee (x)(Ax \supset Qx)$$

둘째, "굴과 조개는 맛이 좋다"와 같은 명제는 "굴은 맛이 좋다. 그리고 조개는 맛이 좋다"와 같이 두 개의 일반명제의 연언으로 표현될 수도 있겠지만, 또한 하나의 비복합적인 일반명제로 표현될 수도 있다. 이 경우 " …과 …"는 연언("•")이 아니라 선언("∨")으로 기호화하는 것이 옳다. 따라서 이 명제는 다음과 같이 기호화된다.

$$(x)[(Ox \vee Cx) \supset Dx]$$

다시 말해서 아래와 같이 기호화해서는 안 된다는 말이다.

$$(x)[(Ox \bullet Cx) \supset Dx]$$

굴과 조개가 맛이 좋다는 것은 모든 것에 대해서 그것이 굴이거나 조개라면 맛이 좋다는 뜻이지, 굴이면서 동시에 조개인 것이 맛이 좋다는 뜻은 아니기 때문이다.

셋째, 예외를 나타내는 명제들을 기호화하는 데에는 몇 가지 대안이 있다. "우승을 한 적이 있는 사람을 제외하고는 누구나 자격이 있다", "우승을 한 적이 있는 사람만이 자격이 없다."와 같은 명제들은 전통적으로 예외명제(exceptive proposition)라고 불리어 왔다. 이런 형태의 명제들은 모두 다음과 같이 두 일반명제의 연언으로 기호화될 수 있다.

$$(x)(Px \supset \sim Ex) \bullet (x)(\sim Px \supset Ex)$$

또한 이 명제는 단순 동치기호 또는 양조건언 기호인 "≡"를 포함하는 명제함수의 보편양화인 비복합적인 일반명제로 나타낼 수 있다. 이를 기호화하면 다음과 같다.

$$(x)(Ex \equiv \sim Px)$$

이 명제를 다시 일상 언어로 표현하면, "누구든 그가 우승한 적이 없다면 그리고 오직 그러한 경우에만 그는 자격이 있다."와 같은 문장이 될 것이다. 일반적으로 예외명제들은 양화된 양조건언으로 간주하는 것이 가장 편리하다.

어떤 문장이 예외명제인지 아닌지는 분명하지 않을 수도 있다. 연방법원의 배심원단이 해결해야 할 최근의 한 논쟁이 이를 잘 보여주고 있다. 10년 주기의 전국인구조사를 시행하기 위한 규칙으로 제정된 인구조사법에 다음과 같은 조항이 있다.

> 195항 : 서로 다른 주 사이의 의원수 배정을 위해 인구수를 확정하는 경우를 제외하고, 상무부 장관은 이 표제의 제 규정을 실행함에 있어 통계학적 표본조사방법의 사용을 승인할 수 있다.

의원수 배정을 위한 목적으로 인구수를 확정해야 했던 2000년도 인구조사를 위해 인구조사국은 통계학적 표본조사방법의 사용을 준비했다. 이에 대해 하원이 소송을 제기했다. 하원의 주장은 위의 조문이 이런 경우에는 표본조사방법의 사용을 금지하고 있다는 것이었다. 인구조사국은 하원의 주장에 반론을 제기하고 당초의 계획을 강행하고자 했다. 인구조사국이 제기한 반론의 요지는 어떤 맥락에서 보면 이 조문은 표본조사방법의 사용 권한을 부여하고 있다는 것이다. 그러나 의원수 배정의 경우에는 미결정 문제로 남겨놓았다는 것이다. 법령상의 예외적 규정은 어떻게 해석하는 것이 옳은가? 법정은 하원 측 주장이 옳다는 것을 확인하고 아래와 같이 판시했다.

> "할머니의 웨딩드레스를 제외하고, 내 옷장에 있는 옷들을 세탁소에 맡겨라"라는 지시를 생각해 보자. 이 지시를 받은 사람이 할머니의 웨딩드레스를 세탁소에 맡기고는 지시가 그에게 재량권을 주었기 때문에 맡겼다고 주장한다면, 지시를 내린 그 손녀는 필시 속이 뒤집힐 것이다. 결과를 이렇게 추론하는 이유는 웨딩드레스에 관한 우리의 배경지식 때문이다. 즉, 웨딩드레스는 가족 구성원들에게는 깊은 정서적 가치가 있지만, 망가지기가 지극히 쉽다는 것을 우리는 알고 있다. 따라서 그 옷을 세탁소에 맡기는 결정이 순수한 재량에 속한다고는 볼 수 없다.
>
> 의회의 의원수를 주별로 배정하는 것은 옷장 속의 웨딩드레스에 비유될 수 있다. … 의원수를 배정하기 위해서 10년마다 주별로 인구수를 파악하는 것은 헌법상의 고유 기능이다. 그 기능이 어떻게 수행되는가에 따라서 주와 주 사이의 의원수 할당뿐만 아니라 의회 내에서의 정치적 힘의 균형도 영향을 받을 수 있다. … 각 주별로 의원수를 배정하기 위한 목적의 인구조사는 통계학적 표본조사방법으로 행해져서는 안 된다는 것이 인구조사법의 취지임을 본 법정은 밝힌다. …[7)]

7) 특별히 지명된 투표권법 전문위원회 법관 3인이 1998년 8월 24일 결정했다.

이 법령 속에 들어있는 예외적 명제는 이처럼 두 명제의 연언을 주장하는 것으로 이해된다. 즉, (1) 의원수 할당을 배경으로 할 때는 표본조사방법의 사용은 허용되지 않는다는 것과 (2) 그 외의 모든 경우에는 표본조사방법의 사용을 상무부장관의 재량에 맡긴다는 것이다. 예외적 형식으로 되어 있으면서 논란의 여지가 있는 문장은 그것이 놓인 문맥 속에서 해석되어야 한다.

10장 5절에서 추론규칙의 목록에 4개의 규칙이 추가되었다. 우리는 이 확장된 추론규칙의 목록이 타당한 정언적 삼단논법의 타당성을 입증하기에는 충분하다는 것을 확인했다. 뿐만 아니라 이 절에서는 확장된 규칙의 목록이 방금 설명된 형태의 비삼단논법적 논증의 타당성을 증명하기에도 충분함을 보았다. 확장된 규칙의 목록이 비삼단논법적 논증의 타당성을 증명하기에 충분하듯이 공집합이 아닌 가능 세계 또는 모델을 제시함으로써 삼단논법의 부당성을 증명하는 방법은 비삼단논법적 논증의 부당성을 증명하기에도 충분하다. 다음의 비삼단논법적 논증을 살펴보자.

> 관리자와 감독은 유능한 일꾼이거나 사장의 친척이다.
> 감히 불평을 늘어놓을 수 있는 사람은 감독이거나 사장의 친척임에 틀림없다.
> 관리자와 십장만이 유능한 일꾼들이다.
> 어떤 사람이 감히 불평을 늘어놓았다.
> 그러므로 어떤 감독은 사장의 친척이다.

이 논증을 기호화하면 아래와 같다.

$(x)[(Mx \lor Sx) \supset (Cx \lor Rx)]$

$(x)[Dx \supset (Sx \lor Rx)]$

$(x)[(Mx \lor Fx) \equiv Cx]$

$(\exists x)Dx$

$\therefore (\exists x)(Sx \cdot Rx)$

우리는 단 하나의 개체 *a*만을 포함하는 가능 세계 또는 모델을 가정하고 *Ca*, *Da*, *Fa*, *Ra*에는 참, 그리고 *Sa*에는 거짓을 할당함으로써 이 논증의 부당성을 증명할 수 있다.

논리연습

A. 제시된 기호를 사용하여 다음 각 명제들을 기호화하라.

보기문제

1. 사과와 오렌지는 맛이 좋고 영양이 풍부하다. (Ax, Ox, Dx, Nx)

문제풀이

이 명제의 의미는 만약 어떤 것이 사과이거나 오렌지라면, 그것은 맛이 좋고 영양이 풍부하다는 의미임이 분명하다. 따라서 이 명제는 다음과 같이 기호화될 수 있다.

$$(x)[(Ax \vee Ox) \supset (Dx \cdot Nx)]$$

2. 어떤 음식은 그것이 조리되었을 때만 먹을 수 있다. (Fx, Cx, Ex)

3. 어떤 차도 그것이 좋은 제동장치를 가지지 않는다면 안전하지 않다. (Cx, Bx, Sx)

4. 어떤 키가 큰 남자라도 만약 그가 가무잡잡하고 잘 생겼다면 매력적이다. (Dx, Hx, Tx, Mx, Ax)

*5. 운이 좋을 때, 오직 그러한 때에만 검투사는 승리한다. (Lx, Gx, Wx)

6. 운이 좋을 때, 오직 그러한 때에 이기는 권투선수는 실력이 없다. (Lx, Wx, Bx, Sx)

7. 부유한 사람들이 모두 다 교육도 받고 교양이 있는 것은 아니다. (Wx, Px, Ex, Cx)

8. 값싼 도구들이 모두 다 약하거나 깨지기 쉬운 것은 아니다. (Cx, Tx, Sx, Bx)

9. 도망치는 사람은 누구나 겁쟁이다. (Dx, Px, Cx)

*10. 성공하기 위해, 사업가가 되려면 열심히 일해야만 하고 혹은 전문가가 되려면 지속적으로 연구해야만 한다. (Ax: x는 성공하다, Wx: x는 열심히 일하다, Bx: x는 지속적으로 연구하다, Px: x는 전문가가 된다)

11. 유럽의 오래된 농담에 이런 것이 있다. 즉, 미국에서는 금지되지 않는 모든 것은 허용된다. 독일에서 허용되지 않는 모든 것은 금지된다. 프랑스에서는 금지된 것까지도 모두 허용된다. 러시아에서는 허용된 것까지도 모두 금지된다. (Ax: x는 미국에서, Gx: x는 독일에서, Fx: x는 프랑스에서, Rx: x는 러시아에서, Px: x는 허용된다, Nx:

x는 금지된다.)

B. 다음의 각 논증에 대해, 타당성의 형식적 증명을 구성하거나 그것의 부당성을 증명하라. 부당성을 증명하는 경우라면 우리가 제시해야 할 모델이 갖는 개체의 수는 3개를 넘지 않는다.

*1. $(x)[(Ax \vee Bx) \supset (Cx \cdot Dx)]$

$\therefore (x)(Bx \supset Cx)$

2. $(\exists x)\{(Ex \cdot Fx) \cdot [(Ex \vee Fx) \supset (Gx \cdot Hx)]\}$

$\therefore (x)(Ex \supset Hx)$

3. $(x)\{[Ix \supset (Jx \cdot \sim Kx)] \cdot [Jx \supset (Ix \supset Kx)]\}$

$(\exists x)[(Ix \cdot Jx) \cdot \sim Lx]$

$\therefore (\exists x)(Kx \cdot Lx)$

4. $(x)[(Mx \cdot Nx) \supset (Ox \vee Px)]$

$(x)[(Ox \cdot Px) \supset (Qx \vee Rx)]$

$\therefore (x)[(Mx \vee Ox) \supset Rx]$

*5. $(\exists x)(Sx \cdot Tx)$

$(\exists x)(Ux \cdot \sim Sx)$

$(\exists x)(Vx \cdot \sim Tx)$

$\therefore (\exists x)(Ux \cdot Vx)$

6. $(x)[Wx \supset (Xx \supset Yx)]$

$(\exists x)[Xx \cdot (Zx \cdot \sim Ax)]$

$(x)[(Wx \supset Yx) \supset (Bx \supset Ax)]$

$\therefore (\exists x)(Zx \cdot \sim Bx)$

7. $(\exists x)[Cx \cdot \sim (Dx \supset Ex)]$

$(x)[(Cx \cdot Dx) \supset Fx]$

$(\exists x)[Ex \cdot \sim (Dx \supset Cx)]$

$(x)(Gx \supset Cx)$

$\therefore (\exists x)(Gx \cdot \sim Fx)$

8. $(x)(Hx \supset Ix)$

$(x)[(Hx \cdot Ix) \supset Jx]$

$(x)[\sim Kx \supset (Hx \vee Ix)]$

$(x)[(Jx \vee \sim Jx) \supset (Ix \supset Hx)]$

$\therefore (x)(Jx \vee Kx)$

9. $(x)\{(Lx \vee Mx) \supset \{[(Nx \bullet Ox) \vee Px] \supset Qx\}\}$

$(\exists x)(Mx \bullet \sim Lx)$

$(x)\{[(Ox \supset Qx) \bullet \sim Rx] \supset Mx\}$

$(\exists x)(Lx \bullet \sim Mx)$

$\therefore (\exists x)(Nx \supset Rx)$

*10. $(x)[(Sx \vee Tx) \supset \sim(Ux \vee Vx)]$

$(\exists x)(Sx \bullet \sim Wx)$

$(\exists x)(Tx \bullet \sim Xx)$

$(x)(\sim Wx \supset Xx)$

$\therefore (\exists x)(Ux \bullet \sim Vx)$

C. 제시된 기호를 사용하여 다음 각 논증에 대해 타당성의 형식적 증명을 구성하거나 부당성을 증명하라.

*1. 산과 염기는 화학물질이다. 식초는 산이다. 그러므로 식초는 화학물질이다. (Ax, Bx, Cx, Vx,)

2. 교사는 열성적이거나 실패한다. 교사가 모두 실패하는 것은 아니다. 그러므로 열성적인 교사가 있다. (Tx, Ex, Ux)

3. 아르곤 화합물과 나트륨 화합물은 유성이거나 휘발성이다. 모든 나트륨 화합물이 유성인 것은 아니다. 그러므로 어떤 아르곤 화합물은 휘발성이다. (Ax, Sx, Ox, Vx)

4. 게으르거나 무례한 종업원은 누구라도 승진할 수 없다. 그러므로 어떤 무례한 종업원도 승진할 수 없다. (Sx, Dx, Ex, Px)

*5. 경솔하거나 포악한 고용주는 누구라도 성공할 수 없다. 어떤 고용주는 경솔하다. 포악한 고용주가 있다. 그러므로 어떤 고용주도 성공할 수 없다. (Ix, Tx, Ex, Sx)

6. 금으로 만든 것치고 비싸지 않은 것은 아무것도 없다. 은으로 만든 무기는 없다. 모든 무기가 비싼 것은 아니다. 그러므로 모든 것이 금이나 은으로 만든 것은 아니다. (Gx, Ex, Wx, Sx)

7. 주석으로 만든 것치고 싸지 않은 것은 아무것도 없다. 어떤 반지는 납으로 만들어지지 않는다. 모든 것이 주석이거나 납인 것은 아니다. 그러므로 모든 반지가 싼 것은 아니다. (*Tx*, *Cx*, *Rx*, *Lx*)

8. 어떤 직업 권투선수는 공격적이지만 지적이지는 않다. 모든 직업 권투선수는 장갑을 낀다. 직업 권투선수가 모두 공격적인 것은 아니다. 어떤 강타자는 공격적이다. 그러므로 모든 강타자가 장갑을 끼는 것은 아니다. (*Px*, *Ax*, *Ix*, *Gx*, *Sx*)

9. 어떤 사진사는 기술은 좋지만 상상력이 없다. 오직 예술가만이 사진사이다. 사진사가 모두 기술이 좋은 것은 아니다. 숙련공은 모두 기술이 좋다. 그러므로 모든 예술가가 숙련공은 아니다. (*Px*, *Sx*, *Ix*, *Ax*, *Jx*)

*10. 책은 잘 쓰여진 경우에만 재미있다. 책은 재미있는 경우에만 잘 쓰여진 것이다. 그러므로 책은 만약 그것이 재미있거나 잘 쓰여진 경우라면 재미있으면서 동시에 잘 쓰여진 것이다. (*Bx*, *Wx*, *Ix*)

D. 제시된 기호를 사용하여 다음 각 논증에 대해 타당성의 형식적 증명을 구성하거나 부당성을 증명하라.

*1. 배신자가 아닌 모든 시민이 참석했다. 모든 공무원은 시민이다. 어떤 공무원은 참석하지 않았다. 그러므로 배신자는 있다. (*Tx*, *Cx*, *Px*, *Ox*)

2. 의사와 변호사는 전문 직업인이다. 전문 직업인과 경영자는 존경받는다. 그러므로 의사는 존경받는다. (*Dx*, *Lx*, *Px*, *Ex*, *Rx*)

3. 변호사와 정치인만 회원이다. 어떤 회원은 대학 졸업자가 아니다. 그러므로 어떤 변호사는 대학졸업자가 아니다. (*Lx*, *Px*, *Mx*, *Cx*)

4. 할인 상품은 가게에 오랫동안 내놓아 찌든 물건이거나 구식이 된 물건이다. 가게에 오랫동안 내놓아 찌든 물건은 어느 것도 살 가치가 없다. 어떤 할인 상품은 살 가치가 있다. 그러므로 어떤 할인 상품은 구식이 된 물건이다. (*Cx*, *Sx*, *Ox*, *Wx*)

*5. 어떤 다이아몬드는 장신구로 쓰인다. 보석으로 패용되거나 장식용으로 쓰이는 것만이 장신구로 사용된다. 다이아몬드는 결코 장식용으로는 쓰이지 않는다. 만일 보석이 산업적 용도를 갖고 있으면, 그것을 보석으로 패용하는 것은 어떤 것도 옳게 사용하는

것이 아니다. 어떤 다이아몬드는 산업적 용도를 갖고 있다. 그러므로 어떤 다이아몬드는 옳게 사용되지 않고 있다. (*Dx*, *Ax*, *Jx*, *Cx*, *Ix*, *Px*)

6. 노동조합이 지지하거나 트리뷴(*Tribune*)지가 반대하는 후보는 누구도 농장 결의를 실행에 옮길 수 없다. 농장 결의를 실행에 옮길 수 없는 사람은 누구도 선출될 수 없다. 그러므로 노동조합이 지지하는 어떤 후보도 선출될 수 없다. (*Lx*, *Ox*, *Cx*, *Fx*, *Ex*)

7. 적절히 담금질이 된 금속은 어떤 것도 무르지 않다. 기름담금질을 하지 않으면, 어떤 놋쇠도 적절히 담금질 된 것이 아니다. 선반 위의 재떨이들 중에서 어떤 것은 놋쇠이다. 선반 위에 있는 것은 모두 깨어지기 쉽다. 놋쇠는 금속이다. 그러므로 재떨이 중 어떤 것은 기름담금질이 되지 않았다. (*Mx*: *x*는 금속이다, *Fx*: *x*는 깨어지기 쉽다, *Tx*: *x*는 적절히 담금질 되었다, *Bx*: *x*는 놋쇠이다, *Ox*: *x*는 기름담금질 되었다, *Ax*: *x*는 재떨이이다, *Sx*: *x*는 선반 위에 있다.)

8. 만약 그럴 자유가 있다면, 피지명자를 알고 있는 위원들은 누구라도 그 피지명자에게 찬성표를 던질 것이다. 정당의 당원대회 측으로부터 찬성하지 않도록 지시를 받았거나 다른 사람을 지지하기로 약속한 사람을 제외하고는, 위원 모두가 피지명자에게 찬성투표를 할 자유가 있다. 위원들 모두는 피지명자를 알고 있었다. 피지명자를 알고 있는 사람은 누구도 다른 사람을 지지하기로 약속하지 않았다. 위원들 모두가 피지명자에게 찬성하지는 않았다. 그러므로 정당의 당원대회는 어떤 위원들에게 피지명자에게 찬성투표를 하지 못하도록 지시를 했다. (*Cx*: *x*는 위원이다, *Kx*: *x*는 피지명자를 알고 있다. *Vx*: *x*는 피지명자에게 찬성투표를 한다, *Fx*: *x*는 피지명자에게 찬성투표를 할 자유가 있다, *Ix*: *x*는 정당의 당원대회에 의해 피지명자에게 찬성투표를 하지 않도록 지시받았다, *Px*: *x*는 다른 사람을 지지하기로 약속했다.)

9. 모든 논리학자는 깊이 생각하는 사람들이고 효과적으로 글을 쓰는 사람이다. 효과적으로 글을 쓰기 위해서는, 만약 독자가 일반인이라면 그는 경제적이어야 하고, 만약 독자가 전문가라면 그는 이해력이 풍부해야 한다. 만약 깊이 생각하는 사람이 일반인 독자에게 다가갈 수 있는 능력을 갖고 있다면, 그는 전문가 독자는 가질 수 없다. 어떤 논리학자는 경제적이기보다는 이해력이 풍부하다. 그러므로 모든 논리학자는 일반인 독자에게 다가갈 수 있는 능력을 갖고 있지 않다. (*Lx*: *x*는 논리학자이다, *Dx*: *x*는 깊이 생각하는 사람이다, *Wx*: *x*는 효과적으로 글을 쓰는 사람이다. *Ex*:

x는 경제적이다, Gx: x의 독자는 일반인이다, Cx: x는 이해력이 풍부하다, Tx: x의 독자는 전문가이다. Ax: x는 일반인 독자에게 다가갈 수 있는 능력을 갖고 있다.)

*10. 어떤 범인이 러셀의 저택을 털었다. 러셀의 저택을 턴 사람이 누구이든, 그는 하인들 중에 공모자를 한 사람 두었든지 아니면 문을 부수고 들어갔다. 문을 부수고 들어가기 위해서는 문을 파괴하거나 자물쇠를 땄을 것이다. 숙련된 열쇠공만이 자물쇠를 딸 수 있다. 문을 파괴했다면, 다른 사람에게 소리가 들렸을 것이다. 아무도 소리를 듣지 못했다. 만약 러셀의 저택을 턴 범인이 감시인들을 속이고 들어갔다면, 그는 설득력 있는 배우였음에 틀림없다. 감시인들을 속이고 들어가지 않으면, 아무도 러셀의 저택을 털 수 없다. 범인은 숙련된 열쇠공이면서 동시에 설득력 있는 배우일 수는 없다. 그러므로 범인은 하인들 중에 공모자를 한 사람 두고 있었다. (Cx: x는 범인이다, Rx: x는 러셀의 저택을 털었다, Sx: x는 하인들 중에 공모자를 한 사람 두고 있었다, Bx: x는 문을 부수고 들어갔다, Dx: x는 문을 파괴했다, Px: x는 자물쇠를 땄다, Lx: x는 숙련된 열쇠공이다, Hx: x는 소리가 들렸다, Fx: x는 감시인들을 속였다, Ax: x는 설득력 있는 배우이다.)

11. 만약 어떤 것이 비싸다면, 그것은 가치가 있고 진귀하다. 가치 있는 것은 그것이 무엇이든 바람직하고 비싸다. 그러므로 어떤 것이 가치 있거나 비싸다면, 그것은 가치 있고 비싼 것임에 틀림없다. (Ex: x는 비싸다, Vx: x는 가치 있다, Rx: x는 진귀하다, Dx: x는 바람직하다.)

12. 무화과와 포도는 건강에 좋다. 건강에 좋은 것은 어느 것도 칭찬할 가치가 없거나 영양이 없지 않다. 어떤 포도는 영양이 없고 마디가 있다. 어떤 무화과는 마디가 없다. 그러므로 어떤 무화과는 칭찬할 가치가 없다. (Fx: x는 무화과이다, Gx: x는 포도이다, Hx: x는 건강에 좋다, Ix: x는 칭찬할 가치가 없다, Jx: x는 영양이 없다, Kx: x는 마디가 있다.)

13. 무화과와 포도는 건강에 좋다. 건강에 좋은 것은 어떤 것도 칭찬할 가치가 없지 않고 또 영양이 없지 않다. 어떤 포도는 영양이 없고 마디가 있다. 어떤 무화과는 마디가 없다. 그러므로 어떤 무화과는 칭찬할 가치가 없지 않다. (Fx: x는 무화과이다, Gx: x는 포도이다, Hx: x는 건강에 좋다, Ix: x는 칭찬할 가치가 없다, Jx: x는 영양이 없다, Kx: x는 마디가 있다.)

14. 금은 비싸다. 반지는 장신구이다. 그러므로 금반지는 값비싼 장신구이다. (Gx: x는

금이다, Vx: x는 비싸다, Rx: x는 반지이다, Ox: x는 장신구이다.)

*15. 오렌지는 달다. 레몬은 시큼하다. 그러므로 오렌지와 레몬은 달거나 시큼하다. (Ox: x는 오렌지이다, Sx: x는 달다, Lx: x는 레몬이다, Tx: x는 시큼하다.)

16. 소크라테스는 죽는다. 그러므로 모든 것은 죽거나 죽지 않는다. (s: 소크라테스, Mx: x는 죽는다.)

제10장 요약

- 10장 1절에서는 논증의 타당성이 논증을 구성하는 비복합적인 명제의 내적 논리구조에 의존하는 논증을 다루기에는 지금까지의 분석기법이 적합하지 않다는 것을 설명했다. 몇 가지 추가된 기호를 사용하여 이와 같은 내적 논리구조를 밝히고 우리의 분석 능력을 한층 더 신장시키는 하나의 이론으로서 양화이론을 설명했다.
- 10장 2절에서는 단칭명제를 설명하고 개체변항 x와 개체상항(a부터 w까지의 소문자), 속성(대문자) 등의 기호를 소개했다. 명제함수라는 개념은 하나의 개체변항을 포함하고 그 개체변항에 개체상항이 대입되면 하나의 명제로 표현되는 것이다. 따라서 하나의 명제는 하나의 명제함수로부터 사례화 과정을 통해 얻어질 수 있다.
- 10장 3절에서는 명제는 하나의 명제함수로부터 일반화를 통해서도 얻어질 수 있다는 것을 설명했다. 그 방법은 "모든", "어떤" 등의 양화사를 사용하는 것이다. "임의의 x"를 뜻하는 보편양화사 (x)와 "적어도 하나는 존재하는 그런 x"를 뜻하는 존재양화사 $(\exists x)$를 설명했다. 보편양화와 존재양화 사이의 관계를 대당사각형을 통해 설명했다.
- 10장 4절에서는 일반명제의 네 가지 주요 형식에 대해, 그것들이 명제함수와 양화사에 의해 어떻게 기호화되는지를 살펴보았다. 일반명제의 네 가지 주요 형식은 아래와 같다.
  - A: 전칭긍정 명제
  - E: 전칭부정 명제
  - I : 특칭긍정 명제
  - O: 특칭부정 명제

  그리고 A, E, I, O 명제들의 관계에 대한 현대적 해석을 설명했다.
- 10장 5절에서는 아래의 4가지 규칙을 추가하여 추론규칙의 목록을 확장했다.
  - 보편사례화 (U.I.)

- 보편일반화 (U.G.)
- 존재사례화 (E.I.)
- 존재일반화 (E.G.)

그리고 이 4가지와 기존의 19가지의 규칙을 사용하여, 비복합적인 명제들의 내적 구조에 의존하는 연역논증의 타당성에 대한 형식적 증명을 어떻게 구성하는지를 설명했다.

- 10장 6절에서는 정확히 한 개나 두 개 또는 세 개 …의 개체들을 포함하고 그리고 그 가능 세계 속의 한 논증의 구성 명제들에 대한 고쳐 쓰기를 포함하는 모델 또는 가능 세계를 구성함으로써 양화사를 포함하는 논증의 타당성 증명에 논리적 유비에 의한 논박법이 어떻게 사용될 수 있는가를 설명했다. 만약 그 가능 세계 속의 한 논증이 전제들은 참이 되고 결론은 거짓인 그런 개체를 적어도 하나 이상 포함하고 있다는 것이 제시될 수 있으면, 양화사가 포함된 그 논증은 부당한 것으로 증명된다.
- 10장 7절에서는 A, E, I, O 명제로 환원될 수 없는 명제들을 포함하거나 단칭명제들을 포함하는 비삼단논법적 논증을 어떻게 기호화하고 평가하는가를 설명했다. 논리적 의미가 먼저 이해되어야 하는 예외적 명제들과 기타 명제들의 복잡성을 지적하고, 이를 명제함수와 양화사로써 정확히 표시했다.

실생활에서 만나는 논리

제나(Jenna)의 세계

제나는 대학 2학년생인데, 요즘 그녀는 마음이 편치 않다. 논리학(Logic)을 벌목(Logging)으로 잘못 알고 수강신청을 해버렸기 때문이다.

1. 다음 명제들 가운데 아래의 벤다이어그램을 가리키는 것은 어느 것인가? (옳은 것이 하나 이상 있을 수 있다.)

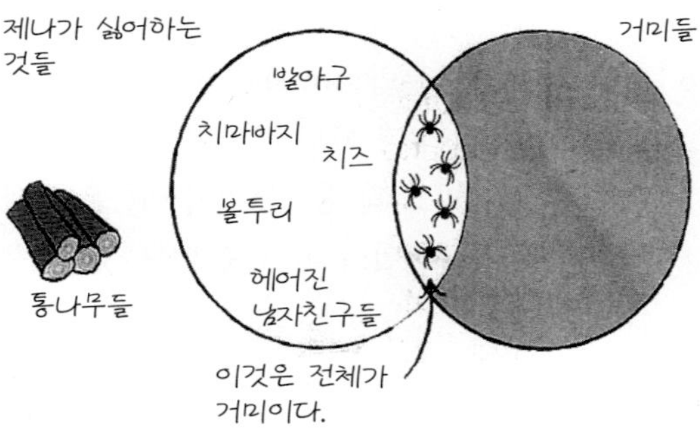

A. 어떤 거미도 제나는 싫어하지 않는다.
B. 어떤 거미들은 제나가 싫어하는 것들이다.
C. 모든 거미들은 제나가 싫어하는 것들이다.
D. 만약 제나가 어떤 것을 싫어하지 않는다면, 그것은 거미가 아니다.
E. 만약 제나가 어떤 것을 싫어한다면, 그것은 거미이다.

제나를 통해 A, E, I, O 명제들을 기억하는 방법

A – 어떤 종류의 사물 전체(All)가 다른 어떤 종류의 사물이다. (이 명제는 실제로도 A로 시작한다.)
E – 어떤 종류의 사물이 정확히 영(Exactly Zero)이고, 그것이 다른 어떤 종류의 사물이다.
I – 흥미롭게도(Interestingly), 어떤 종류의 사물의 일부는 다른 어떤 종류의 사물이다. 그러나 나는 그것이 어느 것인지 말하고 있지 않다.
O – 맙소사(OMG)! 우리가 어떤 종류의 사물이 다른 어떤 종류의 사물이라고 생각한다는 것을 당신은 어떻게 아는가? 분명히 그 사물의 일부는 존재하지 않잖아!

2. 다음의 벤다이어그램은 각각 A, E, I, O 명제 중 어느 것인지 밝히고, 각각이 나타내고 있는 진술을 말로 표현하라.

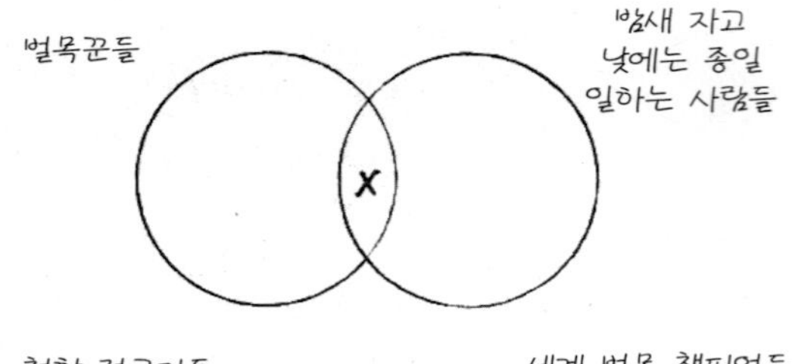

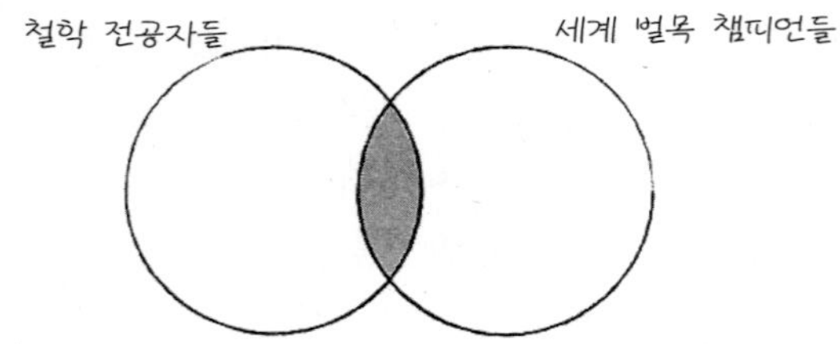

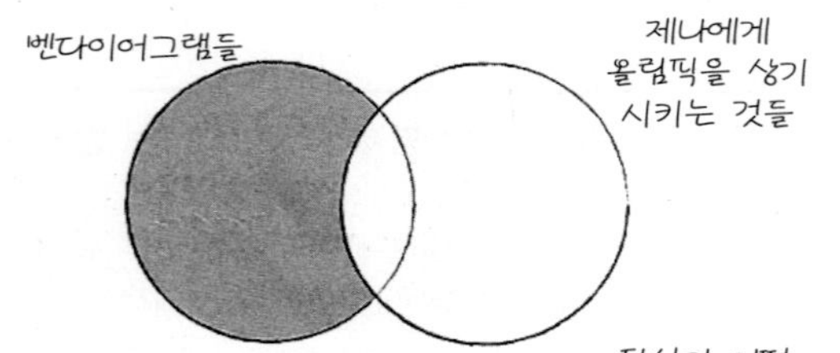

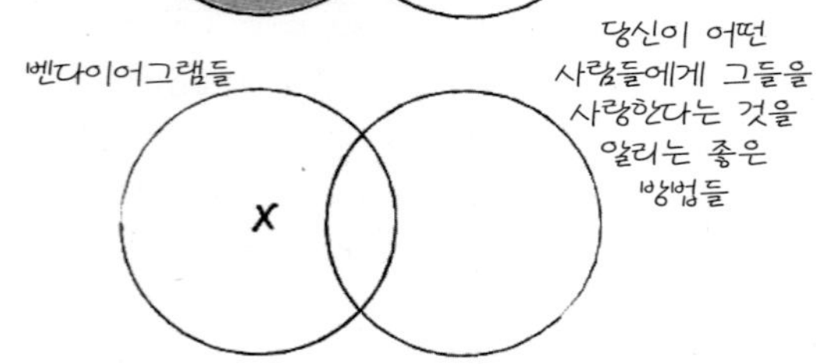

3. 각 명제를 정언명제로 바꾸어 이 삼단논법을 표준형식으로 나타내라.

   분명히 어떤 소녀들은 학교가 벌목 강좌를 열어주기를 바란다. 벌목꾼이 되기를 원하는 사람들 중에서 어떤 사람들은 소녀들이다. 벌목꾼이 되기를 원하는 어떤 사람들은 학교가 벌목 강좌를 열어주기를 바란다.

4. 연습문제 3번의 삼단논법은 타당한가? 만일 타당하다면, 그 이름은 무엇인가?

   A. Barbara

   B. Cesare

   C. Ferison

   D. 이 삼단논법은 타당하지 않다.

5. 각 명제를 정언명제로 바꾸어 이 연쇄 삼단논법(sorites)을 표준형식으로 변형하라.

   식당에서 일을 하는 종업원들은 모두 치즈 냄새가 난다. 제나가 가지고 있는 조 바이든의 초상화가 정이 가지 않는다는 것을 아는 사람은 모두 그녀의 기숙사 방의 출입이 허용되는 사람이다. 그 식당에서 일을 하는 종업원 중 어느 누구도 제나가 가지고 있는 조 바이든의 초상화가 정이 가지 않는다는 것을 알지 못한다. 왜냐하면 치즈 냄새가 나는 사람은 어느 누구도 제나의 기숙사 방의 출입이 허용되지 않기 때문이다.

6. 위의 연쇄 삼단논법(sorites)을 두 개의 삼단논법으로 표현하라(각 개념은 영어 대문자로 기호화하라). 그리고 각 삼단논법의 이름은 15개의 타당한 삼단논법의 이름 중 어느 것인지를 밝혀라.

단순명제는 영어 대문자로 간단히 표시하고 편자(⊃), 점(•), 쐐기(∨), 물결(~) 등의 기호를 사용하여 다음을 각각 기호화하라.

7. 제나가 생략 삼단논법을 숙달하지 못하거나 로버트 패틴슨에 대한 생각에 너무 많은 시간을 허비하면, 그녀는 논리학 학점을 받지 못할 것이다.

8. 만약 제나가 잠자고 있는 동안 거미 한 마리가 그녀의 침대 속을 기어 다니고 있다면, 그녀는 계속 잠을 자거나 아니면 잠에서 깨어나 비명을 지른 후 한밤중에 부모님을 부를 것이다.

9. 만약 제나가 논리학 학점을 받지 못하면, 그녀의 부모는 그녀의 신용카드를 회수할 것이고, 그러면 그녀는 공부를 더 열심히 하든가 아니면 과외선생을 고용할 것이다. 그러나 만약 제나가 논리학 학점을 받지 못하면 그녀의 부모가 그녀의 신용카드를 회수할 것이란 말이 사실이 아니라면, 그녀는 수업을 빼먹고 오히려 재미나게 놀 것이다.

10. 만약 ~A⊃B 이면, ~~~B ⊃ ~~A는 참인가?

제나가 남자친구에게 보낸 텍스트 메시지

1:05	너가 진정으로 나를 사랑한다면, 너는 이와 같은 증거들로 나를 도우려고 할 것이다.
1:11	너는 이와 같은 증거들로 나를 도우려고 하지 않거나 납치를 당했거나 둘 중 하나이다.
2:44	너가 진정으로 나를 사랑한다면, 너는 납치당했을 것이다. 하느님 맙소사!
7:50	너를 사랑해.
7:52	나는 그것이 무엇을 의미하는지 몰라.

11. 제나가 보낸 처음 세 개의 메시지는 타당한 논증을 구성하고 있다; 전제에 명제 하나를 추가하면, 그 타당성에 대한 형식적 증명이 이루어진다. "너는 진정으로 나를 사랑한다"를 L로, "너는 이와 같은 증거들로 나를 도우려고 할 것이다"를 H로, "너는 납치당했다"

를 K로 약칭하여 명제들을 논리적 표기법으로 표현하라. 그리고 증명에서 누락된 요소들을 추가하고, 적용된 추론규칙의 이름을 써라. 단, "하느님! 맙소사(OMG)!"는 무시하라.

12. 위에 제시된 두 전제로부터 비삼단논법적 추론이 구성될 수 있다. *Ex*는 "*x*는 다리가 여덟 개이다"를 의미하고, *Ux*는 "*x*는 도시락 반찬으로 인기가 없다"를 의미한다면, 다음 중 적절한 결론은 어느 것인가? (정답은 하나 이상 있을 수 있다.)
   A. $(\exists x)(Rx \cdot Ux)$
   B. $(\exists x)(Rx \cdot Ex)$
   C. $(x)(Rx \supset Ux)$
   D. $(x)(\sim Sx \supset \sim Ux)$

❙ 문제풀이

1. 정답은 C와 D뿐이다.
   벤다이어그램을 보면 거미의 집합 중 교차하지 않는 부분은 그늘로 지워졌다. 그러므로 제나가 싫어하지 않는 거미는 없다. 즉, 제나는 모든 거미를 싫어한다. 이 진술로부터 대우(환질환위)명제가 도출된다. 제나가 모든 거미를 싫어할 경우, 만약 제나가 어떤 것을 싫어하지 않는다면, 그것은 거미가 아니다.
2. I – 어떤 벌목꾼들은 밤새 자고 낮에는 종일 일하는 사람들이다.
   E – 어떤 철학 전공자들도 세계 벌목 챔피언들이 아니다.
   A – 모든 벤다이어그램들은 제나에게 올림픽을 상기시키는 것들이다.
   O – 어떤 벤다이어그램들은 당신이 어떤 사람들에게 그들을 사랑한다는 것을 알리는 좋은 방법이 아니다.
3. 정언명제들로 구성된 하나의 삼단논법으로 나타내면 제나의 논증은 다음과 같다:
   벌목공이 되고자 하는 어떤 사람들은 학교가 벌목 강좌를 열어주기를 바라는 대학생들이다.
   어떤 소녀들은 벌목공이 되기를 원하는 사람들이다.
   그러므로 어떤 소녀들은 학교가 벌목 강좌를 열어주기를 바라는 대학생들이다.
4. 이 논증은 타당하지 않다.
   이 논증이 타당하지 않다는 것은 그 논증이 표준형식의 정언적 삼단논법 15가지 중 하나가 아니라는 것을 확인해보면 알 수 있다. 또는 상식으로도 쉽게 알 수 있다. 벌목공이 되기를 원하는 사람들이 1,000명이 있다고 하자. 논증에서 보면, 그들 중 10명이 소녀일 수도 있고, 1,000명이 모두 소녀일 수도 있다. (이는 "어떤"이라는 양화사 때문이다.) 그리고 벌목공이 되기를 원하는 사람들 중에서 어떤 사람들(10명이 될 수도 있고 1,000명이 될 수도 있다)은 학교가 벌목 강좌를 열어주기를 바란다. 따라서 어떤 소녀들이 학교가 벌목 강좌를 열어주기를 바라는 대학생들인 것도 확실히 가능한 반면에, 벌목공이 되기를 원하는 1,000명 중에서 10명은 소녀이고 다른 10명은 학교가 벌목 강좌를 열어주기를 바라는 대학생인 것도 충분히 가능하다. 겹치는 교집합에 대한 확실한 언급이 없다.

5. 표준형식으로 변형된 연쇄 삼단논법은 다음과 같다. (번호는 원래의 연쇄 삼단논법에 있어서 각 명제의 위치이다.)
   (1) 식당에서 일을 하는 사람들은 모두 치즈 냄새가 나는 사람들이다.
   (4) 치즈 냄새가 나는 사람은 어느 누구도 제나의 기숙사 방의 출입이 허용되지 않는다.
   (2) 제나가 가지고 있는 조 바이든의 초상화가 정이 가지 않는다는 것을 아는 사람은 모두 그녀의 기숙사 방의 출입이 허용되는 사람들이다.
   (3) 그러므로, 식당에서 일을 하는 종업원들은 어느 누구도 제나가 가지고 있는 조 바이든의 초상화가 정이 가지 않는다는 것을 아는 사람이 아니다.

6. 모든 *D*는 *S*이다.
   어떤 *S*도 *A*가 아니다.
   그러므로, 어떤 *D*도 *A*가 아니다.
   Camenes

   어떤 *D*도 *A*가 아니다.
   모든 *O*는 *A*이다.
   그러므로, 어떤 *D*도 *O*가 아니다.
   Cesare

7. 만약 *M*이 "제나가 생략 삼단논법을 완전히 숙달한다"이고, *R*은 "제나가 로버트 패틴슨에 대한 생각에 너무 많은 시간을 허비한다"이며, *F*가 "제나가 논리학 학점을 받지 못한다"이라면,
   $(\sim M \vee R) \supset F$

8. 만약 *C*가 "제나가 잠자고 있는 동안에 거미 한 마리가 그녀의 침대 속을 기어 다니고 있다"이고, *L*은 "제나는 계속 잠들어 있을 것이다"이고, *W*는 "제나는 잠에서 깨어날 것이다"이고, *S*는 "제나는 비명을 지를 것이다"이고, *P*는 "제나는 한밤중에 부모님을 부를 것이다"이라면,
   $C \supset [L \vee (W \bullet S \bullet P)]$

9. 만약 *F*가 "제나가 논리학 학점을 받지 못한다"이고, *P*가 "제나의 부모가 그녀의 신용카드를 회수할 것이다"이고, *S*는 "제나는 더 열심히 공부할 것이다"이고, *H*는 "제나는 과외선생을 고용할 것이다"이고, *K*는 "제나는 수업을 빼먹을 것이다"이고, *B*는 "제나는 재미나게 놀 것이다"이라면,
   $(F \supset P) \supset (S \vee H) \bullet \sim(F \supset P) \supset (K \bullet B)$

10. 참이다.
   만약 $\sim A \supset B$이라면, $\sim B \supset A$는 대우(환질환위)로 참이 된다. 세 번의 부정은 한 번의 부정과 같다. (두 번의 부정은 긍정이므로, 세 번의 부정은 한 번의 긍정과 한 번의 부정으로 되고, 따라서 하나의 부정기호만 남기 때문이다) 그리고 두 번의 부정은 부정이 없는 것과 같다. 따라서 $\sim\sim\sim B \supset \sim\sim A$는 $\sim B \supset A$와 동치이다.

11. 제나의 원래 논증은 다음과 같이 표현될 수 있다.
   $L \supset H$
   $\sim H \vee K$
   $\therefore\ L \supset K$
   올바른 증명은 아래와 같다.
   1. $L \supset H$
   2. $\sim H \vee K$
      $\therefore\ L \supset K$
   3. $H \supset K$ 　　2, Impl.
   4. $L \supset K$ 　　1,3, H.S.

12. 정답은 A와 B뿐이다.
   결론 A를 고려하여 제나의 전제들을 정리해 보자.
   $(x)(Sx \supset Bx)$ 　　모든 거미는 다리가 8개이고, 도시락 반찬으로 인기가 없다.

(∃x)(Sx•Rx) 어떤 거미는 방사능을 지니고 있다.

∴(∃x)(Rx•Ux) 그러므로 방사능을 지닌 어떤 것들은 도시락 반찬으로 인기가 없다.

이것은 분명히 참이다. 그리고 Bx가 Ex와 Ux를 포함하기 때문에, 분명히 Ux와 마찬가지로 Ex도 결론에 기여할 수 있다. 따라서 B도 또한 참이다.

(x)($Sx \supset Bx$) 모든 거미는 다리가 8개이고, 도시락 반찬으로 인기가 없다.

(∃x)(Sx•Rx) 어떤 거미는 방사능을 지니고 있다.

∴(∃x)(Rx•Ex) 그러므로 방사능을 지닌 어떤 것들은 다리가 8개이다.

그러나 C나 D를 결론으로 선택하는 것은 방사능을 지닌 모든 x는 도시락 반찬으로 인기가 없다는 것과 거미가 아닌 것은 어떤 것도 도시락 반찬으로 인기가 없지 않다, 즉 거미가 아닌 것은 모두 도시락 반찬으로 괜찮다는 것을 진술하는 것으로 이치에 맞지 않다. 이와 같은 결론들은 논증이 함축하는 바가 아니다.

INTRODUCTION TO LOGIC

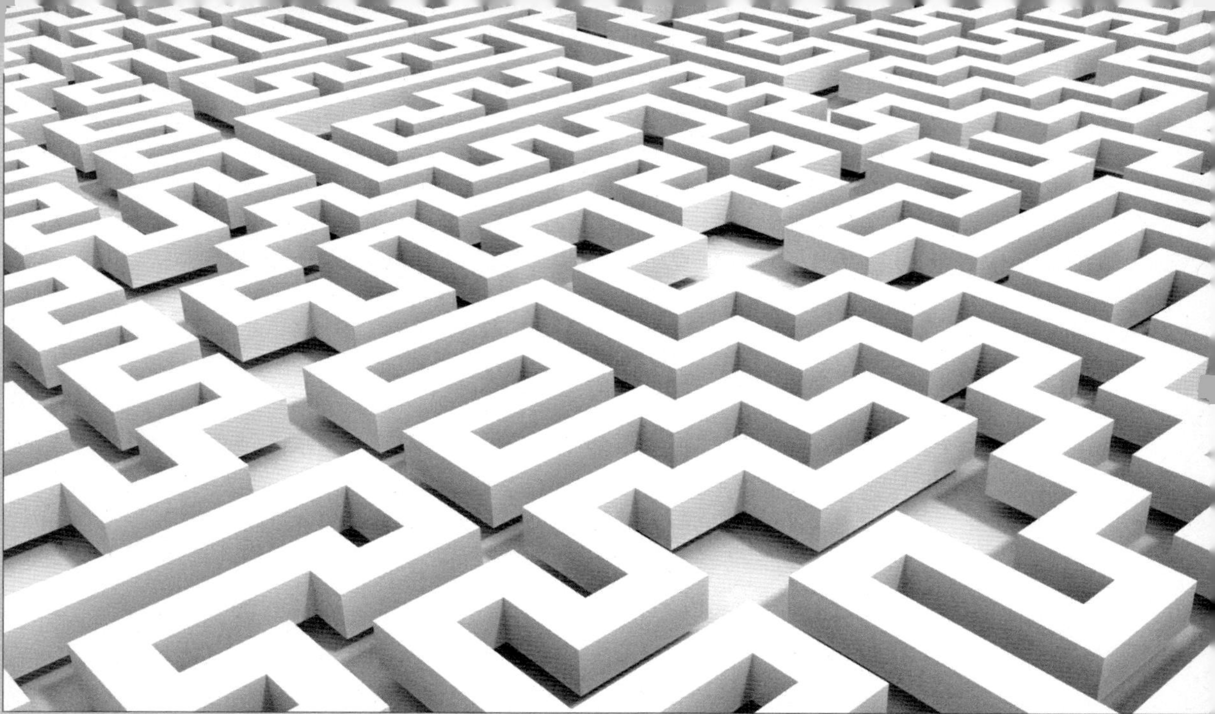

Introduction to LOGIC

제 3 편 귀 납

"

사실의 문제에 관해서는 반대가 언제나 가능하다. 왜냐하면 그것은 결코 모순을 함축할 수 없기 때문이다. … 내일 태양이 떠오르지 않으리라는 것은 태양이 떠오를 것이라는 긍정명제와 마찬가지로 이해할 수 있는 명제이며, 모순을 함축하지 않는다. 그러므로 현재의 감각적 증거나 기억의 기록을 넘어서 실재와 사실의 문제에 관해 우리에게 확신을 안겨주는 증거의 본성이 무엇인가에 대한 탐구는 관심을 가질 만한 주제라고 해야 할 것이다.

—데이비드 흄

"

유비추론

제11장

11.1 귀납과 연역

논증은 참이라고 믿거나 가정하는 전제들을 기반으로 구성된다. 어떤 전제들은 선행의 연역논증에 의해 확립된다. 그러나 우리가 의존해야 하는 전제들 중 대다수는 연역적으로 확립되지 않는다. 흄이 말하듯이, 우리의 추론 과정은 대개 어떤 "사태"의 참을 받아들이는 것에서 출발한다. 어떤 사태를 규명하기 위해 우리는 귀납적 추리에 의존할 수밖에 없다.

이런 점에서 귀납은 우리의 관심사인 추론의 출발점 —기초— 를 제공하는 셈이다. 우리는 일상생활에서 진리를 확증하기 위해서, 그리고 사회적인 사실들을 배우고 자연을 이해하기 위해서 추론을 한다. 연역은 우리가 알고 있거나 가정하는 명제들로부터 그러한 전제들이 수반하는 다른 명제들을 도출하는 데는 매우 효과적이지만, 추론이 시작되는 진리의 탐색에서는 불충분하다.

우리가 사태를 규명하기 위해 사용하는 귀납논증은 제2편에서 다루었던 연역논증과는 근본적으로 다르다. 연역과 귀납의 핵심적인 차이는 논증의 전제들과 결론의 관계에 있다(1장 5절에서 설명한 "논리학의 기본 개념들"을 참고하라). 연역논증에서는 결론이 전제들로부터 확실하게 도출되는 것이 요구된다. 그 요구는 타당하다. 왜냐하면 어떤 연역논증이라도 그것이 옳은 논증이면, 전제들 속에 이미 결론이 함축되어 있기 때문이다. 연역논증에서 전제와 결론의 관계는 논리적으로 필연적이다. 연역논증에서는 그 논증이 타당하고 전제들이 참이라면 결론은 반드시 참이다.

이 장과 이후의 몇 장에서 다룰 귀납논증에서는 전제와 결론의 관계가 논리적으로 필연적이지 않다. 확실성이 요구되지 않으며, "타당하다"거나 "부당하다"는 개념이 적용되지도 않는다. 그러나 이 말이 귀납논증은 언제나 허약하다거나 설득력이 없다는 것을 의미하지는 않는다. 귀납논증은 때로는 매우 강력하며, 우리에게 확신을 안겨주기에 충분하다.

예컨대, 오늘날 과학자들은 단호하게 흡연이 암의 원인이라고 단언한다. 이것은 참이다. 그러나 이것은 타당한 삼단논법의 입증된 확실성으로써는 결코 밝혀질 수 없는 진리이다. 만약 p 또는 q가 참이고, 비p가 참이라면, 조금도 의심하지 않고 우리는 q가 참이 될 수밖에 없다고 결론내릴 수 있다. 그것은 우리가 유관한 개념들의 관계로부터 불가피한 귀결로서 확정하는 진리이다. 흡연의 결과나 암의 원인 등과 같은 경험적인 진리는 어느 것도 연역적 확실성의 기준을 충족할 수 없다. 한 저명한 의학 연구자가 말하고 있듯이, 연역적 확실성의 기준을 따른다면 "어느 누구도 흡연이 암의 원인이 된다거나 또는 어떤 것이 어떤 것의 원인이 된다는 것을 입증할 수 없을 것이다."[1)]

우리가 이 세계에 관한 사실의 새로운 지식을 찾고 있듯이, 귀납의 세계에서는 확신할 수 있는 것은 아무 것도 없다. 우리는 단지 개연적으로만 결론을 뒷받침하는 논증들에 의존할 수밖에 없다. 곧 살펴보게 되겠지만, 그런 논증들 중에는 보통 수준의 논증들도 있지만 매우 강력한 논증들도 있다. 귀납논증의 강점과 약점, 귀납논증의 평가기술 등이 제3편의 주된 내용이다.

유비에 근거하여 개별적인 결론을 도출해내려는 논증은 이 장에서 처음으로 검토된다. 일반적으로 적용될 수 있는 인과법칙을 수립하기 위해 개별적인 것들을 넘어서는 논증은 다음 장에서 검토될 것이다. 13장에서는 과학적 이론의 개발과 관련한 가설의 사용과 그 가설들의 확증에 대해 살펴보고, 끝으로 14장에서는 귀납적 결론이 일반적으로 표현되는 개념적 도구, 즉 개연성 개념 자체를 분석할 것이다.

11.2 유비에 의한 논증

귀납논증에서 가장 흔히 사용되는 한 가지 유형이 유비논증이다. 내가 어떤 특정 제조사가 만든 특정 모델의 컴퓨터가 업무에 많은 도움이 되었다고 말한다면, 당신은 아마도 그 제조사가 만든 그 모델의 새 컴퓨터가 당신에게도 많은 도움이 될 것으로 추론할 것이다. 그 결론은 상당한 개연성을 갖지만, 그 논증은 결코 강한 설득력을 지니지는 않는다. 어떤 저자의 새로 나온 책이 나의 눈에 띄었을 때, 나는 그 저자의 다른 책들을 예전에

1) Bert Vogelstein, "So, Smoking Causes Cancer: This Is News?" *The New York Times*, 27 October 1996.

재미있게 읽었던 경험 때문에 새로 나온 책도 재미있을 것이라고 추론한다. 그리고 그 책을 읽고서 그 저자에 대한 나의 신뢰가 강화될 수 있다 — 또는 실망할 수도 있다. 유비는 과거의 경험으로부터 미래의 상태를 추리하는 일상적인 추리의 기초가 된다.

다음은 세심하게 구성된 유비논증의 두 가지 사례이다. 첫 번째는 우리가 일반적으로 사려 깊고 공평하다고 여기는 것을 근거로, 공공정책에서 주요 변화를 지금 수용하는 것이 사려 깊고 공평하다는 결론을 내리고 있다.

> 일부 사람들은 교사들을 채용하기 전에 시험을 치르게 하는 것은 불공정한 것으로, 일종의 이중 부담으로 간주한다. "교사들은 이미 대학을 졸업한 사람들인데 왜 시험을 쳐야만 하는가?"라고 그들은 말한다. 대답은 간단하다. 변호사들도 대학을 졸업하고 전문대학원 또한 졸업했지만 그들 역시 변호사 시험을 쳐야만 한다. 그리고 회계사, 보험계리사, 의사, 건축사 등과 같은 다른 수많은 전문직 또한 시험을 치고 합격함으로써 재능을 입증할 수 있는 유망한 인재를 요구하고 있다. 교사들만 달라야 할 하등의 이유가 없다.[2)]

두 번째는 결론이 거짓일 개연성이 매우 높은 논증 —2세기 전 처음 제시되었을 때는 아주 그럴듯했던 논증 —이다.

> 우리가 살고 있는 지구와 다른 행성들, 토성, 목성, 화성, 금성 그리고 수성 사이에서 우리는 상당히 커다란 유사성을 발견할 수 있다. 비록 거리와 주기가 다르긴 하지만 행성들은 모두 지구와 마찬가지로 태양의 둘레를 돌고 있다. 지구와 마찬가지로 행성들은 태양으로부터 모든 빛을 얻는다. 행성들은 자신의 축을 중심으로 회전하는 것으로 알려져 있으며, 이 사실은 행성들이 밤과 낮의 계기와 유사한 것을 가지고 있음을 의미한다. 행성들 중 일부는 달을 가지고 있으며, 지구의 달이 그러하듯이 태양이 없을 때 빛을 비추어 준다. 행성들은 한결같이 운동 중에 지구와 동일한 중력법칙의 지배를 받는다. 이 모든 유사성에 비추어 볼 때, 이 행성들에도 지구처럼 다양한 종류의 생명체가 살고 있을 것이라고 생각하는 것은 불합리하지 않다. 유비로부터 도출된 이 결론은 어느 정도의 개연성을 지닌다.[3)]

이와 같은 논증들 중 어떤 것도, 또 앞에서 말한 컴퓨터와 책에 관한 일상적인 추론도 논증적으로 타당하지 않다. 이 논증들의 결론들은 그 어떤 것도 전제로부터 논리적 필연성을 띠고서 도출되는 것이 아니다. 또 도출되는 그 결론들이 확실성을 지니는 것도 아니다. 의사나 변호사의 채용 여부를 판단하는 일에 적합한 것이 교사의 채용 여부를 판단하는

---

2) Albert Shanker, "Testing Teachers," *The New York Times*, 18 January 1995.

3) Thomas Reid, *Essays on the Intellectual Powers of Man*, Essay 1, 1785.

일에는 적합하지 않을 수 있다. 지구는 태양계에서 생명체가 살고 있는 유일한 행성일 가능성이 높다. 당신은 새로 구입한 컴퓨터가 당신의 업무에 적합하지 않다는 것을 입증할 수 있다. 그리고 내가 좋아하는 저자의 신간이 참을 수 없이 지루하다는 사실을 깨닫게 될 수도 있다. 이런 모든 논증에서, 전제가 참일지라도 결론이 거짓이 되는 것은 논리적으로 분명히 가능하다. 유비에 의한 논증은 타당한 논증이나 부당한 논증으로 분류될 수 없다. 유비논증에서 요구되는 것은 오직 개연성뿐이다.

유비는 논증을 위한 용도 외에 실감나는 묘사를 위해 비논증적으로 사용되는 경우도 매우 흔하다. 은유와 직유로 나타나는 유비의 문학적 용법은 독자들에게 생생한 기억을 남기려고 애쓰는 작가에게는 아주 유용하다. 예를 들어, 미국에서 계속되고 있는 이민에 관한 논쟁에서 어떤 필자는 아래와 같은 강력한 유비로써 그의 견해를 표현했다.

> 나는 제3세대 미국 국민이다. 나는 내 조부모가 어떻게 미국으로 왔는지에 대해 법적인 세부사항 모두를 알지는 못한다. 그러나 나는 조부모들이 매우 열심히 일했고, 세금을 성실히 납부했으며, 자식을 키워서 이 나라에 봉사하게 했다는 사실은 알고 있다. 미국인들이 이민을 반대하는 것은 집이 그 자체를 구성하고 있는 벽돌을 반대하는 것과 같다.[4)]

유비는 설명할 때도 사용된다. 독자에게 생소한 어떤 것을 그것과 유사하면서 좀 더 낯익은 다른 것에 비유하면 훨씬 이해하기가 쉬워질 때가 있다. 매사추세츠 공과대학의 게놈연구소(Genome Center) 소장인 에릭 랜더(Eric Lander)가 인간게놈 프로젝트가 몰고 올 심각한 우발적 충격을 설명할 방법을 모색할 때, 유전학 연구에 친숙하지 못한 사람들의 이해를 높이기 위해 그가 사용한 수단이 바로 유비였다.

> 게놈 프로젝트는 화학에서 주기율표 창안과 전적으로 닮았다. 멘델레프가 화학 원소들을 주기율표에 배열함으로써 이전에는 관련성이 없었던 많은 자료들이 상호 연관관계를 갖게 된 것과 마찬가지로, 오늘날의 생물들이 가진 수만 종의 유전자가 종수는 훨씬 적고 형태는 더 간단한 유전자 모듈이나 요소, 즉 원시 유전자들의 결합으로 구성되어 있다는 사실을 밝혀낼 것이다.[5)]

---

4) Andrew Massimino, "Building a Country," *The New York Times*, 5 June 2005.

5) Eric Lander, an interview in the *The New York Times*, 10 September 1996.

논증이 아닌 유비들

비논증적인 유비는 고등학생들의 작문에서 흔히 볼 수 있는데, 그 중에는 아주 재미있는 것들도 있다. 잠시 쉬면서 웃음보따리를 풀어보자.

1. 마치 그녀는 대장균 군체이고 그는 상온의 캐나다산 소고기인 것처럼 그렇게 그녀는 그를 지배했다.
2. 맥머피는 12층에서 떨어져, 마치 야채스프가 가득 든 크고 무거운 가방처럼 도로와 충돌했다.
3. 마치 재치기를 하고 난 후의 코털처럼, 그녀의 머리카락이 비를 맞고 반짝였다.
4. 말년까지도 할아버지는 오랫동안 비바람에 방치되어 녹이 슬어 열리지 않는 철제 들창과 같은 마음을 갖고 계셨다.
5. 그는 깊은 사랑에 빠졌다. 그녀가 말을 할 때면, 그는 마치 쓰레기차가 후진하는 것과 같은 벨소리가 난다고 생각했다.
6. 그녀는 깊고 쉰 소리로 꾸밈없이 웃었다. 그것은 마치 개가 먹은 것을 토하기 전에 내는 소리와 같았다.
7. 그의 생각은 머릿속에서 마구 굴러다녔다. 마치 달라붙지 못하게 하는 장치가 없는 건조기에 넣은 팬티들처럼 뭉치기도 하고 떨어지기도 하면서.
8. 마치 뜨거운 기름에 튀겨지는 애벌레처럼 우박이 길 위로 튀어 올랐다.
9. 그 발레리나는 우아하게 발끝으로 일어서서는 날씬한 한쪽 다리를 뒤로 쭉 뻗었다. 마치 소화전에 앉은 개처럼.
10. 그녀는 100개의 다리 중 98개는 잃고 두 다리로 기어가는 지네처럼 그렇게 내 사무실 안으로 걸어 들어왔다.

유비가 어떤 용도로 사용되었는지를 판별하는 것이 쉽지 않을 때도 있지만, 기술이나 설명에서 유비를 사용하는 것과 논증에서 유비를 사용하는 것은 같지 않다. 그러나 유비를 논증적으로 사용하였건 그렇지 않건 간에 유비를 정의하는 것은 어려운 일이 아니다. 둘 혹은 그 이상의 대상들 사이에서 유비를 도출하는 것은 그들 간의 하나 혹은 그 이상의 **유사점**(analogy)을 지적하는 것이다.

이 정의는 유비가 무엇인지를 설명하지만, 유비논증의 특성을 밝히는 데는 여전히 문제점을 안고 있다. 아주 간단한 예를 사용하여 하나의 특정한 유비논증의 구조를 분석해

보자. 이전에 구입했던 자동차가 오랫동안 매우 만족스러웠고 같은 회사의 같은 모델의 자동차를 새로 구입했기 때문에 새로 구입한 자동차 역시 만족스러울 것이라는 논증을 살펴보자. 유사하다고 주장되는 두 대상은 두 대의 자동차이다. 이 논증에는 두 대상 사이의 세 가지 유사성이 지적되고 있다. 첫째는 자동차라는 점, 둘째는 같은 회사의 같은 모델이라는 점, 셋째는 성능이 좋다는 점이다.

그런데 이 세 가지 유사점은 논증에서 동일한 역할을 하는 것이 아니다. 처음의 두 가지는 전제에서 나타나는 반면, 세 번째 유사점은 전제와 결론 모두에서 나타나고 있다. 그러므로 이 논증은 다음과 같이 기술될 수 있다. 즉, 이 논증은 두 대상이 두 가지 점에서 유사하다고 주장하는 첫 번째 전제와 두 대상 중 하나가 이러저러한 특징을 지녔다는 두 번째 전제, 그리고 그로부터 다른 하나도 역시 그러한 특징을 지녔을 것이라는 결론을 지닌 것으로 기술될 수 있다.

유비논증은 항소법원에서 가장 중요한 수단 중의 하나이다. 재판 중인 어떤 특별한 사례에 대한 추론이 이전의 어떤 다른 추론과 아주 유사한 것으로 보일 수 있으며, 만약 이전의 그 사례에서의 추론이 옳았다면 재판 중인 사례에서도 그 추론은 여전히 옳은 것이 된다는 것이다. 2004년 미국 최고법원은 모든 형사피고인들에게 그에게 불리한 증인을 대면할 권리를 부여해야 한다는 미국 수정헌법 제6조에 대한 해석을 필요로 하는 사건에 대해 아래와 같은 판결을 전원일치로 가결했다. 형사 재판에서 반대심문을 할 수 없는 증인의 증언은 비록 담당 재판관이 그 증언을 신뢰할만하다고 판단하더라도 증거로 사용할 수 없는가? 그렇다는 것이 법원의 의견을 전한 대법원 판사 안토닌 스칼리아(Antonin Scalia)의 주장이다. 반대편 증인을 반대심문할 권리는 헌법이 제정되었을 당시 영국의 관습법에서 확고히 정착되어 있던 것이었다. 스칼리아 판사의 아래와 같은 유비는 법원의 논증을 요약하여 표현한 것이다.

> 재판관이 믿을 수 있는 것으로 간주해서 진술들을 증거로 받아들이는 것은 (불리한 증인을) 대면할 권리와는 근본적으로 상충한다. 증언이 명백히 신뢰할 수 있는 것이기 때문에 대면을 생략하는 것은 피고인이 명백히 유죄이기 때문에 배심재판을 생략하는 것과 유사하다. 이것은 수정헌법 제6조가 규정하는 바가 아니다.[6)]

유비논증은 정치적인 토론에서도 자주 쓰인다. 그런데 유비가 효과적인 경우도 있지만,

---

6) *Crawford v. Washington*, 541 U.S. 36(2004).

그렇지 못한 경우도 있다. 지구온난화의 위기와 그 위기에 미국이 구체적으로 대응해야 할 필요성에 대한 열띤 토론이 2007년 미국 국회 앞에서 대통령 후보였던 앨 고어에 의해 개최되었다. 여기서 그는 우리가 당면한 이 위험을 "지구적 위기"로 규정했다. 그 후 그는 이 위험이 과장되었다고 생각하는 사람들에게 아래와 같이 논박했다.

> 지구는 열병을 앓고 있다. 만약 당신의 아이가 열병을 앓고 있다면, 당신은 의사를 찾아갈 것이다. 그 의사가 당신에게 "당장 치료를 받아야 한다"고 말한다면, 당신은 "내가 읽었던 과학소설에서는 이것이 별 문제가 아니라고 하던데"라고 말하지는 않을 것이다. 당신은 의사의 권유대로 치료를 받을 것이다.[7)]

물론 모든 유비논증이 정확히 두 개의 대상이나 정확히 세 개의 상이한 특징들을 요구하는 것은 아니다. 그래서 앞에서 제시되었던, 태양계의 다른 행성들에도 생명체가 살고 있을 것이라는 논증은 여섯 개의 대상들(당시에 알려져 있던 행성들) 사이의 여덟 가지 유사성으로부터 도출되고 있다. 그러나 이와 같은 수적 차이와는 별개로 모든 유비논증들은 동일한 일반적 구조 내지는 유형을 지니고 있다. 모든 **유비논증**(analogical argument)은 둘 혹은 그 이상의 대상들 간의 하나 혹은 그 이상의 측면에서의 유사성으로부터 더 많은 측면에서의 유사성으로 진행한다. 도식화하자면, *a*, *b*, *c*, *d*가 대상들이고 *P*, *Q*, *R*이 속성들 내지 "측면들"일 때, 유비논증은 아래와 같은 형식을 갖는 것으로 나타낼 수 있다.

> *a*, *b*, *c*, *d*는 모두 속성 *P*와 *Q*를 가지고 있다.
> *a*, *b*, *c*는 모두 속성 *R*을 가지고 있다.
> 그러므로 *d*는 아마도 속성 *R*을 가지고 있을 것이다.

유비논증을 식별하려고 할 때, 특히 유비논증을 평가하려고 할 때는 유비논증을 이와 같은 형식으로 환원해 보는 것이 유익할 것이다.

---

7) F. Barringer and A. Revkin, "A Few Spitballs Greet Professor Gore," *The Ann Arbor(Mich.) News*, 22 March 2007.

논리연습

아래의 각 글들은 모두 유비를 포함하고 있다. 유비논증을 포함하는 글과 유비가 비논증적으로 사용된 글을 구분하라.

보기문제

1. 만약 남자가 가진 장점이 더 나은 교육을 받았기 때문이라면, 남자는 자신을 여자보다 더 현명하다고 평가해서는 안 된다. 이는 손발이 묶인 사람을 구타하는 것을 용감한 것으로 자랑해서는 안 되는 것과 마찬가지다.

—메리 아스텔, 『여성의 방어』

문제풀이

이것은 유비논증이다. 여기서 사용된 유비는 손발이 묶인 사람을 구타하는 것과 더 나은 교육을 받은 결과로써 여자보다 더 현명하게 된 것 사이에 있으며, 두 경우 모두 일방이 엄청난 이점을 갖고 있다. 첫 번째의 경우에서는, 그런 이점을 가진 일방은 그의 용기를 자랑해서는 안 되는 것이 명백하다. 두 번째의 경우에서는 (이 논증이 결론을 짓고 있는) 그런 이점을 가진 일방이 자기의 상대적인 지혜를 자랑하는 것은 똑같이 부적절하다.

2. "나는 반유대주의자가 아니고, 반시온주의자일 뿐이다"라고 말하는 것은 "나는 반미주의자가 아니고, 단지 미국은 존재해서는 안 된다고 생각하는 사람일 뿐이다"라고 말하는 것과 같다.

—벤자민 네탄야후, 『국가의 등위』

3. 우리는 미래에 투자하는 대신에 어리석은 사치, 재정 혼탁과 악의적인 석유부국들, 대기 오염 그리고 무역적자폭을 증가시키는 데에 돈을 탕진한다. 허머를 몰고 쇼핑몰 가는 것과 같은 짓이다.

—에릭 벅바르, *The New York Times*

4. 구두점과 각주나 서지 형식과 같은 관련 사항에 대해 영국인은 미국인보다 덜 엄격하다. 미국인들 앞에서 세미콜론에 대해 강의하는 영국 여성은 프랑스인들 앞에서 맛을 내는 소스에 대해 강의하는 미국인과 조금 닮았다.

—루이스 메난드, *The New Yorker*

5. 고등학교와 대학에서 여학생들의 성적이 남학생들보다 높다는 연구 결과가 나왔다. 그럼에도 불구하고 국가장학생의 약 35%만이 여학생들이다. 공정평가위원회의 부의

장은 이런 불공평은 자격을 갖춘 학생들을 선발하기 위해서 사용되는 시험에 내재된 성적 편향성 때문이라고 주장한다. 그러나 국가장학생협회의 여성대변인 엘레느 데트웨일러는 다음과 같이 말한다. "그 시험에서 여학생들이 낮은 점수를 받는 이유를 우리는 정말 알 수가 없다. 남학생들과 여학생들의 시험성적에 차이가 있다는 이유로 그 시험을 비난하는 것은 남학생들이 여학생들보다 키가 더 크다는 이유로 키를 재는 자를 비난하는 것과 같다."

—*The Los Angeles Times*

6. 탁월한 화학자이자 생물학자인 유스투스 폰 리비히는 미생물들이 발효를 일으킬 수 있다는 파스테르의 주장을 라인강의 빠른 유속을 마인츠에 있는 많은 물레방아 바퀴의 격렬한 움직임 때문이라고 설명하는 어린아이의 생각만큼이나 터무니없고 순진한 것으로 간주하여, 의기양양하면서 그 세균이론을 부정했다.

—르네 듀보, 『파스테르와 현대과학』

7. 죄를 이야기하지 않고 기독교 신앙을 논하는 것은 잡초를 이야기하지 않고 정원 가꾸기를 논하는 것과 같다.

—소퍼, *The New York Times*

8. 남성과 여성의 번식 전략은 다르다. 그러나 어느 쪽도 다른 쪽에 비해 못하거나 낫다고 할 수 없다. 이것은 새의 날개가 물고기의 지느러미보다 못하거나 낫다고 할 수 없는 것과 같다.

—데이비드 엠 부스, *The New York Times*

9. 오스트레일리아 야생생물 보호단체 중 하나인 캥거루보호협회 회장 마르조리 윌슨은 이렇게 말했다. 즉, "이것은 국민정신의 문제이다. 우리나라에는 나라의 상징동물을 잡아먹지 않아도 사람들이 배불리 먹을 만큼의 충분한 고기가 있다는 것을 우리는 믿는다. 당신네 미국인들은 당신네 나라의 상징인 대머리독수리를 요리해서 먹지 않는다. 그렇지 않은가?"

—*The New York Times*

10. 확실한 것은 해빙이 녹는 것과 많은 지구온난화 모델들이 예측하고 있는 해안지역 범람은 아무런 연관이 없다는 사실이다. 컵 속의 얼음덩이가 녹아도 물이 넘쳐나지 않는 것처럼 해빙이 녹아도 해수의 부피는 늘어나지 않는다. 장래의 해수면 상승은 육상에 있는 빙하가 녹아서 생기는 결과일 것이다.

—월터 깁스, *The New York Times*

11. 19세기 다윈의 신봉자인 토마스 헨리 헉슬리는 아래와 같은 유비를 제시했다. "의식은 신체적 작동의 단순한 하나의 부차적 산물로서 신체의 메커니즘과 관련되어 있는 것 같다. 그리고 기관차의 작동에 수반되는 기적이 기관차의 기계장치에는 아무런 영향을 미치지 않는 것처럼, 의식은 신체적 작동을 변화시키는 어떤 힘도 갖지 못한 것 같다."

12. 엘진 마블스—한때는 아테네의 아크로폴리스 언덕 위의 파르테논 신전을 장식했던 17개의 인물상과 56개의 판넬들—는 1801년 제7대 엘진 백작인 토마스 브루스가 파르테논에서 취득하여 런던의 대영박물관으로 옮겨 놓은 것이다. 그리스인들은 그가 그 조각들을 훔쳤다고 하고, 영국인들은 정당하게 매입하여 취득했다고 한다. 영국인들 중 일부는 2004년 아테네 올림픽에 즈음하여 엘진 마블스를 그리스로 반환해야 한다고 주장했다. 노동당 지도자들 중의 한 사람은 "엘진 마블스가 없는 파르테논 신전은 이빨 없는 미소와 같다"고 했다.

13. 페미니스트들은 결혼제도가 여성들의 이익을 위해서 운용되었는지 아닌지를 알아보기 위해 법에 의해 정립된, 이른바 결혼제도를 검토해보기로 결정했다. 노예제도가 흑인들을 보호한다고 했듯이 결혼제도가 여성을 보호한다는 것이 우리들에게 더욱더 분명하게 되었는데, 이 경우의 보호라는 말은 단순히 억압을 완곡하게 표현한 것에 불과하다.

—쉐일라 크로난, 『급진적 페미니즘』

14. 비트겐슈타인은 생각을 수영에 비유하곤 했다. 수영을 할 때, 우리 몸은 수면 위로 떠오르는 자연적인 경향이 있어서 바닥에 닿기 위해서는 많은 신체적 노력이 요구된다. 이와 마찬가지로, 생각을 할 때 우리의 정신이 피상적인 것에서 벗어나 철학적 문제의 깊이까지 내려가도록 하기 위해서는 많은 정신적 노력이 요구된다.

—조지 피처, 『비트겐슈타인의 철학』

15. 목표가 없는 사람은 프로그램이 없는 컴퓨터와 같다. 그리고 그것은 볼품없는 한낱 가구에 불과하다.

—스티브 대니쉬, *The New York Times*

16. 핵융합에서 발생하는 가용에너지에 대한 연구는 서로 맞물려 있는 자기장의 이용을

포함한다. 이 자기장에서는 (화씨 1억 8천만 도에 이르는) 초고열과 (납의 20배에 달하는 밀도로 압축된) 초고압의 전하플라즈마(일종의 가스)가 진공실 내에 보존된다. 플라즈마가 용기의 고형 벽면에 접촉해서는 안 된다. 왜냐하면 만약 플라즈마가 고형 벽면에 접촉하면 플라즈마는 즉시 열을 빼앗겨 핵융합이 계속될 수 없도록 만들기 때문이다. 한 편의 과학 보고서는 이 문제를 다음과 같이 기술하고 있다.

모든 것은 플라즈마를 담는 자기적 용기의 마개를 어떻게 단단히 하느냐에 달려 있다 … [그러나] 초고온 초고압의 플라즈마 한 덩어리를 보관하는 것은 고무 밴드만을 사용하여 젤리 한 덩어리를 압축하고 성형하는 것보다 훨씬 더 어렵다는 것이 판명되었다. 이 문제를 해결하기 위해서 플라즈마 물리학자들이 내놓는 기발한 아이디어는 저마다 새로운 도전을 받게 되었다.

—말콤 W. 브라운, *The New York Times*

17. 정의가 무엇이고, 그것으로 무엇을 얻을 수 있는지를 명확히 하는 것이 이 시점에서 중요하다. 정의가 창조력을 갖고 있는 것처럼 생각될 때가 종종 있다. 그러나 정의로써 할 수 있는 것은 어떤 것을 선명한 양각으로 도드라지게 드러내어 하나의 이름으로 불리게 하는 것이 전부이다. 지리학자가 경계선을 그으면서 "나는 이 선을 경계로 하여 해면 부분을 황해라고 부르고자 한다"고 말한다고 해서 그가 하나의 바다를 만들어내지 않는 것과 마찬가지로, 수학자가 정의를 함으로써 창조해낼 수 있는 것은 아무것도 없다.

—고틀로프 프레게, 『산수의 근본 법칙』

18. 학교에 오는 아이들은 병원에 가는 아이들과 똑같다. 의사들은 자신이 내린 처방이 얼마나 효과가 좋은지 장황하게 떠들어대지만, 아이들은 얼마나 아플까, 얼마나 먹기 고약한 약일까만 생각한다. 만일 아이들에게 선택의 자유를 준다면 아이들은 절대로 그 약을 먹지 않을 것이다.
그리하여 내가 희망에 찬 목적지로 이끌고 있다고 생각한 이 용감하고 불굴의 의지를 지닌 여행자들은 쇠사슬에 엮인 한 무리의 유형수로 판명나버렸다. 그들은 처벌의 위험에 굴복해 어디로 가는지도 모르는 채 몇 발자국 앞도 제대로 보이지 않는 거친 길을 걸어가고 있었던 것이다. 학교란 아이들에게 이런 곳이다. 남들이 보내는 곳, 남들이 무언가를 하라고 시키는 곳, 게다가 그 일을 하지 않거나 제대로 하지 못할 때는 불행을 선사하는 곳이다.

— 존 홀트, 『아이들은 왜 실패하는가』

19. 나는 언젠가 좋은 세상이 와서 우리가 평범한 생활을 할 수 있게 되리라곤 도저히 상상할 수가 없습니다. 물론 나도 "전쟁이 끝나면" 하는 얘길 자주 꺼내지만, 그건 그저 모래 위의 집일 뿐, 결코 실현될 수 없는 꿈입니다.
은신처에 사는 우리 여덟 명, 이 여덟 명이 나에게는 검은 먹구름에 둘러싸인 아주 작은 한 조각의 푸른 하늘처럼 여겨집니다. 우리가 서 있는 이 뚜렷이 구분된 둥근 공간은 아직까지는 안전하지만, 주위의 먹구름이 점점 다가와, 조여 오는 위험으로부터 나를 격리시켜 주는 이 원을 자꾸만 좁혀 가고 있습니다. 지금 우리는 위험과 암흑에 완전히 포위되어 있기 때문에, 필사적으로 도망갈 길을 찾으며 서로 부딪치고 있습니다. 아래 세상을 보면 인간끼리 서로 싸우고 있고, 위를 보면 평온하고 아름답습니다. 그 사이에서 거대한 먹구름은 우리를 막아섭니다. 우리를 위로도 아래로도 못 가게 하면서, 마치 절대로 무너지지 않을 벽처럼 가로막고 있습니다. 그것은 우리를 으깨 버릴 듯이 억누르지만, 아직 거기까지는 이르지 않았습니다. 내가 할 수 있는 일은 그저 울면서 "부디 그 검은 원이 물러나 우리 앞에 길이 열리게 해달라"고 기도하는 것뿐입니다.

—안네 플랑크, 『안네의 일기』

20. 불행하게도 [H. L. 멘켄의] 일기는 그가 미국 문학계의 한 거인으로서의 명성도 위험해질 수 있을 정도로 충격적인 반유대주의자요 인종차별주의자였음을 폭로하고 있다. … 나는 신랄한 반유대주의자인 리하르트 바그너와 비교할까 한다. 우리는 지금도 여전히 바그너의 오페라를 듣고, 그것들의 예술적 아름다움을 감상할 수 있다. 작품은 그 사람과는 구분된다. 아닌가?

—그윈 오웬스, *The New York Times*

11.3 유비논증 평가하기

어떤 유비논증은 다른 것들에 비해 설득력이 훨씬 강하다. 유비논증은 연역적으로 타당하다고 할 수는 없지만, 어떤 유비논증은 참일 개연성이 아주 높은 결론을 산출하는 반면, 어떤 것은 참일 가능성이 아주 낮은 결론을 산출한다. 유비논증은 제시된 전제들을 근거로 결론이 긍정될 수 있는 개연성의 정도에 따라 더 훌륭하거나 더 나쁜 논증으로 평가된다.

다음과 같은 두 가지 평범한 예는 논증이 훌륭하거나 나쁜 것으로 되는 유비논증의 특징을 밝히는 데 도움이 될 것이다. 즉, 신발 한 켤레를 구매한 경우와 새로 개 한 마리를 구입한 경우를 생각해 보자. 이때 당신이 의존하는 유비논증은 다음과 같은 것이다. 과거에 이와 같은 신발을 구매했을 때 만족스러웠으므로 이 신발의 구매 역시 만족스러울 것이며, 동일한 품종의 다른 개가 예전에 바람직한 특징들을 드러냈으므로 이 개 역시 그러한 특징들을 가지고 있을 것이라는 것이다. 이 두 논증을 비롯해 모든 유비논증의 정도를 평가하는 데 사용되는 기준은 여섯 가지로 구분된다.

1. **대상들의 수**. 만약 특정한 종류의 신발에 대한 나의 과거 경험이 이전에 구입한 한 켤레에 국한되어 있다면, 외관상 닮은 다른 한 켤레의 신발에서 예기치 않은 결함이 발견되었을 때, 놀라지는 않겠지만 실망할 것이다. 그러나 그와 같은 종류의 신발을 여러 번 반복적으로 구입했다면, 다음번에 구입한 신발 역시 이전 것과 마찬가지로 좋을 것이라고 합리적으로 가정할 수 있을 것이다. 동일한 항목에 대한 동일한 종류의 경험이 여러 번 쌓이면, 그것은 그 항목을 구매하면 만족할 수 있다는 결론을 단 한 번의 사례에서보다는 훨씬 더 강하게 만들 것이다. 각 사례는 하나의 추가되는 대상으로 간주될 수 있으며, 따라서 대상들의 수가 유비논증을 평가하는 첫 번째 기준이 된다.

   일반적으로 대상의 수, 즉 경험의 횟수가 많으면 많을수록 그 논증은 더욱 강화된다. 하지만 대상의 수와 결론의 개연성 사이에 단순한 수적 비례가 존재하는 것은 아니다. 지능이 높고 온순하고 사냥도 잘 하는 골든 리트리버(사냥개의 일종)에 대한 여섯 번의 만족스러운 경험은 우리로 하여금 다음번에 구입할 리트리버 역시 지능이 높고 온순하고 사냥을 잘 할 것이라는 결론으로 이끌 것이다. 그러나 전제에 여섯 개의 사례를 가지고 있는 유비논증의 결론이 두 개의 사례를 가지고 있는 유사한 논증보다 정확히 세 배로 개연성이 높다는 결론은 나오지 않는다. 대상의 수를 늘리는 것은 중요하다. 그러나 다른 요인들도 마찬가지로 중요하다.

2. **전제에 포함된 사례의 다양성**. 만약 이전에 구매했던 좋은 신발의 구입 장소는 백화점과 전문점이고, 그것의 생산지는 뉴욕과 캘리포니아이며, 구입 방법은 우편주문과 직접 구매였다면, 내가 만족한 원인은 판매자가 아닌 신발 자체에 있다고 확신할 것이다. 만약 이전에 길렀던 리트리버가 수컷과 암컷이고, 분양업자로부터 강아지를 구입한 경우도 있었고 동물애호협회에서 성견를 구입한 경우도 있었다면, 나는 이전에 느꼈던 만족이 그것들의 성별, 나이, 구입처가 아니라 그 품종에서 비롯되었다는 사실에 대해 더 강한 확신을 가질 것이다.

    우리는 이 기준을 직관적으로 이해할 수 있다. 유비논증의 전제에 포함된 사례가 다양할수록 그 논증은 더욱 강화된다.

3. **유사한 측면들의 수**. 전제에 포함된 사례들 사이에는 다양한 유사성이 있을 수 있다. 이전의 신발들이 동일한 스타일이었고, 동일한 가격대였으며, 동일한 종류의 가죽으로 만들어진 것일 수 있다. 또 사냥개는 동일한 품종이었고, 동일한 구입처였으며, 동일한 연령일 수 있다. 전제에 포함된 사례들 상호 간의 유사한 측면들과 그리고 전제에 담긴 사례들과 결론에 담긴 사례의 유사한 측면들, 이 모든 측면들은 결론에 담긴 사례가 그 논증이 목표로 하는 추가적인 속성 — 새 신발의 경우에는 만족감이고, 새로 구입한 사냥개의 경우에는 온순한 기질 — 을 가지게 될 개연성이 더 커진다.

    이 기준도 역시 상식을 토대로 하고 있다. 결론 속의 대상이 전제 속의 대상과 유사한 측면들의 수가 많으면 많을수록 결론의 개연성은 더욱 커진다. 물론 확인된 유사한 측면들의 수가 충분한지 아닌지를 결정하는 손쉬운 방법은 없다.

4. **관련성**. 전제들 속의 사례들과 결론 속의 사례가 유사성을 갖는 측면이 어떤 종류의 측면인지는 공유된 측면의 수 못지않게 중요하다. 만약 이전의 신발과 새 신발의 유사성이 모두 화요일에 구매한 것이라면, 그것은 신발이 주는 만족과는 관련이 없는 유사성이다. 그러나 이전의 신발과 새 신발의 유사성이 동일한 제조회사를 말하는 것이라면, 그것은 아주 중요할 것이다. 유사한 측면들이 유관하면(신발의 스타일, 가격, 재료 등은 확실히 유관하다), 그 측면들은 논증의 힘을 증가시키고, 수많은 무관한 유사성보다 관련성이 높은 단 하나의 요소가 오히려 논증에 더 크게 기여한다.

    결론의 유사성을 확정할 때 어떤 속성이 실제로 관련이 있는지에 대해 간혹 의견의 불일치가 있을 수 있다. 그러나 관련성이라는 말 자체의 의미는 전혀 논란거리가 될 수 없다. 한 속성은 그것이 다른 속성과 연관되어 있을 때, 즉 그들 사이에 특정한 인과관계가 존재할 때 다른 속성과 관련성이 있다. 저것이 곧 이런저런 종류의 인과관계를 확인하는 것이 유비논증에서 중요한 이유이며, 또 법정에서 증거를 유관한 것으로 받아들여야 할지 무관한 것으로 받아들여야 할지를 결정할 때 그러한 인과관계를 확인하는 것이 중요할 경우가 많은 이유이기도 하다.

유비논증은 원인에서 결과로 진행하거나 혹은 결과로부터 원인으로 진행하거나 간에 상관없이 개연성을 지닐 수 있다. 전제에서 나타난 속성이 결론에서 나타난 속성의 원인도 아니고 결과도 아닌 경우조차도 두 속성이 동일한 원인의 결과라면 그 유비논증은 개연성을 지닐 수 있다. 한 특정한 증상으로부터 의사는 다른 증상을 정확히 예측할 수 있는데, 이는 전자가 후자의 원인이기 때문이라서가 아니라 둘 다 동일한 감염에 의해 유발되는 것이기 때문이다. 거의 대부분의 경우 제품의 색상은 기능과 무관하다. 그러나 이례적인 경우라면 유관한 측면이 있을 수 있으며, 또 전제와 결론에 포함된 대상들이 그 측면을 공유할 수 있다. 색상 자체는 그 제품의 기능에 어떤 기여도 하지 않는다. 그렇지만 색상이 개성 있는 제작자의 제작과정에서 나타나는 하나의 속성이라면, 그 색상은 논증에서 다루어질 수 있다.

유비논증을 평가할 때 열쇠가 되는 인과관계들은 관찰과 실험에 의해 경험적으로만 발견될 수 있다. 경험적 탐구에 관한 일반이론은 귀납논리학의 중요한 관심사이므로 다음의 몇 장에서 자세히 다루게 될 것이다.

5. **반유비**. **반유비**(disanalogy)란 상이점, 즉 우리가 추론 중인 사례가 논증이 근거하고 있는 사례로부터 구별 가능한 측면을 말한다. 다시 신발의 사례로 돌아가 보자. 우리가 장차 구매하고자 하는 신발이 이전에 신었던 신발과 유사하지만 값이 싸고 제조회사가 다르다면, 그러한 반유비는 새 신발이 가져다줄 만족감을 의심하게 하는 이유가 될 것이다.

앞에서 언급한 관련성이 이 경우에도 역시 중요하다. 확인된 상이점이 우리가 기대하는 결과와 연관되어 — 인과적으로 연관되어 — 있을 경우 반유비는 유비논증을 약화시킨다. 투자자들은 종종 성공적인 실적에 근거하여 개방형 투자신탁증권을 구매하는데, 이때 그들은 이전의 구매가 주가상승이라는 결과를 가져왔기 때문에 또 다른 구매 역시 마찬가지일 것이라고 추리한다. 그러나 오랜 기간 동안 자금을 운용하여 이익을 낳았던 사람이 교체되었다는 사실을 알게 된다면, 우리는 유비논증의 힘을 아주 약화시키는 반유비에 직면하게 된다.

반유비는 유비논증을 약화시킨다. 그러므로 반유비는 유비논증을 논박하는 데에 흔히 쓰인다. 우리가 비평가라면 결론에 담긴 사례가 이전의 사례들과 중요한 점에서 다르다는 것과 이전의 사례들에서 참이었던 것이 지금의 사례에서는 참이 아닐 가능성이 있다는 것을 보여주려고 할 것이다. 소송에서 유비가 널리 사용되는데, 과거의 사례나 사례들이 현안 사례의 판결을 위한 판례로서 종종 제시된다. 이런 변론은 유비적이다. 반대 측 변호인은 현안 사례와 과거 사례들의 차이를 드러내려 애쓸 것이다. 즉, 변호인은 현안 사례와 과거의 사례 사이에 결정적인 사실상의 차이가 존재하기 때문에 마땅히 과거의 사건이 현안 사건에 적용되어서는 안 된다는 사실을 보여주기 위해 노력할 것이다. 만약 그 차이가 크다면 — 만약 그 반유비가 실제로 중요하다면 — 문제의 유비논증을 논파할 수 있을 것이다.

반유비는 유비논증을 공격하는 주요한 무기이기 때문에, 잠재적인 반유비를 피할 수 있다면 그 무엇이든 논증의 강도를 높여줄 것이다. 이 사실은 전제에 나타난 사례들 간의 다양성이 왜 논증의 힘을 높이게 되는가를 설명해 주고 있다. 전제에 나타난 사례들이 제각기 다양하면 할수록 비평가들이 사례들과 결론 사이의 반유비를 지적함으로써 논증을 약화시킬 가능성은 줄어들 것이다. 예를 들어, 대학 일학년인 킴 쿠마와 비슷한 성적으로 같은 고등학교를 졸업한 다른 열 명의 학생들이 그녀와 같은 대학의 전 과정을 이수하고 학위를 취득했다면, 우리는 유비적으로 그녀 역시 대학과정을 이수하고 학위를 취득할 것이라고 주장할 수 있다. 만약 그 열 명의 학생들이 학업과 관련이 있는 어떤 측면에서 상당히 유사하긴 하지만 그들 모두가 바로 그 측면에 있어서 킴과는 다르다면, 이 반유비는 그녀가 성공적으로 학업을 마칠 것이라는 논증을 약화시킬 것이다. 그러나 만약 성공적으로 학업을 마친 열 명의 선배들이 경제적인 배경이나 가족관계, 종교 등 여러 면에서 서로 다양한 차이를 가지고 있었다는 사실이 밝혀진다면, 그 다양한 차이점들이 이와 같은 잠재적인 반유비를 피하게 해준다. 만약 논증의 전제들에 포함된 사례들, 즉 그녀와 같은 고등학교 출신의 다른 학생들이 서로 밀접한 유사성은 없고 본질적으로 다양한 차이를 나타내고 있다면, 앞에서 살펴보았듯이 그녀가 성공적으로 학업을 마칠 것이란 논증은 대단히 강화된다.

다음을 혼동해서는 안 된다. 즉, 반유비가 유비논증을 약화시킨다는 원리는 전제들 사이의 차이점들이 유비논증을 강화시킨다는 원리와 대비된다. 전자는 전제의 사례들과 결론의 사례 간의 차이점들과 관계가 있는 반면, 후자는 전제에 포함된 사례들 간의 다양성과 관계가 있다. 반유비는 우리가 이미 경험했던 사례들과 장차 그에 관해 결론이 도출될 사례 간의 차이이다. (우리가 반유비를 반론으로 제시할 때 주장할 수 있는) 저 결론은 보증될 수 없다. 왜냐하면 중요한 사례의 상황들이 이전 사례들의 상황들과 유사하지 않기 때문이다. 이럴 때 우리는 "그 유비는 부자연스럽다" 또는 "그 유비는 성립되지 않는다"라고 말한다. 그러나 우리가 전제들 사이의 상이점을 지적하는 경우 그 유비는 광범위한 힘을 갖고 있어서 이런저런 경우에 두루 유효하며, 따라서 전제에 나타난 사례들의 다양한 측면들이 결론과 관련된 문제와는 상관이 없다고 말함으로써 실제로는 그 논증을 강화하고 있는 것이다.

간단히 말하자면, 반유비는 유비논증을 약화시키지만 전제들 간의 상이점은 유비논증을 강화한다. 이 두 가지 사항 모두가 관련성의 문제로 연결된다. 반유비는 결론의 사례와 전제들의 사례 간에 관련된 상이한 측면이 있다는 사실을 보여주고자 한다. 반면에 전제들 사이의 상이점은 문제의 속성과 인과적으로 관련되어 있다고 생각될 수도 있는 것이 실제로는 전혀 관련이 없다는 사실을 보여주고자 한다.

첫 번째 기준으로 확인된 것은 유비를 유효하게 만드는 대상의 수이다. 그런데 이 첫 번째 기준 역시 관련성의 문제로 연결된다는 사실을 주목하라. 관심을 끄는 사례의 수가 많아지면 많아질수록 그 사례들로부터 더 많은 상이점을 얻기가 쉬워진다는 것이다. 그러므로 대상의 수가 늘어나는 것은 바람직하다. 그러나 대상의 수가 늘어날수록 추가된 각 사례의 효력은 감소한다. 추가된 사례가 제공하는 상이점은 이미 이전의 사례에 의해 제공된 것일 가능성이 매우 높기 때문이다. 이럴 경우 추가되는 사례는 반유비의 위협으로부터 결론을 방어하는 데 거의 또는 전혀 도움이 되지 않을 것이다.

6. **결론의 주장**. 모든 논증은 그 전제들이 결론을 받아들일 수 있는 이유나 근거를 제시해 주도록 요구한다. 쉽게 알 수 있듯이, 결론이 주장하는 것이 많을수록 그것을 뒷받침해야 하는 부담이 많아진다. 그리고 이것은 모든 유비논증에 있어서 명백히 참이다. 전제들에 대한 결론의 온건성(modesty)이 그 추론의 장점을 결정하는 데 결정적인 고려사항이 된다는 말이다.

내 친구가 새로 구입한 차로 갤런당 30마일을 간다면, 나는 동일한 회사의 동일한 모델의 차를 구입하면 갤런당 최소한 20마일을 갈 것이라고 확신을 가지고 추론할 수 있을 것이다. 이런 결론은 온건하며, 따라서 개연성이 매우 높다. 만약 갤런당 최소한 29마일은 갈 것이라고 주장한다면, 나의 결론은 매우 무모해지고, 내가 가진 증거로는 그것을 뒷받침하기 힘들 것이다. 전제들에 대한 결론의 주장이 온건하면 온건할수록 전제에 부과되는 부담은 더욱더 적어질 것이며 동시에 논증은 더욱더 강화될 것이다. 결론의 주장이 무모하면 무모할수록 전제의 부담은 더욱더 커지고 동시에 논증은 더욱더 약화될 것이다.

유비논증이 강화되려면 확인된 전제들에 근거한 (결론의) 주장을 줄이거나, 또는 그 주장을 계속 유지하려면 전제를 추가하거나 더 강력한 전제로 대치하여 논증을 뒷받침해야 한다. 이와 마찬가지로, 전제들은 변함이 없는데도 결론이 더 무모해지거나 또는 논증을 뒷받침하는 증거가 취약한데도 그 주장을 변함없이 견지하면 유비논증은 약화된다.

논리연습

A. 아래의 유비논증에는 각각 여섯 개의 추가적인 전제들이 제시되어 있다. 이 대안적 전제들 각각에 대해, 그것을 추가하면 결과적으로 그 논증의 결론의 개연성이 증가하는지 감소하는지를 판단하라. 그리고 이 판단을 정당화하는 평가기준을 밝히고, 그 기준이 어떻게 적용되는지를 설명하라.

보기문제

1. 한 투자가가 지난 5년 동안 매년 12월에 석유 관련 주식을 100주씩 샀다. 매입한 모든 주식은 그 가치가 매년 약 15%씩 올랐고, 정기배당금도 매년 약 8%(주식매입가 기준)씩 지급받았다. 그녀는 금년 12월에는 석유 관련 주식을 100주 더 추가하여 200주를 사기로 마음먹고 있는데, 그 이유는 새로 매입한 주식의 가치가 몇 년 동안 계속 오르는 것을 보고 필시 상당한 수익이 나올 것으로 추론하기 때문이다.
   a. 이전에 항상 동부 석유회사의 주식을 샀고, 금년에도 역시 동부 석유회사의 주식을 사기로 계획하고 있다고 가정하자.
   b. 매년 12월에 석유 관련 주식을 산 것이 5년 동안이 아닌 15년 동안이라고 가정하자.

c. 이전에 샀던 석유 관련 주식의 가치 증가율이 매년 15%가 아닌 30%라고 가정하자.
d. 이전에 샀던 석유 관련 주식에는 미국의 동부, 남부, 서부의 석유회사들뿐만 아니라 외국 회사의 주식도 포함되어 있다고 가정하자.
e. 석유수출국기구(OPEC)가 6개월이 아닌 1개월마다 회합하여 의사결정을 했음을 그녀가 알고 있다고 가정하자.
f. 담배 관련 주식들이 지금 막 배당금을 인상했다는 것을 그녀가 알게 되었다고 가정하자.

문제풀이

a. 개연성이 더 높아짐. 유사한 측면들의 수. 이 전제를 추가함으로써 결론에서의 사례와 전제에서의 사례가 공유하는 측면이 하나 증가했다.
b. 개연성이 더 높아짐. 대상의 수. 이 전제를 추가함으로써 전제에 있는 대상의 수가 사실상 증가했다.
c. 개연성이 높아짐. 결론의 주장. 이 전제를 추가함으로써 결론이 바뀌지는 않았지만 이전에 비해 결론의 주장이 사실상 더 온건해졌다.
d. 개연성이 높아짐. 전제에 포함된 사례의 다양성. 이 전제를 추가함으로써 전제의 사례들 사이의 상이점이 분명하게 확정되었다.
e. 개연성이 낮아짐. 반유비. 이 전제를 추가함으로써 결론의 사례와 전제의 사례들 간의 상당한 차이가 도입되었다.
f. 개연성의 변화 없음. 관련성. 담배회사들이 지급하는 배당금이 석유회사들의 수익성이나 석유회사들의 주식가격에 영향을 미칠 가능성은 없다.

2. 성실한 한 동창생은, 풋볼 시합에서 마지막 네 경기를 주 소속 팀이 이겨서 기분이 고조되었기 때문에, 주 소속 팀이 다음 경기에서도 역시 이길 것이라는 데 돈을 걸기로 작정했다.
   a. 마지막 경기 이후에, 주 소속 팀의 뛰어난 쿼터백이 연습 중에 부상을 당하여 그 시즌의 나머지 기간은 입원을 해야 한다고 가정하라.
   b. 마지막 네 경기 중 두 경기는 홈경기가 아니었고, 두 경기는 홈경기였다고 가정하라.
   c. 그 경기 직전에, 주 정부 직원 한 명이 노벨상을 수상했다는 발표가 있다고 가정하라.
   d. 주 소속 팀이 네 경기가 아니라 여섯 경기를 이겼다고 가정하라.
   e. 마지막 네 경기는 모두 폭우 속에서 진행되었으며, 다음에 열릴 토요일 경기 때에도 비가 올 것이라는 일기예보가 있다고 가정하라.

f. 마지막 네 경기 모두 최소한 4 터치다운 이상의 점수 차이로 이겼다고 가정하라.

3. 샤린이 보았던 최근 몇 편의 외국 영화가 지루했지만, 역시 지루할 것이라는 강한 예측을 하면서 그녀는 오늘 저녁에 다른 영화 한 편을 보러 가기로 약속한다.
   a. 그녀가 보았던 최근 몇 편의 미국 영화는 지루했다고 가정하라.
   b. 오늘 저녁에 볼 영화의 주인공이 최근 중혼죄로 기소되었다고 가정하라.
   c. 그녀가 보았던 최근 몇 편의 외국 영화는 이탈리아 영화였으며, 오늘 저녁에 볼 영화도 또한 이탈리아 영화라고 가정하라.
   d. 샤린은 다른 한 편의 외국 영화가 너무 지루해서 상영되는 동안 실제로 졸았다고 가정하라.
   e. 그녀가 보았던 최근 몇 편의 외국 영화에는 이탈리아 영화, 프랑스 영화, 영국 영화, 스웨덴 영화가 각 한 편씩 포함된다고 가정하라.
   f. 그녀가 이전에 보았던 영화는 모두 코미디 영화였는데, 오늘 저녁에 볼 영화는 미스터리 영화라고 가정하라.

4. 빌은 세 강좌의 역사학을 수강했다. 그리고 그 강좌들이 매우 고무적이고 유익하다는 것을 알았다. 그래서 그는 이번에도 역시 그럴 것으로 자신 있게 기대하면서 한 강좌를 신청한다.
   a. 이전에 수강했던 역사학 강좌들은 고대사, 유럽현대사, 미국사 등이라고 가정하라.
   b. 이전에 수강했던 역사학 강좌들은 모두 지금 신청하는 강좌를 강의할 바로 그 교수님이 강의했었다고 가정하라.
   c. 이전에 수강했던 역사학 강좌들은 모두 스미스 교수님이 강의했는데, 지금 신청하는 강좌는 존스 교수님이 강의한다고 가정하라.
   d. 이전에 수강했던 세 강좌의 역사학이 그의 일생에서 가장 흥분되는 지적 경험들이었음을 빌이 깨달았다고 가정하라.
   e. 이전에 수강했던 세 강좌의 역사학이 모두 오전 9시에 강의가 시작되었는데, 지금 신청하는 강좌도 역시 오전 9시에 시작된다고 가정하라.
   f. 빌은 이전에 수강했던 세 강좌의 역사학 외에 인류학, 경제학, 정치과학, 사회학 등도 역시 재미있게 수강했다고 가정하라.

5. 브라운 박사는 매년 뉴욕을 방문하는데, 지난 6년 동안은 가을마다 퀸즈 호텔에 머물렀고, 그 호텔의 환대에 대단히 만족했다. 브라운 박사는 금년 가을 뉴욕을 방문할 때에도 그 호텔에서 머무는 즐거움을 자신 있게 기대하면서, 퀸즈 호텔에 다시 묵으려

고 한다.

a. 그녀가 이전에 퀸즈 호텔에서 묵었던 방은 1인실이 두 번, 2인실이 두 번, 스위트룸이 두 번이었다고 가정하라.

b. 지난봄에 새 지배인이 책임자로 들어왔다고 가정하라.

c. 이전에는 올 때마다 스위트룸에 묵었는데, 이번에도 역시 스위트룸에 묵기로 했다고 가정하라.

d. 이전에는 기차를 타고 뉴욕으로 왔지만, 이번에는 비행기를 타고 온다고 가정하라.

e. 이전에 퀸즈 호텔에 묵었을 때, 그 방은 그녀가 알았던 것 중에서 가장 호화로운 것이었다고 가정하라.

f. 지난 6년 동안에 매년 세 번씩 퀸즈 호텔에 묵었다고 가정하라.

B. 아래의 글에서 유비논증의 구조를 분석하고, 앞에서 설명한 여섯 가지 기준에 따라 논증을 평가하라.

1. 만약 큰 다이아몬드를 작은 조각으로 자르면, 그것은 큰 덩어리가 갖고 있던 가치를 완전히 잃어버릴 것이다. 마찬가지로 소집단으로 분열된 군대는 그 군대가 가진 힘을 모두 잃는다. 그래서 위대한 지적 능력도 그것이 방해를 받거나 혼란을 겪게 되어 그 주의력이 당면 사안에서 벗어나게 되면, 그 즉시 일반적인 지적 능력의 수준으로 떨어진다. 지적 능력의 탁월함은 그것의 집중력 ─ 오목거울이 거울 위에 떨어지는 모든 햇빛을 한 점에 모으는 것처럼 그렇게 그것이 가진 모든 힘을 하나의 주제에 쏟아 붓는 집중력 ─ 에 의해 좌우된다.

—쇼펜하우어

2. 만약 야구의 인기 선수들 중의 한 사람인 피터 로즈를 야구에 복귀할 수 있도록 허용하고, 그가 그의 팀과 다른 팀에 내기를 걸고 또 그것에 대해 거짓말을 할 수 있도록 최종적으로 허용한 후에 명예의 전당에 등록시킨다면, 그것은 위선의 절정일 것이다. 로즈에 대한 결정을 내릴 때 야구협회 총재는 금지약물 투약이 적발된 올림픽 육상선수들이 그들의 타이틀과 메달을 영구히 박탈당한다는 것을 기억해야 한다.

—프랑크 울리히, *The New York Times*

3. 세계를 둘러보라. 세계의 전체와 각 부분을 찬찬히 살펴보라. 그러면 세계가 하나의 커다란 기계에 불과하며, 그것은 유한한 수의 더 작은 기계들로 세분되고, 또 세분된 것들은 인간의 감각과 능력으로는 추적과 설명이 불가능한 정도로 다시 세분될 수

있다는 것을 알게 될 것이다. 이 모든 각양각색의 기계들은 물론이고 그것들의 가장 미세한 부분들까지도 관찰자들의 감탄을 자아내게 할 정도로 정밀하게 상호 조정되어 있다. 수단이 목적에 조응하는 이상한 현상은 자연 전체에서 두루 일어나는데, 이것은 비록 그 정도는 많이 벗어나 있지만 인간의 디자인이나 사상, 지혜, 지성과 같은 인간이 고안해 낸 산물과도 정확히 닮아 있다. 따라서 결과들이 서로 유사하기 때문에, 우리는 유비의 제 규칙들에 의해 원인도 역시 유사하다는 것, 그리고 자연의 창조자가 그 작품의 웅장함에 걸맞는 훨씬 더 위대한 능력을 갖고 있긴 하지만 그 역시 어느 정도는 인간의 마음과 닮은 점을 갖고 있을 것으로 추론하게 된다. 귀납적인 이 논증으로 그리고 이 논증만으로, 우리는 신성의 존재와 그 신성이 인간의 마음이나 지성과 유사하다는 것을 한 번에 입증할 수 있다.

—데이비드 흄, 『자연 종교에 관한 대화』

4. BC 4세기에 살았던 철학자 메트로도루스 키오스는 천체에 대단한 관심을 갖고 있었다. 그는 "지구를 무한한 우주에서 사람이 거주하는 유일한 세계로 생각하는 것은 수수밭에 단 한 종의 곡물만 자라고 있다고 주장하는 것만큼 부조리하다"고 말했다.

5. 일반적인 관찰자에게 참돌고래와 상어는 어류의 일종이다. 이것들은 유선형으로 생겼고 수영을 잘하며 바다에 산다. 이러한 동물들을 좀 더 세밀하게 관찰하는 동물학자에게 상어는 아가미를 가졌고 냉혈이며 비늘이 있다. 이에 반해 참돌고래는 폐를 가졌고 온혈이며 털이 있다. 참돌고래는 근본적으로 상어를 닮기보다는 인간을 더 닮았고, 그래서 인간과 함께 포유동물 — 새끼를 젖으로 키우는 동물들 — 에 속한다. 참돌고래를 포유동물로 규정하고 나면, 그 동물학자는 더 이상 조사하지 않고도 그 동물이 네 개의 심실, 특수한 형태의 골격, 어떤 일반적인 유형의 신경과 혈관을 갖고 있을 것으로 예측할 수 있다. 현미경으로 살펴보지 않고도 그 동물학자는 참돌고래의 혈액 속의 적혈구에는 세포핵이 없다는 것을 합리적인 자신감을 갖고 말할 수 있다. 동물의 구조에 관해 일반화하는 이 능력은 동물들에 대한 엄청난 양의 지식을 조직화하는 한 체계에 의존한다.

—랄프 부흐스바움, 『등뼈 없는 동물들』

6. 신체는 영혼의 바탕이고, 영혼은 신체의 작용이다. 바탕과 영혼의 관계는 칼과 날카로움의 관계와 같다. 반면에 작용과 신체의 관계는 날카로움과 칼의 관계와 같다. 날카로움이란 칼과 같은 것이 아니다. 그럼에도 불구하고, 만약 날카로움을 없애버린다면 칼도 있을 수 없고, 칼을 없애버린다면 날카로움도 있을 수 없다. 나는 칼이 쓸모없게

되었는데도 날카로움이 남아있다는 것은 들어보지 못했다. 그러므로 신체가 없어져도 영혼은 남아 있을 수 있다는 것을 어떻게 받아들일 수 있을까?

—팬 첸, 평유란의 『중국철학사』

7. 만약 하나의 세포가 적당한 조건하에서 몇 년이 지나 사람이 된다면, 하나의 세포가 적당한 조건하에서 수백만 년의 긴 세월을 거치면서 어떻게 인간 종의 기원이 되었는지를 이해하는 것은 확실히 어려운 일이 아닐 수 있다.

—허버트 스펜스, 『생물학 원리』

8. 별이 가설이 아닌 것처럼 전자도 가설이 아니다. 오늘날 우리는 가이거 계수기로 전자들을 하나씩 헤아리는데, 이것은 사진 건판 위에서 별들을 하나씩 헤아리는 것과 같다. 어떤 의미에서 전자가 별보다 더 관찰하기 어렵다고 말할 수 있을까? 나는 내가 전자를 보았다고 말하는 것이 마땅한지 아닌지 확신하지 못한다. 그러나 나는 내가 별을 보았는지 아닌지에 대해서도 똑같은 의구심을 갖고 있다. 만약 내가 별을 보았다면, 나는 그것과는 다른 별을 보았다. 나는 별이 그러할 것이라고 생각되는 것과는 전혀 닮지 않은 회절고리들로 둘러싸인 조그만 원반형의 빛을 보았다. 그러나 별이라는 이름은 이 특별한 빛의 패턴으로 귀결된 인과의 사슬을 수백 년 전에 시작한 물질적 세계에 있는 대상에게 주어진다. 마찬가지로 윌슨 상자(Wilson expansion chamber)에서 나는 전자가 그러할 것이라고 생각되는 것과는 전혀 닮지 않은 궤적을 보았다. 그러나 전자라는 이름은 이 궤적이 나타나도록 한 물질적 세계에 있는 대상에게 주어진다. 다른 경우가 아닌 바로 그 경우에 하나의 가설이 도입된다는 것은 어떻게 지지될 수 있을까?

—아더 에딩턴, 『과학의 새로운 진로』

9. 물이 들어 있는 양동이의 밑바닥은 그 양동이가 반만 차 있을 때보다 가득 차 있을 때 물의 무게로 인한 압력을 더 받는다. 그리고 물이 깊을수록 압력을 더 받는다. 마찬가지로 산꼭대기와 같은 지구의 높은 장소는 낮은 장소보다 공기량의 무게로 인한 압력을 덜 받는다. 이것은 산꼭대기 위보다 저지대 상공에 더 많은 공기가 있기 때문이다. 그 까닭은 산허리에 걸쳐 있는 공기는 저지대 상공을 누르지만, 저지대보다는 높고 다른 곳보다는 낮은 산꼭대기 위는 누르지 않기 때문이다.

—파스칼, 『공기 양의 무게에 대하여』

10. 어떤 사람이 그가 마취 없이 이빨을 뽑았다고 나에게 말하고, 나는 공감을 표시한다고

가정하라. 그리고 내가 "그것이 그를 아프게 한다는 것을 당신은 어떻게 아느냐?"라는 질문을 받는다고 가정하라. 나는 합리적으로 다음과 같이 대답할 것이다. "글쎄, 나는 그것이 나를 아프게 할 것이라는 것을 안다. 나는 치과병원에 간 적이 있고, 이빨을 뽑는 것은 물론이고 마취 없이 이빨을 때우는 것이 얼마나 아픈지 알고 있다. 그리고 그는 나와 같은 신경 체계를 가지고 있다. 따라서 나는 이런 조건에서는 그도 내가 느꼈던 것만큼 고통을 느꼈을 것이라고 추론한다."

—알프레드 J. 에이어, *Theoria*

11. 자! 만약 우주가 우리 지식의 지배하에 들어올 정도까지 우리가 우주를 조사한다면, 우주는 동물이나 유기체와 아주 많은 유사성을 보여줄 것이고, 생명과 운동의 원리와 같은 어떤 것에 의해 구동되는 듯이 보일 것이다. 그 속에서 물질의 끊임없는 순환은 어떤 무질서도 야기하지 않는다. 모든 부분에서 끊임없는 소비는 간단없이 보충된다. 가장 긴밀한 공감이 시스템 전체에 걸쳐서 지각되고, 각 부분이나 요소는 그 본래의 역할을 수행하는 것으로써 자신의 유지와 전체의 유지 양쪽에 영향을 미친다. 따라서 세계는 한 마리의 동물이고, 신은 세계를 구동하고 세계에 의해 구동되는 세계의 영혼이라고 나는 추론한다.

—데이비드 흄, 『자연 종교에 관한 대화』

12. 모든 것을 정의하도록 요구할 수 없는 것은 화학자에게 모든 물질을 분해하도록 요구할 수 없는 것과 같다. 단순한 것은 분해될 수 없고, 논리적으로 단순한 것은 엄밀한 정의를 가질 수 없다.

—고틀로프 프레게

13. 미국에서 아주 심각한 위험에 놓여 있거나 위기에 직면한 종들은 적합한 서식처를 사유지에서 발견한다. 그리고 서식지 파괴가 멸종의 주된 원인으로 널리 인식되고 있다. 이러한 이유들 때문에 생물학자들은 사유지의 용도를 규제하지 않은 채 야생생물을 보호하려는 것을 검은 건반들만으로 피아노를 연주하는 것에 비유해 왔다.

—존 H. 쿠쉬맨, Jr., *The New York Times*

14. 영국에서 권총 소유를 금지하려는 입법에 반대하여, 엘리자베스 2세 여왕의 남편은 아래와 같이 설명했다.

> 자! 예를 들어, 만약 한 크리켓 선수가 어떤 학교로 가서 크리켓 배트로 많은 사람들을 죽을 정도로 때리겠다고 갑자기 결심했다면, 그는 어렵지 않게 그렇게 할 수 있다. 그렇다고 해서 당신은 크리켓 배트를 금지하려고 하겠는가?

—필립 공

15. 목적론적 증명에서 신학적 논증의 가장 단순한 형식은 "페일리의 시계"라는 이름으로 한때 잘 알려져 있었다. 페일리의 형식은 다음과 같다. "만약 우리가 우연히 시계나 다른 어떤 복잡한 기계를 발견했다면, 우리는 그것이 누군가에 의해 만들어졌다고 추론해야 한다. 도처에 자연적인 복잡한 기계들이 있으며, 그리고 우주의 과정들이 복잡한 관계들 속에서 함께 작동하고 있는 것을 볼 수 있다. 그러므로 우리는 이것들을 만든 창조주 역시 존재한다고 추론해야 한다.

—B. A. D. 윌리엄스, 『형이상학의 본성』

11.4 논리적 유비에 의한 논박

"네가 생각했던 대로 말해야지."
3월의 토끼가 엘리스의 말을 되받았다.
"그러니까 … 난 적어도, 적어도 나는 생각한 대로 대답할 수 있어요. 그러니까 결국 똑같은 거잖아요."
엘리스는 서둘러 대답했다.
"조금도 똑같지 않아. '난 내가 뭘 먹는지 알아'가 '난 내가 아는 것을 먹어'와 같은 말이라는 거야?"
모자 장수가 말했다.
"어떻게 같은 말이라는 거야?"
3월의 토끼가 거들었다.
"'난 내가 가진 것을 좋아해'가 '난 내가 좋아하는 것을 가져'와 같은 말이라는 거야?"
겨울잠쥐까지 끼어들었다.
"어떻게 같은 말이라는 거야?"
"'난 자는 동안 숨을 쉬어'가 '난 숨을 쉬는 동안 잠을 자'와 같은 말이라는 거야?"
"너한테는 같은 말이겠지."
모자 장수가 말했다. 그러자 잠시 대화가 뚝 끊겼다.

—루이스 캐럴, 『이상한 나라의 엘리스』

3월의 토끼와 모자 장수 그리고 겨울잠쥐는 모두 말하는 대로 생각하는 것과 생각한 대로 말하는 것은 같다고 하는 엘리스의 주장을 논리적 유비를 사용하여 논박하고자 한다. 논증의 형식은 논증의 개별적인 내용과는 달리 논증에 있어서 가장 중요한 측면이다.

그러므로 우리는 한 논증과 정확히 동일한 형식을 갖는 다른 논증이 부당함을 보여줌으로써 그 논증의 부당성을 증명할 수 있다.

연역논증의 경우, 주어진 논증을 논박하는 유비논증은 그 논증과 형식은 동일하지만 그 전제들은 참이고 결론은 거짓이다. 따라서 그 유비논증은 부당하며, 논박당하는 논증은 논박하는 유비논증과 동일한 형식을 가지기 때문에 그 역시 부당하다. 이것은 6장 2절에서 설명했던 정언적 삼단논법을 검사하는 기본 원리와 동일한 것이다. 그리고 이것은 8장 4절에서 그 중요성을 누차 강조했던 논리적 형식의 기초이기도 하다.

우리의 현재의 관심사인 귀납논증의 경우 또한 논리적 유비에 의한 논박법이 큰 효과를 얻을 수 있다. 연역논증이 아닌 과학적, 정치학적 또는 경제학적인 논증들은 그와 형식은 유사하지만 결론이 거짓으로 알려져 있거나 일반적으로 그럼직하지 않은 것으로 여겨지는 다른 논증에 의해 반박될 수 있다. 귀납논증은 전제가 결론을 뒷받침하는 성격에 있어서 연역논증과는 근본적으로 다르다. 그러나 모든 논증은 그것이 연역논증이든 귀납논증이든 간에 어떤 기본적인 형식 내지는 형태를 가지고 있다고 할 수 있다. 반박하고자 하는 귀납논증이 있을 때, 그 논증과 본질적으로 동일한 형식을 가지지만 명백한 논리적 결점을 가지고 있고 그 결론이 매우 의심스러운 논증을 제시할 수 있다면, 우리는 본래의 논증의 결론에 대해서도 마찬가지로 의심할 수 있게 된다.

다음과 같은 사례를 생각해 보라. 2007년 미국 대법원에 논쟁의 여지가 매우 많은 두 사건이 계류 중이었다.[8] 핵심적인 쟁점은 공립학교에 학생을 배정함에 있어서 교육위원회가 행한 소수인종 배려 조치의 합헌성 여부였다. ≪뉴욕 타임즈≫지는 사설에서 이 소수인종 우대정책을 공정한 것으로 지지하고, 이에 대한 반대를 "지방 학교 통제에 대한 공격"이라고 몰아붙였다. 한편 소수인종 우대정책에 대해 비판적인 한 저명한 비평가는 그 사설에 대해 결정적인 반박문을 썼다. 그 반박문 속에는 다음과 같은 글이 포함되어 있었다.

> 당신은 소수인종 우대정책이 "모든 인종의 학생들에게 적용되고, 어떤 특정한 인종 집단에게는 이익도 불이익도 주지 않는다"고 주장한다. 그러나 이종족 간 결혼금지법을 옹호하는 데도 물론 같은 주장을 했을 것이다. 그 법은 백인이 흑인과 결혼하는 것뿐만 아니라 흑인이 백인과 결혼하는 것도 금지한다.[9]

---

8) *Parents Involved in Community Schools v. Seatle School District No. 1*(No. 05-908): and *Crystal D. Meredith, Custodial Parent v. Jefferson Country(KY) Board of Education*(No. 05-915).

9) Roger Clegg, "An Issue for the Court: Diversity in Our Schools," *The New York Times*, 11

논리적 유비에 의한 논박법이 아주 정확하게 예시되고 있는데, 그 초점은 두 논증의 형식에 있다. 논박당하는 논증은 현재 일반적으로 불만스러운 것으로 여겨지고 있는 다른 한 논증과 똑같은 형식을 가지고 있다. 우리는 이종족 간 결혼금지법이 모든 인종에게 공평하게 적용되기 때문에 수용될 수 있다고 감히 말하지 못할 것이다. 정부의 소수인종 고용정책을 비롯한 일부 정책들은 그 시행으로 인해 어떤 특정 인종 집단도 불이익을 당하지 않는다는 것이 참일 때에도 받아들일 수 없다(비평가의 주장). 잘 알려진 사안(결혼을 규제하는 법령)을 배경으로 그러한 것은 받아들여질 수 없다는 것을 강조함으로써, 비평가는 이와 같은 배경에서 어떤 특정 인종 집단도 우리가 공격하고 있는 소수인종 우대정책으로 말미암아 불이익을 당하지 않는다는 주장에 의존하는 논증에 대해 날카로운 일격을 가하고 있다.

논리적 유비에 의한 논박이 제시되고 있다는 것을 스스로 드러내는 경우가 종종 있다. 이를테면 "당신은 … 라고 말해도 좋을 것이다" 또는 이와 같은 의미를 지닌 다른 말들이 포함되어 있는 경우이다. 앞의 예문에서는 "…에도 물론 같은 주장을 했을 것이다"가 논리적 유비에 의한 논박임을 나타내는 말이다. 문맥에 따라 다음과 같은 논증, 즉 외부로부터 차드공화국으로 이슬람 문화가 유입되었기 때문에 그것은 단지 이슬람 문화를 덮어씌운 것이나 다름없다는 논증에 대해 한 학자는 논박하는 유비로 공격하면서 다음과 같이 약간 다른 표현의 논박을 도입하고 있다. 즉, "프랑스는 단지 기독교 문화를 덮어씌운 것에 불과하다고 해도 틀린 말이 아니다."[10]

논박하는 유비의 요점이 분명할 때는 관용구의 도입이 불필요하다. 미시시피주의 주지사였던 커크 포디스는 "미국에는 기독교가 지배적인 종교이므로, 미국이 기독교 국가임은 솔직히 사실이다"라고 주장했다. 포디스와 텔레비전 토론을 벌였던 언론인 마이클 킨즐리는 다음과 같은 적절한 유비로 반박했다. 즉, "미국에는 여성이 다수를 차지한다. 그래서 미국이 여성 국가인가? 아니면 미국에는 대다수의 국민이 백인이므로, 미국은 백인 국가인가?"[11]

논박하는 논증이 공격 대상을 강화하는 방식에서 논박당하는 논증과 중요한 차이가 있을 때, 논증을 유비로써 논박하고자 하는 경솔한 시도는 맞불을 초래할 수 있다. 이런

December 2006.

10) Bassam Abed, *The New York Times*, 26 June 1988.

11) "Evangelical Update," *The New York Times*, 21 November 1992.

예는 지구온난화라는 지극히 논쟁적인 주제에 관한 최근의 한 논쟁에서도 찾아볼 수 있다. 신문 칼럼니스트인 존 티어니가 겉으로 드러나고 있지만 불확실한 기후변화에 대해 당장 대대적인 노력을 기울이는 것이 타당한가에 대해 몇 가지 심각한 문제를 제기했다.[12] 비평가 레이 스텐은 다음과 같이 반박했다.

> 기후변화는 그 결과가 불확실하고 또 먼 미래의 일이며 그럭저럭 하는 사이에 어떤 사람이 직접적인 기술적 해결책을 발견해 낼지도 모르기 때문에, 우리는 그것에 대해 그렇게 걱정하지 않아도 된다는 것이 존 티어니가 넌지시 던지고 있는 말이다. 그의 말은 "흡연자가 암에 걸릴지 확실하지 않고 또 언젠가는 치료 방법이 발견될 것이기 때문에, 흡연자는 걱정하지 않아도 된다"고 말하는 것과 같다. 나를 걱정 많은 사람이라고 불러도 좋다. 그래도 나는 금연을 하겠다.[13]

티어니가 그 타당성을 문제 삼고 있는 당장의 대대적인 조치들이 이와 같이 금연과 연결되어 있다. 그러나 이 둘 사이에는 중요한 차이가 있다. 금연은 경제적인 비용이 들지 않는다(오히려 약간의 경제적 이득이 있다). 반면에 온실가스를 줄이기 위해 화석연료의 사용을 줄이는 산업상의 변화는 필시 엄청난 비용을 수반할 것이다. 스텐은 티어니의 주장을 논박하기 위한 유비를 제시하면서, (지구온난화에 대한 그의 입장은 필시 옳을 것이나) 그가 주창하고자 하는 변화의 비용에 간접적으로 주의를 환기시킴으로써 그의 근거를 약화시키고 있다.

다음은 제프 위버가 잡지사 편집자에게 보낸 편지이다.

> 단체 마스코트의 이름이나 외관 때문에 기분을 상하게 되는 사람들이 있다는 것이 나에게는 흥미롭다. 그러나 휴런(Hurons, 북미 인디언의 한 종족), 치페와(Chippewas, 북미 최대의 원주민), 브레이브스(Braves, 북미 원주민 전사들), 치프(Chiefs, 추장들), 세미놀(Seminoles, 아메리카 원주민) 등과 같은 단체 이름을 가진 학교들이 있다는 사실에 심리적 동요를 일으키는 사람들이 분명히 있다.
>
> 나는 그들의 심리적 동요를 공감한다. 또한 나는 앤 아버 파이어니어 고등학교의 파이어니어(Pioneers, 개척자)라는 이름을 개명할 것을 제안하고 싶다. 우리 선조들은 개척자들이었다. 그리고 나는 학교가 그들의 이름을 단체 마스코트로 채택했다는 사실 때문에 그들이 심리적 동요를 일으킬 것으로 확신한다.
>
> 사정이 이러하다면, 카우보이(Cowboys), 파이팅 아이리시(Fighting Irish), 켈틱스(Celtics), 후

12) John Tierney, "Findings," *The New York Times*, 13 February 2007.

13) Ray Sten, "Debating Climate Change," *The New York Times*, 20 February 2007.

시어(Hoosiers – 인디애나 출신들), 수너(Sooners – 오클라호마 출신들), 보일러메이커(Boiler-makers), 팩커(Packers), 애기(Aggies), 오일러(Oilers), 마운티니어(Mountaineers), 프라이어(Friars), 패트리어트(Patriots), 벌룬티어(Volunteers), 타르 힐(Tar Heels) 등과 같은 이름들은 다른 이름으로 개명하는 것이 낫다. 왜냐하면 나는 그 이름들이 똑같이 그 집단들에 대해서도 품격과 품위를 떨어뜨린다고 확신하기 때문이다. (*The Ann Arbor* (MI.) *News*, 2005년 7월호.)

그리고 안토닌 스칼리아 판사가 보낸 다음 글도 무척 재미있다.

스칼리아 판사는 "초트(choate)"라는 말은 결코 써서는 안 된다고 주장한다. 그는 다음과 같이 썼다. 즉, "초트와 같은 말은 존재하지 않는다. choate와 inchoate의 관계는 sult와 insult의 관계와 같다."[14)]

마지막으로, 다음은 우즈 홀 해양학 연구소 소속의 한 과학자가 보낸 편지이다. 이것은 달에는 풍부한 물이 있다는 주장에 대한 반론이다.

윌리암 S. 마샬 외는 어느 누구도 "다량의 물"이나 "달에 있는 풍부한 물"을 주장하지 않았다. 최근에 달 연구팀의 책임 과학자가 연구 표적 분화구에 대해 "칠레의 아타카마 사막보다는 습기가 조금 더 많을 가능성이 있다"고 말했다. 그것은 마치 화성인들이 남아프리카의 적당한 광산 하나를 표적으로 정하고 그곳에서 다이아몬드 한 개를 찾아내고는 "지구에는 다이아몬드가 풍부하다"고 공언하는 것과 같다.[15)]

유비에 의한 논박은 잘 만들면 대단히 효과적일 수 있다. 논박하는 유비로 제시된 논증이 분명히 나쁜 논증이고, 그리고 그것이 공격당하는 논증과 동일한 형식을 가지고 있다면, 공격당하는 논증은 심각한 타격을 입을 것임에 틀림없다.

---

14) Antonin Scalia, *The New York Times*, 20 February 2010.

15) John M. Hayes, *The New York Times*, 27 November 2009.

논리연습

아래의 각각은 논리적 유비에 의해 논박하고자 하는 글이다. 각각에서 공격당하는 논증과 논박하는 유비를 확인하고, 그것들이 실제로 동일한 논증형식을 가지고 있는지를 밝혀라.

1. 법정 재판을 생중계하는 법정 텔레비전의 설립자 스티브 브릴은 카메라가 법정에 속한다는 것을 의심치 않으며, 일부 비판자들에게 다음과 같은 방식으로 대응한다. "어떤 변호사들과 법관들은 텔레비전의 보도활동이 사법체계에 대한 인상을 나쁘게 만든다고 말한다. 그들은 메신저를 메시지와 혼동하고 있다. 만약 어떤 것에 대한 신문의 보도활동이 그것에 대한 인상을 나쁘게 만든다면, 그것이 바로 신문으로 하여금 보도활동을 하도록 하는 이유이다. 그 비판은 베트남에서 종군기자들을 군부대 병력과 함께 있도록 허용했기 때문에, 베트남 전쟁에서 졌다고 말하는 것과 같다."

   —스티브 브릴, *The Ann Arbor* (Mich.) *News*

2. 10월혁명을 전후한 볼셰비키주의의 역사는 하나같이 정략적이고 임시변통적이며 부르주아지를 포함한 타 집단들과의 타협 사례들로 가득 차 있다. 국가들 간의 통상적인 전쟁에서 가장 다루기 힘들었던 것보다 백배나 더 어렵고 길고 복잡한 전쟁으로서 국제적인 부르주아지 전복 전쟁을 수행하는 것, 그리고 적들 사이의 이익 갈등(비록 일시적인 것일지라도)을 조장하고 이용하는 것을 사전에 차단하는 것, 잠재적인 우방(비록 일시적이고, 비안정적이며, 우유부단하고, 조건부일지라도)과의 임시변통과 타협을 거부하는 것—이것은 지극히 어리석은 짓이 아닌가? 이것은 마치 여태까지 접근할 수 없었던 전인미답의 산을 어렵게 등반할 때, 지그재그로 이동하는 것도 못하게 하고, 왔던 길을 되돌아가는 것도 못하게 하고, 한 번 선택한 코스를 포기하고 다른 길로 가 보는 것도 못하게 하는 것과 같지 않은가?

   —레닌, 『공산주의에서의 좌익소아병』

3. 저명한 자연주의자 에드워드 윌슨은 인간은 물질의 조합으로 이루어진 하나의 생물학적 종에 불과하며, 인간 정신은 비물질적 원인에 귀속될 수 있는 특성을 전혀 가질 수 없다고 주장한다. 이 주장은 이미 논쟁의 여지가 없다. "이 주제에 전문가인 동시대의 모든 과학자와 철학자들은 의식과 합리적 과정들로 구성되어 있는 마음이 바로 뇌의 작용이라는 점에 동의한다. … 그동안 연구자들은 뇌와 뇌에 딸린 여러 분비선들을 낱낱이 조사해 보았지만 비물질적 마음이 자리 잡고 있는 곳이라고 여길 수 있는 그 어떤 장소도 발견하지 못했다."[16] 스티븐 바르는 논리적 유비의 형식으로

된 아래와 같은 반대논증을 제시했다. "이것(위에 인용된 윌슨의 주장)은 최초의 우주인 유리 가가린이 신이 있는 곳을 찾지 못했다는 니키타 흐루시초프의 성명[무신론을 옹호하는]과 같은 것이다. 만약 정신 속에 비물질적 요소가 있다면, 뇌를 스캔할 때 그것이 나타날 것이라고 윌슨은 생각하는가?"[17)]

4. 새로운 고속도로에 대한 반대론이 세 분의 저명한 도시계획 전문가들에 의해 강력한 성명으로 제기되었다. 그들은 아래와 같이 말한다. 즉, "교통문제에 대한 유일한 장기적 해법은 공공 교통수단과 토지의 조화로운 사용이다." 그들은 새로운 고속도로가 교통량의 증가를 유발한다고 주장한다. "그러므로 고속도로를 더 많이 건설할수록 교통 혼잡은 줄어들지 않고 오히려 더 심해질 것이다."[18)]

   아주 비판적인 한 비평가는 이 주장에 대해 반론을 제기한다. 즉, "이것은 터무니없다. … 식료품가게 앞의 긴 대기행렬이 사람들로 하여금 '이제 식료품가게를 더 열도록 해서는 안 된다. 식료품가게가 늘어나면 더 많은 손님을 불러올 뿐이다'라고 말하도록 자극하지는 않을 것이다. 고속도로의 증설이 자동차들을 유인하는 것은 아니다. 자동차들은 어떻게든 나온다."[19)]

5. 미국의 목재 공급이 최근 수십 년 동안 증가해왔다. 그리고 오늘날 미국의 숲은 1920년보다 3배나 많은 목재를 가지고 있다. "우리가 가진 목재는 바닥나지 않는다. 그런데도 왜 종이 재활용에 대해 그렇게 안달하는가?"라고 카토연구소 자연자원조사실의 제리 테일러는 반문한다. "종이는 종이 생산을 위해 특별히 재배한 나무로 생산하는 농업생산물이다. 종이를 재활용함으로써 나무를 보존하려는 행동은 옥수수 소비를 줄임으로써 옥수수대를 보존하려는 행동과 같다."

   —존 티어니, *The New York Times Magazine*

6. 허드슨강 입구에 있는 엘리스섬은 뉴저지주의 해안에 더 가까이 있는데, 작은 점과 같은 이 섬이 미국으로 이민한 수만 명의 이주자들이 미국 땅에 첫 발을 디딘 곳이다. 1996년 뉴저지주와 뉴욕주 사이에 이 섬의 공식적인 소유권을 두고 열띤 논쟁이

16) Edward O. Wilson, *Consilience*(New York: Alfred A. Knopf, 1998), p. 99.

17) S. N. Barr, "Mindless Science," *The Weekly Standard*, 6 April 1998.

18) A. Duany, E., Plater-Zyberk, and J. Speck, *Suburban Nation: The Rise of Sprawl and the Decline of the American Dream*(New Yor: North Point, 2000).

19) F. Barnes, "Suburban Beauty: Why Sprawl Works," *The Weekly Standard*, 22 May 2000.

일어났다. 역사적인 이 섬에 대한 뉴욕주의 주장을 옹호하는 한 편의 논문이 1996년 7월 23일자 ≪뉴욕타임스≫에 게재되었다. 그로부터 4일 뒤 같은 신문에 다음과 같은 편지가 실렸다.

> 클라이드 하버만이 옳은 까닭은 엘리스섬을 통해 들어온 거의 모든 이민자들이 뉴저지가 아닌 뉴욕으로 가는 사람들이었기 때문이다. 그러나 이 사실이 그 섬의 위치를 결정하는 것은 아니다. 뉴욕 국제공항으로 들어오는 상당한 수의 승객들은 그 행선지 또한 뉴욕이다. 그러나 뉴욕주가 그 공항에 대해 이런 식으로 주장하는 것은 설득력을 지니기 어렵다. 신시내티 국제공항은 켄터키주 코빙턴에 있으며, 아마 그 여행객들 중 소수만이 그 행선지가 인구가 많지 않은 북부 켄터키주일 것이다. 하버만 씨는 이 공항이 오하이오주에 속한다고 주장할 수 있을까?

7. 오사마 빈 라덴이 억만장자이기 때문에 가난과 불공평이 회교도 테러리즘의 근본 원인으로 생각될 수 없다는 것이 에드워드 로스쉬타인의 주장이다. 이 논리에 따르면, 에이브라함 링컨은 노예가 아니었기 때문에 노예제도가 남북전쟁의 원인은 아니었다.

—코리 로빈, *The New York Times*

8. 우주마다 자연법칙이 다를 수 있다. 또는 마치 빛의 속도처럼, 그것들의 작동 방식을 결정하는 질량의 값이 다를 수 있다. 어떤 것은 생물에 적합할 수 있고, 또 어떤 것은 그렇지 않을 수 있다. 생물에 적합한 것들은 모두 생명을 발생시켰을 것이다. 때로는 생물이 더욱 지적인 존재보다는 오로지 공룡 쪽으로만 진화하려고 한다. 우리는 문화인류학적인 질문들[지적인 생물의 필수적인 특성들에 관한 질문들]을 던질 수 있는 생명 형태가 적어도 한 우주에서 발생했다는 사실에 대해 어떤 의미도 덧붙일 수 없다. 그것은 제비뽑기와 많이 닮았다. 만약 당신이 제비뽑기에서 이기면, 당신은 매우 다행스럽게 여길 것이다. 그러나 누군가는 이길 수밖에 없었으며, 무작위로 뽑지 않고는 어느 누구도 그 승자를 선정할 수 없었다. 하나의 우주는 고유한 일련의 법칙들과 매개변수들을 가지고 있기 때문에, 그것들이 설계되었는지 여부에 대해 의문의 여지를 주지 않는다.

—고던 케인, *Phi Kappa Phi Forum*

9. "인공지능 연구가 고차원적인 고체물리학에 기반하고 있는 반면에, 변변찮은 인간의 두뇌는 독자적인 생존이 가능한 반액체 시스템이기 때문에" 인공적인 인간의 마음은 결코 만들어지지 않을 것이다. 저것은 자동차는 금속으로 만들어진 반면에, 변변찮은 말은 살과 뼈로 된 다리를 가지고 있는 독자 생존이 가능한 유기체적 시스템이기

때문에 자동차는 결코 말을 대신할 수 없다고 주장하는 것 못지않게 확실하다.

—미첼 D. 로오, *The New York Times*

10. [로날드 드보르킨이 주장하는 바와 같이] 현대의 정치적 수사는 "극도로 반복적"이며, 그 상당 부분은 법으로 — 법에 의해 — 근절되지 못한다. 세계 최고 권위의 법철학자가 지적하듯이, "유럽의 모든 민주주의 국가는 이것을 시행하고 있으며, 유럽 사람들은 우리가 이것을 시행하지 않는 것에 놀라고 있다."

유럽 사람들은 우리가 너무 자주 목욕을 하는 것에도 역시 놀란다. 도대체 저것은 어떤 종류의 논증인가?

—데이빗 텔, *The Weekly Standard*

제11장 요약

이 장에서 우리는 귀납의 분석을 시작했다.

- 11장 1절에서는 확실한 결론을 주장하는 연역논증과 확실한 결론을 주장하지 않는 귀납논증의 근본적인 차이를 복습했다. 귀납논증에는 타당성과 부당성이라는 개념이 적용되지 않는다. 귀납논증의 결론은 다만 참이 될 수 있는 어느 정도의 개연성을 지닐 뿐이다.
- 11장 2절에서는 유비에 의한 논증을 설명했다. 유비는 유사성 또는 대비이다. 둘 혹은 그 이상의 대상이 유사성을 갖는 측면이 하나 혹은 그 이상 있을 때 유비가 도출될 수 있다. 유비에 의한 논증은 둘 혹은 그 이상의 대상이 하나 혹은 그 이상의 측면에서 유사성을 갖는다는 것을 그 전제들이 주장하고, 그 대상들이 어떤 다른 측면에서도 유사성을 갖는다는 것이 그 논증의 결론이다. 유비논증의 결론은 모든 귀납논증의 결론과 마찬가지로 단지 개연적일 뿐이다.
- 11장 3절에서는 유비논증의 결론이 가지는 개연성의 정도를 결정할 때 사용되는 여섯 가지 기준을 설명했다. 그 기준들은 다음과 같다.
  1. 유비가 적용되는 대상의 수
  2. 전제들에서만 언급된 대상이나 사례들 사이의 다양성 또는 차이의 정도
  3. 대상들이 유사성을 갖는 측면의 수
  4. 전제들에서 언급된 측면들과 결론에서 언급된 다른 측면 사이의 관련성
  5. 전제들에서만 언급된 사례들과 결론에서 언급된 사례 사이의 반유비의 수와 그 중요성

6. 전제들과 관련한 결론의 온건성(또는 무모함)

- 11장 4절에서는 논리적 유비에 의한 논박을 설명했다. (귀납논증이든 연역논증이든) 주어진 논증이 잘못임을 입증하는 효과적인 방법은 공격당하는 논증과 형식이 같으면서 명백히 잘못인 또 하나의 논증을 제시하는 것이다.

인과추론

제 **12** 장

12.1 원인과 결과

귀납은 유비논증을 훨씬 능가한다. 하나의 사물이 다른 하나의 원인이나 결과임을 우리가 알고 있거나 알고 있다고 생각할 경우, 우리는 원인으로부터 결과를 또는 결과로부터 원인을 추론할 수 있다. 만약 원인과 결과의 가정된 관계들이 정확하게 확정된다면, 그 관계에 근거한 추론은 매우 설득력이 있을 것이다.

인과추론(casual reasoning)은 실생활에서도 아주 중요하다. 환경을 지배하는 우리의 능력이나 우리가 성공적으로 살아남을 수 있는 능력, 우리의 목적을 달성하는 능력은 결정적으로 인과관계에 관한 우리의 지식에 의존한다. 예를 들어, 어떤 질병을 치료하기 위해서는 의사는 그 병의 원인을 알고 있어야만 하고 아울러 자신이 처방한 약의 결과(부차적인 효과를 포함한)를 이해하고 있어야만 한다.

우리가 행동하고 어떤 결과를 달성하고자 하는 모든 영역에서는 원인과 결과의 관계가 기본이 된다. 논리학 분야에서 가장 예리한 사상가들 중의 한 사람인 데이비드 흄은 다음과 같이 말했다.

> 사실문제에 관한 모든 추론은 인과관계에 근거하고 있는 것처럼 보인다. 그 관계 하나만으로도 우리는 우리의 기억과 감각이 제공하는 증거를 능가할 수 있다. 만약 당신이 다른 사람에게, 이를테면 그의 친구가 자기 나라에 있는지 아니면 프랑스에 있는지와 같이, 눈앞에 보이지 않는 어떤 사실문제를 그가 왜 믿는지를 묻는다면, 그는 당신에게 한 가지 이유를 댈 것이다. 그리고 이 이유는 어떤 다른 사실, 즉 그에게서 받은 한 통의 편지나 또는 그의 이전의 결심과 약속에 대한 지식 등일 것이다. 무인도에서 시계나 다른 어떤 기계를 발견하면, 우리는 그곳에 사람이 있었던 적이 있다고 결론을 내릴 것이다. 사실에 관한 우리의 추론은 모두 동일한 성격을 가지고 있다. … 그러므로 만약 우리에게 사실문제를 보증하는 증거의 본질에 관하여 우리 자신을 안심

시키려고 한다면, 우리는 어떻게 하면 인과지식을 얻을 수 있는지를 물어야 한다.[1)]

그런 지식을 얻는 방법이 이 장의 주된 관심사이다. 하지만 "원인"이라는 말은 여러 가지 의미를 가지고 있기 때문에 이 문제는 간단하지 않다. 그러므로 먼저 원인이라는 말의 의미들을 하나씩 구분해 보아야 한다.

사건들은 아무렇게나 발생하지 않는다. 사건들은 특정한 조건하에서만 발생한다. 우리가 살고 있는 이 세계를 이해하기 위해서 우리는 사건들이 발생하거나 발생하지 않게 되는 그 조건들을 알려고 노력해야 한다는 것은 자연탐구에 있어서 하나의 공리이다. 하나의 사건이 일어나기 위한 필요조건과 충분조건을 구분하는 것이 관례이다.

특정한 사건이 발생하기 위한 **필요조건**(necessary condition)이란, 만약 그것이 없다면 그 사건이 일어날 수 없는 조건을 말한다. 예를 들어, 산소가 있다는 것은 연소가 일어나기 위한 필요조건이다. 만약 연소가 일어났다면, 산소는 반드시 있어야 한다. 왜냐하면 산소가 없다면 연소는 불가능하기 때문이다.

어떤 사건이 발생하기 위한 **충분조건**(sufficient condition)이란, 만약 그것이 있다면 그 사건이 반드시 발생하는 조건을 말한다. 앞에서 말했듯이, 산소의 존재는 연소가 일어나기 위한 필요조건이긴 하지만 충분조건은 아니다. 왜냐하면 산소가 있어도 연소가 일어나지 않을 수 있기 때문이다. 반면에 거의 모든 물질에 대해서는 산소가 있는 상태에서 어떤 온도의 범위에 있다는 것이 그 물질이 연소할 충분조건이 되는 그러한 온도의 범위라는 것이 있다. 그러므로 어떤 사건이 발생하기 위한 필요조건들이 여러 가지 있을 수 있으며, 그 조건들은 모두 충분조건에 포함되어야 한다는 사실은 명백하다.

원인이라는 말은 (어떤 사건과 관련하여) 때로는 "그 사건의 필요조건"을 의미하고, 또 때로는 "그 사건의 충분조건"을 의미한다. 당면한 문제가 바람직하지 않은 어떤 현상을 제거하는 것일 때, 원인이란 말은 필요조건의 의미로 가장 흔히 쓰인다. 그러한 현상을 제거하기 위해서는 그 현상이 존재하기 위해 필요한 어떤 조건을 발견한 다음 그 조건을 제거하기만 하면 된다. 특정 질병의 원인이 어떤 바이러스나 박테리아인가? 의사는 병균을 파괴할 약을 처방하여 그 질병을 치료한다. 우리는 그 병균이 그 질병의 원인이라고 말한다. 이때 병균은 그 질병의 필요조건이다. 왜냐하면 그 병균이 없다면 그 질병은 발생할 수 없기 때문이다.

---

1) David Hume, *An Enquiry Concerning Human Understanding*(1748), sec. IV.

하지만 원인이라는 말은 일반적으로 충분조건의 의미로도 사용된다. 특히, 바람직하지 않은 어떤 것의 제거가 아니라 오히려 바람직한 어떤 것의 산출에 관심이 있는 경우에 그렇다. 야금학자는 보다 강한 금속을 만들어내기 위해 합금에 있어서의 강도의 원인을 찾아내려고 노력한다. 그리고 가열과 냉각을 병행하는 어떤 과정이 바람직한 결과를 가져온다는 것을 알게 되었을 때, 우리는 그 과정을 합금의 강도를 증가시킨 원인이라고 말한다. "원인"이라는 말은 필요조건의 의미로 사용할 수도 있고, 충분조건의 의미로 사용할 수도 있다. 그러나 두 가지 의미 중에 어떤 의미로 쓰는지는 분명히 밝혀야 한다.

"원인"이라는 말의 또 다른 의미는 충분조건과 밀접하게 연관되어 있다. 이를테면 어떤 현상이 특정한 결과를 산출하는 인과적 역할을 하는 경향이 있는 경우이다. 예를 들어, 오랫동안 지속적으로 흡연을 했는데도 암에 걸리지 않은 사람들이 있다고 하더라도, 흡연이 폐암을 유발한다고 말하는 것은 사실상 옳다. 흡연이 폐암의 필요조건은 분명히 아니다. 왜냐하면 전혀 흡연을 하지 않았는데도 종종 폐암이 발생하기 때문이다. 그러나 흡연은 매우 일반적인 생물학적 환경과 더불어 폐암 발생의 원인이 되는 경우가 많다. 그래서 우리는 흡연이 폐암의 "원인"이라고 말하는 것은 옳다고 생각한다.

이것은 "원인"이란 말이 흔히 쓰이는 또 다른 용법을 지시하고 있다. 그것은 곧 어떤 현상의 발생에서 결정적인 역할을 한 요인으로서의 원인이다. 한 보험회사가 불가사의한 화재의 원인을 밝히기 위해 조사원들을 파견했다. 만약 그 조사원들이 대기 중의 산소가 화재의 원인이었다고 보고한다면, 그들은 직장에서 쫓겨나고 말 것이다. 산소가 없었더라면 화재가 발생하지 않았을 것이기 때문에, 물론 그것도 (필요조건이라는 의미에서는) 원인이었다. 게다가 보험회사는 충분조건에 관심을 가졌던 것도 아니다. 만약 조사원들이 화재는 보험계약자의 고의에 의해 발생했다는 증거를 확보하긴 했지만 화재의 모든 필요조건은 지금도 알 수 없으며, 따라서 화재의 원인(충분조건이라는 의미에서의)을 결정할 수 없다고 보고한다면, 그들은 직장에서 쫓겨날 것이 분명하다. (보험회사는 "원인"이라는 의미를 또 다른 의미로 사용하고 있다.) 보험회사가 찾아내기를 원했던 것은 일반적으로 만연하는 이와 같은 조건들에서 사건의 발생 또는 비발생을 구분해 주는 사건이나 행위이다.

실제 사례를 예로 든다면, 2003년 11월 오하이오주 신시내티에서 덩치가 큰 한 남자가 체포되지 않으려고 물리적으로 저항했으며, 경찰관들은 그를 구타하여 진압했으나 잠시 후 그 남자가 죽었다. 검시관은 사체를 검시한 후 사인을 "살인"으로 규정하면서, 살인이란 말에 비우호적이거나 악의적인 의도가 내포되지는 않았다고 조심스럽게 부연했다. 그 검시관은 다음과 같이 말했다. "싸움이 없었다면, 존스 씨는 시간상으로 그 시점에 죽지는 않았을 것이다. 따라서 싸움이 그의 죽음의 일차적인 원인이다." 결정적인 요인으로서 원인의 이러한 의미는 흔히 사용되고 또 유용하다.2)

원인이라는 말의 이 세 번째 의미는 다시 구분될 수 있다. 인과적인 연속적 사건 — 이를테면 A는 B의 원인이고 B는 C의 원인이고 C는 D의 원인이며 그리고 D는 E의 원인인 일련의 사건 — 이 있을 때 우리는 E를 각 사건의 결과로 간주하거나 선행하는 모든 사건의 결과로 간주할 수 있다. 앞에서 말한 죽음(E로 기호화)은 싸움 때문에 발생했다. 싸움(D)은 저항 때문에 일어났다. 저항(C)은 체포가 원인이 되어 일어났다. 체포(B)는 범법행위(A)가 원인이 되어 일어났다. 우리는 E의 원인들을 **근인**(proximate cause)과 **원인**(remote cause)으로 구분한다. 사건의 연쇄에서 특정 사건에 가장 가까운 사건을 그 사건의 근인이라고 하고, 근인 이전 단계에 있는 나머지 사건들은 원인이라고 한다. 죽음(E)은 근인인 싸움(D)의 결과이다. 그리고 근인인 싸움 이전 단계에 있는 나머지 모든 사건들은 원인이 된다. 원인들 사이에도 가깝고 먼 차이가 있다. A는 B보다 더 먼 원인이고, B는 C보다 더 먼 원인이다.

16세 이전에 공부를 그만두는 사람들은 대학 졸업자들보다 심장마비로 죽을 확률이 다섯 배 더 높다. 연간 심장마비로 사망하는 비율은 대학 졸업자들이 3.5%인 데 비해 정규교육 기간이 8년 미만인 사람들은 20%이다.3) 그러나 대학 교육이 건강의 근인이 아닐뿐더러 무지가 질병의 근인도 아니다. 부족한 교육은 인과적 연쇄에서 하나의 고리이며, 이는 질병의 진행과정에 대한 불충분한 이해와 그리고 그로 인해 의학적으로 더 나은 결과를 위해 요구되는 생활양식의 개선이 이루어지지 못한 데서 비롯되는 경우가 많다. 그러므로 교육에 거의 보편적으로 영향을 미치는 가난은 허약한 건강 상태의 "근원적인 원인들" 중 하나라는 것은 일반적으로 알려져 있는 사실이다. 물론 이는 그것의 근인이 아니라 오히려 근절할 필요가 있는 원인이다.

원인이란 말의 여러 가지 의미들은 반드시 구분해야 한다. 우리는 필요조건이라는 의미

---

2) Dao, "Coroner in Cincinnati Rules Man's Struggle Led to Death," *The New York Times*, 4 December 2003.

3) Reported by Connor O'Shea of the Duke University Medical Center, at the meetings of the European Society of Cardiology in August 2000.

에서만 결과로부터 원인을 합법적으로 추론할 수 있다. 그리고 우리는 충분조건이라는 의미에서만 원인으로부터 결과를 추론할 수 있다. 원인으로부터 결과로, 그리고 동시에 결과로부터 원인으로 추론이 이루어진 경우라면, "원인"이라는 말은 **필요충분조건**의 의미로 사용된 것이 분명하다. 이 경우 원인은 그 사건의 충분조건과 동일하며 충분조건은 그 사건의 모든 필요조건들의 연언으로 간주된다. 원인이라는 말의 모든 용법에 일치하는 단 하나의 정의란 없다.

12.2 인과법칙과 자연의 제일성

일상적인 삶에서 사용되건 과학에서 사용되건 간에 "원인"이라는 말의 용법은 어느 것이나 다 원인과 결과가 제일하게(齊一, uniformly) 결합한다는 교설을 포함하거나 전제하고 있다. 원래의 상황과 동일한 유형의 어떤 상황도 원래의 결과와 동일한 종류의 결과의 원인이 될 것이라는 사실을 인정할 경우에만, 우리는 특정 상황이 특정 결과의 원인이었음을 인정한다. 달리 말하자면, 유사한 원인들이 유사한 결과들을 산출한다는 것이다. 어떤 결과를 낳는 어떤 원인이 존재하는 것은 어느 것이든 특정 상황에는 언제나 특정 현상이 수반된다는 인과법칙의 사례라는 것이 우리가 사용하고 있는 "원인"이라는 말의 의미의 일부인 것이다. 만약 원래의 상황과 동일한 유형의 상황에서 원래의 것과 동일한 결과가 발생하지 않는다는 사실이 입증될 수 있다면, 우리는 어떤 상황이 어떤 결과의 원인이라는 믿음을 기꺼이 버릴 것이다.

특정 상황이 특정 현상의 원인이라는 모든 주장은 어떤 인과법칙의 존재를 함축하고 있기 때문에 인과관계에 대한 모든 주장은 **일반성**(generality)이라는 중요한 요소를 포함하고 있다. **인과법칙**(causal law)은 이러이러한 종류의 상황에는 언제 어디서나 일정불변하게 특정한 종류의 현상이 수반되고 있음을 주장한다. 그리고 이것이 곧 우리가 사용하고 있는 인과법칙이라는 개념이다.

우리는 어떻게 그와 같은 일반적인 진리를 알 수 있게 되는가? 인과관계는 순전히 논리적이거나 연역적이지 않다. 데이비드 흄이 강조했듯이, 그것은 선험적(a priori)인 추리에 의해 발견될 수 있는 것이 아니다.[4] 인과법칙은 경험에 호소함으로써, 경험적으로만, 즉

---

4) 흄(Hume)은 이렇게 말했다. "모든 자연의 법칙들과 모든 신체의 기능들은 예외 없이 경험으로써

후험적(a posteriori)으로만 발견될 수 있다. 그러나 우리의 경험은 언제나 특정한 상황과 특정한 현상, 그리고 그것들의 특정한 연쇄에 관한 것이다. 우리는 어떤 상황(그것을 C라 하자)의 다양한 사례들을 관찰할 수 있으며, 우리가 관찰한 모든 사례에는 특정한 종류의 현상(그것을 P라 하자)의 사례가 수반될 수 있다. 그러나 우리는 단지 이 세계에 존재하는 C의 몇 가지 사례만을 경험할 수 있기 때문에, 그와 같은 경험은 C의 몇 가지 사례에 P가 수반된다는 사실만을 우리에게 보여줄 수 있을 뿐이다. 하지만 우리의 목표는 일반적인 인과관계를 확립하는 것이다. 우리가 경험하는 개별적인 상황들로부터 어떻게 우리는 C의 모든 사례들에 P가 수반된다 — 이것이 C가 P의 원인이라는 말이 함축하는 바이다 — 는 일반명제를 획득할 수 있는가?

12.3 단순매거적 귀납

우리가 C의 모든 사례들에 P가 수반된다고 주장할 경우 — 즉, 우리가 하나의 일반적인 인과관계를 긍정할 경우 — 우리는 이미 유비를 넘어섰다. 경험의 개별적 사실들로부터 보편적 명제들에 도달하는 과정을 **귀납적 일반화**(inductive generalization)라고 한다. 푸른 리트머스 종이를 산에 담갔을 때 그 종이가 붉은색으로 변했다고 가정해보자. 그리고 이 과정을 세 번 (또는 열 번) 반복했는데도, 항상 같은 결과를 얻었다고 가정해보자. 우리는 어떤 결론을 얻을 수 있을까? 우리는 유비를 통해서 네 번째나 또는 열한 번째의 푸른 리트머스 종이를 산에 담그면 어떤 일이 발생할 것인가에 관한 하나의 개별적인

만 알 수 있다는 것을 우리들에게 확신시키기 위해서는, 아래와 같은 반성만으로도 충분할 것이다. 만약 어떤 대상이 우리에게 주어지고 그리고 그 결과에 관해서 말하도록 요구를 받는다면, 과거의 관찰과 여기서 정신이 형성되는 방법을 참조하지 않더라도, 결과는 대상에서 도출될 것이다. 대상을 원인으로 하는 어떤 사건을 결과로서 고안하거나 상상해야 한다. 그리고 이 고안은 완전히 임의적이어야 한다. 가장 정밀한 조사와 검사를 하더라도 정신은 가정된 원인에서 결과를 결코 찾아낼 수 없다. 원인과 결과는 완전히 다르기 때문에, 아무리 해도 원인 속에서 결과를 발견해 낼 수 없다. 한 덩어리나 한 조각의 금속을 공기 중으로 노출시켜서 아무런 보호조치를 하지 않으면, 그 금속은 즉시 변질된다. 여기서 선험이란 문제를 생각해 보자. 금속이 상방향이 아닌 하방향으로 변질되거나 어떤 다른 변화를 한다는 생각을 갖게 될 수 있는 이 상황에서 우리는 무엇을 발견해 낼 수 있는가? 발견할 수 있는 것은 아무 것도 없다. 그러므로 우리가 관찰이나 경험의 도움 없이 어떤 단일의 사건을 정하거나 어떤 원인이나 결과를 추론하는 체하는 것은 헛된 일일 뿐이다." (*An Enquiry Concerning Human Understanding*, 1976, sec. IV)

결론을 얻을 수 있다. 우리는 모든 푸른 리트머스 종이를 산에 담그면 어떤 일이 발생할 것인가에 관한 일반적인 결론을 얻을 수 있다. 만약 후자의 경우라면, 우리의 논증은 귀납적 일반화에 의해 결론에 도달한 것이다.

논증의 전제들이 두 가지 속성들(또는 상황들, 또는 현상들)이 동시에 발생하는 많은 수의 사례들을 보고할 경우, 유비에 의해 우리는 어떤 속성의 상이한 개별 사례가 또 다른 속성도 나타내 보여줄 것이라고 추론할 수 있다. 귀납적 일반화에 의해, 우리는 한 속성의 모든 사례가 또한 다른 속성의 사례일 것이라고 추론할 수 있다. 다음과 같은 형식의 귀납적 일반화를 보라.

> 현상 E의 사례 1은 상황 C에 수반된다.
> 현상 E의 사례 2는 상황 C에 수반된다.
> 현상 E의 사례 3은 상황 C에 수반된다.
> 그러므로 현상 E의 모든 사례는 상황 C에 수반된다.

이것은 **단순매거적 귀납**(induction by simple enumeration)이다. 단순매거적 귀납은 보다 일반적인 결론을 가진다는 점에서만 다를 뿐 유비논증과 매우 유사하다.

단순매거는 종종 인과관계를 확립하는 데 사용된다. 어떤 현상에 대한 많은 수의 사례들이 특정한 유형의 상황에 일정불변하게 수반된다면, 그들 사이에 인과관계가 존재한다고 추론하는 것은 지극히 당연한 일이다. 관찰된 모든 사례에서 푸른 리트머스 종이를 산에 담그는 상황에는 언제나 리트머스 종이가 붉게 변하는 현상이 수반되었기 때문에, 단순매거에 의해 우리는 푸른 리트머스 종이를 산에 담그는 것은 리트머스 종이가 붉게 변하는 것의 원인이라고 추론한다. 이와 같은 논증의 유비적 특성은 아주 분명하다.

단순매거적 논증과 유비논증 사이의 상당한 유사성 때문에 두 논증에 적용되는 평가기준 또한 유사하다. 단순매거에 의한 어떤 논증은 다른 논증들보다 더 높은 수준의 개연성을 지닌 결론을 도출할 수 있다. 논증이 호소하는 사례의 수가 많으면 많을수록 결론의 개연성은 더 높아진다. 상황 C에 수반되는 현상 E의 다양한 사례들은 C가 E의 원인임을 주장하는 **인과법칙의 확증사례**(confirming instance)라고 흔히 불려진다. 다른 상황이 동일한 경우, 확증사례의 수가 많아지면 많아질수록 인과법칙의 개연성은 더 높아진다. 따라서 유비논증을 평가하기 위한 첫 번째 기준은 단순매거적 논증에도 직접적으로 적용된다.

역사를 기록할 때 단순매거는 인과적 관계의 추론에 설득력 있는 근거를 제공할 수 있다. 예를 들어, "사권(私權) 박탈법"이라 불리는 법안은 증오하는 개인이나 집단을 맹렬하게 비판하거나 공격하기 위해 고안되었으며, 정치권력의 추가 흔들릴 때는 지지자들을 위험에 빠뜨리는 것으로 알려져 있다. 오늘의 원고가 내일은 피해자가 된다. (댄버리 백작, 토마스 오스본 경을 겨냥하고 있는) 사권 박탈법을 비난하면서, 1678년 영국 상원에서 카나본 백작은 다음과 같은 매거로 문제의 핵심을 찔렀다.

> 의원 여러분, 나는 우리 영국의 역사가 짧지 않다는 것을 잘 알고 있습니다. … 그리고 나는 그 역사에서 이 법률이 규정하고 있는 것과 같은 기소권의 해악과 검찰의 불운을 배웠습니다. 엘리자베스 여왕의 치세가 끝나는 시점 이전으로는 되돌아가지 않고 말하겠습니다. 당시 월터 롤리 경은 에섹스 백작을 낙향시켰습니다. 그 후 월트 롤리 경이 어찌 되었는지는 의원 여러분들께서 잘 알고 계십니다. 베이컨 각하께서 그를 낙향시켰습니다. 그리고 베이컨 각하께서 어찌 되었는지도 의원 여러분들께서 잘 알고 계십니다. 버킹엄 공작께서 그를 낙향시켰습니다. 그리고 버킹엄 공작께서는 어찌 되었습니까? 후에 스트라포드 백작이 된 토마스 웬트워스 경이 그를 낙향시켰습니다. 그리고 토마스 웬트워스 경이 어찌 되었는지는 여러분들 모두 잘 알고 계십니다. 해리 베인 경이 그를 낙향시켰습니다. 그리고 해리 베인 경이 어찌 되었는지는 의원 여러분들께서 잘 알고 계십니다. 대법관 하이드가 그를 낙향시켰습니다. 그리고 대법관 하이드가 어찌 되었는지도 의원 여러분들께서 잘 알고 계시지요. 지금의 댄비 백작인 토마스 오스본 경이 그를 낙향시켰습니다.
>
> 앞으로 댄비 백작에게 어떤 일이 닥칠까요? 의원 여러분들께서는 이 질문에 가장 잘 대답할 수 있습니다. 댄비 백작을 낙향시키는 사람을 봅시다. 머지않아 우리는 그 사람이 어찌 되는지 보게 될 것입니다.[5)]

이와 같이 사례를 나열하는 것이 수사적으로는 효과가 있을지라도 신뢰할 수 있는 논증을 제공하지는 못한다. 결론 — 악의적인 고발과 그 후의 파멸 사이에 인과적 연관성이 있다 — 은 여섯 개의 확정사례에 호소하고 있다. 그러나 이와 같은 사례들의 성격만으로는 어느 것이 진정한 인과법칙의 확정사례이고 또 어느 것이 단순한 역사적 사건인지를 구별할 수 없다.

문제의 핵심은 다음과 같은 것이다. 단순매거의 방법은 제시되고 있는 인과법칙에 대한 예외를 고려하지 않으며, 또 고려할 수도 없다. 주장된 인과법칙들은 모두 단 하나의 부정적 사례만 있어도 폐기될 것이다. 왜냐하면 법칙에 일치하지 않는 단 하나의 사례만으로도 하나의 "법칙"으로 제시되었던 것이 실제로는 일반적인 법칙이 아니었다는 것을 보여줄

5) Zachariah Chafee, Jr., *Three Human Right in the Constitution of 1787*(1952)를 참고하라.

수 있기 때문이다. 예외적 사례가 법칙을 반증한다는 것이다. 왜냐하면 예외적 사례(또는 부정적 사례)는 주장된 원인은 발견되는데 그것이 주장된 결과로 이어지지 않는 경우(위의 역사적 사례에서는 사권 박탈법의 입안자가 같은 운명을 겪지 않은 경우)이거나, 또는 주장된 원인이 존재하지 않았는데도 주장된 결과가 나타나는 경우이거나 둘 중의 하나이기 때문이다. (앞의 도식을 사용하면) 이는 E 없이 C만 나타나거나, C 없이 E만 나타나는 경우이다. 단순매거적 논증은 이 두 가지 중의 어느 쪽에도 해당하지 않는다. 단순매거적 논증에서 합법적인 전제는 주장된 원인과 주장된 결과가 동시에 존재하는 사례에 대한 보고밖에 없다.

400년 전 프란시스 베이컨은 『학문의 진보(*The Advancement of Learning*)』(1605)에서 단순매거적 귀납의 단점을 분명히 지적했다. 그는 다음과 같이 말했다. 즉, "단순매거에 의해 이루어지는 귀납은 유치하다. 그것의 결론은 불안정하고, 모순되는 사례의 위험에 노출되어 있다. 그리고 일반적으로 그것이 결정을 내리는 것은 지나치게 사소한 사실들, 그리고 눈앞에 있는 사실들뿐이다."

그러므로 다음과 같은 사실은 단순매거적 논증의 중대한 약점이라고 할 수 있다. 즉, 만약 우리의 논의를 전적으로 단순매거적 논증에만 한정시켜 말한다면, 우리는 오직 확정 사례들만 찾고 부정적이거나 법칙에 일치하지 않는 사례는 무시하려고 할 것이다. 이러한 이유 때문에, 단순매거적 귀납은 그것이 가지는 성과와 가치에도 불구하고 인과법칙을 검사하는 수단으로는 전혀 적합하지 않다. 하지만 이러한 검사는 반드시 필요하다. 인과법칙을 검사하기 위해 우리는 다른 유형의 귀납논증들에 의존할 수밖에 없다. 이제 그것들을 살펴보기로 하자.

12.4 인과분석의 방법들

모든 귀납에서 중심이 되는 방법들의 고전적 형식은 19세기에 존 스튜어트 밀이 쓴 『논리학의 체계(*A System of Logic*)』(1843)에서 제시되었다. 이 방법들에 대한 그의 체계적인 설명을 논리학자들은 "귀납적 추론에 대한 밀의 방법들"이라 부른다. 이 방법들—보통 다섯 가지로 구분되는— 은 분명히 밀에 의해 발명된 것도 아니고, 또 단순히 19세기 사유의 산물로 간주되어서도 안 된다. 오히려 이것들은 과학적 탐구의 일반적인 도구들이다. 밀이 그것들에 부여한 이름은 지금도 여전히 사용되고 있으며, 그가 "귀납의 표준"이라고 불렀던 세심한 공식도 마찬가지다. 과학적 탐구에서 이 방법들의 유용성은 영원할 것이다. 오늘날 생물학, 사회학, 물리학 등에서 이루어지는 새로운 발견의 설명은 **밀의 방법**(Mill's methods)으로 불리는 귀납적 추론의 다섯 가지 방법들 중 하나이거나 그 변형(또는 조합)을 적용한 방법론으로 작성되는 것이 보통이다. 밀의 방법은 다음과 같다.

1. 일치법(the method of agreement)
2. 차이법(the method of difference)
3. 일치 차이 병용법(the joint method of agreement and difference)
4. 잉여법(the method of residues)
5. 공변법(the method of concomitant variation)

우리는 (일치 차이 병용법은 제외하고) 각 방법에 대한 밀 자신의 고전적인 진술을 먼저 살펴본 다음 해설과 도해를 살펴보는 방식으로 각 방법들을 차례로 검토할 것이다. 이것들은 과학이 인과법칙을 찾기 위해 의존하는, 그리고 앞으로도 의존할 방법들이다.

A. 일치법

존 스튜어트 밀은 다음과 같이 말했다.

> 조사 중인 현상의 둘 또는 그 이상의 사례들이 단 하나의 상황만을 공통으로 가지고 있고, 오직 그 상황에서만 모든 사례들이 일치한다면 그 상황은 주어진 현상의 원인(또는 결과)이다.

이 방법은 단순히 원인과 결과의 반복적인 결합을 발견하고자 하는 것이 아니라 단 하나의 상황, 즉 우리가 관심을 갖고 있는 결과 내지는 현상과 일정불변하게 결합되는 하나의 상황을 확인하고자 한다는 점에서 단순매거를 넘어서고 있다. 이 방법은 과학적 탐구의 본질적이고도 매우 일반적인 도구이다. 예를 들어, 어떤 치명적인 전염병의 원인이나 지질학적 현상의 원인을 조사하는 경우, 전염병학자나 지질학자는 모든 사례에서 그러한 결과를 수반하는 특정한 상황을 찾아내려고 할 것이다. 명백히 다른 일련의 상황들에서 어떻게 동일한 결과가 산출되는지, 즉 어떻게 그 상황들이 일치를 보이게 되는지를 그들은 묻는 것이다.

어떤 기숙사의 사람들이 배탈을 일으켰는데 우리가 그 원인을 알아내야 한다고 가정해 보자. 조사의 첫 단계는 당연히 다음과 같을 것이다. 배탈을 앓고 있는 모든 사람이 먹었던 음식은 무엇인가? 환자 중 일부는 먹었지만 모든 환자가 먹지는 않았던 음식이 발병의 원인은 아닐 것이다. 우리는 질병의 모든 사례에 공통적으로 발견되는 상황이 무엇인지를 알고자 하는 것이다. 물론 그 공통적인 것이 음식이 아닐 수도 있다. 감염된 식기를 사용했다거나, 유해한 폐수가 가까이 있었다거나 혹은 다른 상황 때문일 수도 있을 것이다. 그러나 만약 질병의 모든 사례에서 일치하는 어떤 상황이 발견되었다면, 우리는 이제 그 문제를 해결할 수 있는 길목에 들어선 것이다.

일치법(method of agreement)을 도식적으로 나타내면 다음과 같다. 여기서 영어의 대문자는 상황들을 나타내고, 소문자들은 현상들을 가리킨다.

> *A B C D*는 *w x y z*와 함께 발생한다.
> <u>*A E F G*는 *w t u v*와 함께 발생한다.</u>
> 그러므로 *A*는 *w*의 원인(또는 결과)이다.

이 방법은 그것에 대한 탐구가 과학적으로 유망한 어떤 종류의 현상이나 어떤 범위의 상황을 식별하는 데 특히 유용하다. 예를 들어, 분자유전학에서 어떤 유전병의 원인을 찾을 때 일치법을 사용하면 그 범위가 훨씬 좁혀질 수 있다. 어떤 특수한 기능장애가 널리 퍼져 있는 가계에서 그 구성원 중에 공통인자가 있는가? 가계 구성원들에 대한 유전자 구성을 검사하여 그 가계에서만 발견되고 다른 가계에서는 쉽게 발견되지 않는 그런 유전인자들로 압축해 가면, 유전적 결함이 있는 염색체(그리고 때로는 그 염색체가 있는 위치)를 확인할 수 있을 것이다. 일치법은 어떤 질병의 원인을 추적하는 데 아주 효과적인 방법임에 틀림이 없다.

이와 마찬가지로, 전 세계적으로 선진지역에서 행해지고 있는 수돗물 불소 첨가는 반세기 훨씬 이전에 있었던 발견의 결과이다. 충치의 비율이 정상보다 아주 낮은 도시들이 가진 공통된 상황이 수돗물에 함유된 불소의 비율이 비정상적으로 높았다는 것이다. 불소 첨가와 충치의 인과관계를 확인하기 위해 허드슨 강변에 있는 비슷한 규모의 두 도시, 즉 뉴욕주의 뉴버그와 킹스톤을 대상으로 1940년대에 면밀한 연구조사가 행해졌다. 뉴버그의 수돗물에는 불소를 첨가하고, 킹스톤의 수돗물에는 불소를 첨가하지 않았다. 통계자료는 놀라운 결과를 입증했다. 뉴버그의 어린이들은 14세가 될 때까지 충치가 70퍼센트 감소한 것으로 나타났다. 그러나 암, 선천성 결손증, 심장병 등의 비율은 두 도시에서 차이가 없었다. 이와 같은 충치예방 효과에 대한 완전한 원인 규명은 당시에는 이루어질 수 없었다. 그렇지만 도시의 수돗물 공급 체계에서 불소 첨가가 정당하다는 것은 충분히 인식하게 되었다.

일치법은 널리 효력을 발휘한다. 2007년 ≪사이언스≫ 지에 실렸던 발견은 흡연자들을 니코틴 중독에서 벗어나도록 하려는 시도에서 보면 아주 유망한 발견이었다. 그 발견이란 인슐라(insula)로 불리는 두뇌의 특정 부위에 손상을 입은 소수의 사람들에게 흡연의 욕구가 곧바로 사라졌다는 것이었다. 인슐라의 그 무엇이 중독을 일으키는 결정적인 요소인 것처럼 보인다. 자료에 대한 통계적 분석이 끝났을 때, 남캘리포니아 대학의 책임연구원은 "다른 부위에 손상을 입었을 때보다 두뇌의 인슐라에 손상을 입었을 때 금연에 성공할 가능성이 136배 높아진다는 사실이 밝혀졌다"고 발표했다. 미국 국립약물남용연구소의 한 신경과학자는 이에 고무되어 다음과 같이 말했다. "어떤 종류의 변수를 가지고서 이와 같은 금연 성공률을 만들어 내는 것은 놀랍다. 금연을 두뇌의 특정 부위와 연관 짓는 것은 환상적이다."[6] 따라서 니코틴 중독에 일치법을 적용하고 싶어 하는 중독 연구자들에게는 "어떻게 하면 인슐라가 기능을 못하도록 조정할 수 있을까?"가 최대 관심사가 되었다.[7]

간단히 말해서, 우리가 주어진 현상의 모든 사례들에 공통적인 하나의 상황을 발견한 경우라면 적어도 우리는 그 원인의 영역에 도달했다는 결론을 내려도 무방하다는 것이다.

그러나 일치법에는 심각한 한계가 있다. 그러나 주로 확증사례들을 기대하기 때문에 이 방법만으로는 찾고 있는 원인을 식별하기에 불충분한 경우가 많다. 모든 사례에 공통되는 하나의 상황을 식별할 수 있을 만큼 편리하게 데이터가 정리되어 있는 경우는 드물다. 조사 결과 모든 사례에 공통되는 상황이 하나 이상 드러난 경우에는 이 기법만으로는 이와 같은 여러 가지 가능성들을 평가하기 어렵다.

상황과 현상 사이의 일치의 존재가 비결정적인 경우가 많다 하더라도, 일치의 부재는 어떤 것이 찾고자 하는 현상의 원인이 아닌가를 결정하는 데는 도움이 된다. 일치법은 본질적으로 제거적인 방법이다. 즉, 일치법은 우리가 관심을 갖고 있는 현상의 모든 사례가 아니라 몇몇 사례에서 나타나는 사례들이 그 현상의 원인일 가능성이 낮다는 사실을 밝혀

6) Dr. Steven Grant, *Science News*, 27 January 2007.

7) 미국 국립약물남용연구소(National Institute of Drug Abuse) 소장인 노라 볼코우(Nora Volkow) 박사의 이 말은 다음에서 인용되었다. Benedict Carey, "In Clue to Addictive Behavior, A Brain Injury Halts Smoking," *The New York Times*, 26 January 2007.

낸다는 것이다. 그러므로 주장된 인과관계를 반박하고자 하는 사람은 일관된 일치가 없다는 사실에 주의를 환기시켜 주장된 원인이 그 현상의 충분조건일 수도 없을 뿐만 아니라 필요조건일 수도 없다는 사실을 추론하려 할 것이다.

일치법의 모든 것을 배우고 나면, 원인을 찾기 위해 보다 더 정교한 다른 귀납적 방법이 필요하다는 것을 알게 된다.

논리연습

다음의 과학 보고서들을 분석하여, 각각 일치법이 어떻게 사용되었는지를 설명하고, 인과관계를 찾기 위해 일치법을 적용할 때 나타나는 그것의 한계가 무엇인지를 논하라.

1. 서부 펜실베이니아에 있는 치치(Chi-Chi) 식당에서는 살사 소스에 양파를 생으로 다져 넣은 소스를 테이블마다 무료로 제공하는데, 여기에 들어가는 양파의 오염이 그 지역에서 발생한 대규모 A형 간염 사태의 원인임이 거의 확실시된다고 질병통제예방센터가 어제 발표했다. 멕시코에서 선적된 양파 다발들은 도착할 때까지 5일 이상 얼음이 채워진 양동이에 보관된다. 따라서 그것들이 도착했을 때 단지 몇 개의 다발만 간염 바이러스에 감염되어도, 양동이에 들어 있는 얼음물은 간염 수프(hepatitis soup)가 되기 때문에, 다른 모든 양파에도 간염 바이러스가 이미 급속하게 퍼져 있을 것이다. 그 후에 양파를 물에 행구고 잘게 썰어서 2일 더 냉장 보관했다가, 10갤런들이 통속에 넣어 3일 이상 냉장 보관한 살사 소스에 넣는다. 치치 식당의 고객들 중 3명이 죽고 575명이 앓아누운 사고는 하나의 원인에서 생긴 A형 간염 사고로는 미국에서 가장 규모가 큰 대형사고이다. A형 간염은 감염된 사람의 배설물에 의해 전염되며, 특히 화장실에 다녀온 후 손을 씻지 않은 사람들로부터 전염된다. 이 바이러스는 사람의 몸 밖에서는 증식하지 않지만, 음식물 속에서는 살아있을 수 있다.

   멕시코에서는 A형 간염은 흔한 어린이 질병이고, 어린이들은 대개 양파 농장에서 일을 한다. 하수도의 오수나 오염된 물이 양파를 재배할 때 관개용으로 사용되었든, 양파를 씻는 데 사용되었든, 또는 선적을 위한 얼음 제조에 사용되었든 간에, 오염된 물이 원인이 되었을 수 있다. 그 양파들이 어떻게 감염되었는지는 알려져 있지 않다.

   —*The New York Times*

2. 어빈에 있는 캘리포니아대학의 연구원들은 모차르트의 피아노 음악을 들으면 지능검

사에서 상당히 점수가 올라간다는 것을 이론화했다. 프란시스 H. 라우셔 박사와 그녀의 동료들은 다음과 같이 보고했다.

> 우리는 모든 학생들에게 세 권의 표준 IQ 공간추리검사 문제지를 나누어주고, 아래의 세 가지 사전조치 중 한 가지를 10분 동안 실행하고 난 후에 답을 쓰도록 했다.
>
> 1. 모차르트의 두 대의 피아노를 위한 소나타 D장조, K.488을 듣거나, 또는
> 2. 명상 테이프를 듣거나, 또는
> 3. 침묵한다.
>
> IQ 검사 결과는 첫 번째를 수행하고 난 후의 점수가 나머지 두 과제를 수행했을 때보다 좋았다. 모차르트의 소나타를 듣고 난 후의 IQ점수가 평균 8~9점 더 높았다. 학생들 중 일부는 모차르트를 좋아한다고 했고, 또 다른 일부는 좋아하지 않는다고 했다. 그러나 다양한 기호에 원인을 돌릴 수 있는 점수 차이는 측정되지 않았다. 라우셔 박사는 다음과 같이 말했다. "우리는 이 실험으로 뇌 기능에 대한 신경생물학적 모델을 검사하고 있다. 그리고 이런 패턴들은 특정한 활동들—체스, 수학, 특정한 종류의 음악—에 있어서 공통적일 것으로 가정한다. … 이와 같은 음악을 들으면, 인식에서 중요한 기능을 하는 신경계의 연결 통로들이 자극을 받을 것이다."
>
> —프란시스 H. 라우셔, 고든 L. 쇼, 캐서린 N. 카이, *Nature*

3. 의학 연구자들은 배란을 감안하여 성교 시기를 택하는 것이 임신 기회에 지대한 영향을 미칠 뿐 아니라 월경주기에서 특정한 기간 안에 성교가 이루어져야 임신이 된다는 결론을 내렸다. 연구자들은 그들이 발견한 것을 다음과 같이 요약했다.

> 우리는 임신 계획을 갖고 있는 건강한 여자 221명을 모집했다. 선발된 모든 여자들에게 피임을 중단시키고, 매일 검사용 소변을 제출하고 성교를 했는지 여부를 기록하게 했다. 우리는 소변에서 대사물질인 에스트로겐과 프로게스테론을 측정하여 배란일을 추정했다.
>
> 배란일이 추정될 수 있는 총 625건의 월경주기에서, 192건의 임신이 이루어졌다. … 임신이 이루어진 것들 중 3분의 2에 상당하는 129건이 출산했다. 배란예정일 직전 6일 동안에 성교가 이루어진 경우에만 임신이 되었다. 임신 가능 기간 중의 성교로 실제 임신이 될 확률은 0.10 내지 0.33인데, 최저치인 0.10은 배란예정일 5일 전이었고, 최고치인 0.33은 배란 당일이었다.
>
> 결론: 임신을 원하는 건강한 여성이 임신에 성공한 것은 거의 모든 경우가 배란일 5일 전부터 배란일까지인 6일 사이에 성교를 했기 때문이다.
>
> —알렌 J. 윌콕스, 클라리스 R. 바인버그, 도나 D. 베어드,
> *The New England Journal of Medicine*

4. 코스타리카의 카르타고에 사는 한 대가족은 유전병인 난치성 청각이상이라는 희귀한 질병으로 오랫동안 고통을 받아왔다. 그 가계에서 태어난 50%의 아이들에게 그 질병이 발현했다. 그 아이들은 열 살 경에 그들의 운명을 알게 된다. 그 무렵이 되면 유전적 변이를 물려받은 사람들은 그들의 청각이 죽어가기 시작한다는 것을 알게 된다. 워싱턴대학에서 온 과학자들이 최근에 그 가계의 질병 원인을 추적하고 있는데, 종전에는 알지도 못했던 반투명 유전자라고 불리는 것에 이르기까지 진전했다. 유용한 치료법은 소리의 진동에 반응하는, 내이에 있는 예민한 유모(有毛) 세포를 수술하는 것이다.

   이 유전자는 단일한 변이를 갖고 있는데, 그 변이가 코스타리카의 대가족에서 나타나고 있는 바로 그것이다. 코스타리카 대가족의 원조는 1713년 스페인에서 카르타고로 건너왔는데, 그는 이후 8세대를 내려오면서 그의 후손들 중 절반이 앓았던 것과 같은 형태의 청각이상을 앓았었다. 그 가족의 대부분은 카르타고에 계속 살고 있다. 그곳에서는 청각이상이 그 가족의 유전병이라는 것이 널리 알려져 있고 또 널리 이해되고 있기 때문이다. 이 연구가 단 한 가족에 대한 연구였고, 그래서 연구대상으로 삼아야 할 유전적 차이가 거의 없었기 때문에, 그 유전자를 정확하게 집어내는 데 6년이 걸렸다. 결정적인 변이는 그 유전자의 DNA를 구성하는 3,800개의 화학기호들 중에서 단 한 개에서 발생했다.

—*Science*

5. 국립 암 연구소 출신의 연구원들은 남성 동성애자들이 공유하는 다수의 유전자 표지를 발견했다고 발표했다. 이는 동성애가 유전적 뿌리를 갖고 있다는 것을 가리킨다. 연구원들은 연구대상으로 검사한 동성애자 40쌍 중에서 33쌍이 오직 어머니로부터 물려받는 X염색체에 특정한 DNA배열을 갖고 있다는 것을 발견했다고 1993년 7월 16일자 ≪사이언스(*Science*)≫지에 보고했다. 이 보고서가 함축하고 있는 추론은 다음과 같다. 즉, 만약 특정 DNA배열을 공유하고 있는 형제들이 둘 다 동성애자이면, 이 DNA배열은 동성애의 유전자 표지로 간주될 수 있다.

6. 남성 포경수술과 HIV 감염 사이의 관련성이 지난 수년 동안 영국의 의학저널인 ≪란셋(*The Lancet*)≫의 관심사가 되어 왔다. 그 관련성을 연구하고 있는 연구원들은 1989년까지 소급한 연구에서 포경수술을 하지 않은 남자는 HIV-1에 감염될 위험이 매우 높다는 사실이 밝혀졌다고 금세기 말에 ≪란셋≫지에 기고했다. 그리고 양자의 관계를 말해주는 역학적 및 생물학적 증거는 사람들의 관심을 끌게 되었다고 그 이후

의 기고에 실렸다. 케냐와 우간다에서 행해진 아주 최근의 연구들은 더욱더 주목할 만한 증거를 제시했다. 미국 국립보건원은 케냐와 우간다에서 수행해 온 시험적 노력들을 2006년에 중단했는데, 그 이유는 결과들이 너무 명백했기 때문이었다. 포경수술은 이성 간 성교에서 남자가 AIDS에 감염될 위험을 거의 절반까지 낮추며, 따라서 미국의 공무원들은 시험 중인 8천명 모두에게 포경수술을 권고하지 않고 시험을 계속하는 것은 비윤리적이라는 결론을 내렸다. 재평가된 최종 결과는 2007년 2월 23일자 ≪란셋≫지에 수록되었는데, 더욱더 충격적이다. 그 결과는 포경수술이 남자의 AIDS 감염 위험을 65%까지 낮춘다는 것이었다. 국립 알레르기-전염병연구소의 안토니 파우치 박사는 강한 어조로 다음과 같이 말했다. "자! 이것은 적당한 의료 조건하에서 행해지기만 하면 안전한, 단 한 번뿐이고 영구적인 간섭이다. 만약 우리에게 이것만큼 잘 듣는 AIDS 백신이 있다면, 그것은 장안의 화제가 될 것이다."

B. 차이법

존 스튜어트 밀은 다음과 같이 말했다.

> 조사 중인 현상이 발생하는 사례와 발생하지 않는 사례에 있어 한 상황이 전자에서만 발생한다는 점을 제외하고는 모든 상황이 같다면, 두 사례에 있어 유일하게 다른 그 상황은 그 현상의 결과이거나 원인 내지는 원인의 불가결한 한 부분이다.

이와 같은 형태의 방법은 결과가 산출되는 사례들 간의 공통적인 것에 초점을 맞추는 것이 아니라, 결과가 산출되는 사례들과 산출되지 않는 사례들 간의 차이에 초점을 맞춘다. 앞에서 예로 들었던 배탈의 원인을 조사하는 경우에 병에 걸렸던 모든 사람들이 후식으로 통조림 배를 먹었던 반면에, 병에 걸리지 않았던 사람들 중 어느 누구도 그 배를 먹지 않았다는 사실을 알게 되었다면, 우리는 그 질병의 원인이 밝혀졌다고 아주 자신만만하게 말했을 것이다.

차이법(method of difference)과 일치법의 차이는 수컷의 공격적인 행동에서 테스토스테론이라는 호르몬의 역할에 대한 최근의 한 연구보고서에 잘 드러나고 있다.

> 수많은 종들에 있어서 테스토스테론의 분비와 활발한 활동이 매우 한정된 교미기 — 정확히 말하면 수컷 간의 공격성이 급속히 고조되는 기간 — 에만 나타나므로 실험이 일 년 중 대부분 동안 중단된다. 매우 인상적인 것처럼 보이지만, 이와 같은 데이터는 단지 상관적 — 공격

> 성이 발휘되는 그 시점에는 테스토스테론이 반복적으로 발견되었다[보고 내용은 이것뿐이다] — 일 뿐이다.
>
> 증명은 칼로써, 그리고 완곡한 표현으로 배제(subtraction) 실험이라 불리는 방법을 실행함으로써 이루어진다. 한 종씩 테스토스테론을 생성하는 장기를 제거하라. 그러면 공격성의 수준이 급격히 낮아진다. 그 후 다시 인공 합성 테스토스테론을 주사하여 테스토스테론의 수치를 정상으로 회복시켜라. 그러면 공격성도 되돌아온다.
>
> 제거하고 치환하는 방법으로 우리는 이 호르몬이 공격성과 관련이 있다는 증거를 확보할 수 있다.[8)]

테스토스테론이 중요한 차이를 가져온다는 것은 분명하다. 그러나 이 보고서의 저자는 테스토스테론이 수컷의 공격성의 원인이라고 단언하지 않는 조심성을 보이고 있다. 더 정확히 말하면, 보고서는 테스토스테론이 공격성과 확실히 관련이 있다고 진술하고 있다. 밀이 말했던 것처럼, 이 호르몬은 수컷의 공격성의 원인의 불가결한 한 부분이다. 나머지는 모두 정상인데 결정적인 차이를 가져오는 단 한 가지 요인 — 그것을 제거하면 문제의 현상이 사라지고 그것을 부가하면 문제의 현상이 발생하는 요인 — 을 우리가 확인할 수 있다면, 그것이 바로 우리가 조사하고 있는 그 현상의 원인이거나 그 원인의 불가결한 한 부분이 된다는 것을 아주 확실하게 우리는 확인할 수 있다.

차이법을 도식적으로 표현하면 다음과 같다. 여기서 영어 대문자는 상황들을 나타내고 소문자는 현상들을 나타낸다.

> A B C D는 w x y z와 함께 발생한다.
> <u>B C D는 x y z와 함께 발생한다.</u>
> 그러므로 A는 w의 원인이거나 결과 또는 원인의 불가결한 한 부분이다.

차이법은 거의 모든 종류의 과학적 탐구에 있어서 핵심적인 중요성을 지닌다. 차이법을 활용하는 아주 선명한 실제 사례로서 어떤 질병의 발현과 관련이 있을 것으로 추정되는 특정 단백질들의 효과에 대한 연구를 들 수 있다. 이 연구는 의학적 조사방법에 의해 진행되고 있다. 조사하고 있는 그 물질이 참으로 그 질병의 원인(또는 그 원인의 불가결한 한 부분)인지 아닌지에 대한 결정은 그 물질이 배제된 실험 환경이 만들어졌을 때에만 가능하다. 연구원들은 가끔 인간이 아닌 쥐 — 물론 동일한 질병을 앓고 있고 또 문제의

8) Robert Sapolsky, "Testosterone Rules," *Discover*, March 1997.

단백질을 생산한다고 알려진 그 유전자가 제거된 쥐 — 를 대상으로 실험할 수도 있다. 이와 같이 처리된 동물들을 동종 교배하면, 현대 의학연구에서 소중히 여기는 "특정 유전자가 제거된 쥐(knockout mice)"의 개체군이 만들어진다. 문제의 질병과 관련된 연구는 그 질병에 잘 걸리는 다른 동물들과 똑같은 한 동물을 대상으로 행해질 수 있다. 특정 유전자가 제거된 쥐가 만들어낸 결정적인 차이가 없다면, 그 물질의 부재가 원인으로 가정된다. 이런 방식의 연구는 의학 분야에서 상당히 주목할 만한 발전을 가져왔다.

예를 들면, 특정 유전자가 제거된 한 쥐를 이용하여 과학자들은 염증 — 붓고, 빨개지고, 통증을 일으키는 — 의 원인 유전자를 확인할 수 있었다. 쥐에게도 있고 사람에게도 있는 MIP-1 알파 유전자가 염증의 시초를 유발하는 단백질을 만들어낸다는 의혹을 받아왔다. 노스캐롤라이나대학의 병리학자들은 알파 유전자가 없는 쥐를 번식시킨 실험용 쥐들과 정상적인 대조군(동일 실험에서 실험 요건을 가하지 않은 그룹) 쥐들을 모두 인플루엔자 및 기타 질병을 일으키는 것으로 알려진 바이러스에 감염시켰다. 정상적인 쥐들은 예상대로 심한 염증을 일으켰으나 MIP-1 알파 유전자가 없는 쥐들은 가벼운 염증만 앓았다. 이것은 고통과 피해를 주는 염증을 앓지 않고도 바이러스성 감염에 대처할 수 있도록 해주는 의약품 개발을 위한 큰 진전이다.[9)]

오랜 세월 동안 인류에게 심각한 전염병 중의 하나였던 황열병의 진정한 원인을 확인하기 위한 실험에 관한 다음의 설명에서 차이법에 대한 유명하고도 매우 극적인 예시가 드러난다. 여기서 소개하는 그 실험은 미 육군 소속의 의사들인 월트 리드, 제임스 캐롤 그리고 제시 W. 레이지어 등이 주관했다. 캐롤 박사는 이 실험 직전의 다른 실험에서 의도적으로 감염된 모기에게 물림으로써 이미 황열병에 걸려 있었다. 레이지어 박사는 이 실험이 시작되고 오래지 않아 황열병으로 사망했다. 이 실험이 수행되었던 연구소는 그의 이름을 따라 명명되었다.

> 황열병이 감염될 수 있는 다른 모든 그럼직한 가능성들을 배제한 채 오직 모기에 의해서만 황열병이 전염된다는 사실을 입증하기 위한 실험이 고안되었다. 모든 창문과 문, 그리고 가능한 모든 틈들로부터 모기를 완벽하게 차단시킬 수 있는 작은 건물이 세워졌다. 방에는 모기 차단막을 쳐서 공간을 둘로 나누었다. 그 중 한 공간에 황열병 환자의 피를 빨아먹은 15마리의 모기를 넣어두었다. 면역성이 없는 한 실험자원자가 모기가 있는 방에 들어가 7마리의 모기에게 물렸다. 그

9) D. N. Cook et al., "Requirement of *MIP-1 alpha* for an Inflammatory Response to Viral Infection," *Science*, 15 September 1995.

로부터 나흘 뒤 그는 황열병에 걸렸다. 면역성이 없는 또 다른 두 명의 남자는 모기가 없는 방에서 13일 밤 동안 잠을 잤으나 아무런 문제도 생기지 않았다.

황열병이 환자의 배설물이나 환자와의 접촉에서 비롯되는 그 어떤 것에 의해서가 아니라 모기에 의해 전염된다는 사실을 입증하기 위해 모기를 차단시킬 수 있는 집이 또 한 채 세워졌다. 황열병 환자의 배설물과 혈액 및 구토물로 오염된 의류와 침구류, 식기 등을 그 집에 넣어 둔 후 면역성이 없는 세 사람을 방충망이 쳐진 그곳에서 20일 동안 살게 하였다. 세 사람이 사용한 침구는 황열병으로 사망한 환자들의 침대에서 가져온 것으로 오염물질을 제거하기 위해 세탁을 한다거나 하는 식의 어떤 처치도 하지 않은 것이었다. 이 실험은 면역성이 없는 다른 지원자들로 두 번에 걸쳐 반복 실시되었다. 실험의 전 기간 동안 그 집에서 거주했던 모든 사람들은 엄격히 격리되고 모기로부터 차단되었다. 이 실험에 참가한 사람들 중 어느 누구도 황열병에 감염되지 않았다. 그 이후에 이들 중 네 명이 모기에 물리거나 황열병 환자의 혈액을 주사함으로써 황열병에 감염되었기 때문에 실험에 참가한 사람들이 면역성이 없었다는 사실은 입증되었다.[10)]

인용문의 첫 단락에서 설명된 실험의 부분은 빈틈없이 차단된 두 개의 공간, 즉 한쪽에는 황열병 환자의 피를 빨아먹은 모기가 있고, 나머지 한쪽에는 그런 모기가 없는 공간 속에 있는 사람들 사이의 단 하나의 차이를 매우 신중하게 만들어냈다. 인용문의 두 번째 단락에서 설명된 실험의 부분은 차이법을 두 번째 활용한 것이다. 이 실험에서 황열병 희생자가 사용한 물건을 사용하는 등 그들과 밀접하게 접촉했던 두 부류의 사람들 간의 중요한 차이는 그들 중 일부가 후에 감염된 모기나 감염된 혈액에 노출되었다는 사실이며, 그런 상황이 없었을 때는 아무런 감염도 발생하지 않았다는 사실이다.

과학은 인과법칙을 찾는다. 가정된 인과관계를 확증하거나 그 부당성을 증명하려고 부단한 노력을 기울일 때 차이법은 널리 사용될 뿐 아니라 매우 강력한 방법이다.

논리연습

다음의 보고서들을 분석하여, 그 각각에서 차이법이 적용된 방식들을 설명하라. 그리고 각각의 경우에 사용된 차이법의 강점과 약점이 무엇인지를 논하라.

1. 기억에 있어서 잠은 얼마나 중요할까? 잠이 기억력에 어떻게 영향을 미치는지를 확인하기 위해 고안된 실험을 2003년에 두 대학의 연구자들이 각각 따로 시행했다. 대학

10) Paul Henke and William K. Frankena, *Exercise in Elementary Logic* (1940).

생 또래의 사람들이 어떤 과제를 수행하도록 훈련을 받은 다음에 밤새 수면을 취한 후와 수면을 취하지 않은 후에 그 과제에 대해 얼마나 상기하는지를 검사했다. 연구자들 중의 한 사람인 시카고대학의 다니엘 마고리아시 교수는 "문제를 안고 잠자리에 들었는데 잠에서 깨어났을 때 해답이 떠올랐던 경험을 우리는 모두 갖고 있다"고 말했다. 그런데 잠이 참으로 기억에 도움이 될까?

그렇다. 상당히 도움이 된다. 단지 재충전의 문제로서가 아니라, 연구자들이 발견했듯이 잠이 뇌 회로의 깊은 곳에 기억들을 저장하고 통합함으로써 기억을 구출하기 때문이다. 시카고대학에서는 피실험자들을 음성합성장치에서 나오는 애매한 발성의 낱말들을 이해하도록 훈련했다. 훈련 후에 수면을 취한 실험군의 피실험자들은 수면을 취하지 않고 훈련 후 몇 시간 만에 곧바로 테스트를 실시한 대조군의 피실험자들보다 더 많은 낱말을 이해했다. 그리고 하버드 의과대학에서는 100명의 피실험자들을 손가락으로 두드리는 행동을 반복하는 훈련을 시킨 후, 상이한 간격으로 반복해서 질문을 했다. 기억을 통합하는 과정은 하루나 이틀 밤의 수면을 필요로 했다. 그런 다음 피실험자들의 성적이 실제로 향상되었다.

—*Nature*

2. 소금의 과다 사용이 전 세계적으로 만연한 고혈압과 심장병으로 인한 사망의 원인이라는 것에 대해 많은 전문가들이 혐의를 두고 있다. 그러나 소금이 범인이라는 것을 어떻게 증명할 수 있을까? "자연실험"이 있다. 외부와 단절된 열대우림 사회나 농경사회의 사람들에게 현대문명을 가르치고 도시로 이주시켜서 염분이 많은 식사를 하게 하면, 대부분의 사람들이 고혈압을 갖게 된다. 이것이 자연실험이다. 그러나 이와 같은 증거는 다른 많은 중요한 요인들이 함께 변하기 때문에 결정적인 것이 되지 못한다. 새로운 스트레스와 음식섭취에 있어서 많은 변화들이 소금 섭취량의 증가와 함께 이루어진다. 소금의 인과적 효과 자체는 어떻게 측정할 수 있을까?

   멜브론대학의 데릭 덴튼 박사는 필요한 시험을 위해 생물학적으로 사람과 가장 가까운 종인 침팬지 중에서 정상적인 한 무리를 선택했다. 가봉에 서식하는 정상상태의 혈압을 가진 한 무리의 침팬지에 대해 먼저 자연 상태에서 연구를 수행했다. 그 후 무리를 두 그룹으로 나누어 한 그룹은 실험군으로 음식 속의 염분의 양을 2개월 동안 점차적으로 증가시켰으며, 대조군인 다른 한 그룹은 염분 섭취량을 변함없이 유지했다. 침팬지의 정상혈압은 110/70이다. 덴튼 박사의 실험에서 염분 섭취가 증가한 실험군의 혈압은 대개 150/90까지 올라갔으며, 일부는 그보다 더 올라갔다. 그러나 염분 섭취가 변함없이 유지된 대조군의 혈압은 올라가지 않았다. 음식 속에 염분을 추가하는 것을 중단한 지 6개월 후, 실험군의 모든 침팬지들은 실험하기 이전의 혈압으로 회복되었다. 그 침팬지들의 생활양식에서 염분 섭취 외 다른 변화는 없었기 때문에, 연구자들은 염분 섭취의 변화가 혈압 변화의 원인이라고 결론내렸다.

—*Nature*

3. 보통 생 조개와 함께 제공되는 향긋한 뉴올리언스 칵테일 소스의 주요 성분인 루이지애나 핫 소스가 굴과 조개의 날것에서 발견되는 어떤 박테리아를 죽이는가? 대답은 "그렇다"이다. 비브리오균은 전염성이 있고 때로는 치명적이기도 한 박테리아이며, 시장에서 판매되는 생 조개류의 5% 내지 10%에서 발견된다. 뉴올리언스에 있는 루이지애나주립대학 의료센터의 찰스 V. 샌더스 박사와 그의 연구팀은 시험관 속에서 증식하고 있는 비브리오 배양균에 루이지애나 핫 소스를 넣었다. 아주 많이 희석된 핫 소스였지만, 5분 이내에 균이 죽었다. 이를 보고 샌더스 박사는 "어찌 이런 일이 일어났는지 믿을 수가 없었다"고 말했다. 그는 줄기차게 굴은 날것으로 먹어도 좋다고 말한다. 단 핫 소스를 듬뿍 넣어서 먹는다는 조건에서 그렇다.

4. 리투아니아에서는 나머지 전 세계에서 일어나는 것만큼의 차량 추돌사고가 일어난다. 추돌사고가 나면, 범퍼는 찌그러지고, 불같이 화가 난다. 그러나 리투아니아의 운전자들은 미국에서는 아주 일반적인 고통, 즉 "휘플래시증후군"으로 불리는 고질적인 목통증과 두통을 겪지 않는 것 같다. 노르웨이 트론드하임 소재 대학병원의 하랄드 쉬라더 박사와 그의 동료들은 그들의 연구 목적을 밝히지 않고, 1년 내지 3년 전에 추돌사고를 당한 리투아니아의 운전자 202명에게 건강 설문지를 나누어 주었다. 그 운전자들의 증상에 대한 응답내용을 한 번도 사고를 당하지 않은 (체격, 나이, 거주지 등이 같은) 운전자들인 대조군의 응답내용과 비교해 보았다. 사고피해자들의 35%가 목통증이 있다고 답했다. 그러나 대조군의 경우는 33%였다. 사고피해자들의 53%가 두통을 겪었다. 그러나 대조군의 경우는 50%였다. 연구원들은 다음과 같이 결론내렸다. "조사 대상자들의 어느 누구도 자동차사고의 결과로 난치성이나 장기적 증상은 갖고 있지 않았다."

그렇다면 세계의 다른 여러 곳에서 휘플래시증후군이 급증하는 것은 어떻게 설명될 수 있는가? 리투아니아 연구에서 운전자들은 조사 당시에 대인상해보험에 들어 있지 않았고, 그곳 사람들은 서로 소송을 하는 경우가 아주 드물었다. 대부분의 병원비는 정부가 지불하고, 그리고 조사 당시에는 만성 휘플래시증후군 진단으로 산적한 청구나 금전적 보상도 없었고 얻을 수 있는 것은 아무 것도 없었다. 노르웨이 연구원들은

"만성 휘플래시증후군은 유효성이 희박하다"는 결론을 내렸다.

—*The Lancet*

5. 특정 유전자의 기능을 확인하기 위해 특정 유전자가 제거된 쥐를 사육한다. 그런 쥐를 "특정 유전자가 제거된 쥐"라고 한다. 정상적인 쥐들은 조명이 있고 어두운 구석이 있는 방에 들어가면 즉시 어두운 곳으로 간다. 최근의 한 실험에서 그 쥐들에게 어두운 곳으로 가자마자 가벼운 전기충격을 주었다. 그러자 아주 빨리 어두운 구역에서 멀리 떨어져 머무는 것을 배운다. Ras-GRF로 불리는 유전자가 없는 쥐들도 정상적인 쥐들만큼 빨리 어두운 구역에서 멀리 떨어져 머무는 것을 배운다. 그러나 그 쥐들은 정상적인 쥐들과는 달리 다음날이 되면 경계심을 버리고 어두운 구석으로 계속 간다. Ras-GRF 유전자—필시 사람의 유사 유전자와 매우 닮았을 것이다—는 쥐가 가진 공포를 기억하는 능력에서 결정적인 기능을 하는 것처럼 보인다. 이 유전자는 포유동물들의 생존에 결정적인 기능을 하는 것이 거의 확실하다.

—*Nature*

6. 생애계획이 원래 계획표보다 조금 뒤처지는 사람들에게 다소 위안이 될 소식이 있다. 너무 일찍 정상에 도달하는 것은 당신을 죽음에 이르게 할 수도 있다는 것이 밝혀졌다. 이것은 케이프브레턴대학의 심리학 교수인 스튜어트 J. H. 맥캔이 발견했다.

맥캔의 연구가 관심을 기울이는 것은 그가 말하는 "빠른 출세-수명 단축"의 가설이다. 맥캔은 1789년부터 1978년까지 근무한 미국의 주지사 1,672명의 생활을 분석했으며, 여기서 상대적으로 젊은 나이에 당선된 사람들은 나이 든 경쟁상대들보다 더 일찍 죽었다는 것을 발견했다. 주지사들이 태어난 년도나 그들의 근무기간 및 근무지역을 감안하더라도, 그 패턴은 유지되었다. 자료를 세분화하거나 회귀적으로 적용하거나 또는 각종 통계적 편향을 고려하더라도, 이야기 줄거리는 변함이 없었다. 한마디로 젊은 나이에 당선되어 공직에 오른 주지사들은 빨리 사망하는 경향이 있었다.

주지사들에 관한 이야기는 다른 젊은 성취자들에게도 역시 적용되는 듯했다. 맥캔은 규모는 작지만 성공한 사람들의 보다 다양한 집합—미국과 프랑스의 대통령들, 캐나다와 영국의 수상들, 노벨상 수상자들, 독립선언서 서명자들, 아카데미상 수상자들, 7세기 동안의 로마 교황들—을 분석했다. 여기서도 그는 다음과 같은 사실을 발견했다. 즉, "가장 짧은 시간에 가장 높은 정상에 오른 사람들은 역시 더 젊은 나이에 세상을 떠난다. 탁월한 사람들에게 있어서, 그리고 어쩌면 모든 사람들에게 있어서, 일찍 맺은 열매는 빨리 떨어진다."

—*Personality and Social Psychology Bulletin*

7. 콜레라는 오염된 물을 마심으로써 섭취된 수인성 박테리아가 원인이며 무서운 질병이다. 19세기에 있었던 콜레라의 전 세계적인 유행으로 수만 명이 죽었다. 당시 일반적인 견해는 콜레라가 불결한 독기의 호흡으로 발병한다는 것이었는데, 런던역학회 창립회원이었던 존 스노우는 이에 의문을 제기했다. 1848년과 1849년 사이 무서운 콜레라의 유행이 런던을 강타했을 때, 스노우는 시내의 우물과 템즈강 등으로부터 유입된 오염된 물이 범인이라는 가설을 세웠다. 일부 생수업체들은 템즈강의 조수간만구역에서 취수를 했다. 그 곳은 런던의 하수도 오물을 버리는 곳이었으며, 결과적으로 그 업체들은 고객들에게 대변으로 오염된 식수를 공급한 셈이었다. 식수에서 악취가 났다. 그래서 취수관 중의 일부를 조류가 흐르는 조로 위쪽으로 이설했다. 1854년에는 더욱 가공할 콜레라가 다시 발병했다. 스노우는 두 생수업체를 확인해 보았다. 한 업체는 취수관을 강의 조수간만구역 위쪽으로 이설했으며, 다른 회사는 여전히 대변이 썩힌 물을 공급하고 있었다. 이 두 구역에 대한 그의 자료는 콜레라로 인한 사망자 수와 수원 사이에 밀접한 연관이 있음을 보여주었다. 그는 또한 브로드 스트리트에 있는 한 우물을 확인해 보았다. 우물이 있는 구역 내 콜레라 사망자 집을 가가호호 점으로 표시했다. 브로드 스트리트의 급수 펌프와 가까울수록 사망자 수가 급증했다. 한편 이로부터 멀리 떨어져 있는 워윅 스트리트에서는 콜레라 사망자가 한 사람도 없었다. 브로드 스트리트의 급수 펌프 바로 맞은편에 포랜드 스트리트 구빈소가 있었는데, 구빈소의 가엾은 입소자들은 건강한 상태였다—구빈소는 자체 우물을 갖고 있었다. 브로드 스트리트의 급수 펌프 인근의 라이온 양조장도 역시 자체 우물을 갖고 있었으며, 양조장의 근로자들은 콜레라에 걸리지 않았다—그들은 주로 맥아주를 마셨다. 스노우가 당국자들을 설득하여 브로드 스트리트에 있는 취수 펌프의 손잡이를 제거하자 환자는 더 이상 생겨나지 않았다. 존 스노우에게 경의를 표하여 명명된 인근 술집의 옥외에 손잡이 없는 급수 펌프의 복제품이 지금도 있다.

—*The New Yorker*

C. 일치 차이 병용법

밀은 이 방법을 추가된 독립적인 기법이라고 믿었지만, 그보다는 동일한 연구에서 일치법과 차이법이 함께 사용된 것으로 이해하는 것이 최선이다. 그러므로 이 방법은 다음과 같이 도식화될 수 있다. (여기서 영어 대문자는 상황을 나타내고 소문자는 현상을 나타낸다.)

A B C – *x y z*.	*A B C* – *x y z*.
A D E – *x t w*.	*B C* – *y z*.

그러므로 *A*는 *x*의 결과이거나 원인 내지는 원인의 불가결한 한 부분이다.

두 방법(도식의 왼편에 있는 일치법과 도식의 오른편에 있는 차이법)은 모두 결론에 대해 어떤 개연성을 부여하기 때문에 두 방법을 함께 사용하게 되면 결론의 개연성이 더욱 높아진다. 많은 과학적 탐구에 있어서 이 두 방법의 결합은 아주 강한 형태의 귀납추론의 역할을 한다.

최근 의학계에서 이루어진 주목할 만한 발전은 병용법의 효력에 대한 예증이 된다. A형 간염은 미국인 천 명 중 열 명이 앓고 있는 간질환이다. 이는 주로 감염된 음식이나 물을 통해 아이들 사이에 널리 확산되고 있으며 때로는 치명적이기도 하다. 어떻게 하면 이 병을 예방할 수 있을까? 물론 이상적인 해결책은 효과적인 백신일 것이다. 그러나 A형 간염을 위한 백신을 시험하려는 사람들은 수없이 많은 어려움에 부닥치게 된다. 다시 말해서 감염이 어디서 발생할 것인지를 예측하는 것이 힘들고, 따라서 통상적으로 신뢰할 만한 결과를 낳을 수 있는 실험대상이 될 사람들을 선택하는 것이 가능하지 않다는 것이다. 이와 같은 어려움은 결국 다음과 같은 방식으로 극복되었다.

효능이 있을 것으로 추정되는 한 백신에 대한 조사가 뉴욕주 오렌지카운티에 있는 유대하시디즘 공동체인 키리아스 조엘에서 이루어졌다. 이 공동체는 특이하게도 해마다 A형 간염이 유행했다. 키리아스 조엘의 거의 모든 사람이 A형 간염에 걸렸으며, 그 당시 감염되었던 공동체 구성원의 약 70퍼센트가 19세 이하였다. 키리아스 조엘 의학연구소의 앨런 베르츠버거 박사와 그의 동료들은 A형 간염 바이러스에 노출된 적이 없어 혈액 속에 그 바이러스에 대한 항체가 없는 아이들에 한해서 2세에서 6세까지의 아이들 1,037명을 그 공동체에서 모집하였다. 그들 중 절반인 519명이 새로운 백신을 한 번 접종받았으며, 백신 접종을 받은 아이들 중 A형 간염은 단 한 건도 보고되지 않았다. 가짜 주사를 맞은 나머지 518명 가운데 25명은 얼마 지나지 않아 A형 간염에 감염되었다. A형 간염 백신이 발견되었던 것이다.[11)]

보스턴과 워싱턴의 간질환 전문가들은 이 연구를 "위대한 타개," "중대한 의학 발전"이라는 찬사로 환영했다. 이와 같은 성취가 의존하고 있는 추론의 형태는 무엇인가? 통상적인 의학 연구에서와 마찬가지로 일치법과 차이법이 모두 사용되었다. A형 간염에 안전하게 면역이 된 그 공동체의 모든 어린이들 사이에 공통적인 상황은 단 하나뿐이었다. 즉, 면역된 모든 아이들이 새로운 백신의 접종을 받았다는 사실이다. 이 사실은 그 자체로 그 백신이 면역성의 원인임을 강력하게 입증한다. 차이법은 이 결론을 전폭적으로 지지한다. 즉, 면역이 된 사람들과 되지 않은 사람들의 상황은 면역된 사람들에게 그 백신을 접종했다는 한 가지 상황을 제외하고는 모든 측면에서 본질적으로 유사했던 것이다.

새로운 약품이나 치료법에 대한 시험은 흔히 "더블 암(double arm)" 시험이라 불리는 방식으로 시행된다. 이 경우 한 집단은 새로운 방법의 치료를 하고 나머지 한 집단은 하지 않는다. 그러 다음 제2단계에서는 원래 치료를 받지 않았던 사람에게 그 치료를 하고 원래 치료를 받았던 사람에게 그 치료를 하지 않는 방식으로 교차시험을 한다. 일치법과 차이법을 함께 적용하는 것은 이와 같은 탐구의 기초를 이루고 있으며 일반적이고도 대단히 생산적인 방법이다.

논리연습

다음의 각 보고서들을 분석하여 일치법과 차이법이 어떤 방식으로 함께 사용되었는지를 설명하라. 그리고 두 방법의 결합으로 특별한 효력을 갖게 된 것이 있다면, 이를 확인하라.

1. 통증은 고통스러울 수 있다. 그러나 통증은 유용한 기능을 한다. 그것은 사람들과 동물들에게 위험을 피하도록 가르치고, 상처를 주의해서 돌보게 한다. 이상스럽게도, 통증을 느끼지 못하는 사람들이 일부 있다. 그들은 심각한 상처를 입어도 모르고 넘어간다.

   북부 파키스탄의 한 가족 중에는 통증을 느끼지 못하는 사람들이 더러 있는데,

11) A. Werzberger et al., "A Controlled Trial of a Formalin-Inactivated Hepatitis A Vaccine in Healthy Children," *The New England Journal of Medicine*, 13 August 1992.

그 중의 한 사람인 열 살 난 소년이 칼로 자신의 팔을 찔러 관통하고 불타는 석탄 위를 걷는 등의 길거리 공연을 해서 유명하게 되었다. 조직 손상이 생겨도 불편을 느끼지 못했다. 캠브리지대학의 유전학자인 C. G. 우즈가 고통을 느끼지 못하는 이 놀라운 불능의 원인을 조사했다. 마침내 그는 SCN9A라는 한 유전자의 변이에 초점을 맞추게 되었다. 통증감각세포 속으로 나트륨이 들어가는 통로에 관한 유전암호를 지정하는 이 유전자는 통증 신호에 반드시 필요한 유전자이다. 그는 전류로 실험을 했는데, 다른 세포로 가는 나트륨 통로는 열고 닫을 수 있었지만, 변종 세포로 가는 나트륨 통로는 열지 못했다. 우즈는 다음과 같이 말했다. "이것은 희귀병이 아주 중요할 수 있다는 것을 보여준다. 왜냐하면 희귀병이 생물학적 과정들에 여러 가지 통찰을 제공하기 때문이다."

예일대학의 신경과학자인 스티븐 왁스맨은 이렇게 말한다. 즉, 파키스탄 가족 구성원들의 경우처럼 나트륨이 들어가는 이 통로를 불활성으로 만들 수 있는 약품을 만들 수 있다면, 만성 통증으로 고통을 겪는 전 세계 수백만 명에게는 엄청난 도움이 될 것이다.

—*Nature*

2. 약 백만 명의 아프리카계 미국인 남성에게 영향을 미치는 치명적인 심장질환—가족성 아밀로이드 심근증—과 모든 민족의 노인들을 괴롭히는 또 다른 심장질환은 유기체를 형성하고 있는 단백질이 비정상적으로 접히는 것이 원인이라는 것을 알게 되었다. 트렌스티레틴 단백질은 간에서 만들어지는데, 이 단백질은 4가지 서브유니트로 구성된다. 4가지 서브유니트 중 2가지 서브유니트는 한 유전자에 의해 만들어지는데, 이 유전자에 변이가 생기면 이 유전자가 만드는 서브유니트에 불안정이 야기되어 단백질이 잘못 접히게 되고, 결국에는 죽음에 이르게 된다. 이것이 그 질병들의 진정한 원인이라는 것은 결정적인 역할을 하는 그 유전자가 건강한 변형일 때는 간이식으로 치유될 수 있다는 사실에 의해 증명되었다. 그러나 조치가 너무 늦어 질병을 야기한 단백질의 잘못된 접힘을 막지 못하는 경우도 종종 있다.

샌디에이고에 있는 스크립스 연구소의 제프리 켈리 박사는 2003년 1월호 ≪사이언스≫지에 자연의 이상한 꼬임이 단백질이 잘못 접히는 과정을 방해할 수 있는 치료법에 단서를 제공한다고 보고했다. 포르투갈에는 단백질이 잘못 접히는 이와 같은 종류의 질병이 매우 흔하기 때문에 누가 변이된 유전자를 가지고 있고, 따라서 위험에 처해 있는가를 알아내기 위해 가족들을 심사하고 분류한다. 규모가 매우 큰 어떤 가족은 가족 구성원들이 변이된 유전자를 갖고 있는데도 아직 질병이 발현하지 않고 있다는 것이 확인되었다. 변이된 유전자가 질병으로 발현하지 않은 이유를 연구한 결과, 이 가족은 단백질을 구성하는 4가지 서브유니트 중 나머지 2가지 서버유니트를 만드는 두 번째 유전자에 변이가 생겨서 그 질병의 진행을 차단하거나 역전시켰다는 것이 밝혀졌다. 그 가족 구성원들은 유전된 질병이 그들 자신의 유전자로 치유되었다.

켈리 박사는 이 두 번째 변이가 생긴 결과로서 정상적인 단백질 상태와 비정상적인 단백질 상태 사이에 일종의 장벽이 세워졌고, 이로 인해 그 질병이 방지되었다는 사실을 발견했다. 그 후 그는 작은 분자들의 자료들을 거르고 확인함으로써 두 번째 변이의 효과를 모방할 수 있는 위치를 몇 군데 찾아냈으며, 동물들의 경우는 잘못 접힌 단백질을 성공적으로 회복시켰다. 위치를 찾아내는 것은 FDA가 다른 목적으로 이미 승인한 바 있다.

3. 버지니아주에 사는 16세 소년인 데이비드 머릴은 하드 록 음악의 시끄러운 소리가 열성적인 팬들에게 나쁜 영향을 미친다는 가설을 세웠다. 그는 쥐를 대상으로 이 가설을 시험했다. 시험은 72마리의 쥐를 24마리씩 세 집단으로 나누어, 첫 번째 집단은 하드 록 음악을 들려주고 두 번째 집단은 모차르트 음악을 들려주고 세 번째 집단은 아무런 음악도 들려주지 않고, 미로 찾기 소요시간을 비교하는 것이었다. 쥐들이 환경에 익숙해지도록 한 다음 음악을 들려주기 전에 미로 찾기 시험을 했다. 미로를 완전히 빠져나오는 데는 평균 10분이 소요되었다. 이 시험을 한 다음 각 집단에 매일 10시간씩 일정한 음악을 들려주거나 아무런 음악도 들려주지 않고 미로 찾기 시험을 반복했다.

   반복적인 시험 결과, 아무런 음악도 들려주지 않은 비교집단은 미로 찾기 시간이 평균 5분 단축되었다. 모차르트 음악을 들려준 집단은 평균 8분 50초가 단축되었다. 그러나 하드 록 음악을 들려준 집단은 오히려 20분이 늘어났다.

   머릴은 또한 다음과 같은 사실도 보고했다. 즉, 이 실험에 앞서, 모든 쥐들을 함께 살도록 하고 같은 실험을 한 적이 있었는데, 모차르트 음악을 들은 쥐들과는 달리, 하드 록 음악을 들은 쥐들이 다른 쥐들을 죽이기 때문에 그 시도는 중단되었다.

   —*Insight*

4. 쥐들과 기타 생물들이 소모하는 칼로리의 양을 엄격히 제한하면 그들의 수명이 연장된다는 것을 과학자들은 오래 전부터 알고 있었다. 저칼로리 음식을 섭취하는 동물들은 비정상적으로 낮은 체온을 가지고 있는 것이 일반적이다. 낮은 체온은 본질적으로

수명을 길게 하는가? 대답은 "예"이다.

캘리포니아의 라졸라에 있는 스크립스 연구소의 브루노 콘티는 쥐들이 체온을 제대로 느끼지 못하도록 유전자 조작을 했다. 이 조작으로 그 동물들의 체온이 정상치보다 0.03℃ 내지 0.05℃ 낮아졌다. 그 동물들은 그들에게 필요한 만큼의 음식을 먹고, 정상 체중을 유지했다. 낮은 체온의 쥐들은 정상적인 쥐들보다 수명이 약 15퍼센트 연장되었다.

—*Science*

5. 일리노이대학교 어바나-샴페인 캠퍼스의 식품과학부의 교수들, 대학원생들, 사무직원들 등 총 85명의 사교 모임에서, 파티에 참석한 사람들이 직접 아이스크림을 가져다 먹었다. 그들은 자신들이 어떤 실험의 대상자임을 모르고 있었다. 참석자들의 절반은 17온스 그릇을 받았고, 나머지 절반은 34온스 그릇을 받았다. 또 그릇에 아이스크림을 옮겨 담는 스푼으로 절반은 2온스짜리 스푼을 나머지 절반은 3온스짜리 스푼을 받았다.

큰 스푼을 가진 사람들은 14.5퍼센트 더 담았고, 큰 그릇을 가진 사람들은 31퍼센트 더 담았다. 큰 스푼에 큰 그릇을 가진 사람들은 작은 그릇을 사용한 사람들보다 56.8퍼센트 더 담았다. 그리고 세 사람을 제외한 모두가 그들이 담은 아이스크림을 남김없이 먹어치웠다. 작은 접시와 작은 그릇이 성공적인 다이어트의 핵심으로 보인다.

—*The American Journal of Preventive Medicine*

D. 잉여법

존 스튜어트 밀은 이렇게 말했다.

> 어떤 현상에서 이미 귀납에 의해 어떤 선행 사건들의 결과로 알려진 부분을 제거하면 그 나머지 현상은 나머지 선행 사건들의 결과이다.

처음의 세 방법들은 우리가 어떤 현상의 원인(또는 결과)을 총체적으로 제거하거나 산출할 수 있다고 가정하는 것처럼 보이는데, 실제로 그런 일이 가능할 때도 있다. 그러나 많은 경우에 우리는 그 원인이 이미 부분적으로 알려져 있는 일련의 상황 속에서 어떤 현상이 일으키는 변화를 관찰함으로써 그 현상의 인과적 영향을 단지 연역할 수 있을 뿐이다.

잉여(residues)에 초점을 맞추는 이 방법은 트럭의 화물 무게를 측정하는 데 사용되는 간단한 방법에 의해서 잘 드러난다. 화물을 싣지 않았을 때의 트럭의 무게는 알려져 있다. 화물의 무게를 결정하기 위해서 화물을 실은 트럭의 전체 무게를 측정한다. 그러면 화물의 무게는 전체 무게에서 트럭의 무게를 뺀 무게임을 알게 된다. 밀의 표현을 빌리자면, 알려진 "선행사건"이란 저울의 눈금 표시에서 공제되어야 할 빈 트럭의 등록된 무게이다. 그 눈금 표시와 선행사건 사이의 차이의 원인은 분명히 나머지 "선행사건", 즉 화물 자체에 기인한다.

잉여법(method of residues)을 도식적으로 표현하면 다음과 같다.

> *A B C* — *x y z*
> *B*는 *y*의 원인으로 알려져 있다.
> <u>*C*는 *z*의 원인으로 알려져 있다.</u>
> 그러므로 *A*는 *x*의 원인이다.

잉여법의 효과에 대한 훌륭한 예시는 천문학 역사상 위대한 사건들 중 하나였던 해왕성의 발견에서 잘 나타난다.

> 1821년 파리의 보바르는 천왕성을 포함한 수많은 행성들의 운행표를 발표했다. 그런데 천왕성의 운행표를 작성함에 있어 1800년 이후의 몇 년 동안 관측된 위치를 근거로 해서 계산된 궤도와 천왕성이 발견된 직후의 몇 년 동안에 걸친 관측으로부터 계산된 궤도를 일치시킬 수 없다는 사실을 발견했다. 결국 그는 과거의 관측을 전적으로 무시하고 새로운 관측에 근거하여 운행표를 작성하였다. 그러나 불과 몇 년 후 그 운행표에 의해 계산된 천왕성의 위치는 관측된 천왕성의 위치와 일치하지 않았고, 1844년경에는 그 오차가 원호의 2분이나 되었다. 알려진 다른 모든 행성들의 운동은 그 운행표와 일치했기 때문에 천왕성의 경우에 있어서의 오차는 많은 논란을 불러일으켰다.
>
> 1845년 당시 청년이었던 르브리에는 이 문제의 해결을 시도했다. 그는 보바르의 계산을 검토하고, 그 계산이 근본적으로 정확하다는 사실을 알았다. 따라서 그는 천왕성 너머의 어딘가에 또 하나의 행성이 있어 그것이 천왕성의 운행을 방해하고 있다는 설명만이 이 문제에 대한 유일하게 만족스러운 설명이라고 생각하게 되었다. 1846년 중반에 그는 자신의 계산을 완료하였다. 그해 9월에 그는 베를린의 갤러에게 편지를 보내어, 천공의 어떤 지역에 새로운 행성이 있는지를 관측해 달라고 요청하였다. 그런데 당시 독일에는 그 지역에 대한 새로운 성좌표가 작성되어 있었지만 르브리에는 그 사본을 입수하지 못했음이 분명하다. 9월 23일 갤러는 관측을 시작한 지 한 시간도 못돼서 그 성좌표에 나타나 있지 않은 하나의 물체를 발견했다. 다음 날 밤 그 물체는 눈에 띄게 이동해 있었다. 그리하여 뒤에 해왕성으로 명명된 새로운 행성이 예측된 위치

로부터 1도 이내의 위치에서 발견되었던 것이다. 이 발견은 수리천문학의 가장 위대한 성과 중의 하나이다.[12]

이 예에서 연구 중이었던 현상은 천왕성의 운동이다. 그 현상의 상당 부분, 즉 천왕성의 태양 주위 궤도는 당시에 매우 잘 알려져 있었다. 천왕성에 대한 관측이 이 계산된 궤도에 근접하긴 했지만, 설명하기 곤란한 나머지 현상, 즉 계산된 궤도에서의 어떤 섭동(攝動)이라는 현상을 드러냈기 때문에 이에 대한 설명이 더 요구되었다. 그래서 추가적인 "선행사건", 즉 그 섭동을 설명할 수 있는 추가적인 요인이 가정되었다. 즉, 또 다른 (발견되지 않은) 행성이 있어 그것의 중력이 천왕성의 궤도에 대해 이미 알려져 있는 사실과 함께 그 나머지 현상을 설명할 수 있을 것이라는 가정이 성립되었던 것이다.

다른 방법들이 적어도 둘 이상의 사례에 대한 검토를 요구하는 데 반해, 잉여법은 단 하나의 사례에 대한 검토만으로도 사용될 수 있다는 점에서 차이가 난다. 그리고 다른 방법들과는 달리 잉여법은 이미 확립된 인과법칙에 의존하는 것처럼 보인다. 그럼에도 불구하고 잉여법은 (누군가가 주장한 것처럼) 연역법이 아니라 귀납법이다. 왜냐하면 잉여법이 이끌어내는 결론은 전제들로부터 타당하게 연역될 수 있는 결론이 아니라 단지 개연적인 결론일 뿐이기 때문이다. 하나 또는 두 개의 전제를 추가하게 되면, 잉여법에 의한 추론은 타당한 연역논증으로 변형될 수도 있다. 그러나 이와 같은 사정은 다른 귀납법에서도 마찬가지이다.

논리연습

다음의 각 논증을 "선행사건"과 "현상"의 측면에서 분석하고 그것들이 어떻게 잉여법의 형태가 되는지를 밝혀라.

1. 19년 동안 우주과학자들과 천문학자들 그리고 물리학자들은 우주선을 태양의 방향으로 끌어당기는 신비한 힘이 존재하는 것처럼 보이는 것 때문에 당혹스러웠다. 그것을 처음 알게 된 것은 두 번의 원거리우주선(1972년과 1973년에 발사된 파이오니아 10호와 11호)의 궤적을 정밀 분석했을 때였다. 그 이후에 있었던 두 번의 무인우주탐사선(1989년에 발사된 목성 탐사용의 갈릴레오와 태양 주위의 극궤도로 발사된 율리

---

12) Edward Arthur Fath, *The Elements of Astronomy* (New York: McGraw-Hill, 1926), p. 170.

시스)의 궤적도 동일한 특성을 보여주었다. 그들은 그들의 방향과 속도를 교란하는 약력(weak force)에 대한 증거를 제공한다. 이 약력의 힘은 우주선에 작용하는 것으로 알려진 다른 모든 힘의 효과를 합산했을 때, 설명될 수 없는 어떤 것이 남는다는 것을 알아냄으로써 발견되었다.

이 힘은 태양으로부터 이탈하거나 태양주위를 선회하기 위해 속도를 내고 있는 우주선의 외향적 진행을 느리게 하는 것임에 분명하다. 그러나 중력과는 대조적으로, 신비한 이 힘은 그 세기가 우주선과 태양 간의 거리의 역 제곱에 비례해 감소하지 않고, 일정한 비율로 감소한다. 이로 말미암아 그 신비한 힘은 태양의 중력효과가 아닐 가능성이 매우 높아진다.

계산은 독립적인 두 가지 방법과 다른 유형의 자료들을 사용하여 이루어졌으며, 측정에 사용되는 소프트웨어와 하드웨어의 오류 가능성도 감안되었다. 다른 가능한 많은 오류들에 대해서도 조사가 이루어지고 해명되었다 ―그리고 이 모든 것들을 배제한 다음에도 여전히 불가사의는 남는다고 로스앨러모스연구소에서 온 물리학자들은 발표했다. 이것은 지금까지 우리가 모르고 있는 어떤 현상이 작동하고 있음을 의미한다―. 물리학자들은 격앙하여 이를 "신물리학(new physics)"이라 부른다.

—*Physical Review Letters*

2. 직류전기를 이용한 H. 데이비스의 물 분해 실험에서, 물을 구성하는 두 원소인 산소와 수소 외에 산과 알칼리가 기계의 양극에 생성된다는 사실이 발견되었다. 물 분해의 이론이 이 생성물들에 대한 이유를 설명할 수 없었기 때문에, 그것들의 존재가 문제가 되었다. 어떤 화학자들은 이런 물질들이 저절로 생겨나게 하는 힘을 전기가 갖고 있다고 생각했다. 그러나 데이비스는 그 결과 중에 이 부분에 대한 어떤 숨겨진 원인이 있을 수 있다고 생각했다. 이를테면 유리가 분해되었을 수도 있고, 어떤 이물질이 물속에 들어 있었을 수도 있다. 그래서 그는 가능한 원인들을 줄이거나 배제하면 문제의 결과가 없어지거나 달라지는지를 조사해 보기로 했다. 유리그릇을 금으로 만든 그릇으로 바꾸어 실험을 했지만 결과는 달라지지 않았으며, 따라서 유리는 원인이 아니라는 결론이 나왔다. 증류수를 사용했을 때는 생성된 산과 알칼리의 양이 감소했지만, 원인이 여전히 작용하고 있다는 것을 보여주기에 충분한 양의 생성물이 나왔다. 그는 물속의 불순물은 유일한 원인이 아니라 공동 원인이라고 추리할 수 있었다. 그래서 그는 손에서 나온 땀이 원인이 아닐까 의심했다. 왜냐하면 땀에는 전기를 가하면 산과 알칼리로 분해되는 염(salt)이 들어있기 때문이다. 접촉을 피해 땀이 들어가는 것을 막자 결과물의 양은 훨씬 더 많이 줄어들었고, 단지 가벼운 흔적

들만 남는 정도가 되었다. 이것들은 전기로 분해되는 대기 중의 어떤 불순물들 때문일 수 있다. 그는 이 조건에 맞는 실험을 하기로 했다. 물 분해장치가 진공으로 된 가스탱크 아래에 설치되었다. 그리고 대기의 영향을 받지 않게 된 상황에서 실험을 한 결과, 산도 알칼리도 전혀 생성되지 않았다.

—G. 고어, 『과학적 발견의 기술』

3. 1992년부터 2001년까지의 위성관측 자료에 의하면, 남극대륙에 있는 라슨 C 빙붕(Larsen C ice shelf)의 상부표면의 높이가 이 기간 동안 매년 27cm씩 낮아졌다. 이렇게 낮아진 높이의 약 4분의 1에 상당하는 7cm는 눈이 다져져서 밀도가 더 높은 만년설로 변한 탓이었다. 해양의 조수 높이 그리고 빙붕 아래 해수의 염도 등과 같은 불확실한 요인들은 계속 감소하고 있는 해발고도의 작은 부분만을 설명해주고 있을 뿐이다.

영국 캠브리지대학의 빙하학자인 앤드류 셰퍼드는 빙붕 상부표면의 높이가 매년 낮아지는 것 중 20cm는 얼음이 녹기 때문에 생길 수밖에 없다는 결론을 내렸다. 부빙 덩어리의 10분의 9가 수면 아래에 잠겨 있다는 것은 라슨 C 빙붕이 매년 2m씩 얇아진다는 사실을 말해주고 있다.

빙붕이 이처럼 얇아지는 것은 빙붕 아래의 해수온도가 상대적으로 따뜻한 것이 원인일 가능성이 있다. 빙붕 아래의 해수온도가 조금만 상승하더라도 수면에 떠 있는 얼음이 녹는 속도는 크게 달라질 수 있다. 셰퍼드는 다음과 같이 보고했다. 즉, 라슨 C 빙붕은 안정되어 있어서 평균 이상으로 빙산조각들을 흘러 보내지는 않지만, 얇아지는 비율이 현재의 수준을 유지한다면 라슨 C 빙붕은 앞으로 70년 이내에 두께가 200m로(이것은 다른 빙붕들이 와해되는 두께임) 줄어들어 와해될 우려가 있다—하지만 해수온도가 계속 따뜻한 상태로 유지된다면, 라슨 C 빙붕의 소멸 시기는 더 빨라질 수도 있다.

—*Science News*

4. 콜로라도에 있는 국립해양대기청의 기후학자들은 40년 이상의 기상 자료를 분석하여 최근 다음과 같은 사실을 발견했다. 즉, 미 대륙의 660개 기상관측소에서 관측한 일교차—낮의 최고온도와 밤의 최저온도의 차이—의 변동이 매우 혼란스럽다는 것이다. 심지어 어떤 지역에는 한 주 동안의 기온 변동폭의 변동이 우리가 발견할 수 있는 어떤 자연적 순환과도 일치하지 않는다.

주말(토, 일, 월요일)의 평균 기온 변동폭은 주중(화, 수, 목, 금요일)의 평균 기온 변동폭과 달랐다. 일교차의 변동은 자연적인 요인들 때문에 일어날 수 있다. 예컨대,

한 지역을 관통하는 태풍들은 그와 같은 변동을 일으킬 수 있다 — 그러나 특정한 요일의 기온을 일관되게 떨어뜨리는 자연적 요인은 알려진 것이 없다.

이 기이한 패턴에 딱 들어맞는 정확한 이유는 분명하지 않다. 그러나 연구원들(피어스 M. 드 F. 포스터, 수잔 솔로몬)은 이와 같은 주말과 주중의 차이에 대한 오직 한 가지 가능한 설명은 인간의 활동과 그 활동으로 인한 대기오염이라는 점에 대해서는 이의를 제기하지 않는다.

—*Proceedings of the National Academy of Sciences*

5. 공기가 무게를 가지고 있다는 것은 이미 토론의 대상이 아니다. 풍선은 공기를 넣지 않았을 때보다 공기를 넣어 부풀렸을 때 더 무겁다는 것은 상식이며, 이것은 충분히 검증된다. 공기가 가볍다면, 풍선에 공기를 더 많이 넣어 부풀릴수록 더 많은 공기가 들어갔으므로 풍선 전체는 더 가벼워져야 할 것이기 때문이다. 하지만 이와는 반대로, 더 많은 공기가 들어갔을 때 풍선 전체는 더 무거워지기 때문에, 결국 각 부분은 그 나름의 무게를 가지고 있는 것이고, 따라서 공기는 무게를 갖고 있다는 결론이 나온다.

—파스칼, 『공기의 질량과 무게』

E. 공변법

지금까지 논의한 네 가지 방법들은 모두 본성상 제거적(eliminative)인 방법이다. 이 방법들은 주어진 현상의 어떤 가능한 원인 또는 원인들을 제거함으로써 가정된 다른 어떤 인과적 설명을 지지한다. 일치법은 특정 상황들이 없어도 특정 현상이 여전히 발생할 수 있다면 그 상황들을 가능한 원인들에서 제거한다. 차이법은 결정적인 것으로 알려졌던 한 선행요인을 제거함으로써 어떤 가능한 원인들의 제거를 가능하게 한다. 일치 차이 병용법은 이 두 가지 방법을 모두 사용한다는 점에서 역시 제거적인 방법이다. 그리고 잉여법은 그 결과가 이미 귀납에 의해 확립되어 있는 상황들을 가능한 원인들에서 제거하고자 한다.

그러나 도저히 제거할 수 없는 상황들이 존재하기 때문에 이 방법들 중 어떤 것도 적용할 수 없는 경우가 많다. 경제학과 물리학 그리고 의학의 경우가 흔히 그러하며, 한 요인의 전반적인 증가나 감소에 따라 또 다른 요인의 증거나 감소가 초래되는 모든 경우가 그러하다. 이런 경우 각 요인을 완전히 제거하는 것은 불가능하다.

존 스튜어트 밀은 이렇게 말했다.

> 어느 다른 현상이 특정한 방식으로 변할 때마다 자신도 임의의 방식으로 변하는 모든 현상은 그 다른 현상의 원인 또는 결과이거나 어떤 인과적 사실에 의해 그것과 연관되어 있다.

공변법은 예컨대 어떤 음식의 인과적 영향에 대한 연구에 결정적인 역할을 한다. 어떤 식이요법을 취하든 간에 질병을 완전히 제거할 수는 없다. 대규모 인구 집단의 식품에서 특정 종류의 음식을 제거하는 일이 거의 불가능하기 때문이다. 그러나 특정 음식의 섭취량의 증가나 감소가 특정 인구집단 내의 특정 질병의 발생빈도에 어떤 영향을 미치는가에 대해서는 알 수 있다. 이런 종류의 한 연구에 의해 생선을 섭취한 사람의 심장마비의 발생 빈도를 대조하는 검사가 이루어졌다. 그 귀납적 결론은 놀라운 것이었다. 일주일에 생선 한 마리를 먹은 경우 심장마비의 위험이 50퍼센트 감소되었고, 한 달에 두 마리만 먹은 경우에도 심장마비의 위험이 30퍼센트 감소되었다. 따라서 심장마비와 생선의 섭취 사이에는 일정 정도의 한계 내에서 눈에 띄는 공변이 있음을 알 수 있다.[13)]

주어진 상황에서 현상이 변화하는 정도를 증가는 +로, 감소는 −로 나타내면 **공변법**(method of concomitant variation)은 다음과 같이 도식화될 수 있다.

> *A B C* — *x y z*.
> *A*+ *B C* — *x*+ *y z*.
> 그러므로 *A*와 *x*는 인과적으로 연관되어 있다.

이 방법은 아주 널리 사용되고 있다. 경작지를 나누어 서로 다른 각 부분에 서로 다른 양의 비료를 뿌린 다음 각 부분에 뿌린 비료의 양과 각 부분의 수확량 사이에 나타나는 공변을 관찰함으로써, 농부는 비료의 양과 수확물의 양 사이에 인과적 연관이 있다는 사실을 밝혀낸다. 시차를 두고 여러 가지 광고를 한 다음 그 기간 동안의 매출의 상승과 감소를 관찰함으로써, 상인은 여러 종류의 광고에 대한 효과를 검증하고자 한다.

가족들 사이에 이혼이나 다른 중대한 의사결정의 원인을 찾을 경우에 공변은 훌륭한 예가 된다. 물론 특정한 이혼의 원인은 결혼생활과 가족이 처해 있는 특수한 상황에 있을

---

13) D. S. Siscovick et al., "Dietary Intake and Cell Membrane Levels of Long-Chain n-3 Polyunsaturated Fatty Acids and the Risk of Primary Cardiac Arrest," *Journal of American Medical Association*, 1 November 1995.

것이다. 그러나 일반적으로 가정 파탄을 일으키는 조건들이 있다. 그리고 이 조건들이 어떤 것인지를 알아내는 데는 공변법이 유용하다. 미국 인구조사국의 자료를 분석해보면, 1940년대 이후 10년을 단위로 한 모든 기간에, 그리고 전국의 모든 지역에서, 딸들만 둔 부모가 아들만 둔 부모보다 이혼율이 더 높다는 사실이 밝혀졌다. 이와 같은 현상은 백인들 사이에서도 또 흑인들 사이에서도 마찬가지였으며, 학력이 고등학교 졸업자든 대학 졸업자든 상관이 없었다. 딸만 하나를 둔 부모는 아들만 하나를 둔 부모보다 이혼율이 6퍼센트 더 높았다. 딸 둘만 둔 부모와 아들 둘만 둔 부모의 경우는 그 격차가 8퍼센트로 높아지고, 딸이 셋인 경우는 10퍼센트로, 딸이 넷인 경우는 13퍼센트로 높게 나타났다. 미국에서 일어나는 이혼 중 수많은 경우가 딸의 숫자에 기인하는 것처럼 보인다.

예로부터 전승되어온 남아선호는 중국, 인도, 기타 개발도상국들에서는 공공연하고 일반적이며, 미국에서도 여전히 가정 내의 역학관계에서 교묘한 형태로 널리 영향을 미치고 있다. 부모는 딸보다 아들에게 더 많은 투자를 한다. 아들이 있는 집은 연평균 600달러의 가사비용을 추가로 지출하고 있다. 아버지는 첫 아이가 태어나면 돈을 더 벌기 위해 근로시간을 늘린다 — 그러나 아들이 태어났을 때는 주당 평균 근로시간이 두 시간 이상 증가하지만, 딸이 태어났을 때는 한 시간 이하로 증가한다. 이와 같은 공변 양상은 부모들이 딸보다 아들을 선호한다는 사실을 분명하게 보여주고 있다. 그리고 태아의 성을 감별하여 선택할 수 있는 기술이 더 널리 이용된다면 남아선호는 더욱더 중대한 결과를 초래하게 될 것이다.[14)]

한 현상이 증가하는 것과 나란히 또 다른 현상이 증가한다면 그 현상들은 정비례적으로 변한다고 말한다. 그러나 공변법은 어떤 방식의 변화에도 적용할 수 있기 때문에 현상들이 반비례적으로 변화하는 경우 — 한 현상이 증가함에 따라 다른 현상이 감소하는 경우 — 에도 역시 인과관계를 추론할 수 있다. 그러므로 흔히 경제학자들은 인위적인 조절이 없는 시장에서 다른 여건이 대체적으로 안정 상태를 유지할 경우에 어떤 상품(예컨대, 원유)의 공급이 증가하면 그에 따라 그 상품의 가격이 하락한다고 말하는 것이다. 저 관계는 실제로 공변적인 것처럼 보인다. 즉, 국제적인 긴장상태로 말미암아 원유의 공급이 감소될 조짐이 보이면 석유 가격이 거의 어김없이 상승한다는 사실을 우리는 알고 있다.

---

14) U.S. Census Bureau; the analysts are Gordon B. Dahl(University of Rochester), Enrico Moretti(University of California at Los Angeles), in *Slate*, October 2003.

물론 공변들 가운데 어떤 것은 전적으로 우연적인 것이다. 그러므로 전적으로 우연적인 형태의 사건으로부터 인과관계를 추론하지 않도록 주의해야 한다. 그러나 우연적인 것으로 보이거나 아니면 판단하기 곤란한 공변들의 경우에는 인과적 설명이 모호할 수도 있다. 예컨대, 영국의 촌락에 서식하는 황새들의 수와 촌락에서 태어나는 신생아의 수 사이에 고도의 상관관계가 있다는 사실, 즉 황새의 수가 많을수록 신생아의 수가 많아진다는 사실이 드러난 적이 있다. 이런 일이 명백하게 불가능한 것일까? 아니, 그렇지 않다. 출생률이 높은 촌락에는 신혼부부가 많을 것이고 따라서 새로 지은 집이 많을 것이다. 그리고 밝혀진 바에 따르면, 황새는 다른 황새가 이전에 사용한 적이 없는 굴뚝에 둥지 틀기를 선호한다.[15] 공변하는 현상들의 인과적 연쇄를 추적해 가다 보면 우리는 공통적인 연결고리를 발견할 수 있다. 그리고 이 연결고리는 "어떤 인과적 사실에 의해 연관되어 있다"는 말로써 밀이 의미했던 바로 그것이다.

공변법은 상황과 현상이 나타나는 정도에 있어서의 변화를 증거로 제시할 수 있게 하기 때문에, 우리의 귀납적 기법들을 매우 강화시켜 준다. 공변법은 귀납추론의 양적인 방법이며, 앞에서 논의한 나머지 방법들은 본질적으로 질적인 방법들이다. 그러므로 공변법을 사용할 수 있기 위해서는 현상이 변화하는 정도를 개략적으로라도 측정하거나 추산할 수 있는 어떤 방법이 있어야 한다.

논리연습

다음의 각 논증을 "현상들"의 변형이라는 측면에서 분석하고 그것들이 어떻게 공변법의 형태가 되는지를 밝혀라.

1. 가난과 정신질환이 서로 얽혀 있다는 생각은 새로운 것이 아니다. 그러나 어느 하나가 다른 하나를 초래한다는 증거를 찾아내는 것이 어렵다는 것은 자주 증명되었다. 인디언보호구역에 새로 개설된 도박장의 개장과 동시에 새로운 연구가 시작되었는데, 이 연구는 어린이들을 가난에서 구출(카지노 수익으로 여러 형태의 조치가 가능하므로)하는 것이 어떤 정신의학적 증상들(전부는 아님)을 감소시키는 경향이 있음을 강하게 시사하면서 저 연결고리를 강조하는 것처럼 보인다.

15) J. L. Casti, *Searching for Certainty* (New York: William Morrow, 1991).

미국의사협회 기관지 2003년 10월호에 게재된 한 연구논문은 북부 캘리포니아의 시골지역에 사는 9세 내지 13세의 어린이 1,420명을 추적했는데, 그들 중 대부분의 어린이들이 체로키 인디언보호구역에 사는 어린이들이었다. 연구가 진행되는 가운데 보호구역에 개설된 카지노의 수익금 중의 일부가 보호구역 주민들에게 분배되기 시작했으며, 2001년에는 한 가구당 지원액이 연간 6,000달러에 달했다. 연구자들은 가난에서 벗어난 어린이들 사이에 정신질환자의 비율이 꾸준히 감소했다는 사실을 발견했다. 울화증, 도벽, 왕따, 공공기물 파손 — 반항성 장애 증상들 — 이 다소 줄어들었던 것이다.

가난의 문턱에서 빠져나온 가정의 어린이들은 행동 증상에서 40퍼센트의 감소를 보였다. 4년 후 행동 증상의 비율이 원래부터 가난하지 않았던 가정의 어린이들에게 나타나는 비율과 같은 수준으로 떨어졌다. 그러나 카지노 수익금 지원제도는 지원을 받고도 가난에서 벗어나지 못하는 가정의 어린이들과 제도 시행 이전부터 가난하지 않았던 가정의 어린이들에게는 효과가 없었다.

경제적 변화는 추적한 어린이들 중 단지 일부에서만 유의미한 영향을 미쳤다. 이것은 이미 가정되었던 바이고, 지원금을 받는 모든 가정이 동일한 액수를 지급받았지만 그 지원금으로 빈곤선(2002년도의 3인 가족 빈곤선은 14,348달러)을 벗어난 가정은 지원금을 받은 전체 가정의 14퍼센트에 불과했다는 사실의 결과이다. 미시건대학의 아린 게러니머스 박사는 "이 연구는 가난은 가족들에게 스트레스를 안겨주며, 이것이 어린이들의 행동장애 가능성을 높일 수 있다는 사실을 시사하고 있다"고 말했다.

2. 핀란드에서는 서부나 남부보다 동부지역에서 심장마비가 더 빈번하게 발생한다. 이와 같은 차이가 어디서 비롯되는지를 찾고 있던 연구원들은 그것이 개인적인 생활양식이나 유전적인 요인에 의해서는 설명될 수 없다는 결론을 내렸다. 그렇다면 그것은 어떻게 설명될 수 있을까? 핀란드의 지질연구소 앤 코우사 박사의 연구단이 3개년 동안 35세에서 74세 사이의 남자에게 발생한 18,946건의 심장마비를 조사했다. 그리고 이 지역 주민들의 심장마비 발생과 그 지역의 물의 경도 — 물에 녹아있는 광물질의 비율로 측정 — 의 연관성을 분석했다. 연구 결과, 물의 경도는 심장마비에 대한 위험의 감소와 직접적인 연관이 있다는 사실을 발견했다. 미네랄이 풍부한 물을 마시는 것이 심장병을 감소시키는 역할을 하는 것으로 여겨진다.

—*Journal of Epidemiology and Community Health*

3. 같은 종류의 새들이 무리를 짓는 것은 사랑, 섹스, 우정이 필요해서일까? 아니면

이성에 끌려서일까? 스위스 베른대학의 클라우스 베데킨트 박사는 체취는 그 냄새의 주인이 자손들을 도와 질병과 싸워 이기게 하는 바람직한 면역 유전자 — MHC 유전자로 불림 — 를 가지고 있다는 신호일 것이라는 가설을 세웠다. 그는 체취와 MHC 유전자가 연관성이 있는지, 그리고 사람들은 체취를 구별할 수 있는지를 알아보기 위한 실험을 시도했다.

그와 그의 실험팀은 대학생들 중에서 49명의 여학생과 44명의 남학생을 실험 대상자로 모집하여, 그들의 DNA 샘플을 수집했다. 그리고 남학생들에게는 향기가 없는 세제와 비누만 사용하고, 냄새나는 방에 들어가거나 냄새를 풍기는 음식을 먹거나 흡연이나 섹스와 같이 냄새를 만들어내는 활동을 일절 못하게 한 후, 면으로 된 티셔츠를 이틀 밤 동안 입고 있다가 그 셔츠를 플라스틱 가방 속에 보관하도록 했다. 한편 여학생들에게는 코 점막에 감염이 생기지 않도록 하기 위해 코 스프레이를 제공하고, 향기에 대해 더욱더 의식하도록 파트리크 쥐스킨트의 소설 『향수』의 사본을 한 부씩 줘서 읽도록 했다.

남학생들이 입었던 티셔츠를 수거하여 여학생들에게 그 여학생과 MHC유전자가 닮은 남학생의 티셔츠 3개와 닮지 않은 남학생의 티셔츠 3개를 알아볼 수 없도록 해서 주고, 그 각각에 대해 냄새의 세기와 유쾌함 및 섹시함 등을 점수로 표시하게 했다.

여학생들은 MHC 유전자가 자기와 닮지 않은 남학생의 냄새를 자기와 닮은 남학생의 냄새보다 더 유쾌하게 느꼈다. 자기와 닮은 남학생의 냄새보다는 자기와 닮지 않은 남학생의 냄새에서 두 배나 더 자주 현재의 파트너나 이전의 파트너를 연상했다.

그러나 여학생들에게 경구피임약을 복용시켜 부분적인 모방임신 상태가 된 후에 시행된 실험에서는 이전과는 정반대의 결과가 나왔다. MHC 유전자가 자기와 닮은 남학생의 냄새에 더 높은 점수를 주었다. 이에 대해 베데킨트 박사는 "경구피임약이 참으로 나를 놀라게 만들었다"고 말했다.

—*Proceedings* of the Royal Society of London

4. 스탠리 코렌은 수면부족과 사고 사이의 연관성을 측정하고자 했다. 이를 위해 그는 1년에 한 번씩 시행하는 북미 동부지역의 섬머타임 시행에 초점을 맞추었다. 섬머타임이 시행되면(시계가 한 시간 앞으로 돌아가 있으므로) 사람들은 대부분 수면시간이 한 시간 줄어든다. 그는 섬머타임 기간 중의 사고 건수와 정상 기간의 사고 건수를 비교했으며, 캐나다에서 섬머타임 기간 중 발생한 사고 건수가 8퍼센트 증가했다는 사실을 발견했다. 그 다음 표준 시간으로 되돌아가고 나서 사람들의 수면시간이 한

시간 늘어났을 때를 조사하였는데, 사고 건수에서 유사한 감소를 발견했다. 피츠버그 대학의 시간생물학연구소 소장은 코렌의 성과에 대해 논평하면서, "우리가 주목하는 것은 국내의 시차증이다"라고 말한다.

—스탠리 코렌, 『잠 도둑들』

5. 캐슬린 보 교수는 두 집단의 대학생들에게 지루한 과학자들의 전기 한 권을 큰 소리로 읽도록 했다. 한 집단은 즐겁고 흥미가 있는 듯이 과장된 말투와 음색으로 읽도록 하고, 다른 한 집단은 같은 책을 자연스럽게 읽도록 했다. 그런 다음 각 집단에 이것저것 물건을 사는 데 쓰거나 저축을 하도록 일정액의 돈이 지급되었다. 즐거움을 과장했던 사람들은 그렇지 않았던 사람들에 비해 62퍼센트 더 돈을 썼다. 이와 마찬가지로, 자신들의 생각을 아무런 제한 없이 써 내려간 집단의 학생들은 흰곰에 대한 생각은 무조건 피하고 글을 쓰도록 제약을 둔 집단보다 훨씬 적게 돈을 썼다. 어떤 사람이 한 가지의 충동을 제어하는 데 소모하는 자제심이 많을수록 다른 것들을 제어하는 데 사용할 수 있는 자제심은 적어지는 것처럼 보인다.

—*The Journal of Consumer Research*

6. 소변에 함유된 칼륨은 음식물에서 흡수한 칼륨을 반영한다고 알려져 있다. 토론토에 있는 프로서맨 건강연구센터의 앤드류 멘트 박사와 그의 동료들은 건강식에 대한 하나의 유용한 임상적 표지로서 소변의 칼륨을 분석했다. 그들은 수백 명의 환자들로부터 소변 샘플을 수집하고, 소변 제공자들의 식사의 질을 각각 분석했다. 그 결과는 놀라웠다. 즉, 소변의 칼륨이 증가함에 따라 체중, 혈압, 맥박수 등이 지속적으로 감소할 뿐만 아니라, 식사의 질적 지수의 지속적이고도 주목할 만한 증가가 있었다. 멘트 박사는 "이 소변 지표는 식사의 질에 관한 간편하면서도 객관적이고 보편적으로 이용할 수 있는 척도"라고 말했다.

—*Urology/Nephrology News*

7. 미국이 이란과의 군사적 충돌의 가능성을 이야기할 때마다, 원유가격이 오르고 이란의 정권은 약화되기는커녕 오히려 강화된다. 우리가 이란의 권력에 재갈을 물리는 것에 대한 이야기를 많이 하면 할수록 그것은 더 어려워진다. … 그러므로 비록 우리가 궁극적으로 군사적 행동을 계획하고 있더라도 군사적 수사(martial rhetoric)를 진정시키는 것이 원유가격을 낮추고 이란을 약화시킬 수 있을 것으로 보인다. … 원유가격 인하 그 자체만으로는 이란에 있는 이슬람교 율법학자들을 쓰러뜨리지는 못할 것이다. 그러나 역사적으로 원유가격이 떨어지면 이란의 개혁주의자들이 발흥

하고 원리주의자들이 상대적으로 위축되었으며, 원유가격이 오르면 그 반대가 되었다는 사실은 중요한 의미를 지닌다. 거친 말이 미국의 결의를 과시하는 좋은 방법인 것처럼 보일 수 있다. 그러나 거친 말이 우리의 적을 더 부유하고 더 강하게 만든다면, 우리는 더 적게 말함으로써 더 많은 것을 이룰 수 있을 것이다.

—제임스 서로위키, *The New Yorker*

개 요

귀납추론의 다섯 가지 방법

1. 일치법

조사 중인 현상의 모든 사례에 공통된 하나의 요인이나 상황은 그 현상의 원인(또는 결과)일 수 있다.

2. 차이법

어떤 요인이나 상황의 존재 여부가 조사 중인 현상이 생겨나는 모든 경우와 그런 현상이 생겨나지 않는 경우를 구별할 때, 그 요인이나 상황은 그 현상의 원인 또는 원인의 한 부분일 수 있다.

3. 일치 차이 병용법

독립적인 기법은 아니지만, 동일한 연구에서 일치법과 차이법을 함께 사용함으로써 귀납적 결론에 실질적인 개연성을 부여한다.

4. 잉여법

검토할 현상의 어떤 부분이 우리가 충분히 이해하고 있는 선행하는 상황의 결과일 경우에 그 현상의 나머지 부분은 나머지 선행하는 상황의 결과이다.

5. 공변법

어떤 현상의 변화와 다른 현상의 변화가 고도의 연관관계를 가지고 있을 때, 둘 중 한 현상은 다른 현상의 원인이거나, 또는 두 현상을 야기한 어떤 제3의 요인의 산물들로서 두 현상이 연관되어 있을 수 있다.

> 이 다섯 가지는 흔히 밀의 방법들이라 불리는 귀납적 방법들이며, 인과법칙을 탐구하는 과학자들이 자주 사용한다.

12.5 귀납적 방법의 한계

앞에서 설명된 방법들이 우리를 위해서 실제로 해줄 수 있는 것이 무엇일까? 존 스튜어트 밀은 그 방법들이 인과관계를 발견할 수 있는 도구이며 인과관계를 증명할 수 있는 기준이라고 믿었다. 두 가지 점 모두에서 밀은 이 방법들의 효력을 과대평가했다. 귀납적 방법들이 실로 커다란 중요성을 갖기는 하지만, 과학에서 그 방법들의 역할은 밀이 생각했던 것처럼 그렇게 엄청난 것은 아니다.

귀납적 방법들의 한 가지 실질적인 어려움은 다음과 같은 사실에서 발생한다. 즉, 이러한 방법들에 대한 진술에서 밀은 "단 하나의 공통적 상황만을 가지는" 사례들과 "한 가지 상황을 제외한 모든 공통적인 상황을 가지는" 사례들을 확인할 수 있다고 가정했던 것이다. 그러나 이와 같은 표현들은 문자 그대로 받아들여질 수 없다. 두 개의 대상은 어느 것이나 그것들이 아무리 다르다 하더라도 다수의 공통적인 상황들을 가질 수 있다. 그리고 두 개의 대상은 그 어느 것도 결코 단 한 가지 점에서만 다를 수 없다—예컨대, 한 대상은 북쪽으로 더 멀리 떨어져 있고, 또 한 대상은 태양에 더 가까이 있고 하는 식으로 말이다. 게다가 우리는 상황들이 단 한 가지 방식으로만 다른지를 결정하기 위해 모든 가능한 상황들을 조사할 수조차 없다. 과학자들이 이 방법들을 적용할 때 염두에 두는 것은 모든 상황들이 아니라 유관한 일련의 상황들이다. 다시 말해서 오직 하나의 유관한 상황만이 공통되는지, 아니면 유관한 상황들 중에 하나를 제외한 나머지 모두가 공통되는지를 묻는 것이다. 다시 말해서 우리는 문제의 인과관계와 유관한 상황들에 대해 귀납적 방법들을 적용한다.

어떤 것이 유관한 상황들인가? 밀의 방법들만으로는 어느 요인들이 유관한 것인지를 우리는 알 수 없다. 우리는 인과적 요인들에 대한 어떤 분석을 사전에 염두에 두고서 밀의 방법들이 적용되는 상황 속으로 들어가야만 한다. 이 문제에 대한 예시는 소위 "과학적 술고래"에 대한 풍자에 잘 나타난다. 그는 첫날밤에 스카치와 소다수를 마시고, 둘째 날은 버번과 소다수, 그 다음 날은 브랜디와 소다수, 그 다음 날은 럼주와 소다수, 그리고 그 다음 날은 진과 소다수를 마신다. 그의 만취의 원인은 무엇일까? 반복되는 만취 상태에서 그는 맹세한다. 다시는 소다수에 손도 대지 않겠다고!

과학적 술고래가 적용했던 일치법의 규칙들은 옳았지만 선행하는 상황들에서 유관한 상황들이 제대로 확인되지 않았기 때문에 그 방법은 전혀 쓸모가 없음이 판명되었다. 만약 알코올이 모든 사례에 공통되는 상황들 중 하나였음이 밝혀졌다면, 당연히 차이법을 사용하여 소다수를 제거할 수 있었을 것이다.

앞에서 차이법과 관련해서 논의되었던 황열병의 원인에 대한 영웅적인 탐구는 그 병이 감염된 모기에 물림으로써 전염된다는 결론을 확증했다. 만취상태의 원인이 소다수가 아니라 알코올이라는 사실을 누구나 알고 있듯이, 이제 우리는 저 사실을 알고 있다. 그러나 황열병 실험은 통찰력과 상상력뿐만 아니라 용기도 필요했다. 황열병이 모기에 의해서 전염된다는 가설이 처음에는 어리석거나 어처구니없는 것으로 여겨졌을 수도 있고, 또는 아예 생각조차 하지 않았을 수도 있다. 실제 세계에서의 상황들에 “유관하다”거나 “무관하다”는 꼬리표가 달려 있는 것은 아니기 때문이다. 모기에게 물려보는 시험을 하기 위해서는 사전에 유관할 가능성이 있는 요인들에 대한 분석이 필요했으며, 그런 후에야 그것들에 대해 귀납적 방법들이 적용될 수 있었다. 그와 같은 사전 분석이 있을 때, 귀납적 방법들은 상당한 유용성을 가질 수 있을 것이다—그러나 배경에 어떤 가설 없이 귀납적 방법 그 자체만으로는 과학적 발견을 위한 충분한 도구는 아니라는 사실이다.

귀납적 방법들은 자력으로 증명의 규칙을 구성할 수는 없다. 앞에서 지적했듯이, 귀납적 방법은 언제나 인과적 요인들에 대한 어떤 선행 가설에 근거해서 진행된다. 그리고 모든 상황들을 다 검토할 수는 없으므로 우리의 주의는 가능한 원인이라고 추정되는 상황들에 한정될 것이다. 그러나 검토되어야 할 상황이 어떤 것인지에 대한 이와 같은 판단이 오류로 판명될 수도 있다. 아주 오랜 세월 동안 의학자들은 오염된 손이 질병을 전염시킨다는 생각을 하지 못했으며, 이와 같은 오염을 질병의 원인으로 인정하지도 않았다. (전염병이 어떻게 전염되는지를 이해하지 못했기 때문에) 의사들은 손을 씻지 않았으며, 그 결과 수 세기 동안 실로 엄청난 불행과 헤아리기 힘들 정도의 죽음을 초래했다. 산후(또는 산모)의 산욕열의 경우는 특히 그랬다. 이 병은 의사들의 손을 통해 산모에서 산모로 옮아갔다. 저러한 재앙의 인과적 관계는 19세기 중반 헝가리의 의사인 이그나츠 젬멜와이스가 이 사실을 증명하고 나서야 비로소 제동이 걸리기 시작했다.[16] 연구자들이 그들 앞에 놓인 상황들을 적절한 요인들, 즉 사전에 알려질 수 없는 요인들로 분해하지 못하면 그 연구는 좌절된다. 귀납적 방법의 적용에 의한 전제들이 정확하지 않거나 부적절할 수 있기 때문에, 그러한 분석에 근거한 추론도 역시 잘못된 것으로 판명될 수 있다. 기본적인 가설들의 가치에 대한 귀납법의 이러한 의존성은 귀납적 방법들이 그 자체만으로는 밀이 희망했던 인과의 증거를 제공할 수 없다는 사실을 보여주고 있다.

그런데 유념해야 할 또 다른 문제가 있다. 즉, 귀납적 방법들의 적용은 언제나 관찰된 상관관계에 의존하는데, 설사 그것이 정확한 것이라 하더라도 그와 같은 관찰은 불완전할 수 있고, 따라서 기만적일 수 있다. 관찰 사례의 수가 많아지면 많아질수록 우리가 관찰한 상관관계가 진짜 법칙처럼 될 가능성이 더 커진다. 그러나 아무리 관찰 사례의 수가 많다 하더라도 아직 관찰되지 않은 사례들 간의 인과관계를 확신을 가지고 추론할 수는 없다.

이러한 한계는 연역과 귀납 사이에 거대한 심연이 놓여 있다는 것을 다시 한 번 보여주는 셈이다. 타당한 연역추론은 증명을 구성하지만 모든 귀납추론은 기껏해야 고도의 개연성을 지닐 뿐 결코 증명의 성격을 띨 수는 없다. 그러므로 자신의 방법들이 "증명의 방법"이라는 밀의 주장은 그 법칙들이 "발견의 방법"이라는 그의 주장과 더불어 거부될 수밖에 없다.

그럼에도 불구하고, 이 장에서 설명된 그 방법들은 대부분의 과학에서 중요한 역할을 할 뿐 아니라 상당한 효력을 발휘한다. 연구자들이 모든 상황들을 검토한다는 것은 절대적으로 불가능하기 때문에, 귀납추론의 방법들을 적용할 때에는 조사 중인 상황들에 관한 하나 또는 그 이상의 인과적 가설을 가정해야만 한다. 어떤 요인(들)이 조사 중인 현상의 원인(들)인지에 대해 전혀 확신을 가질 수 없는 경우에는 종종 대안적 가설들을 세워보고 그 가설에 입각해서 검사를 한다. 본성상 주로 제거적인 성격을 지닌 다섯 가지 귀납적 방법들이 우리에게 결정하도록 하는 것이 바로 이것이다. 만약 선행상황들에 대한 어떤 분석이 정확한 것이라면, 그 상황들 중 하나는 조사 중인 현상의 원인(또는 원인의 일부)일 수가 없다는 사실을 연역해낼 수 있게 해준다. 이와 같은 연역은 타당할 것이다. 그러나 그 논증의 건전성 여부는 언제나 전제된 선행분석의 정확성에 달려 있다.

귀납적 방법들은 아주 훌륭하지만, 그것들이 확립하고자 하는(또는 거짓임을 입증하고자 하는) 가설이 인과적으로 유관한 상황들을 정확히 식별해내는 경우에 한해서만 신뢰할 만한 결과를 산출할 수 있다. 귀납적 방법들은 저 가설이 그 논증에서 전제로 주어진

16) Sherwin B. Nuland, *The Doctors' Plague* (New York: W. W. Norton, 2003).

경우에 한해서만 저러한 결과의 연역을 가능하게 해준다. 이제 귀납적 방법들이 우리에게 제공하는 효력의 본성을 알 수 있다. 귀납적 방법은 발견에 이르는 길도 아니고 증명의 규칙도 아니다. 그것들은 다만 가설을 시험하는 수단이다. 이와 같은 귀납적 방법들에 대한 모든 진술들은 현대의 모든 과학에서 일반적이고도 불가결한 수단인 대조실험(controlled experiment)의 일반적인 방법을 기술한다.

체계적인 경험적 연구에서 가설의 역할은 매우 중요하기 때문에 가설을 세우고 시험하는 작업을 과학의 방법으로 간주할 수도 있다. 이에 대해서는 다음 장에서 공부할 것이다.

인물탐구

존 스튜어트 밀(John Stuart Mill)

19세기의 가장 뛰어난 철학자와 논리학자들 중의 한 사람인 존 스튜어트 밀(John Stuart Mill, 1806~1873)은 특수교육의 수혜자였다. 이것은 그가 쓴 『자서전』(1873)에 상세히 기술되어 있다. 그는 학교에 가지 않고, 철학자이자 매우 학식이 높은 그의 아버지 제임스 밀의 집중적인 교육을 받았다. 그는 두 살이 되기 전에 글을 깨쳐서 읽을 줄 알았다. 세 살 때에는 그리스어를 공부했고, 여덟 살 때는 라틴어를 공부했다. 열네 살이 되기 전에 그리스어와 라틴어로 된 고전들 대부분을 읽었으며, 논리학과 수학을 광범위하게 공부했고, 경제이론에 관한 논문도 썼다. 아버지의 지도는 부담이기는 했지만 또한 사랑의 표현이기도 했다. 아버지 제임스는 영국의 위대한 의회 개혁가인 제레미 벤담이 이끄는 소규모 그룹의 일원이었다. 그 그룹은 한때는 도덕사상가들과 경제학자들이 그리고 당시는 급진적 개혁가들이 주축을 이루는 훌륭한 진보적 지식인들의 모임이었다. 소년 시절에 밀은 자기 집 거실에서 이 막강한 지식인들과 교류했다. 결국 그 자신은 19세기 영국 자유주의 지도자의 한 사람이 되었다.

열일곱 살 때 밀은 아버지의 뒤를 이어 당시 인도의 실질적인 정부 구실을 하던 동인도회사의 직원이 되었다. 쉰 살이 되었을 때, 밀의 직급은 동인도회사의 수석 심사관까지 올랐다. 회사에서 은퇴한 후에는 의회 의원으로 선출되었으며, 거기서 대단한 공훈을 세웠다.

밀이 가졌던 철학적 견해는 21세기에도 여전히 유의미하다. 그의 초기 페미니즘(『여성의 예속』, 1869)은 용기 있는 생각이었고, 자치에 대한 옹호(『대의정치론』, 1861)는 깊이가 있었고, 그의 도덕관(『공리주의』, 1861)은 공리주의 사상을 당시의 최고 수준까지 끌어올렸다.

언론과 표현의 자유에 대한 그의 방어 (『자유론』, 1859)는 그를 전 세계적인 지성의 영웅으로 만들었으며, 그 위치는 지금까지도 유지되고 있다.

그의 철학적 명성은 『논리학 체계』(1843)를 출간했던 30대에 처음 인정받게 되었다. 이 책에서 그가 설명한 것은 다음이었다. 즉, 형식적 연역논리 또는 삼단논법은 분명히 우리가 이미 알고 있는 것을 근거로 일관되게 추론할 수 있도록 도와주지만, 그것이 우리에게 새로운 지식을 안겨주지 못하는 이유가 무엇인가? 이와 달리 과학의 논리인 귀납논리는 새로운 진리를 발견할 때 기준과 지침을 제공할 수 있다. 구식의 베이컨주의적 추론규칙들을 세련되게 다듬으면서, 밀은 이전의 어느 누구도 하지 못했던 귀납논리의 원리들을 공식화하고 설명했다. 삼단논법의 전제들은 추론이 시작되기 전에 확정되거나 가정되어야 하기 때문에, 그는 귀납이 연역에 선행되어야 하며 따라서 귀납이 더 근본적인 것이라고 주장했다. 귀납논리의 세계에서, 그의 저작은 날카롭고 독창적이었다.

전반적으로 보면 존 스튜어트 밀은 모든 사람들로부터 존경을 받는 유능하고 정직한 개혁가였다. 그는 사랑이 깊은 남편이었고, 존경받는 학자였으며, 의심할 여지없이 성실한 의회 의원이었다. 광범한 분야의 문제들에 대한 그의 철학적 사유는 섬세했고, 감성은 항상 인도적이었다. 그는 19세기의 영어권에서 가장 영향력 있는 철학자이자 논리학자였다.

논리연습

다음의 각 연구보고서나 논증을 분석하고, 인과추론에 관한 밀의 방법들 중에서 어떤 방법이 적용되었는지를 밝혀라.

1. 최근 십대 청소년 7,000명을 대상으로 실시한 전국적인 조사결과에 따르면, 또래들보다 일찍이 동정을 잃은 십대는 동정을 지키는 십대보다 가게 물건 훔치기, 재물 손괴, 마약 거래 등이 더 심하다. 섹스를 일찍 경험한 사람들은 평균 나이에 첫 경험을 한 사람들보다 1년 후에 비행을 저지르는 비율이 20퍼센트 더 높다. 평균보다 더 늦게 첫 섹스를 경험한 사람들은 평균 나이에 첫 경험을 한 사람들보다 1년 후에 비행을 저지르는 비율이 50퍼센트 더 낮다. 기다림이 예방 효과를 가지고 있는 것처럼 보인다. 연구보고서의 공동저자이면서 오하이오주의 사회학자인 스탠시 아머는 다음과 같이 말한다. 즉, "우리는 섹스 자체가 비행을 초래한다는 것을 발견하고자 하는 것이 아니다. 섹스 자체가 언제나 문제되는 행위는 아니다." 그러나 "섹스를 시작하는 시기는 중요하다. 아이들이 일찍 섹스를 경험하면 탈선을 하게 된다."

—*The Journal of Youth and Adolescence*

2. 임신 중에 엽산(비타민B 복합체의 일종)이 결핍된 식사를 하는 것은 정상 체중에 미달하는 저체중의 조산아를 낳을 가능성을 높인다는 강력한 증거가 제시되었다. 뉴저지 의과대학(내과, 치과)에 근무하는 테레사 스콜 박사는 뉴저지주 캠던의 도심 빈민가 여성 832명의 임신과 출산을 연구하여, 식사와 엽산 섭취의 영향을 확인했다. 그녀는 "매일 엽산을 240마이크로그램 이하로 섭취하는 여성들은 조산과 저체중아를 낳을 위험이 약 2배 내지 3배 더 높다는 것을 발견했다"고 말했다. 임신 28주차까지 임산부의 혈청 엽산 농도가 조금만 증가해도, 저체중아를 낳을 확률뿐만 아니라 조산의 가능성도 감소한다고 그녀는 보고했다. 엽산 일일 섭취량이 표준량인 240마이크로그램에 미달하여 혈청 내 엽산농도가 낮은 219명의 임산부 중에서 44명이 조산과 저체중아를 출산했다. "혈청 내 엽산농도의 증가에 비례하여 조산과 저체중 위험은 감소한다. 엽산의 과소섭취는 전 임신기간 동안 위험 요인이 된다." 이것이 스콜 박사가 내린 결론이었다.

—테레사 O. 스콜 외, *American Journal of Clinical Nutrition*

3. 인간 게놈과 침팬지 게놈을 구성하는 DNA 단위들의 배열은 98.8퍼센트가 같다. 인간과 침팬지는 500만 년 전이라는 오래지 않은 시기에 공통조상을 가지고 있었다. 그러므로 인간성의 본성을 규정하는 것은 상대적으로 소수의 유전자들임에 틀림없다. 생물학자들은 공통조상 이후 진화로 변화된 유전자들을 확인할 수 있다면, 인간과 침팬지가 어떻게 다른가에 대한 유전적 기초를 더 잘 이해할 수 있을 것이며, 따라서 인간을 인간답게 만드는 것이 무엇인가에 대해서도 더 잘 이해할 수 있을 것이라는 생각을 오랫동안 품어왔다.

   거의 알아들을 수 없을 정도로 열등한 언어능력을 갖고 있는 런던의 한 대가족이 FOXP2라고 불리는 유전자에 변이유전자를 가지고 있다는 것을 발견했던 2001년에 생물학자들이 품고 있던 이 프로젝트가 상당한 지지를 받았다. 침팬지도 역시 FOXP2 유전자를 가지고 있다. 그러나 침팬지가 가지고 있는 이 유전자는 인간이 가지고 있는 유전자와 매우 다르다. 인간이 가진 FOXP2 유전자에는 최근 10만 년 동안 가속화된 진화가 남긴 변화의 흔적이 나타난다. 이것은 인간에게 말을 할 수 있게 하는 새로운 기능을 그 유전자가 획득했다는 사실을 시사하고 있다.

—미첼 카길, 앤드류 클라크, *Science*

4. 최근 우간다에서 연구된 간편하고 값싸면서도 놀라우리만치 강력한 복합치료법이

HIV 양성인 어린이 집단에서 말라리아를 거의 몰아냈다는 사실이 아주 최근에 열린 로스앤젤레스의 의학 회의에 보고되었다. 그 치료법 — 값싼 항생제를 매일 복용하고 방충 모기장 안에서 잠자는 것 — 은 말라리아 발병을 대조집단과 비교하여 97퍼센트나 감소시켰다. 우간다의 캄파라에 소재한 마케레네대학의 앤 가사시라 박사가 주도한 이 연구에서, HIV 미감염자로서 항생제를 복용하지 않거나 모기장 안에서 잠을 자지 않은 561명 중 356명에게서 말라리아 증상이 나타났지만, HIV 감염자로서 항생제를 복용하고 모기장 안에서 잠을 잔 300명 중에는 단지 4명에게만 말라리아 증상이 나타났다. 콜롬비아대학의 소아과 역학 교수인 엘렌 아브람스 박사는 "이 발견은 놀라우리만치 극적인 것이다"라고 말했다.

—*14th Conference on Retroviruses and Opportunistic Infections*, Los Angeles

5. 어떤 이론은 입증되지 않은 일화적 증거에서 생겨난다. 스탠리 코렌은 그의 저서 『왼손잡이 증후군』(1992)에서 왼손잡이가 오른손잡이보다 수명이 짧다는 일반적인 신념을 검토해 보고자 했다. 그러나 사망확인서나 기타 공적 기록에는 사망자가 어느 손을 썼는지에 대한 언급이 거의 없다. 저 가설을 검사할 수 있는 신뢰할 만한 데이터 출처가 어디 있을까? 코렌은 야구 기록을 조사하여 투수들이 어느 손으로 던졌는지 그리고 그들이 사망한 나이가 언제인지를 살펴보았다. 그는 오른손잡이 투수들이 왼손잡이 투수들보다 평균 9개월 더 살았다는 것을 알아냈다. 그 후속 연구로 그와 그의 동료 한 사람은 캘리포니아 내 두 자치구의 사망확인서에 이름이 올라있는 사망자들이 어느 손을 사용했는지를 사망자의 친척들에게 전화를 해서 물어보았다. (이 연구에 따르면) 오른손잡이가 왼손잡이보다 평균 9년 더 살았다.

6. 키가 큰 사람들이 다른 근로자들보다 평균적으로 더 높은 지위의 일자리와 더 많은 소득을 얻는다는 것이 오랫동안 인정되어 왔다. 키와 소득 사이의 연관을 설명하는 수많은 가설들이 제시되었다. 선진국에서는 연구자들이 자존심, 사회적 우월감, 편애 등과 같은 요인들에 역점을 두었다. 이 글에서 우리는 더 간단한 설명을 제안한다. 즉, 대체로 키가 큰 사람들이 더 많은 돈을 버는데, 이는 그들이 더 멋지게 보이기 때문이다. 학교교육의 효과가 드러나기 전인 세 살부터 유년기 내내, 인지검사에서 키가 큰 아이들이 눈에 띌 정도로 더 높은 점수가 나온다. 어린 시절의 키와 성인이 되었을 때의 키 사이의 연관관계는 남자와 여자 모두 약 0.7이고, 따라서 키가 큰 아이가 키가 큰 어른이 될 가능성이 훨씬 높다. 어른이 되었을 때, 키가 큰 사람들은 더 발달한 언어능력과 계산능력 그리고 더 높은 지성을 요구하는 고소득 직무에 발탁

될 가능성이 훨씬 높다. 그리고 그들은 그 직무에 대한 보수를 풍족하게 받는다. 미국과 영국의 네 가지 자료들을 사용하여, 우리는 어른의 소득에 포함된 키 프리미엄은 유년기의 인지검사 점수를 통해 설명될 수 있다는 사실을 알아냈다. 게다가, 우리는 키가 큰 어른들은 더 높은 인지능력과 더 낮은 육체능력이 요구되는 직무에 발탁된다는 사실을 입증하고 있다.

—안네 케이스, 크리스틴 팍손, *National Bureau of Economic Research*

7. 혈압을 잴 때, 팔의 위치가 어떤 차이를 가져오는가? 샌디에이고에 있는 캘리포니아 대학의 연구원들은 자동 혈압계를 사용하여 순환계에 문제가 없는 응급실 환자 100명으로부터 여섯 가지의 혈압 수치를 입수했다. 혈압은 선 자세, 앉은 자세, 누운 자세와 이 세 가지 자세 각각에 대해 팔을 몸에서 밖으로 뻗은 자세와 팔을 몸 옆으로 붙인 자세 등 총 6가지 측정을 하였다. 그들은 팔의 자세가 몸의 자세보다 혈압 수치에 훨씬 더 큰 영향을 미친다는 것을 발견했다. 팔이 몸과 평형으로 있을 때 혈압 수치는 14mm 정도 더 높았다. 이 연구의 공동저자 중 한 사람인 데이비드 A. 구스 박사는 다음과 같이 말했다. 즉, 다른 자세들에 비해 더 정확한 단 하나의 자세가 있는 것은 아니다. "가장 중요한 것은 측정할 때마다 자세를 바꾸지 않고 일관된 자세를 취하는 것이다."

—*Annals of Internal Medicine* in *The New York Times*

8. 중세가 거의 끝나갈 무렵에 몇몇 신학자들(당시의 과학자들)이 로마교황청이 금지하는 실험을 허가해 주도록 프랑스 왕을 설득했다. 그들은 교수형을 당하기 직전과 직후의 몸무게를 측정함으로써 한 범죄자의 영혼의 무게를 잴 수 있도록 허가를 받았다. 통상적으로 이루어지는 연구활동처럼, 그들은 하나의 명확한 결과를 얻었다. 즉, 영혼의 무게는 약 1.5온스이다.

—존 루카스, *The New York Times*

9. 산업 사회심리학이 시작되는 분기점은 웨스턴 일렉트릭사의 호손 발전소에서 행해진 일련의 연구들이었다. 이 연구는 1927년부터 시작되었으며, 하버드대학의 교수들인 엘튼 메이요, F. J. 뢰스리스버거, T. N. 화이트헤드와 그리고 웨스턴 일렉트릭사의 W. J. 딕선이 지휘했다. 연구의 당초 목적은 조명, 온도, 휴식시간, 작업시간, 단위 임금 등이 생산성에 미치는 효과에 대한 구체적인 자료를 얻는 것이었다. 일반 근로자 여성 6명으로 구성된 한 집단이 이 실험을 위해 선택되었다. 그들의 직무는 전화기 조립이었다. 거의 시작단계부터 예상치 못한 결과들이 나타났다. 즉, 휴식시간과 작업

시간이 늘어나거나 줄어드는 것과는 상관없이 생산성은 상승세를 지속했다. 각각의 실험기간 동안에는 조건이 무엇이든 산출이 이전보다 더 높았다. 그 해답은 다수의 미묘한 사회적 요인들에 있는 것 같았다.

… 호만스가 요약하고 있듯이, 작업조건의 변화가 실험적으로 유도된 것이든 아니든, 여자 근로자들에게 있어서 산출 비율의 증가는 "작업조건에 있어서의 어떤 변화와도 관련이 없었다. 하지만 그것은 단지 관리자들과의 독특하고도 효과적인 관계 속에서 이루어지는 조직화된 사회적 집단의 발전이라는 말로 표현할 수밖에 없는 그런 것과 연관되어 있었다.

—S. 스탠스펠트 사르젠트, 로버트 C. 윌리엄스, 『사회심리학』

10. 소음은 부지불식간에 소음에 노출되는 사람들에게 부정적인 영향을 미치는가? 독일의 뮌헨 공항을 이전했을 때 함부르크대학, 스웨덴의 예블레대학, 코넬대학 등에서 온 연구원들은 그것을 소음의 영향에 대한 전향적 연구를 수행할 수 있는 절호의 기회로 보았다. 그리고 이전 전과 후, 즉 구 공항 부근과 신 공항 부근에 사는 학생들의 학업 성취도를 측정했다. ≪심리과학(*Psychological Science*)≫ 학술지 2002년 10월호에 보고되었듯이, 두 집단의 학생들에 대해 단기 및 장기 기억 능력과 함께 독해력을 검사했다. 공항 이전 후, 구 공항 부근에 사는 학생들에게는 기억력과 독해력의 향상이 확인되었다. 반면에 신 공항 부근에 사는 학생들에게는 독해력과 기억력이 저하되었다.

고도의 소음이 학습과 성장발육을 방해한다고 연구원들은 결론을 내렸다. 그러나 연구원들이 발견한 밝은 측면도 있었다. 소음으로 인한 학습 손상은 그 소음이 없어지면 저절로 원상 복구된다는 것이었다.

11. 영국의 의학 전문지 ≪란셋(*The Lancet*)≫ 2003년 1월호에 보고된 한 연구에 따르면, 많은 사람들이 낮이 짧아진 겨울 동안 경험하는 기분의 변화는 뇌에 생리학적 기반을 가지고 있다. 18세에서 79세 사이의 건강한 지원자 100명은 가능한 한 뇌에서 피를 뽑을 수 있도록 하기 위해 연구원들이 같은 해의 여러 다른 시기에 경정맥에서 혈액 샘플을 채취하는 데 동의했다. 그 후 연구원들은 뇌 속의 화학약물, 특히 세로토닌의 정도와 혈액 채취 당시의 기상자료—기온, 기압, 강우, 일조—를 서로 비교해 보았다. 단지 일조(햇빛)만이 인과적 영향을 미쳤다. 겨울 3개월 동안 세로토닌의 수치가 최저였지만, 그것은 당일 일조 상태에 따라 다양하게 변화했다. [연구원들은 다음과 같이 썼다.] "우리가 발견한 것들은 뇌에 의한 세로토닌 방출량의 변화가 기분의 계절성과

계절적 정서장애의 기초가 된다는 생각에 대한 간접적인 증거이다."

12. 미시간대학의 노베르트 슈발츠 교수는 아래와 같은 실험을 실시했다. 미시간대학의 복사기 한 대에 어떤 피실험자들에게는 동전 한 개가 나오고(그들이 그것을 발견했다), 다른 피실험자들에게는 이런 횡재가 없도록 장치를 한 후, 이 복사기를 사용한 사람들의 태도를 검사했다. 복사기를 사용한 피실험자들에게 그들의 생활이 얼마나 행복한지를 물었다. 동전 한 개를 얻은 사람들은 "그들의 인생 전반에 관하여", 그리고 경제를 비롯해 다른 많은 문제들에 관하여 일관되게 훨씬 더 긍정적이었다. 슈발츠 교수는 다음과 같이 말했다. "우리는 동전 한 개가 당신을 약 20분간 행복하게 만들 수 있다는 것을 알아냈다. 그러고 나면 그 기분은 사라진다."

—N. 슈발츠, 『웰빙: 쾌락의 심리학의 기초』

13. 미국에서 가장 규모가 크고 가장 장기간 진행된 보육 관련 연구는 취학 전 아동을 데이케어 센터(주간 보호 시설)에 일 년 또는 그 이상 맡기는 것은 그 아이가 수업시간에 집중하지 못할 수 있는 가능성을 높일 뿐 아니라 그 영향은 6학년이 될 때까지 이어진다는 사실을 발견했다. 그와 같은 센터에 최소 주당 10시간씩 아이를 맡긴다면 선생님이 작성하는 문제행동 표준평가의 점수는 보육기간 일 년마다 1%씩 높아지는 결과를 가져왔다. 부모들의 지도와 그들의 유전자는 아이들의 행동 방식에 가장 큰 영향을 미쳤다. 그러나 데이케어 센터의 영향에 대한 이 발견은 아이의 성이나 가족의 수입에 관계없이, 그리고 센터의 질에 관계없이 유효했다.

—국립 아동건강 및 인간 발달 연구소

14. 속도가 사람들을 죽이고 있다. 2003년 11월에 발간된 도로안전을 위한 보험위원회의 한 보고서는 주간 고속도로(interstate highway)의 제한속도 상향조정으로 1996년부터 1999년까지 22개 주에서 약 1,900명의 추가 사망자가 발생했다는 결론을 내렸다. 이상하게도 그 보고서는 미국에서 활동하고 있는 뉴질랜드 교통안전국의 연구에 기초하고 있다. 그 연구 내용은 다음과 같다. 즉, 제한속도에 대한 연방정부의 상한선이 시속 65마일로 정해졌을 때, 미국의 고속도로상의 사망자 수는 감소했다. 그러나 제한속도에 대한 연방정부의 상한선이 철폐되자마자 제한속도 시속 65마일을 유지하지 않은 주들의 사망자 수는 현저히 증가했다. 반면에 제한속도 시속 65마일을 유지한 다른 주들의 사망자 수는 증가하지 않았다. 이 연구는 다음과 같은 사실을 보여주고 있다. 즉, 제한속도가 높은 주들의 운전자들은 더 빨리 차를 몰고, 더 빨리 차를 몰 경우에 교통사고 사망자 수는 증가한다.

—*The New York Times*

15. 16년간 진행된 한 연구는 매일 활기찬 운동을 하고 건강식을 먹는 정상 체중의 비흡연 남성 전문직업인 8,867명을 지켜보았다. 보통 잔으로 한 잔 반 내지 두 잔의 포도주나 맥주 또는 증류주를 매일 마신 사람들은 술을 전혀 마시지 않은 사람들보다 심장병 위험이 41퍼센트 내지 62퍼센트 낮았다. 적당한 양의 알코올음료가 심장병의 가능성을 낮춘다는 것은 분명한 것처럼 보인다. 이 효과는 심장질환을 가지고 있는 사람들에게서만 발견되는 것은 아니다. 이 연구의 제1저자는 다음과 같이 쓰고 있다. 즉, "우리가 발견한 바에 따르면, 위험이 가장 낮은 사람들의 경우에도 위험을 더 낮추는 일은 적당한 음주와 연관이 있다."

—케네스 무카말, *Archives of Internal Medicine*

16. 심장병 환자들에게 있어서 "순수 사유적" 중재—이를테면 기도와 MIT(음악, 명상, 촉감에 의존하는 치료법) 같은 것—는 "약물이나 기구 또는 외과적 조치 없이 이루어지는 치료 효과"로 정의된다. 경피적 관상동맥 중재술(스텐트 시술의 일종)이나 선택적 심장 내 도관법 수술을 받아야 하는 관상 동맥성 심장질환 환자 748명이 1999년부터 2002년 사이에 아홉 개의 연구 사이트에 등록했다. 순수 사유적 중재의 효과를 검사하기 위해 환자들은 임의의 네 개 집단으로 배정되었다. 첫 번째 집단(192명)은 외부 중보기도(intercessory prayer)와 MIT 치료를 둘 다 받았다. 두 번째 집단(182명)은 외부 중보기도만 받았다. 세 번째 집단(185명)은 MIT 치료만 받았다. 네 번째 집단(192명)은 아무런 조치도 받지 않았다. 6개월의 기간이 지난 후에 심장 시술 조치가 각각 규정된 표준 절차에 따라 시행되었다. 기도 부분은 이중 맹검법(double blinded)이었다. 즉, 어느 환자가 중보기도를 받고 있는지 환자와 그들의 치료 팀이 모르고 있다는 말이다. 연구를 위한 기도 집단에는 불교, 이슬람, 유대교 그리고 다수의 기독교 종파가 포함되어 있었다. 이 연구 대상자들 중 89퍼센트의 환자들은 역시 사람들이 바깥에서 그들을 위해 기도하고 있다는 사실을 알고 있다. 듀크대학교 메디컬센터의 보고에 따르면, 연구자들은 네 개의 집단들 사이에 뚜렷한 차이를 발견하지는 못했다. 외부 중보기도, 음악, 명상, 촉감 등이 시술을 받는 환자들의 기본적인 임상 성과에 뚜렷한 영향을 미치지 못했다.

—*The Lancet*

17. 나누어주고 싶은 충동은 돈에 대해 생각하고 있는 사람에게서 자연스럽게 나타나는 것이 아니다. 심리학자들은 다음과 같은 사실을 발견했다. 즉, 잠재의식적으로 돈을

상기시키면 사람들은 그들의 업무에 있어서 더 독립적으로 되며, 다른 사람에게 도움을 주거나 도움을 청하는 경향은 줄어든다. 52명의 학부 학생들을 대상으로 낱말들을 뒤섞어놓고 순서를 맞추는 실험이 있었다. 한 집단은 "고액 연봉"과 같이 주로 돈과 관련된 낱말들을 풀었다. 반면에 다른 한 집단에게는 돈과 무관한 낱말 퍼즐을 풀도록 했다. 그런 다음 연구자들은 학생들에게 어렵고 추상적인 퍼즐을 풀도록 시키면서 도움이 필요하면 도와주겠다고 했다. 돈과 관련하여 생각해 왔던 학생들은 다른 학생들보다 평균 70퍼센트 더 오랫동안 혼자서 문제와 씨름을 했다. 마음속에 돈을 갖고 싶은 "의향이 있는" 학생들은 분명하게 자립적인 태도를 취하는 반면에, 그런 의향이 없는 학생들에 비해 도움을 주는 데 다소 소극적이고, 곤란을 겪고 있는 학생을 돕는 데는 두 배나 늦었으며, 가난한 학생을 돕기 위해 돈을 기부하라는 부탁을 받았을 때도 약 두 배나 인색했다.

—캐슬린 보, 니콜 미드, 미란다 구드, *Science*

제12장 요약

이 장에서 우리는 원인의 개념과 인과관계의 성격 그리고 인과법칙을 확정하기 위해 사용되는 여러 가지 방법들을 살펴보았다.

- 12장 1절에서는 "원인"이라는 말의 다양한 의미를 살펴보았다.
- 12장 2절에서는 자연의 제일성에 관한 가정과 인과법칙의 일반성을 설명했다.
- 12장 3절에서는 단순매거에 의한 귀납을 다루었다.
- 12장 4절에서는 밀의 방법이라 불리는 귀납추론의 기본기법들을 하나하나 설명하고 예시했으며, 그것들이 본질적으로 제거적인 성격을 띤다는 것을 설명했다. 밀의 다섯 가지 방법은 아래와 같다.

  1. 일치법
  2. 차이법
  3. 일치 차이 병용법
  4. 잉여법
  5. 공변법

- 12장 5절에서는 이 다섯 가지 귀납적 방법들의 한계와 효력을 설명했다. 그리고 끝으로, 이 방법들이 밀이 주장했던 것을 모두 수행하지는 못하지만, 과학적 가설을 확정하거나 그 부당성을 증명하는 지적 도구로서는 아주 중요하다는 사실을 지적했다.

과학과 가설

제 **13** 장

13.1 과학적 설명

세계에 관한 진리를 알기 위해서는 세계에 관한 과학적인 연구가 이루어져야만 한다. 그러나 개별적인 진리들로는 아주 멀리까지 나아갈 수 없다. 석재를 모은다고 해서 집이 되지 않는 것처럼 단순히 사실들을 수집한다고 해서 과학이 되는 것은 아니다. 과학의 목적은 우리가 부딪히는 사실들을 설명할 수 있는 일반적인 진리들(앞 장에서 논의했듯이 주로 인과적 형식으로 발견되는 진리들)을 발견하는 데 있다.

설명(explanation)이란 무엇인가? 모든 설명은 해석, 즉 설명되는 것이 논리적으로 추론될 수 있는 일련의 명제들을 제공하는 것이다. 가장 좋은 해석은 설명되어야 할 의문스러운 측면들을 가장 많이 해소시키는 것이다. 그와 같은 해석은 일관된 일련의 일반적인 진리나 이론으로 구성되어 있다. 예를 들어, 어떤 심각한 질병을 설명하기 위해서는 그 병의 원인이 무엇이며, 그 병의 치료 방법은 어떤 것인가에 대한 일관된 해석이 필요하다. 어떤 특정 물질의 존재 여부가 그 질병의 열쇠인가? 가령 당뇨병을 설명하는 이론은 인체의 당분 소비와 당분이 소비될 때 인체에서 만들어지는 인슐린이라는 단백질 호르몬의 중심적인 역할 등에 대한 일관된 해석으로 이루어진다. 이 이론에 따르면, 결과적으로 혈액에서 당분을 흡수하는 기능의 장애를 설명하는 것은 곧 인슐린 결핍이다. 이와 같은 종류의 해석(물론 여기서는 지나치게 단순화된)은 심각한 질병에 대한 **과학적 설명**(scientific explanation)을 제공한다. 환자들은 인슐린 결핍 때문에 당뇨병으로 고생한다.

우리가 "P이기 때문에 Q이다"라고 말할 때, 이것은 하나의 설명일 수도 있고 하나의 논증일 수도 있다. 전제 P로부터 결론 Q를 추론하고 있다면, 그것은 논증이다. Q라는 사실에 직면하여, 그것을 초래한 상황들을 발견하기 위해 우리의 추론이 그 사실로부터 역으로 움직였다면, 그것은 설명이다. 당뇨병 ― 혈중 당의 과다 ― 은 많은 환자들에게 큰 고통이다. 우리는 그와 같은 결과를 야기한 인슐린 결핍으로 주의를 환기시킴으로써 당뇨병을 설명한다. 인슐린 결핍 P가 당의 과다 Q를 해명하는 상호 관련된 일련의 상황에 대한 해석이 곧 그 질병에 대한 설명이다.

훌륭한 설명은 설명되는 사실과 유관한 진리들을 제공해야만 한다. 만약 내가 가끔 수업시간에 지각한 것을 브라질의 출생률 상승에 주의를 환기시킴으로써 설명하고자 한다면, 여기에 도입된 사실 자체는 옳을 수 있지만 그것은 연관성이 없으며, 따라서 그것은 내가 지각한 문제의 사건에 대한 만족스러운 설명이 될 수 없다. 이 평범한 사례에서는 단 하나의 사건에 대해 설명이 시도되고 있다. 과학에서는 참일 뿐 아니라 유관하면서 또한 일반적이기도 한 설명이 시도된다. 우리가 목표로 하는 설명은 어떤 유형의 모든 사건들 — 이를테면, 질병이 발병하는 모든 사건들 — 에 대한 이해를 제공할 것이다.

과학이론이 해석하고 설명하는 사실이 많으면 많을수록 그 이론은 더욱더 설득력이 있다. 어떤 이론은 그 범위와 영향력이 매우 크다. 예를 들어, 아래에 있는 만유인력의 법칙에 관한 뉴턴의 짧은 글이 그런 경우이다.

> 이 세계 내의 모든 물질입자는 다른 입자를 끌어당기는데, 그 인력은 두 입자의 질량의 곱에 비례하고 두 입자 사이의 거리의 제곱에 반비례한다.

설명은 유관하고 일반적이라고 해서 과학적인 것은 아니다. 행성들의 규칙적인 운동은 각 행성이 가지고 있는 "지능"에 의해 설명될 수 있다는 것이 오랫동안 사람들이 가져왔던 생각이었다. 어떤 문화권에서는 질병을 몸에 침투한 나쁜 정신의 소행으로 설명한다. 비록 그들이 제시하는 설명들이 일반적이고 또 관심사와도 관련이 있긴 하지만, 이것들은 분명히 비과학적인 설명이다. 그렇다면 비과학적 설명과 과학적 설명의 차이는 무엇인가?

두 가지 중요한 차이가 있다. 첫째는 태도이다. **비과학적인 설명**(unscientific explanation)은 독단적으로 제시된다. 그것이 제공하는 해석은 의문의 여지가 없이 참이고 있음직한 것으로 간주된다. 아리스토텔레스의 견해들은 사실문제에서 최고의 권위로 수 세기 동안 받아들여졌다. 아리스토텔레스 자신은 편견이 없었던 것처럼 보인다. 하지만 일부 중세 학자들은 아리스토텔레스를 경직되고 비과학적인 태도로 받아들였다. 갈릴레오가 그런 학자들 중의 한 사람에게 그의 망원경을 주면서 새로 발견된 목성의 위성들을 보도록 청했으나, 그 학자는 아리스토텔레스가 쓴 천문학 책에 그것에 관한 언급이 없기 때문에 실제로 그런 위성들이 보일 리가 없다는 확실한 의사를 표명하면서 보기를 거절했다.

이와 대조적으로, 진정한 과학자의 태도는 비독단적이고, 설명은 잠정적으로 제시된다. 가설은 높은 개연성을 갖는 것으로 생각되지만, 증거가 있으면 수정되어야 하는 것으로 간주된다.

과학 용어가 때로는 이 점을 오도하는 경우가 있다. 처음에는 하나의 가설로서 제안된 것이 철저한 확증과정을 거치게 되면 그 지위가 이론으로 격상된다. 그 이론이 보편적으로 수용되면 법칙으로 지위가 격상된다. 그러나 이와 같은 용어 사용은 일관성이 없다. 뉴턴의 발견은 여전히 "중력 법칙"으로 불리는 반면에, 아인슈타인의 공헌은 그것이 뉴턴의 중력 법칙을 보완하고 대체한 것이지만 "상대성 이론"으로 지칭되고 있다. 사용된 용어가 어떤 것이든 진정한 과학자의 태도는 독단적이지 않다. 과학에서 일반명제들은 모두 본질적으로 가설이며, 절대적으로 확실한 것이 결코 아니다.

"이론"이라는 단어가 일상적인 대화에서는 추측이나 단순한 견해를 지칭하는 것으로 사용되기도 한다. 과학자들은 이 단어를 전혀 다르게 사용한다. 물리학과 화학에서 우리는 "양자 이론", "분자 이론" 등으로 부르는데, 이때 우리는 독단적으로 말하는 것이 아니며, 그럼에도 불구하고 대단한 자신감이 들어 있다. 생물학에서 우리는 당연히 "세포 이론", "세균 이론"을 필요로 한다. 이것들은 근거 없는 추측들이 아니라, 아주 확실하게 자리를 잡은 일련의 진리들이다. 진화—"진화 이론"— 도 역시 확증된 사실이다. 진화론은 "단지 하나의 이론"에 불과하기 때문에 진화에 대한 설명에 의구심을 갖는 것은 이와 같은 의미론적 오해의 소치이다.

두 번째 차이는 문제의 해석을 받아들이는 근거와 관련이 있다. 과학에서 가설은 그것에 대한 충분한 증거가 있는 한에서만 수용될 수 있다. 비과학적인 신념은 유리한 증거로 간주해야 할 것을 독자적으로 판단한다. 비과학적인 설명은 — 필시 그것이 그렇다는 것을 "누구나 알고 있기" 때문에, 또는 필시 그것이 "하늘로부터 계시된 것으로 여겨지기" 때문에 — 단순히 참으로 받아들여진다. 이와 같은 주장들은 믿을 만한 검사가 이루어지지 않은 반면에, 진정한 과학에 있어서 진리에 관한 주장들은 검사될 수 있고, 또 그 검사는 경험적으로 이루어진다. 그래서 우리는 진정한 과학은 경험적이라고 말한다.

가설이 검증 가능하다고 말하는 것은 적어도 그 가설을 토대로 이루어진 어떤 예측이 그 가설을 확증하거나 또는 그 가설의 부당성을 증명할 수 있다는 것을 의미한다. 과학은 증거를 요구한다. 그러나 문제의 가설을 확증할 수 있는 축적된 증거는 이전에 강조했던 "모든 증거가 수중에 있는 것은 아니다"라는 말처럼 결코 완전할 수 없다. 그러므로 뒷받침하고 있는 증거가 매우 강력하다고 하더라도, 다소의 의문은 남아있을 수밖에 없으며, 확실성은 실현 불가능하다. 그러나 반대로, 만약 그 가설을 토대로 이루어진 예측이 거짓이라는 것을 증거를 통해 명백히 보여줄 수 있다면, 그 가설은 거부될 수밖에 없다는 우리의 확신은 나무랄 데가 없다. 그리고 가설에 대한 검사를 완전히 끝낼 수 없다고 하더라도, 검사를 종결함으로써 우리는 가설이 잘못되었음을 확증할 수 있다. 이런 이유들 때문에 일부 철학자들은 과학적 가설이 검증 가능하다고 말하는 것은 적어도 원리적으로는 그것이 거짓말을 할 수 있다고 말하는 것과 같다는 입장을 취해 왔다.

진리의 검사는 직접적이거나 또는 간접적일 수 있다. 밖에 비가 오고 있는지를 알기 위해서는 창문 밖을 내다보기만 해도 된다. 그러나 일반적으로 설명적 가설로 제시된 명제들은 직접적으로 검사될 수 없다. 만약 내가 직장에 지각한 것을 교통사고에 관한 나의 주장을 통해서 설명했다면, 그리고 그것이 의심스럽다면, 고용주는 경찰의 사고 기록을 점검하는 간접적인 방법으로 내 설명을 검사할 것이다. 간접적인 검사는 검사되고 있는 명제(예컨대, "내가 사고를 당했다")로부터 직접적으로 검사가 가능한 어떤 다른 명제(예컨대, "사고 기록이 제출되었다")를 추론한다. 만약 추론된 저 명제가 거짓이라면, 그것을 함축한 설명은 거짓일 가능성이 매우 높다. 만약 추론된 그 명제가 참이라면, 그것은 그 설명이 참이라는 것에 대한 증거(그러나 결정적인 증거는 아니다)가 되고, 설명은 간접적으로 확증되었다.

간접적인 검사는 전혀 확실하지 않다. 그것은 항상 어떤 추가적 전제들에 의존한다. 추가적 전제들이란 이를테면 내가 고용주에게 설명했던 것과 같은 종류의 사고들이 경찰에게 그대로 보고되는 그와 같은 전제들이다. 그러나 나의 경우에 당연히 제출되어야 할 사고 보고가 제출되지 않았을 수도 있다. 그러므로 사고 보고의 부재가 내 설명이 거짓임을 입증할 수 없다. 어떤 추가적인 전제들이 참이라고 할지라도 그것들이 나의 설명을 확실한 것으로 만들지는 못한다 — 추론된 결론에 대한 성공적인 검사(이 예에서는 사고 보고의 존재)가 그 결론이 추론된 전제들을 확증할지라도 그렇다.

비과학적인 설명도 그것을 뒷받침하는 어떤 증거, 즉 설명하기 위해 채택되는 사실을 가지고 있다. 행성들은 "지능"을 가지고 있으며, 이러한 행성의 지능이 그들로 하여금 그들의 궤도를 따라 운동하도록 만든다는 비과학적 이론은 그 증거로서 행성들이 그들의 궤도를 따라 운동하고 있다는 그 사실을 내세우고 있다. 그러나 저 가설과 행성의 운동에 대한 신뢰할 수 있는 천문학적 설명 사이에는 다음과 같이 엄청난 차이가 있다. 즉, 비과학적인 가설에 있어서는 그것으로부터 추론될 수 있는 직접적으로 검증 가능한 다른 명제가 존재하지 않는다. 다른 한편 어떤 현상에 대한 과학적인 설명은 설명되어야 할 사실을 진술하고 있는 명제 외에 그 설명으로부터 추론할 수 있는 직접적으로 검증 가능한 명제들을 가지고 있을 것이다. 이것이 바로 설명은 경험적으로 검증 가능하다는 말이 뜻하는 의미이다. 그리고 이와 같은 검증 가능성이야말로 과학적인 설명의 가장 본질적인 특징이다.[1)]

13.2 과학적 탐구: 가설과 확증

우리는 정확한 과학적 설명을 추구한다. 그리고 과학적 설명의 정확성은 경험적으로 검증될 수 있다. 이와 같은 설명을 어떻게 얻을 수 있을까? 과학을 하기 위한 공식이 존재하는 것은 아니다. 그러나 대부분의 과학적 연구에는 여러 가지 단계나 독특한 국면들이 있다. 다음과 같은 일곱 단계를 알아보고 설명하다 보면 우리는 과학이 어떻게 발전하는가를 보다 더 실감나게 이해할 수 있을 것이다.

A. 문제 확인하기

과학적 연구는 어떤 문제에서 출발한다. 문제란 그 당시에는 받아들일 수 있는 설명이 없는 어떤 사실이나 사실들만을 의미한다. 사회학자가 일이나 놀이에서 당혹스러운 국면을 만날 경우가 있다. 그것의 원인이 무엇일까? 그리고 의학 연구자들은 당혹스러운 질병을 만날 경우가 있다. 그 질병의 원인은 무엇일까? 경제학자가 소비나 저축의 양상이 달라진 것을 관찰할 경우가 있다. 그 변화는 무엇으로 설명될 수 있을까? 어떤 문제들은 아주 정확하게 확인되기도 한다. 이를테면 수사관이 특수한 범죄에 직면하여 다음과 같은 질문을 던지는 경우이다. "누가 범인인가?" 어떤 문제들은 현재 이해하고 있는 것의 틈새에서 생겨날 수도 있다. 기원전 3세기에 알렉산드리아의 사서였던 에라토스테네스는 지구가 둥글다는 것을 정확하게 믿었지만 그 크기는 몰랐다. 그의 문제는 우리가 지구라고

1) "과학적 설명"에 대한 이 일반 개념은 물리학이나 심리학과 같이 통상적으로 과학으로 생각되는 영역이 아닌 다른 영역에서도 당연히 적용된다. 따라서 내가 직장에 지각한 것이 교통사고 때문이라는 설명은 여러 가지 간접적인 방법으로 검증 가능하므로, 여기서 말한 넓은 의미에서 "과학적"이다.

부르는 천체의 둘레를 밝히는 것이었다. 존 듀이를 비롯한 현대 철학자들이 누차 강조했듯이 — 사회학, 의학, 행정학, 물리학 또는 다른 어떤 분야이든 — 반성적 사고가 곧 문제해결의 활동이다. 어떤 문제에 대한 인식이 곧 과학이 생겨나게 되는 기폭제이다.

B. 예비적 가설 세우기

미리 짐작하거나 추측하는 것이 두 번째 단계 — 확인된 문제에 대해 시험적으로 설명해 보는 것 — 이다. 완전한 해결책이 가시화되기 전에 어떤 종류의 증거가 필요한지 또 그와 같은 증거는 어디서 찾는 것이 최선인지를 보여주기 위해 어떤 이론적 작업이 필요하다. 수사관은 범죄현장을 조사하고 혐의자를 심문하여 단서를 찾아낸다. 내과의사는 환자와 진료기록을 살펴보고 이상 증세를 알아낸다. 사실들은 본디 그대로 있다. 그와 같은 사실들이 유용한 단서나 유의미한 증상으로 되는 것은 그것들이 어떤 일관된 패턴으로 정리되는 경우뿐이다. 비록 그 패턴이 사변적이고 불완전할지라도 그렇다. 예를 들어, 토마스 맬서스는 『인구론』(1798)에서 인구가 식량 공급보다 더 빨리 증가하는 경향이 있기 때문에 많은 사람들이 아사할 지경이 된다는 사실을 입증하였다. 찰스 다윈은 수년 후 종의 기원에 관하여 고심하던 중에 이 책을 읽고 우연히 아주 유익한 개념을 발견했다. 그는 아래와 같이 썼다.

> 이런 상황에서는 유리한 변이는 보존되고 불리한 변이는 소멸될 것이라는 생각이 불현듯 떠올랐다. … 여기서 마침내 나는 연구를 진행할 수 있는 하나의 이론을 갖게 되었다. (『자서전』, 1881)

이 세상에는 연관성이 있을 수 있는 사실들(자료들)이 너무나 많기 때문에 과학자가 그것들을 모두 수집할 수는 없다. 아주 철저한 연구자는 더 깊은 연구를 위해 어떤 사실들을 선별할 수밖에 없으며, 나머지 사실들은 무관한 것으로 제쳐놓아야 한다. 만약 지구가 둥글다면, 태양광선이 비추는 어떤 한 순간의 각도는 구체의 위치에 따라 달라질 것이다. 지구의 크기를 계산하는 데 기하학이 도움이 될까? 한 이론의 윤곽과 개요는 지극히 중요하다. 그것이 없다면, 연구자들은 전체 사실에서 어떤 사실을 선별하여 살펴봐야 할지를 결정할 수 없기 때문이다. 비록 불완전하거나 시험적이라고 하더라도, 예비적 가설은 본격적인 탐구를 시작하기 전에 반드시 필요하다.

C. 추가할 사실을 수집하기

예비적 가설은 유관한 사실들을 찾아내도록 인도하는 역할을 한다. 환자가 어떤 질병에 감염되었다고 판단되는 것이 일단 예비적 문제이다. 그리고 저 가설은 감염과 관련하여 통상적으로 나타나는 특정한 종류의 자료들, 즉 비정상적인 체온, 염증의 유형 등등을 내과의사로 하여금 살펴보도록 한다. 그 범죄는 가족 중의 한 사람이 저지른 것이라는 예비적 전제는 수사관으로 하여금 집에 함께 거주하고 있는 사람들의 행적 등을 조사하도록 할 것이다. 만약 지구 표면에 닿는 태양광선의 각도는 지구 표면의 각 지점의 위치에 따라 달라지는 것이 분명하다면, 기하학의 원리를 적용하기 위해서는 특정한 시각에 태양이 우리 머리와 수직이 되는 그런 지점을 적어도 한 곳을 찾아야 한다. 그곳이 어디일까?

물론 두 번째 단계와 세 번째 단계는 완전히 분리되지 않는다. 실생활 속에서는 두 단계가 서로 연결되어 있고 서로를 함축한다. 발견된 새로운 사실들은 예비적 가설을 수정하는 원인으로 작용할 것이다. 저러한 수정은 이전에는 알아내지 못했던 사실들로 인도할 것이다. 예비적 가설을 사용하여 증거를 수집하는 과정은 그 가설을 다듬는 과정과 함께 새로운 발견으로 인도하게 된다. 그리고 이러한 과정은 계속 이어진다.

D. 설명적 가설 만들기

마침내 연구자 — 과학자나 수사관이나 또는 평범한 사람들 — 는 본래의 문제를 해결하는 데 필요한 모든 사실들이 수중에 들어왔다고 믿는다. 이후의 과제는 전체가 유의미한 것이 되도록 퍼즐의 조각들을 맞추는 일이다. 만약 저러한 종합이 성공적이라면, 모든 자료들, 즉 본래 문제를 일으켰던 일련의 사실들뿐만 아니라 이전의 가설들이 알려주었던 추가적 사실들까지 모두 해석하거나 설명하는 하나의 가설이 생겨나게 될 것이다. 실업률의 주기적인 변화는 노동시장에 관한 더 큰 범위의 어떤 이론을 통해서 설명이 이루어진다. 그 환자는 그 환자의 조건에서 나타나는 증상들을 유발하는 것으로 알려진 확인 가능한 전염병을 앓고 있는 것으로 밝혀진다. 국가는 그 가족 중 확인 가능한 한 사람을 그 범죄의 범인으로 기소하고, 그에게 불리한 사례를 진술한다.

어떤 지배적인(아주 중요한) 이론을 발견하는 기계적인 방법은 존재하지 않는다. 실제로 하나의 성공적인 설명적 가설을 발견하거나 발명하는 것은 지식과 상상력을 함께 포함하는 창조의 과정이다. 과학적으로 중요한 것을 발견한 사람들이 널리 찬양되고 대단히 존경을 받는 것은 그 때문이다.

지구의 둘레는 얼마나 될까? 에라토스테네스(Eratosthenes)는 이집트의 시에네(Syene, 지금의 아스완(Aswan))에서는 매년 특정한 날 특정한 시각이 되면 태양광선이 우물을 수직으로 비춘다는 것을 알아냈다. 그리고 같은 시각에 알렉산드리아(Alexandria)에서는 그림자를 이용하여 태양광선이 비추는 각도를 측정했는데, 수직선에서 7도 기울어져 있었다. 그것은 지구의 둘레 360도의 약 50분의 1이다. 따라서 지구 전체의 둘레는 시에네와 알렉산드리아 간의 거리의 50배임에 틀림없다. 시에네와 알렉산드리아 간의 거리는 알려져 있었다. 이와 같은 방법으로 에라토스테네스가 계산한 지구의 둘레는 250,000스타디아(stadia)이다. (1스타디아의 길이가 명확하지는 않지만) 오차 범위는 5퍼센트 미만일 것으로 여겨진다. 그는 저 계산을 확증할 방법이 없었다. 그러나 그것은 당시로서는 매우 인상적인 과학이었다. 참으로 위대한 과학자들 — 이를테면 아인슈타인이나 뉴턴과 같은 — 은 창조적인 천재들로 간주되는 것이 당연하다.

E. 추가적인 결과 도출하기

훌륭한 설명적 가설은 생산적이고 유익하다. 즉, 그것은 탐구를 촉발시킨 그 사실들뿐만 아니라 다른 많은 사실들에 대해서도 설명해 준다. 이와 같은 가설은 이전에는 생각조차 못했던 어떤 사실들을 시사할 가능성이 높다. (물론 확실하게 증명할 수는 없지만) 이 추가적 사실들에 대한 검증은 그것들로 인도했던 그 가설을 강력하게 확증할 수 있다.

예를 들어, 빅뱅(Big Bang)으로 알려진 우주론적 이론은 오늘날의 우주가 단 한 번의 폭발 사건과 더불어 시작되었다고 가정한다. 최초의 불덩어리는 부드럽고 균질적이며 짜임새를 갖추지 못했을 것이다. 그러나 오늘날의 우주는 수많은 구조를 드러내고 있다. 우주의 가시적 물질이 응집하여 은하와 은하계를 이루고 있다. 만약 빅뱅이론이 정확하다면, 우주가 현재의 구조를 갖추게 된 원인을 원리상으로 확인할 수 있어야 한다. 원인을 확인하기 위해서는 시간을 거슬러 올라갈 수 있어야 한다. 팽창하고 있는 우주 속에서 가장 멀리 있는 것을 관측함으로써, 천문학자들은 실제로 아주 효과적으로 시간을 거슬러 올라갈 수 있다. 왜냐하면 지금 우리 눈에 들어오는 빛은 수십억 년 전에 광원을 떠났던 빛이기 때문이다. 만약 이와 같은 관찰에서 가장 민감한 장치로 관측을 하더라도 초기의 구조가 발견될 수 없다면, 빅뱅이론은 그 토대에 심각한 타격을 입을 것이다. 그러나 만약 그런 구조가 발견될 수 있다면, 빅뱅이론은 아주 유의미하게 확증될 것이다.

F. 결과를 검사하기

모든 설명적 가설의 평가에서 결정적으로 중요한 것은 그 가설의 예측이 갖는 정확성이다. 이론이 가리키는 사실들은 확인 가능한가? 많은 경우에 확인이 가능하다. 빅뱅이론이 예측하고 있듯이, 만약 팽창하고 있는 초기 우주에 구조가 존재했다면, 배경복사(background radiation) 영역에서 발견될 수 있으며 따라서 초기에 추적될 수 있는 불규칙과 불균등이 존재해야만 했을 것이다. 다행스럽게도, 배경복사의 측정이 가능하고, 가정된 빅뱅 바로 직후에 구조적인 불규칙이 존재했다는 사실을 오늘날 간접적으로 확인할 수 있다. 예측된 복사의 불규칙성을 알아내기 위해 특수한 인공위성이 고안되었다. 우주 배경복사 탐사선(Cosmic Background Explorer, COBE)이 바로 그것이다. 이 인공위성을 사용하여 예측된 불규칙성을 실제로 밝혀냈으며, 빅뱅 가설이 진리임을 확증하는 아주 중요한 증거를 갖게 되었다.

또 다른 측면에서 예측을 살펴보자. 생물학에서 우리는 포유동물에서 생성되는 특정 단백질은 특정 효소에 대한 반응으로 만들어지며, 이 효소는 특정한 유전자의 지시에 따라 만들어진다는 가설을 설정할 수 있다. 우리는 이 가설로부터 그 유전자가 없다면 문제의 단백질이 만들어지지 않거나 결핍 현상이 생긴다는 또 다른 결과를 추론할 수 있다.

저 가설을 검사하기 위해 우리는 확인된 그 유전자의 효과를 측정할 수 있는 실험을 구상한다. 가끔 이러한 실험은 문제의 그 유전자가 제거된 쥐들(knockout mice)을 번식시켜 실행하기도 한다. 만약 이와 같은 쥐들에게 있어서 문제의 효소 및 그 효소와 연관된 단백질이 예상대로 결핍되어 있다면, 이 가설은 강력하게 확증될 것이다.[2] 의학에서 매우 소중하게 취급되는 많은 정보가 바로 이러한 방법으로 얻어진 것이다. (경우가 이러이러해서) 우리가 참이라고 생각했던 것이 실제로 참인지 알아보기 위해 우리는 실험을 고안한다. 실험을 하기 위해 우리는 이러이러한 것에 의해 그런 경우가 만들어지게 되었던 아주 특별한 상황들을 구성해야만 할 때도 자주 있다. 위대한 물리학자 막스 플랑크가 말했듯이, "실험은 과학이 자연에게 던지는 질문이고, 측정은 자연의 대답을 기록하는 것이다."

검사를 하기 위해 필요한 상황들의 구성이 항상 가능한 것은 아니다. 그럴 경우 우리는 자연 상태에서 검사를 위해 필요한 상황들을 찾아야만 한다. 일반상대성이론을 검사해보려는 노력이 바로 그런 경우였다.[3] 아인슈타인의 이론은 중력은 힘이 아니라(뉴턴은 힘이

2) 이런 종류의 검증은 12장에서 말한 차이법에 의존한다. 12장에서 논의된 여러 방법들(밀의 방법들)은 가설을 확증(또는 반증)하기 위해 사용되는 지적 도구들이다.

3) 「일반상대성이론 기초(The Foundation of the General Theory of Relativity)」는 『물리학연보

라고 생각했다) 질량의 존재에 의해 만들어지는 시-공간 연속체 내의 휘어진 장(curved field)이라는 입장을 제시했다. 그는 태양 옆을 지나는 별빛의 굴절을 측정함으로써 이것은 입증될 수 있다고 주장했다. 우리에게 필요한 그 별빛은 완전한 일식 상태에서만 볼 수 있다. 이 예측을 검사하기 위해서는 정확한 위치를 알고 있는 히아데스 성단(황소자리)이 태양의 그림자 속으로 들어가는 1919년의 일식 때까지 기다려야만 했다. 저 일식 때 물리학자인 아서 에딩턴 경은 아프리카 서해안에서 멀리 떨어진 한 섬으로 갔으며, 다른 한 무리의 영국 과학자들은 브라질로 갔다. 두 팀은 히아데스 성단에 들어 있는 몇 개의 별들에 대해 명확한 위치를 정밀하게 측정했다. 측정 결과는 이 별들에서 나온 빛이 태양을 스치고 지날 때 정말로 휘어졌으며, 휘어진 정도는 아인슈타인이 예측한 것과 정확히 일치한다는 것을 명백히 보여주었다. 일반상대성이론은 아주 확실하게 검증되었다.

이 이론은 공간, 시간 그리고 중력은 서로 뒤엉켜 있기 때문에 그 중 하나에 대해 제대로 이야기하려면 나머지 두 가지를 반드시 참조해야 한다는 사실을 보여주었다. 아인슈타인은 한 걸음 더 나아가, 모든 자연의 힘들을 단 하나의 지배적인 이론으로 통합하는 이론 개발에 진력했다. 그의 이 노력은 성공을 거두지 못했다. 그리고 지금까지 어느 누구도 성공하지 못했다.

새로운 접근방식 — 소위 "끈 이론(string theory)"이라는 자연의 힘들에 대한 완전하고도 통일된 이론을 구축하기 위한 — 이 오늘날 많은 지지를 받고 있다. 그것은 중력과 양자역학과 자연의 다른 힘들을 하나로 통합할 수 있고 또 이전에는 풀 수 없었던 어떤 수학적 문제들까지도 해결할 수 있는 이론적 해석을 제공하고 있다. 끈 이론은 물질의 근본적인 구성요소들에 대한 새로운 개념에 기초하고 있으며, 수학적 모순은 없지만 아직 확증되지는 못했다.

실험적인 검사를 통해 끈 이론을 확증할 수 있는 예측이 있을 수 있다. 과연 끈 이론은 어떤 예측을 제시할 수 있을까? 새로운 종류의 입자들에 관한 끈 이론의 예측을 확정하는 것이 가능하게 될 수도 있다. 또 고에너지를 가진 입자의 충돌들이 미시적인 블랙홀을 창조하게 될 것이라는 예측을 검사하는 것이 가능할 수도 있다. 이 글을 쓰고 있는 이 순간에도 LHC(Large Hadron Collider, 대형 하드론 충돌 가속기)라는 거대한 입자가속기가 그것이 시도한 최초의 고에너지 입자 충돌을 연출하고 있다. 우리는 끈 이론이 제시한

(*Annalen der Physik*)』에 발표되었다.

설명들을 확증하거나 그 부당성을 증명하는 경험적 증거를 수년 내에 갖게 될 것이다.[4)]

『종의 기원』(1859)을 쓴 다윈과 수많은 그의 후계자들에 의해 제시된 진화론은 동식물 종들의 진화에 대한 정확한 설명으로서 오늘날 거의 보편적으로 받아들여지고 있다. (과거로 소급하는 것이 아니라) 미래의 시점에서 이 이론을 검사할 수 있는 예측들을 고안하기는 어렵다. 왜냐하면 진화론이 가정하는 자연선택은 많은 세대의 경과를 요구하는 것처럼 보이기 때문이다. 아주 최근에 하버드대학의 진화생물학 교수인 조나단 로소스(J. Losos)가 신속한 검사를 가능하게 하는 실험을 고안했다. 바하마군도에 있는 어떤 작은 산호초에는 아놀리스 사그레이(Anolis sagrei)라는 학명을 가진 갈색 도마뱀이 포식자 없이 살고 있으며 번식 속도가 아주 빠르다. 그는 이 산호초에 포식자 한 마리를 들여놓았다. 그 포식자의 활동으로 인해 (교란이 일어나지 않은 다른 유사한 섬들과 비교했을 때) 보다 긴 다리를 가진 도마뱀 개체군의 진화가 신속히 이루어졌으며, 달아나기에 훨씬 더 유리해졌다. 선택압(selective forces)은 예상대로 작용했으며, 긴 다리가 우위를 차지하게 되었다. 한편, 계속 잡아먹히자 숲과 덤불 속으로 도망간 아놀리스 도마뱀들도 있다. 여기서는 짧은 다리가 훨씬 유리하다. 또 다른 예측은 자연선택이 반전을 만들어낼 것이며 결과적으로 저 짧은 다리가 우위를 차지할 것이라는 것이었다 — 6개월 후 그 예측도 또한 확증되었다. 진화가 최초로 인위적으로 조작되고 의도적으로 반전되었다. 로소스 교수는 아래와 같이 말했다.

> 진화생물학은 통제된 실험과 양립할 수 없는 것으로 왜곡되는 경우가 자주 있다. 그러나 최근의 연구는 진화생물학이 짧은 시간에도 연구가 이루어질 수 있고 또 그것에 관한 저러한 예측들이 실험을 통해 검사될 수 있다는 사실을 보여주었다. 우리는 한 도마뱀 개체군에 있어서 다리의 길이에 작용하는 자연선택의 방향을 예측했으며, 그리고 그것을 증명했다. 우리는 통제되고 반복 가능한 실험을 자연상태에서 실시했다. 이 실험은 진화생물학이 그 핵심에 있어서는 다른 어떤 과학과도 다르지 않다는 것을 실증적으로 보여주고 있다.[5)]

---

4) 어떤 과학자들은 끈 이론은 어떤 검사가 그것을 확증하거나 반증할지 예측할 수 없다고 주장한다. 다음을 참조하라. L. Smolin, *The Trouble with Physics* (Boston: Houghton Mifflin, 2006); P. Woit, *Not Even Wrong: The Failure of String Theory* (New York: Basic Books, 2006). 끈 이론은 원칙적으로는 검증 가능한 예측을 내놓을지 모르지만 현재의 기술적 한계 때문에 실제로는 검증이 불가능할 수 있다는 것이다. 이에 관한 열띤 논쟁은 계속될 것이다.

5) D. Biello, "Island Lizards Morph in Evolutionary Experiment," *Scientific American*, 17 November 2006.

G. 이론을 적용하기

어떤 현상이 주어질 때, 한 가지 목표는 그 현상을 설명하는 것이다. 그러나 또 한편으로 사람들은 그 현상을 그들에게 유리한 쪽으로 조절하거나 통제하려고 한다. 뉴턴과 아인슈타인 그리고 그 후계자들이 내놓는 이론들은 우리의 천체 현상의 이해에 있어서 중요한 역할을 할 뿐만 아니라 실제로 태양계와 태양계 밖의 우주를 탐사하는 데 있어서도 아주 중요하다. 지금은 핵융합이 하나의 과정으로 제대로 이해되고 있다. 우리는 이러한 이해를 우리가 통제할 수 있는 규모의 에너지 생산에 적용하고자 한다. 충분한 검사가 이루어진 유전이론의 설명과 인간 게놈에 대한 우리의 이해가 결합함으로써 이전에는 전혀 불가능했던 질병과 기능장애에 대한 이해가 이루어지고 있다. 이제 우리는 이러한 이해를 유전자의 결함을 제거하는 방식으로, 그리고 심지어 유기체 조직을 재생시키는 방식을 통해서 임상의학에 이용하려고 시도한다. 당면한 21세기에 이와 같은 설명들이 인간의 통상적 삶의 질을 높이고 수명을 늘리게 되는 것이 아마도 다른 분야가 아닌 생물학일 것이다.

어느 분야이든 훌륭한 이론이 훌륭한 실천을 이끌어가기 마련이다. 훌륭한 이론은 경험적인 검증의 시험을 통과해야 한다. 이론과 실천은 별개의 두 영역이 아니다. 그것들은 진정한 의미의 과학적인 모든 기획에서 똑같이 중요한 두 측면이다. 두 세기 훨씬 전에 칸트(I. Kant)는 "이론적으로는 옳을 수 있지만, 실천적으로는 통하지 않을 것이다"라는 말이 왜 이치에 맞지 않는지 그 이유를 설명하는 소책자를 한 권 썼다.[6] 이론적으로 옳은 것은 실천적으로도 통한다. 그리고 당연히 우리는 실천적으로 통하는 모든 것에 대해 그 성공을 뒷받침해주는 설명적 이론을 찾아낼 수 있길 바란다.

13.3 과학적 설명의 평가

동일한 현상이 다르게 설명될 수 있다. 지금까지 설명한 의미에서 보면 모든 설명이 과학적일 수 있지만 그것들 중에 일부는 참이 아닐 수 있다. 어떤 자연 현상이나 경제 현상에 대해 상충하는 설명이 제시될 수 있다. 범죄수사에서는 범인을 X 또는 Y로 가정할

---

6) *On the Old Saying: "That Might Be Right in Theory,"* [*Uber den Gemeinspruck: Das mag in der Theorie richitig sein*], 1793, trans. by E. B. Ashton(Philadelphia: University of Pennsylvania Press, 1974).

수 있다. 어떤 사실을 깔끔하게 해석하거나 설명할 수 있는 가설은 하나 이상 있을 수 있다. 그러나 모든 가설이 참일 수는 없다. 우리는 여러 가지 과학적 설명들 가운데 어떻게 선택해야 할까?

모든 선택지들이 유관하고 검사 가능하다고 가정해 보자. 이용 가능한 가설들 가운데 어느 것이 가장 훌륭한 것인지를 우리는 어떻게 결정할 수 있을까? 수용 가능한 가설이 따를 것으로 보이는 기준들 — 유관성과 검사 가능성을 넘어서는 — 이 있다. 세 가지 기준이 경쟁을 벌이는 가설들의 장점을 판단하는 데 가장 일반적으로 사용되고 있다.

1. **이미 확증된 가설들과의 양립 가능성**(compatibility)

과학의 목표는 설명적 가설들의 체계(system)를 달성하는 데 있다. 물론 만족스러운 체계는 내적 일관성이 있어야만 한다. 만족스러운 설명의 체계는 모순되는 요소들을 포함하고 있지 않아야 한다. 만약 모순되는 요소들이 포함되어 있다면, 일련의 명제들이 모두 참일 가능성은 없다. 점진적으로 늘어나는 가설들을 통해서 우리는 점점 더 많은 사실들을 이해하는 쪽으로 나아가지만, 그 일련의 가설들에 편입되는 새로운 가설들은 각각 이미 확증된 가설들과 양립할 수 있어야만 한다.

늘어나는 새로운 가설이 단 하나일 경우도 가끔 있다. 이를테면 천왕성의 궤도이탈을 그 당시에는 알려지지 않은 어떤 다른 행성이 존재하며 그 행성의 질량으로 인해 천왕성의 궤도이탈이 발생하게 되었다는 가설을 통해 설명했던 것이 그런 경우이다. 저러한 가정은 그 당시 천문학 이론의 주요 핵심과 완벽하게 일치했다. 미지의 그 행성에 대한 탐색으로 결국 1846년에 해왕성이라는 행성이 발견되었다. 해왕성의 발견을 초래한 그 이론은 당시 일반적으로 수용되었던 행성의 운동에 관한 다른 모든 이론들과 아귀가 아주 잘 들어맞았다.

이론적 지식이 점진적으로 늘어날지라도 그것이 언제나 하나의 가설에 또 하나의 새로운 가설이 질서 있게 부가되어 가는 것은 아니다. 한 무더기의 이론이 도입될 수도 있는 것이다. 즉, 이전의 이론과 명확히 불일치하는 새로운 가설들이 이전의 이론과 조화를 이루기보다는 오히려 그것들을 통째로 대체해 버리는 경우가 가끔 있다. 아인슈타인의 상대성이론이 이런 경우였다. 상대성이론은 이전에 뉴턴 중력이론이 가졌던 많은 선입견들을 산산조각냈다. 물리학의 다른 분야에서는 라듐 원자에서 자연발생적인 분열이 일어난다는 사실이 발견되었다. 충분히 확증된 이 사실은 물질은 만들어질 수도 없고 파괴될 수도 없다는 이전의 원리와 그야말로 불일치하는 것이었다. 일관된 일련의 가설들을 유지하기 위해서는 이전의 원리를 포기해야만 했다.

그러므로 어떤 분야에서 과학적 이론들이 일관성을 갖는 것은 여러 가지 방식으로 이루어질 수 있다. 그러나 어떤 혁명적 이론이 오랫동안 군림해온 원리를 완전히 뒤엎는 경우를 제외한다면, 수용 가능한 새 가설에 있어서 첫 번째 기준은 그것이 이미 알려져 있거나 합리적인 믿음을 준 것과 양립 가능한 현재의 일관성을 유지하는 것이다.

옛것과 새것이 충돌할 때, 더 빛나고 참신한 새로운 과학적 가설을 위해 이미 확립되어 있던 과학 이론이 재빨리 그 지위를 포기하고 자리를 물려주지는 않을 것이다. 오래된 이론은 가능하다면 새로운 가설을 수용하기 위해 변신할 것이다. 대대적인 변화는 거부할 것이다. 아인슈타인은 그의 연구가 뉴턴의 업적을 거부한 것이 아니라 수정한 것이라고 항상 말해왔다. 물질 보존의 원리는 더욱더 포괄적인 성격을 띠는 질량 및 에너지 보존의 원리에 흡수되는 방식으로 수정되었다. 확립된 이론은 아주 많은 자료를 설명할 수 있기 때문에 지지를 받는다. 그러므로 새로운 가설이 동일한 사실들을 옛 이론과 같은 정도로(또는 더 잘) 설명하지 못한다면, 그리고 이미 알려져 있는 다른 사실들을 설명하지 못한다면, 새로운 가설은 옛 이론을 퇴위시키고 그 자리를 차지할 수 없다.

과학적 이론들이 우리가 만나는 저 세계에 대해 더 포괄적이고 더 적절한 설명을 제공할 수 있을 때 과학은 진보한다. 오래된 가설과 새로운 가설이 불일치할 때, 더 오래 되었다는 것 자체가 자동적으로 정확하다는 것을 입증하는 것은 아니다. 만약 더 오래된 견해가 널리 인정되어 왔다면, 추정이 그것을 뒷받침할 것이다. 만약 경쟁관계에 있는 새로운 견해도 또한 널리 인정되고 있다면, 더 오래되고 더 상석을 차지하고 있다는 것이 아무런 의미가 없다. 그럴 경우 우리는 관찰 가능한 사실들에 대해 우리가 알고 있는 것에 근거하여 경쟁하는 견해들 중에 하나를 선택해야만 한다. 항소를 심판하는 최고 법정은 언제나 경험이다.

2. **예측 능력**(predictive power)

앞에서 살펴보았듯이, 모든 과학적 가설은 반드시 검사가 가능해야만 한다. 그리고 검사가 가능하려면 관찰 가능한 사실이나 또는 사실들이 그것으로부터 추론될 수 있어야 한다. 대안적 가설들은 그 예측의 성질과 외연에서 차이가 있을 것이며, 우리는 더 강한 예측 능력을 갖는 이론적 설명을 추구한다.

예를 들어, 지구의 지표면 가까이에 있는 물체의 운동은 갈릴레오 갈릴레이(1564-1642)가 그의 자유낙하법칙으로 설명했다. 태양계에서 멀리 떨어진 천체의 운동은 갈릴레오와 비슷한 시기의 독일 천문학자인 요하네스 케플러(1571-1630)가 그의 행성운동법칙으로 설명했다. 케플러는 덴마크의 티코 브라헤가 수집한 자료를 활용하여 태양 주위를 도는 행성들의 타원 궤도에 기초하여 행성들의 운동을 설명할 수 있었다. 갈릴레오는 지구역학의 다양한 현상들에 대해 이론적으로 아주 효과적인 해석을 제시했으며, 케플러는 천체역학에 대해 아주 효과적인 해석을 제시했다. 그러나 두 해석은 서로 격리되어 있었다. 두 해석의 통합이 필요했으며, 그것은 아이작 뉴턴의 만유인력의 법칙과 세 가지 운동법칙으로 실현되었다. 뉴턴의 만유인력의 법칙은 갈릴레오와 케플러가 설명한 모든 현상들뿐만 아니라 그 외도 수많은 사실들을 설명할 수 있었다.

하나의 사실이 어떤 가설로부터 추론될 수 있다는 것은 그것에 의해 설명될 수 있다는 것을 의미하며, 또한 그것에 의해 예측될 수 있다는 의미일 수도 있다. 뉴턴의 이론들은 엄청난 예측 능력을 가지고 있었다. 어떤 가설의 예측 능력이 강하면 강할수록 그와 관련된 현상들에 대한 우리의 이해에 기여하는 정도는 더욱더 커진다.

앞에서 우리는 아인슈타인의 일반상대성이론의 대단한 예측 능력에 대해 이야기했다. 그 이론과 그 이론을 만든 사람에게 찬사를 보내는 까닭은 바로 저 예측 능력 때문이다. 그리고 우리는 그의 기획 — 자연의 힘들에 대한 포괄적 이론의 개발 — 이 다른 사람들에 의해 이어져 소위 끈 이론이라는 형태로 오늘날 성공을 향해 나아가고 있다는 사실도 또한 지적한 바 있다. 우리는 대단한 관심을 불러일으킬 어떤 예측들이 이 이론으로부터 도출되기를 바라고 있다. 만약 그와 같은 예측들이 언젠가 확증된다면, 끈 이론의 예측 능력은 끈 이론을 물리학과 우주론에서 최고의 지위에 올려놓게 될 것이다.

그러나 예측 능력의 기준은 또한 부정적인 측면도 가지고 있다. 만약 그 가설이 일어나지 않는 것을 예측하거나 또는 다른 어떤 방향에서 제대로 증명된 관찰 결과와 부합하지 않는 것으로 입증된다면, 그 가설은 거짓임이 분명하고 따라서 거부될 수밖에 없다. 유의미한 과학적 가설은 적어도 반증이 가능해야 한다 — 다시 말해서 우리는 그것이 거짓임을 입증하는 것이 무엇인가를 반드시 알아야 한다. 만약 그 가설은 거짓이라고 결론내릴 수 있게 해주는 일련의 관찰 가능한 결과가 존재하지 않는다면, 우리는 그 가설이 예측 능력을 전혀 갖고 있지 않는 것은 아닌지 진지하게 의문을 품을 수도 있다.

우리가 서로 다른 두 가설을 마주하고 있다고 가정해 보자. 두 가설은 모두 어떤 사실들을 충분히 설명하고 있고, 검증 가능하며, 이미 확립되어 있는 과학이론과 양립할 수 있다고 가정해 보자. 이런 경우 서로 다투고 있는 두 이론 중에 하나를 선택하기 위한 결정적인 실험이 고안될 수 있다. 만약 첫 번째 가설이 주어진 일련의 상황들에서는 특정한 결과가 발생한다는 사실을 수반하고, 두 번째 가설은 그와 같은 결과가 발생하지 않는다는 사실을 수반한다면, 예측된 결과의 발생 여부를 관찰함으로써 두 경쟁 가설 중 하나를 선택을 할 수 있을 것이다. 그와 같은 결과가 발생한다면 두 번째 가설이 거짓임이 입증되고, 그와 같은 결과가 발생하지 않는다면 첫 번째 가설은 거짓임이 입증된다.

앞에서 설명한 실험은 태양 옆을 지나온 별빛을 정밀하게 측정함으로써 일반상대성이론을 검증한 것이며, 그 실험이 바로 이 방법의 결정판이었다. 뉴턴의 이론과 아인슈타인의 이론은 양쪽이 다 옳을 수는 없다. 만약 아인슈타인의 이론이 예측한 대로 빛이 굴절된다면, 뉴턴주의자들의 견해는 부당한 것으로 된다. 만약 빛의 굴절이 관측되지 않는다면, 일반상대성이론이 부당한 것으로 된다. 성능이 좋은 카메라와 매우 세심한 관측자들이 있고, 그리고 세 개의 천체(태양, 달, 지구)가 정확히 일직선상에 놓이는 일식이 일어난다면, 결정적인 실험이 이루어질 수 있다. 그와 같은 이상적인 상황이 1919년 5월 29일에 발생했다. 그때 찍은 사진들은 아인슈타인이 옳다는 것을 증명했다. 그가 말한 것처럼, 우리는 휘어진 4차원적 시간-공간 연속체 안에 살고 있다. 아인슈타인은 하룻밤 사이에 세계적인 인물이 되었다.

3. **단순성**(simplicity)

경쟁하는 두 가설이 기존의 이론들과 똑같이 잘 들어맞고, 그리고 그것들이 가지고 있는 예측 능력도 거의 같다. 이와 같은 상황이라면 우리는 필시 둘 중 더 단순한 쪽을 선호할 것이다. 천체의 운동에 관한 프톨레마이오스 이론(지구중심설)과 코페르니쿠스 이론(태양중심설) 사이의 충돌이 그런 경우이다. 둘 다 기존의 이론들과 잘 들어맞고, 두 이론은 똑같이 천체의 운동을 제대로 예측했다. 잘 알려져 있는 기존의 천문관측 내용을 설명하기 위해 두 이론은 모두 어설픈(그리고 지금은 잘못된 것으로 알려진) 장치, 즉 가설로 세워진 주전원(큰 원을 궤도로 하여 중심이 움직이는 작은 원 운동)에 의존했다. 그런데 코페르니쿠스의 체계는 훨씬 적은 수의 주전원에 의존했기 때문에 훨씬 더 단순했다. 단순성에서 앞선다는 이것이 후배 천문학자들이 이 이론을 수용하는 데 실질적인 기여를 했다.

단순성은 불러내거나 언급하는 "자연스러운" 기준인 것처럼 보인다. 일상생활에서도 역시 우리는 사실에 부합한다면 가장 단순한 이론을 받아들이는 경향이 있다. 재판에서 하나의 범죄에 대해 두 가지 이론이 제시될 수 있다. 배심원단의 평결은 더 단순하고 더 자연스러워 보이는 가설을 지지할 가능성이 높으며, 또 그렇게 하는 것이 당연할 것이다.

그러나 "단순성"이라는 말은 까다로운 개념이다. 이론들이 경쟁하고 있다면 그 중 하나가 문제가 되고 있는 개체(코페르니쿠스 천문학의 경우에는 주전원)을 더 적게(더 간단하게) 포함하는 경우는 아주 드물다. 두 이론은 각기 다른 측면에서 상대보다 더 단순할 수 있다. 한 이론은 더 적은 수의 개체에 의존하는 반면에, 다른 이론은 더 간단한 수학 방정식에 의존할 수 있다. "자연스럽다"는 것조차도 기만적일 수 있다. 대체로 사람들은 지구는 움직이지 않는 것처럼 보이기 때문에 실제로 움직이지 않는다고 믿고, 태양은 우리를 돌고 있는 것처럼 보이므로 실제로 움직인다고 믿는 것이 더 "자연스럽다"고 생각한다. 여기서 교훈은 단순성이라는 기준은 공식화하기 어렵고 또 적용하기가 항상 쉬운 것은 아니라는 사실이다.

과학에서 진보는 결코 쉽지 않고, 곧바로 나아가는 경우도 드물다. (13장 2절에서 설명한) 일곱 가지 단계를 어떤 문제에 단순히 적용하기만 하면 해답을 얻을 수 있을 것이라고 생각하는 사람은 아무도 없다. 정확한 설명적 가설이 애매한 경우가 자주 있으며, 아주 정교한 이론적 체계가 필요할 수 있다. 정확한 것으로 짐작되는 최종적인 가설을 고안해 내는 것은 매우 어렵다. 그 과정은 기계적으로 이루어지는 것이 아니라 힘든 관찰과 측정이 필요하며 아울러 통찰과 창조적 상상을 요구한다.

이미 수중에 있는 어떤 가설이 문제의 현상을 설명하는 것으로 널리 인정되고 있다면, 그 가설을 대체하기 위해서는 매우 험난한 장애물을 뛰어 넘어야 한다. 새로운 가설이 조소와 경멸을 당할 수도 있다. 새로운 가설이 이전에 수용되어 왔던 이론에 부합할 가능성은 거의 없으며, 확증되어 있는 관점이 항상 우세하다. 앞에서 설명한 일반상대성이론의 경우와 같은 결정적인 실험은 아주 드문 상황에서만 가능하다.

오늘날의 물리학은 바로 이와 같은 종류의 심각한 갈등에 직면하고 있다. 물리학에는 매우 강력한 두 가지 일반이론 사이에 누가 봐도 알 수 있는 명확한 갈등이 존재하며, 그 갈등은 현재로서는 해결될 여지가 없다. 일반상대성이론은 확실히 확증되어 있다. (중력과 그 중력이 어떻게 시간과 공간을 형성하는가를 설명하고 있는) 일반상대성이론의 법칙들에 따른다면 다음과 같은 사실은 피할 수 없는 명백한 귀결이다. 즉, 붕괴하는 거대한 별들은 "블랙홀"을 만들 것이고, 그 블랙홀에서 탈출하기 위해서는 광속보다 더 빠른 속도가 필요할 것이며, 그런 속도는 불가능하다. 양자역학의 법칙들도 또한 확실히 확증되어 있다. 이 법칙들은 설사 블랙홀에 빠지더라도 정보는 영원히 소멸되지 않는다는 의미를 함축한다. 그러므로 지금은 이해할 수 없는, 저러한 정보의 보존을 해석할 수 있는 공간과 시간의 어떤 속성이 존재하거나 또는 저러한 정보의 영구 소멸을 해석할 수 있는 법칙이 없는 어떤 물리학이 존재하거나 둘 중 하나이다. 두 이론 중의 하나는 적어도 수정이 불가피하다. 그러나 우리는 수정이 불가피한 쪽이 어느 쪽인지를 모른다. 그리고 지금 우리에게는 수정이 불가피한 쪽을 결정하기 위한 실험을 구성할 수 있는 어떤 방안이나 수단도 없다.[7)]

이와 같은 갈등에 직면했을 때, 우리는 앞에서 제시한 과학적 설명의 기준을 적용하려고 할 것이다. 경쟁하는 이론들 중에 어느 쪽이 더 단순한가? 둘 중에 어느 쪽이 이미 확증된 가설들과의 양립 가능성이 더 높은가? 끝으로, 특히 어느 쪽의 설명 능력과 예측 능력이 더 큰가? 이러한 질문들에 대해 결정적인 대답이 주어지지 않는 한, 이 지적인 논쟁은

---

7) 가설에 근거한 실험이 제안되었다. 한 질의 브리태니커 백과사전을 블랙홀 속으로 던져버리면, 백과사전에 담겨 있던 정보는 영원히 사라질까? 아니면 정보가 몽땅 사라지는 것이 불가능할까? 캘리포니아 공과대학의 저명한 두 물리학자들 사이에 그 결과에 대해 흥미진진하면서도 심각한 내기가 벌어졌다. 킵 손(Kip Thorne) 교수는 방정식으로 공간과 시간을 설명하는 상대성이론을 지지하면서, 블랙홀의 특이점(singularity)으로부터 결코 정보가 복구될 수는 없을 것이라고 예측한다. 존 프레스킬(John Preskil) 교수는 방정식으로 소립자의 움직임을 설명하는 양자역학을 지지하면서, 결코 정보가 완전히 사라지지 않을 것이라고 예측한다. 내기에 건 돈은 백과사전 한 질이다. 결말이 쉽게 날 것 같지는 않다. 두 사람의 동료로서 그 내기를 처음부터 지켜보았고 똑같이 저명한 케임브리지대학교의 스티븐 호킹(Stephen Hawking) 교수는 "내 생각에는, 어떻게든 결판이 날 것"이라고 말한다. 킵 손 교수는 아니라고 했지만, 호킹 교수는 2004년에 그 내기를 인정했다. [*Science News*, 2004년 9월 25일]

미결상태로 계속 이어질 것이다.

역사적으로 과학의 진보가 이루어졌던 것은 이와 같은 갈등과 충돌이 때로는 해소되었기 때문이다. 태양계를 태양을 중심으로 해석한 갈릴레오의 설명이 관찰을 통해 확증되어 천 년 이상 진리로 받아들여져 왔던 지구중심설을 대체했던 것보다 과학의 방법들을 보여주고 여기서 설명한 기준의 적용을 예증하는 더 나은 사례는 없다.

1600년대 초까지, 붙박이별들을 배경으로 행성들의 운동이 아주 주의 깊게 연구되어 왔었기 때문에 분명하게 드러나는 행성들의 운동은 아주 정밀하게 예측될 수 있었다. 달도 많이 연구되었으며, 신학자들은 달을 완전한 구체라고 믿었다. 천체들은 형태와 운동에서 완전무결한 것으로 여겨졌으며, 지구를 중심으로 완전한 원운동을 한다고 널리 믿고 있었다. 지구는 신이 창조한 세계의 중심이었다. 1609년에 갈릴레오가 20배율의 망원경을 발명했다. 이 망원경은 처음에 주로 항해용으로 사용되다가 차츰 군사적 목적의 쌍안경으로도 사용되었다. 갈릴레오는 1610년 1월에 아주 우연히 이 망원경으로 천체를 관찰했다. 같은 해 1월 7일 그는 달과 기타 천체들에 대한 관찰 결과를 자세히 보고하는 장문의 편지 한 통을 썼다. 그는 이렇게 썼다. 즉,

> 나는 나의 망원경으로 달의 표면을 관찰했다. 나는 달의 표면을 아주 가까이서 볼 수 있었다. … 달 표면에 있는 것들을 아주 선명하게 식별할 수 있었다. 그리고 다음과 같은 사실이 실제로 확인되고 있다. 즉, 많은 사람들이 믿고 있는 것처럼 달과 기타 천체들은 전혀 평평하고 매끈하며 고른 표면을 가지고 있지 않은 것이 분명하다. 이와 반대로 그 표면은 오히려 거칠고 일정하지 않다. 간단히 말해서, 분별 있는 추론이라면 다음과 같은 결론을 내릴 수밖에 없다는 사실을 보여주고 있다. 즉, 달의 표면은 지구 표면의 산이나 계곡과 유사한 모양이지만 그 굴곡의 정도와 깊이는 훨씬 더 큰 산과 계곡으로 덮여 있다.[8)]

달이 완전한 구체라는 기존의 가설을 지키기 위해, 그리고 완전성이 한 요소라는 천체들에 대한 신학적 해석의 일관성을 유지하기 위해 갈릴레오의 비판자들 중 일부는 나중에 다음과 같은 가설 — 터무니없는 임시변통의 가설 — 을 제시했다. 즉, 달 표면의 굴곡과 불규칙적인 부분들은 사실은 완전무결하고 수정처럼 투명한 천상의 물질로 채워져 있기

---

8) Jean Meeus, "Galileo's First Record of Jupiter's Satellites," *Sky and Telescope*, Feb. 1964; in Stillman Drake, "Galileo's First Telescopic Observations," *Journal of the History of Astronomy*, 1976, p. 153; Dale P. Cruikshank and David Morrison, "The galilean Satellites of Jupiter," *Scientific American*, May 1976.

때문에 갈릴레오의 망원경으로는 볼 수 없었다는 것이다.

갈릴레오는 달 외에도 많은 것을 관찰했다. 그의 편지는 다음과 같이 이어지고 있다.

> 달을 관찰한 것 외에도 … [망원경이 없었다면] 식별할 수 없는 많은 붙박이별들을 망원경으로 관찰했다. 오늘 밤에도 나는 너무 작아서 [육안으로는] 전혀 볼 수 없는 세 개의 붙박이별과 동행하고 있는 목성을 보았으며, 그 배치 형태는 다음과 같았다.[9)]

이 부분에 갈릴레오는 [그림 13-1]과 같은 개요를 삽입했다. 그림을 보면 세 개의 별들이 일직선을 이루고 있으며, 두 개는 목성의 동쪽에 그리고 나머지 한 개는 목성의 서쪽에 있다. 그는 그 별들이 경도 1도 이상 벌어지지 않았다고 기록했다. 그러나 당시는 그 별들을 붙박이별이라고 생각했기 때문에, 그는 그 별들과 목성 사이의 거리 및 그 별들 상호 간의 거리를 아주 개략적으로만 표시했다.

다음 날인 1610년 1월 8일, 갈릴레오는 "무언가 알 수 없는 것에 이끌려" 목성을 다시 한 번 더 관찰하게 되었다. 그 "붙박이별들"의 이전의 위치는 다행스럽게도 기록으로 남아 있었다. 편지의 하단에 그는 다음과 같은 메모를 남겼다.

> 1월 8일에는 이러하다: [목성과 세 개의 별들이 현재는 서로 더 접근해 있으면서 거의 등거리를 유지하고 있고, 세 개의 별이 모두 목성의 서쪽에 있다는 것을 보여주는 개요를 그는 삽입한다.]

이것은 갈릴레오에게 하나의 심각한 이론적 문제를 안겨 주었다. 왜냐하면 그때까지는 새로 발견된 별들이 붙박이별이라는 가정이 심각하게 의문시된 적이 없었기 때문이다. 따라서 목성 주위의 세 개의 별들이 목성의 다른 쪽에 나타난다는 것은 곧 목성이 운동을 하고 있다는 것으로 설명될 수밖에 없었다. 그는 1월 8일에 다음과 같은 메모를 덧붙였다.

> 따라서 그것[목성의 운동]은 순행이었으며 역행이 아니었다.

만약 8일에 목성이 세 개의 별의 동쪽에 있었고 그 전날에는 두 개의 별들의 서쪽에 있었다면, 목성은 반드시 움직였으며, 신뢰할 수 있는 천문학적 계산법과는 상반되는 방향으로 움직인 것이 틀림없었다. 다음날 밤의 관찰을 기다리는 갈릴레오의 심정이 얼마나 불안했을지 충분히 짐작할 수 있다. 그가 직접 관찰한 것과 그가 계산한 것이 아주 불일치하게 되는 것은 아닐까? 9일에는 구름이 너무 많아 관측할 수 없었다. 그러나 그 다음날

---

9) 갈릴레오가 이 편지를 1610년 1월 7일에 쓰기 시작한 것은 분명하다. 그가 그림과 메모를 덧붙이면서 편지 쓰기를 계속한 정확한 날짜에 대해서는 학자들마다 의견이 다르다.

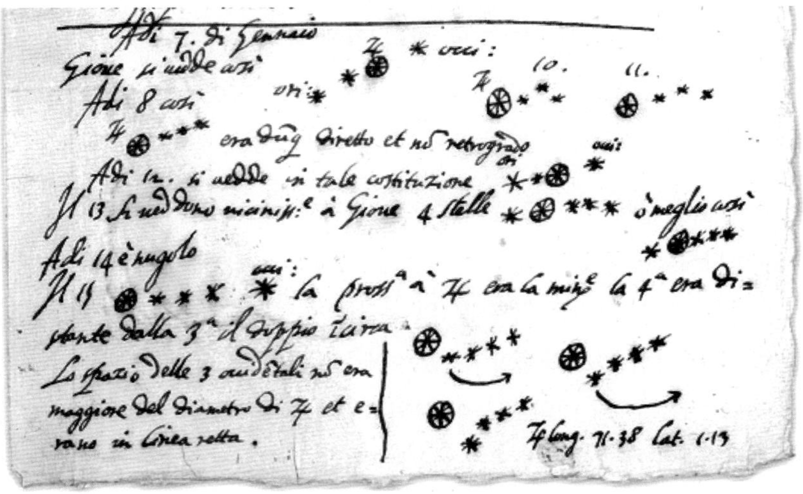

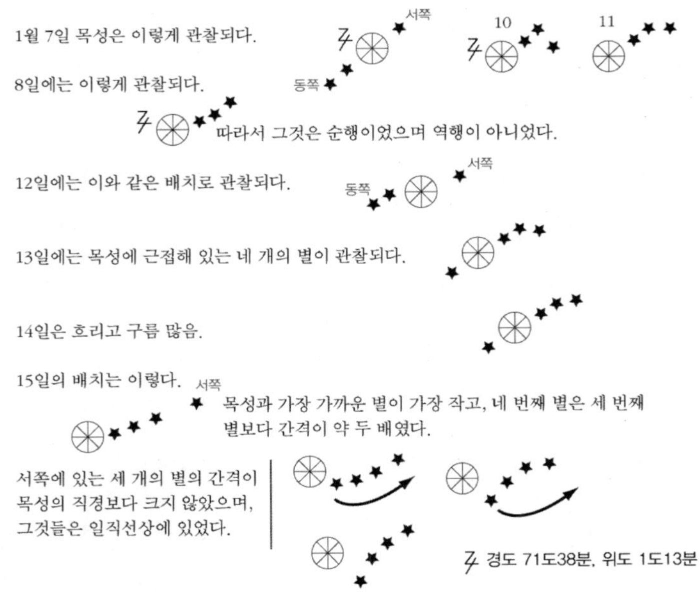

[그림 13-1]

사진의 이 편지는 갈릴레오가 1610년 1월 7일 쓰기 시작했으며, 목성의 중요한 네 위성에 대한 그의 기념비적인 관찰들이 기록되어 있으며, 이로써 천체의 운동에 대한 갈릴레오의 해석이 확증되었다. 편지는 베네치아 공화국 총독에게 우송되었으며, 그에게 선물하려는 뜻으로 망원경을 동봉했다. 그가 우연히 간직하고 있었던 그 편지 초고 하단 반쪽의 여백에 갈릴레오는 자신이 관찰한 중요한 기록을 메모해 두었다. 그림의 아래 절반은 그 메모를 영어로 번역한 것이다. 미시간대학 스페셜 컬렉션 라이브러리의 호의에 감사드린다.

밤인 10일에는 관찰을 재개하여 새로운 패턴을 기록할 수 있었다. 1월 11일에는 유사한 패턴이 관찰되었지만, 갈릴레오는 그날 밤의 일에 대해 다음과 같이 썼다.

> 목성 쪽으로 더 접근한 별은 다른 별의 절반 크기였으며, 다른 별과 아주 가까웠다. 반면에 다음 날 저녁에는 이야기한 세 개의 별이 모두 크기가 같아 보였고, 떨어진 거리도 같아 보였다.

12일에는 목성이 눈에 띌 정도로 서쪽으로 물러났으며, 주변의 별 세 개 중 두 개가 목성 동쪽에서 다시 관찰되었다. 분명히 어떤 일이 있었다. 만약 이와 같은 세 개의 새로운 별들이 붙박이별이라면, 그리고 갈릴레오의 관찰들이 정확하다면 — 이미 갖고 있던 이론들과 신념들로부터 자신 있게 도출할 수 있는 예측, 즉 목성의 운동에 관한 추론은 이루어질 수가 없었다. 새로운 세 개의 별들이 붙박이별이라는 신념을 지킬 수 있기 위해서는 천문학 계산법 전체를 개편해야 했지만, 이것들에 대해서는 심각하게 의문을 품지 않았다. 오히려 갈릴레오가 행했던 관찰의 정확성에 대해 의문을 품었다 — 갈릴레오를 비판하는 사람들 중의 일부가 나중에 그의 망원경을 악마의 도구라고 부르면서, 그의 관찰이 정확하지 못했다는 쪽으로 몰아가려고 했다. 갈릴레오 자신은 그가 관찰한 것에 대해 추호도 의심하지 않았다. 그리고 독단적인 반대자들에게는 대단히 애석한 일이었지만, 그는 기존의 가설들 중에 어떤 요소를 포기해야 하는지를 재빨리 인식했다. 11일의 관찰에 대한 그의 메모는 다음과 이어졌다.

> … 목성의 둘레에는 이때까지 누구에게도 모습을 드러내지 않았던 세 개의 움직이는 별들이 있는 것처럼 보인다.

그리고 이 세 개의 움직이는 별들에 대해 그는 나중에 다음과 같이 썼다.

> … 그것들은 금성이나 수성이 태양의 주위를 도는 것과 같은 방식으로 목성 주위를 돌고 있다.

그 이후 며칠 동안의 관찰을 통해 이 혁명적인 결론이 확증되었다. 달에 대한 그의 이전의 관찰들과 더불어 이 결론은 수세기 동안 널리 그리고 독단적으로 지지되어 왔던 천체에 대한 해석과 설명에 대해 심각한 의문을 제기했다.

1610년 1월 13일 갈릴레오는 네 번째 "별"을 관측했으며, 목성의 주요 위성 네 개가 모두 발견되었다. 이러한 관찰들은 코페르니쿠스의 가설 — 갈릴레오 시대에 확립되어 있던 신학적 교리와 조화를 이루기 어려운 천체에 대한 해석과 설명 — 에 대해 아주 강력한 확증을 제공했다. 이후 목성의 많은 위성들이 발견되었지만, 이 네 개의 위성들 —가니메데, 이오, 유로파, 칼리스토 — 은 "갈릴레오의 위성들"이라는 아주 어울리는 이름으로 불린다. 맑은 날 밤에 목성이 보이면, 목성을 돌고 있는 갈릴레오의 위성들은 보통의 쌍안경으로도 쉽게 확인할 수 있다.

태양계에 대한 코페르니쿠스의 설명이 궁극적으로 성공을 거둔 것은 단지 그것이 더 단순했기 때문이 아니라 오히려 그것이 설명할 수 있었던 사실들의 보다 더 큰 체계일수록 선명하게 드러나는 그것의 정확성 때문이었다. 그리고 그 정확성으로 말미암아 합리적인 의심을 넘어 곧바로 확증된 이론으로부터 주목할 만한 예측들이 도출될 수 있었다.

13.4 가설과 분류

가설이 물리학이나 화학처럼 발전된 과학에서만 중요하고 식물학이나 역사학과 같은 소위 기술적인 과학에서는 아무런 역할도 하지 못한다고 생각하는 것은 잘못이다. 기술(description) 자체는 사실상 가설에 기초하거나 가설을 구체화한다. 가설이 생물학의 다양한 분류 체계에서 중요하듯이 역사학의 해석에 있어서도 또 사회과학의 모든 지식에 있어서도 가설은 중요하다.

역사학에서 가설의 중요성은 쉽게 드러난다. 역사학자들은 대부분 설명이 가능하고 또 기록된 다른 사건들에 의해 확증이 가능한 사실들을 설명하고자 한다. 일부 학자에게는 그것이 기록된 역사의 전체 과정을 설명하려는 보다 더 큰 어떤 목적이거나 또는 종교적 내지 자연적 패턴이다. 그와 같은 우주적 설계를 거부하는 다른 학자들에게도 과거의 연구는 역시 과거의 어떤 계기적 사건들을 설명하고 미래의 어떤 사건들을 예측하는 데 사용될 수 있는 역사 법칙을 밝히는 작업이다. 이러한 두 집단은 모두 역사를 단순히 기술적인 것에 그치는 것이 아니라 이론적인 학문이라고 생각한다. 왜냐하면 둘 모두에게 가설의 역할은 역사학자의 기획에서 중심적이기 때문이다.

세 번째 집단은 좀 더 소박한 목표를 설정한다. 이들에게 있어서 역사가의 임무는 단순히 과거의 연대기를 작성하는 것, 즉 과거의 사건들을 시간 순으로 정확하게 기술하는 데 있다. 그들이 관심을 기울이는 것은 사실들에 관한 이론들이 아니라 사실들 자체이기 때문에 그들에게는 가설이 필요하지 않는 것처럼 보일 수 있다.

그러나 이와 같은 관점이 우리에게 믿음을 줄 수 있을 정도로 과거의 사실들이 쉽게 연대순으로 정리되지는 않는다. 과거 그 자체는 있는 그대로 기술하는 이런 일에 쓰일 수 있는 것이 아니다. 이용 가능한 것은 과거의 기록들이고 과거의 흔적들이다. 우리에게는 정부의 공문서, 서사시, 이전의 역사가들이 남긴 글, 고고학적 발굴로 햇빛을 보게 된 공예품 등이 있다. 역사가들은 이와 같은 아주 다양한 사실들로부터 그들이 기술하고자 하는 과거 사건의 본질을 추론할 수밖에 없다. 그들은 어떤 가설 없이 이 일을 할 수 없다. 모든 가설이 일반적인 것은 아니다. 어떤 가설은 특수하다. 역사학자들은 특수한 가설을 사용하여 수중에 있는 자료를 문제의 사건을 설명할 수 있는 증거로 개조하고자 한다.

역사학자들은 여러 면에서 수사관들과 같다. 그들의 방법이 같고, 그들의 어려움도 역시 같다. 증거는 불충분하고, 대부분의 증거가 전쟁이나 자연재해로 파괴되었다. 잘못되거나 오도하는 단서가 수사관을 따돌리듯이, 안식이 없는 이전의 역사학자들이 남긴 저작들처럼 현존하는 많은 "기록들"이 고의는 아닐지라도 과거에 대한 위증들이다. 훌륭한 수사관과 훌륭한 역사학자는 반드시 과학적인 방법을 사용해야만 한다. 그리고 다만 과거 사건을 기술하는 것에 자신의 소임을 제한하는 역사학자들조차도 어떤 가설을 바탕으로 연구할 수밖에 없다. 역사가들은 자신도 모르게 이론가들이다.

생물학자들은 보다 유리한 입장이다. 그들이 다루는 사실들은 과거가 아니라 현재적이고, 또한 검사를 위해 사용 가능한 것들이다. 한 지역의 식물군과 동물군을 기술하기 위하여 생물학자들은 역사학자처럼 애써 추론할 필요가 없다. 왜냐하면 생물학자들은 자료를 직접 인지할 수 있기 때문이다. 생물학자들의 기술은 인과적이거나 임의적인 것이 아니라 고도로 체계적이다. 그들은 식물과 동물을 분류하며, 그리고 그것들을 단순히 기술하는 데 그치지 않는다. 그러나 분류와 기술은 실지로는 동일한 과정이다. 한 동물을 육식성으로 기술하는 것은 그 동물을 육식동물로 분류하는 것이다. 한 동물을 파충류로 분류하는 것은 그 동물을 파충류적인 것으로 기술하는 것이다. 어떤 속성을 가진 것으로서 어떤 대상을 기술하는 것은 그러한 속성을 갖는 대상들의 집합의 한 원소로 그 대상을 분류하는 것이다.

과학적 **분류**(classification)는 대상들을 집단들로 나누는 것일 뿐 아니라, 각 집단을 하위 그룹과 하위 집합으로 한층 더 세분화하는 것까지 포함한다. 분류는 우리가 스무고개 놀이를 할 때 질문하는 도구 — 그러나 그것은 거의 보편적인 요구에 응답하는 것이기 때문에 보편적인 도구에 가깝다 — 이다. 원시인들은 먹을 수 있는 것과 독이 있는 것,

무해한 것과 위험한 것 등을 구분할 필요가 있었다. 우리는 누구나 구별하며, 우리의 주요 관심사에 대해서는 더 세심하게 구별한다. 농부는 채소를 분류할 때 아주 세심한 주의를 기울이겠지만, 관심을 두지 않는 꽃은 모두 잡초로 취급할 것이다. 화훼 농민은 꽃을 분류할 때는 세심한 주의를 기울이지만, 다른 농부의 농작물은 모두 단순한 "생산품"으로 취급할 것이다.

우리가 사물을 분류하는 데는 두 가지 기본적인 동기가 작용한다. 하나는 실천적 동기이고 다른 하나는 이론적 동기이다. 수많은 책들이 있는 도서관에서는 책들이 어떤 분류 체계에 따라 서가에 꽂혀 있지 않으면 책을 찾기 어렵다. 우리가 다루는 대상들의 수가 많으면 많을수록 그것들을 분류해야 할 필요성은 더 커진다. 박물관, 도서관, 대형 백화점 등에서는 이러한 실천적 필요가 분명하게 드러난다.

분류의 이론적 목적은 실천적 목적보다는 덜 명확하다. 선택 가능한 분류의 도식은 참도 아니고 거짓도 아니다. 대상들은 다른 관점에서 다른 방식으로 기술될 수도 있다. 어떤 분류시스템을 채택할 것인가는 분류하는 사람의 목적이나 관심에 의해 좌우될 것이다. 도서관 사서는 주제에 따라 책을 분류할 것이다. 제본업자는 표지와 제본의 재료에 따라 분류할 것이며, 수집가는 출판일자와 희귀성에 따라, 해운업자는 무게와 크기에 따라 분류할 것이다. 이들 외에도 여러 가지 분류 도식들이 있을 것이다.

과학자들로 하여금 하나의 분류 도식을 다른 것보다 더 선호하게 만드는 그들의 특별한 관심사는 무엇인가? 과학자들이 추구하는 지식은 단순히 개별적이고 특정한 사실에 관한 지식이 아니라, 사실들과 합치하는 일반적인 법칙에 관한 지식과 그 사실들의 인과 관계에 대한 지식이다. 하나의 분류 도식이 과학적인 법칙을 제안할 때 더 생산적이고 또 설명적 가설을 구성할 때 더 도움이 된다면, 그것은 다른 도식보다 좋은 것이다.

대상들을 분류하는 이론적 동기나 과학적 동기는 그 대상들의 속성, 그것들의 유사점과 차이점, 그것들의 상호관계 등을 이해하기 위하여 그 대상들에 대한 지식을 늘리고 싶은 바람이다. 협소한 실천적 목적을 가지는 분류 — 위험한 것과 유해하지 않는 것, 또는 나는 것과 헤엄치는 것 — 는 저러한 이해를 크게 늘리지 못할 것이다. 전자의 경우, 방울뱀과 야생 수퇘지가 한 집합을 이룰 것이고 독 없는 풀뱀과 집돼지가 다른 집합을 이룰 것이다. 후자의 경우, 박쥐와 새가 한 집합을 이룰 것이고 고래와 물고기가 다른 집합을 이룰 것이다. 그러나 뱀과 수퇘지는 완전히 다른 반면에, 고래와 박쥐는 아주 닮았다. 분류 체계의 근거를 만들기 위해서는 온혈동물인지 아닌지, 새끼를 낳는지 알을 낳는지 등이 위험성 여부보다 훨씬 더 중요한 특성들이다.

하나의 특성이 다른 특성의 존재를 지시할 경우 그 특성은 중요하다. 하나의 속성이 다른 많은 속성들과 인과적으로 연관되어 있을 경우, 그 속성은 수많은 인과법칙의 틀을 만들고 더욱더 일반적인 설명적 가설을 구성하는 데 기여할 수 있다. 저러한 분류 도식이 분류되는 대상들의 가장 중요한 특성들에 기초할 경우 최상의 도식이 된다. 우리는 어떤 것이 그런 특성들인지 미리 알 수 없다. 왜냐하면 우리는 우리가 알고자 하는 인과 관계를 미리 알 수 없기 때문이다. 그러므로 과학자들은 가설을 세워 분류한다. 차후에 개선되거나 폐기될 수 있다는 인식하에 다른 분류 도식들도 시도해 본다. 나중에 엄청나게 많은 수의 인과법칙이나 설명적 가설과 연관된 또 다른 특성들을 밝혀낼 수도 있는 것이다. 그럴 경우 우리는 우리의 범주들이 그것에 기초하도록 분류 도식을 수정하게 될 것이다.

과학의 초기 단계나 미발달 단계에서는 분류가 더 중요시되는 경향이 있는 것은 사실이지만, 과학이 발달한 경우에도 그 중요성이 줄어드는 것은 아니다. 분류학은 합리적이고 중요하며 여전히 성장하고 있는 생물학의 한 분야이다. 분류학에서는 보다 더 생산적인 분류 체계를 위해 이전의 체계는 폐기된다. 어떤 분류 도구들 — 이를테면 원소 주기율표 —은 화학자들에게 여전히 소중하다.

역사에 있어서의 가설은 이와 같은 생물학적 고찰을 통해 조명될 수 있다. 역사학자들도 역시 과거의 사건에 대한 우리의 이해를 증진시키기는 데 있어서 가중 중요한 것으로 생각되는 것에 초점을 맞춘다. 과거의 사건들을 모두 상세하게 기술하기에는 인생이 너무 짧다. 그러므로 역사학자의 기술은 선별적일 수밖에 없으며, 몇 가지 특징들만 기록한다. 그 선택은 어떻게 이루어지는가? 물론 역사학자들은 의미 없는 것은 무시하고 중요한 것에 초점을 맞추고 싶어 한다. 생물학자나 다른 과학자와 마찬가지로 역사학자도 인과법칙과 설명적 가설 — 물론 설명적 가설은 새로운 조사나 연구에 따라 항상 교정되어야 한다 — 의 구성에 널리 연관되어 있는 사건의 측면들을 중요한 것으로 간주한다. 초기의 역사학자들은 사건에서 사건의 정치적 및 군사적 측면을 중시했으며, 오늘날 우리가 중요하다고 생각하는 다른 측면들은 무시했다. 경제적 및 사회적 측면으로 관심이 옮겨감으로써 역사학자들의 연구와 연구 성과에 엄청난 변화를 가져왔다. 그런데 오늘날 우리는 경제적 및 사회적 문제들을 넘어서서 문화적 및 그 외의 특성들에 관심을 기울인다. 오늘날에는 이것들이 최대 다수의 타자들과 인과적으로 연관되어 있다고 판단되기 때문이다. 그러므로 다른 일련의 속성들보다 어떤 일련의 속성들에 초점을 맞추기로 결정하는 것은 그 특성들이 참으로 중요시되는 어떤 가설을 구체화하는 것이다. 그와 같은 가설은 역사학자들이 과거에 대한 체계적인 기술을 시작하기 전에 필요하다. 우리가 가설을 널리 퍼져 있는 과학적 탐구의 방법으로 간주하게 된 것은 분류와 설명의 이 가설적 특성 때문이다.

논리연습

아래 각 글에서

a. 설명되고 있는 자료들은 무엇인가?

b. 그것들을 설명하기 위해 제시되고 있는 가설은 무엇인가?

c. 그 가설을 13장 3절에서 설명한 기준에 따라 평가하라.

1. 모순되는 주장들이 전례 없이 쌓여갈 때, 아주 혁신적인 우주 모델—바람이 조금 빠져 있는 축구공 모양—이 2003년 10월 천문학자들의 책상으로 배달되었다.

 빅뱅의 지도에 대한 분석을 바탕으로, 뉴욕주 켄턴 출신의 제프리 윅스 박사와 그의 동료들은 우주가 거울로 된 12면의 복도와 같다고 주장한다. 이 복도에서는 무수한 환상이 만들어지는데, 이 복도를 통해서 바라보면 동일한 별이 복사된 여러 개의 상들이 나타나기 때문이다.

 만약 그의 모델이 정확하다면, 그것은 우리가 관찰할 수 있는 우주는 엄청나게 거대한 영역 내 다른 우주들 사이에 있는 작은 물방울에 불과하다고 주장하는 빅뱅이론의 한 변형을 배제하게 될 것이라고 윅스 박사는 말했다. "그것은 지금은 우리가 우주 전체를 대충 볼 수 있다는 것을 의미한다"고 윅스 박사는 말했다.

 프린스턴대학의 데이비드 스페글 박사가 이끄는 다른 천문학자들도 동일한 자료에 대한 그들의 분석은 이미 축구공 우주 모델을 배제했다고 말했다. 두 그룹의 과학자들은 최근 치열하게 서로 의사를 주고받았지만 축구공 우주 모델을 부인해야 하는지에 대해서는 의견이 갈려 있다. 그러나 이 토론에서 드러난 놀라운 사실은 머지않아 이러한 논쟁이 실제로 종식된다는 것이다. 이에 대해서는 둘 다 의견이 일치한다. 둘 다 한때는 거의 형이상학적인 것으로 간주되었던 쟁점들을 해결할 수 있는 현대적 데이터의 위력을 믿고 있는 것이다.

 윅스 박사는 과학 저널인 ≪네이처≫에 다음과 같이 썼다. "아주 오래 전부터 우리 선조들은 이 우주가 유한한지 아니면 무한한지에 대해 의문을 가져왔다. 이천 년 이상의 사색을 거친 다음 이제야 관찰 가능한 데이터에 의해 드디어 이 해묵은 문제가 해결될 수 있다."

윅스 박사와 그의 동료들은 우주가 열두 면을 가진 12면체라고 주장한다. 이어서 그는 이렇게 주장한다. 우주가 아주 젊었을 때 우주 전파강도 분포도에 나타난 전파들은 다음과 같은 사실을 보여주고 있다. 즉, 만약 당신이 한 방향으로 멀리 나아가면, 마치 컴퓨터 화면의 왼쪽에서 사라진 커서가 화면 오른쪽에 다시 나타나는 것처럼, 당신은 출발했던 그 곳의 뒤편에서 자신을 발견하게 될 것이다. 그러므로 우주방사선이 그 우주의 가장자리를 만나게 되면, 하늘의 반대편에 똑같은 원들 — 윅스 박사의 12면체에서는 직경이 35도인 여섯 쌍의 원들 — 이 나타날 것이다.

펜실베이니아대학의 우주과학자인 맥스 테그마크 박사는 다음과 같이 주장했다. 즉, "이것이 이처럼 검증될 수 있다니 참 멋지다. 그것은 사실이거나 아니면 그것은 케케묵은 것이다. 사실상 데이터는 이미 저 바깥에 있다. 문제는 그것들을 제대로 읽어내는 일이다. 우리 눈에 그 원들이 보였을 것이다." 그런데 지금까지 그 원들을 보지 못했다. 그는 "공간은 무한한가, 아니면 유한한가?"를 묻고 있다. 기둥에 묶여 화형당한 브루노가 품었던 의문도 바로 이것이리라!

—*Nature*

2. 인구 클러스터(cluster) —동일한 물건을 구입하는 사람들의 집단, 동일한 오락을 즐기는 사람들의 집단, 투표 성향이 같은 사람들의 집단, 일반적으로 아주 유사한 방식으로 행동하는 사람들의 집단— 에 대한 관심이 높아지고 있다. 미첼 J. 바이스는 약 62개의 클러스터를 구분했으며, 그는 클러스터를 "뚜렷이 구별되는 라이프스타일의 유형들"이라고 부른다. 또한 그는 클러스터에 이름을 붙이고, 그것들이 지닌 어떤 특성을 강조한다.

예를 들어, 타운스 앤 가운스(Towns & Gowns, 대학도시 주민들과 대학인들) 클러스터에서는 다른 곳에 비해 테킬라 술이 훨씬 더 인기가 있고, 멜로드라마 ≪어나더 월드(*Another World*)≫의 시청률이 다른 곳보다 두 배나 높다. 밀리터리 쿼터(military quarter, 병영) 클러스터에서는 텔레비전 쇼 ≪하드 카피(*Hard Copy*)≫의 시청률이 미국인 평균 시청률의 네 배에 이른다. 교외에 거주하는 젊은 중산층 미국인들 사이에서는 가구 손질, 스키, 고양이 등이 유달리 인기가 있는 반면에, 체스와 트랙터 운전 등은 유달리 인기가 없다.

라이프스타일 클러스터는 고객을 찾는 사업가들, 표를 찾는 후보자들, 새로운 기부자를 찾는 비영리단체들에서 유용하게 쓰인다. 사소해 보이지만 아주 의미심장한 것이 될 수 있다. 워싱턴 D.C.에서 바이스가 관찰한 바에 따르면, "행정직을 유지하면서 법률에 관한 글을 쓰는 브리 치즈 애호가들과 경제 업무에만 매달리는 클라프트 벨베타 치즈 애호가들 사이에는 하나의 단층이 존재한다." 그는 묻는다. "우리들 중의 어떤 사람들은 브리 치즈를 먹도록 하고 또 다른 사람들에게는 벨베타 치즈를 먹도록 만드는 것은 무엇일까?"

—미첼 J. 바이스, 『무리를 이루는 세계』

3. 원숭이천연두는 천연두와 관련이 있는 바이러스성 질병이지만 천연두보다는 감염성과 치사율이 낮다. 원숭이천연두가 미국에서 처음 발견된 것은 2003년이었다. 미국 질병통제예방센터에 따르면, 위스콘신주와 일리노이주 그리고 인디애나주 등 중서부 3개 주에서 적어도 20건 이상이 보고되었다.

   환자들의 연령은 4세부터 48세까지였으며, 발병시점은 2003년 5월 15일부터 6월 3일까지였다. 모든 환자들이 병을 앓고 있는 프레리도그(prairie dog)와 직접 접촉했거나 가까이 있었다. 인기 있는 가정용 애완동물이 되어 버린 프레리도그는 다른 종들로부터 원숭이천연두를 옮았는데, 감비아산 큰 주머니쥐일 가능성이 높다. 큰 주머니쥐들은 병이 오랫동안 발생했던 서아프리카나 중앙아프리카로부터 애완용으로 수입된 동물이다. 아프리카에서 원숭이천연두는 주로 다람쥐에 의해 옮는다. 그러나 이 병으로 원숭이들이 종종 죽기 때문에, 병 이름은 원숭이에서 따왔다.

   미국에서 발생한 것 중에 몇몇 건은 환자가 수의사이거나, 프레리도그와 감비아산 큰 주머니쥐를 판매하는 애완동물 가게에서 일하는 사람이다. 보건당국은 원숭이천연두에 감염될 수 있는 동물들을 신속히 확인하여, 그 병이 미국의 풍토병으로 되기 전에 박멸하기를 바란다.

—*New York Times*

4. 심장병 환자들에 대한 한 연구는 책임연구원이 성공 가능성이 만분의 일이라고 말하는 일어날 것 같지 않은 어떤 가설을 검증하면서, 한 종류의 시험 약재로 몇 가지의 치료법을 발견했다. 그 치료법은 미시간주의 앤아버에 소재한 에스페리온 테라포틱스가 개발했으며, 수년 동안 관상동맥에 쌓여있던 플라크를 청소했다.

   47명의 심장병 환자들에게 무작위로 고밀도 리포 단백질(또는 HDL, 동맥에서 콜레스테롤을 제거하는 물질)의 농축 물질을 주입하거나 불활성 식염수를 주입했다. 식염수를 주입한 사람들은 제어집단의 역할을 했다.

   5주 후 시험 약재를 주입한 사람들은 관상동맥 속의 플라크의 양이 4.2퍼센트 감소했지만, 식염수를 주입한 사람들은 플라크가 약간 증가했다.

클리블랜드 클리닉의 심장병 전문가이자 이 연구를 지도한 스티븐 니센 박사는 "지금까지의 패러다임은 나쁜 콜레스테롤(LDL)을 낮춤으로써 질병을 예방하는 것이었다. 만약 당신의 나쁜 콜레스테롤 수치가 낮다면, 플라크는 동맥혈관의 벽 속에 쌓이지 않는다. 이 실험은 동맥혈관의 벽에 생기는 질병을 제거할 수도 있다는 것을 말하고 있다."

—*Journal of the American Medical Association*

5. 남자아이는 여자아이보다 몸무게가 평균 100그램 더 많이 나가는 경향이 있다. 그러나 왜 그런지는 최근까지 설명되지 않았다. 남자아이의 엄마가 더 많은 열량을 섭취한다는 사실이나 또는 (태아가 남자일 경우에) 남자아이의 엄마가 열량을 더 효율적으로 사용한다는 이유로써 남자아이의 몸무게가 더 나간다는 것이 설명될 수 있을지에 대해 연구자들이 확신을 갖지 못하고 있었다.

   하버드 공중보건대학의 룰라 M. 타미미 박사는 이 문제를 해결하기 위해 칼로리 섭취량을 측정했다. 보스톤에 거주하는 임신 후 두 번째 3개월에 해당되는(즉, 임신 후 4~6개월) 244명의 임산부에게 그들이 섭취하는 음식물을 아주 자세히 기록해 달라고 부탁했다. 수집된 데이터는 나중에 출생한 아이와 상관관계가 있었다. 남자아이를 임신한 엄마들은 여자아이를 임신한 엄마들보다 (탄수화물, 지방, 단백질 등) 약 10퍼센트의 칼로리를 더 섭취한다는 사실을 타미미 박사는 발견했다. 차이를 만드는 것은 섭취량이지 섭취된 것을 사용하는 효율성이 아니라는 것이다.

   그러나 섭취량의 차이는 무엇으로 설명될 수 있을까? 타미미 박사는 남자 태아의 테스토스테론(남성호르몬의 일종)에서 나오는 어떤 신호가 열량 섭취를 유발할지도 모른다는 생각을 했다.

—*British Medical Journal*

6. 인간, 유인원, 돌고래 등은 큰 두뇌를 가진 고도의 사회성 동물들이다. 그들은 거울 속의 자신을 알아보며, 따라서 자아를 인식하는 존재로 알려져 있다. 대부분의 동물들은 거울 속에 나타난 자신의 반영에 거의 관심을 갖지 않는다. 코끼리는 큰 두뇌를 갖고 공감할 줄 안다는 점에서는 인간과 유사하다. 그러나 코끼리는 유인원과는 달리 비교적 최근의 공통조상을 인간과 공유하지 않는다. 코끼리도 역시 자신의 이미지를 알아볼 수 있을까?

   그렇다. 코끼리는 자신의 이미지를 알아본다. 뉴욕의 브롱크스 동물원에 있는 코끼리들은 거대한 거울 속에 비친 자신의 반영을 응시하면서, 코로써 자신을 자세히 검사했다. 그 코끼리들 중의 한 마리(단 한 마리뿐)가 소위 마크 테스트(mark test)라는 자아 인식의 가장 높은 단계를 완수했다. 연구원들은 각 코끼리의 한쪽 눈 위에 흰색으로 X표식을 했다. 거울에 접근한 후, 이 코끼리는 90초 동안 열두 번이나 자신의 코로 눈 위의 표식을 어루만졌다. 이것은 거울 속에서 본 것이 진짜 그 자신임을 그 코끼리가 믿고 있다는 확증이다.

—*Proceedings National Academy of Sciences*

7. 2003년도 노벨 화학상은 기막히게 운이 좋아 새로운 단백질을 만나게 된 피터 아그리 박사가 공동 수상했다. 그의 실험 샘플을 다른 어떤 단백질이 오염시키고 있음을 발견했을 때, 그는 혈액에서 발견되는 특수 단백질을 연구하고 있었다. 그가 연구하고 있는 단백질과 접합하게 될 항체를 개발하기 위해 노력하던 중 아그리 박사는 그 항체가 연구 중인 단백질이 아닌 샘플을 오염시킨 단백질과 접합되어 있음을 발견했다. 그리고 이전에 어느 누구도 그 단백질을 확인하지 못했지만, 그것은 혈액 샘플들에서 발견된 가장 풍부한 단백질들 중의 하나로 판명되었다.

   그러나 그 단백질의 기능이 무엇이었을까? 그는 유사한 단백질을 찾다가 식물들의 뿌리에서 몇 가지 —그것들의 기능은 역시 알려지지 않았다— 를 발견했다. 아그리 박사가 말했듯이, "점점 더 궁금한" 상황이 벌어졌다. 마지막으로 그는 그 새로운 단백질이 수분 통로인지를 검사해 보려고 했다. 그와 같은 수분 통로가 존재할 수 있다는 의견은 오래 전부터 있어 왔다 —그러나 발산 작용은 물의 운동을 설명해주는 것처럼 여겨졌으며, 특수한 수분 통로는 발견된 적이 없었다.

   수분 통로의 가설을 검증하기 위해 아그리 박사는 신비의 그 단백질을 생산하는 유전자를 개구리의 알에 더했다. 변형된 그 알들을 민물에 넣자 즉시 부풀어 올라 터짐으로써 저 이론을 강력하게 확증해주었다. 아그리 박사는 "난자가 팝콘처럼 터졌다"고 말했다. 새로 발견된 이 단백질은 "아쿠아포린"으로 불리는데, 물 분자보다 조금 더 넓은 통로를 가지고 있으며, 최근 소변에서 물을 추출하여 재순환시키는 사람의 신장에서도 발견되었다.

   아그리 박사는 노벨상 수상자로 그의 이름이 발표되었을 때 이렇게 말했다. "이것은 진짜로 우리에게 굴러들어온 떡이다. 과학에서도 성공하기 위해서는 행운이 중요한 요소가 된다."

8. 18세기 초에 에드먼드 핼리는 이런 질문을 던지곤 했다. 즉, "왜 밤에는 하늘이 깜깜한가?" 겉보기에는 순진무구한 질문으로 보이지만 대답하기는 쉽지 않다. 그 이유는

이렇다. 즉, 만약 우주가 있을 수 있는 가장 큰 규모의 가장 단순한 구조를 가지고 있다고 상상한다면, 하늘의 배경복사는 엄청날 것이기 때문이다. 하나의 정적이고 무한한 우주—즉, 그 안의 별들과 은하들이 서로 정지해 있는 무한히 큰 하나의 우주—를 상상해 보라. 어떤 방향으로 시선을 두든 궁극적으로는 어떤 별의 표면을 가로지를 것이고, 하늘은 겹쳐진 성상 디스크들(stellar disks)로 이루어져 있는 것처럼 보일 것이다. 별의 표면의 밝기는 그것의 거리와 무관하다. 따라서 어느 하늘이라도 하늘은 일반적인 별의 표면의 밝기만큼은 밝다. 태양은 일반적인 별이기 때문에 밤이든 낮이든 전체 하늘은 태양의 표면만큼 밝아야 한다. 그러나 사실은 그렇지 않으며, 이는 훗날 올베르스의 역설(18세기 독일의 천문학자인 하인리히 올베르스의 이름에서 따왔음)로 묘사되었다. 이 역설은 별빛뿐만 아니라 이와는 다른 영역인 모든 전자기적 스펙트럼에도 적용된다. 그것은 정적이고 무한한 우주 모델에는 어떤 근본적인 오류가 있다는 것을 보여준다. 그러나 그 오류가 무엇인지를 그것이 명시하고 있는 것은 아니다.

—아드리언 웹스터, *Scientific American*

9. 남아프리카에 있는 동료들과 공동 연구를 수행한 스웨덴 연구원들은 다음과 같은 사실을 발견했다. 즉, 낮 동안에 활동하고 있는 쇠똥구리는 햇빛에서 극성 패턴(polality pattern)을 탐지하며, 그와 같은 패턴에 의존하여 코끼리의 거대한 똥 더미에서도 그들이 가야할 길을 찾아낸다는 것이다. 룬드대학의 마리 데커 박사는 그 후에 한 종의 딱정벌레들은 달빛이 있는 밤늦게까지 일을 한다(똥 덩어리를 굴려서 가져감)는 사실을 주목했다. 그들이 달빛의 극성에 의존해 왔을 수도 있을까?

연구원들은 달빛을 산란시키기 위해 편광필터를 설치했다. 아니나 다를까, 아프리카 딱정벌레(Scarabacus zambesianus)는 보정을 위해 방향을 변경했다. 달빛의 극성이 필터에 의해 90도 회전했을 때, 연구원들은 그 필터 아래에 있는 딱정벌레들이 여태까지의 진행방향에서 거의 정확히 90도만큼 벗어나 움직이는 것을 발견했다. 데커 박사는 2003년 7월 3일자 ≪네이처≫지에 게재한 그녀의 보고서에 다음과 같이 썼다. “이것은 어떤 동물이 달빛의 극성을 방향설정에 사용할 수 있다는 것에 대한 첫 번째 증거이다.”

10. 수세기 동안(스칸디나비아에서는 1500년대 이래로) 사람들은 오래전부터 전해오는 한 토막의 신화를 상기시킬 정도로 개체수가 아주 빨리 그리고 아주 규칙적으로 증가하는 북방의 설치류인 나그네쥐 때문에 골치를 썩어 왔다. 그 신화는 이렇다. 즉,

나그네쥐들은 그 수가 너무 많아지면 그들 스스로 절벽에서 뛰어내려 포말이 이는 바닷물에 빠져 죽는 집단자살을 감행한다는 것이다.

과학자들은 수십 년 전에 저 생각이 틀렸다는 것을 밝혔지만, 늘어났다 줄어드는 급속한 개체수 사이클—격론이 벌어졌던 생태학적 수수께끼—이 무엇 때문인지는 확실하게 알 수가 없었다. 핀란드 헬싱키대학의 생태학자인 올리버 길그 박사는 다음과 같이 말했다. "수십 가지의 가설들이 있어 왔다. 그리고 과학자들은 그 가설들에 너무 집착함으로써 오히려 서로를 죽이는 꼴이 되고 말았다." 그러나 ≪사이언스≫지에 게재된 최근의 한 연구에서 길그 박사는 그의 연구팀이 주장한 단 하나의 가설이 제대로 된 설명을 제공한다고 말한다.

급속한 주기의 개체수 사이클은 자멸과는 무관하며, 전적으로 굶주린 포식자들과 관련이 있다고 그들은 주장한다. 그 연구가 있은 지 15년이 지난 후에, 그들은 나그네쥐들의 개체수가 4년을 주기로 급속히 증가했다 갑자기 소멸하는 현상은 네 가지 포식 종(흰올빼미, 북극여우, 긴 꼬리 도둑갈매기, 족제비)들의 행동으로 설명될 수 있다는 사실을 발견했다. 저 네 가지 포식 종만을 근거로 한 모델을 만든 후, 그들은 그 모델이 자연 상태에서의 나그네쥐의 개체수의 수치상의 변동을 정확히 예측한다는 것을 발견했다.

—*Science*

제13장 요약

이 장에서 우리는 과학적 방법의 토대가 되는 원리들을 살펴보았다.

- 13장 1절에서는 과학적 설명과 비과학적 설명을 구분했다. 과학적 설명은 항상 가설적이며, 경험적으로 증명이 가능하다. 반면에 비과학적 설명은 정신적으로 독단적이며, 그 설명을 바탕으로 도출되는 명제들에 의해 검사가 불가능하다.
- 13장 2절에서는 가설들의 확증에 의존하는 과학적 방법을 살펴보았다. 모든 과학적 탐구를 특징짓는 일곱 단계는 다음과 같다.
  1. 문제 확인하기
  2. 예비적 가설 세우기
  3. 예비적 가설에 비추어 추가할 사실을 수집하기
  4. 수집된 자료에 의해 뒷받침되는 설명적 가설 만들기
  5. 설명적 가설로부터 추가적인 결과를 도출하기
  6. 도출된 결과를 검사하기
  7. 개발된 이론을 적용하기
- 13장 3절에서는 선택하는 과학적 가설들에 대한 평가를 살펴보았다. 경쟁적인 가설들 중에 하나를 선택하는 데 적용될 수 있는 평가기준은 아래와 같다.
  1. 이미 확증된 가설들과의 양립 가능성
  2. 새로운 이론의 예측 능력이나 설명 능력의 정도
  3. 경쟁하는 이론들에 대한 상대적 단순성

  우리는 이 기준들을 과학사에 나타난 사건들로써 예증하였다. 가장 주목할 것은 갈릴레오의 비범한 관측에 의해 지구중심설(또는 프톨레마이오스의)이 태양중심설(또는 코페르니쿠스의)로 바뀐 사실이다.
- 13장 4절에서는 분류는 물리학뿐만 아니라 사회과학과 생물학에서도 대단히 유용하게 사용되는 지적인 도구라는 점을 알아보았다. 아울러 모든 분류 도식은 보편적 진리를 제안하고, 설명적 가설의 구성을 요청한다는 사실을 지적했다.

개연성

제 14 장

14.1 확률의 개념들

확률은 모든 귀납논리에서 중요한 평가 개념이다. 미국의 철학자 찰스 샌더스 퍼스의 말처럼, 확률 이론은 "그야말로 정량적으로 다루어지는 논리의 과학이다." 이 이론의 수학적 응용은 이 책의 관심사가 아니다. 그러나 우리가 다룬 귀납논리를 마무리하기 전에 확률이라는 개념을 분석하고 그것이 실제로 어떻게 사용되는가를 간단히 설명해 두는 것이 좋을 것이다.

과학이론과 과학이론이 포함하고 있는 인과법칙은 다만 개연적(probable)일 뿐이다. 아무리 훌륭한 논증이라도 귀납논증은 타당한 연역논증의 확실성에는 미치지 못한다. 우리는 어떤 이론이나 가설이든 논증적으로 표현된 개연성의 등급을 부과한다. 예를 들어, 우리는 우리가 현재 가지고 있는 증거를 바탕으로 아인슈타인의 상대성이론이 정확할 "개연성은 아주 높다"고 주장할 수 있다. 다른 예를 하나 더 든다면, 태양계의 다른 행성에 생명체가 없다는 것을 확신할 수는 없지만, 그와 같은 생명체를 다루는 어떤 이론의 개연성은 이 행성들에 대한 우리의 지식에 비추어 볼 때 매우 낮다고 말할 수 있다. 이런 의미에서 이론의 개연성에 대한 가치를 보통 우리는 수치로 나타내지 않는다.

그러나 많은 경우에 우리는 사건의 확률을 수치로 나타낼 수 있고 또 그렇게 하고 있다. 한 사건의 확률에 부여되는 수치를 **확률의 수계수**(numerical coefficient of probability)라고 부르는데, 저 수치는 매우 유용하게 쓰일 수 있다. 어떻게 하면 저 수치가 믿을 수 있게 부여될 수 있을까? 이 물음에 대답하기 위하여 우리는 우리가 사용하는 "확률"이라는 개념에 부가되는 두 가지 의미를 반드시 구분해야만 한다.

1. 확률의 선험성 개념
2. 확률의 상대도수 개념

동전을 던져 앞면이 나올 확률을 2분의 1로 추정할 때, 이것은 둘 중의 첫 번째 의미이다. 25세의 미국 여성이 적어도 1년 이상 더 생존할 확률은 0.971이라고 말할 때, 이것은 둘 중의 두 번째 의미이다. 운에 좌우되는 게임 — 주사위나 카드놀이 — 은 첫 번째 의미의 확률에 대한 연구를 초래했으며,[1] 사망 통계의 이용은 두 번째 의미의 확률에 대한 연구를 초래했는데,[2] 두 경우 모두 17세기의 일이었다. 두 경우에 있어서 계산 방법은 서로 다르다. 따라서 확률의 수계수에 대한 해석도 결국 다르게 된다. 둘 다 중요하다.

확률의 선험적 이론(a priori theory of probability)은 고려중인 어떤 사건에 대해 합리적인 사람이 어떤 믿음을 가지고 있는지를 묻고, 그 합리적인 믿음의 정도를 나타내기 위해 0과 1 사이의 수치를 부여한다. 만약 우리가 그 사건이 일어날 것이라는 사실을 전적으로 확신하면 1을 부여한다. 만약 우리가 그 사건이 일어날 가능성이 없다고 믿는다면 0을 부여한다. 확신이 없는 경우에는 0과 1 사이의 수치를 부여한다. 확률은 합리적인 사람이 가지는 그 사건이 일어날 것에 대한 믿음의 정도에 따라 그 사건을 진술하는 것이다. 확률은 아주 합리적인 사람이 가지는 어떤 명제에 대한 믿음의 정도에 따라 그 명제를 진술하는 것이다.

(이와 같은 이론에서 볼 때) 확신이 없는 경우 우리는 0과 1 사이의 어떤 수치를 부여해야 할지를 어떻게 합리적으로 결정할 수 있을까? 전통적인 견해에 따른다면, 우리가 확신을 갖지 못하는 것은 우리의 지식이 불완전하기 때문이다. 만약 우리가 던지는 동전에 대해 모든 것을 알고 있다면, 우리는 그 동전이 날아가는 궤적과 마지막 정지 위치를 확실하게 예측할 수 있을 것이다. 그러나 그 동전과 그 동전 던지기에 대해 우리가 모르거나 알 수 없는 것이 엄청나게 많다. 대개 우리가 알고 있는 것은 이런 것들이다. 즉, 동전에는 양면이 있다는 것, 그리고 동전이 떨어질 때 어느 한 면이 다른 면보다 더 잘 나타날 것이라고 믿는 것은 아무런 근거가 없다는 것 등이다. 그러므로 우리는 일어날 수 있는 모든 결과들을 (우리가 알고 있는 범위에서) 동일한 확률을 갖는 것으로 생각한다. 동전을 던질 경우에 두 가지 결과 —앞면과 뒷면— 가 있다. 앞면은 둘 중 단 하나이다. 따라서

1) 피에르 드 페르마(Pierre de Fermat, 1608-1665)와 블레즈 파스칼(Blaise Pascal)은 둘 다 유명한 수학자들이며, 이들은 운으로 하는 게임이 중단되었을 때 내기에 건 돈의 적절한 분배에 관한 서신을 주고받으면서 확률에 대해 연구했다.

2) 캡틴 존 그라운트(Captain John Graunt)는 1592년부터 작성되어 온 런던의 사망일람표에서 추론할 수 있는 것이 무엇인가에 관한 추정 자료를 1662년에 출간했다.

앞면이 나올 확률은 둘 중의 하나, 즉 2분의 1이다. 그리고 0.5라는 이 수치를 문제의 사건이 일어날 수 있는 확률이라고 말한다.

이와 마찬가지로, 임의로 섞어놓은 한 벌의 카드를 나눌 경우, 카드는 들어있던 순서대로 정확히 나온다. 그 순서는 미리 섞어놓은 결과에 따라 이미 결정되어 있지만, 우리는 알지 못한다. 우리는 다만 각 슈트에는 13장의 카드가 있고, 따라서 첫 번째 카드가 스페이드일 확률은 52분의 13 또는 정확히 4분의 1이라는 것만 알고 있다.

이것이 곧 선험적인 확률 이론으로 불리는 것이다. 왜냐하면 카드놀이를 시작하기 전에 이미 우리는 4분의 1이라는 수치를 부여했기 때문이다. 만약 카드가 정상적인 것이고 골고루 섞여 있다면, 우리는 샘플을 뽑아볼 필요도 없이 다음과 같은 선행조건들을 고려하는 것만으로도 그 수치를 생각해 낼 수 있다. 즉, 카드는 52장이고 스페이드는 13장이며 카드를 정직하게 뽑는다는 것이다. (우리가 알고 있는 한) 어떤 카드도 첫 번째로 뽑힐 기회는 다른 카드와 동일하다.

주어진 상황에서 한 사건이 발생할 확률을 계산하기 위해서, 우리는 그 사건이 발생할 수 있는 경우의 수를 그 상황에서 가능한 결과들의 총계로 나눈다. 단, 가능한 결과들 중의 어떤 것이 다른 것보다 더 가능성이 높다고 믿는 것은 아무런 근거가 없다는 사실을 전제한다. 선험적인 확률 이론에서는 한 사건의 확률이 이와 같이 분수로 표현되는데, 분모는 동일한 가능성을 갖는 결과의 수이고, 분자는 문제의 사건을 성공적으로 산출하게 될 결과의 수이다. 이와 같은 수치 부여(성공 대 가능성)는 합리적이고 편리하며 또 매우 쓸모가 있다.

확률에 대한 또 다른 관점이 있는데, 이 관점에서 어떤 사건에 부여되는 확률은 반드시 그 사건이 발생하는 상대도수에 의존해야만 한다. 앞에서 우리는 25세의 미국 여성이 적어도 1년 더 생존할 확률을 0.971이라고 했다. 이것은 25세인 미국 여성을 모두 조사하여 그들 중에 1년 더 생존한 사람이 몇 사람인지를 실제로 확인해보아야만 알 수 있다. 우리는 그 계층 여성들의 사망률을 알고 있어야만 수치를 부여할 수 있다.

이 이론에서는 참조 계층(위의 예에서는 25세의 미국 여성들)과 관심 속성(위의 예에서는 적어도 1년 더 생존하는 것)을 구분한다. 확률 산정은 그 계층의 구성원들이 문제의 속성을 드러낼 상대도수의 측정이다. 이 이론에서도 역시 확률은 분수로(때로는 십진법으로) 표현되지만, 이 경우에 분모는 참조 계층 전체 구성원의 수이고 분자는 관심 속성을 가진 참조 계층 구성원의 수이다. 만약 캘리포니아에 있는 16세와 24세 사이의 남자 운전자들의 수를 y라 하고, 그 운전자들 중 1년 동안 교통사고에 연루된 사람의 수를 x라 한다면, 그 운전자들 중 특정 년도에 교통사고가 날 확률을 우리는 x/y로 나타낸다. 여기서 참조 계층은 특정한 면에서 기술되는 운전자들의 집합이고, 관심 속성은 특정 기간에 교통사고에 연루된 사실이다. 여기서는 합리적인 믿음이 전혀 문제가 되지 않는다. **확률의 상대도수 이론**(relative frequency theory of probability)에 있어서 확률이란 어떤 계층의 구성원들이 특정한 속성을 드러내는 상대도수로 정의된다.

두 이론의 경우 모두 확률 산정은 이용 가능한 증거에 비례한다는 점을 주목하라. 상대도수 이론에서는 이것이 명백하다. 특정 속성에 대한 확률은 계수 산정을 위해 선택된 참조 계층에 따라 변할 수밖에 없다. 만약 참조 계층이 36세와 44세 사이의 남성 운전자들이라면 교통사고의 상대 도수는 낮아질 것이다. 즉, 이 연령대의 운전자들은 사고를 덜 내고, 따라서 교통사고의 확률은 낮아질 것이다. 만약 참조 계층이 남성이 아닌 여성으로 바뀐다면 확률의 계수는 또 다시 달라질 것이다. 확률은 증거에 비례한다.

이것은 선험적 확률이론에 있어서도 역시 참이다. 하나의 사건에 대한 확률 산정은 그것을 산정하는 사람이 이용할 수 있는 증거를 바탕으로 할 경우뿐이다. 결국, 어떤 사람의 "합리적인 믿음"은 그 사람이 가지고 있는 지식의 변화와 함께 변화한다. 예를 들어, 두 사람이 카드가 섞이고 있는 덱(deck, 게임용 카드의 팩)을 지켜보고 있는데, 딜러의 실수 때문에 그 중 한 사람이 우연히 톱 카드(카드의 팩에서 첫 번째 카드)가 블랙인 것을 보았지만 그 카드의 슈트는 볼 수 없었다고 가정해 보자. 다른 한 사람은 카드가 섞이는 것 말고는 아무 것도 보지 못했다. 만약 톱 카드가 스페이드일 확률이 어느 정도인가를 묻는다면, 첫 번째 사람은 그 확률이 2분의 1이라고 할 것이다. 왜냐하면 26장의 블랙카드 가운데 절반이 스페이드임을 그는 알고 있기 때문이다. 두 번째 사람은 확률이 4분의 1이라고 할 것이다. 왜냐하면 그는 덱 안에 있는 52장의 카드 가운데 13장이 스페이드라는 것만 알고 있기 때문이다. 동일한 사건에 대해 두 사람이 계산한 확률이 달랐다. 어느 누구도 잘못하지 않았다. 두 사람 모두 각자가 이용할 수 있는 증거에 비례하여 정확하게 확률을 계산했다. 그 카드가 클럽(까만 클로버 잎이 그려진 카드)임이 드러날지라도 마찬가지다. 이런 점에서, 확률을 그 자체에 내재하고 있는 사건이란 존재하지 않는다. 그러므로 일련의 증거가 달라지면 확률도 당연히 달라진다.

확률에 대한 이 두 가지 해석 — 상대 도수 및 선험적 해석 — 은 확률이 증거와 비례하는 것으로 간주한다는 점에서 근본적으로 일치한다. 그리고 대체로 확률의 수치는 특정한 사건에 대해 부여될 수 있다고 간주하는 점에서도 둘은 일치한다. 선험적 이론에 따라 산정되는 확률은 상대 도수의 "간편한 방식"의 추정치로 재해석하는 것이 가능하다. 그러므로 공정하게 이루어진다는 조건에서, 동전 던지기에서 동전의 앞면이 나올 선험적 확률은 상대 도수로 산정될 수도 있다. 즉, 그 확률은 동전을 임의의 동작으로 수천 번이나 수만 번 던졌을 때 동전의 앞면이 나타날 상대도수가 될 것이다. (동전의 물리적 균형이 정확하다면) 동전을 던지는 횟수가 증가할수록 앞면이 나타날 상대도수를 표시하는 분수는 점점 더 0.5에 가까워질 것이다. 우리는 이 0.5를 저 사건의 상대도수의 극한값이라고 부른다. 확률의 수치에 대해 이와 같은 재해석이 가능하다는 점에서, 어떤 이론가들은 두 이론 중에 상대도수 이론을 더 근본적인 것으로 간주한다. 그러나 대다수의 경우에 선험적 이론이 적용하기가 더 간단하고 더 편리하다는 것 또한 사실이다. 그러므로 앞으로 우리는 주로 선험적 이론에 의존하고자 한다.

14.2 확률 계산법

앞에서 살펴보았듯이, 단순사건들의 확률은 대개 결정될 수 있다. 단순사건들의 확률을 알고 있다면(가정한다면), 우리는 어떤 복합사건 —단순사건들이 구성요소로 이루어져 있는 전체를 하나의 사건으로 간주하는 것— 의 확률에 대한 계산을 진행할 수 있다. 예를 들어, 잘 섞여 있는 카드 덱에서 스페이드를 뽑을 확률은 앞에서 보았듯이 확률의 선험적 이론에 따라 4분의 1이다. 그러면 그 카드 덱에서 연속적으로 두 장의 스페이드를 뽑을 확률은 어느 정도일까? 첫 번째 스페이드를 뽑는 것이 첫 번째 요소사건이고, 두 번째 스페이드를 뽑는 것은 두 번째 요소사건이며, 연속적으로 두 장의 스페이드를 뽑는 것은 우리가 그 확률을 계산하고자 하는 복합사건이다. 어떻게 요소사건들이 서로 연관되는가를 알고 있다면, 요소사건들의 확률로부터 복합사건의 확률을 계산할 수 있다.

확률 계산법(calculus probability)은 수학의 한 분야이다. 여기서는 그 계산법의 기본적인 개요만 살펴보고자 한다. 일상생활에서 어떤 결과의 가능성을 아는 것이 중요할 수 있다. 확률 계산법의 기본적인 정리를 익히는 것은 논리학 공부의 가장 유익한 성과들 중 하나이다.

확률 계산법은 운에 좌우되는 게임 — 주사위나 카드놀이 등 — 을 통해서 가장 쉽게 설명될 수 있다. 왜냐하면 이와 같은 게임들의 규칙들은 확률의 정리(theorem)가 쉽게 적용될 수 있는 인위적으로 제한된 세계를 만들어주기 때문이다. 이 책의 설명에서는 확률의 선험적 이론이 사용되고 있지만, 최소한의 재해석을 거치면 이러한 모든 결과들을 상대도수 이론의 측면에서도 역시 표현할 수 있고 또 그 정당성이 입증될 수 있다.

두 가지 기본적인 정리를 살펴보자.

A. 첫 번째 정리로써 우리는 그것의 요소사건들의 공동 발생으로 이루어지는 복합사건의 확률을 계산할 수 있다. 즉, 두 사건이 모두 일어나거나 또는 일련의 특정한 사건들이 모두 일어날 확률을 계산할 수 있다.

B. 두 번째 정리로써 우리는 그것의 요소사건들의 선택적 발생으로 이루어지는 복합사건의 확률을 계산할 수 있다. 즉, 주어진 일련의 선택적 사건들 중 적어도 하나(하나 또는 그 이상)의 사건이 일어날 확률을 계산할 수 있다. 두 가지 정리를 차례대로 살펴보자.

A. 공동 발생의 확률

동전 하나를 두 번 던져서 두 번 다 앞면이 나올 확률을 구한다고 가정해 보자. 두 개의 요소사건을 각각 a와 b라고 한다면, a와 b가 함께 발생할 확률을 계산할 수 있는 매우 간단한 정리가 있다. 그것을 **곱셈 정리**(product theorem)라고 하는데, 요소사건들의 확률을 나타내는 두 개의 분수를 단순히 곱하는 것을 의미한다. 두 개의 동전을 던졌을 때 나타날 수 있는 결과는 네 가지이다. 그것들은 아래의 표와 같다.

첫 번째 동전	두 번째 동전
H	H
H	T
T	H
T	T

이 네 가지 경우들 중에 어느 하나를 다른 경우들보다 더 기대할 이유는 없다. 그러므로 우리는 그것들을 가능성이 같은 것으로 간주한다. 우리가 묻고 있는 그 경우(두 번 모두 앞면)는 가능성이 같은 네 가지 사건들 중 하나일 뿐이다. 따라서 동전 하나를 두 번 던져서 두 번 다 앞면이 나올 확률은 4분의 1이다. 우리는 이것을 직접 계산할 수도 있다.

두 번 다 앞면이 나오는 공동 발생은 첫 번째 던지기에서 앞면이 나올 확률(2분의 1)에 두 번째 던지기에서 앞면이 나올 확률(2분의 1)을 곱한 것, 또는 1/2 × 1/2=1/4과 같다. 그러나 이 단순한 곱셈은 두 요소사건들이 **독립적인 사건들**(independent events)일 때—즉, 한 요소사건의 발생이 다른 요소사건이 발생할 확률에 영향을 미치지 않을 때—에만 성공적이다.

독립적인 사건들에 있어서 곱셈 정리가 언명하는 것은 다음이다. 즉, 독립적인 두 사건이 공동 발생할 확률은 그것들 각각의 확률을 곱한 것과 같다. 그것은 다음과 같이 표현될 수 있다.

$$P(a \text{ and } b) = P(a) \times P(b)$$

여기서 $P(a)$와 $P(b)$는 두 사건 각각의 확률이고, $P(a \text{ and } b)$는 두 사건이 공동 발생할 확률을 의미한다.

곱셈 정리를 또 다른 경우에 적용해 보자. 두 개의 주사위를 던져서 12가 될 확률은 얼마나 될까? 두 개의 주사위의 합이 12가 되는 경우는 두 개의 주사위가 각각 6이 되는 경우뿐이다. 각 주사위에는 6개의 면이 있으며, 던져졌을 때 그것들 중 한 면이 위쪽으로 올 가능성은 모두 동일하다. 첫 번째 주사위에서 6이 나타나는 사건을 a라고 한다면, $P(a)=1/6$이다. 그리고 두 번째 주사위에서 눈금 6이 나타나는 사건을 b라고 한다면, $P(b)=1/6$이다. 두 주사위의 합이 12인 복합사건은 a와 b의 공동 발생으로 이루어진다. 곱셈 정리에 의해, $P(a \text{ and } b)=1/6 \times 1/6=1/36$이다. 이것은 두 개의 주사위를 한 번씩 던져서 합이 12가 나올 확률이다. 만약 우리가 두 개의 주사위를 던졌을 때 나타날 수 있는 동일 가능성의 모든 경우를 하나의 도표에 정리한다면, 같은 결과를 얻을 수 있다. 가능한 결과는 36가지이며, 합이 12인 경우는 단 하나뿐이다.

요소사건을 두 개로 제한할 필요는 없다. 곱셈 정리는 독립적인 사건들이 몇 개가 되더라도 그것들의 공동 발생을 다루기 위해 일반화될 수 있다. 만약 우리가 섞여 있는 카드 덱에서 하나의 카드를 뽑고, 그것을 다시 제자리에 갖다놓은 후 두 번째로 다시 뽑고, 그것을 다시 제자리에 갖다놓은 후 세 번째로 또 다시 뽑는다면, 각각의 뽑기에서 스페이드를 뽑을 가능성은 다른 뽑기의 성공 여부에 영향을 받지 않는다. (카드를 제자리에 갖다놓을 때는 그 즉시 카드를 다시 섞는다고 가정한다.) 각각의 뽑기에서 스페이드를 뽑을 확률은 13/52, 또는 1/4이다. 만약 뽑힌 카드를 즉시 제자리에 도로 집어넣는다면, 세 번의 뽑기에서 세 번 다 스페이드를 뽑을 확률은 1/4 × 1/4 × 1/4＝1/64이다. 이와 같이 일반적인 곱셈 정리는 별개의 사건들의 수가 몇 개가 되더라도 그것들이 공동 발생할 확률을 계산할 수 있다.

그러나 만약 사건들이 독립적이지 않다면 어떻게 될까? 만약 한 사건에서의 성공이 다른 사건에서 성공할 확률에 영향을 미친다면 어떻게 될까? 지금까지의 예들은 요소사건들 사이의 관계에 대해서는 전혀 문제삼지 않았다. 하지만 요소사건들이 좀 더 세밀한 계산을 필요로 하는 방식으로 연결되어 있을 수 있다. 방금 제시했던 예를 약간 수정해 보자. 섞여 있는 덱에서 연속적으로 세 장의 스페이드를 뽑을 확률을 구하지만 뽑은 카드를 덱에 도로 집어넣지는 않는다고 가정해 보자. 먼저 뽑은 카드를 덱에 도로 집어넣지 않고 다음 카드를 뽑는다면, 이전 단계의 결과는 다음 단계의 결과에 영향을 미친다.

만약 첫 번째 뽑은 카드가 스페이드라면, 두 번째 뽑기에서는 전체 51장의 카드 가운데 스페이드가 12장뿐이다. 반면에 첫 번째 뽑은 카드가 스페이드가 아니라면, 두 번째 뽑기에서는 51장의 카드 가운데 13장의 스페이드가 남아 있다. *a*가 덱에서 스페이드를 뽑고 그 카드를 덱에 도로 집어넣지 않는 사건이고, 그리고 *b*는 남아 있는 카드들 중에서 다른 스페이드를 뽑는 사건일 경우에, *b*의 확률 *P*(*b* if *a*)는 12/51 또는 4/17이다. 만약 *a*와 *b*가 모두 일어난다면 세 번째 뽑기는 11장의 스페이드가 포함된 50장의 카드가 들어 있는 덱에서 뽑을 것이다. 만약 *c*가 세 번째 사건이라면, *P*(*c* if both *a* and *b*)는 11/50이다. 그러므로 덱에서 세 장의 카드를 뽑고 그것들을 덱에 도로 집어넣지 않을 경우에 세 장이 모두 스페이드일 확률은 곱셈정리에 따라 13/52 × 12/51 × 11/50＝11/850이다. 이것은 뽑은 카드를 다음 번 카드를 뽑기 전에 덱에 도로 집어넣을 경우에 세 번의 뽑기에서 세 번 다 스페이드를 뽑을 확률보다 적다. 이것은 예상한 그대로이다. 왜냐하면 뽑은 스페이드를 덱에 도로 집어넣으면 다음 뽑기에서 스페이드를 뽑을 확률이 높아지기 때문이다.

일반적인 곱셈 정리는 아래와 같은 실제 사실처럼 현실세계의 중요한 문제들에 적용될 수 있다. 즉, 캘리포니아에 사는 한 십대 소녀는 고질적인 백혈병으로 고생하고 있었는데, 치료하지 않으면 곧 죽을 수도 있었다. 그녀를 살릴 수 있는 유일한 방법은 그녀와 일치하는 골수를 가진 골수기증자를 찾아내는 일이었다. 골수기증자를 찾아내려는 온갖 노력이 수포로 돌아가자, 그녀의 부모는 성공적인 골수 이식이 가능할 것이라는 희망을 가지고, 아이를 하나 더 낳기로 결심했다. 그러나 그녀의 아버지는 먼저 정관절제술로 묶어놓은 정관을 복원해야 했으며, 그 성공 가능성은 50퍼센트(0.5)였다. 정관 복원이 성공적일지라도, 그 당시 45세였던 그녀의 어머니가 임신할 가능성은 0.73이었다. 그리고 그녀의 어머니가 임신에 성공하더라도, 그 아이의 골수가 백혈병을 앓고 있는 딸의 골수와 일치할 가능성은 4분의 1(0.25)에 불과했다. 또 골수가 일치하더라도, 백혈병 환자가 화학요법과 골수이식을 견디고 살아남을 가능성은 0.7이었다.

처음에는 성공적인 결과를 얻을 확률은 낮아 보였다. 그러나 희망이 전혀 없을 만큼 낮지는 않았다. 아버지의 정관은 성공적으로 복원되었다. 그리고 어머니는 임신에 성공했다. 이로써 가능성이 매우 커졌다. 아이가 환자와 일치하는 골수를 갖고 있다는 사실이 밝혀졌다. 1992년에 드디어 힘든 골수이식 수술이 시작되었다. 그리고 치료는 완전히 성공적이었다.[3] 부모가 아이를 낳기로 결심했던 당시에 이 행복한 결과의 확률이 얼마나 되었을까?

논리연습

보기문제

1. 하나의 카드 덱에서 연속적으로 3장의 카드를 뽑았을 때 3장 모두 에이스일 확률은 얼마인가?
   a. 만약 뽑은 카드를 덱에 도로 집어넣은 후 다음 카드를 뽑는다면?
   b. 만약 뽑은 카드를 덱에 도로 집어넣지 않고 다음 카드를 뽑는다면?

문제풀이

a. 만약 뽑은 카드를 덱에 도로 집어넣은 후에 다음 카드를 뽑는다면, 요소사건들은 서로 영향을 미칠 수 없으며 따라서 독립적이다. 이 경우에 $P(a \text{ and } b \text{ and } c) = P(a) \times P(b) \times P(c)$이다. 덱에는 52장의 카드가 들어있고 그것들 중에 4장이 에이스이다. 따라서 첫 번째 에이스를 뽑을 확률 $P(a)$는 4/52(또는 1/13)이다. 두 번째 에이스를 뽑을 확률 $P(b)$와 세 번째 에이스를 뽑을 확률 $P(c)$도 마찬가지로 각각 1/13이다. 따라서 a, b, c가 공동 발생할 확률은 1/13 × 1/13 × 1/13=1/2,197이다.

---

3) 환자였던 아니사 아야라(Anissa Ayala)는 성공적인 이식 수술 1년 후에 결혼했다. 그녀의 생명을 구한 동생 마리사 아야라(Marissa Ayala)는 그녀가 결혼할 때 결혼식 화동(결혼식에서 신부에 앞서서 꽃을 들고 들어가는 소녀)이었다. 이 사례에 대한 상세한 내용은 ≪라이프(*Life*)≫지 1993년 12월호에 게재되어 있다.

b. 만약 뽑은 카드를 덱에 도로 집어넣지 않고 다음 카드를 뽑는다면, 요소사건들은 독립적이지 못하고 의존적이다. 이 경우의 공식은 *P*(*a* and *b* and *c*) = *P*(*a*) × *P*(*b* if *a*) × *P*(*c* if *a* and *b*)이다. 이 경우에, 첫 번째 뽑기에서 에이스를 뽑을 확률 *P*(*a*)는 4/52, 또는 1/13이다. 첫 번째 카드가 에이스일 때 두 번째도 에이스를 뽑을 확률 *P*(*b* if *a*)는 3/51, 또는 1/17이다. 그리고 첫 번째와 두 번째 카드가 에이스일 때 세 번째도 에이스를 뽑을 확률 *P*(*c* if *a* and *b*)는 2/50, 또는 1/25이다. 따라서 의존적인 세 사건들이 공동 발생할 확률은 1/13 × 1/17 × 1/25 = 1/5,525이다.

연속해서 뽑은 3장의 카드가 모두 에이스일 확률은 *a*의 경우보다 *b*의 경우가 훨씬 낮다. 이것은 예상했던 그대로이다. 왜냐하면 뽑힌 카드를 덱에 도로 집어넣지 않으면, 에이스를 뽑고 난 다음의 뽑기에서는 에이스를 뽑을 가능성이 감소하기 때문이다.

2. 하나의 동전을 세 번 던졌을 때, 세 번 다 뒷면이 나올 확률은 얼마나 될까?

3. 항아리에 흰 공 27개와 검은 공 40개가 들어 있다. 연속해서 4개의 공을 뽑았을 때, 4개의 공이 모두 검은 공일 확률은 얼마나 될까?
   a. 만약 뽑은 공을 항아리에 도로 집어넣고, 다음 뽑기를 한다면?
   b. 만약 뽑은 공을 항아리에 도로 집어넣지 않고, 다음 뽑기를 한다면?

4. 3개의 주사위를 던져서 합이 3이 될 확률은 얼마나 될까?

*5. 마당 주위에 있는 네 집의 남자 넷이 마당 한가운데서 저녁만찬을 즐겼다. 만찬이 끝나자, 인사불성이 된 네 남자는 비틀거리면서 각각 자기 집으로 여겨지는 곳을 향해 갔다. 한 집에 한 사람씩만 그 집을 향해 갈 수 있다면, 네 남자가 모두 자기 집을 찾아갈 확률은 얼마나 될까?

6. 어떤 한 치과의사가 다섯 개의 출입문이 있는 빌딩에 병원을 갖고 있으며, 모든 문은 접근성이 동일하다. 환자 세 사람이 동시에 그녀의 병원에 도착한다. 그 환자들이 모두 같은 문을 통해 들어왔을 확률은 얼마나 될까?

7. 2003년 10월 25일, 캘리포니아 아카디아에 있는 산타 아니타 경마장에서, 사우스 다코다주의 래피드 시티에서 온 그래엄 스톤 씨는 연속된 여섯 경기의 우승마들을 알아맞히는 싱글 베팅으로 돈을 땄다. 스톤 씨는 전에는 한 번도 경마장을 찾은 적이 없었다. 전국의 경마 팬들은 어안이 벙벙했다. 말이 경주에 나가기 직전에 결정되는

우승마들과 우승마 각각의 배당률은 다음과 같았다.

우승마	배당률
1, Six Perfections	5-1
2. Cajun Beat	22-1
3. Islington	3-1
4. Action This Day	26-1
5. High Chaparral	5-1
6. Pleasantly Perfect	14-1

스톤 씨가 건 돈은 8달러였는데, 딴 돈은 2,687,661달러 60센트였다.

이러한 행운(또는 핸디캡핑 기술?)에 기댄 배당률은, 우리가 부담 없는 대화에서나 말할 수 있는 "백만 중 일(a million to one)"이다. 스톤 씨의 수익금은 그것에 훨씬 못 미쳤다. 그는 백만 중 일의 수익금을 받을 만한가? 당신은 당신의 대답을 어떻게 정당화할 수 있는가?

8. 두 개의 벽장에 각각 세 개의 상자가 있다. 다섯 개의 상자에는 야채통조림이 들어 있다. 나머지 상자에는 과일통조림—배통조림 10개, 복숭아통조림 8개, 과일칵테일 6개—이 들어 있다. 과일칵테일 통조림 하나에는 대충 같은 크기의 과일 조각 300개가 들어 있으며, 그 중 3개는 체리이다. 만약 한 아이가 한 벽장 속으로 들어가서 상자 하나를 열고 통조림 하나를 꺼내어 그 내용물 중 2조각을 먹는다면, 체리 2조각을 먹을 확률은 얼마나 될까?

9. 드로 포커(draw poker, 5장의 패를 받고서 첫 내기를 하고, 그 뒤에 3장까지 패를 교환할 수 있음)에서 한 사람이 스페이드 7과 8, 9, 10, 그리고 다이아몬드 에이스를 가지고 있다. 다른 사람들이 모두 세 장의 카드를 뽑고 있다는 것을 간파하고, 그는 어느 쪽 패가 되든 플러시로 이길 수도 있고 또한 스트레이트로도 이길 수 있다고 판단한다. 그는 어느 쪽 패가 되도록 카드를 뽑아야 할까? (스트레이트는 다섯 장의 카드가 연속된 숫자이며, 플러시는 다섯 장의 카드가 동일한 세트이다.)

*10. 4명의 학생이 월요일의 시험에 대비하기 위해서 하루 동안 벼락치기 공부를 해야겠다고 생각하고 주말에 도시를 떠났다. 그들은 시험 다음날인 화요일에 돌아왔다. 그들은 타고 갔던 차의 타이어가 펑크가 났으나 예비 타이어가 없었기 때문에 하루 늦었다고

변명하면서, 날짜가 찍힌 호텔비 영수증과 기타 경비의 영수증을 증거로 제시했다.

교수는 그들에게 재시험의 기회를 주기로 하고, 한 문제만 내기로 했다. 4명의 학생들은 시험을 치르는 방의 네 모퉁이에 각각 자리를 잡고 앉아서, 그들의 거짓말이 통한 것에 대해 조용히 승리감을 만끽하고 있었다. 그러나 그 승리감도 교수의 출제 문제가 공개되기 전까지 뿐이었다. 드디어 교수가 흑판에 문제를 썼다. "펑크가 난 것은 어느 쪽 타이어인가?"

학생들이 이야기를 꾸며낼 때, 어느 쪽 타이어가 펑크 났는지에 대해서는 사전에 입을 맞추지 못했다고 가정한다면, 4명의 학생들이 동일한 타이어를 말할 확률은 얼마나 될까?

B. 선택적 발생의 확률

가끔 우리는 이렇게 묻는다. 즉, 어떤 일련의 사건들 중에 적어도 한 사건이 발생할 — 그것들이 선택적으로 발생할 — 확률은 얼마나 될까? 만약 우리가 요소사건들 각각의 확률을 알고 있거나 추정할 수 있다면, 우리는 그것을 계산할 수 있다. 이때 우리가 사용하는 정리를 **덧셈 정리**(addition theorem)라고 부른다.

예를 들어, 이렇게 물을 수 있다. 즉, 섞여 있는 카드 덱에서 스페이드나 클럽(까만 클로버 잎이 그려진 카드)을 뽑을 확률은 얼마일까? 물론 그것들 중의 어느 하나(either of them)를 뽑을 확률은 그것들 중 하나(one of them)를 뽑을 확률보다 높고, 그리고 그것들 중에 둘을 동시에 뽑을 확률보다는 훨씬 더 높을 것이다. 이 경우도 그렇지만 많은 경우에, 사건들이 선택적으로 발생할 확률은 요소사건들 각각의 확률의 합과 같다. 스페이드를 뽑을 확률은 1/4이고, 클럽을 뽑을 확률도 1/4이다. 그러면 스페이드나 클럽을 뽑을 확률은 $1/4+1/4=1/2$이다. 사건들이 공동 발생하면 곱셈을 하고, 선택적으로 발생하면 덧셈을 한다.

위의 예에서는 두 개의 요소사건들이 **상호 배타적**(mutually exclusive)이다. 만약 둘 중 하나가 발생하면, 다른 하나는 발생할 수 없다. 스페이드를 뽑는다는 것은 클럽을 뽑지 않는다는 것을 필연적으로 함의한다. 그리고 그 역도 마찬가지다. 그러므로 사건들이 상호 배타적일 경우에는 덧셈 정리가 쉽고 간단하다.

$$P(a \text{ or } b) = P(a)+P(b)$$

이 정리는 a 또는 b 또는 c 또는 …… 등등 선택지들이 몇 개가 되더라도 일반화될 수 있다. 만약 모든 선택지들이 상호 배타적이라면, 그것들 중에 이것 또는 저것이 발생할 확률은 그것들 모두의 확률의 합과 같다.

덧셈 정리와 곱셈 정리가 모두 적용되어야 하는 경우도 가끔 있다. 예를 들면, 포커게임에서 플러시(같은 세트의 카드가 5장)는 매우 강력한 패이다. 그런 패를 가질 확률은 얼마나 될까? 먼저 특정한 한 세트(예컨대 스페이드)에서 5장을 가질 확률을 계산한다. 그것은 독립적이지 않은 것이 확실한 5개의 요소사건들의 공동 발생이다. 왜냐하면 스페이드를 한 장씩 가질 때마다 다음 카드가 스페이드일 확률은 감소하기 때문이다. 의존적인 확률들에 대해 곱셈정리를 적용하면, 아래와 같다.

$$13/52 \times 12/51 \times 11/50 \times 10/49 \times 9/48 = 33/66{,}640$$

동일한 확률이 하트 플러시나 다이아몬드 플러시나 또는 클럽 플러시에도 적용된다. 이들 4가지의 서로 다른 플러시들은 상호 배타적인 선택적 사건들이다. 따라서 어떤 플러시이든 플러시가 될 확률은 그것들의 합이다. 즉, 33/66,640+33/66,640+33/66,640+33/66,640=33/16,660이다. 이것은 0.002보다 조금 적은 수이다. 일반적으로 플러시를 이기는 패라고 하는데, 그렇게 부를 만하다.

선택적 사건들이 상호 배타적이지 않을 때도 종종 있다. 선택적 사건들이 상호 배타적이지 않을 때는 확률 계산이 더 복잡해진다. 먼저 쉬운 예를 하나 들어보자. 하나의 동전을 두 번 던져서 앞면이 적어도 한 번 나올 확률은 얼마나 될까? 두 개의 요소사건(첫 번째 던지기에서 앞면이 나오는 것과 두 번째 던지기에서 앞면이 나오는 것)은 분명히 상호 배타적이지 않다. 두 사건이 모두 발생할 수 있다. 만약 우리가 두 사건의 확률을 단순히 합한다면, 우리는 1/2+1/2=1, 즉 확실성을 얻는다 — 그런데 우리는 우리가 관심을 갖는 그 결과가 확실하지 않다는 것을 알고 있다. 이것은 요소사건들이 상호 배타적이지 않을 때는 덧셈 정리가 직접적으로 적용될 수 없다는 것을 보여준다. 그러나 우리는 그것을 간접적으로, 즉 아래의 두 가지 방식들 중에 어느 한 가지로 사용할 수 있다.

첫째, 조건에 적합한 일련의 사례들을 상호 배타적인 사건들로 분해한 후 그냥 그것들의 확률을 더하기만 한다. 동전던지기의 예에서, 조건에 적합한 사례는 세 가지 — 앞면+뒷면, 뒷면+앞면, 앞면+앞면 — 이다. (곱셈 정리를 적용하여 계산하면) 각각의 확률은 4분의 1이다. 상호 배타적인 이 세 가지 사건들 중 하나가 발생할 확률은 (덧셈 정리를 적용하여) 4분의 3, 또는 0.75이다.

동일한 결과에 도달하는 다른 한 가지 방법이 있다. 우리는 어떤 결과도 적합하면서 동시에 적합하지 않을 수 없다는 것을 알고 있다. 그러므로 선택적 복합사건의 확률은 선택적 요소사건들 중의 어느 것도 발생하지 않을 확률을 1에서 뺀 나머지와 같다. 동전던지기의 예에서, 적합하지 않은 결과는 뒷면+뒷면의 경우뿐이다. 뒷면+뒷면의 확률은 1/4이며, 따라서 앞면이 한 번 이상 나올 확률은 1－1/4 ＝ 3/4, 또는 0.75이다. a의 조건에 적합하지 않은 사건을 표시하기 위해 기호 $\bar{a}$를 사용하면, 우리는 요소 사건들이 상호 배타적이지 않은 선택적 사건들에 대한 정리를 다음과 같이 표현할 수 있다.

$$P(a) = 1 - P(\bar{a})$$

한 사건이 발생할 확률은 그 사건이 발생하지 않을 확률을 1에서 뺀 나머지와 같다.[4)]

첫 번째 방법이 더 쉬운 경우도 있고, 두 번째 방법이 더 쉬운 경우도 있다. 다음과 같은 예로써 두 가지 방법을 비교해 볼 수 있다. 항아리가 두 개 있는데, 첫 번째 항아리에는 흰 공 2개와 검은 공 4개가 들어 있고, 두 번째 항아리에는 흰 공 3개와 검은 공 9개가 들어 있다고 가정해 보자. 만약 두 항아리에서 각각 공을 하나씩 임의로 집어낸다면, 흰 공을 적어도 한 개 집어낼 확률은 얼마나 될까? 첫 번째 방법을 적용하면, 우리는 조건에 적합한 사례를 3개의 상호 배타적 선택 사건으로 분해한 다음 그것들의 확률을 합산한다. 즉, (1) 첫 번째 항아리에서 흰 공을, 두 번째 항아리에서 검은 공을 집어내는 경우(2/6 × 9/12＝1/4), (2) 첫 번째 항아리에서 검은 공을, 두 번째 항아리에서 흰 공을 집어내는 경우(4/6 × 3/12＝1/6), (3) 두 항아리에서 흰 공을 집어내는 경우(2/6 × 3/12 ＝1/12)이다. 이것들은 상호 배타적이므로, 우리는 그냥 더하기만 하면 된다. 1/4＋1/6＋1/12＝1/2이다. 이 합계는 흰 공을 적어도 한 개 집어내는 확률이다. 두 번째 방법을 적용하면, 우리는 실패의 확률, 즉 두 항아리에서 검은 공을 한 개씩 집어내는 확률(4/6 × 9/12＝1/2)을 1에서 뺀다. 그 값은 1－1/2＝1/2이다. 당연히 두 가지 방법은 동일한 결과를 가져

4) 선택적 발생에 대한 정리를 이와 같이 표현하는 근거는 다음과 같다. 즉, 확실하게 발생하는 사건에 대해 부여되는 확률 계수는 1이다. 왜냐하면 모든 사건은 그것이 발생하거나 발생하지 않는 것이 확실하기 때문이다. a와 $\bar{a}$ 중 어느 하나는 반드시 참이다. 그러므로 $P(a \text{ or } \bar{a})=1$이다. 분명히 a와 $\bar{a}$는 상호 배타적이므로 둘 중 어느 하나의 확률은 두 확률의 합과 같다. 다시 말해서, $P(a \text{ or } \bar{a}) = P(a)+P(\bar{a})$이다. 따라서 $P(a)+P(\bar{a}) = 1$이다. $P(\bar{a})$를 다른 쪽으로 이항하고 부호를 바꾸면 $P(a) = 1-P(\bar{a})$이다.

왔다.

확률 계산법의 응용은 비록 정확할지라도 우리가 주어진 사실들을 인과적으로 검토하여 예측한 것과는 다른 결과를 초래하는 경우가 종종 있다. 이런 결과를 **반직관적**(counter-intuitive) 결과라고 한다. 문제의 해답이 반직관적일 경우, 확률에 대해 잘못된 판단을 초래할 수 있다. 그리고 "있을 수 있는(natural)" 이와 같은 오해가 축제 등에서 다음과 같은 내기를 하도록 사람들을 부추긴다. 주사위 3개를 던지는 게임이다. 도박장 운영자는 여러분들에게 3개의 주사위 중 하나라도 1이 나타나면 이기는 게임에 1대1(1달러를 걸고, 이기면 건 돈 1달러에 상금 1달러를 보태서 2달러를 받는다)로 베팅을 하도록 제안한다. 각각의 주사위에는 6면이 있고, 각 면의 숫자는 서로 다르다. 여러분들이 에이스를 잡을 기회가 세 번 있다. 이것은 공정한 게임처럼 보인다.

그러나 이것은 사실 공정한 게임이 아니다. 반직관적인 현실을 이용하는 사기꾼들은 많은 이익을 챙긴다. 특정한 어떤 숫자가 3개의 주사위 중의 어느 하나에 나타나면, 그 숫자는 나머지 두 주사위 어디에도 나타나지 못하도록 배제될 경우에 한해서만 그 게임이 공정할 수 있다. 저것은 분명히 진실이 아니다. 신중하지 못한 사람들은 상호 배타적이라고 오해하기 때문에 오도된다. 물론 주사위의 숫자들은 상호 배타적이지 않다. 던지다 보면 어떤 때는 두 개 또는 세 개의 주사위에 같은 숫자가 나타나기도 한다. 가능한 모든 결과를 확인하여 그 수를 헤아린 다음 에이스가 적어도 한 번 나타나는 경우를 헤아려 보려고 하는 시도는 금방 좌절되고 만다. 어떤 주사위에 특정한 숫자가 나타나면 나머지 주사위에 동일한 숫자가 나타나는 것을 배제하지 않기 때문에, 참으로 그 게임은 속임수이다. 먼저 지게 될 확률을 산정하고, 1에서 그 확률을 뺀 나머지로 이길 확률을 계산해 보면, 이것이 속임수라는 것을 분명하게 알 수 있다. 에이스 아닌 숫자(2, 3, 4, 5, 6 중의 하나)가 나올 확률은 6분의 5이다. 게임에서 지게 될 확률은 세 개 모두 에이스가 아닐 확률이며, (주사위는 서로 독립적이기 때문에) 5/6 × 5/6 × 5/6=125/216, 또는 0.579!이다. 그러므로 이길 확률, 즉 에이스가 적어도 한 번 나타날 확률은 1－125/216=91/216, 또는 0.421이다. 도박을 하지 말아야 하는 이유가 바로 여기에 있다.

이제 조금 더 복잡한 확률 문제를 다루어 보자. 크랩스(claps, 주사위 두 개로 하는 도박의 일종) 게임은 주사위 2개로 한다. 주사위를 던지는 사람은 첫 번째 던졌을 때 두 주사위의 숫자의 합이 7이나 11이라면 이기고, 2나 3이나 12라면 지고, 나머지 경우(4, 5, 6, 8, 9, 10)에는 저 숫자들 중에 하나가 나올 때까지 계속 던진다. 이때 그 숫자가 다시 나오면 던지는 사람이 이기고, 7이 나오면 진다. 사람들은 크랩스 게임을 공정한 게임 — 즉, 주사위를 던지는 사람이 이길 확률이 대등한 게임 — 이라고 믿고 있다. 이것은 진실인가? 크랩스 게임에서 주사위를 던지는 사람이 이길 확률을 계산해 보자.

확률을 계산하기 위해 먼저 우리는 다양한 숫자들이 나타날 확률을 알아야만 한다. 2개의 주사위가 떨어지는 방식은 동일한 가능성을 가진 36가지이다. 합이 2가 되는 경우는 36가지 중 하나뿐이다. 따라서 확률은 36분의 1이다. 합이 12가 되는 것도 단 한 가지뿐이며, 확률은 36분의 1이다. 합이 3이 되는 것은 두 가지(1-2, 2-1)이며, 확률은 36분의 2이다. 같은 방식으로, 합이 11이 될 확률도 36분의 2이다. 합이 4가 되는 것은 세 가지(1-3, 2-2, 3-1)이며, 확률은 36분의 3이다. 같은 방식으로, 합이 10이 될 확률도 36분의 3이다. 합이 5가 되는 것은 네 가지(1-4, 2-3, 3-2, 4-1)이고, 확률은 36분의 4이다. 같은 방식으로, 합이 9가 될 확률도 36분의 4이다. 합이 6이 되는 것은 다섯 가지(1-5, 2-4, 3-3, 4-2, 5-1)이며, 확률은 36분의 5이다. 같은 방식으로, 합이 8이 될 확률도 36분의 5이다. 합이 7이 되는 것은 여섯 가지(1-6, 2-5, 3-4, 4-3, 5-2, 6-1)이며, 따라서 확률은 36분의 6이다.

주사위를 던지는 사람이 첫 번째 던지기에서 이길 확률은 합이 7이 될 확률과 합이 11이 될 확률을 합한 것이므로, 6/36+2/36=8/36, 또는 2/9이다. 또 첫 번째 던지기에서 질 확률은 합이 2와 3 그리고 12가 될 확률을 합한 것이므로, 1/36+2/36+1/36=4/36 또는 1/9이다. 첫 번째 던지기에서는 주사위를 던지는 사람이 이길 확률이 질 확률의 2배이다. 그러나 첫 번째 던지기에서 승패가 판가름이 나기보다는 4, 5, 6, 8, 9, 10 중의 하나가 나올 가능성이 높다. 만약 이 여섯 개의 숫자들 중의 하나가 나오면, 던지는 사람은 그 숫자가 다시 나오거나 7이 나올 때까지 주사위를 계속 던진다. 이때 그 숫자가 다시 나오면 던지는 사람이 이기고, 7이 나오면 진다. 첫 번째 던졌을 때 나왔던 그 숫자나 7이 아닌 다른 숫자가 나오는 경우들은 무시할 수 있다. 왜냐하면 그런 경우들은 결정적인 것이 아니기 때문이다. 첫 번째 던지기에서 합이 4가 나왔다고 하자. 이후의 결정적인 던지기는 4와 7 중에서 하나가 나오는 것이다. 결정적인 던지기에서, 4는 동일한 가능성을 갖는 세 가지 경우(1-3, 2-2, 3-1)의 조합이며, 7은 여섯 가지 경우의 조합이다. 그러므로 이후의 결정적인 던지기에서 두 번째로 4가 나올 확률은 9분의 3이다. 첫 번째 던지기에서 4가 나올 확률은 36분의 3이었다. 따라서 첫 번째 던지기에서 4가 나오고, 이후의 계속 던지기에서도 7이 아닌 4가 먼저 나와서, 4로 이길 확률은 3/36 × 3/9=1/36이다. 같은 방식으로, 첫 번째 던지기에서 10이 나오고 이후의 계속 던지기에서도 7보다 10이 먼저 나와 10으로 이길 확률도 역시 3/36 × 3/9 = 1/36이다.

같은 방식으로 추론함으로써 우리는 첫 번째 던지기에서 5가 나와 5로써 이길 확률을 알 수 있다. 이 경우 결정적인 던지기는 동일한 가능성을 가진 10가지 경우가 있다. 즉, 5가 나올 수 있는 네 가지 경우(1-4, 2-3, 3-2, 4-1)와 7이 나올 수 있는 여섯 가지 경우이다. 그러므로 5로써 이길 확률은 4/36 × 4/10 = 2/45이다. 9로 이길 확률도 역시 2/45이다. 첫 번째 던지기에서 6이 나올 가능성은 더 높으며, 확률은 36분의 5이다. 그리고 6이 7보다 먼저 두 번째로 나오는 것도 다른 숫자들보다는 가능성이 더 높으며, 확률은 11분의 5이다. 따라서 6으로 이길 확률은 5/36 × 5/11 = 25/396이다. 같은 방법으로, 8로써 이길 확률도 25/396이다.

주사위를 던지는 사람이 이기는 경우는 서로 다른 8가지이다. 만약 첫 번째 던지기에서 합이 7이나 11이 나오면 이긴다. 또는 첫 번째 던지기에서 4, 5, 6, 8, 9, 10 중의 하나가 나오고, 이후 계속 던져서 7이 나오기 전에 그 숫자가 나오면 이긴다. 이 경우들은 모두 상호 배타적이다. 따라서 주사위를 던지는 사람이 이길 총 확률은 이길 수 있는 선택적 사건들의 확률을 합한 것이므로, 6/36 + 2/36 + 1/36 + 2/45 + 25/396 + 25/396 + 2/45 + 1/36 = 244/495이다. 소수로 나타내면 0.493이다. 이것은 크랩스 게임에서 주사위를 던지는 사람이 이길 확률은 절반에 약간 못 미친다는 것을 보여준다. 큰 수치는 아니지만 절반이 안 되는 것은 확실하다.

개 요

곱셈 정리

두 개 또는 그 이상의 사건들이 공동으로 발생할 확률의 계산

A. 만약 사건들(a, b)이 독립적이라면, 그 사건들이 공동으로 발생할 확률은 그 사건들의 확률을 그냥 곱한 것이다. 즉,

$$P(a \text{ and } b) = P(a) \times P(b)$$

B. 만약 사건들(a, b, c)이 독립적이지 않다면, 그 사건들이 공동으로 발생할 확률은

첫 번째 사건이 발생했다면 그 첫 번째 사건의 확률에 두 번째 사건의 확률을 곱하고, 그리고 첫 번째 사건과 두 번째 사건이 발생했다면 세 번째 사건의 확률을 곱한 것이다. 즉,

$$P(a \text{ and } b \text{ and } c) = P(a) \times P(b \text{ if } a) \times P(c \text{ if both } a \text{ and } b)$$

덧셈 정리

둘 또는 그 이상의 사건들이 선택적으로 발생할 확률의 계산

A. 만약 사건들(a, b)이 상호 배타적이라면, 그 사건들 중에 적어도 하나가 발생할 확률은 그 사건들의 확률을 단순히 합한 것이다. 즉,

$$P(a \text{ or } b) = P(a) + P(b)$$

B. 만약 사건들(a, b)이 상호 배타적이지 않다면, 그 사건들 중에 적어도 하나가 발생할 확률은 아래의 두 방법 중 하나에 의해 결정될 수 있다.

1. 사건을 상호 배타적인 사건들로 분해한 다음 그 사건들의 확률을 더하는 방법.
2. 선택적 사건들이 어느 것도 발생하지 않는 확률을 구한 다음 그 확률을 1에서 빼는 방법.

논리연습

*1. 크랩스 게임에서 주사위를 던지는 사람이 이길 확률을 두 번째 방법으로 계산하라. 즉, 그가 질 확률을 구하고, 그것을 1에서 뺀 나머지로 이길 확률을 계산하라.

2. 정상적인 덱에서 연속적으로 3장의 카드를 뽑을 때, 스페이드가 적어도 한 장이 포함될 확률은 얼마일까?
   (a) 뽑은 카드를 덱에 도로 집어넣은 후에 다음 카드를 뽑는 경우는?
   (b) 뽑은 카드를 덱에 도로 집어넣지 않는 경우는?

3. 하나의 동전을 세 번 던질 때, 앞면이 적어도 한 번은 나올 확률은 얼마일까?

4. 빨간 공 5개와 흰 공 10개 그리고 파란 공 15개가 들어있는 항아리에서 임의로

3개의 공을 꺼내었을 때, 3개의 공이 모두 같은 색깔일 확률은 얼마일까?

(a) 꺼낸 공을 도로 집어넣은 후에 다음 공을 꺼내는 경우는?

(b) 꺼낸 공을 도로 집어넣지 않는 경우는?

*5. 어떤 사람이 다음과 같이 제안한다면 당신은 그 내기를 받아들이겠는가? 즉, 주사위를 연속해서 두 번 던졌을 때, 두 번 중 어느 경우에도 에이스나 6이 나오지 않는다는 데에 돈을 걸어라.

6. 교실에서 임의로 모인 30명의 학생들 집단에서, 생일이 같은 학생이 없을 확률은 얼마일까? 즉, 년도는 무시하고 태어난 날과 달에만 관심을 기울일 경우 생일이 중복되지 않을 확률은 얼마일까? 이와 같은 중복이 생길 확률이 대략 0.5가 되기 위해서는 그 집단에 얼마나 많은 학생들이 필요할까?

7. 만약 25세의 한 남자가 자신의 50번째 생일날까지 살아있을 확률이 0.742이고, 22세의 한 여자가 자신의 47번째 생일까지 살아있을 확률이 0.801이라면, 그리고 이 남자와 여자가 결혼한다면,

(a) 부부 중 한 사람이 적어도 25년 더 살 확률은 얼마인가?

(b) 부부 중 한 사람만 적어도 25년 더 살 확률은 얼마인가?

8. 상자 하나에 오렌지 주스 2병, 콜라 4병, 맥주 4병이 들어 있다. 또 다른 상자에는 오렌지 주스 3병, 콜라 7병, 맥주 2병이 들어 있다. 임의로 상자 하나를 열고, 그 속에서 임의로 병 하나를 선택했다. 선택한 병이 무알코올 음료일 확률은 얼마인가? 모든 병들이 상자 하나에 담겨 있다면, 임의로 선택한 병이 무알코올 음료일 확률은 얼마인가?

9. 드로 포커 게임에서 한 사람이 잭 세 장과 쓸모없는 카드 두 장을 갖고 있다. 그는 쓸모없는 카드 두 장을 버리고 두 장의 카드를 뽑는다. 뽑은 카드로 그의 패가 좋아질 확률은 얼마나 될까? (좋은 패가 되는 한 가지 방법은 잭을 한 장 더 뽑아 포카드를 만드는 것이고, 다른 방법은 어떤 페어든 페어 패를 뽑아 풀하우스를 만드는 것이다.)

▎도전문제

다음 문제는 확률 이론가들 사이에 몇 가지 논쟁의 불씨가 되어 왔다. 정확한 해답은 반직관적인가?

*10. 덱에서 에이스와 킹을 제외한 모든 카드를 버리면, 여덟 장만 남는다. 남은 카드

중에서 네 장은 에이스이고 네 장은 킹이다. 축소된 이 덱에서 두 장의 카드를 뽑아 여자 친구에게 주었다. 만약 그녀가 그녀의 카드를 보고서 자기 손에 에이스 한 장이 있다고 (사실대로) 말한다면, 그녀의 카드가 모두 에이스일 확률은 얼마인가? 만약 그녀가 이 말 대신에 그녀의 카드 중 하나는 스페이드 에이스라고 말한다면, 그녀의 카드가 모두 에이스일 확률은 얼마인가? 이들 두 확률은 동일한가?[5)]

14.3 일상생활에서의 확률

내기에 돈을 걸거나 투자를 결정할 때, 내기에서 이기거나 투자에서 이익이 생길 확률을 고려하는 것이 중요하지만, 내기로 버는 돈의 액수나 투자하여 돌려받는 수익이 얼마나 되는가에 대한 고려도 그에 못지않게 중요하다. 이 두 가지 고려 사항, 즉 안전성(safety)과 생산성(productivity)은 상충하는 경우가 많다. 일반적으로 잠재적인 수익이 클수록 위험도 커지게 마련이다. 가장 안전한 투자가 최선의 투자가 아닐 수 있으며, 성공했을 때 가장 많은 수익을 약속하는 투자도 아닐 것이다. 안전성과 수익의 조화는 도박이나 투자에서만 필요한 것이 아니다. 그것은 교육, 취직, 생활의 기타 영역에서 대안을 선택할 때도 역시 필요하다. 우리는 투자 — 돈, 시간, 에너지 등의 투자 — 에 대해 "그럴 만한 가치가 있는지"를 알고 싶어 한다. 달리 말해, 우리는 미래에 대한 그 도박이 현명한 것인지에 대해 다각도로 고려한다. 미래는 알 수 없지만, 그 확률은 추정할 수 있다. 우리가 여러 가지 투자나 내기 또는 어떤 "불확실한" 결정들을 비교해보려고 할 때 **기대치**(expectation value)라는 개념이 아주 효과적인 도구로 쓰인다.

기대치는 그 결과의 확률을 알고 있는 도박을 예로 들면 아주 쉽게 설명될 수 있다. 어떤 도박 — 예컨대, 동전을 던졌을 때 앞면이 나오면 1달러를 따고 그렇지 않으면 1달러를 잃는 도박 — 은 일종의 구매행위로 간주되어야 한다. 즉, 내기에 돈을 건 그 순간에 그 돈은 소비된다. 내기에 건 돈은 구매 대금이다. 그것은 어떤 기대치를 구매한 것이다.

---

5) 이 문제에 관한 논의에 대해서는 다음을 참조하라. L. E. Rose, "Countering a Counter-Intuitive Probability," *Philosophy of Science* 39(1972), 523-524. A. I. Dale, "On a Problem in Conditional Probability," *Philosophy of Science* 41(1974), 204-206. R. Faber, "Re-Encountering a Counter-Intuitive Probability," *Philosophy of Science* 43(1976), 283-285. S. Goldberg, "Copi's Conditional Probability Problem," *Philosophy of Science* 43(1976), 286-289.

만약 동전의 앞면이 나오면, 내기에 1달러를 건 사람은 2달러(1달러는 그 자신의 돈이고, 나머지 1달러는 상금이다)를 받는다. 만약 동전의 뒷면이 나오면, 돈을 건 사람은 0달러를 받는다. 이 내기에서는 앞면이 나오거나 뒷면이 나오는 두 가지 가능한 결과만이 있을 뿐이다. 그리고 각각의 확률은 2분의 1이다. 그리고 각각의 결과에는 약정된 수익(2달러 또는 0달러)이 있다. 우리는 각각의 가능한 결과로 생길 수익에 그 결과의 확률을 곱한다. 이와 같이 곱해서 나온 모든 것의 합계가 그 내기나 투자의 기대치이다. 동전 두 개를 던져서 모두 앞면이 나오면 이기는 1달러짜리 내기의 기대치는 (1/2 × $2)+(1/2 × $0)와 같으며, 그것은 1달러이다. 이 경우에는 우리가 알고 있듯이 배당이 공평하다. 즉, 구매의 기대치와 구매가격이 일치한다.

언제나 이런 것은 아니다. 우리는 구매한 기대치가 투자비용보다 훨씬 더 크게 될 것이 확실한 투자를 찾는다. 우리는 배당이 우리에게 유리하기를 바란다. 하지만 우리는 기대치가 모험의 대가보다 적은, 때로는 훨씬 적은 도박에 종종 현혹되기도 한다.

대가(내기에서 거는 돈)와 기대치 사이의 불일치는 복권에서 쉽게 찾아볼 수 있다. 복권의 경우 복권 구매는 막대한 수익에 대한 아주 낮은 가능성을 제시한다. 실제로 복권이 어느 정도의 가치를 지니는지는 당첨 가능성은 얼마나 낮고, 당첨금은 얼마나 많은가에 달려 있다. 당첨금은 20,000달러짜리 자동차 한 대이고, 복권 한 장 값은 1달러라고 가정해 보자. 만약 복권 판매량이 20,000장이고 우리가 산 것은 그 중의 한 장이라면, 우리가 당첨될 확률은 20,000분의 1이다. 당첨될 확률은 이처럼 아주 낮다. 그러나 당첨금은 매우 많다. 이 경우에 복권의 기대치는 (1/20,000 × $20,000)+(19,999/20,000 × $0), 정확히 1달러로 복권 구입가격과 같다. 그렇지만 복권을 발행하는 통상적인 목적은 어떤 가치 있는 목적을 위해 기금을 모으는 것이다. 그리고 그 목적은 복권 판매 수입이 당첨금으로 지급되는 액수보다 많아야 달성될 수 있다. 따라서 20,000장보다 훨씬 많은 — 아마도 40,000장 또는 80,000장 또는 100,000장 정도의 — 복권이 팔릴 것이다. 만약 40,000장의 복권이 팔렸다고 가정한다면, 1달러짜리 복권의 기대치는 (1/40,000 × $20,000)+(39,999/40,000 × $0), 즉 50센트이다. 만약 80,000장의 복권이 팔렸다고 가정한다면, 1달러짜리 복권의 기대치는 (1/80,000 × $20,000)+(79,999/80,000 × $0), 즉 25센트로 감소한다. 우리가 구입하기를 바라는 복권의 기대치는 본질적으로 그 복권의 구입 가격보다 적다는 사실은 확신해도 좋다.

복권이 매우 인기가 있는 이유는 당첨금이 아주 많기 때문이다. 정부와 지방자치단체가 복권을 관리하는 이유는 판매한 모든 복권은 복권가격의 극히 일부에 상당하는 기대치를 비싼 가격으로 판매하는 것이기 때문이다. 복권사업을 하면 복권가격과 기대치의 차액을 챙겨서 엄청난 이익을 얻을 수 있다.

미시간주 주민들의 3분의 2 이상이 참여한 미시간 복권이 전형적이다. 여러 가지 다양한 도박들이 제공된다. 그 중의 한 가지로 "데일리 3"이라는 게임이 있다. 게임 참여자는 ("스트레이트 베트(straight bet)"에 있는) 000부터 999까지 임의의 세 자릿수를 선택할 수 있다. 베팅이 모두 끝나면, 주에서는 임의로 뽑힌 숫자를 당첨번호로 공표한다. 이 숫자가 쓰인 1달러짜리 스트레이트 베트 티켓을 구입한 게임 참여자는 500달러의 당첨금을 받는다. 세 자릿수를 정확하게 맞출 확률은 1,000분의 1이다. 따라서 1달러짜리 "데일리 3" 스트레이트 베트 티켓의 기대치는 (1/1,000 × $500)+(999/1,000 × $0), 즉 50센트이다.[6)]

복권이나 래플(raffle, 특정 프로젝트나 기관의 기금 모금을 위한 복권)은 구입가격과 구입한 기대치의 차이가 매우 큰 사례들이다. 때로는 그 차이가 적을 경우도 있지만, 그런 경우에도 구입자들의 수가 그 복권 사업의 수익성을 보장한다. 카지노 도박장에서 이루어지는 모든 정상적인 베팅은 구입가격이 구입한 기대치보다 훨씬 높다. 앞에서 우리는 확률 계산법의 곱셈 정리와 덧셈 정리를 적용하여, 크랩스 게임이라는 주사위 게임에서 주사위를 던지는 사람이 이길 확률이 0.493 — 공평한 확률에서 조금 미달한다 — 이라고 했다. 그러나 대부분의 사람들은 저 게임이 주사위를 던지는 사람의 공평한 확률을 제시하고 있는 것으로 오해하고 있다. 따라서 크랩스 게임에서 주사위를 던지는 사람에게도 똑같은 금액을 베팅하는 것이 카지노 도박장에서 인기가 있다. 이 경우 1달러짜리 베팅은 모두 (0.493 × $2)+(0.507 × $0), 즉 98.6센트의 기대치를 1달러에 구입하는 것이 된다. 1.4센트의 차이는 하찮은 것으로 보일지도 모른다. 그러나 카지노는 주사위 테이블에서 이루어지는 매일 수천 건의 베팅에서 이와 같은 이점(다른 게임에서는 훨씬 더 많은 이점)이 있기 때문에, 그들은 아주 수익성이 높은 사업을 하고 있는 셈이다. 크랩스 게임에서

---

6) "데일리 3(Daily 3)" 게임에 돈을 거는 것이 아무리 무모할지라도 그것은 아주 인기 있는 복권이다 — 너무 인기가 있어서 요즘은 하루에 두 번씩, 즉 정오와 저녁에 추첨이 시행된다. 우리는 다음과 같이 추론할 수 있다. 즉, 그 복권을 구입하는 사람들은 기대치를 충분히 고려하지 않거나, 그 복권이 그것을 구입하는 사람들에게 그들이 베팅하는 돈의 가치와는 관계없이 만족감을 주고 있거나 둘 중 하나이다.

돈을 따기 위해 주사위를 던지는 쪽에 정기적으로 베팅을 하는 사람들을 도박업계에서는 역설적으로 "라이트 베터(right bettor)"라고 부른다. 그리고 전문 도박꾼들 사이에서는 "라이트 베터들은 모두 깡통 차고 죽는다"라는 말이 통용되고 있다.

"기대치"라는 개념은 어떻게 하면 가장 현명하게 돈을 벌거나 투자할 수 있는가를 결정하는 데 도움을 주는 실천적인 용도이다. 은행들은 예금의 종류가 다르면 이자율도 다르게 지급한다. 우리가 선택할 수 있는 은행예금들은 모두 정부가 보증하고, 따라서 원금을 떼일 가능성은 없다고 가정해 보자. 1,000달러를 단리 5%의 이자율로 예금했을 때, 만 1년 후의 기대치는 ($1,000[원금])+(0.05 × $1,000[이자]), 또는 합계가 1,050달러이다. 계산을 마무리하기 위해 우리는 이 수익금에 이 돈을 받아낼 확률을 곱해야 한다—그러나 이 경우에는 정부가 예금을 보증하기 때문에 이 돈을 받아낼 것이 확실하므로 곱할 수치는 1(또는 100/100)이다. 만약 이자율이 6퍼센트라면, 보증된 원리금은 1,060달러가 될 것이다. 이와 같은 저축의 경우에 예금으로 사들인 기대치가 구입가격인 예금액보다 많은 것은 당연하다. 그러나 그 이자수입을 벌기 위해서는 일정 기간 동안 그 돈을 다른 용도로 사용하는 것을 포기해야 한다. 은행은 물론 수익률이 더 높은 데에 그 돈을 투자할 계획을 갖고 있기 때문에 그 기간 동안 그 돈을 사용하는 대가로 우리에게 이자를 지급한다.

안전성과 생산성은 항상 갈등의 여지가 있는 고려 사항들이다. 만약 우리가 예금하기 위해 아주 경미한 정도의 안전성을 희생할 각오를 한다면, 수익률을 어느 정도 높일 수 있다. 예컨대, 저 1,000달러로 회사채를 살 수도 있는데, 회사채는 아마도 8퍼센트나 심지어는 10퍼센트의 이자를 지급한다. 회사채를 산다는 것은 사실상 우리가 가진 돈 1,000달러를 그 채권 발행회사에 빌려주는 것이기 때문이다. 회사채에서 나오는 수익이 은행에 예금할 때의 이자보다 두 배가 되지만, 다음과 같은 위험—작지만 현실적인 위험—을 감수해야 할 것이다. 즉, 우리가 산 채권이 만기가 되었을 때에 그 채권을 발행한 회사가 상환능력이 없을 수도 있는 것이다. 수익률 10%인 회사채의 기대치를 계산해 보면, 1,000달러를 투자한 회사채 구입자의 수익금은 예금으로 생기는 수익금을 계산했던 것과 정확히 같은 방법으로 산정된다. 우선 받을 돈을 계산해 보자. 받을 금액은 ($1,000[원금])+(10% × $1,000[이자]), 즉 합계가 1,100달러이다. 그러나 이 경우에는 돈을 지급받을 확률이 100/100이 아니다. 즉, 확률이 높기는 하겠지만 1은 아니다. 따라서 받을 돈 1,100달러에 곱해야 할 분수가 확률인데, 우리가 추정할 수 있는 최선의 확률도 회사채가 만기가 되었을 때 그 회사의 재무상태가 건전할 것이라는 것이 전부이다. 만약 우리가 이 확률을 매우 높게 —즉, 0.99로— 본다면, 수익률 10%인 회사채를 사는 것은 정부가 보증하는 이자율 5퍼센트의 은행예금의 기대치(1,050달러)보다 높은 기대치(1,089달러)를 제시하고 있으며, 따라서 더욱더 현명한 투자이다. 자세하게 비교해 보면 다음과 같다.

지급보증된 년 5% 단리이자의 은행예금:
수익금=(원금+이자) = ($1,000+$50) = $1,050
지급받을 확률(상정) = 1.0
은행예금에 투자했을 때의 기대치:
($1,050 × 1.0)+($0 × 0) = 합계 $1,050

1년 만기, 수익률 10%의 회사채:
수익금=(원금+이자) = ($1,000+$100) = $1,100
지급받을 확률(추정치) = 0.99
이 회사채에 투자했을 때의 기대가치:
($1,100 × 0.99)+($0 × 0.01) = $1,089+$0 = 합계 $1,089

그러나 만약 우리가 돈을 빌려줄 그 회사를 절대적으로 신뢰할 수 없다는 결론이 난다면, 우리가 예상한 지급받을 확률이 이를테면 0.95로 떨어질 것이고, 기대치도 역시 떨어질 것이다.

1년 만기, 수익률 10%의 회사채:
수익금 = (원금+이자) = ($1,000+$100) = $1,100
지급받을 확률(새로운 추정치) = 0.95
이 회사채에 투자했을 때의 기대치:
($1,100 × 0.95)+($0 × 0.05) = $1,045+$0 = 총액 $1,045

만약 이 마지막 추정이 회사채를 발행한 회사에 대한 우리의 평가를 반영한 것이라면, 우리는 이자율은 낮지만 안전성이 월등히 높은 은행예금이 더 현명한 투자라고 판단할 것이다.

물론 회사채나 은행예금의 이자율은 현재의 물가 상승률이나 기타 요인들에 따라 등락을 거듭한다. 그러나 회사채의 위험이 더 크기 때문에, 달리 말하면 지급받을 확률이 더 낮기 때문에, 상업적인 회사채가 지급하는 이자율은 지급 보증된 은행예금이 지급하는 이자율보다는 항상 높다. 알려진 위험이 클수록, 투자자들을 유인하기 위해서 이자율은 더 높아야 한다. 다른 곳과 마찬가지로 금융 시장에서도 기대치는 확률(위험성)과 결과(지급이행)를 함께 고려해야만 한다.

우리가 어떤 회사에 대한 투자의 기대치를 계산할 때 그 회사의 건전성을 감안할 경우에 우리는 어떤 확률을 가정할 수밖에 없다. 명시적으로나 또는 묵시적으로 우리는 예견되는 가능한 결과의 가능성을 가장 잘 표현하는 것으로 여겨지는 부분들을 추정한다. 이것들은 우리가 그 성과들을 합하기 전에 이런 성과를 가져온 사건에서 우리가 예측한 수익금에 곱해야만 하는 것들이다. 이와 같은 예측은 모두 사변적일 수밖에 없다. 그러므로 모든 계산된 결과들은 당연히 불확실하다.

우리에게 수익이 생길 경우 그 수익금의 거의 정확한 가치를 밝힐 수 있다면, 이때 설명될 수 있는 그와 같은 종류의 산출방식들은 현재 우리의 투자가 투자할 만한 가치가 있다는 것을 입증하기 위해 그 결과가 요구하는 확률이 어느 정도인지(주어진 현재의 증거)를 밝힐 수 있도록 해준다. 금융 문제에 있어서 많은 결정들과 일상생활에서 이루어지는 많은 선택들은 (만약 그 결정과 선택들이 합리적이라고 한다면) 이러한 확률 산정과 그에 따른 기대치에 의존한다. 불가피하게 미래에 대해 도박을 해야 할 경우에는 언제나 이 확률 계산법이 효용가치를 가질 것이다.

확률 계산법의 원리를 벗어날 수 있는 도박 시스템은 없다. 예를 들어, 가끔 다음과 같이 주장하는 경우가 있다. 즉, 선택지들의 개연성이 거의 같다(이를테면 동전던지기의 앞면이나 뒷면, 또는 룰렛 휠의 검은색과 붉은색)는 것을 근거로 반반의 확률로 돈을 거는 게임에서, 끝까지 같은 것—언제나 동전 앞면이나, 또는 언제나 같은 색깔에—에 베팅을 하고, 돈을 잃을 때마다 내기에 거는 돈을 두 배로 올리면 확실히 돈을 딸 수 있다는 것이다. 그러므로 만약 내가 동전의 앞면에 1달러를 걸었는데 뒷면이 나온다면 다음에는 같은 앞면에 2달러를 걸고, 또 뒷면이 나오면 그 다음에는 같은 앞면에 4달러를 건다는 것이다. 이렇게 하면 이길 수밖에 없다고 생각하는 사람들이 있다. 그 이유는 (뒷면이나 내가 베팅하지 않은 색깔이) 계속 이길 확률이 높지 않다는 것이다.[7] 아무리 오랫동안

7) 사실 무작위로 장기간 지속했을 때 동전의 앞면과 뒷면(또는 룰렛 휠의 붉은색과 검은색)이 나타나는 일련의 사건들에는 어떤 한 가지 결과(뒷면이나 붉은색)가 일반적으로 생각하는 것보다 훨씬 빈번하게 집중적으로 나타나는 것도 포함되어 있다. 1달러로 시작하여 뒷면에만 계속 두 배로 베팅하면 열두 번째 베팅에서는 2,048달러가 필요하며, 앞면이 열두 번 나오는 것이 아주 드문 경우는 아니다. 열두 번째 다음 열세 번째에도 뒷면이 나올 확률은 2분의 1이다.

하는 게임이라도 언젠가는 끝이 난다. 그 게임이 끝날 때, 잃을 때마다 두 배로 베팅한 사람은 돈방석에 앉아 있을 것이다.

놀랍지 않은가! 도박판에서 돈을 딸 수밖에 없는 지극히 간단해 보이는 이 시스템을 완벽하게 익힐 수 있다면, 왜 생활비를 벌기 위해 일을 해야 하는 것일까? 대부분의 도박장들이 그들이 인정하는 판돈 규모의 상한선, 즉 두 배로 베팅하는 시스템의 효과를 봉쇄할 수 있는 한계를 정해 놓고 있다는 사실은 무시하자. 두 배로 베팅하는 이러한 방식에 내재해 있는 진정한 오류는 무엇일까? 계속해서 뒷면이 나오는 게임이 언젠가는 끝난다는 것은 거의 확실하다. 그러나 곧 끝나지 않고 조금 더 계속될 수도 있다. 그러므로 불운의 판이 길어져 판돈으로 걸어야 하는 한정된 자금이 고갈될 수 있다. 불운의 판이 얼마나 계속되든, 또는 불운의 연속으로 인해 잃은 돈이 얼마가 되든, 계속해서 두 배로 베팅할 수 있기 위해서는 무한한 돈을 가지고 시작해야 할 것이다. 무한한 돈을 가지고 있는 사람은 도저히 돈을 딸 수 없다—그의 재산을 더 늘린다는 의미에서 보면 그렇다.

결론적으로, 도박이나 투자에는 위험한 오류가 도사리고 있으며, 확률 계산법을 알고 있다면 그 오류를 피하는 데 도움이 될 것이다. 두 배로 베팅하는 방식이 실패할 수밖에 없다는 것은 다음에 동전을 던져서 앞면(또는 뒷면)이 나올 확률은 지난번에 던져서 나왔던 결과의 영향을 받지 않는다는 사실, 즉 동전던지기는 각각 독립적인 사건이라는 사실을 강조하고 있는 것이다. 그러므로 동전 던지기에서 앞면이 계속 열 번 나왔기 때문에 이번에는 "당연히" 뒷면이 나올 것이라고 판단하거나, 또는 당첨된 복권의 숫자들 중에서 어떤 숫자들이 자주 나왔기 때문에 그 숫자들이 유망할 것으로 예상하는 것은 어리석은 오류이다. 선행하는 독립적인 사건들의 발생 빈도에 따라 미래에 일어날 어떤 사건의 개연성이 더 높거나 더 낮을 것이라는 추정하에 도박을 하거나 투자를 하는 사람은 어리석은 실수를 범하고 있다. 그리고 이러한 실수는 너무나 흔해서 "도박꾼의 착각(gambler's fallacy)"이라는 조롱 섞인 명칭이 붙어 있다.

다른 한편, 만약 어떤 기계장치가 다른 장치에 비해 특정한 결과를 장기간 반복적인 패턴으로 더 자주 만들어낸다면, 우리는 그 장치가 우리가 예상했던 것처럼 결과를 만들어 낼 수 있는 가능성이 동일하게 설계되어 있지 않다(또는 작동하고 있지 않다)고 판단할 것이다. 주사위나 룰렛 휠(공이 휠의 특정 위치에서 자주 멈출 경우)의 무게중심이 한쪽으로 기울 수 있다. 확률의 선험적 이론(성공/결과)은 분모가 가리키는 집합—모든 결과의 집합—이 정말로 동일하게 가능한 사건들의 집합임을 우리가 확신할 때 합리적으로 적용된다. 그러나 증거가 축적되다 보면 결국에는 그 집합의 원소들이 동일하게 가능한 것들이 아니라는 결론을 초래할 수도 있다. 저 시점에서 우리는 확률의 상대도수 이론으로 복귀하라는 충고가 당연히 있을 수 있다. 상대도수 이론은 특정한 결과가 발생할 가능성은 저러한 보다 작은 결과의 집합이 발생했던 상대도수의 한계를 나타내는 분수라고 추론한다. 확률의 선험적 이론을 적용해야 하는지, 아니면 확률의 상대도수 이론을 적용해야 하는지는 우리가 수집한 증거와 그 문맥에 적용되는 확률 계산법에 대한 우리의 이해에 달려 있다.

논리연습

*1. 1992년의 버지니아 복권은 44개의 숫자에서 무작위로 6개의 숫자를 뽑는 것이었다. 순서에 관계없이 여섯 개의 숫자만 맞추면 당첨자가 된다. 복권 가격은 한 장에 1달러였다. 여섯 개 숫자의 조합이 가능한 경우의 수는 총 7,059,052가지였다. 그 해 2월의 어느 주에는 버지니아 복권의 잭팟(jackpot, 거액의 상금)이 2,700만 달러에 이르렀다.
(a) 그 주의 버지니아 복권 한 장의 기대치는 얼마인가?
이와 같은 뜻밖의 횡재를 노리는 호주의 한 도박 연합체는 그 주의 버지니아 복권을 전량 사들이기로 했다. 그들은 전량을 사들이는 데는 실패했지만, 여섯 개 숫자 조합에 유효한 약 500만 장을 구입할 수 있었다. (b) 그들이 구입한 500만 달러의 기대치는 얼마인가? (그래! 호주 사람들이 이겼어!)

2. 도박장에 있는 대부분의 크랩스 테이블에서는 두 주사위에 같은 숫자가 나와 정해진 점수를 맞추는 것을 "하드 웨이(hard way)"라 하고, 그렇지 않은 것을 "이지 웨이(easy way)"라 하는데, "하드 웨이"로 4점을 맞추면 6대1의 배당을 준다. "하드 웨이" 4에 베팅을 하면, 합계숫자 7 또는 "이지 웨이" 4가 나오기 전에 2점짜리 한 쌍의 "하드 웨이" 4가 먼저 나와야 이기고, 그렇지 않으면 진다. 1달러를 "하드 웨이" 4에 베팅할 경우 기대치는 얼마인가?

3. 만약 크랩스 게임에서 "하드 웨이" 8(두 주사위가 모두 숫자 4일 때)의 배당금이 8대1이라면, 1달러를 "하드 웨이" 8에 베팅할 경우 기대치는 얼마인가?

4. 15달러를 가진 사람이 동전던지기의 앞면에 베팅하고, 두 배로 베팅하는 방법을 사용하되, 1달러에서 시작하여 게임을 네 판만 한다면, 기대치는 얼마인가?

*5. 탄저병은 소나 기타 동물들에게는 거의 언제나 치명적인 질병이다. 19세기 프랑스의

수의사인 루브리에가 탄저병 치료법을 한 가지 개발했는데, 나중에 밝혀진 바로는 별 쓸모가 없는 것이었다. 불확실한 그의 치료법을 암소 두 마리에게 시험했다. 그 암소 두 마리는 강력한 탄저병균이 주사된 네 마리 중에서 임의로 선택되었다. 그가 치료한 두 마리 중에서 한 마리는 죽고, 다른 한 마리는 회복되었다. 치료하지 않고 내버려두었던 두 마리 중에서도 한 마리는 죽고, 다른 한 마리는 회복되었다. 회복된 이유는 밝혀지지 않았다. 루브리에가 그의 치료법을 우연히 회복된 두 마리에게 시험했었다면, 그의 치료법은 인상적이었지만 가짜 판정을 받았을 것이다. 루브리에가 우연히 회복된 두 마리의 암소를 시험 대상으로 선택할 확률은 얼마인가?

6. 과거의 실적을 바탕으로 한다면, 경마에서 인기 있는 말이 벨뷰 핸디캡(Bellevue Handicap)을 이겨낼 확률은 0.46이다. 한편 어떤 복병(dark horse)이 이길 확률은 단지 0.1이다. 만약 내기 돈은 같고 인기 있는 말과 복병의 배당률이 8대1이라면, 어느 쪽이 더 나은 베팅인가?

7. 어떤 회사의 우선주에 투자한 100달러는 확률 0.85에 110달러가 되는 반면에, 일반주식에 투자한 100달러는 확률 0.67에 140달러가 된다면, 어느 쪽이 더 나은 투자인가?

8. 확률의 상대도수 이론으로 계산하면, 번개에 맞아 죽을 확률은 약 3백만분의 1이다. 저것은 2007년 3월 미국의 메가 밀리온스 복권에서 잭팟(3억 9천만 달러)을 딸 확률보다 약 58배 더 많다. 복권에서 당첨될 티켓을 구입할 가능성은 175,711,536분의 1이었다. 두 장의 당첨 티켓 중 한 장은 실제로 캐나다의 트럭 기사가 샀다. 만약 그가 잭팟의 규모와 그것을 두 사람의 당첨자가 나누어 갖는다는 것을 알고 있었다면, 그가 1달러짜리 티켓을 구입한 그 순간 그 티켓의 기대치는 얼마였을까?

9. 아래의 안내문은 실제로 있었던 것으로, 이 책 저자들 중 한 사람의 아들이 재학 중인 학교에서 모든 학부모들에게 배부한 글이다.

에머슨 학교 래플 — 높고도 멀리!

우리는 모두 당첨자이다!

행운의 네 사람은 거액의 현금을 차지한다.

1등 상금	1,000달러
2등 상금	400달러
3등 상금	250달러
4등 상금	100달러

당첨될 가능성은 많다 - 티켓 4,000장 한정발매!
이 수익금으로 구입하는 스포츠 설비는 모든 사람들이 혜택을 볼 것이다.

이 복권의 경우, 티켓 전량이 팔린다고 가정한다면 1달러짜리 티켓 한 장의 기대치는 얼마인가?

*10. 앞에서 우리가 증명했듯이, 크랩스 게임에서 주사위를 던지는 사람이 이길 확률은 공평한 확률보다 약간 적은 0.493이다. 카지노에서는 주사위를 던지는 사람 쪽에 돈을 거는 것을 "패스(Pass)" 라인에 베팅한다고 한다. 만약 우리가 주사위를 던지는 사람의 반대쪽, 즉 "돈 패스(Don't Pass)" 라인에 계속해서 베팅을 하기만 하면, 우리 모두는 부자가 될 것 같아 보인다. 그러나 그런 라인은 물론 없다. 우리는 단순히 주사위를 던지는 사람의 반대쪽에 베팅을 할 수는 없다. 왜냐하면 하우스 측이 그렇게 벌이가 안 되는 베팅은 받아들이지 않을 것이기 때문이다. 하지만 통상적으로 "돈 패스-바 쓰리(Don't Pass-Bar 3)"로 불리는 라인에는 베팅이 가능하다. 이 라인에서는 주사위를 던지는 사람이 3이 아닌 다른 것으로 지면 이기고, 3으로 지면 같이 지는 게임이다. "돈 패스-바 쓰리" 라인에 100달러를 베팅할 경우, 기대치는 얼마인가?

제14장 요약

귀납논증에서는 전제들이 어느 정도의 확률을 가지고 결론을 뒷받침한다. 그리고 일반적으로 과학적 가설의 경우에는 그것을 그냥 "개연성이 높다"거나 "개연성이 낮다"는 말로 표현한다. 이 장에서 우리는 0과 1 사이의 분수로 표시되는 확률의 정량적 단위가 어떻게 수많은 귀납적 결론에 부여될 수 있는지를 설명했다.

- 14장 1절에서 제시한 확률의 두 가지 개념은 둘 다 이와 같은 정량적 부여를 허용한다.
  - 상대도수 이론 : 이 이론에 따른다면 확률은 어떤 집합에서 특정한 속성을 갖는 원소들의 상대도수로 정의된다.
  - 선험적 이론 : 이 이론에 따른다면 어떤 사건이 발생할 확률은 그 사건이 발생할 수 있는 경우의 수를 가능성이 동일한 결과의 총수로 나누는 것으로 정의된다.
- 두 이론 모두 14장 2절에서 소개된 확률 계산법의 전개를 수용한다. 복합사건을 구성하는 요소사건들의 확률이 밝혀진다면, 그 복합사건의 확률도 이 계산법으로 계산될 수 있다.

확률 계산에는 두 개의 기본 정리 — 곱셈 정리와 덧셈 정리 — 가 사용된다.

만약 관심있는 복합사건이 공동으로 발생한다면, 즉 둘 혹은 그 이상의 요소사건들이 동시에 발생할 확률이라면 곱셈 정리가 적용된다. 곱셈 정리가 언명하고 있는 것은 곧 다음이다. 즉, 만약 요소사건들이 독립적이라면 그것들이 공동으로 발생할 확률은 그것들 각각이 발생할 확률을 모두 곱한 것과 같다. 그러나 만약 그 요소사건들이 독립적이지 않으면, 일반 곱셈 정리가 적용되는데, 여기서 (*a* and *b*)의 확률은 (*a*)의 확률에 (*b* if *a*)의 확률을 곱한 것과 같다.

만약 관심있는 복합사건이 선택적으로 발생할 확률(둘 또는 그 이상의 요소사건들 중에서 적어도 하나의 사건이 발생할 확률)이라면, 덧셈 정리가 적용된다. 덧셈 정리가 언명하는 것은 다음이다. 즉, 만약 요소사건들이 상호 배타적이라면 그것들이 선택적으로 발생할 확률은 그것들 각각이 발생할 확률을 모두 더한 것과 같다. 그러나 만약 그 요소사건들이 상호 배타적이지 않다면, 그것들이 선택적으로 발생할 확률은 다음과 같이 계산될 수 있다.

- 조건에 적합한 사례들을 상호 배타적인 사건들로 분해한 다음 그것들의 확률을 합하는 방법
- 선택적으로 발생하지 않을 확률을 구한 다음 그 확률을 1에서 빼는 방법

- 14장 3절에서는 확률 계산법이 일상생활에서 어떻게 사용될 수 있는가를 설명했다. 이 계산법으로 우리는 투자 선택이나 도박의 상대적인 이점을 평가할 수 있다. 투자할 때는 그것의 여러 가지 가능한 결과들과 그 각각의 경우에 있어서의 수익금, 이 두 가지의 확률을 모두 고려해야만 한다. 각각의 결과에 대해서, 그 결과가 생길 확률을 표시하는 분수를 예상 수익에 곱한다. 그 다음 곱셈 결과들을 모두 합하여 그 투자의 기대치를 계산한다.

실생활에서 만나는 논리

루차 리브레(Lucha libre)

루차 리브레("프리 레슬링(free wrestling)")는 멕시코를 비롯한 많은 나라에서 인기가 있는 프로레슬링의 한 형태이다. 루차도르(luchador)로 불리는 선수들은 요란한 색깔의 마스크를 쓰고, 호기심을 자극하기 위해 "천의 얼굴을 가진 사나이", "백만 개의 마스카라"와 같은 예명을 사용한다.

두 라이벌, 즉 교수라는 예명을 가진 벨리코소(B)와 철학자라는 예명을 가진 에노자도(G)는 몸으로 누르기(body press), 박치기, 공중 던지기 등과 같은 레슬링 기술 대신에 귀납논증으로 그들의 논쟁을 해결하기로 했는데, 이는 실로 유례가 없는 일이었다.

제1라운드: 유비의 논증적 사용 대 비논증적 사용

■ 당신 어머니는 빙산과 같습니다. 거기에는 다섯 가지 이유가 있습니다. 즉, 그녀는 덩치가 크고, 그녀는 차갑고, 그녀는 1912년에는 타이타닉 호를 침몰시켰으며, 그녀는 북극곰들이 마음대로 돌아다니도록 지원활동을 하고 있고, 지구 온난화가 그녀를 녹이고 있습니다.

□ 저것은 유비의 비논증적 용법이지요!

■ 뭘 모르고 있군요! 이젠 당신 차례입니다.

□ 예! 똑똑한 분이시여! 치아빠스에 사는 호일 가족은 예방적 차원에서 넉 달 전에 모두 사전구속되었는데, 그 이유는 그들이 의심스러운 지도를 만들어 왔고 또 그 지역의 성냥 공장에서 물자를 구입해 비축해 왔기 때문이랍니다. 두 주 후에 경찰은 호일 가족의 아이패드들을 조사하여 대규모 폭파계획을 적발했습니다. 당신과 관련된 사람들 모두가 의심스러운 지도를 만들어 왔고 또 그 지역의 성냥 공장에서 물자를 구입해 비축해 왔다는 이유로, 당신 가족 모두 감옥에 가야 할 것입니다!

■ 저것은 단순히 인신공격일 뿐, 유비의 논증적 용법이 아닙니다! 엘 프로페소 에스타 벨리코소 씨!

당신이 심판이다: 유비의 논증적인 용법과 비논증적인 용법에 대한 당신의 지식을 활용하여 누가 옳은지, 또 누가 이겼는지를 판정하라.

제2라운드: 논리적 유비에 의한 논박

□ 우리 부부의 이혼은 일종의 희극입니다! 판사는 내가 가진 재산의 절반을 전처에게 주도록 판결했는데 그 이유는 다음과 같습니다. 즉, 그녀가 체육관에서 나의 경기보조원으로 활동했고, 나의 경기를 녹화하여 분석해 주었으며, 그리고 최근 15년 동안에는 고단백 영양식을 만들어주는 등 그녀가 나의 성공에 절반의 기여를 했다는 것입니다. 그렇지만 우리 아들 아놀포에게는 전처와 내가 50대 50의 기여를 했는데도, 판사는 아들을 반으로 나누어 갖도록 하는 제안을 하지 않는군요.

■ 당신의 논리적 유비에 의한 논박은 당신이 논박하고자 하는 논증과 형식이 같지 않습니다.

□ 예, 그렇군요. 선생 나리.

■ 더군다나 당신의 재산과 당신의 아들 아놀포 사이에는 아주 중요한 차이가 있습니다. 재산

은 반으로 나눌 수 있지만, 아이는 그럴 수 없습니다. 그리고 아놀포는 이해관계를 가지기 때문에 이를 반드시 고려해야 하지만, 재산은 그렇지 않습니다.

□ 나는 당신의 의견에 동의할 수 없습니다!

당신이 심판이다: 교수는 철학자에게 다음과 같은 두 가지, 즉 그의 논박은 논박하고자 하는 논증과는 형식이 같지 않다는 것, 그리고 비교되는 두 사물들 사이의 차이로 인해 유비가 약화된다는 것을 지적했다. 논리적 유비에 의한 논박에 관한 지식을 활용하여 누가 이겼는지를 판정하라.

제3라운드: 사용된 방법으로 대결하는 귀납

■ 한 남자가 성냥불을 켜고, 엄마에게 전화를 하고, 동물수용시설에서 개 한 마리를 입양하고, 그런 연후에 취급주의 표시가 있는 우편소포 한 개를 받는다. 그러고 나서 그는 자기 팔꿈치에 찰과상을 입고, 엄마에게 전화를 하고, 불법적인 불꽃놀이용품을 구입하고, 그런 연후에 취급주의 표시가 있는 우편소포 한 개를 받는다. 그리고 우리가 그 남자가 엄마에게 전화를 하는 이유가 취급주의 표시가 있는 우편소포를 받았기 때문이라고 결론을 내린다면, 우리는 존 스튜어트 밀의 다섯 가지 귀납추론의 방법 중에서 어느 방법을 적용하고 있습니까?

□ 음 … 저것은 차이법입니다. 자, 이제 내 차례입니다.

만약 루차 리브레 선수가 더 많은 토마토를 먹고, 발가락 운동을 하고, 리고 베다의 명상훈련을 받은 다음 그의 투지와 소화기 건강이 증진되었다는 사실을 알게 된다면, 그 이후에 그가 리고 베다의 명상훈련을 늘리고, 그의 소화기 건강이 눈부실 정도로 좋아져서 그의 하체가 도금이 아닌 진짜 금판으로 새롭게 만들어진 것처럼 느낀다면, 그리고 우리는 명상이 소화기 건강의 강화 원인이라고 추론한다면, 우리는 존 스튜어트 밀의 다섯 가지 귀납추론의 방법 중에서 어느 방법을 적용하고 있습니까?

■ 공변법이지요!

□ 정말 그런가요? 그렇다면 그것은 순공변(direct variation)인가요, 아니면 역공변(inverse variation)인가요?

■ 음~, 순공변입니다.

이제 내 차례입니다. 만약 스판덱스 섬유가 당신들에게 발진을 일으킨다는 것을 우리가 알고 있고, 그리고 당신들이 스판덱스 섬유로 된 보디슈트를 입고 있고, 내가 당신들을 들어 메치고, 당신들은 둘 다 발진이 생겨서 당신들의 그 빌어먹을 가슴에 엄청난 타박상을 입게 된다면, 그리고 나는 보디슈트가 발진을 일으킨다는 사실을 알기 때문에 내가 들어 메친 것이 타박상의 원인이었다고 결론을 내린다면, 나는 존 스튜어트 밀의 다섯 가지 귀납추론의 방법 중에 어느 방법을 적용하고 있습니까?

□ 저런 일은 결코 일어나지 않을 겁니다! 그러나 적용된 방법은 잔여법이지요!

당신이 심판이다: 선수들은 각각 두 질문에 대답했다. 옳은 대답과 틀린 대답을 가려내고((밀의 방법들에 대한 복습을 위해서는 12장 4절을 참고하라), 누가 이겼는지를 판정하라.

제4라운드: 과학적 방법 퀴즈

참 또는 거짓 : 과학적 탐구의 첫 단계는 설명적 가설을 구성하는 것이다.

■ 참입니다.

□ 거짓입니다. 첫 단계는 문제 확인하기입니다.

참 또는 거짓 : 잘 정립된 기존 가설과의 양립 가능성은 과학적 설명을 평가하는 방법으로서 정당화될 수 있는 한 방법이다.

■ 참입니다.

□ 터무니없는 말입니다. 가설의 핵심은 우리가 새로운 것들을 찾아내도록 돕는 것입니다.

참 또는 거짓 : 경쟁하는 두 가설이 기존의 이론들과 똑같이 잘 들어맞고, 그리고 그것들이 가지고 있는 예측 능력도 거의 같다면, 우리는 둘 중에 더 복잡한 것을 선호하는 경향이 있다.

■ 참입니다. 그리고 이것은 자부합니다.

□ 거짓입니다. 우리는 두 가설 중에서 더 단순한 것을 원합니다. 사실과 부합하면서도 가장 단순한 이론이 가장 적은 수의 정당화되지 않는 가정들을 포함할 것입니다.

당신이 심판이다: 당신이 가진 과학적 방법(13장)에 대한 지식을 활용하여, 누가 옳고 이겼는지를 판정하라.

제5라운드: 확률 계산법

□ 만약 당신이 키가 5피트 이상인 선수와 대결해서 이길 가능성이 10분의 1이라면, 당신이 키가 5피트 이상인 다른 선수들 다섯 명과 차례로 벌이는 다섯 번의 시합 모두를 이길 확률은 얼마입니까?

■ 순 엉터리! 내가 이길 가능성이 단지 10분의 1에 불과하다는 것은 완전히 엉터리입니다. 만약 내가 이길 가능성이 10분의 1에 지나지 않는다면, 그 대답은 10분의 5, 즉 2분의 1입니다.

당신에게는 이런 질문을 하지요. 만약 살사소스를 옷에 묻히지 않고 옥수수빵을 먹을 가능성이 5분의 1이라면, 살사소스를 옷에 묻히지 않고 옥수수빵 세 개를 먹을 수 있는 확률은 얼마입니까?

□ 나의 명예를 되찾아야겠어요. 답은 125분의 1입니다.

질문 : 만약 당신이 달걀이 든 주머니를 하나 갖고 있고, 그 주머니 속의 달걀은 닭들이 병이 들어서 8개는 상했고 2개는 싱싱하다고 합시다. 그리고 당신이 주머니 속에 손을 집어넣어 달걀을 한 개씩 두 번 꺼낸다고 합시다. 흔치 않겠지만 꺼낸 두 개가 모두 싱싱한 달걀일 가능성은 얼마나 될까요?

■ 어찌 내 닭들에게 그런 험담을 하십니까? 답은 25분의 1입니다.

질문 하나 더 : 만약 당신이 시력 검사를 통과할 확률이 0.65라면, 그리고 당신이 시간에 맞추어 시합장에 나타날 확률이 50퍼센트라면, 그리고 당신 몸에 난 발진이 사라질 확률이 8분의 3이라면, 그리고 그런 것들이 모두 당신이 그 시합에서 이기기 위한 필요조건 — 충분조건은 아니다 — 이고, 이 모든 것들이 갖추어져도 당신이 이길 가능성이 4분의 1이라면, 당신이 그 시합에서 이길 확률은 얼마인가요? 계산기를 사용해도 되지만, 그러면 바보죠!

□ 모르겠습니다. 나는 당신을 군소리 못하게 짓밟아놓고 말거요!

■ 나는 이미 당신을 짓밟아 놓았습니다 — 나의 정신력을 가지고.

당신이 심판이다: 두 선수는 각각 두 질문에 대답했다(또는 대답하지 못했다). 각 질문에 대해 여러분 스스로 대답해 보고, 전반적으로 더 나은 답을 한 사람에게 점수를 주어라. 제5라운드 경기에서 승자는 누구인가?

[문제풀이]

이 책의 제3편은 연역논증이 아닌 귀납논증을 다루기 때문에, 여기서는 다소 견해 차이가 있는 것이 오히려 사리에 맞다.

제1라운드

교수는 철학자의 어머니가 빙산처럼 보이는 다섯 가지 이유를 제시하고 있다. 그는 유비를 구성하는 데는 대단한 노력을 쏟아 붓고 있지만, 논증을 구성하기 위해 유비를 활용하는 데는 세심한 주의를 기울이지 않고 있다. 즉, 유비 자체 말고는 다른 결론이 없다. 제대로 된 유비논증이라면 철학자의 어머니에게 적용될 수 있는 빙산에 관하여 좀 더 다른 말을 했을 것이다.

교수는 철학자의 논증을 단순한 인신공격으로 치부하려고 한다. 그러나 논증은 실제로 무리 없이 전개되고 있는 유비논증이다. 그 논증은 교수 가족이 호일 가족과 유사한 측면을 갖고 있음을 보여주고 있다. 그런 다음 호일 가족이 처리되었던 그 방식이 곧 교수 가족이 처리되어야 할 방식이라는 논증을 펼치고 있다. 전제들의 참과는 관계없이, 사실상 철학자는 유비를 사용하는 논증을 펼치고 있다. 철학자에게 높은 점수를 줄 수밖에 없다.

제2라운드

교수는 철학자의 유비에 의한 논박이 그가 논박하고자 하는 논증과 동일한 형식이 아니라고 주장한다. 이것은 사실이 아니다. 그가 논박하고자 하는 그 논증은 다음과 같은 것이다. 즉, 철학자와 그의 전처는 각각 그의 경력에 기여했기 때문에, 기여의 결과는 분할되어야 한다. 철학자는 같은 형식의 논증을 구성하고 있다. 즉, 그와 그의 전처는 각각 아놀포에 대한 기여가 있지만, 아놀포가 분할되어야 한다는 결론은 이치에 맞지 않는다.

그렇지만, 교수의 두 번째 주장은 명백히 장점을 갖고 있다. 아놀포는 여러 가지 중요한 면에서 철학자의 재산과는 다르다. 철학자는 훌륭하게 논증을 구성하고 있다. 교수는 그것에 대해 두 가지 비판을 했다. 그 중 한 가지는 옳다.
합리적으로 심판은 교수에게 높은 점수를 주거나 동점을 선언할 수 있다.

제3라운드

만약 어떤 사람이 A와 B 그리고 C를 행한 다음 취급주의 표시가 있는 우편소포를 받는다면, 그러고 나서 X와 B 그리고 Y를 행한 다음 또다시 취급주의 표시가 있는 우편소포를 받는다면, 우리는 B가 취급주의 표시가 있는 소포를 받은 원인이라고 결론을 내린다. 이 경우에는 차이법은 사용되지 않고 일치법이 사용된다. 교수가 우세하다.

만약 어떤 선수가 A와 B 그리고 C를 행한 다음 그의 투지와 그의 소화기 건강이 개선되었으며, 그러고 나서 C가 증가하자 소화기 건강이 한층 더 좋아졌음을 발견한다면, 우리는 C가 소화기 건강의 증진 원인이라고 추론한다. 이때 우리가 적용한 것은 공변법이다. 이것은 순공변—한 사물이 증가하면 다른 사물도 역시 증가한다—의 한 가지 사례가 된다고 말한 교수가 역시 옳다. 만약 A와 C가 결과 X와 Y를 만들고 그리고 A가 X의 원인임을 우리가 알고 있다면, 우리는 A와 X를 "빼고서" C가 Y의 원인이라고 결론지을 수 있다. 이것이 잔여법이다. 철학자에게 한 점을 준다.

이 라운드에서는 교수가 철학자를 완전히 압

도했다.

제4라운드

1. 철학자가 옳다 – 첫 단계는 문제 확인하기이다.
2. 교수가 옳다 – 과학적 방법의 핵심이 새로운 정보와 사고에 개방적이라는 것이 사실이지만, 함께 묶을 수 있는 가설들의 체계를 만드는 것이 과학의 목표라는 것도 또한 사실이다.
3. 철학자가 옳다 – 더 단순한 이론이 선호된다.

윌리엄 오컴의 면도날 원리가 다시 생각난다. 철학자에게 한 점을 추가한다.

제5라운드

철학자는 한 시합에서 이길 가능성이 10분의 1일 때, 다섯 번의 시합을 모두 이길 가능성에 대해 묻는다. 교수는 10분의 5 또는 1/2이라고 대답한다. 그렇지만 이 대답은 틀렸다 — 어떻게 다섯 번의 시합을 모두 이길 확률이 한 번의 시합에서 이길 확률보다 더 높을 수가 있는가? 교수는 곱셈 정리 대신에 덧셈 정리를 적용하는 평범한 실수를 범했다. 정확한 답은 100,000분의 1이다.

교수는 "만약 소스를 옷에 묻히지 않고 빵 한 개를 먹을 수 있는 가능성이 5분의 1이라면, 소스를 옷에 묻히지 않고 빵 세 개를 먹을 수 있는 확률은 얼마인가?"를 묻는다. 철학자는 독립적인 사건 세 개의 확률을 정확하게 곱하여, 1/5 × 1/5 × 1/5 = 1/125로 답했다. 철학자는 아주 확실하게 점수를 따고 있다.

철학자는 상한 달걀 8개와 싱싱한 달걀 2개로 된 시나리오를 제시하고, 싱싱한 달걀 두 개를 뽑을 확률을 묻는다. 교수는 첫 번째 뽑기에서 싱싱한 달걀을 뽑을 확률을 10분의 2 또는 5분의 1로 정확하게 산정하지만, 두 번째 뽑기에서의 확률을 첫 번째와 동일한 것으로 잘못 산정하고 있다. 그래서 그는 1/5 × 1/5로 잘못 곱하여 25분의 1이라는 답을 얻었다. 그렇지만 첫 번째로 싱싱한 달걀을 뽑고 난 후에는 남아 있는 달걀이 9개이고 그 중에서 한 개만 싱싱한 달걀이기 때문에 나머지 하나의 싱싱한 달걀을 뽑을 가능성은 10분의 2가 아니다. 두 번째 뽑기에서 싱싱한 달걀을 뽑을 가능성은 9분의 1이다. 정확한 답은 1/5 × 1/9 = 1/45이다. 여전히 철학자가 점수를 따고 있다.

마지막으로, 교수가 여러 가지의 확률을 가진 복잡하고 모욕적인 시나리오를 제시하고 있다. 철학자가 이기기 위해서는 시력 검사(확률 0.65), 제 시각에 출석(0.5), 발진 가라앉기(8분의 3 또는 0.375), 그리고 실제로 상대를 이기는 것(0.25) 등 모두를 통과해야 한다. 이것이 복잡한 것처럼 들리지만, 필요한 것이라곤 모두를 계산기에 넣어 곱하는 것뿐이다. 즉, 0.65 × 0.5 × 0.375 × 0.25 하면, 그 답은 0.03046875 또는 약 3퍼센트이다. 철학자는 이 질문에 대한 답을 계산하지 않고 게으름을 부렸다. 그래서 교수에게 한 점을 준다.

그렇지만, 철학자는 제5라운드에서 정확하게 대답한 유일한 사람이다. 그래서 이 라운드도 철학자의 승리이다.

철학자는 다섯 라운드 중 세 라운드의 승리가 확실하므로 전체에서 승리했다. 그에게는 상으로 아주 무거운 벨트가 주어질 것이다. 교수는 17세기 프랑스 시문학을 주제로 다시 대결해보자는 도전장을 이미 던져 놓았다.

부 록

많은 종류의 고급 인지능력 시험이 이 책에서 다룬 내용과 연관되어 있다. 여러 가지 IQ 테스트뿐만 아니라 GRE(대학원입학자격시험), LSAT(법학대학원입학시험), MAT(밀러의 유추 테스트), GMAT(경영대학원입학시험) 등도 이 책에서 상세하게 다룬 정보처리 능력에 아주 많이 의존하고 있다.

GRE(대학원입학자격시험) 안내

GRE는 대단히 복잡한 테스트이다. 그것은 분석적인 글쓰기에 더하여 언어 영역과 수리 영역으로 구성되어 있다. 언어 영역에는 독해, 문장 완성, 어휘(보통 동의어와 반의어를 알아보는 능력으로 테스트한다), 유추 등이 포함된다. 수리 영역은 기본적인 수학적 사고를 요구하는 문제를 푸는 능력을 테스트한다. 여기에서는 우리의 관심을 언어 영역에 한정한다. 언어 영역에는 유추에 관한 테스트가 포함되어 있다. 유추에 대해서는 11장에서 상세히 다룬 바 있다. 유추 테스트에서는 관계를 분리하고 확인하기 쉽도록 하기 위해서 기본 구조를 명확히 만든다. 유추의 여러 형태는 아래와 같은 것들이 있다.

1. 정의
2. 규정적인 특성 확인
3. 계급과 구성원
4. 동의어
5. 반의어
6. 부분 / 전체
7. 정도
8. 함수
9. 도구 / 기능
10. 행위 / 결과
11. 원인 / 결과
12. 작업자 / 도구
13. 작업자 / 생산물
14. 작업자 / 작업장소
15. 종류
16. 크기
17. 공간적 순서
18. 시간적 순서
19. 언어 행위의 요소
20. 상징 / 개념

구조는 A : B :: C : D의 형식으로 되어 있으며, 이것을 "A와 B의 관계는 C와 D의 관계와 같다"라고 읽는다. 이런 종류의 문제를 풀기 위해서는 반드시 첫 번째 쌍의 말들이 어떤 관계인지를 알아야만 한다. 그 다음 제시된 선택지들 중에서 유사한 관계를 갖는 쌍을 찾아낸다. 모든 선택지를 읽어보아야 한다. 만약 하나 이상이 있어 보이면, 찾고자 하는 관계를 가장 잘 표현하고 있는 것을 골라야 한다. 이들 관계에는 개개의 낱말들이 가지고 있는 의미보다 더 많은 의미가 포함되어 있다. 함축, 뉘앙스, 이차적 의미, 문맥상의 정보 등이 중요하다. 예를 들어 "right"는 방향을 의미할 수도 있고, 아니면 정치적 개념이나 윤리적 판단을 의미할 수도 있다. "embroider"라는 말은 직물과 연관되어 사용되었을 수도 있고, 은유적으로 꾸밈이나 과장을 암시하기 위해 사용되었을 수도 있다.

GRE에 출제되었던 유추에 관한 다음 예제들은 Analogies Practice Tests(http://www.testprepreview.com)에서 발췌한 것이다.

1. 병적인(MORBID) : 호의적이 아닌(UNFAVORABLE) : :
   a. 평판이 좋은(reputable) : 호의적인(favorable)
   b. 어머니의(maternal) : 호의적이 아닌(unfavorable)
   c. 논쟁적인(disputatious) : 호의적인(favorable)
   d. 빈틈없는(vigilant) : 호의적이 아닌(unfavorable)
   e. 해이된(lax) : 호의적인(favorable)

2. 시무룩한(SULLEN) : 곱씹다(BROOD) : :
   a. 졸리는(lethargic) : 흥청대다(cavort)
   b. 왕의(regal) : 아첨하다(cringe)
   c. 다루기 쉬운(docile) : 복종하다(obey)
   d. 자신만만한(poised) : 머뭇거리다(blunder)
   e. 의기소침한(despondent) : 즐거워하다(laugh)

3. 저자(AUTHOR) : 읽고 쓸 줄 아는(LITERATE) : :
   a. 냉소적인 사람(cynic) : 잘 속는(gullible)
   b. 성급한 사람(hothead) : 신중한(prudent)
   c. 성인(saint) : 악명 높은(notorious)
   d. 판사(judge) : 공평한(impartial)

e. 의사(doctor) : 실수를 잘 하는(fallible)

정답 : 1. a 2. c 3. d

다음 예들의 출처는 Educational Testing Service(www.ets.org/Media/Tests/GRE/pdf/gre_0809_practice_book.pdf)이다.

1. 저승의(STYGIAN) : 어두운(DARK) : :
   a. 심연의(abysmal) : 낮은(low)
   b. 설득력이 있는(cogent) : 이론의 여지가 있는(contentious)
   c. 우발적인(fortuitous) : 우연의(accidental)
   d. 우발적인(fortuitous) : 우연의(accidental)
   e. 격변하는(cataclysmic) : 불운한(doomed)
2. 숭배(WORSHIP) : 희생(SACRIFICE) : :
   a. 발생(generation) : 방화광(pyre)
   b. 매장(burial) : 영안실(mortuary)
   c. 무기(weapon) : 100인 대장(centurion)
   d. 대학살(massacre) : 침공(invasion)
   e. 예언(prediction) : 전조(augury)
3. 덧없는(EVANESCENT) : 사라지다(DISAPPEAR) : :
   a. 투명한(transparent) : 투과하다(penetrate)
   b. 번거로운(onerous) : 싸우다(struggle)
   c. 효과 없는(feckless) : 성공하다(succeed)
   d. 실체가 없는(illusory) : 실재하다(exist)
   e. 유연한(pliant) : 굴복하다(yield)
4. 질책하다(UPBRAID) : 비난하다(REPROACH) : :
   a. 맹목적으로 사랑하다(dote) : 좋아하다(like)
   b. 뒤지다(lag) : 길을 잃다(stray)
   c. 짜증나게 하다(vex) : 기쁘게 하다(please)

d. 벌다(earn) : 바라다(desire)

e. 재구성하다(recast) : 설명하다(explain)

정답 : 1. a 2. e 3. e 4. a

LSAT(법학대학원입학시험) 안내

LSAT는 독해력 테스트와 복잡한 관계들의 인지 분석 능력 테스트로 구성되어 있다. 더욱이 이러한 테스트들은 비판적으로 생각하고, 오류를 찾아내고, 유비 관계를 확인하고, 논리적으로 추리하고, 논증의 결론을 뒷받침하기 위해 제시된 증거에 대해 판단하는 능력을 평가하기 위한 의도를 갖고 있다.

"논리적 추론"으로 분류되는 것 중에서 어떤 것은 주어진 정보의 재조합과 관련한 가언적 연역논증의 구성을 포함한다. 이런 유형의 문제는 이 책의 2장 4절에서 다루었다.

다음 예들의 출처는 Logical Reasoning Practice Tests(http://www.testprepreview.com)이다.

지역 공동체 학교에서 체스 시합이 벌어지고 있다. 모두 네 개의 테이블에 앉은 선수들은 각자의 상대와 네 번째 시합에 열중하고 있다.

흰 말을 가진 사람은 데이비드, 게리, 레니, 테리 등이고, 검은 말을 가진 사람은 돈, 마이크, 리치, 스테판 등이다.

점수는 3:0, 2.5:0.5, 2:1, 1.5:1.5이다.

[주의: 비긴 게임에서는 쌍방이 각각 0.5점을 딴다.]

레니는 스테판의 오른쪽 테이블에서 게임을 하고 있는데, 그는 지금까지 모든 게임에서 다 졌다.

게리는 마이크와 게임을 하고 있다.

1번 테이블에서는 적어도 한 게임이 비겼다.

리치는 상대방을 리드하지 못하고 있는데, 한 번 비기지도 못했다.

4번 테이블에서 흰 말을 가진 사람은 테리이다. 그렇지만 4번 테이블의 현재 점수는 2:1이 아니다.

돈은 앞의 세 게임에 이어서 경기를 리드하고 있다.

아래의 네 문제는 위에서 기술한 체스 시합의 시나리오에 관한 것이다.

1. **스테판은 몇 번 테이블에서 게임을 하고 있는가? 그리고 그 테이블의 점수는 어떤가?**
   a. 1번 테이블, 2.5:1.5
   b. 1번 테이블, 3:0
   c. 2번 테이블, 3:0
   d. 2번 테이블, 2.5:1.5
   e. 3번 테이블, 2:1

2. **누구의 점수가 가장 높은가?**
   a. 마이크
   b. 스테판
   c. 리치
   d. 데이비드
   e. 레니

3. **검은 말을 가지고 비긴 사람은 누구인가?**
   a. 마이크
   b. 데이비드
   c. 리치
   d. 돈
   e. 테리

4. **4번 테이블에서 승자는 누구인가?**
   a. 돈
   b. 테리
   c. 데이비드
   d. 게리
   e. 리치

정답 : 1. c 2. d 3. a 4. a

분석적 추론의 테스트는 어떤 진술이 귀납논증을 강화(개연성을 높임)시키거나 약화(개연성을 낮춤)시키는지에 대한 판단을 묻는 문제가 많고, 또 짧은 글에 숨겨진 전제들로부터 타당하게 연역될 수 있는 결론을 가능한 선택지들 중에서 고르는 문제도 있다. 어떤 문제들은 주어진 논증의 결론 아래 깔려있는 묵시적인 가정들의 확인을 요구하고, 또 어떤 문제들은 주어진 결론에 대한 해석을 요구한다.

(같은 출처에서 뽑은) 몇 가지 예들

1. 내 주치의는 내가 오늘 병원을 방문하면 혈액검사를 하겠다고 말했다. 나는 오늘 아픔을 느끼게 되리라는 것을 알고 있다.

   위의 논증은 아래의 가정들 중에서 어느 것에 의존하는가?

   a. 주사를 놓는 것은 항상 환자에게 아픔을 준다.
   b. 의사는 환자의 혈관을 찾는 데 애를 먹는다.
   c. 이 환자는 과거에 주치의에게서 아픔을 겪었다.
   d. 주사는 멍 자국을 남길 것이다.
   e. 의사는 다른 주사기로 혈액검사를 해야 한다.

2. 당신은 많은 돈을 주고 수입 샘물을 살 필요가 다시는 없을 것이다. 요즘은 지역마다 값싸게 병에 담은 샘물을 생산한다. 당신은 그 맛의 차이를 결코 느끼지 못할 것이다. 그러나 만약 당신이 국산 샘물을 내어놓는 것이 곤란할 것 같으면, 그 물을 크리스털 장식병에 담아서 내어놓아도 된다.

   이 광고가 가정하고 있는 것은 무엇인가?

   a. 국산 샘물과 수입 샘물을 맛으로 구별하는 것은 어렵지 않다.
   b. 샘물의 대부분은 그 원산지에서 병에 담겨진다.
   c. 수입제한과 관세는 수입 샘물의 가격을 올린다.
   d. 샘물은 장식병에 담아 내어놓을 때, 가장 좋은 맛을 낸다.
   e. 어떤 사람들은 신분의 표시로서 국산 대신에 수입 샘물을 산다.

3. 에스텔러는 이렇게 말한다 : 그저께 내가 낚시를 갔을 때, 내가 잡은 물고기는 모두 연어였다. 그리고 나는 내가 본 연어는 모두 잡았다.

   에스텔러의 진술로부터 내릴 수 있는 결론은 아래의 진술들 중에서 어느 것인가?

   a. 연어는 에스텔러가 낚시를 하면서 본 유일한 물고기였다.
   b. 에스텔러가 낚시를 하는 내내 연어 외의 다른 물고기는 잡히지 않았다.
   c. 에스텔러가 낚시를 한 곳에서는 연어 외의 다른 물고기는 없었다.
   d. 에스텔러는 그녀가 본 물고기 전부를 잡았다.
   e. 에스텔러는 낚시를 하는 내내 연어 외의 물고기는 아무것도 보지 못했다.

4. 미국의 한 외교사절이 일본을 여행하면서, 일본인들은 왜 그렇게 이해하기 힘든지를 일본의 한 관리에게 물었다. 그 관리는 조용하고 친절한 표정을 지으면서, 일본인들은 미국인들처럼 명석함을 추구하기보다는 이해하기 힘든 것에 대해 생각하기를 훨씬 더 좋아한다고 부드러운 음성으로 대답했다.

일본 관리의 진술을 가장 잘 설명하는 것은 다음 진술들 중에서 어느 것인가?

a. 모든 사람들은 이해하기 힘들며, 이는 일본인에 한하지 않는다.

b. 대부분의 미국인들은 일본의 문화를 이해하지 못한다.

c. 사람이 무엇을 지각하지 못하는 것은 관찰 대상이 가진 내적 애매성 때문이 아니라, 관찰자의 부주의의 결과일지도 모른다.

d. 일본인은 미국인 외교사절을 믿지 않는다.

e. 만약 동양과 서양이 서로를 제대로 이해하려면, 훨씬 더 나은 문화적 이해가 있어야 할 것이다.

정답 : 1. a 2. e 3. b 4. c

다음 예들은 www.lsac.org/LSAT/lsat-prep-materials.asp에서 뽑은 것이다.

[문제 1]을 위한 지문

어떤 병원의 의료진이 다섯 명의 의사들로 구성되어 있다. 알버트 씨, 번즈 씨, 칼로지로 씨, 드피오 씨, 에반스 씨 등이 그들이다. 전국의사협회는 정확히 다섯 개의 분회를 후원하고 있는데, 그 병원의 의사들은 아래와 같은 제약을 조건으로 분회에 참석한다.

만약 알버트 씨가 어떤 분회에 참석하면, 드피오 씨는 그 분회에 참석하지 않는다.

만약 번즈 씨가 어떤 분회에 참석하면, 칼로지로 씨와 드피오 씨 중의 한 사람도 그 분회에 참석한다.

만약 칼로지로 씨가 어떤 분회에 참석하면, 에반스 씨는 그 분회에 참석하지 않는다.

만약 에반스 씨가 어떤 분회에 참석하면, 알버트 씨와 번즈 씨 중의 한 사람도 그 분회에 참석한다.

[문제 1]

만약 번즈 씨가 한 분회에 참석한다면, 그 병원의 다른 의사들 중에서 그 분회에 참석하는 의사(들)의 완전하고 정확한 명단은 아래에서 어느 것인가?

a. 알버트 씨와 드피오 씨

b. 알버트 씨와 에반스 씨

c. 칼로지로 씨와 드피오 씨

d. 드피오 씨

e. 에반스 씨

[문제 1]의 해설

이 문제는 같은 분회에 참석할 수 있는 사람이 누구인지 주어진 조건에서 알아내도록 요구하고 있다. 문제는 "번즈 씨가 한 분회에 참석한다"는 것을 전제하고, 우리에게 그 병원 의사들로서 번즈 씨와 같은 분회에 참석하는 의사들의 명단을 해답으로 고르도록 하고 있다. 우리는 번즈 씨와 같은 분회에 참석하는 그 병원 의사들의 "완전하고 정확한 명단"이 어느 것인지에 대한 질문을 받았으므로, 부정확(즉, 참이 아님)하거나 불완전(즉, 분회에 같이 참석하는 모든 사람을 포괄하지 않음)한 대답들은 틀린 것으로 삭제할 수 있다. 이 문제는 다이어그램을 사용하지 않고도 쉽게 알아낼 수 있다.

답 (a)는 번즈 씨를 따라서 알버트 씨와 드피오 씨도 역시 그 분회에 참석한다고 말하고 있다. 그러나 첫 번째 조건은 "만약 알버트 씨가 어떤 분회에 참석하면, 드피오 씨는 그 분회에 참석하지 않는다"는 것이다. 그래서 번즈 씨와 알버트 씨 그리고 드피오 씨는 같은 분회에 함께 참석할 수 없다. 따라서 대답 (a)는 옳지 않다.

답 (b)는 같은 이유로 옳지 않다. 네 번째 조건은 에반스 씨가 분회에 참석할 때 참이 되기 위한 조건을 말하고 있다. 즉, "알버트 씨와 번즈 씨 중에서 한 사람만 그 분회에 참석한다"는 것이다. 우리는 번즈 씨가 한 분회에 참석한다는 것을 알고 있기 때문에, 알버트 씨와 에반스 씨가 그와 함께 그 분회에 참석한다는 것은 참이 될 수 없다는 것을 알 수 있다.

답 (c)도 역시 옳지 않다. 두 번째 조건은 번즈 씨가 분회에 참석할 때 참이 되기 위한 조건을 말하고 있다. 우리는 번즈 씨가 한 분회에 참석한다는 것을 알고 있기 때문에, 칼로지로 씨와 드피오 씨 중의 한 사람만 그 분회에 참석한다는 것도 알고 있다.

답 (d)와 (e)는 약간 다르게 평가되어야 한다. 어떤 조건도 번즈 씨와 드피오 씨가 같은 분회에 참석하는 것을 배제하지 않는다—답 (d). 그리고 어떤 조건도 에반스 씨와 번즈 씨가 같은 분회에 참석하는 것을 금지하지 않는다—답 (e). 그러나 문제가 요구하는 것이 번즈 씨와 함께 분회에 참석하는 의사들의 "완전하고 정확한 명단"임을 상기하라. 우리는 두 번째 조건에서, 적어도 다른 한 사람이 번즈 씨와 함께 가야 하고, 번즈 씨와 함께 갈 사람들 중에는 칼로지로 씨와 드피오 씨 중의 한 사람이 포함된다는 것을 알고 있다. 그 조건은 어떤 사람도 드피오 씨와 동행하도록 요구하지 않기 때문에, 드피오 씨가 번즈 씨와 함께 가는 유일한 사람이 되어도 괜찮다. 따라서 답 (d)는 정확한 대답이고, 이 대답에서는 번즈 씨와 드피오 씨가 같은 분회에 참석하는 것이 가능하다. 그리고 그것은 완전한 대답이고, 이 대답에서는 다섯 명 중에서 번즈 씨와 드피오 씨만 그 분회에 참석하는 사람들일 수도 있다. 따라서 답(d)는 옳다.

대답 (e)는 옳지 않다. 그 이유는 번즈 씨가 분회에 참석하면, 에반스 씨 외에 다른 어떤 사람이 함께 가야 한다는 것을 우리가 알기 때문이다. 답 (e)는 그래서 불완전하다. 이 대답은 번즈 씨와 함께 가야 하는 사람 중에 우리가 알고 있는 한 사람을 최소한 놓치고 있다.

이 문제는 난이도가 중급 정도이다. 이 문제가 나오는 LSAT 평가를 받는 사람들의 60퍼센트가 이 문제를 틀렸다. 가장 많이 나온 오답은 17퍼센트가 선택한 대답 (b)이다.

[문제 2]의 지문

어떤 법무법인에 정확히 아홉 명의 직원이 있다. 폭스 씨, 글라슨 씨, 해 씨, 아인만 씨, 야코비 씨, 콘 씨, 로페즈 씨, 말로이 씨, 나사르 씨 등이 그들이다. 그들의 급여 구조는 아래의 조건을 충족시켜야 한다.

콘 씨의 급여는 아인만 씨나 로페즈 씨의 급여보다 많다.
로페즈 씨의 급여는 나사르 씨의 급여보다 많다.
아인만 씨의 급여는 폭스 씨의 급여보다 많다.
폭스 씨의 급여는 말로이 씨의 급여보다 많다.
말로이 씨의 급여는 글라슨 씨의 급여보다 많다.
글라슨 씨의 급여는 야코비 씨의 급여보다 많다.
야코비 씨의 급여는 해 씨의 급여보다 많다.

[문제 2]

만약 말로이 씨와 나사르 씨의 급여가 같다면, 로페즈 씨보다 급여가 적은 직원은 최소한 몇 명인가?

a. 3
b. 4
c. 5
d. 6
e. 7

[문제 2]의 해설

상대적인 순위나 순서를 포함하고 있는 많은 문제들은 주어진 여러 관계들을 다이어그램으로 작성해 보는 것이 좋다. 지금부터는 각 직원의 이름을 그 첫 글자로 약칭한다. 그리고 기호 ">"는 이 기호의 왼쪽에 약호가 표시된 사람의 급여가 오른쪽에 약호가 표시된 사람의 급여보다 많다는 것을 의미한다. 예를 들면, "K > L"은 "콘 씨의 급여는 로페즈 씨의 급여보다 많다"는 것을 의미한다.

급여에 관한 조건들은 아래와 같이 여덟 개의 상대적인 순위 관계를 나타낸다.

1. K > I
2. K > L
3. L > N
4. I > F
5. F > M
6. M > G
7. G > J
8. J > H

만약 A의 급여가 B의 급여보다 많다면, 그리고 만약 B의 급여가 C의 급여보다 많다면, A의 급여가 C의 급여보다 많은 것이 명백하다. 이 원리를 적용하면, 여러 개로 된 위의 순위관계들을 상대적인 순위의 두 개의 "연쇄"로 결합하여 압축할 수 있다.

9. K > I > F > M > G > J > H(이것은 [1]과 [4]부터 [8]까지 결합한 것임)
10. K > L > N(이것은 [2]와 [3]을 결합한 것임)

이제 우리는 [문제 2]에 대한 올바른 대답을 찾을 수 있다. [문제 2]는 말로이 씨와 나사르 씨의 급여가 같다고 할 때, 로페즈 씨보다 급여가 적은 직원이 최소한 몇 명인지를 알아내는 것이다. 말로이 씨와 나사르 씨의 급여가 같다는 가정으로부터 우리는 (9)와 (10)의 두 연쇄에서 아래와 같은 순위 연쇄를 추론할 수 있다.

(11) K > L > (N, M) > G > J > H

연쇄 (11)은 M과 N의 급여가 같기 때문에 M보다 급여가 적은 사람은 당연히 N보다 급여가 적고 따라서 L보다 급여가 적다는 것을 나타내고 있다. 그러므로 적어도 말로이 씨, 나사르 씨, 글라슨 씨, 야코비 씨, 해 씨 등은 로페즈 씨보다 급여가 적은 것이 확실하다. 이것은 선택지 중에서 (a)와 (b)는 옳지 않다는 것을 보여준다. 만약 로페즈 씨보다 급여가 적은 사람이 이 다섯 명 외에는 더 없다는 것을 증명할 수 있으면, (c)가 옳은 답이 될 것이다.

로페즈 씨보다 급여가 적은 직원이 여섯 명보다 적을 수 있다는 것을 증명하기 위해서는 위의 (9)와 (10)만 살펴보아도 된다. 이것들은 아인만 씨와 폭스 씨의 급여가 콘 씨의 급여보다 적다면, 이들의 급여가 로페즈 씨의 급여와 같거나 더 많을 수도 있다는 것을 나타내고 있다. 이것은 아래와 같은 완전한 순위 연쇄의 작성을 가능하게 해준다.

(12) K > I > F > L > (N, M) > G > J > H

이것이 가능한 경우라면 로페즈 씨보다 급여가 적은 직원은 단지 다섯 명뿐이다. 따라서 그런 직원의 최소치는 다섯 명이고, 정답은 (c)이다. 이 문제는 "중간급 난이도"로 평가된다.

이런 유형의 문제는 "더 크다"와 "더 적다"와 같은 관계들을 포함하고 있으므로, 본질적으로 지극히 수학적이다. 이 문제와 바로 앞의 문제는 "분석적 추론"의 일종이지만, 그러나 요구되는 분석의 유형은 정교한 것이 아니다. 여기서는 의미론적 또는 언어학적 분석이 필요한 것도 아니고, 개념의 의미 분석이 필요한 것도 아니며, 인과 분석이 요구되는 것도 아니다. 그리고 논리적인 조작은 더할 나위 없이 잘 기계적으로 짜 맞추어지는 경향이 있다. 이런 문제들은 출제와 채점이 다른 것보다 수월하다. 그러나 추상적인 개념이나 창의적인 사고과정에 대한 깊은 이해는 거의 요구되지 않고, 대부분의 다른 전문가들은 물론이고 과학자들과 철학자들이 행한 분석이나 추론의 유형들과는 비교조차 되지 않는다.

MAT(밀러의 유추 테스트) 안내

밀러의 유추 테스트(Miller's Analogies Test) 또는 MAT는 120개의 유추 문항으로 구성되고(그 중에서 100개 문항만 채점됨), 60분 동안 시행되는 테스트이다. MAT 웹사이트는 다음과 같이 설명하고 있다. "MAT는 기술된 유추 문제들을 풀도록 하는, 높은 수준의 지능검사이다."

인간의 지능과 추론을 연구하는 심리학자들은 유추 테스트 점수가 언어적 이해력과 분석적 사고를 측정하는 가장 좋은 수단들 중의 하나라고 말한다. 분석적 사고는 대학원에서 그리고 전문 직업에서 성공하기 위해 꼭 필요한 것이기 때문에, MAT 점수는 이런 분야에 지원하는 사람들의 적성을 통찰할 수 있게 해준다.

테스트는 다양한 학문적인 주제들로부터 나온 내용의 유추들을 담고 있다. MAT 점수는 대학원으로 하여금 정보의 단순한 기억과 암송을 넘어서는 지식과 능력을 가진 자들을 지원자들 중에서 선발할 수 있게 돕는다.

당신은 앞에서 본 GRE의 유추 영역에서 다루어진 것과 MAT에서 알게 된 것 사이에서 유사한 점을 발견하게 될 것이다.

[예제] (출처 : 카프란 밀러 유추 테스트 3판)

볼로냐 : 콜드 컷 :: 파르페 : (a. 바나나, b. 디저트, c. 파스트라미, d. 앙트레)

볼로냐는 콜드 컷의 한 종류이고, 파르페는 디저트의 일종이기 때문에, 정답은 (b)이다. 그렇지만,

변절의 : 내성적인 :: 충성스러운 : (a. 사교적인, b. 확고한, c. 믿을 수 없는, d. 내향적인)

찾고자 하는 관계는 "변절의"와 "충성스러운" 사이에 있고, 이 둘은 반의어이다. 그러므로, 주어진 선택지들 중에서 "내성적인"과 반의어적 관계를 갖는 것은 "사교적인"이다.

끝으로, 비워진 낱말이 문장의 끝에 있을 필요는 없다. 그것은 어떤 낱말도 될 수 있다.

1. 깨지기 쉬운 : (a. 부서지기 쉬운, b. 못쓰게 된, c. 견고한, d. 늘일 수 있는) :: 부수다 : 주조하다

정답 : d

2. (a. 어원학, b. 존재론, c. 교육학, d. 철학) : 곤충학 :: 교육 : 곤충

정답 : c

GMAT(경영대학원입학시험) 안내

GMAT는 분석적인 글의 배치와 수리 영역, 언어 영역으로 구성되어 있다. 앞의 두 영역은 지금 우리가 취급하는 범위 밖이다. 언어 영역은 문장 첨삭으로 이루어져 있고, 그것은 성질상 문법적이고 언어학적이다. 다시 말해서 그것은 자명한 것이고, 또 비판적인 추론이다. 우리가 관심을 갖는 것은 바로 이 비판적인 추론이다.

검사 항목에는 몇 가지의 서로 다른 유형들이 있으며, 그것들은 다음과 같다.

1. 추정에 관한 질문들
2. 강화 또는 약화에 관한 질문들
3. 추론에 관한 질문들

추정에 관한 질문은 주어진 글에서 묵시적인 전제나 생략된 결론이 무엇으로 추정되는가를 묻는다. 이것은 생략 삼단논법에서 검토된 바 있다.

강화 또는 약화에 관한 질문은, 앞에서 다룬 LSAT의 경우와 같이, 어떤 귀납논증의 개연성을 높이거나 낮추는 진술이 어느 것인지 선택하도록 한다.

다른 항목들은 오류를 찾아내는 능력을 평가한다. 이것은 4장에서 공부했다.

끝으로, 제시된 논증이 귀납논증인지 아니면 연역논증인지, 그리고 그 추론 방법은 무엇인지를 알아내는 능력을 테스트하는 항목들이 주어진다. 거기에는 밀의 방법(Mills Methods)이나 그와 유사한 논증형식들이 포함되어 있다.

[**예제**] (**출처**: Kaplan GMAT Test)

각 질문에 대해 최선의 답을 선택하라.

1. 로스앤젤레스에서는 라디오 광고를 최대로 많이 계약한 정치 후보자가 지명도를 극대화할 수 있다.

   위의 진술과 논리적으로 맥락이 같은 것은 다음 중 어느 것인가?

   a. 로스앤젤레스에서는 라디오 광고가 정치적인 캠페인에서 가장 중요한 요소이다.

   b. 로스앤젤레스에서는 지명도를 극대화하는 것이 후보자가 높은 득표율을 얻는데 도움이 될 것이다.

   c. 최대로 많은 라디오 광고는 로스앤젤레스에서 지리적으로 구분되는 모든 지역

의 투표권자들에게 침투한다.

d. 지명도를 극대화하기 위해서는 후보자가 라디오 광고 이외의 다른 미디어 채널에는 돈을 쓸 필요가 없다.

e. 후보자가 로스앤젤레스 지역에서 이룬 업적은 그곳에서의 그의 지명도에 영향을 거의 미치지 못할 것이다.

정답 : d. 주어진 진술로부터, 그런 광고는 다른 미디어에 돈을 쓰지 않고 지명도를 극대화하기에 충분하다는 것이 도출된다. 제시된 다른 진술은 그 어떤 것도 그 전제로부터 추론될 수 없다.

2. 한 사회가 어느 정도 참된 자유를 누리는가 하는 것은 예술적 표현에 대한 그 사회의 태도로 헤아릴 수 있다. 표현의 자유는 겉보기에 가장 민주적인 사회에서조차 쉽사리 침해될 수 있다. 정부의 예술자문위원회가 위원들이 외설적이라고 생각하는 무용공연에 대해 자금지원을 중단할 때, 일부 관료들의 목소리가 그 안무가의 작품을 사실상 검열했을 뿐 아니라, 그럼으로써 정말로 탄압이라는 외설을 저질렀다.

다음 진술들이 참이라면, 어느 것이 위의 논증을 가장 심각하게 약화시킬까?

a. 예술자문위원회의 위원들은 그들의 신념이 대중의 신념을 반영하고 있는지를 확실히 하기 위해 심사를 받는다.

b. "외설"이라는 말은 수사적 효과를 위해서 서로 대체해서 사용할 수 없는 여러 가지의 서로 다른 정의를 갖고 있다.

c. 어떤 공연에 대해 재정적 지원을 하지 않는 것은 그것을 실질적으로 방해하거나 금지하는 것과는 다른 것이다.

d. 만약 그 공연이 공적인 기준에 부합하도록 고쳐졌다면, 위원회의 결정은 번복될 수 있었다.

e. 외설의 정의는 사회의 가장 많은 구성원들이 동의할 수 있는 어떤 것이다.

정답 : c. 글의 내용은 자금 지원의 중단과 검열을 동일시한다. (c)는 저러한 동일시를 부정하는데, 이것은 논증을 파괴한다. (a)는 무관하다 — 글을 쓴 사람이 제시한 정의는 누구나 생각할 수 있는 것이 아니다. (b)는 "외설"이란 말의 사용에 대해 이의를 제기하고 있다. 그러나 따지고 보면, 그 말은 검열이다. (d)는 논점을 완전히 놓쳤다. 그리고 저자의 입장을 재차 단언하고 있다. (e)도 역시 다수의 의견을 언급하지만, 논점에서 벗어나 있다.

3. 로널드는 육상경기 팀 소속의 달리기 선수이자 대단한 허들 선수이다. 육상경기 팀에 소속된 모든 달리기 선수들은 단거리 선수이거나 장거리 선수이다. 그러나 일부 장거리 선수들은 빠르지 않기 때문에 단거리는 뛰지 않는다. 허들 선수들은 인내심이 부족하기 때문에 결코 장거리는 뛰지 않는다. 그러므로 로널드는 틀림없이 빠르다.

위에서 도출된 결론이 논리적으로 옳다면, 다음 중 어느 것이 참일까?

a. 단거리 선수들은 허들 선수들보다 빠르다.
b. 육상경기 팀 소속으로서 허들 달리기를 하는 모든 달리기 선수들은 역시 장거리도 달린다.
c. 허들 달리기는 장거리 달리기보다 인내력이 더 필요하다.
d. 모든 단거리 선수들은 빠르다.
e. 육상경기 팀 소속의 달리기 선수로서 빠른 사람은 모두 단거리 선수이다.

정답 : d. 로널드는 허들 선수이고 모든 달리기 선수들은 단거리 선수이거나 장거리 선수라는 것이 전제되어 있다. 허들 선수들은 누구도 장거리 선수가 아니다. 그러므로 로널는 단거리 선수임에 틀림없다. 그리고 만약 모든 단거리 선수들이 빠르다면, 로널드는 빠를 것이 확실하다. (a)는 모든 허들 선수들이 단거리 선수임을 우리가 알고 있기 때문에 이치에 맞지 않다. (b)와 (c) 그리고 (e)는 모두 논증의 명제들과 모순된다.

IQ 테스트

다양한 지능검사가 그 내용의 일부로서 연역추론이나 유비추리를 사용한다.

다른 많은 검사들 중에서, Stanford-Binet Intelligence Scales는 그 보조 검사에 유비 항목들뿐만 아니라 반대 유비와 추론 항목도 포함시킨다.

Concept Mastery Test는 아주 높은 수준의 인식능력을 평가하기 위해서 루이스 터먼(Lewis Terman)이 만든 것인데, 여기에는 75개의 유비 문제가 들어 있다.

Mensa(지능 검사에서 고도의 지능 지수가 나온 사람들의 모임)가 이용하는 Cattell Test of Crystallized Intelligence는 도형 유비와 추리 항목이 들어 있다. 그리고 Cattell Test of fluid Intelligence(the Culture Fair, Scales 2 and 3)는 비록 말로 나타내지는 않지만, 관계 지각 패턴에 근거하는 문제에 대해 올바른 답을 추론해내는 능력에 의존한다. 간단히 말해서, 어떤 종류의 추론이든 추론이 적성과 지능 검사에서 핵심적인 것이다.

논리연습 해답

(논리연습 문제 중 * 표시가 되어 있는 문제에 대한 해답이다.)

Solutions to selected Exercises

제 5 장

5장 3절 **논리연습**

1. S = 역사가

   P = 자신의 저술이 일류 소설처럼 읽히는, 뛰어난 재능을 가진 작가

   형식: 특칭 긍정

5. S = 돈이 많고 명망 있는 가문의 사람

   P = 부유하거나 기품 있는 사람

   형식: 특칭 부정

10. S = 스스로 예술적 창작 활동을 할 수 없는 사람

    P = 우리가 그의 판단을 따를 만큼 책임 있는 비평가

    형식: 전칭 부정

5장 4절 **논리연습**

1. 질: 긍정; 양: 특칭; 주어 개념과 술어 개념이 모두 부주연된다.
5. 질: 부정; 양: 전칭; 주어 개념과 술어 개념이 모두 주연된다.
10. 질: 긍정; 양: 전칭; 주어 개념은 주연되고, 술어 개념은 부주연된다.

5장 5절 **논리연습**

1. 만약 (a)가 참이라면,

   (b)는 (a)의 반대대당이고, 거짓이다, 그리고

   (c)는 (a)의 양축소대당이고, 참이다, 그리고

   (d)는 (a)의 모순대당이고, 거짓이다.

   만약 (a)가 거짓이라면,

   (b)는 (a)의 반대대당이고, 미결정이다, 그리고

   (c)는 (a)의 양축소대당이고, 미결정이다, 그리고

   (d)는 (a)의 모순대당이고, 참이다.

5장 6절 **논리연습**

A. 1. 교통법규를 준수하지 않는 무모한 운전자는 누구나 남을 배려할 줄 아는 사람이 아니다. 동치.

5. 정상적인 일을 할 수 없는 노인들이 직업 레슬링선수들이다. 동치.

B. 1. 어떤 대학 운동선수는 비직업선수가 아니다. 동치.

5. 배의 닻으로 적합한 것은 어느 것도 무게가 적어도 15파운드가 되지 않는다. 동치.

C. 1. 모든 비관주의자는 비언론인이다. 동치.

5. 어떤 거주자는 시민이 아니다. 동치.

D. 1. 거짓

5. 미결정

10. 거짓

E. 1. 거짓

5. 미결정

10. 거짓

F. 1. 미결정

5. 거짓

10. 미결정

15. 참

G. 1. 미결정

5. 미결정

10. 참

15. 미결정

5장 7절 논리연습

E. 단계(1)에서 단계(2)가 부당하다. (1)은 I명제의 거짓을 주장한다. (2)는 그것에 대응하는 O명제의 참을 주장한다. 전통적인 해석에 따르면, 대응하는 I명제와 O명제는 소반대대당이고 둘 다 거짓일 수 없다. 따라서 만약 (1)의 I명제가 거짓이라면, 전통적 해석으로는 (2)의 O명제가 참이 되어야 한다. 그러나 I명제와 O명제는 둘 다 존재함축을 갖고 있으므로, 만약 주어의 집합이 공집합이라면, (부울의 해석으로는) 둘 다 거짓이 될 수 있다. 이 문제에서 주어의 집합은 공집합인데, 이는 인어가 존재하지 않기 때문이다. 따라서 (1)의 거짓에서 (2)의 참을 추론하는 것은 부당하다. 대응하는 I명제와 O명제는 부울의 해석에서는 소반대대당이 아니다. 그러나 (1)에서 (2)를 추론하는 것은 두 명제가 소반대대당임을 가정하고 있다.

5장 8절 논리연습

5. $SM=0$

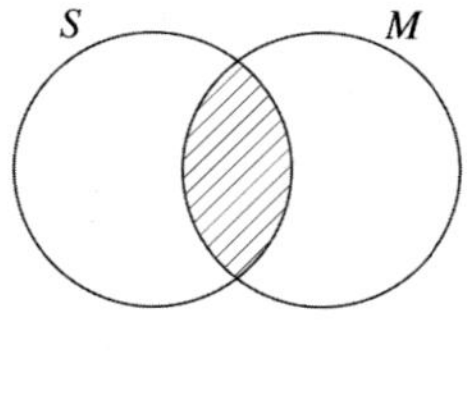

10. $MP=0$

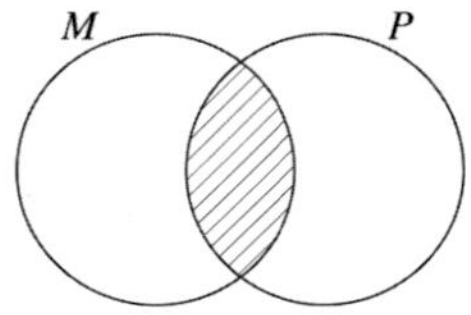

15. $PB \neq 0$

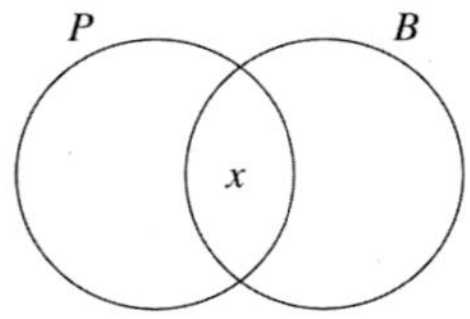

20. $P\overline{M}=0$

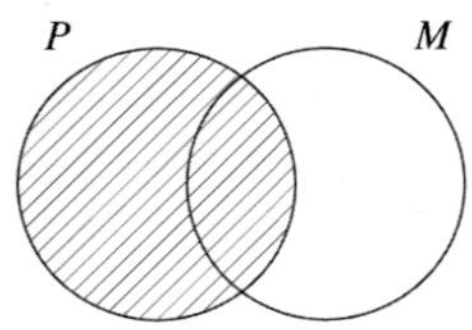

제 6 장

6장 1절 논리연습

5. 단계 1: 결론: 어떤 보수주의자는 고율관세 지지자가 아니다.
단계 2: 대개념: 고율 관세 지지자.
단계 3: 대전제: 고율 관세 지지자는 모두 공화당원이다.
단계 4: 소전제: 어떤 공화당원은 보수주의자가 아니다.
단계 5: 표준형식으로 작성한 삼단논법:
고율 관세 지지자는 모두 공화당원이다.
어떤 공화당원은 보수주의자가 아니다.
그러므로 어떤 보수주의자는 고율관세 지지자가 아니다.
단계 6: 이 삼단논법의 세 명제는 차례대로 A, O, O이다. 매개념 "공화당원"은 대전제에서는 술어개념이고 소전제에서는 주어개념이다. 따라서 이 삼단논법은 제4격이다. 따라서 이 삼단논법의 식과 격은 AOO-4이다.

10. 단계 1: 결론: 어떤 경주용 자동차도 가정용으로 제작된 자동차가 아니다.
단계 2: 대개념: 가정용으로 제작된 자동차.
단계 3: 대전제: 가정용으로 제작된 모든 자동차는 안전속도로 운행하려고 만든 자동차이다.
단계 4: 소전제: 어떤 경주용 자동차도 안전속도로 운행하려고 제작된 자동차가 아니다.

단계 5: 표준형식으로 작성한 삼단논법:

가정용으로 제작된 모든 자동차는 안전속도로 운행하려고 만든 자동차이다.
어떤 경주용 자동차도 안전속도로 운행하려고 제작된 자동차가 아니다.
그러므로 어떤 경주용 자동차도 가정용으로 제작된 자동차가 아니다.

단계 6: 이 삼단논법의 세 명제는 차례대로 A, E, E이다. 매개념 "안전속도로 운행하려고 만든 자동차"는 대전제와 소전제 양쪽 모두에서 술어개념이다. 따라서 이 삼단논법은 2격이다. 이 삼단논법의 식과 격은 AEE-2이다.

6장 2절　　논리연습

5. 하나의 가능한 논박 유비는 다음이다. 즉, 모든 유니콘은 포유동물이다. 따라서 어떤 포유동물은 동물이 아니다. 왜냐하면 어떤 동물도 유니콘이 아니기 때문이다.

10. 하나의 가능한 논박 유비는 다음이다. 즉, 모든 네모난 원은 원이다. 그리고 모든 네모난 원은 사각형이다. 그러므로 어떤 원은 사각형이다.

6장 3절　　논리연습

A. 5. 어떤 P도 M이 아니다.
어떤 M은 S이다.
∴ 어떤 S는 P가 아니다.

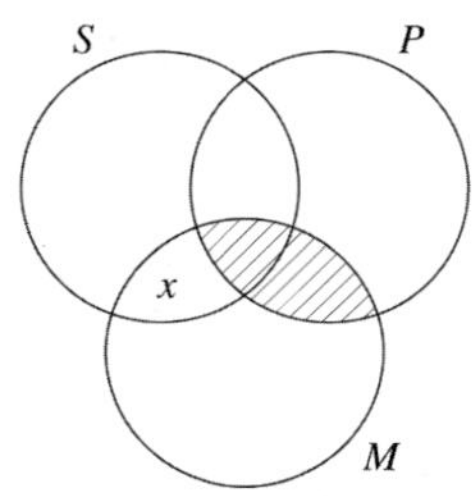

타당하다
(EIO-4, *Fresison*)

10. 어떤 P는 M이다.
모든 M은 S이다.
∴ 어떤 S는 P이다.

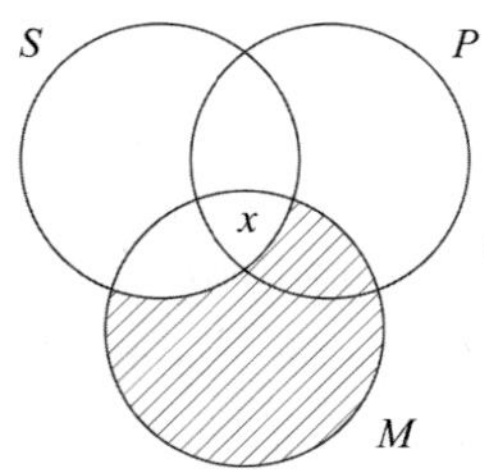

타당하다
(IAI-4, *Dimaris*)

15. 어떤 M도 P가 아니다.
어떤 S는 M이다.
∴ 어떤 S는 P가 아니다.

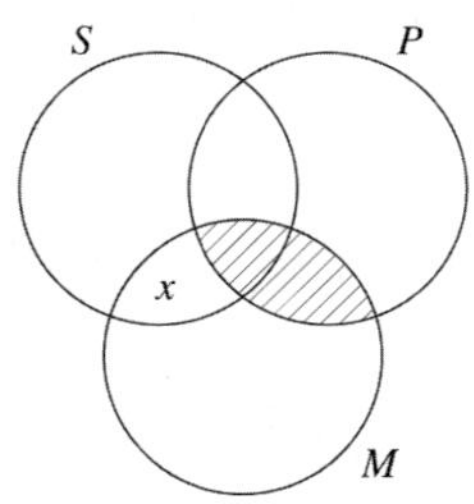

타당하다
(EIO-1, *Ferio*)

B. 1. 어떤 개혁가는 광신자이다.
모든 개혁가는 이상주의자이다.
∴ 어떤 이상주의자는 광신자이다.

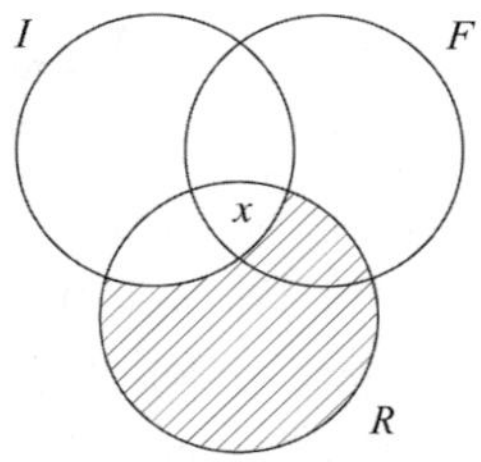

IAI-3
타당하다
(*Disamis*)

5. 어떤 유람선도 물속에 있는 배가 아니다.
물속에 있는 배는 모두 잠수함이다.
∴ 어떤 잠수함도 유람선이 아니다.

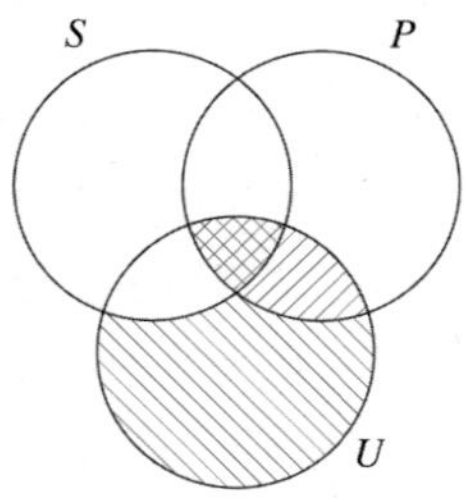

EAE-4
부당하다

10. 모든 노동조합 간부들은 진정한 자유주의자들이다.
어떤 허약자들도 진정한 자유주의자들이 아니다.
∴ 어떤 허약자도 노동조합 간부가 아니다.

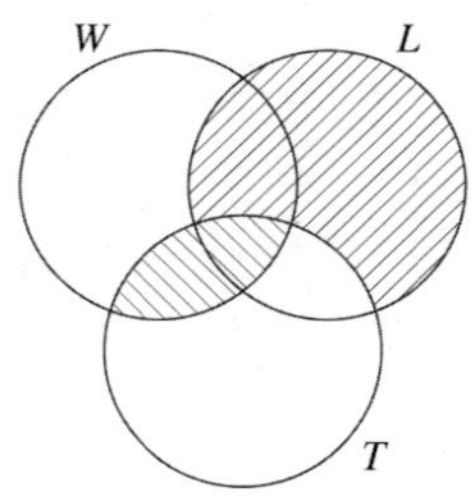

AEE-2
타당하다
(Camestres)

6장 4절 논리연습

A. 5. 소개념 부당 주연의 오류를 범하고 있다. 규칙3 위반.
10. 대개념 부당 주연의 오류를 범하고 있다. 규칙3 위반.
15. 소개념 부당 주연의 오류를 범하고 있다. 규칙3 위반.

B. 5. 존재적 오류를 범하고 있다. 규칙6 위반.
10. 소개념 부당 주연의 오류를 범하고 있다. 규칙3 위반.

C. 5. 소개념 부당 주연의 오류를 범하고 있다. 규칙3 위반.
10. 네 개념의 오류를 범하고 있다. ("그것을 좋아하는 사람"이라는 말은 다의적이며, 그것이 결론에서 갖는 의미와 전제에서 갖는 의미가 많이 다르다.) 규칙1 위반.

6장 부록 논리연습

5. 분명히 이것은 1격에서 가능하다. 1격으로서 타당한 AII-1은 주연된 개념을 하나만 가지고 있고, 또 그것은 한 번만 주연된다. 그리고 그것은 3격에서도 가능하다. 3격인 AII-3도 (IAI-3도 마찬가지) 타당하고, 주연된 개념을 하나만 가지며, 또 그것은 한 번만 주연된다. 또한 그것은 4격에서도 가능하다. 4격에서 타당한 IAI-4도 주연된 개념을 하나만 가지며, 또 그것은 한 번만 주연된다. 그러나 매개념이 두 전제의 술어개

넘인 2격에서는, 그것이 가능하지 않다. 생각해보라. 매개념은 적어도 한 전제에서는 주연되어야 한다는 규칙2를 위반하지 않으려면, 2격에서 한 전제는 부정명제가 되어야 한다. 그렇게 되면, 규칙5에 의해 결론도 부정명제가 되어야 하고, 결론의 술어개념은 주연된다. 이처럼 오직 한 개념이 단 한번만 주연될 수 있다면, 2격에서는 주연된 개념이 결론에 있어야 할 것이다. 그러나 만약 그 개념이 한 번만 주연될 수 있다면, 규칙3에 위반될 것이다. 왜냐하면 만약 그것이 결론에서 주연된다면 전제에서도 주연되어야 하기 때문이다.

10. 어느 격에서도 될 수 없다. 만약 매개념이 두 전제 모두에서 주연된다면, 1격에서는 소전제가 부정명제가 되어야 하고, 따라서 (규칙5에 의해) 결론도 부정명제가 되어야 한다. 그렇게 되면 규칙3에 의해 대전제도 부정명제가 되어야 하지만, 이는 규칙4에 위배된다. 2격에서는 두 전제 모두 부정명제가 되어야 하는데, 이는 규칙4에 위배된다. 3격에서는 두 전제 모두 전칭명제가 되어야 하며, 그렇게 되면 소전제는 규칙3에 의해 부정명제가 되어야 하고, 결론도 규칙5에 의해 부정명제가 된다—그렇게 되면 규칙3에 의해 대전제도 역시 부정명제가 되어야 하는데, 이는 규칙4에 위배된다. 4격에서는 대전제가 부정명제가 되어야 한다. 그렇게 되면 (규칙5에 의해) 결론도 부정명제(E 또는 O)가 되어야 하고, 결론에서 대개념은 주연된다. 이는 곧 (규칙3에 의해) 대전제도 역시 대개념을 주연시켜야 하며, 따라서 대전제는 전칭명제(E명제)가 되어야 한다는 것을 의미한다. 소전제도 매개념을 주연시켜야 하므로 마찬가지로 전칭명제가 되어야 한다. 그리고 소전제는 규칙4에 의해 부정명제가 될 수 없고, 따라서 "모든 *M*은 *S*이다"라는 A명제로 될 수밖에 없다. 그런데 규칙6은 O명제가 결론으로 될 수 있는 가능성을 배제하고 있으며, 규칙3은 E명제가 결론으로 되는 것을 배제하고 있다.

제 7 장

7장 2절 논리연습

5. 여기서 *E* = 폭발물
F = 인화성 물질 ("가연성"과 "인화성"은 동의어임에 주의할 것)
S = 안전한 것

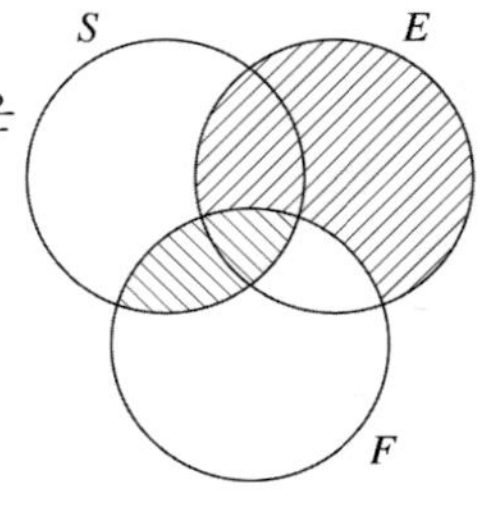

이 삼단논법은 아래와 같은 표준형식으로 변형된다.

모든 *E*는 *F*이다.
어떤 *F*도 *S*가 아니다.
그러므로 어떤 *S*도 *E*가 아니다.

벤다이어그램으로 나타내면, 이 삼단논법(Camenes)은 타당한 것으로 증명된다.

10. 여기서 O = 길이가 2미터 이상인 것
D = 보관하기 어려운 것
U = 유용한 것

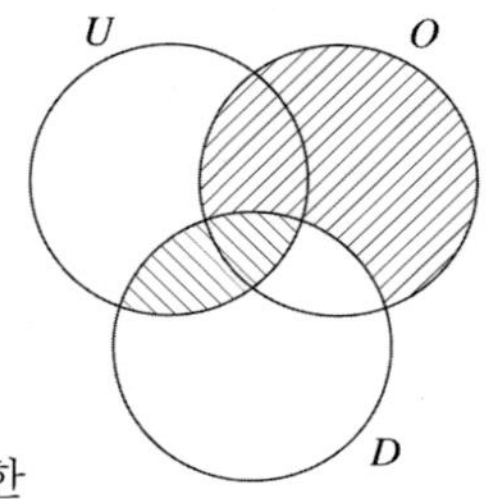

이 삼단논법은 아래와 같은 표준형식으로 변형된다.

모든 O는 D이다.
어떤 D도 U가 아니다.
그러므로 어떤 U도 O가 아니다.

벤다이어그램으로 나타내면, 이 삼단논법(Camenes)은 타당한 것으로 증명된다.

7장 3절 논리연습

5. 모든 진품은 돈으로 살 수 있는 가장 최상품이다.
10. 태양을 마주선 사람은 누구나 자신의 그림자를 보지 못한다.
15. 극렬 보수당의 후보자는 누구든 젊은 터키인들이 지지하는 사람이 아니다.
20. 진심으로 사랑하는 사람은 누구나 간절하게 기도한다.
25. 부드러운 대답은 모두 분노를 삭인다.

7장 4절 논리연습

A. 5. 그녀가 자신의 의견을 제시하는 경우는 모두 우리가 그녀에게 의견을 묻는 경우이다.
10. 사람들이 문제를 자유롭게 토론하지 않는 어떤 경우도 사람들이 문제를 바르게 해결하는 경우가 아니다.

B. 5. 두 개의 부정 전제를 가진 어떤 삼단논법은 모두 부당하다.
어떤 타당한 삼단논법은 믿을 만하다.
∴ 믿을 수 없는 어떤 논증은 두 개의 부정 전제를 가진 삼단논법이다.

EOI-4

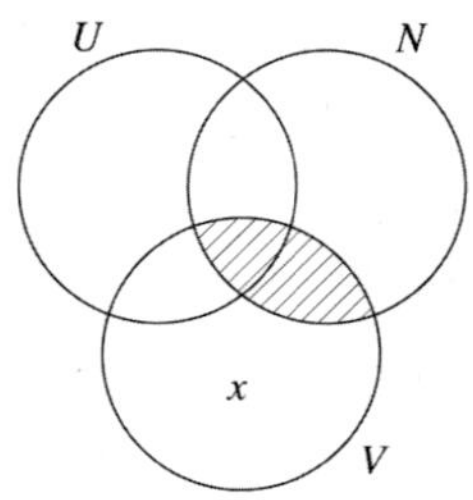

부당하다
(배타적인 전제들)

10. 참으로 객관적인 사람은 어느 누구도 실수를 저지를 것 같지 않다.
실수를 저지를 것 같은 사람은 모두 사실을 무시하는 사람이다.
∴ 사실을 무시하는 사람은 모두 참으로 객관적인 사람이 아니다.

EAE-4

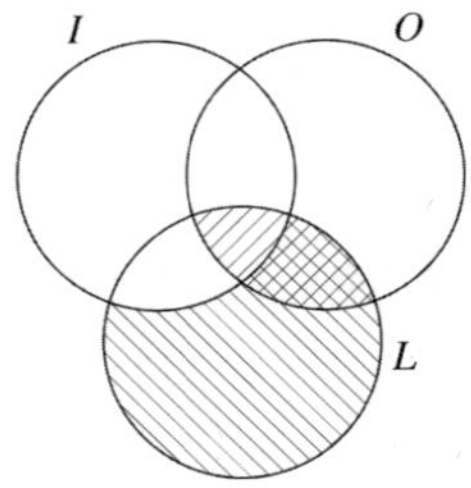

부당하다
(소개념 부당 주연)

15. 기술자는 적합한 것에만 관심이 있다.
적합한 것은 모두 합리적인 것이다.
∴ 기술자는 비합리적인 것에 관심이 없다.

AEE-4

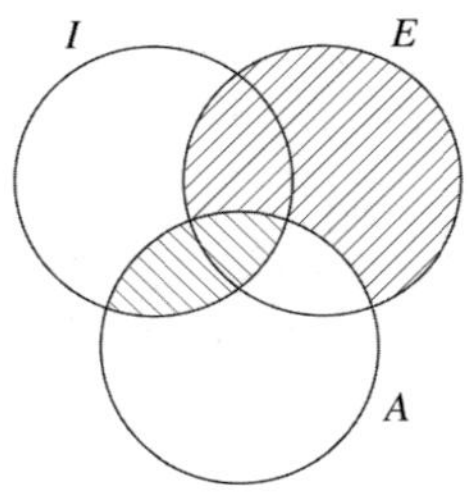

타당하다
Camenes

20. 영희는 스웨터를 입고는 일을 하지 않는다.
오늘 아침에 영희는 스웨터를 입고 있다.
∴ 오늘 아침에 영희는 일하러 가지 않는다.

EAE-2
EIO-2

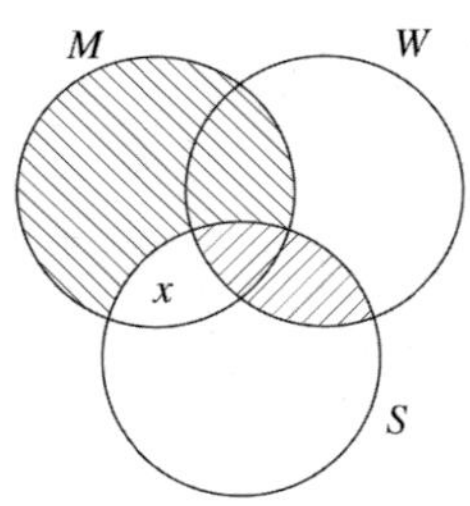

타당하다
Cesare
Festino

25. 모든 타당한 삼단논법은 적어도 한 전제에서 매개념을 주연시킨다.
이 삼단논법은 적어도 한 전제에서 매개념을 주연시키고 있다.
∴ 이 삼단논법은 타당하다.

AAA-2
AII-2

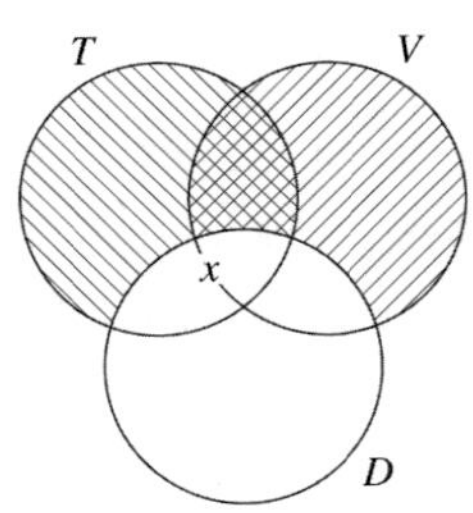

부당하다
(매개념 부주연)

30. 많은 돈이 걸려 있는 경우는 모두 경쟁이 치열하다.
이 경우는 많은 돈이 걸려 있다.
∴ 이 경우는 경쟁이 치열하다.

AAA-1
AII-1

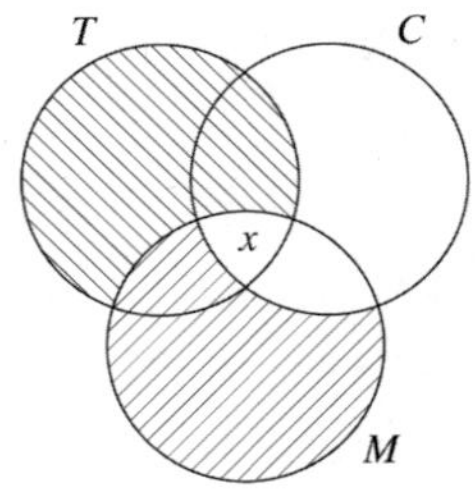

타당하다
Barbara
Darii

35. 모든 부당한 삼단논법은 비합법적인 절차를 범하고 있다.
이 삼단논법은 비합법적인 절차를 범하고 있지 않다.
∴ 이 삼단논법은 타당하다.

AEE-2
AOO-2

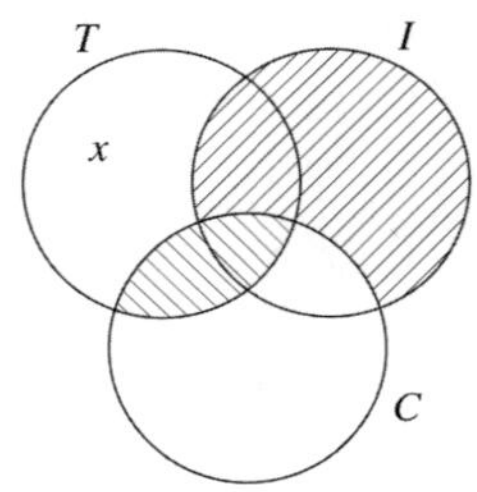

타당하다
Camestres
Baroko

7장 5절 논리연습

5. a. 진술되지 않은 결론: 당신은 비열한 경쟁자를 미워하지 않는다.
b. 표준형식 변환:
당신이 존경하는 모든 사람은 당신이 미워하지 않는 사람이다.
모든 비열한 경쟁자는 당신은 존경하는 사람이 아니다.
∴ 모든 비열한 경쟁자는 당신이 미워하지 않는 사람이다.
c. 제3류 생략 삼단논법.
d. 타당하다(*Barbara*).

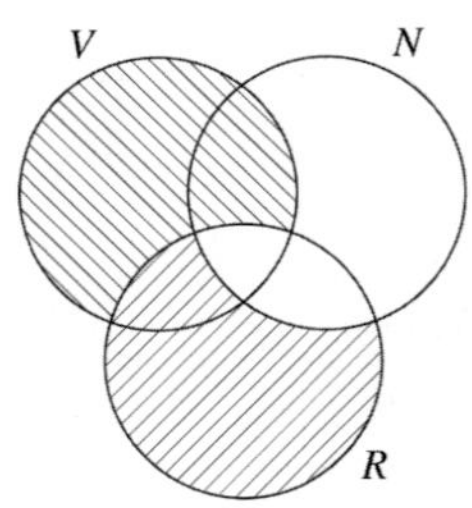

10. a. 진술되지 않은 전제: 모르고 한 것이 아닌 거짓말, 허위 진술, 그리고 탈루는 모두 악의로 한 짓이다.

b. 표준형식 변환:

모르고 한 것이 아닌 거짓말, 허위 진술, 그리고 탈루는 모두 악의로 한 거짓말, 허위 진술, 그리고 탈루이다.

카터 대통령의 책에 나오는 거짓말, 허위 진술, 그리고 탈루는 모두 모르고 한 것이 아닌 거짓말, 허위 진술, 그리고 탈루이다.

∴ 카터 대통령의 책에 나오는 거짓말, 허위 진술, 그리고 탈루는 모두 악의로 한 거짓말, 허위 진술, 그리고 탈루이다.

c. 제1류 생략 삼단논법.

d. 타당하다(*Barbara*).

주의 : 이 글을 쓴 사람의 의도는 생략 삼단논법의 형식으로 된 하나의 타당한 선언적 삼단논법을 나타내려는 것이다. 물론 가정된 선언적 전제는 논란의 여지가 있다.

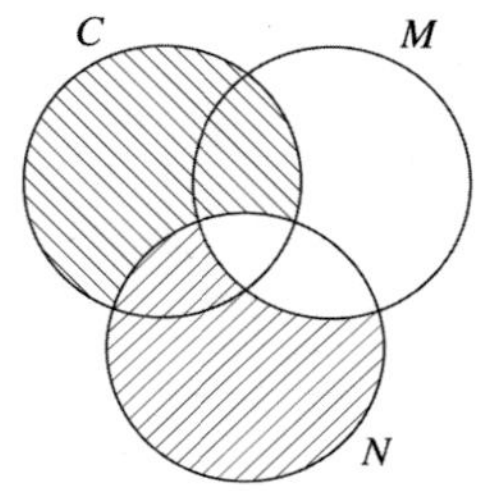

15. a. 진술되지 않은 전제: 생존수단보다 더 빨리 증가하는 종은 치열한 생존경쟁을 겪게 된다.

b. 표준형식 변환:

생존수단보다 더 빨리 증가하는 종은 모두 때때로 치열한 생존경쟁을 겪게 된다.

인간은 생존수단보다 더 빨리 증가하는 종이다.

∴ 인간은 때때로 치열한 생존경쟁을 겪게 된다.

c. 제1류 생략 삼단논법.

d. 타당하다(*Barbara* or *Darii*)

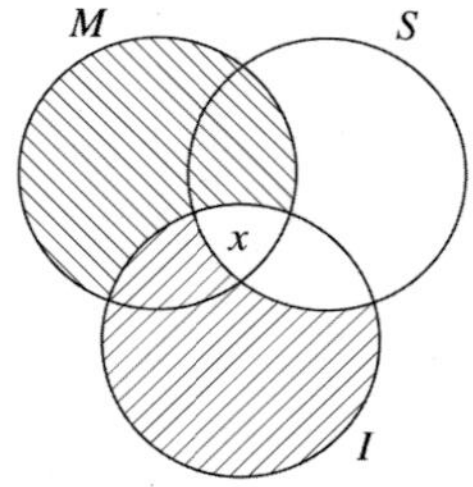

20. a. 진술되지 않은 전제: 대다수 국민의 생활조건을 향상시키는 것은 모두 바람직하다.

b. 표준형식 변환:

대다수 국민의 생활조건을 향상시키는 것은 모두 바람직하다.

모든 생산성은 대다수 국민의 생활조건을 향상시킨다.

∴ 모든 생산성은 바람직하다.

c. 제1류 생략 삼단논법.

d. 타당하다(*Barbara*).

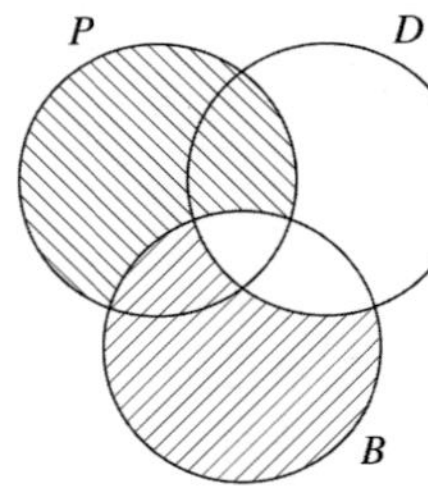

25. a. 진술되지 않은 전제: 모든 것은 필요에 따라 일어난다고 주장하는 사람은 본인도 승인하듯이 필요에 따라 행동한다는 것을 주장하는 사람을 비판할 수 없다.

b. 표준형식 변환:

필요에 따라 행동한다는 것을 주장하는 것을 인정하는 사람은 모두 모든 것은 필요에 따라 일어난다고 주장하는 사람에 의해 비판받을 수 없는 사람들이다.

모든 것은 필요에 따라 일어난다는 것을 부정하는 사람들은 모두 모든 것은 필요에 따라 일어난다고 주장하는 사람에 의해 그들이 필요에 따라 행동한다는 것이 인정되어야 하는 사람들이다.

∴ 모든 것은 필요에 따라 일어난다는 것을 부정하는 사람은 모두 모든 것은 필요에 따라 일어난다고 주장하는 사람에 의해 비판받을 수 없는 사람들이다.

c. 제1류 생략 삼단논법.

d. 타당하다(*Barbara*).

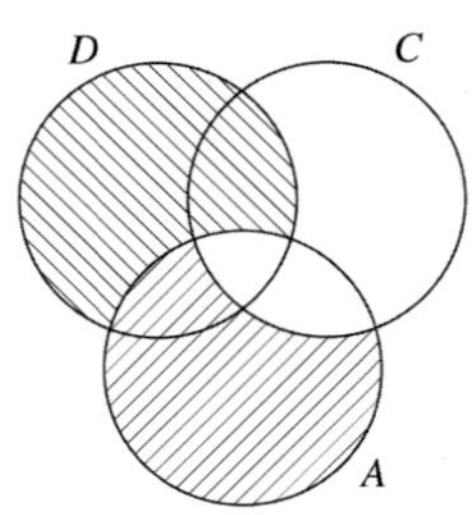

7장 6절 논리연습

A. 5.

(1') 재미있는 시는 모두 진정한 심미안을 가진 사람들 사이에서 유행되는 시이다.

(4') 허식이 있는 어떤 시도 진정한 심미안을 가진 사람들 사이에서 유행되는 시가 아니다.

(2') 모든 현대시는 허식이 있는 시이다.

(5') 비누거품을 주제로 한 시는 모두 현대시이다.

(3') 당신의 모든 시는 비누거품을 주제로 한 시이다.

∴ 당신의 어떤 시도 재미있는 시가 아니다.

모든 *I*는 *P*이다.
어떤 *A*도 *P*가 아니다.
∴ 어떤 *A*도 *I*가 아니다.

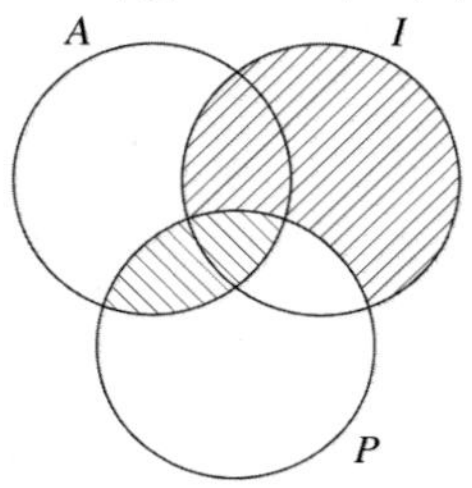

타당하다
Camestres

어떤 *A*도 *I*가 아니다.
모든 *M*은 *A*이다.
∴ 어떤 *M*도 *I*가 아니다.

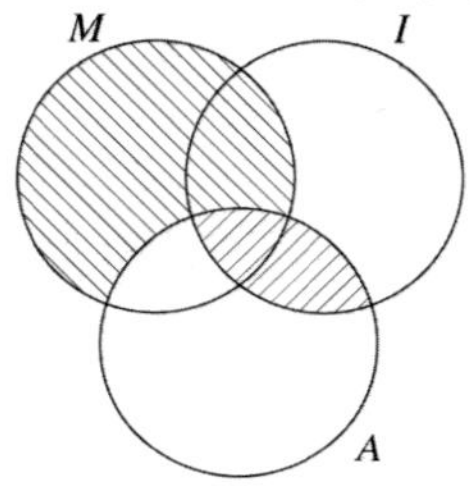

타당하다
Celarent

어떤 *M*도 *I*가 아니다.
모든 *S*는 *M*이다.
∴ 어떤 *S*도 *I*가 아니다.

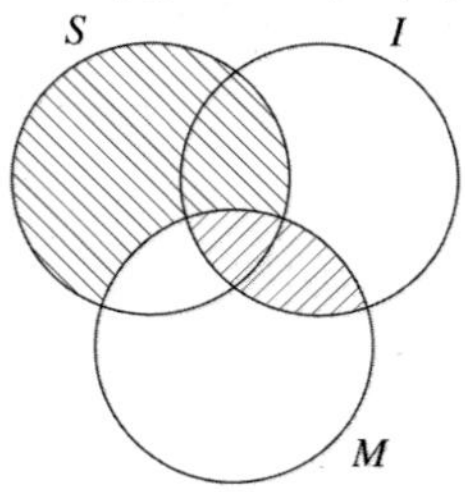

타당하다
Celarent

어떤 *S*도 *I*가 아니다.
모든 *Y*는 *S*이다.
∴ 어떤 *Y*도 *I*가 아니다.

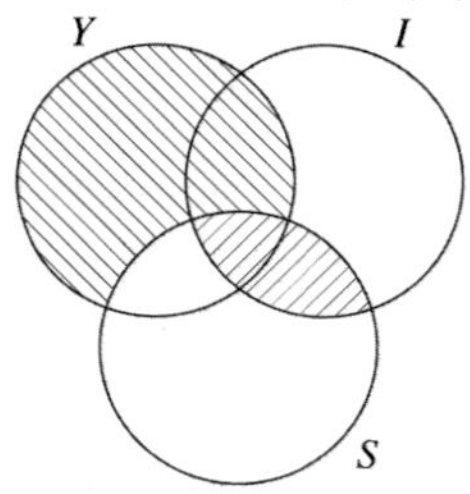

타당하다
Celarent

타당하다

B. 1. (1') 신문을 읽는 사람은 모두 교육을 잘 받은 사람이다.

(3') 읽을 수 없는 사람은 어느 누구도 교육을 잘 받은 사람이 아니다.

(2') 어떤 고습도치도 글을 읽을 수 없다.

∴ 어떤 고습도치도 신문을 읽지 않는다.

모든 T는 W이다.
어떤 C도 W가 아니다.
∴ 어떤 C도 T가 아니다.

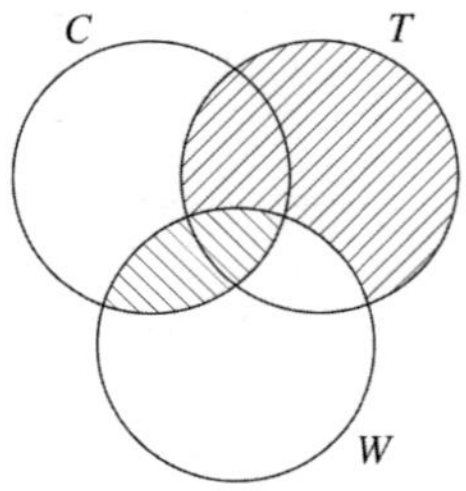

타당하다
Camestres

어떤 C도 T가 아니다.
모든 H는 C이다.
∴ 어떤 H도 T가 아니다.

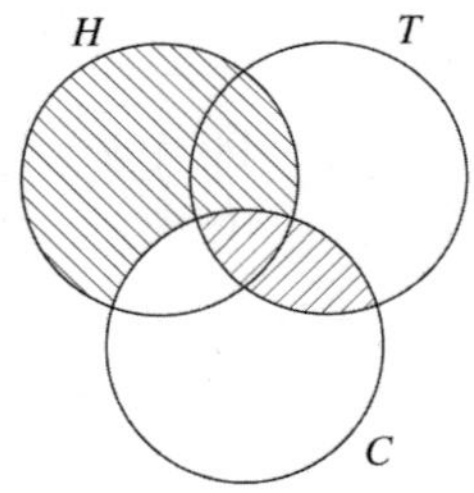

타당하다
Celarent

타당하다

5. (1) 내가 불평 없이 논리학 연습문제를 풀고 있을 때, 그것은 내가 이해할 수 있는 문제라고 당신은 확신할 것이다.

(2) 이 연쇄 삼단논법은 나에게 익숙한 연습문제처럼 규칙적인 순서로 배열되어 있지 않다.

(3) 쉬운 연습문제 때문에 골치 아팠던 적은 한 번도 없다.

(4) 나에게 익숙한 연습문제처럼 규칙적인 순서로 배열되어 있지 않은 문제를 나는 이해할 수 없다.

(5) 내가 골치 아프지 않다면, 나는 결코 연습문제에 대해 불평하지 않는다.

5. (2') 이 연쇄 삼단논법은 나에게 익숙한 연습문제처럼 규칙적인 순서로 배열되어 있지 않다.

(4') 나에게 익숙한 연습문제처럼 규칙적인 순서로 배열되어 있지 않은 어떤 문제도 나는 이해할 수 없다.

(1') 내가 불평하지 않는 문제는 모두 내가 이해할 수 있는 문제이다.

(5') 내가 골치 아프지 않은 문제는 모두 내가 불평하지 않는 문제이다.

(3') 쉬운 문제는 모두 내가 골치 아프지 않은 문제이다.

∴ 이 연쇄 삼단논법은 쉬운 문제가 아니다.

어떤 N도 U가 아니다.
모든 S는 N이다.
∴ 어떤 S도 U가 아니다.

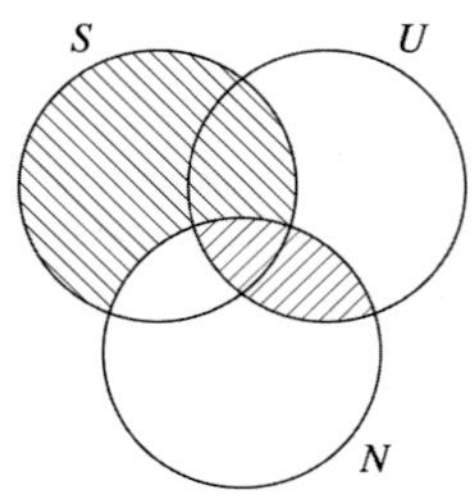

타당하다
Celarent

모든 G는 U이다.
어떤 S도 U가 아니다.
∴ 어떤 S도 G가 아니다.

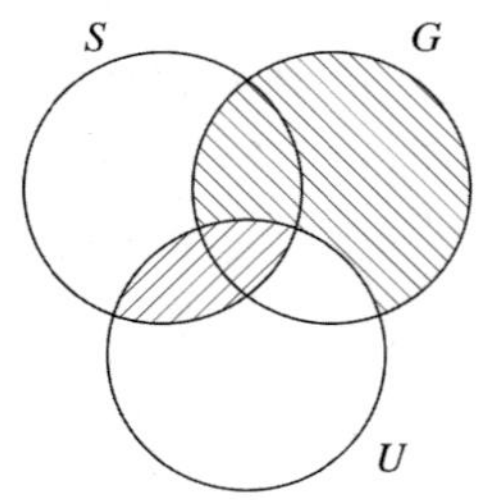

타당하다
Camestres

모든 H는 G이다.
어떤 S도 G가 아니다.
∴ 어떤 S도 H가 아니다.

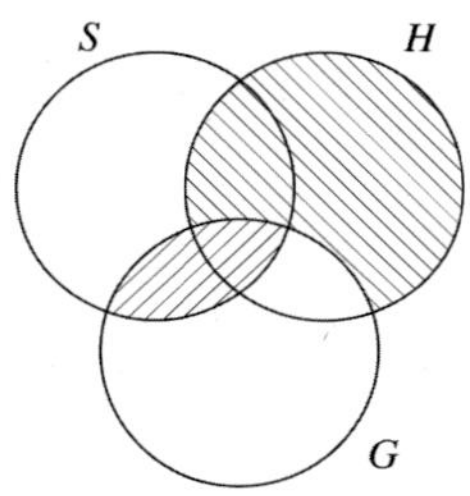

타당하다
Camestres

모든 E는 H이다.
어떤 S도 H가 아니다.
∴ 어떤 S도 E가 아니다.

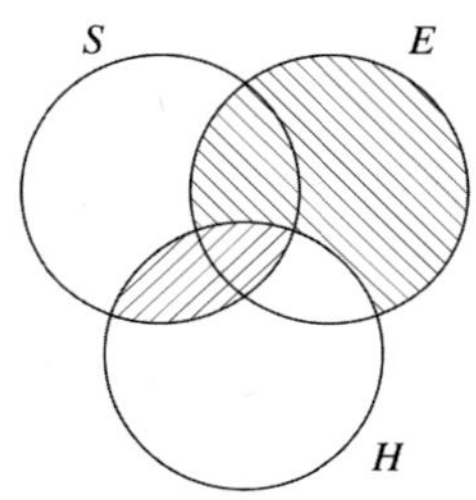

타당하다
Camestres

타당하다

7장 7절 논리연습

5. 반가언적 삼단논법, 긍정식. 타당하다.
10. 선언적 삼단논법. 타당하다.
15. 반가언적 삼단논법, 부정식. 타당하다.
20. 두 논증이 제시되어 있다. 첫 번째 논증은 전가언적 삼단논법이고, 두 번째 논증은 부정식 반가언적 삼단논법이다. 둘 다 타당하다.

7장 8절 논리연습

5. 이 경우는 아주 쉽게 뿔 사이로 피한다. 어느 한쪽 뿔을 잡을 수도 있다.
10. 뿔 사이로 피하기는 불가능하다. 다음과 같이 주장하면서, 어느 한쪽 뿔을 잡을 수도 있다. 즉, (a) 보존을 원한다는 것은 단순히 타성에 기인할 수도 있고 또 현상에 안주하기를 바라는 것일 수도 있으며, 심지어 변화로 인해 더 나쁘게 될 수도 있고 또 더

좋아질지 모르나 굳이 애써 변화를 할 만한 것은 아니라는 것을 인정하는 것일 수도 있다. 또는 (b) 변화를 원한다는 것은 현상에 대한 권태에 기인할 수 있으며, 심지어 변화로 인해 더 좋아지지 않고 오히려 더 나빠질 수 있지만 "조금이라도 변화를 해보자"는 의견을 받아들임으로써 변화를 추구하는 것일 수도 있다. 이것들은 정치적이거나 도덕적인 고려라기보다는 심리적인 고려이다. 그러나 본래의 딜레마는 그 자체가 심리적인 것처럼 보인다. 일반적인 되받기 딜레마가 여기서도 사용될 수 있었다. 보존을 원한다는 것은 더 좋아지기를 바라는 것이 아니다. 변화를 원하는 것은 더 나빠지지 않는 것을 바라는 것이 아니다. 그렇지만, 이것이 얼마나 타당할지는 의문이다.

15. 이 경우는 이론적으로 뿔 사이로 피하는 여러 방법들이 있다. 연방 대법원의 결정에 거부와 복종 사이에는 완전한 복종에는 못 미치지만 노골적인 거부가 아닌 여러 가지 수용 단계들이 있다. 적어도 이론적으로는 어느 한쪽 뿔을 잡을 수 있다. 즉, 국제적인 차원의 긴급 상황은 거부에 대해 탄핵을 못하게 막을 가능성이 있다. 그리고 법원의 결정에 복종한 증거는 국회가 탄핵을 하도록 설득하기에는 충분하지 못할 가능성이 있다.

20. 이것은 파스칼의 논증으로서는 다소 비공식적인 이설인데, 삼백 년 이상 동안 수없이 거론된 것이다. 만약 이것이 신이 존재하거나 신이 존재하지 않는 선언적 전제를 가진 것으로 해석된다면, 뿔 사이로 피하는 것은 명백히 불가능하다. 그러나 주어진 논증을 논박하기 위해서는 두 뿔 중 어느 하나를 잡을 수 있다. 당신이 탁월한 덕을 실천하는 삶을 산다면 당신이 신앙을 가진 사람이 아닐지라도 당신이 지옥의 불구덩이 속에서 영원히 고통받을 것이라는 비난을 받을 수 있다는 주장이 있을 수 있다. 만약 당신이 신자로서 산다면, 당신은 신자가 아니라면 누릴 현세의 쾌락을 모두 잃어버리는 고통을 겪을 것이고 그리고 그것은 참으로 무거운 형벌이라는 주장이 있을 수도 있다.

제 8 장

8장 2절 논리연습

A. 1. 참 5. 참 10. 참 15. 거짓 20. 참. 25. 거짓

B. 1. 참 5. 거짓 10. 참 15. 참 20. 거짓 25. 거짓

C. 1. $I \bullet \sim L$ 5. $\sim I \bullet \sim L$ 10. $\sim(E \vee J)$
15. $\sim I \vee L$ 20. $(I \bullet E) \vee \sim(J \bullet S)$ 25. $(L \bullet E) \bullet (S \bullet J)$

8장 3절 논리연습

A. 1. 참 5. 거짓 10. 참 15. 거짓 20. 거짓 25. 참

B. 1. $A \supset (B \supset C)$ 5. $(A \bullet B) \supset C$ 10. $\sim[A \supset (B \bullet C)]$
15. $B \supset (A \vee C)$ 20. $B \vee C$ 25. $(\sim C \bullet \sim D) \supset (\sim B \vee A)$

8장 4절 논리연습

A. e. *e*의 고유형식은 10이다.

o. *o*는 3의 대입례이고, *o*의 고유형식은 24이다.

8장 7절 논리연습

A. 1.

p	q	$p \supset q$	$\sim q$	$\sim p$	$\sim q \supset \sim p$
T	T	T	F	F	T
T	F	F	T	F	F
F	T	T	F	T	T
F	F	T	T	T	T

타당함

5.

p	q	$p \supset q$
T	T	T
T	F	F
F	T	T
F	F	T

부당함(2행에서 입증)

10.

p	q	$p \cdot q$
T	T	T
T	F	F
F	T	F
F	F	F

타당함

15.

p	q	r	$q \supset r$	$P \supset (q \supset r)$	$p \supset r$	$q \supset (p \supset r)$	$p \vee q$	$(p \vee q) \supset r$
T	T	T	T	T	T	T	T	T
T	T	F	F	F	F	F	T	F
T	F	T	T	T	T	T	T	T
T	F	F	T	T	F	T	T	F
F	T	T	T	T	T	T	T	T
F	T	F	F	T	T	T	T	F
F	F	T	T	T	T	T	F	T
F	F	F	T	T	T	T	F	T

부당함(4행과 6행에서 입증)

20.

p	q	r	s	$p \cdot q$	$p \supset q$	$(p \cdot q) \supset r$	$r \supset s$	$p \supset (r \supset s)$	$(p \supset q) \cdot [(p \cdot q) \supset r]$	$p \supset s$
T	T	T	T	T	T	T	T	T	T	T
T	T	T	F	T	T	T	F	F	T	F
T	T	F	T	T	T	F	T	T	F	T
T	T	F	F	T	T	F	T	T	F	F
T	F	T	T	F	F	T	T	T	F	T
T	F	T	F	F	F	T	F	F	F	F
T	F	F	T	F	F	T	T	T	F	T
T	F	F	F	F	F	T	T	T	F	F
F	T	T	T	F	T	T	T	T	T	T
F	T	T	F	F	T	T	F	T	T	T
F	T	F	T	F	T	T	T	T	T	T
F	T	F	F	F	T	T	T	T	T	T
F	F	T	T	F	T	T	T	T	T	T
F	F	T	F	F	T	T	F	T	T	T
F	F	F	T	F	T	T	T	T	T	T
F	F	F	F	F	T	T	T	T	T	T
타당함										

B. 1.

$(A \vee B) \supset (A \cdot B)$
$A \vee B$
$\therefore A \cdot B$

고유형식

$(p \vee q) \supset (p \cdot q)$
$p \vee q$
$\therefore p \cdot q$

p	q	$p \vee q$	$p \cdot q$	$(p \vee q) \supset (p \cdot q)$
T	T	T	T	T
T	F	T	F	F
F	T	T	F	F
F	F	F	F	T
타당함				

5.

$(I \vee J) \supset (I \cdot J)$
$\sim(I \vee J)$
$\therefore \sim(I \cdot J)$

고유형식

$(p \vee q) \supset (p \cdot q)$
$\sim(p \vee q)$
$\therefore \sim(p \cdot q)$

p	q	$p \vee q$	$p \cdot q$	$(p \vee q) \supset (p \cdot q)$	$\sim(p \vee q)$	$\sim(p \cdot q)$
T	T	T	T	T	F	F
T	F	T	F	F	F	T
F	T	T	F	F	F	T
F	F	F	F	T	T	T

타당함(참고: 전건 부정의 오류는 없음)

10.

$U \supset (V \vee W)$ | | $p \supset (q \vee r)$
$(V \cdot W) \supset \sim U$ | 고유형식 | $(q \cdot r) \supset \sim p$
$\therefore \sim U$ | | $\therefore \sim p$

p	q	r	$q \vee r$	$p \supset (q \vee r)$	$q \cdot r$	$\sim p$	$(q \cdot r) \supset \sim p$
T	T	T	T	T	T	F	F
T	T	F	T	T	F	F	T
T	F	T	T	T	F	F	T
T	F	F	F	F	F	F	T
F	T	T	T	T	T	T	T
F	T	F	T	T	F	T	T
F	F	T	T	T	F	T	T
F	F	F	F	T	F	T	T

부당함(2행과 3행에서 입증)

C. 1.

$A \supset (B \cdot C)$ | | $p \supset (q \cdot r)$
$\sim B$ | 고유형식 | $\sim q$
$\therefore \sim A$ | | $\therefore \sim p$

p	q	r	$q \cdot r$	$p \supset (q \cdot r)$	$\sim q$	$\sim p$
T	T	T	T	T	F	F
T	T	F	F	F	F	F
T	F	T	F	F	T	F
T	F	F	F	F	T	F
F	T	T	T	T	F	T
F	T	F	F	T	F	T
F	F	T	F	T	T	T
F	F	F	F	T	T	T

타당함

5.

$M \supset (N \supset O)$
N
$\therefore O \supset M$

고유형식

$p \supset (q \supset r)$
q
$\therefore r \supset p$

p	q	r	$q \supset r$	$p \supset (q \supset r)$	$r \supset p$
T	T	T	T	T	T
T	T	F	F	F	T
T	F	T	T	T	T
T	F	F	T	T	T
F	T	T	T	T	F
F	T	F	F	T	T
F	F	T	T	T	F
F	F	F	T	T	T

부당함(5행에서 입증)

10.

$G \supset (I \cdot D)$
$(I \vee D) \supset B$
$\therefore G \supset B$

고유형식

$p \supset (q \cdot r)$
$(q \vee r) \supset s$
$\therefore p \supset s$

p	q	r	s	$q \cdot r$	$p \supset (q \cdot r)$	$q \vee r$	$(q \vee r) \supset s$	$p \supset s$
T	T	T	T	T	T	T	T	T
T	T	T	F	T	T	T	F	F
T	T	F	T	F	F	T	T	T
T	T	F	F	F	F	T	F	F
T	F	T	T	F	F	T	T	T
T	F	T	F	F	F	T	F	F
T	F	F	T	F	F	F	T	T
T	F	F	F	F	F	F	T	F
F	T	T	T	T	T	T	T	T
F	T	T	F	T	T	T	F	T
F	T	F	T	F	T	T	T	T
F	T	F	F	F	T	T	F	T
F	F	T	T	F	T	T	T	T
F	F	T	F	F	T	T	F	T
F	F	F	T	F	T	F	T	T
F	F	F	F	F	T	F	T	T

타당함

8장 8절 논리연습

A. 1. 1의 고유형식은 c이다.

5. 5는 c의 대입례이고, 5의 고유형식은 i이다.

10. 10은 e의 대입례이다.

B. 1.

p	q	$p \supset q$	$p \supset (p \supset q)$	$[p \supset (p \supset q)] \supset q$
T	T	T	T	T
T	F	F	F	T
F	T	T	T	T
F	F	T	T	F

미결정

5.

p	q	$\sim q$	$q \cdot \sim q$	$p \supset (q \cdot \sim q)$	$p \supset [p \supset (q \cdot \sim q)]$
T	T	F	F	F	F
T	F	T	F	F	F
F	T	F	F	T	T
F	F	T	F	T	T

미결정

10.

p	q	r	s	$p \supset q$	$r \supset s$	$(p \supset q) \cdot (r \supset s)$	$q \vee s$	$[(p \supset q) \cdot (r \supset s)] \cdot (q \vee s)$	$p \vee r$	$\{[(p \supset q) \cdot (r \supset s)] \cdot (q \vee s)\} \supset (p \vee r)$
T	T	T	T	T	T	T	T	T	T	T
T	T	T	F	T	F	F	T	F	T	T
T	T	F	T	T	T	T	T	T	T	T
T	T	F	F	T	T	T	T	T	T	T
T	F	T	T	F	T	F	T	F	T	T
T	F	T	F	F	F	F	F	F	T	T
T	F	F	T	F	T	F	T	F	T	T
T	F	F	F	F	T	F	F	F	T	T
F	T	T	T	T	T	T	T	T	T	T
F	T	T	F	T	F	F	T	F	T	T
F	T	F	T	T	T	T	T	T	F	F
F	T	F	F	T	T	T	T	T	F	F
F	F	T	T	T	T	T	T	T	T	T
F	F	T	F	T	F	F	F	F	T	T
F	F	F	T	T	T	T	T	T	F	F
F	F	F	F	T	T	T	F	F	F	T

미결정

C. 1.

p	q	$p \supset q$	$\sim q$	$\sim p$	$\sim q \supset \sim p$	$(p \supset q)] \equiv (\sim q \supset \sim p)$
T	T	T	F	F	T	T
T	F	F	T	F	F	T
F	T	T	F	T	T	T
F	F	T	T	T	T	T
항진						

5.

p	q	$p \vee q$	$p \cdot (p \vee q)$	$p \equiv [p \cdot (p \vee q)]$
T	T	T	T	T
T	F	T	T	T
F	T	T	F	T
F	F	F	F	T
항진				

10.

p	q	$p \supset q$	$p \vee q$	$(p \vee q) \equiv q$	$(p \supset q) \equiv [(p \vee q) \equiv q]$
T	T	T	T	T	T
T	F	F	T	F	T
F	T	T	T	T	T
F	F	T	F	T	T
항진					

15.

p	q	r	$q \vee r$	$p \cdot (q \vee r)$	$p \cdot q$	$p \cdot r$	$(p \cdot q) \vee (p \cdot r)$	$[p \cdot (q \vee r)] \equiv [(p \cdot q) \vee (p \cdot r)]$
T	T	T	T	T	T	T	T	T
T	T	F	T	T	T	F	T	T
T	F	T	T	T	F	T	T	T
T	F	F	F	F	F	F	F	T
F	T	T	T	F	F	F	F	T
F	T	F	T	F	F	F	F	T
F	F	T	T	F	F	F	F	T
F	F	F	F	F	F	F	F	T
항진								

20.

p	q	$p \supset q$	$q \supset p$	$(p \supset q) \cdot (q \supset p)$	$p \cdot q$	$\sim p$	$\sim q$	$\sim p \cdot \sim q$	$(p \cdot q) \vee (\sim p \cdot \sim q)$	$[(p \supset q) \cdot (q \supset p)] \equiv [(p \cdot q) \vee (\sim p \cdot \sim q)]$
T	T	T	T	T	T	F	F	F	T	T
T	F	F	T	F	F	F	T	F	F	T
F	T	T	F	F	F	T	F	F	F	T
F	F	T	T	T	F	T	T	T	T	T
항진										

제 9 장

9장 2절 논리연습

1. 흡수논법 (Abs.)
5. 구성적 양도논법 (C.D.)
10. 가언적 삼단논법 (H.S.)
15. 연접논법 (Conj.)
20. 가언적 삼단논법 (H.S.)

9장 3절 논리연습

1. 3. 1, Simp
   4. 3, Add.
   5. 2, 4, M.P.
   6. 3, 5, Conj.

5. 5. 2, 4, M.P.
   6. 1, 5, Conj.
   7. 3, 4, D.S.
   8. 6, 7, C.D.

10. 6. 4, 5, Conj.
    7. 3, 6, M.P.
    8. 7, 1, H.S.
    9. 2, 8, Conj.
    10. 9, 4, C.D.

9장 4절 논리연습

5.
1. $M \vee N$
2. $\sim M \cdot \sim O$
   $\therefore N$
3. $\sim M$ — 2, Simp
4. N — 1, 3, D.S.

10.
1. $A \supset B$
2. $(A \cdot B) \supset C$
   $\therefore A \supset C$
3. $A \supset (A \cdot B)$ — 1, Abs
4. $A \supset C$ — 3,2, H.S.

15.
1. $(P \supset Q) \cdot (R \supset S)$
2. $(P \vee R) \cdot (Q \vee R)$
   $\therefore Q \vee S$
3. $P \vee R$ — 2, Simp
4. $Q \vee S$ — 1, 3, C.D.

20.
1. $(\sim H \vee I) \vee J$
2. $\sim(\sim H \vee I)$
   $\therefore J \vee \sim H$
3. J — 1, 2, D.S.
4. $J \vee H$ — 3, Add.

25.
1. $(W \cdot X) \supset (Y \cdot Z)$
2. $\sim[(W \cdot X) \cdot (Y \cdot Z)]$
   $\therefore \sim(W \cdot X)$
3. $(W \cdot X) \supset [(W \cdot X) \cdot (Y \cdot Z)]$ — 1, Abs.
4. $\sim(W \cdot X)$ — 3, 2, M.T.

30.
1. $Q \supset (R \vee S)$
2. $(T \cdot U) \supset R$
3. $(R \vee S) \supset (T \cdot U)$
   $\therefore Q \supset R$
4. $Q \supset (T \cdot U)$ — 1, 3, H.S.
5. $Q \supset R$ — 4, 2, H.S.

9장 5절 논리연습

A.

5.
1. $N \supset [(N \cdot O) \supset P]$
2. $N \cdot O$
   $\therefore P$
3. N — 2, Simp.
4. $(N \cdot O) \supset P$ — 1, 3, M.P.
5. P — 4, 2, M.P.

10.
1. $E \vee \sim F$
2. $F \vee (E \vee G)$
3. $\sim E$
   $\therefore G$
4. $\sim F$ — 1, 3, D.S.
5. $E \vee G$ — 2, 4, D.S.
6. G — 5, 3, D.S.

15.
1. $(Z \cdot A) \supset B$
2. $B \supset A$
3. $(B \cdot A) \supset (A \cdot B)$
   $\therefore (Z \cdot A) \supset (A \cdot B)$
4. $B \supset (B \cdot A)$ — 2, Abs.
5. $B \supset (A \cdot B)$ — 4, 3, H.S.
6. $(Z \cdot A) \supset (A \cdot B)$ — 1, 5, H.S.

B.

5.
1. $(Q \supset R) \cdot (S \supset T)$
2. $(U \supset V) \cdot (W \supset X)$
3. $Q \vee U$
   $\therefore R \vee V$
4. $Q \supset R$ — 1, Simp.
5. $U \supset V$ — 2, Simp.
6. $(Q \supset R) \cdot (U \supset V)$ — 4, 5, Conj.
7. $R \vee V$ — 6, 3, C.D.

10.
1. $(N \vee O) \supset P$
2. $(P \vee Q) \supset R$
3. $Q \vee N$
4. $\sim Q$
   $\therefore R$
5. N — 3, 4, D.S.
6. $N \vee O$ — 5, Add.
7. P — 1, 6, M.P.
8. $P \vee Q$ — 7, Add.
9. R — 2, 8, M.P.

C.

5.
1. $C \supset R$
2. $(C \cdot R) \supset B$
3. $(C \supset B) \supset \sim S$
4. $S \vee M$
   $\therefore M$
5. $C \supset (C \cdot R)$ — 1, Abs.
6. $C \supset B$ — 5, 2, H.S.
7. $\sim S$ — 3, 6, M.P.
8. M — 4, 7, D.S.

10.
1. $O \supset \sim M$
2. O
3. $B \supset \sim N$
4. B
5. $(\sim M \cdot \sim N) \supset F$
6. $(B \cdot F) \supset G$
   $\therefore G$
7. $\sim M$ — 1, 2, M.P.
8. $\sim N$ — 3, 4, M.P.
9. $\sim M \cdot \sim N$ — 7, 8, Conj.
10. F — 5, 9, M.P.
11. $B \cdot F$ — 4, 10, Conj.
12. G — 6, 11, M.P.

9장 6절 논리연습

5. 단순동치 (Equiv.)
10. 결합법칙 (Assoc.)
15. 분배법칙 (Dist.)
20. 드모르간의 정리 (De M.)

9장 8절 논리연습

A.

5.
3. 2, Dist.
4. 3, Com.
5. 4, Simp.
6. 5, Taut.
7. 1, Assoc.
8. 7, 6, D.S.
9. 8, Impl

10.
3. 2, Trans.
4. 3, Exp.
5. 1, D.N.
6. 5, Com.
7. 6, Dist.
8. 7, Com.
9. 4, 8, C.D.
10. 9, Com.
11. 10, D.N.
12. 11, De M.

B.

5.
1. $\sim K \vee (L \supset M)$
$\therefore (K \cdot L) \supset M$
2. $K \supset (L \supset M)$ 1, Impl.
3. $(K \cdot L) \supset M$ 2, Exp.

10.
1. $Z \supset A$
2. $\sim A \vee B$
$\therefore Z \supset B$
3. $A \supset B$ 2, Impl.
4. $Z \supset B$ 1, 3, H.S.

15.
1. $(O \vee P) \supset (Q \vee R)$
2. $P \vee O$
$\therefore Q \vee R$
3. $O \vee P$ 2, Com.
4. $Q \vee R$ 1, 3, M.P.

20.
1. $I \supset [J \vee (K \vee L)]$
2. $\sim [(J \vee K) \vee L]$
$\therefore \sim I$
3. $\sim [J \vee (K \vee L)]$ 2, Assoc.
4. $\sim I$ 1, 3, M.T.

25.
1. $A \vee B$
2. $C \vee D$
$\therefore [(A \vee B) \cdot C] \vee [(A \vee B) \cdot D]$
3. $(A \vee B) \cdot (C \vee D)$ 1,2, Conj.
4. $[(A \vee B) \cdot C] \vee$
$[(A \vee B) \cdot D]$ 3, Dist.

30.
1. $\sim [(B \supset \sim C) \cdot (\sim C \supset B)]$
2. $(D \cdot E) \supset (B \equiv \sim C)$
$\therefore \sim (D \cdot E)$
3. $\sim (B \equiv \sim C)$ 1, Equiv.
4. $\sim (D \cdot E)$ 2, 3, M.T.

C.

5.
1. $[(K \vee L) \vee M] \vee N$
$\therefore (N \vee K) \vee (L \vee M)$
2. $[K \vee (L \vee M)] \vee N$ 1, Assoc.
3. $N \vee [K \vee (L \vee M)]$ 2, Com.
4. $(N \vee K) \vee (L \vee M)$ 3, Assoc.

10.
1. $(Z \vee A) \vee B$
2. $\sim A$
$\therefore Z \vee B$
3. $(A \vee Z) \vee B$ 1, Com.
4. $A \vee (Z \vee B)$ 3, Assoc.
5. $Z \vee B$ 4, 2, D.S.

15. 1. $[R \supset (S \supset T)] \cdot [(R \cdot T) \supset U]$
2. $R \cdot (S \vee T)$
$\therefore T \vee U$
3. $(R \cdot S) \vee (R \cdot T)$ 2, Dist.
4. $[(R \cdot S) \supset T] \cdot$
$[(R \cdot T) \supset U]$ 1, Exp.
5. $T \vee U$ 4, 3, C.D.

D.

5. 1. $K \supset L$
$\therefore K \supset (L \vee M)$
2. $\sim K \vee L$ 1, Impl.
3. $(\sim K \vee L) \vee M$ 2, Add.
4. $\sim K \vee (L \vee M)$ 3, Assoc.
5. $K \supset (L \vee M)$ 4, Impl.

10. 1. $Z \supset A$
2. $Z \vee A$
$\therefore A$
3. $A \vee Z$ 2, Com.
4. $\sim\sim A \vee Z$ 3, D.N.
5. $\sim A \supset Z$ 4, Impl.
6. $\sim A \supset A$ 5, 1, H.S.
7. $\sim\sim A \vee A$ 6, Impl.
8. $A \vee A$ 7, D.N.
9. A 8, Taut.

E.

1. 1. $A \supset \sim B$
2. $\sim(C \cdot \sim A)$
$\therefore C \supset \sim B$
3. $\sim C \vee \sim\sim A$ 2, De M.
4. $C \supset \sim\sim A$ 3, Impl.
5. $C \supset A$ 4, D.N.
6. $C \supset \sim B$ 5, 1, H.S.

5. 1. $[(M \cdot N) \cdot O] \supset P$
2. $Q \supset [(O \cdot M) \cdot N]$
$\therefore \sim Q \vee P$
3. $[O \cdot (M \cdot N)] \supset P$ 1, Com.
4. $[(O \cdot M) \cdot N] \supset P$ 3, Assoc.
5. $Q \supset P$ 2, 4, H.S.
6. $\sim Q \vee P$ 5, Impl.

10. 1. $[H \vee (I \vee J)] \supset (K \supset J)$
2. $L \supset [I \vee (J \vee H)]$
$\therefore (L \cdot K) \supset J$
3. $[(I \vee J) \vee H] \supset (K \supset J)$ 1, Com.
4. $[I \vee (J \vee H)] \supset (K \supset J)$ 3, Assoc.
5. $L \supset (K \supset J)$ 2, 4, H.S.
6. $(L \cdot K) \supset J$ 5, Exp.

15. 1. $(Z \supset Z) \supset (A \supset A)$
2. $(A \supset A) \supset (Z \supset Z)$
$\therefore A \supset A$
3. $[(Z \supset Z) \supset (A \supset A)] \vee \sim A$ 1, Add.
4. $\sim A \vee [(Z \supset Z) \supset (A \supset A)]$ 3, Com.
5. $A \supset [(Z \supset Z) \supset (A \supset A)]$ 4, Impl.
6. $A \supset \{A \cdot [(Z \supset Z) \supset (A \supset A)]\}$ 5, Abs.

7.	$\sim A \lor \{A \cdot [(Z \supset Z) \supset (A \supset A)]\}$	6, Impl.
8.	$(\sim A \lor A) \cdot \{\sim A \lor [(Z \supset Z) \supset (A \supset A)]\}$	7, Dist.
9.	$\sim A \lor A$	8, Simp.
10.	$A \supset A$	9, Impl.

20.

1.	$(R \lor S) \supset (T \cdot U)$	
2.	$\sim R \supset (V \supset \sim V)$	
3.	$\sim T$	
	$\therefore \sim V$	
4.	$\sim T \lor \sim U$	3, Add.
5.	$\sim(T \cdot U)$	4, De M.
6.	$\sim(R \lor S)$	1, 5, M.T.
7.	$\sim R \cdot \sim S$	6, De M.
8.	$\sim R$	7, Simp.
9.	$V \supset \sim V$	2, 8, M.P.
10.	$\sim V \lor \sim V$	9, Impl.
11.	$\sim V$	10, Taut.

F.

1.

1.	$\sim N \lor A$	
2.	N	
	$\therefore A$	
3.	$N \supset A$	1, Impl.
4.	A	3, 2, M.P.

5.

1.	$R \supset A$	
	$\therefore R \supset (A \lor W)$	
2.	$\sim R \lor A$	1, Impl.
3.	$(\sim R \lor A) \lor W)$	2, Add.
4.	$\sim R \lor (A \lor W)$	3, Assoc.
5.	$R \supset (A \lor W)$	4, Impl.

10.

1.	$(G \cdot S) \supset D$	
2.	$(S \supset D) \supset P$	
3.	G	
	$\therefore P$	
4.	$G \supset (S \supset D)$	1, Exp.
5.	$S \supset D$	4, 3, M.P.
6.	P	2, 5, M.P.

15.

1.	$M \supset \sim C$	
2.	$\sim C \supset \sim A$	
3.	$D \lor A$	
	$\therefore \sim M \lor D$	
4.	$M \supset \sim A$	1, 2, H.S.
5.	$A \lor D$	3, Com.
6.	$\sim\sim A \lor D$	5, D.N.
7.	$\sim A \supset D$	6, Impl.
8.	$M \supset D$	4, 7, H.S.
9.	$\sim M \lor D$	8, Impl.

20.

1.	$P \supset \sim M$	
2.	$C \supset M$	
3.	$\sim L \lor C$	
4.	$(\sim P \supset \sim E) \cdot (\sim E \supset \sim C)$	
5.	$P \lor \sim P$	
	$\therefore \sim L$	

6.	$(\sim E \supset \sim C) \cdot (\sim P \supset \sim E)$	4, Com.
7.	$\sim P \supset \sim E$	4, Simp.
8.	$\sim E \supset \sim C$	6, Simp.
9.	$\sim P \supset \sim C$	7, 8, H.S.
10.	$\sim M \supset \sim C$	2, Trans.
11.	$P \supset \sim C$	1, 10, H.S.
12.	$(P \supset \sim C) \cdot (\sim P \supset \sim C)$	11, 9, Conj.
13.	$\sim C \vee \sim C$	12, 5, C.D.
14.	$\sim C$	13, Taut.
15.	$C \vee \sim L$	3, Com.
16.	$\sim L$	15, 14, D.S.

G. 5. 1. $(H \vee \sim H) \supset G$

$\therefore G$

2.	$[(H \vee \sim H) \supset G] \vee \sim H$	1, Add.
3.	$\sim H \vee [(H \vee \sim H) \supset G]$	2, Com.
4.	$H \supset [(H \vee \sim H) \supset G]$	3, Impl.
5.	$H \supset \{H \cdot [(H \vee \sim H) \supset G]\}$	4, Abs.
6.	$\sim H \vee \{H \cdot [(H \vee \sim H) \supset G]\}$	5, Impl.
7.	$(\sim H \vee H) \cdot \{\sim H \vee [(H \vee \sim H) \supset G]\}$	6, Dist.
8.	$\sim H \vee H$	7, Simp.
9.	$H \vee \sim H$	8, Com.
10.	G	1, 9, M.P.

9장 9절 논리연습

1.

A	*B*	*C*	*D*
f	f	f	t

5.

S	*T*	*U*	*V*	*W*	*X*
t	f	f	t	t	t

10.

	A	*B*	*C*	*D*	*E*	*F*	*G*	*H*	*I*	*J*
	t	t	f	t	f	t	f	t	f	t
또는	f	t	t	t	f	t	f	t	f	t
또는	f	t	f	t	f	t	f	t	f	t

또는 13가지 다른 진리치 할당 중의 어떤 것

9장 10절 논리연습

A. 1. 1. $(A \supset B) \cdot (C \supset D)$

$\therefore (A \cdot C) \supset (B \vee D)$

2.	$A \supset B$	1, Simp.
3.	$\sim A \vee B$	2, Impl.

4.	$(\sim A \vee B) \vee D$	3, Add.
5.	$\sim A \vee (B \vee D)$	4, Assoc.
6.	$[\sim A \vee (B \vee D)] \vee \sim C$	5, Add.
7.	$\sim C \vee [\sim A \vee (B \vee D)]$	6, Com.
8.	$(\sim C \vee \sim A) \vee (B \vee D)$	7, Assoc.
9.	$(\sim A \vee \sim C) \vee (B \vee D)$	8, Com.
10.	$\sim(A \cdot C) \vee (B \vee D)$	9, De M.
11.	$(A \cdot C) \supset (B \vee D)$	10, Impl.

5.

X	Y	Z	A	B	C
t	f	t	f	t	f

10.

	A	B	C	D	E	F	G
	f	f	t	t	f	t	t
또는	f	f	t	f	f	t	t
또는	f	f	f	t	f	t	t
또는	f	f	f	f	f	t	t

B.

1.

1.	$C \supset (M \supset D)$	
2.	$D \supset V$	
3.	$(D \supset A) \cdot \sim A$	
	$\therefore M \supset \sim C$	
4.	$D \supset A$	3, Simp.
5.	$\sim A \cdot (D \supset A)$	3, Com.
6.	$\sim A$	5, Simp.
7.	$\sim D$	4, 6, M.T.
8.	$(C \cdot M) \supset D$	1, Exp.
9.	$\sim(C \cdot M)$	8, 7, M.T.
10.	$\sim C \vee \sim M$	9, De M.
11.	$\sim M \vee \sim C$	10, Com.
12.	$M \supset \sim C$	11, Impl.

5. $(I \cdot S) \supset (G \cdot P)$
$[(S \cdot \sim I) \supset A] \cdot (A \supset P)$
$I \supset S$
$\therefore P$

이 논증은 아래 진리표에 의해 부당한 것으로 증명된다.

	I	S	G	P	A
	f	f	t	f	f
또는	f	f	f	f	f

10. $(H \supset A) \supset (F \supset C)$
$A \supset (F \bullet E)$
$(O \supset C) \supset (O \supset M)$
$P \supset (M \supset D)$
$P \bullet (D \supset G)$
$\therefore H \supset G$

이 논증은 아래 진리표에 의해 부당한 것으로 증명된다.

H	A	C	F	E	O	M	P	D	G
t	t	t	t	t	f	f	t	f	f

15.
1.	$(J \vee A) \supset [(S \vee K) \supset (\sim I \bullet Y)]$	
2.	$(\sim I \vee \sim M) \supset E$	
	$\therefore J \supset (S \supset E)$	
3.	$\sim (J \vee A) \vee [(S \vee K) \supset (\sim I \bullet Y)]$	1, Impl.
4.	$[(S \vee K) \supset (\sim I \bullet Y)] \vee \sim (J \vee A)$	3, Com.
5.	$[(S \vee K) \supset (\sim I \bullet Y)] \vee (\sim J \bullet \sim A)$	4, De M
6.	$\{[(S \vee K) \supset (\sim I \bullet Y)] \vee \sim J\} \bullet$ $\{[(S \vee K) \supset (\sim I \bullet Y)] \vee \sim A\}$	5, Dist.
7.	$[(S \vee K) \supset (\sim I \bullet Y)] \vee \sim J$	6, Simp.
8.	$[\sim (S \vee K) \vee (\sim I \bullet Y)] \vee \sim J$	7, Impl.
9.	$\sim (S \vee K) \vee [(\sim I \bullet Y) \vee \sim J]$	8, Assoc.
10.	$[(\sim I \bullet Y) \vee \sim J] \vee \sim (S \vee K)$	9, Com.
11.	$[(\sim I \bullet Y) \vee \sim J] \vee (\sim S \bullet \sim K)$	10, De M
12.	$\{[(\sim I \bullet Y) \vee \sim J] \vee \sim S\} \bullet$ $\{[(\sim I \bullet Y) \vee \sim J] \vee \sim K\}$	11, Dist.
13.	$[(\sim I \bullet Y) \vee \sim J] \vee \sim S$	12, Simp.
14.	$(\sim I \bullet Y) \vee (\sim J \vee \sim S)$	13, Assoc.
15.	$(\sim J \vee \sim S) \vee (\sim I \bullet Y)$	14, Com.
16.	$[(\sim J \vee \sim S) \vee \sim I] \bullet [(\sim J \vee \sim S) \vee Y]$	15, Dist.
17.	$(\sim J \vee \sim S) \vee \sim I$	16, Simp.
18.	$[(\sim J \vee \sim S) \vee \sim I] \vee \sim M$	17, Add.
19.	$(\sim J \vee \sim S) \vee (\sim I \vee \sim M)$	18, Assoc.
20.	$\sim (J \bullet S) \vee (\sim I \vee \sim M)$	19, De M
21.	$(J \bullet S) \supset (\sim I \vee \sim M)$	20, Impl.
22.	$(J \bullet S) \supset E$	21, 2, H.S.
23.	$J \supset (S \supset E)$	22, Exp.

C.

5\. 1. $(R \vee \sim R) \supset W$
   $\therefore W$

2.	$[(R \vee \sim R) \supset W] \vee \sim R$	1, Add.
3.	$\sim R \vee [(R \vee \sim R) \supset W]$	2, Com.
4.	$R \supset [(R \vee \sim R) \supset W]$	3, Impl.
5.	$R \supset \{R \cdot [(R \vee \sim R) \supset W]\}$	4, Abs.
6.	$\sim R \vee \{R \cdot [(R \vee \sim R) \supset W]\}$	5, Impl.
7.	$(\sim R \vee R) \cdot \{\sim R \vee [(R \vee \sim R) \supset W]\}$	6, Dist.
8.	$\sim R \vee R$	7, Simp.
9.	$R \vee \sim R$	8, Com.
10.	W	1, 9, M.P.

9장 11절 논리연습

A.

5\. 1. $D \supset (Z \supset Y)$
   2. $Z \supset (Y \supset \sim Z)$
   $\therefore \sim D \vee \sim Z$

!3.	$\sim(\sim D \vee \sim Z)$	I.P.(Indirect Proof)	!8.	$Z \supset Y$	1, 7, M.P.
!4.	$\sim\sim D \cdot \sim\sim Z$	3, De M.	!9.	$Z \cdot D$	6, Com.
!5.	$D \cdot \sim\sim Z$	4, D.N.	!10.	Z	9, Simp.
!6.	$D \cdot Z$	5, D.N.	!11.	$Y \supset \sim Z$	2, 10, M.P.
!7.	D	6, Simp.	!12.	Y	8, 10, M.P.
			!13.	$\sim Z$	11, 12, M.P.
			!14.	$Z \cdot \sim Z$	10, 13, Conj.

제10장

10장 4절 논리연습

A.

5\. $(\exists x)(Dx \cdot \sim Rx)$

10\. $(x)(Cx \supset \sim Fx)$

15\. $(x)(Vx \supset Cx)$

20\. $(x)(Cx \equiv Hx)$

B.

5\. $[(\exists x)(Gx \cdot \sim Sx)] \cdot [(\exists x)(Dx \cdot \sim Bx)]$

10\. $(x)(\sim Bx \supset \sim Wx)$

C.

1\. $(\exists x)(Ax \cdot \sim Bx)$

5\. $(\exists x)(Ix \cdot \sim Jx)$

10\. $(\exists x)(Sx \cdot \sim Tx)$

10장 5절 논리연습

A.

5\. 1. $(x)(Mx \supset Nx)$
2. $(\exists x)(Mx \cdot Ox)$
$\therefore (\exists x)(Ox \cdot Nx)$
3. $Ma \cdot Oa$ 2, **E.I.**
4. $Ma \supset Na$ 1, **U.I.**
5. Ma 3, Simp.
6. Na 4, 5, M.P.
7. $Oa \cdot Ma$ 3, Com.
8. Oa 7, Simp.
9. $Oa \cdot Na$ 8, 6, Conj.
10. $(\exists x)(Ox \cdot Nx)$ 9, **E.G.**

10\. 1. $(x)(Bx \supset \sim Cx)$
2. $(\exists x)(Cx \cdot Dx)$
$\therefore (\exists x)(Dx \cdot \sim Bx)$
3. $Ca \cdot Da$ 2, **E.I.**
4. $Ba \supset \sim Ca$ 1, **U.I.**
5. Ca 3, Simp.
6. $\sim\sim Ca$ 5, D.N.
7. $\sim Ba$ 4, 6, M.T.
8. $Da \cdot Ca$ 3, Com.
9. Da 8, Simp.
10. $Da \cdot \sim Ba$ 9, 7, Conj.
11. $(\exists x)(Dx \cdot \sim Bx)$ 10, **E.G.**

B.

1\. 1. $(x)(Ax \supset \sim Bx)$
2. Bc
$\therefore \sim Ac$
3. $Ac \supset \sim Bc$ 1, **U.I.**
4. $\sim\sim Bc$ 2, D.N.
5. $\sim Ac$ 3, 4, M.T.

5\. 1. $(x)(Mx \supset Nx)$
2. $(\exists x)(Ox \cdot Mx)$
$\therefore (\exists x)(Ox \cdot Nx)$
3. $Oa \cdot Ma$ 2, **E.I.**
4. $Ma \supset Na$ 1, **U.I.**
5. Oa 3, Simp.
6. $Ma \cdot Oa$ 3, Com.
7. Ma 6, Simp.

8.	Na	4, 7, M.P.
9.	$Oa \cdot Na$	5, 8, Conj.
10.	$(\exists x)(Ox \cdot Nx)$	9, **E.G.**

10\.

1.	$(x)(Ax \supset Rx)$	
2.	$\sim Rs$	
	$\therefore \sim As$	
3.	$As \supset Rs$	1, **U.I.**
4.	$\sim As$	3, 2, M.T.

10장 6절 논리연습

A.

5\. $(\exists x)(Mx \cdot Nx)$, $(\exists x)(Mx \cdot Ox)$, $\therefore (x)(Ox \supset Nx)$ 와 $\boxed{a}\boxed{b}$에서 논리적으로 동치인 논증 $(Ma \cdot Na) \vee (Mb \cdot Nb)$, $(Ma \cdot Oa) \vee (Mb \cdot Ob)$, $\therefore (Oa \supset Na) \cdot (Ob \supset Nb)$

이 논증은 아래 진리표 또는

Ma	*Mb*	*Na*	*Nb*	*Oa*	*Ob*
t	t	t	f	t	t

몇 가지 다른 진리치 할당 중의 어떤 것에 의해 부당한 것으로 증명된다.

10\. $(\exists x)(Bx \cdot \sim Cx)$, $(x)(Dx \supset \sim Cx)$, $\therefore (x)(Dx \supset Bx)$ 와 $\boxed{a}\boxed{b}$에서 논리적으로 동치인 논증 $(Ba \cdot \sim Ca) \vee (Bb \cdot \sim Cb)$, $(Da \supset \sim Ca) \cdot (Db \supset \sim Cb)$, $\therefore (Da \supset Ba) \cdot (Db \supset Bb)$

이 논증은 아래 진리표에 의해 부당한 것으로 증명된다.

Ba	*Bb*	*Ca*	*Cb*	*Da*	*Db*
f	t	f	f	t	t

B.

1\. $(x)(Ax \supset Bx)$, $(x)(Cx \supset Bx)$, $\therefore (x)(Ax \supset Cx)$ 와 $\boxed{a}$에서 논리적으로 동치인 논증 $Aa \supset Ba$, $Ca \supset Ba$, $\therefore Aa \supset Ca$

이 논증은 아래 진리표에 의해 부당한 것으로 증명된다.

Aa	*Ba*	*Ca*
t	t	f

5\. $(\exists x)(Mx \cdot Nx)$, $(\exists x)(Ox \cdot \sim Nx)$, $\therefore (x)(Ox \supset \sim Mx)$ 와 $\boxed{a}\boxed{b}$에서 논리적으로 동치인 논증 $(Ma \cdot Na) \vee (Mb \cdot Nb)$, $(Oa \cdot \sim Na) \vee (Ob \cdot Nb)$, $\therefore (Oa \supset \sim Ma) \cdot (Ob \supset \sim Mb)$

이 논증은 아래 진리표 또는

Ma	*Mb*	*Na*	*Nb*	*Oa*	*Ob*
t	t	t	f	t	t

몇 가지 다른 진리치 할당 중의 어떤 것에 의해 부당한 것으로 증명된다.

10. $(x)(Mx \supset Sx)$, $(x)(Wx \supset Mx)$, $\therefore (x)(Sx \supset Wx)$ } 와 [a]에서 논리적으로 동치인 논증 { $Ma \supset Sa$, $Wa \supset Ma$, $\therefore Sa \supset Wa$

이 논증은 아래 진리표에 의해 부당한 것으로 증명된다.

Ma	Sa	Wa
t	t	f

10장 7절 논리연습

A. 5. $(x)Gx \supset (Wx \equiv Lx)$

10. $(x)\{Ax \supset [(Bx \supset Wx) \cdot (Px \supset Sx)]\}$

B. 1. 1. $(x)[(Ax \vee Bx) \supset (Cx \cdot Dx)]$

$\therefore (x)(Bx \supset Cx)$

2.	$(Ay \vee By) \supset (Cy \cdot Dy)$	1, **U.I.**
3.	$\sim(Ay \vee By) \vee (Cy \cdot Dy)$	2, Impl.
4.	$[\sim(Ay \vee By) \vee Cy] \cdot [\sim(Ay \vee By) \vee Dy]$	3, Dist.
5.	$\sim(Ay \vee By) \vee Cy$	4, Simp.
6.	$Cy \vee \sim(Ay \vee By)$	5, Com.
7.	$Cy \vee (\sim Ay \cdot \sim By)$	6, De M.
8.	$(Cy \vee \sim Ay) \cdot (Cy \vee \sim By)$	7, Dist.
9.	$(Cy \vee \sim By) \cdot (Cy \vee \sim Ay)$	8, Com.
10.	$Cy \vee \sim By$	9, Simp.
11.	$\sim By \vee Cy$	10, Com.
12.	$By \supset Cy$	11, Impl.
13.	$(x)(Bx \supset Cx)$	12, **U.G.**

5. $(\exists x)(Sx \cdot Tx)$, $(\exists x)(Ux \cdot \sim Sx)$, $(\exists x)(Vx \cdot \sim Tx)$, $\therefore (\exists x)(Ux \cdot Vx)$ } 와 [a][b][c]에서 논리적으로 동치인 논증 { $(Sa \cdot Ta) \vee (Sb \cdot Tb) \vee (Sc \cdot Tc)$, $(Ua \cdot \sim Sa) \vee (Ub \cdot \sim Sb) \vee (Uc \cdot \sim Sc)$, $(Va \cdot \sim Ta) \vee (Vb \cdot \sim Tb) \vee (Vc \cdot \sim Tc)$, $\therefore (Ua \cdot Va) \vee (Ub \cdot \sim Vb) \vee (Uc \cdot Vc)$

이 논증은 아래 진리표 또는 몇 가지 다른 진리치 할당 중의 어떤 것에 의해 부당한 것으로 증명된다.

Sa	Sb	Sc	Ta	Tb	Tc	Ua	Ub	Uc	Va	Vb	Vc
t	f	t	t	t	f	f	t	f	t	f	t

10. $(x)(Sx \vee Tx) \supset \sim(Ux \vee Vx)$
$(\exists x)(Sx \bullet \sim Wx)$
$(\exists x)(Tx \bullet \sim Xx)$
$(x)(\sim Wx \supset Xx)$
$\therefore (\exists x)(Ux \bullet \sim Vx)$

와 $\boxed{a}\boxed{b}$에서 논리적으로 동치인 논증

$[(Sa \vee Ta) \supset \sim(Ua \vee Va) \bullet (Sb \vee Tb) \supset \sim(Ub \vee Vb)]$
$(Sa \bullet \sim Wa) \vee (Sb \bullet \sim Wb)$
$(Ta \bullet \sim Xa) \vee (Tb \bullet \sim Xb)$
$(\sim Wa \supset Xa) \bullet (\sim Wb \supset Xb)$
$\therefore (Ua \bullet \sim Va) \vee (Ub \bullet \sim Vb)$

이 논증은 아래 진리표 또는 몇 가지 다른 진리치 할당 중의 어떤 것에 의해 부당한 것으로 증명된다.

Sa	Sb	Ta	Tb	Ua	Ub	Va	Vb	Wa	Wb	Xa	Xb
t	t	t	t	f	f	f	f	f	t	t	f

C.

1. 1. $(x)[(Ax \vee Bx) \supset Cx]$
2. $(x)(Vx \supset Ax)$
$\therefore (x)(Vx \supset Cx)$
3. $(Ay \vee By) \supset Cy$ — 1, **U.I.**
4. $Vy \supset Ay$ — 2, **U.I.**
5. $\sim Vy \vee Ay$ — 4, Impl.
6. $(\sim Vy \vee Ay) \vee By$ — 5, Add.
7. $\sim Vy \vee (Ay \vee By)$ — 6, Assoc.
8. $Vy \supset (Ay \vee By)$ — 7, Impl.
9. $Vy \supset Cy$ — 8, 3, H.S.
10. $(x)(Vx \supset Cx)$ — 9, **U.G.**

5. $(x)\{[Ex \bullet (Ix \vee Tx)] \supset \sim Sx\}$
$(\exists x)(Ex \bullet Ix)$
$(\exists x)(Ex \bullet Tx)$
$\therefore (x)(Ex \supset \sim Sx)$

이 논증과 $\boxed{a}\boxed{b}$에서 논리적으로 동치인 논증은
$\{[Ea \bullet (Ia \vee Ta)] \supset \sim Sa\} \bullet \{[Eb \bullet (Ib \vee Tb)] \supset \sim Sb\}$
$(Ea \bullet Ia) \vee (Eb \bullet Ib)$
$(Ea \bullet Ta) \vee (Eb \bullet Tb)$
$\therefore (Ea \supset \sim Sa) \bullet (Eb \supset \sim Sb)$

이 논증은 아래 진리표에 의해 부당한 것으로 증명된다.

	Ea	Eb	Ia	Ib	Ta	Tb	Sa	Sb
	t	t	t	f	t	f	f	t
또는	t	t	f	t	f	t	t	f

10. 1. $(x)[Bx \supset (Ix \supset Wx)]$
2. $(x)[Bx \supset (Wx \supset Ix)]$
$\therefore (x)\{Bx \supset [(Ix \vee Wx) \supset (Ix \bullet Wx)]\}$

3.	$By \supset (Iy \supset Wy)$	1, **U.I.**
4.	$By \supset (Wy \supset Iy)$	2, **U.I.**
5.	$[By \supset (Iy \supset Wy)] \cdot [By \supset (Wy \supset Iy)]$	3, 4, Conj.
6.	$[\sim By \vee (Iy \supset Wy)] \cdot [\sim By \vee (Wy \supset Iy)]$	5, Impl.
7.	$\sim By \vee [(Iy \supset Wy) \cdot (Wy \supset Iy)]$	6, Dist.
8.	$\sim By \vee (Iy \equiv Wy)$	7, Equiv.
9.	$\sim By \vee [(Iy \cdot Wy) \vee (\sim Iy \cdot \sim Wy)]$	8, Equiv.
10.	$\sim By \vee [(\sim Iy \cdot \sim Wy) \vee (Iy \cdot Wy)]$	9, Com.
11.	$\sim By \vee [\sim (Iy \vee Wy) \vee (Iy \cdot Wy)]$	10, De M.
12.	$By \supset [(Iy \vee Wy) \supset (Iy \cdot Wy)]$	11, Impl.
13.	$(x)\{Bx \supset [(Ix \vee Wx) \supset (Ix \cdot Wx)]\}$	12, **U.G.**

D.

1.

1.	$(x)[(Cx \cdot \sim Tx) \supset Px]$	
2.	$(x)(Ox \supset Cx)$	
3.	$(\exists x)(Ox \cdot \sim Px)$	
	$\therefore (\exists x)(Tx)$	
4.	$Oa \cdot \sim Pa$	3, **E.I.**
5.	$Oa \supset Ca$	2, **U.I.**
6.	$(Ca \cdot \sim Ta) \supset Pa$	1, **U.I.**
7.	Oa	4, Simp.
8.	Ca	5, 7, M.P.
9.	$\sim Pa \cdot Oa$	4, Com.
10.	$\sim Pa$	9, Simp.
11.	$Ca \supset (\sim Ta \supset Pa)$	6, Exp.
12.	$\sim Ta \supset Pa$	11, 8, M.P.
13.	$\sim\sim Ta$	12, 10, M.T.
14.	Ta	13, D.N.
15.	$(\exists x)(Tx)$	14, **E.G.**

5.

$(\exists x)(Dx \cdot Ax)$
$(x)[Ax \supset (Jx \vee Cx)]$
$(x)(Dx \supset \sim Cx)$
$(x)[(Jx \cdot Ix) \supset \sim Px]$
$(\exists x)(Dx \cdot Ix)$
$\therefore (\exists x)(Dx \cdot \sim Px)$

이 논증과 [a][b]에서 논리적으로 동치인 논증은
$(Da \cdot Aa) \vee (Db \cdot Ab)$
$[Aa \supset (Ja \vee Ca)] \cdot [Ab \supset (Jb \vee Cb)]$
$(Da \supset \sim Ca) \cdot (Db \supset \sim Cb)$

$[(Ja \cdot Ia) \supset \sim Pa] \cdot [(Jb \cdot Ib) \supset \sim Pb]$

$(Da \cdot Ia) \vee (Db \cdot Ib)$

$\therefore (Da \cdot \sim Pa) \vee (Db \cdot \sim Pb)$

이 논증은 아래 진리표에 의해 부당한 것으로 증명된다.

	Da	Db	Aa	Ab	Ja	Jb	Ca	Cb	Ia	Ib	Pa	Pb
	t	t	t	f	t	f	f	f	f	t	t	t
또는	t	t	f	t	f	t	f	f	t	f	t	t

10\. 1. $(\exists x)(Cx \cdot Rx)$
2. $(x)[Rx \supset (Sx \vee Bx)]$
3. $(x)[Bx \supset (Dx \vee Px)]$
4. $(x)(Px \supset Lx)$
5. $(x)(Dx \supset Hx)$
6. $(x)(\sim Hx)$
7. $(x)\{[(Cx \cdot Rx) \cdot Fx] \supset Ax)\}$
8. $(x)(Rx \supset Fx)$
9. $(x)[Cx \supset \sim(Lx \cdot Ax)]$

$\therefore (\exists x)(Cx \cdot Sx)$

10.	$Ca \cdot Ra$	1, **E.I.**
11.	$Ra \cdot Ca$	10, Com.
12.	Ra	11, Simp.
13.	$Ra \supset Fa$	8, **U.I.**
14.	Fa	13, 12, M.P.
15.	$(Ca \cdot Ra) \cdot Fa$	10, 14, Conj.
16.	$[(Ca \cdot Ra) \cdot Fa] \supset Aa$	7, **U.I.**
17.	Aa	16, 15, M.P.
18.	$Ca \supset \sim(La \cdot Aa)$	9, **U.I.**
19.	Ca	10, Simp.
20.	$\sim(La \cdot Aa)$	18, 19, M.P.
21.	$\sim La \vee \sim Aa$	20, De M.
22.	$\sim Aa \vee \sim La$	21, Com.
23.	$Aa \supset \sim La$	22, Impl.
24.	$\sim La$	23, 17, M.P.
25.	$Pa \supset La$	4, **U.I.**
26.	$\sim Pa$	25, 24, M.T.
27.	$Da \supset Ha$	5, **U.I.**
28.	$\sim Ha$	6, **U.I.**
29.	$\sim Da$	27, 28, M.T.

30.	$\sim Da \cdot \sim Pa$	29, 26, Conj.
31.	$\sim(Da \vee Pa)$	30, De M.
32.	$Ba \supset (Da \vee Pa)$	3, **U.I.**
33.	$\sim Ba$	32, 31, M.T.
34.	$Ra \supset (Sa \vee Ba)$	2, **U.I.**
35.	$Sa \vee Ba$	34, 12, M.P.
36.	$Ba \vee Sa$	35, Com.
37.	Sa	36, 33, D.S.
38.	$Ca \cdot Sa$	19, 37, Conj.
39.	$(\exists x)(Cx \cdot Sx)$	38, **E.G.**

15\.

1.	$(x)(Ox \supset Sx)$	
2.	$(x)(Lx \supset Tx)$	
	$\therefore (x)[(Ox \vee Lx) \supset (Sx \vee Tx)]$	
3.	$Oy \supset Sy$	1, **U.I.**
4.	$Ly \supset Ty$	2, **U.I.**
5.	$\sim Oy \vee Sy$	3, Impl.
6.	$(\sim Oy \vee Sy) \vee Ty$	5, Add.
7.	$\sim Oy \vee (Sy \vee Ty)$	6, Assoc.
8.	$(Sy \vee Ty) \vee \sim Oy$	7, Com.
9.	$\sim Ly \vee Ty$	4, Impl.
10.	$(\sim Ly \vee Ty) \vee Sy$	9, Add.
11.	$\sim Ly \vee (Ty \vee Sy)$	10, Assoc.
12.	$\sim Ly \vee (Sy \vee Ty)$	11, Com.
13.	$(Sy \vee Ty) \vee \sim Ly$	12, Com.
14.	$[(Sy \vee Ty) \vee \sim Oy] \cdot [(Sy \vee Ty) \vee \sim Ly]$	8, 13, Conj.
15.	$(Sy \vee Ty) \vee (\sim Oy \cdot \sim Ly)$	14, Dist.
16.	$(\sim Oy \cdot \sim Ly) \vee (Sy \vee Ty)$	15, Com.
17.	$\sim(Oy \vee Ly) \vee (Sy \vee Ty)$	16, De M.
18.	$(Oy \vee Ly) \supset (Sy \vee Ty)$	17, Impl.
19.	$(x)[(Ox \vee Lx) \supset (Sx \vee Tx)]$	18, **U.G.**

제14장

14장 2절 논리연습

A.

5\. $1/4 \times 1/3 \times 1/2 \times 1/1 = 1/24$

여기서 요소사건들은 독립적이지 않다. 이 경우에서는 각각의 성공(자기 집을 찾아감)이 다른 사람의 성공 확률을 감소시키지 않고 증가시킨다. 그 이유는 찾아가야 할 집의 수가 고정되어 있기 때문이다. 세 사람이 올바로 집을 찾아갔다면, 네 번째 사람은 (다른 집으로 가야 하므로) 자기 집을 못 찾을 수가 없다.

10. 네 명의 학생들이 같은 타이어를 지적할 확률은 두 가지의 다른 방법으로 계산될 수 있다 — 이는 [논리연습] 6번 문제를 두 가지 다른 방법으로 풀었던 것과 같다.

첫 번째 학생 A가 전륜 좌측 타이어를 지적했다고 하자. 그가 그렇게 지적한 후라면, 그가 그렇게 할 확률은 1이다. 이제 두 번째 학생 B가 그 타이어를 지적할 확률은 1/4이다. 이는 타이어 4개가 모두 A가 지적한 타이어로 될 확률과 같기 때문이다(B의 입장에서). 학생 C와 학생 D에 대해서도 학생 B와 같은 원리가 적용된다. 따라서 A가 어느 타이어(전륜 좌측, 또는 다른 타이어)를 지적했는지에 상관없이, 네 명의 학생들이 모두 같은 타이어를 지적할 확률은 1×1/4×1/4×1/4=1/64 또는 .016이다.

동일한 결과를 얻는 다른 방법은 먼저 하나의 타이어(예컨대, 전륜 좌측 타이어)를 지정한 후, 네 명의 학생들 모두가 그 타이어를 지적할 확률을 묻는 것이다. 이 방법으로 계산하면, 1/4×1/4×1/4×1/4=.004가 나온다. 그러나 이 문제에서 규정된 조건, 즉 네 명의 학생들이 같은 타이어를 지적한다는 것은 모든 학생들이 전륜 좌측을 지적해도 충족될 수 있고, 아니면 모든 학생들이 전륜 우측이나 후륜 좌측 또는 후륜 우측을 지적해도 충족될 수 있다. 그래서 만약 우리가 이 방법으로 문제에 접근하게 된다면, 이 네 가지 각각에 대해 그 확률을 확정하고, 이 네 가지의 선택발생에 대해서는 14장 2절에서 설명된 덧셈법칙을 적용하여 확률을 계산해야 한다. 네 가지의 성공적인 결과가 상호배타적이므로, 우리는 네 개의 확률을 단순히 합하면 된다. 그 결과는 .004+.004+.004+.004=.016이다. 문제에 접근하는 두 방법이 정확히 동일한 결과를 산출할 수밖에 없다는 것은 당연한 일이다.

이와 같은 이원적 분석은 세 명의 환자가 다섯 개의 문이 있는 건물에 도착하는 [논리연습] 6번 문제에도 똑같이 적용된다. 그 결과는 1×1/5×1/5=1/25, 또는 (14장 2절 B에서 논의된 덧셈법칙을 적용하여) 특정한 문에 대한 확률 1/5×1/5×1/5=1/125과 전체 문에 대한 확률 1/125+1/125+1/125+1/125+1/125=1/25로 계산된다.

B.

1. 처음 던진 두 주사위의 합이 2, 3, 또는 12가 되어서 질 확률은 4/36 또는 1/9이다. 처음 합이 4이고, 이후 4보다 7이 먼저 나와서 질 확률은 3/36×6/9=1/18이다. 처음 합이 10이고, 이후 10보다 7이 먼저 나와서 질 확률은 위와 같은 1/18이다. 처음 합이 5이고, 이후 5보다 7이 먼저 나와서 질 확률은 4/36×6/10=1/15이다. 처음 합이 9이고, 이후 9보다 7이 먼저 나와서 질 확률은 위와 같은 1/15이다. 처음 합이 6이고, 이후 6보다 7이 먼저 나와서 질 확률은 5/36×6/11=5/66이다. 처음 합이 8이고, 이후 8보다 7이 먼저 나와서 질 확률은 위와 같은 5/66이다.

던지는 사람이 지는 배타적인 경우들의 확률의 합은 251/495이다.

따라서 던지는 사람이 이길 확률은 1－251/495＝ 244/495 또는 .493이다.

5. 예(Yes). 두 번 던진 주사위가 모두 2 또는 3 또는 4 또는 5일 경우에만 당신이 진다. 한 번 던질 때 이 네 숫자 중의 하나가 나오는 확률은 4/6 또는 2/3이다. 따라서 질 확률은 2/3×2/3, 또는 4/9이다. 그러므로 이길 확률은 1－4/9=5/9 또는 .556이다.

10. **도전문제**

쟁점을 어디에 두느냐에 따라 이 문제는 두 가지로 다르게 분석될 수 있다.

첫 번째 분석 :

a. 네 장의 킹과 네 장의 에이스로 된 축소된 덱에서는 총 28가지의 짝 맞추기가 가능하다. 이 28가지의 가능한 짝 중에서 단 일곱 가지 짝만이 스페이드 에이스를 포함한다. 이 일곱 가지 짝 중에서 세 가지 짝이 두 장 모두 에이스이다. 만약 뽑아낸 두 장의 카드 중에 한 장이 스페이드 에이스임을 알고 있다면, 짝을 이루는 두 장이 모두 에이스일 확률은 3/7이다.

b. 그렇지만, 만약 뽑아낸 두 장의 카드 중에서 한 장이 에이스인 것만 알고 있다면, 우리는 뽑아낸 그 짝이 적어도 한 장의 에이스를 포함하는 22가지 짝 중의 하나인 것만 안다. 이 22가지 짝 중에서 여섯 가지는 두 장이 모두 에이스이다. 따라서 만약 뽑아낸 두 장의 카드 중에서 한 장이 에이스라는 것만 알고 있다면, 짝을 이루는 두 장이 모두 에이스일 확률은 6/22 또는 3/11이다.

첫 번째 분석에서, 두 경우의 확률은 서로 다르다.

두 번째 분석 :

a. 만약 뽑아낸 두 장의 카드 중에서 한 장이 스페이드 에이스임을 알고 있다면, 짝을 완성할 수 있는 카드는 일곱 가지이다. 이 일곱 가지 카드 중에서 세 가지가 에이스이다. 따라서 만약 뽑아낸 두 장의 카드 중에서 한 장이 스페이드 에이스임을 알고 있다면, 짝을 이루는 두 장이 모두 에이스일 확률은 3/7이다.

b. 만약 뽑아낸 두 장의 카드 중에서 한 장이 에이스란 것만 알고 있다면, 우리는 그것이 스페이드 에이스, 또는 하트 에이스, 또는 다이아몬드 에이스, 또는 클럽 에이스 중의 하나라는 것만 안다. 만약 그것이 스페이드 에이스이면, 바로 앞에서 한 해석이 적용되고, 짝을 이루는 두 장이 모두 에이스일 확률은 마찬가지로 3/7이다.

만약 그 에이스가 하트 에이스이면, 똑같은 분석이 적용된다. 즉, 만약 그 에이스가 다이아몬드 에이스 또는 클럽 에이스라도 같은 것이 적용된다. 그러므로 비록 우리가 뽑아낸 두 장의 카드 중에서 한 장이 에이스라는 것만 알고 있다 하더라도, 짝을 이루는 두 장이 모두 에이스일 확률은 여전히 같은 3/7이다.

이 두 번째 해석에서, 두 경우의 확률은 같다. 이들 두 가지 해석 중에서 어느 것이 옳은가? 왜 그런가?

14장 3절 논리연습

1. a. 3.82달러
   b. 19,100,000.00달러
   주의 : 이것은 매우 이례적인 경우이다!
5. 이 문제는 오직 곱셈법칙의 적용만을 요구한다. 네 마리 중에서 무작위로 두 마리의 암소를 선택하는 확률은 첫 번째 선택에서 쌍이 될 한 마리를 선택하는 확률(1/2)과 두 번째 선택에서 쌍이 될 나머지 한 마리를 선택하는 확률을 곱한다. 두 번째 선택에서는 첫 번째 것은 이미 선택되어 있다(1/3). 따라서 값은 1/2×1/3=1/6이다.
10. "돈 패스-바 쓰리(Don't Pass-Bar 3)"로 불리는 라인에서 베팅하는 사람이 이길 확률은 첫 번째 던지기에서 3이 나오면 주사위를 던지는 사람이 지지 않는다는 단서 조항이 있는 통상적인 규칙에 따라 진행되는 게임에서 주사위를 던지는 사람이 질 확률이다. 첫 번째 던지기에서 3이 나올 확률은 2/36 또는 .056이다. 통상적인 규칙에서 주사위를 던지는 사람이 질 확률은 14장 2B절에서 살펴본 바와 같이 .507이다. 따라서 주사위를 던지는 사람이 질 확률은 첫 번째 던지기에서 3이 나올 확률을 뺀 507 − .056 = .451이다. 이것은 주사위를 던지는 사람이 첫 번째 던지기에서 3으로는 지지 않을 때 주사위를 던지는 사람이 질 확률이기 때문에, "돈 패스-바 쓰리" 라인에서 베팅하는 사람이 이길 확률도 된다. 따라서 "돈 패스-바 쓰리" 라인에 100달러를 베팅할 때의 기대치는 .451×$200=$90.20이다.
    이 베팅은 하우스 측에서는 기꺼이 받아들이겠지만, 베팅하는 사람에게는 그냥 패스 라인에 베팅하는 — 단순히 주사위를 던지는 사람이 이기는 쪽에 베팅하는 — 것보다 덜 유리하다. 이와 같이(즉, 통상적인 규칙에 따라 플레이어가 이기는 쪽에) 100달러를 베팅할 때의 기대치는 .493×$200=$98.60이다.

찾아보기 INDEX

저자 소개

Irving M. Copi
하와이 대학교

Carl Cohen
미시간 대학교

Kenneth McMahon
하와이 퍼시픽 대학교

역자 소개

박만준
부산대학교 철학과를 졸업하고 동대학원에서 석사, 박사 학위를 받았으며, 현재 동의대학교 철학상담심리학과 교수이다. 어빙 코피의 『논리학 입문』 제7판과 어빙 코피와 칼 코헨의 『논리학 입문』 제10판을 공동번역한 바 있다.

윤진각
부산대학교 전자공학과를 졸업하고 동의대학교 대학원 철학과에서 석사, 박사 과정을 수료했다. 동의대학교 철학상담심리학과에서 논리학을 가르치고 있다.

논리학입문 – 제14판

저 자 Irving M. Copi, Carl Cohen,
Kenneth McMahon
역 자 박만준 · 윤진각
발행자 한헌주
발행처 도서출판 **경문사**
서울특별시 서대문구 독립문로 21-9
전화 738-7035 FAX. 722-4678
E-mail : kmsp@korea.com
홈페이지 : http://www.kmsp.co.kr
등 록 1995년 11월 9일 제300-1995-138호

2015년 12월 31일 초판 1쇄 발행
2023년 3월 01일 초판 9쇄 발행

정가 34,000원

ISBN 978 89-420-0844-5 93170